国家社会科学基金项目

明清山东方言语法研究

冯春田等⊙著

山东教育出版社

第一章　绪　论

1.1 近代汉语与明清山东方言

这本书题为"明清山东方言语法研究"。明清时期的汉语可看做后期近代汉语，明清山东方言语法也就是后期近代汉语语法的组成部分，因此有必要对近代汉语与明清山东方言做些简略的说明。

关于近代汉语，就语言学界的实际研究情况而言，大致涵盖了唐五代至明清这一包括不同断代的历史时期的汉语。关注近代汉语并提出相近的名称，较早的是汉语语法学家黎锦熙。黎氏在其订正《新著国语文法》新序里（1933）谈到他编《文法小辞典》的原委，其中有这样一段话：

> 这是受了《助字辨略》的暗示。刘淇底书虽然出在王引之以前，考证虽不如王引之底精博，更不能比马建忠能生在有"泰西葛郎玛"的时代，可是他的识解倒比王马两人高出一等：他不以魏晋以前古籍为断，也不以"文章正宗"底十来部书为限；唐诗、宋词，杂记、方俗，其中语词之特别用例，他能兼收并采。我于补例工作时，常感到由唐宋到现代国语这一阶段语言变迁是很有趣味的，是不可缺略的，却又是向来训诂学家所不屑置议的，也就是刘淇所能引其端而尚未竟其绪的，因为他的书里还不曾把元曲和元明话本小说中间所有的词例多量搜讨。但这种搜讨工作，决非一人一时所能完成，那时我才发愿作近代语底研究，并提议

在各大学设置近代语研究讲座（提议书见民十七年各报，后载入《国语旬刊》第二期）……

由此可知，黎锦熙大致是把唐宋至元明时期的汉语看做"近代语"，曾经"发愿作近代语底研究，并提议在各大学设置近代语研究讲座"，而他当时所着眼的大概主要是一些虚词（语法词）的问题而不是通常所说的跟语音、语法鼎足三分的词汇。因此可以说，虽然未见黎先生有"近代语"的论著面世，但他所关注并提出的"近代语"的范围却恰恰跟目前学术界在近代汉语语法研究上达成的共识比较一致。不过，黎氏是基于他研究现代汉语语法而提出的一个与此相对的汉语断代，而不是着眼于汉语的历史所进行的分期。

近代汉语语法研究的拓荒者和奠基人是吕叔湘。吕先生在上个世纪 30 年代末就曾"发愿要写一部近代汉语历史语法"。（吕叔湘 1955 初版序）他凭借着多年的英语教学经验，加上对汉语语法的深入思考，相信借鉴 Jespersen 的基于历史原则的语法描写方法对汉语研究大有益处，因此当时把主要精力用在了追寻现代汉语的直接来源——近代汉语语法研究上，他发表的数篇具有开创性的论文，其重要意义和远见卓识，在数十年之后才被人们真正认识。（参看中国社会科学院语言研究所 2004：47）当然，吕叔湘该期发表的相关论文中并没有涉及"近代汉语"的名称。明确地提出近代汉语并从汉语历史分期角度加以说明，是在吕叔湘为他 20 世纪 40 年代的著作《近代汉语指代词》（后经江蓝生补，1985 年由学林出版社出版）所写的序言里。吕先生说：

> 什么是近代汉语？这涉及汉语史的分期问题。一种语言在某一个比较短的时间内发生比较大的变化，就可以把这以前和这以后分为两个时期……秦以前的书面语和口语的距离估计不至于太大，但汉魏以后逐渐形成一种相当固定的书面语，即后来所说的"文言"。虽然在某些类型的文章中会出现少量口语成分，但是以口语为主体的"白话"篇章，如敦煌文献和禅宗语录，却要到晚唐五代才开始出现，并且一直要到不久之前才取代"文言"的书面语的地位。根据这个情况，以晚唐为界，把汉语的历史分成古代汉语和近代汉语两个大的阶段是比较合适的。至于现代汉语，那只是近代汉语内部的一个分期，不能跟古代汉语和近代汉语鼎足三分。

为什么说现代汉语是近代汉语内部的一个分期，吕先生也有过说明："我们的看法是，现代汉语只是近代汉语的一个阶段，它的语法是近代汉语的语法，它的常用词汇是近代汉语的常用词汇，只是在这个基础上加以发展而已。"（刘坚 1985 序）吕先生着眼于汉语历史文献语料和口语的关系，提出了汉语整个历史（含现代汉语）二分为古代汉语和近代汉语的主张。尽管近代汉语包括了现代汉语，但他同时也说明现代汉语是近代汉语内部的一个阶段。因此，如果把汉语史再加细分的话，吕先生所说的"古代汉语"则可分为上古汉语（两汉以前）和中古汉语（魏晋南北朝），吕先生所说的

"近代汉语"则可分为近代汉语(唐五代至明清之际)和现代汉语。而从近二十多年来汉语历史语法的研究状况来看,也大致如此:虽然汉语历史的更为科学的分期随着汉语历史语法、词汇、语音的研究深入还可以另立新说,但"近代汉语指的是唐五代至明清之际这一阶段的汉语"已成为大多数研究者的共识。蒋绍愚(1994 前言)说:"'近代汉语'是指从唐代至清代初期这个历史时期的汉语。"蒋绍愚、曹广顺(2005:2)又指出:"从研究工作的实际状况出发,现在学术界一般还倾向于三分,近代汉语的上限大致定在晚唐五代,下限大致定在清代中期","但对近代汉语研究的范围并不以晚唐五代到清代为限,早于和晚于此时期的语言资料和语言现象,只要和近代汉语时期的语言有关,也都在近代汉语研究的范围之内。"这一根据汉语历史语法研究实际情况的总结是完全正确的。因此,我们倾向于把近代汉语界定为唐五代至明清时期的汉语,而把明清时期的汉语看做后期近代汉语。

明清山东方言语法研究,也就是后期近代汉语的方言语法研究,而且是基于具有明清山东方言背景的通俗文献的语法研究。同时,说相关文献语料具有山东方言背景,就表明我们并不认为这些文献"用山东方言写成"(其实再通俗的书面语作品也极少纯用方言写就)。

再者,本书也并不意味着对明清时期山东境内所有内部方言的语法进行了普遍的研究,因为历史遗留下来的文献语料无法覆盖当时山东境内方言的全貌,这跟从事其他各期汉语历史语法研究在语料上面对的现实或困难是一样的。因此,我们只是集中利用该期在某种程度上具有明清山东方言背景、语料含量足够而且语言现象丰富的通俗文献进行语法的分析研究。因为这项研究是在依据相关语料体现山东方言的基础上对明清时期的山东方言语法进行分析探讨,而书面语不可能跟口语完全一致或者说很难照录口语,所以也可以看做是明清时期具有山东方言背景的语料文献的语法研究。

1.2 主要语料及相关问题

1.2.1 主要语料

本书所用的语料,主要是明清时期具有山东方言背景的通俗或白话文献《金瓶梅词话》、《醒世姻缘传》和《聊斋俚曲集》,同时也调查了具有相同方言背景以及同属北方系而时代先后差不多的其他语料。

《金瓶梅词话》,作者署兰陵笑笑生。《金》的语言特点是口语程度较高,多"市井之常谈,闺房之琐语"(欣欣子序),所以在语言研究方面具有较高的语料价值。

《金瓶梅词话》现在流传最早的是明万历丁巳年间的刻本(东吴弄珠客及欣欣子序),即所谓万历本。后来又有崇祯年间《新刻绣像批评金瓶梅》,较之万历本,《新刻绣像批评金瓶梅》是经人修改润饰过的评改本,即所谓崇祯本。清康熙年间刊行的又有张竹坡以崇祯本为底本加以评点的《第一奇书金瓶梅》,即所谓张评本(又称"第一奇书本")。

另一相关的重要问题是《金》的背景方言。按说,除流传刊刻等因素之外,文献作者是确定语料方言背景的重要根据之一,因为所谓通俗或白话文献,其特点就是口语化程度较高,而口语化程度越高就越有可能反映作者的方言。但是,《金》的作者"兰陵笑笑生"到底是何人,论者多从词语或由字音、语法等类比现代方言的角度提出意见,至今仍众说纷纭而莫衷一是。不过,对于《金》的背景方言虽然有不同看法,但主要意见还是认为它主体上反映的是明代的山东话。如早在清代为张评本作跋的陈相就说《金》里有山东土白,应为山东人士所作;现代语言学家朱德熙(1985)说《金》反映的是明代中期以后山东运河地区的方言,"公认是用一种山东方言写的",蒋绍愚(1994:27)也说《金》"使用的语言有山东方言色彩"。又如袁宾等(2001:321)认为,《金瓶梅》的方言成分学者间虽有争议,"但其总体的方言基础,是以山东话为主,这是学界比较一致的认识,也是为该书大量的语言事实所证明了的"。我们就《金》语法问题调查的结果支持这种意见。不过,《金》里也确有一些语法现象跟其他一些具有明确山东方言背景的文献语料所反映的情况不相符合。例如相当于动态助词"了"的"子"等出现在《金瓶梅词话》中(学界不倾向于看成误字),但在《醒世姻缘传》、《聊斋俚曲》等以明清山东话为方言背景的文献里却未见到例子,现代山东方言里也未见有这类语法现象。这是时代因素还是这些文献所反映的当时的山东内部方言所本有的差异?或者是《金》流传过程中经增改所致?这类问题都还有待进一步考察。蒋绍愚曾经指出:"近代汉语作品方言成分的考察是一件很有意义的工作,但也是一项相当困难的工作。这困难主要在于:近代汉语时期的方言缺乏充足的资料,因此,要考察近代汉语作品中一些语言现象是否属于当时某一方言的现象,往往只能根据现代方言的状况以及其他历史资料加以推断。而在推断的过程中,如果方法不当,就会出现问题。"(蒋绍愚 1994:321)蒋先生同时指出:某个语言现象在今某方言中有,未必就在今其他方言中没有;而即使考定了某个语言现象只在今某方言中存在,那也只是考定了它的"今籍",而"今籍"又未必就等于"祖籍",绝不能简单地把两者等同起来。(蒋绍愚 1994:321、322)因此,考虑到方言语法史研究的复杂性,尽量避免主观臆断,我们着眼于《金》的通俗性及其主要方言基础是山东话的特点,作为明清山东方言语法研究的主要语料之一,但这并不意味着认为《金》里个别的语法现象也一定是明代山东话的反映。

《醒世姻缘传》,历来多署西周生辑著("辑著"按说与"著"当有所不同,参看冯春田 1998),是成书于明末清初的一部长篇白话小说,口语色彩极浓,颇多方言成分。至于"西周生"到底是何人,迄今同样没有可信的答案。不过,即使《醒》书作者之谜不解,它的方言背景也是明确而无疑义的,它所反映的大致就是明末清初时期山东济南、历城、章丘一带的方言。(参看胡适 1931)刻本有同德堂本等,排印本有亚东图书馆 1933 年本、齐鲁书社 1980 年本、上海古籍出版社 1985 年(黄肃秋注)本等。《醒》的语言风格比较一贯,口语化程度也较高,是后期近代汉语语法研究的重要语料。

《聊斋俚曲集》,作者蒲松龄(1640~1715),字留仙,又字剑臣,别号柳泉居士,山东淄川人。编入路大荒整理、中华书局上海编辑所 1962 年出版的《蒲松龄集》(下册),上海古籍出版社新版于 1986 年。集中有俚曲十三种(《富贵神仙》与《磨难曲》为一种,但文字有异),都是普通民众喜闻乐见的谣曲,具有山东淄川方言背景,突出特点是口语性强,其中有许多方言词语或方言语法现象,所以也是后期近代汉语尤其是明清山东方言研究的重要语料。不过应该提到的是,聊斋俚曲里不但有内容相同而文字有异的情况(如《磨难曲》与《富贵神仙》),而且这些通俗俚曲在语言风格上也有不尽一致的地方。

因为《金》、《醒》、《聊》三种在不同程度上体现明清时期山东方言的语料文献含量大(《金》约 96 万字,《醒》约 87 万字,《聊》约 60 万字),反映语言事实比较充分,因此选择其作为明清山东方言语法研究的基础语料。除此而外,这项研究还调查了其他一些时代跟方域有关或相近的语料(如《歧路灯》、《儿女英雄传》等),这里不再一一介绍。

1.2.2 相关语料的校点问题

正由于《金瓶梅词话》、《醒世姻缘传》、《聊斋俚曲》口语化程度高,方言成分多,所以其中必然就有不少难懂的语言成分,这给相关文献的整理、校刊和利用带来不少障碍或问题,而这些问题有时正是跟语言研究密切相关的。[①] 如《醒》里有特殊的方言助词"可"、方言连词"打哩"。由于这类语法词比较特殊,校点者未必懂得,所以往往出现错误。

下面是齐鲁书社 1980 年版《醒》里的部分有关助词"可"的例子:[②]

① 你大舅说:"我待怎么? 要是光我,可我死活受你的⋯⋯"(44 回:581)

② 晁凤媳妇道:"奶奶要留下他,可我合晁凤商量。"(49 回:643)

③ 狄爷,你寻一个,且别要动手,等到家里,可狄奶奶许了,你就收他。(55 回:715)

④ 童奶奶看中了,可咱留下他罢。(55 回:720)

⑤ 晁无逸道:"他劝的有理才听,要没有理,可难道也听他罢?"(57 回:750)

⑥ 狄员外说:"想着买了蟹,可叫他做给你舅看。"(58 回:754)

---

① 另外,不少有关《金》词语解释的书和文章为利用这一语料提供了方便,但也需要注意牵强附会的东西。如《金》里的"衽腰子"即"袵腰子"("衽"又作"袵"),前者是后者的讹字(别的文献又作"主腰子")。吕叔湘上世纪 80 年代初就有《释"主腰"》对这个词语进行了解释(《语文研究》1983 年第 1 期)。但是有本给《金》解字的书仍按讹字解释,并且反其道而行,说《金》里的"袵腰子"即"衽腰子",把"衽腰子"的"衽"注成 rèn 音,定为"袵"的"形近讹",又解释说"袵腰子应是系腰蔽前之裙"。关于《金》、《醒》的校点问题,可另参看徐复岭(1993、2003)等。仍需注意的是,较晚近的《金瓶梅词话》校点本仍存在一些错误。如人民文学出版社 2000 年版有这样的例子:"行货子,什么好老婆! 一个贼活人妻淫妇,这等你饿眼见瓜皮,不管了好歹的,你收揽答下,原来是一个眼里火、烂桃行货子。""这等"即"这样",应属上句,即"一个贼活人妻淫妇这等,你饿眼见瓜皮,不管了好歹的你收揽答下。"

② 其他注本也大致如此,而这些错误又基本上是沿袭了亚东图书馆 1933 年排印本。括号中回(段)数后的阿拉伯数字为该例所在的页码。以下同此。

⑦ 咱把这炮仗绑在那狗头上，拿着他点上，可放了他去，响了，可不知怎么样着？(58回:754)

⑧ 要是相大娘中打，可俺素姐姐一定也就自己回椎了，还等着你哩？(60回:783)

⑨ 我要是个人家正头妻，可放出个屁来也是香的，谁敢违悖我！(60回:784)

⑩ 俺也不敢再上那头去，只打听得大嫂往这头来，可俺就来合大嫂说话。(68回:888)

⑪ 我待走路哩，你等着你爹死了，可你再来哭不迟！(69回:907)

⑫ 我心里算计：他要违了我的限，可我还不饶他。(71回:925)

⑬ 我替你姑夫算计，你既不图利，只是为名，可你加纳个京官做。(83回:1082)

⑭ 我可不合你说话了！你听甚么话？且打了，可再讲。(95回:1245)

以上例子里的"可"均属误点。"可"在《醒》书里的用法比较复杂，其中一类用法是作为助词（事态助词）用在小句后边表示先时、预设或假设的事态。例①至⑭的"可"都应属上句末，如例①应为"要是光我可，我死活受你的"，例②应为"奶奶要留下他可，我合晁凤商量"，例⑤应为"要没有理可，难道也听他罢"，例⑬应为"你既不图利，只是为名可，你加纳个京官做"，例⑭应为"你听甚么话？且打了可再讲"。余例类推。校注者不明白这类"可"是一个助词，所以出现了大量有关的校点错误。

方言连词"打哩"在《醒》里都是用在假设复句里引导假设小句（"倘若"、"要是"义）。齐鲁本有这样的例子：

⑮ 你打哩得空子撞着这们个美人，你就没法处治他罢？(45回:591)

⑯ 狄员外道："这眼下待不往京去哩？且教他躲一日是一日的。打哩天老爷可怜见小陈哥，还完了他那些棒债，他好了也不可知的。"(52回:679)

⑰ 打哩你那老婆先没了可，这不闪下你了？(53回:695)

⑱ 薛教授道："他待说甚么？他有甚么好话说！"薛夫人道："他打哩有好话说可哩？你到后头看他说甚么。"(56回:730)

⑲ 晁夫人道："这几件衣服能使了几个钱，只这些人引开了头儿就收救不住，脱不了这个老婆子叫他们就把我拆吃了打哩！天爷可怜见，那肚子里的是个小厮，也不可知，怎么料得我就是绝户！"(20回:258)

⑳ 祝其嵩道："'道路不平旁人践踩打哩'！不是他抬得，可为甚么就扯破人家的帽子，采人家的胡子……"(23回:306)

㉑ 师姐道："这四分就不公道。他亏了就只一个老婆一个儿子哩，有十个老婆，十个儿，匀成二十分罢……"(92回:1211)

这几个例子，⑮至⑱例无问题，而⑲至㉑例是校点错误。例⑲属于校点者不明白

"打哩"的用法,割裂文句误解为"吃了打"连文,而把"哩"看成了句末语气词。很明显,这是个假设句,它的结构和意义与例⑯类似。因此,例⑲的"打哩"应该属后一句,是假设连词"打哩"引导假设句。例⑳的错误跟例⑲类似,"打哩"不应属上句,而应属下句,是用在假设小句句首的连词。因此这句话的正确点断应是:"打哩不是他拾得可,为甚么就扯破人家的帽子,采人家的胡子?"再者,"道路不平旁人蹋"是《醒》里常用的俗语,而且《醒》里也没有"蹋打"的搭配("蹋"为"踩踏"义,《醒》里常用)。如:

　　㉒ 路见不平,旁人许蹋。弟子起心不平,今日要来偷他的回去。(65回:844)

例㉑则是因误解"打哩"而改动原文的例子。单看这个例子似乎没有问题,但对照其他版本(通行易得的如上海古籍本),例中的"他亏了就只一个老婆一个儿子哩"的"哩"字前不是"子"而是"打"字,可知此处原文应该有"打哩"一词,齐鲁本因不解其义进行了改动。此句的下一句很明显也是个假设句,因此原文应为:"他亏了就只一个老婆一个儿,打哩有十个老婆十个儿,匀成二十分罢?"

　　如前所说,聊斋俚曲的语言特点就是口语化程度高,所以其中有大量的方言词语或方言语法现象。这些方言成分的存在同样增加了校点的难度,这与20世纪二三十年代之交上海亚东图书馆校点排印《醒世姻缘传》时胡适所指出的困难是同样的性质。因此,《聊斋俚曲集》有不少校点上的问题(尽管上海古籍本《蒲松龄集》重印说明表示重印时改正了中华书局初版本的"若干错讹",实际上初版时的一些重要校点问题几乎都保留了下来)。以下举出一些关系到语法问题的例子(中华书局本标为a,上海古籍本标为b)。先看因误解句式(当然也有虚词因素)而误点的例子:

　　㉓ 一日到珊瑚屋里,珊瑚笑了笑说:"我合你做妯娌十年多,近来极象合你初会呀。是的,我知怎么说,见了你亲极,全不像寻常日。"(《姑妇曲》3段:a879,b889)

　　㉔ 仇福说:"吃了一宿酒,合失了困,那是的。"(《翻魇殃》2回:a930,b940)

　　㉕ 这长官初进院时有些憨样,这一回我看他像精细了。是的,我把琵琶弹一套好的,他听过来就是俏里装村,若是听不过来就是村里装俏了。(《增补幸云曲》16回:a1609,b1619)

例㉓至㉕是因不熟悉比拟句式以及方言比拟助词而导致标点错误。这几例分别是"象X(呀)是的"、"合X(那)是的"、"像X是的"比拟句式,"是的"即"似的"在方言里的变体。正确的读法依次应是:"近来极象合你初会呀是的";"合失了困那是的";"这一回我看他像精细了是的"。以下是俚曲里的同类句式例,"合/像X(那/呀)"后有"似的",也有"是的",正可参照:

　　㉖ 每日穷的合那破八果那似的,他那里的钱?(《墙头记》2回:a832)
　　㉗ 这里大家气也不敢喘,像没人似的。(《姑妇曲》3段:a872)

㉘ 年纪三十四五,只像二十四五呀是的。(《富贵神仙》13回:a1351)

㉙ 俺那冤家指着个帖子,合圣旨呀是的,仔管问他要。(《增补幸云曲》5回:a1563)

㉚ 好什么!不过是胡乱拨几点子,合狗跑门那是的。(《增补幸云曲》16回:a1612)

下面则是几个俚曲里关系到语法词(虚词)的有校点问题的例子:

㉛ 赵大姑说:"我这里和您家里一样们哩,我就没有那碗饭给他吃么?"(《慈悲曲》3段:a896,b906)

㉜ 大姐说:"俺爹你放心。就难些也罢们哩,还待另嫁哩么?他在时,还嫌他带累我哩。"(《翻魇殃》1回:a923,b933)

㉝ 仇福说:"我没有钱。"魏名说:"我借上们哩。你还不起我吊钱么?"(《翻魇殃》2回:a929,b939)

㉞ 我剩下的,你吃些罢。你再来做的多着些,分开们哩,是为你来么?(《翻魇殃》3回:a937,b947)

《聊斋俚曲集》后所附《土语注解》"们哩——语尾"(a1679),误。例中"们哩"是表示反诘或揣测的副词,相当于"难道",均不应属上句句末(校点者是看成了句末语气词),而应属后面的问句。例㉛至㉞依次当为:"们哩我就没有那碗饭给他吃么?""们哩还待另嫁哩么?""们哩你还不起我吊钱么?""分开们哩是为你来么?"因此,从历史的角度说,"们哩"也就是元明时期常见的副词"没的(地)",是"没的"经过变化了的形式。聊斋俚曲也有"没的"的形式,还有"没哩"、"每哩","没哩"偶作"没里"。例如:

㉟ 没哩是咱妹子?但只是他可怎么能呢?(《寒森曲》3回:a1024)

㊱ 没哩是劝他那娘子?(《禳妒咒》14回:a1190)

㊲ 寻寻思思的,没哩他是"胡寻思"?(《增补幸云曲》20回:a1631)

㊳ 每哩俺该不吃饭么?(《墙头记》1回:a820)

㊴ 新女婿抹着腰,每哩你疼我不疼哩?(《磨难曲》23回:a1473)

㊵ 万岁爷心中惊异,佛动心每哩是他?(《增补幸云曲》9回:a1581)

㊶ 每哩既犯相与,就不问问么?(《增补幸云曲》13回:a1598)

因此可以说,在俚曲所反映的方言里,"们哩"是"没的"变为"没哩"、"每哩"之后发生的又一次音变。

当然,在这项研究所涉及的其他语料里也同样存在这类问题。如西湖书社1981年版《儿女英雄传》有下面这样的例子(其他排印本大致相同):

㊷ 邓九公道:"你爷儿俩不用抬。我有个道理,讲送官不必原故。满让把他办发了,走不上三站两站,那班解役得上他一块银,依旧放回来了,还是个他……"(31:559)

㊸ 你九太爷今年小呢,才八十八呀! 你叫我寿活八十,那不是活回来了吗? 那算你咒我呢! 你先不用合我汕料着,你们也整不上这瓦,我给你条明路!(32:563)

㊹ 便是那极安静的也脱不了旗人的习气,喊两句高腔,不,就对面墙上贴几个灯虎儿等人来打。(34:633)

㊺ 他望着勾了勾头儿,便道:"一块坐着,不则贵姓呵?"(36:679)

㊻ 这个当儿,张姑娘又让他说:"你只管坐下,咱们说话儿,不则……"(38:721)

例㊷应为"我有个道理讲,送官不必,原故……"("原故"后的内容是解释原因);例㊸应为"你先不用合我汕,料着你们也整不上这瓦";例㊹应为"……喊两句高腔,不,就对面墙上贴几个灯虎儿等人来打";例㊺、㊻分别应为"一块坐着不则,贵姓呵?""你只管坐下,咱们说话儿不则……"

以上只是举例,类似问题较多。正因为有关通俗文献里存在这类因俗语词或方言现象而导致的校点问题,所以这项研究在利用相关语料时都首先进行了版本比较和较细致的研读,对语料文献涉及的语法方面的错误加以改订,其他错误在引例时也予以纠正。

1.3 主要内容及研究的意义

1.3.1 主要内容

近代汉语语法的研究,近二十年来取得了很大进展,它从一个在历史上曾经被长期冷落的领域逐步成为国内语言学的一个研究热点。近代汉语语法的研究较之汉语历史语法的其他领域,也许可以说在一些问题的研究上更有深度和更具有理论特色。当然,这种局面的出现不是偶然的,这与吕叔湘先生等老一辈著名语言学家的提倡和示范固然密切相关,但同时从时代或学术氛围方面来说,近代汉语语法研究逐步深入和发展的二十年,正是国外(主要是西方)包括语言学在内的理论方法传入和学术思想渐趋活跃的时期。"学术需要在一种自由的、开放的、民主的气氛中才能得以健康发展,而任何创新思维更有赖于这样的人文环境。"(江蓝生 2000a)我们可以看到,这一时期在近代汉语语法研究队伍的扩大和时间精力的投入的同时,不少学者不但重视汉语语言事实的调查,而且注重外来的新的理论方法的了解和借鉴,这就促进了近代汉语语法研究的深入和研究成果的多样化。

总之,近二十年来,近代汉语语法研究成果丰硕而形式多样,断代或专题、专书研究论著不断面世,近代汉语后期即明清时期汉语语法的研究也出现了一些有学术价值的成果,但是至今未见比较全面而系统的对该期汉语语法进行研究的论著。此外,唐宋以来的通俗或白话语料文献已可在某种程度上反映汉语方言,而明清白话小说与相关文献的方言色彩更为浓厚,这正为汉语历史语法研究贯彻地域观念提供了语言材料,使我们可在一定程度上尝试进行汉语历史方言语法研究。因此,这项研究即着眼于明清汉语语法研究尚缺乏全面、系统的现状,和尝试进行汉语历史方言语法考察的设想,以在不同程度上具有明清山东方言背景并且在时代上先后相接的《金瓶梅词话》、《醒世姻缘传》和《聊斋俚曲》为基本语料,参以相关的通俗文献,对明清时期的山东方言语法进行全面而系统的研究。

本书具体包括七个部分,除绪论外,依次为代词、副词、介词、连词、助词和句式。大部分章节都包括归类描写、比较分析以及问题讨论等内容,力求全面、系统而动态地反映出明清时期具有山东方言背景的文献语料的语法面貌。

1.3.2 研究的意义

蒋绍愚、曹广顺(主编 2005:26)指出:近代汉语语法还有很多题目应当研究,"以往对近代汉语的前期即唐宋时期的语法研究得比较多,这在今后还要继续做,但同时要向两头扩展。一是上溯到中古时期,很多近代汉语的语法现象在那个时期萌芽。一是下推到元明清时期,这个时期是近代汉语向现代汉语逐步发展的时期,这方面的研究对于了解现代汉语语法体系的形成和加深对现代汉语语法体系的认识有更直接的关系。与此相关的是:在方言众多的汉语中,汉民族共同语的语法体系是如何形成的? 这个问题,也很值得研究"。我们认为,这一论述已概括了有关研究的价值和意义,以下只是具体谈几点看法。

第一,有利于汉语语法史的研究和完整、系统的近代汉语语法史或汉语语法史著作的形成。系统而完备的汉语语法史的形成,应建立在扎实而深入的专书或时间跨度相对小些的断代研究的基础之上,而明清汉语语法的研究此前多属不系统或个别语法问题的讨论,这项研究利用较充分的语料对该期的语法做全面、系统的分析,应该有助于汉语语法史著作的形成。同时,《金瓶梅词话》、《醒世姻缘传》、《聊斋俚曲集》等语料口语性强,能在一定程度上反映汉语语法发展演变到那个时期的面貌,也在某种程度上反映了明清时期山东方言语法的状况和特点。因此,基于这类语料的语法分析,对于汉语语法发展演变历史以及汉语方言语法史的研究,自然有着重要意义和价值。

第二,有利于近现代汉语的沟通研究和现代方言语法的研究。汉语史研究与现代汉语研究的沟通或历时研究和共时研究的结合是近些年来学界所强调的汉语研究的重要方向。这项研究以现代汉语的直接源头——明清时期的语法为研究对象,可以为进一步的近现代汉语语法沟通研究或者现代汉语方言语法的研究提供素材。比如,现代山东博山话里常见一个双音式的助词"吧咋",用在动词后表示催促语气(如"走吧咋"、"洗吧咋"、"吃吧咋")。这个语气助词是怎样形成的? 通过明清山东方言语料的调查,可以看到它是脱胎于"VP 罢十怎么"这类表示催促("VP 罢")跟反问("怎么")两部分组成的复合句式,这类复合句在意义上的特点是表示"决意于某事"的"罢"跟表示反问的"怎么"表达一致的内容("怎么"以反问的形式表示肯定,如《醒》84 回:"你还使四十两束脩请程先生罢怎么!""怎么"的音变又作"仔么",如 67 回:"他既是这们歪憋,咱不请他,咱就请赵杏川罢仔么")。而在《醒》稍后,也就是《聊》所反映的山东方言的时代,"怎么/仔么"的合音式"咋"就出现了(字或写做"咱"、"喏"),因此"VP 罢怎么"就成了"VP 罢咱(咋)"。又由于这种复合句式的表意特点,"怎么"或"咱(咋)"实际上就处在了这种复合句的次要地位(它只是以反问的形式加强前句的语气),因此就容易弱化,从而导致"怎么"的合音式"咋"跟前面小句的语气"罢"融合,最终成为一个复合式语气词"罢咋"。(参看冯春田 2006a)再如,人称代词"俺"、"咱"的排除式和包括式、指示代词"乜"以及特殊差比句式和其他为数不少的方言语法词的分析,对于了解明清山东方言的语法面貌及现代山东方言语法研究而言,都是有意义的。

第三,对探索汉语语法的演变规律或基于汉语语法历史事实的理论思考有益。例如,明清时期具有山东方言背景的语料里有这样的句子:

① 狄员外说:"你打他怎么? 只怕他真个是害那里疼可哩?"(《醒》33 回:433)

② 再冬道:"他怎么没的说? 他说害病死了。"龙氏道:"我问他要尸首可呢?"(《醒》94 回:1237)

③ 张诚你拦着他些,今日跟到山里,万一撞见犸虎着呢?(《聊·慈悲曲》4段:a907)

④ (万岁)遂说道:"我若去了,你可送给曹重,他自然看顾你。"周元说:"他发作了着呢?"(《聊·增补幸云曲》5 回:a1561)

例中"可哩"、"着(著)呢"不是复合式语气词,"可"、"着"是用在 VP 后的事态助词(表示假设事态)。这类句子如果不是问句且必有疑问语气词配合则不能成立。再看下面的例子:

⑤ 龙氏道:"我问他要人可,他说甚么?"(《醒》94 回:1237)

⑥ 姐姐你说,我这二年若是嫁了着,你待上那里找我的?(《聊·翻魇殃》9回:a981)

⑦ 孔明说:"这等极好。设或放了他着,该怎么处?"(《聊·快曲》1 联:a1114)

比较地看,例①至④"VP 可/着呢"句跟例⑤至⑦这样的复句有可变换的关系,后者假设小句之后的疑问小句本来是这类复合句的重心,但它可以不出现而只保留在前的假设小句,条件是这个假设句后面要用疑问语气词"哩/呢"。如例⑤可作:"我问他要人可哩(呢)?"例⑥可作:"我这二年若是嫁了着呢?"例⑦可作:"设或放了他着呢?"这样,原来的主从式复句就变成了单句(问句)。因此,例①至④这样的句子都包含着两个句义单位,是复句的单句化现象("VP 可/着呢"句里的助词"可"、"着"的使用不具有强制性,这类助词不出现就是"VP 呢"式,同样也应该视为包含两个句义单位)。

与此相关的，是具有否定副词的小句或短语的连词化问题。先请看下面《聊斋俚曲集》的例子：

⑧ 娘子见的也是，不着就是这等！(《磨难曲》6 回：a1382)

⑨ 王婆说："大爷，你真个不合他做亲么？"仲鸿说："你看我这里扯着来么？"王婆说："不着我去罢？"(《禳妒咒》5 回：a1151)

⑩ 譬如两厨子打发主人，省事的着人做，费事的着咱做，不就是挣赏的人去干，倒包的咱去干。(《禳妒咒》24 回：a1223、1224)

⑪ 他有十三四的个女儿，极待合咱做亲，不就打听打听，若是人物好着，合他就做了也罢了。(《禳妒咒》5 回：a1153)

同属北方系语料但时代更晚些的《儿女英雄传》里也有类似的语法现象。例中的"不着"、"不"应该是由从属的小句演变而来的。(参看冯春田 2004a)同属一大类的变化，又如汉语历史上不同时期形成的"否则"、"不然"、"要不"(音变为"要么")等。由于原来的从属小句变成了连词，因此伴随着小句的连词化也就出现了复句的单句化或者复句简化的语言变化。显然，涉及否定词或者指示词的连词化及其相关的复句简化现象是汉语语法发展史上涉及语法化的一个重要问题。

在具有明清山东方言背景的语料里，有关语法化的另一个重要方面——实词虚化问题也有较多的反映。例如"通身"、"浑身"原本都是名词性的，在相关语料里都发展出了副词的用法。副词"通身"的例子不多，只见到《金》4 例，《醒》3 例(也作"通深")。如：

⑫ 戏子他那里叫来，俺这里少不的叫两个小优儿答应便了，通身只三两分资。(《金》77 回：1155)

⑬ 且待二月间兴工，连你这边一所通身打开，与那边花园取齐。(《金》16 回：192)

⑭ 一个汉子你就通身把拦住了，和那丫头通同作弊。(《金》75 回：1130)

⑮ 合那刑房张瑞凤明铺夜盖的皮缠，敢是那刑房不进去，就合那禁子们鬼混，通身不成道理！(《醒》43 回：563)

⑯ 每次过后也知道自己追悔，到了其间，通身繇不得我。(《醒》80 回：1041)

⑰ 这事我通深不知道！外甥也没合我说。(《醒》77 回：1008)

在明清其他北方系文献里，也暂只见《镜花缘》有两例副词"通身"：

⑱ 无如今日人多，若大家一齐行礼，这里也挤不开。若是一位一位行礼，今日只好尽行礼了。莫若通身行个常礼，我倒欢喜的。(67 回：498)

⑲ 春辉道："你只看这五字，可有一个实字？通身虚的！这也罢了，并且当中又加'而'字一转，却仍转到前头意思。你想，这部《孟子》可能找出一句来配他？"(80 回：597)

例⑫至⑭跟例⑱、⑲"通身"都可以看做表示总括,但具体情况又有所不同:例⑫侧重在客观数量的总括(相当于"总共");例⑬、⑭侧重在总括无余,而例⑬客观性较强,"通身"相当于副词"都"或"全",例⑱、⑲与此比较接近,相比之下,例⑭显然带有主观性,所以相当于"完全、都";例⑮至⑰都用在否定性的谓语之前,主观性更强,语法化程度也更高,所以例中的"通身(深)"相当于表示绝对语气的副词"完全"。

再看副词"浑身(深)"。这个副词有更强的地域性特征和时代性,目前调查的结果是只出现在《醒》里("浑身"4 例,"浑深"15 例),并且在现代山东方言里尚未见到。例如:

⑳ 嫂子,你是也使了些谷,浑身替你念佛的也够一千万人!(32 回:418)

㉑ 留着咱秋里阴枣麨也浑身丢不了!(32 回:419)

㉒ 这不今年你二十岁了,破着我再替你当四五年家,你浑身也历练的好了,交付给你,也叫我闲二年自在自在。(36 回:470)

㉓ 那婆娘有二十二三罢了,那汉子浑身也有二十七八。(41 回:531)

㉔ 我们这两家姑娘可是不怕人相,也难说比那月里红鹅,浑深满临清唱的没有这们个容颜,只是不好叫大官人自己看的。(18 回:228)

㉕ 我破着活不成,俺那汉子浑深也饶不过你,叫你两个打人命官司。(19 回:247)

㉖ 我得空子赶上,浑深与你个没体面。(58 回:761)

㉗ 罢呀怎么! 浑深我还死不的,等我起来看手段!(60 回:786)

㉘ 浑深你的妗子管不得你一生,你将来还落在我手里!(61 回:791)

㉙ 要验不出伤来,破着拶一拶,再不,再撺一二百撺,浑深也饶了我!(81 回:1063)

"浑身(深)"用在句子或句子谓语之前,表示"不管怎么样(无论如何)都肯定会是某种情况或出现某种结果",强调事情的绝对性。可见,"浑身(深)"是一个主观化程度很高的副词。另外,"浑身(深)"跟副词"通身"相比较,虽然所在语料专一(只见于《醒》)而且数量较多(《金》、《醒》"通身"7 例,《醒》"浑身/浑深"19 例),但"通身"能够明显地看出有主观化程度不同的类别,而《醒》里为数较多的"浑身/浑深"却基本上可以归为一类,即主观化程度较高而没有明显的差异。这不但表明即使同类和意义功能都相近的语法词在演变中主观化程度可以有很大区别而非一律,而且表明主观化程度的由低到高也可以不是递增或链条式的,而是歧向的。

汉语历史语法或方言历史语法研究的任务之一,就是还要追寻语法形式的来源或形成,这项研究可以在某些问题上提供参考。仍以副词"通身"、"浑身"为例。经过考察,可知这两个副词都来源于名词"通身"、"浑身"。有人认为副词"浑身"由副词"横竖"变来,恐怕就错了。副词"浑"往往用在名词前表示全量,如"浑舍"、"浑家"指

全家：①

    ㉚ 裸体逐他走，浑舍共号悲。（王梵志《独自心中骤》：13）

    ㉛ 官职莫贪财，贪财向死亲。得即浑家用，遭罗唯一身。（王梵志《官职莫贪财》：99）

由副词"浑"跟名词"身"组合成的名词性的"浑身"至少也在唐代就已经出现。例如：

    ㉜ 道士头侧方，浑身总着黄。（王梵志《道士头侧方》：19）

    ㉝ 浑身锦绣，变成两幅布裙。（《破魔变文》：352）

    ㉞ 浑身笑具，甚是尸骸。（同上，353）

    ㉟ 遍体此时除垢秽，浑身何处有尘埃（埃）？（《妙法莲华经讲经文》：41）

    ㊱ 饥鹰拾却浑身肉，病者剜将两眼精（睛）。（同上，36）

这里再举出些跟所见副词用法相关语料里名词"浑身"、"通身"的例子：

    ㊲ 八仙捧寿，各显神通；七圣降妖，通身是火。（《金》42 回：556）

    ㊳ 狄希陈被素姐用铁钳拧得通身肿痛，不能走动，里外只有一个狄员外奔驰。（《醒》60 回：778）

    ㊴ 忽然先生走来，热得通身的汗。（《醒》33 回：433）

    ㊵ 到如今通身的下汗，悔也是悔不将来。（《聊·姑妇曲》3 回：a879）

    ㊶ 将敬济拿住，揪采乱打，浑身锥子眼儿也不计其数。（《金》92 回：1394）

    ㊷ 若是素姐一两日喜欢，寻衅不到他身上，他便浑身通畅。（《醒》60 回：786）

    ㊸ 浑身上下，头发胡须，眼耳鼻舌，都是粪泥染透。（《醒》35 回：455）

    ㊹ 狄希陈轻则被骂，重则惹打，浑身上不是绯红，脸弹子就是煅紫。（《醒》48 回：634）

例中的"通身"、"浑身"都是名词（身）受副词（通、浑）修饰构成的同义短语，指全身。因为它们具有"包括全部"的语义并且具有描写性（可说"通身的汗"、"通身的下汗"或跟表示范围的"上下"等组合成"浑身上"、"浑身上下"），所以可以通过"隐喻"转化为表示总括或者表示"无论如何"（包括任何情况或条件）的副词。

语法化的语音表现是汉语历史语法研究中的另一个值得重视的问题。语法词的形成及演变或语法格式的变化甚至定型化往往导致词音形式的弱化或变异及部分组合单位的消失。（江蓝生 2000c：157）由于这项研究是基于具有方言背景的语料进行语法研究，因此语法词的词音变异问题反映得比较突出。例如，《醒》的假设连词"打

---

① 以下引王梵志诗，据《王梵志诗校辑》，中华书局 1983 版；引敦煌变文，例㉝、㉞据《敦煌变文集》，人民文学出版社 1957 年版；例㉟、㊱据《敦煌变文集补编》，北京大学出版社 1989 年版。

哩"可以相信就是"但只"（同义复合式）的音变。"但只"在《醒》及相关语料里可作为表示充分条件的副词（相当于"只要"），而假设连词"打哩"就是前者的语法化（表示假设的条件），因此可以认为"打哩"的词形是伴随着"但只"的进一步语法化由音变形成（考察音变问题不能忽视语料的方言背景，在语法化的过程中发生怎样的音变又有可能受到方音的影响："但只"在山东某些方言里音[tãtsๅ]，因此又有"打仔"的词形，这个词音变化为"打哩"更觉自然；由"仔"到"哩"是词音轻化）。又如，"真么"是《聊》里出现的样态指示词，是"这么"的音变式，这种音变的动因却并不仅是方言因素所能解释的。因为"真么"的用例显示，往往在用于带有强调或夸张的场合时"这么"才音变为"真么"，可见这是由于语用因素促动了"这么"的音变（词音内部的因素则是"这么"的上字"这"[tsə]受下字"么"唇音声母的影响而带有了[n]的韵尾）。另外，一些双音语法词的合音音变也应该属于语法化音变的范围，如"怎么＞咱（咱/喃）"、"甚么＞啥（嘎/煞）"、"别＞不要"等，因为这类音变消解了复合式语法词的语素（词素）分界，属于去语素化现象。明清山东方言里相关的语法词音变材料不少，有助于语法化音变问题的深入研究和思考。

在这里顺便提到，通过具有明清山东方言背景语料的语言问题调查，可以看到许多语法化、词汇化引发的词音变化的材料，但这种变化显然不在某一时期汉语语音系统的演变范围之内。如果把语法化或词汇化导致的"字音"变异看做某一时期语音系统的变化而进行分析，其结果之荒谬也就不难看出。

1.4 研究思路

本书属于以专书为基础的断代史的语法研究，力图比较全面系统地描写明清山东方言背景的语料所反映的语法事实及其变化，同时对一些重要或特殊的语法现象加以解释。吕叔湘1955年在他的《汉语语法论文集》初版序里就曾经提出："在语言发展的过程中起作用的不但有时间的因素，也还有地域的因素，应该先就每一种材料做一番分析，然后才能进行综合。"这项研究力求贯彻时、地及专书与断代综合的观念对明清山东方言语法进行研究。以下仅就相关研究的方法或思路做几点说明。

建立在专书语法描写基础上的多角度比较分析，并辅以频率统计。我们认为《金》、《醒》、《聊》具有明清山东方言的背景，但是山东方言内部又有差异，这几种主要语料又可能反映的是山东方言内部的不同地区的方言现象。因此，这项研究首先是立足于专书语法的描写，然后才进行其相互间的比较分析。

多角度（或层次）比较（或对比），是指在对各种语料的语法事实进行描写的基础上进行多角度的比较研究。首先，是《金》、《醒》、《聊》之间语法问题的比较，由此观察其间的异同，相异之处可能有语料所反映的语法在时间上的差异，也可能是方域因素而导致的不同。由此，可以探索明清时期山东方言语法的变化及其地域性差异。以此为基础，也便于进行相关语法现象之间的比较。比如，吕叔湘（1982:306）、高名凯（1985:646）认为现代北京、济南等地方言里的禁止副词"别"来源于"不要"的合音，但此说往往受到质疑。江蓝生（1991）对此进行了深入的考察，指出这种用法的"别"在元人杂剧和散曲里已见,而表示禁止的"不要"最早见于唐代,江先生还分析了"别"、"别要"与相关词语在明清文献及现代方言里的使用和变化情况。可以肯定地说,江蓝生的研究能够确认表示禁止的"别＜不要"的语源关系。这种关系也可以用相关词语在不同文献里的分布比较来观察(调查文献有《金瓶梅词话》、《醒世姻缘传》、《聊斋俚曲集》、《歧路灯》、《儿女英雄传》,下表分别用语料文献名称的首字作为简称,后同):

	不要	不要说	不要是	别要	别要说	别	别说	别是
金	82	2	0	38	0	3	0	0
醒	115	14	0	162	3	100	36	0
聊	70	0	0	2	0	0	0	0
歧	9	0	0	1	0	1	0	0
儿	59	1	7	0	0	139	10	4

表中《儿》有 1 例同类用法的"别讲"计入"别说",5 例"别价"计入"别";"讲"、"说"为同义词,"价"是词缀。

由"不要"、"别要"与"别"各系词语的出现频率比较可以看出时间跟地域的因素:《醒》、《聊》属同一较大方言背景,时代又相距不远,但各系词语的比例悬殊(《醒》"不要"系 129 例、"别要"系 165 例、"别"系 136 例,而《聊》仅"不要"70 例、"别要"2 例),这恐怕主要还是因为具体的方言地点不同;至于《歧》所反映的情况(仅"不要"9 例、"别要"和"别"各 1 例),也只能更多地看做方言差异。《金》里"不要"系 84 例、"别要"38 例、"别"仅 3 例,但到了《醒》里,"别要"系 165 例、"别"系 136 例,不仅表明"别要"跟"别"两系的比例拉近,而且都超过了"不要"系 129 例的出现频率。尤其是到了《儿》里,"不要"系大为减少(67 例),"别要"系则不见了踪迹,而"别"系高达 153 例。这些,都应该是历史发展变化的体现。同时,由表内所反映的有关词语的分布比较,能够清晰地看出"不要"跟"别要"、"别"的关系:除表禁止的"不要"、"别要"、"别"之外,另有非禁止的连词性的"不要说"和表示揣测的副词性的"不要是",与此相应的则有连词性的"别要说"、"别说"和表示揣测的"别是"。显然,"不要说"也就是"别要说"、"别说","不要是"就是"别是",这能够说明表禁止和表揣测及连词性的词语里的"别"、"别要"跟相类的"不要"之间都存在原式与变式的关系。

再如,在《金》、《醒》、《聊》里有"爷/娘＋儿＋们"("爷/娘"跟"儿"并列后用词尾"们")的例子,《醒》和《聊》里又有"爷/娘＋们"的例子:

①伯爵道:"你爹没了,你娘儿们是死水了,家中凡事要你仔细。"(《金》79回:1217)

②素姐又问(狄周)说:"怎么我往京里去寻你爷儿们,你爷儿们躲出我来,及至我回来寻你,你又躲了我进去,合我掉龙尾儿似的……"(《醒》85 回:1114)

③ 素姐说："我还问你件事:姓刘的娘儿两个,你爷儿们弄神弄鬼发付在谁家哩?"(《醒》85 回:1114、1115)

④ 平空的拾了俩亲亲的好兄弟,欢喜的娘儿们拜天又谢地。(《聊·慈悲曲》6 段:a918)

⑤ 我只说你爷们拃折踝子骨,害汗病都死在京里了,你们又来了!(《醒》85回:1213)

⑥ 待了一年多,每日娘们烧火剥葱的,弄的娘们灰头土脸的。(《聊·姑妇曲》2 段:a862)

⑦ 臧姑说:"哦,娘们安心待分出我去么?我可不肯哩!"(《聊·姑妇曲》2段:a869)

⑧ 既是还有两口屋,我合哥哥在那小屋里,您娘们在大屋里,他各人娘家自然来搬了去。(《聊·翻魇殃》10 回:a987)

⑨ 自从烧了屋子顶,娘们里头孤对着,怎么能买起楼宅一大座?(《聊·翻魇殃》11 回:a992)

例⑤至例⑨这些"爷/娘＋们"的例子,实际上都是"{爷/娘＋儿}们"。因为汉语"儿化"的语音现象发生以后,例中的实词"儿"(儿子,儿辈)跟着走了儿化一条路,这是语音影响结构(爷/娘＋儿)的例子("爷/娘＋儿"后用数量词也发生同样变化),只是汉字的非表音特点掩盖了这种语言现象。通过比较,由类似结构在不同语料里的反映,不但可以了解汉语里这类特殊音变现象影响语法结构这样的语言演变事实,而且也可以由此探知汉语儿化历史发展的一些信息。再请看下面的简表(《金》无"{爷/娘＋儿}们"意义的"娘们"、"爷们",故不列入表内):

	爷儿们	娘儿们	爷们	娘们
醒	9	15	1	1
聊	0	1	2	19

同样是表示"{爷/娘＋儿}们"的意思,《醒》里 26 例中有 24 例用未变化式,仅有 2 例变化式;而《聊》里 22 例中有 21 例变化式,仅存 1 例未变化的原式,比例悬殊。这似乎表明,在《醒》所反映的当时的山东内部方言里"儿化"程度可能还不高,实词"儿"的音节在大多数情况下还清晰可辨。而到时间稍后的《聊》所体现的方言里,"儿化"已成普遍现象,致使实词"儿"的词音在结构中也起了变化。

对语法变化进行解释。首先,描写、比较分析的结果可以发现异同,而差异除地域的因素之外,有可能就反映了语法的历时变化,其中有时是原有的语法形式发生了功能或意义的变化,对这种变化进行解释,是历时语法研究的重要内容之一,只有在研究清楚发生了怎样的变化以及发生这些变化的动因何在,才能比较完整地展现出语法在某一阶段发生演变的历史面貌。因此,应力求在明清山东方言某些语法形式演变的机制或动因方面加以分析和探索。

再者,语法的变化还反映在形成新的语法形式,而基于相关语言环境探讨语法形式的形成或来源是最基本的途径。任何历时的语言研究都无法避开语言形式的来源或形成问题的探索,对于历史语法的研究而言也不例外。在语法形式的形成或来源研究上,我们坚持这样的基本思路:从某一语法形式所在的及其差不多同期或此前的语料里加以调查,因为一个较新的语法形式的形成总是在原有的语言基础上产生的,有时易于把握和辨认,是由于这种变化比较直接或因素比较单一;有时则令人感到难以捉摸,这应该是其变化的方式我们尚未了解或者这种变化的因素比较复杂。总之,基于文献的调查研究才是探索较新或较特别的语法形式来源的基本途径。

比如,《聊》里出现了一个方言指示词"乜",现代鲁东和鲁北等一些地区仍较常用。这个指示词的特点是兼性或中性的,并不是固定、纯粹的远指或近指。"乜"又不见于《金》、《醒》及其他同期语料文献。这个指示词是如何形成的? 它的来源是什么? 有人或许猜想它是指示代词"那"或者"这"的音变,但"这"、"那"是近指、远指两分明的,而且从词音上也不容易解释这种变化。通过语料调查,可以看出这个方言指示词跟此前的指示词"恁"可能有关。吕叔湘(1985:297)指出:"恁显然是一个那系的字受么的影响而带上 -m 尾。"吕先生这一推断还可存疑。"恁"这个指示词宋、金以来常见,它的直接来源应该是五代时期的"任么"(静、筠禅师所编《祖堂集》里有一些"任么"的例子,到《景德传灯录》里则多作"恁么";"恁"元明以后大概就由[m]尾变成了[n]尾)。另一个值得注意的问题是,"任么"未见单用"任"的例子,"恁么"跟"地/般/样"结合时则可以见到一些单用的"恁",不过多用于指示方式、性状、程度或时间。在《金》里,"恁"单用时不再限于指示方式、性状、程度或时间,而是可以指示人、物或者事。例如:

⑩ 虔婆道:"你还是这等快取笑,可可的来! 自古有恁说没这事。"(15:186)

⑪ 常时口干,得恁一个在口内噙着他,倒生好些津液。(68:971)

⑫ 他是恁不是才料处窝行货子,都不消理他了了,又怎他怎的!(23:288)

⑬ 刚才若不是我在旁边说着,李大姐恁哈帐行货就要把银子交姑子拿了印经去。(58:797)

⑭ 西门庆听了,口中骂道:"恁小淫妇儿! 我分付休和这小厮缠他不听,还对着我赌身发咒,恰好哄我。"(68:972)

⑮ 衙门是恁偶戏衙门,虽故当初与他同僚,今日前官已去,后官接管承行,与他就无干。(71:1022)

⑯ 你我被他照顾,此遭挣了恁些钱,就不摆席酒儿请他来坐坐儿?(61:835)

例⑩、⑪的"恁"还可以看做相当于"恁么(般/样)",而其他则是纯粹指示人或物。其实在此之前,"恁"用于非样态指示已见于金人诸宫调。同时,在《金》里还可以见到写成"你"而疑似指示词"恁"的例子：

⑰（来旺）被宋惠莲骂了他几句："你咬人的狗儿不露齿，是言不是语，墙有缝壁有耳……"(26:323)

⑱ 金莲便说道："陈姐夫，你好人儿！昨日教你送送韩嫂儿你就不动，只当还教你小厮送去了！"(24:305)

⑲ 想着一来时，饿答的个脸黄皮儿寡瘦的，乞乞缩缩那等腔儿！看你贼淫妇，吃了这二年饱饭，就生事儿雌起汉子来了。(72:1039)

第二人称的"你"（"您"）在金、元文献里常借用"恁"字（吕叔湘1985:81），《金》和《醒》里这种情况也不鲜见。之所以出现由原本第二人称代词"你"的字形记写指示词"恁"的情形，是因为金元以来第二人称代词又有"您"的写法（[m]韵尾，明代以后大概音[nin]）。而在《金》、《醒》、《聊》尤其是后两种语料里，"你"写成"您"的例子就非常之多（《醒》70例，《聊》235例）。由于"恁"、"您"在方言里音近甚至音同，所以可由"你（您）"记写"恁"。而上述例⑩至⑬的"恁（你）"指示人、物、事，正与"乜"的用法相合。《聊》里"乜"的相关例子如：

⑳ 于氏说："俺姐姐，你说起来我就不是乜人！"（《姑妇曲》2段:a868）

㉑ 难道乜孩子着虎衔了去，还有活的么？（《慈悲曲》5段:a912）

㉒ 你说房里那些妇女们，都说咱太太欢喜了，乜模样越发俊的娇嫩了。（《富贵神仙》13回:a1351）

㉓ 二姐道："我不听你乜风话。"皇爷说："你拿乜琵琶来崩一个我听听。"（《增补幸云曲》16回:a1608）

㉔ 长命呀，方学会就弄乜花花哨。（《襄妒咒》2回:a1141）

㉕ 乜是我二妹妹跟我学了两套，每日等皇帝，那皇帝也不来了。多管是冈极了，合丫头们弹。（《增补幸云曲》18回:a1617）

㉖ 二姐拿起万岁那网子来说："大姐姐，你看这网子上是二龙戏珠。"大姐说："乜是二鳖瞅蛋罢了！"（《增补幸云曲》21回:a1637）

例㉕、㉖"乜"用于称代，做"是"字句主语，可能是功能上的扩展。因此，认为俚曲里的"乜"是由此前的"恁"演变而来是有可能的（这个问题还需要进一步探讨）。

又如禁止副词"别"，可以说它来源于语法化为禁止词的"不要"是没有疑义的了（"不要"的语法化过程及因素还可以进行更细致的研究，在"不要"的语法化过程中"要"的词汇意义消失）。在出现禁止词"别"的背景及前此可追溯到唐代的语料里，都可见到许多"不要"表禁止的例子（江蓝生1991），由"不要"到"别"是词音变化所致，只是这种音变方式比较特殊一些罢了。（参看江蓝生1991;冯春田、王群2006）当然可以设想这个禁止副词别有来源，如由"不必"变化所形成。可是，如果对跟"别"一起出现的及此前的语料加以调查，就会看到，在相关语料里"不必"基本上都是表示"不需要,用不着",非纯粹禁止,与表示禁止的"别"在语义上有距离。此外,"不必"两字的声母都是[p],如果按汉语合音规则来说(上字取声,下字取韵),则实不必合音(或者说根本无法形成合音)。总之,认为"不必"合音为禁止词"别"是脱离了语言背景及合音规则的猜测。当然,"不必"表禁止事实上也要晚于禁止副词"别"的出现时代。

再如,《醒》里出现的表示"无论如何"的副词"浑深",有人认为它来源于副词"横竖"(音变)。但是,且不论除用法上的相似性外,由"横竖"音变为"浑深"是否可能,但就语言基础来说,在《醒》里却并无一例"横竖"存在。《金》有"恒数"、"恒属"(分别只有1例和3例),也未见有"横竖"作为副词的例子。"浑深"是《醒》里特有的方言语法词,它之所以能够形成,应该有其词汇或语法的基础。经过历史的以及这一副词背景语料的考察,可以认定它是同一语料及前期语料里都常见的名词性词语"浑身"语法化的结果。名词性的"浑身"具有"包括全部"的词汇意义,在功能上又具有描写性,所以具备语法化为副词的条件。这一副词除为"浑深"外,又写成"浑身",就正是原本词形的保持。只是由于演变为副词后人们已意识不到它与名词"浑身"的联系,所以又写成"浑深",而且在《醒》里副词的"浑深"多达17例而"浑身"仅4例。但是,如果据此认为副词"浑身"是"浑深"的异写,那就是本末颠倒了。

又如,据目前语料调查的结果,可以认为"打哩"是《醒》的背景方言里的一个特殊连词,对于它的形成此前也无定论。既然某一语法词在一特定语料里出现,就有理由认为该语料或差不多同时期的其他语料里可能保留或存在着其语言基础。通过调查分析,可知"打哩"正是来源于同一语料里出现的副词"但只"(在相关语料里也有这个同义复合式副词),它是由"但只"进一步语法化并伴随着在方言里的音变而形成的。

再比如,在《金》里就出现了几个"哩"做结构助词"地(的)"的例子:

㉗ 不想到了粘梅花处,这希大向人闹处就又过一边,由着祝日念和那一个人只顾哩寻。(42:459)

㉘ (那歌童)说罢,不觉地扑簌簌哩吊下泪来。(55:749)

㉙ 西门庆拿着笔哈哈哩笑道:"力薄,力薄。"伯爵又道:"极少也助一千。"西门庆又哈哈地笑道:"力薄,力薄。"(57:774)

这几个"哩"都是用在情状副词或摹状、拟声词语的后面,"X哩"做谓词修饰语(状语),这种"哩"是结构助词"地(的)"(或称为状语标志)的音变式。它跟清代李绿园《歧路灯》(具有河南方言背景)里结构助词"的"、"地"、"得"都音变为"哩"是同一大类型的变化。(参看冯春田2004b)那么,明清时期这种结构助词性质的"哩"是否来源于方位词的"里"呢? 这自然是可研究的,尤其是起初调查、分析这个问题,即使结论可商,也还是有益的,因为这至少提出了某种特殊的方言语法现象,使人们注意并进一步研究。(如傅书灵、邓小红1999)当然,重复性的研究也首先应该尊重语言事实,不能滥用理论方法。因为,不论从前期或相关语料里存在的同类助词的关系、历史演变的联系以及最基本的语法化原则来看,都不能否定"哩<的<的(底)/地/得"("的

＜底/地/得"明清时期都大量地写做"的"）的语言事实。否则，想靠牵强理论穿凿新见，那是不可能得到正确认识的。

研究语法的变化及探索语法形式的形成立足于所由产生的语料背景的调查，并不意味着应该漠视可能影响语言变化的相关因素。如宋代以降，辽、金、元时期少数民族入据中原，他们的语言阿尔泰语与汉语有较长历史时期的接触，那么作为明清时期的山东方言有无这种接触性变异痕迹的遗存呢？这应该说是可以探讨至少是不能过于忽略的一个问题。比如，《醒》书里有一个很常见的助词"可（科）"，用法多样，只有部分语法功能跟汉语里相关的助词对应，至今山东济南等地方言里仍然常用。这个"可"是汉语本土所产吗？它跟元明时期其他语料文献里用法类似的"呵"有无关系？（参看冯春田2004a）不论答案是肯定的还是否定的，至今仍未见有明确的解释。在这种情况下，似乎就不能排斥从语言接触的角度去考察，或者说这也许是寻求答案的一个途径。

再如，吕叔湘（1985：77～80）曾指出："们字通行以后不久，就有了两个含有们字的合音字：俺＝我们，您＝你们；后来又增加了偺＝咱们。"并引了徐渭《南词叙录》"你每二字合呼为恁，咱门二字合呼为喒"的说法。吕先生又指出："俺"初见于宋人词，"您"初见于金人的诸宫调，在金、元文献里常借用"恁"字。元明之际，"您"、"俺"词音即由[m]韵转入[n]韵。（吕叔湘1984：15）但是，"们（门）"的功能本表复数，而自金元时代开始"您（恁）"、"俺"即可表示单数及用于领格。吕叔湘（1984：16）指出，"两种金人作品中，单数您十之八九为领格"，"单数俺之事态亦复与此平行"。于是，这就出现了一个疑问：由复数词尾"们"跟"你"、"我"合音为[m]尾词后又经词音变化为[n]尾的"您（恁）"、"俺"，"援复入单，何以独盛于领格"？吕先生也说"其故尚有待于解说"，不过至今仍未见有探索这个问题的成果出现。现在提出一个推测："您（恁）"、"俺"形成及词音变化和通行于北方方言的时期，正是契丹、女真、蒙古诸少数民族入据中原的时期，援复入单而独盛于领格是否与受阿尔泰语系诸语言的影响有关呢？哈斯巴特尔（2003）通过对阿尔泰语相关语言现象的研究发现，中世纪蒙古语同现代蒙古语一样，领属格都采用一些词缀的形式。汉语的"您"、"俺"往往用于领格是否与汉语历史上跟阿尔泰语的接触有某种关系？虽然目前的研究还很粗浅，但这方面的探讨还是应该继续下去并力求有所突破的。

在研究的过程中，也力求注意从系统性方面看问题，处理好宏观与微观的关系。不过，我们又把具体问题的分析放在首位，因为具体的问题不清楚，也就很难在宏观问题上有正确的认识。当然，在某些情况下，具有宏观的认识对具体问题的分析可能就更透彻、更清晰。问题是，不由微观（具体问题）入手，何来宏观？还需要说明的是，混淆不同问题界限的做法不是所谓宏观研究。举个一般性的例子：语气助词"罢（吧）"的来源是人们关注的问题之一。太田辰夫首先提出："恐怕助词'罢'是用于句末的'便罢'，或者'也罢'的省略。即：'罢'原来是述语性的，如果说'你去罢'，可能就有'你如果去就完了'、'你去就得了'一类的意思。用在句末的'便罢'、'也罢'似乎还能感到一些陈述意思的残留,因此,它应该说是准句末助词。再进一步省略了'便'或'也',就只成了'罢',那就完全丧失了陈述的功能,成为单纯表示语气的了。"(太田辰夫 1987:338~339)太田的这一见解值得重视。不过,"罢"能够成为语气词,其实并不一定是用于句末的"便罢"、"也罢"的省略(即省去"便"或"也"字),而也可能就是由述语性的"罢"("罢休、罢了"义)用于句末变化而来的;发生这种变化的另一个重要条件(也就是语言的内部因素),是"罢"所在的句子本身具有表示"决定某种行为"的意思,其中含有说话者的"意志"。从句式角度说,假设句末的"罢"未虚化,那么句子意义的表达是"VP+罢(述语)",也就是实词表达,或结构式的表达;如果这种"罢"虚化成为助词,那就是由实词或句式的表达转化成了虚词,也就是语气的表达(当然,原先的句式在结构上也就发生了变化)。"也罢"、"便罢"的复合形式是不能够直接变化为语气词"罢(吧)"的,只有单一的谓词形式"罢"用在句末才有条件演变成语气词。也就是说,从更大范围或系统性的方面说,"也罢"、"便罢"等在近代汉语后期都发生了向句末虚词的演变,但从具体的问题来看,只有单一的"罢"才能变化为句末语气词的"罢(吧)",而它与句末助词的"也罢"、"便罢"之类所表示的语气是不同的,它们之间的语法化程度也不同(人们又把"也罢"、"便罢"之类看做"准助词")。假设因为"也罢"、"便罢"与"罢"等都发生了向句末虚词的变化,就认为语气词"罢"不必经由单音的非语气助词形式"罢"的阶段,那最好是有实际的论证,缺乏切实论证的宏观论是不可取的。另外,在近代汉语里,跟"罢"同义的"休"("罢休"义)也成为语气词,"休"也可以与副词构成短语"便休",是不是我们只有认为语气词"休"一定得是从"便休"省略而来的才是所谓宏观呢?当然,我们往往可以看到,有的较宏观的分析,实际上是在他人对具体问题调查研究的基础上进行的,离开个别或具体问题的研究就无所谓宏观分析。因此,我们力求具体而全面、系统地观察分析问题,而不固执一端。

另需说明,由于这项研究涉及相关语料所体现的语法的方方面面,内容繁多,所以在出版之前做了较多的删裁,本书对具体问题的分析一般也就比较概括,而没有能够过多地展开讨论。①

---

① 以下各章引例后括号内先标语料文献名或简称,其次是章回或《聊》的曲目,最后为页码,不再出现书名号及章回字样。各章主要语料所据版本:《金瓶梅词话》,人民文学出版社 2000 年版;《醒世姻缘传》,上海古籍出版社 1981 年版;《聊斋俚曲集》,上海古籍出版社《蒲松龄集》1986 年版。引例或叙述文字简称《金》、《醒》、《聊》。《聊斋俚曲》包括俚曲《墙头记》、《姑妇曲》、《慈悲曲》、《翻魇殃》、《寒森曲》、《蓬莱宴》、《俊夜叉》、《穷汉词》、《快曲》、《丑俊巴》、《禳妒咒》、《富贵神仙》、《增补幸云曲》和《戏三出》中的《闹馆》、《钟妹庆寿》、《闹窘》、《南宫调九转货郎儿》等,分别简称为《墙》、《姑》、《慈》、《翻》、《寒》、《蓬》、《俊》、《穷》、《快》、《丑》、《禳》、《富》、《增》、《戏》以及《闹》、《钟》、《闹》、《南》(引例不加书名号)。另外,《磨难曲》与《富贵神仙》仅个别用例有出入,引例出现时简称《磨》。《歧路灯》具有河南方言背景,成书于1777 年,作者李绿园,河南宝丰县人,据中州书画社 1980 年版,简称《歧》;《儿女英雄传》具有北京方言背景,成书于1849 年,作者文康,满族镶红旗人,据西湖书社 1981 年版,简称《儿》。其他历代语料各章随文注明。另需说明:因为以下各章都有结语或类似的专节,所以全书后不再专门另写结论,以省繁冗。

第二章 代 词

2.1 概说

代词(又称指代词)是不仅可以代替名词、动词、形容词、数量词、副词等各类实词,而且还可以代替短语、句子甚至语段的一类词,这类词的共同点就是指示和称代。

代词的再分类是一个比较棘手的问题,正如吕叔湘(1985:1～2)所说:"这类词数目不多而用法复杂,不但所联系的对象有实体(人、物、时间、处所等)和非实体(施为、性状、数量、程度等)的不同,还涉及有定和无定的不同,指示和称代的不同,实指和虚指的不同,因此要制定一个令人满意的指代词分类表是很不容易的。"本章依据后来普遍采用的三分法——人称代词、指示代词、疑问代词,把具有明清山东方言背景的《金瓶梅词话》、《醒世姻缘传》、《聊斋俚曲集》里所反映出的代词分为三类,各类代词内部又分出一些小类。详见下页表。①

本章以明清时期具有山东方言背景的《金》、《醒》、《聊》为基础,辅以近代汉语时

---

① 表中所列包括代词及其复合形式。"指示代词"下面小类中的词语有的有多种语义功能,如指示词"这"、"那"。为便于列表,把"这"、"那"归入"指称人事物"这一小类之后,其余小类就不再重复列出。

期其他一些语料,对代词进行分析。① 出现在相关语料里的代词有些是古代汉语形成而近代汉语里不使用的,本章则不加分析。

人称代词	第一人称代词	我、我家、我侬、我们、俺、俺们、咱(偺、喒)、咱们、咱家、吾、朕、奴、奴家、自己、自家
	第二人称代词	你、你们、您(恁)、您们、汝、尔、伊
	第三人称代词	他、他们、伊、渠、之、其、彼
	己称代词	自、自己、自个、自家、己
	泛称代词	打(大)伙、大家、大家伙里、人、人家、他、旁人、别人、各人、某、彼此
复数词尾		们(每)
指示代词	指称人事物	这、那、兀那、是、尔、之、其、若、兹、斯、彼、此、也
	指称性状	这么(们、门)、这么(们)等、这么(们)样、这们样着、这们着、那么(们)、真么、真么等、这等、那等、这样、那样、这般、那般、这等样、那等样、这般样、怎么、宁么、恁、恁地(的)、恁样、恁般、是般、此般、此等、如此、如此等、如是、若是、许、然、偌、也样、也么样
	指称方所	这里、那里、这边、那边、这头、那头、这厢、那厢、那壁、这壁厢、那厢里、那边厢、这答(搭)儿里、那搭剌子、这咕溜搭剌儿里、此间
	指称时间	这早晚、这咱(昝)、这咱(昝)晚、那咱(昝)、那咱(昝)晚
	旁指代词	别、别的、其余、其他、其外、余
	遍指代词	每、各、各个、各自
疑问代词	人物疑问代词	谁、谁人、谁家、阿谁
	事物疑问代词	什(甚)么、甚、什(甚)的(底)、么、嘎(啥)、那、那里、那的、那些、何物、何
	情状/方式疑问代词	怎生、怎、怎的(地)、怎么、怎么的、怎么样、怎样、怎么着、怎么样着、仔么、嚜(咱)、何等、如何、何如、若何、奈何
	数量/时间疑问代词	多少、多、多大、都大、多早晚、多咱(昝、喒)、多咱(喒)晚、几、第几、几时、几多、几何、几度、未几、几曾

2.2 人称代词

明清山东方言文献里出现的人称代词大致包括以下几个小类:A. 三身代词,其中第一身代词有"我"、"我家"、"我侬"、"俺"、"咱(偺、喒)"、"咱家"、"吾"、"朕"、"奴"、

① 除《金》、《醒》、《聊》、《歧》等外,涉及的其他语料:刘坚、蒋绍愚主编《近代汉语语法资料汇编》(商务印书馆,宋代卷1992年出版,元代明代卷1995年出版),引例简称"汇编"。《全元曲》据河北教育出版社1998年版,《水浒传》据人民文学出版社1975年版,《醉醒石》据上海古籍出版社1985年版,《红楼梦》据人民文学出版社1982年版。南方系语料、明代陆人龙《型世言》,中华书局1993年版。

"奴家"、"自己"、"自家";第二身代词有"你"、"您(恁)"、"汝"、"尔"、"伊";第三身代词有"他"、"伊"、"渠"、"之"、"其"、"彼"。B. 己称代词,有"己"、"自"、"自己"、"自个"、"自家"。C. 泛称代词,有"打(大)伙"、"大家"、"大家伙里"、"人"、"人家"、"他"、"旁人"、"别人"、"各人"、"某"、"彼此"等。另外,还有与人称代词密切相关的复数词尾"们(每)"。

2.2.1 三身代词

近代汉语时期三身代词的发展已经较为完备。明清山东方言文献里的三身代词共 23 个。

2.2.1.1 第一身代词

第一身代词共 12 个:"我"、"我家"、"我侬"、"俺"、"咱(偺、喒)"、"咱家"、"吾"、"朕"、"奴"、"奴家"、"自己"、"自家"。"吾"、"朕"等不在分析之列。

2.2.1.1.1 我

2.2.1.1.1.1 "我"的基本用法

《金》、《醒》、《聊》里"我"用做第一身代词的出现频率非常高,且既可表示单数意义,又可表示复数意义,表示复数意义时又有包括和排除的区别。

A. "我"用做第一身单数,既可单独使用,做主语、宾语、定语和兼语,也可与其他词语组成复合形式。如:

① 陈经济道:"爹使我门外讨银子去,他与了我三钱银子,就交我替他稍销金汗巾子来。"(金·51·685)

② 婆子道:"我的十两银子在外,休要少了我的,说明白着。"(金·86·1319)

③ 我做了一张呈,拿了我三年半。(聊·磨·1473)

④ (金莲)因问:"我的镜子只三面?"玉楼道:"我的大小只两面。"(金·58·801)

⑤ 姑娘,你自作自受没的悔,我难为初世为人,俺娘老子只养活着我一个,我还想得到家么?(醒·98·1400～1401)

⑥ 素姐道:"你先走两步,前边引我,到那尼姑庵门口站住,我自己敲门进去。"(醒·86·1228)

⑦ 固是他那心肠狠,也是我自家命里该。(聊·磨·1454)

⑧ 叫俺舅自己买罢;我这不长进的杭子,只怕拐了银子走了。(醒·39·579)

⑨ (李婆)玉笋山上的花鞋来到手,可待怎么谢我老人家?(聊·禳·1204)

⑩ (潘金莲)骂道:"你还哄我老娘!"(金·13·161)

⑪ (寄姐)说道:"这哄吃屎的孩子哄不过,来哄我老人家!"(醒·79·1129)

⑫ 倘有些风吹草动,我武二眼里认的是嫂嫂,拳头却不认的是嫂嫂。(金·

1·20)

⑬ 宋御史再三辞道："这个，我学生怎么敢领？"因看着蔡御史。蔡御史道："年兄贵治所临，自然之道。我学生岂敢当之？"（金·49·642）

⑭ 若有这样受用所在，我老爷也情愿不做那典史，只来这里做囚犯罢了！（醒·14·204）

⑮ 敲门的我是万岁山前赵大郎。（金·71·1018）

⑯ 计氏说道："你还说叫我管教他。我还是常时的我，他还是常时的他哩么？"（醒·2·20）

⑰ 你平日总有些儿差池，断不肯像你待的那我。（聊·富·1317）

⑱ 计氏说道："我家脸丑脚大，称不起合一伙汉子打围，躲在家中，安过我的苦日子的分罢！"（醒·2·19）

⑲ 小尼雏问是何人；玉烛挑明，老居士称为我侬。（醒·86·1229）

"我"可做主语、宾语、兼语、定语，可与结构助词"的"、数量词"一个"、己称代词"自己"、"自家"等组成复合形式。例⑧至⑭"我"后加同位成分，这种表达方式可以形象而鲜明地反映出说话人不同的心理和性格特点：如例⑧反映出说话人的不满；例⑨"我老人家"反映了人物趁机作势、居功自傲的心态；例⑩和⑪，潘金莲和寄姐虽都是妾，但她们非常得宠，性格矫横，"我老娘"、"我老人家"正是她们这种性格和家庭地位的反映；例⑫为第一身代词与姓名的组合式，这种称谓组合式对说话者自身起突出强调的作用；例⑬说话者（两位御史）身在高位而自称"学生"，表示对听话者（西门庆）的谦敬和礼貌；例⑭典史自称"我老爷"，显示出其自傲心理。例⑮至⑰，句中第一人称代词"我"前带了修饰语；例⑱是"我"与词尾"家"的复合形式；例⑲是"我"与词尾"侬"的复合形式，都用于自称。

第一身单数"我"的出现形式、功能及频率分布

| | 单用形式 | | | | 复合形式 | | | | | |
| | 我 | | | | 我+的 | 我+一个 | 我+己称代词 | 我+同位语 | 修饰语+我 | 我家/侬 |
	主语	宾语	定语	兼语						
金	3354	1546	963	328	8	4	9	64	1	0
醒	3941	1247	623	205	27	8	61	42	1	1/1
聊	2873	946	863	132	12	3	23	35	1	0

B. "我"用做第一身复数，既可以是包括式，又可以是排除式。在形式上可分为两种：(a)"我"单独出现或与数量/群体名词（们）、"辈"、"等"等组成复合形式；(b)与复数词尾"们（每）"组合成"我们（每）"。例如：

⑳ 且惟我国初，寇乱未定，悉令天下军徭丁壮集于京师，以供运馈，以壮国

势。（金·48·636）

㉑ 天地有不能在万物身上遂生复性的,我还要赞天地的化育。（醒·1·1）

㉒ 我们与这样恶妇为邻,就是天老爷叫我不幸!（醒·89·1270）

㉓ 芥蒂无分毫,我两人道义交,往来尽脱虚圈套。（聊·禳·1154）

㉔ 西门庆唤入里面,吴惠、腊梅先磕了头,说:"银姐使我送茶来与爹吃。"（金·68·966）

㉕ 两个道婆说:"你要去,我好添你这一分的行装合头口,十三日同往娘娘庙烧信香演社,你可别要误会。"（醒·68·975）

㉖ 你们要寻乌大王,与我女儿同去。（醒·62·887）

㉗ 你不给我饭吃了么?（聊·磨·1451）

㉘ 龙氏道:"娘既不去,我四个自去。"（醒·60·863）

㉙ 我娘儿们好好儿的,拆散开你东我西,皆因是为谁来?（金·86·1318）

㉚ 众官悉言:"我辈还望四泉于上司处美言提拔,足见厚爱之至。"（金·65·912）

㉛ 我等前番问了罪,在此住过好几年。（聊·磨·1534）

㉜ 伯爵道:"我们到郊外去一游何如?"（金·54·728）

㉝ 应伯爵便说道:"哥,咱这时候就家去,家里也不收我每。"（金·20·256）

㉞ 他如今有了儿,这是要请我们到那里,好当面堵我们的嘴。（醒·21·313）

㉟ 亏不尽他两个撺掇我们早早离了地方,又得这等一个好缺。（醒·15·218）

㊱ 白来创道:"今日我们弟兄辈小叙,倒也好吃酒顽耍。"（金·54·725）

㊲ 如今我们大家都喜,把那往事再不要提他,只往好处看。（醒·21·313）

㊳ 你办了东道,或在我们自己船上,狄友苏的老妈不肯过来。（醒·87·1244）

㊴ 我们主人虽是朝廷大臣,却也极好奉承。（金·55·741）

㊵ 把我们呈在里面。（醒·47·685）

㊶ 两次曾到府上,都撞见了员外外边截住,不放我们进内。（醒·68·972）

㊷ 我们要寻那鹿儿去也。（聊·磨·1391）

㊸ 只我们猎户,也折了七八个。过路客人,不计其数。本县知县相公,着落我们众猎户,限日捕捉。（金·1·8）

㊹ 所以叫我们各人的妻室来服事娘子出来。（醒·12·176）

例㉑至㉓"我"是包括式,分别做定语、主语、兼语或与数名短语组成复合形式。例㉔至㉛"我"是排除式,其中例㉔至㉗"我"分别做兼语、主语、定语、宾语等。例㉘、㉙

"我"与数量/名词(们)组成复合形式。例㉚、㉛"我"后加表复数意义的"辈"和"等"。《金》、《醒》和《聊》人称代词加"辈"、"等"表示复数意义的用例非常少,而且多出自一些具有特定身份的人之口,如例㉚是官员、例㉛是秀才,这些人说话有时故意使用较书面化的语言,增加文绉绉的成分,以显示其身份和地位。由用例的数量和出现的语境可以推断,明清山东方言人称代词借助于"辈"、"等"表示复数已不是当时实际口语的反映。例㉜至㉟"我们"为包括式第一身复数,分别做主语、宾语、定语和兼语;例㊱至㊳"我们"分别与群体名词、泛称代词、己称代词组成复合形式,表示包括式的含义;例㊴至㊹"我们"为排除式,其中例㊴至㊷"我们"单独使用,分别做定语、宾语、兼语和主语;例㊸、㊹是"我们"与数名短语、泛称代词组成的复合形式。

第一身复数"我"的语义指称、功能及频率分布

	我										
	包括式				排除式						
	我			我+数量/群体名词(们)	我				我+数量/群体名词(们)	我辈	我等
	主语	定语	兼语		主语	宾语	定语	兼语			
金	0	4	0	0	0	0	2	2	8	2	5
醒	1	6	1	0	20	5	7	4	10	0	2
聊	0	0	0	2	3	1	0	0	0	1	1

第一身复数"我们"的语义指称、功能及频率分布

	我们											
	包括式						排除式					
	我们				我们+己(泛)称代词	我+数量/群体名词(们)	我们				我们+己(泛)称代词	我们+数量/群体名词(们)
	主语	宾语	定语	兼语			主语	宾语	定语	兼语		
金	7	2	0	0	0	1	21	9	2	2	0	4
醒	61	8	6	4	14	10	121	43	27	11	4	19
聊	0	0	0	0	0	0	3	1	0	0	0	0

2.2.1.1.1.2 "我(们)"的其他问题

A. "我"表示泛指

三身代词本来分别代表说话人、听话人、听说双方之外的第三者,但在语言的实际运用过程中,在特定的环境下,第一、第二、第三身代词所指代的对象可以适用于某

一群体或某一范围内的任何一个个体,这种情况可称为三身代词的泛指用法。《金》、《醒》和《聊》第一身代词"我"用于泛指有两种情况。

（ⅰ）"我"与第二、第三身代词对举使用

a. "你"、"我"对举使用表示泛指。这是"我"表示泛指的主要形式。如:

　　㊺ 各人冤有头,债有主,你揭条我,我揭条你,吊死了,你还瞒着汉子不说。（金·29·366）

　　㊻ 不曾打开箱柜,四个人轰然扑在上面,你打我夺,你骂我争,采扭结成一块,声震四邻。（醒·92·1316）

　　㊼ 你一杯来我一盏,我一盏,主人还说不开怀,不开怀。（聊·富·1304）

b. "尔"、"我"对举使用表示泛指。例子罕见,只《醒》出现1例:

　　㊽ 去时尔喜我悲酸,来日此欢彼烦恼。（醒·99·1405）

c. "他"、"我"对举表示泛指。这类的用例也非常少:《金》1例,《聊》2例,《醒》没有出现。如:

　　㊾ 正是唾骂由他唾骂,欢娱我且欢娱。（金·15·189）

　　㊿ 他也忙我也忙,我也忙他也忙,太行山大家一齐上。（聊·墙·855）

由例㊺至㊿可以看出,对举的"你"、"我"、"他"等并不代表具体的某一个人,而是构成一种群体的量,描绘一种整体情状,形成一种对比。

（ⅱ）"我"单独使用表示泛指

"我"单独使用表示泛指,《金》出现1例,《醒》出现20例,《聊》没见到用例。如:

　　51 无争无竟是贤才,亏我些儿何碍?（金·1·10）

　　52 我要多教几人,就收一百个也没人拦阻得;我若要少教几人,就一个不收,也没人强我收得。（醒·33·482）

　　53 真是我见犹怜,未免心猿意马。（醒·12·179）

　　54 你若把事体见得明白,心性耐得坚牢,凭他甚么挠乱,这一件好事,我决要做成,这事便没有不成之理。（醒·32·468）

　　55 又有吃了那官亏的百姓,恼得我的仇人都来归罪,架说报冤,这才关系着身家性命。（醒·33·481～482）

例51至55"我"从形式上好像是指说话人自身,而实际上指在特定的情景下包括说话人在内的任何一个人。

"我"表示泛指与特定的句法环境分不开,可以说泛指用法是语境赋予它的一种临时职能。依赖于特定的语境,第一身代词"我"失去其具体的人称意义而表示泛指并没有给人们带来理解上的障碍,人们反而可以通过较少的语言获取更为丰富的语义内涵。

"我"表泛指的使用情况和频率分布

	"我"与第二、第三身代词对举使用			"我"单独使用
	你……我	尔……我	他……我	我
金	34	0	1	1
醒	63	1	0	20
聊	18①	0	2	0

B. "我(们)"的转指用法

一般而言,汉语三身代词分别指说话人、听话人、对话双方以外的其他人。但是在实际应用中并不像定义的这么简单、这么规整,有时会出现一些看上去似乎违反三身代词基本用法的情况。比如,本来说的是对话双方以外的第三者,言语行为者却用了"你",这种违反常规的现象可称做三身代词的"转指"。②

a. "我"实指听话者。如:

㊋ 狄员外道:"我寻上门去,再不怨自家的人,只是怨别人?"(醒·40·585)

例㊋实际上是狄婆子去(找狄希陈),狄员外怕狄婆子,不敢直接用"你"批评她,用"我"听起来似乎转嫁了批评的对象,使话语变得委婉,易于接受。

b. "我"实指对话双方之外的第三者。如:

㊌ 这咱已起更时分,大姐、元宵儿都在后边未出来,我若往他那边去,角门又关了。(金·82·1270)

㊍ 刚才打过,若是个当真有气性的人,我就合他一千年不开口说话。(醒·95·1356)

㊎ 我如此有理的事,怕他则甚?(醒·42·612)

例㊌至㊎均为叙述性语句,这种句子对故事人物的叙述一般采用第三身代词,可是例中均没用"他"而是用了第一身代词"我"。根据语境来看,"我"的使用具有特定的语用效果:例㊌"我"实指当事人陈经济,不用"他"而用"我"更加直接地描摹出了当事人的心理状态,使其所思所想更具可感性;例㊍"我"的使用更加鲜明地表明了作者对素姐没有气性的批评;例㊎"我"实指当事人侯小槐,充分体现出作者对侯小槐懦弱性格的不满。

c. "我们"实指第一身单数。如:

㊏ 郭总兵道:"况且我们做大将的人,全要养精蓄锐,才统领的三军,难道把些精神力气都用到你们妇人身上?"(醒·87·1239)

㊐ 金匮道:"不是我私来,里边奶奶差出我们来。"(金·100·1490)

㊑ 童奶奶说:"我暂留下,等我们爷来再商议。"(醒·54·780~781)

---

① 《聊》"你"、"我"对举使用,"你"17次,"我"18次,其中有1例"我"重复出现,见例㊼。
② 这种现象又有其他提法,如周法高(1959)、吕叔湘(1985)称为转换,张炼强(1982)称为变换等。

例⑥⓪,郭总兵怕老婆,心理上觉得自己在她们面前说话的权威性不够,所以用"我们"来扩大自己的同盟,借助他人的力量来增强其话语的权威性和可信度。例⑥①也是如此。例⑥②"我们+爷"的称谓方式只出现在《醒》中,而且全部出自童奶奶一人之口,共9例。"我们爷"是童奶奶对自己丈夫的称呼,"我们"实际表示单数意义,相当于"我"。童七是个银匠,在清代的社会地位并不高,但由于童七是与陈公公合伙做乌银生意,而且生意兴隆,加之当时京城统称人为"爷",所以童奶奶也称自己的丈夫为"爷",这既符合京城人称人的习惯,也体现了童奶奶身居京城、生活富足的优越感。

由用例调查可知,该用"你/他"而用"我"或该用"我"而用"我们"的例子只出现在《金》和《醒》中,《聊》中没有出现,这种不均衡可能与文体和作者使用语言的风格有关。

"我(们)"用于转指的情况和频率分布

	对话语境		叙述语境
	"我"指"你"	"我们"指"我"	"我"指"他"
金	0	2	3
醒	1	14	7
聊	0	0	0

C. 你我、我你

语料里出现了"你我"、"我你"连用的例子。"你我"在量上包括三种情况:"你"和"我";"你"和"我"在内的一个群体;偏指一方"你"或"我"或"我们/俺们"。"我你"只包括"我"和"你"。如:

⑥③ 留也是虚邀,饭也是免嚣,你我惟有心相照。(聊·禳·1154)

⑥④ 月娘笑道:"丽春院里,那处是那里,你我送去?"(金·46·607)

⑥⑤ 玉楼说:"你我既在檐底下,怎敢不低头?"(金·76·1140)

⑥⑥ 西门庆道:"这节间到人家,谁是肯轻放了你我的,怎么忌的住?"(金·78·1197)

⑥⑦ 你我钱粮拿甚么支持?(金·45·583)

⑥⑧ 他也难管我你暗地的事。(金·85·1300)

例⑥③"你我"指"你"和"我";例⑥④根据语境可知"你我"表示的是一虚数,实际上指包括"你"、"我"在内的多个人。这两种情况下的"你我"相当于包括式的"咱(们)",但二者相比,"你我"使所指对象显得更加明确、具体。例⑥⑤至⑥⑦"你我"实际上是偏指一方:例⑥⑤指听话人,例⑥⑥指说话人,例⑥⑦指说话人所代表的一方,相当于排除式"我们"(或"俺们")。说话人不用"你"或"我"或"我们/俺们"而用"你我",使听说双方好像处于同一位置、同一境遇、同一立场,利于拉近说话人和受话人之间的心理距离。例⑥⑧"我你"指"我"和"你",相当于"咱(们)"。

	你我					我你("我"和"你")
	"你"和"我"	"你"和"我"在内的一个群体	"你"或"我"或"我们/俺们"			
			你	我	我们/俺们	
金	36	5	5	5	1	2
醒	0	0	0	0	0	0
聊	14	1	0	0	0	0

2.2.1.1.2 俺

2.2.1.1.2.1 "俺"的基本用法

"俺"是明清山东方言文献出现较多的第一身代词,"俺"自身既可表示单数意义也可表示复数意义,"俺"也常加复数词尾"们"来表示复数。在表示复数意义时,"俺(们)"主要表示排除式的含义,但也有少数用于包括式。

A. "俺"的单数意义和用法

"俺"用做单数,既可单独使用,做主语、宾语、定语和兼语等,也可与其他词语组成复合形式。如:

① 俺去说,情管就肯。(醒·72·1031)

② 张侍郎也要把俺让。(聊·磨·1541)

③ 俺张舅那里,一向也久不上门,不好去的。(金·93·1403)

④ 你家死人,教俺助你?(醒·53·772)

⑤ 月娘道:"他当初这官,还是咱家照顾他的;还借咱家一百两银子,文书俺爹也没收他的,今日反恩将仇报起来。"(金·95·1429)

⑥ 那宾相也甚没意思,丢下盒底,往外飞跑,说道:"好!俺妈!我宾相做到老了,没见这们一位烈燥的性子!"(醒·44·649)

⑦ 薛三省娘子道:"好俺姐!这天多昝了,你往那里去呀?"(醒·73·1046)

⑧ 到明日会亲,酒席间他戴着小帽,与俺这官户怎生相处?(金·41·541)

⑨ 曹操认得俺常山赵子龙?奉将令等你多时!早早留下人头,放你过去!(聊·快·1127)

⑩ 俺自己不好前去,单等着爹娘来招。(聊·襄·1173)

例①至④,"俺"做主语、宾语、兼语、定语等。例⑤"俺爹"指西门庆,所以"俺"并不能指代说话人月娘,实际上月娘是在借子称谓,这里的"俺"相当于第三身代词"他",做定语。例⑥和例⑦,"俺+称谓词"构成詈辞,反映了说话人意外或惊讶的心理体验。例⑧"俺"做本位语。例⑨从功能上来看,"俺"也是做本位语,同位语"常山赵子龙"是人名,两种称谓形式组合在一起,对说话者自身有突出强调作用。例⑩"俺"与己称代词组成复合形式。

"俺"表单数意义时的功能和频率分布

	主语	宾语	定语	兼语	本位语	俺+己称代词
金	16	4	305	0	6	0
醒	54	12	366	6	5	0
聊	333	88	254	115	7	7

B. "俺"的复数意义和用法

"俺"用做第一身复数,多数表示排除式,偶尔表示包括式。在形式上,可分为两种:(a)"俺"单独出现或与数量/群体名词(们)等组成复合形式;(b)与复数词尾"们(每)"组合成"俺们(每)"。如:

⑪ 生下孩儿,你又发起善念,广结良缘,岂不是俺一家儿的福分?(金·57·776)

⑫ 乜丫头居然是代把夫人做,他给了俺儿圆下房,如今又产麟儿落了肚。(聊·襄·1260～1262)

⑬ 俺是夫妇二人,前往城外岳庙里烧香,起的早了些,长官勿怪。(金·90·1365)

⑭ 你只叫他跟着俺走,再没有岔了的路。(醒·25·374)

⑮ 要是俺的孩子,分俺的家事,这也还气的过。(醒·56·812)

⑯ 阎王爷想你还告,着俺等你。(聊·寒·1051)

⑰ 乔大户道:"俺二人一位姓何,一位姓乔。"(金·61·856)

⑱ 这是俺娘儿们背地里商量的话,没人合他说。(醒·84·1199)

⑲ 俺自己几口子还把牙叉骨吊得高高的打梆子哩!(醒·57·819)

⑳ 后来见了狄爷,俺每人指望要五十两。(醒·81·1155)

㉑ 先抬上两桌箱子,占着俺的。(聊·翻·974)

㉒ 俺每是没时运的,行动就相乌眼鸡一般。(金·35·458)

㉓ 自从养了这种子,恰似他生了太子一般,见了俺每如同生刹神一般。(金·31·398)

㉔ 桂姐便道:"我央及姑夫,你看外边俺们的轿子来了不曾。"(金·44·575)

㉕ 你比不的俺们。(醒·19·283)

㉖ 若姐姐有个好歹,叫俺们怎么过?(醒·63·907)

㉗ 俺们备了猪羊酒来,与大王犒赏三军。(聊·磨·1446)

㉘ 有花大哥邀了应二哥,俺们四五个,往院里郑爱香儿家吃酒。(金·14·165)

㉙ 俺们专等徒弟回来照数赔俺们的,他如今又且不来家里。(醒·99·1418)

例⑪"俺"后有表示群体意义的数名短语,例⑫"俺"做定语,"俺"均为包括式。例⑬至㉑"俺"均为排除式:例⑬至⑯"俺"分别做主语、宾语、定语、兼语;例⑰至㉑"俺"分别与数量/群体名词(们)、已称代词、泛称代词、结构助词"的"等组成复合形式。例㉒、㉓"俺每"为包括式,分别做主语和宾语。例㉔至㉙"俺们(每)"为排除式,分别做定语、宾语、兼语、主语以及与数量/群体名词、结构助词"的"等组成复合形式。

第一身复数"俺"的语义指称、功能及频率分布

	包括式		排除式							
	俺(均做定语)	俺+数量/群体名词	俺				俺+数量/群体名词(们)	俺+反身代词	俺+泛称代词	俺+的
			主语	宾语	定语	兼语				
金	3	1	13	10	21	5	62	0	2	0
醒	0	0	104	28	36	10	79	2	2	2
聊	3	0	95	32	18	21	46	1	1	2

第一身复数"俺们"的语义指称、功能及频率分布

	包括式		排除式					
	俺们		俺们				俺们+数量/群体名词	俺们+的
	主语	宾语	主语	宾语	定语	兼语		
金	10	1	206	71	15	24	15	1
醒	0	0	31	11	4	3	1	1
聊	0	0	4	0	0	0	0	0

2.2.1.1.2.2 "俺(们)"的其他问题

A. "俺"的来源

"俺"是近代汉语时期新产生的第一人称代词,关于其来源,不少学者进行过考证和发表过看法。吕叔湘(1985:78~79)认为:"宋金白话文献里的'俺'只是取'奄'之声来谐'我们'的合音。也有写成'唵'的。"但太田辰夫(1987:108)认为合音说"略有疑问"。太田辰夫的疑问在于语音方面,他认为:"'俺'是影母,而'我'却是疑母。一般认为,影母和疑母的区别在元代大致是存在的,认为这种区别在宋代就已不存在了,大约稍为早了一点。虽然徐渭在《南词叙录》中说'恁'是'你每二字合呼为恁','喒'是'咱们二字合呼为喒',但对于'俺'没有这样说。这也许是因为不认为'俺'是'我门'的合音。"吕叔湘(1984:9)则对语音做出了解释:"'俺'……《广韵》作'于验切',古音应是ʔiem;'我'字《广韵》作'五可切',古音应是ŋa。二字声母与元音都不同。但宋元时代'俺'字大致已经过ʔam之阶段(变为与'庵','唵'同音……)而变为am;'我'字之ŋ-头或亦已脱落而元音则犹未合口化。如此则'俺'字亦正可与'我'a加 -m尾相当。"这种解释言之有理,值得我们借鉴。考虑一个词的发展演变,语音固

然是一个重要方面,但意义和用法同样不可小觑。把"俺"看做"我们"的合音,吕叔湘（1984：17）提出一个不好解释的问题："援复入单,何以独盛于领格?其故尚有待于解说。""俺"是不是"援复入单",下文再做讨论,但吕叔湘客观地揭示出了"俺"可以表示单数而且多做定语的语言现象,这一现象对进一步认识"俺"的功能及其形成给予了很好的启发。在吕叔湘研究的基础上,下文将根据所调查的语料,从意义、功能及语音变化等方面对第一人称代词"俺"的来源问题做进一步的分析和探讨。

（ⅰ）"俺"的意义及功能分布

第一人称代词"俺"最早见于"宋人词和金人的两种诸宫调"。（吕叔湘 1985：78）例如：

⑩ 俺略起,去洗耳。（辛弃疾词）

㉛ 俺父阵前亡,值唐末,荒荒起塞烟。（刘知远诸宫调·344）

㉜ 孤寒时节教俺且充个"张嫂",甚富贵后教别人受那号?（董解元西厢记·卷二）

㉝ 好恨这风儿,催俺分离。（金谷遗音·13）

㉞ 教俺两下不存济。（金谷遗音·16）[①]

例㉚至㉜"俺"表单数意义,例㉝和㉞"俺"表复数意义。

为更确切了解"俺"单复数意义的表达及其功能分布,我们对从宋到清的部分文献作品进行了调查分析,结果如下表：

文献		俺（单数意义）					俺（复数意义）					
		主语	宾语	定语	兼语	本位语	主语	宾语	定语	兼语	本位语	+数量/群名
董解元西厢记		23	15	12	6	0	1	1	0	0	1	1
刘知远诸宫调		1	2	7	1	0	7	2	0	0	0	9
新编五代史评话		5	1	4	0	0	0	0	0	0	0	0
大宋宣和遗事		2	1	1	0	0	1	0	1	0	0	0
鲁斋遗书		2	1	1	0	0	0	0	0	0	0	0
高祖还乡		0	0	2	0	0	0	0	0	0	0	0
元典章		0	0	0	0	0	3	2	2	0	0	1
全相平话五种		20	2	28	3	2	6	1	2	2	0	14
全元曲	杂剧篇	898	254	2380	129	221	509	89	476	58	51	782
	戏文篇	36	9	26	8	4	6	3	7	1	0	0
	散曲篇	119	40	83	12	4	8	0	5	0	0	8

---

① 例㉚转引自太田辰夫（1987：109）；例㉝和例㉞转引自吕叔湘（1985：78）。

文献	俺（单数意义）					俺（复数意义）					
	主语	宾语	定语	兼语	本位语	主语	宾语	定语	兼语	本位语	＋数量/群名
杀狗劝夫	1	2	41	1	0	3	0	4	3	0	13
水浒传	107	48	66	23	2	11	2	38	1	6	34
团圆梦	6	2	10	1	1	2	1	0	0	0	3
高皇帝御制文集	7	1	1	0	0	0	0	0	0	0	0
清平山堂话本	1	0	3	0	0	0	0	0	0	0	2
警世通言	30	2	19	1	3	3	0	4	0	0	1
醒世恒言	4	0	6	0	2	0	0	6	0	0	0
喻世明言	5	0	3	0	0	0	0	1	0	0	0
初刻拍案惊奇	9	2	21	2	0	4	0	0	0	0	1
型世言	0	0	1	0	0	0	0	0	0	0	0
明清民歌时调集	65	52	60	18	0	1	0	0	0	0	14
金瓶梅词话	16	4	304	0	6	13	10	24	6	5	61
醒世姻缘传	54	12	364	6	5	104	28	36	10	1	78
聊斋俚曲集	333	88	254	115	2	95	30	21	22	0	46
歧路灯	27	7	161	7	4	17	4	0	1	1	33
红楼梦	2	2	1	0	0	0	0	1	0	0	0
儿女英雄传	2	0	2	0	1	0	0	0	0	0	2

可以看出，"俺"既可以表示单数意义，也可以表示复数意义。其单复数意义的出现频率在各文献中虽不十分均衡，但总体情况是单数用例多于复数用例。如果"俺"是"我们"的合音的话，那么至少应是"俺"表复数的意义早于表单数的意义出现，而且至少在初期复数意义的用例应多于单数意义的用例。但是，语料调查反映的语言实际却基本与之相反，这就很难支持"俺"是"我们"的合音的说法。

汉语人称代词自古以来就有兼表单复数的传统，第一人称代词"我"更是如此，因而"俺"兼表单复数是与"我"及整个汉语人称代词数的表达方式相一致的。随着复数词尾"们"的产生和不断推广，汉语渐趋借助于语法手段来表示人称代词等的复数，如"我们"、"你们"、"他们"等。人称代词"俺"也不例外，其后加"们"或"每"来表示复数的现象在元代也已经出现。由此看来，在单复数意义的表达以及与复数词尾"们"的结合上，"俺"与"我"并无不同，"俺"可以看做"我"的变式。

上表清楚地反映出"俺"的使用频率存在方言区域的差别。首先，大致体现出南北方言之间的差异。在反映北方方言的文献，如诸宫调、元杂剧（绝大多数剧作家是北方人）、《金瓶梅词话》、《醒世姻缘传》、《聊斋俚曲集》和《歧路灯》中，"俺"的使用频率较高;而南方籍作者的作品如《警世通言》、《醒世恒言》、《喻世明言》、《初刻拍案惊奇》、《型世言》等中,"俺"的使用频率较低。其次,反映出同一较大方言区域内次方言间分布的不均衡。在北方方言区内,尤其是到了明清时期,以山东方言为背景的《金瓶梅词话》、《醒世姻缘传》、《聊斋俚曲集》以及用河南话写成的《歧路灯》中"俺"的使用频率较高,而同时期反映北京话的《红楼梦》和《儿女英雄传》中"俺"的出现频率则极低。现代汉语中,"俺"仍在山东、河南、河北等地使用,这与明清时期北方方言中"俺"的分布正相一致。

从表内还能够看出,"俺"虽然可做主语、宾语、定语、兼语等,但其自身的功能是不对称的,其做定语,即处于领属格地位的频率远远高于做其他成分的频率。在上表所列文献的功能分布中,"俺"居领属格(定语)的用例占"俺"用例总和的 46.5%,而占主语、宾语、定语、兼语用例总和的百分比则更高,为 54.5%。

第一人称代词"我"也兼表单复数,而且也可做主语、宾语、定语、兼语等。根据语言发展的竞争规律和经济原则,第一人称代词"我"与"俺"之间必然存在某种差异,否则二者不可能长期并存。为此,以元代关汉卿杂剧和明末清初《醒世姻缘传》为样本,对其中"我"和"俺"的主要功能分布进行了调查,结果如下表:

		主语	宾语	兼语	定语	
关汉卿杂剧	我	1945	542	208	449	14.3%
	俺	125	29	22	285	61.8%
醒世姻缘传	我	3939	1246	205	623	10.3%
	俺	158	40	16	400	65%

可以看出,两种文献反映的情况基本是一致的,即"我"和"俺"的功能分布有显著差异:"我"主要做主语、宾语、兼语等,而"俺"主要做定语,二者在功能上基本呈互补状态。由此看来,领属格的特定句法位置与第一人称代词"我"到"俺"的词形和语音变化之间似乎存在着某种必然的联系。

(ⅱ)语言接触与"俺"的鼻音化

吕叔湘(1985:78)指出:"古代字书里有'俺'字(《说文》:俺,大也),但是到了宋代口语里,大约早就不用了。"吕叔湘(1984:9)对"俺"字的音变做了解释:《广韵》作'于验切',古音应是ʔĭɐm……但宋元时代'俺'字大致已经过ʔam之阶段而变为am。"吕叔湘(1984:9)还说:"盖 -m 收声,两宋以来,已见动摇,宋词元曲不乏 -m、-n 通押之例。元明之际,事态推移,当已略同今日,闽海岭南而外,不复有 -m 之收声。"明代张自烈《正字通·卷一》说:"'俺',北方读阿罕切,安上声;凡称'我'通曰'俺'。"另外,我们还可以根据词曲韵脚字判断出"俺"的词音。如:

㉟ 它还有意时,与你必相见。(旦)怕日远日疏负奴恩愿。(末)寻思那人情恁浅,往复相将是一年。(净)记不得伊时须记得俺,我要照着多娇面。(张协状

元第三十九出，近代汉语语法资料汇编·宋代卷·594)

㊱ 自从那日两分散，直到如今未曾回还，想必是，又在那里把鲜花恋，闪的俺，无依无靠无陪伴，奴命该如此，独受孤单，泪珠儿，点点湿了芙蓉面，恨薄幸，誓海盟山全不念。(白雪遗音卷二·马头调，明清民歌时调集·下·632)

㊲ 老鸨儿拿银子在钱铺上换，换钱的说道是一块铅，一斤只值得三分半。忘八顿下脚，妈儿哭皇天，整日里哄人，天哪，谁知人又哄了俺。(挂枝儿·谑部九·鸨妓问答，明清民歌时调集·上·223)

㊳ 俺也怕了十来年，至到而今他不怕俺。咱且从容且怕着，只怕将来还做个茧。(聊·襄·1148)

例㉟，"俺"与"见"、"愿"、"浅"、"年"、"面"等字押韵；例㊱，"俺"与"散"、"还"、"恋"、"伴"、"单"、"面"、"念"等字押韵；例㊲，"俺"与"换"、"铅"、"半"、"天"等字押韵；例㊳，"俺"与"年"、"茧"押韵。这些字押韵较为工整，不但韵尾 -n 相同，而且主要元音 a 也相同。

第一人称代词"我"自上古以来在汉语中一直使用，然而近代汉语时期为什么又借用音[an]的俗字"俺"来表示第一人称代词呢？"俺"和"我"之间又有什么联系和区别呢？"我"字字音发生的变化对考察第一人称代词"俺"的出现无疑是至关重要的。吕叔湘(1984:9)指出："'我'字《广韵》作'五可切'，古音应是ŋɑ……'我'字之ŋ-头或亦已脱落而元音则犹未合口化。如此则'俺'字亦正可与'我'ɑ加 -m 尾相当。"吕叔湘(1985:78～79)认为："宋金白话文献里的'俺'只是取'奄'之声来谐'我们'的合音。"从音理上来说，"俺"可为"我们"的合音。但是，通过前文分析可知，在单复数意义的表达及频率的分布上"俺"与"我"更为接近，这就动摇了合音说。如果"俺"不是"我们"的合音，而是由"我"音变而成，那么，"我"字在ŋ-头脱落以后，是如何带上鼻辅音韵尾的呢？

解答这一问题，有必要尝试把"俺"产生的时代的社会语言环境结合起来进行考察。宋以后，契丹、女真、蒙古等少数民族相继入主中原，他们的语言也随之带到了中原地区。汉语与阿尔泰语开始接触、融合，相互之间产生了较大影响，有些阿尔泰语词汇至今仍保留在汉语中，如"可汗"、"成吉思汗"、"胡同"、"戈壁"等。语音同词汇一样，在语言接触中也比较容易发生变化，那么汉语第一人称代词"我"语音的变化是否与阿尔泰语的影响有关？通过对阿尔泰语相关语言现象的探讨发现，"中世纪蒙古语同现代蒙古语一样，领属格采用 -yïn/-yin,-un/-ün,-u/-ü 的词缀形式……"(哈斯巴特尔 2003)，可以看出阿尔泰语领属格词缀的尾音主要是鼻辅音 -n。而汉语第一人称代词"俺"也正是在汉语与阿尔泰语接触时出现的，并且多用于领属格。这种现象不是巧合，它恰恰说明汉语第一人称代词"我"在ŋ-头已脱落而元音犹未合口化之前，在领属格这一特定的句法位置上，在阿尔泰语领属格的语音影响下发生了鼻音音变，即带上了鼻辅音韵尾 -n，音变后借用了同音字"俺"来表示，因而"俺"多用于领格。

可以说,语言接触是近代汉语第一人称代词"我"在领属格位置上发生鼻音化的直接动因。但是,由于语言接触而产生的新形式"俺"是否能在汉语中扎下根来,还要看它与汉语语法有无相容性,能否真正融入汉语语法当中去。从文献考察来看,即使在"俺"使用最为广泛的元代,"我"做领属格的功能一直都没有停止。相反,本来是"我"在领属格位置发生鼻音音变而出现的"俺",由于受原词"我"的影响,除做定语外也可做主语、宾语、兼语等。因此,尽管"俺"与"我"功能的侧重点不同,但二者还是有重复之嫌。元代以后,随着汉语受阿尔泰语影响的减弱,"俺"作为第一人称代词使用的区域范围逐渐缩小。现代汉语中,"俺"没有能够进入通语当中去,只在山东、河南、河北等地使用。

B. "俺"表泛指

"俺"表泛指只在《聊》中出现 2 例,且均是与第三身代词"他"对举使用。如:

⟨39⟩ 若有个人儿,忽搭忽搭,他又爱俺,俺又爱他,夜去明来,谁知谁觉?（聊·襄·1204）

对举的"俺"、"他"等并不代表具体的某一个人,而是构成一种群体的量,描绘一种整体情状,形成一种对比,使得言语表达既经济又具有表现力。

C. "俺(们)"的转指用法

分析用例发现,《金》里"俺们"有不少并不表示复数(共 50 例),而是相当于单数意义的"俺"或"我";《金》还有 11 例"俺们"不表示排除而表示包括,相当于包括式"咱(们)";《聊》里"俺"有 2 例不表示单数或排除式的意义而表示包括,相当于包括式的"咱(们)"。如:

⟨40⟩ 妇人道:"他如今见替你怀着孩子,俺每一根草儿,拿甚么比他?"(金·76·1149)

⟨41⟩ 金莲道:"俺每那等劝着,他说一百年二百年,又和怎的?"(金·21·262)

⟨42⟩ (江城)同拜倒爹娘前,一家大小都欢然,俺家新有翰林院。(聊·襄·1258)

例⟨40⟩妇人(金莲)用"俺每"暗指处于"失宠"地位的并不是她一人,表明自己不是孤立的。例⟨41⟩潘金莲在和孟玉楼说话,金莲不用包括式"咱们"而用排除式"俺每"含有一种假设,虚拟地把不在场的第三人吴月娘当成了听话人,表现出金莲听说月娘与西门庆和好而忌妒、不满的心理。例⟨42⟩"俺"似乎有虚拟的听话人在场,体现出江城欢欣鼓舞的情态。由此可见,"俺们"表单数意义以及"俺们"、"俺"表示包括式的含义是特定语境赋予的特定的语用意义,具有特定的语用效果。这些"俺(们)"表达的是一种临时意义,并不能看成其经常的意义指称功能。

2.2.1.1.3 咱

2.2.1.1.3.1 "咱"的基本用法

"咱(们)"是包括式第一人称代词,有时也用于排除式,甚至还可以表示单数的意义。

A. "咱(们)"表示单数

"咱(们)"表示单数意义,用例不多,可做主语、宾语、定语等。如:

① 咱们情愿合你在一堆过了,若再去输钱,叫你使锥子扎万下!(聊·俊·1115)

② 娘,你说与咱,咱也好分忧哩。(金·57·767)

③ 命好撞着试官喜,篇篇都是好文章,雨点下不在咱头上。(聊·翻·1004~1005)

④ 咱家姓高名猷,字是仲鸿,本贯临江府峡江县。(聊·襄·1150)

例①从句子语境来看,"咱们"表示的应该是单数意义,相当于"我",单数意义的"咱们"只在《聊》中出现这1例。例②、例③"咱"表示单数意义,相当于"我",单数意义的"咱"只在《金》和《聊》中有少许用例。例④"咱"与词尾"家"的复合形式"咱家"也表示单数意义,"咱家"只出现在《金》和《聊》中,用例较少,且只见于唱词或俚曲套白当中,可能是仿古所致。

B. "咱(们)"表示复数

a. 包括式。如:

⑤ 月娘向大妗子说:"咱也到这寺中看一看。"(金·89·1349)

⑥ (素姐)又叫狄希陈道:"你好狠人呀!你过来跪着咱妗子罢!"(醒·60·860)

⑦ 晁夫人道:"咱别管他,他叫咱替他收拾房,咱就替他收拾。"(醒·49·713)

⑧ 徐氏说:"江城,那不是你爹爹在那里等咱?我儿快走些。"(聊·襄·1155)

⑨ 薛嫂道:"这里没人,咱娘儿们说话。"(金·85·1301)

⑩ 只当是咱两个敛他们罢了。(醒·41·604)

⑪ 咱各人收拾睡觉。(醒·49·710)

⑫ 晁夫人道:"消停,等完事可,咱大家行个礼儿不迟。"(醒·22·325)

⑬ 子雅大笑说:"快哉快哉!拿大杯来,咱每人满饮一杯。"(聊·襄·1217)

⑭ 咱自己做齐整的。(醒·1·10)

⑮ 这是咱自家互相夸奖了。(聊·磨·1504)

⑯ 张二说:"着人培坟,咱且做咱的。"(聊·墙·856)

⑰ 到明日,没的把咱们也扯下水去了!(金·86·1312)

⑱ 这就是咱们的公公。(醒·3·37)

⑲ 咱们没有情面,又没有银钱,只得听天由命而已。(聊·磨·1385)

例⑤至⑲"咱"均为包括式:例⑤至⑧"咱"分别做主语、定语、兼语、宾语等;例⑨至⑯

"咱"分别与数量/群体名词(们)、已称代词、泛称代词、结构助词"的"等组成复合形式。

　　需要说明的是,在与数量词或群体名词的结合上,"咱"、"俺"出现的频率较高,而"咱们"、"俺们"出现的频率较低,这种现象与古代汉语人称代词本身可以兼表单复数的语言特性不无关系。古代汉语人称代词兼表单复数,具体表示单数还是表示复数要根据上下文或者根据与其搭配的词语来判断。近代汉语虽然出现了表示复数的词尾"们",但人称代词兼表单复数的传统习惯没有彻底改变,明清山东方言多用"咱"、"俺"而少用"咱们"、"俺们"与数量或群体名词搭配与汉语原有的习惯有关。另外,《聊》人称代词"我"、"俺"、"咱"与"们"的共现率最低:"我们"出现 4 例;"咱们"共出现 5 例,4 例表示"你我"之义,1 例表示自称,相当于"我";"俺"则没有与"们"组合的例子,这反映出《聊》所代表的方言点人称代词还不习惯于跟"们"组合。(参看冯春田 2003:15)

　　b. 排除式。如:

　　⑳ 咱是谁？莫要笑话俺穷似贼。(聊·襀·1170)

　　㉑ 玉楼道:"花园内有人在那里,咱每不好去的,瞧了瞧儿就来了。"(金· 58·788)

例⑳"咱"为排除式,"咱"为排除式的例子只出现在《金》和《聊》中,《醒》里"咱"均用于包括式,没有例外。例㉑用做主语的"咱每"为排除式,只有《金》出现 1 例。

"咱"的意义、用法及频率分布

	复数意义								单数意义			
	包括式							排除式	咱			
	咱				咱+数量/群体名词	咱+已称代词	咱+泛称代词	咱+的	咱(均做主语)	主语	宾语	定语	咱家(均做主语)
	主语	宾语	定语	兼语									
金	116	5	53	2	42	0	5	0	1	5	4	0	1
醒	238	58	136	12	34	1	14	0	0	0	0	0	0
聊	461	38	188	14	59	2	5	3	3	6	2	1	3

"咱们"的意义、用法及频率分布

	复数意义				单数意义(做主语)
	包括式			排除式(均做主语)	
	主语	宾语	定语		
金	59	6	1	1	0
醒	4	0	2	0	0
聊	2	0	2	0	1

2.2.1.1.3.2 "咱（们）"的其他问题

A. "咱（们）"的转指用法

a. "咱"实指听话者

"咱"实指听话者共108例：《金》42例，《醒》61例，《聊》5例。如：

㉒ 伯爵道："虽然你这席酒替他赔几两银子，到明日休说朝廷一位钦差殿前大太尉来咱家坐一坐，自这山东一省官员，并巡抚、巡按，人马散级，也与咱门户添许多光辉，压好些伏气。"（金·65·919）

㉓ 晁思才说："罢！罢！老天爷！够了咱的！只有这个侄儿，咱就有几千几万两的物业，人只好使眼瞟咱两眼罢了，正眼也不敢看咱。"（醒·21·317）

例㉒"咱"实是指西门庆，伯爵用"咱"，体现了他极力与西门庆套近乎，以此来提高自身的地位，显得自己也很荣耀。例㉓从小说所交代的故事背景可知晁思才一心图谋晁夫人的家财，在不得遑的情况下，转而屈心奉承晁夫人，所以用"咱"表示对晁夫人的尊敬和亲近，以掩饰其内心的妒恨。不难看出，说话人用"咱"指代听话者是有意缩短自己和听话人之间的心理距离，或者说是情感距离，以表示友好和亲近。

b. "咱（们）"实指第一身单数。"咱（们）"是包括式第一身代词复数，可是文献中"咱（们）"实际指代第一身单数的情况时有发生：《金》37例，《醒》78例，《聊》22例。如：

㉔ 那薛姑子坐下，就把那个小合儿揭开，说道："咱们没有甚么孝顺，拿得施主人家几个供佛的果子儿，权当献新。"（金·57·777）

㉕ 春梅道："咱既受了他礼，不请他来坐坐儿又使不的，宁可教他不仁，休要咱不义。"（金·97·1459）

㉖ ……（西门庆）说："去年第六房贱累生下孩子，咱万事已是足了。"（金·57·774）

㉗ 晁夫人说："你这会子没钱，咱家见放着板，这有甚么不好意思？"（醒·30·448）

㉘ 王龙说："咱是穷的么？"（聊·增·1646）

例㉔至㉘"咱（们）"指代的都是第一身单数，但具体语境下的语义内涵各不相同：例㉔薛姑子用"咱们"一来与吴月娘套近乎，二来显示自己经常出入高门大户，炫耀的口吻溢于言表；例㉕陈经济抱怨春梅还与吴月娘来往，春梅怕陈经济生气而进行解释，表明自己这么做是从大局考虑，并不真的是与吴月娘关系变好，春梅用"咱"表示自己始终是站在陈经济一边的；例㉖"咱"字表达了西门庆心满意足的情态；例㉗"咱"表示晁夫人不把计巴拉当外人，显得晁夫人有情有义；例㉘"咱"刻画出了王龙夸富的自负与狂妄。

c. "咱（们）"表示排除式的意义。"咱（们）"为第一身代词包括式，在特定的语境

语用条件下有时表示排除式的意义,共出现 15 例:《金》1 例,《醒》11 例,《聊》3 例。如:

　　㉙ 这王姑子口里喃喃呐呐骂道:"原说这个经儿咱两个使,你又独自掉揽的去了!"(金·68·962)

　　㉚ 二人道:"就是俺两个在苏都督家住了四五十日,那一日不是四碟八碗的款待? 他认得咱是谁! 他也不过是为小胡儿。"(醒·15·221)

例㉙王姑子骂薛姑子,而薛姑子并不在现场,包括式"咱"好像把不在现场的人置于说话人的对面。例㉚"咱"只指说话人晁书和晁凤,并不包括听话人晁大舍。但晁大舍是主人,晁书、晁凤是下人,他们不敢直接指责晁大舍的忘恩负义,因而用"咱"从形式上把自己也包括进去,既起到了批评的作用,又不至于太冒犯晁大舍。

　　B. 第一人称代词复数包括式与排除式

　　"咱(偺/喒)"、"咱们"主要用于包括式,"俺"、"俺们"主要用于排除式,尤其是在《醒》中,二者的对立很分明。"我"、"我们"表示排除式的用例明显多于表示包括式的用例,但没有出现一边倒的现象。一般认为,古代汉语第一人称复数不区分包括式和排除式,而"我"是上古汉语就有并一直沿用到现代汉语的代词,近代汉语时期"我"、"我们"在复数意义的表达上不区分包括式和排除式可以说是对其原有用法的保留和传承。由此可以说,明清时期山东方言中第一人称代词复数包括式和排除式的对立基本上就是"咱(偺/喒)"、"咱们"和"俺"、"俺们"的对立,这与近代汉语时期北方方言区的整体情况基本一致。[①]

　　明清时期是近代汉语后期,该期山东方言第一人称复数包括式和排除式的对立是对早期近代汉语既有语法现象的继承。北方方言第一人称复数排除式与包括式这一对立的语法范畴在北宋末期(12 世纪初)就已经产生(刘一之 1988)。宋代以前汉语第一人称代词复数一直是不区分包括式和排除式的,那么为什么到北宋末期北方方言区第一人称代词复数形成了包括式和排除式的二分对立,而且这种语言现象为什么能够一直延续到现代汉语中呢?

　　首先,所谓第一人称代词复数的二分对立是从语法形式上来说的,也就是包括和排除的观念分别由不同的词来表示。古汉语虽然在语法形式上没有区分,但这并不意味着在意念的表达上没有包括和排除的区别。如:

　　① 尔有母遗,繄我独无。(左传·隐公元年)

　　② 我胜若,若不吾胜。(庄子·齐物论)

　　③ 我无尔诈,尔无我虞。(左传·宣公十五年)

　　④ 聚室而谋曰:"吾与汝毕力平险,指通豫南,达于汉阴,可乎?"(列子·汤问)

　　——————————

　　① 近代汉语语料调查参看刘一之(1988)。

⑤ 用之则行，舍之则藏，惟我与尔有是夫！（论语·述而）

例①至③在语义表达上明确把说话人和听话人进行了区分；例④和例⑤"吾与汝"、"我与尔"，通过连词"与"把说话人和听话人纳入一个群体当中，即用词汇的手段表达了包括的含义。（参看蒋绍愚2005:122）

其次，随着语言的发展和表义的细密化，汉语词汇"自家"的产生及其词义的发展，为汉语包括式的出现奠定了基础。"自家"自唐代产生后，除表示"自己"和"我"义之外，宋代开始还可表示"你我"之义（吕叔湘1985:96），这意味着汉语已经可以用一个词语来表达包括式的含义。如：

⑥ 自家好家门，各为好事，以光祖宗。（范文正公集·尺牍卷上·7a）

⑦ 又如今两人厮吵，自家要去决断他，须是自家高得他。（朱子语类·154）①

"自家"不但可以表示包括式的含义，而且还出现了与复数词尾结合的复合形式，例如：

⑧ 今自家懑都出岳相公门下，若诸军人马有言语，交我怎生置御？（王俊首岳侯状·229）

⑨ 恰如自家们讲究义理到熟处，悟得为人父，确然是止于慈……（朱子语类·b274～275）②

宋代"自家"合音为"咱"后，"咱"对"自家"的三个含义——"自己"、"我"、"你我"都传承了下来，在"自家们"的影响下又出现了"咱们"。（吕叔湘1985:97～101）伴随着"咱"、"咱们"的产生，汉语第一人称复数出现了可以由多个代词——"咱"、"咱们"、"俺"、"俺们"、"我"、"我们"等来表达的现象，依据语言发展要求经济和明晰的规律推断，这些第一人称代词之间势必产生竞争。可以说包括和排除意念的存在以及多个第一人称代词并存的语言实际为汉语第一人称代词复数包括式和排除式的二分对立提供了内在的动因。

再次，从语言发展的社会历史背景来看，自宋代以来，北方少数民族契丹、女真、蒙古等相继南下，入主中原，汉语与阿尔泰语的接触也逐步广泛，而且阿尔泰语各语族中普遍存在第一人称代词复数包括式和排除式的对立。语言间的接触、异质语言的影响成为汉语第一人称代词复数包括式和排除式二分对立形成的外在原因。梅祖麟（1988a、1986）指出："……在这方面影响汉语的是阿尔泰语的女真语，或契丹语"，"也可能是积累这两种语言的影响"。在内因和外因的共同作用下，北宋末期汉语北方方言中包括式和排除式这种对立的语法范畴诞生了。那么，在近代汉语北方方言

---

① 例⑥、⑦转引自吕叔湘（1985:96）。

② 例⑧、⑨转引自冯春田（2000/2003:16、17）。

中与"咱（偺/喒）"、"咱们"形成对立的为什么不是"我"、"我们"而是"俺"、"俺们"呢？

"俺"是第一人称代词"我"ŋ‑头已脱落而元音犹未合口化之前，在领属格的特定句法位置上，在阿尔泰语领属格鼻辅音韵尾 ‑n 的影响下产生的。在意义上，"俺"与"我"一样既可表示单数意义又可表示复数意义；在功能上，"俺"虽偏重于领格，但是它也可以做主语、宾语、兼语等。加之它是新产生的第一人称代词，受习惯表达（古汉语第一人称代词复数在语法形式上不区分包括式和排除式）的束缚力相对较小，所以近代汉语北方方言第一人称代词复数包括式和排除式二分对立在"咱（偺/喒）"、"咱们"和"俺"、"俺们"之间表现得更为鲜明。

汉语第一人称代词复数在内因和外因的共同作用下产生了包括式和排除式的二分对立，但它能否战胜旧有的表达习惯并在语言中保留下来还有许多不确定因素。近代早期汉语与契丹语和女真语的接触在客观上对汉语包括式和排除式的形成起到了催化作用，到了元代，汉语与蒙古语的接触更加广泛，从对译的元代白话碑文、直译的《元典章》和《通制条格》、旁译的《蒙古秘史》等文献当中，可以看到汉语第一人称代词复数被严格地区分包括式和排除式，这从一个侧面说明蒙古语严格区分包括式和排除式对汉语第一人称代词复数包括式和排除式的二分对立起到了巩固和强化作用。现代汉语里"俺"没有能够进入通语当中，只在山东、河南、河北等地使用，在这些地区，"咱"、"咱们"与"俺"、"俺们"的对立仍然存在。通语中"咱"、"咱们"仍主要表示包括式，"我"、"我们"也仍然是兼表包括式和排除式，因此二分对立的格局就不如近代汉语显得工整。

2.2.1.1.4　奴、奴家

"奴"是近代汉语新产生的第一人称代词，又与词尾"家"组合成复合形式"奴家"。明清山东方言中"奴"、"奴家"仍在使用，但在各文献中的分布并不均衡：《金》出现频率还相当高，《聊》也有不少用例，这些用例既出现在人物对话中，也出现在一些曲文唱词中；《醒》则极为罕见，仅有的一例还是出现在赵先替薛素姐写的状词中。尽管比《醒》时代稍后的《聊》中"奴"、"奴家"的用例还不算太少，但《聊》为俚曲这一特殊的文体，在用词上不排除有意仿古的倾向。因此可以说，由《金》到《醒》和《聊》仍然反映出用于女子自称的代词"奴"、"奴家"逐渐衰落的趋势。

从句法功能看，第一人称代词"奴"、"奴家"均可做主语、宾语、定语、兼语等，如：

① 妇人道："既有实心娶奴家去，到明日好歹把奴的房盖的与他五娘在一处，奴舍不的他，好个人儿。与后边孟家三娘，见了奴且亲热，两个天生的，打扮也不相两个姊妹，只相一个娘儿生的一般。"（金·16·192）

② 三月三，因回家去，通仙桥，光棍无数，走上前，将奴围住……（醒·74·1055）

③ 教奴卸红装，催奴换绣鞋，多情人把我浑身爱。（聊·富·1305）

④ 看看窗儿外，明月上柳梢，透纱窗将奴牙床照。（聊·富·1305）

⑤ 一向感谢官人,官人又费心相谢,使奴家心下不安。(金·13·158)

⑥ 妇人扶住武松道:"叔叔请起,折杀奴家。"(金·1·14)

⑦ 奴家心愿,安安稳稳,春秋千万!(聊·禳·1274)

⑧ 佛动心泪如麻,你有心爱奴家,奴家也愿把你嫁。(聊·增·1625)

"奴"、"奴家"的功能及频率分布

	奴				奴家			
	主语	宾语	定语	兼语	主语	宾语	定语	兼语
金	229	62	67	14	22	8	4	3
醒	0	1	0	0	0	0	0	0
聊	27	32	6	9	19	12	4	1

2.2.1.1.5 自己

"自己"用做第一身代词仅《聊》1例,而且出现在俚曲道白中:

① 樊婆徐氏上云:"嫁得穷酸丁,飘零五十春;搬来又搬去,南北似流民。自己徐氏便是。"(聊·禳·1152)

2.2.1.1.6 自家

"自家"仅见于《聊》,既可表示单数意义,又可表示复数意义。

A. "自家"用做第一人称单数,相当于"我",共 17 例。如:

① 自家姓吴名恒,号是良心,高宅厨子是也。(聊·禳·1233)

② 自家马台,卢龙知县是也。(聊·磨·1377)

B. "自家"用做包括式第一人称,相当于"咱",只 1 例:

③ 他娘说自家穷,这银子休妄费。(聊·姑·885)

从总体情况看,"自家"用做第一人称的用例已较为罕见,而且均出现在俚曲套白中,仿古的倾向比较明显。

2.2.1.2 第二身代词

明清山东方言文献第二身代词共 5 个,它们是:"你"、"您(恁)"、"汝"、"尔"和"伊"。"汝"、"尔"不在分析范围内。

2.2.1.2.1 你

2.2.1.2.1.1 "你"的基本用法

《金》、《醒》、《聊》第二身代词"你"的出现频率非常高,且既可表示单数意义,又可表示复数意义;其所指代的对象既可以是人,也可以是物。

A. "你"指人

(i)"你"表单数

明清山东方言文献中,"你"指人、表单数意义时既可单独使用,做主语、宾语、定

语和兼语,也可与其他词语组成复合形式。如:

①　家中那个淫妇使你来,我这一到家,都打个臭死。(金·12·135)

②　晁思才说:"你那老子挺了脚,你妈跟的人走了,我倒看拉不上,将你来养活;你扯般不来,说我恶眉恶眼的! 我恶杀了你娘老子来?"(醒·57·822)

③　(素姐)又对着相于廷娘子道:"你婶子! 咱妯娌两个可好来,你就这们狠么?"(醒·60·860)

④　放你娘的狗臭屁!(聊·俊·1111)

⑤　老王,你常说那骡子不是你的,是老爷的看骡,你待买匹马。(聊·增·1640)

⑥　我叫魏运和你做去,只怕你一个人乱哄不过来。(醒·39·579)

⑦　狄希陈道:"你待去,你自家去罢呀。"(醒·68·977)

⑧　你那没根基没后跟的老婆生的没有廉耻。(醒·48·701)

⑨　薛如卞道:"姐姐待去烧香,料姐夫你是不敢拦阻的。"(醒·68·980)

⑩　这孩子你那里疼呀?(聊·慈·896)

例①和例②,"你"分别做主语、宾语、定语、兼语等;例③从语境来看,"你婶子"实际上是说话人在借子称呼听话人,"你"相当于第三身代词"他",因此"你"与名词"婶子"是定中关系;例④"你娘的"组成詈语,反映出说话人无比愤怒的心理倾向;例⑤"你"与结构助词"的"组成独立的名词性结构;例⑥至⑧"你"与"数量名"短语、己称代词等组合成复合形式;例⑨和例⑩"你"都做同位语。可以看出,无论"你"做本位语、同位语或其后加己称代词等,"你"前后的这些成分对"你"都起到解释说明的作用。

第二身单数"你"指人时的出现形式、功能及频率分布

	单用形式						复合形式		
	主语	宾语	定语	兼语	本位语	同位语	你+的	你+一个(人)	你+己称代词
金	3734	1429	1333	170	373	28	23	0	9
醒	3740	1106	896	149	140	18	30	4	63
聊	2417	1244	402	86	44	140	7	0	17

(ⅱ)"你"表复数意义

"你"表示复数意义在形式上又可分为两种:"你"单独出现或与数量/群体名词(们)、"辈"、"等"等组成复合形式;与复数词尾"们(每)"组合成"你们(每)"。

a."你"单独出现或与数量/群体名词(们)、"辈"、"等"等组成复合形式。如:

⑪　素姐道:"我难得见你二位,你再坐坐吃了饭,合我再说会话儿你去。"(醒·68·973)

⑫　我且留你的狗命,去罢!(聊·富·1301)

⑬ 大老爷怒冲冲,骂贼徒众衙丁,夹打要你从实供。(聊·富·1280)

⑭ 西门庆说道:"你两个如何又费心送礼来,我又不好受你的!"(金·45·587)

⑮ 我的冤家,我死后,你姊妹们好好守着我的灵,休要失散了。(金·79·1233)

⑯ 连春元说:"你爷儿两个敢合我赌?若取在第三,也算我输。"(醒·38·554)

⑰ 小鸦儿道:"在你自己的正房当面,如今两个还精赤了睡哩。"(醒·20·290)

⑱ 珍哥道:"你大家扞温面、烙火烧吃,你己我那丫头稀米汤呵!"(醒·11·160)

⑲ 你二人不去,我与你每人十两银子,到家稳住,不拿出来就是了。(金·79·1238)

⑳ 西门庆骂道:"我把你这起光棍,我倒将就了,如何指称我这衙门,往他家吓诈去?"(金·69·996)

㉑ 你老人家这向身上安呀?(醒·69·987)

㉒ 连那晁夫人也眼泪汪汪,问说:"你等难舍难离,年成又不是甚么不好,有甚急事卖他?"(醒·36·532)

例⑪至⑬"你"分别做主语、宾语、定语和兼语;例⑭至㉒"你"分别与数量/群体名词(们)、己称代词、泛称代词等组成复合形式。不难看出,"你"表复数意义是通过上下文语境或与其组合的词语体现出来的。

b. "你"与复数词尾"们"组合。明清山东方言第二人称代词"你"与"们"组合的用例已较为普遍,可做主语、宾语、定语、兼语等多种句子成分。如:

㉓ 计氏道:"我也不带你们去,你们也自然去不的。"(醒·9·129)

㉔ 我也不合他到官,叫他丢你们的丑。(醒·60·860)

㉕ 叫你们进来唱哩。(聊·增·1617)

㉖ 月娘道:"我也不晓的你们底事,你每大家省言一句儿便了。"(金·11·126)

㉗ 西门庆道:"也罢,留雪姐在家里,你每四个去罢。"(金·78·1195~1196)

㉘ 到了七月七日,真君说道:"我与你们众人缘法尽了,初十日,我就要回我家山去。"(醒·28·416)

㉙ 晁夫人道:"是不是我管不的,你们自己讲去。"(醒·57·820)

㉚ 玉楼道:"我比不得你们小后生,花花黎黎。"(金·29·364)

㉛ 不瞒姐姐你每说,我身上穿的这祅儿,还是你娘与我的。(金·78·

1205)

例㉓至㉕"你们"分别做主语、宾语、定语、兼语等。例㉖至㉙"你们"与泛称代词、数量/群体名词、己称代词等组成复合式;例㉚"你们"做本位语;例㉛"你们"做同位语。

第二身复数"你"指人的出现形式、功能及频率分布

	你						你+其他				
	主语	宾语	定语	兼语	本位语	同位语	你+的	你+数量/群体名词(们)	你+己称代词	你+泛称代词	你+等
金	59	28	27	9	1	0	1	165	0	3	11
醒	134	34	46	13	1	0	1	167	1	2	1
聊	60	30	23	12	0	2	0	17	0	1	1

"你们"及其复合形式的使用情况及频率分布

	你们						你们+其他		
	主语	宾语	定语	兼语	本位语	同位语	你们+数量/群体名词(们)	你们+己称代词	你们+泛称代词
金	151	41	5	1	4	1	9	0	2
醒	120	41	20	13	0	0	12	2	0
聊	8	2	0	1	0	0	0	0	0

可以看出,只有《金》表示第二人称复数"你们"比"你"用例多,《醒》和《聊》"你"表复数的用例都多于"你们"。人称代词与表示数量或群体名词组合使用的频率更是"你"多于"你们",尤其是《聊》根本没有出现"你们"与数量或群体名词组合的用例。因此可以说,虽然复数词尾在近代汉语早期就已经产生,但直到明清时期山东方言中,人称代词兼表单复数的习惯影响仍非常大,借助于复数词尾"们"表示人称代词复数的语法手段仍然没有占据主要地位。

B. "你"指物

"你"指物均表示单数,可做主语、宾语、兼语等。如:

㉜ 早求你脱胎换骨,非是我弃旧怜新。(金·56·764)

㉝ 我瞧你光闪闪响当当的无价之宝,满身通麻了,恨没口水咽你下去。(金·56·759)

㉞ 晁大舍道:"鹦哥,你说话与奶奶听,我与你豆儿吃。"(醒·6·88)

㉟ 你大号红粘粥,你名突你姓胡,原来你是高粱做。(聊·墙·834)

例㉜至㉟"你"分别指头巾、银子、鹦哥、粥等物。用第二人称"你"指代物,是把事物人格化,具有明显的修辞效果。

"你"指物时的功能及频率分布

	主语	宾语	兼语
金	3	2	1
醒	6	8	0
聊	11	8	0

2.2.1.2.1.2 "你"的其他问题

A. "你"的虚指用法

在语言的实际运用过程中,有时并不能具体说出第一、第二、第三身代词所指代的对象,或根本就无所指代,这种情况称为三身代词虚指用法。[①] 明清山东方言文献《金》《醒》《聊》"你"表虚指的用例主要出现在"你看(说、想)"和"任(凭、饶、随)你"的结构环境中。

(ⅰ)"你看(说、想)"第二人称"你"的语义、语用考察

《金》《醒》和《聊》第二人称代词"你"与"看(说、道、想)"等结合,表现出特殊的语义语用特征。根据"你"与"看"、"说"、"想"结合所出现的句法环境及所表达的语义、语用特征的些微不同,又可把它们大致分为两类:"你看"为一类,"你说(道、想)"为一类。

a. 你看。如:

㊱ 素姐道:"你看! 我倒没怎么的,他反跳搭起来了!"(醒·76·1082)

㊲ 李成名娘子道:"你看么! 那死拍拍的个银人,中做甚么?"(醒·19·277)

㊳ 魏三说:"你看这话!"(醒·46·670)

㊴ 晁无晏道:"你看七爷!"(醒·47·685)

㊵ 浓袋道:"你看姑娘好性儿么!"(醒·98·1399)

㊶ 两口子拿着馍馍就着肉,你看他攮颡。(醒·19·275)

㊷ 伯爵道:"贼小淫妇儿! 你说你依着汉子势儿,我怕你? ——你看他叫的爹那甜!"(金·32·416)

㊸ 月娘道:"别人一句儿还没说出来,你看他嘴头子就相淮洪一般。"(金·75·1129)

㊹ 月娘道:"你看说话哩,我和他合气?是我偏生好斗,寻趁他来。"(金·75·1132)

㊺ 你看,这不是个愚人么?(聊·姑·860)

㊻ 你看,这不是一运子低!(聊·磨·1482)

[①] 不少人谈到三身代词的虚指、泛指、转指等用法,但对这些用法之间没有明晰的界定,往往同一种甚至同一个例句,有的把它称为虚指,有的称为泛指,有的称为转指。这里对此进行了区分:虚指是指三身代词所指代的对象无法说出或根本无所指代;泛指是指三身代词所指代的对象可以适用于某一群体、某一范围内的任何一个个体;转指是指三身代词之间的换用。

㊼ 晁邦邦们进去告诉了晁夫人。晁夫人说："你看我通是做梦！"（醒・32・472）

㊽（石庵）你看他单刀直入，一霎时得胜班师。（聊・禳・1216）

㊾ 你看，着的珠子一个挨一个儿凑的同心结，且是好看。（金・83・1276）

㊿ 却说那范宅里人家也大，你看他行的事这样大发。细细眉红红脸真堪上画，说出一句话把人活爱煞。你看他典雅风流，遍天下难找出这么俩。（聊・翻・971）

"你看"所表示的语义特征具有多样性：例㊱至㊻由上下文可知说话人都是要表达一种不满、批评、否定的情感，"你看"强化了说话人的这种情感；例㊼"你看"突出了晁夫人既惊讶又生气的心理特征；例㊽本是叙述江城去打姐姐满城的事情，从情理上说江城是不应该打满城的，"你看"增强了句子的讽刺和批判意味；例㊾、㊿"你看"使说话人对别人的称赞、表扬带上了很大程度的夸张色彩。比较地看，《醒》里"你看"基本都是一种批评、否定的情感，《金》和《聊》中"你看"既有批评，又有表扬。

从句法结构来说，"你看"可以单独成句，如例㊱、㊲、㊺、㊻、㊾。"你看"后也可以带宾语："你看"后可跟名词性成分做宾语，如例㊳、㊴；"你看"后跟动词性成分做宾语，如例㊹；"你看"后也可跟句子做宾语，整个句子有两种类型，一种是叙述句，如例㊶至㊸、㊼、㊽、㊿，一种是反诘句，如例㊵。"你看"单独成句，此时说话人不满、责怪的心理情感不言自明，这种句子具有更浓郁的主观感情色彩。"你看"带宾语时，在形式上就构成了"主语－动词－宾语"的句法格式，宾语往往是句子所要表达的语义焦点，而"你看"后的宾语表述的恰恰是说话人的一种主观的立场和态度，从而突出、强化了说话人的主观性，增强了话语的表现力和感染力。由此可见，"你看"成了表明说话者对既成事实的观点、态度的辅助手段。

b. 你说（道、想）。如：

(51) 周、马两嫂儿送他出去，待了老大会子，回来说道："你说这人扯淡的嘴不恼人么！"（醒・84・1197）

(52) 童奶奶道："你说，这是甚么嘴？这们可恶！"（醒・75・1075）

(53) 狄希陈道："你说不该么？只是咱不敢轻意惹他。"（醒・58・835）

(54) 正说着，又有个人来报："少爷拉了翰林了！"你说这一喜，若是不会善的，可不就是八十的老翁转磨磨——就晕杀了？（聊・富・1362）

(55) 你说这李氏是省事的么？（聊・慈・907）

(56) 你道打坐参禅，皆成正果，相这愚夫愚妇在家修行的，岂无成道？（金・75・1106）

(57) 若把这样北人换他到南方去，叫那南方的先生象弄猢狲一般的教导，你想，这伙异人岂不个个都是孙行者七十二变化的神通！（醒・35・512）

从语义色彩上来说，这类句子都传递说话人一种强烈的情感——不满、责怪甚至愤慨。在语气的表达上，"你说"更为直接，"你想"略显委婉。从句法上来看，"你说（道、想）"后面多跟表示反诘的句子做宾语。反诘句本身表述的就是说话人确认的一种观点，"你说（道、想）"只是在形式上强化了说话人的看法。

就"你＋看（说、道、想）"而言，它本身构成一个祈使句，"你"只是一个虚设的受众，后面加上"看（说、道、想）"等动词，形式上让"你"做出一种与说话人相一致的判断，从而达到强调说话人的主观态度和情感的语用效果。从句法上说，去掉"你看"等并不影响句子基本意思的表达，但主观情感就会显得平淡。因此，"你看（说、道、想）"是说话人为了突出、强调自己的立场、态度和情感而采用的一种结构形式，这也正是主观化的体现。换言之，"你看（说、想、道）"已由"主语＋述语"的句法结构虚化成体现言语主观性的标记（参看沈家煊 2001），而"你看（说、想、道）"的主观化与动词"看"、"说"、"想"、"道"等词义的隐喻转化是分不开的，如"看"由表示视觉行为的"观察"义到表示"认为"义，这是一种隐喻。在言语活动中，说话人要表述自己的观点，总需要有交流的对象，有受众；另一方面，说话人对自己所表述的观点已经确认，并不需要"听话人"真的去"看"、去"说"、去"想"，在这种语境语用条件下动词"看（说、道、想）"所表示的"认为"义进一步泛化、抽象化，从而"你看（说、想、道）"逐渐成为强化说话人的立场观点和情感倾向的主观性标记。与此同时，"你"的人称意义消失，成了一种象征性的符号。

（ⅱ）"任（凭、饶、随）你"中"你"的语用、语义分析

明清山东方言文献中，"任（凭、饶、随）你"是较为常见的语言形式，其中人称代词"你"的人称意义也已完全消失。如：

⑤ 但凡世上妇人，由你十八分精细，被小意儿过纵，十个九个着了道儿。（金·3·42）

⑨ 随你多少也存不的。（金·46·610）

⑥ 饶你这般管教他，真是没有一刻的闲空工夫，没有一些快乐的肠肚……（醒·62·889～890）

⑥ 凭你怎么吆喝，那里肯答应一声？（醒·28·409）

⑥ 真是见青天而不惧，闻雷霆而不惊，任你半夜敲门，正好安眠稳睡。（醒·引起·2）

⑥ 任凭你王侯公子，动不动怒气冲天……（聊·穰·1145）

⑥ 少哭："伤惨，任拘你怎么端。"（聊·磨·1488）

从历史发展的角度来看，"任（凭、饶、随）你"结构中"你"的虚化与"任（凭、饶、由、随）"等的虚化、连词化是分不开的。"任（凭、饶、由、随）"原本是动词，人称代词"你"经常做这些动词的宾语。如：

⑥ 师上堂云："诸和尚子，饶你道有什么事，犹是头上着头，雪上加霜，棺木里桱眼，灸疮盘上着艾燋，这个一场狼籍。"（景德传灯录·卷十九）

　　⑥ ……但任你做得狼狈了,自家徐出以应之。(朱子语类·卷一百二十)

　　⑥ 任你如何,只是我做不得。(朱子语类·卷十三)

例⑥至⑥都是复句,"任(饶)你"出现在前一分句,其中"你"指具体的人,"任"、"饶"为动词,在语义上构成针对宾语"你"的一种任意的条件。从语音节律上来说,"你"是与单音节动词"任"等结合在一起的,这样"你"的宾语焦点地位就容易受到减损。同时,"任"等动词由于经常出现于这种表示条件的复句句法环境中,其动词性不断受到磨损,逐渐由动词转化为表示条件、让步关系的连词。随着"任"等的虚化、连词化,"任"所在的分句表示的任指条件义更加明显。在这种句法环境中,"你"的人称意义也随之泛化、虚化,最终成了"任"等的附加成分。可以说"你"的虚化与动词"任"等虚化为连词密切相关。

虚指用法"你"的使用情况和频率分布

	你看(说)等		任(凭、由)你
	你看	你说(想)等	
金	68	6	9
醒	53	15	25
聊	44	12	5

　　B. "你"的泛指用法

　　"你"泛指某一群体或某一范围内的任何一个个体,既可与其他人称代词对举使用,也可单独使用。

　　(ⅰ)"你"与其他人称代词对举使用表示泛指

　　a. "你"、"咱"对举表泛指。"你"、"咱"对举使用表泛指仅《金》中出现1例:

　　⑥ 莫不是你缘薄,咱分浅,都应是一般运拙时乖。(金·43·568)

　　b. "你"、"我"对举使用表泛指(见2.2.1.1.1.2.A)。

　　(ⅱ)"你"单独使用表示泛指。"你"单独使用表泛指共147例:《金》13例;《醒》123例;《聊》11例。如:

　　⑥ 正是:阎王教你三更死,怎敢留人到五更。(金·62·878)

　　⑦ 玳安道:"你只休恼狠着他,不论谁,他也骂你几句儿。"(金·64·900)

　　⑦ 人偏是这样羊性,你若一个说好,大家都说起好来;若一个说是不好,大家也齐说不好。(醒·28·416)

　　⑦ 素姐初次烧香,不知但凡过客都是这等强抗,抗的你吃了他的,按着数儿别钱。(醒·69·987)

　　⑦ 运气低任凭怎么挣,就忽然拾了元宝,也着你灾患齐生。(聊·寒·1073)

⑭ 如今就是破钱,你不使钱,就好文章也没有上等给你。(聊·襀·1229)

由例⑩至⑭可以看出,在某一特定的语言环境下,单独使用的"你"并不表示其所指代的人称意义,而是指代在这一环境下、在特定的范围内的任何一个个体。"你"把一个任指的对象当做受话者,使言语事件具有较强的互动性。

"你"表泛指的使用情况和频率分布

	"你"与其他代词对举使用		"你"单独使用
	你……我	你……咱	
金	34	1	13
醒	63	0	123
聊	17①	0	11

C."你(们)"的转指用法

调查文献用例发现,在对话语境和非对话语境中均出现了"你"转指其他人称的情况。

(ⅰ)对话语境

a."你"实指"他"或"他们"。如:

⑮ (月娘)说道:"早时他死了,你只望这皮袄。他不死,你只好看一眼儿罢了。"(金·74·1090)

⑯ (方氏说)你不过是完了场,就该归家,在那里做甚么?(聊·磨·1474)

⑰ (素姐)骂说:"俺薛家那些儿辱没你?你没娶过我门来,俺兄弟就送了你儿的一个秀才。"(醒·56·815)

⑱ (晁夫人)又怪说:"这两个人也奇!你平常是见得我的,你临去的时节,怎便辞也不辞我一声,佯长去了?"(醒·15·227)

例⑮金莲向西门庆要了李瓶儿的皮袄而没告知月娘,月娘因此恼恨金莲,说此话时金莲并不在场,"你"就好像一下子把不在场的金莲置于当面,这无疑加重了责怪的语气,充分宣泄了月娘心中的不满;例⑯也是如此。例⑰根据语境判断,"你"实指不在场的狄员外夫妇,"你"的使用同样表现了说话人的愤激之情。例⑱"你"所指代的那两个人也不在现场,"你"的使用也反映出说话人疑惑、不满的心理。由此可见,用第二身代词"你"指代听说之外的第三方("他"或"他们"),说话人所陈述的事件往往是不如意的,用"你"来把不在现场的第三方置于听话者的位置,从而凸显矛盾对象,加重批评的语气,充分发泄说话者的不满。

---

① 《聊》"你"、"我"对举使用,"你"出现 17 次,"我"出现 18 次,其中有 1 例"我"重复出现。

b.“你”实指“咱”。如：

㊆ 金莲道：“他不整撺瞒着，你家肯要他！”（金·72·1039）

㊇ 你现吃着他的饭，穿着他的衣，别说往四川去，他就叫往水里钻，火里跳，你也是说不得的。（醒·94·1345）

例㊆金莲对孟玉楼说话，“你家”应是“咱家”，用“你家”把孟玉楼直接置于和如意儿对立的位置，加重了对如意儿的贬斥，并煽动玉楼对如意儿的不满。例㊇薛三省劝自己的媳妇子，用“你”突出了矛盾对象，显示出自己力量薄弱，不得不屈服于龙氏的无奈心理。由此可见，在包括说话人在内的语境中，说话人不用“咱”而用“你”，是说话人故意拉大谈话双方的距离，把对方置于矛盾的前沿，推卸自己的责任。

c.“你”实指“我”或“我们”。如：

㊈ 西门庆道：“早是你看着，人家来请你，不去？”（金·78·1197）

㊉ 计氏说道：“他如今红了眼，已是反了，他可不依你管哩。”（醒·2·20）

㊋ （李婆）还亏他不曾细问；若是细问起来，可是卖豆腐的破了袋子，怎么说，你就过不的了！（聊·襄·1203）

㊌ 囚妇说：“那起初进来，身上也还干净，模样也还看的；如今作索象鬼似的，他还理你哩。”（醒·43·627）

例㊈至㊌，从上下文来看，叙述的往往都是不如意的事情。例㊈至㊋，“你”均指说话人自己，即“我”；例㊌指说话人所代表的一方，即“我们”。说话人不用“我（们）”而用“你”，实际上是说话人通过人称的变换把听话者一方置于说话者的位置、处境，使听话者仿佛与说话者具有同样的境遇，从而博取听话人的同情，增强了语言的感染力。

d.“你”用在表示反诘的疑问句中，相当于疑问代词“谁”。如：

㊍ 虽是堂尊许说，待他去了就要保升我坐转这里知县哩，你知道天老爷是怎么算计？（醒·50·735～736）

㊎ 童奶奶道：“孩子千乡百里的去，你知道那里的水土食性是怎么样的？不寻个人做饭给他两口儿吃么？”（醒·84·1198）

例㊍和㊎，“你”并不指听话人，而是用在疑问句中表示反诘否定，相当于疑问代词“谁”。与“谁”相比，在形式上“你”的所指略显实际一些。

e.“你们”指“你”。如：

㊏ 刘婆便道：“钱师父，你们的散花钱可该送与我老人家么？”（金·53·722）

㊐ 月娘道：“你每说，只顾和他说，我是不管你这闲帐。”（金·67·951）

从上下文语境来看，例㊏“你们”指钱师父一人，例㊐“你每”仅指潘金莲。不用“你”而用"你们",在形式上扩大了受众,使语气显得有所缓和。

(ⅱ)叙述语境中"你"实指"他"。对故事情节中人物的叙述,往往采用第三身代词,但白话小说的作者为了表达特定的思想情感也常常用第二身代词来转指第三身代词。如:

(89) 这石巨的媳妇张氏,天生也是个不贤惠的妇人,邻舍街坊躲着他他还要寻上门去的主顾,他依你在他门首乔声怪气的恶骂?(醒·89·1270)

例(89)"你"指素姐,是说素姐碰到了恶人,嘲讽她不自知,指责意味强烈。

"你(们)"用于转指的情况和频率分布

	对话语境							叙述语境
	"你"指"他"	"你"指"他们"	"你"指"咱"	"你"指"我们"	"你"指"我"	"你"指"谁"	"你们"指"你"	"你"指"他"
金	196	0	1	0	9	0	4	0
醒	78	7	8	1	7	2	0	164
聊	1	0	0	0	2	0	0	0

D. "你我"或"我你"(见 2.2.1.1.1.2.C)

2.2.1.2.2 您(恁)

2.2.1.2.2.1 "您(恁)"的基本用法

"您"又写做"恁",是近代汉语里新出现的第二人称代词形式。明清山东方言"您(恁)"既可表示单数意义也可表示复数意义。

A. 表单数意义。如:

① 您怕这一百两银子扎手么?(醒·15·221)

② 恁又不说长,又不道短,是待弄什么鬼儿算计我么?(聊·增·1624～1625)

③ 卖棵坟上的树你不依,我如今待卖您的老婆哩,您也拦不住我!(醒·22·322)

④ 谁是恁那媳妇子,济你怎么揉搓哩?(聊·姑·867)

⑤ 也叫您认认面貌,说说那文章。(聊·磨·1458)

⑥ 等万岁回宫,我嘱咐他给您换上一双好眼。(聊·磨·1486)

⑦ 您大嫂罢么,是举人家的小姐!(醒·74·1051)

⑧ 叫杨蕃您脏货,百万兵待怎么?(聊·磨·1542)

⑨ 两个走到西院,大姐吆喝说:"您大妗子,有客来拜你哩。"(聊·翻·996)

例①至⑥"您（恁）"分别做主语、宾语、兼语、定语等；例⑦"您"与"大嫂"为同指关系，因此"您"是本位语；例⑧"您"复指人名"杨蕃"，"您"是同位语；例⑨"您"与称谓词"大妗子"不是同位关系，称谓词实际上是说话人的子辈对听话者的称呼，所以"您"也可换成"他"，进而"您"与称谓词之间应看做领属关系。需要指出的是，明清山东方言文献中"您＋称谓词"均用于对称。

第二人称单数"您（恁）"的功能和频率分布

| | 恁 | | 您 | | | | | |
	主语	定语	主语	宾语	定语	兼语	本位语	同位语
金	1	0	0	0	0	1	1	0
醒	0	0	9	0	6	1	1	0
聊	1	11	19	5	169	1	1	1

B. 表复数意义。如：

⑩ 您也不要命哩！爷的法度，你们不晓的么？（醒·78·1114）

⑪ 我替他偿命，累不杀您旁人的腿事！（醒·79·1130）

⑫ 到底您俩是夫妻，给您调停又不依。（聊·翻·991）

⑬ 大兄弟来家，他也没开开您那房门。（聊·翻·992）

⑭ 叫您姊妹们来接客来，叫您来骂客来么？（聊·增·1605）

⑮ 仇大爷一声声，叫众人您都听：休要懒惰违军令。（聊·翻·1010）

⑯ 今宵，管恁两个成就了。（金·83·1279）

⑰ 您爷儿们弄神弄鬼发付在谁家哩？（醒·85·1214）

⑱ 您几个去北夷陵道旁，烠着数堆烟火，休要断绝。（聊·快·1123）

⑲ 见您兄弟还成个局面，自然不好赖您的。（聊·墙·854）

⑳ 您自己写了，还自己收着，有甚么凭据哩？（醒·22·325）

㉑ 您各人自家燕儿垒窝的一般，慢慢的收拾罢。（醒·22·325）

㉒ 谁叫您们救下我来？（醒·77·1104）

㉓ 您们都不必悲伤，我已是算计就了。（聊·翻·1013）

㉔ 你是范家的甚么人？打死不打死，与您们何干？（聊·磨·1386）

例⑩至⑮"您"分别做主语、本位语、宾语、定语、兼语和同位语；例⑯至⑱"您（恁）"分别与群体名词或数量词组合；例⑲"您"与助词"的"组成名词性结构；例⑳和㉑"您"与己称代词、泛称代词组合；例㉒至㉔"您"与复数词尾"们"组合成复合形式，分别做兼语、主语、宾语等。

第二身复数"您(恁)"的功能和频率分布

	恁	您						您+其他				您们		
	恁+数量词	主语	宾语	定语	兼语	同位语	本位语	您+数量/群体名词(们)	您+己称代词	您+泛称代词	您+的	主语	宾语	兼语
金	1	0	0	0	0	0	0	0	0	0	0	0	0	0
醒	0	33	10	0	1	0	2	8	2	1	0	2	0	1
聊	0	45	21	17	3	4	1	68	1	2	1	3	1	0

2.2.1.2.2.2 "您(恁)"的其他问题

A. "您"的来源问题

明清山东方言文献可见到人称代词"您(恁)"。"您(恁)"是近代汉语新产生的第二人称代词,语法学家对其来源问题的讨论颇多。明代徐渭《南词叙录》就认为:"恁——'你们'二字合呼为恁。"[1]现代学者多数都认同合音说,并从语音及单复数意义等方面进行了论证,其中以吕叔湘的论证最为详尽。总体上讲,支持合音说的理由主要有两点:第一,认为复数词尾"们"的产生为合音提供了条件。宋人通用"懑(满)"、"瞒(螨)"、"门(们)"诸字,而且口语中"们"尾系列字已作[mən],因而"您(恁)"正好可为"你们"的合音;第二,很多情况下"您(恁)"表示第二人称复数,等于"你们"(吕叔湘 1984:7~15)。同时,吕叔湘(1984:17)也指出:"援复入单,何以独盛于领格?其故尚有待于解说。"吕叔湘客观地揭示出了"您(恁)"可以表示单数而且多做定语的语言现象,对进一步认识"您(恁)"的形成及其功能很有启发。冯春田(2003:34)根据语言材料的分析,对"您(恁)"的形成提出了他的意见:"俚曲表示复数的'您'是形成于'你们'的合音,还是由于'你'用法(含语法位置及单复数)的变化而引起的词音变化(即[ni]→[nin]),尚有待进一步研究。"在吕叔湘和冯春田研究的基础上,下面将从意义、功能及语音变化等方面对"您(恁)"的来源问题做进一步的分析和探讨。

(ⅰ)"您(恁)"的意义

第二人称代词"您(恁)"最早见于金人的两种诸宫调(吕叔湘 1985:80),元曲尤其是元杂剧使用最为频繁。"您(恁)"表示单数意义还是复数意义一直是人们注意的焦点,因而我们对刘知远《诸宫调》和董解元《西厢记》"您(恁)"的单复数意义进行了调查。两种诸宫调"您(恁)"共出现 40 例,其中表单数意义的 23 例,表复数意义的 17 例,这表明在初始的时候"您(恁)"就兼表单复数,而且单数用例还多于复数用例。为进一步了解"您(恁)"单复数的历史使用情况,我们对从金到清的部分文献进行了统计分析,结果如下表:[2]

---

① 见吕叔湘(1985:77)。

② 数据来源文献见 059 页表。

恁		您	
单数	复数	单数	复数
163	84	1481	614

可以看出,在所调查的文献中,"恁"和"您"的总体使用情况与金人两种诸宫调所反映的情况基本一致:兼表单复数,而且单数用例多于复数用例。如果"您(恁)"是"你们"的合音的话,那么至少应是"您(恁)"表复数的意义早于表单数的意义出现,而且至少在初期复数意义的用例应多于单数意义的用例。但是,语料调查反映的语言实际却基本与之相反,这就很难支持"您(恁)"是"你们"的合音的说法。

汉语人称代词自古以来就有兼表单复数的传统,第二人称代词"你"产生后也不例外,而且一直到后期近代汉语都是如此,所以"您(恁)"兼表单复数是与"你"及整个汉语人称代词数的表达特性相一致的。随着复数词尾"们"的产生和不断推广,汉语渐趋借助于语法手段来表示人称代词等的复数,如"我们"、"你们"、"咱们"等。人称代词"您(恁)"与其他人称代词并无不同,其后加"们"或"每"来表示复数的现象在元代也已经出现。由此看来,在单复数意义的表达以及与复数词尾"们"的结合上"您(恁)"与"你"并无不同,因此"您(恁)"可以看做"你"的变体形式。

(ⅱ)"您(恁)"的功能分布

要全面了解人称代词"您(恁)",除意义外,还需要对其在历史文献中的功能频率分布有个整体的认识。为此,我们对从宋至清这一时期的部分文献进行了调查分析,现列表如下:

文献		恁							您					
		主语	宾语	定语	兼语	本位语	同位语	+数量/群名	主语	宾语	定语	兼语	本位语	同位语	+数量/群名
董解元西厢记		0	0	0	0	0	0	0	4	0	11	0	0	1	4
刘知远诸宫调		1	1	1	0	0	0	1	2	5	4	1	0	0	4
靖康城下奏使录		0	0	0	0	0	0	0	0	0	1	0	0	0	0
新编五代史评话		0	0	0	0	0	0	0	18	4	0	0	0	0	1
元朝秘史		0	0	0	0	0	0	0	13	1	0	0	0	0	1
元典章		0	0	0	0	0	0	0	1	1	1	0	0	0	0
全相平话五种		6	1	6	0	2	0	0	21	7	13	1	0	0	16
全元曲	杂剧篇	51	12	37	1	5	0	11	280	78	863	22	23	5	209
	戏文篇	3	1	3	0	0	2	0	1	4	0	0	1	0	0
	散曲篇	30	7	10	0	0	0	3	30	8	5	1	2	0	1
杀狗劝夫		2	1	4	0	0	0	3	1	0	1	0	0	0	0

文献	恁							您						
	主语	宾语	定语	兼语	本位语	同位语	＋数量/群名	主语	宾语	定语	兼语	本位语	同位语	＋数量/群名
水浒传	0	0	0	0	1	0	0	0	0	0	0	0	0	0
刘仲璟遇恩录	0	0	2	0	0	0	0	0	0	0	0	0	0	0
团圆梦	0	0	0	0	0	0	0	2	0	0	0	0	0	1
皇明诏令	10	3	3	0	0	0	6	0	0	0	0	0	0	0
清平山堂话本	0	0	0	0	0	0	0	0	0	0	0	0	0	0
警世通言	0	0	1	0	0	0	0	0	0	0	0	0	0	0
喻世明言	0	1	1	0	0	0	0	0	0	0	0	0	0	0
初刻拍案惊奇	0	0	0	0	0	0	0	0	0	1	0	0	0	0
二刻拍案惊奇	0	0	1	0	0	0	0	0	0	0	0	0	0	0
石点头	1	0	0	0	0	0	0	0	0	0	0	0	0	0
型世言	0	0	0	0	0	0	0	0	0	0	0	0	0	0
金瓶梅词话	1	0	0	0	0	0	1	0	0	0	1	1	0	0
醉醒石	0	0	0	0	0	0	0	0	0	0	0	0	0	0
醒世姻缘传	0	0	0	0	0	0	0	41	10	6	2	0	7	4
聊斋俚曲集	1	0	11	0	0	0	1	64	26	168	4	0	16	47
歧路灯	0	0	0	0	0	0	0	35	6	28	0	9	0	12
红楼梦	0	0	0	0	0	0	0	4	0	0	0	0	0	0
儿女英雄传	0	0	0	0	0	0	0	0	0	0	0	0	0	0

a. 上表清楚地反映出"您"、"恁"的出现频率的差别:在金人诸宫调、元曲及《聊斋俚曲》中"您"和"恁"的使用频率较高,而在话本、小说等文学形式中"您"和"恁"的使用频率则较低。值得一提的是,《金》共出现 4 例"您(恁)",其中有 3 例出现在唱词当中,《红楼梦》的 4 例"您"也出现在同一首唱词当中。诸宫调、戏文、杂剧以及俚曲等是高度口语化的语言,"您(恁)"多出现在这类文学作品当中,也许能够说明"您(恁)"在金至清时期的口语中相当流行。

b. 从上表也可以清楚地看出,"您(恁)"虽然可做主语、宾语、定语、兼语等,但其自身的功能是不对称的,其做定语,即处于领属格地位的频率远远高于做其他成分的频率。在表内所列文献中,"恁"、"您"领属格之和占"恁"、"您"总量的 50.2%。

第二人称代词"你"也兼表单复数,而且也可做主语、宾语、定语、兼语等。根据语言发展的竞争规律和简约原则,"你"与"您(恁)"之间必然存在某种差异,否则二者不可能长期并存。为此,以元代关汉卿杂剧和清初《聊斋俚曲集》为样本,对"你"和"您

"（恁）"的功能分布进行了调查,调查结果如下:[1]

		主语	宾语	兼语	本位语	同位语	＋数量/群体名词	定语		
关汉卿杂剧	你	1403	516	88	4	3	39	340	14.2%	
	您	28	9	3	3	0	12	146	67.7%	
聊斋俚曲集	你	2476	1275	94	40	3	17	419	9.7%	
	您	64	26	4	0	16	52	168	51.4%	52.5%
	恁	1	0	0	0	0	0	11	91.7%	

可以看出,两种文献反映的情况基本是一致的,即"你"和"您（恁）"的功能分布有所区别:"你"主要做主语、宾语、兼语等,而"您（恁）"主要做定语,二者在功能上基本呈互补状态。由此看来,领属格的特定句法位置与第二人称代词"你"到"您（恁）"的词形和语音变化之间似乎暗含着某种必然的联系。

（ⅲ）语言接触与"你"的鼻音化

前文说过,"您（恁）"多出现于金人诸宫调、元曲、聊斋俚曲等韵文中,因此可以根据韵脚字判断出"您（恁）"的词音。如:

　　㉕ 只为你倚门待月,侧耳听琴,便有那扁鹊来,委实难医恁。止把酸醋当归浸,这方儿到处难寻。要知是母未寝,红娘心沁,使君子难禁。（关汉卿:崔张十六事·开书染病,全元曲)

例㉕"恁"与"琴"、"浸"、"寻"、"寝"、"沁"、"禁"等字押韵。这些韵脚字都是以鼻辅音 -n 为韵尾,加之"您"、"恁"表达的人称意义,由此可以推知第二人称代词"你"发生了鼻音化,其词音带上了鼻辅音 -n,即"你"音发生了由[ni]到[nin]的变化。"你"发生鼻音音变之后,为了区别原来的读音就需要由不同的字来代替,而"恁"字音正好音[nin],在当时口语里是个常用的字,因而就成了"你"鼻音化后的音借字。但是,"恁"又当指示代词使用,"不能尽着借用,因而又在'你'底下加个'心'……"。（吕叔湘1985:81)虽然有了这个新造字"您",但是"您"并没有完全替代"恁","您"、"恁"混用的局面一直持续到近代汉语后期的文献当中,具体用"恁"还是"您"可能与作者的用字习惯也有一定的关系。可是,"你"字为什么在宋代以后发生了鼻音化呢?这仍需把"您（恁）"产生的时代与当时的社会语言环境结合起来进行考察。在分析第一人称

---

　　[1] "你"、"您"、"恁"后加反身代词、泛称代词以及加"的"构成名词性短语等的用例较少,此处没统计在内。另外,为更加直观地比较"你"与"您"、"恁"做定语的频率差异,表中统计出了"你"与"您"、"恁"占各自所做成分总和的百分比。

代词"俺"的来源时我们已经指出,宋以后,契丹、女真、蒙古等少数民族相继入主中原,他们的语言也随之带到了中原地区。汉语与阿尔泰语开始接触、融合,相互之间产生了较大影响,阿尔泰语词汇如"可汗"、"胡同"、"戈壁"等至今仍保留在汉语当中。语音同词汇一样,在语言接触中也是比较容易发生变化的,那么汉语第二人称代词"你"语音的变化是否与第一人称代词"我"到"俺"的变化一样也跟阿尔泰语的影响有关呢?

答案应该是肯定的,因为"中世纪蒙古语同现代蒙古语一样,领属格采用-yın/-yin,-un/-ün,-u/-ü 的词缀形式"。(哈斯巴特尔 2003)也就是说,阿尔泰语领属格词缀的尾音多数是鼻辅音 -n。而汉语第二人称代词"你"音由[ni]到[nin]也正是在汉语与阿尔泰语接触时发生的鼻音化,并且变化后的"您(恁)"也多用于领属格。这不是一种巧合现象,而恰恰说明汉语第二人称代词"你"是在领属格这一特定的句法位置上,在阿尔泰语领属格的语音影响下发生了鼻音音变,因而音变后的"你"即"您(恁)"多用于领属格。

语言接触、异质语言的影响是近代汉语第二人称代词"你"在领属格位置上发生鼻音化的直接动因,但是由于语言接触而产生的新形式"您(恁)"能立多久,还要看它与汉语语法有无相容性,能否真正为汉语语法所接受。从文献考察来看,即使在"您(恁)"使用最为广泛的元代,"你"做领属格的功能也一直没有停止。相反,本来是"你"在领属格位置发生鼻音音变而出现的"您(恁)",由于受原词"你"的影响,除做定语外也可做主语、宾语、兼语等。因此,尽管"您(恁)"与"你"功能的侧重点不同,但二者还是有叠床架屋之嫌。元代以后,随着汉语受阿尔泰语影响的减弱,"您(恁)"作为第二人称代词使用的区域范围逐渐缩小。现代汉语中,"您(恁)"没有能够进入通语中去,只沉积在个别方言区,如山东、河北、河南等地,[①]而且在有些地方,其主要元音发生了由i到e的变化,即"您(恁)"的方言音由[nin]进而变为[nen]。(吕叔湘 1985:85)

B."您"的虚指用法

第二人称"您"除了指称具体的人物外,在《聊》中还出现了 3 例表示虚指的例子:

㉖ 您看王姐夫好齐整衣服!(聊·增·1646)

㉗ 您看这是怎么说!(聊·慈·909)

㉘ 今日冠带满堂,您说这福禄从何而至呢?(聊·磨·1546)

例㉖至㉘,从语境来看,"您"无所指代。

2.2.1.3 第三身代词

明清山东方言文献第三身代词有:"他"、"伊"、"渠"、"之"、"其"、"彼"。本节只分析"他"、"伊"、"渠"。

---

① 吕叔湘(1985:36～38)指出:"您(恁)"不表敬称,与现代汉语表敬称的"您"之间没有语源关系。

2.2.1.3.1 他

2.2.1.3.1.1 "他"的基本用法

"他"在指称对象上既可指人，又可指代事物；意义上既可表示单数，也可自身表示复数意义或与复数词尾"们"组成复合形式表示复数。

A. "他"指人

（ⅰ）表单数意义。如：

① 你要不与他，他就有话说了。（醒·80·1138）

② 玉楼因说道："你不问青红皂白，就把他屈了。"（金·12·143）

③ 何大娘哎呀心肝的叫着，合老王扶到他家，着他卧了。（聊·姑·865）

④ 晁夫人道："他的东西，我已叫人还与他了。"（醒·17·253）

⑤ 方娘子说："家里有他二舅，可以照管一些。"（聊·磨·1392）

⑥ 好他贼奸达，自头顶到脚下，没有一点不奸诈。（聊·禳·1234）

⑦ （江城）小杂种太欺心，开开口就销撇人，有两钱就撑他娘那棍！（聊·禳·1180）

⑧ （李瓶儿）骂道："多亏了他隔壁西门庆，看日前相交之情……替你把事儿干的停停当当的。"（金·14·171）

⑨ 桂姐道："齐香儿他在王皇亲宅里躲着里。"（金·51·672）

⑩ 却说那个觅汉叫是常功，诈了艾前川那件皮袄，也还指望他拿银子来赎去，不敢轻动他的。（醒·67·963）

⑪ 狄宾梁夫妇空只替他害疼，他本人甘心忍受。（醒·48·707）

⑫ 月娘道："薛内相，昨日只他一位在这里来，那姓刘的没来。"（金·32·409）

⑬ 若是他自己加的，死了还不懊悔。（聊·禳·1232）

⑭ 相于廷到了后边，说："刚才过去的不是那嗔你溺尿的他么？"（醒·38·556）

⑮ 计氏说道："你还说叫我管教他。我还是常时的我，他还是常时的他哩么？"（醒·2·20）

例①至④"他"分别做主语、宾语、兼语、定语等语法成分。例⑤定语"他"与中心词"二舅"组成复合式称谓，"他"代表说话人的子辈。语料调查发现，明清山东方言中"他＋称谓词"都是称呼听说之外的第三方，未见有用于称呼对方的。现代汉语中"他＋称谓词"则可用于称呼听话者。例⑥和例⑦，"他"加称谓词组成詈语，其中例⑥反映出了说话人意外或惊讶的心理体验；例⑦则表示说话人由于痛恨而咒骂。例⑧"他"做本位语，例⑨"他"做同位语。例⑩至⑬"他"与助词"的"、数量词、己称代词等组成复合形式。例⑭和例⑮，人称代词"他"前面有修饰语。

第三身单数"他"指人的使用情况和频率分布

	"他"单用						"他"与其他词语的组合形式				
	主语	宾语	定语	兼语	本位语	同位语	他＋的	他本人	他＋一个（人）	他＋反身代词	修饰语＋他
金	1820	3341	1625	658	46	40	42	0	4	9	0
醒	2355	3462	1656	660	17	11	56	8	6	50	2
聊	1352	1810	954	275	4	21	15	2	0	23	0

（ⅱ）表复数意义

"他"指人表示复数意义时,既可自身表复数,也可与复数词尾"们"结合表复数。

a."他"自身表复数。如:

⑯（月娘）便道:"杨姑奶奶和他大妗子丢的在屋里冷清清的,没个人儿陪他,你每着两个进去陪他坐坐儿,我就来。"（金·73·1048）

⑰他如今待吃肉哩,就是他老子一巴掌打了他的碗,他待依哩?（醒·34·502）

⑱晁夫人恰好与晁老儿在一处,商量了叫他进来。（醒·18·259）

⑲方娘子说:"他去了么?"（聊·磨·1394）

⑳一面教陈经济:"你拿天平出去收兑了他的,上了合同就是了,我不出去罢。"（金·67·942～943）

㉑晁夫人说:"晁书、晁凤左右都是闲人,叫他自己两人祟罢,不要误了你们的正事。"（醒·32·468）

㉒咱就给他每人十五两罢。（醒·81·1152）

㉓张春说:"你把他两人背去,放在你家里,再着他各人家来抬去。"（聊·磨·1515）

㉔丫头拿坐来,给他二人坐下。（聊·磨·1485）

例⑯至⑲"他"分别做宾语、定语、兼语、主语等;例⑳至㉔"他"分别与结构助词"的"、己称代词、泛称代词以及数量/群体名词组成复合形式。由这些例子可以看出,"他"表复数意义均是通过上下文语境或与其组合的词语判断出来的。

b."他"与复数词尾"们"组合。如:

㉕我明日就拿疏簿去,要他们写。（金·57·774）

㉖他们往杭州去了,俺每都到苗青家住了两日。（金·77·1181）

㉗学生们要来见我,你先出去迎接他们。（醒·42·618）

㉘方仲起知道他们的意思,也就要破着做,送送进方子,看了看,着人出来说:"你看的真么?"（聊·富·1296）

㉙小玉道:"他每五个在前头吃酒儿进来。"（金·75·1125）

㉚ ……买了几亩地，如今要分几亩与他们众人，正没人立个字。（醒·22·328）

㉛ 晁夫人道："我待把族里那八个人，叫他们来，每人分给他几亩地，叫他们自己耕种着吃，也是你爷作官一场，看顾看顾族里人。"（醒·22·320）

㉜ 晁凤说："奶奶先合他说来，叫他：'这粥里头莫要枯刻他们的，我另酬谢你罢。'"（醒·32·467）

㉝ 爱月儿道："应花子，你与郑春他们多是伙计，当差供唱，都在一处。"（金·68·967）

例㉕至㉘"他们"分别做兼语、主语、宾语、定语；例㉙至㉜"他们"分别与数量/群体名词、己称代词以及结构助词"的"组成复合形式。例㉝"他们"用于专有名词"郑春"之后，表示包括这个人在内的一类人。

第三身复数"他"指人的出现形式及频率分布

	他								他们							
	他				他+数量/群体名词(们)	他+己称代词	他+泛称代词	他+的	他们				他们+数量/群体名词(们)	他们+己称代词	他们+的	人名+他们
	主语	宾语	定语	兼语					主语	宾语	定语	兼语				
金	46	133	9	50	159	0	0	3	29	20	4	8	4	0	0	4
醒	151	226	91	119	132	1	7	6	37	66	9	32	5	1	1	2
聊	77	122	31	58	67	0	4	0	5	1	1	2	0	0	0	0

B. "他"指代事物

明清山东方言文献"他"除了称代人之外，还可用来称代事物，如：

㉞ 他到阴司里，明日还问你要命，你慌怎的，贼不逢好死变心的强盗。（金·59·815）

㉟ 哥哥，你好大胆，平白在此看他怎的？（金·88·1334）

㊱ 不要害他性命。（醒·19·281）

㊲ 叫丫环关杀门，休着他把我照。（聊·富·1307）

㊳ 即如一个槽上拴两个叫驴，都是一般的驴子，便该和好才是，他却要相踢相咬。（醒·61·877）

㊴ ……成几十几百养的鹅鸭，又不用自己喂他，清早放将出去，都到湖中去了。（醒·24·357）

㊵ 即如舍下开这个客店，不是徒在饭食里边赚钱，只为歇那些头口赚他的粪来上地。（醒·25·367）

㊶ 邓蒲风说道："相公不要瞒我，杜星儿又不曾入庙，只怕这打两下儿，这是常常有的，脱他不过。"（醒·61·876）

㊷ 昨日那件事,想了想,不必理他。(聊·姑·871)

例㉞至㉟"他"分别指猫、榜文、蝎子、月亮,表示单数意义,句法上分别做主语、宾语、定语和兼语;例㊳至㊵"他"分别指驴子、鹅鸭、头口,表示复数意义,句法上分别做主语、宾语、定语;例㊶至㊷"他"代前文所说之事,均表单数意义,做宾语。

"他"指代事物的用法及其频率分布

	代物							代事(均为单数)
	单数				复数			
	主语	宾语	定语	兼语	主语	宾语	定语	宾语
金	1	62	0	0	0	2	0	14
醒	25	94	8	13	2	2	1	19
聊	15	38	1	5	0	0	0	5

2.2.1.3.1.2 "他"的其他问题

A. "他"的虚指用法

明清山东方言文献《金》、《醒》、《聊》中,"你"表示虚指主要出现在"任(凭、饶、随)他"、"他"做动词宾语、"他＋地名"的句法结构环境当中。

(ⅰ)"任(凭、饶、随)他"中"他"的语用、语义分析

明清山东方言文献中,"任(凭、饶、随)他"是较为常见的语言形式,人称代词"他"的人称意义已完全消失。如:

㊸ 伯爵道:"由他,到明日不与你个功德,你也不怕,不把将军为神道。"(金·32·415)

㊹ 伯爵道:"我便是千里眼,顺风耳,随他四十里有蜜蜂儿叫,我也听见了。"(金·61·851)

㊺ 正是:酒后不知天色暝,任他明月下西楼。(金·24·304)

㊻ 凭他甚么天大的官司,只是容人使得银子的去处,怕他则甚?(醒·12·177)

㊼ 任凭他千般万样,只用那受苦的使钱。(聊·寒·1019)

由例㊸至㊼可以看出,"任(凭、饶、由、随)他"具有熟语性质,"他"与"任(凭、饶、由、随)"已结合成一个整体,"他"成了"任(凭、饶、由、随)"的一个附加成分,在语义上"他"已无所指代。从历史发展的角度来看,"任(凭、饶、由、随)"原本是动词,人称代词"他"经常做这些动词的宾语。如:

㊽ 这老汉惑乱人,未有了日。任他非心非佛,我只管即心即佛。(五灯会元·卷第三)

例㊽与后一句构成复句，"任（饶）他"出现在复句的前一分句，"他"指具体的人，"任"为动词，意思是"任凭"、"无论"，在语义上构成针对宾语"他"的一种任意的条件。从语音节律上来说，"他"是与单音节动词"任"等结合在一起的，这样，"他"的宾语焦点地位就容易受到减损。同时，"任"等动词由于经常出现于这种表示条件的复句句法环境中，其动词性不断受到磨损，逐渐由动词转化为表示条件、让步关系的连词。随着"任"等的虚化、连词化，它所在的分句表示的任指条件义更加明显。在这种句法环境中，"他"的人称意义也随之泛化、虚化，最终成了"任"等的附加成分。可以说，"他"的虚化与动词"任"等虚化为连词密切相关。

（ii）"他"做动词宾语

明清山东方言文献中，"他"有时在形式上做动词宾语，而实际其人称意义已经消失，无所指代。这又有以下几种情况：

a. 动词＋他＋补语/宾语

㊾ 知他几时再得重相会！（金·49·644）

㊿ 老师父你就申了，那怕他汤镬油烹！（聊·寒·1041）

51 但免了官刑打腿，那管他东西南北！（聊·磨·1380）

52 这是那没日子过的人，别管他体面不体面，做上这官，低三下四，求几个差委，赚几两银子养家。（醒·83·1179）

53 我儿，你有孝顺之心，往后边与三嫂磕个头儿就是了，说他怎的。（金·73·1069）

54 你老人家曹州兵备，好管事宽。唱不唱，管他怎的？（金·42·551）

55 你忙他怎么？进你门来，他自然就不安静，就有了狂言语。（醒·40·589）

56 你要舍得银子，爽利加他中书，体面也好……（醒·83·1179）

57 若是果真有些教法，果然有些功劳，这也还气他得过。（醒·34·511）

这类句子可分为两类：一表否定，如例㊾至55；二表肯定，如例56和例57。表示否定的例子较多，表示肯定的例子较少。表示否定的方式又有不同：第一，"知他"表示否定，仅出现在《金》中，共2例。太田辰夫（1987：114）认为这种虚指的"他""是从不关心的语气产生的"，"对这个动作的不关心，后来就变成对这个动作本身的否定。'他'的这种功能是宋代产生的"。第二，"疑问代词/止别副词＋动词＋他"，疑问代词"那"或止别副词"别"均表示否定，共6例，其中《聊》"那管他"4例，"那怕他"1例，《醒》"别管他"1例。第三，"动词＋他＋疑问词"，"疑问词"为"怎的"或"怎么"，表示对动词的反诘否定，共9例，其中《金》2例，《醒》6例，《聊》1例。

b. 动词＋他＋一＋动词。这种用例主要出现在《醒》。如：

58 你快些热两壶酒来，我投他一投，起去与他进城看病。（醒·4·55～56）

59 倒不如今世狠里他一狠，等他报完了仇，他自然好去。（醒·98·1398）

⑥⑩ 狄希陈道:"既有这法,何不做他一做?"(醒·61·878)

例⑤⑧至⑥⑩"动词＋他＋一＋动词"结构中"他"无所指代,去掉"他"结构所表达的意义不变。而"动词＋一＋动词"实际上是通过重复动词的形式来表示动作的量。根据对历史语料的调查获知,"动词＋一＋动词"的形式较早出现于《五灯会元》和《朱子语类》,元代以后的汉语里大量使用。例如:

⑥① 院于左膝拍一拍,师便喝。院于右膝拍一拍,师又喝。(五灯会元·卷第十一)

⑥② 试定精神看一看。(朱子语类·卷九)

⑥③ 我也没的吩咐你,你把你的头来,我抱一抱。(关汉卿:包待制三勘蝴蝶梦第三折)

⑥④ 送他到礼部,捹上一捹,尿都捹他的出来!(型·1·14)

⑥⑤ 缉捕逃亡,原是贵衙的事,而今便劳尊上心缉捕一缉捕,就可松了这个无辜的人。(醉醒石·3·40)

例⑥①至⑥⑤句子表述的语义焦点是"动词＋一＋动词",即动作行为及其量幅。动词无论是及物还是不及物都没带宾语,不及物动词不带宾语无须多说,而及物动词不带宾语也不影响句子意义的表达,这是因为其宾语可根据上下文判断出来。如例⑥③,根据句子可以判断出动词"抱"的宾语是"头"。这表明当"动词＋一＋动词"所表示的动作行为及其量幅成为句子的焦点时,动词是可以不带宾语的。

与此同时,"动词＋一＋动词"还出现了带宾语的情况,宾语的位置有两种:一种是"动词＋一＋动词＋宾语",可称为 A 式;一种是"动词＋宾语＋一＋动词",可称为 B 式。如:

⑥⑥ 若是劈头点一点顶门,豁然眼开者,于此却有疾速分。(五灯会元·卷第十八)

⑥⑦ 我有些腿疼,过来与我捶一捶背。(武汉臣:包待制智赚生金阁第三折)

⑥⑧ 那婆娘只道是张三郎,慌忙起来,把手掠一掠云鬓,口里喃喃的骂道……(水浒传·21·268)

⑥⑨ 你寻本书来,待我看一看脉。(醒·2·24)

⑦⑩ 伯牙道:"既是二位尊人在堂,回去告过亲,到晋阳来看愚兄一看,这就是'游必有方'了。"(警世通言·卷一)

⑦① 那小姐认得此物,微微冷笑道:"师父,我要见那官人一见,见得么?"(清平山堂话本·戒指儿记)

⑦② 李逵道:"没奈何且借我一借,明日便送来还你。"(水浒传·38·516)

⑦③ 晁凤说:"日西没事,仗赖你来陪俺一陪极好,我专候着。"(醒·47·686)

⑭ 你看这厮,我推他一推便死了,我不信。(郑廷玉:布袋和尚忍字记第一折)

⑮ 潜斋道:"天气甚好,你我同去望他一望。"(歧·4·31)

例⑥至⑨为 A 式,例⑩至⑮为 B 式。由这些例子可以看出,宾语位置不同,句子所表述的语义重点就有很大差异。A 式中,宾语是整个"动词+一+动词"的宾语,处于句子的语义焦点位置。当宾语是句子语义的焦点时,它就不容易虚化。据调查,A 式中的宾语一般是指具体人或物的名词,这样发生虚化的可能性就更小。而 B 式强调的是动作及其量幅,宾语在语义的表达上则退居次要地位,这就为其虚化提供了条件。而且还有一点与 A 式不同的是,B 式中宾语虽可由名词充当,如例⑩和例⑪,但更多的是由代词充当,如例⑫至⑮。代词的意义本身就比较虚,尤其是第三人称代词"他",本来就是由他称代词演变而来,当不处于焦点地位时,"他"更加容易虚化。而且在调查中还发现了这样一些例子:

⑯ (鲁智深)吃了一跤,扒将起来,把头摸一摸,直奔僧堂来。(水浒传·4·67)

⑰ 小妹把头摇一摇。这人道:"想是闹嫁。"(型·6·90)

⑱ 晁大舍将帖用眼转一转,旁边家人接得去了。(醒·4·46)

⑲ 又想中式的时文,也有一定的体式,如今割裂变幻,一科不同一科,偏中得主司的尊意,所以小人把这状词的格式也变他一变。(醒·74·1056)

⑳ 咱把天来也翻他一翻!(醒·84·1200)

例⑯至⑱用处置介词"把"或"将"把宾语提前,而处置宾语更适宜于看做第一个动词后的宾语。因为在这些处置句中,由"动词+一+动词"构成的述谓结构成了句子的焦点,把处置宾语看做第一个动词的宾语,与原来句子的焦点表述基本一致。与例⑯至⑱所不同的是,例⑲、⑳中除了有处置宾语外,第一个动词后面又加上了宾语"他","他"可以看做对前面宾语的复指,但从句法和语义上说,这种"他"完全可以省去,表明"他"的意义已经比较虚化,基本上无所指代。因此可以说,"他"是在"动词+宾语+一+动词"所表达的动量意义焦点及"处置介词+宾语+动词+他+一+动词"中"他"的羡余性这样的句法语义环境下逐步虚化的。另一方面,"动词+他+一+动词"中动词多数是单音节的,虚指代词"他"与前一个动词结合紧密,从而起到了协调音节的作用,"他"似乎成了前一动词的附属成分。

c. 动词+他+数量(名词)。如:

㉑ 不如凑几两银子,看相应的典上他两间住,却也气概些,免受人欺负。(金·1·13)

㉒ 兄这青年就了这一途,省的岁考淘那宗师的气,京里坐了监,就热气考他

下子。（醒·50·735）

㊳ 还有四十亩薄喇地，也还打他几石粮，料想也还没妨账。（聊·翻·933）

例㉛至㊳动词后都有宾语，这些宾语的特点是本身是数量词或带有数量词修饰的名词。从句子结构来看，"他"处在间接宾语的位置，但是上下文语境找不到"他"所指代的对象，去掉"他"也不影响句子语义的表达，因而这种句法位置的"他"的人称意义已经荡然无存。

袁毓林（2003）把这种句子叫做无指代词宾语句，认为"他"主要是从"带有数量成分的双宾语句上发展出来的"，并指出"从这种带有数量成分做准宾语句的双宾语句的出现时代，我们可以知道无指代词宾语句当是相当后起的，其时间上限大概不会早于宋代"。袁毓林（2003）还认为："动量、时量等准宾语不是动词的论元结构中的必有成分，尤其是包含'一、二、三'等约数的准宾语，往往强调述语动词所表示的动作、行为的量幅，跟述语动词一起成为句子的焦点。因此，即使是及物动词，带上时量、动量和状态等准宾语之后，真宾语倒反而是可有可无的，如果是代词做真宾语，那么更容易虚化。"袁毓林较为客观、合理、准确地揭示了"他"虚化的句法、语义环境。比较而言，"动词＋他＋数量（名词）"与"动词＋他＋一＋动词"中"他"的虚化有着非常明显的共性特征，即述语部分所表达的动作及其量幅的焦点意义是促使"他"虚化的关键因素。

d. 动词＋他。只《金》出现1例：

㊴ 他又招了俺姨那里一个十二岁的女孩儿在家养活，都挤在一个炕上，谁住他！（金·34·448）

例㊴"他"实在是无所指代。

（ⅲ）"他＋地名"中"他"的语义、语用分析。"他＋地名"只出现在《醒》中，如：

㊺ 这点烛送面是他浙江的乡风，凭他甚么厚礼作定，这两件是少不得的。（醒·98·1396）

㊻ 我就执着这文凭去到推官的任，他部里肯认错么？（醒·85·1211）

㊼ 这年下正愁没甚么给人送秋风礼哩，这乌菱、荸荠、柑、橘之类，都是他这里有的。（醒·88·1259）

"他"作为人称代词是回指性的，但这些例句中，无论是根据句子还是上下文，都无从找到"他"所指代的对象，因而"他"从指代关系上来说应该是虚指的。而从整个句子的语义表达上来看，"他"字的使用又表明了说话人与"他"后的方所、团体、机关单位等之间的关系——说话人是游离于方所、团体、机关单位之外的。因此，从句法上来说，"他"字完全可以去掉，但语义的表达就变得不够精准和细密。

"他"表虚指的使用情况和频率分布

	"他"做动词宾语				任(由、凭)他	他＋地名
	动词＋他	动词＋他＋补/宾	动词＋他＋数量(名)	动词＋他＋一＋动词		
金	1	4	6	0	15	0
醒	0	13	15	4	14	7
聊	0	6	3	0	1	0

B. "他"的泛指用法

第三身代词"他"表泛指,既可与其他人称代词对举使用,也可单独使用。

a. "他"与"我"和"俺"对举使用表泛指(分别见 2.2.1.1.1.2.A 和 2.2.1.1.2.2.B)。

b. "他"单独使用表泛指。"他"单独使用表泛指共出现 21 例:《金》1 例;《醒》1 例;《聊》19 例。如:

⑧ 见他家豪富,希图衣食,便竭力奉承,称功诵德。(金·80·1252)

⑧ 他有爱汉子的呀,或是想老婆的呀,俺老李一到,就是天仙织女,俺也念诵的思凡。(聊·襄·1200)

⑨ 大家一齐往前做,若有退前擦后,定教他地灭天诛!(聊·磨·1380)

例⑧至⑨,"他"所指代的对象好像与听说双方无关,但上下文语境和句子赋予了"他"超人称的指代,在特定的语境中其所指代的对象也是符合某一情况的所有的人。如例⑧"他家"泛指豪富之家,"你"、"我"、"他"只要是豪富之家都被包括在内。

C. "他"的转指用法

调查语料发现,在对话语境中第三身代词"他"既可转指第一身代词,也可转指第二身代词。这种现象在三部文献中的分布并不均衡,《金》和《醒》中出现次数较多,而《聊》中则相对较少。

a. "他"实指"我"。在具体的语言环境中,言语行为者为了表达的需要,往往出现第三身代词"他"实指第一身代词"我"的情况。《金》和《醒》中都有这种用例出现,前者 10 例,后者 4 例。如:

⑨ 众人直待斟酒,伯爵跪着西门庆道:"还求大哥说个方便,饶恕小人穷性命,还要留他陪客"。(金·54·731)

⑨ 吕祥禀说李驿丞卖法纵徒,雇他上灶做饭,讲过每年十二两工钱,欠下不与,因要工钱触怒,以此昼夜凌虐,命在须臾。(醒·88·1261～1262)

例⑨伯爵怕众人再强迫自己喝酒,因而当众向西门庆求情,用"他"而不用"我",好像说的是与对话双方无关紧要的其他人,这就避免了语言的突兀,使语气显得缓和些,使自己的话语留有余地,而且在一定程度上给自己挽回了一些颜面。例⑨,根据上下文义可知句中的"他"实际上是"我",即指吕祥自己。吕祥在话语中把"我"改用"他",

使得他自己的叙述显得更为客观。同时,吕祥是在诬告李驿丞,"他"的运用显示出吕祥做贼心虚、底气不足的心理特征。

b. "他"实指"你"。《金》7例,《醒》11例。如:

㉝ 妇人道:"你看他还打张鸡儿哩!"(金·28·361)

㉞ 亏了爹合娘看着,我还没得和你说话哩,他倒给人个翻戴网子。(醒·58·842)

例㉝妇人在和西门庆说话,根据语境可知句中"他"实指听话人"你"——西门庆。妇人是不敢直接责备西门庆的,如果用"你"语气就显得生硬,而"他"好像说的别人,这样就使话语变得柔和、委婉,便于听话人接受。例㉞,狄希陈和相于廷酒后熟睡中,素姐在他们脸上用墨汁和胭脂涂了"鬼脸",而他们彼此以为是对方干的,相于廷回来讨伐狄希陈,狄希陈也正在埋怨相于廷,此句中前文还用"你",后面突然改用了"他",这就使话语中的怒气减弱,责怪的意味降低,反映出了说话人微妙的心理变化。由此可见,第三身代词转指第二身代词,说话人所陈述的事件往往是不如意的,用"他"来代"你"使得语气缓和。

2.2.1.3.2 伊、渠

王力(1980:267~268)认为"'伊'字大约起源于第四世纪到第五世纪","'渠'字始见于《三国志·吴志·赵达传》"。唐以后仍继续使用,但随着第三人称代词"他"的出现和普遍使用,"伊"、"渠"的使用范围逐渐减少,到近代汉语后期和现代汉语中,"伊"、"渠"就只存在于个别方言中了。(王力1980:268;吕叔湘1985:18)调查明清山东方言文献,发现了第三人称代词"伊"和"渠"的少数用例,如下表:

	金	醒	聊
伊	4	4	0
渠	1	2	0

① 伊子照例优养,出幼袭替祖职。(金·100·1495)

② 不料伊又娶临清娼妇冯金宝来家……(金·92·1395)

③ 陈在京候选,有十四岁使女,因嗔不与伊更换夏衣,于本月十二日暗缢身死。(醒·82·1163)

④ 今伊言十六日酉时,相去已远。(醒·47·685)

⑤ 今被积恶棍徒魏三突至氏家,称言氏子晁梁系伊亲子……(醒·47·684)

⑥ 附云:"此书可自省览,不可使闻之于渠。"(金·66·931)

⑦ 你若不信呵,剔起眼睛竖起眉,仔细观渠渠是谁?(醒·7·99)

例①至例⑤"伊"均出现在诏诰、状词或呈词中。例⑥、例⑦"渠"也出现在特殊的语境中:例⑥是蔡太师的管家翟谦写给西门庆的书信;例⑦是小说作者刻画秀才晁思孝观看珍哥时的内心想法,讽刺其缺乏见识。由此可见,"伊"、"渠"虽在《金》和《醒》中仍见用例,但均是出现在非口语语境之中,清初《聊》已不见"伊"、"渠"的踪迹,这表明明清山东方言口语中这两个第三人称代词已经不再使用。

2.2.2 己称代词

明清山东方言己称代词有"自"、"己"、"自己"、"自个"、"自家"、"自下"等,下面分别加以叙述。

2.2.2.1 自

"自"一直是上古和中古汉语主要的己称代词,近代汉语时期尽管出现了复合式己称代词"自己"、"自家"等,但直到近代汉语后期,"自"的使用还相当普遍。"自"在明清山东方言文献中共出现 487 例:《金》177 例,《醒》193 例,《聊》117 例。如:

① 这婆子生怕打搅了事,自又添钱去买好酒好食、希奇果子来,殷勤相待。(金·3·42)

② 宠妾跳梁,逼妻自缢。(醒·10·141)

③ 范子廉忒不自爱,何必去当堂求宽?(聊·磨·1381)

④ 这安童自思:我若说下书的,门上人决不肯放。(金·48·624)

⑤ 弟等候至午转,只得自肩行李,投托寺内。(醒·15·225)

⑥ 不多一时,取了药来,方二爷亲手自煎。(聊·富·1296)

例①"自"复指前文出现的人"这婆子",在意义上与"他人"相对,与"自身"同义。例②至例⑥也是如此。句法功能方面,"自"可以做主语,如例①;做宾语,如例②和例③;做状语,如例④至例⑥。

2.2.2.2 己

"己"也是古汉语留传下来的人称代词,明清山东方言文献中共出现 45 例:《金》16 例,《醒》27 例,《聊》2 例。如:

① 若要人不知,除非己不为。(醒·80·1137)

② 见侯小槐日久不言,先发箭制,不特认墙为己物,且诬墙东尚有余地。(醒·35·515~516)

③ 来昭两口子也得抽分好些肥己。(金·90·1364)

④ 这才是现世报天,治己治人处。(聊·姑·875)

"己"可做主语、宾语、定语,而且仍然保留着上古时的特点,即往往与他称代词"人"对待使用,如例①、例④。比较而言,"自"与"己"最大的不同有两点:"己"不能做状语而"自"可以做状语;"己"做宾语位于动词之后,而"自"做宾语位于动词之前。

2.2.2.3 自个

"自个"《祖堂集》始见其用例,但在近代汉语时期的文献中例子并不多见,大概只用于方言口语中。《金》仅见的两例"自个",均做状语:

① 西门庆便道:"他自个拙妇,原来没福。"(金·26·338)

② 不知俺那俏冤家,冷清清独自个闷恹恹何处耽寂怨。(金·52·702)

2.2.2.4 自己

吴福祥(1994)认为"自己"是由"自"和"己"组合而成,唐五代时期出现,而且"自己"可能略晚于"自家"。[1] 明清山东方言文献用做己称代词的"自己"共出现1140例:《金》29例,《醒》958例,《聊》153例。如:

① 自己还在京中住了两日,方才带了几个家人自到通州任内,说计氏小产,病只管不得好,恐爹娘盼望,所以自己先来了。(醒·6·81)

② 二十年中下仇,不料他做贼头,自己作的自己受。(聊·翻·1011)

③ 金莲道:"没廉耻的小妇人,别人称道你便好,谁家自己称是四娘来?"(金·58·788)

④ 公子自己起来,碾了桌子,又看丫头去请娟娟。(聊·磨·1490)

⑤ 不思量自己,不是你凭媒娶的妻。(金·20·257)

⑥ 看来也还是转个知州罢,到底还是正印官,凡事由得自己。(醒·5·65)

⑦ 万一问得不如自己意思,允了转详,自己的心又过意不去;驳回再问,彼此的体面又甚是无光。(醒·47·691)

⑧ 进了庄,直到了自己门外。(聊·磨·1425)

作为己称代词,在功能上,"自己"也是"自"和"己"功能的并合:可以做主语、宾语、定语或状语(如例③、例④)。

2.2.2.5 自家

"自家"也是在唐五代时期出现的,吕叔湘(1985:94~97)认为"自家"曾经有三个意义:跟"别人"相对,跟"自己"同义;相当于"我";相当于包括式第一人称代词"咱"。明清山东方言文献"自家"用做己称代词的例子相当多:《金》68例,《醒》144例,《聊》159例。如:

① 谢希大道:"大官人,你看花子,自家倒了架,说他是花子。"(金·60·809)

② 大家俱在船中坐,身子摇动不能安,没人撑自家离了岸。(聊·蓬·1105)

③ 晁秀才自家固是欢喜,待郎也甚有光彩。(醒·1·3)

④ 到了九日上,他哥哥自家来搬他。(聊·姑·874)

⑤ 连忙数自家棋子,输了五个子。(金·54·727)

⑥ 也不问声安否,也不说句家常话,竟回自家房内。(醒·56·810)

---

① 王云路、方一新(1992)认为"自己"一词至少在三国时就已出现。

⑦ 童奶奶道："那管门的其实是铺拉自家,可替咱说话?"（醒·71·1008）

⑧ 二相公看了看自家,已是脱生了一个小孩子。（聊·寒·1056）

⑨ 您自家的还不知给谁,又赖别人的!（聊·姑·888）

"自家"作为己称代词用来复指前文出现的人或事物,可以做主语,如例①、例②;做状语,如例③、例④;做定语,如例⑤、例⑥;做宾语,如例⑦、例⑧;与结构助词"的"组成名词性"的"字短语,如例⑨。

2.2.3 泛称代词

《金》、《醒》、《聊》泛称代词主要有"打（大）伙"、"大家"、"大家伙里"、"人"、"人家"、"别人"、"各人"、"他"、"旁人"、"某"、"彼此"等。

2.2.3.1 打（大）伙

"打伙"又写做"大伙",表示一定范围内所有的人,与"大家"同义。如:

① 打伙子说着,买了见成饭来吃了。（醒·38·556）

② 您打伙子义义和和的,他为您势众,还惧怕些儿。（醒·22·330）

③ 打伙子顽了一会,方才起身。（醒·37·546）

④ 打伙子背地里数说,拿宁承古的讹头。（醒·78·1116~1117）

⑤ 既然打伙子合起气来,这些管家们的令正,谁是不知道的……（醒·78·1117）

⑥ 听说是一秀才,大些人闹垓垓,打伙跟去把他拜。（聊·翻·984）

⑦ 打伙商量,或杀或降,军令森严,谁敢把人轻放!（聊·快·1131）

⑧ 大伙抬出五六个,可又盖的严实实,还愁没法把他治。（聊·翻·1001）

⑨ 大伙子抬到屋后,使草盖了。（聊·翻·1001）

从历史语料来看,"打伙"有两个并不是同时出现的义项:用做动词,表示"结伴"、"合伙"大约出现于元代;用做代词,表示"大家"、"全体",大约到明末清初才开始出现。

"结伴"、"合伙"本来就是指一定数量的人聚集在一起,那么由表示一定数量的人的动作行为引申为表示参与这一动作行为的人,这种意义间的引申应该是很自然的。而由前者到后者,"打伙"的词性也就发生了转变,即由动词转变成了泛指一定范围内所有的人的代词。这一推想可在《金》和《醒》中找到证据:

⑩ （李瓶儿）直送出厅来,和月娘、玉楼、金莲,打伙儿送出了大门。（金·55·740）

⑪ 昨日重阳,我说接了申二姐,节间你每打伙儿散闷顽耍。（金·61·854）

⑫ 我抱着你们的孩子撩在井里了么? 打伙子咒念我!（醒·69·989）

⑬ 咱路上打伙子说说笑笑的顽不好呀?（醒·68·975）

例⑩"打伙儿"可理解为"结伴"、"合伙",做状语,表示动词"送"的行为方式。而如果把"打伙儿"看做是对前面月娘、玉楼、金莲众人的复指,于义亦通,这时"打伙儿"就有了表示一定范围内所有的人的意义特征。例⑪至⑬也是如此。这种两可理解的例子是一种由此及彼的中间过渡状态,呈现了"打伙"由动词向代词演变的历史轨迹。明末清初的《醒》《打伙》已可用做泛称代词,如例①至例⑤;稍后的《聊》用做泛称代词的"打伙"又可写做"大伙",如例⑧、例⑨。清代反映北京话的《红楼梦》、《儿女英雄传》中也均可见到"打伙"或"大伙"用做泛称代词的例子。如:

⑭ 宝玉道:"必是老太太忘了,明儿不是十一月初一么,年年老太太那里必是个老规矩,要办消寒会,齐打伙儿坐下喝酒说笑。"(红·91·1301)

⑮ 方才连宝姐姐林妹妹大伙儿说情,老太太还不依,何况是我一个人。(红·73·1039)

⑯ 这庙里是个大家的马儿大家骑的地方儿,让大伙儿热闹热闹眼睛,别招含怨!(儿·38·734)

⑰ 那儿呀!才刚不是我们打伙儿打娘娘殿里出来吗?(儿·38·736)

泛称代词"打伙"又写做"大伙",即用"大"来代替"打",可能是由于"打"字的动词义太强,人们为了体现"打伙"的代词用法,于是在书写的时候就用一个同音字来代替;另一方面,清代文献泛指代词"大家"的使用已相当普遍,由"打伙"到"大伙"在词语用字上也可能受到了同义词"大家"的影响。进一步比较发现:在《醒》和《聊》中,"打(大)伙"有的缀以"子"尾;《红楼梦》和《儿女英雄传》中"打(大)伙"发生了"儿"化,其后常缀以"儿"字。下面是明清一些文献里"打(大)伙"的用法和频率统计表:

	打伙			大伙
	动词	过渡	代词	代词
金瓶梅词话	7	6	0	0
醒世姻缘传	1	2	6	0
聊斋俚曲集	0	0	3	3
红楼梦	4	0	2	3
儿女英雄传	0	0	0	11

2.2.3.2 大家、大家伙里

在语义上,泛称代词"大家"和"大家伙里"一样,均是指一定范围内所有的人。

2.2.3.2.1 大家

王力(1984:282)认为:"'大家'用为无定代词,大约唐代以前就有了。"明清山东方言文献中可见到不少用例:《金》22 例,《醒》181 例,《聊》121 例。如:

① 西门庆道:"既是如此,大家取和些。"(金·74·1088)

② 张鸿渐说了一回,大家嗟叹不一。(聊·富·1343)

③ 咱大家都离了这门罢！（金·24·308）

④ 万一查出，我们大家了不得。（醒·13·194）

⑤ 拿到家里，老婆孩子大家好擅。（聊·襄·1237）

⑥ 大家的算计，以为素姐必定不肯同去，一定留住家中。（醒·99·1417）

⑦ 虽是大家的坟地，咱谁去种来？（醒·22·322）

由以上例看出，"大家"可以做多种句子成分：做主语，如例①和例②；做代词或名词的同位语，如例③至⑤；做定语，如例⑥和例⑦。

2.2.3.2.2 大家伙里

"大家伙里"仅见 2 例，《金》和《聊》各 1 例，均做定语：

① 我这里又做大家伙里饭，又替大娘子炒素菜，几只手？（金·24·306）

② 家当是大家伙里的家当，为嘎都着他自己费了？（聊·翻·942）

2.2.3.3 人

"人"是古代汉语留传下来的一个泛称代词。在意义上，除表示泛指外，还可表示确指。

A. "人"表泛指。指称听说双方以外的人，如：

① 月娘分付："你却休对人说。"（金·40·526）

② 众人齐说："老七在世，专好主张卖人的老婆。"（醒·57·828）

③ 皇爷笑道："只有我打的人，人再治不的我。"（聊·增·1586）

④ 人赢了他的，照数与了人去；他若赢了人的，却又不问人要。（醒·25·373）

泛称代词"人"可做宾语、定语、主语，可与结构助词"的"组成名词性"的"字结构。

B. "人"表确指。此时"人"所指称的对象又有三种情况。

a. 指听说双方之外的第三者。如：

⑤ 月娘道："我到容了人，人到不肯容我。"（金·75·1130）

⑥ 狄婆子道："把人的脸抹的神头鬼脸是聪明？还好笑哩！"（醒·58·842）

⑦ 买东西伺候着，早起来闹吵吵，等人只怕人不到。（聊·翻·969）

例⑤至⑦，"人"分别指具体的人，句法上做主语、定语、宾语等。

b. 指说话人自己或自己一方。如：

⑧ 月娘道："人和你说话，你骂他！"（金·79·1226）

⑨ （春梅）骂玉箫："都顽的这等，把人的茶都推泼了，早是没曾打碎盏儿！"（金·63·896）

⑩ 狄希陈道："你开口只拴缚着人。"（醒·79·1126）

⑪ 李氏说:"脓包货,自家的孩子找不了来,还嗔人去哩!"(聊·慈·902)

⑫ 人自知道一个兄弟做了都头,怎的养活了哥嫂,却不知反来嚼咬人!(金·1·21)

⑬ 如今却因甚底又寻到儿子家来,三茶六饭叫人供养?(醒·92·1310)

⑭ 解子怒说:"张相公,你不要泼。你除到分文不给,还要找算人么?"(聊·磨·1452)

例⑧至⑪,"人"指说话者自己,即"我";例⑫至⑭指说话者所代表的一方,相当于排除式第一人称代词"我们"。言语中不用"我"或"我们"而用"人",避免了把说话人在形式上推向矛盾冲突的前沿,使话语显得委婉含蓄一些。

c. 指听话人,相当于第二人称代词"你"。如:

⑮ 你分付我干事,受人之托,必当终人之事。(金·82·1269)

⑯ 薛如卞说:"家里有这们争气姐姐,俺躲着还不得一半。'燕公老儿下西洋',也救得人么?"(醒·89·1268)

例⑮"人"实指听话人"你",即潘金莲。例⑯"人"指听话者薛再冬。薛再冬因薛素姐的事受刑,薛如卞又气又疼,说话人薛如卞不直接用"你"而用泛称代词"人"来指代薛再冬,形式上似乎变更了谈论的对象,从而使责备、埋怨的语气有所缓和。

泛称代词"人"的意义指称和频率分布

	泛指		确指	
	泛指听说双方以外的人	指听说双方之外的第三者	指说话人自己或自己一方	指听话人
金	177	65	82	4
醒	247	45	69	2
聊	99	26	35	0

2.2.3.4 人家

"人家"应该是泛称代词"人"与词尾"家"组合成的复合泛称代词,近代汉语后期山东方言文献普遍使用。尽管"人家"不如"人"出现的频率高,但"人家"传承了"人"所有的意义特征。

A. 泛指听说双方以外的人。如:

① 平安道:"人家知惭愧的,略坐一回儿就去,他直等拿酒来吃了才去。"(金·35·460)

② 人家因他好善,又叫他商老佛。(聊·寒·1015)

③ 就算着你先没了,你这一生惯好打抢人家的绝产,卖人家的老婆,那会

子,你那老婆不是叫人提溜着卖了,就是叫人抢绝产唬的走了,他还敢抬你哩!
(醒·53·773)

④ 太守说:"既是个武生,姑且饶打,革退代书,不许再与人家写状!"(醒·74·1056)

表示泛指的代词"人家"在句法上可做主语,如例①和例②;做定语,如例③;做宾语,如例④。

B. 表确指。

a. 指听说双方之外的第三者。如:

⑤ 吴月娘:"你也成日不着个家,在外养女调妇,又劝人家汉子!"(金·13·156)

⑥ 你分明是叫你女儿降的人家怕了,好抵盗东西与你。(醒·10·149)

⑦ 急仔人家嫌咱穷,咱还倒嫌人家富。(聊·翻·966)

例⑤至例⑦,"人家"分别指李瓶儿、晁大舍、范家,做定语、主语、宾语等。

b. 指说话人自己或自己一方。如:

⑧ 计巴拉道:"你这等上门凌辱人家,你莫说是武城的马快,就是武城县大爷,我也告你一状!"(醒·11·164)

⑨ 这个事真是邪,打人家汉子一大些,纵然受了老婆子气,可又生个儿来不叫俺爹?(聊·禳·1214)

⑩ 王六儿笑嘻嘻道:"……你怎的上门怪人家。"(金·51·674)

⑪ 人家吃的还没有,怎么完粮?(聊·磨·1433)

例⑧、例⑨"人家"指说话人自己,相当于"我";例⑩、例⑪"人家"指说话人所代表的一方,相当于排除式第一人称代词"我们"。用"人家"代"我"或"我们",表面上削弱或转移了话语的指示对象,使得自己(或自己一方)好像远离了冲突的焦点,这样既不激化矛盾,又能委婉表达说话人心中的不满。

c. 指听话人或听话人所代表的一方,相当于第二人称代词"你"或"你们"。如:

⑫ 惠希仁道:"这事气杀人! 断个'埋葬',也不过十两三钱。诈了人家这们些钱,还不满心呀!"(醒·81·1157)

⑬ 我说道你休嗔,我怕原是望着亲,人家老婆丑似鬼,汉子怕的不像人。(聊·禳·1214)

例⑫"人家"指听话人童奶奶一家;例⑬"人家"实是指听话人葛天民。从句子语境来看,两例中听话者均处在事件的不利地位,说话人不直接用"你"、"你们"而用"人家",使得听话人好像远离了矛盾的中心,避免了话语的直接和突兀。

泛称代词"人家"的意义指称和频率分布

	泛指		确指	
	泛指听说双方以外的人	听说双方之外的第三者	指说话人自己或自己一方	指听话人
金	75	57	15	0
醒	151	18	14	3
聊	78	11	8	1

2.2.3.5 别人

"别人"共出现 336 例:《金》96 例,《醒》159 例,《聊》81 例。如:

① 过了几日,别人都告了假回家,偏生他不肯回家。(醒·38·563)

② 狄希陈道:"他别人的话不听,你二位的是极肯听的么。"(醒·96·1371)

③ 这银子也不知是赵家的,也不知是别人的,只是埋的时节,已注定是商家的了。(聊·寒·1072)

④ 你待不去接,着别人去不的么?(聊·增·1598)

⑤ 西门庆便道:"好贼歪刺骨!我亲自听见你在厨房里骂,你还搅缠别人。"(金·11·127)

⑥ 月娘道:"别人一句儿还没说出来,你看他嘴头子就相准洪一般。"(金·75·1129)

⑦ 自己力量若来不得了,止住就罢,何必勉强要别人的东西,慨自己的恩惠?(醒·31·459)

上例"别人"表示的意思有所不同:泛指其他的人,如例①至④;指听说双方之外具体的人,如例⑤(指春梅);指说话人自己或自己一方,如例⑥、例⑦,此时"别人"表面上有转移话语指示对象、缓和语气、削弱矛盾的语用效果。

2.2.3.6 各人

明清山东方言文献"各人"共出现 198 例:《金》58 例,《醒》75 例,《聊》65 例。如:

① 月娘众人拜谢了,方才各人插在头上。(金·14·179)

② 韩金钏、吴银儿各人斟了一碗,送与应伯爵。(金·54·731)

③ 众人也不料就是素姐,各人彼此相看。(醒·66·945)

④ 您各人自己燕儿垒窝的一般,慢慢的收拾罢。(醒·22·325)

⑤ 太太吃了一碗,两个都各人吃了一碗。(聊·磨·1482)

⑥ 各人卧着各人的床,却也没把他来问。(聊·翻·940)

由例①至⑥可以看出,人称代词"各人"所指代的范围在上下文语境中均可找到,而且在指称一定范围内所有的个体的同时,其意义偏向于强调个体的差异性。

2.2.3.7 他

"他"在上古就是泛指代词,意思是"别的",近代汉语后期的山东方言还一直沿用着这种用法。"他"共出现98例:《金》32例,《醒》13例,《聊》53例。如:

① 夏提刑道:"今日奉屈长官一叙,再无他客。"(金·51·679)

② 正是:各人自扫檐前雪,莫管他家屋上霜。(金·33·429)

③ 王婆贪贿无他技,一味花言巧舌头。(金·3·48)

④ 狄希陈亲眼见他将马棚后一个大长石槽着了许多人移在他处。(醒·77·1095)

⑤ 若能如此,他日何愁不到金銮殿?(聊·富·1327)

⑥ 其实不能他去,俺且回家再处。(聊·襄·1154)

例①至⑤"他"修饰表示人、事物、处所、时间等的名词;例⑥"他"代处所,做状语。

2.2.3.8 旁人

"旁人"指别人。共58例:《金》11例,《醒》25例,《聊》22例。如:

① 旁人把好话劝他,一说就听。(醒·59·853)

② 寄姐道:"没帐!活打杀了小蹄子淫妇,我替他偿命,累不杀您旁人的腿事!"(醒·79·1130)

③ 此时若不回头走,怕被旁人看出来。(聊·姑·867)

④ 俺家里又没有旁人,有点小事他就给俺东走,他就给俺西奔。(聊·磨·1465)

⑤ 咱虽穷了,门户虽衰品极高。也该略把崖岸存,休要惹的旁人笑。(聊·襄·1162)

"旁人"可以做主语、定语、宾语和兼语等多种句法成分。

2.2.3.9 某

从明清山东方言文献用例来看,"某"既可指不确定的也可指具体的人、事物、时间等。

A. 姓＋某。如:

① 郭总兵临行问抚院道:"老恩台遣郭某此行,且把主意说与郭某知道。"(醒·99·1408)

② 高相公也随即走到堂中,说:"高某一介贫儒,赴省科举,路由于此。"(醒·62·886)

③ 却说赵某是一个土豪,放三十分利债,还不到就打。(聊·翻·949)

例①、例②"姓＋某"表示说话人自称,这种自称方式略显说话人礼貌、谦虚;例③"姓＋某"指代一个确定的人,用"某"字代其名应该是作者为行文方便而采取的一种记述方式。

B. 某+名词。如：

④ 席上都有桌面，某人居上，某人居下。(金·20·251)

⑤ 伯爵道："第一句说'书寄应哥前'，是启口，就如人家写某人见字一般，却不好哩？"(金·56·763)

⑥ 烦那同来的邻舍捎信与他爹娘，说是驴子乏了，只得在某人家宿下，明日清早等他到家。(醒·31·452)

⑦ 你某年借了我三十两银子，发送妻小，本利该我四十八两银子。(金·19·232)

⑧ 下注："某年月日，用字纸作炮，被风吹入厕坑，削官二级；某年月日，诬谤某人闺门是非，削官三级；某年月日……"(醒·29·422)

⑨ 万岁翻过那帖子来记了一笔：某年某月某日，王龙亲许人皮一张。(聊·增·1629)

例④、例⑤"某+人"泛指不确定的人；例⑥"某"做名词"人"的修饰语，不用具体的姓名而用"某人"来指代无须说出的人物；例⑦至例⑨"某"加于时间名词前，表示说不出或无须指出的时间。

C. 某等。如：

⑩ 某等谬忝冠簪，愧领玄教，愧无新垣平之神术，恪遵玄元始之遗风。(金·65·916)

⑪ ……分与某等八人各五十亩，永远为业，以见氏睦族之意。(醒·22·328)

"某"与"等"连用表示多数：例⑩泛指不确定的人物，例⑪指不必重复说出的人物。

"某"的用法和频率分布

	姓+某	某+名词	某等
金	0	17	1
醒	6	23	1
聊	2	4	0

2.2.3.10 彼此

"彼此"指人，意思是"那个人和这个人、双方"。明清山东方言文献中"彼此"共119例：《金》54例、《醒》54例、《聊》11例。如：

① 吃茶之间，彼此问号。西门庆道："学生贱号四泉。"(金·70·1008～1009)

② 想当初咱二人不分个彼此，做姊妹一场并无面红面赤。(金·89·1354)

③ ……驳回再问，彼此的体面又甚是无光。(醒·47·691)

④ 慌了手脚,守到天明,寻了老公回家,说此缘故,夫妻彼此埋怨了一场。(醒·92·1320)

⑤ 两个彼此端相,子雅说:"兰芳上来,陪高大爷一坐,省的远了看着不便。"(聊·禳·1221)

由例①至例⑤可以看出,人称代词"彼此"具有多种句法功能:做主语,如例①;做宾语,如例②;做定语,如例③;做同位语,如例④、例⑤。

2.2.4 复数词尾"们"

汉语发展到唐代产生了复数词尾"们",此后"们"有多种不同的写法:"大致说来,唐代写作'弭'(弥)、'伟';宋代先后写作'懑(满)'、'瞒(瞒)'、'门(们)'等;元代到明初基本上写作'每',少数写作'们'(或'门');明代中叶以后'们'字又多了起来,但也有写作'每'的。在现代汉语中,则统一于'们'了。"(冯春田 2000/2003:80)

2.2.4.1 复数词尾"们"的产生

吕叔湘(1985:58)认为"们"尾系列字的不同"都是同一个语词在各别时代、各别方言的不同形式"。对于唐、宋时期"们"尾系列字的不同,也许可以用时代和方音的差异来解释,但辽、金、元、明时期同一方言区内(北方方言区)复数词尾"们"由"们"到"每"再到"们"的反复变化似乎另有原因。

宋、辽、金、元、明时期,中国历史上经历了由汉族、契丹族、女真族、蒙古族再由汉族统治的更替过程。随着北方少数民族入据中原,他们的语言也带到了中原地区。可以说辽、金、元时期是汉语与阿尔泰语接触最广泛的时期,契丹语、女真语、蒙古语的词汇也随之进入汉语当中,有的至今仍保留在汉语中,如"可汗"、"驿站"、"喇嘛"、"胡同"、"戈壁"等,这说明该期汉语受阿尔泰语的影响是客观存在的。北宋初期复数词尾还没有写做"每"的,到了金时,"用北方系官话写成的作品如金人的两种诸宫调,《刘知远》和《董西厢》,前者用'懑',后者用'每',但有一处用'懑'"。(吕叔湘 1985:58～59)即此时词尾"们"开始部分地写做"每",这与契丹、女真入据中原,汉语与阿尔泰语发生接触,具有时间上的一致性。金之后,蒙古族掌握政权,建都大都,蒙古语也随之带到中原,蒙古语对汉语的影响进一步加强。与此同时,北方方言区复数词尾"们"虽仍有少数出现,但多数都已写做"每"。明代,政权恢复汉人统治,北方少数民族北迁,阿尔泰语对汉语的影响也迅速减弱;恰在同时,汉语复数词尾又开始由"每"向"们"转变。宋、元、明之际,汉语与阿尔泰语的接触经历了一个"初步→频繁→减弱"的过程,阿尔泰语对汉语的影响也经历了由弱到强以至逐步消失的过程,而恰恰此时,北方官话区汉语复数词尾经历了一个"们"→"每"→"们"的反复变化过程。这种一致性可能不只是一种巧合,而是也许有内在的联系——汉语复数词尾"们"→"每"→"们"的变化与阿尔泰语对汉语的影响不无关系。

金、元时期,阿尔泰语有表示名词复数的形式,汉语也已有复数词尾"们",那么为什么不用"们"而借用"每"呢? 也许是"每"的音可能更接近阿尔泰语复数的词尾音,因而汉语就借用了"每"。当然,这只是一种推想,"们"、"每"与金、元时期阿尔泰语复数词尾的语音之间到底有何异同还需要做进一步的调查和分析才能得出符合语言实际的结论。

宋、元、明之际,汉语复数词尾由"们"到"每"再到"们"的变化,一方面表明语言接触中阿尔泰语对汉语的影响,另一方面也表明语法具有较强的排他性。明中叶山东方言文献《金瓶梅词话》"每"、"们"并用的状况正反映了汉语自身消除阿尔泰语的影响,恢复原有的发展规律和语法面貌的过程,入清以后则统一为"们"了。

2.2.4.2 词尾"们"的意义和用法

《金》、《醒》、《聊》复数词尾"们(每)"的用法具有多样性:可用在人称代词、疑问代词、指物名词和指人名词之后。其意义有四种:真性复数;连类复数;总括两个有关系的名词,跟一个连词异曲同工;不表复数义,只构成一个音缀。

2.2.4.2.1 用在"我"、"咱"、"俺"、"你"、"您"、"他"等人称代词后构成复数。如:

① 对他们只说他爹又寻了个丫头,唬他们唬,管定就信了。(金·40·529)

② 晁夫人道:"没的你两家子是正子正孙,他们六家子是刘封义子么?"(醒·22·329~330)

③ 晁夫人道:"是不是我管不的,你们自己讲去。"(醒·57·820)

④ 您们不安分读书,不行好事,断断难饶!(聊·磨·1432)

⑤ 舜华说:"我们都是一会中人,官人福寿永远,咱相会也自然有日。"(聊·磨·1551)

⑥ 他家有一门子做皇亲的乔五太太,听见和咱门做亲,好不喜欢,到十五日,也要来走走。(金·41·545)

⑦ 咱们没有情面,又没有银钱,只得听天由命而已。(聊·磨·1385)

⑧ 月娘道:"既是韩伙计这女孩儿好,也是俺每费心一场。"(金·37·484)

⑨ 俺们本家为分家财,与你众人何干!(醒·20·297)

"们"用于人称代词后构成一种复数形式,表明明清山东方言人称代词复数日趋以语法手段来表达。"们"尾与人称代词结合后,在具体使用过程中又呈现出相当复杂的情况,如包括式和排除式,复数代单数的语用心理和修辞效果等,这些问题前文已有论述。

2.2.4.2.2 "们"用于疑问代词后。在《醒》里还发现一例"谁+们":

⑩ 薛三槐娘子又问:"今日去那头铺床的都是谁们?"(醒·59·846)

由上下文语境来看,问话人已知道去铺床的人不是一个而是多个,但不知道哪几个去,问话人用"谁们"对未知的多个人进行询问,"谁们"显然表示复数意义。

疑问代词"谁+们"即"谁们",在所调查的近代汉语语料中没有发现更多用例。但是,近代汉语后期语言发展的一个基本事实是:汉语人称代词的复数越来越借助于词尾"们"这一语法手段来表达。正由于"们"在人称代词后的日益频繁的使用,而疑问代词"谁"又是问人的,在类推作用下,"们"的功能扩展到可用于"谁"的后面。实际上,"们"用法的扩展并不仅仅存在于山东方言,米青(1986)指出,现代山西方言中也有"谁们",而且既可表单数又可表复数。

2.2.4.2.3 "们"尾用于指物名词后。《聊》中出现 2 例"们"用于指物名词之后的例子:

⑪ 天地之间,蚤们可以老了……(聊·襄·1147)

⑫ 两个衙役……喜的那腔里都是笑眼们,那里肯走!(聊·富·1317)

汉语"们"用于指物名词后较早见于元人散曲:

⑬ 若论今日,索输与这驴群队。果必有征敌,这驴每怎用的!(刘时中:新水令·得胜令)

⑭ 窗隔每都颩颩的飞,椅桌每都出出的走,金银钱米都消为尘垢。(钱素庵:哨遍·三煞)①

例⑬"驴每","每"用于动物名词之后,表示复数;例⑭中"窗隔每"、"椅桌每","每"用于非生物名词后,表示复数。复数词尾"们"产生后,用于人称代词、指人名词等的后面,只用来指人,不指物。元以来"们"用于指物名词后是如何发展而来的呢?调查这一时期的文献材料,发现在元代的一些碑文以及明代四夷馆的汉文译本《元朝秘史》(原名《蒙古秘史》)中出现了相对较多的"们(每)"用于动物或其他非生物名词之后的用例。如:

⑮ 那说谎捏合来底经文每、印板每,一半不曾烧了……言语每,是实那虚?(一二八〇年虚仙飞泉观碑(二)·汇编·元代明代卷·5)

⑯ 你必勒格别乞、拖多延两个,将旄纛立起,骟马每放得肥着,无有疑惑。(元朝秘史·卷七)

元代碑文、《元朝秘史》是 13 世纪蒙古国的官修史书,原文是蒙古文,译本中保存了许多蒙古语特有的语法现象,如"鸭每"、"雁每"、"骟马每"之类。孙锡信(1990)认为这是"蒙汉对译而形成的扭曲了的语法现象,它本质上是蒙语的名词复数形式,但却用汉语表现出来……也正因'每'表多数,所以借用'每'字表指物名词的复数形式是最简捷的方式"。也就是说,蒙文中动物或其他非生物名词的复数是借助复数词尾来表示的,而汉语中没有专用于这类名词之后的复数词尾与之相对应,所以在对译蒙文时就借用了指人的复数词尾"每"。而这种对译在元代蒙古语和汉语接触最为频繁的时期会更多,对译中对原有复数词尾的借用可能成了汉语中复数词尾"们"用法扩展的诱发因素。在这种诱因下,汉语复数词尾"们"的用法由原来只用于指人的词语

---

① 例⑬和例⑭转引自陈治文(1988)。

之后扩展到指物名词之后，而且对当时的口语产生了影响，元末明初的《老乞大》和《朴通事》应该是汉语复数词尾"们"的用法受蒙汉直译、对译材料的影响而扩展的较典型的文献例证。如：

⑰ 是秆草好，若是稻草时，这头口们多有不吃的。（老乞大·汇编·元代明代卷·265）

⑱ 我这马们不曾饮水哩，等一会控制到时饮去。（老乞大·汇编·元代明代卷·267）

⑲ 两个汉子把那驴骡们喂的好着，将十两银子东安州去放黑豆……（朴通事·汇编·元代明代卷·316）

⑳ 鹿皮热当不得，脚踏锅边待要出来，被鬼们当住出不来，就油里死了。（朴通事·汇编·元代明代卷·331）

《老乞大》和《朴通事》反映出元末明初北京口语"们"的用法已扩展到指物名词之后的语言事实。这表明汉语复数词尾"们"在蒙汉对译的诱发下，其用法扩展到了指物名词。

2.2.4.2.4 "们"尾用于指人名词后，名词又有普通名词和专有名词两种情况。

A．"们"尾用于普通名词后有两点值得注意：用于普通名词后的意义；与表数量的词语并用。

（ⅰ）"们"用于普通名词后的意义。"们"在普通名词后使用非常广泛，其意义也呈现出多样化：表真性复数；总括两个有关系的名词；不表复数义，只构成一个音缀。

a．表示真性复数。如：

㉑ 太医下了马，对他两个道："阿叔们且坐着吃茶，我去拿药出来。"（金·54·736）

㉒ ……即乡宦不肯上本，百姓们也有上公疏的；就是乡宦们自己不肯上本，也还到两院府道上个公呈，求他代奏。（醒·33·463）

㉓ 小人们磕头问安，亲戚们叙叙寒温，老爷从头问一遍。（聊·富·1362）

例㉑至㉓"们"用在名词后，表示由这一名词组成的一个群体，此时"们"表示真性复数。

b．总括两个有关系的名词。如：

㉔ 待了一年多，每日娘们烧火剥葱，弄的娘们灰头土脸的。（聊·姑·872）

㉕ 万岁一见心欢喜，叫了一声我儿流，爷们说不的寻常厚。（聊·增·1587）

㉖ 我只说你爷们崴折踝子骨，害汗病都死在京里了！你们又来了！（醒·85·1213）

㉗ 杨尚书宅里娘儿们够五六位，北街上孟奶奶娘们，东街上洪奶奶、汪奶

奶、耿奶奶,大街上张奶奶……(醒·68·974)

㉘ 伯爵道:"你爹没了,你娘儿们是死水儿了,家中凡事,要你仔细。"(金·79·1237)

㉙ 珍哥道:"你爷儿们不知捣的是那里鬼!"(醒·6·88)

㉚ 临来又留了百十两银子与他娘儿们搅缠。(醒·100·1420)

㉛ 张老爷常思念那故乡的情义,平空的拾了俩亲亲的好兄弟,欢喜的娘儿们拜天又谢地。(聊·慈·928)

㉜ 年前两次跟了师生们到省城,听他做得那茶饭撒拉溜佟,淘了他多少的气。(醒·54·788)

㉝ 万岁要登程,子母们来送行,周元把马牢牵定。(聊·增·1571)

㉞ 没的为孩子们淘气,咱老妯娌们断了往来罢?(醒·48·706)

例㉔至㉗从表层结构上看,"娘们"、"爷们"好像都是单个名词加"们",而实际上"娘们"="(娘+儿)+们","爷们"="(爷+儿)+们",因为"实词'儿'(儿辈)走了'儿化'的路子,所以只保留了前一个词"(冯春田 2003:44)。比较明清几部文献,这类例子实词"儿"儿化情况不完全一样。《金》表示"(娘+儿)+们"都以"娘儿们"的形式出现,如例㉘,未见因实词"儿"语音发生儿化而写成"娘们"的。虽然《金》有大量"娘们"的用例,但"们"都表真性复数。另外,《金》没有出现"爷们"或"爷儿们"。《醒》"爷们"共出现 3 例,2 例表示真性复数,1 例表示"(爷+儿)+们";另有 9 例表"(爷+儿)+们"的例子,都写成"爷儿们",如例㉙。表"(娘+儿)+们"的共 16 例,15 例写做"娘儿们",如例㉚,只有 1 例以"娘们"的形式出现。《聊》表"(娘+儿)+们"共 20 例,其中 19 例写做"娘们",只有 1 例"娘儿们",如例㉛。《聊》没有"爷儿们","爷们"共出现 3 例,1 例表真性复数,2 例表"(爷+儿)+们"。由此可见,实词"儿"的语音在《金》中还没有发生儿化,在《醒》中虽已发生儿化但还没有被广泛使用,在《聊》中实词"儿"的儿化音已非常普遍。

这类例子"们"有总括两个相关联的名词的作用,吕叔湘(1985:71)认为"们"的作用与一个连词有异曲同工之妙。但仔细观察上面例子,"们"前相关联的两个名词(或儿化后只剩一个)在量上并不一定等同,有的可以判断出前后两个名词的量是相同的,如例㉔至㉖、例㉙、例㉚及例㉝、例㉞;有的在量上则不等同,如例㉘、例㉛、例㉜中的"娘"、"师父"只有一个,而"儿"、"徒弟"则有多个;有的则不易判断出两个名词等量与否,如例㉗。

c. "们"不表复数义,只构成一个音缀。如:

㉟ 我一心要寻个先生们在屋里,好教他写写,省些力气也好。(金·56·761)

㊱ 你要是正明公道的人,没的敢说你不是个大的们!(醒·22·323)

㊲ 我史瞎子穷么穷,不合混帐老婆们干这谋杀亲夫的勾当!(醒·76·

1089)

㊳ 爷爷打了奶奶骂,还望姑爷把他饶,郎舅们甚么说不到?（聊·翻·976）

例㉟"先生们"前面有个体量词"个",后面紧接着又说"只没个有才学的人",而且据上下文可知,西门庆打算寻"一位"先生,所以"先生们"中的"们"并不表示复数意义。例㊱,"大的们"前面也有个体量词"个",句中"你"仅指晁思才一人,"你"、"个"及"大的们"在数量上应是一致的,所以"大的们"中"们"也不表示复数意义。根据语境可知,例㊲"老婆们"只指薛素姐,例㊳"郎舅们"仅指范栢,这两例中的"们"也均不表示复数意义。从语用层面来考虑,"先生们"、"大的们"、"郎舅们"、"老婆们"也并不是用复数的形式来表达单数意义从而达到委婉含蓄的修辞效果,"们"在这些名词（或名词性短语,如"大的"）后成了一个无意义的音缀。

（ⅱ）与表数量的词语并用。名词前常有表数量的词语修饰,"们"又常用于名词之后,所以表数量的词语与"们"难免有并用的时候。根据表数量的词语的类型,"们"与数量词语并用大致分为以下四种情况。

a. 与"列位"、"些"、"众"、"许多"等共现,这些表数词语表示不确定的数量。如:

㊴ 太太教我出来,多上覆列位哥们:本等三叔往庄上去了,不在家,使人请去了。（金·69·993）

㊵ 他列位每都明日起身远接。（金·35·455）

㊶ 好列位们呀！俺有这事没这事,也瞒的过列位么?（醒·72·1027）

㊷ 列位们听着,你说这裙子有铁打的么?（聊·增·1679）

㊸ 奶奶就不分些与俺众人什么?（醒·22·321）

㊹ 被些光棍们唠去赌博场,半顷地一宿完了账。（聊·翻·959）

㊺ 这们许多婆娘们,就只俺媳妇儿又年少,又脚小,又标致,万人称赞,千人喝彩。（醒·58·837）

㊻ 二相公把三官背起来,合族人们一哄走了。（聊·寒·1036）

"们"是附于名词后的,所以"们"与数量词语共现中间一般要有名词,现代汉语"各位"、"诸位"等与"们"并用,中间也都有名词（如"各位同志们"、"诸位先生们"等）,而且"'们'跟'诸位'之类并用,一般用作呼语,因此经常用在讲话、演说、公开信等的开头"。（邢福义1965）然而由例㊴至㊷可以看出,明清山东方言"们"可直接附于表数词语"列位"后,而且"们"与"列位"并用是在正文里出现,"列位们/每"可做主语、宾语等。

b. 与"一＋量词"结构共现。量词是表不定量的集体量词,整个数量结构表示不确定的数量。由于这种数量结构在明清山东方言中出现较少,所以"们"与这种数量结构并用的例子罕见,仅《醒》1例:

㊼ ……还恐怕我身上带着东西,一伙老婆们把我浑身翻过。（醒·20·

299)

c. 与"这/那＋量词"结构共现。量词是表不定量的集体量词,整个结构也是表示不确定的数量。如:

⑱ 那些小优们、戏子们,个个借他钱钞,服他差使;平康巷、青水巷这些角伎,人人受他恩惠。(金·55·749)

⑲ 那些徒弟们从葬毕,辞过了坟,各已走散。(醒·41·609)

⑳ 这伙子砍头的们也只觉狠了点子,劈头子没给人句好话!(醒·22·320)

㉑ 方娘子说:"他二舅自从拿了老马,报了仇,救回当日那些问罪的秀才们来,就选了淮安府的刑厅……"(聊·富·1314)

例⑱至㉑"们"与表不定量的指量短语并用,中间的名词形式比较灵活:可以是两个并列名词,如例⑱;名词前可带其他修饰语,如例㉑;可以是名词性的短语,如例⑳。另外,还出现了一些表约数的指量短语和其他表不定量的词语连用,或者不同指示词连用与"们"共现的例子。如:

㉒ 这些众人们各人说各人的……(醒·22·331)

㉓ 这各同僚们其实只扫自己门前雪,把灯台自己照燎……(醒·91·1303)

d."们"与确定数目并用,仅1例:

㉔ 听我说,你别要去,等明日叫俺二位哥哥们到那里问声,别冒失了。(醒·73·1046)

"们"用于人称代词或名词后构成一种复数,一般来说这种复数是表示一个群体、一个集合,即数量大于"一"的一个概念,并不表示准确的数目,所以与"们"共现的表数词语也多表示不定量。确定数目与"们"搭配使用似乎有违于"们"的本义,多数语法学家认为"们"不能与表确定的数目并用,而祖生利(2002)指出:"中古蒙古语里,带复数附加成分的名词却可以用数词来修饰。如《蒙古秘史》卷四:'塔奔可兀的颜'(tabun ke ud-yan),旁译:'五个孩儿每自的行'。"并提供了元代白话碑文及元明汉语材料中见到的例子,如:

㉕ 将一十七个先生每剃了头发,交做了和尚。

㉖ 洞林禅寺住的瑛无瑕庵主为头儿三个和尚每根底……

㉗ 臣等三人每曾与国家出气力来。(东窗事犯·三折)

㉘ 这两个总旗每老实,干些事的当,我时常用他。(逆臣录·卷三)①

祖生利(2002)认为:例㉕和例㉖是蒙古语语法的直译;例㉗和例㉘汉语文献中确数与

① 例㉕至㉘转引自祖生利(2002)。

"们"共现的现象"似与蒙古语说法的影响不无关系"。也就是说,汉语中确数与"们"共现是蒙汉语言接触过程中蒙古语语法渗透到汉语语法中的结果。那么,清初具有山东方言背景的《醒世姻缘传》中确数与"们"共现的例子仍应是汉语受蒙古语语法影响的延续。但是,由于汉语中"们"表示不确定数量的意义与确定数目之间的差异和不协调,使得"们"与确数并用的现象从一开始就没能在汉语中广泛使用开来,更没能保留到现代汉语当中。

B. "们"用于专有名词后或相当于专有名词的词语(如"姓+称谓词")后。如:

㊺ 玳安道:"……爹今日和应二叔每,都在院里吴家吃酒……"(金·18·219)

㉚ 童奶奶袖了几百钱,溜到外头央卖火烧老子的儿小麻子买的金猪蹄、华猪头、薏酒、豆腐、鲜芹菜,拾的火烧,做的绿豆老米水饭,留狄希陈们吃。(醒·75·1065)

㉛ 白姑子对着素姐们道:"常言说得好:'满堂儿女,当不得半席夫妻。'"(醒·64·922)

㉜ 狄婆子也没理论,打发薛素姐们去了。(醒·59·846)

㉝ 魏才这里与小献宝说话,戴氏们撮拥着魏氏上了轿,轿上结了彩。(醒·41·609)

㉞ 再说郑就吾们去了。(醒·38·562)

㉟ 晁邦邦们进去告诉了晁夫人。(醒·32·472)

"们"前面的专有名词当然只代表一个人,"们"附于专名后,表示包括这个人在内的一类人,吕叔湘(1985:70)称之为连类复数。这种用法的"们"具有早期汉语里放在人称代词或人名等词语后表示复数意义的"辈"字的语义色彩,这就涉及到"们"的语源问题。吕叔湘(1985:59)"觉得'辈'字和'们'字不无相当关系"。江蓝生(1995)认为复数词尾"们"与疑问代词"甚么"的"么"以及样态指示词"这么"、"那么"的"么"同源,它们都来自表示"等类"、"色样"义的"物"。冯春田(2000/2003:64)从语音和语义两个方面进一步论证了"们"来源于"辈"。语音方面,"某些虚词或词尾一类的'附加成分',往往在形成虚词或虚化过程中发生独立音变","由于'辈'字常用于人称代词和指人名词之后,在口语中逐渐虚化(词尾化),并在这个过程中发生音变;料想正是在'辈'字的口语音发生变化之后,又由于方音的不同,才写成了'弭'、'伟'、'懑'、'们'、'每'这一系列字的"。语义方面,冯春田从早期"们"尾系列字在"某种程度上还带有'辈'字原来的语义色彩"和"明代笔记史料文献里'辈'字有作词尾'们'用的例子"两个方面进行了论证。明清山东方言文献"们"用于专名之后的用例从特性上比较支持这种观点,而且用于专名之后表示连类复数义的"们"也有用"他们"来代替的。如:

㊱ 伯爵又道:"王三官儿说哥衙门中动了,把小张闲他每五个,初八日晚夕,

在李桂姐屋里都拿的去了。"（金·69·998）

　　⑥⑦ 爱月儿道："应花子，你与郑春他们多是伙计，当差供唱，都在一处。"（金·68·967）

　　⑥⑧ 也有玉箫他每，你推我，我打你，顽成一块……（金·22·283）

　　⑥⑨ 西门庆道："不是我也不恼，那日应二哥他们拉我到吴银儿家，吃了酒出来，路上撞见冯妈妈子，如此这般告诉我，把我气了个立睁。"（金·18·224）

　　⑦⓪ 龙氏道："我是小春哥他们母亲。"（醒·73·1046）

　　"他们"用于专名后，也是表示包括这个人在内的一类人，"他们"相当于"他辈"。那么，这类用法的"他们"的"们"与专名后直接所用的"们"的语义是相同的，即都带有"辈"的语义色彩。

　　2.3 指示代词

　　汉语发展到唐代以后，逐步形成了一个完全不同于古代汉语的指示代词系统，可以说现代汉语指示代词都形成于近代汉语。明清时期更是现代汉语的直接源头，该期山东方言文献指示代词呈现出复杂多样的局面：既有存古，又有传承，更有发展，而且还体现出了方言特色，比较典型地反映了近代汉语后期指示词的全貌。《金》、《醒》、《聊》出现的指示词语主要有：1. 指称人事物的指示代词"这"、"那"、"兀那"、"是"、"尔"、"之"、"其"、"若"、"兹"、"斯"、"彼"、"此"、"恁"、"乜"等；2. 时间指示词语"这"、"那"与时间词"早晚"及其合音字"咱（昝、偺、喒）"组成的复合形式；3. 方所指示词语"这"、"那"及其复合形式"这里"、"那里"、"这边"、"那边"、"这头"、"那头"、"这厢"、"那厢"、"那厢里"、"那边厢"、"那壁"、"这壁厢"、"这答儿里"、"那搭剌子"、"这咕溜搭剌儿里"、"此"、"此间"、"彼"、"兹"等；4. 样态指示词语，有古汉语留存下来的"许"、"然"、"尔"等，"恁"系列词，"这/那"与"等（般、样）"组成的复合形式，"这么"、"那么"及其复合形式等；5. 旁指代词"别"、"别的"、"其他"、"其外"、"其余"、"余"和遍指代词"每"、"各"及其复合形式"各个"、"各自"。本节的分析不包括古代汉语指示代词。

　　2.3.1 指称人、事、物的指示代词

　　指称人、事、物的指示代词主要有"这"、"那"、"兀那"、"是"、"尔"、"之"、"其"、"若"、"兹"、"斯"、"彼"、"此"、"恁"、"乜"等。这些指示词语既有古汉语存留下来的，又有近代汉语新产生的。

　　2.3.1.1 这、那

　　2.3.1.1.1"这"、"那"的指示用法及其功能扩展

　　2.3.1.1.1.1 指示用法

　　指别是指示代词的基本用法之一。"这"、"那"用于指示，其后既可跟体词性成分，也可跟谓词性成分。

A. 用于体词性成分前

《金》、《醒》、《聊》"这"、"那"后跟体词性成分统计分析表[①]

语义功能			金	醒	聊
语义功能	定指性	这	2241	3276	1549
		遮	1	0	0
		者	0	0	1
		只	0	1	0
		真个	0	0	1
		那	1937	4568	2654
		兀那	1	2	0
	虚指性	这	4	7	5
		那	4	2	5

可以看出:1.指示代词"这"、"那"既可用于定指,指代具体的人、事、物;也可以表示虚指,指称不知道、说不出或无须说出的人、事、物等。2.定指用法中,"这"、"那"之外,还出现了其他一些形式:"遮"、"者"是近指指示代词"这"早期的书写形式;"只"作为近指代词在敦煌变文中出现过一例,冯春田(2000/2003:90)认为"这有可能是'只没'合音后,囿于习惯还是写作'只',或许是'只没'因语义凝聚为'这'后仍写作'只'字",《醒》出现一例近指代词"只",可能是早期指代词"只"在方言中的遗留;"真个"相当于"这个","真"应该是"这"的方言音变形式;元明时期"那"又作"兀那",用于指示。尽管明清山东方言文献中还保留着指示代词"这"、"那"较早时期的一些书写形式,但用例已极为罕见。如:

① 西门庆道:"你我如今见居着这官,又在衙门中管着事。"(金·41·541)

② 他为合他婆子合了气,敬意寻了这两套衣裳与他婆子赔礼的。(醒·65·933)

③ 昨日万岁赐了我蟒衣,我也不穿他了,就送了大人遮衣服儿罢。(金·71·1017)

④ 淮安差人说道:"只人是跟一个山东妇人来的。"(醒·88·1253)

⑤ 老天老天,怎么给真个年景,还给真么个官儿!(聊·磨·1371)

⑥ 八戒说:"者个去处没曾到,何不下去玩一玩?"(聊·丑·1142)

⑦ 那人见有客在上面,决意不肯进去……(醒·23·342)

⑧ 到了凤翔府,那盘费就不多了。(聊·富·1288)

⑨ 那一日见县官,审了理公事完,一堂人役哄哄散。(聊·寒·1026)

⑩ 西门庆道:"兀那东西,是好动不喜静的,曾肯埋没在一处?"(金·56·758)

---

① 凡本章另有专门讨论的"这"、"那"的指示用法的出现次数均不统计在内。

⑪　我与他夫妻不久，他把我事事看做外人，银钱分文也不肯托付，单单的只交付了前日的那封银子，我看也不敢看他一眼，原封取与你了。（醒·41·601）

⑫　西门庆道："干娘，你且来，我问你，间壁这个雌儿是谁的娘子？"（金·2·29）

⑬　晁大舍说："计氏种的这一顷地，原是监生家自己的。"（醒·10·151）

⑭　金莲道："玳安那囚根子，他没拿灯来？"（金·35·469）

⑮　赵恶虎那畜生，行霸道不留情，安心一点无留剩。（聊·寒·1016）

⑯　（应伯爵）指王经道："就是你这贼狗骨秃儿，干净来家就学舌。我到明日把你这小狗骨秃儿肉也咬了。"（金·76·1144）

⑰　……听见素姐骂说："你这杂种羔子！你就实说，你或是拾或是买的？或是从觅汉短工罗的？"（醒·56·815）

⑱　还要旧时原价，就是清水，这碗里倾倒那碗内，也抛撒些儿。（金·86·1306）

⑲　这家说道："我家有银二百。"这家说道："我家有银三百……"（醒·1·4）

⑳　这手里抓来那手里撩，家无片瓦合根椽，没个板查称百万。（聊·增·1656～1657）

例①至⑬指示词指称具体的人、事、物、时间、处所等。例⑭至⑰"这"、"那"位于同位性偏正结构中，指示词对中心语有突出和强调作用。而且这种结构多数表示一种贬义，往往单独构成句子的小句，用来骂人，抒发说话人或作者的一种强烈的不满或愤慨之情。例⑱至⑳，"这"、"那"为虚指用法，指代语境中不确定的人或事物。

B. 用于谓词性成分前

进一步调查《金》、《醒》和《聊》发现，指示词"这"、"那"也可以直接修饰动词（或动词短语）、形容词或弱化谓词格式"一＋动词"，用来指称某种行为或者动作的性状或程度。如：

㉑　钱不少，人不老，如今才说三姐好，说道三姐委是好，当初亏了那一吵。（聊·俊·1118）

㉒　惠希仁道："刚才单老哥可是把他拴在铺里去了，谁想这一拴倒拴着了，明日不消来了。"（醒·81·1157）

㉓　奉师命取文箫，这一去万里遥，限的却是午时到。（聊·蓬·1106）

㉔　你是天仙，你是天仙，莫拿那抄书当等闲。（聊·蓬·1089）

㉕　这打秋千最不该笑，笑多了有甚么好？（金·25·310）

㉖　若是拷打一顿，免了这赔，倒也把命去挨罢了。（醒·36·531）

㉗　那晁近仁的老婆，一个寡妇，种那三十多亩地，便是有人照管，没人琐碎，这过日子也是难的。（醒·53·767）

㉘　且不说文箫日日思想，单表彩鸾领了娘娘令旨，一路寻思，这借书是男子

做的,怎么叫我去取,我待怎么样借法?(聊·蓬·1085)

㉙ 今得武爷这一帮助,成了这一场好事。(醒·32·466)

㉚ 又想起临去秋波那一转,怎教人一刻去心间?(聊·丑·1143)

㉛ 你这两日,脚步儿勤,赶趁得频,已定是记挂着间壁那个人。我这猜如何?(金·2·34)

㉜ 小淫妇儿,会乔张致的这回就疼汉子,"看撒了爹身上酒",叫的爹那甜。(金·21·271)

㉝ 俺的小肉儿,正经使着他,死了一般懒待动旦。不知怎的,听见干猫儿头差事,钻头觅缝干办了要去,去的那快!(金·20·243)

从句法结构来看,例㉑至㉛中"指示词+一+动词"或"指示词+动词"结合成一个句法语义单位,可做主语,如例㉒、例㉓、例㉕、例㉗、例㉘;可做宾语,如例㉑、例㉔、例㉖;做偏正结构的中心语,如例㉙至㉛。这表明"指示词+一+动词"和"指示词+动词"已失去了谓词性属性,具有明显的体词性特征。例㉜、例㉝,"指示词+形容词"指称句子动词的性状或程度,带有强烈的夸饰色彩。

另外,《金》还出现了4例"此+这+一+动词"和1例"此+这+动词"的例子。例如:

㉞ 此这一不来倒好,若来,正是:失脱人家逢五道,滨冷饿鬼撞钟馗。(金·79·1222)

㉟ 此这一去,不为身名离故土,争知此去少回程。(金·100·1491)

㊱ 此这去,正是:青龙与白虎同行,吉凶事全然未保。(金·86·1319)

"此"与"这"都是近指指示代词,从表义功能和文献中常出现"这+一+动词"格式判断,"此"实为羡余成分。之所以出现"此+这(+一)+动词"的形式,可能是受"人称代词/名词+指示词(+一)+动词"格式的影响而临时出现的一种语用现象。

从历史的角度来看,指示词修饰谓词性成分的用例较早出现于宋代,如:

㊲ 师曰:"直透万重关,不住青霄内。"平曰:"子这一问太高生!"(五灯会元·卷第十一)

㊳ 问:"本来则不问,如何是今日事?"师曰:"师兄这问大好。"(五灯会元·卷第八)

㊴ 他那用刑皆有年月,怎地把来编类,便成次序。(朱子语类·卷一百七)

㊵ 盖说易之广大,是这乾便做他那大,坤便做他那广。(朱子语类·卷七十四)

㊶ 这退一著,都是术数。(朱子语类·卷三十九)

㊷ 这读书,是要得义理通,不是要做赶课程模样。(朱子语类·卷一百一十八)

㊸ 问:"逐日开单展钵,以何报答施主之恩?"师曰:"被这一问,和我愁杀。"(五灯会元·卷十一)

元明以来,这类例子更为常见,如:

㊹ 老夫人,裴秀才这一去,必然为官也。(关汉卿:山神庙裴度还带第三折,全元曲)

㊺ 如今正是深更半夜,况又在这古庙荒山,我这一进屋子,见了他,正有万语千言,旁边要没个证明的人……(儿·6·90)

㊻ 似他这强夺人妻,公违律典,既然是体察端的,怎生发遣?(关汉卿:望江亭中秋切鲙第四折,全元曲)

㊼ 有那嫌贫爱富的儿曹辈,将俺这贫傲慢,把他那富追陪,那个肯恤孤念寡存仁义?(关汉卿:山神庙裴度还带第二折,全元曲)

㊽ 我吃不过这打。(无名氏:海门张仲村乐堂第三折,全元曲)

㊾ 未殓时,抚着尸哭道:"我早晚决死,将含笑与君相会九泉,这哭只恐我老母无所归耳。"(型·10·151)

㊿ 这一惊,真是满月小儿听霹雳,骨头儿也会碎的。(歧·46·433)

(51) 不想这一按,手重了些,按错了笋子,把个脖子按进腔子里去,"哼"的一声,也交代了。(儿·6·100)

例㊲至㊵和例㊹至㊼,指示词位于"修饰语+指示词+谓词性成分"的偏正结构当中,其中谓词性成分"(一+)动词(短语)"或形容词为中心语,指示词对中心语起修饰作用;例㊶、例㊷、例㊽、例㊾为指示词直接修饰谓词性成分;例㊸、例㊿、例(51)中指示词修饰"一+动词"这一弱化谓词短语。为便于宏观了解明清山东方言"这/那"修饰谓词性成分的情况,附表如下:

	金	醒	聊
这+一+动词	13	7	15
那+一+动词	1	0	1
人称代词(或名词)+这+一+动词	11	4	5
人称代词(或名词)+那+一+动词	0	0	1
人称代词(或名词)+这+动词	2	15	4
人称代词(或名词)+那+动词	0	3	6
这+动词/形容词	8	105	13
那+动词/形容词	16	21	5

2.3.1.1.1.2 "这"、"那"指示用法的扩展

明清山东方言里"这"、"那"在指别用法的基础上又发展出了新的用法。

A. “这”、“那”含有对数量和程度等的夸张

a. “这/那”或“这/那＋数＋量”结构修饰名词或动词，对事物数量或动作行为的动量和时量具有突出和强调的作用。如：

(52) 伯爵因问：“哥怎的这半日才来？”(金·68·965)

(53) 薛三槐娘子惊讶道：“好俺小姐！婆婆梳了头这一日，还关着门哩！”(醒·45·656)

(54) 春梅走将来说：“汤他这几下儿，打水不浑的，只像斗猴儿一般。”(金·83·1275)

(55) 进学原是图荣，如今把丈母媳妇的首饰衣裳损折得精光，还打发得不欢喜，被他痛打这一顿。(醒·25·371)

(56) 倒是珍哥被那日计氏附在身上采打了那一顿，唬碎了胆，从那日起，到如今不敢口出乱言。(醒·13·195)

(57)(金莲)说道：“叔叔，只穿这些衣服，不寒冷么？”(金·1·20)

(58) 你老人家青春少小，没了爹，你自家守着这点孩儿子，不害孤另么？(金·81·1260)

(59) 那没钱的穷人，谁家有这三四两银子买这件皮道袍？(醒·67·963)

(60) 素姐道：“有那些闲话！”(醒·77·1102)

例(52)“半日”并不指具体、确切的时量，根据句中副词“才”和说话人的语气来看，应伯爵是在抱怨西门庆来得太晚。在这种语境下，指示词“这”已不再单纯用来指示时量，而是含有对量的夸大作用，说明“来”这一动作行为发生得太迟。例(53)也是如此。例(54)“几下”表示“汤”的数量，根据上下文义可知，春梅嫌潘金莲打得秋菊不够狠，所以“这”在指示动量“几下”的同时兼有表示程度轻的含义。例(55)“一顿”表示“打”的动量，“打”是“痛打”，说明打得程度深，因而“这”有对量的夸大作用。同样，例(56)的“那”也含有对动量的夸大意义。例(57)根据语境可知，金莲是说武松穿的衣服少，所以指称名词量的“这些”具有言其少的语义内涵。例(58)“点”表示“少”、“小”的意思，“这”在句子中有加深“少”、“小”的程度的作用。例(59)“三四两银子”对穷人来说已是不小的数目，所以用来指称的“这”有强调数量之多的功用。例(60)“那些”也是言其多。

b. “这”、“那”用在动词、形容词或名词前面，指称名词的性质、动作行为的方式或性状的程度，相当于“这么”、“那么”。如：

(61) 既你这说，我明日打发他去便了。(金·25·320)

(62) 进了庄，舜华下了骡子，就那请进家去了。(聊·富·1317)

(63) 李安道：“养娘，你这晚来有甚事？”(金·100·1490)

(64) 好手段！老身也活了六七十岁，眼里真个不曾见这个好针线！(金·3·41)

(65) 流水跑到那里看了一看，疮口象螃蟹似的往外让沫哩，裂着瓢那大嘴，怪

哭:"艾哥,你好生救我!我恩有重报!"(醒·66·949)

⑥⑥ 只说窟窿天那大,还有大其天的大窟窿。(聊·穷·1120)

⑥⑦ 好好,到不似前番那破坏了。(聊·磨·1462)

例⑥①"这说"即"这么说","这"表示动作行为的方式,实际上指代"说"的内容。例⑥②"那"直接用在动词"请"的前面,显然已超出其原有用法。根据语境,"那"相当于"那么",用来指称动词"请"的方式。例⑥③从语境可知,"这"用在形容词"晚"之前强调"晚"的程度,相当于"这么晚"。例⑥④"这个好针线",从表层结构看,"这个"好像是修饰名词"针线"的。实际上,王婆是故意夸奖潘金莲的手工好,所以"这个好针线"的"这"是修饰形容词"好",而且含有明显的夸张色彩,相当于"这么好的针线"。例⑥⑤意在说明哭的形象丑陋,"那"有夸大形容词"大"的程度的作用,相当于"那么"。例⑥⑥和⑥⑦同此。

由此可见,在具体语境语用条件下,"这"、"那"由对人、事、物的指称扩展到了对数量、方式和性状程度等的夸饰,在语义和功能上相当于样态指示词"这么"、"那么"。这种用法的"这"、"那"在明清山东方言文献中的整体分布情况如下表:

			金	醒	聊
量的夸张	这	时量	51	9	0
		动量	5	3	1
		名量	17	4	4
	那	时量	3	0	0
		动量	3	3	0
		名量	0	1	0
性质方式程度	这	动词	1	1	2
		形容词	3	2	0
		名词	3	2	1
	那	动词	0	0	1
		形容词	0	1	13

由表内可知,从《金》到《醒》、《聊》,夸饰用法的"这"、"那"的使用频率逐步减少,递减的原因可能与指示词"这么"、"那么"的发展有关。从《金》到《醒》和《聊》,"这么"、"那么"经历了一个从用例罕见到使用频率急剧增加的过程,"这么"、"那么"作为性状指示代词,具有浓郁的夸饰和强调色彩。因而随着"这么"、"那么"的普遍使用,"这"、"那"表示对数量、方式、程度等夸张的功能在与"这么"、"那么"的竞争中没有发展和使用开来。

c."这"、"那"除"这么"、"那么"的用法外,有时相当于"这样"、"那样",表示一种样态,共7例。如:

⑱（李瓶儿）又拿出一顶金丝鬏髻，重九两，因问西门庆："上房他大娘众人有这鬏髻没有？"（金·20·245）

⑲ 西门庆道："他每银丝鬏髻倒有两三顶，只没编这鬏髻。"（金·20·245）

⑳ 谁说你的不俊来？不俊着就怕的那！（聊·襄·1211）

例⑱和例⑲，根据上下文义可知，"这"应该是表示一种样态，相当于"这样"。例⑳，根据前文可知，"那"指代前文出现的一种情状、一种样态，相当于"那样"。

B. 定冠词用法

从语言类型学角度来看，世界上有定冠词的语言不多，而"在一些有冠词的语言当中，冠词来源于虚化以后的指示词"。（方梅 2002）如英语中定冠词"the"就来源于指示词"that"。就"the"而言，其主要用法之一是表示类属（何兆熊 2000:80），如"The horse is a useful animal"。句中"the"用在通指性名词"horse"前面不是指具体某一匹马，而是指"马"这一类动物。由此类推，如果在某一语言中指示词出现了表示类属的用法，具有了定冠词的功能特征，那么，我们至少可以认为这种语言中的指示词已发展出定冠词用法。准此，我们在明清山东方言材料中就发现了这样一些例子：

㉑ 如此看来，这妻是不可休的，休书也是不可轻易与人写的。（醒·98·1398）

㉒ 从古至今，这人死了的，从没有个再活之理。（醒·43·636）

㉓ 张寿山说："这人模样相似的也多，就果真是小珍哥，这又过了九年，没的还没改了模样？"（醒·51·744）

㉔ 这人也没处猜，谁想咱爹有钱财，化锞儿欠多少倾销债。（聊·墙·842）

㉕ 看官听说：世上这媒人们，原来只一味图撰钱，不顾人死活，无官的说做有官，把偏房说做正房，一味瞒天大谎，全无半点儿真实。（金·7·77）

㉖ 原来这徒夫新到了驿里，先送了驿书、驿卒、牢头禁卒常例，这下边先通了关节，然后才送那驿官的旧例。（醒·88·1254）

㉗ 甚喜你就合我一般忠厚，天地间惟有这好人难求。（聊·翻·937）

㉘ 这怕老婆的合县里无其大数，就选着做了行头。（聊·襄·1210）

例㉑至㉔"这"后是光杆名词"妻"、"人"；例㉕至㉗"这"后是粘合式偏正短语"媒人们"、"徒夫"、"好人"；例㉘"这"后是"的"字短语。光杆名词其本身缺乏有定性，粘合式偏正短语指"名词、区别词和性质形容词直接（即不带'的'字）作定语的格式"（朱德熙 1982:148），这种短语中中心名词虽有名词、区别词或性质形容词等修饰，但这类修饰语并不能对中心语起完全限定作用，换句话说，带这类修饰语的名词其有定程度并不高；"的"字短语"由'的'附着在实词或短语后面组成，指称人或事物，属于名词性短语，但只能作主语、宾语"。（黄伯荣、廖序东 1997:66）因此，以上例句中指示词用在这三类词语前其作用并不在于指别而是在于限定这些词语所指代的内容，标明这些词语的有定性。而且，"指示词＋光杆名词/粘合式偏正短语/'的'字短语"所指对象并

不指具体的某一个人,而是指称由这些词语所代表的一类人。与英语中的定冠词
"the"相比,例⑦至⑦"这"已具备了定冠词"the"表示类属的功能特征,因此我们认为
明清山东方言中近指代词"这"已经虚化出定冠词用法。不过文献中定冠词"这"的用
例还比较少,而且仅限于指人,还只能说是处于萌芽阶段。现代汉语中定冠词"这"的
使用频率增加、使用范围增大,例如可用在"通指性名词"、"专有名词"、"非回指名词"
等的前面指称一类对象(人或事物等)。(方梅2002)

另外,在《聊》里还发现一例"那"用于"的"字短语前表示类属的例子:

⑦ 这四句诗,原有个讲说,是说的那做女人的,但犯了这个泼字,外边厢吵
邻骂街,家中撕翁骂婆,欺妯娌,降丈夫,这是人人可恨的。(聊·俊·1109～
1110)

因为仅此一例,所以还不好判定指示词"那"在明清山东方言中已经虚化出定冠词
用法。

C. "这/那＋专名"中"这/那"功能的变化

与世界上其他语言相比,汉语"这/那＋专名"是一种比较独特的语言现象。较早
研究这一现象的王力(1985:301)和吕叔湘(1985:208～209)都认为其中的"这/那"具
有冠词性,后来研究者多承袭这种观点。通过对《金》、《醒》、《聊》的调查,结合专有名
词的特性,表明专有名词前的"这/那"并不在于标明名词的有定性,不具备冠词的特
征,而是在语用过程中由指代用法发展出来的表达作者(或说话人)情感、突出话语焦
点及保持语篇连贯性的语法手段。

(i) "这/那＋专名"在各书中的频率统计和分析

《金》、《醒》、《聊》"这/那＋专名"统计表

	这＋专名			那＋专名		
	这＋人名	这＋姓＋名词	这＋地名	那＋人名	那＋姓＋名词	那＋地名
金	632	115	6	806	148	8
醒	249	151	61	290	220	65
聊	28	16	11	206	92	20

a. 表中"这/那＋人名"具体又分为"这/那"直接加人名和"这/那＋修饰语＋人
名","人名"包括人的名字或相当于人名的专有名词。"这/那＋姓＋名词"中"名词"
一般是表示身份职务或亲属称谓的名称,如"周守备"、"薛教授"、"范秀才"、"吴大妗
子"等。"姓＋名词"在语篇中也是特指的,具有专有名词的性质,所以也归入"这/那
＋专名"的语言结构。

b. 由上表可以看出,"这/那＋专名"在各书中出现的频率不太均衡,在《金》和

《醒》中出现的频率较高,《聊》中出现的频率稍低,这可能与文体及作者的语言风格有关系。

c. 总体比较,专名之前"那"比"这"多,但二者在用法上没有看出有何不同。

(ⅱ)"这/那＋专名"中"这/那"不是冠词

统计数字表明,明清山东方言大量存在"这/那＋专名"的现象,而且这种现象一直延续到现代汉语。指示词"这"、"那"的基本属性是指示性,指示就在于标明事物的有定性。而专有名词,包括人名和地名,是固定指称语,其本身已经是有定的,无须指别的。由此来看,二者似乎不能结合在一起,而汉语中恰恰存在这种看似矛盾的语言现象。这表明在"这/那＋专名"结构中"这/那"的功能已经发生了变化,吕叔湘和王力对此给予了较早的关注。王力(1985:301)指出:"有时候,'这''那''这些''那些'并没有一点儿指示的意思,可算是一种冠词,专为引起一个名称而用的","'这'和'那'还可以加在人名的前面。这样,更没有修饰或限制的意思"。吕叔湘(1985:208～209)也认为"这/那＋专名"中"这/那"为冠词。尚且不论"这/那＋专名"中"这/那"是否为冠词,吕叔湘和王力的观点揭示出了专名之前"这/那"功能变化的客观事实,为进一步研究专名之前"这/那"的功能奠定了基础。

汉语专名之前"这/那"的功能和用法与普通名词之前"这/那"的功能和用法相比已经发生了变化,这一点是毋庸置疑的。但要判断"这/那"是不是定冠词,还要进一步考察它是否具有定冠词的功能特征。在有定冠词的语言里,如英语,一般情况下,定冠词一是用于表示类属的名词之前,二是用于世界上或一定范围内唯一的事物之前。(何兆熊2000:78～80)我们来比较一下汉语"这/那＋专名"的情况。

首先,根据语料分析,明清山东方言"这/那＋专名"均不表示类属,仍然是指代语境中实际存在的某一个体。其次,"世界上或一定范围内唯一的事物"可以是地球、太阳、月亮等宇宙空间的自然实体,也可以是某国的元首、首都等。但用来指代这些事物的名词本身并不是专有名词,而只是一个普通名词,如"moon"。人们可以用"moon"来指非真实的月亮或代表形状像月亮的事物,比如我们可以说"There is a moon in the picture"和"There are three moons in the picture"。句中"moon"只是一个普通名词,和其他普通可数名词一样,它可以用不定冠词"a"修饰,也可以有复数的变化。但如果指自然界真实的独一无二的事物——月亮时,其前面则必须用定冠词"the"来修饰,如"The moon is round tonight"。世界上独一无二的事物的前面之所以要用定冠词,其实质就是借助于定冠词来标明这一名词所代表的事物的特指性和有定性。而专有名词所代表的事物虽然可以认为是世界上或一定范围内唯一的,但人名和地名是固定指称语,其本身已经是有定的,无须指别的,因而即使在有冠词的语言里,人名和地名等专有名词之前也是不用冠词的。在这一点上,汉语专名之前的"这"或"那"与定冠词就有不小的差异。再次,定冠词用在名词前标明名词的有定性是具有语法的强制性的,不是可有可无的,而汉语中专有名词之前的"这/那"则是时用时不用的。

由此看来,汉语专名之前的"这/那"不具备定冠词的功能和用法,那么定义为定冠词应该说是不太合适的。要认识专名之前"这/那"的功用,还必须从汉语自身来进行探讨。

（ⅲ）"这/那＋专名"中"这/那"的篇章语用分析

明清山东方言中专名之前有时加"这/那",有时不加。加与不加的比率究竟如何呢？我们对《金》第93回和94回进行了抽样调查,结果显示专有名词前不加"这/那"和加"这/那"的比率约是3.8∶1,这说明专有名词前不加"这/那"的情况占多数。那么,二者有何区别呢？或者说专名之前"这/那"的功用到底如何呢？分析具体用例,我们发现专有名词之前的"这/那"具有以下几个方面的语用特点。

a. 专名前的"这/那"体现了写作者（或说话人）鲜明的心理倾向。如：

⑧⓪ 王六儿道："我前日在宅里,见那一位郁大姐,唱的也中中的,还不如这申二姐唱的好。"（金·61·837）

⑧① 贲四道："他便为放进人来,这画童儿却为什么也陪拶了一拶子?"（金·35·461）

⑧② 来爵、春鸿见吴大舅、陈经济,磕了头。问："讨的批文如何？怎的李三不来?"那来爵还不言语,这春鸿把宋御史书连批文都拿出来,递与大舅,悉把李三路上与的十两银子,说的言语,如此这般……"小的怎敢忘恩背义,敬奔家来。"（金·79·1239）

⑧③ （孔明）我想那老曹操,葫芦峪烧不焦,必然要走华容道。（聊·快·1124）

⑧④ （江满城）捞了个棒槌来,喝的声跳出来,那天民唬的咬着指头,颠了公子就跑,满城说："那走!"（聊·襄·1212）

⑧⑤ 这素姐若是个通人性的东西,乍到的时节,也略看个风势,也要试试浅深,再逞你那威风不迟。（醒·95·1356）

例⑧⓪"这"与"那"从形式上好像形成了指别的对待关系,但"郁大姐"和"申二姐"是专有名词,不需要指别,指示词的运用实际上反映了王六儿对两人情感的亲疏,对两人褒贬好恶的态度。她贬低郁大姐、褒扬申二姐就是为了使西门庆答应让申二姐到西门庆家去唱小曲,趁此在西门庆身边安插自己的亲信。例⑧①画童只有一个,是无须指别的,"这"反映了贲四对画童被拶的纳闷、不解、好奇甚至同情等复杂心理。例⑧②"这"、"那"的对举使用也不在于指别,而是表现作者对来爵和春鸿各自行为的态度,体现作者自己的价值取向。例⑧③"那"表明了诸葛亮胜算在握的自信和得意,以及对曹操的蔑视。例⑧④"那"把葛天民怕老婆的情状刻画得入木三分,例⑧⑤"这"体现了作者对素姐泼恶的嘲讽和谴责。

b. 专名前的"这/那"能够凸显语义重点,保持话语连贯。如:

㊏ 老人道:"此去二里余地,名灵壁寨,一边临河,一边是山。这灵壁寨就在城上,屯聚有一千人马,云参将就在那里做知寨。"(金·100·1503)

㊐ 众人说道:"宗兄哭得这等悲痛,或者为是先生成就了他的功名,想起先生有甚好处,所以悲伤。这狄贤弟辞先生的时节也还甚小,却为何也这等痛哭?我们非不欲也真哭一场,只因没这副急泪。"(醒·41·606)

㊑ 万岁道:"甚么名字?"六哥道:"一个是赛观音,一个是佛动心。"万岁道:"怎么样的两个人儿,就敢起这个名字?"六哥道:"这赛观音有说,这佛动心有讲。"(聊·增·1585)

例㊏"这"不在于指别,而是突出话题"灵壁寨",并且使话语更加衔接自然。例㊐由两个句子组成,前后两句话题不同,前一句的话题是"宗兄",后一句的话题是"狄贤弟","这"不但起到了凸显新话题及保持话语衔接与连贯的作用,而且读者可以较明显地体会到说话人不解、惊诧的主观感情。例㊑,人名"赛观音"和"佛动心"前都用了"这",说话人意在突出这两个名字的不同寻常及其意义内涵,具有较强的夸饰色彩,对这两个人的出场起到了铺垫作用。

c. 专名前的"这/那"体现作者叙述视角,即写作参照点的变化。如:

㊒ 赵大姑说:"我有一件故事,说给你听听。俺这庄里有个私科子,光折掇他那后窝里那儿。"李氏说:"且休说,怎么有后窝?"赵大姑笑道:"敢子你只知有前窝。"那李氏就红了脸。(聊·慈·904)

㊓ 李氏说:"休去了,咱家去吃的罢,多拘远哩。"一行叫着,那孩子又咱没了影了。这李氏气愤不过。(聊·慈·906)

㊔ 现今有件故事,却不在唐朝,也不在宋代,也不在南蛮,也不在北塞,就出在这山东济南府历城县。(聊·俊·1110)

㊕ 那晁源、珍哥就如坎上一万顶愁帽的相似,那伍小川也只挨着疼愁死。(醒·13·194)

例㊒和例㊓,同一人物李氏前一用"那",一用"这",都体现了作者对李氏的嘲讽。但例㊒是以赵大姑为参照点,作者笔触指向李氏时就用了"那";例㊓作者把李氏作为叙述的中心、出发点,所以用了"这"。例㊔,把当时济南府历城县与先前的唐、宋、南蛮、北塞做时、地对比,"这"凸显了故事发生的时、地的可感知性,增强了故事的真实感。例㊕,晁源、珍哥、伍小川之前都用了"那",从上下文语境可知其参照点即是作者自身的情感倾向,作者认为他们受到这种惩罚是罪有应得,表现出了疏远的主观感情,所以用了"那"。由此可见,尽管专名之前的"这/那"不再具有指示的功能,但是近指、远指的空间或心理分别还依然有影响。

由以上分析可以看出,专名之前"这/那"三个方面的功用并不能截然分开,而是相互交织在一起,只不过在具体的语句中表现的程度不同而已。要表达作者(或说话人)的情感倾向,往往借助一定的手段来突出这一名词使其成为语义的重点,而语义重点的不断变化也正体现了作者组织话语的角度(参照点)的不断变化。

进一步调查明清山东方言材料发现,专有名词之前不但直接加用"这/那",有时也用"这/那+(数)量词"。这时"这/那+(数)量词"的用法相当于"这/那",因此这里对"这/那+(数)量词+专名"不再做实例分析,只把其出现频率统计列表如下:

	这+(数)量词+专名				那+(数)量词+专名		
	这+数词+量词+人名	这+量词+人名	这+量词+姓+名词	这+量词+地名	那+数词+量词+人名	那+量词+人名	那+量词+姓+名词
金	0	4	4	0	1	2	1
醒	0	9	10	5	0	16	12
聊	1	0	1	0	0	1	1

从语法的角度来说,去掉专名之前的"这/那"并不影响基本语义的表达,但话语就会显得苍白无力。专有名词前加上"这/那"非但不觉得多余,反而觉得语言生动、得体。这种差别体现了专有名词之前"这/那"的语用价值。相对于活的话语口语来说,小说提供的或者说向读者展示的是一个相对稳固的、封闭的语言环境,这一语境是作者向读者单方面提供的。在这种语境下,作者的叙述视点、价值观念,直接影响着读者对人物、事件的态度和评判。而作者要想有效地传输自己的观念,必须借助一定的语言手段。汉语中专有名词之前加用"这/那"能够较好地体现作者观察和描写人物、事件的一种视角,夸饰性地表现出作者(或说话人)的好恶、爱憎等情感倾向。所以说汉语用于专名之前的"这/那"已不再用来指别,而是在指别功能的基础上发展或者说虚化为言语行为手段,这一手段能够有效地表达作者或说话人的情感倾向,暗示叙述人的价值判断,突出话语焦点,从而在深层结构上起到语篇连贯的作用。

2.3.1.1.2 "这"、"那"的称代用法及其功能扩展

2.3.1.1.2.1 称代用法

"这"、"那"用于称代,既可直接称代人、事、物,也可直接称代处所或时间。

A. 称代人、事、物

指示用法的"这"、"那"后面有名词,称代用法后面则没有名词,因而单用的"这"、"那"及后面不带名词的"这(那)个"和"这(那)+数量词"均属称代用法。《金》、《醒》、《聊》用于称代的"这"、"那"等的功能及其频率分布如下表:[1]

---

① "这(个)/那(个)"另有专节讨论的用法(如指代时间、处所等),不计在内。

			语义功能			指称功能				句法功能		
			指人	指物	指事	定指性			虚指性	主语	宾语	其他
						回指	当前指	前指				
金		这	4	12	52	49	19	0	0	64	4	0
		那	1	1	2	3	1	0	0	4	0	0
		这个	33	31	77	98	36	1	6	116	23	2
		那个	16	4	4	16	1	1	6	13	11	0
		这数/量词	13	45	10	50	16	0	2	28	35	5
		那数/量词	28	12	1	35	3	0	3	26	12	3
醒		这	89	102	1073	1125	127	1	1	1243	19	2
		那	6	3	10	19	0	0	0	17	2	0
		这个	10	23	72	99	1	0	5	42	61	2
		那个	9	3	0	8	0	0	4	9	3	0
		这数/量词	25	29	22	64	11	0	1	38	37	1
		那数/量词	17	24	1	40	1	0	1	24	16	2
聊		这	58	63	393	421	92	0	1	511	2	1
		那	18	6	47	40	29	1	1	70	1	0
		这个	3	6	36	38	2	0	4	26	17	0
		那个	4	12	3	15	0	0	4	8	10	1
		这数/量词	7	20	4	12	17	0	2	21	10	0
		那数/量词	13	10	0	20	1	0	2	20	3	0

a. 由上表可以看出,明清山东方言文献中指示代词"这"、"那"等均可指代人、物、事。其中"那个"及"这/那＋数/量词"以代人、物为多,"这"、"那"单用及"这个"则以代事为多。在指称和句法功能上它们较为一致:对人、事、物的指称多数是回指性的,当前指的用例很少,前指的例子则更为罕见;句法上它们以做主语为常,换言之,称代用法的"这"、"那"等位于句首位置的频率较高。

b. 表内还反映出,从《金》到《醒》、《聊》,"这"、"那"的出现频率由少到多,呈现出明显的增长趋势,而"这个"、"那个"则相反。这一现象似乎暗示二者势力的长与消有着密切的联系。"这"、"那"在近代汉语初期倾向于指示用法,后来才发展出称代用法。晚唐五代"这"、"那"与量词"个"结合后称代功能大大增强,所以在早期近代汉语中称代用法的"这个"、"那个"比单用的"这"、"那"更为普遍。《金》里"这个"与"这"、"那个"与"那"的比率分别为2:1和5.8:1,而《醒》为1:12.6和1:1.6,《聊》为1:11.5和1:3.7。这组数字清楚地反映出,直到明中叶,"这个"、"那个"用于称代的例子仍远远多于单用的"这"、"那",但明末清初"这"、"那"的使用频率已超过"这个"、

"那个",说明"这"、"那"的称代功能进一步发展成熟。"这"、"那"与"这个"、"那个"的语义功能、指称功能差别不大,两个成分担当相同的功能,造成了系统内部的不平衡,因而它们之间就会产生竞争和淘汰,语言发展的事实证明,在竞争中,"这个"、"那个"逐渐让位于"这"、"那"。但有一点需要注意,即在宾语位置上"这个"、"那个"的使用频率一直高于"这"、"那",这与词语的音节可能有一定的关系:宾语一般处在句子或一个语义单位的末尾,双音节的指量短语"这个"、"那个"比单音节的"这"、"那"在语音节律上更加和谐稳定。

c. 指示原本表示事物的有定性,而有时"这"、"那"并不确指任何事物,这被称为指示词的虚指用法。用于虚指的指示词有定性减弱,无定性增强,表明指示词指称意义虚化。上表反映出明清山东方言指示词"这"、"那"等已经发展出虚指用法,但用例较少。明清山东方言称代人、事、物的"这"、"那"与现代汉语没有不同,且出现频率极高,下面只略举数例:

① 这也是以往的古人,不必细说。(聊·慈·893)

② 皇爷说:"有我不妨,那是我家支使的小厮。"(聊·增·1570~1571)

③ 西门庆道:"那个是常在我家走的郁大姐,这好些年代了。"(金·61·839)

④ 月娘道:"想着有那一个在,成日和那一个合气,对着俺每,千说那一个的不是,他就是清净姑姑儿了。"(金·75·1130)

⑤ 到了这几年后,百姓们的作孽,乡宦们的豪强,这都且不要提起。(醒·28·411)

⑥ 渐觉昏沉体不随,咳,你看那,明月西转参星坠。(聊·磨·1507)

⑦ 玉楼道:"又说鞋哩,这个也不是舌头,李大姐在这里听着:昨日因你不见了这只鞋,来昭家孩子小铁棍儿怎的花园里拾了,后来不知你怎的知道了,对他爹说,打了小铁棍儿一顿。"(金·29·365)

⑧ 这是水犀角,不是旱犀角。(金·31·390~391)

⑨ 不一时,跑回来说:"哥哥,给你这个。"(聊·慈·916)

⑩ 赵杏川道:"适间若是二三两,至多四两,我也就收的去了,送这许多,我到不好收得。"(醒·67·962)

⑪ 若官看了嫌少,把那丢在一边,不发出去。(醒·10·143)

⑫ 狄希陈道:"这事当顽耍的!叫他知道,你这分明是断送我的命了!"(醒·96·1369)

⑬ 你这不是欺起下官来了么?(聊·磨·1543)

⑭ 狄周道:"这大嫂可是屈杀人!"(醒·85·1213)

⑮ 小相公是沈奶奶生的,徐大爷还自家看了,叫老娘婆验过,生了还报与大爷知道,大爷起的名字,大爷还送的粥米,这谁是不知道的?(醒·46·669、670)

⑯ 童通判伶俐，笑道："这个老寅翁倒是不怕他说的。"(醒·97·1389、1390)

⑰ 金莲道："莫不只为我要皮袄，开门来也拿了几件衣裳与人，那个你怎的就不说来？"(金·75·1128)

⑱ 徐氏说："诸事你都主的极是，这个我不从你。"(聊·翻·966)

⑲ (荷叶)口里骂道："……日头照着窗户，还搂着脖子鲽着腿的睡觉！老娘眼里着不下沙子的人，我这个容不的！"(醒·91·1296)

⑳ 今日弄出这个，明日弄出那个，这样可恨，气杀阎罗！(聊·襄·1206)

㉑ 谁知道买了两日，提起这件来是送堂上的，提起那件来是送刑厅的。(醒·87·1241)

㉒ 金莲道："我听见说，前日与了他两对簪子，老婆戴在头上，拿与这个瞧，拿与那个瞧。"(金·65·925)

㉓ 他拇量着这是好人，人孝敬他些甚么，他才肯收你的哩。你要是有些差池的人，你抬座银山给他，他待使正眼看看儿哩？(醒·96·1373)

例①至⑪"这"、"那"等分别指代人、事、物。例⑫至⑯有一个共同点，即句子谓语动词都为"是"。例⑫"这"指代"叫他知道"这件事，VP"断送我的命了"是 NP"你"的行为，同时是"这"所指代事件(可能)造成的一种结果，因而 VP 部分对"这"和"你"都有陈述作用。换言之，"这"和"你"都是被陈述的对象。从语境来看，"这"和"你"之间虽然有一定的语义联系，但二者之间并没有结构关系，因而在句法上指示代词"这"与"你"都应是句子的主语。同样，例⑬"这"与"你"也都是句子的主语。明清山东方言文献"这"在双主语"NP＋指示词＋VP"句子做主语共有 17 例:《醒》15 例，《聊》2 例。例⑭"这"回指前文所述之事，它与 NP"大嫂"没有结构上的关系，"屈杀人"表示"大嫂"的行为，也表示"这"所指代事件造成的结果，因而也应看做双主语句，即指代词"这"与"大嫂"都是句子的主语。例⑮"这"回指前文所述之事，但是与前面例子不同的是，"这"与"知道"在语义上不是事件—结果的关系而是"这"是"知道"的受事，即它们之间是宾—动关系，由于宾语"这"置于动词"知道"的前面，可称为前置宾语;同样，例⑯"这个"也是前置宾语。据调查，"这(个)＋NP＋VP"只在《醒》出现 5 例，"这"做主语 2 例，"这(个)"做前置宾语 3 例。例⑰至⑲谓语动词为及物动词或及物性动词短语。例⑰"那个"回指前文所述之事，与其后的"你"没有结构上的关系，谓语动词"说"表示"你"的行为，从上下文来看，"那个"与动词"说"之间是受—动关系而不是施—动关系，即"那个"是"说"的前置宾语。例⑱与例⑰不同的是，及物动词"从"虽已带有宾语"你"，但是根据语境语义来看，隔句回指前文所说与范家成亲之事的指代词"这个"仍是"从"的受事，也就是说动词"从"带有双宾语——指人宾语"你"和指事宾语"这个"，只不过指事宾语前置了。明清山东方言文献中"指示词＋NP＋VP"结构共 18 例，指示词(只有一例"那个"，其余为"这"或"这个")均为前置宾语:《金》7 例，《醒》10 例，《聊》1 例。例⑲从上下文语境来看，指示代词"这个"回指前文所说之事，它与前面的

NP"我"之间没有结构上的关系。"容不的"表示"我"的动作行为,而且"容不的"是及物性动词短语,其后没带宾语,而"这个"在语义上恰恰是"容不的"这一动作行为所及的对象,即受事宾语。如果把指示代词移到"我"的前面,并不改变句子各部分之间的结构语义关系,因而居于主语后与居于主语前的回指性指代词一样,都可称为前置宾语。"NP+这(个)+VP"共8例,只出现在《醒》中,指示词"这(个)"均为前置宾语。指示代词之所以能够出现在这两种特殊句法位置上,与其自身的功能和语言内部发展规律是分不开的。指示代词是一个功能类,它反映的是一种篇章关系。尤其是用做双主语和前置宾语的指示代词,它所称代的内容不在句内,而且回指的部分可能是一个单句,也可能是一个段落,也可能是几个段落(石毓智1997),如果拿这些指代词所指代的部分去替换指代词,就会使表达过于繁琐,语义和逻辑关系不明。而用指代词做双主语或前置宾语则能够使指代关系更加明确,指代的内容更加凸显,表达更加简洁,语句逻辑关系更加清晰,更易于加强上下文间的连贯与衔接。例⑳"这个"、"那个"成对出现,并不是指代具体的事情,而是指代不知道、说不出或无须说出的事;例㉑"这件"、"那件"指代物品,但这些物品在此语境下无须具体指出;例㉒"这个"、"那个"指代未知的或无须指出的人;例㉓"这"指代说不出的人。由例⑳至㉓可以看出,虚指的"这个"、"那个"或"这/那+数/量词"在表示未知、无定的意义的同时,往往带有量的"夸张"色彩,即含有"多"义。

B. 称代处所

《金》、《醒》和《聊》称代用法的"这"、"那"除表示人、事、物外,还可以单独表处所。从语料统计来看,"这"、"那"单独表处所共67例,其中《金》9例,《醒》27例,《聊》31例。根据在句子中出现的位置可分为以下几种情况。

a. 用在"往"、"来"、"在"、"从"、"到"等词语后做处所宾语,共25例:《金》6例,《醒》3例,《聊》16例。如:

㉔ 才到门庭,才到门庭,您哥就待叫二成,你从那发了来,还不知那里的病。(聊·姑·888)

㉕ 老婆儿你在这里骂,俺在这听。(聊·襄·1183)

㉖ 侯、张两个道:"日子走的倒也不多,从正月初一起身往那走,到了来年六月十八日俺才来到家。"(醒·85·1218)

㉗ 玳安没的回答,只说:"是俺爹大姨人家,接来这看灯。"(金·42·551)

㉘ 一日,八戒离了天宫,驾着云头去净坛,到那吃个醺醺醉,东歪西倒要回还。(聊·丑·1142)

动词或介词"往"、"来"、"到"、"从"、"在"等的后面,一般需要带处所宾语,表示动作行为所从来、所经、所到之处等,因此"这"、"那"用于其后应该是用来指代处所。

b. "这"、"那"用在一般动词后做处所宾语,只《醒》2例:

㉙ 若是两个老人家的喜神合神主没人供养,你挽空子请了这来也好。

（醒·77·1096）

　　㉚ 薛教授说：“你靠这些，我替你擦擦。”（醒·56·808）

根据语境可知，例㉙动词“请”后的指示代词“这”指代的是狄希陈在北京的家，因而“这”指处所无疑；例㉚“这”用在动词“靠”后面做处所宾语。

　　c.“这”做主语，与动词后处所宾语形成语义上的对等关系，只《醒》中 4 例。如：

　　㉛ 素姐问说：“这到那里够多少路呀？”（醒·85·1216）

　　㉜ 这离临清不上百里多路，爽俐带着走罢。（醒·13·194）

例㉛“这”与“那里”对应，根据语境可知“这”指代明水（素姐居住的地方），“那里”指四川成都。例㉜“这”与地名“临清”对应，“这”显然是指处所。

　　d.“这”做主语，其后动词并不带宾语，仅《聊》1 例：

　　㉝ 点起来一照，唬了一跌，把灯掉在地下，江城说：“这来！见了你那可意人儿，怎么不看了？”（聊·襄·1205）

“这来”即“这里来”，“这”用在位移动词前表示处所。

　　e.“这”、“那”做“是”字句主语，与其后做宾语的处所名词或对处所询问的词或短语构成同指关系，共 35 例：《金》3 例，《醒》18 例，《聊》14 例。如：

　　㉞（长老）高声叫：“这是西门老爹门首么？”（金·57·772）

　　㉟ 傅老爷道：“两个这不是站处，避到后边去。”（醒·91·1299）

　　㊱ 那原是他放马桶的所在，那狄希陈的拉屎溺尿倒是有去处的。（醒·60·868）

　　㊲ 这是个嗄去处，只管在里边过？（聊·富·1295）

　　㊳ 娘呀，这是那里，咱只顾在这里头？（聊·磨·1410）

　　㊴ 这是个甚么地方？（聊·磨·1457）

　　㊵ 萧北川道：“……这是何处，我难道有作假的不成？”（醒·4·56～57）

　　㊶ 晁思才道：“饱了，饱了！这是那里，敢作假不成？”（醒·22·328）

例㊴至㊶“这”、“那”与“门首”、“站处”、“所在”、“嗄去处”、“那里”、“甚么地方”、“何处”、“那里”构成同指关系。因此，具有同指关系的“这”、“那”所指代的也应是处所。

　　综合上述情况看，“这”、“那”用做“是”字句主语表处所的用例占其表处所用例总和的二分之一还多。这种状况是由“这”、“那”自身的性质决定的：“这”、“那”在产生之初只有指示用法，晚唐以后“这”始有称代用法，到了宋代“那”才发展出称代用法。（太田辰夫 1987:116～118）指示性决定了“这”、“那”做主语以“是”字句为常，因为在“是”字句中用做主语的“这”、“那”与其所指代的人、物、事、处所等（宾语）构成同指关系，这样“这”、“那”所指代的内容就比较明确具体。如：

　　㊷（方氏嘱咐觅汉）这是您大叔，休合人说。（聊·磨·1463）

㊸ 伯爵说道："这是水犀角，不是旱犀角。"（金·31·390～391）

㊹ 跟你的人如今不来，这是有好几分逃走的意思。（醒·86·1228）

㊺ 素姐笑道："你们做的好严实圈套，这不是我那年来的所在么？"（醒·100·1425）

吕叔湘（1985：195）指出："'这'、'那'后面有名词的时候，它的作用是指示；'这'、'那'后面没有名词的时候，它的作用是称代（当然也兼指示）。"据此理解，尽管单用做"是"字句主语的"这"、"那"指示性较强，但在形式上其后并没带所要修饰的名词，所以此时"这"、"那"在功能上属于称代，准确地说是指示性较强的称代。

另外，值得进一步提出的是，近代汉语时期"这"、"那"称代功能的发展并不平衡，宋代以后"这"可见到较多用于称代的例子，而"那"的称代用例很少（冯春田 2000/2003：121），这致使二者在用做"是"字句主语表处所的功能上存在着明显的不对称：《金》、《醒》、《聊》"这"共 34 例，"那"仅 1 例，"这"远远多于"那"。

从历史的角度来看，在早期近代汉语里，"这"、"那"就可以用来指示处所，或用于方位结构的前项代替处所，元代文献中指代词已不乏单独称代处所的用例。如：

㊻ 这边着力吟哦，还似入炉补火。（敦煌变文·7.1）[①]

㊼ 而今也不要先讨差处，待到那差地头，便旋旋理会。（朱子语类辑略·183）

㊽ 为学极要求把篙处着力。到工夫要断绝处，又更增工夫，着力不放令倒，方是向进处。为学正如撑上水船，方平稳处，尽行不妨。及到滩脊急流之中，舟人来这上一篙，不可放缓。（朱子语类辑略·46）[②]

㊾ 汉子，这不是说话的去处，随我到亭子上来。（施惠：幽闺记第七出，全元曲）

㊿ （正末问张千云）这是那里？（张千云）这就是俺丞相厅房。（罗贯中：宋太祖龙虎风云会第三折，全元曲）

(51) 相公，这的是祝寿的道院，外观不雅，荤了锅灶。（康进之：梁山泊李逵负荆第三折，全元曲）

(52) 侬家鹦鹉洲边住，那的是快活处。（无名氏：套数，全元曲）

例㊻和㊼"这"、"那"分别指示方所词"边"和"差地头"；例㊽"这"代替的是处所"滩脊急流之中"；例㊾至(52)做"是"字句主语的"这"、"这的"、"那的"分别与"去处"、"那里"、"厅房"、"道院"、"快活处"具有同指关系。

晚唐五代以后，表处所的"这里"、"那里"就已普遍应用（冯春田 2000/2003：95、123），但是用做"是"字句的主语却比较少见，《金》、《醒》和《聊》中"这里"、"那里"用做

---

① 例㊻转引自吴福祥（2004b：10）。

② 例㊼、㊽转引自吴福祥（2004a：32、21）。

"是"字句主语表处所也仅有两例：

(53) 且说一个青衣人，骑了一匹马，走到大门首，跳下马来，向守门的平安作揖问道："这里是问刑的西门老爹家？"（金·34·442～443）

(54) 他娘说："从前日往宅里来就没回去，听见人说差他送甚么狄奶奶往芦沟桥去了。那里是他舅舅家，只怕留他住两日。"（醒·78·1116）

近代汉语中，"这里"、"那里"称代性较强，指示性较弱（冯春田 2000/2003：95、123），这限制了它们做"是"字句主语的功能。正是指示性决定了"这"、"那"可以单用做"是"字句主语表处所，从而在指代处所时"这"、"那"与"这里"、"那里"在句法上形成了互补关系。

进一步调查发现，明清山东方言文献中"这"、"那"不但可以单独表处所，而且还由表处所的用法引申出了新的用法，共5例：《金》1例，《醒》2例，《聊》2例：

(55) 西门庆道："不打紧，我这差人写封书，封些礼，问宋松原讨将来就是了。"（金·78·1210）

(56) 我没事不来，是为小哥的亲事。这有极大的一家人家，又是极好的个美人儿。（聊·禳·1160）

(57) 这有个故事，也是说婆婆，也是说媳妇，编了一套十样锦的曲儿，名为姑妇曲。（聊·姑·861）

(58) 此在后回，这且不消早说。（醒·84·1200）

(59) 一日，听到一个屠户人家两口子正在那行房。他听得高兴，不觉的咳嗽了一声。（醒·35·518）

例(55)"这"指当事者一方；例(56)"这"并不具体指明处所，而是表示实际存在；例(57)"这"也是表示实际存在；例(58)"这"指故事进行的某一个阶段；例(59)"那"不表示处所，而是表示一种状态。"这"、"那"的这些引申用法，在《金》、《醒》和《聊》中常用"这里"、"那里"来表示，并且用例较多。

不少语法学家认为汉语指示代词"这"、"那"没有经历单独表处所的阶段，现代汉语中"这"、"那"表处所是"这儿"、"那儿"中词尾音"儿"的消失所形成的，而"这儿"、"那儿"原来的形式是"这里"和"那里"（吕叔湘 1982：197；王力 1984：303；朱德熙 1982：87；太田辰夫 1987：117～119；李崇兴 1992），但明清山东方言所反映的情况表明并非如此。

诚然，自唐代始，指示代词"这"、"那"便与方位名词"里"组合成了"这里"、"那里"，用来指代处所（吴福祥 1995b；冯春田 2000/2003：95、123），而且"这里"、"那里"顺应了汉语词汇复音化的趋势，晚唐五代后用例相当普遍。然而，尽管"这里"、"那里"的使用频率较高，但由于是新产生的方所结构，在近代汉语较长时期内"里"的语音受磨损的程度仍比较小，还没有发展到弱化，以致音变、消失的程度。据调查，直到明末的文献中都没有出现处所指示词"这儿"、"那儿"。而明中叶的《金》中已经有"这"、"那"单独表处所的例子,这就不存在因"这儿"、"那儿"中"儿"音的消失造成"这"、"那"表处所的可能性。到了清代,尽管《醒》和《聊》中仍没有出现"这儿"、"那儿",但该期以河南方言为背景的《歧路灯》已经有了处所指示词"这儿",但还没见到"那儿";反映北京话的《儿女英雄传》处所指示词"这儿"、"那儿"均见用例。这一方面表明次方言间"这里"、"那里"中"里"的语音磨损、变化的速度有差异,另一方面也说明同一大方言区(北方方言区)内其他次方言(河南方言、北京话)中的"这儿"、"那儿"没有通过语言接触而渗透到山东方言中去。所以即使到了清代,山东方言从"这里"、"那里"到"这"、"那"表处所仍缺少中间环节"这儿"、"那儿"。这充分说明,明清山东方言中单独表处所的"这"、"那"不是沿着"这里(那里)"→"这儿(那儿)"→"这(那)"的路径发展演变而来的,"这"、"那"单独表处所更不是由"这里"、"那里"直接发展而来。综合分析,只能承认这一语言事实,即在近代汉语里,至少在明清时期山东方言中,指示代词"这"、"那"确实具有单独表处所的语法功能。

从汉语发展的历史来看,指示词"这"、"那"单独表处所并不是一种偶然的语言现象,早期汉语指示代词"此"、"兹"、"斯"、"彼"等都可单独用来表示处所。如:

⑥⓪ 老莱子之弟子出薪,遇仲尼,反以告,曰:有人于彼,修上而趋下,末偻而后耳,视若营四海,不知其谁氏之子。(庄子·外物)

⑥① 楚君之惠,未之敢忘,是以在此,为大夫退。(左传·僖公二十八年)

⑥② 子畏于匡,曰:"文王既没,文不在兹乎!"(论语·子罕)

⑥③ 皆坐,子告之曰:"某在斯,某在斯。"(论语·卫灵公)

即使到了明清时期,这些指示代词单独表处所的现象仍保存在汉语里,尤其是"此"和"彼",如:

⑥④ (陶妈妈)说道:"动问管家哥一声,此是西门老爹家?"(金·91·1370)

⑥⑤ 众仙说:"难得娘娘到此,怎敢劳娘娘费事!"(聊·蓬·1080)

⑥⑥ 那时闻河水少,回空粮船挤塞,行了一月有余,方才到彼。(醒·93·1323)

可见汉语指示代词自古就有单独表处所的传统。虽然古代汉语和近代汉语指示代词系统发生了很大的变化,但内在的传承性使指示代词单独表处所的用法保留在近、现代汉语中。

方位结构"这里"、"那里"自晚唐五代后使用非常普遍,在高频率的使用过程中,方位名词"里"的词音会受到磨损,清代河南方言和北京话文献中"这儿"、"那儿"就是"里"的词音磨损、弱化的结果。随着时间的推移和使用频率的增加,"这儿"、"那儿"中"儿"音进一步弱化、消失,从而出现"这"、"那"单独表处所的现象是完全可能的。同时,明清山东方言材料确已证明"这"、"那"自身也具有单独表处所的功能。综合这两点,可以认为现代汉语"这"、"那"单独表处所是其自身功能的延续与"这里(那里)"→"这儿(那儿)"→"这(那)"这条发展路径的合流。

C. 称代时间

"这"、"那"称代时间共13例:《醒》"这"7例,"那"2例;《聊》"这"4例。如:

⑥薛三槐媳妇说:"这是五更? 待中大饭时了!"(醒·45·656)

⑧这又不是审差的时候,却再挪移与谁?(醒·71·1019)

⑩人说道这是春,奴觉着合秋一样!(聊·磨·1407)

⑦这是甚么时节,请了,请了。(聊·墙·854)

⑦那是六月十五日后晌。(醒·30·446)

⑫那正是初夏时节,一片嫩柳丛中,几间茅屋……(醒·14·214)

2.3.1.1.2.2 "这"、"那"称代功能的扩展

由明清山东方言文献来看,"这"、"那"在称代用法的基础上又发展出了连词及其他一些用法。

A. "这"、"那"的连词化

当"这"、"那"用于指示或虽用于称代但其后有量词或数量短语的时候,"这"、"那"与其后成分结合为一个句法语义单位,这种情况下,"这"、"那"不具有句法上的独立性,无法虚化成连词。只有在单用的情况下,"这"、"那"才具有独立句法功能,而这恰恰为其自身的连词化提供了前提条件。同时我们注意到,"这"、"那"单用对人、事、物的指称又有区别:当指代人或物时,无论是回指、当前指还是前指,其指代对象都较为具体;而其对事件的指称就不如对人、物的指称明确,而且"这"、"那"代事基本都是回指性的。语料调查发现,回指前文所述之事的"这"、"那"在使用过程中,在特定的句法环境下,其语义受到磨损,不断地泛化和抽象化。由于语义的不断虚化,其指代功能也逐渐弱化。例如:

⑬狄员外苦留,说:"如天色渐次开朗,这自然不敢久留;若是下雨,这里房舍草料俱还方便,家常饭也还供得起几顿。"(醒·25·365)

⑭狄员外说:"要后有甚么人的闲话,你二位给他招架招架,这就安稳了。"(醒·34·507)

⑮调羹道:"你兄弟两人一生的过活全是仗赖这点东西,万一果似所梦,这就坑死人哩!"(醒·77·1095)

⑯太太道:"你问他要个保人,限他两三个月。他要不给你银子,这就可恶了,我也就不管他。"(醒·70·1002)

⑰陈师娘道:"待我收拾了这件破夹袄,回来好穿,再弄的没了,这只是光着脊梁哩!"(醒·92·1311)

⑱那乡约说道:"若再不依,这就叫他休怪了。"(醒·34·503)

⑲素姐道:"这促织匣子般的去处,没处行动,又拘着这贼官的腔儿,不叫我

出外边行走,再要不许我打个秋千顽耍,这就生生闷死我了。"(醒·97·1383)

⑧两个道婆道:"这烧香,一为积福,一为看景逍遥,要死拍拍猴着顶轿,那就俗杀人罢了,都骑的通是骡马。"(醒·68·975)

⑧晁思才说:"既说是孩子我养活,这就以我为主了。"(醒·57·820)

⑧小献宝说:"人也病得这般沉重,还要问他做甚?若是死了,这是不消问了。"(醒·39·578)

⑧李旺道:"你只不要合顾家的生活比看,这也就好;你要是拿着比看,那就差远着哩。"(醒·65·932)

⑧又有的将山上出的那白土烙了饼吃下去的,也是涩住了,解不下手来,若有十个,这却只死五双。(醒·27·391)

⑧娘子怪起我来了!我若是见新忘旧,这就是个负心人了,娘子你就喜么?(聊·磨·1422)

⑧若是有钱不借给你大相公呃,那可就是一个狗!(聊·翻·949)

例⑦至⑧,均由两个分句组成,前一分句都有表示假设的词语"如"、"要"、"万一"、"再"、"若"等,后一分句有副词"可"、"就"等,构成"如(若、要)……就……"的关联。这种表假设的关联使得前一分句所述的内容表示一种可能或一种条件,如果这种假设的情况发生,就会造成后一分句所述的结果。"这"、"那"位于第二分句的句首,从形式上看是分句的主语,实际上指代意义已经比较泛化、抽象化,已够不上主语这种较重要的成分,更多的是用在两个分句间起承上启下的连接作用。如果说这些例子中"这"、"那"的意义还没有完全虚化、指代功能还没有完全消失,那么下面例子中的"这"、"那"则不能再看做代词了:

⑧狄员外开口说:"杨春屡次央我在二位跟前说分上,我说:'这干分上说不的。'我没理他,他刚才又来皮缠,我说:'你肯依我破费些什么,我替你管;你要一毛不拔,这我就不好管的。'我叫他家去取些什么去了。"(醒·34·506)

⑧狄希陈道:"要是曾也有人出去,我打发你出去;要是别衙里没有女人出去,这我也就不敢许了。"(醒·97·1383~1384)

⑧天下的大害,固是州县不肖,也是那司院贪求。那我定要上几个本章,除除民害,砍几个贼头,就是那徒流秀才还可救。(聊·富·1364)

例⑧"你肯依我破费些什么,我替你管;你要一毛不拔,这我就不好管的",分号前后表述的是两种并列的情况,前一部分包含两个分句,"你肯依我破费些什么"虽没有表示假设的词语,但根据上下文语境来看,它表示一种假设的条件,"我替你管"表示在前面条件下产生的一种结果。同样,后一部分也包含两个分句,"你要一毛不拔"中含有表假设的词语"要","这我就不好管的"表示在前面条件下产生的一种结果。也就是说,这两部分表示的都是"条件—结果"的语义关系,但前者第二分句没有"这",后者第二分句中有"这",而且"这"后已有了主语"我",这说明"这"并不是句子必须的成分。换言之,"这"已经无所指代,其意义已经完全虚化,它用在第二个分句的开头,只是起承接作用,引进表结果和判断的分句。例⑱与例⑰基本相同,"这"表示顺着上文的语义,申说其结果,即"这"已经虚化成具有话语连接功能的连词。例⑲有两个句子,前一句子陈述的是既成的事实,后一句子表示由于这种情况而产生的结果,"那"用在两个句子中间只是起承接作用,表明前后两句的因果(或条件—结果)关系,因而该句中"那"已不再是指示代词而是一个连词了。

可以这样认为:明清山东方言中"这"、"那"的语法化与其特定的句法位置和语言环境是分不开的。用在句子或分句的开头,复指前文所说的内容,在反复的使用过程中,它的意义不断地虚化、泛化、抽象化,其语法功能也随之发生变化。当前一句子或分句有表假设的词语时,从表义的连贯性来说,后一句子或分句则表示由前面的假设所造成的结果,这种"条件—结果"的语义句法环境对"这"、"那"进一步虚化起到了催化作用,"这"、"那"最终由指示代词发展成为起话语连接作用、引进表结果和判断的句子的连词。在反映清代北京话的《儿女英雄传》中,"这"、"那"也在类似的句法语义环境下发展出了连词用法。如:

⑳ 邓九公便对褚一官道:"这咱们'恭敬不如从命',过节儿错不得,姑爷你也过来见见你二叔。"(儿·15·219)

㉑ 老爷听了这话,心下一想:"要是这样的玩法,这岂不是拿着国家有用的帑项钱粮,来供大家的养家肥己胡作非为么? 这我可就有点子弄不来了。"(儿·2·28)

㉒ 果然如此,那我佛的慈悲,真算得爱及飞禽走兽了……(儿·9·130)

㉓ (邓九公)说:"有了! 衣裳行李也要作,临走我到底要把他前回合海马周三赌赛他不受我的那一万银送他作个程仪,难道他还不受不成?"安老爷道:"那他可就不受定了。"(儿·20·322)

但不同的是山东方言中连词"这"、"那"的产生和应用还只是在非对话语境中,而北京话中连词"这"、"那"既可用于对话语境,如例⑳和㉓;也可用于非对话语境,如例㉑和㉒,反映出不同次方言间"这"、"那"的连词化既具有共性特征又具有地域差异。

B. "这"、"那"单用的其他情况

单独使用的指示词"这"、"那"除前面所述的用法外,在《醒》和《聊》中还有其他一些用法。由于这些用法的例子比较少,不像前面所述的用法那样具有较强的规律性和普遍性,不便展开讨论,所以这里一并加以叙述。

a. "这"用于假设条件句中,表示假设,相当于假设连词"如果"。只有《醒》5例。如:

㉔ 相主事道:"狄大哥,你这事也奇,为甚么叫这些花子奴才胡言乱语的骂着,也不着个人合我说去? 这不是我自己来,这奴才们待肯善哩?"(醒·83·1183)

㊙ 他那使毒药恶发了疮,腾的声往家跑的去了,叫人再三央及着,勒掯不来,二三十的鳖银子。这不是陈大爷举荐了赵杏川来,这大哥的命都还叫他耽误杀了哩!（醒·67·966）

㊖ 老狄是个奶奶头主子,那奶奶子是个"遇文王施礼乐,遇桀纣动干戈"的神光棍,拿着礼来压服人。这不是咱哥儿两个,第二个人到不得他手里。（醒·81·1153）

b. "这"、"那"、"这不"用在主谓之间有减缓语速、强调谓语的作用。《醒》"这"8例,"那"1例,"这不"5例;《聊》中"这"、"这不"各1例。如:

㊗ 你这小小年纪,不守闺门,跟了人串寺寻僧……（醒·74·1057）

㊘ 俺这也来请童氏哩。（醒·81·1154）

㊙ 我这衣不蔽体,一分似人,七分似鬼,怎生去得?（醒·92·1311）

⑩ 我这来合贤弟商议,该怎么行?（醒·85·1208）

⑩ 我这问您二姐姐,文书着他给一张,我可合你算算账。（聊·增·1662）

⑩ 你那打不尽许多,吊不了这大众,拣那跑不动的,拿进一个去,即时发出来打死了号令,左右又只饱了饥民。（醒·31·452）

⑩ 我这不家里取银子去了!（醒·75·1072）

⑩ 素姐说道:"我与你讲过的言语,说过的咒誓,我是死了汉子的寡妇,我这不买了孝布与你持服哩! 你快快出去!"（醒·74·1058）

⑩ 咱这不快着颠罢,等嘎哩?（聊·富·1319）

c. "这"用在副词"才"、"就"的前面,起加强副词程度的作用。《醒》"这就"2例;《聊》"这就"3例,"这才"2例:

⑩ 我这就叩谢过二位爷罢。（醒·81·1153）

⑩ 马嫂儿道:"我这就往门外头去,只怕那里有。我就去罢。"（醒·55·795）

⑩ 赵举人这就发了怒,掀下驴来只顾捽,背到家送了残生命。（聊·寒·1022）

⑩ 这样福合佛一样,不知好合歹,拿着当寻常;只等的歪揣货儿话出,这才把君子想。（聊·姑·860）

⑩ 两个这才解了绳子,开了屋门。（聊·磨·1452）

2.3.1.2 乜

明清时期语料调查发现,不但山东方言文献《金》和《醒》不见指示代词"乜"的用例,而且反映河南话的《歧路灯》、反映北京话的《红楼梦》和《儿女英雄传》也都没有指示词"乜"的用例,这说明见于《聊》的指示代词"乜"是一典型的方言指示代词。"乜"既可用于近指,又可用于远指,可以看成是个"兼指指示代词"。这个指示词可能来源于五代时期出现的指示词"恁"。

2.3.1.2.1 "乜"单用

2.3.1.2.1.1 指称人、事、物

由《聊》用例可以看出,指代词"乜"既可用于指示也可用于称代。

A. 称代事物

① 乜是我二妹子跟我学了两套,每日等皇帝,那皇帝也不来了,多管是闷极了,合丫头们弹。(聊·增·1627)

② 大姐说:"乜是二鳌瞰蛋罢了!"(聊·增·1647)

例①、②"乜"均用来称代前文所提到的事情。

B. 指示人或事物

(ⅰ)与其后名词组合成一个相对独立的句法语义单位,指示名词所代表的人或事物,如:

③ 难道乜孩子着虎衔了去,还有活的么?(聊·慈·922)

④ 乜丫头居然是代把夫人做,他给了俺儿圆下房,如今又产麟儿落了肚。(聊·襀·1260～1261)

⑤ 衙役欺心,衙役欺心,该把乜狗脚打断筋!(聊·富·1300)

⑥ 你拿乜琵琶来崩一个我听听。(聊·增·1618)

⑦ 赌博的不害羞,为乜钱就打破头,银子输了一千六。(聊·增·1651)

⑧ 你说房里那些妇女们,都说咱太太欢喜了,乜模样越发俊的娇嫩了,年纪三十四五,只像二十四五呀是的。(聊·富·1361)

(ⅱ)用于"修饰语(＋的)＋乜＋体词性中心语"的偏正结构当中,指称体词性中心语所代表的人或事物,这一结构又可分为三种情况。

a. "修饰语(＋的)＋乜＋体词性中心语"的偏正结构当中,修饰语为人称代词或名词,且与中心语之间是领属关系。如:

⑨ 我就不能砍了你乜贼头,忘八羔,我也剜了你乜两个眼!(聊·磨·1452)

⑩ 寻思起剜了他乜贼头!(聊·翻·945)

⑪ 一个说:"他把咱乜官府都骂了,不是中看的。"(聊·磨·1416)

⑫ 哥哥乜话我不信,只怕是那眼睛花,银子没曾从天下。(聊·翻·1001)

⑬ 我就他门前乜块石头上,剁打起来。(聊·磨·1437)

例⑨至⑬修饰语为人称代词"你""他""咱"、指人名词"哥哥"、处所名词"门前",与中心语之间均具有领属关系,而且结构中均未出现助词"的"。《聊》"乜"有 32 例用于这种偏正结构当中。

b.“修饰语(＋的)＋乜＋体词性中心语”的偏正结构当中,修饰语为动词性短语,且与中心语之间是描述和被描述的关系。仅有1例:

⑭ 贩鲜的担着柳杭子鱼活,我就好说,掐出水来的乜孩子,禁甚么降?(聊·襄·1209)

例中修饰语为动词短语“掐出水来”,它与中心语“孩子”之间是描述和被描述的关系,说明“孩子”的年龄小,而且例中出现了助词“的”。

c.“修饰语(＋的)＋乜＋体词性中心语”的偏正结构当中,修饰语为人称代词或指人名词,并且与中心语具有同一关系。共2例:

⑮ 仇祐说:“你乜女人家,出头露面的怎么告状?”(聊·翻·956)

⑯ 俺哥哥乜呆瓜,又不肯俯就他,我不说心里常牵挂。(聊·翻·977)

例⑮、⑯中修饰语“你”、“俺哥哥”与中心语“女人家”、“呆瓜”具有同一关系,“乜＋中心语”实际上是对修饰语进行同位复指。

2.3.1.2.1.2 指称性状的程度

这种用法的“乜”用例极少,仅见《聊》1例:

⑰ 张大说:“是乜冷么? 你忒也虚喝。”(聊·墙·838)

“乜”修饰形容词“冷”,相当于“这么”或“那么”,指称“冷”的程度。

2.3.1.2.2 “乜”的复合形式

A. 乜个

⑱ 乜个东西,丫头你拿了去罢,我才吃了饭。(聊·增·1642)

⑲ 万岁说:“乜个投箭法稀松平常,拿起支箭来撩到里头,人人都会,有什么奇处?”(聊·增·1650)

⑳ 范栝说:“你乜个给我写上罢。”(聊·翻·974)

例⑱和⑲“乜个”用于名词之前,指示事物;例⑳“乜个”用来称代事物。

B. 乜样、乜么样

“乜样”和“乜么样”仅有的3例均用于称代情状或样态:

㉑ 万岁说:“这奴才见了我这汗巾就慌的乜样,我再拿出那扇子来谝谝。”(聊·增·1621)

㉒ 世上只有禽合兽,生来只知自有娘,为人不该乜么样。(聊·翻·1602)

㉓ 金墩说:“俺就乜么样哩?”(聊·增·1602)

《聊》"乜"及其复合形式的功能和出现频率表

			指示	称代
单用形式	乜	人、事、物	78	3
		程度	1	0
复合形式		乜个	2	1
		乜样	0	1
		乜么样	0	2

2.3.1.3 指示词"恁"

"恁"用来指称人、事、物,只在《金》中出现1例:

① 西门庆听了,口中骂道:"恁小淫妇儿,我分付休和这小厮缠,他不听,还对着我赌身发咒,恰好只哄我。"(金·68·972)

另外,《金》有一例"恁"既不用来指称人或事物也不用来指称样态,而是相当于虚指的"什么",表示委婉。

② 西门庆开言道:"孩儿没恁孝顺爷爷,今日华诞,家里备的几件菲仪,聊表千里鹅毛之意。"(金·55·744)

2.3.2 指称时间的指示词语

"这"、"那"与时间词"早晚"结合指称时间大约最早出现在元代。明清时期北方方言文献中仍可见到"这早晚"的用例,如《金》(3例)、《聊》(1例)、《歧》(1例)、《儿》(3例)、《红》(9例),而这几部文献中均不见"那早晚"的用例。"这"、"那"与时间词"早晚"的合音字"咱(偺、僧、喒)"组成的复合形式则只见于《金》和《醒》中,《聊》、《歧》、《儿》、《红》均没有用例。因此,借助于明清山东方言材料可以较好地了解和分析"这"、"那"与时间词"早晚"及其合音字"咱(偺、僧、喒)"使用、发展、衰退的全过程。

2.3.2.1 "这"与"早晚"及其合音字"咱(偺)"的组合及其语用语义特征

A. 这早晚

"这"与时间词"早晚"结合指称时间"大约最早出现在元代"(冯春田 2000:108~109),而明清山东方言文献中"这早晚"的用例并不多见:

① 钺安道:"嫂子,我告你知了罢,俺哥这早晚到流沙河了。"(金·26·332)
② 穿搭上流水去罢,这早晚还只顾么仓。(聊·增·1662)

例①"这早晚"相当于"这时";例②从上下文语境来看,"这早晚"则表示时候不早、较晚的意思,相当于"这么晚"。如果说最初"这早晚"只是"这时候"之意,那么根据例②可以了解到"这早晚"在使用过程中语义得到了扩展。

B. 这咱(偺)

"这"与"早晚"的合音字"咱(偺)"组成"这咱(偺)",在具体的句法环境中,"这咱

（昝）"表现出丰富的语用语义特征。如：

③ 妇人问："你姥姥睡了?"春梅道："这咱哩，后边散了，来到屋里就睡了。"（金・75・1108）

④ 婆子道："今日这咱还没来，教老身半夜三更开门闭户等着他。"（金・24・303）

⑤ （西门庆）坐下，月娘便问："你怎的衙门中这咱才来?"（金・76・1154）

⑥ 沈姨夫又不隔门，韩姨夫与任大人、花大舅都在门里，这咱才三更天气，门也还未开，慌的甚么?（金・63・897）

⑦ 傅伙计老头子，熬到这咱，已是不乐坐，搭下铺，倒在炕上就睡了……（金・64・899）

⑧ 薛三槐娘子道："小臭肉! 姑的尿盆子，你不该端出去? 放到这昝，叫姑踹这们一脚!"（醒・59・845）

⑨ 西门庆便问月娘道："你这咱好些了么?"（金・75・1134）

例③"这咱"加语气词"哩"单独成句，有感叹和反诘的意味，"这咱"在这种特定的句法环境中被赋予言其晚的语义特征。"这咱哩"《金》共出现 6 例，用法相同。例④中的副词"还"和"没"表示动作行为未曾发生，"还没来"表示认为该来而仍没来，所以时间词"这咱"是言其晚。《金》共有 13 例"这咱"与"还"、"还没"或"还不"共现的句子，在此语境下，"这咱"均表示时间久或晚。例⑤副词"才"表示事情发生或结束得晚或经历的时间久，因而"这咱"只能表示时间晚。例⑥副词"才"用在数量词的前面，表示刚达到某一数量，结合上下文，知道应伯爵说这话是表示时间尚早，不让大家回家，所以"这咱"在该例中表示时间早。《金》"这咱"与副词"才"同现的句子共 16 例，其中 15 例表示时间晚，仅 1 例表示时间早。例⑦、例⑧句中虽没有副词"还"或副词"才"，但从上下文来看"这咱"、"这昝"仍表示时间久、晚。例⑨"这咱"的语境义是中性的，相当于"这时"。以上"这咱（昝）"都直接称代时间。《金》"这咱"除称代用法外，还可用于指示，修饰时间词：

⑩ 月娘道："这咱时不说，如今忙匆匆的，你择定几时起身?"（金・55・740）

⑪ 西门庆道："今日到这咱时分还一头酒在这里。"（金・40・528）

"这咱时"和"这咱时分"都表示时间久、时间晚，"这咱"有强调的意味。

C. 这咱（昝）晚

在《金》和《醒》里，根据具体语境判断，"这咱（昝）晚"均表示时间晚。如：

⑫ 拜毕，西门庆留吴大舅坐，说道："这咱晚了，料大舅也不拜人了，宽了衣裳，咱房里坐罢。"（金・78・1190）

⑬ （王婆）因向西门庆道："这咱晚，武大还未见出门，待老身往他家，推借瓢看一看。"（金・4・52）

⑭ 薛三槐娘子说:"我还只说姐夫在屋里,这咎晚还没起来哩!"(醒·45·656)

2.3.2.2 "那"与"早晚"及其合音字"咱(咎)"的组合及其语用语义特征

A. 那早晚

与"这早晚"相对的"那早晚"在《金》、《醒》和《聊》里均没有出现。调查元、明、清时期的材料《元曲选》、《老乞大》、《朴通事》、《水浒传》、《型世言》、《歧路灯》、《红楼梦》、《儿女英雄传》等,只在《元曲选·谢金吾三折》中发现一例,相当于"那时候":

⑮ 想你当初不得志时,提着个灰罐儿,卖诗写状,那早晚也是东厅枢密使来?

如果不能在其他文献中找到"那早晚"的更多用例的话,似乎可以推断:元代"这早晚"、"那早晚"出现后,"这早晚"的使用相对较为广泛,而"那早晚"则没有能够使用开来。

B. 那咱(咎)

同"这咱(咎)"一样,"那咱(咎)"在《金》和《醒》中也有不少用例,如:

⑯ 杏庵道:"我与你父亲相交,贤侄,你那咱还小哩,才扎着总角上学哩。"(金·93·1403)

⑰ 玳安道:"你老人家是知道他,想的起那咱来哩。"(金·64·900)

⑱ 月娘道:"我的姐姐,山子花园还是那咱的山子花园哩!"(金·96·1441)

⑲ 回说:"他那咎腿好,可他也不自家卖,都是俺婆婆赶集去卖。"(醒·49·717)

⑳ 白姑子道:"我那坐禅的屋里,那咎你没和张大嫂在里头吃茶么?"(醒·64·918)

㉑ 若来接我,爽利到十月罢。杨奶奶到那咱许着给我布施,替我做冬衣哩。(醒·40·593)

㉒ 月娘便问:"你昨日早辰使他往那里去,那咱才来?"(金·33·419)

㉓ (金莲)又道:"姐姐,你再问这两个囚根子,前日你往何千户家吃酒,他多也是那咱时分才来,不知在谁家来。"(金·79·1225)

例⑯至㉑"那咱(咎)"对时间的称代都是中性的,相当于"那时"或"那个时候"。例㉒句中副词"才"表示行为发生的时间晚,"那咱"在这种语境中就包含了言时晚的意义特征。例㉓也是如此,而且"那咱"修饰时间词"时分",在语用的表达上更加强调时间晚。不过,在"那咱(咎)"的 55 个用例中仅例㉒和例㉓表示时间晚,其余对时间的指代都是中性的,而且仅例㉓一例用于指示,其余都是称代。

C. 那咱(咎)晚

对"那咱(咎)晚"所有用例进行分析,发现"那咱(咎)晚"的语义比较单一,都表示

时间晚,相当于"那么晚"。如:

　　㉔ 你爹昨日坐轿子,往谁家吃酒? 吃到那咱晚才来家。(金·59·811)

　　㉕ 经济道:"昨夜三更才睡,大娘后边拉住听我宣《红罗宝卷》与他听,坐到那咱晚险些儿没把腰累罗瘸了,今日白扒不起来。"(金·82·1267)

　　㉖ 狄员外道:"昨日我合他大舅散了,弟兄两个吃到那旮晚,我倒怪喜欢的。"(醒·58·842)

　　通过以上分析可见,虽然"这早晚"→"这咱"→"这咱晚"和"那早晚"→"那咱"→"那咱晚"这两组词语形式上形成了工整的对应,但在语义的传承与发展上并不完全一致。"这早晚"、"这咱"的语义内涵比"那早晚"、"那咱"更加丰富,这可能与它们的使用频率和语境有关。尽管"这"、"那"与时间词"早晚"在结合之初都表示中性意义,即"这时(候)"、"那时(候)",但是"这早晚"的用例远远多于"那早晚",因而在语境语用中"这早晚"的语义发展更加充分和丰富。吕叔湘(1985:363)指出"这早晚"有三个意义:一个意义是中性的,等于"这会儿";其次的一个意义是言其晚,等于"这么晚";还有一个比较少见的意义是言其早,等于"这么早"。前两种语义特征在明清山东方言文献"这早晚"的用例中仍有所体现;"这早晚"的合音形式"这咱"则对以上三种语义都继承了下来,不过表示时间晚的语义在用例中占绝对多数。而"那早晚"在历史文献中几乎是孤证,所以其最初语义,即"那时(候)",没有扩展变化的机会,因而"那咱"的主要语义也是表示"那时(候)"。然而,"那咱"的使用比"那早晚"广泛,所以"那咱"在进一步使用中又发展出了表示时间晚。"这咱晚"与"那咱晚"都表示时间晚,其中可能有对"这咱"、"那咱"言时晚的继承,但它们表现出来的高度的一致性,似乎更能表明"这咱"、"那咱"受"这早晚"、"那早晚"的影响形成"这咱晚"、"那咱晚"的同时,在语义上更多地吸收了形容词"晚"的意义特征。

　　从《金》到《醒》,"这早晚"、"这咱(旮)"、"这咱(旮)晚"的用例急剧减少或消失,而"那咱(旮)"、"那咱(旮)晚"的使用频率则变化不大。进一步调查发现,《醒》不但"这旮"、"这旮晚"的用例少,而且相同语义的"这时(候)"的用例也较少,而"那时(候)"的使用则较为普遍。究其原因,可能与作者或说话人在行文或话语中观察事物、叙述事件时所站的时间点和叙述视角有关。"那咱(旮)"(即"那时")、"那时(候)"既可表示过去的时间又可表示将来的时间;"这咱(旮)"(即"这时")、"这时(候)"虽也可表示过去和现在的时间,但以表示现在的时间为多,即使表示过去,也往往是作者或说话人为了拉近小说事件与读者之间的时空距离而采取的一种手段。《醒》中多用远指的时间词,这表明作者或说话人是站在其当时的时间点上对过去和将来的事件进行观察和叙述的。

　　《金》、《醒》、《聊》"这"、"那"与时间词"早晚"及其合音字"咱(旮)"的复合形式由较为常见到近于绝迹,则可能与同义形式"这时(候)"、"那时(候)"不无关系。"这时(候)"、"那时(候)"使用较为普遍,例如:

㉗ 叫大哥把你央,这时谁不在号房,你却如何这么样?(聊·翻·974)

㉘ 禹明吾仰起头看了看天,道:"这时候,只怕他往醉乡去了。"(醒·4·53)

㉙ 那时约十九日,月色朦胧,带着眼纱,由大街抹过,径穿到扁食巷王招宣府后门来。那时才上灯以后,街上人初静之后。(金·69·985)

㉚ 高氏道:"那时这们个雄势,什么'小珍哥'哩,就是'小假哥'也躲了!"(醒·10·146)

㉛ 孔明说:"云长再思一思,若不能杀那曹操,不如不去,省得那时懊悔。"(聊·快·1125)

㉜ 妇人道:"我的哥哥,你上紧些,奴情愿等着到那时候也罢!"(金·16·198)

㉝ 金莲道:"这时才来,教娘每只顾在门首等着你。"(金·21·273)

㉞ 应伯爵便说道:"哥,咱这时候就家去,家里也不收我每。"(金·20·256)

"这时(候)"、"那时(候)"等既可表示中性,如例㉗至㉜;也可言其晚,如例㉝;又可言其早,如例㉞。语义功能的重合,违背了语言自身经济、简洁的规律,势必造成"这"、"那"与时间词"早晚"及其合音字"咱(昝)"的复合形式和"这时(候)"、"那时(候)"的竞争。从语料调查来看,即使在"这"、"那"与时间词"早晚"及其合音字"咱(昝)"的复合形式发展最为成熟、使用最为广泛的元明时期,其使用频率也远远低于同义形式"这时(候)"、"那时(候)",因而这一组自元代开始萌生、发展的时间词在竞争中逐渐衰落,《聊》中已极为罕见。

"这"、"那"与时间词的复合形式的频率分布表

		金	醒	聊
这	这早晚	3	0	1
	这咱	44	0	0
	这昝	0	1	0
	这咱晚	25	0	0
	这昝晚	0	2	0
那	那早晚	0	0	0
	那咱	21	7	0
	那昝	0	27	0
	那咱晚	6	0	0
	那昝晚	0	2	0

2.3.3 方所指示词

明清山东方言文献《金》、《醒》、《聊》表方所的指代词及其复合形式极为繁富,对它们进行梳理,大致可分为两类:一是近代汉语时期新产生的指示代词"这"、"那"及其复合形式"这里"、"那里"、"这边"、"那边"、"这头"、"那头"、"这厢"、"那厢"、"那厢里"、"那边厢"、"那壁"、"这壁厢"、"这答儿里"、"那搭剌子"、"这咭溜搭剌儿里";二是古汉语留传下来的"此"、"此间"、"彼"、"兹"等。本节对第一类指示词进行分析,第二

类方所词只在后面表格中列出其使用情况和出现频率,不进行分析。

方所指示词既可单独使用,也可用于代词或名词后组成"代词/名词+方所指示词"结构。

2.3.3.1 方所指示词语单用

A. 表示处所。方所指示词语表处所,多用于称代而少用于指示,可做主语、宾语、定语、状语等。如:

① 今早不是俺奶奶使小人往外庄上,折取这几朵芍药花儿,打这里所过,怎得看见你老人家在这里。(金·96·1450)

② (陈经济)嘱咐:"姐姐,我常来看你,咱在这搭儿里相会。"(金·93·1411)

③ 趁着亲家还没走,分开他两口在那厢。(聊·襄·1193)

④ 仇大爷定军机,四尊炮列东西,单等贼从那里入。(聊·翻·1010)

⑤ 他半晌无言,我往那头乱爬乱爬。(聊·襄·1204)

⑥ 众徒夫说道:"他来这里做贼,刺了字,所以问的是这里徒夫。"(醒·88·1257)

⑦ 却说秋菊在那边屋里,夜听见这边房里恰似有男子声音说话,更不知是那个了。(金·83·1274~1275)

⑧ 没见你,你爹去了,你进来便罢了,平白只顾和他那厢房里做甚么?(金·22·284)

⑨ 李瓶儿说道:"这答儿里倒且是荫凉,咱在这里坐一回儿罢。"(金·52·704)

⑩ 这边有开坊子的么?(聊·磨·1450)

⑪ 那厢里有个道士,你且去合他扳话。(聊·墙·841)

⑫ 再说那壁郭大将军合周相公说了半日话,掌灯以后,周相公撺掇着还过官舱那边去了。(醒·87·1242)

⑬ 高氏道:"我说:'这里我不耐烦听,你家里告讼去。'"(醒·10·146)

⑭ 有一条石桥当路,那边厢一路花开。(聊·翻·962)

⑮ 我替你老人家说成这亲事,指望典两间房儿住,强如住在北边那搭刺子哩,往宅里去不方便。(金·7·80)

例①至例⑤指代方所的词语分别做介词"打"、"在"、"从"、"往"等的宾语;例⑥,前一个"这里"做动词"来"的宾语,后一个"这里"做"徒夫"的定语;例⑦、例⑧中方所指示词语也均做定语;例⑨至⑪,方所指示词语做主语;例⑫至⑭,方所指示词语做处所状语;例⑮,"那搭刺子"做方所词"北边"的同位语。

B. 表示状态。方所指示词语用于"在"的后面,并不实指处所,而是指动作行为或事件的一种状态、一种存在。这几部文献中只有"这里"、"那里"有此种用法,如:

⑯ 西门庆道:"今日到这咱时分还一头酒在这里。"(金·40·528)

⑰ 八老道:"五姐见官人一向不去,心中也不快在那里。"(金·98·1473)

⑱ 卖几个钱在这里,等好了年成,我还要籴补原数,预备荒年哩。(醒·32·465)

⑲ 寄姐还在那里撒泼不止。(醒·87·1241)

⑳ (徐氏说)正在这里弄鬼哩。(聊·禳·1156)

例⑯从上下文语境来看,并不能具体指出"在这里"究竟指的是"在哪里",也就是说"在这里"告诉听话人的并不是动作行为发生的处所,而是指因酒喝得太多所造成的一种结果、一种状态。同样,例⑰和例⑱中"那里"、"这里"也是如此。例⑲,从语义来看,并不是指寄姐在"哪里"撒泼,而是指撒泼的行为持续的状况。例⑳,"在这里"也不指处所,而是指动作行为持续的一种状态,句中副词"正"使得动作的进行性更加明确。

由例⑯至⑳可以看出,表行为或事件状态的"在这(那)里"有两种句法位置:一是位于句尾,一是位于句中。俞光中、植田均(1999:19)认为:"'(S-P)在这(那)里'结构不是宋元明时期所有白话书面语共有的,而是区域性书面语内容,或言之,它反映的是黄河中下游以南、吴语区以北这一大致区域的方言事实。"山东方言区基本包括在这一区域内。明中叶的《金》中表示状态用法的"在这(那)里"共23例,有22例位于句尾,这与俞光中所说的情况正相一致。但是到了明末清初的时候,表状态用法的"在这(那)里"的句法位置已经前移:《醒》共63例,其中60例用于句中,3例用于句尾;《聊》共26例,其中25例用于句中,1例用于句尾。比较而言,不同位置的"在这(那)里"又存在一些不同:句尾更加突出结果性的状态,而句中进行性的状态更加明显。

C. 称代当事一方。如:

㉑ 薛嫂道:"今日一旦反面无恩,夹打小厮,攀扯人,又不容这里领赃,要钱才准,把伙计打骂将来。"(金·95·1433)

㉒ 周嫂儿道:"这里偏着不做房里的,你说十八两也忒多了点子。"(醒·84·1196)

㉓ 不说这院娘们热,却说臧姑为鸡为狗,就来骂这里;又添上一个极能忍气的,大骂了一声,这里大家气也不敢喘,像没人似的。(聊·姑·882)

㉔ 正待去对方二爷说的,谁想那里已经知道了,立刻就差了一些家人来了。(聊·富·1300)

㉕ 次日,老夏同晁书媳妇都扮了这边媒人,先到了唐侍郎府里,见了夫人,说是晁家差去提亲,请小姐相见……(醒·18·262)

㉖ 李铭道:"不争爹因着那边怪我,难为小的了。"(金·72·1057)

㉗ 素姐说:"这头俺两个兄弟已都死了,这是不消想的;那头看我那好出气的汉子哩,递呈子呈人?"(醒·74·1050)

㉘ 六哥说:"你是吃酒的那头,我就是卖酒的那头。"(聊·增·1582)

例㉑"这里"并不是表示处所,而是指代当事一方——吴月娘一方。例㉒至㉘方所指示词语也都表示当事一方。

　　D. 指代故事发展的一端。方所指示词语的应用使得不同情节、不同场景的变换显得秩序井然。如：

　　㉙ 不说这里内眷,单表西门庆到于小卷棚翡翠轩,只见应伯爵与常时节在松墙下正看菊花。(金·61·847)

　　㉚ 按下这里家中烧纸,与孩子下神。(金·48·633)

　　㉛ 那里解调和燮理,衡一味趋诏逢迎。(金·70·1012)

　　㉜ 且按下这边,再说厨子尤聪履历……(醒·54·782)

　　㉝ 这边侯小槐发话要到城隍手里告他,又算计要央他那些徒弟们来劝他。(醒·42·618)

　　㉞ 丢下此处,再说那边。(醒·100·1425)

　　㉟ 按下这头不题。(金·50·658)

　　E. 指代事情或言语。常常是复指上文说的话或事,而且文献中只有"这里"有此种用法,其他方所指示词语均没见这种用例。如：

　　㊱ 西门庆道："小人也见不到这里。"(金·3·46)

　　㊲ 晁夫人道："你看我混帐,我都没想到这里!"(醒·30·440)

　　㊳ 原来吃的是这里亏!(醒·65·931)

　　㊴ 只因着寻思到这里,狗心肠方才忍了好几忍。(聊·富·1313)

　　㊵ 却说玄德在屏后待了多时,听到这里,一步出来。(聊·快·1123)

　　㊶ 问他男子,恋酒贪花,年年海角,日日天涯,孤单独守,家又贫乏,纺织棉布,自己挣扎,说到这里,泪下如麻。(聊·襄·1204)

　　F. 指场合、境地或时间。只"这里"、"那里"有此种用法,如：

　　㊷ 祝日念道："那里少不的还他银子。"(金·42·554)

　　㊸ 那范桔全不通,听着常夸二相公,打这里就把仇来中。(聊·翻·973)

　　㊹ 休笑汉子全不济,这里使不的钱合势。(聊·襄·1146)

　　㊺ 他达达比臧姑无赖的更甚,声声的要告状,跳打着骂上门。把一个极有本领的媳妇,到这里老大窘,也是自家踢弄的紧。(聊·姑·882)

　　㊻ 你就是个王侯,你就是个阁老,常言道水长船高,到这里也用不的。(聊·襄·1146)

　　㊼ 晁夫人说："梦见的就是你妹妹,可这里再说甚么跷蹊哩?"(醒·30·447)

　　例㊷和㊸"那里"、"这里"指代时间,相当于"那时"、"这时";例㊹至㊼"这里"指代某种场合或境地。

　　G. 表示虚指。如：

　　㊽ 这边把花与雪柳争辉,那边宝盖与银幢作队。(金·65·914)

㊾ 耳听将军定这厢，坐拟元戎取那厢，飞奏边庭进表章，齐贺升平回帝乡。（金·71·1021）

㊿ 这里一刀剁了去，那里一刀剁将来，伤着皮骨休要怪。（聊·磨·1542）

(51)（魏氏）只说你自家一个人，顾了这头顾不的那头，好叫他替手垫脚的与你做个走卒。（醒·39·579）

(52) 看见一屋里人，把眼不住的看了这头，看那一个。（金·43·566）

例㊽至㊿方所指示词语均对举使用，表示不确定的处所。根据语境判断，例(51)“这头”与“那头”对举并不是指代不确定的方所，而是指代不确知的事情。例(52)由句子语境可以看出，“这头”与“那一个”相对应，指代不确定的人。

2.3.3.2 用在代词或名词后

“代词＋方所指示词语”结构中代词多数是人称代词。“名词＋方所指示词语”结构中名词多数是表示亲属称谓的词，也有人名、地名、尊称、谦称甚至是詈语。方所指示词语用在代词或名词后有两种用法：一是使非处所词变成表示处所的结构，一是表示当事人所代表的一方。

A. “代词/名词＋方所指示词语”组成表处所的结构。如：

(53) 吴大舅道：“明日大巡在姐夫这里吃酒，又好了。”（金·73·1070）

(54) 夏提刑道：“今朝县中李大人到学生那里，如此这般，说大巡新近有参本上东京，长官与学生俱在参例。”（金·48·631）

(55) 今日点出差来，须先去严老师那边请教请教。（聊·磨·1412）

(56) 李氏说：“哦，必然上他姑那贼老婆科子那里去了。”（聊·慈·899）

(57) 月娘和李桂姐、吴银儿都在李瓶儿那边坐的管待。（金·79·1228）

(58) 正走中间，见一道大河，河上一座桥，桥那边一路花草。（聊·翻·962）

(59) 狄员外走过自己那边，兑足了二十四两文银，又封了一两媒钱，雇了四个驴，合狄周骑着。（醒·55·800）

(60) 韩道国道：“咱不如瞒着老爹，庙上买几根木植来，咱这边也搭起个月台来。”（金·48·627）

(61) 薛妈，你这壁厢有甚娘子，怎的哭的悲切？（金·94·1421）

(62) 李瓶儿看见他那边墙头开了个便门，通着他那壁，便问：“西门爹几时起盖这房子？”（金·14·178）

(63) 我们这里打路庄板的先生真是瞎帐，这是江右来的，必定是有些意思的高人。（醒·61·874）

(64) 咱家姐姐待几日不往俺那头去哩么？（醒·48·704）

(65) 万岁道：“二姐，真果是百里不同风，俺那里鸡架都靠着屋檐底下，你这里鸡架挂在树上，天还没黑就上了架。”（聊·增·1612）

例(53)从上下文语境来看，“这里”仍表示处所，亲属称谓名词“姐夫”对“这里”起修饰限制作用。换言之,"姐夫这里"组成了表示处所的结构。例⑤至⑤名词"学生"、"严老师"、"他姑那贼老婆科子"、"李瓶儿"、"桥"分别表示谦称、尊称、詈语、人名、事物名称,均修饰其后的方所指示词语,组成表示处所的结构。例⑤至⑥反身代词"自己"和三身代词"俺"、"咱"、"你"、"他"等也均做其后方所词的修饰语,组成表方所的结构。

从历史发展的角度看,晚唐五代的《祖堂集》中"这里"已可用于人称代词或名词后面,使非处所词变成表示处所的结构。(吴福祥1995b)另据陈文杰(1999),中古产生的方所指示代词"此间"到唐宋时期也发展出了此种用法,只不过唐宋时期"此间"可以受代词"我"、"吾"的修饰,而修饰"这里"的代词还仅限于"我"。陈文杰据此推断:"近代汉语指示代词'这里'的这种用法或许是源于中古指示代词'此间'的用法。"明清山东方言材料反映出近代汉语后期"代词/名词+方所指示词语"的用法有了很大的发展,主要表现在:代词的种类增多,三身代词、反身代词等都可以和方所指示词语结合成表处所的结构;方所指示词语前的名词所指内容更加广泛;方所指示词语范围扩大,不但"这里"、"那里"可用于名词或代词后组成表方所的结构,而且"这边"、"那边"、"这头"、"那头"、"那壁"、"这壁厢"等均有此种用法,这可能是同义词类同引申的结果;"代词/名词+方所指示词语"由表处所还发展出了新的用法——表示"代词或名词"所代表的一方,而且疑问代词"谁"也可用于这一语义结构(这一用法请看下文的分析)。

B. "代词/名词+方所指示词语"表示"代词或名词"所代表的一方。如:

⑥ 乔宅那里一闻来报,随即乔大户娘子就坐轿子,进门来就哭。(金·59·819)

⑥ 伯爵道:"家兄那里是不管的。"(金·67·955)

⑥ 吴月娘那边买了礼来,一盘寿桃,一盘寿面,两只汤鹅,四只鲜鸡,两盘果品,一坛南酒。(金·97·1453)

⑥ 狄希陈道:"这都在不的我,你还合童奶奶那头商议去。"(醒·75·1074)

⑦ 妇人道:"你没的说,人这里凄疼的了不得,且吃饭?"(金·75·1123)

⑦ 月娘道:"你不来说,俺这里怎得晓的?又无人打听。"(金·88·1341)

⑦ 您这里反乱,那两个姑子正还在禹明吾家吃饭哩。(醒·9·128)

⑦ 奴这里心正焦,极嗔桃花放。(聊·富·1306)

⑦ 况且奴家这边没人,不好了一场,险丧了性命。(金·17·201)

⑦ 你的人情,我这边已是替你每家封了二钱,出上了。(金·77·1175)

⑦ 月娘道:"到那日,咱这边使人接他去。"(金·95·1438)

⑦ 他那边是三个人,这边止得两个人;他那边又兼吃了酒,怎敢当得住?(醒·22·335)

⑦ 左右破着把老婆丢与你,坑了你这头子,拐的往那头里停停脱脱去了,看哥哥两眼儿哩!(金·25·321)

⑦⑨ 谁这里替你磕头哩？（金·21·266）

⑧⓪ 金莲把脸羞的通红了，抽身走出来，说道："谁这里说我有说处？可知我没说处哩！"（金·41·541）

⑧① 魏氏道："你看谁这里指望着他死哩？只怕与他冲冲喜倒好了也不可知的。"（醒·39·578）

⑧② 晁夫人道："谁这里说你是假心哩？"（醒·32·474）

例⑥⑥根据语境可知，"乔宅那里"并不表示处所，而是指与西门庆相对应的乔亲家一方。同样，例⑥⑦至⑥⑨也是名词与方所指示词语组合表示名词所代表的一方。例⑦⓪泛称代词"人"实指说话人自己，与"这里"结合表示说话人一方。例⑦①至⑦⑧是三身代词与方所指示词语组合表示三身代词所代表的一方。例⑦⑨至⑧②，"谁"实际上都是指说话人自己，用于反诘，相当于"我不"、"我没"等。"谁这里"也均是表示"谁"，即说话人一方。

由例⑥⑥至⑧②可以看出，这些语句所叙述的事件往往涉及与事两方，含有"一方……另一方……"的意思。"代词/名词＋方所指示词语"只代表与事一方，另一方有的在同一句子内出现，如例⑦②"您这里"与"那两个姑子"对应；有的须根据上下文语境才能获知，如例⑥⑦中"家兄那里"与说话人"我（应伯爵）"相对应。从语义的表达来看，"代词/名词＋方所指示词语"即使去掉方所指示词语也不改变句子的基本意思，但表达效果存在差别。

《金》方所指示词语的用法及频率分布表

		代词/名词后		单用						虚指
		处所	当事一方	处所	状态	当事一方	故事一端	事件言语	场合境地时间	
I类	这里	75	152	416	18	17	64	1	0	4
	那里	109	78	194	5	4	1	0	1	
	这边	40	23	34	0	10	0	0	0	1
	那边	58	48	108	0	11	0	0	0	
	这头	0	1	0	0	1	1	0	0	1
	那头	0	4	1	0	4	0	0	0	0
	这厢	0	0	0	0	0	0	0	0	1
	那厢	0	0	1	0	0	0	0	0	
	那壁	1	0	0	0	0	0	0	0	0
	这壁厢	1	0	0	0	0	0	0	0	0
	这答（搭）儿里	0	0	2	0	0	0	0	0	0
	那搭剌子	0	0	1	0	0	0	0	0	0
	这咭溜搭剌儿里	0	0	1	0	0	0	0	0	0
II类	此	0	0	89	22	0	0	0	0	0
	此间	0	0	6	0	0	0	0	0	0
	兹	0	0	1	0	0	0	0	0	0

《醒》方所指示词语的用法及频率分布

		代词/名词后		单用						
		处所	当事一方	处所	状态	当事一方	故事一端	事件言语	场合境地时间	虚指
I类	这里	15	30	159	4	18	2	5	2	0
	那里	33	12	169	59	1	0	0	0	
	这边	0	2	13	0	2	2	0	0	2
	那边	15	6	23	0	3	1	0	0	
	这头	0	0	2	0	2	2	0	0	1
	那头	1	3	12	0	9	0	0	0	
	那厢	0	0	1	0	0	0	0	0	
	那壁	0	0	1	0	0	0	0	0	
II类	此	0	0	47	3	0	0	0	0	0
	此间	0	0	3	0	0	0	0	0	0
	彼	0	0	3	0	0	0	0	0	0
	兹	0	0	2	0	0	0	0	0	0

《聊》方所指示词语的用法及频率分布

		代词/名词后		单用						
		处所	当事一方	处所	状态	当事一方	故事一端	事件言语	场合境地时间	虚指
I类	这里	4	37	85	1	12	0	12	8	8
	那里	19	33	76	25	12	0	0	0	
	这边	1	0	13	0	0	0	0	0	3
	那边	9	0	30	0	0	0	0	0	
	这头	0	0	0	0	1	0	0	0	1
	那头	0	0	1	0	2	0	0	0	
	那厢	0	0	1	0	0	0	0	0	0
	那厢里	0	0	1	0	0	0	0	0	0
	那边厢	0	0	1	0	0	0	0	0	0
II类	此	0	0	85	0	0	0	0	0	0
	此间	0	0	4	0	0	0	0	0	0

通过对明清山东方言文献表方所的指示词语的分析和描述,可以有以下几点认识:

通过使用频率和语法分布可以看出,古汉语遗留的方所指示代词已缺乏生命力和能产性,近代汉语时期新产生的方所指示词语在明清时期山东方言中已成为表方所的主要构素。

"这(那)里"使用频率最高,功能和用法发展最为成熟,其他方所指示代词或短语的用法均被"这(那)里"所包含,这更加促使"这(那)里"在与其他方所指示词语的竞争中处于优势地位。

"这(那)里"、"这(那)边"、"这(那)厢"等表示处所之外的其他用法,如状态、当事一方、故事一端、事件、话语、时间、境地或场合等应该是表处所的用法发展出来的。但是,这些表达空间方所的指示词在不同的语境下是如何通过认知以隐喻和转喻的方式产生其他用法的,还需要对历史语料甚至要在语言类型学的范围内才能得到有效的认识和解决。

2.3.4 样态指示词

明清山东方言指称样态、情状、程度、方式等的指示词主要有四类:古汉语遗留下来的"许"、"然"、"尔"等;"恁"系列词;"这/那"与"等(般、样)"组成的复合形式;"这么"、"那么"及其复合形式。这些指示词在共存中激烈竞争,通过语言自身的筛选,有的逐渐退出了历史舞台,有的则获得了发展,并成为现代汉语中最主要的样态指示词。

2.3.4.1 样态指示词基本用法

2.3.4.1.1 古汉语遗留的样态指示词语

明清山东方言文献古汉语遗留下来的样态指示词语主要有"是般"、"此般"、"此等"、"如此"、"如此等"、"如是"、"若是"、"许"、"然"、"尔"、"偌"等。"此等"、"如此"、"如是"、"若是"是汉语较早时期出现的指示词;"是般"、"此般"、"如此等"等复合形式应该是古汉语指示词"是"、"此"、"如此"受近代汉语指示词"恁"、"这"、"那"与"等(般)"等的组合形式的影响而形成的。"是般"、"此般"用来指称动作行为的方式和性状的程度,"如此等"用来指示具有某种性状的事物。样态指示词"许"主要见于晋、宋之间(冯春田 2000/2003:110),明中叶的《金》中还可见到其零星用例。"然"和"尔"指称性状,都有"如此"、"这样"、"那样"的意思,古汉语中较常出现。"然"在句中常做谓语或状语,"尔"在句中可做定语、宾语、谓语或状语。(向熹 1993:64)在汉语历史发展过程中,"然"与其前后的成分发生了词汇化,成了构词的一个语素,如"然则"、"然而"、"不然"等,近代汉语后期用做样态指示词的"然"已不多见;"尔"用来指称性状则更为罕见。"偌"是近代汉语早期产生的一个指示代词,吕叔湘(1985:297)认为:"最早的例子出现在晚唐五代,写作'惹'或'若'(应是人者切,与'惹'同音),后边还带个'子'尾;元代才开始写作'偌'(《集韵》人夜切,姓)。这个'惹一偌'很明显就是古汉语'若'的遗留。"据吴福祥(1996:46)举出的唐代例子,冯春田(2000/2003:135～137)认为:"如果这类例子成立,则指代词'偌'产生于唐代",而且"'偌'用作指示词,有浓厚的强调夸张色彩,相当同类地位的'这么'、'那么'"。近代汉语指示代词是按二分的方向发展的,"偌"作为中性指示代词,并不能明确显示出二分对立,所以后来又可在其前面加用指示词"这"、"那",这样"偌"的指示性就渐趋消失。(冯春田 2000/2003:137～138)明清山东方言文献只在《金》中见到少许用例,可见"偌"作为指示代词在近代汉语后期已近于消亡。如:

① 西门庆道:"就是往胡公处,去路尚许远,纵二公不饿,其如从者何?"(金·51·659)

② 他男子汉领着咱偌多的本钱,你如何这等待人?(金·80·1225)

③ 争耐你偌大的家事,又居着前程,这一家大小太山也似靠着你。(金·62·861)

④ 不想偌大年纪,未曾生下儿子,房下们也有五六房,只是放心不下,有意做些善果。(金·57·751)

2.3.4.1.2 "恁"系列词

在早期近代汉语中,用来指称样态、情状、程度或方式的指示词有出现于唐代的"异没"、"熠没"和五代的"伊摩"、"与摩"、"任摩"及宋代的"恁么"等,它们是同一词语的异写形式。"恁么"在宋代使用较为广泛,但宋代以后,"替代'恁么'并且十分常见的是单用'恁'或'恁'带'地'、'底(的)'等组成的复合形式"。"恁"是"恁么"的减缩形式;"恁地"在宋代理学家语录及后来其他文献中较常见,金、元以后除"恁地"外,"恁底"、"恁的"都可以见到一些用例。明清山东方言文献除"恁么"、"恁"、"恁地"、"恁的"外,还出现了"恁样"、"恁般"及"恁么"的方言音变形式"宁么"等。(冯春田2003:57)这些词语既可用于指示又可用于称代,如:

① 恶虎说:"恁么一个俊人,那有不会唱的?"(聊·寒·1030)

② 他娘听说一把夺,你就宁么怕老婆!(聊·姑·873)

③ 若是外来的远人,如何得来的恁早?(醒·34·496)

④ 白来创道:"收拾恁的整齐了,只是弟兄们还未齐。"(金·54·725)

⑤ 常二看了叹口气道:"妇人家不耕不织,把老公恁地发作!"(金·56·759)

⑥ 恁般折挫,丰韵未全消。(醒·79·1130)

⑦ 这歪辣骨待死,越发顿恁样茶上去了。(金·24·306~307)

⑧ 寄姐道:"零碎搚你两耳瓜子是有的,身上搠两把也是常事,从割舍不的拿着棒椎狠打恁样一顿。"(醒·96·1363)

⑨ 武大见了,心里自也暗喜,寻思道:"恁的却不好!"(金·2·26)

⑩ 忽一日,那孩子问着母亲,说道:"……恁地哩,你时时吊下泪来。"(金·57·767)

⑪ 西门庆道:"既是恁般,我分付原解,且宽限他几日拿他。"(金·47·620)

⑫ 原来大姐姐是恁样的! 死了汉子,头一日就防范起人来了。(金·79·1236)

例①至⑧用于指示,例⑨至⑫用于称代。

2.3.4.1.3 "这/那"与"等(般、样)"组成的复合形式

"等"、"般"、"样"都含有"等类"、"色样"的意思,"这/那"与"等(般、样)"组合用来指称样态、情状或程度等。"这样"、"那样"大约始见于宋代,"这等"、"那等"大概起于

元代,"这般"大约始于晚唐五代时期,"那般"则是元代才出现的(冯春田 2000/2003:106~108、130~131),这些词在明清山东方言中仍较为常见。另外,文献中还出现了"这/那"与同义语素"等"、"般"、"样"组成的羡余形式"这等样"、"那等样"和"这般样"。如:

⑬ 孟玉楼道:"这蛮子他有老婆,怎生这等没廉耻?"(金·76·1160)

⑭ 那人道:"谁不知你过关哩。你家里的门么,你走的这等大意?"(聊·增·1561)

⑮ 员外便问:"先生没到家么? 来的怎么这样速呢?"(聊·富·1342)

⑯ 这也是古今天地的奇闻,出于这般恶妇,只当寻常的小事。(醒·60·870)

⑰ 你六娘没了,这等样的棺椁祭祀,念经发送,也勾他了。(金·64·899)

⑱ 呀,早知道这等样难做,呵,如今懊悔不当初!(聊·磨·1529)

⑲ 狄婆子说:"那么,也敢说的嘴响,俺那闺女不似这等!"(醒·48·704)

⑳ 昨日在那里使牛耕地来,今日乏困的你这样的,大白日强觉。(金·40·527)

㉑ 妇人道:"姐姐们,这般却不好!"(金·74·1088)

㉒ 院里的丝弦我都听过,高煞的腔调也只寻常,听来那是这般样。(聊·增·1627)

例⑬至⑱用于指示,例⑲至㉒用于称代。这些词语虽都用来指称性状、样态等,但比较而言,"这等"的感情色彩较为浓厚,多用于程度较重的方面。

2.3.4.1.4 "这么"、"那么"及其复合形式

样态指示词"这么"、"那么"较为晚出,"最早在《元曲选》的宾白里见到,但例子很少"(吕叔湘 1985:268),而且元曲宾白有可能出自后代人之手。从明清山东方言文献反映的情况看,明中叶的《金》中这一对指示词还较罕见,到明末清初的《醒》、《聊》则已非常普遍,只是构词语素"么"的形式还没有固定,"么"、"们"、"门"等并用。冯春田(2000/2003:106)认为:"晚唐五代就有指示代词'没'、'么'、'者莽'等,按说应该是指示代词'这(那)么'的'么'的早期形式,由于音变的缘故才写成了'们'、'每'的,到现代汉语里则统一为'么',并且成为了纯粹的词尾。"另外,文献中还有"这么"与"等(样、着)"组成的复合形式。如:

㉓ 你进去没多大一会,你就褢的这们快呀?(醒·70·1001)

㉔ 素姐说:"你是好人么! 叫人这们打我,你拉也不拉拉儿!"(醒·60·865)

㉕ 狄婆子说:"这真也是个怪孩子了,那里有这们样的事!"(醒·45·660)

㉖ 刘振白道:"你家奶奶子这们等性气,咱可怎么讲?"(醒·80·1143)

㉗（王振）说道："你两个可也能！那里钻钻的这门物儿来孝顺我哩?"（醒·5·73）

㉘寄姐说道："那两个老歪辣，你合他也有帐么，填还他这么些东西?"（醒·96·1374）

㉙张老说："我能吃多少，就费这么些事?"（聊·墙·846）

㉚棋童道："我那们说，他强着夺去了。"（金·35·469）

㉛既是叫咱往那们远去，自然送到咱地头。（醒·83·1191）

㉜那么个人儿一霎变成了圣贤，嚾不叫人喜欢，嚾不叫人喜欢！（聊·襄·1249）

㉝姑娘，你是个极有正经有主意的人，可怎么也这么等的?（醒·83·1188）

㉞调羹道："既是自己知道这们等的，就要改了。"（醒·80·1135）

㉟晁凤说："要是这们，咱也就有些不是。"（醒·30·448~449）

㊱狄婆子说："这也好，就是这们样。"（醒·40·594）

㊲狄周媳妇道："……怕他怎么？就唬的这们样着！"（醒·63·905）

㊳他娘说："我儿，你梦见什么来？唬的我这们着。"（醒·44·646）

㊴仲鸿说："妙极妙极！就是这么吧。"（聊·襄·1168）

㊵叫大哥把你央，这时谁不在号房，你却如何这么样？（聊·翻·974）

上例或用于指示，或用于称代。从语用的角度来看，以上例子的"们"、"么"又有细微的区别，相对于"这么"而言，"……'这们'又不是一般的指示，而是往往带有程度的'夸张'色彩"。（冯春田 2000/2003:104）

2.3.4.1.5 "这么"的音变形式"真么"

样态指示词"真么"只见于《聊》。据冯春田（2003:51），"真么"是"这么"的音变形式（[tʂə]→[tʂən]），这显示出同一较大方言区域内次方言间语音变化的不同。另外，《聊》还出现了"真么"与"等"组成的复合形式。用于指示或称代。如：

㊶真么个贤惠人，休了是因何故？（聊·姑·878）

㊷你看看真么吵着，真么闹着，真么打着不怕！（聊·襄·1205）

㊸公子把两手比量着说："那脚够真么大！"（聊·襄·1163）

㊹我又不曾杀了谁家，害了谁家，老天爷嚾就处治的真么？（聊·磨·1479）

㊺到明日，我去见他，也是真么等。（聊·寒·1042）

2.3.4.2 样态指示词发展情况

通过以上例证，对文献中样态指示词的基本用法可以有初步的认识。同时，不得不考虑的一个问题是：这些用法基本相同的样态指示词是怎样共存和发展的呢？这就需要从宏观上对其进行比较和分析。因此,我们对这四类样态指示词在《金》、《醒》、《聊》中的功能及其频率分布进行了调查统计,结果如下表。

表1:古汉语遗留下来的样态指示词语的功能及频率分布

	金		醒		聊	
	指示	称代	指示	称代	指示	称代
是般	2	0	0	0	0	0
此般	0	0	1	0	0	0
此等	2	0	21	0	0	0
如此	19	63	64	91	2	34
如此等	0	0	5	0	0	0
如是	0	1	0	2	0	0
若是	0	1	0	1	0	0
许	6	0	0	0	0	0
然	0	10	0	10	0	24
尔	1	1	0	1	0	0
偌	7	0	0	0	0	0

表2:"恁"系列词的功能及频率分布

	金		醒		聊	
	指示	称代	指示	称代	指示	称代
怎么	0	0	0	0	7	0
宁么	0	0	0	0	1	0
恁	340	0	6	0	1	0
恁的	16	11	0	0	0	0
恁地	15	2	0	0	0	0
恁样	3	11	1	2	0	0
恁般	8	3	11	0	0	0

表3:"这/那"与"等(般、样)"组成的复合形式的功能及频率分布

	金		醒		聊	
	指示	称代	指示	称代	指示	称代
这般	108	10	103	0	6	1
这般样	0	0	0	0	0	1
这样	43	5	218	4	158	5
这等	213	44	262	13	19	47
这等样	2	0	0	0	1	0
那般	0	0	1	0	0	1
那样	14	2	29	0	12	0
那等	62	1	12	0	0	0
那等样	1	0	0	0	0	0

表4:"这(那)么"及其复合形式的功能及频率分布

	金	醒									聊					
	那么	这么								那么	这么			真么		那么
	那们	这们	这么	这门	这们等	这么等	这们样	这们样着	这们着	那们	这么	这们	这么样	真么	真么等	那么
指示	1	531	11	3	7	0	6	1	0	1	81	1	0	24	0	9
称代	0	2	1	0	44	1	4	2	3	0	9	0	3	1	1	0

可以看出,古汉语遗留的样态指示词除"如此"外均已非常罕见,据此可以推断这些词语已不反映当时的口语实际。由表2、表3可以看出,从《金》→《醒》→《聊》"恁"系列词和"这/那＋等(般)"的使用频率呈现出非常明显的消减趋势("这/那＋样"例外,下文再做解释)。与此相反,表4则显示出"这么"、"那么"及其复合形式的使用日趋频繁。这从总体上反映出样态指示词"恁"系列词、"这/那＋等(般)"与"这(那)么"之间力量消与长的变化。换言之,《金》《醒》和《聊》展现出了"恁"系列词与"这/那＋等(般)"逐渐被"这(那)么"所替代的历时变化过程。但是,"恁"系列词与"这/那＋等(般)"被替代的原因又不尽相同。

近代山东方言指示代词从整体上来看与北方方言指示代词系统的发展是一致的,即近指、远指的二分对应渐趋工整,而"恁"系指示词是中性的,既可近指又可远指,这与整个指示代词系统内部的发展不相协调,从而促使"这么"、"那么"取而代之。

就"这/那＋等(般、样)"而言,其历史命运并不相同。由前文叙述可知,"这(那)等"的出现基本上晚于"这(那)般"、"这(那)样",表3又显示出"这(那)等"在明清山东方言文献《金》和《醒》中的出现频率高于"这(那)般"、"这(那)样"。据此而论,在近代汉语后期,至少在明清山东方言中"这(那)等"比"这(那)般"、"这(那)样"好像更具有生命力,在汉语口语中通行并保存下来的可能性也应更大,但是清初的《聊》已证明"这(那)等"的发展实际并非如此。究其原因,还需要从"等"字说起。"这(那)等"虽出现较晚,但"等"附着于名词或代词后,如"公等"、"卿等"、"某等"以及"何等"、"此等"、"彼等",汉代就已出现。(杨伯峻、何乐士 1992:137、166～167;周法高 1959:337)也就是说,"等"与代词结合是一种较古老的语言形式,在竞争中已缺乏生命力。随着近代汉语后期新兴的样态指示词"这么"、"那么"的产生并广泛使用,"这(那)等"便逐渐被排挤出汉语口语。

"般"与指示词组合虽然是近代汉语时期才出现的语言现象,但是"般"远不如词尾"么"富有竞争力,因而"这(那)般"也没有摆脱被淘汰的历史命运。所不同的是,明清山东方言文献"这(那)样"却呈递增趋势,而且直到现代汉语仍非常普遍,这又是为什么呢?进一步分析发现,跟指示词"这/那"结合的"样"与"么"的性质不同:"样"表示"样子"的实词意义较为明显,"样"还应看做是独立的词,所以"这样"、"那样"是由中心语"样"与修饰语"这/那"组成的指示性短语;"么"已不是一个独立的词而是一个附着性较强的词尾,因此"这么"、"那么"是词。也许正是由于内部组合关系的不同,"这样"、"那样"才得以与"这么"、"那么"并行使用,并且一直保留到现代汉语当中。

2.3.4.3 样态指示词的其他问题

2.3.4.3.1 样态指示词的重叠或并列连用

样态指示词除单用外,还出现了同一个样态指示词叠用或两个不同的样态指示词并列连用的情况,有时可两个同义代词各自先重叠然后并列连用,更有甚者,还出现了指示代词和疑问代词先各自重叠然后并列连用的形式。在使用频率上,《金》样态指示词重叠或并列连用的次数明显高于《醒》和《聊》,这可能部分地反映出作者使用语言的风格差异。如:

㊻ 西门庆假意净手起来,分付玳安,交他假意嚷将进来,只说:董姑娘在外来了,如此如此,玳安晓得了。(金·54·730)

㊼ 白来创与谢希大、西门庆、两个妓女,这般这般,都定了计。(金·54·730)

㊽ 晁大舍便这等这等;那唐氏绝不推辞,也就恁般恁般。(醒·19·279)

㊾ 一伙子人瘸呀跛呀的,到了县里,见了老马,如此这般,苦口诉了一遍。(聊·富·1301)

㊿ 玳安如此这般:"昨日爹来家,就替你说了。今日到衙门中,就开出你兄弟来放了。你往衙门首伺候。"(金·76·1154)

○51 王姑子道:"恁般如此,你不如把前头这孩子的房儿,借情跑出来使了罢。"(金·40·526)

○52 人人说好,娘心喜欢,这等如此,才遂人心意。(聊·磨·1443)

○53 (素姐)心里想道:"'义不主财,慈不主兵',必定要如此如此,这般这般,不怕他远在万里,可以报我之仇,泄我之恨。"(醒·89·1263)

○54 如他要了这拿去的,一天的事罢了;若拿回来还了,必定要买顾绣,你可这等这等,如何如何,将话来随机应变的答对。(醒·65·935~936)

例㊻"如此如此"并不是对上文出现的内容一笔带过,而是为了避免与下文玳安的具体行动重复,这是探下文而省略。(周法高 1959:442~445)同样用法的还有例㊼"这般这般"和例○53"如此如此,这般这般"。例㊽根据语境判断,"这等这等"、"恁般恁般"既不是"承上文而省",也不是探下文而省。其所指代的语义内容含蓄,读者可以根据语境意会而不必言传。例㊾"如此这般"则是对前文内容的省略。例○50"如此这般"应是前指性的,例○51"恁般如此"也是如此。例○52"这等如此"只能说是对上文的总括,并不能说是对上文内容的省略。由此可见,指示代词重叠或同义并列连用的具体语义内涵丰富各异。例○54"这等这等,如何如何"并列使用,进一步证明了疑问代词"如何如何"已完全失去了疑问的功能,与"这等这等"表达同样的语义内涵,即它们指的是一种行为方式,而这种行为方式无须明确地指出,而是让听者去领会。

代词叠用或并列连用及其形式的多样化,有利于交代事件、拓展情节、刻画人物、渲染气氛,有其特殊的语用效果。

代词重叠和同义代词并列连用情况及频率分布表

	指示代词								指代词、疑问代词重叠兼连用
	重叠				并列连用			重叠兼连用	
	如此如此	这般这般	这等这等	恁般恁般	如此这般	这等如何	恁般如何	如此如此,这般这般	这等这等,如何如何
金	7	1	0	1	112	0	1	13	0
醒	0	0	1	1	0	0	0	5	1
聊	0	0	2	0	2	1	0	0	0

2.3.4.3.2 样态指示词"这么"、"那么"的连词化

明清山东方言中"这"、"那"都由指示词发展出连词用法,反映出二者功能发展的平衡性。与之相比,"这么"、"那么"的虚化却呈现出不对称性。据语料分析,这一时期山东方言中"这么"仍然只是一个指示代词,而"那么"则已由指代用法发展出连词用法。如:

⑤ 唐氏道:"情管你那辈子就是这们个老婆!"小鸦儿道:"那么,我要做个老婆,替那汉子挣的志门一坐一坐的。"(醒·19·276)

⑤ 晁思才说:"他就不进学,这事也说不响了。那咎徐大爷替他铺排的,好不严实哩,你怎么弄他?"晁无晏说:"那么,我说他那咎是假肚子,抱的人家孩子养活,搅得他醒邓邓的,这家财还得一半子分给咱。"(醒·47·690)

"那么"用在两个人的对话中,一个人说完,另一个人在对答的开头用"那么"。"那么"已没有典型的指代作用,而具有明显的话语连接功能,已成为一个连词。

根据对明清山东方言文献的调查发现,连词用法的"那么"只见于《醒》,共11例,而且均出现在对话语境中,现代汉语非对话语境中大量使用的连词"那么"在这一时期还没有出现,这说明清代初期山东方言"那么"由指示词发展为连词首先出现在对话语境,这一点值得注意。与山东方言连词"这"、"那"适用的非对话语境相比,它们之间又形成了互补关系。另外一个有趣的现象是,连词"那么"在《醒》中无一例外地都写做"那么",而不写成"那们"。与之相比,《儿女英雄传》"这么"仍然只有指代用法,而"那么"也已经虚化出连词用法。这反映出明清时期汉语言中"这么"、"那么"虚化的不对称性是普遍存在的。

与指称人、事、物的指示词"这"、"那"一样,样态指示词"那么"用于指示时,"那么"与其后所修饰的成分结合成一个句法语义单位,此时"那么"不具备句法上的独立

性,无法虚化成连词。因而从理论上讲,连词用法的"那么"应该是从独立性较强的称代用法的"那么"虚化而来的,但明清山东方言文献中没有出现用于称代的"那么",更没有既具称代义又具连词义的表示中间过渡的例子。因此,只能说明清山东方言中"那么"的连词化具有突变性。

另外,据《儿女英雄传》的用例观察,发现一些值得注意的语言现象——"这么着"、"那么着"作为独立小句的形式出现,起着连接上下文的作用。如:

㊐ 太太听了无法,因吩咐公子道:"既那么着,快睡去罢。"(儿·34·614)

㊙ 邓九公听了,哈哈大笑,说:"那么着,咱们说开了。"(儿·29·516)

㊾ 跑堂儿的道:"我猜的不是? 那么着你老说啵。"(儿·4·57)

⑩ 邓九公笑呵呵的说道:"……还是你干女儿说:'别是胎气罢?'这么着,他就给他找了个姥姥来瞧了瞧,说是喜。"(儿·39·761)

㊶ 舅太太说:"姑太太,你们娘儿三个这哭的可实在揉人的肠子! 这么着,我合姑太太倒个过儿:姑太太在家里招呼媳妇,我跟了外甥去,这放心不放心呢?"(儿·40·795)

例㊐"既那么着"作为复句的一个分句,起连接作用的是连词"既","那么着"是一指示代词。与此相比,例㊙省去了连词"既","那么着"作为一个独立分句,就兼有连接的作用。实际上,句中"那么着"的语义已经比较虚化,所指内容已经比较模糊,可以说它已经由指代功能转变为话语连接功能,即由一个指示代词发展成为一个连词。同样,例㊾"那么着"也算得上是一个连词。例⑩"这么着"作为独立分句,也起着连接上下文的作用,但是"这么着"的回指作用比较明显,所以它仍然是一个指示代词。例㊶"这么着"也是兼有连接作用的分句,但它显然是前指性的指示代词。由于"这么"具有较强的可感知性,而且"这么着"多用于前指,所以在《儿女英雄传》中没有虚化出连词用法。这也说明词语的虚化与词语本身的涵义有很大关系。

为进一步比较,下面列举2例《儿女英雄传》中连词用法的"那么":

㊷ 姑娘道:"怎么索性连饭也不叫吃了呢? 那么还吃饽饽。"(儿·27·467)

㊸ 张姑娘听了,便问:"妈,你老人家既没吃饭,此刻为甚么不吃呢? 不是身上不大舒服阿?"他又皱着眉连连摇头说:"没有价,没有价。"褚大娘子笑道:"那么这是为甚么呢?"(儿·21·335)

例㊷是非对话语境,例㊸是对话语境,这与"那么着"虚化的句法环境正相一致。说明《儿女英雄传》"那么"从指示代词语法化为连词与分句"那么着"的虚化、连词化不无关系。显然,连词"那么"在同一时期(清代)不同的方言区域形成过程是不一样的:反映北京话的《儿女英雄传》"那么"的连词化发生在对话语境和非对话语境中,具有渐变性;山东方言"那么"的连词化则只出现在对话语境中,而且其过程缺少中间环节,具有突变性特点。

2.3.5 旁指和遍指代词

根据语义,明清山东方言指示代词还有旁指代词和遍指代词。旁指代词是指称一定范围外的人或事物等的指示代词,主要有"别"、"别的"、"其他"、"其外"、"其余"、"余"等。遍指代词指称特定范围内所有个体的指示代词,主要有"每"、"各"及其复合形式"各个"、"各自"。

2.3.5.1 旁指代词

2.3.5.1.1 别、别的

"别"是旁指代词,它与"的"组成复合形式"别的",明清山东方言文献中"别"、"别的"既可用于指示,又可用于称代。如:

① 我只出来够两三个月了,也没大往别处去,就只往姜奶奶宅里走的熟。(醒·49·718)

② 人家的家务事情,就是本家的正经家主,经了自己的耳朵眼睛,还怕听的不真,内中还有别故,看得不切,里边或有别因。(醒·98·1395)

③ 曹老爷还体情,那别爷更不通,县官拿着当奴才用。(聊·增·1570)

④ 柳树精传出旨去,文萧才进来先参见娘娘,又向吕祖磕了头,才往别船上叩见老君合三位星君,依次与大众相见。(聊·蓬·1106)

⑤ 西门庆分付左右,只受了鹅酒,别的礼都令抬回去了。(金·35·462)

⑥ 薛如卞、薛如兼寻了别的下处,晚间着了人看管再冬。(醒·89·1268)

⑦ 你只带着吕祥、小选子、狄周。还得送你到家,再带着些随身的行李。别的人合多的行李都不消到家。(醒·84·1194)

⑧ 问别的学生,也都说:"与他同回家去,不见他回到书房。"(醒·31·453)

⑨ 晁夫人过了"首七"闭了丧,收拾封锁了门,别的事情尽托付了季春江,晁夫人进城去了。(醒·20·296)

⑩ 别的生意还好做,这般买卖难做。(聊·增·1624)

⑪ 西门庆道:"别无甚事。少刻他家自有些辛苦钱。只是如今殓武大的尸身,凡百事周全,一床锦被遮盖则个。"(金·6·68)

⑫ 太太说:"你没听的他哭的是甚么?"丫头说:"别没听的,就是听的少奶奶劝说,天下姓张的也多,那见的必然就是咱爹爹呢。"(聊·磨·1480)

⑬ 分付:"下饭不要别的,好细巧果碟拿几碟儿来。"(金·75·1089)

⑭ 里外的男妇,除了晁思才,别的都是晁夫人的下辈,都替晁夫人叩喜。(醒·21·313)

⑮ 惠希仁道:"单老哥,你陪狄爷去写状罢,我还做些别的。"(醒·81·1159)

⑯ 别的罢了,这个叫我难以从命。(聊·增·1595)

⑰ 这里恐唬了孩子,我别的去吃罢。(金·53·721)

例①至⑩，"别"、"别的"用于指示人、事物、处所等；例⑪至⑯"别"、"别的"表示对人或事物的称代；例⑰从上下文语境来看，"别的"应该是称代其他的处所。

2.3.5.1.2 其余、其他、其外、余

就这一组指代词而言，"其余"的用例最多，而且《金》、《醒》、《聊》均有；"其他"、"其外"、"余"的例子在《金》和《醒》中已非常少见，《聊》中则已消失。如：

⑱ 如有过往客商人等，可于巳、午、未三个时辰，结伙过冈。其余时分，及单身客旅，白日不许过冈。（金·1·5）

⑲ 晁思才已是去了，其余的族人都退了邪神。（醒·53·767）

⑳ ……住在远村，恼不着里书什季，只欠不下官粮，其余甚么杂役差徭，也轮不到他身上。（醒·100·1432）

㉑ 只除了歇案的人命强盗，其外杂犯，在他到任以前的，俱免追论……（醒·12·173）

㉒ 因他在围场中伤害其外的生灵不等，将泰山圣姆名下听差的仙狐不应用箭射死，又剥掉了他的皮张，弃掉了他的骸骨。（醒·100·1429）

㉓ 大德西门亲家见字。余情不叙。（金·17·205）

㉔ 魏三无力徒，晁无晏稍无力杖，余人免供，伺候明早解道。（醒·47·692）

㉕ 任医官道："只是用些清火止血的药，黄柏、知母为君，其余只是地黄、黄芩之类，再加减些，吃下看住，就好了。"（金·55·739）

㉖ 粮食留够吃的，其余的都果了银钱，贬在腰里……（醒·53·774）

㉗ 那些兵卒杀了大半，其余逃散。（聊·磨·1526）

㉘ 饶吴月娘恁般贤淑的妇人，居于正室，西门庆听金莲衽席睥睨之间言，卒致于反目，其他可不慎哉！（金·18·224）

㉙ 这十三日之内，晁源也只往监里住了三夜，其外俱着晁住出入照管。（醒·18·267）

㉚ 计氏虽然平素恃娇挟宠，欺压丈夫，其外也无甚大恶。（醒·4·45）

㉛ ……再若不悛，岁考开送劣简。余俱免供。（醒·35·516）

例⑱至㉔，"其余"、"其外"、"余"用来指示人、事物、时间等；例㉕至㉛，"其余"、"其他"、"其外"、"余"用来称代人、事物或时间。

旁指代词"别"、"别的"、"其余"、"其他"、"其外"、"余"等有一个共同点，即它们通常指称一定范围之外的人、事物、时间、处所等，句中一般存在着与"别"、"别的"、"其余"、"其他"、"其外"、"余"所指代范围之外的人、事物、时间、处所相对待的范围内的人、事物、时间、处所等。换言之，句子或上下文语境中存在一个表示人、事物、时间、处所的总集 A，言语表达者把它分成了两部分，我们记为 A′和 A″。A′表示总集 A 中的一部分，一般是句子先要表述的部分；A″表示总集 A 中去除 A′之外的部分，往往用

"别"、"别的"、"其余"、"其他"、"其外"、"余"等词语指代,是与 A' 相对比而后表述的部分。

旁指代词的功能和频率分布

	别		别的		其余		其他	其外		余	
	指示	称代	指示	称代	指示	称代	称代	指示	称代	指示	称代
金	33	6	19	27	25	13	1	0	0	1	0
醒	104	12	71	38	33	9	0	2	8	2	2
聊	30	9	7	19	0	5	0	0	0	0	0

2.3.5.2 遍指代词

2.3.5.2.1 每

《金》、《醒》、《聊》中"每"的使用非常普遍,"每"均是指示用法,通常用在指人名词、时间词或别的数量(名)词的前面(数词常不出现)。如:

㉜ 众人见西门庆有些钱钞,让西门庆做了大哥,每月轮流会茶摆酒。(金·11·128)

㉝ 相栋宇说:"咱每日吃那炉的螃蟹,乍吃这炒的,怪中吃。"(醒·58·833)

㉞ 老人说:"每一次我便记一支筹。"(聊·莲·1080)

㉟ 教春梅每边脸上打与他十个嘴巴。(金·29·376)

㊱ 李瓶儿道:"大娘既要,奴还有几对,到明日每位娘都补奉上一对儿。"(金·14·176)

㊲ 到明日俺每人照样也配恁一对儿戴。(金·14·176)

㊳ 叫把这些妇人,五个一排,拿下去每人三十。(醒·20·303)

由例㉜至㊳可以看出,"每"虽然是指范围内的任何一个个体,但它强调的是这些个体的共性特征。

2.3.5.2.2 "各"及其复合形式

先看下面的例子:

㊴ 前日老檀越饯行各位老爹的时,悲怜本寺废坏,也有个良心美腹,要和本寺作主,那时佛菩萨已作证盟。(金·57·772)

㊵ 听审的时候,各样人役要钱……(醒·32·464)

㊶ 这告示贴在本镇闹集之所与各庙寺之门,都将薛氏金榜名标。(醒·74·1058)

㊷ 又叫匠人扎彩冥器,灵前坟上,各处搭棚。(醒·18·268)

㊸ ……虔诵《法华》、《金刚》经各一千卷……(醒·30·442)

㊹ 两下开交,彼此嫁娶各不相干。(醒·72·1029)

㊺ 那别人丧胆亡魂,各逃性命。(聊·快·1198)

㊻ 姊妹每都不出了,各自在房做针指。(金·72·1035)

㊼ 侯张二人各自会意。(醒·69·992)

㊽ 晁大舍恐众人涸了他的精骑,令各自分为队伍,放炮起身。(醒·1·11)

㊾ 素姐走到跟前,唬的众人都各自走开。(醒·59·854)

㊿ 他若不提,两家无事,各自散东西。(聊·磨·1543)

㉑ 却说小张闲等从提刑院打出来,走在路上,各个省恐,更不量今日受这场亏,那里药线,互相埋怨。(金·69·991)

例㊴至㊷,"各"用于指示人、事物、处所等;例㊸"各"用于称代事物;例㊹至㉑,"各"、"各自"、"各个"主要用于称代人。

遍指代词的功能和频率分布

	每 (指示)	各		各个 (称代)	各自 (称代)
		称代	指示		
金	281	166	156	1	12
醒	386	70	109	0	36
聊	222	36	19	0	2

2.4 疑问代词

明清山东方言文献《金》、《醒》、《聊》中的疑问代词大致可分为以下几类:人物疑问代词"谁"、"谁人"、"谁家"、"阿谁";事物疑问代词"什(甚)么"、"甚"、"甚(什)的(底)"、"么"、"嘎(煞)"、"何物"、"那里"、"那"、"那的"、"那些"、"何"、"何不";性状/方式疑问代词"怎生"、"怎"、"怎着"、"怎般"、"怎的(地)"、"怎的样"、"怎么"、"怎么的"、"怎么样"、"怎样"、"怎么样着"、"怎么着"、"仔么"、"囃(咱)"、"囃样"、"囃的"、"囃着"、"何等"、"何如"、"如何"、"若何"、"奈何";数量/时间疑问代词"多少"、"多"、"多大"、"都大"、"多早晚"、"多咱(咎、嗒)"、"多咱(嗒)晚"、"几"、"第几"、"几时"、"几多"、"几何"、"几度"、"未几"、"几曾"。这些疑问代词既共存使用,又展现出明显的时代和方域特征。经过近代汉语后期的筛选,其中有些疑问代词成了历史的遗迹,有的则一直沿用到现代汉语里。

2.4.1 人物疑问代词

《金》、《醒》、《聊》问人的疑问代词主要有"谁","谁"的复合形式"谁人"、"谁家"、"阿谁"也有用例。从频率分布来看,疑问代词"谁"在各书中都非常普遍,而复合形式"谁人"、"谁家"、"阿谁"由《金》到《醒》和《聊》则逐步减少或消失,这反映出汉代始有的"阿谁"、"谁家"和晚唐五代出现的"谁人"随着时间的推移而渐趋退出汉语历史舞台。在功能上,这类疑问代词主要有询问、反诘、虚指、任指等功能。

A. 询问。"谁"及其复合形式主要是问人,"谁"也可问姓名等事物。如:

　　① 晚来闷倚妆台立,巧画蛾眉为阿谁?(金·100·1479)

　　② 是谁家?把我不住了偷晴儿抹。(金·53·710)

　　③ 你戴的谁人孝?(金·68·968)

　　④ 老朱问他:"你户族里合谁人相近?"(醒·53·774)

　　⑤ 叫到屋里,问他:"明日打发谁往东京去?"(金·25·321)

　　⑥ 六哥道:"谁气着你来?"(聊·增·1590)

　　⑦ 陈经济道:"你二位老人家说,却是谁的不是?"(金·51·685)

　　⑧ 金莲在楼上听见,便叫春梅问道:"是谁说他掇起石头来了?"(金·28·357)

　　⑨ 李旺道:"张大哥,你说是谁? 就是狄大哥。"(醒·65·936)

　　⑩ 我们只是慢慢走,我看你待雕着谁?(聊·寒·1049)

　　⑪ 狄希陈问道:"这人姓甚名谁? 何方人氏?"(醒·84·1202)

　　⑫ 张永道:"丫头,这马是谁的?"(聊·增·1674)

从句法功能上来看,"谁"及其复合形式可做主语,如例⑥;可做宾语,如例①、例②、例④、例⑧至⑪;"谁"还可与"的"组成"的"字结构做宾语,如例⑫;可做定语,如例③、例⑦;还可做兼语,如例⑤。

B. 反诘。"谁"及其复合形式用于反诘,句法环境不同所表现的语义特征也不尽相同。

a. 谁(人)不/没……=人人都……。"谁(人)"对否定的事进行否定,从而获得肯定的、任指的意义特征。如:

　　⑬ 都说西门大官府在此放烟火,谁人不来观看。(金·42·556)

　　⑭ 一霎时舞人歌儿,一霎时楼阁成块,还坐轿人抬,似这等谁人不爱?(聊·磨·1385)

　　⑮ 雪娥道:"谁不知他气不忿你养这孩子。"(金·59·823)

　　⑯ 一个人谁没有些病,那里病病便就会死?(醒·39·578)

　　⑰ 江城说:"谁没见过俩钱呢?"(聊·襄·1242)

b. 谁知/谁想。表示出乎意料。如:

　　⑱ 谁知这造化将要低来的时候,凡事不由你计较。(醒·71·1018)

　　⑲ 谁想这陈师娘的公子比他妹子更是聪明,看得事透,认的钱真……(醒·92·1309)

⑳ 都看着那器物甚小,未必能有一盅儿;谁想只顾倒,只顾有。(聊·富·1369)

c. 谁/谁人/谁家……＝无人……。如:

㉑ 金莲道:"没廉耻的小妇人,别人称道你便好,谁家自己称是四娘来。"(金·58·788)

㉒ 若武城县里有那正印官常到监里走过两遭,凡事看在眼里,谁敢把那不必修的女监从新翻盖?谁敢把平白空地盖屋筑墙?谁敢把外面无罪的人任意出入?(醒·14·210～211)

㉓ 人家来骂,谁把头伸?(聊·磨·1465)

㉔ 这东西是我自己掘出来的,又没有外人看见,我藏过了不说,谁人晓得?(醒·34·499)

㉕ 这琵琶该说一面,弦子该说一旦,谁家说一张、一具呢?(聊·增·1614)

㉖ 李铭道:"桂姐在爹这里好,谁人敢来寻。"(金·52·700)

㉗ 常时节连忙叫浑家快看茶来,说道:"哥的盛情,谁肯!"(金·60·834)

㉘ 吴大妗子道:"谁似姐姐这等有恩,不肯忘旧,还葬埋了。"(金·89·1353)

㉙ 玳安道:"不是他却是谁?"(金·97·1454)

㉚ 狄周道:"诳着大嫂老远的来回跑,不打他打谁呀?"(醒·85·1214)

㉛ 家有千口,主事一人,不依你,待依谁?(聊·增·1595)

在具体语境中,"谁"、"谁人"、"谁家"可以鲜明地体现说话人不同的情感和态度:例㉑至㉓,表示不满;例㉔和例㉕表示一般的否定;例㉖至㉘表示称赞、感叹;例㉙至㉛,"不＋动词＋宾语"表示一种假设条件,"谁"通过对这一假设的否定,从而表示肯定的意义,而且语气坚定。

d. 谁……＝我不/没……。如:

㉜ 经济道:"一夜谁睡着来,险些儿一夜没曾把我麻犯死了。"(金·83·1273)

㉝ 狄希陈道:"我只是看那带,谁还有心看他怎么穿衣裳来?"(醒·83·1185)

㉞ 娘道不是该这么,我就回房换了他,谁敢在你身上诈?(聊·姑·862)

C. 虚指。"谁"、"谁人"用于虚指,表示未知的或不确定的人或事物。如:

㉟ 少顷,只听房中抹的牌响,经济便问谁人抹牌。(金·18·221)

㊱ 小人受了这口怨气,即时害了夹气伤寒,三个月才起床,不知谁人写的领

状,小人不知。(醒·35·523)

㊲ 四祖禅师观见他不是凡人,定是个真僧出世,问其乡贯住处,姓甚名谁。(金·39·522)

㊳ 狄希陈即忙下了生口,走到跟前,让进里边,彼此叙说数年不见之情,与夫家长里短,谁在谁亡;吃茶洗面,好不亲热。(醒·75·1065)

㊴ 不曾杀了人,不曾害了谁,怎教老来苦受罪?(聊·襄·1196)

D. 任指。如:

㊵ 玳安道:"你只休恼狠着他,不论谁,他也骂你几句儿。"(金·64·900)

㊶ 孙雪娥道:"娘,你看他嘴似淮洪也一般,随问谁他办不过。"(金·11·126)

㊷ 一间草屋盖不起,忽然身到九云霄,任拘给谁想不到。(聊·翻·1003)

㊸ 狄希陈道:"姥姥,你叫我不拘使多少银子我也依,你指与我叫我不拘寻谁的分上我也依,我可不能求俺这个兄弟。"(醒·81·1158)

㊹ 任拘谁人作下恶,到头都是你承担,心腹人拥撮你头儿断。(聊·磨·1436)

㊺ 金莲道:"谁打罗,谁吃饭。"(金·86·1315)

㊻ 你要十分安分,我合你同起同坐,姊妹称呼,咱序序年纪,谁大谁是姐姐,谁小谁是妹妹。(醒·95·1350)

㊼ 止有女婿人一个,或者他俩平打平,谁打过谁来谁得胜。(聊·翻·933)

㊽ 谁与俺成就了姻缘,便是那救苦难菩萨!(金·35·467)

㊾ 谁给俺唬上一唬,我给他做万代儿孙!(聊·磨·1513)

㊿ 拿过黄金箸,一剁两分平,谁人敢当我,依律定不轻!(聊·增·1557)

例㊵至㊹"谁"、"谁人"所在的句子有"不论"、"不拘"、"随"、"任拘"等表示无条件的词,在这种句法环境下,"谁"、"谁人"获得了任指的语义特征。例㊺前一个"谁"表示虚指,后一个"谁"与前一个"谁"所指相同,随前一个"谁"的变化而变化,二者之间这种依变关系使得"谁"获得了任指的意义。例㊻有两对"谁",同例㊺一样,这两对"谁"内部也分别构成依变关系,在这种句法环境下,"谁"表示任指的意义。例㊼有三个"谁",第一和第二个"谁"均表示虚指,根据上下文判断,这两个"谁"指代不同的人,二者之间是非此即彼的对立关系,这种关系使二者获得任指的意义特征;第三个"谁"与第一个"谁"所指相同,随第一个"谁"的变化而变化,二者之间形成依变关系,因而也表示任指。例㊽至㊿"谁"、"谁人"所在的分句实际上是一个无条件句,相当于省略了关联词语"不管"、"无论"等,"谁"、"谁人"在这种语境下被赋予了任指的语义特征。

疑问代词"谁"及其复合形式的功能和频率分布表①

	谁				谁人				谁家		阿谁
	询问	反诘	虚指	任指	询问	反诘	虚指	任指	询问	反诘	
金	128	303	107	5	9	28	10	0	1	7	1
醒	86	425	64	9	2	2	1	0	0	0	0
聊	52	333	67	13	0	5	0	2	0	4	0

2.4.2 事物疑问代词

明清山东方言文献《金》、《醒》和《聊》中用来询问事物的疑问代词主要有"什(甚)么"、"甚"、"什(甚)的(底)"、"么"、"什么"的合音形式"嘎(啥)"、"那"、"那里"、"那的"、"那些"、"何物"、"何"等(后两个疑问代词不再分析)。

2.4.2.1 什(甚)么、甚、什(甚)的(底)、么

疑问代词"什(甚)么"、"甚"、"什(甚)的(底)"、"么"等主要用来询问事物及事因等,这组疑问词在明清山东方言文献中的功能和频率分布呈现出以下特点:1. 均出现了"什么"和"甚么",但频率有较大差别:"甚么"都占绝对优势;相对于"甚么"而言,"什么"的频率分布还偏低。实际上"什么"和"甚么"是一个词,第一个构词语素"什"和"甚"用字的不同可能存在文白音的差异。2. "甚"的频率分布也不平衡:在《金》和《醒》中还有相当的用例,而《聊》出现的次数已非常少,且主要用于虚指,这表明"甚"已不是俚曲所代表的方言口语中询问人、事、物的疑问代词的常用形式。另外,"甚的"《金》和《醒》有少量用例,《聊》已难觅其踪迹,说明"甚的"在清初山东方言口语中可能已不再使用。3. 疑问代词"么"是近代汉语时期疑问代词"没"的不同书写形式(冯春田 2000/2003:177~179),明清山东方言文献用例罕见(共 2 例)。但值得一提的是,仅有的这两例"么"作为独立的疑问代词均是与"作"以外的动词结合,分别充当主语和宾语。4. 明清山东方言文献询问人、事、物的疑问代词主要用做宾语和定语,做主语的情况极少,同时"什(甚)么"、"甚"等在《金》和《醒》中也有做状语的例子,也就是说它们可以做谓词(动词、形容词或动词性短语)修饰语,这时"什(甚)么"、"甚"的功能相当于"怎么",这是"什么"的功能侵入"怎么"的领域的结果。

A. 询问。如:

① 什么时候? 三更四点。(金·35·467)

② 宗师说:"你那孩子身上也有些甚么记色没有?"(醒·47·688)

③ 月娘便问:"你为什么许愿心?"(金·72·1040)

④ 这心里踌躇不定,我可待托个甚么?(聊·襄·1219)

⑤ 看官听说,甚么叫是大纸?是那花红毛边纸的名色。(醒·10·150)

---

① 不包括"谁+是+NP"和"NP+是+谁"句式中表询问的"谁"。

⑥ 金莲道:"背面坠着他名字,吴什么元?"(金·39·516)

⑦ 西门庆问道:"明日甚时驾出?"(金·71·1024)

⑧ 巡道看说:"那七百两银子有甚凭据?"(醒·12·175)

⑨ 又道:"汗巾儿稍了来,你把甚来谢我?"(金·52·704)

⑩ 晁无晏说:"怎么一个官儿只许你行走,没的不许俺骂骂街?俺是马夫?俺是徒夫?鳖俺些么送你?没有钱,你打我哩!"(醒·32·471)

⑪ 西门庆道:"记甚的来?"(金·53·714)

⑫ 老白问说:"你又点灯做甚?"(醒·65·930)

⑬ 计氏问道:"外面是做甚的?如此放炮吹打?"(醒·2·18)

⑭ 狄希陈也便有些疑心,问道:"如何大白日里关了门则甚?"(醒·62·892)

⑮ 这老妈,敢汗邪了!官哥倒不看,走到厨下去摸灶门则甚的?(金·53·718)

⑯ 这诬告人谋反是甚么事,你直脖子往里钻,这可甚么救你?(醒·89·1267~1268)

⑰ 闻得你母在世时,为人甚好,什么得受这般重罪?(醒·69·992)

⑱ 官人便问:"那官司是甚么着来?"(聊·富·1312)

根据询问的语义内容,例①至⑱大致可分为两类:例①至⑮为一类,例中疑问代词"什(甚)么"、"甚"、"甚的"、"么"表示对事物、时间、因由等的询问。可用于部分替代,如例⑥"什么"询问名字中一个不认识的字。值得注意的是,例⑭和⑮"甚"、"甚的"用在"则"字的后面(还有不少这样的例子)。从历史的角度来看,这种现象在宋元时代就已出现。吕叔湘(1985:139)认为:"'做什么'在宋元时代常常说成'则甚'。"然而,"甚"不是"甚(什)么"的省缩形式,并且"甚"早于"甚(什)么"而出现。根据对历史语料的调查,疑问代词"甚(的)"直接用在"做"后面充当宾语的例子不在少数,直到明清时期的文献中仍可见到用例,如例⑫和例⑬。因而,我们认为"则甚(的)"就是"做甚(的)","则"可能是"做"发生方言音变的结果。例⑯至⑱为一类,"什(甚)么"均相当于"怎么"。其中例⑯"甚么"用于动词"救"前做状语,表示对行为方式的询问;例⑰"什么"做能愿动词"得"的状语,表示对情理的询问;例⑱"甚么"后加"着",询问事情的情状、结果,而这种功能一般用"怎么着","甚么着"的用例极为罕见,仅《聊》中出现一例。

B. 虚指。如:

⑲ 万岁脱下衣服,王龙和大姐也暗暗的打罕,只估不出是个什么人来。(聊·增·1647)

⑳ 不知甚么缘故,小的每问着,他又不说。(金·44·578)

㉑ 你姐儿们今日受饿,没甚么可口的菜儿管待,休要笑话。(金·46·604)

㉒ 姑子道:"这观里自来不歇客,那有甚么辽东参将。"(醒·22·335)

㉓ 甚么门单、伙夫、牌头、小甲,没敢扳他半个字。(醒·71·1017)

㉔ 故意装不知,察问寄姐是甚的人,缘何得在衙内……(醒·95·1349)

㉕ 枉口嚼那舌根子,不知有甚仇合冤!(聊·翻·935)

㉖ 问童七的去向,那把门人说才搬来不多两月,不认得有甚童七。(醒·75·1064)

㉗ 那珍哥不晓得什么,只道还是前日这样结局,虽是有几分害怕,也还不甚。(醒·12·176)

㉘ 万岁说:"我要一个天上飞禽是什么,地下走兽是什么,路旁古人是谁,那古人拿的是什么,三什么两什么,打死那什么,我来的慌些,没看是公什么,母什么。"(聊·增·1635)

㉙ 西门庆道:"你休乱,等我往那边楼上寻一件什么与他便了。"(金·35·453)

㉚ 那来旺儿那里敢说甚的,只得应诺下来。(金·26·323)

㉛ 晁住的老婆也不想想汉子为甚的通不出来看看。(醒·19·278)

㉜ 蒋竹山道:"我不知阁下姓甚名谁,素不相识,如何来问我要银子?"(金·19·232)

㉝ 正乱着,只见西门庆自外来,问因甚嚷乱。(金·31·397)

㉞ 我合他可没有一定的方法,恼了脸也顾不的甚么是嘎,若是迭不的攥拳,劈脸就是耳巴……(聊·禳·1207)

㉟ 绝不晓得甚么是亲是眷,甚么是朋友,一味只晓得叫是钱而已矣。(醒·26·381)

㊱ 你忒也妄想。二弟妇没说么烧了,甚么找不着;你找着,我也不要。(聊·翻·1000)

㊲ 这又另是个飞缺,他说是谁的来,我就想不起来了,是荆甚么的缺。(醒·58·832)

㊳ 李瓶儿道:"第二日教人眉儿眼儿的只说俺们,什么把拦着汉子。"(金·44·582)

㊴ 这一个虽是黑些,也还不什么丑。(醒·49·717)

㊵ 人材儿也不丑,脚也不甚么大,生的也白净。(醒·55·792)

㊶ 他寻人写文书去,不知甚么烂舌根的说咱家里怎么歪憋,怎么利害……(醒·84·1197)

㊷ 这街上的居民也没有甚么肯供斋饭的。(醒·29·427)

从语义上来看,虚指的"什么"等具体又可分为三种情况:例⑲至㊲为一类,其中例⑲至㉖"什(甚)么"、"甚"、"甚的"用在名词前面,做定语,表示不知道、说不出或无须说出的身份、地位、因由、事物等。这里又有两点需要特别说明:一是在否定句中有时"什(甚)么"、"甚"只起到缓和否定、使语气不太生硬的作用,并没有实际内容,如例㉑、㉒、㉖;二是当用在几个并列名词前面时,"什(甚)么"有列举这些名词的功用,也无实际内容,如例㉓。例㉗至㉝"什(甚)么"、"甚"、"甚的"称代未知的、说不出的事物,做宾语。值得注意的是,例㉘后5个"什么"的前面分别有数词"三"和"两"、指示词"那"、区别词"公"和"母"等修饰,例㉙"什么"前有数量词"一件"修饰,这些情况下"什么"更像代替一种具体的事物,同时这种情况表明疑问代词也可以有修饰语。例㉞至㊱"甚么"、"么"指代未知的事物,做宾语从句主语。例㊲"甚么"代替一时想不起来的人名,是部分替代。例㊳至㊵为一类,"什(甚)么"在谓词性成分前做状语,相当于"怎么",指代未知的动作行为的方式或性状的程度。例㊶、㊷为一类,例中"甚么"分别用来指示或称代不确定的人:例㊶"甚么"相当于别择的"哪个",例㊷理解为"哪个"或"谁"均可。

C. 任指。明清山东方言文献中,"什(甚)么"和"甚"有表示任指的用例,而"甚的"和"么"可能是用例太少的缘故而没有任指的例子出现。

a. 任……什(甚)么/甚……。如:

㊸ 桂姐道:"不拘拿了甚么,交付与他。"(金·44·580)

㊹ 智姐说道:"该!该!你往后我凡说甚么,你还敢不听么?"(醒·66·947)

㊺ 搬了二姐来,任凭干爷给我甚么不迟。(聊·增·1588)

㊻ 你肯饶放了他,我凭你要甚,我都依你。(醒·20·300)

㊼ 西门庆分付大门上平安儿:"随问甚么人,只说我不在。"(金·78·1198)

㊽ 凡是天地间的神灵,无论甚么爷爷,你若保佑俺打骂不掉,我就发下洪誓大愿。(聊·襄·1148)

㊾ 你看那金刚钻这样一件小小的东西,凭他什么硬物,钻得飕飕的响。(醒·12·171)

㊿ 你是个恶毒的主禽,凭你是甚么别的龙、虎、狼、虫,尽都是怕你的。(醒·61·877)

(51) 蒙你老人家这等老爷前扶持看顾,不拣甚事,但肯分付,无不奉命。(金·30·381)

(52) 说他咸了,以后不拘甚物,一些盐也不着,淡得你恶心。(醒·54·786)

例㊸至(52)句中均有表示在任何情况下都能产生同样结果的词语"不拘"、"凡"、"任凭"、"随"、"无论"、"凭"、"不拣"等,在这种句法环境下,疑问代词"什(甚)么"、"甚"被赋予了任指的语义特性。其中例㊸至㊻"甚么"为称代用法,做动词宾语;例㊼至(52),"什(甚)么"做名词修饰语。

b. 只……什么……都。如：

(53) 那个说："我做的衣裳极精，奶奶，大娘，婶子，妗母，你只待做什么，我们都来替你老人家助忙。"(醒・21・314～315)

例(53)是一个复句，句中关联词"只……都……"表示充足条件。在这种句法环境下，充当宾语的疑问代词"什么"被赋予了任指的语义特征。

c. 甚么……甚么。如：

(54) 两个人合我说："你不如情吃罢，俺吃甚么，你也吃甚么。"(聊・墙・830)

例(54)前一个"甚么"表示虚指，后一个"甚么"与前一个"甚么"所指相同，随前一个"甚么"的变化而变化，这种依变关系使得"甚么"在语义上获得了任指性特征。明清山东方言文献中疑问代词"什(甚)么"连锁式表示任指的例子还很罕见(仅此一例)。

D. 感叹。只有疑问代词"什(甚)么"和"甚"有用于感叹的例子。如：

(55) 李铭道："俺三婶，老人家风风势势的，干出甚么事！"(金・52・700)

(56) 都还嘻嘻哈哈，不知笑的是甚么。(金・46・598)

(57) 惠希仁道："送点子甚么！诈了八九十两银子了，还告状哩！"(醒・82・1164)

(58) 鸨子道："你看，甚时候才起来！"(金・59・807)

(59) 那王婆老狗，什么利害怕人，你如何出得他手！(金・5・59)

(60) 听说咱媳妇解了衣打那厨子，这是个甚么景况！(聊・禳・1238)

(61) 褚爷是什么法度，难道我们敢受一文钱不成？(醒・12・177)

(62) 掌柜的道："你二位甚么福分，敢劳动老爷与你们暖酒哩！"(醒・23・345)

(63) 亲家是甚等之人，我敢兴这等的欺心？(醒・74・1048)

(64) 议论纷纷，议论纷纷，谁知太爷正青春，为甚么咱太太，模样还着实俊？(聊・磨・1496)

不同语境下，感叹用法的"什(甚)么"、"甚"可以表现出说话人不同的情感倾向：例(55)至(58)，"什(甚)么"、"甚"表示出说话人的责备、不满和埋怨；例(59)、(60)"什(甚)么"显示出说话人的惊讶之情；例(61)至(64)"什(甚)么"表露出说话人出乎意料、欣羡、赞叹等情感。

E. 反诘。如：

(65) 如今却因甚底又寻到儿子家来，三茶六饭叫人供养？(醒・92・1310)

(66) 张老说："清晨这样冷，走这半里路，只怕冻死！"张大说："甚么冷的！"(聊・墙・838)

(67) 既挣下几亩好地，到老来愁甚么吃穿？(聊・墙・842)

(68) 竹山道："他又不是我太医院出身，知道甚么脉！"(金・17・211)

⑥⑨ 该用着念佛的去处,咱旋烧那香,迟了甚来?（醒·15·221）

⑦⓪ 太医深打躬道:"晚生晓得甚的,只是猜多了。"（金·54·736）

⑦① 李瓶儿笑道:"你平白整治这些东西来做什么?"（金·441·418）

⑦② 范公子笑哈哈,不是石崇是甚么?（聊·翻·964）

在不同的句法环境下,否定用法的疑问代词"什(甚)么"所表达的感情色彩呈现出多样性特征:表示说话人不满、讽刺、厌烦等,如例⑥⑤和例⑥⑥;表示后悔,如例⑥⑦;表示说话人鄙夷、看不起的态度,如例⑥⑧;有的否定中带有炫耀的口吻,如例⑥⑨;有的表示自谦、客气,如例⑦⓪和例⑦①;有的体现出说话人的自信,如例⑦②。

疑问代词"什(甚)么"等的功能和频率分布表[①]

		询问	虚指	任指	感叹	反诘
什么	金	52	62	1	5	71
	醒	18	31	4	5	42
	聊	48	30	1	0	38
甚么	金	205	166	8	4	239
	醒	210	396	26	30	451
	聊	195	241	9	8	245
甚	金	72	98	7	3	74
	醒	48	96	5	1	88
	聊	1	13	0	0	5
甚(什)的	金	5	2	0	0	11
	醒	10	6	0	0	8
	聊	0	0	0	0	0
么	金	0	0	0	0	0
	醒	1	0	0	0	0
	聊	0	1	0	0	0

2.4.2.2 疑问代词"嗄(煞)"

清初山东方言文献《聊》中出现了询问人、事物及事因的疑问代词"嗄",偶又写做"煞",现代汉语一般写做"啥"。吕叔湘(1985:127)认为"啥"是"什么"的合音,冯春田(2003)认为:合音式疑问代词"啥"明代已在南方方言(特别是吴语)里产生,在北方方言里,"啥"在明代尚未形成,但清代的语料显示,该期"啥"已较多出现。具有山东方言背景的明中叶的《金》和明末清初的《醒》中均未见合音式疑问代词"啥",这表明在

---

① 不包括"NP＋是＋什么人"句式中表询问的"什(甚)么"、"甚"。

山东方言中"啥"的形成可能晚于《醒》书时代。

A. 询问。如：

① 官人听说这话，就作又作难的。嗄呢？一见面，蒙他的厚情，言外又是待留他成亲，若说不从他，必然撺着走；若是哄他，就不是人了。（聊·富·1291）

② 这是个嗄去处，只管在里边过？（聊·富·1295）

③ 你是嗄人家，杀起象来了？（聊·增·1650）

④ 你那嫡母姓嗄呢？（聊·慈·927）

⑤ 张讷说："我能自家去。待叫我做嗄的？"（聊·慈·897）

⑥ 安大成平日极孝，正卧着，听见他娘吵骂，扎挣起来，流水来问："娘是为嗄来？"（聊·姑·862）

例①"嗄"与语气词组合成独立的句子，表示设问；例②和例③"嗄"做定语，询问处所、事物；例④至例⑥"嗄"做宾语，询问事物、原因等。

B. 虚指。如：

⑦ 怒气冲冲，怒气冲冲，一阵骂的天也红，不知嗄缘由，大家挣一挣。（聊·姑·887）

⑧ 今日节间没嗄事，吃盅薄酒避避风，殷勤便把酒盅举。（聊·翻·937）

⑨ 那保正也讨嚣，说不的一点嗄。（聊·富·1340）

⑩ 一个新媳妇子出去换嗄吃，咱就见不的人了！（聊·姑·874）

例⑦至⑩"嗄"指代不确定的事物、事因等。其中例⑦和例⑧"嗄"做定语，例⑨和例⑩"嗄"做宾语。

C. 任指。如：

⑪ 不成人可也是前生造就，就是他老子娘也管不回头；造化低又摊着娘子忠厚，顺从着不言语，嗄家当尽他去丢。（聊·俊·1118）

⑫ 所用的嗄东西，都给他披搭上。（聊·富·1336）

⑬ 三斤肉一只鸡，就是您家那好东西，好厨子做煞也不济。（聊·墙·832）

⑭ 万岁呼嗄就是嗄，两帖赢了六钱银。（聊·增·1576）

⑮ 大姑子进了门合家欢乐，任拘嗄做停当不用吆喝。（聊·姑·882）

例⑪至⑬"嗄"与副词"尽"、"都"、"也"等共现，在此语境下"嗄"被赋予了任指的语义特征，表示没有例外。例⑭前一个"嗄"表示虚指，后一个"嗄"与前一个"嗄"具有依变关系，即后一个随前一个的变化而变化，与前一个所指相同，表示无例外。"嗄"用于这种连锁式结构仅此一例。例⑮有表示无条件的词语"任拘"，在这种句法环境下疑问代词"嗄"获得了任指的意义。《聊》中"嗄"用于"任拘……嗄"的句法环境下表任指共 3 例。

D. 反诘。如：

⑯ 家当是大家伙里的家当，为嘎都着他自己费了？（聊·翻·942）

⑰ 李氏见他不吐口号，就拿极红了脸说："那孩子是俺的孩子呀，该别人嘎事？"（聊·慈·907）

⑱ 一家人好说是我打嘎子，说是我骂嘎子，也不问问是争着甚么，因着甚么。（聊·襀·1205）

⑲ 跑到近前，拉着王龙那胳膊说："你起来罢。打折了他牛腿了么？你拜他做嘎？"（聊·增·1631）

⑳ 一块裹脚嘎要紧，见了磕头礼拜参，跪在地下如捣蒜。（聊·增·1572）

㉑ 嘎呀！俺老爷先戏把人。（聊·襀·1242）

㉒ 谷困净了，往后咱可待吃嘎？（聊·翻·945）

㉓ 对子原是小女做，并无一人对上他，不是天缘可是嘎？（聊·翻·964）

㉔ 我的儿我的娇，听说你上府去告，时刻就把肝肠吊。一个嘎本领，怎不来家就开交？（聊·翻·960）

㉕ 转了快活不算帐，还得他银子一大包，世间嘎似这个妙？（聊·增·1598）

反诘的疑问代词"嘎"所在的句法环境不同，其否定的对象不同，表达的主观感情色彩也不尽相同：表示说话人不解、不满、责怪、埋怨之情，如例⑯至㉒；体现出说话人的自信，如例㉓；表示说话人对听话人的体恤之义，如例㉔；例㉕"嘎"做主语，其前有表示范围的名词"世间"，在此情况下，"嘎"表示反诘的同时获得了任指的语义功能。

《聊》合音式疑问代词"嘎（煞）"的使用情况和出现频率表

	语义功能				句法功能				
	询问	反诘	虚指	任指	主语	宾语	定语	状语	独立句
嘎	33	52	62	9	2	117	29	6	2
煞	0	1	0	2	0	2	0	1	0

2.4.2.3 疑问代词"那"和"那里"

疑问代词"那"、"那里"（"五四"以后为和指示代词"那"相区别改写成"哪"）是明清山东方言文献中使用非常普遍的疑问代词，二者既有一定的渊源关系，在功能和用法上又有很大的相似性。通过对二者共时和历时的比较分析，我们发现：明清山东方言"那里"由询问处所的用法发展出了反诘、虚指和任指的用法；而"那"的情况较为复杂，其虚指和任指用法是从询问用法发展而来的，其表示反诘的功能一部分可能是早期诘问词"那"的延续，一部分可能是由"那"询问处所的用法发展而来。

2.4.2.3.1 "那"、"那里"来源的几种意见

"那"的来源是一个较为复杂的问题。吕叔湘（1985:246）认为："有别择作用的疑

问代词'哪'也是从'若'字变来的,但始终保持上声……"吕叔湘(1985:248、260～262)又说:"除别择作用的'哪'外,还有一个询问事理的'哪'",并认为询问事理的"哪"出现于"汉魏之际或更早",在语源上它很可能是'若何'的合音,'若'字失去介音,'何'字失去声母"。冯春田(2006c)认为询问事理与反诘的疑问代词"那"形成于"奈何"的省缩音变,与询问处所的"那"不是同一个词,而是同字形的两个词;提出汉魏六朝时期表示反诘的"那"跟近代汉语里出现的由问处所演变而来的用于反诘的"那(哪)"并非同源。吴福祥(1995b)指出:六朝时疑问代词"那"询问处所的用例还较少,询问人、事、物的用法则几乎不见;晚唐五代时期"那"用于询问的频率比此前明显增高。

疑问代词"那里"出现于晚唐五代时期,是由疑问代词"那"与方位名词"里"组合而成的。(吴福祥1995b;冯春田2000/2003:163～164)因此,疑问代词"那里"与"那"关系密切。这样两个具有渊源关系的疑问代词在明清山东方言文献中的功能和用法之间必然具有某种联系,这为我们认识和分析其发展演变提供了直接的参照条件。

2.4.2.3.2 "那里"的用法分析

疑问代词"那里"的功能及其出现频率统计和分析结果如下:

	询问		虚指	任指	反诘								
					有处所义		无处所义						
							否定 VP						
	处所	其他			肯定句	否定句	(S+)那里+VP	说+那里+话	那里……什么……	否定能愿动词	句首状语	那里+N	独立语
金	205	2	114	10	43	13	112	15	2	37	6	1	0
醒	118	6	74	6	30	7	103	8	19	31	2	3	0
聊	78	1	66	5	27	4	69	6		8		0	1

上表反映出,明清山东方言文献中疑问代词"那里"使用普遍,用法复杂。我们将结合具体的句法结构和语境来了解"那里"的这些用法及其语义语用特征。

A. 询问。"那里"多用来询问处所,也有少数用来询问事物、原因、次第、方式等,如:

① 相于廷问说:"俺哥在那里?"(醒·60·869)

② 任直道:"从那里出去的?"(醒·22·335)

③ 晁夫人又问他:"你往那里去了?他走,你就不知道?"(醒·53·774)

④ (李氏)便问:"小讷子那里去了?"(聊·慈·898～899)

⑤ 相主事问:"是那里人?"(醒·85·1208)

⑥ 宗师说:"他昨日考在那里?"教官说:"昨日考在二等。"(醒·39·575)

⑦ 寄姐故意道:"你说的是那里?甚么话?我老实实不懂的。"(醒·98·

1401)

⑧ 董娇儿问道："哥儿，那里两个法儿？说来我听。"（金·42·552）

⑨ 他家如何送礼来与你，是那里缘故？（金·97·1454）

⑩ 这可那里消缴哩？（醒·67·976）

⑪ 万岁说："你那里见的？"（聊·增·1666）

例①至⑤"那里"用来询问处所：多做"在"、"从"、"往"等介词或动词的宾语，如例①至③；也可单独做状语，如例④；"那里"也常做定语，如例⑤。例⑥从问句和答语即可知道，"那里"询问的是考试的排名、次第。这种用法非常罕见。例⑦"那里"并不指处所，而是问事情，相当于"什么事"；例⑧和例⑨"那里"也都相当于"什么"。例⑩根据语境判断，"那里"的处所义并不明显，而看成询问动作行为的方式更为确切，即"那里"相当于"怎么"；例⑪也是如此。由统计数字来看，"那里"询问事物、方式等的用例相当少，这种用法主要由"什么"、"怎么"来承担。

B. 虚指。如：

⑫ 常二与妇人两个说了一回，那妇人道："你那里吃饭来没有？"（金·56·760）

⑬ 一定是约在那里等我，叫我星夜赶去。（醒·86·1221）

⑭ 制伏的这两个泼货在京里那些生性不知收在那里去了。（醒·91·1300）

⑮ 一日只掇饭一盏，无人问声是那里疼。（聊·富·1284）

⑯ 如今曾约前期不见来，都应是他在那里那里贪欢爱。（金·43·568）

例⑫至⑮"那里"仍是指代处所，但询问程度减弱，只是表示未知的或不确定的方所。例⑯中"那里那里"已不再表示对处所的疑问，而是指在别的很多地方（惟独不在这儿）。

C. 任指。如：

⑰ 郭总兵怒道："可恶那里！凭我要在那里睡便在那里睡！"（醒·87·1243）

⑱ 这话回的他好，你往外不拘到那里都依着这话答对就好。（醒·34·503）

⑲ 王法严，王法严，任你那里不敢担。（聊·翻·980）

⑳ 即便同去，随分那里经坊，与我印下五千卷经。（金·57·780）

㉑ 妇人道："奴那里有这个话，就把身子烂化了！"（金·19·240）

㉒ 伯爵道："找出五百两银子来，共捣一千两文书，一个月满破认他五十两银子，那里不去了，只当你包了一个月老婆了。"（金·45·584）

例⑰句中有表示无条件的词语"凭"，而且有两个疑问代词"那里"，前一个"那里"为虚指,表示不确定的处所,后一个"那里"与前一个"那里"所指相同,随前一个"那里"的变化而变化。在这种句法语境下,"那里"获得了任指的意义特征。例⑱至⑳句中也有"任"、"不拘"、"随"等词语,在此语境下,"那里"被赋予了任指的语义特征。例㉑和例㉒则是上下文语境赋予了"那里"任指义。由以上分析可以看出,"那里"的虚指用法和任指用法都是从询问用法发展而来的。在由询问——虚指——任指的发展过程中,"那里"表示疑问的程度经历了由强到弱到完全消失的过程。不管疑问程度如何,"那里"的处所义都没有改变。

D. 反诘。明清山东方言用于反诘的"那里"语义上存在显著差异:有的仍表处所义;有的则不表处所义,只是"否认某事的可能性,或否认某种判断的真实性"(王力1984:310)。

（ⅰ）"那里"仍表处所义。其中又有不同:用于肯定句中,表示对处所的否定;用于否定句中,否定处所的同时获得任指的意义特征。如:

㉓ 大姐道:"那里寻钟儿去,只恁与五娘磕个头儿。"(金·39·418)

㉔ 这要被他打几下了,那里告了官去!(醒·37·545)

㉕ 忙拜谢天公,叫咱爷俩得相逢,若不然,那里去问名合姓?(聊·磨·1493)

㉖ 自从舅舅捉府中,官事出来,奶奶不好直到如今。老爷使小人那里不曾找寻舅舅,不知在这里。(金·96·1450)

㉗ 我认识的也还有人,那里过不的日子,恋着这没情义老狗攮的!(醒·82·1170)

㉘ 这一时往何处不热?到那里不愁?(聊·富·1321)

例㉓至㉕"那里"表示"无处"、"没有地方"等,是对自身的否定。例㉖至㉘句中均有否定副词"不","那里"又表示否定,双重否定,从而句子表示肯定,在这种句法语境下,"那里"表示"到处"、"任何地方"等任指意义。

（ⅱ）"那里"已无处所义,只是对事情、行为或判断的否定。

a. "那里"否定VP。如:

㉙ (金莲)说道:"那里有猫来唬了他,白眉赤眼儿的!"(金·52·705)

㉚ 他说起路远来,你说:"路那里远,不上二千里地。"(醒·84·1194)

㉛ (先生)把那粪浸透的衣裳足足在河里泡洗了三日,这臭气那里洗得他去。(醒·33·490)

㉜ 胭脂不擦,粗布衣裳,千金小姐那里跟的上!(聊·禳·1171)

㉝ 魏名说:"咱兄弟们岂同别人,没有钱我借上,那里用着指地作保呢!"(聊·翻·948)

㉞ 人一日黄汤辣水儿谁尝尝着来,那里有甚么神思,且和你两个缠。(金·75·1103)

㉟　却说艾前川到得家内,那里甚么合药,拿着狄家的四两花银,籴米称面的快活。(醒·66·951)

㊱　却说艾前川料的狄家父子是个庄户人家,只晓得有个艾满辣是个明医,那里还晓得别有甚人……(醒·67·957)

㊲　来保道:"翟爹说那里话!"(金·30·381)

㊳　太爷说:"今日我应该谢谢你才是。"太太说:"你说的是那里话!"(聊·富·1363)

例㉙至㉝"那里"已完全失去了处所义,它用在谓词性成分之前,表示对动作行为或性状的否定。例㉞至㊱"那里"表示反诘,否定的语气较为强烈。例㊲和例㊳"那里"用在动词"说"和宾语"话"之间,从上下文来看,"那里"实际上是对"说"的方式的否定,这种否定表现出了说话人的委婉、谦让和客套。

b."那里"否定能愿动词。如:

㊴　太医道:"如今木克了土,胃气自弱了,气那里得满,血那里得生。"(金·54·735)

㊵　请了两个太医调理,不过是庸医而已,那里会治得好人?(醒·90·1289)

㊶　狄希陈都都磨磨,蹭前退后,那里敢进去。(醒·48·700)

㊷　吃了饭说是待家去,范公子那里肯依。(聊·翻·963)

c."那里"用做句首状语,否定句子所叙述的整个事件。如:

㊸　(金莲)骂道:"张川儿在这里听着,也没别人,你脚踏千家门、万家户,那里一个尿出来多少时儿的孩子,拿整续段尺头裁衣裳与他穿?"(金·34·447)

㊹　只是不要吊着谎哄着老娘,那里有一万里路程,朝暮往还的?(金·57·768)

㊺　骆校尉道:"我相那人不是个良才,矬着个攛子,两个贼眼斩呀斩的。那里一个好人的眼底下一边长着一左毛?"(醒·84·1199)

d."那里+N"否定对方的话语。如:

㊻　经济道:"那里话!"(金·83·1279)

㊼　薛夫人道:"诌孩子! 那里的气? 快别要胡说!"(醒·44·651)

㊽　晁思才没等说完,接着说道:"那里的话! 谁敢兴这个心? 嫂子别要听人说话。"(醒·22·324)

这种句子明显是后续句,"那里+N"表示对对方话语的否定,语气比较强硬。

e."那里"用于后续句句首做独立语,否定对方的观点。如:

㊾　丑云:"……仰起巴掌照着脸瓜得。"内问云:"是你打他么?"(丑)哭云:

"那里,是他打我。"(聊·襄·1145)

冯春田(2000/2003:164)认为:"'那里'用于反问要略迟于用于询问。"明清山东方言材料又反映出反诘用法的"那里"有的有处所义,有的无处所义,由此是否可以这样认为:近代汉语"那里"的反诘用法是从询问处所的用法发展而来的。在询问处所→否定处所→否定行为事理这一过程中,"那里"的处所义不断地弱化、虚化以致消失,其功能也随之发生了重大变化,从询问处所,经过否定处所的中间过渡阶段,最后语法化为一种充分体现说话人强烈主观情感色彩、表示否定的一种方式和手段。

2.4.2.3.3 "那"的用法分析

通过调查得知,疑问代词"那"在明清山东方言文献中有询问、虚指、任指和反诘多种功能,下面将逐项加以分析。

A. "那"表示询问、虚指和任指

a. 询问。如:

㊿ 狄希陈道:"那个张大嫂? 南头是张茂实家,北头是张子虚家,这张大嫂却是谁的娘子?"(醒·65·931)

51 你家买这个东西,是那个用的? (醒·80·1137)

52 周守备说:"老太监分付,赏他二人唱那套词儿?"(金·31·403)

53 你说晁梁是你的儿子,他那些象你? (醒·47·688)

54 那是往大同去的路径? (聊·增·1574)

55 你若用着使几个,去禀令堂口难开。使乜钱由不的心里,待分了家来去在你,寻思起那样的自在? (聊·翻·943)

56 计老道:"是你那一年有的? 用了多少价? 原地主是何人?"(醒·10·151)

57 你听见我主人家定在那日起身? (醒·86·1220)

58 玳安道:"二爹,今日在那笪儿吃酒?"(金·54·724)

59 你换的金子交了不曾? 你那七百两银子交到那去了? (醒·12·186)

60 长官,你是北京,你可在那一块里住? (聊·增·1632)

61 西门庆看了帖子,因问:"他拿了那礼物谢你?"(金·47·619)

62 诌奴才! 必然你就是头一个了。不然,合县里有几十万人,那找你做个头儿? (聊·磨·1432)

63 你前年跟了姐姐往北京去,我那样的嘱付你来? (醒·89·1267)

例㊿、例51问人;例52至55问事物;例56和例57问时间,近代汉语里对时间的询问一般用"什么时候"、"何时"等,用"那"询问时间当比较后起而且较为少见;例58至60问处所;例61询问事物的性状,相当于同种用法的"什么";例62询问事情、行为的原因,相当于"为什么"或"怎么";例63询问行为的方式,相当于"怎么样"、"如何"等。

b. 虚指。如：

⑥㉔（黄四）于是央了又央："差那位大官儿去,我会他会。"(金·67·945)

⑥㉕我也不认得那个是上辈下辈,论起往乡里吊孝,该管待才是。(醒·20·294)

⑥㉖您大妗子,那阵风刮了你来了?(聊·慈·903)

⑥㉗那妇人想起蒋竹山说的话来,说西门庆打老婆的班头,降妇女的领袖。思量:我那世里晦气,今日大睁眼又撞入火坑里来了。(金·19·239)

⑥㉘走进去,只见鼻子里拖下两根玉柱,直拄着膝上,不知那个时辰就圆寂了。(醒·22·326)

⑥㉙害头痛也不问他甚不甚,脸儿朝墙泪珠纷纷,我是那辈子瞎了眼,就嫁你这个强人!(聊·翻·946)

⑦㉐吴月娘使出玳安来,教徐先生看看黑书上,往那方去了。(金·62·881)

⑦㉑哥别往那去,小弟叫家里备着素饭哩。(醒·78·1111)

⑦㉒且说张鸿渐半夜里出了门,又不知待上那去好,只管忙忙的奔走。(聊·富·1283)

⑦㉓众妇人站在一处,都甚是着恐,不知是那缘故。(金·18·219)

⑦㉔这魏大哥是正头香主,指望着娶过媳妇去侍奉婆婆,生儿种女,当家理纪,不知那等的指望;及至见了这们破茬,但得已,肯送了来么?(醒·72·1027)

例㉔至㉖"那"指代不能肯定或尚未确知的人或事物,例㉗至㉙"那"指代不知道或说不出的时间,例㉐至㉒"那"指代不确定的方所。例㉓"那"指代事物的性状,相当于"什么"。例㉔"那"指代一种情状,相当于"如何"、"怎么样"。"那"询问或虚指性状、方式、原因等的用例极少,这种功能主要由"什么"、"怎么"来担当。另外,文献中出现了疑问代词"那"的复合形式"那的"、"那些"各1例,指代不知道或说不出的方所:

⑦㉕骆校尉道:"狄周干不的,他知道吏部门是朝那些开的;管了这几年当,越发成了个乡瓜子了。"(醒·85·1211)

⑦㉖这口屋又极高,不知那的钱合钞?一间草屋盖不起,忽然身到九云霄,任拘给谁想不到。(聊·翻·1003)

询问方所的"那的"、"那些"虽然在元代以后才开始出现(冯春田 2000/2003:164),但明清山东方言文献中它们的用例却非常少,用法也不全面("那的"共6例,虚指1例,反诘5例;"那些"只出现1例,表虚指),而且时代较早的《金》反而没有出现"那的"、"那些",这表明方所疑问词"那的"、"那些"产生后,其使用的区域范围不大,使用并不普遍。

c. 任指。如：

⑦㉗西门庆分付:"那个小厮走漏消息,决打二十板。"(金·26·332)

⑦ 惠莲道："随问教那个烧烧儿罢,巴巴坐名儿教我烧。"（金·23·286）

⑦ 周景杨道："我自有道理;不拘摆在那厢,叫他三个只听得一声说请,走来不送。"（醒·87·1244）

例⑦"那个"是"无论谁"、"不管谁"、"任何一个"的任指义。例⑦和例⑦句中有表示无条件的词语"随"、"不拘",在这种句法环境下,"那"被赋予了任指的语义特征。

疑问代词"那"无论表示询问还是表示虚指和任指,其对人、事、物、时间、处所等的指代都具有明显的别择之义。这种共同的内在含义表明,疑问代词"那"的虚指和任指用法是从其询问用法发展而来的。

疑问代词"那"用于询问、虚指、任指时语义指称和频率分布表[①]

	询问				虚指				任指	
	人事物	时间	处所	其他	人事物	时间	处所	其他	人事物	处所
金	49	0	26	1	66	6	22	1	11	0
醒	40	4	7	1	18	3	9	1	0	1
聊	29	0	16	1	21	6	8	0	0	0

B."那"表示反诘。为便于比较和了解疑问代词"那"用于反诘时的语义语用特征,对文献中"那"出现的句法环境和频率分布进行了详细的分类和统计,结果如下表:

	非单用				单用				
	那+数量/名(人事物)		那+时间名词	那+处所名词	有处所义		无处所义		
	无能愿动词	有能愿动词			否定处所	否定VP	否定VP	否定能愿动词	独立语
金	82	2	6	1	19	0	67	15	0
醒	57	9	4	1	8	1	123	22	2
聊	15	1	0	1	0	0	90	13	0

（i）"那"非单用形式表示反诘。如:

⑧ 事到今日,咱不做主,那个做主? 咱不出头,那个出头儿?（金·57·770）

⑧ 这监生不惟遮不得风,避不得雨,且还要招风惹雨! 却那个肯去做此监生?（醒·42·621）

⑧ 郭总兵道："我在广西做挂印总兵,一声号令出去,那百万官兵神钦鬼服,那一个再有敢违令的?"（醒·87·1239）

⑧ 你说合他到官,如今那个官是包丞相?（醒·8·120）

⑧ 素姐这大发小发,老狄婆子那一句不曾听见?（醒·52·756）

----

① 不包括"那个(人)+是+NP"和"NP+是+那个(人)"句式中表示对人询问的"那个(位)"。

㊎ 他若不怕你，你那点不如娇三？（聊·襄·1209）

㊏ 西门庆道："事那日没有。"（金·69·998）

㊐ 妇人道："你去了这半个来月，奴那刻儿放下心来。"（金·72·1053）

㊑ 你看这们些年，天老爷保护着咱，那一年不救活几万人，又没跌落下原旧的本钱去。（醒·90·1286）

㊒ 伯爵道："他告我说，就是如今上任，见官摆酒并治衣服之类，也并许多银子使，一客不烦二主，那处活变去？"（金·31·391）

㊓ 如今四山五岳那一处没传了去？（醒·32·473）

例㊗至㊎"那"指代人、事、物等，例㊏至㊑"那"指示时间，例㊒、㊓指示处所。其中例㊗、㊘句中有能愿动词"敢"、"肯"。无论句中有无能愿动词，疑问代词"那"都表示对人、事、物、时间、处所等的否定。特别需要指出的是例㊔至㊏、例㊑、例㊓，句中谓语动词前都有表示否定的副词"不"或"没"，也就是说这些句子本身是否定的，表反诘的疑问代词"那"用于句中，句子则表达肯定的意思，与此同时，疑问代词"那"获得了任指的语义特征。总的来看，"那"的非单用形式，即"那＋数量/名（人、事物）"、"那＋处所名词"、"那＋时间名词"中，表示反诘的"那"具有明显的抉择之义，据此可以得知，这些形式中"那"的反诘用法是由表示询问的用法发展而来的。

另外，《聊》出现了5例复合形式"那的"表示反诘的例子。如：

㊔ 生员的父亲因着无钱给贼，才丧了性命。那的六百银子给他？（聊·磨·1435）

㊕ 咱家虽贫，咱家虽贫，事事须要自辛勤。那的闲饭儿，叫你吃着混？（聊·翻·988）

（ⅱ）"那"单用表示反诘

a."那"具有明显的处所义。如：

㊖ 文嫂儿道："我那讨个驴子来？"（金·68·979）

㊗ 月娘道："端的咱家又没官，那讨珠冠来？"（金·29·373）

㊘ 这黑的是墨，红的是胭脂，相于廷在后边园内，那讨有这两件东西？（醒·58·842）

㊙ 魏三道："我往那去？"（醒·46·670）

例㊖至㊘"那"均相当于表处所的"那里"，表示对处所自身的否定，即"无处"、"没有地方"。例㊙"那"在介词"往"的后面，其处所义更为明显，"我往那去"即"我那也不去"。"那"否定VP"去"的同时，自身被赋予了任指的语义特性。

b."那"无处所义，只是表示对动作行为、事理等的否定。如：

㊚ 那消片晌之间，何老人到来。（金·61·855）

㊛ 这样的馆，若换了个没品行的秀才，那管甚么耽误不耽误？（醒·23·

347)

⑨ 你听,这那是珍姨的声音?(醒·11·159)

⑩ 晁思才说:"那是?倒是那街上徐老娘收生的。"(醒·47·690)

⑩ 张老爷说:"那有不去之理!只是去也有法,不必疑难。"(聊·慈·929)

⑩ 珠翠丛中长大,那堪雅淡梳妆。(金·78·1211)

⑩ 蒙老师下顾,西门庆那敢推辞。(金·57·774)

⑩ 人家两口子的事,那要做丈母的闲管!(醒·63·903)

⑩ 我就在家常教子,也只不断读书功,那能像你把苦心用?(聊·磨·1505)

⑩ 狄员外道:"那哩?也是听见人说,平日不认的他。"(醒·67·954)

例⑨至⑩"那"表示对其后动词的否定,例⑩至⑩"那"是对其后能愿动词"堪"、"敢"、"要"、"能"等的否定;例⑩"那"与语气词"哩"组合成独立句,该句明显是后续句,"那"实际上是对对方先前的判断或认识的否定。

通过以上分析可以看出,明清山东方言文献中单独用于反诘的"那"有以下特点:

首先,"那"单独用于反诘句,有时有明显的处所义。从历史发展的角度来看,六朝以后疑问代词"那"可用于询问原因、方式或方所等。近代汉语里,询问原因和方式的功能基本由疑问代词"什么"、"怎么"所取代,而询问方所的功能保留了下来。"那"询问方所,既可带方所名词,又可单独使用。明清山东方言文献中单独使用且既具有处所义又表示反诘的例子表明,这一部分的"那"应该是从询问处所的"那"发展而来的。

其次,即使无处所义,"那"跟能愿动词的例子也已占少数,而且"那"跟能愿动词的例子都可换成表示反诘的"那里"。而事实上,跟能愿动词表示反诘的例子"那里"(76例)比"那"(50例)多。由前面的论述可知,近代汉语"那里"的反诘用法是从询问用法发展而来的。那么,根据同义词类同引申的原则,否定能愿动词的"那"也完全可能由询问处所的"那"发展而来。同时,也不能完全排除早期反诘疑问代词"那"的存留和延续,尤其是"那"可用反诘副词"岂"替换的例子。

再次,"那"对事件、行为或判断的否定是早期诘问词"那"所没有的。而且,明清山东方言文献中一些用例显示出"那"否定事件、行为或判断的用法与询问方所的用法之间似乎存在着渊源关系。如:

⑩ 王婆骂道:"含鸟小猴狲!我屋里那讨甚么西门大官!"(金·4·55)

⑩ 那旷野之间,那有甚么地方保甲,反把晁思才拿下骡来,打了个七八将死……(醒·53·776)

⑩ 姑子道:"这观里自来不歇客。那有甚么辽东参将。"(醒·22·335)

⑩ 进得殿上,那还有甚么乌大王,单只有一个乌大王的夫人坐在上面,高相公坐在旁边。(醒·62·886~887)

⑩ 这样的馆,若换了个没品行的秀才,那管甚么耽误不耽误?(醒·23·347)

⑫ 那两司中都是些饮酒吃肉的书生,贪财好色的儒士,那有甚么长虑却顾!(醒·99·1406)

从表层形式上来看,例⑩至⑫的句式结构是相同的,但仔细分析起来又有些微差别:例⑩至⑩"那"前面都有表示方所的名词,"那"可理解为在这个方所名词所限制的范围内"没有地方……"、"无处……",所以"那"多少仍有处所义;而例⑪和⑫"那"前没有方所名词,处所义已完全消失,只能理解为对事件、行为或判断等的否定。这种相同句式间"那"的语义差异,说明了"那"由表处所到完全失去处所义之间的发展演变关系。

以上几点说明,近代汉语至少是明清山东方言文献中单独用于反诘的"那"不完全是早期诘问词"那"的延续,其表示反诘的大部分用例应该是由"那"询问处所的用法发展而来的。

2.4.2.3.4　"那里"、"那"在近现代汉语的发展

为了更加广泛、深入地了解疑问代词"那里"和"那"在近代汉语后期和现代汉语中的使用及发展演变情况,我们对清代反映北京话的《儿女英雄传》做了调查,发现该书中除了"那里"和"那"外,还出现了疑问代词"那儿",可以表示询问、反诘、虚指、任指等。现各举一例如下:

⑬ 秃子连忙扔下旋子,赶过去看了,也诧异道:"这可是邪的! 难道那小子有这么大神通不成? 但是他又那儿去了呢?"(儿·6·84)

⑭ 他暗暗的纳闷道:"这么些书,也不知有多少本儿,二十天的工夫,一个人儿那儿念的过来呀?"(儿·33·592)

⑮ 只这一句,他也不及问究竟是上那儿去,立刻就唬了一身冷汗,紧接着肚子拧着一阵疼。(儿·40·801)

⑯ 想了半日,忽然计上心来,说:"有了,等我合他们磨它子,磨到那儿是那儿!"(儿·27·463)

《儿女英雄传》疑问代词"那儿"应该是疑问代词"那里"的"里"语音磨损、弱化的结果,"儿"的语音进一步磨损、弱化就可能会消失。因此就《儿女英雄传》的疑问代词"那"来说,一部分可能是汉魏以来疑问代词"那"的延续,一部分可能是由"那里"→"那儿"→"那"发展演变而来。比较而言,该期山东方言文献中没有出现疑问代词"那儿",这说明山东方言中疑问代词"那里"的"里"的语音受磨损的程度还比较小,还没有发展到弱化,以致音变、消失的程度。① 因此,明清山东方言文献中疑问代词"那"仍

———————————

① 这两个次方言区(如北京话、山东话)的疑问代词"那里"所反映的语音发展差异与方所指示词"这里"、"那里"反映的情况是一致的。

是汉魏以来诘问词"那"和询问处所等的疑问代词"那"的延续。现代山东次方言区内也出现了因"哪里"的"里"语音的磨损、弱化而产生的疑问词"哪儿",因此我们认为现代山东方言中疑问代词"哪"与北京话一样也是原有疑问代词"哪"和"哪里"→"哪儿"→"哪"的合流。

2.4.2.4 "谁"、"那个(人)"、"什么人"的异同

近现代汉语里,"谁"、"那("哪")个(人)"、"什么人"是问人的常用形式。这几个词都用来指人,从语言的竞争性和经济性规律来说,它们之间必然存在某些差异。不少学者对其异同进行过专门的论述,基本观点有如下几种:1. "哪个"表示抉择,"什么"表示描述,而"谁"在"WH＋是＋NP"问句中表示抉择、在"NP＋是＋WH"问句中表示描述。这种观点可以张伯江、方梅(1996:74~75)为代表,以焦点理论说明"WH＋是＋NP"问句中疑问词是对比焦点,"NP＋是＋WH"问句中疑问词是常规焦点,对比焦点要求指别性句子与之相配,常规焦点要求说明性句子与之相配。如:"王朔是谁?＝王朔是什么人?""谁是王朔?＝哪个是王朔?"并指出:"针对'哪(个)＋N'的疑问域所作的回答肯定是对比焦点","就'什么＋N'所作的回答是句子的常规焦点"。2. 差异性与功能的扩张并存。吕叔湘可为这一观点的代表。吕叔湘(1985:115~120)认为"'谁'是要求指定,'什么人'是要求描写","哪个"的作用在于抉择,但这种区别"并不容易严格维持",即是说从理论上讲该用"谁"的地方可能用"哪个"或"什么人",反之亦然。3. 还有一种观点,如王晓澎(1994)认为:"谁"＝"哪个"表示指别,"什么人"要求描述。这些观点和见解在很大程度上揭示了"谁"、"哪个(人)"、"什么人"的某些特点。

《金》、《醒》、《聊》也有"谁"、"那个(人)"、"什么人"共存的现象,我们以这些材料为基础,对"谁"、"那个(人)"、"什么人"在"NP＋是＋WH"和"WH＋是＋NP"问句中的使用做进一步的观察。为便于比较和说明,对三种文献进行了调查统计,结果如下表:

	WH＋是＋NP?									NP＋是＋WH?								
	谁			那个(人)			什么人			谁			那个(人)			什么人		
	指定	描述	兼类	指定	描述	兼类	指定	描述	兼类	指定	描述	兼类	指定	描述	兼类	指定	描述	兼类
金	2	0	0	1	0	0	0	0	0	0	0	5	0	0	0	0	3	0
醒	3	0	0	3	0	0	0	0	0	15	1	5	1	0	0	0	9	0
聊	1	0	0	0	0	0	0	0	0	6	0	1	1	0	0	1	10	1

表中所谓"指定"、"描述"和"兼类"是针对WH(疑问词)的答语而言的,答语有的是指定性的,有的是描述性的,有的是兼表指定和描述。由上表可以看出,虽然"谁"、"那个(人)"、"什么人"出现在"WH＋是＋NP"和"NP＋是＋WH"问句中的用例并不多,但确实反映出一些问题:1. "谁"在"WH＋是＋NP"问句中答语都是表示指定的,

在"NP＋是＋WH"问句中答语的情况比较多样,既有指定、描述,又有指定兼描述的情况;2."那个(人)"虽然两种问句中都有出现,但是答语均为指定性的;3."什么人"虽只出现在"NP＋是＋WH"问句中,但答语却有指定、描述和指定兼描述三种情况。由此可见,明清山东方言文献中"那个(人)"是指别性的,而"谁"和"什么人"都不能简单地说成描述还是指别。下面我们结合实例来分析"谁"、"那个(人)"、"什么人"的具体性质。

2.4.2.4.1 谁

A."WH＋是＋NP"问句中"谁"的性质

上表反映出,在"WH＋是＋NP"问句中"谁"的答语只有表示指定一种情况。如:

① 小玉道:"奶奶,他是佛爷儿子,谁是佛爷女儿?"月娘道:"相这比丘尼姑僧,是佛的女儿。"(金·88·1340)

② 韩芦道:"……说小的诈财,谁是证见?"察院道:"奴才! 还敢强嘴! ……刘芳名证得这等明白,你还抵赖!"(醒·82·1172)

③ 他两个倒只再三的嘱付,说:"你二位,我也不知道你是怎么称呼。谁是姐姐,谁是妹妹?"(醒·96·1373)

④ 谁是咱着急的好亲戚? 既无有哥哥,又无有弟弟,那别人与咱何干系?(聊·富·1292)

例①从句子语境来看,"谁"所指代的是与"他"相对应的人,那么答语也应该是有别于"他"的对象,因而答语是由指代词"这"限定的"比丘尼僧"。例②,答语中专有名词"刘芳名"自身具有指别性。例③中两个"谁"字并列使用,指别的性质更为明显。例④,答语中"哥哥"、"弟弟"、"别人"都是定指性成分。由此看来,至少在明清山东方言文献中,问句"WH＋是＋NP"中,"谁"是要求指定的。

B."NP＋是＋WH"问句中"谁"的性质

由上表可以看出,在"NP＋是＋WH"问句中"谁"的答语既有指定、描述,又有兼类理解的情况,我们只有通过分析具体用例来说明出现这种复杂局面的原因。

a. 指定。即针对"谁"的答语是指定性的。如:

⑤ 刘振白道:"害的是甚么病? 医人是谁?"狄周道:"害的是干血痨,吃汪太医药只是不效,毕竟医治不好,死了。"(醒·80·1137)

⑥ 素姐问道:"这教里师傅是谁?"老侯婆道:"就是我合张师父。"(醒·69·985)

⑦ 宗师问说:"你从的先生是谁?"晁梁回说:"是尹克任。"(醒·46·668)

⑧ (王知县)便问赵家家人:"他那仇人是谁?"赵家家人忙跪下,说他仇人也是多,不知这是那一个。别的陈人旧事,惟有商家新犯干戈。(聊·寒·1034)

例⑤,NP"医人"已标明了所问对象的职业身份,"谁"不会再对这种已知信息进行重复询问,而是要求对未知信息进行指定,所以答语是表示指别的"汪太医"。例⑥也是如此。例⑦,句中NP"你从的先生",既限定了"你"与"先生"的关系,又指明了"谁"所称代的人的身份职业。换言之,问话人是对具有某种职业身份的特定的人的询问,所以"谁"的语义要求指定。在此语境下,人名"尹克任"表示指别。例⑧,答语中有"那一个"、"商家"等指别性词语。从上下文语境来看,句中NP"他那仇人"已体现出了"谁"所指代的人的身份以及与"他"的关系,即NP所包含的语义信息已经表明人物的身份等相关信息已不再是"谁"所要求证的内容,而是需要众中择一,因而答语是指别性的。

b. 描述。即答语是对"谁"所指代的人的身份、职业、家世以及与某人之间的关系等的说明。在"NP＋是＋WH"问句中,描述性答语的例子只有一个:

⑨ 褚四府问说:"计都是谁?"回说:"是小的父亲。"(醒·12·185)

例⑨,从上下文语境来看,褚四府只是从名单上看到"计都"这个人名,而对计都的其他情况一无所知,所以对"计都"这个个体进行询问的"谁"是要获取有关"计都"的更多的信息,因而其答语就需要对"计都"进行描述和说明,该例中答语表明了"计都"与答话人之间的关系。

c. 兼类。所谓"兼类"是指"谁"的询问重心具有一定的模糊性,答语往往也既具有说明性又具有指别性,我们难以简单地按指别或说明来定性。如:

⑩ (西门庆)故意问玉箫:"那个穿红袄的是谁?"玉箫回道:"是新娶的来旺儿的媳妇子惠莲。"(金·22·278)

⑪ (西门庆)因问:"那戴方巾的是谁?"希大道:"那戴方巾的是王昭宣府里王三官儿。"(金·42·550)

⑫ 落后玳安近来,两个唱的悄悄问他道:"房中那一位是谁?"玳安没的回答,只说:"是俺爹大姨人家,接来这看灯。"(金·42·551)

⑬ 晁大舍道:"这可是谁?"珍哥道:"这一定是你昨日送攒盒与他的星士,今日来谢你哩。"(醒·4·46～46)

⑭ 看门的道:"你是谁?我不认的你。"童奶奶道:"我是童伙计娘子。"(醒·70·1005)

⑮ 那妇人问道:"那戴着巾替你牵驴的小伙子是谁呢?"素姐道:"是俺当家的。"(醒·69·983)

⑯ 子雅拉住说:"那美少年是谁?"公子说:"江城。"(聊·襄·1223)

例⑩,NP"那个穿红袄的"提供的信息不具备某一方面的足量性,或者说其疑问具有二重性:问话人既不了解所问对象是哪一个人,又不了解其家世、身份等的具体情况。答语的中心语是"惠莲",人名具有指别性,"惠莲"前面的定语"新娶的"、"来旺儿的媳妇子"标明了"惠莲"的身份特征。这表明与NP的二重性相对应,答语也具有二重性。例⑪至⑭也是如此。例⑮,NP 所包含的语义信息与例⑩至⑭没有什么不同,只是答语好像缺少明确的指别性词语,实际上"俺当家的"在语义上也具有说明和指别的双重功用:一方面,它标明了答话人与所询问对象之间的关系;另一方面,在封建社会,妇女一般不直接称呼丈夫的姓名,所以只能用这种婉转的方式来指称,因此"俺当家的"又具有指别的功能。例⑯,NP 所包含的语义信息与前几例均相同,但答语只是一个人名"江城",这似乎只具有指别性而缺少说明性,但从上下文语境来考虑,问话人子雅与答话人公子是比较亲密的朋友,应该知道"江城"与公子的关系,即"江城"就是公子的妻子,所以在这种语境下人名"江城"实际上也是兼指别性和说明性于一身的。

由此可见,不能仅以"谁"的句法位置来说明"谁"的特征,"谁"的性质或者说"谁"需要什么样的答语与其相对应是由上下文语境、问话人与答话人之间的关系、NP 所包含的语义信息等各方面的因素共同决定的。在"NP＋是＋WH"问句中,当 NP 已包含"谁"所指代的人的身份、家世等信息时,"谁"的询问重心就在于指定;当 NP 只是一个指别性成分,如人名等,针对这个指别性成分进行询问的"谁",其询问的焦点内容显然是想获取更多有关这个人的信息,此时针对"谁"的答语就是描述性的。也就是说,当 NP 包含明确的指别性或说明性信息时,"谁"的询问焦点与 NP 具有互补性。当 NP 包含的语义信息在指别和说明两方面都不足量时,"谁"的询问焦点与 NP 具有一致性,即此时"谁"既包含指定性询问也包含说明性询问,因而答语既具指别性又具说明性。

2.4.2.4.2 那个(人)

疑问代词"那个"有时用"那一个"、"那位"、"那一位",有时"那个"等后面又加名词,如"那个人"。由上面表格可以看出,"那个"既可用在"WH＋是＋NP"问句中,又可用在"NP＋是＋WH"问句中。如:

⑰ 次日见朝,青衣冠带,同夏提刑进内,不想只在午门前谢了恩。出来,刚转过西阙门来,只见一个青衣人走向前问道:"那位是山东提刑西门庆老爹?"(金·70·1006)

⑱ 褚四府叫晁源问说:"那一个姑子是小青梅?"回话:"海会就是。"(醒·12·182)

⑲ 快手问道:"那一位是晁奶奶?"晁夫人哭着应了。(醒·20·299)

⑳ "这说话的是那一位?"卜向礼说:"这是权奶奶。"(醒·87·1238)

㉑ 开门问道:"你是那个?"又细认道:"是冯二哥么?有甚么要事?"(聊·磨·1391~1392)

例⑰至⑲"那位"等在"是"前,例⑳和㉑"那个"等在"是"后。从上下文语境及答语来看,"那个"等都是表示抉择。

"那个"等用于"WH＋是＋NP"问句中表示抉择指别的语义特征与"谁"相同,所以在这种句法位置"那个"和"谁"可以互换使用,如例⑲中"那一位"可以换成"谁"而语义不变。在"NP＋是＋WH"问句中,在一定语境下"谁"询问焦点在于指别时,与"那个"的功能又发生了重合,此时"谁"与"那个"也可互换使用。如例⑳问话人已经知道"这说话的"人的身份,即郭总兵的妾,也知道郭总兵两个妾在吵架,但不知具体谁是谁,所以"那一位"是指别性询问。我们知道,当NP已经包含所询问对象的身份等情况或在特定语境中问话人已经知道所问对象的身份等时,也可用"谁"来询问指别性的内容,所以例⑳"那一位"也可换成"谁"。由此看来,在特定语境下,"那个"与"谁"确实存在表抉择的功能的重合,因而在实际言语中,我们经常可以见到"谁"和"那个"均可使用的例子。

2.4.2.4.3 什么人

文献所反映的情况是,"什么人"虽然只出现在"NP＋是＋WH"问句中,但答语呈现出多样性:既有指别性的又有描述性的,还有指别兼描述的情况。

⑫ 公子云:"这是甚么人?"细认之:"原是春香么?"(聊·襄·1252)

⑬ 众人问道:"你是甚人,知得如此详细?"黄巾后生道:"我是圣姆脚下的管茶博士。"(醒·93·1329)

⑭ 大尹道:"小珍哥是甚么人?"高氏道:"是晁大官人取的唱的。"(醒·10·146)

⑮ 随将素姐叫上去,问道:"你丈夫是甚么人?"素姐说:"是个监生。"(醒·74·1056)

⑯ 因问:"你两个是甚么人?"那两个道:"不瞒壮士说,我们是本处打猎户。"(金·1·8)

⑰ (二姐)说:"贱人不敢动问,你实说你是什么人?"万岁说:"好奇呀!叫长官叫了一日了,怎么又问?"二姐说:"我看你不像个军家。"(聊·增·1626)

⑱ 万岁说:"你是甚么人?"张敖说:"我是这居庸关的巡检。"(聊·增·1563)

⑲ 皇爷说:"你是什么人?"玉座道:"我可就是那佛动心了呢。"(聊·增·1603)

例⑫,从上下文来看,问话人已经知道所询问的对象的身份等,而询问是对未知信息的求证,所以"甚么人"的询问焦点在于指定。例⑬,在众人看来,"知得如此详细"的人一定具有非同一般的身份、地位等,所以"甚人"是要求对所询问对象进行描述。例⑭至⑱也是如此。例⑲,根据语境判断,问话人对突然进来的人既不知是哪一位,又不知此人进来做什么,所以"什么人"询问的焦点具有二重性。答语虽是指别性的人的姓名——佛动心,但在特定语境中这个名字同时表明了来人与问话人皇爷的关系,即佛动心是皇爷要找的妓女,所以答语也具有二重性。由此可见,"NP＋是＋WH"问句中"什么人"与"谁"一样,其答语的性质是由上下文语境、问话人与答话人的关系、

NP 所包含的语义信息等各方面的因素共同决定的。

在"NP＋是＋WH"问句中，"那个"、"谁"、"什么人"等功能重合的现象更为突出，比如当询问的重心在于指别时，既可用"那个"也可用"谁"或"什么人"，因而就出现了实际语言中这三个词语交叉重叠的现象。

2.4.3 情状/方式疑问代词

明清山东方言文献中询问情状/方式的疑问代词主要有:近代汉语新产生的"怎生"、"怎";"怎"的复合形式"怎的(地)"、"怎么";"怎么"的复合形式"怎么的"、"怎么样"、"怎样"、"怎么着"、"怎么样着";"怎么"的音变式"仔么"、合音式"囃(咱)"。古汉语遗留下来的复合疑问代词有"何等"、"如何"、"何如"、"若何"、"奈何"等。古汉语遗留下来的复合疑问代词本节不做分析。

2.4.3.1 疑问代词"怎生"

疑问代词"怎生"较早见于敦煌变文《维摩诘经讲经文》，明清山东方言文献中仍在使用。

A. 询问。如:

① 老尼道:"这件物事倒少，怎生是好?"(醒·86·1230)

② 长命儿你在里边听，我在外边听，你待自家怎生，要把奴怎生?(聊·襄·1183)

③ 那长老怎生打扮? (金·57·770)

④ 周嫂儿去不多时，领了那丫头来到，还有一个老妈妈子跟着。那丫头怎生样的? 有《西江月》一首……(醒·55·797)

⑤ 西门庆又道:"怕你大娘问，怎生回答?"(金·25·320)

⑥ 虽说有两个人，都从半路里逃去，这又是两头不见影的话，又怎生不留他在衙里，却又送他往寺里来? (醒·15·224～225)

⑦ 武松道:"你教西门庆那厮垫发我充军去，今日我怎生又回家了? 西门庆那厮却在那里?"(金·87·1328)

⑧ 守备说:"夫人不早说，我已打了他十棍，怎生奈何?"(金·94·1416)

例①"怎生"做主语，询问事情、行为。例②"怎生"做谓语，相当于一个动词。例③和例④"怎生"做定语，询问事物的性状、样态。例⑤、例⑥"怎生"做状语，询问原因、方式等。在意义上，"怎生"与疑问代词"如何"、"怎样"较为接近。例⑦表层形式上"怎生"表示询问，而从上下文语境来看，答案已寓于话语中间，并不需要听话人做出回答，疑问词"怎生"鲜明表示出说话人对对方先前行为的否定和不以为然。这种用法的"怎生"在《金》、《醒》、《聊》只出现1例，而同样用法的"怎的"和"怎么"则相当普遍。例⑧"怎生"与同义疑问代词"奈何"并列连用，在疑问句中反映的是疑问的焦点，表明了守备得知陈经济是春梅的"表弟"后感到歉疚、怕春梅责怪而又不知所措的复杂心态。

B. 反诘。如：

⑨ 天色已黑了，倘或又跳出一个大虫来，我却怎生斗得过他！（金·1·7）

⑩ 说那院里小娘儿便怎的，那套唱都听的熟了，怎生如他那等滋润！（金·35·463）

⑪ 少了一人赚钱，反多了一人吃饭，怎生支挣得来？（醒·26·383）

⑫ ……尚不急早回头，重修正果，同上西天，尚自沉沦欲海，贪恋火坑，万一迷了本来，怎生是好？（醒·92·1314）

"怎生"表示反诘否定，一般用做状语，如例⑨至⑪；偶有用做其他成分的，如例⑫做主语。另外，"怎生"用于反问，句中的动词往往带可能补语，如例⑨和例⑪；或谓语动词本身为非动作性动词，如例⑩和例⑫。

C. 虚指。如：

⑬ 这春梅便把从前已往，清明郊外永福寺撞遇月娘相见的话，诉说一遍。后来怎生平安儿偷了解当铺头面，吴巡检怎生夹打平安儿，追问月娘奸情之事，薛嫂又怎生说人情，守备替他处断了事……（金·97·1454）

⑭ 至于丧间，素姐怎生踢蹬，相家怎生说话，事体怎样消缴，再听后回接说。（醒·59·856）

⑮ 金莲道："他来了这一向，俺每就没见他老婆怎生样儿。"（金·76·1160）

⑯ ……左思右想，还是出门，且再看怎生光景。（醒·3·33）

"怎生"用于虚指，可以做状语，如例⑬、例⑭，指代动作行为的方式或事情的经过；也可以做定语，如例⑮、例⑯，指代事物的情状。

D. 任指。这一时期文献中"怎生"用于任指的例子很少，只在《醒》中出现1例：

⑰ ……你梳了头上堂，跟了行香，凭他在衙里怎生发落，岂不省了这一场的事？（醒·91·1302）

句中有表示无条件的词语"凭……"，在这种环境下，"怎生"被赋予任指的语义特征。

E. 感叹。如：

⑱ 西门庆听了，叫起苦来，说道："好一块羊肉，怎生落在狗口里！"（金·2·30）

⑲ 孟玉楼道："这蛮子他有老婆，怎生这等没廉耻？"（金·76·1160）

⑳ 林氏道："好大人，怎生这般说！"（金·72·1048）

㉑ 李瓶儿道："好姐姐，怎生恁说话！"（金·35·453）

感叹用法的"怎生"只出现在《金》中，均做状语：例⑱"怎生"表现出西门庆对潘金莲的垂涎和惋惜；例⑲至㉑分别有样态指示词"这等"、"这般"、"恁"等，样态指示词本身就具有描绘和夸张的作用，"怎生"与之共现于同一句法环境下，使得说话人吃惊、不解、客套等情感表达得更加淋漓酣畅。

"怎生"的功能和频率分布

	语义功能						句法功能			
	询问	反诘	虚指	任指	感叹		主语	谓语	定语	状语
					~＋这般	其他				
金	28	25	15	0	6	3	2	3	7	64
醒	10	14	19	1	0	0	2	0	14	28
聊	1	0	0	0	0	0	0	5	0	0

2.4.3.2 疑问代词"怎"

"怎"在宋代就已出现(冯春田 2000:211),到近代汉语后期山东方言文献中仍较常见。

A. 询问。如:

① 李安说:"只怕县中不教你我领尸怎了?"(金·88·1336)

② 韩道国说:"丢下这房子,急切打发不出去,怎了?"(金·81·1257)

③ (金莲)因问:"你买的汗巾儿怎了?"(金·52·704)

④ 怎见的当日好筵席?但见:食烹异品,果献时新……(金·31·401)

⑤ 月娘道:"他的猫怎得来这屋里?"(金·59·813)

⑥ 姑子怎是小青梅?(醒·12·182)

⑦ ……又故意问道:"你怎知他开南京铺?"(醒·65·931)

⑧ 三疯云:"那小娃子怎不赐俺一看?"(聊·禳·1268)

⑨ 宗师问说:"一个秀才汪为露,是个怎模样的人?"(醒·39·574)

⑩ 舅爷说:"人材齐齐整整的,这是武县有名的方便主子,那还有第二家不成? 姐姐,你问他怎?"(醒·18·263)

"怎了"连用均出现在《金》中,共 21 例,"了"意思为"了结"的有 20 例。"怎"用在动词"了"的前面,询问动作行为的方式,做状语,如例①和例②。例③"了"为助词,"怎"表示对事件情状、结果的询问,相当于"怎么样"、"如何",做谓语。例④"怎"表设问,做状语。例⑤至⑧"怎"用在谓语前,表示对事情、行为、情由的询问,做状语。例⑨"怎"用于名词"模样"前做定语。例⑩"怎"加于 VP 之后,作为谓语的一部分,询问目的,相当于"干什么"。从历史语料来看,"VP＋怎"的形式较为罕见,可能是因为"怎"为单音节,位于句尾,语音节律上显得不太稳固和谐。

B. 反诘。如:

⑪ 早时使人去打点,不然怎了?(金·18·217)

⑫ 玉楼说:"你我既在檐底下,怎敢不低头?"(金·76·1140)

⑬ 西门庆道:"常言人的名儿,树的影儿,我怎不得知道!"(金·69·982)

⑭ 但看了这般猩血红的好尺头,不曾一些得手,怎肯便自干休?(醒·36·

171

529）

⑮ 这又不是用本钱做买卖，怎可讲数厚薄？只是凭他罢了。（醒·16·234）

⑯ 不亏这老祖度脱，怎能够跳出尘凡？（聊·蓬·1106）

⑰ 这汉子怎消洋这一口气，一直奔到西门庆生药店前，要寻西门庆厮打。（金·9·109）

⑱ 怎禁的贼人胆虚，一双眼先不肯与他做主……（醒·88·1252）

⑲ 那里从公审断，怎论那是是非非？（聊·寒·1025）

"怎"用于反诘，均做状语。例⑪"怎"修饰动词"了"，《金》反诘用法的"怎了"共3例。例⑫至⑯"怎"用在能愿动词"敢"、"得"、"肯"、"可"、"能够"等前面，表示对情理的否定。例⑰至⑲"怎"用在一般动词前表示对行为的否定。由以上例子可以看出，"怎"用于反诘，动词多是表示意愿、言说、心理情感等的动词，而很少是动作动词。

C. 虚指。如：

⑳ 李瓶儿道："又是大娘来，仓忙的扭一挽儿，胡乱磕上鬏髻，不知怎模样的做笑话。"（金·53·708）

㉑ 我将来不知怎结果，怎结果，千万休叫他断书香，断书香。（聊·富·1309）

㉒ 但怎得春莺生出一个儿子，不负了大尹的一片苦心才好。（醒·20·304）

㉓ 听说他大军已到，可看他怎见明君。（聊·磨·32·1530）

例⑳和㉑"怎"用于名词前做定语，指代不知道的情状；例㉒和㉓"怎"用于动词前做状语，指代未知的方式、情由。

D. 任指。如：

㉔ 晁夫人拿定了主意，凭晁思才怎说，只是不与他将了回去。（醒·57·826）

例㉔在"凭……"的句法环境中，"怎"具有任指性语义特征。不过，"怎"表示任指用例极少，三种文献中仅此1例。

E. 感叹。如：

㉕ 妇人平日不保护他好，到这田地就来叫我，如今怎好？（金·53·717）

㉖ 一个大姐怎当家理纪，也扶持不过你来？（金·73·1072）

㉗ 宗师说："你这样小年纪，文章怎就带老气？准你进学。"（醒·38·558）

㉘ 伯爵道："我猜已定还有底脚里人儿对哥说，怎得知道这等端切的？有鬼神不测之机。"（金·69·999）

㉙ 太守都道："天下怎有这般怪事！有如此恶妇！"（醒·97·1389）

㉚ 薛如卞大惊诧异道："怎便有如此等事！"（醒·63·906）

例㉕至㉗"怎"在句子中表示不满、嫉妒、惊讶等感情。例㉘至㉚"怎"与表示样态的指示词"这等"、"这般"、"如此"等共现，这些指示词本身就带有夸张的语义色彩，"怎"与它们出现在同一句法环境中，说话人爱憎好恶的主观感情态度表现得更加鲜明。而且"怎"与样态指示词共现时所表现出的鲜明的主观性特征，在询问和反诘句中也表现得十分突出，如：

㉛ 西门庆道："怎去得恁久？"（金·53·723）

㉜ 死狗扶不到墙上的人，怎怪得那老婆恁般凌辱！（醒·63·909）

例㉛"怎"询问原因，例㉜"怎"表示否定。"怎"分别与"恁"、"恁般"共现于同一句法环境中，说话人不满、责怪的语气溢于言表。

"怎"的用法和频率分布表[①]

	语义功能						句法功能				
	询问	反诘	虚指	任指	感叹		主语	谓语	VP+～	定语	状语
					～……这般	其他					
金	64	155	4	0	1	2	1	1	0	1	223
醒	57	146	6	2	7	1	0	0	1	2	216
聊	11	120	8	0	0	0	0	3	0	0	136

2.4.3.3 疑问代词"怎着"、"怎般"

明清山东方言文献还出现了"怎"和助词"着"、词尾"般"组合的例子，各 1 例：

① 徐氏上云："好了么？好了么？怎着来？"（聊·襄·1198）

②（龙氏）见了素姐怎样说话，后来怎般回去，这事如何结束，再看后回接续。（醒·73·1047）

例①"怎着"与助词"来"一起构成一个独立的句子，表示询问；例②"怎般"用于动词前做状语，表示虚指，指代将要发生的动作行为的方式，避免叙述上不必要的重复。

2.4.3.4 疑问代词"怎的（地）"及其复合形式"怎的样"

疑问代词"怎"又可与词尾"地（的）"组合，"'怎地（的）'大约始起于金代，元明时期又多作'怎的'。"（冯春田 2000/2003:219）明清山东方言文献中词尾多用"的"而少用"地"，而且"怎的（地）"在各文献中的分布不平衡。首先，频率分布悬殊："怎的（地）"《金》出现频率相当高，而在《醒》和《聊》中出现频率则较低，这可能体现了"怎的

---

①《金》第 64 回第 904 页："薛内相道：'……那酸子每在寒窗之下，三年受苦，九载遨游，背着个琴剑书箱来京应举，怎得了个官，又无妻小在身边，便希罕他这样人。'"该例的"怎"是"怎"还是"乍"存疑。该例未统计在内。

（地）"使用的时代特征。这一时代性还体现在:《金》可见到"怎的"与"样"组成的复合形式"怎的样",而《醒》和《聊》均不见用例。其次,语义功能分布存有差异:《金》"怎的（地）"虽有较多表示反诘的用例,但表示询问的例子远远超过表示反诘的例子,《醒》"怎的（地）"用于反诘数量上也不占优势,《聊》"怎的（地）"则主要是用于"反诘"。

A. 询问。如:

① 王婆道:"怎的是挨光? 似如今俗呼偷情就是了。"(金·3·36)

② 金莲道:"你没见他老婆怎的模样儿?"(金·58·800)

③ 月娘问道:"李大姐,你心里觉怎的?"(金·30·383)

④ 姐姐是因怎的就害起病来?(醒·63·906)

⑤ 施灼龟问甚事,西门庆道:"小儿病症,大象怎的,有纸脉也没有?"(金·53·717)

⑥ 傅伙计道:"你老人家寻他怎的?"(金·8·94)

⑦ 高季说:"你来怎的?"(聊·襄·1230)

⑧ 李瓶儿道:"怎地收惊?"(金·53·718)

⑨ 娘娘说:"好亏他,好亏他! 可怎的不见洞宾呢?"(聊·蓬·1083)

⑩ 到日西时分,西门庆庙上来,袖着四两珠子,进入房中,一见便问:"怎的来?"妇人放声号哭起来,问西门庆要休书。如此这般告诉一遍⋯⋯(金·11·127)

⑪ 伯爵道:"哥,你是个人! 你请他就不对我说声? 我怎的也知道了。"(金·61·848)

⑫ (晁大舍)又走到后边计氏门边说道:"姓计的! 我害不好,多谢你去看我! 我今日怎的也起来了? 我如今特来谢你哩!"(醒·2·27)

⑬ 经济道:"有人来赎衣裳,可怎的样?"(金·33·423)

⑭ 西门庆因问他:"庄子上收拾怎的样了?"(金·35·465)

例①至⑤"怎的"分别做主语、宾语、定语、谓语等;例⑥和例⑦"怎的"位于 VP 的后面,作为句子谓语的一部分,这种句式用于询问的少,用于反诘的多;例⑧、例⑨"怎的"位于动词前做状语;例⑩"怎的"加语气词"来"组成独立句表示询问。例⑪、⑫根据语境可知,"怎的"并不表示真性询问,即并不需要对方回答,而是用询问的形式表达说话人对对方先前行为的否定、不满、抗议以及对现有状况或结果的炫耀。可以看出,"怎的"询问的内容非常广泛:询问事由、情状、方式等。比较而言,明清山东方言文献"怎的（地）"比"怎"在语义和句法上都丰富得多。

B. 反诘。"怎的（地）"表示诘问,大约是元明以后的事。明清时期山东方言文献"怎的（地）"用于反诘句的例子非常普遍,如:

⑮ 西门庆道:"你也耐烦,把那小淫妇儿只当臭屎一般丢着他,理他怎的你!"(金·75·1133)

⑯ 冤家路儿窄,又被他亲眼看见,他怎的不恼? (金·21·269)

⑰ 但这些禁卒怎的每日供他的饭食,做好做歹在驿丞面前周旋,将他上了锁,脚上带了脚镣,放他出街讨饭。(醒·88·1257)

⑱ 王银匠说:"张大哥,你不如还上大令郎家去罢。"张老说:"他怎的肯收留?"(聊·墙·841)

⑲ 月娘道:"慌去怎的,再住一日儿不是?"(金·75·1111)

⑳ 就是个鹧鹰罢呀,怕他怎的! (醒·63·905)

㉑ 张讷已将待死哩,你还骂他怎的! (聊·慈·919)

由例⑮至㉑可以看出,"怎的(地)"用于反诘,多表示说话人不满、责怪的情感态度。例⑮,"理"的宾语是个句子,"怎的"在宾语从句中做谓语相当于一个动词,而且其后还带了宾语"你",动词性更加明鲜。同时,从句子语境可以看出,"怎的"所指代的是不知道、说不出或无须说出的动作行为,因此例中"怎的"具有反诘兼虚指的双重功能。例⑯至⑱"怎的"置于谓语之前,表示对动作行为的否定。例⑲至㉑"怎的"置于VP之后,表示对 VP 的否定。

C. 虚指。如:

㉒ 西门庆道:"恁的晦气,娘儿两个都病了,怎的好!"(金·54·734)

㉓ 随问旁边有人说话,这婆子一力张主,谁敢怎的! (金·7·77)

㉔ 武大见老婆这般言语,不知怎的了,心中只是放去不下。(金·1·21)

㉕ 于是把卖梨儿寻西门庆,后被王婆怎地打,不放进去,又怎的帮扶武大捉奸,西门庆怎的踢中了武大,心疼了几日,不知怎的死了,从头至尾诉说了一遍。(金·9·108)

㉖ 有那做文章的,也并不晓得先与他讲讲这个题目,该断做,该顺做……怎样起,怎样提,大股怎的立意,后比怎样照管,后边怎样收束……(醒·26·380)

㉗ 仙童打鹿,人才知是老寿星骑来的。不一时,寿星和福、禄二星同到,便问仙童打他怎的。(聊·蓬·1079)

㉘ (典史)教他如何如何,怎的怎的。(醒·14·209)

例㉒至㉘"怎的(地)"用于虚指,表示不知道、说不出或无须说出的情状、因由、方式等。"怎的(地)"可以做多种句子成分:做主语,如例㉒;做谓语,如例㉓;做宾语,如例㉔;做状语,如例㉕、㉖;还可以置于 VP 之后做谓语的一部分,如例㉗。例㉘疑问代词"如何"、"怎的"采用重叠和并列连用的形式"如何如何,怎的怎的"表示虚指,避免了与下文具体行为的重复,为下文进一步展开情节做了铺垫。

D. 任指。如:

㉙ 金莲说道:"随你怎的逐日沙糖拌蜜与他吃,他还只疼他的汉子。"(金·26·330)

㉚ 那唱《昙花记》的木清泰,被宾头卢祖师、山玄卿仙伯哄到一座古庙独自一人过夜,群魔历试他,凭他怎的,只是一个不理,这才成了佛祖。(醒·32·468)

㉛ 西门庆道:"不拣怎的,我却依你。"(金·3·37)

例㉙有表示无条件的词语"随……","怎的"与之共现被赋予了任指的语义特征。例㉚、㉛类此。文献中"怎的"表示任指共 20 例,均出现在"随……"、"凭……"等句法环境中。

E. 感叹。"怎的"用于感叹的例子虽少,但有一个共同特点:均出现在与样态指示词共现的句法环境。如:

㉜ 这位大姐,怎的恁般粗鲁性儿?(金·75·1116)

㉝ 春梅便道:"这怎的这等生分,大白日里借不出个干灯盏来。"(金·72·1036)

"怎的(地)"的语义功能分布表[①]

	询问			反诘		虚指		任指	感叹
	怎的	怎地	怎的样	怎的	怎地	怎的	怎地	怎的	怎的
金	349	8	2	177	2	133	6	19	6
醒	1	1	0	8	0	11	0	1	0
聊	5	0	0	33	0	1	0	0	0

"怎的(地)"的句法功能分布表

	怎的							怎地		怎的样	
	状语	主语	宾语	定语	谓语	VP+～	独立句	状语	谓语	补语	谓语
金	474	6	30	3	21	134	3	14	1	1	1
醒	5	0	7	0	4	4	0	1	0	0	0
聊	2	0	0	0	1	36	0	0	0	0	0

2.4.3.5 "怎么"及其复合形式

2.4.3.5.1 怎么

冯春田(2000/2003:221):"疑问代词'怎么'在宋代偶尔可见到用例,大约到元明时期才有较大发展。"比较"怎的(地)"和"怎么"可以看出,明中叶的《金》中仍是"怎的"占优势,"怎么"的使用还不很普遍;而清初以后的《醒》和《聊》中情况发生逆转,"怎的"使用频率骤减,而"怎么"的使用频率迅速增高。进一步比较"怎生"、"怎"、"怎

---

① 不包括"怎的"用于紧缩复句的情况。

的(地)"、"怎么"等,我们可以得出这样的结论,清初山东方言中"怎么"在同类词语中已显示出巨大的生命力和发展优势,已成为汉语中最主要的询问性状、方式、程度等的疑问代词。

A. 询问。如:

① 妇人问道:"怎么是回背?"(金·12·149)

② 侯、张道:"狄老爷,你怎么来? 身上不好么,唉唉哼哼的?"(醒·96·1367)

③ 银匠说:"既这等,找我怎么?"(聊·墙·853)

④ 再冬问道:"姐姐,你为怎么干这们拙事?"(醒·77·1104)

⑤ (江城)便问:"这是怎么?"(聊·襄·1228)

⑥ (孟玉楼)见金莲睡在床上,因问道:"六姐,你端的怎么缘故,告我说则个。"(金·12·143)

⑦ 奶奶问道:"你见他是怎么个人才?"(醒·7·97)

⑧ 高公忙问:"怎么来? 怎么来?"(聊·襄·1196)

⑨ 刘振白道:"怎么刘敏不来,你自己来到这里?"(醒·82·1169)

⑩ 已是一命抵一命,彼此准折也罢了,怎么还敢把官告?(聊·寒·1050)

⑪ 龙氏从狄家回去,扬扬得意说道:"你们没人肯合我去,我怎么自家也能合他说了话来!"(醒·74·1048)

由例①至⑪看出,"怎么"主要用来询问事由、情状、方式等。句法上,"怎么"可做主语、谓语、定语、宾语、状语;可置于 VP 后做谓语的一部分,如例③;可以直接加于名词之前,如例⑥,也可以后带量词"个"再加于名词之前,如例⑦。根据语料调查来看,"怎么"带量词"个"做定语的情况只出现在《醒》,共 9 例,其中表询问的 5 例,表虚指的 4 例。"怎么"还往往加助词构成独立句,如例⑧。例⑪"怎么"也是做状语,但说话人并不是意在求疑,而是通过询问的方式来传达自己对对方先前行为的不满、否定等。

B. 反诘。如:

⑫ 你说没有劈的,咱家的尤厨子是怎么来? (醒·60·866)

⑬ 薛亲家阄阄渴渴的,是他闺女雌答的;咱怎么来,他恼咱? (醒·48·701)

⑭ 月娘道:"你成日守着他,怎么不晓的!"(金·75·1127)

⑮ 薛三省娘子说:"狄大娘定个日子,好叫姐姐家去,这活络话怎么住的安稳?"(醒·48·704)

⑯ 看他作的那鬼儿,怎么不该打他,怎么不该掘他,怎么不该抠他! (聊·襄·1205)

⑰ 歪斯缠怎么? (金·15·188)

⑱ 龙氏道："你不叫去罢呀,打我怎么?娘叫我合你说,我待合你说来么。"(醒·56·808)

⑲ 不怕我兄弟路上受气,要这性命待怎么!(聊·磨·1450)

"怎么"表示诘问,可做宾语、谓语、状语,或放在 VP 的后面充当谓语的一部分,如例⑰至⑲。

从用例统计来看,文献中"VP＋怎么"的例子相当多。早期位于 VP 之后的"怎么"为"动·宾"关系(冯春田 2000/2003:198～203),明清山东方言文献"怎"系疑问代词不只"怎么"可用于 VP 之后表示"做什么"之义,"怎"和"怎的"等也可用于 VP 之后表示"做什么"。从语源上来说,"怎"是"怎生"省略词尾"生"而产生的;"怎"又和词尾"地(的)"组合成"怎地(的)"。从结构上来说,"怎"和"怎地(的)"都无法分解或还原成"做·什么"的动宾结构。这从一个侧面说明,与"怎"等居于同种句法位置"VP＋～"上的"怎么",虽仍具有早期源词的意思,但已不再是一个动宾结构,而与"怎"、"怎地(的)"等一样是一个疑问代词。

另有一个较为突出的语法现象是,明清山东方言"怎"系疑问词用于"VP＋～"结构多表示反诘,下面两组数据可以证明这一点:① "VP＋怎的/怎么"的句子共 259 例,表示诘问的有 218 例,占总数的百分比高达 84.2%;② "怎的(地)"、"怎么"表诘问的共 753 例,其中"VP＋怎的/怎么"诘问句约占诘问例子总数的 30%。为什么言语行为者多用"VP＋～"来表示诘问呢?应该说这与句子语义信息的表达不无关系。因为"句子的信息编排往往遵循从旧到新的原则,越靠近句末信息内容越新"(张伯江、方梅 1996:73),即一般情况下,句末的语义信息是句子的自然焦点所在。"VP＋～"处于句子末尾,所以"怎的/怎么"就成了句子焦点的焦点,在这种句法环境下,其否定的力度大大增强,因而"VP＋～"成了说话人表达不满、责怪、怨愤等主观情感的强有力的方式或手段。

C. 虚指。如:

⑳ 妇人便问怎么缘故,西门庆悉把今日门外撞遇鲁华、张胜二人之事,告诉了一遍。(金·19·230)

㉑ 刘振白道:"二位爷开了我的锁,留点空儿与我,好叫我与狄爷商议商议,怎么个道理,接待二位爷。"(醒·80·1147)

㉒ 伯爵说:"没奈何,教他四家处了这十五两银子,看你取巧对你爹说,看怎么将就饶他,放了罢。"(金·34·440)

㉓ 也不见怎么好,怎么把心来动?(聊·襄·1166)

㉔ 你那里便图出身,你在这里守到老死也不怎么。(金·80·1248)

㉕ 一日,身上不觉怎么,止觉膝盖上肉战……(醒·60·867)

㉖ 俺婆子看见,便问待怎么。(聊·襄·1234)

"怎么"用于虚指,指代未知或无须说出的事情、行为、方式、情状、因由等,句法功能分布较广:可做定语,如例⑳至㉑;做状语,如例㉒至㉓,而且在否定句中"怎么"修饰形容词有缓和否定的作用,如例㉓;做谓语,如例㉔;做宾语,如例㉕;在VP后充当谓语一部分,如例㉖,不过,"VP+怎么"结构中,"怎么"表示虚指的例子较为罕见。

  D. 任指。如:

   ㉗ 况他的参本还未到。等他本上时,等我对老爷说了,随他本上参的怎么重,只批了"该部知道"。(金·48·637)

   ㉘ 陈公道:"罢,罢,太太说了,我任他怎么,我也不打他,只教他赔银子罢。"(醒·70·1002)

   ㉙ 张大说:"不必理他。这月里是个小尽,到明日送给他二叔,尽他合他怎么闹去。"(聊·墙·836)

   ㉚ 穷虽穷志气刚,任拘他怎么降,脸儿难合心两样。(聊·增·1668)

   ㉛ 里边人推睡浓,济着他怎么叫。(聊·富·1337)

   ㉜ 来此已是中军帐,只得进去凭军师怎么处分罢。(聊·快·1134)

   ㉝ 寄姐道:"我待怎么说就怎么说! 只是由的我!"(醒·87·1236)

   ㉞ (小珍哥)见了晁凤,哭的不知怎么样的,说:"我待怎么,可也看死的你大爷分上!"(醒·51·747)

例㉗至㉜句中分别有表示无条件的词语"随"、"任"、"尽"、"任拘"、"济"、"凭"等,在这种句法环境中,"怎么"被赋予了任指的意义特征。例㉝"怎么……怎么"构成连锁结构,前一个"怎么"表示虚指,后一个"怎么"与前一个"怎么"所指相同,随前一个"怎么"变化而变化,这种依变关系使得"怎么"具有了任指的语义特征。例㉞句中暗含一种无条件的关系,相当于"无论……也",只不过关联词"无论"没有出现,在这种句法环境下,"怎么"获得了任指的意义特征。

  E. 感叹。如:

   ㉟ 韩道国道:"如今好容易撰钱,怎么赶的这个道路!"(金·38·498)

   ㊱ 大尹道:"这个孩子有好处。怎么可可的叫我穿了吉服迎你们的喜报!"(醒·21·311)

   ㊲ 各家从厚打发报喜的人,都各管待酒饭,倒不说一个书房四个学生出考全全的取出可喜,只服连春元的眼色怎么一点不差。(醒·38·555)

   ㊳ 怎么凶恶至此!(聊·襄·1244)

   ㊴ 杨春的母亲合他媳妇见抬了一个坛去,说道:"怎么? 叫了你去,分与了一坛酒么?"(醒·34·500)

   ㊵ 晁夫人扯脖子带脸通红的说道:"怎么来! 谁煏烤着我稞谷? 我拿秕子揽着哄人!"(醒·32·474~475)

   ㊶ 怎么如此一个美人,藏蓄恁般的狠恶?(醒·61·880)

   ㊷ 怎么人世间有这们希奇物件!(醒·6·87)

㊸ 怎么这样精巧！(聊·襄·1267)

㊹ 咳！天给他这么一个模样，怎么就给他这么一个性情？天给我这么一个人物，怎么就给我这么一个老婆？(聊·襄·1181～1182)

㊺ 孙兰姬拍着胯骨怪笑："怎么来，唬的这们样的？没有胆子，你别来怎么！"(醒·38·562)

根据语境可知，例㉟至㊳"怎么"均表示一种出乎意料的强烈情感：例㉟表示遗憾和抱怨；例㊱表示喜悦；例㊲表示钦佩；例㊳表示惊讶、不可思议。例㊴至㊵"怎么"单独成句，或加语气词组成独立的句子，表示说话人不满、惊讶之情。例㊶至㊹"怎么"与样态指示词"这么"、"这样"等共现，样态指示词本身往往具有夸饰的语义色彩，"怎么"与之共现更容易表达一种鲜明的、强烈的主观情感。例㊺"怎么"在 VP 的后面，表面上与表示询问或反诘的"VP＋怎么"相同，但从语义上来看，"怎么"既不表示询问，也不表示反诘，在句法上很难把它归结为哪一个句子成分，如果去掉"怎么"并不影响句子基本意思的表达，而加上"怎么"说话人不满、怨愤的情绪就显得更为强烈，所以"怎么"的意义已比较虚化，与表示感叹语气的助词"啊"非常相近。

"怎么"的功能及频率分布表①

	语义功能						句法功能						
	询问	反诘	虚指	任指	感叹		主语	谓语	VP＋～	宾语	定语	状语	独立句
					～＋这么	其他							
金	47	55	25	4	3	1	3	4	6	2	4	116	0
醒	348	235	134	19	19	35	8	48	65	55	17	551	29
聊	438	251	59	23	31	13	4	14	14	9	6	701	11

2.4.3.5.2 "怎么"的复合形式

明清山东方言中又可见到"怎么"的复合式"怎么的"、"怎么样"、"怎样"、"怎么样着"和"怎么着"。总的来看，这些复合形式出现频率并不算高，而且文献分布也不均衡："怎么的"《金》和《醒》用例不多，而《聊》用例更少；"怎样"是"怎么样"的省减形式（吕叔湘 1985：308），但二者在文献中分布并不相同，《金》和《醒》中"怎样"多于"怎么样"，而《聊》则相反，这种现象可能反映出次方言区之间的差异或作者用词习惯的不同；"怎么着"和"怎么样着"只出现在清初的《醒》和《聊》中，明中叶的《金》中没有这种语言现象，这可能表明"怎么"和"怎么样"与助词"着"组合是清代才出现的后起现象。

A. 询问。如：

㊻ 月娘道："是我说来，你如今怎么的我？"(金·75·1127)

---

① "怎么"用于紧缩复句的例子不计在内。

㊼ 伯爵道:"你没曾打听得他每的事怎么样儿了?"(金·52·700)

㊽ 那乱处百姓怎样?(聊·磨·1544)

㊾ 晁凤娘子说道:"这可怎么样着?"(醒·49·711)

㊿ 江城说:"他怎么着来?"(聊·禳·1214)

(51) 怎么的弄的少油没盐,少柴无米,少袖无系,少吃无烧?(聊·穷·1121)

(52) 县官说:"你怎么样就得出去?"(醒·51·744)

(53) 二姐在旁喜的目瞪痴迷,自思这事出奇,就是老王晕风发了罢,怎样朝着他仔管磕头?(聊·增·1631)

(54) 刘锦衣开口道:"胡家外甥的事,姑夫算计要怎样与他做?"(醒·5·70)

(55) 素姐道:"可怎么样着处他呢?"(醒·74·1049)

(56) 我在人间六七年,怎么着这里筵席还未散?(聊·蓬·1104)

(57) 娘子说:"我见你书舍齐整,衣服摇摆,当是还成的是个家当,不想这等,可怎么着过?"(聊·蓬·1088)

(58) 晁大舍又问:"他拜我,却是怎么的意思?"(醒·4·48)

(59) 你如今领兵来的,却又是怎么样个人?(醒·99·1409)

(60) (玉箫)因问:"俺爹到他屋里,怎样个动静儿?"(金·20·244)

(61) 众人说:"你是怎么着讨法?"(聊·磨·1374)

(62) 仲鸿便问:"你是怎么样呢?"(聊·禳·1166)

(63) 西门庆便问:"你今日心里觉怎样?"(金·62·867)

(64) 他没说你爷的病是怎么样着?(醒·2·25)

(65) 二位相公跑来,那天也就黑了。见他爷那衣服碎破,在那里哇哼,流水问道:"爷呀!伤的怎么样了?"(聊·寒·1018)

(66) 合庵听说大喜,说:"怎么的?"(聊·富·1351)

(67) 高季说:"事急矣!怎么样?"(聊·禳·1227)

(68) 怎么样着?去呀不去?(醒·60·864)

(69) 差人正嚷着说:"怎么着哩?雌不出来?俺就进去哩!"(聊·磨·1416)

例㊻至(69)"怎么的"、"怎么样"、"怎样"、"怎么着"和"怎么样着"询问情状、方式、因由、动作行为等,可做多种句法成分:做谓语,如例㊻至㊿;做状语,如例(51)至(57);做定语,如例(58)至(61);做宾语,如例(62)至(64);做补语,如例(65);独立成句或与语气词"哩"组成独立的句子,如例(66)至(69)。

B. 反诘。如:

(70) 月娘就有几分恼,说道:"他不唱罢了,这丫头惯的没张倒置的,平白骂他怎么的?"(金·75·1100)

(71) 秦继楼说:"你只管合他说去,怕怎么的?"(醒·34·503～504)

(72) 做着条汉子,除不能中举会士,给那妻子增光,一个老婆也不能做下主

来,待要这命怎样！(聊·磨·1427)

⑦ 您二位忒也诌,怎么着给你兜？(聊·磨·1450)

⑦ 那小献宝背后咽哝,说道:"那狄宗禹合程英才怎么的你来？"(醒·39·576～577)

⑦ 薛夫人说:"你恼他怎么？自家的个孩子,你可怎么样的？"(醒·48·703)

⑦ 寄姐道:"你可怎么样着？'严婆不打笑面'的。"(醒·96·1375)

例⑦至⑦"怎么的"、"怎样"、"怎么着"、"怎么样"、"怎么样着"等用于反诘,有的表示纯粹的否定,如例⑦至⑦;有的在表示否定的同时还具有虚指的意义特征,如例⑦至⑦。另外值得一提的是,表示反诘的"怎么的"基本都出现在"VP＋怎么的"这种句法位置,而且《醒》中 10 例反诘句全是"怕怎么的"。

C. 虚指。如:

⑦ 怎么样着才是好,好难打发。(聊·禳·1199)

⑦ 爹,可怎么样儿的,恁造化低的营生,正是关着门儿家里坐,祸从天上来。(金·51·671)

⑦ 西门庆道:"今日他老远的又教人稍书来,问寻的亲事怎样的了。"(金·36·474)

⑧ 他夺门就赶,不是我跑的快,闪了门,他不知待怎么的我哩。(醒·59·851)

⑧ 我明日就去,我看他怎么样着！(醒·74·1049)

⑧ 咳！他不知怎么着张相公哩！(聊·磨·1452)

⑧ 西门庆晚夕到李瓶儿房里看孩儿,因见孩儿只顾哭,便问怎么的。(金·32·417)

⑧ 官哥不知怎么样,两只眼不住歹看起来,口里卷些白沫出来。(金·53·716)

⑧ 我虽则往东京,一心只吊不下家事哩,店里又不知怎样,因此急忙回来。(金·55·747～748)

⑧ 狄希陈说:"咱把这炮仗绑在那狗头上,拿着他点上可,放了他去,响了可不知怎么样着？"(醒·58·833)

⑧ 月娘道:"我洗着眼儿看着他,到明日还不知怎么样儿死哩！"(金·75·1130)

⑧ 珍哥将他怎样昏迷,怎样去请计氏不来,杨太医怎样诊脉,禹明吾四人怎样同来看望,一一都对晁大舍说了。(醒·2·25～26)

⑧ 老七,你且将了他去,看怎么的同着众人立个字儿也不差。(醒·57·820)

⑨⓪ 他听见了,瓜儿多,子儿少;又道是怎么合人擦肩膀,怎么合人溜眼睛;又是怎么着被人抠屁眼,怎么被人剥鞋。(醒·2·19)

⑨① 儿已成了人家了,不知你怎么着费心来!(聊·磨·1463)

⑨② 怎么样的一座宣武院,好歹私行瞧一瞧,人人说好想是妙。(聊·增·1557~1558)

⑨③ 不知怎样的风俗,挑水的都尽是女人。(醒·28·413)

⑨④ 计氏说道:"待我自己出去看看,果是怎样个行景。"(醒·2·18)

⑨⑤ 平安道:"想必是家里没晚米做饭,老婆不知饿得怎么样的。"(金·35·461)

⑨⑥ 李瓶儿道:"不然,还不知跌得怎样的。"(金·61·853)

⑨⑦ 平安道:"怎么样儿,娘们会胜看不见他。"(金·76·1160)

虚指的"怎么的"、"怎么样"、"怎样"、"怎么着"、"怎么样着"指代未知的或无须指出的情状、方式、事情、行为、原因等,可做多种句子成分或独立成句。

D. 任指。如:

⑨⑧ 月娘道:"你也不要管他,左右是我,随他把我怎么的罢。"(金·20·253~254)

⑨⑨ 俺今若到中军里,说不的短,道不的长,但凭军师怎么样。(聊·快·1134)

⑩⓪ 相大舅道:"外甥又等他不到,姐夫的病又日渐加增,旧时只有外甥一人,不拘怎样罢了;如今又添了这个小外甥儿,这家事就该分令的了。"(醒·76·1079~1080)

⑩① 日后你来,日后你来,做了乡宦有钱财,这里甚空闲,任你怎样盖。(聊·翻·972)

⑩② 寄姐道:"随他怎么着我,我不怕!"(醒·80·1139)

⑩③ 相于廷笑道:"是呀。你兄弟媳妇儿待怎么样着就怎么样着,我敢扭别一点儿么?"(醒·58·836)

例⑨⑧至⑩②句中有表示无条件的词语"随"、"任"、"凭"、"不拘"等,在这种句法环境下"怎么的"等获得了任指意义。例⑩③句中前一个"怎么样着"表示虚指,后一个"怎么样着"与前一个所指相同,随前一个的变化而变化,在这种具有依变关系的连锁式结构中"怎么样着"获得了任指的意义特征。

E. 感叹。如:

⑩④ 说话之间,只见魏三外面吆喝道:"怎么着哩!或长或短,分付我去,叫我把这们一日门,也不当家。"(醒·46·671)

⑩⑤ 金莲说道:"早时与人家做大老婆,还不知怎样久惯鬼牢成!"(金·21·262)

⑩ 我只当你怎样知音来呢，谁想你是胡猜。(聊·增·1619)

例⑩"怎么着"与语气词"哩"组合成独立句，传达说话人的不满之情。例⑩、⑩中"怎样"表示感叹的语义特征是通过语境体现出来的，而且"怎样"表示感叹没有与样态指示词共现的用例，这可能是因为"怎样"的"样"表示性状、样态的特征比较明显，不宜再与样态指示词搭配使用。

"怎么"的复合形式的功能和频率分布表

		语义功能					句法功能							
		询问	反诘	虚指	任指	感叹	主语	谓语	VP+~	宾语	定语	状语	补语	独立句
怎么的	金	8	4	4	1	1	0	4	4	5	0	1	0	4
	醒	6	10	8	2	0	0	10	9	5	1	1	0	0
	聊	2	0	0	0	0	0	0	0	0	1	0	0	1
怎么样	金	1	0	11	0	0	0	3	0	3	0	1	1	4
	醒	13	4	0	0	0	0	11	0	3	2	3	0	0
	聊	41	1	12	1	0	0	31	0	10	7	1	3	3
怎样	金	13	6	16	1	4	0	16	0	5	4	8	3	4
	醒	21	4	52	4	0	0	6	0	11	4	60	0	0
	聊	4	3	2	1	2	0	2	1	0	0	9	0	0
怎么样着	金	0	0	0	0	0	0	0	0	0	0	0	0	0
	醒	10	1	6	2	0	0	9	0	1	0	1	0	2
	聊	1	0	1	0	0	1	0	0	0	0	0	0	1
怎么着	金	0	0	0	0	0	0	0	0	0	0	0	0	0
	醒	0	0	3	1	1	0	2	0	0	0	0	0	1
	聊	23	4	3	0	0	0	15	0	1	1	6	0	7

2.4.3.6 疑问代词"仔么"

疑问代词"仔么"是"怎么"的"口语音变形式"（冯春田 2002b），只出现在《醒》中，《金》和《聊》均未见用例，这反映出同一时期局部区域内方言音变的差异。除 2 例"罢呀仔么"和 1 例"可不仔么"外，《醒》还有 4 例"仔么"，其功能和频率分布如下表：

语义功能			句法功能	
反诘	感叹		状语	独立句
	~＋这样	其他		
1	1	2	2	2

① 狄员外道:"仔么不依?"(醒·55·801)

② 巡道叹息了两声,说:"仔么有这样事!"(醒·12·175)

③ 晁无晏道:"仔么! 我自己单身降不起你么?"(醒·32·470)

④ 晁无晏道:"仔么! 我是马夫么? 你驿丞管着我鸡巴哩!"(醒·32·471)

例①"仔么"用于诘问,表示否定;例②"仔么"与样态指示词"这样"共现,表示惊讶、痛惜;例③、例④"仔么"独立成句,表示不满和不以为然。

2.4.3.7 疑问代词"喏(咱)"

疑问代词"喏"又写做"咱"或"喒",冯春田(2003)从语音和语法两个方面证明"喏(咱/喒)"是"怎么"的合音形式,并指出合音式疑问代词在明代北方系方言中尚未形成,在南方系方言中虽已产生,但并不多见。

调查明清山东方言语料发现,明中叶的《金》和清初的《聊》中均出现了合音式疑问代词"喏(咱/喒)",明末清初的《醒》中没有出现。根据冯春田(2003)对历史语料的调查和分析来看,直到明末,北方系的其他文献材料中均未发现合音式疑问代词"喏(咱/喒)"的可靠用例,所以《金》中合音式疑问代词"咱"的出现似乎与北方方言格格不入。进一步观察发现,《金》中 2 例合音式疑问代词"咱"见于同一句话中,而且该例出现在第 57 回。明代沈德符曾在《野获编》中说:"……然原本实少五十三回至五十七回,遍觅不得,有陋儒补以入刻。无论肤浅鄙俚,时作吴语,即前后血脉亦绝不贯串,一见知其赝作矣。"[1]沈德符认为《金》第五十三回至五十七回不是出于原作者之手,是"时作吴语"的南方人补写的。考察该期南方系文献材料发现,"明末白话小说《型世言》第 27 回里有'咱'3 例,均出自操吴语的洪皮匠夫妇之口"。(冯春田:2003)这么看来,《金》第 57 回出现的合音式疑问代词"咱"可能不是明代山东方言的真实反映,而是补写的人所操方言(吴语)的体现。

"怎么"的合音式在《金》中均写做"咱",在《聊》中则有"喏"、"咱"、"喒"三种不同的书写形式。合音式疑问代词"喏(喒、咱)"在《聊》中又有复合形式"喏样","喏"还可与助词"的"或"着"连用,"喏着"的否定形式为"喏不着"。

A. 询问。如:

① 他哥大惊说:"你来喏来?"张诚说:"我来看看。"(聊·慈·917)

② 姜娘子知道无妨帐,说你又喒不疼了?(聊·翻·946)

③ 这是几时签上的来,又咱会脓了?(聊·慈·896)

④ 我有饭给他吃,我只顾留着他,你待喏着我罢?(聊·姑·867)

⑤ 你道是咱着来呀?(聊·襁·1145~1146)

"喏"或"喏着"用于询问目的、原因、情状或动作行为等,可在 VP 后充当谓语的一部分,如例①;做状语,如例②、例③;做谓语,如例④;做宾语,如例⑤。

---

① 转引自朱德熙(1999:80)。

B. 反诘。如：

⑥ 那么个人儿，一霎变成了圣贤，囃不叫人喜欢，囃不叫人喜欢！（聊·襄·1249）

⑦ 他合我已是没了情，我还回去囃？（聊·翻·991）

⑧ 公子咬牙，公子咬牙，这样贪官留他囃？（聊·磨·1412）

⑨ 只见有个惫赖的和尚，撒赖了百丈清规，养婆儿，吃烧酒，咱事儿不弄出来；打哄了烧苦葱，咱勾当儿不做。（金·57·769）

例⑥动词"叫"前有否定副词"不"，"囃"用于"不叫"之前做状语，表示对否定的事情、行为的否定，双重否定句子表达肯定的意思；例⑦、例⑧"囃"位于 VP 后表示不满、愤恨。值得一提的是，用于诘问的 16 例"囃"中有 13 例是"VP＋囃"结构。例⑨"咱"分别做名词"事"、"勾当"的定语，相当于"什么"，这可能是合音式疑问代词"咱"的功能侵入"什么"的结果。"咱"表示否定，句中动词前又有否定副词"不"，双重否定表肯定，在这种句法环境下，"咱"被赋予了任指的语义特征。

C. 虚指。如：

⑩ 一行叫着，那孩子又咱没了影了。（聊·慈·906）

⑪ 气杀我了贼畜生！乌温了不大霎，又喀罄了净！（聊·翻·951）

⑫ 你那里孤孤单单，独抱绣枕眠，不知如何的盼，囃样的难？（聊·富·1306）

⑬ 我说道你不敢，给你把钢刀也囃不着俺。（聊·俊·1113）

⑭ 咱爹若能说句话，他也未必敢囃着，奈俩人都说话儿弱。（聊·寒·1059）

⑮ 睡着人，是惊省；睡不着，是愁人。未知你囃样？（聊·磨·1467）

⑯ ……先伸头儿去瞧瞧那客，看咱样的个客。（聊·襄·1234）

"囃"用于虚指，表示不知道或说不出的因由、动作行为、性状、样态等。可做状语，如例⑩至⑫；做谓语，如例⑬至⑮；做定语，如例⑯。

D. 任指。如：

⑰ 任你囃，我可也只是无钱。（聊·磨·1452）

⑱ 舍上奴，尽你囃摆划。（聊·磨·1408）

⑲ 自此以后，那婆婆就是降下来的户子，待囃支使就囃支使。（聊·姑·875）

例⑰至⑱句中有表示无条件的"任"、"尽"等，在这种句法环境下，"囃"具有了任指性特征；例⑲"囃……囃"构成连锁结构，前一个"囃"表虚指，后一个"囃"与前一个"囃"所指相同，随前一个"囃"的变化而变化，二者之间的依变关系使"囃"获得了任指义。

E. 感叹。如：

⑳ 汉子骂声好泼妇,您娘囃生这桩物!(聊·俊·1113)

㉑ 我又不曾杀了谁家,害了谁家,老天爷囃就处治的真么?(聊·磨·1479)

例⑳"囃"做状语,语境使得该例中"囃"具有感叹、不满的语气。例㉑"囃"和样态指示词"真么"连用,夸饰的语义色彩较为浓重。

"囃(咱/喈)"在《金》和《聊》中的功能和频率分布[①]

		语义功能						句法功能					
						感叹							
		询问	反诘	虚指	任指	～+真么	其他	谓语	VP+～	定语	状语	宾语	独立句
金	咱	0	2	0	0	0	0	0	0	2	0	0	0
聊	囃	23	17	7	7	1	2	11	16	0	29	0	1
	囃样	0	0	3	0	0	0	1	0	0	2	1	0
	囃的	0	1	0	0	0	0	0	1	0	0	0	0
	囃着	2	0	5	0	0	0	5	0	0	0	2	0
	囃不着	0	0	2	0	0	0	2	0	0	0	0	0

2.4.3.8 由"怎"系疑问词参与的紧缩复句

紧缩复句是由复句紧缩而成,分句间少了语音停顿,有些词语也被压缩掉了。(黄伯荣、廖序东 1997:66)明清山东方言中出现了一些较为特殊的紧缩复句,其特殊之处在于紧缩复句的后一分句由"怎"系疑问代词单独充当,而且在具体的语境语用条件下,"怎"系疑问词具有不同的语义特征。为便于宏观的认识和了解,现对《金》、《醒》和《聊》由"怎"系疑问代词参与的紧缩复句分类统计如下:

	(S)+VP+也+怎的	"可不"类		罢(呀)怎么(囃)	
		～+怎(仔)么(的)	(S)+～+VP+怎(仔)么	～独立成句	(S)+VP+～
金	43	3	0	0	0
醒	0	3	15	10	6
聊	0	0	0	2	0

上表反映出,由"怎"系疑问代词参与的紧缩复句主要有三类,但这三类紧缩复句

---

① 《聊》"囃"用于"罢呀囃"句式不计在内。

在文献中的分布并不具周遍性。其次，三种文献所用疑问代词的具体形式也不一样：《金》为"怎的"；《醒》"可不"类和"罢（呀）怎么"类，除用"怎么"外，还出现了"怎么"的音变式"仔么"，《聊》中两例是"怎么"的合音形式"囃"。（冯春田 2003）

2.4.3.8.1 "（S）＋VP＋也＋怎的"类紧缩复句

由上表可以看出，"（S）＋VP＋也＋怎的"结构的句子只出现在《金》中，而且用例还相当多。从句法组合关系来看，"（S）＋VP＋也＋怎的"由两部分组成："（S）＋VP"和"怎的"，二者相互独立，不互做句子成分，"也"是用在两个分句之间起连接作用的语气助词，也就是说"（S）＋VP＋也＋怎的"是一紧缩复句。这种紧缩句往往表示说话人对某件事情的起因进行的推测和询问，前一分句所表述的原因往往具有较大可能性，但说话人并不能完全确定、不能排除存在其他因素的可能，因而用疑问词"怎的"做后一分句以表与前面不同的因由，从而两分句之间形成了或此或彼的选择关系。所以确切地说，"（S）＋VP＋也＋怎的"是一个紧缩复句形式的选择问句。分析《金》中所有用例发现，在不同的语言环境下，"（S）＋VP＋也＋怎的"中"怎的"的语义特征又有所不同。

A. "（S）＋VP＋也＋怎的"中"怎的"表示疑问，共 5 例，如：

① 只见贲四嫂说道："大姑和二姑，怎的这半日酒也不上，菜儿也不拣一箸儿？嫌俺小家儿人家，整治的不好吃也怎的？"（金·46·604）

② 金莲骂道："教你煎煎粥儿，就把锅来打破了。你屁股大，吊了心也怎的？"（金·83·1275）

例①是对吃的少的原因提出疑问，例②表示责问。

B. "（S）＋VP＋也＋怎的"中"怎的"表示虚指，共 2 例：

③ 西门庆道："这两日春气发也怎的，只害这边腰腿疼。"（金·78·1196）

④ 这两日不知酒多了也怎的，只害腰疼，懒待动旦。（金·78·1197）

例③"春气发也怎的"是说话人对事情原因提出的推测，估计"春气发"可能是导致腰腿疼的原因，但对此并没有完全的把握；"怎的"代表的是一种未知因素，表示对病因的进一步探询。无论是预估还是未知，都是说话人对病因的一种猜测，二者在语义上难分孰轻孰重。而且说话人并不要求听话人对未知的原因做出回答，因此"怎的"的疑问性降低，它只是代表一种不知道、说不出或无须说出的因由，"怎的"是一种虚指用法。例④也是如此。

C. "（S）＋VP＋也＋怎的"的"怎的"表示与"（S）＋VP"相反的语义特征，共 36 例。如：

⑤ 春梅道："也有玉箫他每，你推我，我打你，顽成一块，对着王八雌牙露嘴

的,狂的有些褶儿也怎的!"(金·22·283)

⑥ 如意儿道:"大娘不分付俺每,好意掉揽替爹整理也怎的?"(金·72·1036~1037)

⑦ 惠莲道:"相我没双鞋面儿,那个买与我双鞋面儿也怎的!"(金·23·292)

⑧ 六月日头没打你门前过也怎的? 大家的事,你不出罢!(金·21·264)

例⑤在选择句"狂的有些褶儿也怎的"中,"狂的有些褶儿"是说话人所持有的一种虚假的观点(记做 A);"怎的"所代表的是与前一分句相反的看法,即"狂的没些褶儿",而这正是说话人内心真实的看法(记做 A′)。从句子语义信息的表达来看,A′处于句末的自然焦点地位,说话人通过选择形式 A 和 A′的对比,更加突显了自己的观点和看法。需要进一步指出的是,A′并没有直接否定 A,而是选择句的句式结构和语境赋予了 A′与 A 相对立或者说相反的语义特征和焦点地位。例⑥至例⑧也是如此。从语用角度来看,这些句子一般表示说话人一种强烈的不满、责怪甚至愤怒的情绪,夸饰、渲染的色彩非常浓厚。

前面说过,"(S)＋VP＋也＋怎的"选择式紧缩句只出现在《金》中,《醒》和《聊》没有出现,这与时地的因素是否有关呢? 通过调查发现,元末明初的《老乞大》和《朴通事》有 3 例类似的用例:

⑨ "你高丽地面里没井阿怎么?""我那里井不似这般井。"(老乞大·汇编·元代明代卷·268)

⑩ "那般散了时,便到家里那怎的? 时常这般早聚晚散么?""但早散时实不见早回家,绕地里望官人,直是人定时分才下马。"(朴通事·汇编·元代明代卷·329)

⑪ "尸首实葬了那怎的?""烧人场里烧着,寺里寄着哩。"(朴通事·汇编·元代明代卷·336)

由上下文来看,例⑨"S＋VP＋阿＋怎么"和例⑩、⑪"S＋VP＋那＋怎的"都应是选择句:"S＋VP"是选择前项,"怎么(的)"是选择后项。以上三例中的"怎么"、"怎的"均表询问。

另据张美兰(2003:234~235),《元代白话碑集录》有 8 例"S＋VP＋呵＋怎生"的选择句,《元典章》中也有相同的例句。如:

⑫ 七月十九日,中书省奏:"孔夫子加封名号,翰林、集贤(院)官人,他每的言语是的一般。降与圣旨,差人祭祀去呵怎生?"奉圣旨:"准。"钦此。(元代白话碑集录·54)

⑬ 本有本院官桑哥、玉都实经历奏:"大都遵化县般若院是先生每根底回将

来的院子,如今与崇国寺交差和尚每住呵怎生?"奉圣旨:"那般者。"(元代白话碑集录·32)

⑭"俺商量得,这张千户根底敲了,他的家缘断没了,断没了的。于内一半,那杀的人媳妇、孩儿每根底与呵怎生?"么道,奏呵,"那般者。"么道,圣旨了也。(元典章·倚势抹死县尹)①

比较而言,"S＋VP＋呵＋怎生"、"S＋VP＋阿＋怎么"、"S＋VP＋那＋怎的"以及"(S)＋VP＋也＋怎的"的组合形式是完全相同的,只是其中的语气词不同,它们属同一种句式结构。

对近代汉语时期的《祖堂集》、《景德传灯录》、《五灯会元》、《朱子语类》、《新编五代史平话》、《全宋词》、《全元曲》、《元朝秘史》、《水浒传》、《西游记》、《型世言》、《醉醒石》、《歧路灯》、《红楼梦》、《儿女英雄传》等进行调查,只在五代时《祖堂集》发现"(K)VP那?作摩"句式,其余文献均未发现"怎"系疑问词做选择后项的用例。吕叔湘(1985:325)、冯春田(1991)和张美兰(2003:231)都认为《祖堂集》"(K)VP那?作摩"是选择问句,②其中"(K)VP"是选择前项,"作摩"是选择后项,"那"是用于两选择项之间起连接作用的语气助词,整个句子是一个有疑而问的选择问句。张美兰(2003:231)根据《祖堂集》中使用这种句式的禅师的活动地带,提出:"疑《祖堂集》'(K)VP那?作摩'是当时赣方言的一种反映。"吴慧颖(1990)也说明,江西高安、宜丰、清江一带至今仍使用"VP也怎的"这种有疑而问的选择问句。但是,在近代汉语时期,除《祖堂集》外,"怎"系疑问词做选择后项的例子较早只在元代直译体文献《元代白话碑集录》和《元典章》中见到,而同时期的对译文献《元朝秘史》中未见该类句式,口语化程度极高的元杂剧和戏文以及元散曲中也均未发现这种句式。直译体文献更多地遵从蒙古语原有的语法格式,而对译则在遵从原文的情况下,蒙文翻译者们多按照汉语的行文方式做了一些变通。因而虽然直译和对译都是蒙汉两种语言的混合形式,但直译体文献更能反映蒙古语语言的一些特点。"(S)＋VP＋语气词＋怎生"出现在元代直译体文献而没有出现在对译文献中,似乎更能说明该类选择句是蒙古语语法的反映,而并非北方汉语所有。邢向东、张永胜(1997:79~82、205)指出,内蒙古西部方言中有疑问词"咋","'咋'是对性质、状态、方式等提出疑问的代词,相当于普通话的'怎么',有人也记作'怎'","咋"的常见格式有"咋的","可以和连词'还(是)'一起用于选择性紧缩复句的后一分句,构成一种'特殊的'选择性特指问句",而且"方言中运用频率较高"。例如:

---

① 例⑫至⑭转引自张美兰(2003:234~235)。

② 曹广顺(1998a)详细分析了近代汉语中"~那?作摩"的发展演变,但并没明确指出"~那?作摩"是不是选择问句。

⑮ 也不知道他说梦话嘞还是咋的。

⑯ 你是喝醉了是咋的？[①]

这似乎更加肯定了近代汉语北方方言"(S)＋VP＋语气词＋'怎'系疑问代词"句式是蒙古语语法的反映。元杂剧和戏文等中虽没有见到这种句式，但元末明初的《老乞大》中出现一例、《朴通事》中出现两例，这表明蒙古语这种句式尽管在汉语中使用并不广泛，但毕竟还是渗透到了汉语当中，明中叶《金瓶梅词话》中"(S)＋VP＋也＋怎的"应该是蒙汉语言接触融合现象的发展。如此看来，元明时期北方系文献中的"(K)VP那？作摩"和"(S)＋VP＋也＋怎的"虽然句式相同，但其来源不同。

2.4.3.8.2 "可不"类紧缩复句里的"怎(仔)么(的)"

"可不"类紧缩复句，就是前一分句由"可不"参与的紧缩复句，"可不"可以独立做分句，也可以带上主语和谓语，"怎"系疑问词独立做后一分句。

A. 可不怎(仔)么(的)。这一类只出现在《金》和《醒》中，《金》用"怎的"，《醒》用"怎么"或"怎么"的音变式"仔么"。从语境来看，"可不怎(仔)么(的)"均是用于后续句，表示对前述观点的肯定和赞同。如：

⑰ 西门庆道："怪奴才，八十岁妈妈没牙——有那些唇说的！李大姐那边请你和他下盘棋儿，只顾等你不去了。"李瓶儿道："姐姐，可不怎的？我那屋里摆下棋子了，咱每闲着下一盘儿，赌杯酒吃。"(金·38·503)

⑱ 金莲道："俺的小肉儿，正经使着他，死了一般懒待旦。不知怎的，听见干猫儿头差事，钻头觅缝干办了要去，去的那快！见他房里两个丫头，你替他走，管你腿事！卖萝卜的跟着盐担子走，好个闲嘈心的小肉儿！"玉楼道："可不怎的？俺大丫头兰香，我正使他做活儿，想他伏实；只不他爹使他行鬼头儿，听人的话儿，你看他走的那快！"(金·20·243～244)

⑲ 杨春的母亲合他媳妇见抬了一个坛去，说道："怎么？叫了你去，分与了一坛酒么？"杨春说："可不仔么？叫我说着没极奈何的，给了我一坛薄酒来了。"(醒·34·500)

⑳ 狄周说："我听说家里叫下的步戏，城里叫了三四个姐儿等待这二日了。"狄周望着牵头口的挤眼。牵头口的道："可不怎么？新来的几个兖州府姐儿，通似神仙一般，好不标致哩！"(醒·38·564～565)

从句法组合关系和语义来看，"可不"是对上文所述观点的肯定或赞同，"怎么"是说话者新提出的不同于"可不"的一种观点，形式上构成了两种观点或此或彼的选择关系。结构上二者互不包含，即互不做句子成分。因而"可不怎么"是一个选择问紧缩复句，"可不"和"怎么"分别是这一复句的两个分句。"可不怎么"主要是表示肯定或赞同，表明"可不"是整个紧缩句的语义重点所在；"怎么"虽是一疑问代词，但是在

---

① 例⑮和例⑯转引自邢向东、张永胜(1997:80、205)。

语义重心前移的条件下,其表示疑问的程度大大降低,似乎只是在形式上提供与前一分句不同的一种观点。

B.(S)＋可不＋VP＋怎么。这种句式只出现在《醒》中,如:

㉑狄婆子道:"你说我今年多大年纪?我的生日是几时?"姑子说:"你今年五十七岁,小员外三岁哩。四月二十辰时是你生日。"狄婆子说:"可不是怎么!你怎么就都晓得?"(醒·40·593)

㉒马嫂儿道:"雷劈的身上有红字,写他那行的罪恶。这尤厨子可是为甚么就雷诛了?"童奶奶道:"可不有红字怎么?我还过那边看了看,烧的象个乌木鬼儿似的,雌着一口白牙,好不怪疚的!他批的字说他'抛米洒面,作践主人家的东西'。"(醒·55·795)

㉓陆好善道:"这事情管有人挑唆。"惠希仁道:"哥就神猜!可不是个紧邻刘芳名唆的怎么!诈了四十两银还不足哩!"(醒·82·1164)

㉔素姐道:"说不上二千里地,半个月就到了,九月天往南首里走,那里放着就吵着要棉衣裳?你是待拿着压沉哩么?"小选子道:"谁说只二千里地,走半个月呀?差不多够一万里地,今年还到不的哩!可不走半个月怎么!"(醒·85·1215)

㉕晁书娘子旁边插口道:"七爷拿他,可捎把刀去。"晁思才道:"捎刀去是怎么说?"晁书娘子道:"拿着把刀,要再捆着,好割断了绳起来跑。"晁思才合晁夫人都笑。晁夫人道:"臭老婆!七爷着人打的雌牙扭嘴的,你可不奚落他怎么?快装一大瓶酒,叫人送给你七爷去。"(醒·53·777)

㉖素姐道:"我路上作践那差人,他不敢不放我回来。"浓袋道:"姑娘,你只说这们躁人的话!你听!这不又是那书办催呈子哩?事情这们紧了,你还只皮缠,可说到了其间,你那本事都使不的。姑娘,你没听《水浒》,象那林冲、武松、卢俊义这们主子都打不出解子的手掌哩!你可不作践他放你回来怎么哩?"(醒·98·1400)

与"可不怎么"相比,"(S)＋可不＋VP＋怎么"主要是多了VP部分。比照上下文可以看出,VP基本是对上文所述内容的重复,"可不"对VP有强化突出作用。表层意思上"(S)＋可不＋VP"与"怎么"仍是表达两种不同的观点,结构上二者仍是互不包含,因而"(S)＋可不＋VP＋怎么"仍是选择问紧缩复句。在"可不"的强化作用下,VP成为句子语义焦点所在,"怎么"还是起形式上的衬托作用。进一步比较发现,"(S)＋可不＋VP＋怎么"比"可不怎么"表达的语义更为丰富:可以表肯定,如例㉑至㉓、例㉕;在有的情况下,对已经否定的观点,仍然用这种句式,如例㉔和例㉖,这实际上是借肯定形式来表达否定的意思,类似于说"反话",从而加强否定的力度,更加鲜明地反映出说话人的观点和态度。

通过以上分析可知,"可不＋怎么"和"(S)＋可不＋VP＋怎么"基本句法结构是相同的,即都为紧缩句。由于"可不"部分是句子语义焦点所在,分句"怎么"的疑问性降低,语义指代也几乎完全消失,只起一种陪衬作用。这些句子去掉"怎么"并不影响原有意思的表达,但加上"怎么"句子显得委婉含蓄、富有情感和表现力。同时,这种句子很少与语气词共现。句末的语法位置,加之"怎么"的陪衬地位,这就容易促使"怎么"语义的虚化、助词化。冯春田(2002b)指出:"现代山东方言里'可不怎么'有的已经虚化或助词化。"据调查,山东北部口语有"可不仔么(吗)","仔么"原本就是"怎么",但是已经助词化。

2.4.3.8.3 "罢(呀)怎么"类紧缩复句

"罢(呀)怎么"类句式是指"罢(呀)怎么"单独成句,或"罢(呀)怎么"附着于"S＋VP"后面,即"S＋VP＋罢(呀)怎么"的句子。

A. "罢(呀)怎么"独立成句。见于《醒》和《聊》,如:

㉗ 素姐说:"好贼欺心大胆砍头的! 从几时敢给人看来! 我这真是'势败奴欺主'的! 罢呀怎么! 浑深我还死不的,等我起来看手段!"(醒·60·866)

㉘ 众人道:"罢呀怎么! 他既是屈了这好人了,凭你和他怎么罢,俺也不管了!"(醒·72·1027)

㉙ 李婆说:"没哩我就拿着? 罢呀囖,我就破上这老性命。"(聊·襀·1201)

㉚ 臧姑等到晌午,没人给他饭吃,问了问,还没动锅,便道:"哦,这意思里待合我熬么? 罢囖呀?"那屋里一把斧子,便说:"二成,你拿了去,换俩馍馍来我吃。"(聊·姑·873)[①]

"囖"是"怎么"的合音形式,因此例㉗、㉘的"罢呀怎么"与例㉙的"罢呀囖"是相同的。例㉚出现的是"罢囖呀",与前几例相比,"罢"和"囖"之间少了语气词"呀",但从上下文语境和表义特征来看,"罢囖呀"与"罢呀怎么"和"罢呀囖"并无差别,均表示说话人明知某事对自己不利或不喜欢,但还是决意干某事的一种心理、一种态度。因此,"罢囖呀"也应归入这类句式。

分析上面例句可知,"罢(呀)"是结构的语义重心所在,表示说话人决然的态度。疑问词"怎么"也表示对事件所可能造成的结果的不以为然的态度,与"罢(呀)"的语义具有一致性,对"罢(呀)"的语义具有强化作用。"罢呀"和"怎么(囖)"在结构上是两个相互独立的部分,因此"罢(呀)怎么(囖)"是一个递进式紧缩复句。

B. (S)＋VP＋罢(呀)＋怎么。这种句子只出现在《醒》中,如:

㉛ 素姐说:"别要听他! 他甚么三百钱合缠带布衫呀!"史先暝着两个瞎眼,伸着两只手,往前扑素姐道:"没有罢呀怎么! 我只合你到官儿跟前讲去!"(醒·76·1090)

㉜ 巧姐的随房小铜雀进去说道:"俺大妗子家去了。"薛如兼道:"家去罢呀

---

① 例㉙、例㉚两例原书标点有误,此处标点参看冯春田(2003:4)。

怎么,俺弟兄们且利亮利亮。"(醒·74·1052～1053)

㉝ 他说:"我知道真个是他用来么? 我当是他要给别人贴来。另拿帖膏药贴上罢呀仔么?"(醒·67·955)

㉞ 骆校尉道:"怪道他问你乡里住,城里住,是秀才援例,是白丁援例,恐怕你村! 你果就不在行了。你还使四十两束脩请程先生去罢怎么!"(醒·84·1205)

㉟ 他既是这们歪憋,咱不请他,咱就请赵杏川罢仔么? (醒·67·956)

例㉛"家去罢呀怎么"表示说话人对"家去"这一行为事件不以为然、不屑的态度。从上下文语境来看,体现这一意义的并不是整个"(S)＋VP＋罢呀＋怎么",而是"(S)＋VP＋罢(呀)"。"(S)＋VP"表示行为事件,"罢呀"是连用的两个语气助词,表示申明的语气,说明对行为事件的观点和态度,因此"(S)＋VP＋罢(呀)"是一个相对独立的部分,是句子语义重心所在。"怎么"是对所述事件的否定看法,补充说明说话人不以为然、不满的态度。句法结构上"(S)＋VP＋罢(呀)"与"怎么"仍是相互独立的两个部分,那么"(S)＋VP＋罢(呀)＋怎么"仍是一个递进式紧缩复句。例㉜也是如此。例㉝与例㉛和例㉜在句法结构和语义表达上并无差别,只是疑问词由"怎么"换成了其音变形式"仔么"。例㉞和例㉟与例㉛至㉝的句法语义也均相同,只是连用的语气词"罢呀"中省略了"呀"而已。

另外,《醒》中还有一个省略"罢"而留"呀"的例子:

㊱ 你夺了他去呀怎么? 日子树叶儿似的多哩,只别撞在我手里! (醒·52·755～756)

"你夺了他去呀怎么"的句法语义关系与例㉛至㉟没有区别。"你夺了他去呀"和"怎么"是两个相互独立的分句,前一分句是句子的语义重心所在,表示说话人不屑的态度;"怎么"则进一步衬托说话人的不屑和不满之情。冯春田(2006a)认为"S＋VP 罢＋怎(仔)么"中疑问词进一步合音为"咋"后,就出现"S＋VP 罢＋咋"式,由于"咋"处在"句子组合关系的弱势位置,因此便容易导致疑问代词词性的弱化或消失,以至于跟'罢(吧)'融合为一体",从而形成了现代汉语方言里比较特殊的复合式疑问语气助词"吧咋/不咋"。

2.4.4 数量/时间疑问代词

明清山东方言数量/时间疑问代词主要有"多少"、"多"、"多大"、"都大"、"多早晚"、"多咱(偺、喒)"、"多咱(喒)晚"、"几"、"第几"、"几时"、"几多"、"几何"、"几度"、"未几"、"几曾"。

2.4.4.1 疑问代词"多少"和"多"

"多少"是近代和现代汉语中问数的疑问代词。冯春田(2000/2003:242～243)认为:"'多少'询问数量,来源于表示'多还是少'的词组'多少'","从问'多还是少',转化为询问数量多少,就成了询问数量的疑问代词;时间大约是在唐代。"多少"既可问事物的数量,又可问性状的程度。当问性状的程度时,"多少"往往置于谓词性成分(形容词)的后面,如:

　　① 玄沙却问:"无缝塔阔多少? 高多少?"(祖堂集·卷十一·睡龙和尚·a444)①

"多少"有时也置于形容词之前,如:

　　② 子贡是多少聪明,到后来方与说:"'女以予为多学而识之者与?'曰:'然。非与?'"(朱子语类·训门人·汇编·宋代卷·276)
　　③ 离阁有多少近远?(老乞大·汇编·元代明代卷·271)

"多少"问性状的程度,置于形容词之后的用法一直延续到现代汉语当中,而置于形容词之前的用法则没有使用开来,而是省减为"多"。根据对近代汉语语料的调查来看,"多少"省减为"多"较早的用例见于元代,如:

　　④ 你如今多大年纪?(李文蔚:张子房圯桥进履第二折,全元曲)
　　⑤ 小娘子,你家在那里住? 离此泾河多远哩?(尚仲贤:洞庭湖柳毅传书,全元曲)
　　⑥ 花间梦乘白玉骅,上马精神倦。哀弹夜月情,别泪春风面,雁归不知多近远。(张可久:昭君怨,全元曲)
　　⑦ 你爹娘年纪多高大!(元代白话碑·8.2.3)②

例④和例⑤"多"分别用在形容词"大"和"远"之前表示询问;例⑥"多"用在形容词"近远"之前表示虚指;例⑦"多"用在形容词"高大"之前,表示感叹。明以后可见较多的例子,如:

　　⑧ 那珠儿多大小? 圆眼来大的,好明净。(朴通事·汇编·元代明代卷·300)
　　⑨ 我多大人家,做得一个亲,还替人家断送得两个人?(型·33·470)

例⑧"多"表示询问;例⑨"多"表示反诘。"多"替代"多少",不仅可以置于形容词之前,指代性状的程度,"多"也可以用于名词之前,指代事物的数量,如:

　　⑩ 闲中展手刻新词,醉后挥毫写旧诗,两般总是龙蛇字。不风流难会此,更文才凤世天资。感夜雨梨花梦,叹秋风两鬓丝,住人间能有多时?(钟嗣成:吊赵君卿,全元曲)
　　⑪ 霍氏正领了王原立在门前,见王喜没有谷拿回,便道:"你关得多钱,好买

① 例①转引自冯春田(2000/2003:247)。
② 例⑦转引自吕叔湘(1985:352)。

馍馍与儿子吃?"王喜道:"有甚钱!"(型·9·130)

到了清代,疑问代词"多"受性状指示词"这么"、"那么"等的影响,又带上了词尾"么"(吕叔湘1985:351;王力1985:344;吴福祥2004a:52;太田辰夫1987:282)。对清代文献进行调查,只在《儿女英雄传》中发现一例"多么":

⑫ 你大概也不知道你小大师傅的少林拳有多么霸道!(儿·6·85)

也许在清代其他文献中可见到"多么"的更多用例,只是我们对文献的调查还不够广泛。但是有一点可以确定:"多么"在清代的应用还不普遍,现代汉语"多么"才大量使用开来。因此,从历史发展的角度来看,明清时期是疑问代词"多少"、"多"发展成熟的重要时期。该期山东方言文献《金》、《醒》和《聊》有不少"多少"和"多"的用例,这些用例既反映出了共性特征,又具有某些方言差异。

2.4.4.1.1 疑问代词"多少"

询问数量的疑问代词"多少",明清山东方言文献的出现频率较高,具有询问、反诘、虚指、任指等功能。

A. 询问。如:

⑬ 好付板儿。请问多少价买的?(金·64·903)

⑭ 试问流干多少泪?枫林秋色一般多。(金·65·909)

⑮ 国母说:"你领多少人马?"(聊·增·1556)

⑯ 咱这里到泰安州有多少路?(醒·68·994)

⑰ 这天有多少时分?(金·73·1084)

⑱ 那妇人问道:"官人贵庚?没了娘子多少时了?"(金·7·81)

⑲ 西门庆道:"我只要忘了,你今年多少年纪?"(金·75·1091)

⑳ 西门庆便道:"请起。你今青春多少?"(金·61·837)

㉑ 金莲问道:"这鬏髻多少重?"(金·20·246)

㉒ 你秤秤重多少?(金·21·264)

由上例可以看出,"多少"可以问价格、金钱的数量,如例⑬;问人或事物的数量,如例⑭和例⑮;问空间里程,如例⑯;问时间,可以是时间点,如例⑰,也可以是时间段,如例⑱。比较而言,明清山东方言用"多少"来询问时间并不多见,而"多咱"、"什么时候"、"何时"等更为常用。"多少"可以询问年龄,如例⑲和例⑳。冯春田(2000:247~248)认为:"在询问年龄(岁)上,唐至五代时期是'多少'在'年'后做谓语;宋代偶见的'多少年几(纪)'是新兴的形式,但比较现代汉语,'多少'也是替换成为'多大'。"就询问年龄的具体用例来看,《金》"贵庚多少"3例、"青春多少"8例、"多少青春"3例、"多少年纪"4例、"多大年纪"7例、"多大"1例;《醒》"多少年纪"2例、"多大年纪"4例、"多大"6例;《聊》"多大年纪"2例。由此也可看出询问年龄方面"多大"("多大"的用例见下文)逐渐代替"多少"的历史趋势。"多少"还可以放在形容词前面,问性状的程度,如例㉑。从历史发展来看，"多少"的这种句法位置比较少见，而更多的是"多少"置于形容词后面，如例㉒，或者用"多"、"多么"来代替"多少"而置于形容词前面，如"多（么）重"。

B. 反诘。如：

㉓ 晁夫人道："你们都有一两顷地了，还待揽多少？"（醒·22·321）

㉔ 孙雪娥在旁说："春梅卖在守备府里多少时儿，就这等大了？"（金·88·1341）

㉕ 李九强说："多少哩！浑同一小沙坛子钱，没多些银子，有了百十两罢了。"（醒·34·505）

㉖ 这能有多少东西，我就走了不成？（醒·67·967）

㉗ 您大妗子你知道，这姑合娘能差多少？（聊·慈·906）

"多少"用于反诘表示完全否定的例子很少，只有一例，见例㉓；"多少"用于反诘，一般表示数量极少，夸张语气明显，如例㉔至㉗。

C. 感叹。如：

㉘ 西门庆笑道："我问你这梅汤，你却说做媒，差了多少！"（金·2·30）

㉙ 昨日张大哥定做了两套，是天蓝绉纱地子，淘了多少气，费了多少事，还为这个多住了好几日，才得了两套。（醒·65·932～933）

㉚ 适才他在外边看耍猴子，多少人指画，是甚么道理！（聊·襄·1226）

由例㉘至㉚看出，"多少"用于感叹时，极言数量之多，带有明显的夸张和强调色彩。感叹用法的"多少"一般做名词修饰语，如例㉙至㉚，或者宾语，如例㉘，没有出现修饰谓词性成分（形容词）的用例。

D. 虚指。如：

㉛ 西门庆道："也不难，只不知这一卷经，要多少纸札，多少装钉工夫，多少印刷，有个细数才好动弹。"（金·57·779）

㉜ 老人说："每一次我便记一支筹。今日那筹不知多少，已经满屋，底下的俱朽烂的数不的了。"（聊·蓬·1080）

㉝ 玳安道："别人不知道，我知道：把银子休说，只光金珠玩好，玉带、绦环、鬏髻，值钱宝石，还不知有多少。"（金·64·899）

㉞ 吕祥道："我这们话儿，在北京城里不知答应过多少大老爷们哩，偏老爷你又嫌我答应的不好哩！"（醒·88·1256）

㉟ 经济道："多少用些也好。"（金·53·720）

㊱ 多少打他几下子罢，你就打他真么一些？（聊·慈·895）

"多少"用于虚指，有不同的语义色彩："多少"是中性的，没有偏指多或偏指少的意思，如例㉛、㉜；"多少"言其多，如例㉝、㉞；"多少"言其少，如例㉟、㊱。很显然，"多少"言其多或言其少的夸张性语义色彩是语境所赋予的临时性语用表现。

E. 任指。如：

㉜ 随师父要多少东西，我与师父。（金·49·654）

㊳ 银子倒不必去取，任凭多少，我这里可以垫发；只这几日，也就有信了。（醒·5·72）

㊴ 不拘多少人，俺是头一报。（聊·磨·1475）

例㊲至㊴句中都有表示无条件的"不拘"、"随"、"任凭"等词语，在这种句法语境下，"多少"不仅被赋予了任指的语义特征，而且还具有言其多的夸张性色彩。

疑问代词"多少"的功能及频率分布表

	询问	反诘	感叹	虚指			任指
				中性	言其多	言其少	
金	57	20	16	58	29	3	12
醒	32	8	35	26	31	0	11
聊	21	6	31	10	18	1	2

2.4.4.1.2 疑问代词"多"及其复合形式

明清山东方言文献中疑问词"多"出现的频率低而且功能单一，仅见虚指用例；"多"与形容词"大"结成熟语性词语，"多大"的出现频率比"多"略高，功能比"多"全面；"都大"只出现在《金》中，共 2 例，均用于询问。从语音的角度考虑，"都"应该是"多"的方言音变形式。

A. 询问。如：

㊵ 金莲问道："在李瓶儿屋里吃酒，吃的多大回？"（金·34·448）

㊶ 月娘问道："老冯多大年纪？"（金·14·174）

㊷ 大家问说："有多大的闺女？"（醒·37·545）

㊸ 皇爷说："那曹小姑不知多大年纪？出了阁不曾？"（聊·增·1570）

㊹ （张胜）又问："你今年都大年纪？"（金·94·1399）

㊺ 月娘道："你爹来家都大回了？"（金·23·288）

"多大"用于询问，《醒》和《聊》均问年龄，如例㊷、㊸；《金》"多大"既有问年龄的用例，又有问时间的用例，如例㊶、㊵；例㊹和㊺"都大"分别询问年龄和时间。

B. 反诘。如：

㊻ 守备喝道："多大官职，这等欺玩法度，抗违上司！"（金·95·1436）

㊼ 他浑家说道："多大的羔子，就这等可恶！"（醒·40·584）

㊽ 张老说："这墙老高的，怎么上的去？"张大说："多大高哩，过来你试试。"（聊·墙·839）

㊾ 江城说："你看多大雾,天已黑了。"(聊·襶·1222)

由例子可以看出,"多大"用于反诘具有极言其小的夸张性语义特征。

C. 虚指。如:

㊿ 见西门庆进来坐下,问养娘如意儿:"这咱供养多时了?"(金·74·1087)

51 他今日不知怎的白不肯吃酒,吃了没多酒就醉了。(金·13·149)

52 俺可把俊脸细细端相,也揸揸那腰儿多细,脚儿多长……(聊·襶·1175)

53 那宋御使又系江西南昌人,为人浮躁,只坐了没多大回,听了一折戏文,就起来。(金·49·623)

54 言未毕,班首中闪过一员大臣来,朝靴踏地响,袍袖列风生,官不知多大,玉带显功名。(金·71·1031)

"多"用于虚指见于《金》和《聊》,"多"用在名词前,表示不确知的时间,如例50;用在名词前表示未知的数量,如其前有否定词"没","多"就有了言其少的语义特点,如例51;"多"用于形容词前表示不确定的程度,如例52。"多大"用于虚指只出现在《金》中,表示未知的或无须说出的事物的数量或性状的程度等,如例53和例54。

D. 任指。如:

55 西门庆道:"不拘多大事情也了了。"(金·14·167)

56 那个老婆吕雉,便有多大的神通,在他手内,就如齐天大圣在如来手掌之中,千百个跟斗只是打不出去。(醒·62·885)

例55有表示无条件的词语"不拘",例56有表示无条件的词语"便","便"在此是"即便"、"无论"、"不管"的意思,在这种句法环境中,"多大"获得了任指的语义特征。

"多"及其复合形式的功能及频率分布表

	多	多大				都大
	虚指	询问	反诘	虚指	任指	询问
金	5	9	7	4	1	2
醒	0	5	8	0	1	0
聊	6	2	4	0	0	0

2.4.4.2 疑问词"多早晚"、"多咱"、"多咱晚"

"早晚"询问时间最早见于晋代文献(吕叔湘1985:357),大约从元代开始,"'早晚'前又用表示疑问的'多'(即疑问代词'多少'的'多'),组合成'多早晚';'早晚'合音,又成为'多咱(偺)'"。(冯春田2000/2003:255)明清山东方言文献中"多早晚"极为罕见,"多咱"的用例稍多。而且"多咱"的"咱"用字不一,《金》均写做"咱",《醒》有时写做"偺",《聊》有时写做"喒"。"多咱"是"多早晚"发生合音后出现的新形式,《金》

还可见到"多咱"和"多早晚"新旧形式并存的现象。不仅如此,文献中还出现了新形式受到旧形式的影响而出现的一种特殊形式——"多咱(喒)"是"多早晚"的合音,又受"多早晚"的影响,出现了"多咱(喒)晚"。另外,"多早晚"、"多咱(昝/喒)"、"多咱(喒)晚"已经表示"什么时候"、"何时",可是《金》"多咱"的后面有时又可带表示时间的词语"时候"、"时分"等。

2.4.4.2.1 单用形式

所谓单用形式,指"多咱"、"多咱晚"等后面不带时间词"时候"、"时分"的形式。

A. 询问。如:

① 这天有多咱晚了?(金·39·524)

② 薛如卞问道:"姐姐待往泰安州烧香去哩?多昝起身?合谁同去?"(醒·68·979)

③ 晁无晏道:"七爷,你多咱卖了树?"(醒·22·322)

④ 张诚说:"你看俺哥哥,你从多咱就起来了?"(聊·慈·914)

例①至④"多咱(昝)"、"多咱晚"询问时间,相当于"什么时候"、"何时"。其中例①询问现在的时间,例②询问未发生动作行为的时间,例③、例④询问已发生动作行为的时间。

B. 虚指。如:

⑤ 桂姐道:"遭遭儿有这起攮刀子的,又不知缠到多早晚。"(金·32·410)

⑥ 月娘得了这五十两银子,心中又是那欢喜,又是那惨切,想有他在时,似这样官员来到,肯空放去了,又不知吃酒到多咱晚。(金·80·1250)

⑦ 明日,还隔了一日,到黑夜,不知多咱就吊杀在俺姨那门上。(醒·12·183~184)

⑧ 到多喒拔了他那毛,治了我的病,仔怕我就胆子硬。(聊·禳·1147)

例⑤至⑦"多早晚"、"多咱晚"、"多咱"等均用于间接问句中;例⑧"多喒"用于叙述句中。在这些句子中,"多早晚"、"多咱(喒)"、"多咱晚"失去了疑问焦点的地位,疑问性大大降低,其功能从疑问转化为虚指,指代未知的、不确定的时间。

C. 感叹。如:

⑨ 这天是多咱了,你还在这里不出去?(醒·43·630)

⑩ 素姐说:"这天多昝了,还不家去,在人家攮血刀子叨瞎话!"(醒·58·839)

⑪ 你看是多喒晚,才把门来叫?(聊·富·1333)

例⑨至⑪句中有副词"还"、"才",表示动作行为发生的迟,"多咱(昝)"、"多喒晚"在这种语境中就包含了言时晚的意义特征,富有夸张和感叹的语义色彩。

D. 反诘。如：

"多咱"在明清山东方言文献中表示反诘的用例极少。

⑫ 龙氏道："你爹八十的人了，你待叫他活到多昝？"(醒·60·863)

以上所述"多早晚"、"多咱(昝/喒)"、"多咱(昝)晚"等均表示事情发生的某一时间，而在《醒》中还有一例"多昝"，不指时间而指时令、气候。

⑬ 狄希陈道："这天是多昝？羊羔酒，陈的过不的夏，新的又没做；这响皮肉，也拿的这们远么？"(醒·87·1242)

2.4.4.2.2 复合形式

所谓复合形式，这里是指"多咱"后面带时间词"时候"、"时分"的形式，这种形式只出现在《金》中，用例不多。如：

⑭ 那婆子听了微笑而不言，因问："爹多咱时分来？"(金·22·279)

⑮ 金莲道："我猜老虔婆和淫妇铺谋定计，叫了去，不知怎的撮弄陪着不是，还要回炉复帐，不知涎缠到多咱时候，有个来的成来不成？"(金·21·273)

⑯ 原来不知多咱时分，呜呼哀哉死了。(金·92·1394)

例⑭表示询问，例⑮和⑯表示虚指。元代文献中就有这种例子，如：

⑰ 您孩儿多早晚时候去？(元《生金阁》三《黄钟尾》白)

⑱ 当日是多早晚时候到于卧房中，做出这事？(元《争报恩》二《红绣鞋》白)①

这种语言现象的出现从表面来看可能是"多早晚"、"多咱"受同义形式"何时"、"什么时候"等的影响所致，而其深层次原因还应在于"早晚"及其合音字"咱"的语义特征。

总体而言，尽管"多早晚"、"多咱"是元代新兴的问时词，但在明清山东方言文献中与同义形式"什么时候"、古汉语留传下来的"何时"、"几时"相比，"多早晚"、"多咱"的使用频率明显偏低。

为进一步了解"多早晚"、"多咱"的使用情况，对明清时期白话文献《老乞大》、《朴通事》、《水浒传》、《型世言》、《石点头》、《醉醒石》、《歧路灯》、《红楼梦》、《儿女英雄传》等进行调查，发现只有反映北京话的《朴通事》、《红楼梦》和《儿女英雄传》出现了"多咱"、"多早晚"，而且频率也不高：《朴通事》出现 1 例"多早晚"；《红楼梦》均是"多早晚"，共 32 例；《儿女英雄传》"多咱"1 例，"多早晚"5 例。相比较而言，明清时期北京话多用非合音形式"多早晚"，山东话则多用合音形式"多咱(昝/喒)"，而且还有新的特殊形式"多咱(喒)晚"。这些情况反映出"多早晚"、"多咱"等不但使用的区域范围小、频率低，而且具有明显的方言地域差异。那么，新兴词汇"多早晚"、"多咱"为什么

---

① 例⑰、⑱转引自冯春田(2000/2003：255)。

没有在汉语中使用开来呢？这恐怕还应从其自身对时间意义的表达上说起。"早晚"的原始义是"早或晚"、"早还是晚"，用于时间的询问，意义转化为"什么时候"、"何时"。不难看出，原始意义与字面意义较为吻合，转化后的意义则相对抽象，而后者可能正是"早晚"与疑问词"多"结合的内在动因。尤其是"早晚"发生合音后，时间的含义融合在"咱"字上，而"咱"更加不能直观地体现表示时间的意义内涵，因而出现"多早晚"、"多咱"后又加"时候"、"时分"的现象。语义的隐晦违背了语言交际清晰、明了的原则，这样，"多早晚"、"多咱"从一开始就先天不足，致使其缺乏竞争力，没有能够在汉语言中广泛运用开来。

"多早晚"、"多咱(咱/喒)"、"多咱(喒)晚"的功能和频率分布表

	单用形式												复合形式		
	多咱(咱、喒)								多咱(喒)晚			多早晚 (虚指)	多咱时分		多咱 时候
	询问		虚指			感叹		反诘	询问	虚指	感叹		询问	虚指	虚指
	多咱	多咱	多咱	多咱	多喒	多咱	多咱	多咱	多咱晚	多咱晚	多喒晚				
金	8	0	8	0	0	0	0	0	1	4	0	1	3	5	1
醒	3	16	1	2	0	2	5	1	0	0	0	0	0	0	0
聊	2	0	0	0	1	0	0	0	0	0	1	0	0	0	0

2.4.4.3 疑问代词"几"及其复合形式

明清山东方言文献既有疑问代词"几"又有其复合形式"第几"、"几时"、"几多"、"几何"、"几度"、"未几"、"几曾"等。"几度"、"未几"、"几曾"用例已极为罕见，不做具体分析，只在后面表格中列出其功能和频率。

2.4.4.3.1 几

从用例来看，疑问代词"几"既可表示基数，又可表示序数，有时其意义还相当于"哪"。

A."几"表基数

a. 询问。如：

　　① 因问："这丫头十几岁？"（金·24·303）

　　② 伯爵道："直饮到几时分才散了？"（金·53·713）

　　③ 我儿，你听听几鼓了？（聊·磨·1444）

　　④ 又问："这猫是几钱银子？"（醒·6·88）

　　⑤ 刘锦衣道："他有几数物事带来？"（醒·5·70）

　　⑥ 娘娘便问："你每日在海上，可记的这海水干了几次？"（聊·蓬·1080）

由例①至例⑥可以看出，"几"可以询问年龄、时间、事物等。值得注意的是，例①中"几"用在"十"的后面表示零数。

b. 反诘。如：

⑦ 西门庆说道："已是递过一遍酒罢了,递几遍儿？"(金·21·266)

⑧ 我这里又做大家伙里饭,又替大娘子炒素菜,几只手？(金·24·306)

⑨ 这家伙也不消要他的,值几个钱的东西？烧了烟扛扛的,叫人大惊小怪。(醒·72·1028)

⑩ 古往今来万万春,世间能有几贤人？(聊·慈·891)

⑪ 又叫一声二兄台,得开怀处且开怀,老兄呀,人生有几个三十外？(聊·富·1364)

例⑦至⑪"几"用于反诘。反诘用法的"几"并不表示完全否定:例⑦中"几"特言其多,例⑧至⑪则特言数量小或少。

c. 虚指。吕叔湘(1985:341)指出:"古代汉语里,'几'字没有虚指用法,那是'数'字的任务,近代汉语不用'数'字,就由'几'字来兼任了。也不妨说,由于近代汉语里的疑问指代词都有虚指用法,推广到了'几'字,就把'数'字给排挤掉了。"《金》、《醒》和《聊》虚指用法的"几"的使用频率非常高。如:

⑫ 众人虽俱是珍哥的旧日相知,只因从良以后,便也不好十分斗牙拌齿,说了几句正经话,吃了几杯壮行酒。(醒·1·11)

⑬ 计老头得了这板,不惟济了大用,在那枕头上与晁夫人不知念够了几千几万的阿弥陀佛。(醒·30·449)

⑭ 丫头说:"街上有几百人去迎接的,热闹多着哩！"(聊·磨·1504)

⑮ 他使小伴当叫了我好几遍了。(金·88·1341～1342)

⑯ 素姐自从进了狄家的门这们几年,没得他一口好气……(醒·64·921)

⑰ 唱了还未几折,心下不耐烦,一面叫上唱道情去:"唱个道情儿耍耍到好。"(金·64·905)

⑱ 才吊起头儿没多几日,戴着云髻儿。(金·37·457)

⑲ 吃了饭,上马又走,四个牲口十六个蹄儿,端的是走的好不多几个日头,就到东平府清河县地面。(金·55·750)

虚指用法的疑问代词"几"指代不确定的数目,有不同的语义色彩:中性(既不夸大也不缩小),如例⑫;言其多,"几"可与"百"、"千"、"万"等数字合用,表示数量大,如例⑬、⑭,也可在前面加副词"好"或带有夸张色彩的性状指示词"这们"修饰,如例⑮、⑯;言其少,"几"前常用否定词语"未"、"没多"、"不多"等修饰,如例⑰至⑲。

d. 任指。如：

⑳ 玉箫道："娘饶了我,随问几件事,我也依娘。"(金·64·901～902)

㉑ 西门庆道："不拘几件,我都依。"(金·13·163)

㉒ 将那刀夹在手指缝内,凭有几层衣服,一割直透,那被盗的人茫无所知。

（醒・93・1330）

例⑳至㉒中有表示无条件的词语"随……"、"不拘……"、"凭……"等,在这种语境下,"几"被赋予任指的意义特征,表示所说范围内的任何事物。

B."几"表序数。"几"相当于"第几"。如:

㉓ 婆子道:"生几月?"（金・46・611）

㉔ 景泰三年生的,是几月?（醒・47・686）

㉕ 西门庆道:"排行几姐?"（金・75・1110）

㉖ 董娇儿道:"他每问来:还不曾与你老人家磕头,不知娘是几娘?"（金・58・788）

例㉓至㉖,"几"相当于"第几"。"几"用做序数,主要是在"月"或排行之前,[①]这种用法一直延续到现代汉语里。

C."几"意义相当于"哪"。只《金》一例:

㉗ 有阎君问:"你从几年把《金刚经》念起? 何年月日感得观世音出现?"（金・74・1101）

"从几年"即"从哪一年"。从历史文献来看,"几"的这一用法并不广泛（吕叔湘1985:341）。

2.4.4.3.2 第几

"第几"问序数,初见于唐代。《聊》中没有出现,《金》和《醒》用例也较少。如:

㉘ 问:"你是任道士第几个徒弟?"（金・94・1414）

㉙ 这是爷第几的相公?（醒・54・779）

㉚ 随你把奴做第几个,奴情愿伏侍你铺床叠被,也无抱怨。（金・16・196）

例㉘、㉙表示询问,例㉚表示任指。

2.4.4.3.3 几时

"几时"询问时间有两种意义:一是表示"什么时候",即时间点;二是表示"多少时候",即时间段。

A."几时"表"什么时候"。明清山东方言文献中表示"什么时候"之义的"几时"有询问、反诘、虚指、任指等用法。如:

㉛ 姜副使说:"你那孩子是几时生下来的? 徐老娘是几时去抱?"（醒・46・672）

---

① 冯春田（2000/2003:236）指出了近现代汉语"几"用做序数的另一种情况:"'几'前不用'第'、后面也不出现名词或量词时,也可以单独表示序数,即'第几日'的意思;这种用法的限制,是询问月中的日数。最迟应不晚于五代……这种用法一直持续到现代汉语里。"所举例子如:"今日几? 今日腊月二十五。"

㉜ 月娘道:"贼见鬼的囚,你爹从早辰出去,再几时进来?"(金·77·1180)

㉝ 姜娘子说:"咱娘那屋几时兴工,就捎信去给我。"(聊·翻·998)

㉞ 月娘道:"不拘几时,我也要对这两句话。"(金·51·667)

例㉛"几时"表示询问,例㉜"几时"表示反诘,例㉝"几时"虚指不确定的时间,例㉞"几时"表示任指。

B."几时"表"多少时候"。明清山东方言文献中当"多少时候"讲的"几时"只出现了询问和虚指两种用法,如:

㉟ 徐先生请问:"老爹,停放几时?"(金·62·881)

㊱ 李瓶儿道:"前日坟上去,锣鼓唬了;不几时,又是剃头哭得要不的;如今又吃猫唬了。"(金·53·708)

㊲ 不多几时,弄得个事体就如乱麻窝一般。(醒·16·237)

㊳ 寄得五钱银子,也就可以买米一石,就有好几时吃去。(醒·92·1308)

例㉟表询问,例㊱至㊳表虚指。可以看出,虚指的"几时"言时短时可用"不"、"不多"等修饰,如例㊱、㊲;言时长则可用副词"好"修饰,如例㊳。

2.4.4.3.4 几多

"几多"大约产生于六朝时期(张永言 1960),"这大概是糅合'几'跟'多少'而成"。(吕叔湘 1985:343)"几多"的意义相当于"多少",明清山东方言文献中可见到表示询问和虚指的用例。如:

㊴ 你念《金刚》多少字?几多点画接阴阴?(金·74·1101)

㊵ 素姐说:"谁知二位师傅都是走过的,不知二位师傅那耷走了几多日子?"(醒·85·1218)

㊶ 几多伶俐遭他险,死后应知拔舌根。(金·20·258)

㊷ 纱帽笼头,假妆乔,几多蹶劣。(醒·91·1292)

例㊴、㊵表示询问;例㊶、㊷表示虚指,"几多"往往含有感叹和夸张的语义色彩。

2.4.4.3.5 几何

明清山东方言文献中"几何"已极为罕见,在仅有的 5 例中,有询问和虚指两种用法。如:

㊸ 经济道:"敬问姐姐,青春几何?"(金·98·1469)

㊹ 又问狄员外:"有几位子女?尊庚几何?"(醒·25·366)

㊺ 愁随草色春深谢,苦入莲心夜几何。(金·65·909)

㊻ 回想能几何时,而先生安在哉!(醒·41·607)

例㊸、㊹"几何"均是询问年龄;例㊺虚指,称代不确定的时间;例㊻"几何"后又加时间词"时","几何"相当于虚指的"何"或"什么"。

"几"、"第几"的功能及频率分布表

	几						第几	
	表基数				表序数（询问）	与"哪"义同		
	询问	反诘	虚指	任指			询问	虚指
金	16	8	703	2	3	1	2	2
醒	26	18	820	1	1	0	1	0
聊	23	13	468	0	0	0	0	0

"几时"、"几多"、"几何"、"几度"、"未几"、"几曾"的功能及频率分布表

	几时						几多		几何		几度	未几	几曾
	什么时候				多少时候								
	询问	反诘	虚指	任指	询问	虚指	询问	虚指	询问	虚指	虚指	虚指	反诘
金	43	14	52	3	2	13	2	3	2	1	3	5	4
醒	25	3	23	0	0	18	3	2	1	1	0	0	0
聊	24	0	44	0	0	0	0	0	0	0	0	0	0

2.5 结语

从汉语历史发展来看,近代汉语是连接古代汉语和现代汉语的桥梁和纽带。明清时期是近代汉语后期,这一时期的汉语在汉语史上更具有承上启下的枢纽地位。该期以山东方言为背景的《金》、《醒》和《聊》,口语色彩浓厚,语言风格比较统一,时间上又先后相续,所以这些语料里的代词基本上代表了山东方言代词在明清时期的面貌。通过对明清山东方言代词的归纳和描述,可进一步提出以下看法。

2.5.1 明清山东方言代词系统的复杂性

明清山东方言文献的代词呈现出复杂多样的局面,既有存古,又有传承,更有发展,是一个相对稳定而不断发展变化的代词系统。

上古、中古及近代汉语早期的一些代词在《金》、《醒》和《聊》中仍可见到,如第一人称代词"吾"、"朕",第二人称代词"汝"、"尔"、"伊",第三人称代词"伊"、"渠"、"之"、"其"、"彼";指示代词"然"、"尔"、"是"、"彼"、"此间"、"此中"、"如是"、"若是"、"此等"、"之"、"若"、"斯"、"兹"、"其"、"是般"、"此般"、"如此等"、"许"、"偌";疑问代词"若何"、"奈何"、"何物"等。但是,这些代词往往出现在特殊的语言环境当中,已不能反映明清山东方言口语代词的真实面貌,只能是作为一种历史遗迹被用在书面语里。

有些前期甚至是上古就已使用的代词,经过近代的发展直至现代,一直活跃在汉语当中,如人称代词"我"、疑问代词"谁"等。这和通语的情况是一致的。

近代汉语（或稍早时期）产生并不断发展的代词如人称代词"你"、"他"、"咱"，指示代词"这"、"那"、"这么"、"那么"，疑问代词"那"、"那里"、"什么"、"怎么"等，这些代词及其复合形式成为现代汉语代词系统的直接来源，奠定了现代汉语代词系统的基本格局。

2.5.2　明清山东方言代词的地域性

这里所指的地域性包括两个方面：一是文献所反映的山东方言内部的地域差别；二是山东方言与其他次方言间的不同。

A. 山东方言内部代词之间的地域差异

《金》、《醒》、《聊》体现明清山东方言内部地域差异的代词及其用法很多，具体又可分为以下几种情况：

（i）有些代词只在局部区域内使用。如兼指指示代词"乜"及其复合形式"乜个"、"乜样"、"乜么样"等只出现在《聊》中，《金》和《醒》（以及同期的《歧路灯》、《红楼梦》、《儿女英雄传》）中都不见其用例，这说明"乜"是一个典型的方言指示代词。

（ii）有些代词的音变形式具有鲜明的地域性。如"都大"是"多大"的音变形式，只出现在《金》中；"仔么"是"怎么"的音变形式，只出现在《醒》中；"真个"是"这个"的音变形式、"真么"是"这么"的音变形式、"宁么"是"恁么"的音变形式，这三个词只在《聊》中可以见到。这些词语显示出山东方言内部不同地域语音变化的差异。

（iii）某些词语的使用也能反映出山东方言内部不同次方言区之间的差异。如三身代词"你"、"他"、"我"在《金》和《醒》中与复数词尾"们"组合的用例已较为普遍，而《聊》中这种用例却非常少见，反映出《聊》所代表的方言点人称代词还不习惯与"们"组合的语言事实。又如第一人称代词复数包括式（咱/咱们）和排除式（俺/俺们），在《醒》所代表的方言点是被严格区分的，而《金》和《聊》中"咱/咱们"偶尔用于排除式，"俺/俺们"也偶尔表示包括的意义，二者的区分就不如《醒》那么严谨和工整。

B. 与同时期其他次方言区相比，有些词语的发展变化体现了鲜明的地域特点

（i）同种语言现象具有不同的地域特点。如指示词"这"、"那"与"那么"的连词化问题，与同时期反映北京话的《儿女英雄传》相比有很大不同：山东方言"那么"的连词用法只出现在对话语境中，其过程缺少中间环节，具有突变性特点；反映北京话的《儿女英雄传》中"那么"的连词化发生在对话语境和非对话语境中，具有渐变性。两个次方言区内"这"、"那"的连词化虽均具有渐变性，但山东方言中连词"这"、"那"的产生和应用还只是在非对话语境中，而北京话中连词"这"、"那"既可用于对话语境，也可用于非对话语境。

（ii）某些词音的发展变化具有地域差异性。如山东方言中没有出现方所指示词"这儿"、"那儿"，这表明明清山东方言中指示方所的词语"这里"、"那里"中"里"的语音还没有受到磨损或受磨损的程度还比较小，还没有发生弱化以致音变为"儿"。但该期的《歧路灯》中已可见到方所指示词"这儿"（还没见到"那儿"），反映北京话的

《儿女英雄传》中方所指示词"这儿"、"那儿"均有用例出现。这表明次方言间"这里"、"那里"中"里"的语音磨损、变化的速度具有不同步性。这种现象也直接影响我们对明清时期这几个次方言区域内指示词"这"、"那"某些功能的认识:在河南方言和北京话中,"这儿"、"那儿"在使用中词尾音"儿"进一步受到磨损、弱化、消失,从而出现"这"、"那"单独表处所的现象是完全可能的,因此这两个次方言区域"这"、"那"单独表处所可能是其自身功能的延续与"这里(那里)"→"这儿(那儿)"→"这(那)"这条发展路径的合流;而在山东方言中,由于没有出现"这儿"、"那儿","这里"、"那里"→"这"、"那"单独表处所缺少中间环节,因而推断明清山东方言中指示代词"这"、"那"单独表处所是其自身功能的反映。

(iii)某些词语具有明显的方言区域特征。如指示代词"这"、"那"与时间词"早晚"及其合音字"咱(昝)"组成的复合形式,明清山东方言"这"、"那"多与"早晚"的合音形式"咱(昝)"组合成"这咱(昝)"、"那咱(昝)"表示时间,而且在"这早晚"、"那早晚"的影响下还出现了新的特殊形式"这咱(昝)晚"和"那咱(昝)晚",而时代差不多的反映北京话的《老乞大》、《朴通事》、《红楼梦》和《儿女英雄传》则只用非合音形式"这早晚"。

2.5.3 个别代词的方言属性

通过对山东方言内部及山东方言与其他方言间的比较分析,文献中个别代词显示出与山东方言甚至整个北方方言代词间的差异性,而与南方方言代词之间却存在着一致性。如合音式疑问代词"囃(咱/嗒)",明中叶《金》第 57 回出现 2 例(同一句话中),写做"咱"。但根据冯春田(2003)对历史语料的调查和分析来看,直到明末北方系的其他文献语料中均未发现合音式疑问代词"囃(咱/嗒)"的可靠用例,这意味着《金》中合音式疑问代词"咱"的出现与北方方言是格格不入的。考察该期南方系文献发现,"明末白话小说《型世言》第 27 回里有'咱'3 例,均出自操吴语的洪皮匠夫妇之口"。(冯春田 2003)明代沈德符在《野获编》中也曾指出《金》第五十三回至五十七回不是出于原作者之手,而是"时作吴语"的南方人补写的。(参看朱德熙 1999:80)由此可以推断,《金》第 57 回出现的合音式疑问代词"咱"可能不是明代山东方言的真实反映,而是补写的人所操方言(吴语)的体现。

2.5.4 社会语言环境对代词发展的影响

语言是一种社会现象,语言的发展与社会历史密切相关,社会的发展为语言的发展提供了外部环境,要了解语言的发展变化,除了了解语言自身的发展规律外,还须把语言与社会的历史相联系。如果社会的民族交往、对外交流较少,就会给语言发展提供一个相对封闭的空间,一种语言就在同质的环境下按照自身发展的内在规律发展。如果社会的对外交流、民族融合较多,就会给语言发展提供一个相对开放的环境,在异质环境中,一种语言的发展就会受到其他语言的影响。语言间的接触为认识明清山东方言代词及相关句式开启了一扇门户。

宋、辽、金、元、明时期,中国历史上经历了由汉族、契丹族、女真族、蒙古族再由汉族统治的更替过程。随着北方少数民族入据中原,阿尔泰语也被带到了中原地区,可以说辽、金、元时期是汉语与阿尔泰语接触最广泛的时期。研究表明,汉语代词受阿尔泰语的影响是客观存在的:近代汉语人称代词"俺"、"您"的产生、汉语第一人称代词复数包括式与排除式二分对立的形成、汉语复数词尾由"们"→"每"→"们"的反复变化等等都与阿尔泰语的影响不无关系。受阿尔泰语的影响而产生的新形式在汉语中的发展情况又不尽相同:

A. 新形式在汉语中并没有扎下根来,没有能够保留到现代汉语中。如近代汉语时期在阿尔泰语的影响下出现的复数词尾形式"每",在明中叶的《金》中还是"每"、"们"并用,而到了明末清初的《醒》中则已完全统一于"们"。又如受阿尔泰语影响,汉语复数词尾"们"曾一度可与表确定数目的数词共现,明清山东方言仅见一例,现代汉语中这种现象已不复存在。再如在蒙古语影响下产生的选择式紧缩复句"(S)+VP+也+怎的"在《金》还有不少用例,而《醒》和《聊》已不见踪迹。

B. 新形式虽保留在现代汉语中,但没有能够进入到共同语当中去。如近代汉语第一人称代词"俺"和第二人称代词"您"分别是第一人称代词"我"和第二人称代词"你"在领属格这一特定的句法位置上,在阿尔泰语领属格鼻辅音的影响下产生的。现代汉语中,"俺"、"您"的使用范围比近代汉语时期大大缩小了,主要保留在山东、河南、河北等地,没有能够进入到共同语当中去。

C. 新形式在近代汉语与现代汉语中的使用情况略有不同。如在汉语自身包括和排除观念的存在以及多个第一人称代词并存的语言条件下,在对第一人称代词复数严格区分包括和排除的阿尔泰语的催化作用下,近代汉语第一人称代词复数形成了包括式和排除式的二分对立。由近代汉语语料来看,"咱(们)"表示包括式,"俺(们)"表示排除式,"我(们)"既可表示包括式又可表示排除式,因而第一人称代词复数包括式和排除式的对立基本上就是"咱(们)"和"俺(们)"的对立。而现代汉语中由于"俺"没能进入到共同语当中去,二分对立的具体情况有了变化:在"俺"存在的方言区域如山东、河南、河北等地,包括式与排除式的二分对立仍然较为工整和严谨,而在共同语中这种对立则明显削弱。

D. 新用法在现代汉语中得到了进一步的发展。如汉语复数词尾"们"产生后,用于人称代词、指人名词等的后面,只用来指人,不指物。但是,在蒙汉对译因素的诱发下(蒙文中动物或其他非生物名词的复数是借助复数词尾来表示的),其用法扩展到了指物名词,而且这种用法在汉语中保留了下来,现代汉语中"们"在指物名词后的使用日趋普遍。

2.5.5 语言发展的历史联系

语言是发展变化的,很多新的语言现象在语言发展的历史长河中不断地产生和发展,在认识和解释某种语言现象时应注意语言发展的历史联系。如汉语中人称代词带修饰语的现象,不少语法学家认为这是现代汉语新兴的一种语言形式,是一种日化、欧化的舶来品。然而,明清山东方言中已经出现人称代词带修饰语的现象,而且该期这种现象并不仅仅限于山东方言中,其他次方言区的文献(诗歌、小说、戏文等)中也有不少用例。这足以证明这种语言现象不是现代汉语新出现的。另一方面,从语言发展的社会环境来看,明清时期中国同欧美的接触还非常有限,汉语与欧美语言之间还不具备接触融合的条件,汉语同日语的接触也是在清朝后期才渐趋广泛,所以明清时期日语或欧美语言还不足以使汉语因受其影响而发生变化。因此,从历史的角度来看,明清时期文献中出现的人称代词带修饰语的现象是汉语自身发展的结果,是汉语表义细密化的表现。现代汉语中人称代词带修饰语是明清时期已有用法的延续,与语言接触可能没有关系。

第三章　副　词

3.1 概说

3.1.1 副词的确定

对于副词,我们从两个方面来界定。首先从句法的角度,副词在句中主要充当状语(修饰谓词性成分),少数可充当补语;从语义的角度,副词多由典型的实词——名词、动词、形容词语法化而来,词汇意义弱化,而对于其他一般的虚词,意义相对实在。在把握住副词句法、语义上的特点后,对于一个词是不是副词,就比较容易判定。下面从副词与其他词类的区别及副词的非典型语法功能两个方面加以论述。

3.1.1.1 副词与相关词类的区别

3.1.1.1.1 副词与时间名词的区别

张谊生(2000)区分时间副词和时间名词的两条标准是:凡是只能充当状语和句首修饰语,不能充当主宾语(包括介宾),并且不受其他词语修饰的,是时间副词;凡是经常充当状语和句首修饰语,但同时又可以充当定语或主语、宾语及介词宾语的,是时间名词。时间名词在句法层面充当主语、宾语(介词宾语)、定语,这一点与时间副词的区别是显而易见的。但是,当时间名词与时间副词都充当状语或句首修饰语时,从句法的角度是不易或不能区分的。"只能"和"经常"的说法在一个特定的句法环境中是不起作用的。因此,对于两者的区分,虽说要采取功能和意义两结合的方法,但

是关键取决于意义。例如,"刚才"表示时间意义,既可用做时间名词,也可用做时间副词:

①刚才不是我这般说着,他甚是恼你。(金·72·1061)

②平安道:"我刚才还看嫂子锁着门,怎的赖得过?"(金·23·293)

③妇人道:"刚才做的热腾腾的饭儿,炒面筋儿,你吃些。"(金·37·486)

④小玉道:"大姐刚才后边去的,两位师父也在屋里坐着。"(金·63·896)

以上各例"刚才"在句中都做状语,从句法功能的角度很难判断是时间名词还是时间副词,因此应借助其他方法,例如从语义和语用的角度来分析。从语用的角度,时间名词做句首修饰语,多数是在句中充当话题一职,如例①、②,"刚才"指明其后事件"不是我这般说着"及"还看嫂子锁着门"发生的时间位置是距离现在时间较短的"刚才";时间副词则不能充当话题,主要是对动作行为施以限制,如例③、④,"刚才"修饰限制动作行为"做"、"去",表示动作行为发生的时间位置距离说话时间位置要短。因此,以语法意义为标准,"刚才"可以分为两个,一个是时间名词,一个是时间副词。再如"初":

⑤头先过步,初主好而晚景贫穷;脚不点地,卖尽田园而走他乡,一生不守祖业。(金·96·1449)

⑥又有一个戏子,叫是刁俊朝,其妻有几分姿色,忽项中生出一瘿,初如鹅蛋,渐渐如个大柳斗一般,后来瘿里边有琴瑟笙磬之声。(醒·27·392)

⑦不瞒众位娘说:小家儿人家,初搬到那里。(金·14·174)

⑧问说:"这郭姑子也是亲么?"回说:"不是。初从北直景州来,方才来了一年。"(醒·12·184)

以上各例"初"都是做状语,但是它们的语义是不同的:例⑤、⑥"初"是时间名词,表示开始时间;例⑦、⑧表示动作行为发生的时间距离现在短。

通过以上的分析可以看出:同样做状语的情况下,语法意义的比较是区分时间名词和时间副词的有效方法。

3.1.1.1.2 副词与助动词的区别

助动词可以单独充当谓语,可以在句法结构中充当被饰成分,可以用"X不X"的方式提问,副词不能。但是助动词又可以在一定的句法环境中转换为副词,如"敢":

①大妗子看着大姐和玉箫说道:"他敢前边吃了酒进来,不然如何恁冲言冲语的?骂的我也不好看的了。你教他慢慢收拾了去就是了,立逼着撵他去了,又不叫小厮领他,十分水深人不过,却怎样儿的?却不急了人!"(金·75·1116)

②大尹道:"他骂谁是忘八淫妇?"高氏道:"忘八敢就是晁大官人,淫妇敢就是小珍哥。"(醒·10·146)

③他哥说:"你可不也再呀!一半顿饭不吃,也饿不煞,着咱娘知道了,敢说

是我唠着你，偷面赶饼我吃哩。"(聊·慈·916)

以上 3 例"敢"不是助动词。因为"敢"在句中表示的不是主语"他"、"忘八"、"淫妇"、"咱娘"(承上省略)的意愿，语义指向说话人，表明其说话态度，即所做出判断的非确定性，是语气副词。

3.1.1.1.3 副词与形容词的区别

形容词可以充当谓语和定语，而副词不可以。但是，形容词又可以充当谓词性结构中的修饰成分，这一点与副词又是相同的。因此，与副词有着混淆的主要是处于状语位置上的形容词。

当形容词处于状语位置时，如果与处于谓语、定语位置时的语义相同，则仍是形容词，如"慢"、"慢慢"：

① 二相公无奈何跟他出去，恹头搭脑的，一步一步的慢走。(聊·寒·1055)

② 你在路上慢慢走，避风的去处好磨陀，到家就是晌午错。(聊·墙·841)

以上两例"慢"、"慢慢"虽然是在句中做状语，修饰谓词性成分，但是与定语、谓语位置上的"慢"相比，意义并没有发生改变，因此是形容词。

但是，如果形容词处于状语位置时语义发生了变化，那么这个形容词就转化成了副词，它是形容词、副词兼类词。同样以"慢"为例：

③ 江城说：我说你慢翻错了，我伺候下四指老面条。(聊·襄·1151)

④ 诗曰：利害分明漫说陈，是非已听圣明君。(聊·磨·1524)

⑤ 万岁爷一笔到底，六哥看了看，改的是："也漫说那酒高壶大"，第二句是"清香赛过屠苏"。(聊·幸·1582)①

以上各例中，"慢"的意义显然不是"快慢"之"慢"，"慢"的意义在上述语境中发生了变化，语义近于表示禁止否定的"别"，因此应看做副词。②

因此，对于状语位置上的形容词是否已转化为副词，我们以语义为鉴别标准。基于此点，把状语位置上的"突然"、"偶然"归入形容词，因为它们处于状语位置与定语、谓语位置时的语义是相同的。如：

⑥ 西门庆道："大贱内偶然有些失调，请后溪一诊。"(金·75·1135)

⑦ 寄姐偶然手生了疮，死塞着争与寄姐梳头。(醒·95·1357)

⑧ 且说张天师正然诵皇经，偶然一阵狂风，大同的城隍参见。(聊·幸·1668)

"偶然"虽然处于状语位置，但仍是表达"出乎意料"的意义。

---

① 例④、⑤的"漫"是"慢"的异写形式。

② 参看王群(2006)。

"突然"与此相同,如:

⑨ 牛群中有个才齐口的犍牛,突然跑到杨司徒轿前,跪着不起。(醒·79·1122)

例中"突然"意为"突如其来",与"突然事件"中的"突然"意义是相同的。

3.1.1.1.4 副词与连词的区别

从理论的角度,连词不能充当句法结构中的任何成分,只能在句法结构或句子之间起连接作用或关联作用,表示结构成分之间的关系或分句与分句之间的关系,而副词的基本功能是充当谓词性结构中的修饰成分,两者的定义、界限是非常明确的。黄盛璋(1957)曾提出过划分副词和连词的原则:"(1)凡能用于主语前面的,一定是连词不是副词,所以'而且'、'但是'、'然而'等都是连词。(2)凡是不能用于主语前面的,一定是副词不是连词。(3)虽能用于主语前头,但是能单独一句站得住,那也是副词不是连词。(4)凡能用于主语前头,但又不能单独一句站得住,必须有上下文,是连词不是副词。"这个原则与我们上面所谈到的副词、连词的定义是一致的。但是,汉语实际中某些副词在篇章结构中同样可以起关联作用,甚至有些已经转化为连词了。因此,对于这些现象应该尤加关注,说明原因。如"本来"一词:

① 那韩爱姐本来娇嫩,弓鞋又小,身边带着些细软钗梳,都在路上零碎盘缠。(金·100·1498)

② 晁秀才本来原也通得,又有座师的先容,发落出来,高高取中一名知县。(醒·1·3)

③ 本来那冯知府,银子钱不贪图,心中也把恶人怒。(聊·寒·1026)

以上各例"本来"在句中加强确定语气,如例②"晁秀才本来原也通得"意为"晁秀才确实也通得",但是由于"本来"常常用在递进关系复句中,在更高层次的语境意义(复句意义)的管辖支配下,原有的加强确定语气的意义淡化,关联作用增强。

又如"紧仔"一词:

④ 相于廷道:"就只你有嘴,别人没嘴么?狄大哥,你听不听在你,你紧仔胳膊疼哩,你这监生前程遮不的风,蔽不得雨,别要再惹的官打顿板子,胳膊合腿一齐疼,你才难受哩!"(醒·74·1054)

⑤ 这相旺争嘴学舌,相主事紧仔算计,待要打他,只为他从家里才来,没好就打。(醒·78·1120)

上例"紧仔"为语气副词,表示在说话人看来,"紧仔"所修饰的事件是持续时间长或是力度大的事件,因此在某些情况下可以用"直"来替换。但是"紧仔"又常常用在递进关系的复句中,如:

⑥ 晁夫人又谢说:"紧仔年下没钱,又叫你们费礼。"(醒·21·315)

⑦ 素姐骂道："小砍头的！没的家臭声！他紧仔怕见去哩，你又唬虎他！"（醒·74·1054）

在复句的环境中，"紧仔"的关联作用增强，义同"本来"。

有些副词，如"就是"，在相同条件作用下，已经转化为连词。[①] 如：

⑧ 妇人道："叔叔何不搬来家里住？省的在县前土兵服事，做饭腌臜。一家里住，早晚要些汤水吃时，也方便些。就是奴家亲自安排与叔叔吃，也干净。"（金·1·15）

⑨ 莫说叫乡里议论，就是叫任里晃爷知道，也不喜欢。（醒·2·19）

⑩ 且说珊瑚到家，合庄里都喜，无论同姓异姓，都拿着礼物来看珊瑚，就是娶个新媳妇来，也不能那么热闹。（聊·姑·881）

以上 3 例"就是"用在假设复句中起连接作用，是假设连词。这与上文所举"本来"、"紧仔"两词是不同的，因为它们仍"对谓词（谓语）具有或实或虚的修饰作用"。[②]

3.1.1.2 副词的非典型语法功能

3.1.1.2.1 副词修饰名词

关于副词修饰名词，历来观点不一。譬如，张静（1961）认为修饰名词是副词的基本功能，不是特殊现象；邢福义（1962）认为副词可以修饰某些特殊类型的名词；张谊生（2000）认为副词之所以能够修饰名词，主要在于那些被修饰的名词或者是具有特定的语义基础，或者是功能发生了变化；张谊生（2004）又明确指出副词是一种多功能的词，副词充当定语是副词内部的多能性的具体表现。杨荣祥（2005）也承认副词修饰名词的现象。

结合汉语实际，我们认为副词修饰名词是一种客观存在，但是只表现于极少数副词，如程度副词修饰方位名词：

① 小媳妇因不幸，为了场官司，把旧时那房儿弃了，如今搬在大南首王家巷住哩。（金·67·981）

② 别人跑出几千里路去，你遗在大后边蹭蹬。（醒·94·1335）

③ 大东头踢毽子，不是他么？（聊·磨·1441）

再如时间副词修饰名词，《醒》、《聊》"从来"各有 1 例做定语：

④ 旁人对他说那神附的光景，与他自己口内说的那从来的过恶，素姐一些不曾记得。（醒·86·1228）

⑤ 大老爷不必动怒，这是这里的土俗，从来的通套。（聊·磨·1431）

---

① 张谊生（2004:417～449）"'就是'的衔接、情态功能及其虚化历程"深入研究分析了这一问题。

② 参看杨荣祥（2005:11）及唐贤清（2004:12）。

3.1.1.2.2 副词做补语

关于副词充当补语有这样几种不同的观点:朱德熙(1982)认为"副词只能作状语,不能作定语、谓语和补语";绝大多数学者认为汉语中副词"很"、"极"可以做补语;张谊生(2000)认为现代汉语中有相当一些程度副词可以充当补语,如可补副词"很、极、死、甚、尽、煞、至、多、远、死死、非常、异常、万分、绝顶、无比、过分",唯补副词"透、慌、坏、绝伦、透顶、要命、要死、不行、不成、邪乎、邪行、吓人、够呛、可以、不得了、了不得"。我们的观点是:副词一般只能充当状语,少数副词可以充当补语,如"很"、"极"。

关于这个问题,杨荣祥(2005)对其中某些"副词做补语"的现象进行了说明,指出通常被看做是副词做补语的,在句法结构中"有些根本就不应该分析为补语,也不是副词,有些虽然是在句法结构中充当补语,但也并不是副词"。[①] 前者如"非常",后者如"甚"、"煞"、"极"。我们同意杨荣祥的观点,在此略做补充。补语是谓词性成分,因此"好极了"、"好得很"的"很"、"极"事实上不是副词,而是形容词。这是从客观语法分析的角度来考察。但是,"我们很难证明其与作状语的'极'和'很'('极好'、'很好')语义上不具有同一性"。[②] 因此,这可以看做是语言的形式和意义不统一的典型例证。

问题在于如何解释这一现象。我们认为这与整个语言系统是紧密相关的,确切地说就是在语言系统中"极"和"很"不存在形容词性的用法,因此在理解"好极了"、"好得很"等极少数"极"、"很"做补语的用例时,往往不会再把它们定性为形容词。以"很"为例,程度副词"很"显然与形容词"狠"有着密切的联系,[③]但是作为一般语言使用者是不会把两者联系在一起的。就是语言研究者,虽然有着相同的知识背景,在使用中也往往不会意识到两者的关联性。对于"很"不同来源的认识就是明证。

语言研究要做到形式与意义的统一,但是在某些情况下是难以兼顾的。具体到汉语,由于极少形态标记,意义似乎更为重要。换一个角度来看,语言作为交际工具,其意义方面也应该是主要的,因此我们把补语位置的"极"、"很"看做副词。但是,程度副词做补语的范围不宜扩大化。因为所谓的"副词"补语"很少不能在别的场合做形容词,所以还是把这些情形当做形容词方便些"。[④] 因此,诸如"杀(煞)"、"死"、"慌"、"紧"、"重"、"要不得"、"了不得"等词及短语处于补语位置时不应看做副词。简要分析如下。

"杀(煞)"、"死"、"慌"、"紧"、"重"、"要不得"、"了不得(的)"等7个词和短语依据表义特点可以分为四类:

---

① 参看杨荣祥(2005:292)。

② 参看杨荣祥(2005:23)。

③ 赵元任(1980:226)认为:最标准的程度副词"很"字,不管是从历史上还是从描写语源学来看,都跟"狠"字是一个字。

④ 参看赵元任(1980:226)。

A. "杀（煞）"、"死"为一类。[①]《金》、《醒》、《聊》"杀（煞）"做补语很常见，[②]"死"做补语的用例相对少一些，[③]如：

　　① 那伯爵嚷道："乐杀我老太婆也，我说就来的。快把酒来，各请三碗一个！"（金·54·730）

　　② 晁住、李成名媳妇两个对唐氏道："狠杀我！俺也还个绷儿！"（醒·19·283）

　　③ 徐氏哭着说："我的儿，我可累煞你了！怎么就有这样的本事！"（聊·翻·960）

　　④ 那伯爵就要跟着起来，被黄四死力拦住，说道："我的二爷，你若去了，就没趣死了。"（金·68·976）

　　⑤ 咱住惯了宽房大屋，这们促织匣内，不二日就鳖死了！（醒·6·81）

　　⑥ 说不的人困马乏，只得慢慢走去，说："恼死我也！"（聊·快·1130）

通过分析会发现，"杀"、"死"做补语的意义还是比较实在的，是动词充当结果补语，"杀"、"死"后常接宾语即说明了这一特点。

B. "慌"为一类。[④] "慌"多用在心理活动动词组成的"的"字短语或动宾短语后面，如：

　　⑦ 俺俩个闷的慌，这里下了两盘棋。（金·17·122）

　　⑧ 金莲道："怪行货子，好冷手，冰的人慌！莫不我哄了你不成？"（金·38·504）

　　⑨ 先生说："我使的慌了，你且拿下去想想，待我还惺还惺再教！"（醒·33·488）

　　⑩ 秦继楼说："你主人家怕钱压的手慌么？一万多银子都平白地干给了人，是风是气哩？"（醒·34·505）

　　⑪ 二姐穿上衣服。妈儿又道："拿坐来，站的这孩子慌了。"（聊·幸·1596）

　　⑫ 好歪货不流水快走，近前恶心的我慌！（聊·幸·1604）

"慌"做补语是形容词做结果补语，是对人的某种主观心理感受的描述。

C. "紧"、"重"为一类。[⑤] 例如：

　　⑬ 到一木香棚下，荫凉的紧，两边又有老大长的石凳琴台，恰好散坐的。（金·54·729）

---

① "杀"也记做"煞"，《金》1 例，《醒》1 例，《聊》77 例。

② "杀"《金》63 例，《醒》107 例，《聊》167 例。

③ "死"《金》21 例，《醒》10 例，《聊》25 例。

④ "慌"《金》21 例，《醒》46 例，《聊》5 例。

⑤ "紧"《金》13 例，《醒》48 例，《聊》31 例。"重"《金》3 例，《聊》2 例。

⑭ 你也没理的紧！你汉子娶妾不娶妾，别说我是他妗子，我就是他娘，他"儿大不由娘"，我也管不的他。（醒·89·1275）

⑮ 这门下虽不快活，比那绑着的时节自在的紧。（聊·磨·1457）

⑯ 西门庆请了应伯爵来，在厢房坐的，和他商议："第六个房下，甚是不好的重，如之奈何？"（金·61·854）

⑰ 玉箫进房说："天气好不阴的重。"（金·67·937）

⑱ 又想起临去秋波那一转，怎教人一刻去心间，我想金莲想的重，还不说乌斯高翠兰。（聊·丑·1143）

"紧"、"重"用在形容词或谓词性短语后面，是形容词做程度补语。

D."要不得（的）"、"了不得（的）"为一类。"要不的"《金》42 例，其中 37 例用在心理活动动词后面。如：

⑲ 别人都罢了，只是潘金莲恼的要不的，背地唆调吴月娘，与李瓶儿合气。对着李瓶儿，又说月娘许多不是，说月娘容不的人。（金·20·254）

⑳ 还是文妈见的多，你老人家早出来说句话——怎有南北的话儿，俺每也不怎急的要不的。（金·69·994）

㉑ 守备不知是我的亲，错打了你，悔的要不的。（金·97·1451）

另外 5 例用在一般动词后面。如：

㉒ 于是两个一齐赶着打，把西门庆笑的要不的。（金·21·271）

㉓ 把俺每笑的要不的。（金·32·410）

㉔ 琴童道："寻得要不的。"（金·53·723）

㉕ 直在那辽东地面，去此一万余里，就是那好汉子，也走得要不的，直要四五个月才到哩。（金·57·768）

㉖ 西门庆道："想是不消说，前日在书房中，白日梦见他，哭的我要不的。"（金·68·968）

"要不得（的）"用在动词后面做程度补语，表示动作行为达到了无法进行的地步。"了不得（的）"义同"要不得（的）"，用做补语，《金》14 例，《醒》1 例，《聊》2 例。如：

㉗ 李瓶儿因过门日子近了，比常时益发欢喜得了不的，脸上堆下笑来。（金·16·202）

㉘ 走进去，众人都笑得了不的，拥住道："如今日中过了，要吃还我们三碗一个。"（金·54·730）

㉙ 晁夫人诧异的了不得："的真小和尚是梁片云托生的了！"（醒·22·325）

㉚ 听的俺方二爷中了，喜的了不的！（聊·磨·1476）

㉛ 适才见姐夫不去，他讪的了不得，着小大姐央我来替他谢罪。（聊·幸·1651）

"了不得（的）"更多的是在句中做谓语，《金》2例，《醒》18例，《聊》13例。如：

㉜ 西门庆道："不瞒你说，相我晚夕身上常时发酸起来，腰背疼痛，不着这般按捏，通了不得！"（金·67·939）

㉝ 若今番不治，他后边一发了不的了。（金·55·739）

㉞ 张茂实道："了不的！通没王法了！你是谁家的老婆，平白来这里打人？"（醒·66·945）

㉟ 长班只是跺脚，口里只说："怎么处！这可了不得！"（醒·83·1187）

㊱ 丫头跑回来说："了不的了！老马差了一大些人来，说姑爷没在家，还拿姑娘去哩！"（聊·磨·1416）

㊲（丫头）说："了不的了！南楼上那个长官是个皇帝！"（聊·幸·1675）

"了不得（的）"与"要不得（的）"无论是做补语还是做谓语都是可能式动补短语，相应的肯定式是"了得"、"要得"。例如：

㊳ 若这妇人告起状来，牵连着我，衙门受累费钱，且又误了生意，这怎生了得？（醒·86·1231）

《歧》中"了不成"一词意义用法与"了不得"相同。如：

㊴ 王氏听说弟妇到，喜的了不成。打发轿夫盒子回去，要留曹氏住下。（歧·3·27）

㊵ 这个龙虎沙，也就雄壮的了不成。环围包聚，一层不了又一层，是个发达气象。（歧·61·568）

㊶ 内中一个道："没人敢去说。少爷性情，只怕骂的了不成。"（歧·17·178）

以上各例"了不成"仍不能看做是程度副词，"了不成"也是可能式动补结构，其肯定式是"了得成"。如：

㊷ 吴虎山道："您只说谭家这促寿儿，不肯出官，累了俺吃这顿'竹笋汤'。明早不到案，还了得成么？"（歧·65·622）

3.1.2 副词的分类

关于副词的分类，历来仁者见仁，智者见智。分类的依据不外乎句法和语义两个基本标准。分类的标准不同，分类的结果自然也不同。但是，执行同样的标准也往往会得出不同的结论。例如，同样以语义作为分类标准，就有 6 类（黎锦熙 1992；黄伯荣、廖序东 1997）、10 类（杨树达 1984）、8 类（王力 1985a；吕叔湘 2002）、7 类（邢福义 1993）等不同。近年来出现了几种较为新颖的分类方法，譬如张谊生（2000）把副词分为描摹性副词、评注性副词、限制性副词 3 大类，这种分类是新的理论指导下的分类，如类型学中的典型范畴理论以及近几年兴起的语法化理论。又有一种分类方法，即李泉(2002)在考察了 600 余个副词的分布后,把副词分成了 4 个大类——程度副词、否定副词、关联副词、情态副词。

可以说副词的分类标准经历了语义标准为主到功能标准为主的变化,但是新标准下的分类结果与语义标准下的类别划分没有太大差别。如张谊生(2000)在把副词三分后,实际研究中仍然又把限制性副词分为关联副词、否定副词、时间副词、重复词、频率副词、程度副词、协同副词、范围副词等 8 类与描摹性副词、评注性副词并列。李泉(2002)同样由于找不到形式上的标准把时间、范围、语气、方式副词都归为情态副词这一个大类而不加区别——所谓的分布上的再分类与意义划分的类别相差无几。因此,以功能为主的分类标准,分类的结果大都归结为最终的按意义划分的副词小类。

因此,我们把意义作为分类的主要标准。此外,词的语法功能和意义之间是有着密切联系的,即形式和意义是相互统一的,因此,意义标准的分类必然兼及功能特点。那么又如何看待意义分类的主观性呢?我们认为意义标准下的不同分类结果并非完全是研究者主观随意性的体现,而正表明研究者们对副词内部各个成员缺乏统一的一致的认识,副词研究仍有待于继续深入细致开展。试想,如果对副词内部各个成员表示的语义都有了准确深入细致的分析研究,那么在归类问题上的分歧自然会减少,甚至消除。

以语义为主要分类标准,我们把副词分为程度、总括、统计、限定、类同、时间、频率、重复、否定、语气、情状方式 11 类。下属小类的划分依然贯彻语义标准,如程度副词分为程度高、程度轻微、程度复加 3 类;时间副词分为短时、长时、过去、进行、将来、完成、持续、初始、终时、先时、临时、不定时 12 类;频率副词分为高频和低频 2 类;否定副词分为单纯否定、对已然的否定、对判断的否定、禁止否定 4 类;[①]语气副词分为确定强调、不定揣度、委婉、疑问、主观评价与情态意愿 5 类。

《金》、《醒》、《聊》各类副词数量比较表[②]

	金	醒	聊
程度副词	45	54	45
总括副词	20	20	15
统计副词	5	6	3
限定副词	29	29	25
类同副词	2	2	2

[①] 参看杨荣祥(2005:74~75)。

[②] 说明:(1)情状方式副词相对以上典型副词来说,词汇意义相对实在,句法语义功能相对单纯,兼且数量众多,因此,进行统计比较时没有包括其中;(2)同一副词,如"白",如果有多个义项,则分别计入不同类别。

	金	醒	聊
时间副词	103	114	102
频率副词	25	28	27
重复副词	13	12	14
否定副词	36	32	30
语气副词	199	210	170
总计	476	507	433

3.2 程度副词

程度副词的语义特征是表示性质状态或某些动作行为的程度;语法功能上,程度副词一般在句中做状语,少数可以做补语,主要修饰形容词、形容词性短语,也可修饰动词、动词性短语及少数名词或名词性短语。《金》、《醒》、《聊》的程度副词共有 61 个,其中表强度的副词 38 个,表弱度的副词 8 个,表比较度的副词 15 个。

3.2.1 表强度

3.2.1.1 很(狠)

"很(狠)"用于表示程度高,《金》1 例,《醒》5 例,《聊》7 例。其中,有 8 例修饰形容词性成分,5 例修饰心理活动动词及助动词。如:

① 适值小玉出来请李桂姐吃夜饭,说道:"大娘在那里冷清清,和大姐、刘婆三个坐着讲闲话。这里来这样热闹得狠!"(金·53·720)

② 狄员外说:"这是几瓮尝酒酵子,那几日很暖和,我怕他过了,开开,还正好。"(醒·34·507)

③ 童七家里果然有两个腊嘴——一个狠会哨的,一个不大会哨。(醒·70·1000)

④ 武宗爷微微冷笑,这琵琶传授不很高。(聊·幸·1619)

⑤ 公子说:可是呢,老世台该问问,那奴才可杀的很!(聊·磨·1413)

关于程度副词"很(狠)"的形成,王静(2003)认为是由各自的形容词用法发展而来的,但是又认为由"凶狠、乖戾"到程度副词的发展没有虚实两可的过渡状态而显得过于突兀,于是,在"很"自身演变条件基础上又引入了语言接触的因素即认为是蒙语"哏"的影响。至于是否是外族语言影响的结果我们很难断定,但是"很"、"狠"由不听从——凶狠、乖戾——程度高的变化是极自然的,因为在汉语中程度副词有不少是含有重量级意义的形容词演变而来的,如"极"、"太"等;而且语法化过程的渐变性并非一定会出现虚实两可的阶段,虚实两可的现象在语法化之后也是存在的,这是一个词的虚实两个义项并存的结果。

从文献中"很"的使用情况来看有两个特点:一是字形上"很"、"狠"并用,"狠"有 5 例,占总数的三分之一。但由于"很"、"狠"读音相同,意义用法相近,我们不再看做是

221

两个词,而看做是一个词的不同书写形式。二是在用法上,多位于补语位置,共 9 例,占总数的三分之二。成书稍晚的《歧路灯》、《儿女英雄传》与此不同。首先,使用频率上,《歧路灯》出现 97 例,《儿女英雄传》出现 68 例,大大超出《金》、《醒》、《聊》;其次,字形上,《歧路灯》只有 1 例为"狠",《儿女英雄传》有 67 例字形为"狠";再次,用法上,《歧路灯》有 45 例处在补语位置,占总数的 46.4%,《儿女英雄传》只有 11 例用做补语,占总数的 16%。由此可以看出,随着历史发展,程度副词"很"的使用频率呈递增趋势,并且句法位置发生了由做补语为主到做状语为常的变化。

3.2.1.2 大

A."大"修饰形容词、形容词性短语、动词、动词性短语,也可修饰方位名词,表示程度深或高。《金》13 例,《醒》65 例,《聊》41 例。用在形容词前,《金》6 例,《醒》32 例,《聊》19 例。如:

① 人好意叫你,你就大不正,倒做这个营生!(金·97·1457)

② 晁夫人去扯那床夹被,只见一半压在那个蓝包裹底下,大沉的那里拉得动。(醒·16·241)

③ 离家大远的,任他作甚么精,我且听不见。(聊·翻·933)

"大"用在动词前。《金》2 例,《醒》29 例,《聊》21 例。如:

④ 不是我说他,要的不知好歹,行事儿有些勉强,恰似咬群儿出尖儿的一般,一个大有口没心的行货子。(金·76·1139)

⑤ 相栋宇的夫人又都是大有意思的人,免了狄员外许多的照管。(醒·58·831)

⑥ 三官听说,大有不然之意。(聊·寒·1029)

"大"用在方位词前。《金》4 例,《醒》1 例,《聊》1 例。如:

⑦ 小媳妇因不幸,为了场官司,把旧时那房儿弃了,如今搬在大南首王家巷住哩。(金·69·981)

⑧ 别人跑出几千里路去,你遗在大后边蹭蹬。(醒·94·1335)

⑨ 大东头踢毽子,不是他么?(聊·磨·1441)

"大"修饰"为……",《金》1 例:

⑩ 主正、二、三、七、九月病灾有损,暗伤财物,小口凶殃,小人所算,口舌是非,主失财物。若是阴人,大为不利。(金·61·860)

"大"修饰"是……",《醒》3 例:

⑪ 渐渐的宗昭风声大是不雅,巡按有个动本参论的声口。(醒·35·520)

⑫ 原数半斤,只有六两,莫说赚钱,大是折本,又只得改行卖炭。(醒·54·783)

⑬ 着实标致，行动大是风流，精光陆离，神采外露，已是叫人捉摸不定。（醒·73·1041）

《金》、《醒》、《聊》与《歧》、《儿》程度副词"大"使用情况比较表

	金	醒	聊	歧	儿
形容词前	6	32	19	32	76
动词前	2	29	21	33	58
名词前	4	1	1	1	3
"是……"前	0	3	0	0	9
"为……"前	1	0	0	2	1
小计	13	65	41	68	147

B．"大"又可用做情状方式副词，《金》229 例，《醒》140 例，《聊》397 例。如：

⑭ 你那书房里，开了门还大瞧瞧，没脚蟹的营生，只怕还拿甚么去了。（金·64·902）

⑮ 只见帐子里面大喝一声道："被人看破行藏，不可再住，我去也！"（醒·42·620）

⑯ 商大爷大喜，取了两三个骡子来，运了家去。（聊·寒·1072）

在《金》、《醒》、《聊》中，"大"做情状方式副词的使用频率显然高于程度副词的使用频率，程度副词用例所占百分数分别是 5.8、31.7、9.4。《歧路灯》、《儿女英雄传》中"大"做程度副词比例相对提高，分别是 26％、47.4％。（情状方式副词的用例分别是 194、163）

"大"重叠式"大大"也用于表示动作情状方式，《金》2 例，《醒》5 例，如：

⑰ 那人又笑着大大的唱个喏，回应道："小人不敢！"（金·2·28）

⑱ 你老爹他恒是不稀罕你钱，你在院里老实大大摆一席酒，请俺每要一日就是了。（金·67·945）

⑲ 却又大大的铺腾，本等下三升米就够了，却下上四五升。（醒·26·386）

⑳ 且是那怕老公的媳妇，受嫡妻气的小老婆，若肯随心大大的布施……（醒·68·969）

3.2.1.3 太、太于

"太"表示程度过头，《金》27 例，《醒》29 例，《聊》104 例。用在形容词前，《金》26 例，《醒》28 例，①《聊》80 例。如：

① 老爷见了礼物甚喜，说道我累次受你主人礼太多，无可补报，因问多原祖

---

①《金》"太过"1 例，《醒》"太过于"1 例。

上有甚差事。(金·30·387)

② 原不是甚么难治的疮,不过费了这一个月的工夫,屡蒙厚赐,太过于厚。(醒·67·962)

③ 新贵来家,新贵来家,知县登门不见他,人说方仲起尊重的太也大。(聊·富·1300)

"太"用在动词或动词短语前。《金》1例,《醒》1例,《聊》19例。① 如:

④ 温秀才在旁笑说道:"老公公说话太不近情了。居之齐则齐声,居之楚则楚声。老公公处于高堂广厦,岂无一动其心哉?"(金·64·904)

⑤ 他太欺心,我饶他不过,今日合他对了命罢!(醒·95·1360)

⑥ 臧家姑姑太心也么贪,一席话儿没听完,往后颠,怕人分他那元宝边。(聊·姑·884)

"太"在《歧》中是使用频率较高的程度副词,共出现123例,其中有2例后接"为",如"太为执一"、"太为迂执";《儿》仅出现17例。

"太于"义同"太"。《醒》1例:

⑦ 侯婆说:"虽是也要好待,也不可太于柔软。那人不是善茬儿,'人不中敬,屌不中弄',只怕踹惯你的性儿,倒回来欺侮你。"(醒·96·1366)

3.2.1.4 忒

"忒"表示程度极高。《金》37例,《醒》27例,②《聊》109例。

"忒"用在形容词前。《金》34例,《醒》22例,《聊》92例。如:

① 你也忒不长俊。要着是我,怎教他把我房里丫头对众拶恁一顿拶子!(金·44·580)

② 我刚才实要照你致命去处结果了你,我想叫你忒也利亮,便宜了你,不如我零碎成顿的打,叫你活受!(醒·95·1361)

③ 如今的天忒矮,恶人自有恶人磨。(聊·姑·883)

"忒"用在动词前。《金》3例,《醒》5例,《聊》17例。如:

④ 西门庆道:"温先儿在此,我不好骂出来。你这狗材,忒不相模样!"(金·67·921)

⑤ 众人道:"要是如此,又忒难为奶奶了。"(醒·22·332)

⑥ 旁人说:"不好呀,他忒打的不堪,再弄出人命来了,咱劝他劝的。"(聊·磨·1440)

---

① 《聊》"太"修饰"欺心"15例。

② 《醒》中"忒"有一例做补语:"病魔侵子父休官,想是良心伤得忒。——右调《木兰花》。"(醒·17·244)应是受诗歌韵律影响。

《聊》"忒"后大多用"也"字,共 90 例,而《醒》只有 7 例后有"也"字,《金》则没有;"忒"在《儿》中出现 10 例,只有 1 例后有"也"字,即"忒也胡闹";《歧》则没有出现程度副词"忒"。

3.2.1.5　老

A. "老"修饰形容词,表示程度高。《金》22 例,《醒》32 例,《聊》3 例。如:

① 况昨日衙门里爹已是打过他罪儿,爹胡乱做个处断,放了他罢,也是老大的阴骘。(金·34·441)

② 今日他老远的又教人稍书来,问寻的亲事怎样的了。(金·36·474)

③ 晁住娘子道:"我老早的就进东屋里关门睡了,他上房里干的事,我那里晓得?"(醒·20·289)

④ 薛婆子说:"这天够老昝晚的了,叫闺女睡会子好起来,改日说罢。"(醒·44·646)

⑤ 张老说:这墙老高的,怎么上的去?(聊·墙·839)

⑥ 又见两匹马尖指就来这,老拘远里下马,缨帽儿皮靴,少年英耀步乱蹬,来到跟前叫了一声爹爹。(聊·慈·929)

《金》、《醒》、《聊》"老"只修饰"早"、"大"、"远"、"高"、"昝晚"等少数几个词语。《儿》中"老"与此相同,出现的 11 例中有 4 例修饰形容词"远",3 例修饰形容词"早",2 例修饰形容词"壮",其他两例分别修饰形容词"大"、"长"。

B. "老"做时间副词,表示动作行为或状态在一段较长的时间里一直持续或不断重复,跟"总"的意思相近。《金》1 例:

⑦ 问你有甚高强?只是一味老落!(金·40·533)

《儿》出现 4 例:

⑧ 他说家里的事情摘不开,不得来,请你老亲自去,今儿就在他家住,他在家老等。(儿·5·68)

⑨ 正经姑娘此时依然给他个老不开口,那位尹先生也就入不进话去了。(儿·17·274)

⑩ 不想姑娘这个当儿拿出那老不言语的看家本事来。请问这一咕噜串儿,叫安老爷一家怎生见人?(儿·25·426)

⑪ 说了半日,姑娘却也不着恼,也不嫌烦,只是给你个老不开口。(儿·28·487)

3.2.1.6　老大

"老大"表示程度高,修饰形容词及心理活动动词。《金》1 例,《醒》1 例,《聊》13 例。如:

① 到一木香棚下,荫凉的紧,两边又有老大长的石凳琴台,恰好散坐的。(金·54·729)

② 朝廷之上也老大吃惊。(醒·99·1412)

③ 手巾一把夺过来,容颜老大不自在,珊瑚在旁不敢去,低头无语暗徘徊。(聊·姑·862)

④ 我只听的瓜的一声,可也老大响哩!(聊·襄·1195)

⑤ 官人歇了歇,爬起来又走,那天就黑上来了,老大着忙。(聊·富·1288)

"老大"《歧》、《儿》分别出现 3 例、4 例,其中有 6 例后面接助词"的"或"哩",如:

⑥ 不言众客攀杯看戏,内中单表这淡如菊,心中老大不快活。(歧·79·765)

⑦ 盛希瑷早已起来,心中有老大哩不耐。开了上房门,叫当槽的。(歧·101·940)

⑧ 老爷已就老大的心里不忍。(儿·31·556)

⑨ 安老爷因自己还没得带儿子过去叩谢先生,先生倒过来了,一时心里老大的不安。(儿·37·696)

3.2.1.7 最

"最"表示程度高。《金》52 例,《醒》35 例,《聊》60 例。用在形容词前,《金》31 例,《醒》16 例,《聊》37 例。如:

① 学生性最愚朴,名闲林下,贱名守愚,拙号逊斋。(金·70·1004)

② 那瞎子最是伶俐,料得是素姐与他打倒,站住了不肯进去。(醒·76·1088)

③ 娇儿一个最孤单,未曾打他手先战。(聊·富·1328)

"最"用在动词、动词短语前。《金》21 例,《醒》19 例,《聊》23 例。如:

④ 求子的最是要念他,所以月娘念他,也是王姑子教他念的。(金·53·713)

⑤ 这百日之内,最忌的劳碌气恼,饥饱忧愁,如有触犯,不可再救。(醒·100·1427)

⑥ 酒儿最爱穿杯饮,琵琶喜从怀里教,楼中一片弦声闹。(聊·幸·1627)

"最"后面可以接"是",《金》1 例,《醒》3 例,《儿》7 例;其后接"为",《醒》1 例,《歧》1 例,《儿》2 例。在使用频率上,《歧》69 例,《儿》72 例,略高于其他三种文献。

关于程度副词"最"的来源,段玉裁《说文解字注》在辨析"最"与"冣"时有所论述。依据《说文解字》"最"的本义是"犯取","冣"的本义是"积",段玉裁认为两词的音义皆殊,而到南北朝时期两词不分。依此看来,"最"是"冣"的假借字,并且在书写时人们习惯以借字代本字,直至如今。那么程度副词"最"显然源于"冣"的本义"积",大概是因为积聚的结果会导致量的增加。

3.2.1.8 甚

"甚"用在形容词或形容词性短语及某些动词、动词性短语前表示程度高,《歧》、《儿》分别出现 140 例、40 例;《金》、《醒》、《聊》的用例相对要多,分别为 163 例、621 例、194 例。[①] 如:

① 这经济接过柬帖,见封的甚密,拆开观看,却是《寄生草》一词。(金·83·1280)

② 棉布虽是目下热些,天凉时甚得他济。(醒·29·430)

③ 相公落了第恼极,悔想当日娘子说我不能中,甚不服他,今日果然。(聊·蓬·1093)

"甚"可以用于比较句中,《金》2 例,《醒》4 例:

④ 每日清辰呷一枚在口内,生津补肺,去恶味,煞痰火,解酒剋食,比梅酥丸甚妙。(金·67·948)

⑤ 指与那些差人,说一个拿一个,比那些汉子们甚觉省事。(醒·20·301)

⑥ 寄姐也甚比昔日加了疼顾。(醒·100·1423)

3.2.1.9 煞

"煞"表示程度高。《醒》2 例:

① 试看此折姻缘谱,祸患生来忒杀奇。(醒·13·189)

② 煞后更得祁禹狄的一派缘法,你便浓济些的字,差不多些的文章,他也便将就容纳你了。(醒·33·481)

《歧》中"煞"做程度副词出现 3 例,《儿》出现 5 例,并且"煞"后常接"是",如"煞是费精神"、"煞是恭敬"、"煞是不好说话"、"煞是有理"、"煞是令人起敬起畏";或是"煞"与其他程度副词连用,如"煞甚好看"、"忒煞情多"。

3.2.1.10 十分

A."十分"表示程度高。《金》78 例,《醒》70 例,《聊》6 例。修饰形容词及心理活动动词,《金》66 例,《醒》48 例,《聊》6 例。如:

① 且说西门庆打听他上路去了,一块石头方落地,心中如去了痞一般,十分自在。(金·10·116)

② 这祝其嵩说道:"事也要仔细再想,不要十分冒失了,只怕吊在别处。"(醒·23·349)

---

① 其中"甚是"《金》92 例,《醒》261 例,《聊》30 例;"甚为"《醒》3 例。

③ 炳之有意不曾言,这语正合我心间,我儿呀,说的可也十分便。(聊·慈·913)

"十分"修饰主谓短语、述补短语。《金》5 例,《醒》3 例。如:

④ 伯爵道:"十分人多了,他那里没地方儿。"(金·61·849)

⑤ 你教他慢慢收拾了去就是了,立逼着撵他去了,又不叫小厮领他,十分水深人不过,却怎样儿的?(金·75·1116)

⑥ 那沈裁他便没得落去,不过下剪的时候不十分扯紧,松松的下剪罢了。(醒·36·529)

⑦ 这李大郎请到家教这两个孩子,恐怕先生不肯用心教得,要把修仪十分加厚,好买转先生尽心教道。(醒·23·347)

"十分"也可用在动词或动词性短语前。《金》7 例,《醒》19 例。如:

⑧ 月娘道:"二娘,不是这等说。我又不大十分用酒,留下他姊妹两个,就同我这里一般。"(金·15·184)

⑨ 经济平昔酒量不十分洪饮,又见主管去了,开怀与韩道国三口儿吃了数杯,便觉有些醉将上来。(金·98·1471)

⑩ 都亏了对门禹明吾凡事过来照管,幸得晁源还不十分合他拗别。(醒·18·268)

⑪ 我们男子人又不好十分行得去。(醒·87·1240)

B. "十分"在句中加强语气,义同"确实"、"实在"。《金》3 例,《醒》4 例:

⑫ 金莲道:"一个是大老婆,一个是小老婆,明日两个对养,十分养不出来,零碎出来也罢……"(金·30·385)

⑬ 伯爵见西门庆吐了口儿,说道:"哥,若十分没银子,看怎么再拨五百两银子货物儿,凑个千五儿与他罢,他不敢少下你的。"(金·38·494)

⑭ 何太监道:"收拾直待过年罢了,先打发家小去才好,十分在衙门中也不方便。"(金·71·1024)

⑮ 吕德远道:"这送与不送,只在老爷自己做主,也十分强不得老爷。"(醒·96·1368)

⑯ 这弟子谢师的礼,也要称人家的力量,若他十分来不得,也就罢了。(醒·39·573)

⑰ 你要十分舍不得钱,少使几两,加纳个甚么光禄署丞、鸿胪序班也还强是首领。(醒·83·1179)

⑱ 众人齐道:"您两个就没的家说! 十分的,人就这们没良心了?"(醒·22·332)

"十分"能够在句中加强肯定,是因其原有意义在断言的语境中表达了"十分的可能性"的意义,即传达出说话人对命题可靠性怀有"百分百"的把握。《歧》、《儿》中"十分"也可用做语气副词,如:

⑲ 惠观民怕滑氏吵闹,添了胞弟病势,十分没有法了,应道……(歧·41·384)

⑳ 那老掌锅的直埋怨他年轻,出门不晓事体,十分是被人拐了,又添出"没法"两个字。(歧·44·407)

㉑ 我对你说罢,若是师爷十分看中俺家女人,我情愿偷偷送过来。(歧·56·526)

㉒ 平日都是太太亲自经理,到了太太十分分身不开,只那个长姐儿偶然还许伺候戴一次帽子。(儿·35·657)

在检索到的"十分"做语气副词的 17 个用例中只有 3 例用在肯定句中,仅占总量的 17.6%。

"十分"在《金》、《醒》、《聊》、《歧》、《儿》中使用情况比较表

	金	醒	聊	歧	儿
程度"十分"	78	70	6	10	70
语气"十分"	3	4	0	9	1

3.2.1.11 万分

"万分"表示最高的程度,修饰双音节形容词和表心理活动的动词。《醒》14 例,如:

① 这些婢女婆娘见了前边珍哥院内万分热闹,后边计氏一伙主仆连个馍馍皮扁食边,梦也不曾梦见。(醒·3·37)

② 春莺和小和尚万分着忙,请人调理。(醒·36·537)

③ 要果然是他泄露,这忘八羔子也就万分可恶!(醒·78·1118)

《金》、《聊》没有"万分"做程度副词的用例;《歧》出现 6 例,《儿》出现 2 例,如"万分的要紧"、"万分的作难"、"万分的机密"、"万分慎紧"、"万分知足"、"万分无望"等。

3.2.1.12 漫

A. "漫"表示程度高,意近"极"。《聊》6 例:[①]

① 世间有一等没良心的,看着自己的达漫是达,人的达就不是达。(聊·墙·831)

② 嫂子漫会唠,我老实不会叨,谁能弄那花花哨。(聊·墙·846)

---

① 其中有 1 例字形记做"慢"。

③ 赵鬼子说:"拿不着人,漫怕他;明明的张鸿渐来了家,怕他怎的……"(聊·富·1337)

④ 赵鬼子说:"拿不着人漫怕他;明明在家,怕他怎的!"(聊·磨·1468)

⑤ 这人眼也漫俗,他坐监的时节,人都说方娘子俊的忒也嫩,没厚福;到了此时,人都说方太太又齐正,又福相。(聊·磨·1476)

⑥ 不然,人眼里慢俗,我却有个小斤称。(聊·幸·1625)

"漫"做动词,指水过满而外流;遍布、充满,蕴涵有"满、多"的意义,如"漫山遍野";由此意义进一步发展,表示动作行为的情状,如:

⑦ 强人呀,俺漫去受罪,你可去快活。(聊·禳·1207)

⑧ 别人是决科决甲的好秀才,漫在旁里观榜;你不过是完了场,就该归家,在那里做甚么?(聊·磨·1474)

其中的"漫"就是"漫无边际"的意思。"漫"的程度副词用法也是由上述蕴涵意义"满"、"多"变化发展而来。

B.《聊》中"漫"还可以用做语气副词,在句中加强语气,出现2例:

⑨ 好眉好眼全不知差,他漫不觉可叫人怎么抬头!(聊·禳·1226)

⑩ 骂只骂你主意差,把个强人藏在家。你漫有儿望生长,弄的我无儿嘴咕答;嘴咕答,休要夸,把头伸上咱一处砸!(聊·磨·1438)

3.2.1.13 蛮

"蛮"表示程度高,只修饰形容词"阔"。《醒》2例:

① 只见走到门首,三间高高的门楼,当中蛮阔的两扇黑漆大门,右边门扇偏贴着一条花红纸印的"锦衣卫南堂"封条……(醒·5·67)

② 二人穿着大红绉纱麒麟补服,雪白蛮阔的雕花玉带,拖着牌穗印绶,摇摆进去了。(醒·5·72)

《儿》中"蛮"做程度副词出现2例,并且字形为"满",例为:

③ 你道怪不怪? 只这么个两不对账的礼儿,竟会被他两个行了个满得样儿!(儿·37·712)

④ 程相公见问,翻着眼睛,想了半日,说:"正是,他手里只拿了一条满长的大蛇,倒不晓得他怎的叫作顺天王。"(儿·38·788)

程度副词"蛮"的本字应是"满"。"满"意为盈满、充满,盈满某种性质即表明性质的量度大、程度高。

3.2.1.14 通

"通"表示程度高,只修饰"红"、"明"等少数形容词。《金》15例,《醒》20例,《聊》21例("通明"2例)。如:

① 这春梅不听便罢,听了此言,登时柳眉剔竖,星眼圆睁,咬碎银牙,通红了粉面。(金·94·1420)

② 偷儿动了馋兴,扯开抽斗,桌子里面大碗的盛着通红的腊肉。(醒·65·929)

③ 一颗月明珠大如柳斗,做了宝瓶,照的那大海通明。(聊·蓬·1078)

3.2.1.15 生

"生"表示程度高,只修饰"疼"、"怕"、"恐"等少数表示心理活动的动词。《金》10例,《醒》6例。[1] 如:

① 正问着,隔壁王婆听得是武二归来,生怕决撒了,只得走过,帮着迎儿支吾。(金·9·105)

② 玳安又生恐琴童说出来,隐瞒不住,遂把私通林太太之事具说一遍。(金·79·1225)

③ 到晚夕,煎红花汤吃下去,登时满肚里生疼,睡在炕上,教春梅按在身,只情揉揣。(金·85·1296)

④ 别的学生教一两遍,就教他上了位坐着自家读,偏只把我别在桌头子上站着,只是教站的腿肚子生疼。(醒·33·487)

关于程度副词"生"的形成,陈伟武(1994)认为是"生"由滋长增益的意义引申出程度高的语法意义。也就是说,"生"与所修饰成分之间原本是动宾关系,"生疼"是可以理解为"产生疼的感觉"的,而当语义表达突出"疼"这一动作时,相应的"生"的语义弱化发展,两者的关系随之发生变化,由支配关系转变为修饰关系。例①、例②"恐"、"怕"后面有宾语出现,就不会再把"生"看做动词,而是副词修饰心理活动动词表示程度高。副词"生"当来源于"生"的"生硬,非熟"义。此义含有程度高的义素,演变为程度副词是很自然的。

3.2.1.16 极、极其

"极"表示程度很高,达到了顶点。《金》59例,[2]《醒》302例,[3]《聊》381例。用在形容词前,《金》25例,《醒》187例,《聊》251例。如:

① 他浑家乐三嫂,与王六儿所交极厚。(金·47·617)

② 要论我这一时,心里极明白,知道是公婆丈夫的。(醒·59·851)

③ 极精细的光棍就是好捞,赢了又待赌,输了又去捞。(聊·翻·944)

"极"用在动词或动词短语前。《金》33例,《醒》79例,《聊》83例。如:

---

① 《金》里"生"修饰"怕"8例,《醒》里"生"都修饰"疼"。

② 《金》中"极"有3例记做"急"。

③ 《醒》中"极是"14例;《歧》"极是"1例,"极为"19例。

④ 西门庆一手搂着他粉颈，一递一口和他吃酒，极尽温存之态。(金·28·353)

⑤ 老爷身上不安，正是气血伤损的时候，极要宽心排遣，不可着恼，使气血凝滞不行。(醒·96·1368)

⑥ 又添上一个极能忍气的，大骂了一声，这里大家气也不敢喘，像没人似的。(聊·姑·882)

"极"用在形容词或少数动词后面做补语。《金》1例，《醒》22例，《聊》47例。如：

⑦ 你休信邪，不妨事。昨日应二哥说，此是你虚极了。(金·62·863)

⑧ 那张相公道："你不要说起罢了，但一提起，我便心头痛极了！"(醒·7·104)

⑨ 我待公婆，孝敬极了。(聊·襄·1208)

《儿》中"极"还可以修饰方位词，仅1例：

⑩ 那大人便点手，把他叫到公案前，问了一遍，他才答道："成字六号。"吴大人回头指道："这号在东边极北呢。"(儿·34·631)

《说文解字》解释"极"的本义为"栋也"。栋梁是房屋之最高者，由此引申"凡至高至远者谓之极"，①程度副词"极"即由此而来。有些"名词＋形容词"组合中的"名词"有表示程度意义的作用，例如"雪白"中的"雪"表明"白"的程度不同一般。程度副词"极"的形成也是在这种组合关系中形成的，譬如"极高"一词，"极"看做名词的话，意为"像屋极一样高"。当然，屋极不只有高的性质，还有譬如牢固、大等特点，也就是说"极"的语法化未必是在与"高"的组合中完成的。同样是"名词＋形容词"表示程度高，"雪"没有虚化为程度副词，大概是因为其名词用法在语言系统中是极为常用的，人们往往依照"名词＋形容词"的结构关系去理解。

"极其"表示最高程度，修饰形容词及少数动词。《金》4例，《醒》23例，《聊》9例。如：

⑪ 于是顺着松墙儿到翡翠轩，见里边摆设的床帐屏几、书画琴棋，极其潇洒。(金·52·689)

⑫ 西门庆坐下，但觉异香袭人，极其清雅，真所谓神仙洞府，人迹不可到者也。(金·59·809)

⑬ 原道他真是太爷太奶奶，三顿饭食，鸡鱼酒肉，极其奉承。(醒·27·399)

⑭ 两个媳妇自己上碾，碾得那米极其精细，单与翁婆食用。(醒·52·759)

⑮ 合庵极其聪明，听他父亲讲了一遍，说："我晓的了。"(聊·富·1353)

---

① 引自段玉裁《说文解字注》。

⑯ 庄里曾有个周员外,仗义疏财,极其好善。(聊·幸·1567)

《金》、《醒》、《聊》、《歧》、《儿》"极"、"极其"出现频率比较表

	金	醒	聊	歧	儿
极	59	302	381	51	202
极其	4	23	9	3	10

3.2.1.17 至

"至"修饰形容词及少数心理活动动词,表示最高程度。《金》4 例,《醒》29 例,《聊》2 例。如:

① 当案推详秉至公,来旺遭陷出牢笼。(金·26·332)

② 如今事在至急,请他来,等我与他陪个礼儿便了。(金·69·993)

③ 别人怕得那晁大舍是一个至奸险至刻毒的小人,他却看得儿子就如那孔夫子、诸葛亮的圣智!(醒·15·219)

④ 差不多的人家,三四个五六个合了伙,就便延一个师长;至不济的,才送到乡学社里去读几年。(醒·23·341)

⑤ 李洪图说小弟合令兄就至厚,那一遭不蒙他厚赐?(聊·磨·1384)

⑥ 天已晌午转了,隔着我个小庄至近,就合公差到我庄上。(聊·磨·1454)

"至"表示程度高相对其他程度副词使用频率较低,《歧》、《儿》也只有5例、11例。

3.2.1.18 绝

"绝"用在形容词、助动词前表示程度深。《金》14 例,《醒》16 例,《聊》7 例。如:

① 到次日发引,先绝早抬出名旌,各项幡亭纸札,僧道鼓手,细乐人役,都来伺候。(金·65·913)

② ……绝细春芽雀舌,甜水好茶。众人吃了,收下家活去。(金·89·1353)

③ 惟独这绣江,夫是夫,妇是妇,那样阴阳倒置,刚柔失宜,雌鸡报晓的事绝少。(醒·23·341)

④ 你的这两个儿子是两块美玉在那顽石里边,用寻一个绝会琢玉的好匠人方琢成得美器。(醒·23·348)

⑤ 道童磕了个头跑出去,见那殿前一块大石头,他就靠着那大石头,变了一株绝大的桃树,满树开花儿,重重叠叠,好不齐整!(聊·蓬·1100)

⑥ 天生一对俊人儿,绝好的个鸳鸯伴。(聊·襄·1161)

"绝"所修饰成分多是单音节词语,如"好、美、奇、细、大、早、歪、妙";只有2例修饰双音节词语"可怜、齐整"。并且"绝"多与所修饰成分组合在一起做定语,修饰名

词,如例②、⑤、⑥,这类用法《金》2 例,《醒》11 例,《聊》5 例。

3.2.1.19 好、好不、好生

"好"表示程度高。《金》215 例,《醒》124 例,《聊》316 例。[①] 用在形容词、形容词性短语及动词、动词性短语前,《金》170 例,《醒》62 例,《聊》282 例。如:

① 我这回好头疼,心口内有些恶没没的上来。(金·75·1131)

② 你此位哥好不近理,他年少这般贫寒,你只顾打他怎的?(金·96·1446)

③ 我与你素日无仇,枉做夫妻一场,亲也不曾成得,累得好苦!(醒·28·408)

④ 谁知狄奶奶这们个利害性子,好难招架呀!(醒·78·1118)

⑤ 万岁自思:好没要紧,问了问他,就惹的他骂了这么些。(聊·幸·1574)

⑥ 万岁说:"你好眼皮子薄!赏了丫头的东西,要他何用?"(聊·幸·1617)

"好"修饰形容词由于反语语气的影响,常表达与原意相反的意义。《金》41 例,《醒》8 例,《聊》3 例。如:

⑦ 你信他!有什么忙,吃好少酒儿?(金·33·422)

⑧ 情知是谁,你家使的好规矩的大姐,如此这般,把申二姐骂的去了。(金·75·1121)

⑨ 二人道:"虽然是一个鼻子两个眼,天子大臣回家还吃着全俸,地方大小官员都还该朔望参见哩,好小小的人,你看轻了他!"(醒·23·344)

⑩ 巧姐道:"你好公道心肠!你弟兄们利亮,这一去,俺哥可一定的受罪哩!……"(醒·74·1053)

⑪ 大官人听说若告也么难,我好容易来这番,难上难,受子苦楚万万千。(聊·慈·921)

⑫ 那美人笑开言,叫声爷休弃嫌,好容易见的爷金面。(聊·幸·1664)

"好"的这一表意特点在"好容易"一词上体现鲜明——"好容易"有"好容易"和"好不容易"两种意义,《金》"好容易"以表示后一意义为主,有 10 例,前一意义只有 2 例;而《歧》中 2 例、《儿》中 50 例"好容易"都表示否定意义。这也正是以下肯定、否定形式相反的词语意义相同的原因:

⑬ 这话好糊涂!你就讲"虎兕出于柙,龟玉毁于椟中"——方才也是我自己在这看着——究竟"是谁之过与"?(儿·38·740)

⑭ 你这话好不糊涂!我倒问你:怎的叫个"长者赐,少者贱者不敢辞"?(儿·40·812)

---

① 其中"好是"《金》2 例,《聊》1 例。

例中"好"都为程度副词,而后一例"不糊涂"是反语,意义等同于"糊涂",因此否定词"不"的意义似乎消失,于是由于重新分析的作用跨层次与"好"结合形成意义用法与程度副词"好"基本一致的"好不"一词。

"好"用在数量词前,表示数量多。《金》45 例,《醒》62 例,《聊》34 例。如:

⑮ 老身直去县东街,那里有好酒买一瓶来,有好一歇儿耽搁。(金·4·49)

⑯ 前者那一遭来,俺每在后边奈何着他,说了好些笑话儿。(金·21·272)

⑰ 小鸦儿道:"那家子还有好些陪嫁的鞋,还得二日,只怕还上不了哩。"(醒·19·281)

⑱ 我还有好几顷地哩,卖两顷给他嫖!(醒·52·755)

⑲ 正说着,听着呼呼的风声,好几个打柴的喊了一声说:"虎来了!"(聊·慈·918)

⑳ 午时三刻等的到,十数个人来往北逃,只剩游游一口气,好像死了好几遭。(聊·丑·1140)

"好不"表示程度高。《金》106 例,《醒》47 例,《聊》59 例。用在形容词性成分前,《金》55 例,《醒》45 例,《聊》48 例。如:

㉑ 算定日子儿不错,至一个月就坐胎气,好不准!(金·40·526)

㉒ 常不时往外出巡几遭,好不辛苦哩。(金·96·1441)

㉓ 倒不脓包哩,迭暴着两个眼,黑煞神似的,好不凶恶哩!(醒·41·598)

㉔ 狄希陈指此为名,爽利在京过活,守着娘舅妗母,好不热闹。(醒·76·1085)

㉕ 好不跷蹊,好不跷蹊,着人恐惧汗淋漓,臧姑是也人,他那敢子喘粗气。(聊·姑·887)

㉖ 那解子,好不凶来好不大,他看着咱属他管,为他所辖。(聊·磨·1466)

"好不"用在动词前。《金》51 例,《醒》2 例,《聊》11 例。如:

㉗ 如今二娘倒悔过来,对着小的好不哭哩。(金·19·236)

㉘ 使丫头往他家瞧去,说你来了,好不教妈说我,早时就与他姊妹两个来了。(金·32·412)

㉙ 怪得他好不想奶奶哩!(醒·49·718)

㉚ 顶上奶奶托梦给我,说为你来烧香,你那兄弟背地好不抱怨哩。(醒·69·985)

㉛ 冤家呀,你在那里孤,奴在这里单,好不叫人心酸!(聊·富·1342)

㉜ 又向二姐笑了笑:"二姐,你休怪我,我着你诮极了,就胡突心眼子,这二日好不懊悔煞!"(聊·幸·1652)

"好生"表示程度高,用在形容词、形容词短语及动词、动词性短语前。《金》8 例,

《醒》26 例,《聊》1 例。如:

㉝ 货船不知在那里担阁着,书也没稍封寄来,好生放不下。(金·56·757)

㉞ 陈经济在楼上搭伏定绿阑干,看那楼下景致,好生热闹。(金·98·1467)

㉟ 熬得那母亲两眼一似胶锅儿,累得两鬓一似丝窝儿,好生着忙害怕。(醒·17·244)

㊱ 素姐吃了韦美家的茶饭,却与老姑子浆洗衣裳,与小姑子制造僧履,淘米做饭,洗碗擦锅,好生勤力。(醒·88·1248)

㊲ 万岁这里弹,他那里就唱;万岁这里睡了,他那里锣鼓喧闹起来。万岁好生痛恨!(聊·幸·1656)

"好"、"好生"、"好不"使用频率比较表

	金	醒	聊	歧	儿
好	215	124	316	76	113
好生	8	26	1	23	8
好不	106	47	59	100	25

3.2.1.20 精

"精"表示程度高,只修饰少数形容词,使用范围较狭窄,《歧》仅有"精穷"、"精贵"2 例;《儿》只"精瘦"1 例;《金》、《醒》、《聊》分别出现 2 例、6 例、5 例。如:

① 路途之中,走的饥又饥,渴又渴,汗涎满面,衣服精湿,得不的寸阴之下,实是难行。(金·27·342)

② 我买将你来伏侍我,你不愤气,教你做口子汤,不是精淡,就是苦丁子咸。(金·94·1420)

③ 水饭要吃那精硬的生米,两个碗扣住,逼得一点汤也没有才吃。(醒·26·387)

④ 又送了二十匹战马,四副精坚盔甲,自己的令旗、令牌都使手本交付明白。(醒·99·1408)

⑤ 娟娟笑说:"我做来,俺且不说。精希奇,不知怎么说,我看他已中了。"(聊·磨·1474)

⑥ 万岁尝尝不美口,少油缺醋又精咸,这样东西吃不惯。(聊·幸·1562)

程度副词"精"源于形容词。当形容词"精"与其他形容词(如"细"、"巧"、"洁")连用时,除表达自身的"精致、精细"意外,同时赋予其后的形容词程度高的意义,但是"精"的"精致"意仍占主导地位。当"精"修饰其他形容词(如"瘦"、"穷")时,原有的形容词意义弱化,而"精"在"精+同义形容词"的结构中产生的程度高的意义凸现出来,

于是"精"由形容词到副词的语法化过程得以完成。

正如在五种文献中看到的,程度副词"精"在形成之初由于自身语义基础的限制,其搭配对象是非常有限的,有很强的选择性,多修饰成对的互为反义的形容词中量度小的一个,如"精"可以修饰"瘦",但不可以修饰"肥"。现代北方方言,例如山东方言、东北方言中也是如此,即"精"可以修饰"矮、小、浅、窄",一般不修饰"高、大、深、宽"。这是针对有明显量度大小、高低之分的形容词而言的。对于量度意义不明显的形容词,即使构成反义关系,"精"也可以不加选择地进行修饰,如例②、例⑥"精"分别修饰"淡"和"咸"一对互为反义的形容词。

"精"的本义是"择米",择米即是去掉杂质,得到"纯"米,因此"精"具有了"纯正"的意义,于是在共同的语义基础上,"精"和"纯粹"都产生了语气副词的用法。《金》2例,《醒》2例,《聊》3例:

⑦ 那玳安对着众人说:"我精攒气的营生,平白的爹使我接的去,教五娘骂了我恁一顿。"(金·35·470)

⑧ 玳安道:"精是攒气的营生,一遍生活两遍做,这咱晚又往家里跑一遭。"(金·46·604)

⑨ 计氏望着那养娘,稠稠的唾沫猛割丁向脸上啰了一口,道:"精扯淡!那怕你五千两买轿,累着我腿疼,却叫我去看看!"(醒·6·80~81)

⑩ 我就有肉,情知割给狗吃,我也做不成那股汤!精扯燥淡!(醒·52·762)

⑪ 摸摸有甚喜欢,细想来也是精扯淡。(聊·墙·842)

⑫ 张大焦了,说:"精狗屁圈子!"(聊·墙·845)

⑬ 魇殃做人精胡讲,老天爷长在上,越弄越发穷,一咒十年旺,怎么能依的人这心眼里想?(聊·翻·1014)

由上述用例可以看出,语气副词"精"多用在带有骂詈色彩的动词或动词性短语之前。

3.2.1.21 颇、颇颇

"颇"表示程度高。《金》18例,《醒》9例,《聊》3例。

"颇"修饰形容词。《金》2例,《醒》6例。如:

① 伯爵道:"糕亦颇通。"(金·54·725)

② 囊箧颇厚,气概轩昂。(金·80·1242)

③ 原来陈先生有一男一女,那儿子已长成四十多岁,百伶百俐,无所不知,"子曰"、"诗云"亦颇通晓。(醒·92·1309)

④ 末后一个戴黄巾的后生,挑着一头食箱,一头火炉、茶壶之类,其担颇重,力有未胜,夹在香头队内,往前奔赶。(醒·93·1328)

"颇"修饰动词性成分。《金》16例,《醒》3例,《聊》3例。如:

⑤ 后主家婆颇知其事,与大户攘骂了数日,将金莲甚是苦打。(金·1·11)

⑥ 今镜颇可过活,镜男应断归宗。(醒·46·674)

⑦ 嘱咐那周元休当戏,千金难买书一封,小小体面颇堪用。(聊·幸·1571)

《歧》"颇"出现 32 例,使用频率相对要高,并且以修饰动词性成分为主,有 23 例,占 71.9%;《儿》"颇"出现 17 例,其中 11 例修饰动词性成分。

"颇颇"义同"颇",《醒》2 例:

⑧ ……又开着个杂粮铺,日求升合的,如今也颇颇的过得日子了。(醒·52·672)

⑨ 再说这个邓蒲风生得人物颇颇清秀,白脸黄须,一双好手,又穿着了狄家的一弄新制的衣巾,打扮的更加清楚。(醒·64·881)

例⑧后接助词"的"。《儿》"颇颇"出现 9 例,其中有 6 例后接助词"的",如"颇颇的有些拿手"、"颇颇的靠的住"。

3.2.1.22 异常

"异常"表示性状或程度不同于一般,不平常,用在形容词和少数表示心理活动动词前。《醒》4 例,《聊》14 例。如:

① 将三十岁生子晁源,因系独子,异常珍爱。(醒·1·2)

② 听见说这个肯读书,或是见了那读书的人,他便异常的相敬。(醒·23·347)

③ 这一年,卢龙县的知县是老马,异常的贪酷……(聊·富·1278)

④ 太老爷听说,异常惊喜,便吩咐儿孙们,打扫焚香。(聊·富·1367)

⑤ 施舜华他合我异常的恩爱,我怎么猛上心定要回来?(聊·磨·1454)

程度副词"异常"《金》没有出现,《歧》也只出现 1 例,即"生的异常标致";《儿》出现 2 例,即"异常的悲伤惊恐"、"异常欢喜"。

3.2.1.23 分外

"分外"表示事物的性质、状态达到了异乎寻常的程度。《金》3 例,《醒》3 例,《聊》5 例。如:

① 整理素馔咸食,菜蔬点心,摆了一大桌子,比寻常分外不同。(金·50·656)

② 月娘听了,暗中跌脚,常言仇人见仇人,分外眼睛明。(金·87·1326)

③ 晁大舍次早起身,便日日料理打围的事务,要比那一起富家子弟分外齐整,不肯与他们一样。(醒·1·10)

④ 如今辛翰林由南京礼部尚书钦取入阁,到了通州,正是仇人相见,分外眼憎。(醒·17·248)

⑤ 出了鬼道入神道,享受无穷分外尊,一言感激真难尽。(聊·寒·1070)

⑥ 老马得胜越发诈,比前加倍更酷贪,秀才分外没体面。(聊·富·1281)

3.2.1.24 过于

"过于"表示程度超过一定范围,修饰形容词性成分。《金》3 例,《醒》4 例,《聊》1例。如:

① 西门庆道:"在下才微任小,岂敢过于非望。"(金·68·964)

② 过于阳,则经水前期而来;过于阴,则经水后期而至。(金·85·1295)

③ 原不是甚么难治的疮,不过费了这一个月的工夫,屡蒙厚赐,太过于厚。(醒·67·962)

④ 狄友苏,你也过于无用!(醒·97·1386)

⑤ 今日人犯俱全,听的说老马送上了一万两银子,给了抚院,未知的与不的?或者也不致过于大差了也。(聊·磨·1385)

3.2.1.25 特、特地

A. "特"修饰形容词,表示程度高。《聊》1 例:

① 才到了河南境界,运气特低,这两日又病起来了,只得住下。(聊·磨·1398)

B. "特地"修饰形容词,表示程度高。《金》1 例:

② 准前得生下,特地端严,相见具足,不过两岁,又以身亡。(金·59·821)

3.2.1.26 怪

"怪"表示程度高,修饰形容词及部分动词短语。《金》4 例,[①]《醒》15 例,《聊》6例。如:

① 因前夜吃了火酒,吃得多了,嗓子儿怪疼的要不得,只吃些茶饭粉汤儿罢。(金·54·725)

② 够十二三个,红的,绿的,天蓝的,月白的,紫的,映着日头怪好看。(醒·7·93)

③ 俺爷是怕奶奶不去,哄奶奶哩!八千里怪难走的路哩!(醒·85·1216)

④ 瓦瓴子说:"俺不,怪脏的。"(聊·墙·858)

⑤ 怪想家,怪想家,朝长每日在天涯。(聊·富·1330)

---

① 都修饰"疼"一词。

"异常"、"分外"、"过于"、"特"、"特地"、"怪"使用情况比较表

	金	醒	聊	歧	儿
异常	0	4	14	1	2
分外	3	3	5	7	1
过于	3	4	1	1	26
特	0	0	1	0	0
特地	1	0	0	0	0
怪	4	15	6	4	33

3.2.1.27 挺

"挺"表示程度高,只修饰形容词"硬"。《醒》2例,《聊》4例。如:

① 摸他身上,如水冰般冷,手脚挺硬。(醒·80·1136)

② 寄姐那几日虽然嘴里挺硬,心里也十分害怕。(醒·82·1166)

③ 一群鬼乱烘烘,夹起来上了绳,浑身夹的挺梆硬。(聊·寒·1052)

④ 成佐的菜蒸一抓儿,豆腐带水一洼儿,连皮的萝卜一掐儿,挺硬的鸡蛋俩仁儿。(聊·襏·1236)

"挺"在《儿》中出现10例,修饰对象不局限于"硬"一个词语,如:

⑤ 你瞧跟他的那个姓华的老头子,真来的讨人嫌,甚么事儿他全通精儿,还带着挺撅挺横,想沾他一个官板儿的便宜也不行。(儿·4·50)

⑥ 这个东西可不是顽儿的,一个不留神,把手指头拉个挺大的大口子。(儿·8·116)

⑦ 不但我不认得他,这个人来得有点子酸溜溜,还外带着挺累赘。(儿·17·262)

⑧ 他道:"挺长挺深的一个大口子,长血直流的呢!"(儿·31·543)

⑨ 正说着,这个人才跟进屋子,只听得"噶喇"的一声就把个孩子养在裤裆里了,还是挺大的个胖小子!(儿·39·762)

3.2.1.28 响

"响"表示程度高,只修饰形容词"饱"。《醒》2例,《聊》3例。如:[①]

① 在学道前五荤铺内拾的烧饼、大米水饭、粉皮合菜、黄瓜调面筋,吃得响饱,要撑到西湖里去。(醒·37·547)

② 路上饭食,白日的饭,是照数打发,不过一分银吃的响饱。(醒·56·804)

---

① 《聊》3例字形都为"想"。

③ 张讷说："我这肚子里怪想饱,我且待霎吃。"(聊·慈·912)

④ 分明那肚里饥,只说是想饱那肚皮,只说是想饱那肚皮。(聊·慈·913)

3.2.1.29 焦

"焦"表示程度高,《金》1例,《醒》17例,《聊》4例。除《聊》1例"焦"修饰"绿"外,其他用例都是与"黄"组合成"焦黄"。如:

① 只见来安儿进来取小周儿的家活,说门首唬的小周儿脸焦黄的。(金·52·694)

② 你的脸都焦黄土褐色的,多因路上冒了风寒。(醒·2·14)

③ 浑身上下净腚光,肚子高大脸焦黄,苦儿呀,人人都说走了样。(聊·慈·907)

④ 给俺老婆做的通红的祆,娇绿的棉裤,扎挂的合那花鹁鸪一样。(聊·襄·1234)

例中"焦黄"即"很黄"、"极黄","娇(焦)绿"即"很绿"、"极绿"。

渐变性是指词语新义的形成即新义在语言系统中站稳脚跟为全社会所接受是需要时间的,要历经个体——集团——全体的应用范围的扩大过程,并且会走一条自身语义限制下的语法功能的扩展之路。程度副词"焦"即如此。从检索到的语料来看,[①]"焦"做程度副词是从修饰形容词"黄"开始的,但是例①的"焦黄"并不一定是程度副词"焦"和形容词"黄"的组合:例中"焦黄"可以看做两个并列使用的形容词,即"又焦又黄",在这种组合关系中,"焦黄"的使用无论如何频繁也不会有程度副词"焦"的产生。只有当说话人在使用中改变其内部语义关系的时候才能促成程度副词"焦"的产生,即说话人认为同时具备"焦"(干枯、干燥)和"黄"两个特点的事物比单纯具有"黄"的特点的事物所达到的"黄"的程度要高,于是在对某一事物"黄"的性质达到的程度进行描述时就用"焦"来比喻形容(这一事物并不具备"焦"的特点),这样,"焦黄"一词便不再是"又焦又黄"的并列式,而演化为前者修饰后者的偏正式,意义上是对事物的"黄"的程度的说明,即"像干枯事物一样黄",这便是形容词"焦"向程度副词"焦"过渡的中间阶段。在这种用法的频繁使用下,"焦"对"黄"的程度的说明逐步凸现出来,自身的"干枯"意义渐渐遗失,继而语言使用者径直将其与其他表示程度高的副词等同起来。随后,与之搭配的词语范围也扩大,如《聊》的"娇(焦绿)",山东郯城方言的"焦干",四川成都、重庆方言中的"焦湿",其他如"焦青"、"焦粘"、"焦瘦"、"焦酸"。

3.2.1.30 稀

"稀"的程度副词用法的形成过程与"挺"、"焦"类似。形容词"稀"常与其他形容词并列使用,如"稀少"、"稀奇"、"稀罕"。同时,"稀"又可与其后的形容词构成修饰关

---

① 《儿女英雄传》也出现1例"焦黄":"那个雪白的象牙合他那嘴牙是两个先天,怎的会不弄到半截子焦黄,裂成个十字八道?"(儿·37·305)

系,如"稀烂"一词。某一事物具有"烂"的性质,"烂"到何种地步,便用"稀"来描摹,并且"稀烂"的程度要高于相应的"烂",由此"稀"在描摹状态的同时,赋予"烂"明确的程度意义。"稀"两种语义作用此消彼长的变化便导致"稀"由形容词转变为程度副词。

《金》"稀烂"有9例,《醒》21例,《聊》7例,如:

① 金莲道:"你若夺一夺儿,赌个手段,我就把他扯得稀烂,大家看不成。"(金·13·164)

② 金莲道:"三娘刚才夸你倒好手段儿,烧的这猪头倒且是稀烂。"(金·23·286)

③ 然后叫玉兰暖了一坐壶烧酒,厨房里要了一碗稀烂白顿猪蹄,大嚼了一顿。(醒·60·869)

④ 只因淫雨不晴,将四乡的麦子连秸带穗弄得稀烂,臭不可当。(醒·90·1175)

⑤ 蒸合压了饼沿儿,稀烂的猪头还带蒜瓣儿。(聊·襀·1236)

⑥ 与其临死臀稀烂,不如圈囵死道旁。(聊·磨·1375)

但是,"稀烂"一词中"稀"的状态意义似乎仍占主导地位。尤其在《聊》中,"稀糊烂"的组合更近于状态形容词。

除"烂"外,"稀"还可以修饰其他单音节词语,《金》1例,《醒》3例:

⑦ 来兴儿道:"别无甚事,巨耐来旺儿,昨日不知那里吃的稀醉了,在前边大嗳小喝,指猪骂狗,骂了一日。"(金·25·316)

⑧ 左手拿了张稀软的折弓,右手拿了几枝没翎花的破箭,望着那支死虎邓邓的射。(醒·15·217)

⑨ 背了人传桶里偷买酒吃,吃得稀醉。(醒·54·787)

⑩ 不由他调嘴,尖尖的三十大敲,敲来敲去,敲的个吕祥的嘴稀软不硬叫"老爷",口里屎滚尿流。(醒·88·1256)

以上各例"稀"修饰"醉"和"软"。

伴随着"稀"程度语义的加强,"稀"的使用范围逐步扩大,以至可以修饰与"稀"不存在状态关联的词语,如《歧》、《儿》的例子:

⑪ 此后上徐州迎亲,全不说妆奁花费,但人家伞扇旗牌是簇新的,咱的红伞大扇回龙金瓜旗牌,不是烂的,就是稀旧不堪的。(歧·68·655)

⑫ 是说些事也不过是个纸上空谈哪,可不知怎么个原故儿,稀不要紧的平常事,到了你们文墨人儿嘴里一说,就活眼活现的,那么怪有个听头儿的。(儿·32·574)

⑬ 有这么一个人,下得一盘稀臭的臭象棋。(儿·33·603)

"稀"的程度副词用法发展到现在,语法化程度逐步加深,成为某些方言中的常用副词。如山东方言中"稀"可以修饰"好"、"嫩"、"酥"、"脆"、"脏"等单音词,也可修饰双音词或短语,如"好吃"、"难看"、"像回事"等。

形容词"烂"在《醒》、《聊》中修饰"熟"、"醉"。如:

⑭ 随后跟他进去,那里又有甚么唐氏,只见两个人脱得精光,睡得烂熟。(醒·19·285)

⑮ 张炳之是一个甚么物,为孩儿想了个颠倒烂熟,有了法还不敢明明的去做。(聊·慈·897)

⑯ 说说笑笑,二人不觉吃的烂醉,就倒在葡萄架下芦席上面。(醒·58·840)

⑰ 诗曰:烂醉如泥月转廊,归来才似贾平章。(聊·磨·1507)

3.2.1.31 何等

"何等"修饰形容词及表示心理活动的动词,强调程度深,具有感叹语气,相当于"多么"或者"多么样的"。《金》5例,《醒》1例,《聊》4例。如:

① 上任回来,先拜本府县,帅府都监,并清河左右卫同僚官,然后新朋邻舍,何等荣耀施为!(金·31·393)

② 你看他前边六娘,进门多少时儿,倒生了个儿子,何等的好!(金·40·525)

③ 且路上有何等的风力好走。(醒·85·1210)

④ 常时兄弟何等厚,那时衣帽甚光鲜,怎么这样流丢烂?(聊·墙·840)

⑤ 俺妈娘往常时拿着我合掌上明珠哇是的,何等爱我;今日不知吃了谁家的酒了,又不知吃了谁家的引子,连我也找算起来了。(聊·幸·1594)

3.2.2 表弱度

3.2.2.1 略、略略

A. "略"修饰形容词或动词性成分,表示程度轻微,《金》23例,《醒》35例,《聊》42例。如:

① 蕙祥答道:"因做饭,炒大娘子素菜,使着手,茶略冷了些。"(金·24·307)

② 李瓶儿道:"孩子也没甚事。我身子吃药后,略觉好些。"(金·55·748)

③ 尚书道:"我也在这村里住,今年五十岁略多些了。"(醒·23·344)

④ 晁源处在富贵之地,若肯略施周济,不过九牛去了一毛,有何难处?(醒·92·1308)

⑤ 沈大姨住了一夜,于氏合他说了说话,那心里觉着略宽快了些。(聊·姑·877)

⑥ 能学飞燕舞轻尘,能歌十折锦堂春,愁时节,教他略解心头闷。(聊·

富·1365）

B. "略"修饰动词短语,表示时间短促。《金》19例,《醒》18例,《聊》14例。如:

⑦ 月娘道:"二娘,你吃过此杯,略歇歇儿罢。"(金·14·175)

⑧ 伙计,你暂且看守船上货物,在二郎店内略住数日。(金·92·1385)

⑨ 正要夕马前行,晁大舍在街旁深深一躬道:"治生伺候多时了,望老父母略住片时,不敢久留。"(醒·14·205)

⑩ 到了明伦堂上,门子说道:"相公在此略候一候,待我传请师爷出来。"(醒·62·892)

⑪ 爷俩倒头眠,爷俩倒头眠,心中欢喜睡不安,略合眼已是鸡鸣乱。(聊·富·1352)

⑫ 这位大姐轻举粉臀,尖伸妙腚,略坐了一坐,果然刺疼难忍。(聊·幸·1633)

C. "略略"意义大致同"略"。《金》1例,《醒》32例,《聊》17例。如:

⑬ 一心指望,梦儿里略略重相见。扑扑簌簌雪儿下,风吹檐马把奴梦魂惊。(金·61·847)

⑭ 素姐到了这个地位,方才略略有些怕惧。(醒·59·856)

⑮ 我刚才略略的迟疑了一迟疑,便就发了许多狠话。(醒·96·1368)

⑯ 到了六月尽,那人客略略少了,忽然探花来了家。(聊·翻·1007)

⑰ 张春说:想那翻人时,他偏向那李大,略略报答报答他。(聊·磨·1515)

3.2.2.2 稍、稍稍

A. "稍"表示程度轻微。《金》12例,《醒》6例,《聊》3例。如:

① 这里边说来:嘴唇略扁了些,左额角稍低些,眉还略放弯着些儿。(金·63·888)

② 春梅隔墙看见花稍动,且连忙以咳嗽应之,报妇人。(金·83·1281)

③ 如系些微小事,不过差一个青夫甲皂;再稍大些的事,差那民壮快手。(醒·64·913)

④ 小雨哥、小星哥已是被他降破胆的,得他出去一日,稍得安静十二个时辰,又是不管闲帐的人。(醒·73·1037)

⑤ 那姜娘子说:"我就是主意要死。这喉咙里虽疼,比先稍好了些。"(聊·翻·954)

⑥ 一夜不能翻身,临明稍觉轻些。(聊·襄·1212)

B. "稍"表示时间短暂。《醒》12例,如:

⑦ 姑娘说道:"稍停等你姑夫吃酒中间,我慢慢与你央说。"(醒·29·422)

⑧ 稍坐了一会,狄婆子不能久坐,要先起席,薛夫人苦留。(醒·59·851)

⑨ 狄希陈央了书办稍缓片时,容我退进私衙,再为商议。(醒·98·1392)

C. "稍稍"表示程度轻微。《醒》3 例,《聊》2 例:

⑩ 家人进去问了,回话道:"果是如此。如今觉的肚内稍稍宽空了。"(醒·4·57)

⑪ 魏氏躲去娘家也还稍稍安静,只是魏氏脚步刚才进门,不知有甚么耳报,即时就发动起来。(醒·42·615)

⑫ 狄希陈稍稍的止了疼,定了心慌,留胡无翳、晁梁吃饭。(醒·100·1427)

⑬ 不能常作鸳鸯伴,你也稍稍留连,教我也心头略放宽。(聊·富·1369)

⑭ 钱粮目下实难办,老父师恩开格外,一两限稍稍从宽。(聊·磨·1377)

3.2.2.3 少、少少

A. "少"表示程度轻微,《金》13 例,《醒》3 例,《聊》10 例。如:

① 李瓶儿见他妆饰少次于众人,便立起身来问道:"此位是何人,奴不知,不曾请见的。"(金·14·173)

② 外具时花四盆,以供清玩;浙酒二樽,少助待客之需。(金·72·1056)

③ 应酬少有次序,晁书领了四个家人,携了一千两银子,刚刚到京。(醒·1·5)

④ 虽然痛觉少止,那疮受了那毒药的气味,煅黑的锁住了口,只往里蚀。(醒·67·953)

⑤ 走了一回,两脚少热,只是身上冰冷,不得已出门边孤堆下略略的避风。(聊·襄·1224)

⑥ 方相公上去跪了,说道:"望老父师少看薄面罢。"(聊·磨·1397)

B. "少"表示时间短暂。《金》8 例,《聊》3 例。如:

⑦ 他便立在角门首,半露娇容,说:"大官人少坐一时。他适才有些小事出去了,便来也。"(金·13·153)

⑧ 不一时,书童出来道:"爹请应二爹、常二叔少待,便出来。"(金·56·757)

⑨ 娘娘要起行,众仙围绕起来说:"大家备了几样仙果,望娘娘少坐片时,好给娘娘跟随的酬劳。"(聊·蓬·1104)

⑩ 方相公冷笑道:"列位少坐坐,我管去烹茶。"(聊·磨·1395)

⑪ 太公说:"蒙娘子的厚情,我何以相报? 但望少留,受三十日供养,有何不可?"(聊·磨·1551)

C."少少"同"稍稍"。《聊》1例:

⑫ 不能常作鸳鸯伴,也少少留连,叫我心头略放宽。(聊·磨·1551)

3.2.2.4 聊

"聊"做程度副词,修饰动词性成分,表示程度轻微。《金》8例,如:

① 今日奴自治了这杯淡酒,聊尽奴一点薄情。(金·13·159)

② 学生此来,单为与老太师庆寿,聊备些微礼,孝顺太师,想不见却。(金·55·741)

③ 小人拙口钝吻,不能细陈。聊有几句,道其梗概。(金·61·857)

④ 亡室今日已赖我师经功救拔,得遂超生,均感不浅,微礼聊表寸心。(金·66·935)

⑤ 林氏道:"不知大人下降,没作准备,寒天聊具一杯水酒,表意而已。"(金·69·988)

3.2.2.5 较

"较"表示相比而言具有一定的程度,着重表示程度不是很高。《金》4例,①《醒》4例,《聊》3例。如:

① 原来猛虎项短,回头看人教难,便把前爪搭在地下,把腰胯一伸,掀将起来。(金·1·5)

② 大小女病了一向,近日才教好些。(金·22·281)

③ 你这罪过犯的较重大些,光止念经拜忏,当不的甚么事。(醒·64·915)

④ 是你姐姐也较干的差了点儿,您就这们看的下去呀?(醒·74·1051)

⑤ 惟有叫爷爷奶奶,比着那旧时较尊。(聊·寒·1068)

⑥ 服事了有二十多天,张官人较壮实了,将饭钱合草钱共算该一两五钱银子。(聊·富·1286)

表弱度副词使用频率比较表

	金	醒	聊	歧	儿
略	23	35	42	84	24
略略	1	32	17	1	11
稍	12	6	3	6	7
稍稍	0	3	2	0	1
少	13	3	10	55	3
少少	0	0	0	0	0
聊	8	0	0	12	2
较	4	4	3	1	3

① 2例记做"教"。

五种文献中共同出现的表弱度程度副词有"略"、"略略"、"稍"、"少"、"较"5个。在五种文献中使用频率最高的是"略",所占百分比分别是 37.7％、42.2％、53.8％、52.8％、47.1％。重叠式"略略"《醒》使用最频繁——32 例,其次是《聊》17 例,《儿》11 例,《金》、《歧》都只 1 例;"稍稍"在《醒》、《聊》、《儿》中分别出现 3 例、2 例、1 例,其他两种文献没有出现;"少少"仅《聊》1 例。由此可以看出,在表弱度程度副词重叠式的使用上,《醒》、《聊》、《儿》具有较强的一致性,而《金》、《歧》的共同点也相对多一点。程度副词"聊"在《金》、《歧》中出现频率较高,分别占 13.1％、7.5％,《儿》出现 2 例,占 3.9％,《醒》、《聊》没有用例。

3.2.3 表比较度

3.2.3.1 更

A. "更"用于比较,表示比较之下的更高程度或者程度增高。《金》40 例,《醒》122 例,《聊》77 例。[1] 用在形容词前,《金》11 例,《醒》39 例,《聊》25 例。如:

① 守备道:"这等更妙。"(金·72·1044)

② 若老爷还嫌不稳,再有一个稳如铁炮的去处,愈更直捷;只是老爷要假小人便宜行事,只管事成。(醒·5·65)

③ 这一回添一个铺囊的更甚,闭了门气不喘总像是无人,静静的听着那豪杰骂阵。(聊·姑·882)

"更"用在动词短语前。《金》24 例,《醒》64 例,《聊》31 例。如:

④ 潘金莲不听便罢,听了忿气满怀无处着,双腮红上更添红。(金·26·329)

⑤ 他今世难为你,你却更是难为他。(醒·3·32)

⑥ 回了号房,回了号房,顿饭时节便成章,这一篇更在前篇上。(聊·富·1354)

"更"用在比较式里。《金》5 例,《醒》20 例,《聊》21 例。如:

⑦ 厨役上来三道五割,酒肴比前两日更齐整丰盛,照席还磕了头。(金·64·908)

⑧ 他却在女人面前撇清捏厥,倒比那真正良人更是乔腔作怪。(醒·73·1040)

⑨ 老马得胜越发诈,比前加倍更酷贪,秀才分外没体面。(聊·富·1281)

B. "更"表示强调,《金》25 例,《醒》11 例,《聊》12 例。用于否定句加强否定语气,《金》22 例,《醒》3 例,《聊》6 例。如:

---

① "更是"《醒》29 例。"更"与"还"连用《醒》2 例,《聊》1 例;"更"与"愈"连用《醒》1 例。

⑩ 那玉楼也更不往洞里看,只顾抱了官哥儿,拍哄着他,往卧云亭儿上去了。(金·52·705)

⑪ 那边玳安在铺子里,专心只听这边门环儿响,便开大门放西门庆进来,自知更无一人晓的。(金·77·1180)

⑫ 及至烧了香来,更不知还有多少把戏,还得一回再说这进香的结束。(醒·68·981)

⑬ 更不料"福无双至,祸不单行",九月十六是陈公公母亲的寿日,陈公公新管了东厂,好不声势。(醒·70·997)

⑭ 及至平阳岁已周,更无休,过巷穿街双泪流。(聊·慈·924)

⑮ 欠下房价更不问。(聊·襄·1153)

"更"用于疑问句加强疑问语气。《金》3例,《醒》8例,《聊》6例。如:

⑯ 只此便为真紫府,更于何处觅蓬莱?(金·39·508)

⑰ 人生虽未有前知,祸福因由更问谁?(金·87·1324)

⑱ 你南京捎来的顾绣衣裳,放在何处?你不与我,更与何人?(醒·63·902)

⑲ 这两个站了半日,得了老爷的赦书,还不快跑,更待何时?(醒·91·1299)

⑳ 不知究竟更如何?(聊·襄·1226)

㉑ 有花无酒不成乐,有酒无花不成欢。如今两般都有,不乐更待何时?(聊·幸·1607)

C. "更"表示动作行为的重复。《聊》3例:

㉒ 娘三个共商议,要送太岁远别离,谁知道那还不肯,大家无法更可施。(聊·姑·879)

㉓ 今日闷极,不敢更访他人,去找葛天民骂骂也好。(聊·襄·1209)

㉔ 今日不然,今日不然,不指望老虎更爬山,这一个探花郎,只该合保儿换。(聊·磨·1502)

"更"本义为"改",上面列举的副词"更"的三种用法都由此而来。更改方式方法去做一件事,在原方式方法做事的衬托下就是重复某动作行为;在某动作行为之后改去做另一件事即同类事件的重复。"更"做程度副词表示比较度,而不表示强度、弱度也由"改"决定。如"更妙"一词,"更"做动词用时,意为"变妙",之所以能"变妙"是与之前的"不妙"比较而言的。出于表达需要,当语义焦点由"更"转向"妙"时,两者结构关系发生变化,"更"便由动词进而成为表程度增加的副词(由"不妙"到"妙"的变化本就蕴含程度增加的意义)。"更"的语气副词用法则是因为副词"更"具有增量意义,在特定的句法环境(如否定句、疑问句)中进一步语法化。

《金》、《醒》、《聊》、《歧》、《儿》副词"更"用法比较表

	金	醒	聊	歧	儿
程度"更"	40	122	77	81	254
重复"更"	0	0	3	17	2
语气"更"	25	11	12	13	4

3.2.3.2 更加

"更加"表示程度增加,有时是用于比较句。《醒》6例:

① 这话分明是要激恼晁大舍要与计氏更加心冷的意思。(醒·3·39)

② ……又穿着了狄家的一弄新制的衣巾,打扮的更加清楚。(醒·61·881)

③ 晁梁听说,更加起敬,固请入内款留。(醒·90·1290)

④ 珍哥自己督厨,肴馔比昨日更加丰盛。(醒·4·50)

⑤ 那唐氏自从与晁源有了话说,他那些精神丰采自是发露出来,梳得那头比常日更是光鲜,扎缚得双脚比往日更加窄小。(醒·19·281)

⑥ 程乐宇叫他吃了饭,写出那考的文章,都比那窗下的更加鲜艳。(醒·37·543)

3.2.3.3 更自

"更自"表示程度增加。《金》1例,《醒》13例。用在形容词前,《醒》3例:

① 说那监里更自稀奇。(醒·14·206)

② 这你二人的禽星更自利害!(醒·61·877)

③ 众人更自毛骨悚然,因告讼适间所见之事,彼此诧异。(醒·93·1330)

"更自"用在动词短语前。《金》1例,《醒》1例:

④ 这个因果费甚么多,更自获福无量。(金·57·778)

⑤ 亲受业的徒弟尚然如此,那徒弟的父亲更自不消提起。(醒·92·1308)

"更自"用在比较句式中。《醒》9例,如:

⑥ 童山人比昨日更自奉承。(醒·4·50)

⑦ 只因金公分付了这一声,比那霹雳更自不同。(醒·17·251)

⑧ 谁知这个软监,虽没有甚么虎头门,谁知比那虎头门更自严谨。(醒·63·903)

⑨ 四月十八顶上奶奶的圣诞,比这白衣奶奶的圣诞更自齐整。(醒·68·973)

3.2.3.4 越、越发

"越"表示程度更进一步增加。《金》33 例,《醒》32 例,《聊》41 例。如:

　　① 两个小厮见西门庆坐地,加倍小心,比前越觉有些马前健。(金·54·728)

　　② 张茂实母亲道:"既然事有实据,你越不消打了……"(醒·62·894)

　　③ 只说赌乖不赌赖,越才把那良心坏,谁的棉袄不中穿?(聊·俊·1116)

"越"组合成"越 A 越 B"或"越 A 越发 B"式,表示在程度上 B 随 A 的增加而增加。《金》7 例,《醒》12 例,《聊》13 例。如:

　　④ 因向西门庆道:"你看着越心疼,我越发偏剁个样儿你瞧。"(金·28·361)

　　⑤ 人不依好,你越软越欺,你越硬越怕。(醒·95·1350)

　　⑥ 分明是他,分明是他,越发细看越不差,未曾他上山,早把心摘下。(聊·慈·917)

"越发"表示程度进一步增加。《金》58 例,《醒》98 例,《聊》93 例。[①] 如:

　　⑦ 这西门庆仔细端详那妇人,比初见时越发标致。(金·4·52)

　　⑧ 又且是出落的比旧时长大了好些,越发白胖了。(金·90·1360)

　　⑨ 只怕追寻起他计老爷和他计舅来,就越发没体面了。(醒·8·123)

　　⑩ 晁夫人道:"前日爷出殡时既然没来穿孝,这小口越发不敢劳动。"(醒·20·295)

　　⑪ 公子越发敬他,许着送他进去做个翰林。(聊·富·1298)

　　⑫ 太太说:"娟娟,你穿上官衣,越发齐正,好是欢喜人也!"(聊·磨·1503)

3.2.3.5 一(亦)发[②]

"一发"表示程度上更进一步。《金》13 例,《醒》9 例,《聊》9 例。如:

　　① 西门庆听言未了,又鼻子里觉得异香馥馥,乐声一发近了。(金·55·743)

　　② 衙内听了,亦发恼怒起来,又狠了几下。(金·91·1381)

　　③ 连住了三四日,和尚径不见有个州里的人出来,一发疑心起来,要送他两个起身。(醒·15·225)

　　④ 先在府城,后在路上,守了家母,怎么敢哭?到家一发不敢哭了。(醒·41·608)

　　⑤ 我听说任大王山上一发兴旺,招集了两三万人马。(聊·磨·1516)

---

① 《聊》1 例为"越法"。
② "亦发"是"一发"的异写形式,《金》出现 7 例。

⑥ 一发寻思一发恨,可就伤感起来了。(聊·幸·1597)

3.2.3.6 益、益发、益加

"益"修饰形容词、动词。《金》4 例,《聊》1 例:

① 此女人两泪交流,礼拜菩萨,归家益修善事,后寿至九十七岁而终。
(金·59·822)

② 去年九月愁何限,重上心来益断肠。(金·61·835)

③ 人保安,皇图膺宝历,益增永寿之无疆。(金·71·1031)

④ 贤卿献颂,益见忠诚,朕心嘉悦。(金·71·1032)

⑤ 打胜官司贼益骄,强将妹子送监牢。(聊·磨·1414)

"益发"修饰动词,表示程度进一步增高。《金》1 例,《醒》2 例,《聊》1 例:

⑥ 李瓶儿因过门日子近了,比常时益发欢喜得了不的,脸上堆下笑来。
(金·16·202)

⑦ 后来有了珍哥,益发把计氏看同粪土,甚至不得其所。(醒·4·45)

⑧ 想起公公梦中言语,益发害怕起来。(醒·4·52)

⑨ 那信儿不知真假,已是叫人心酸,又打上母亲这等,益发叫人难堪!
(聊·磨·1481)

"益加"义同"益发"。《金》1 例:

⑩ 西门庆听言,益加敬重,夸道:"真乃谓之神仙也。"(金·23·367)

3.2.3.7 愈、愈加

"愈"表示程度增高,《金》6 例,《醒》28 例。修饰形容词性词语,《金》5 例,《醒》6
例。如:

① 由是要一奉十,宠爱愈深。(金·11·128)

② 何以又叨老爹厚赏,许多厚礼,诚有愧赧。经衬又且过厚,令小道愈不
安。(金·39·509)

③ 只是儿妇薛素姐年纪渐渐长了,胆也愈渐渐的大了,日子渐渐久了,恶也
愈渐渐的多了。(醒·59·853)

④ 只是经历后日官满还乡,他仇恨愈深,经历便就吃受不起。(醒·98·
1392)

"愈"修饰动词。《金》1 例,《醒》5 例。如:

⑤ 那婆婆叫之不应,追之不及,愈添愁闷。(金·57·768)

⑥ 先生之肚又愈疼难忍,觉得那把把已钻出屁眼来的一般。(醒·33·
491)

⑦ 晓得婆婆这病最怕的是那气恼,他愈要使那婆婆生气。(醒·59·853)

"愈A愈B"式表示在程度上B随A的增加而增加。《醒》9例,如:

⑧ 两家相处,愈久愈厚,不觉已是八年。(醒·25·368)

⑨ 愈思愈恼,只觉得喉咙里面就如被那草叶来往擦得涩疼。(醒·39·576)

⑩ 日子渐渐的近了,晁梁愈病愈极,愈极愈病。(醒·90·1289)

"愈加"表示程度进一步增加。《醒》5例:

⑪ 遇着有学问有道理的人,纵是贫儒寒士,他愈加折节谦恭。(醒·1·6)

⑫ 刑厅愈加着极,只得差了几个快手拿了直行票子,方把魏三提到厅去。(醒·47·692)

⑬ 人又愈加附会起来,把这蒿里山通成当真的酆都世界。(醒·69·991)

⑭ 呼哨了一声,许多人蜂拥将来;更兼刘超蔡的那二十个家丁,愈加凶暴。(醒·73·1042)

⑮ 原是通家,只因内眷相处,愈加稠密。(醒·92·1308)

3.2.3.8 倍、加倍、倍加、倍自

"倍"用于比较,表示程度增高。《醒》1例:

① 休恃新人恩倍厚,直思旧友技偏长。(醒·50·725)

"加倍"表示程度更进一步增加。《金》2例,《醒》1例,《聊》3例:

② 钱痰火见主人出来,念得加倍响些。(金·53·719)

③ 两个小厮见西门庆坐地,加倍小心,比前越觉有些马前健。(金·54·728)

④ 如今二十五日,灾难只在眼前,所以加倍小心,要一奉十,不敢一些触犯。(醒·100·1426)

⑤ 老马得胜越发诈,比前加倍更酷贪,秀才分外没体面。(聊·富·1281)

⑥ 店主人见他不肯叫他赔驴,合家感激,越发加倍的服事。(聊·富·1286)

⑦ 老马得胜越发作,比从前加倍更酷贪,秀才越发没体面。(聊·磨·1394)

"倍加"义同"加倍"。《金》1例,《醒》2例:

⑧ 这任医官听了,越发心中骇然尊敬。西门庆在前门揖让,上马礼去,比寻日不同,倍加敬重。(金·76·1138)

⑨ 北京近边的地方,天气比南方倍加寒冷,十月将尽,也就象别处的数九天

寒。（醒·79·1125）

⑩ 从此寄姐与小珍珠倍加做对，没事骂三场，半饥半饿，不与饱饭。（醒·79·1130）

"倍自"义同"加倍"。《醒》1 例：

⑪ 大家倍自用心，不敢怠慢。（醒·74·1060）

《金》、《醒》、《聊》、《歧》、《儿》表比较度副词使用频率比较表

	金	醒	聊	歧	儿
更	40	122	77	81	254
更加	0	6	0	2	15
更自	1	13	0	0	1
越	33	32	41	40	77
越发	58	98	93	5	25
一发	13	9	9	101	0
益	4	0	1	1	5
益发	1	2	1	0	55
益加	1	0	0	0	7
愈	6	28	0	18	20
愈加	0	5	0	1	0
倍	0	1	0	2	1
加倍	2	1	3	1	3
倍加	1	2	0	0	1
倍自	0	1	0	0	0

由上表可以看出，《金》使用最频繁的是"越发"58 例，占 36％，其次是"更"41 例，占 25.5％；《醒》中最常用的是"更"，占 39.4％，次为"越发"，占 31.6％；《聊》"越发"出现次数最多，占 41.3％，其次是"更"，占 34.2％；《歧》出现较多的是"一发"、"更"，分别占 40％、32.1％；《儿》使用频率较高的是"更"、"越"，分别占 54.7％、16.6％。

《金》、《醒》、《聊》程度副词共有 61 个，其中单音节程度副词有"很、大、太、忒、老、最、甚、煞、漫、蛮、尽、生、通、极、至、绝、好、精、颇、特、怪、挺、响、焦、稀、略、稍、少、聊、较、更、越、益、愈、倍"35 个；由单音节程度副词形成的叠音词有"颇颇、略略、稍稍、少少"4 个；同义副词组成的合成词仅"老大"1 个；单音节副词加词缀构成的副词有"好生、极其、特地、更自、倍自"5 个；其他双音节副词 16 个："十分、万分、好不、异常、分外、太于、过于、何等、更加、越发、一发、益发、益加、愈加、加倍、倍加"。

从溯源的角度来看，程度副词多来源于形容词，如"很、大、老、甚、漫、好、精、良、

253

颇、偏、最、极、至、尽、绝、太、忒、特、怪、挺、蛮、响、通、略、少、稍、聊、生";少数由动词发展而来,如"煞、较、更、越、愈、倍、益";有些则由短语或超层结构复合而成,如"十分、万分、异常、分外、过于、何等";"好不"一词较为独特——它是在特殊表达手段的作用下形成的。

程度副词的源词之间在表意上有着很大的相似性,依据表意特点,我们把表强度程度副词的源词粗略地分为以下几个类别,即:量大、质好、偏离、顶级、超常规、状态,正是这些共同的语义特征使得它们能够转化为程度副词。例如"很、大、太、忒、老、最、甚、煞、漫、蛮、尽、生、十分、万分"用做实词时大都具有量度大的意义,共同的语义基础使得它们都演变成表示程度高的副词。又如程度副词"好"在三种文献中出现频率较高,它的前身是跟形容词"坏"相对立的"好","质好"的特点使它产生了程度副词的用法。程度副词"精"与"好"类似,也是由"精华"这一语义基础形成的。"颇、颇颇"则是由偏离的语义基础形成的(偏离既可以向强度倾斜,也可以向弱度倾斜,因此"颇"一词在汉语历史上既可以表示程度高,又可以表示程度低);而表示最高程度的"极、至"等词则都具有"顶级"意义,如"极"本指房梁,是房屋的最高点。又如具有超出常规范围意义的"异常、分外、过于、特、特地、怪"一组词也发生了相同的变化,并且变化是可以延续的,如在《歧》中有程度副词"异样"一词,如"异样轻佻"、"异样的难讲"。"状态"一类与前面几类不同,被列入这一组的"挺、响、稀、焦"不是因为共同的语义基础,而是由于共同的变化方式而产生程度副词用法的。如"挺"本是形容词,与另外一个形容词"硬"组合产生"挺硬"一词,当"挺"与"硬"语义都指向具备"硬"、"挺"特征的事物时,"挺"的意义不会发生变化,当"挺"修饰限制"硬",表示"硬"物的结果状态时,便引发了"挺"由形容词向程度副词的转化。这一变化与前面论述的"焦"的变化是一致的。当然,"挺"最初只修饰形容词"硬",而当其使用范围扩大,如《儿》中的"挺撅挺横"、"挺累赘"、"挺长挺深"、"挺大","挺"的语法化过程完成。被列入同类词的"响"、"通"确有程度高的意义,但是与"挺"不同,它们修饰搭配的对象没有进一步发展,在我们检索的五种文献中只修饰个别词语,如"响"修饰"饱","通"修饰"红、白"。这表明,一个词语的存在与否、发展与否,不仅仅取决于词语本身以及语言系统,还与系统之外的人们的语言习惯有关。

表弱度的程度副词与此相同,如"稍"与"少"有着相同的语义基础——量少,因此都演变为程度副词,表示相同的语法意义。表示比较度的副词又可分为几种情况:第一,"较"是经由动词"较"的比较意义形成的;第二,"益"、"倍"等词是由复加的语义转化成的;第三,"更"、"越"、"愈"则是由变更、超越的语义发展而来。基于此,我们认为"一发"极有可能是"益发"的异写形式,因为"一发"不具备演变为程度副词的语义基础,并且做程度副词时两词的意义用法是基本一致的。同时,"一发"一词又是存在的,即在《金》、《歧》中表示"一起"及"索性"意义的方式副词和语气副词"一发"。也就是说"一发"一形记录了两个词:"益发"、"一发"。

3.3 总括副词、统计副词

总括副词的语义特征是表示总括。与程度副词不同,总括副词句法功能上的修饰对象往往并不是语义上的指向对象。与总括副词发生语义关系的是谓语中心词的语义相关项,如施事、受事、无明显施受关系句中的陈述对象、处置对象等。总括副词的语义指向对象位置比较灵活,可在其前,也可在其后,甚至可能在句中不出现。

《金》《醒》《聊》的总括副词有"都、多、全、全全、全然、俱、具、悉、咸、皆、尽、尽数(济数)、尽情、尽行、共、总、通、通身、通常、通共、一概、凡、无不、无非"24个。

统计副词表示对动作行为的次数或事物数量的统计,表示全部加在一起的意义,可修饰动词短语和数量短语。《金》《醒》《聊》共出现11个。

统计副词多兼有表总括的用法,是同一对象语法化发展而来,两者关系密切,因此本节集中分析。

3.3.1 都

A. "都"表示总括。《金》1502例,《醒》2026例,《聊》812例。语义前指,《金》1495例,《醒》2018例,《聊》807例。如:

> ① 二爹前日说的韩伙计那事,爹昨日到衙门里,把那伙人都打了收监,明日做文书还要送问他。(金·34·440)
>
> ② 他却不做文章,把通卷子密密写的都是程法汤诉冤说苦的情节,叙得甚是详细。(醒·25·372)
>
> ③ 小畜生他自己没有汉仗,把不是都掀在别人身上,我以后断不能替他认账。(聊·襄·1193)

"都"语义后指,《金》7例,《醒》8例,《聊》5例。如:

> ④ 既然如此,我武松都记得嫂嫂说的话了。(金·2·25)
>
> ⑤ 晁夫人都把他们送粥米的盒子里边满满的装了点心、肉菜之类。(醒·21·314)
>
> ⑥ 你领了您那孤老来,都把我银子赢了去,我也不肯干休!(聊·幸·1651)

B. "都"表示强调。《金》90例,《醒》134例,《聊》55例。如:

> ⑦ 家中有几个奸诈不级的人,日逐引诱他在外飘酒,把家事都失了。(金·69·987)
>
> ⑧ 怎样睡不着,娘把眼都哭肿了,没有一个不叹息的。(醒·14·212)
>
> ⑨ 况且他是武将,若离了我这文人,孤身到京,要个人与他做做辨本揭帖,都是没有人的。(醒·84·1203)
>
> ⑩ 那里生气你又恼,都是为我一个人。(聊·姑·869)
>
> ⑪ 姐夫这么一条汉子,一个盅子也端不住,把人的衣服都沾了!(聊·幸·1607)

陈宝勤(1998)对总括副词"都"的产生与发展有详尽论述,即总括副词"都"来源于动词"都"的聚集义。总括副词"都"在语义指向上走了一条反复曲折的发展道路,即语义前指——语义前指、后指——语义前指,陈宝勤(1998)、杨荣祥(2005)对此均有论述。但是,"都"的语义指向为什么会有这样的变化没人做出解释。我们认为这是保持原则与泛化发展交互作用的结果。

总括副词"都"语义后指是由于其语法化发展是在连动式结构中完成的——众多对象聚集(一起)发出另一动作行为,因此在动词"都"产生总括用法之初语义一般是前指的。随着"都"使用频率的增加,以及其他总括副词的影响,"都"泛化发展,可以指向其后的语法成分,但是语义后指的用法远不如语义前指常见,我们调查的几种近代汉语后期语料即如此。而进入现代汉语,由于语义基础的限制导致语义后指的用法在通行一段时间后便逐步消失了。

3.3.2 多

"多"表示总括。《金》158 例,《醒》5 例。如:

① 把一切闲话多丢开,你只说我常不在家,被街坊这伙光棍,时常打砖掠瓦,欺负娘子。(金·34·433)

② 不一时,只见李瓶儿和吴银儿多打扮出来,到月娘房里。(金·43·565)

③ 人多睡得静了,张瑞风下边止穿了一条裤,上边穿了一个小褂……(醒·43·628)

④ 这妇人的父原是个教官,两个兄弟多是有名的好秀才。(醒·89·1266)

⑤ 众人道:"不消多话,快快多送上来! 只饶狗命,就是便宜你了!"(醒·96·1372)

关于"多"总括用法的解释,张惠英(1992)、杨荣祥(2005)认为是词语"多"与"都"因在方言中的读音相同或相近造成的,即认为"多"用做总括副词时实是副词"都"的不同书写方式而已。在某些南方方言如吴方言中,词语"多"与"都"的读音似乎相同,而在《金》作者的方言中,两者的读音或许也相近,如"你爹来家都大回了"、"你今年都大年纪",本应是词语"多",却用"都"形来代替。但是在北方方言中,"多"与"都"的读音存在明显差异,《醒》中"多"的总括用法不能解释为副词"都"的记音形式,并且金元戏曲里的用例也不能用方言同音替代来解释。①

基于以上分析,我们认为"多"的总括意义是形容词"多"发展引申的结果,当然也不排除在某些南方方言作品中"多"是作为总括副词"都"的同音替代形式存在的。下面以《儿》的一个用例加以说明。

---

① 以下两例"多"即表总括:"也不弹雅调与新声,高山流水多不是,何似一声声尽说相思。"(董解元《西厢记诸宫调》卷四)"马祖师、石头和尚、百林禅师,多曾印证俺这三口儿,都不及我这女儿灵兆。"(刘君锡《来生债》楔子)

⑥ 姑娘正在见着,又见一群穿孝的男女迎接,内中除了宋官儿一个,余者多不认识。(儿·23·378)

脱离上面的语言环境,在分析"余者多不认识"一句时,往往会认为"多"是指对象中的大多数成员。如果结合前一句"内中除了宋官儿一个",那么,我们便会认为虽说是"多"(大多数),但实是指"余者"的全部。由此可以看出,"多"由"大多数"到"全部"的变化是存在可能性的。至于转化的原因,我们认为是语言应用者的认识理解——也就是通常所说的主观化造成的,即说话者要表达的是全量语义,却采用了一种委婉的表达方式(用表示多数的词语"多")。同时,说话者的意图是听话者在双方交际中能够抓住并理解的。这样,在语言交流过程中,"多"从说话者表达到听话者理解便发生了由多数到全量的变化。

3.3.3 全、全全

"全"表示总括,语义可前指也可后指。《金》15 例,《醒》22 例,《聊》128 例。语义前指或总括对象不出现,《金》13 例,《醒》21 例,《聊》122 例。如:

① 西门庆道:"若是有些甫馀儿也罢,难道说全征……"(金·78·1192)

② 你若用心看得好,莫说二十两,半现半赊,就是预先全送也有,就是再添十两三十两也有。(醒·67·959)

③ 你若前仇全不记,我也不把你晦气寻,从前已往总不论。(聊·磨·1511)

其中"全"与"俱"连用,《醒》1 例;"全"与"都"连用,《聊》1 例;"全"与"尽数"连用,《聊》2 例。"全"语义后指,《金》2 例,《醒》1 例,《聊》6 例。如:

④ 逢人且说三分话,未可全抛一片心。(金·20·254)

⑤ 要坐看晁近仁娘子守寡不住,望他嫁人,希图全得他的家产。(醒·53·767)

⑥ 不过为着一句话,就全忘了旧日恩。(聊·磨·1454)

"全全"表示总括,语义前指。《醒》10 例。如:

⑦ 夫人道:"如今一伙人全全的都在里面。"(醒·20·300)

⑧ 相于延第四,薛如卞第九,都在覆试之数,狄希陈第二十一名,薛如兼第一百九十名:四个全全取出,各家俱甚喜欢。(醒·37·544)

⑨ 于是三个徒弟全全的都在学道门前伺候,等接先生合连赵完出道。(醒·38·560)

⑩ 这陈柳若是个好人,拒绝了他,不与他寄放;其次,全全的交还与他;再其次,你便留他一半也可。(醒·48·695)

⑪ 狄婆子将那送的两架盒子一点也没收,全全的回还了去。(醒·48·707)

"全全"虽是"全"的重叠式,但是两者在语义用法上有明显区别:"全全"后面往往有助词"的",共 8 例,除表总括外同时具有说明情状的作用。

3.3.4 全然

"全然"表示总括。《聊》4 例:

① 见兄弟受灾殃,疼的我手足伤,就把生死全然忘。(聊·翻·961)

② 骂判官真贼根,受人钱丧良心,你把簿子全然涸。(聊·寒·1061)

③ 学棚里原是傀儡也么场,撮猴子全然在后堂。(聊·襄·1158)

④ 你去我来无停止,酒饭全然吐出来,必然受了那豆汤的害。(聊·襄·1218)

例中"全然"语义都指向前面的语法成分。

3.3.5 俱

"俱"表示总括,语义前指。《金》127 例,《醒》211 例,《聊》79 例。如:

① 西门庆道:"我的爹娘俱已没了,我自主张,谁敢说个不字?"(金·3·48)

② 这王老连忙叫了裁缝来,就替经济做了两件道袍,一顶道髻,鞋袜俱全。(金·93·1404)

③ 一个推说净手,一人推去催马,俱竟去不来。(醒·15·225)

④ 这省银子却小事,后来选官写脚色,上司见是廪监,俱肯另眼相待。(醒·50·726)

⑤ 但我合他是父子,哄着他朝夕尽殷勤,情上理上俱不顺。(聊·墙·850)

⑥ 掀下驴来只顾打,浑身俱是致命伤,抬到家即时把命丧。(聊·寒·1019)

3.3.6 具

"具"表示总括,语义可前指,也可后指。① 《金》8 例,《醒》2 例,《聊》2 例。如:

① 当时西门庆回到卷棚,与众官相见,具说宋巡按率两司八府,来央烦出月迎请六黄太尉之事。(金·65·912)

② 玳安又生恐琴童说出来,隐瞒不住,遂把私通林太太之事具说一遍。(金·79·1225)

③ 马上人具有攒盘领下去,自有坐处吃。(金·65·910)

④ 茶果水陆具陈,汤饭荤素兼备。(醒·78·1113)

⑤ 本县为斯民父母,血气犹存,眼光具在,非不知吾民颠连已甚,皮骨不存。(醒·90·1281)

⑥ 身上衣服稀糊烂,头上网帽具无存,浑身打的俱成稕。(聊·寒·1018)

---

① 语义后指《金》3 例。

⑦ 你看这楼房具在,俺已是身在房中,何曾不见庄村?(聊·磨·1421)

其中例①、例②"具"的意义近似"详细"。

3.3.7 悉

"悉"表示总括,语义可前指也可后指。《金》48 例,《醒》4 例。如:

① 往后边上房里对月娘说,悉把祭灯不济之事告诉一遍。(金·62·877)

② 西门庆悉令玳安、王经收计,打发回盒人银钱。(金·66·929)

③ 伍圣道、邵强仁鼠共猫眠,擒纵惟凭指使;狈因狼突,金钱悉任箕攒。(醒·13·192)

④ 晁夫人送的两石大米,四石小米,四石面,一石绿豆,六大坛酒,四个腊腿,油酱等物,不可悉数。(醒·46·679)

其中"悉"语义后指,《金》29 例,都用在处置式前面,指向处置式的处置对象。

3.3.8 咸

"咸"表示总括,语义前指。《金》4 例,《醒》9 例。如:

① 各随符使,尽出幽关;咸令登火池之沼,悉荡涤黄华之形。(金·66·932)

② 又访得兵备副使雷启元,军民咸服其恩威,僚幕悉推其练达。(金·77·1182)

③ 平野根株尽净,山原枝茎咸空。(醒·31·450)

④ 街邻公举,里约咸推,开报了上去。(醒·52·760)

3.3.9 皆

"皆"表示总括,语义前指。《金》128 例,《醒》32 例,《聊》50 例。如:

① 大风所过三次,一阵冷气来,把李瓶儿二十七盏本命灯尽皆刮尽,惟有一盏复明。(金·62·875)

② 不止一处,他道属十三州县,处处皆是,只是多少不等。(醒·31·455)

③ 托亲戚去一遭,徐氏话从头学,家长理短皆实告。(聊·翻·936)

其中"尽皆"连用,《金》8 例,《聊》2 例。

3.3.10 尽

A."尽"表示总括。《金》44 例,《醒》69 例,《聊》68 例。

"尽"语义前指,或总括对象不出现。《金》42 例,《醒》55 例,《聊》56 例。如:

① 应伯爵无日不在他那边趋奉,把西门庆家中大小之事,尽告诉与他。(金·80·1251)

② 刘举人道:"你的妻子既将房卖与我,上上下下,尽属于我,你如何妄争?"(醒·77·1095)

③ 万岁说:"景在何处?"江彬说:"尽在本上。"(聊·幸·1555)

"尽"语义后指。《金》2例,《醒》11例,《聊》1例。如:

④ 因此二艄尽把皮箱中一千两金银,并苗员外衣服之类分讫,依前撑船回去了。(金·47·615)

⑤ 昨日不才儿子死了,便都跑得来,要尽得了家事,要赶我出去。(醒·20·299)

⑥ 用那酷刑尽断送了百姓的性命,因那峻罚逼逃避了百姓的身家,只管有人说好,也不管甚么公论。(醒·94·1335)

"尽"与"都"连用,《醒》12例;"尽"与"俱"连用,《醒》1例。

B. "尽"加强肯定语气。《金》11例,《醒》32例(1例"仅"),《聊》18例。如:

⑦ 这等清平世界,孩儿们又没的打搅你,顿顿儿小米饭儿,咱家也尽挨的过。(金·57·767)

⑧ 原来潘金莲见唱此词,尽知西门庆念思李瓶儿之意。(金·73·1067)

⑨ 园内也还有团瓢亭榭,尽一个宽阔去处。(醒·4·50)

⑩ 况如今京营里边仅有可图的事,兄可以见教的,无妨相示。(醒·15·232)

⑪ 王银匠老獾叨,合咱爹久相交,头发根儿尽知道。(聊·墙·852)

⑫ 陈昌侯为你作伐,王翰林官宦人家,论起来尽可成婚嫁。(聊·襄·1163)

C. "尽"表示动作行为在一段较长的时间里一直持续或不断重复。《聊》5例:

⑬ 气也不喘尽歹那菜瓜,掘打了一阵,又要杀他。(聊·慈·906)

⑭ 他也不知尚廉计,到处逢人尽打瓜,老头听说变了卦。(聊·翻·935)

⑮ 见了我泪如梭,在旁边尽杜磨,哀哀怜怜教人真难过。(聊·蓬·1102)

⑯ 小孩儿小小伈幸,进了学如到天庭。东西尽去放风筝,哄着我由他的性。(聊·富·1328)

⑰ 前世有仙缘,前世有仙缘,得蒙顾盼,尽赐平安。(聊·磨·1550)

D. "尽"表示程度高。《金》1例,《醒》24例,《聊》5例。**修饰形容词,《醒》10例,《聊》1例。如:**

⑱ 但这些贫胎饿鬼,那好年成的时候,人家觅做短工,恨不得吃那主人家一个尽饱,吃得那饭从口里满出才住。(醒·31·461)

⑲ 本事尽好,家里可穷。(醒·67·956)

⑳ 你既是一心要做这事,我也不好苦苦拦你,家中房屋尽多,你不妨娶他到家。(醒·94·1338)

㉑ 黄金塔尽长,舍利子放光,人人都把眼睛晃。(聊·蓬·1080)

"尽"修饰方位名词。《金》1 例,《醒》14 例,《聊》4 例。如:

㉒ 他连今才去了八日,也得尽头才得来家。(金·37·492)

㉓ 晁源亦不合听信氏唆使,遂将计氏逐在本家尽后一层空房独自居住。(醒·13·190)

㉔ 伊秀才因自己不时要来,一时刮风下雨,无处存站,遂将北房一座留了尽东的一间,以为伊秀才的行馆。(醒·73·1038)

㉕ 我乏了,就在这尽东边这一席上,坐下歇歇。(聊·禳·1222)

㉖ 到尽前那观榜的人尽散,把马夹一夹往里直钻。(聊·磨·1500)

3.3.11 尽数(济数)

"尽数"表示总括,语义前指。《金》1 例,《醒》40 例,《聊》7 例。如:

① 月娘看着,但是他房中之物,尽数都交他带去。(金·91·1376)

② 狄员外说道:"这一半生的都尽数割来,这是秕了,不成用的。"(醒·29·428)

③ 原算计叫狄希陈进去,把那一肚皮的恶气尽数倾泄在他身上。(醒·60·862)

④ 我为你人间罪尽数全捱,到如今那枕头上泪痕还在。(聊·富·1312)

⑤ 朝廷家发了兵将到山下,要把咱一干人尽数擒拿。(聊·磨·1518)

"尽数"不是总括副词"尽"跟名词"数"的组合,"尽数"从结构来看属于动宾关系,是由动词"尽"与名词"数"组合成的短语词汇化而来。具体说来,总括副词"尽数"来源于"竭尽数目"的短语意义,与副词"尽情"的形成方式是相同的。

"济数"义同"尽数"。《聊》1 例:

⑥ 卖饭不怕大肚汉,好物济数都拿来,除了要钱有何碍?(聊·幸·1583)

"济数"可能就是"尽数"的音变形式,只是在现代淄川方言中"尽"与"济"的词音是有差别的。《聊》又有助动词"济"、"济着",[①]同样应是"尽"、"尽着"的词汇音变。

3.3.12 尽情

"尽情"表示总括,语义前指。《醒》15 例,《聊》3 例。如:

① 衣架上搭着一条月白丝绸搭膊,扯将下来,将那银子尽情装在里面。(醒·65·929)

② 把梁佐领的三千兵马尽情困在峪中,四周峭壁,就都变了野雀乌鸦也不能腾空飞去。(醒·99·1406)

---

① 例如:"叫爹爹莫愁肠,好歹的出了丧,济俺娘们往前撞。"(聊·翻·933)"地上百亩有余零,都是当年自家挣。难说济着他摆划?"(聊·墙·840)

③ 审了审尽情招出,念了声南无弥陀。(聊·翻·1012)

④ 把你银钱尽数拿来,河内常船,南京铺子,地土宅子,老婆孩子,尽情算了,敌不过我一个庄子上的杂粮。(聊·幸·1655)

总括副词"尽情"是情状副词"尽情"(尽量由着自己的情感,不加约束)进一步语法化的结果。由语义指向变化引发的"尽情"限制对象的改变是关键因素。

3.3.13 尽行

"尽行"表示总括,语义前指。《金》4 例,《醒》8 例。如:

① 不日写书,马上差人下与山东巡按侯爷,把山东沧州盐客王霁云等一十二名寄监者,尽行释放。(金·27·340)

② 若是咱宅上做这门亲事,老爹说来,门面差徭,坟茔地土钱粮,一例尽行蠲免。(金·91·1372)

③ 将狄员外与老狄婆子的衣服尽行拆毁,都与那些木偶做了衣裳。(醒·76·1086)

④ 走到床边,把狄希陈的衣裳铺盖尽行揭去。(醒·95·1359)

"尽行"是总括副词"尽"与动词"行"跨层次形成的复合副词。影响"尽行"形成的有两方面因素,即汉语词汇双音化倾向及动词"行"动作行为的弱化。

3.3.14 共

"共"表示总括。《金》2 例,《醒》7 例,《聊》2 例。如:

① 他手里有钱没钱,人所共知。(金·7·85)

② 言听计从,祸福共知,通没我一时儿也成不得。(金·33·430)

③ 年节间共是一口肥猪,一大坛酒,每人三斗麦,五百钱。(醒·14·210)

④ 但愿儿孙皆荣耀,白头夫妇共团圆,熬的那海水干一遍。(聊·蓬·1107)

"共"表示数量的总计。《金》63 例,《醒》59 例,《聊》11 例。如:

⑤ 吴月娘与众房共五顶轿子,头戴珠翠冠,身穿锦绣袍,来兴媳妇一顶小轿跟随,往吴大妗家做三日去了。(金·35·461)

⑥ 少年才子冠三场,县府宗师共六篇;不是汪生勤教训,如何得到泮池边!(醒·39·568)

⑦ 一堂共有十知县,下乡如同虎一群,黎民涂炭不堪问!(聊·磨·1435)

"共"表示总括、统计的用法都是由形容词"共"发展而来的,从产生时间来看,表总括的用法要早于统计数量的用法,如王海棻(1996)只列举了"共"表总括的用法以及表动作方式的用法,后一种用法,即"共"表示几个主体共同施行某种动作或具有某种状况在《金》中出现 33 例,《醒》4 例,《聊》31 例。如:

⑧ 一日,在园中置了一席,请吴月娘、孟玉楼连西门庆,四人共饮酒。(金·
11·128)

⑨ 小葛条、小娇姐共坐着一个驮篓,一个骡子驮着。(醒·53·775)

⑩ 娘三个共商议,要送太岁远别离,谁知道那还不肯,大家无法更可施。
(聊·姑·879)

综观副词"共"的三种语义用法,表情状方式的用法与形容词"共"语义关系最为
密切——形容词是可以做状语修饰限制动作行为的。状语位置上的"共"表达主语所
指的人或事物共同施行某种动作行为或具有某种状况,自然是包括所有的人或事物,
于是在重新分析作用下,"共"的语义指向发生变化,由对动语的修饰转为对主语的限
制。

"共"表总括与表统计关系虽然密切,但是后者并非由前者发展而来。如"共五顶
轿子"一句,"共"如果表总括,轿子的总数是 5 乘以人数;"共"表统计,轿子的数目则
是五。又如"共凑一百之数","共"可以理解为表统计,也可以理解为"共同、一起",基
本意义不变。因此,我们认为"共"表统计也是由其情状方式用法发展而来的。"共凑
一百之数"一类句子中"共"的两可解释现象也正体现了变化的渐进性与过渡性。

3.3.15 总

"总"表示总括。《金》1 例,《醒》4 例,《聊》2 例。如:

① 男女五人总驾祥云升天去了。(金·74·1102)

② 父子君臣皆是幻,弟兄朋友总如仇。(醒·26·378)

③ 又知性空长老原是佛子转生下世,来度脱善男信女,总都不是凡人。
(醒·100·1424)

④ 你若前仇全不记,我也不把你晦气寻,从前已往总不论。(聊·磨·
1511)

⑤ 极像舜华衣裳气,就与这味总一般,想是心邪鼻也变。(聊·磨·1547)

"总"表示数量统计。《醒》1 例:

⑥ 四五行书,先生总教了他够三十遍,他一句也念不上来;又分成两节儿教
他,又念不上来。(醒·33·488)

3.3.16 通

"通"表示总括全部。《金》5 例,《醒》13 例,《聊》2 例。

"通"语义前指。《金》5 例,《醒》10 例,《聊》1 例。如:

① 只见那应伯爵诸人闻此事,知此事,通来探望。(金·55·752)

② 我瞧你光闪闪响当当的无价之宝,满身通麻了,恨没口水咽你下去。
(金·56·759)

③ 这可说甚么来! 两三次通瞒着俺,不叫俺知道,被外头人笑话的当不起。

（醒·20·295）

④ 或遇甚么军荒马乱，通要你定住的数目出米出豆；遇着荒年，定住数叫他捐赈；遇有甚么紧急的钱粮，强要向你借贷。（醒·42·621）

⑤ 地土未增新产业，厅堂通是旧家门，清高更比常时甚。（聊·寒·1068）

"通"语义后指。《醒》3例，《聊》1例：

⑥ 亏他自己通说得脚色来历明明白白的。（醒·8·112）

⑦ 自己通说受不得的苦，也只愿求个速死。（醒·13·199）

⑧ 刚才进的殿门，只见那女人唇青脸白，通说他平日打汉子的过恶，捆得象四马攒蹄一般。（醒·58·840）

⑨ 说一个不好到不是自谦，不在那孩子可是通说那从前。（聊·慈·905）

3.3.17 通身

"通身"表示总括全部。《金》1例：

① 西门庆道："且待二月间兴工动土。连你这边一所通身打开，与那边花园取齐……"（金·16·192）

"通身"表示数量的总和。《金》1例：

② 戏子那里叫来，俺这里少不的叫两个小优儿答应便了。通身只三两分资。（金·77·1176）

"通身"加强确定语气。《金》1例，《醒》3例（1例为"通深"）：

③ 一个汉子，你就通身把拦住了，和那丫头通同作弊，在前头干的那无所不为的事。（金·75·1130）

④ 合那刑房张瑞风明铺夜盖的皮缠，敢是那刑房不进去，就合那禁子们鬼混，通身不成道理！（醒·43·631）

⑤ 相栋宇道："这事，我通深不知道，外甥也没合我说。"（醒·77·1099）

⑥ 每次过后，也知道自己追悔；到了其间，通身由不得我。（醒·80·1135）

副词"通身"是由名词"通身"语法化而来的。"通身"做名词《金》1例，《醒》14例，如：

⑦ 八仙捧寿，各显神通；七圣降妖，通身是火。（金·42·556）

⑧ 把个狄希陈倒累得通身是汗，喘的如使乏的疲牛。（醒·69·989）

⑨ 响声已住，狄希陈说通身就似去了千百斤重担的一般，住了恶心，也不眼黑。（醒·95·1362）

名词"通身"常常用在主语位置上（如上述各例），后面紧接动词性成分，这一特点与副词是相同的。由于名词"通身"表达的是"全体、全部"的全量意义，于是在使用过程中逐步倾向于"量"的范畴的表示,与后面的动词性成分的结构关系同时发生变化,并且有新的主语出现,如《醒》中表强调的"我通深不知道"一句。

3.3.18 通常(长)

"通常"表示总括全部。《醒》4例:

① 秦敬宇道:"适间曾告过了,如今就是小铺还有些,别家通长的换尽了。"(醒·50·728)

② 这七八百没取的卷子,通常都叫我拆号。(醒·50·735)

③ 笑的去了,通常说了前后的话。(醒·55·801)

④ 小玉兰回家,把前后的话通长学了,给了素姐一个闭气。(醒·60·865)

"通常"表示数量的总和。《醒》2例:

⑤ 这一场事,晁老也通常费过五千余金,那草豆官银仍落得有大半。(醒·17·252)

⑥ 宋明吾把老婆叫人睡了几日,通常得了三十八两老银,依然还得了个残生的淫妇。(醒·63·900)

"通常"表示加强语气。《醒》7例:[①]

⑦ 依了他方修合成汤药,煎来洗眼,不两日,那眼瘤通长好了。(醒·30·436)

⑧ 薛夫人说:"你通长红了眼,也不是中国人了!婆婆是骂得的?女婿是打得的?这都是犯了那凌迟的罪名哩!"(醒·48·704)

⑨ 漏明儿倒好了,通常看不见。(醒·49·718)

⑩ 我路上撞见,通常没合他作揖。(醒·64·912)

⑪ 谁想娇生惯养了,你通常不象样了。(醒·65·926)

⑫ 狄希陈唬的个脸弹子莹白的通长没了人色,忘了作别,披着衣裳,往外飞跑。(醒·66·943)

⑬ 小人们在老爷房内上宿,种上了火,待半夜起来再把血竭调灌一服,通常无事。(醒·95·1362)

其中例⑦、例⑧字形为"通长",用在肯定句中表示强调,相当于"完全";其他5例"通常"用在否定句中加强否定语气,相当于"根本"、"简直"。

副词"通常"是形容词"通"和"常"组合成的复合副词。"通"用做形容词,意为通达,对于事物来说只有使其通达才能拥有更大量,直至全部,因此,"通"可以用做总括副词;形容词"长"则与"短"相对,具有量大的意义,因此可以与"通"连用,起补充说明的作用。上述副词"通常"的三种用法都是由此引申发展而来。

———————
① 其中3例记做"通长"。

现代汉语普通话中"通常"用做时间副词,意近"常常",而《金》、《醒》、《聊》三种文献中我们没有发现"通常"表示时间的用法。但是有一点可以确定,无论是表总括、表统计、加强语气,还是表示时间,都是由一个词语"通常"发展而来。因为"一般、平常"在时间跨度上也是占据数量的优势。也就是说,范围副词"通常"与时间副词"通常"是同一个词语在共同的语义基础上由于关涉对象范畴(范围、时间)的不同,沿着不同的道路产生的不同语法意义。

3.3.19 通共

"通共"是同义副词"通"与"共"组成的合成副词,表示总括全部,《金》1 例:

① 又走进来,称了二十两成色银子,叫玳安通共掇出来。(金·53·715)

"通共"表示数量的总和。《金》4 例,《醒》14 例。如:

② 伯爵道:"你看,连这外边两架铜锣铜鼓,带铛铛儿,通共与了三十两银子。"(金·45·587)

③ 西门庆道:"通共约有多少屯田?"(金·78·1191)

④ 而今这济州管内,除了抛荒苇场港隘,通共二万七千亩屯地。(金·78·1191)

⑤ 商量算记,讲到上下使用,通共七百两银子。(醒·10·143)

⑥ 连你应分的这五百卷《观音经》,通共三千卷。(醒·30·440)

⑦ 监生这场官事,上下通共搅计也有四千之数。(醒·94·1340)

3.3.20 一概

"一概"表示总括。《金》2 例,《醒》3 例,《聊》3 例。如:

① 到次日,洗三毕,众亲邻朋友,一概都知西门庆第六个娘子,新添了娃儿。(金·30·387)

② 他这行人故虽是当院出身,小优儿比乐工不同,一概看待也罢了,显的说你我不帮衬了。(金·46·595)

③ 怎么这一干人也不分原告被告,也不分干证牵连,一概都罚这许多东西?(醒·12·185)

④ 狄员外听在肚内,同狄希陈将城里城外的铺子排门问去,一概回说没有。(醒·50·729)

⑤ 大相公买了四个骡,雇了两个觅汉,又买的小妮子,一概完备。(聊·翻·1004)

⑥ 仲起清廉,仲起清廉,彩缎金银一概捐。(聊·富·1297)

此外,《聊》中"一概"有用做形容词的一例:"一概房屋都是草,火势连天威更加,西北风刮的越发大。看那火无法可治,只光念观音菩萨。"

3.3.21 凡

"凡"表示总括。《金》1 例：

> ① 凡得更生,俱归道岸。(金·66·932)

"凡"表示统计。《金》1 例：

> ② 比及割凡五道,汤陈三献,戏文四折下来,天色已晚。(金·43·572)

3.3.22 无不

"无不"表示总括。《金》36 例,《醒》8 例,《聊》5 例。如：

> ① 拆牌道字,双陆象棋,无不通晓。(金·80·1251)
> ② 任道士道:"老居士有何见教,只顾分付,小道无不领命。"(金·93·1390)
> ③ 海会、郭氏,合城士夫人家,无不出入的,系师尼。(醒·13·191)
> ④ 走东过西,至南抵北,无不周历。(醒·78·1113)
> ⑤ 秋桂原不如春娇,二十多甚风骚,精的糊的无不道。(聊·翻·941)
> ⑥ 老太爷一说,一家人无不欢喜,都说极好。(聊·翻·1014)

3.3.23 无非

"无非"表示总括。《金》21 例,《醒》3 例,《聊》1 例。如：

> ① 须臾,安排酒菜上来,桌上无非是些鸡鸭鱼肉嘎饭点心之类。(金·38·496)
> ② 终朝谒见,无非公子王孙;逐岁追游,尽是侯门戚里。(金·70·1012)
> ③ 他如今到处书房,书房中匡床罗帐,藤簟纱衾;无非暖阁,暖阁内红炉地炕,锦被牙床。(醒·1·8)
> ④ 这伙人说的无非是些奸盗诈伪之言,露的无非是些猖狂恣纵之态,脱不了都是些没家教、新发户、混帐郎君。(醒·1·9)
> ⑤ 作恶的无非伶俐鬼,忠孝的尽是憨头郎,堪与烈女为神将。(聊·寒·1069)

3.3.24 一共

"一共"表示数量的总计。《醒》1 例：

> ① 他合我算计来,开口每人问你要五十两,实望你一共四十两银子也就罢了。(醒·34·504)

3.3.25 总里

"总里"表示数量统计。《醒》1 例：

> ① 我总里是四顷地,该怎么搭配着分,您自家分去。(醒·22·324)

"总里"作为副词还可以表情状,表同一主体同时对几个事物采取同样的行为,《醒》2 例,《聊》3 例：

② 也罢,奶奶把这文书总里交给俺两个。(醒·22·291)

③ 这总里开出个单子来,都到南京买。(醒·84·1094)

④ 你再赢了我,我总里称给你;我若赢了你,咱就准了。(聊·增·1644)

⑤ 这头捞,那头捞,捞来捞去不成吊;纵然留着也不够本,总里上下鳔一鳔。(聊·俊·1111)

⑥ 他既嫌我,我总里装一个嘲呆,辱没他辱没。(聊·增·1613)

副词"总里"是由动词"总"与方位词"里"构成的短语词汇化而来。"总里"原本表达的是汇总在一处里的意义,用在动词性成分前表示动作行为进行的方式。数量的统计就是汇总在一起,因此"总里"作为副词也可用来表示统计。

3.3.26 一总

"一总"表示数量的统计。《金》1例:

① 自己走进去,收拾了二百三十两银子,又与玉箫讨昨日收徐家二百五十两头,一总弹准四百八十两。(金·53·714)

3.3.27 满总

"满总"表示数量统计。《聊》1例:

① 满总几亩好地,给了他何以为生?(聊·寒·1016)

3.3.28 共总

"共总"表示数量统计。《聊》5例:

① 共总俩词唱的生,不害羞又把大爷敬。(聊·寒·1031)

② 共总一部,又极希罕,一个出八百,一个出一千,买到手里好似得了个金砖。(聊·蓬·1090)

③ 共总一个曹操没拿住,到如今懊悔杀的松!(聊·快·1140)

④ 共总种了十亩麦,连根拔了勾一筐!(聊·磨·1375)

⑤ 共总二百人,张爷最年少。(聊·磨·1475)

通过对《金》、《醒》、《聊》总括副词的考察可以看出,总括副词语义指向上可前可后,但仍以语义前指为常。语义可后指的如"都、全、具、悉、尽、通"等,它们语义后指的用例相对较少。并且总括副词语义后指时,有两方面比较鲜明的特点:一是多用在处置式、使让式前面,如"悉";二是它们表总括意义时或多或少带有表示动作行为情状方式的意味,如"具"、"通"。

《金》、《醒》、《聊》中的总括副词共24个,其中13个是单音节副词。从来源看,总括副词有的由表示事物全部或多量的形容词发展而来,如"全"、"多"、"共"、"通";有的由动词发展而来,如"都"、"尽"、"总";有的由短语词汇化形成,如"尽数(济数)"、"尽情";有的则是跨层次结合而成,如"尽行";有的是由同义或近义词语并列形成的合成副词,如"通共"、"通常"、"一概";其他,"全全"、"全然"是单音节副词"全"重叠及加词缀"然"构成的,"无不"、"无非"是由两个否定词并列形成的。

从与相关副词的关系来看,总括副词"共、总、通共、通身、通常、凡"兼用做统计副词;"都、全、全然、皆、尽、总、通、通常、通身"兼用做语气副词;"尽、通"兼用做程度副词;"总"兼用做时间副词。

《金》的统计副词有"共、一总、通共、通身、凡"5个,《醒》有"共、一共、总、总里、通共、通常"6个,《聊》有"共、满总、共总"3个。由此看出,三种文献共同使用的统计副词是"共";"通共"使用于《金》、《醒》;其他9个统计副词只见于其中之一种文献。

《金》、《醒》、《聊》、《歧》、《儿》总括副词使用频率比较表

	金	醒	聊	歧	儿
都	1502	2026	812	627	1111
多	158	5	0	0	1
全	15	22	128	81	45
全全	0	10	0	0	0
全然	0	0	4	1	2
俱	127	211	79	405	13
具	8	2	2	1	1
悉	48	4	0	0	2
咸	4	9	0	1	1
皆	128	32	50	57	38
尽	44	69	68	14	6
尽数	1	40	7	0	0
尽情	0	15	3	1	4
尽行	4	8	0	1	0
共	2	7	2	13	4
总	1	4	2	0	0
通	5	13	2	20	0
通身	1	0	0	0	0
通常	0	4	0	0	0
通共	1	0	0	0	0
一概	2	3	3	5	18
凡	1	0	0	0	0
无不	36	8	5	22	18
无非	21	3	1	38	20

《金》、《醒》、《聊》、《歧》、《儿》统计副词使用频率比较表

	金	醒	聊	歧	儿
共	63	59	11	62	4
一共	0	1	0	1	7
总	0	1	0	2	1
总里	0	1	0	0	0
一总	1	0	0	0	0
满总	0	0	1	0	0
共总	0	0	5	0	0
通共	4	14	0	2	25
通身	1	0	0	0	0
通常	0	2	0	0	0
凡	1	0	0	3	1

3.4 限定副词

限定副词表示对事物的范围、数量或动作行为的限定,修饰名词、动词短语和数量短语。

3.4.1 仅、仅仅

"仅"限定对象范围,表示量少。《金》2 例,《醒》6 例,《聊》11 例。如:

① 惟夫反目性通灵,父母衣食仅养身。(金·29·372)

② 众番将就用钩索搭去,被这边将士向前,仅抢尸首,马载而还。(金·100·1493)

③ 登时弄得身败名灭,家破人亡,仅能不死。(醒·63·899)

④ 仅三月之间,两处的庵都一齐创起。(醒·93·1326)

⑤ 却说李家在墙外头那些人都唬的跑了,仅虏了五六个人。(聊·富·1340)

⑥ 老囚徒,老囚徒! 仅只一个指头无。虽然是他暂时疼,便宜他还走的路。(聊·磨·1470)

例①、②、③、⑤"仅"修饰动宾短语,共 16 例;例④"仅"修饰数量词语,只 1 例;例⑥"仅"修饰名词,共 2 例。

"仅仅"义同"仅"。《醒》1 例:

⑦ 郭大将军发在锦衣卫勘问,得了本揭做得义正辞严,理直气壮,仅仅问了遣戍。(醒·84·1203)

3.4.2 独、独独

"独"限定对象范围。《金》22例,《醒》12例,《聊》14例。如:

① 独剩着金莲一个,看着经济放花儿,见无人,走向经济身上捏了一把。(金·24·300)

② 落后待的李娇儿、玉楼、金莲众人都出去了,独月娘在屋里守着他。(金·62·873)

③ 薛教授说:"要不我合亲家伙着也罢。只是书房我可没有,只得独累亲家。"(醒·33·486)

④ 到了龙山,大家住下吃饭,撒活头口,独他连饭也不吃。(醒·38·553)

⑤ 二郎爷点完了名,独留下商礼,问他始末缘由。(聊·寒·1060)

⑥ 人人来家都耍嘴,独俺不敢把嘴响。(聊·快·1140)

"独独"限定范围。《金》5例,如:

⑦ 上面独独安一张交椅,让西门庆上坐,方打开一坛酒筛来。(金·16·201)

⑧ 只有西门庆,一来远客,二来送了许多礼物,蔡太师倒十分欢喜他。因此就是正日,独独请他一个。(金·55·745)

⑨ 那长老一面掀帘子,请小夫人,方丈明间内上面独独安放一张公座椅儿。(金·89·1351)

3.4.3 惟

"惟"限定对象范围。《金》54例,《醒》65例,《聊》66例。[①]

"惟"用在动词前。《金》30例,《醒》47例,《聊》51例。[②] 如:

① 惟有鞋上锁线儿差些:一只是纱绿锁线,一只是翠蓝锁线,不仔细认不出来。(金·28·356)

② 晁源那里肯服,只是说道该做,惟恨他不曾好起,没人会做本稿,又没有得力的人京中干事。(醒·17·255)

③ 惟有大姐十二岁,性子极不好,他老子因他泼,所以不大喜他。(聊·翻·932)

"惟"用于名词前。《金》24例,《醒》18例,《聊》11例。如:

④ 惟花大妗子与花大舅便是重孝,直身道袍儿,余者都是轻孝。(金·63·892)

⑤ 惟晁夫人一些也不发躁,只说:"退亲就退!我有这个学生,怕寻不出这

---

① 字形"唯"《金》2例,《醒》1例,《聊》2例。

② "惟"修饰动词"有",《金》25例,《醒》12例,《聊》42例。

门亲来!"(醒·46·674)

⑥ 自从儿中了,阖庄贺喜闹吵吵,惟李家没把喜来道。(聊·磨·1493)

"惟"与"只(止)"连用。《聊》4例,如:

⑦ 太太公母俱不在,惟只撇下姊妹仨,小妹妹两个还不大。(聊·磨·1406)

⑧ 万岁说:"是嘎?"胡百万说:"是我这裤子里的破烂流丢的,惟止家下给我胡做时他才知道。"(聊·幸·1660)

"惟"与"不"构成连词。《金》1例,《醒》59例,《聊》6例。如:

⑨ 今日见了这般盛礼,自然还要升选官爵,不惟拜做干子,定然允哩。(金·55·741)

⑩ 晁大舍与珍哥热闹惯了,不惟珍哥不在,连一些丫头养娘都没一个,也甚是寂寞。(醒·7·99)

⑪ 不惟用意伤天理,尤恐将来祸患生。(聊·富·1277)

3.4.4 惟独

"惟独"限定对象范围。《醒》8例,《聊》4例。如:

① 真君说:"惟独令爱不消戴得。"(醒·29·431)

② 惟独点到狄希陈的名字,仓皇失措。(醒·91·1303)

③ 惟独这娘子人起了火,没处藏没处躲,这个衙门罢了我。(聊·禳·1146)

④ 一家大小拧成绳,惟独这外户子没人疼。(聊·禳·1183)

"惟独"一般用在名词前表示对人或事物的限定,只《醒》中2例用在动词前。

3.4.5 单、单单

"单"限定对象范围。《金》82例,《醒》71例,《聊》39例。如:

① 西门庆笑道:"这小淫妇儿,单只管胡说!"说着往外去了。(金·20·247)

② 学生此来,单为与老太师庆寿。(金·55·741)

③ 那些在船上的人,大半是赶科举的秀才,听了空中的言语,都象汉高祖筑坛拜将,人人都指望要做将军,谁知单只一个韩信。(醒·16·231)

④ 等了又一大会,茅厕门仍旧不开,查系谁个在内,人人不少,单只不见了一个狄希陈。(醒·33·491)

⑤ 他有个小乾坤,不单指娘家饭。(聊·翻·972)

⑥ 且不论事情真假,单看那马知县的意思若何。(聊·磨·1383)

其中"单"与"只"连用,《醒》18例;"单"与"只管"连用,《金》1例。

"单单"义同"单"。《金》1 例,《醒》25 例,《聊》4 例。如:

　　⑦ 这潘金莲单单把眼四下观盼,影影绰绰,只见一个白脸在墙头上探了一探,就下去了。(金·13·160)

　　⑧ 我单单剩了四顷地,因小女没了娘母子,怕供备不到他,还赔了一顷地与小女。(醒·9·135)

　　⑨ 他娘叫他认字,单单只记得"天上明星滴溜溜转"一句。(醒·35·520)

　　⑩ 单单指望他一句话,他低头子挺了尸,全不放个狗臭屁。(聊·墙·854)

　　⑪ 不怕天不怕地,单单怕那秋胡戏。(聊·襄·1146)

其中"单单"与"只(止)"连用,《醒》10 例。

3.4.6 单管

"单管"限定对象范围。《金》33 例,如:

　　① 西门庆道:"你这花子,单管只瞎诌。倒是个女先生。"(金·61·851)

　　② 那孙雪娥单管率领家人媳妇,灶上整理菜蔬。(金·76·1141)

　　③ 春梅道:"他在厨下拣米哩!——这破包篓奴才,在这屋就是走水的槽,单管屋里事儿往外学舌。"(金·85·1284)

其中"单管"与"只"连用,《金》7 例。

3.4.7 光

"光"限定对象范围。《金》7 例,《醒》16 例,《聊》54 例。

"光"用在动词性成分前。《金》4 例,《醒》10 例,《聊》52 例。如:

　　① 这小粉头子,虽故好个身段儿,光是一味妆饰;唱曲也会,怎生赶的上桂姐的一半儿唱。(金·58·784)

　　② 不料到了庄上,天气暴热起来,又没带得夹袄,只得脱了棉衣,光穿着两个绵绸衫子。(醒·36·537)

　　③ 两口子映嗤了半日,光见瓦石,并不见银,气的把头兴全没了。(聊·姑·884)

"光"用在名词性成分前。《金》3 例,《醒》6 例,《聊》2 例。如:

　　④ 休说木植木料,光砖瓦连土,也值一二百两银子。(金·35·466)

　　⑤ 我待怎么? 要是光我可,我死活受你的。(醒·44·646)

　　⑥ 听着他事事弄整齐,又称漆来漆了棺,光粮食祟了有五十石。(聊·墙·858)

其中"光"与"只(止)"连用,《金》3 例,《醒》3 例,《聊》2 例。

3.4.8 空

"空"用在动词或形容词前,限定对象范围。《金》5 例,《醒》9 例,《聊》6 例。如:

① 正是花木瓜,空好看。(金·1·21)

② 灯将残,人睡也,空留得半窗明月。(金·12·134)

③ 狄宾梁夫妇空只替他害疼,他本人甘心忍受。(醒·48·707)

④ 童奶奶道:"这向穷忙的不知是甚么,空买了棉花合布,日常没点功夫替他做出来,他自己又动不的手。"(醒·79·1128)

⑤ 樊子正实是穷,今日西来明日东,为人空好中何用?(聊·襀·1153)

⑥ 李鸭子跳过墙一直竟进,门外头足听了一个时辰,空说话也听不出姓谁名甚。(聊·富·1313)

3.4.9 刚、刚刚

"刚"限定对象范围,表示量少,语义与"只"相近。《金》4 例,《醒》20 例,《聊》6 例。如:

① 金莲快嘴,说道:"吃螃蟹,得些金华酒吃才好。"又道:"只刚一味螃蟹就着酒吃,得只烧鸭儿撕了来下酒。"(金·35·460)

② 话说陈经济,自从西门大姐死了,被吴月娘告了一状,打了一场官司出来,唱的冯金宝又归院中去了,刚刮刺出个命儿来。(金·93·1398)

③ 每人刚得一个梳匣,两三把钥匙,此外要半个低钱也是没有的。(醒·15·225)

④ 看看袖子刚得一尺九寸,两个摆裂开了半尺,道袍全全的露出外边。(醒·36·529)

⑤ 看了看,幸得刚搭着那气嗓头边儿。(聊·姑·865)

⑥ 花鞋瘦小刚三寸,我的心肝潘金莲。(聊·丑·1143)

"刚刚"限定对象范围,表示量少。《醒》10 例,如:

⑦ 从堂上请了晁老下来,从书房叫了晁源来到,灌救了半晌,刚刚救得转来。(醒·15·227)

⑧ 况且去太祖高皇帝的时节刚刚六七十年,正是那淳庞朝气的时候,生出来的都是好人,夭折去的都是些丑驴歪货。(醒·23·340)

⑨ 将那几两变产的银,除了用去的,刚刚的只够了去的盘缠。(醒·27·396)

⑩ 你那辈子活的也不多,只刚刚的二十一岁,跟了人往泰山烧香,路上被冰雹打了一顿,得病身亡。(醒·40·588)

⑪ 谁知好人不长寿,这晁近仁刚刚活到四十九岁,得了个暴病身亡。(醒·53·766)

⑫ 素姐接凭在手,当面拆了封皮,何尝有甚么文凭在内,刚刚只有一张空白湖广呈文。(醒·86·1221)

3.4.10 刚才

"刚才"限定对象范围,表示量少。《醒》1 例,《聊》2 例:

① 即狄希陈,母亲管的也算严紧,年纪刚才一十六岁,见了孙兰姬便怎么知道就慕少艾,生出许多计策,钻头觅缝的私通。(醒·45·638)

② 我三十四岁被贼掳,十七八年离了家,恁哥刚才吐噜话。(聊·翻·984)

③ 担惊受怕的一年儿,刚才积攒了一坛儿。(聊·禳·1237)

3.4.11 但

"但"限定对象范围。《金》120 例,《醒》14 例,《聊》50 例。

"但"用于动词前,限定动作行为本身及其关涉对象。《金》119 例,[①]《醒》13 例,《聊》49 例。如:

① 老婆进到里面,但觉冷气侵人,尘嚣满榻。(金·23·291)

② 你但放心,这样嫁人养汉的歪事,岂是吃人饭做出来的?(醒·36·527)

③ 狄希陈说:"我心里还恶影影里的,但怕见吃饭。"(醒·96·1363)

④ 如今但把朋友望,未知他情薄情厚,想今晚不当衣裳。(聊·磨·1403)

"但"用于名词性词语前,限定事物范围。《醒》1 例,《聊》1 例:

⑤ 众人说:"狄贤弟,你倒把那痛哭的心肠似宗兄一般实落说了,解了众人的疑心便罢;你不肯实说,岂但纪兄,连众人也都要疑的。"(醒·41·608)

⑥ 左写遣意惟书卷,右写迎春但柳条,对联细看笔迹妙。(聊·禳·1185)

"但"限定事物数量,表示量少。《金》1 例:

⑦ 蔡状元固辞再三,说道:"但假十数金足矣,何劳如此太多,又蒙厚脤!"(金·36·480)

"但"表示强调,《醒》1 例:

⑧ 想是使了性子,连我也怪得了。但不肯略忍一忍?(醒·15·227)

3.4.12 只(自、仔祇)

A. "只"限定对象范围。《金》2047 例,《醒》1744 例,《聊》764 例。

"只"修饰动词性词语,限定动作行为及宾语范围。《金》1907 例,《醒》1625 例,《聊》718 例。如:

① 小人把段箱两箱并一箱,三停只报了两停,都当茶叶、马牙香,柜上税过来了。(金·59·805)

② 魏氏说:"他有银没银,并不在我手里,单单只交了这封银子与我;我连封

---

① 其中 93 例修饰动词"见"。

也不敢动他,连数也不知是多少。"(醒·39·579)

③ 待了二日,徐氏知道这些事情,只气的采发打脸,大哭大骂。(聊·翻·935)

"只"放在名词性词语或数量结构前,限定事物的范围。《金》140 例,《醒》119 例,《聊》46 例。如:

④ 李瓶儿问他:"金子你收了一锭去了? 如何只三锭在这里?"(金·43·562)

⑤ 小鸦儿说:"逢六是刘埠集,过七就是流红集,流红离着刘埠只八里地,没的来回好走路哩!"(醒·19·281)

⑥ 大姐只十六岁,就叫他娶了。(聊·翻·933)

"只"限定对象范围,音变为"自",《金》79 例,《聊》2 例。

"自"用在动词、动词性词语前,表示只有某种行为、状态或原因。《金》4 例,如:

⑦ 傅伙计见他话头儿来的不好,说道:"姐夫,你原来醉了。王十九,自吃酒,且把散话革起。"(金·86·1309)

⑧ 自因你逞风流,人多恼你,疾发你出去。(金·89·1350)

"自"用在动宾短语前,限定宾语范围,表示动作仅及于某个对象。《金》30 例,如:

⑨ 当时月娘自知经济是志诚的女婿,却不道是小伙子儿诗词歌赋、双陆象棋、拆牌道字无所不通,无所不晓。(金·18·221)

⑩ 俺娘儿两个,在一处厮守这几年,他大气儿不曾呵着我,把我当亲女儿一般看承。自知拆散开了,不想今日他也出来了。(金·87·1323)

"自"用在名词性词语或数量结构前,限定事物的范围,或表示数量少。《金》45 例(修饰"恁"25 例),《聊》2 例。如:

⑪ 休说德性温良,举止沉重,自这一表人物,普天之下,也寻不出来。(金·20·253)

⑫ 没廉耻的货,自你是他的老婆,别人不是他的老婆?(金·75·1121)

⑬ 自我看来,一个儿着虎吃了,剩了一个儿,还着他来到这里,为娘的也就可知了。(聊·慈·929)

⑭ 长命说:"我才翻了个单绵条,你自一翻就乱了交。"(聊·襀·1151)

又记做"仔",《聊》22 例。如:

⑮ 汉子骂声好泼妇,您娘咋生这桩物! 我仔说了够一把,你就抉了一大掭。(聊·俊·1113)

⑯ 我堂堂一个公子,今日这屁股也不助兴,仔可站着,是他的小厮这里伺候

他么？（聊·幸·1632）

　　⑰ 王龙说："要这贱婆儿来管闲事！任我输几帖，我仔不合你赌着呢。"（聊·幸·1644）

　　B."只"表示强调，加强语气。《金》15例，《醒》19例，《聊》1例。如：

　　⑱ 玉楼道："可不怎的！俺大丫头兰香，我正使他做活儿，想他伏实，只不他爹使他，行鬼头儿听人的话儿，你看他走的那快！"（金·20·244）

　　⑲ 他现是本州一个秀才，应举过几次，只不得中。（金·56·761）

　　⑳ 晁大舍病了一个多月，只不见好，瘦的就似个鬼一般的。（醒·17·247）

　　㉑ 从素姐进衙的次日，相栋宇自己到了童家见调羹说知此事，大家倒笑了一场，只猜不着是那个滥嘴的泄了的机关，致他自己寻到这里。（醒·77·1100）

　　㉒ 万岁脱下衣服，王龙合大姐也暗暗的打罕，只估不出是个什么人来。（聊·幸·1647）

3.4.13 只自

"只自"限定对象范围。《金》2例，《醒》1例：

　　① 应伯爵道："可见的俺们只自白嚼你家孤老，就还不起个东道？"（金·12·136）

　　② 大姐姐他每多有衣裳穿，我老道只自知数的那几件子，没件好当眼的。（金·40·532）

　　③ 甚么真个！不知他待怎么？只自乍听了恶囊的人荒。（醒·46·670）

3.4.14 只是

"只是"限定对象范围。《金》209例，《醒》297例，《聊》104例（2例为"仔是"）。[①]
用在动词或动词性词语前，限定动作行为及有关人或事物的范围。《金》170例，《醒》293例，《聊》99例。如：

　　① 西门庆道："我昨日没曾睡，不知怎的，今日只是没精神，打睡。"（金·78·1213）

　　② 我只是看那带，谁还有心看他怎么穿衣裳来？（醒·83·1185）

　　③ 大姐说："那不过是恨极了，只是那么说就是了。"（聊·翻·989）

　　"只是"用在名词性词语或数量结构前，表示仅在某一事物、某一时间或数量范围内。《金》39例，《醒》4例，《聊》5例。如：

　　④ 西门庆道："我还去。今日一者银儿在这里，不好意思；二者我居着官，今

----

　　① "仔是"是"只是"的音变形式，《聊》2例：(1) 飘飘摇摇，路上的行人沸似潮，但仔是跟着走，不知是往那里的道。（聊·慈·920）(2) 江城并不答言，一棒槌打倒满城：这是怎么说？这是怎么说？江城仔是打，打着才数量。（聊·襄·1214）

年考察在迩,恐惹是非,只是白日来和你坐坐罢了。"(金·68·971)

⑤ 穷舅没甚么奉敬,贺礼赆仪都只是这顶帽套,姑夫留着自己用,千万的别给了人。(醒·84·1201)

⑥ 俺只是怎么,凭您去怎么,奏明了没有我的错。(聊·磨·1544)

3.4.15 只管

"只管"表示专一于某种动作行为。《金》29例,《醒》86例,《聊》42例(3例为"仔管",2例为"自管")。如:

① 月娘自忖道:"不吃他不得见效,待吃他又只管生疑。也罢,事到其间,做不得主了,只得勉强吃下去罢。"(金·53·713)

② 寄姐道:"顽耍也有个时节,难道只管顽么?也不害个厌烦?我的主意定了要拆。"(醒·97·1383)

③ 赵大姑只管骂起来,李氏那脸上,红一阵,白一阵。(聊·慈·904)

"只管"表示强调。《醒》4例,《聊》4例。如:

④ 只是老爷要假小人便宜行事,只管事成。(醒·5·65)

⑤ 病只管不得好,恐爹娘盼望,所以自己先来了。(醒·6·81)

⑥ 只管你低三下四,把恶名丢与别人。(聊·墙·845)

⑦ 王龙低头自思,难于开口,只管不说。(聊·幸·1638)

3.4.16 只顾

"只顾"表示专一于某种动作行为,义同"只管"。《金》281例("只故"1例,"只个"2例),[①]《醒》6例,《聊》49例(3例为"仔顾",1例为"自顾")。如:

① 你有话只顾说便好,如何寻这条路起来?(金·26·333)

② 爷回说明日去就是了,可只顾的根问!(醒·87·1245)

③ 我有饭给他吃,我只顾留着他,你待咋着我罢?(聊·姑·867)

"只顾"表示强调。《金》5例,《聊》5例。如:

④ 西门庆直待篦了头,又教小周儿替他取耳,把奶子放在桌上,只顾不吃。(金·67·939)

⑤ 伯爵只顾留他不住,西门庆道:"罢罢,老先儿他斯文人,吃不的。"(金·67·949)

⑥ 不觉的又黑了,又只顾不点灯来,别人都去了,落了他俩在黑影里坐着。(聊·翻·938)

---

① "只故"、"只个"是"只顾"的异写形式。"只个"例为:(1)那贼秀冷眼瞧见帘子里一个汉子和婆娘影影绰绰,并肩站立,想起白日里听见那些勾当,只个乱打鼓摞钹不住。(金·8·101)(2)王婆便叫道:"师父!纸马也烧过了,还只个摞打怎的?"(金·8·101)

⑦ 壶够四指高,只顾吃不尽。(聊·蓬·1096)

3.4.17 只得

"只得"表示只有一种选择。《金》65 例,《醒》305 例,《聊》76 例。如:

① 那地方保甲见人死了,又不敢向前捉武二,只得慢慢挨上来收笼他。(金·9·111)

② 吴月娘与孟玉楼、吴大妗子推阻不过,只得出来。(金·89·1352)

③ 等珍哥走到跟前,往灵前行过了礼,孔举人娘子大落落待谢不谢的谢了一谢,也只得勉强让坐吃茶。(醒·11·156)

④ 相大妗子无可奈何,只得凭他在外作践,关了宅门进去。(醒·89·1275)

⑤ 来此已是中军帐,只得进去,凭军师怎么处分罢。(聊·快·1134)

⑥ 才到了河南境界,运气特低,这两日又病起来了,只得住下。(聊·磨·1398)

3.4.18 只好

"只好"限定范围。《金》27 例,《醒》53 例,《聊》1 例。如:

① 如今休说他男子汉手里没钱,他就是有十万两银子,你只好看他一眼罢了。(金·7·86)

② 素姐说:"他只好干疼罢了,他也不敢来我这太岁头上动土。"(醒·63·908)

③ 穷军家只好住那矮屋,见了高楼我就晕了。(聊·幸·1616)

"只好"可以修饰数量结构,表示数量少。《金》2 例,《醒》7 例。如:

④ 只他一个浑家,年纪只好二十左右,生的十分美貌。(金·56·762)

⑤ 若说起我这太太来,今年属猪,三十五岁。端的上等妇人,百伶百俐,只好三十岁的。(金·69·982)

⑥ 那妻子姓唐,也是做皮匠的女儿,年纪只好刚二十岁。(醒·19·273)

⑦ 其子只好七八周之内,顽皮泼性,掩口钝腮。(醒·27·394)

3.4.19 止、止是

"止"表示限定,除此之外没有别的。《金》97 例,《醒》101 例,《聊》16 例。

"止"用在动词前,限制与动作有关的人或事物以及事物的数量。《金》86 例,《醒》87 例,《聊》14 例。如:

① 月娘再三请太太受礼,太太不肯,让了半日,止受了半礼。(金·43·570)

② 又算计那些族人,如今既有了儿子,许他们上门往来,况且止得七八个,

每人与他五十亩地,都叫他们大家有饭吃。(醒·21·310)

③ 止有女婿人一个,或者他俩平打平,谁打过谁来谁得胜。(聊·翻·933)

"止"用在名词及数量词前,限定对象范围。《金》11例,《醒》14例,《聊》2例。如:

④ 再有谁?止我在家,都使出报丧、烧纸、买东西。(金·63·886)

⑤ 原来银包不大,止那七两多银子,已是包得满满当当的了,那里又包得这十两银子去。(醒·23·351)

⑥ 仇禄地止四十亩,仇福输净逃远方,我曾上台去告状。(聊·翻·982)

"止是"限定对象范围。《金》16例,《醒》3例。

"止是"用在动词前。《金》1例,《醒》2例:

⑦ 止是教吴二舅同玳安在门首生药铺子,日逐转得来,家中盘缠。此事表过不题。(金·95·1437)

⑧ 容郭某到彼,若梁参将与三千官兵不曾杀害,止是困在那边,这是尚有归化之心,事主于抚。(醒·99·1408)

⑨ 先是小人挑激起衅,官兵卒临,止是退避免祸,并无阻拒之情。(醒·99·1411)

"止是"用在名词前。《金》15例,《醒》1例。如:

⑩ 西门庆这边止是月娘、金莲、春梅,用梯子接着。(金·14·168)

⑪ 韩大哥常在铺子里上宿,家下没人,止是他娘子儿一人,还有个孩儿。(金·34·435)

⑫ 土官果然差了远近探马,探得郭总兵人马在城外扎住不动,止是自己单骑微行。(醒·99·1411)

3.4.20 不过、不过乎

"不过"表示"仅仅",指明范围,有把事情往小处或轻处说的意思。《金》10例,《醒》114例,《聊》103例。

"不过"用在谓词性成分前。《金》5例,《醒》89例,《聊》83例。如:

① 你系娼门,不过趁熟觅些衣饭为生,没甚大事。(金·94·1414)

② 高相公说道:"我一贫如洗,尚无妻室,且说那纳妾的话?这不过是我无意中救人,何足挂意!"(醒·62·889)

③ 褂子过了两冬夏,不过穿了三年多,又自叫人看不过。(聊·墙·836)

"不过"用在名词或数量词前。《金》5例,《醒》25例(饰名3例),《聊》20例(饰名7例)。如:

④ 况他本性机变伶俐,不过十五,就会描鸾刺绣,品竹弹丝,又会一手琵琶。

（金·1·11）

⑤ 方伯道:"不过农夫而已,何烦如此?"（醒·23·342）

⑥ 你不过马前小卒,合我在一堆坐着,就是抬举你了!（聊·幸·1654）

"不过乎"义同"不过"。《金》2 例:

⑦ 西门庆道:"些须微仪,不过乎侑觞而已,何为见外!"（金·49·642）

⑧ 温秀才道:"貂不足,狗尾续。学生匪才,焉能在班门中弄大爷,不过乎塞责而已。"（金·66·931）

3.4.21 无过

"无过"限定对象范围。《金》5 例:

① 就是后边大娘,无过只是个大纲儿。（金·23·294）

② 玉楼道:"如今人也贼了,不干这个营生。论起来也还早哩,才养的孩子,割甚么衫襟?无过只是图往来,扳陪着耍子儿罢了。"（金·41·542）

③ 一年四季,无过春天,最好景致:日谓之丽日,风谓之和风,吹柳眼,绽花心,拂香尘。（金·89·1345）

④ 无过也只是个浪精,没三日不拿水洗。（金·91·1380）

⑤ 既已省悟,也不消前去。你就去,也无过只是如此,倒没的丧了五口儿性命。（金·100·1505）

3.4.22 至多

"至多"表示最大限度或最大的可能性。《醒》2 例,《聊》3 例:

① 老婆说:"少是一两,至多不过二两!"（醒·27·397）

② 适间若是二三两,至多四两,我也就收的去了,送这许多,我到不好收得。（醒·67·962）

③ 到家只有二百遥,二百遥,路上三人宿一宵,姐姐呀,至多不过一两吊。（聊·翻·960）

④ 一日买着一日来,你可全把心放开,至多不过十日外。（聊·寒·1038）

⑤ 但把风光须早受,至多迟到二十三。（聊·富·1277）

3.4.23 至少

"至少"表示最低限度。《金》1 例,《醒》7 例,《聊》3 例,如:

① 你家就是王十万也使不的,一锭金子至少重十来两,也值个五六十两银子,平白就罢了?（金·43·563）

② 我们是邹平县的公差,一年从这里经过,至少也有十数遭,那一次不扰他老人家几壶。（醒·23·344）

③ 这帽套,你姑夫至少也算我一斤银子的人事哩。（醒·84·1201）

④ 王四说:"他要一千银子,至少也得八百。"(聊·翻·1002)

⑤ 好营生,至少也弄个本利平。(聊·禳·1158)

⑥ 六年的瓜子没还账,至少也该个本利平,你可说说谁理正?(聊·禳·1178)

《金》、《醒》、《聊》三种文献的限定副词中单音节词 14 个,包括"仅、独、惟、单、光、空、才、就、刚、方、但、只、止、白";双音节(包括多音节)副词 20 个,包括"仅仅、独独、单单、刚刚、惟独、刚才、方才、单管、只自、只是、止是、只管、只顾、只得、只好、不过、无过、至多、至少、不过乎"。双音节副词中有些是单音节副词的重叠形式,如"仅仅、独独、单单、刚刚",它们所表语义与相应的单音节副词相同;有些是两个同义副词的并列使用形式,如"惟独、刚才、方才";有些是单音节副词加后缀形成,如"只自";有些是限定副词与动词、助动词、系词的组合,如"单管、只管、只顾、只得、只好、只是、止是";有些是其他类别副词与动词、形容词的组合,如"不过、不过乎、无过、至多、至少"。

在表意上,"不过、不过乎、无过、至多、至少"较为独特。"不过、不过乎、无过"表示不超过某一范围,修饰对象在交际背景中是处于相对低层次范围的,具有把事情往小里或轻里说的意思。"至多"、"至少"与其他限定副词不同,"至多"把范围定位在最大量对象上,"至少"把范围定位在最小量对象上,其他限定副词只是在一定范围限定一个中间状态的对象,不是最大量也不是最小量。有些限定副词在限定对象范围的同时,往往表明被限定对象具有量度小的性质特点,如"只"、"才"、"就"、"不过"等词,这仍不同于"至少"的表意特点,因为具备量小性质的事物未必是范围内的最小量。

与"至多"语义用法相同的《歧》中有"至远":"若说邸报,至少十五日才上钞。道台大人进京,至远不过五日。要之此时在京,也未可知。"(歧·103·965)例中"至远"表示最大限度,可以用"至多"、"不过"替代而意义不会发生变化。

意义用法与"至少"相同的《歧》中有"至小"1 例,"尽少"6 例,"尽少说"1 例,如:

① 若是当日向法妥当,早已这儿埋的几位老先生,抚院、布政俱是做过的,至小也不下个知府。(歧·61·570)

② 这翻手合手,尽少说也得一两个月,才得上来的。(歧·5·54)

③ 绍闻道:"果然不好。那唱旦的,尽少有三十岁。"(歧·22·208)

④ 有这当头,不愁咱的银子,尽少也值千把两。(歧·24·231)

⑤ 若是看上眼的寿木,尽少得五六两银子。(歧·41·380)

⑥ 依我说,这谢礼你得二百两,尽少也不下一百之数。(歧·52·486)

⑦ 又吃了粮,遭遭领下饷银,尽少要输一半儿。(歧·58·538)

⑧ 谭绍闻面有难色,胡其所道:"尽少也要把令祖这墓头调一调向。"(歧·61·570)

以上例②至例⑦"尽少"、"尽少说"修饰数量词语,只有例①、例⑧"至小"、"尽少"各有 1 例修饰非数量结构。

《金》、《醒》、《聊》、《歧》、《儿》限定副词使用频率比较表[1]

	金	醒	聊	歧	儿
仅	2	6	11	5	1
仅仅	0	1	0	2	0
独	22	12	14	4	22
独独	5	0	0	0	1
惟	54	65	66	90	29
惟独	0	8	4	0	0
单	82	71	39	166	16
单单	1	25	4	25	7
单管	33	0	0	8	0
光	7	16	54	1	0
空	5	9	6	1	0
才	525	373	674	262	995
刚	4	20	6	0	0
刚刚	0	10	0	3	0
刚才	0	1	2	0	0
方	177	217	30	121	5
方才	121	243	76	85	0
但	120	14	50	28	41
只自	2	1	0	0	0
只管	29	86	42	73	106
只顾	281	6	49	14	30
只得	65	305	76	301	209
只好	27	53	1	7	46
止	97	101	16	0	42
止是	16	3	0	0	0
白	6	0	0	0	0
不过	10	114	103	230	160
不过乎	2	0	0	0	0
无过	5	0	0	0	2
至多	0	2	3	0	1
至少	1	7	3	2	1

----

[1] 由于副词"就、只、只是"使用频繁,且无特殊用法,因此不做统计。

3.5 类同副词

类同副词表示类同关系,有"也"、"亦"两个。

3.5.1 也

"也"表示类同。《金》2348 例,《醒》4631 例,《聊》2232 例。如:

> ① 落后金莲见玉楼起身,和李瓶儿、大姐也走了。(金·46·609)
> ② 你请也不在我,不请也不在我。(金·75·1124)
> ③ 狄希陈一夜虽比不得那当真的柙床,在这根窄凳上捆得住住的,也甚是苦楚了一夜。(醒·60·869)
> ④ 童奶奶倒也说调羹的言语为是,背地里劝那女儿。(醒·79·1132)
> ⑤ 大相公嘱咐他兄弟在家守灵,大相公也没回家,即刻上府去了。(聊·寒·1024)
> ⑥ 大哥,你就犯罪,也未必有钱打点差人,我凑上几两银子,给你打点打点罢。(聊·磨·1454)

"也"表示强调,加强语气。《金》189 例,《醒》510 例,《聊》120 例。如:

> ⑦ 于是连饭也不吃,走出街上闲游,一直径趸入王婆茶坊里来。(金·2·29)
> ⑧ 月娘道:"也没见,他要饼吃,连忙做了与他去就罢了,平白又骂他房里丫头怎的!"(金·11·126)
> ⑨ 婆婆家人合你为冤结仇,连娘家的人也都恨不的叫你吃了亏!(醒·60·863)
> ⑩ 你收了六十两银子,卖那女儿,你原也不是人了。(醒·62·888)
> ⑪ 妇人家不辞劳,皆因汉子没一条,也不是待把状来告。(聊·翻·957)
> ⑫ 那些贼到他家里,孩子芽芽也不留,排头赶杀没人救。(聊·翻·1011)

关于类同副词"也"的来源,问题很多。太田辰夫(1987)、香坂顺一(1997)、蒋绍愚(1989)都有论述。杨荣祥(2005:104~105)认为"副词'也'是'亦'的音变形式",并从语音发展演变的角度进行了论证。如果承认副词"也"是"亦"的音变形式,那么"也"的语气副词用法的形成原因也便极易解释了。

"也"做语气副词的用法可以分为两种情况:一是"也"语义指向谓语成分,如上举例⑧、⑩、⑪;一是"也"语义指向句子的主语(这一类句子中主语是整个句子的焦点),如例⑦、⑨、⑫。对于"也"的强调作用,人们更多的是关注第二种类型,如李泰洙(2004)、袁毓林(2004)都有不同程度的论述。这里结合李泰洙(2004)提到的相关意见对"也"的语气副词用法略做说明。

首先,我们赞同"也"并不是由于固定格式"连……也"或"无论……也"等省略"连"或"无论"等而成的观点。副词"也"表强调的用法与"连"没有直接关系,是与其类同用法有着密切联系的。某一范围内的对象"$a_1,a_2,a_3,a_4,a_5,\dots a_n$"中 a_n 代表最不可能发生或具有某种性质状态的极值对象，当"a_n＋也＋VP\AP"时，则意味着"a_1＋VP\AP，a_2＋VP\AP，a_3＋VP\AP，a_4＋VP\AP，a_5＋VP\AP……"的存在，即所有对象都发出某动作行为或具有某性质状态。在 a_n 特殊身份的条件作用下，"也"似乎具有了总括功能，因此而偏离了表类同的语义用法，但这只是据句法环境推导的结果，这种情况下"也"仍是类同副词，是句重音所在。但当主语 a_n 作为焦点成分，成为强调的对象时，句重音同时由"也"转移到 a_n 上，类同意义的表达附属于对极端情况的强调，于是与上述句法结构作用下"也"的类同语义偏离现象相结合共同导致了"也"由类同副词到语气副词的转变。这一变化，实质上是副词"也"类同意义从有到无的发展过程。促成变化的关键因素是主语的极值特点及"也"的类同意义。[①]

同样表示强调，语气副词"也"的第一种用法与第二种用法语义指向恰恰相反。例⑧"也没见"、例⑪"也不是待把状来告"中"也"的意义近于"实"、"确实"，在句中加强确定语气，谓语成分是表达的焦点。

3.5.2 亦

"亦"表示类同关系。《金》147 例，《醒》59 例，《聊》18 例。如：

① 西门庆亦哭的呆了，口口声声只叫："我的年小的姐姐，再不得见你了！"（金·63·891）

② 晁源已经仔细察明，只合将氏喝止为是，又不合亦乘机迎奉。（醒·13·190）

③ 咒毕，含水一口，照着江城喷了一脸水，江城打了寒噤下杌子下，和尚亦下。（聊·襄·1246）

关于"亦"的来源，段玉裁《说文解字注》指出，"人臂两垂，臂与身之间则谓之臂亦。臂与身有重叠之意，故引申为重累之词"，也就是说，类同副词"亦"是由名词"亦"发展而来。转化的语义基础段玉裁已做说明，句法条件则是名词"亦"在句中做状语（名词做状语是古汉语常见的语法现象）。

3.6 时间副词

时间副词即表示时间概念的副词，根据所表语义的不同，我们把时间副词分为十二类：短时、长时、过去、进行、将来、完成、持续、初时、终时、先时、临时、不定时。

3.6.1 短时

"短时"类时间副词又可分为以下四类：（1）发生的时间短；（2）短时间内发生；（3）短时间内存在；（4）时间间隔短。

---

① 极值（或极端情况）并不是指主语一定是单数形式，并非"也"的强调句形式都是含数词"一"、量词"半"的词组或其他单数形式标记，极端情况存在于交际双方的预设中，是交际人认为最有可能或最不可能发出某种动作行为或具有某种性质状态的对象。

3.6.1.1 发生的时间短

表示动作行为发生时间短的时间副词有"才、方、方才、才方、刚、刚刚、刚才、刚然、刚只(子)、甫、恰、恰才、却才、适才、始、初、新"等17个。

3.6.1.1.1 才

A. "才"表示时间短。《金》162 例,《醒》50 例,《聊》121 例。如:

① 月娘道:"他才来家,又是他好日子,你每不依我,只顾说去,等住回乱将起来,我不管你。"(金·12·139)

② 俺姑才待进去,那鹞鹰照着俺姑的脸一翅子,飞出去了。(醒·63·905)

③ 仇福说:"我才分开,一个钱没有。"(聊·翻·948)

B. "才"限定对象范围。《金》525 例,《醒》373 例,《聊》674 例。

"才"语义后指,表示量少。《金》58 例,《醒》30 例,《聊》37 例。如:

④ 这咱才三更天气,门也还未开,慌的甚么?(金·63·897)

⑤ 本等吃得够了,他说才得半饱。(醒·26·387)

⑥ 四季曲儿才唱了这一个,舜华就瞅了一眼,吆喝一声说……(聊·富·1292)

"才"语义前指,具有排他性。《金》467 例,《醒》343 例,《聊》637 例。如:

⑦ 那陈经济忍不住扑吃的笑了,说道:"这个才可到我心上。"(金·97·1458)

⑧ 那师嫂甚么肯罢,放刁撒泼,别着晃梁足足的赔了他一千老黄边,才走散了。(醒·92·1318)

⑨ 这可才无法可治,你可就准备坐监!(聊·富·1281)

3.6.1.1.2 方

A. "方"表示时间短。《金》6 例,《醒》13 例,《聊》10 例。如:

① 常时节道:"我方走了热剌剌的,正待打开衣带扇扇扇子,又要下棋?也罢么,待我胡乱下局罢。"(金·54·725)

② 官问说:"是方去娶,却是娶过回来?"(醒·28·407)

③ 一言方出,忽见一株垂柳,高有万丈,大有百顷,一条条将殿顶全遮。(聊·蓬·1082)

B. "方"用做限定副词。《金》177 例,《醒》217 例,《聊》30 例。

"方"语义后指,修饰数量短语,表示量少。《金》14 例,《醒》4 例,《聊》5 例。如:

④ 我从三月内洗换身上,今方六个月,已有半肚身孕。(金·85·1294)

⑤ 有一个乡约魏才的女儿,年方一十六岁,要许聘人家。(醒·39·569)

⑥ 自家卢龙秀才,姓张名遽,字鸿渐,年方一十八岁,颇有个微名。(聊·

磨·1381）

"方"语义前指，限定对象范围，兼具排他性。《金》163 例，《醒》213 例，《聊》25 例。如：

⑦ 薛嫂儿道："他教你回个记色与他，写几个字儿稍了去，方信我送的有个下落。"（金·85·1302）

⑧ 薛如卞仍到客位里坐了一会，献过了茶，方与狄员外作别回家。（醒·63·910）

⑨ 以后饮食都着胡百万过了目，方许进用。（聊·幸·1670）

3.6.1.1.3 方才

A. "方才"表示动作行为发生的时间短。《金》6 例，《醒》13 例，《聊》22 例。[①] 如：

① 那李瓶儿方才睡下，安逸一回，又挦扶起来，靠着枕褥坐着。（金·61·832）

② 单完道："方才写了，只没得读一遍，不知说的不曾？"（醒·81·1162）

③ 到了外边，安心要找着山西的举人问个信儿，方才点山西的，那天就黑了。（聊·富·1350）

"方才"表示时间短，《歧》中出现 1 例：

④ 谭绍闻方才起来，大家又作了半揖，坐下。（歧·51·480）

其他有 85 例用做限定副词，23 例用做时间名词，义同"刚才"。《儿》中"方才"出现 272 例，则都是时间名词。

B. "方才"用做限定副词。《金》121 例，《醒》243 例，《聊》76 例。

"方才"语义后指，修饰包含数量结构的成分，表示量少。《醒》1 例，《聊》4 例，如：

⑤ 初从北直景州来，方才来了一年。（醒·12·184）

⑥ 外甥方才五六岁，你又年小怎承当？（聊·翻·933）

⑦ 到城西，到城西，买了个丫头叫小痴，他今方才十一二，也可些须把你替。（聊·蓬·1088）

"方才"语义前指，限定对象范围，具有排他性。《金》121 例，《醒》242 例，《聊》72 例。如：

⑧ 须臾，放了一架烟火，两边人散了，乔太太和众娘子方才拜辞月娘等，起身上轿去了。（金·43·572）

⑨ 只得来回七八里路，叫了他的婆子来抬过那一筐去，方才挑了回家。

---

① "方才"也可用做时间名词：《金》17 例，《醒》11 例，《聊》17 例。

（醒·62·891）

⑩ 王龙得了金口玉言，拉过椅子来，坐下试了试不疼，方才坐下。（聊·幸·1633）

3.6.1.1.4 才方

"才方"表示时间短，《醒》2例：

① 世间怎有这等忘恩背本的畜物！才方进学，就忘了这等的恩师！（醒·39·576）

② 运退的人，那里再得往时的生意，十日九不发市，才方发市，就来打倒。（醒·70·997）

"才方"在《聊》、《歧》、《儿》中都没有出现，这表明由同义副词"方"、"才"形成的合成副词的词序在使用中最终选择了"方才"。

3.6.1.1.5 刚、刚刚

"刚"表示动作行为发生的时间短。《金》80例，《醒》24例，《聊》2例。如：

① 刚出了常时节门，只见天上彤云密布，又早纷纷扬扬飘下一天雪花儿来。（金·20·256）

② 刚吃着，童奶奶过来了，笑道："由咱试手段了。"（醒·55·799）

③ 二兄弟大不通，病人昏愦眼矇眬，刚还魂怎么敢惊动？（聊·墙·851）

《歧》、《儿》中出现频率相对《金》、《醒》要低，分别出现5例、1例，如：

④ 话刚说完，只听宝剑说："夏大叔到了。"（歧·84·803）

⑤ 少爷与客刚起身时，帐房阎相公来了。（歧·97·908）

⑥ 谁想刚出了院门，大爷要出恭，又抓住晋升，细问老爷近日的起居脸面。（儿·12·169）

"刚刚"表示动作行为出现时间短。《金》2例，《醒》19例，《聊》10例。如：

⑦ 刚刚进门，只见浑家闹炒炒嚷将出来。（金·56·759）

⑧ 自从他不好起到而今，我再没一日儿心闲，刚刚打发丧事儿出去了，又钻出这等勾当来。（金·65·919）

⑨ 谁知狄婆子合狄希陈刚刚转背，他叫小玉兰连那院落的门都关了。（醒·45·655）

⑩ 我与你媳妇刚刚睡下，还不曾完事，上面漏将下来，下边水又流到床下。（醒·62·893）

⑪ 合贱荆去探亲，刚刚的到家门，还不曾去把家兄问。（聊·墙·843）

⑫ 鞋底儿刚刚上罢，闷昏昏眼涩眉酸。（聊·禳·1177）

《儿》没有出现表示时间短的"刚刚"，《歧》也只出现4例：

⑬ 王氏也急了。刚刚灯节过后,就催上学。(歧·13·140)

⑭ 刚刚出了西关,恰遇一家埋人。(歧·45·418)

⑮ 冰梅刚刚顶上东楼门,卦姑子早已敲着门屈戌儿叫起门来。(歧·47·437)

⑯ 你是福人,刚刚到不好时候,你辞了帐房。(歧·97·912)

3.6.1.1.6 刚才

"刚才"表示动作行为出现或完成的时间短,《歧》、《儿》没有用例,《金》出现28例,《醒》14例,《聊》5例。如:

① 妇人说道:"西门庆他刚才出去,你关上门不曾?"(金·17·210)

② 妇人道:"刚才做的热腾腾的饭儿,炒面筋儿,你吃些。"(金·37·486)

③ 那晁老一个教书的老岁贡,刚才撩吊了诗云子曰,就要叫他戴上纱帽。(醒·16·234)

④ 那门斗的"请"字儿刚才出声,狄希陈的"去"字儿连忙答应。(醒·62·892)

⑤ 慧娘说:"听的说大嫂子来了家,怎么不见他呢?"大姐说:"他刚才来了。他为人蹊跷,见你浑身耀眼,他就溜了。"(聊·翻·996)

⑥ 家门一到,呀!刚才开了门,待俺进去。(聊·襐·1213)

3.6.1.1.7 刚然

"刚然"表示动作行为或情况出现的时间短,仅《金》1例:

① 刚然未到三更后,下夜的兵牌叫点灯。(金·93·1400)

3.6.1.1.8 刚只(子)

"刚只(子)"表示动作行为发生的时间短。《醒》10例:[①]

① 我刚只来后,家里支使着一群大磐头丫头,搭胭抹粉,就是一伙子妖精……(醒·66·948)

② 我刚只出来,孩子说家里叫我吃晌饭哩。(醒·71·1009)

③ 我刚只吃饭回来,你就去了。(醒·71·1009)

④ 这几句话刚只说了,素姐解手回来,见狄希陈两只眼擦得红红的……(醒·76·1082)

⑤ 不知道他住处,天气又热,只得叫人抬出去了。刚只埋了回来,他娘老子可领着一大夥汉子老婆的来了家里,打打括括的把小女采打了不算,呼的身上那屎,可是从没受的气都受勾了。(醒·81·1156)

⑥ 刚只合了眼,童奶奶合调羹已先起来,点上灯。(醒·81·1159)

---

①《醒》有2例"刚子",用法与"刚只"相同,应该是"刚只"在方言中的音变形式。

⑦ 次日刚只黎明,寄姐早起,使首帕蔑了蔑头,出到外面。(醒·97·1383)

⑧ 送的那尺头、银子,刚只出了城,被一大些强人尽数的打劫去了。(醒·99·1418)

⑨ 刚子昨日上了学,今日就装病。(醒·33·489)

⑩ 我家有来,刚子赶狄爷到半月前边,叫我打发了。(醒·55·792)

关于"刚只"的形成,我们认为是副词"刚"与"只"复合而成的复合副词。因为"刚"和"只"在表示量少的意义上是相同的,所以两个词语在表示限定用法时常常连用,如《醒》中有 5 例"刚"和"只"并列连用的例子:

⑪ 贱贱的饮食草料,只刚卖本钱,哄那赶脚的住下。(醒·25·367)

⑫ 如今按了本利算钱,该银一两四钱五分,要了个足数,刚只剩五钱五分银子。(醒·27·399)

⑬ 麻从吾刚只说得一声"不好",只见那两个鬼魂一阵旋风括到船上。(醒·27·402)

⑭ 荞面颜色的脸儿,洼塌着鼻子,扁扁的个大嘴,两个支蒙灯碗耳朵,脚喜的还不甚大,刚只有半截稍瓜长短。(醒·84·1195)

⑮ 刚只三日,到了济宁,寻了下处。(醒·86·1224)

其中有 4 例以"刚只"的形式出现。当"刚"表示时间短,"只"表示限定意义时,两个副词同样可以连用,如上面例①至⑧中在"只"重读的情形下,其限定意义依然存在。如果"只"不加特殊强调,则"刚"表达的意义在句中占据主导地位,"只"的限定意义弱化,附着于"刚",形成一个词。

3.6.1.1.9 甫

"甫"用做时间副词,表示动作行为发生的时间短,义同"刚"、"才"。《金》7 例:

① 替你到处求爹爹、告奶奶,甫能寻得人情。(金·14·171)

② 昨日甫能想,卖蒲甸的贼蛮奴才又去了。(金·37·491)

③ 甫能开了,橱里又没皮袄。(金·46·606)

④ 我又不知那根钥匙开橱门,甫能开了又没有,落后却在外边大橱柜里寻出来。(金·46·608)

⑤ 且说潘金莲从打发西门庆出来,直睡到晌午,才扒起来。甫能起来,又懒待梳头。(金·51·681)

⑥ 我做意儿焦,他偷眼儿瞧。甫能咬定牙,其实忍不住笑。(金·74·1104)

⑦ 好个不做美的天!他甫能教我对证话去,今日不想又下起雨来,好闷倦人也。(金·83·1274)

从搭配关系的角度,《金》中"甫"都用在助动词"能"的前面,不能据此认为"甫能"

是一个词——"甫"用做时间副词在古汉语中就已存在,如"伤痍者甫起"(《汉书·匈奴传上》)。

3.6.1.1.10　恰

"恰"表示动作行为发生的时间短。《金》4 例:

① 但歇息呵论前王后王,恰合眼虑兴邦丧邦。(金·71·1019)

② 一个是相府内怀春女,一个是君门前弹剑客,半路里恰逢者,刚几个千金夜。(金·73·1067)

③ 恰回来无酒伴装醉,只顾里打草惊蛇,到寻我些风流罪。(金·74·1104)

④ 不想月娘正在金莲房中坐着,这经济三不知,恰进角门就叫:"可意人在家不在?"(金·82·1264)

《儿》中"恰"也有 1 例用做时间副词,并且在句中与同义副词"初"对举使用:

⑤ 何小姐正当新燕恰来,小桃初卸,怎好叫郎君冷落了他?(儿·31·546)

3.6.1.1.11　恰才

"恰才"义同"恰"。《金》1 例,《聊》1 例:[①]

① 恰才睡着,似睡不睡,梦见金莲身穿素服,一身带血,向经济哭道……(金·88·1334)

② 不觉的夜静更深,恰才合眼,忽听的那梆铃一派响亮。(聊·幸·1569)

其中例①"恰"与"才"连用。

3.6.1.1.12　却才

"却才"表示动作行为发生的时间距离说话时间短。《金》3 例,《醒》1 例,《聊》1 例:

① 看看天色晚了,王婆却才点上灯来,正要关门,只见西门庆又踅将来,径去帘子底下凳子上坐下。(金·2·31)

② 次日清晨,王婆却才开门,把眼看外时,只见西门庆又早在街前来回踅走。(金·2·31)

③ 武大道:"却才和一般经纪人买了三盏吃了。"(金·5·59)

④ 掀帘进去,狄希陈却才睡倒,一个蓬头小门子正在那里覆盖衣裳。(醒·95·1359)

⑤ 提人不过三四天,求他把地尽追还,我的天,案定了,却才定了案。(聊·翻·958)

---

① 《金》另有 1 例"恰才"用做时间名词:"经济便把东京父死往回之事,告说一遍,'恰才这杀死妇人,是我丈人的小——潘氏。不知他被人杀了,适才见了榜文,方知其故。'"(金·88·1334)

3.6.1.1.13 适才

"适才"表示事件发生的时间短暂。《聊》1 例：

　　① 王孝说：二位相公几时来的？二秀才说：适才进京。（聊·磨·1521）

《歧》"适才"出现 50 例，其中 45 例为时间名词，5 例用做时间副词。副词用例为：

　　② 孝移道："匾写完否？"庙祝道："适才写完。"（歧·2·15）

　　③ 春宇道："外甥来了不曾？"孝移道："适才上台上去了。"（歧·3·24）

　　④ 我适才问端福儿，他一个学中，只两个学生，我也就有这意思。（歧·3·27）

　　⑤ 我适才洗了脸，换了衣服。（歧·16·170）

　　⑥ 兼且今日早晨自己走前再三吩咐儿子，有许多谨慎的话头。适才出门，遽然就入赌场。（歧·51·469）

3.6.1.1.14 始

"始"表示时间短，与"才"意义相同。《金》13 例，《醒》4 例，《聊》7 例。如：

　　① 雪隐鹭鸶飞始见，柳藏鹦鹉语方知。（金·25·315）

　　② 次日风止，天气始晴，与了老和尚一两银子相谢，作辞起身，往山东来。（金·71·1034）

　　③ 遇宾朋大醉始方休，讴野曲。（醒·24·356）

　　④ 无违夫子，成列女，始流芳。（醒·72·1023）

　　⑤ 善人衰败恶人兴，倒倒颠颠甚不平；忽遇正神清世界，始知天道最分明。（聊·寒·1015）

　　⑥ 六月里荷始华，行人远去不归家。（聊·富·1348）

以上各例"始"都表示事件动作出现或发生的时间短，同时在"始"字句的前面都有一个表示时间的状语或条件分句，如例⑥"六月里"在句中做状语，其他各例则都有一个前提句，如例①的"雪隐鹭鸶"，例②"次日风止"等等，因此，"始"在句中同时又有关联作用。

3.6.1.1.15 初

"初"表示动作行为刚开始。《金》56 例，《醒》16 例，《聊》51 例。如：

　　① 何太监道："我与大人递一钟儿。我家做官的初入芦苇，不知深浅，望乞大人凡事扶持一二，就是情了。"（金·71·1017）

　　② 我初进去，周爷正在厅上。（金·97·1453）

　　③ 他婆儿道："你后日等我！我初到府里，我还要上上北极庙合岳庙哩。"（醒·40·585）

　　④ 素姐初到，看了狄希陈这般病势，绝无怜恤之心，惟有凶狠之势。（醒·

94·1348)

⑤ 三省走了万条街,瑞州今日我初来。(聊·慈·926)

⑥ 到时正是榜初挂,人山人海闹垓垓。(聊·磨·1499)

3.6.1.1.16　新

"新"表示动作行为刚刚发生,强调动作的初发性。《金》91例,《醒》79例,《聊》21例。[①]　如:

① 倒是俺嫂子见他家新养的姐,和咱孩子在床炕上睡着,都盖着那被窝儿,你打我一下儿,我打你一下儿,恰是小两口儿一般。(金·41·540)

② 西门庆因坟上新盖了山子卷棚房屋,自从生了官哥,并做了千户,还没往坟上祭祖。(金·48·627)

③ 不知晁老新收的那个春莺有了五个月遗腹,虽不知是男是女,却也还有指望。(醒·20·294)

④ 昨日新进了学,不惟不谢他,连拜也不拜他一拜。(醒·39·574)

⑤ 这闷酒难吃,新来个名妓,名字兰芳,模样绝好。(聊·禳·1220)

⑥ 近来街上新编一套小曲儿,我学了几天才会了,今日用着他了。(聊·磨·1374)

以上17个时间副词中单音节副词有"才、方、刚、甫、恰、始、初、新"等8个。就其来源看,主要来自具有初始意义的实词,如"才"本是"草木之初","初"本是"衣之始","始"为"女之初","新"由"取木"引申为"凡始基之称","甫""以男子始冠之称引申为始也"。[②]"恰"则源于其"两合"意,"方"也是由其"比合"意义引申而来。"刚"则与"将"同出一源,只是后来读音发生分化而已。例如《儿》中"将"做时间副词表示时间短的用法出现39例,如:

① 将进得那边店门,早看见一个老头儿在那里喂驴。(儿·12·169)

② 说着,果然两手一逗就纫好了,丢给张太太,回身就走,说:"我帮我娘作菜去了。"将走得两步,张太太这里嚷起来了。(儿·24·396)

③ 将完了事,只听得院子里吧喳一声,象从高处落下一块瓦来。(儿·31·547)

④ 安老爷将说完这话,舅太太便道:"得了,收拾收拾,两位快坐下,让人家孩子磕头罢。我也家去等着陪姑爷去了。"(儿·36·688)

⑤ 将进了岔道口,但见那条路上的车马行人往来不断,还有些抬着食盒送

[①]"新"可以与同义副词连用,如"新才"连用《醒》有1例:"两个都方一十四岁,新才留发,清清秀秀的一对学生,跪了求县官面试。"(醒·37·543)

[②]"草木之初"、"衣之始"、"女之初"、"取木"的解释见《说文解字》。"凡始基之称"、"以男子始冠之称引申为始也"见《说文解字注》。

礼去的,挑着空担子送了礼回来的。(儿·39·757)

⑥ 安太太听了这话,明白是何小姐有了喜了,自己有信儿抱孙子了,才觉有些欢喜。将要问他,张姑娘肚子里的那句话也装不住了。(儿·40·793)

"将"的重叠式"将将"《儿》出现2例:

⑦ 老爷正在为难,将将船顶马头,不想恰好这位凑趣儿的舅太太接出来了。(儿·23·375)

⑧ 那女子眼明手快,连忙丢下杠子,拿出那把刀来,往上一架,棍沉刀软,将将的抵一个住。(儿·6·87)

其中第一例"将将"表示动作行为发生的时间短,第二例"将将"限定对象范围。

《儿》中还有"将才"一词,用做时间名词,共5例:

⑨ 想来是将才串店的这几个姑娘儿不入你老的眼,要外叫两个。(儿·4·57)

⑩ 公子才要走,晋升回道:"请大爷等一刻再走罢。将才奴才来的时候,街上正打道呢……"(儿·13·183)

⑪ 只听他说道:"将才我们这姑奶奶不说要把这地分出几顷来吗?就拿这庄稼地说,认真的种上成块的稻子,你家的大米先省多了。"(儿·33·609)

⑫ 老爷子,你老将才不是在月台上拣那字纸的时候儿吗,我这么冷眼儿瞧着,你老八成儿是个识文断字的。(儿·38·738)

⑬ 却说老爷见众人散了,趁这机会,头也不敢回,挺身就走,一溜烟走到将才原坐的那个地方儿。(儿·38·739)

其他双音节类有的是同义副词并列使用形成的合成副词,如"方才、才方、刚才、刚只、恰才、适才";有的是单音节副词的变化形式,如"刚刚、刚然";有的是跨层次形成的复合副词,如"却才"是连接性副词与时间副词"才"复合而成。

"发生时间短"类副词在《金》、《醒》、《聊》、《歧》、《儿》中的使用频率比较表

	金	醒	聊	歧	儿
才	162	50	121	52	194
方	6	13	10	56	6
方才	6	13	22	1	0
才方	0	2	0	0	0
刚	80	24	2	5	1
刚刚	2	19	10	4	0
刚才	28	14	5	0	0
刚然	1	0	0	0	0
刚只(子)	0	10	0	0	0

	金	醒	聊	歧	儿
甫	7	0	0	0	0
恰	4	0	0	0	1
恰才	1	0	1	0	0
却才	3	1	1	0	0
适才	0	0	1	5	0
始	13	4	7	0	0
初	56	16	51	31	9
新	91	79	21	76	16

3.6.1.2 短时间内发生

这类副词表示时间短,是指以某一时间为参照点,该点距事件发生时间间隔短,主要有"就、便、即、辄、即时、当即、即忙、登时、顿、旋、旋即、即刻、顷刻、顷刻间、马上、立、立马、立时、立刻、立刻儿、一旦、一旦儿、一朝、霎(煞)时、霎时间、一霎、一霎儿、一霎间、一霎时、看看、看看儿、眼看",共 32 个。

3.6.1.2.1 就

A. "就"表示时间短。《金》41 例,《醒》29 例,《聊》45 例。如:

① 送到后边厨房里,教来旺儿媳妇惠莲快烧了,拿到你三娘屋里等着,我每就去。(金·23·285)

② 狄员外忙教人进去备斋管待,问说:"师傅还是就行,还要久住?"(醒·29·426)

③ 张大说:"还没停当么?"李氏说:"也就好了。"(聊·墙·832)

B. "就"限定对象范围。《金》2040 例,《醒》2156 例,《聊》2193 例。如:

④ 俺每一去时,昼夜马上行去,只五日就赶到京中,可知在他头里。(金·48·637)

⑤ 我不饶你,还要那六百两,也不准宽限,我即时就要哩!(醒·71·1008)

⑥ 好一个标致人,一件件典雅无伦,难得处就是一个韵。(聊·襄·1221)

C. "就"表示强调。《金》158 例,《醒》473 例,《聊》112 例。如:

⑦ 你六娘要把你肉也嚼下来,说影边儿就不来了。(金·37·486)

⑧ 一个男子汉,养女吊妇也是常事,就该这们下狠的凌逼么?(醒·75·1068)

⑨ 一行说着,到了一座城池,作买做卖的,就与那阳间无二。(聊·慈·920)

3.6.1.2.2 便

A. "便"表示时间短。《金》24例,《醒》2例,《聊》1例。如:

① 小人得蒙恩相抬举,安敢推辞? 既蒙差遣,只得便去。(金·2·23)

② 不一时,书童出来道:"爹请应二爹、常二叔少待,便出来。"(金·56·757)

③ 谁想晁大舍且不敢便叫珍哥竟到任内,要慢慢的油嘴滑舌骗得爹娘允了,方好进去。(醒·6·81)

④ 但只恐怕他还要回去,所以不敢便许。(醒·25·376)

⑤ 二姐羞答答的说:"请长官先睡,奴便来也。"(聊·幸·1625)

B. "便"用于复句,具有关联作用。《金》1508例,《醒》510例,《聊》533例。如:

⑥ 坐了一回,便起身分付主管:"查下帐目,等我来算。"(金·99·1476)

⑦ 但一日有这一顿稀粥吃在肚里,便可以不死。(醒·31·456)

⑧ 金总兵大叫:"要杀便杀,待绑老爷怎的!"(聊·磨·1520)

C. "便"加强确定语气。《金》59例,《醒》10例,《聊》5例。如:

⑨ 他酒便吃两钟,敢怎七个头八个胆背地里骂爹。(金·25·319)

⑩ 就是错割了这几根豆,便有甚么大事,只管琐碎不了!(醒·29·428)

⑪ 公子说:"娘不吃,别人还吃得下去,便不是人了!"(聊·磨·1482)

3.6.1.2.3 即

A. "即"表示事件在短时间内发生。《金》19例,《醒》8例,《聊》6例。如:

① 生即上京,投在家姐夫张世廉处打听示下。(金·17·206)

② 家中看不中意,央说务必即回一套真正顾绣裙衫。(醒·65·936)

③ 仇禄看了看,是仰扶风县即将局骗地土照数追还本主,仍将博徒重责。(聊·翻·959)

B. "即"用于复句,具有关联作用。《金》153例,《醒》108例,《聊》32例。如:

④ 西门庆祭毕,即收了,打发抬盒人回去。(金·65·909)

⑤ 等那艾前川到,一日即同一年,极的个狄员外眼里插柴。(醒·67·953)

⑥ 有句话叮咛嘱咐,看看景即早回还。(聊·幸·1557)

3.6.1.2.4 辄

"辄"表示事件在很短时间内发生,与"就"语义相近。《金》7例,《醒》1例。如:

① 清一不敢隐讳,请长老进房,一见就差了念头,邪心辄起。(金·73·1077)

② 东昌府知府徐松,纵妾父而通贿,所至腾谤于公堂,慕羡余而诛求,誓言

辄遍于闾阎。(金·77·1182)

③ 晁源升斗之器易盈,辘轴之心辄变。(醒·13·192)

其中《金》有3例具有较强关联作用:

④ 稍有微嫌,辄显厌恶。(金·14·172)

⑤ 每有感怆,辄一歌之,足舒怀抱矣。(金·48·625)

⑥ 这李瓶儿听了,终是爱缘不断,但题起来,辄流涕不止。(金·59·822)

3.6.1.2.5 即时

"即时"表示事件短时间内发生或完成。《金》23例,《醒》59例,《聊》56例。如:

① 周忠拿回贴到府中,回覆了春梅说话:"即时准行,拿人去了。待追出银子,使人领去。"(金·98·1466)

② 你那打不尽许多,吊不了这大众,拣那跑不动的,拿进一个去,即时发出来打死了号令,左右又只饱了饥民。(醒·31·452)

③ 众公差接了银,即时就起了身,大家上城打听信。(聊·寒·1021)

3.6.1.2.6 当即

"当即"表示事件在短时间内发生。《醒》2例:

① 当即叫晁凤:"你到监里看看,该怎么算计,咱好铺排。"(醒·43·635)

② 当即与寄姐说知。(醒·77·1095)

3.6.1.2.7 即忙

"即忙"表示事件在短时间内发生。《金》3例,《醒》13例,《聊》14例。如:

① 如今即忙便寻下,待我有银,一起兑去便了。(金·56·758)

② 连氏即忙进房合丈夫说知此事,要与素姐钱顶。(醒·68·978)

③ 吴孝听说,即忙斟上大盅奉上,就唱了一个。(聊·寒·1031)

3.6.1.2.8 登时

"登时"表示动作行为在短时间内发生。《金》29例,《醒》21例,《聊》24例。如:

① 这韩道国又送了节级五钱银子,登时问保甲查写了那几个名字,送到西门庆宅内。(金·34·437)

② 蝎子是至毒的东西,那蝎虎在他身边周围走过一圈,那蝎子走到圈边,即忙退缩回去,登时就枯干得成了空壳。(醒·62·884)

③ 近来为着些小事,惹的心中不耐烦,登时就把娇容变。(聊·襄·1177)

3.6.1.2.9 顿

"顿"表示事件在短时间内发生。《金》17例,《醒》3例。如:

① 西门庆道:"杯茗相邀,得蒙光降,顿使蓬荜增辉……"(金·31·404)

② 当下桂姐轻舒玉指,顿拨冰弦,唱了一回。(金·51·676)

③ 龙氏看见素姐形容狼狈,丰采顿消。(醒·73·1044)

④ 骆校尉这一席话,把个狄希陈说得心花顿开,挝耳挠腮的乱跳。(醒·92·1315)

⑤ 只这几言,说得晁梁心花顿开,一点灵机,晔晔透露。(醒·92·1315)

3.6.1.2.10 旋

"旋"表示事件在短时间内发生。《金》57例,《醒》9例。如:

① 妇人旋走出来,拜谢西门庆。(金·13·154)

② 月娘一面分付玳安、琴童快往家中对西门庆说,旋抬了两坛酒、三匹缎子、红绿板儿绒金丝花、四个螺甸大果盒,两家席前挂红吃酒。(金·41·538)

③ 旋使丫头暖上酒,合珍哥在床上大饮。(醒·13·198)

④ 贵人一到,福曜旋临;多少阴祸,立刻潜消。(醒·46·680)

3.6.1.2.11 旋即

"旋即"表示事件在短时间内发生。《醒》6例,《聊》4例。如:

① 老狄婆子把脸沉了一沉,旋即就喜欢了。(醒·56·805)

② 吕德远合盛于弥连忙在火盆里面顿了暖酒,将血竭调了灌下,旋即平安,睡到天亮。(醒·96·1363)

③ 旋即老太太合官娘子都下了轿,大家一齐进门,到了家里。(聊·慈·930)

④ 张鸿渐再三的给他,只是把毡子递给他,才收了一两银子,拿去旋即回来。(聊·磨·1402)

3.6.1.2.12 即刻

"即刻"表示事件在短时间内发生。《金》2例,《醒》32例,《聊》21例。如:

① 即刻屈吾兄过舍,同往郊外一乐。(金·54·724)

② 我昨晚回来即刻就叫人放出,仍送进房里宿歇去了。(醒·14·208)

③ 相公即刻取到,放在娘子面前。(聊·蓬·1089)

3.6.1.2.13 顷刻、顷刻间

"顷刻"表示事件在短时间内发生。《金》4例,《醒》5例,《聊》2例。如:

① 楼台殿阁,顷刻不见巍峨之势;村坊社鼓,仿佛难闻欢闹之声。(金·42·556)

② 美少年辞说:"贤侄与姑娘且坐,顷刻即回。"(醒·29·422)

③ 气来心似火烧,顷刻命赴阴曹。(聊·禳·1198)

又有"顷刻间",义同"顷刻"。《醒》2例:

④ 渐渐的乌云涌将起来,顷刻间风雨骤来,雷电交作。(醒·29·419)

⑤ 谁知天理不容,船过了宿迁,入了黄河,卒然大风括将出来,船家把捉不住,顷刻间把那船帮做了船底……(醒·30·443)

3.6.1.2.14 马上

"马上"表示事件在短时间内发生。《金》4例,《醒》1例,《聊》6例。如:

① 不日写书,马上差人下与山东巡按侯爷,把山东沧州盐客王霁云等一十二名寄监者尽行释放。(金·27·340)

② 俺每一去时,昼夜马上行去,只五日就赶到京中,可知在他头里。(金·48·637)

③ 仍叫李成名牵马送去。马上与成名戏道:"我治好了你家一个八百两银子的人,也得减半,四百两谢我才是。"(醒·4·58)

④ 指一指那旗杆,仇牧之甚喜欢,马上他就留心看。(聊·翻·1006)

⑤ 二相公递上状,二郎爷马上看了状词,吩咐手下人给了二相公一匹马着他骑着,即时就下了阴城。(聊·寒·1058)

3.6.1.2.15 立

"立"表示事件在短时间内发生。《金》5例,《醒》17例,《聊》2例。如:

① 乞我把贼瞎淫妇一顿骂,立撺了去了。(金·75·1116)

② 那房内做的几缸,都是毒药汁,若是徒弟坏了事,我也不打他,只与他这毒药汁吃了,直教他立化。(金·93·1408)

③ 如今差徭烦赋役重,马头库吏,大户收头,粘着些儿,立见倾家荡产。(醒·50·725)

④ 偏生的又撞见员外,又没叫俺进去,给了俺四五十个钱,立断出来了。(醒·68·973)

⑤ 管家去仁宇陪,地两顷立封堆,进庄又有看宅一位。(聊·寒·1071)

⑥ 刑部监把江彬提出,他不招就立下法场。(聊·幸·1671)

3.6.1.2.16 立马

"立马"义同"立"。《金》1例:

① 讨了房契去看了,一口就还了原价,是内臣性儿,立马盖桥就成了。(金·71·1027)

3.6.1.2.17 立时

"立时"表示事件在短时间内发生。《醒》2例,《聊》3例。如:

① 看得那结发正妻即是仇人寇敌,恨不得立时消化,让了他这爱妾为王。(醒·36·527)

② 你只一出了外,你那枷锁就似遇着那救八难的观音,立时教你枷开锁解。(醒·61·875)

③ 到了县里,官明知冤枉,因着王法太严,不敢担,立时解了府,府里解了院。(聊·翻·980)

④ 太爷大惊,把高强拿来,立时打死。(聊·翻·1012)

⑤ 纵有人间危难事,我袖占一课果分明,立时断就生前命。(聊·幸·1669)

3.6.1.2.18 立刻、立刻儿

"立刻"表示事件在短时间内发生。《醒》12例,《聊》12例。如:

① 使手在他右嘴角上一抹,果然那麻痒也立刻止了。(醒·29·427)

② 这鼻上的疖子,有一样草药捣烂了,敷在上面,立刻取效的,如何不治他一治?(醒·62·891)

③ 忽然间打了顿鞭子,您外甥立刻就把奴来撵。(聊·姑·870)

④ 如今到弄的大不好,朝廷立刻动干戈,好心肠反成了弥天祸!(聊·磨·1517)

《聊》有1例"立刻"后加词尾"儿":

⑤ 若告在大王案下,立刻儿斩杀留存!(聊·磨·1521)

3.6.1.2.19 一旦、一旦儿

"一旦"表示短时间内出现某种情况。《金》21例,《醒》8例,《聊》16例。如:

① 玳安你不知道,我与他从前以往那样恩情,今日如何一旦抛闪了。(金·8·92)

② 你相从了四五十年的先生,一旦背了他,另去拜那神佛为师,这也不是你的好处。(醒·93·1322)

③ 大相公才气高,一旦回头做富豪,事儿周全虑的到。(聊·翻·1004)

《金》有1例"一旦儿",义同"一旦":

④ 我陪铜磬儿家私为焦心一旦儿弃舍,我把如同印钳儿印在心里愁无求解。(金·33·425)

3.6.1.2.20 一朝

"一朝"表示短时间内出现某种情况。《金》6例,《醒》1例,《聊》6例。如:

① 半晌风流有何益,一般滋味不须夸。一朝祸起萧墙内,亏杀王婆先做牙。(金·6·67)

② 将谓自己长存,岂信无常易到;一朝倾逝,万事皆空。(金·66·932)

③ 王皮好来！我且一朝权在手，便把令来行！（醒·69·978）

④ 破上大本干一干，忽然一朝运气转，银上包，钱上串，柴禾买他几百捆，粮米买他百十石。（聊·俊·1111）

⑤ 只怕一朝发觉了，打你那俊脸，捋了我的毛！（聊·襄·1201）

其中"一朝"用在条件句里，具有了关联作用，如例②、③。

3.6.1.2.21 霎（煞）时、霎时间

"霎时"表示事件在短时间内发生。《金》2例，《醒》6例，《聊》13例。如：

① 霎时云雨了毕，妇人恐怕人来，连忙出房往后边去了。（金·80·1245）

② 从初七卖到初九日晚上，真君也不曾回到吕祖阁去，霎时不见了踪影。（醒·28·417）

③ 二兄弟心里温，想将来要还魂，未必霎时该命尽。（聊·寒·1047）

"霎时间"《金》2例，《醒》2例，《聊》3例。如：

④ 霎时间菊花黄，金风动，败叶飘，梧桐变。（金·52·701）

⑤ 他那里肯等？霎时间上完了真，刚好巳牌时候，头一个递上卷去。（醒·37·542）

⑥ 恨不能一时就到，霎时间依旧酥麻。（聊·翻·941）

3.6.1.2.22 一霎、一霎儿、一霎间、一霎时

"一霎"表示事件短时间内发生。《金》3例，《聊》50例。如：

① 西门庆看他醉态颠狂，情眸眷恋，一霎的不禁胡乱。（金·16·202）

② 把火吹，把火吹，一霎报了一头灰；软窈窕的玉人儿，怎么能受这样罪？（聊·蓬·1087）

《金》3例"一霎"后都加结构助词"地"。"一霎"后可加词缀"儿"构成"一霎儿"，《聊》1例：

③ 我看你奔不觉难，我只待一倒跌墙边，春香呀，你看我一霎儿通身汗。（聊·襄·1222）

又有"一霎间"《醒》1例：

④ 这智姐从小娇生惯养，嫁与张茂实，拿着当刘瑾的帽顶一般看待，一霎间这等摧残起来，张茂实惟恐当真做了忘八，看看打成人命。（醒·62·894）

"一霎时"表示事件在短时间内发生。《金》2例，《醒》3例，《聊》47例。如：

⑤ 一霎时拴上了头口，带了被囊行李，直到山东西门庆家来。（金·55·750）

⑥ 刘恭被我送了命，一霎时替列位除了这两害，何如？（醒·51·740）

⑦ 马儿缓行轿儿慢，一霎时已到门前，火把照满了峡江县。（聊·襄·1173）

3.6.1.2.23 看看、看看儿

"看看"、"看看儿"表示动作行为或情况在短时间内发生。"看看"《金》58例，《醒》23例，《聊》22例；"看看儿"《金》1例。[①] 如：

① 五更鸡唱，看看儿天色渐晓。（金·73·1080）

② 那玉楼也不徐顾，且守着月娘，拿杌子伺候，见月娘看看疼的紧了。（金·79·1235）

③ 昨日翰林院门口一家子的个女儿，叫一个狐狸精缠的堪堪待死的火势。（醒·6·85）

④ 人到了这个田地，也怪不得他恨地怨天，咒生望死，看看的把些百姓死了十分中的八分。（醒·32·464）

⑤ 后娘折搋的堪堪死，亏了他姑把气陶，好心还得好心报。（聊·慈·910）

⑥ 谯楼上鼓已敲，熬的麦子黄了梢，看看已是良时到。（聊·襄·1173）

3.6.1.2.24 眼看

A. "眼看"用做时间副词，义同"看看"。《醒》6例，《聊》8例。如：

① 你合你家那小老婆不省事罢了，你那娘母子眼看往八十里数的人了，也还不省事？（醒·60·859）

② 这日子近了，这不眼看就待领凭呀？（醒·85·1208）

③ 今一冬无雪，三春无雨，麦苗枯死，秧禾未种，米价日腾一日，眼看又是荒年。（醒·93·1332）

④ 俩畜生这样诌，前生合我有冤仇，眼看就死无人救。（聊·墙·840）

⑤ 他遇着后娘灾，孤身儿跑出来，眼看已是十年外。（聊·慈·910）

⑥ 六月半头下大雨，晚谷种的甚相当；长来长去极茂盛，眼看就有尺多高。（聊·磨·1375）

《歧》、《儿》各出现2例：

⑦ 好天爷！你怎么这样没主意，咱一家眼看被账逼杀了。（歧·40·376）

⑧ 老樊提上茶来，看见薛婆笑道："有劳你罢，我要另跳个门限儿。"薛婆道："眼看挂'贞节匾'哩。"（歧·93·869）

⑨ 楚回来再想到自己身上也只仗了一个女儿照看，难道眼看九十多岁的人还指望养儿得济不成？（儿·21·360）

⑩ 这老人家眼看九十岁了，实在可难为人家。（儿·24·406）

---

① "看看"作"堪堪"《醒》1例，《聊》10例。

B.《金》1 例"眼看"加强确定语气,意近"显然":

⑪ 眼看这狗男女道士,就是个佞钱的,只许你白要四方施主钱粮!(金·94·1414)

"眼看"本是主谓短语,经由词汇化发展成为一个词语。一般情况下,人们盯看某一事物持续的时间是较短暂的,因此副词"眼看"便具有了时间短的语义;又由于眼睛看到的事物往往是显而易见的,因此副词"眼看"可以具有与"显然"相当的语义。

"短时发生"类副词在《金》、《醒》、《聊》、《歧》、《儿》中的使用频率比较表[①]

	金	醒	聊	歧	儿
辄	7	1	0	0	0
即时	23	59	56	0	0
当即	0	2	0	4	0
即忙	3	13	14	4	1
登时	29	21	24	21	29
顿	17	3	0	6	4
旋	57	9	0	4	1
旋即	0	6	4	2	2
即刻	2	32	21	14	5
顷刻	4	5	2	9	3
顷刻间	0	2	0	3	0
马上	4	1	6	0	0
立	5	17	2	3	3
立马	1	0	0	0	0
立时	0	2	3	1	0
立刻	0	12	12	2	52
立刻儿	0	0	1	0	0
一旦	21	8	16	7	0
一旦儿	1	0	0	0	0
一朝	6	1	6	0	6
霎(煞)时	2	6	13	5	6
霎时间	2	2	3	0	5
一霎	3	0	50	0	0

----

① 表格中未列"就、便、即"3 个副词。

	金	醒	聊	歧	儿
一霎儿	0	0	1	0	0
一霎间	0	1	0	0	0
一霎时	2	3	47	0	1
看看	58	23	22	4	15
看看儿	1	0	0	0	0
眼看	0	6	8	2	2

从来源看,"就"与"即"本是同义词,都有"靠近"的意义,由此引申表示动作行为短时间内发生;有些词本是描摹动作行为情状的,如"马上"、"立"、"顿"、"旋"、"即忙";有些是表示时间概念的名词,如"一旦"、"一朝"、"立刻"、"立时"、"即时"、"即刻"、"顷刻"、"顷刻间"、"登时"、"霎时"、"霎时间"、"一霎"、"一霎间"、"一霎时";有些是基础形式的加缀形式,如"立刻儿"、"一旦儿"、"一霎儿"、"看看儿",只见于《金》、《聊》两种文献;"看看"、"眼看"分别由后面可以接宾语的动词和主谓结构发展而来。

3.6.1.3 短时间内存在

这类副词表示动作行为在短时间内存在,主要有"且、且自、聊、聊且、权、权且、且权、暂、暂且、且暂、暂时、暂时间、姑、姑且、且姑、略、稍、少"等18个。

3.6.1.3.1 且、且自

"且"《金》538例,《醒》344例,《聊》312例。

表示在一个短时间内先怎样(别的暂时不管),类似"暂且"。《金》436例,《醒》320例,《聊》239例。如:

① 伯爵道:"……干女儿过来,拿琵琶且先唱个儿我听。"(金·45·590)

② 且别与他说话,等审了录回来,路上合他算帐。(醒·51·741)

③ 若吴兵来降时,且休叫他进寨,看有诡诈。(聊·快·1126)

"且"表示某事待于稍后的时间进行。《金》99例,《醒》24例,《聊》61例。如:

④ 毕竟未知后来何如,且听下回分解。(金·13·164)

⑤ 且看狄希陈这一回来,未知后日何如,只怕后回还有话说。(醒·38·566)

⑥ 官人接着钱,点头会意,日日如此。且听下回分解。(聊·富·1293)

"且"用在"不说(不提)……"之前,表示暂且不提某事,而说别的;有时则实际上是列举事实或理由,加强论证。《金》3例,《聊》12例。如:

⑦ 且不说吴月娘等在花园中饮酒。单表西门庆从门外夏提刑庄子上吃了酒回家,打南瓦子里头过。(金·19·228)

⑧ 且不提张讷在他姑家里,得其所哉。却说李氏生了个孩子,昏魂了半天,

将待黑了,不见张讷。(聊·慈·898)

"且自"义同"且"。《醒》2例,《聊》1例:

⑨ 这先是二百两交你们,且自收下。(醒·16·241)

⑩ 狄希陈说:"我们且自回去,等日西再来罢。"(醒·50·730)

⑪ 高公下,夫人背云:"你看江城还是不改的话,罢罢,且自由他。"(聊·襄·1232)

3.6.1.3.2 聊

"聊"表示动作行为的存在是短时间的。《醒》3例:

① 偶尔违和聊作楚,虚空保护有神明。(醒·36·525)

② 但毕竟也有首从,所以只教他震倒房中,聊以示儆,还许他活转。(醒·54·790)

③ 恶语咒诅,直等闺门之谑;毒椎狠殴,聊当房闼之私。(醒·100·1429)

3.6.1.3.3 聊且

"聊且"表示动作行为的存在是暂时的。《醒》4例:

① 又想:"律诗既又不成,聊且口号首绝句志闷。"(醒·30·444)

② 不如仍回北去,看有甚么僻静的寺院可以容身的,聊且苟延度日。(醒·30·444)

③ 再说这明水村里有一个老学究,号是张养冲,两个儿子,两房媳妇,家中也聊且过的。(醒·52·758)

④ 原起有备下的酒席,只因来得人客太多,不能周备,只得把肴菜合成一处,每人一器,两个馒首,一大杯茶,聊且走散,另卜了日子治酒请谢。(醒·90·1285)

3.6.1.3.4 权

"权"表示暂时地进行某种动作行为。《金》28例,《醒》9例,《聊》3例。如:

① 奴家是清河县人氏,因为荒乱,前往江南投亲,不期天晚,权借婆婆这里投宿一宵,明早就行,房金不少。(金·100·1497)

② 随往屋里取了二百黄钱递与媒婆道:"权当薄礼,等闺女娶时再谢。"(醒·72·1035)

③ 南楼权当金銮殿,文武百官把主参,礼拜已毕两边站。(聊·幸·1675)

3.6.1.3.5 权且、且权

"权且"表示动作行为的存在是暂时的。《金》5例,《醒》1例,《聊》4例。如:

① 西门庆听了此言,说道:"学生权且领下。"(金·65·911)

② 你且卸了行李,权且住下,等小大哥晚上回来,叫他在这近便处寻个方便去处,咱娘儿们清早后晌也好说话儿。(醒·75·1065)

③ 不如就良辰吉日,权且着小姐出门。(聊·寒·1029)

又有"且权",仅《金》2例:

④ 翟管家道:"且权坐一回,学生进府去便来。"(金·55·742)

⑤ 他如今且权在衙门里住几日罢了。(金·71·1027)

3.6.1.3.6 暂

"暂"表示动作行为短时间内存在。《金》14例,《醒》42例,《聊》14例。如:

① 伯爵只待奔开暂避,西门庆和两个妓女拥住了,那里得去。(金·54·731)

② 我暂留下,等我们爷来再商议。(醒·54·780)

③ 带到家喜喜欢欢,暂教他奉事堂前,许着送还他保城县。(聊·慈·927)

3.6.1.3.7 暂且、且暂

"暂且"表示动作行为的存在是暂时的。《金》2例,《醒》5例,《聊》38例。如:

① 你暂且看守船上货物,在二郎店内略住数日。(金·92·1385)

② 姑子也暂且回家,约在十月初四日差人来接他。(醒·40·595)

③ 只是该拿他当粪堆,休要为他气着你,亲娘呀,你可暂且消消气。(聊·姑·863)

"且暂"《金》2例,《醒》4例。如:

④ 父亲慌了,教儿子同大姐和些家活箱笼,就且暂在爹家中寄放,躲避些时。(金·17·205)

⑤ 宗师说:"与他地的时候,我还在那边。你且暂回家去,待四五日来看案。"(醒·46·668)

3.6.1.3.8 暂时、暂时间

"暂时"表示动作行为的存在是短暂的。《金》1例,《醒》10例,《聊》4例。如:

① 构栏妓者媚如猱,只堪乘兴暂时留。(金·12·138)

② 你可把我们的文书借与暂时照一照,即刻交还与你。(醒·22·333)

③ 不止狄希陈与寄姐和好如初,权奶奶与戴奶奶也暂时歇气,轮流荐枕,挨次铺床。(醒·87·1247)

④ 只说消闷暂时闲,等了多时全不见。(聊·富·1325)

⑤ 虽然是他暂时疼,便宜他还走的路。(聊·磨·1470)

"暂时间"《金》、《聊》各1例:

⑥ 止不过暂时间镜破钗分，倒胜似数十年信断音绝。（金·73·1066）

⑦ 虽然是暂时间疼，便宜他还走的路。（聊·富·1340）

3.6.1.3.9 姑

"姑"表示动作行为短时间内存在。《金》5例，《醒》21例。如：

① 妇人旋走出来，拜谢西门庆，说道："拙夫不才贪酒，多累看奴薄面，姑待来家，官人休要笑话。"（金·13·154）

② 与了他四十文，方才得买一个姑容。（金·93·1400）

③ 县尹把赵氏拶了一拶，说："这样无耻，还该去衣打三十板才是！为你自己说了实话，姑免打。"（醒·20·293）

④ 那知道老爷不好新奇，只爱那古板。望老爷姑饶一次，以后照旧写作便是。（醒·74·1056）

3.6.1.3.10 姑且、且姑

"姑且"、"且姑"表示动作行为短时间内存在。"姑且"《醒》5例，如：

① 张瑞风道："我且看你们的分上，姑且宽着他再看。"（醒·43·627）

② 姑且饶恕！快快即刻过江，不许在此骚扰，也不许再坐轿子。（醒·96·1372）

"且姑"《醒》2例：

③ 一个秀才叫是麻从吾，不要说那六府里边数他第一个没有行止，只怕古今以来的歪货也只好是他第一个了！且姑举他一两件事。（醒·26·382）

④ 于是衙中众人再四的劝经历在老大人上乞恩，且姑止其事。（醒·98·1403）

"短时存在"类副词在《金》、《醒》、《聊》、《歧》、《儿》中使用频率比较表

	金	醒	聊	歧	儿
且	538	344	312	191	267
且自	0	2	1	3	12
聊	0	3	0	7	0
聊且	0	4	0	3	0
权	28	9	3	3	0
权且	5	1	4	4	4
且权	2	0	0	0	0
暂	14	42	14	23	16
暂且	2	5	38	14	19

	金	醒	聊	歧	儿
且暂	2	4	0	2	0
暂时	1	10	4	0	0
暂时间	1	0	1	0	0
姑	5	21	0	6	1
姑且	0	5	0	0	0
且姑	0	2	0	0	0
略	19	18	14	11	5
稍	0	12	0	0	0
少	8	0	3	35	13

这一类时间副词中,单音节词语有"且、聊、权、暂、姑、略、稍、少"等 8 个;其他双音节词 9 个,多音节词 1 个:"暂时间"。双音节中大多是同义副词连用形成的合成副词,如"聊且、权且、且权、暂且、且暂、姑且、且姑",并且在《金》、《醒》、《歧》中存在词序排列不固定的现象,如《金》中"权且"与"且权"并存,《醒》中"姑且"与"且姑"并存,"暂且"与"且暂"在《金》、《醒》、《歧》三种文献中都有并存现象。

在这一类副词的选择使用上,《聊》、《歧》、《儿》有着较大的一致性,使用频率上占据前三位的都是"且"、"暂"、"暂且";《金》中使用频率较高的是"且"、"权"、"暂"三个副词,《醒》中占据前三位的是"且"、"暂"、"姑"。

3.6.1.4 时间间隔短

这类时间副词表示两件事情之间时间间隔短或某一事件是紧跟在另一事件之后发生的,主要有"随即(遂即)、随后、随自"等 3 个。

3.6.1.4.1 随即(遂即)

"随即"表示两件事之间间隔短。《金》55 例,《醒》46 例,《聊》32 例。如:

① 于是走过金莲这边来,金莲随即跟了来。(金·23·290)
② 梁、胡二人随即与晁夫人立了一个生位,供在自己住房明间内小佛龛的旁边。(醒·16·242)
③ 那个人见夸奖他,随即又足了一个。(聊·富·1305)

"遂即"义同"随即",是同一个词的不同书写形式,《金》1 例,《聊》27 例。如:

④ 母思忆之,痛切号哭,遂即把孩儿抛向水中。(金·59·821)
⑤ 二成拿了银子去,着实称道他哥哥。遂即送与债主,退了文书来。(聊·姑·886)

3.6.1.4.2 随后

"随后"表示某一事情紧跟着另一件事情发生。《金》6 例,《醒》13 例,《聊》11 例。

如：

① 直挨到巳牌时分,才有个人把钥匙一路开将出来,随后一个小厮拿着手巾,一个捧着银面盆,倾了香汤,进书房来。(金·55·742)

② 二人都在那住持的名下做了徒弟,随后又都拨与他事管,与那住持甚是相得。(醒·16·230)

③ 我先归家,你合他随后就来。(聊·襄·1223)

3.6.1.4.3 随自

"随自"义同"随后"。《醒》1例,《聊》1例:

① 计氏称说收拾未完,待初八日早去未迟。计都等随自回去。(醒·13·191)

② 到了城找了半日,才知道是赵管刘宾。随自见了刘宾拜了拜,便问道:"事情何如?"(聊·寒·1021)

"间隔短"类副词在《金》、《醒》、《聊》、《歧》、《儿》中使用频率比较表

	金	醒	聊	歧	儿
随即	55	46	32	10	15
随后	6	13	11	6	18
随自	0	1	1	0	0

3.6.2 长时

这类副词表示动作行为持续的时间长,主要有"从来、从、自来、自儿、向、向来、一向、一向来、素、素原、一起、直、一直、兀、兀自、始终、终于、常、长、常常、长远、常远、永、永远、永永"等25个。

3.6.2.1 从来

"从来"表示从过去到现在一直保持某种情况或状态。《金》22例,《醒》39例,《聊》63例。如:

① 我知你从来悭吝,不肯胡乱便使钱,只这件打搅。(金·3·37)

② 他从来没曾见官,慌了,央文嫂儿拿五十两礼帖来求我,说人情。(金·69·997)

③ 他坐了一把醉翁椅子,仰天跷脚的坐在上面,见真君出入,身子从来不晓得欠一欠。(醒·28·414)

④ 你每日只说是我利害,你拿出公道良心,我从来象这般打你不曾?(醒·96·1363)

⑤ 张官人便说我从也么来,生平不会瞎揣歪。(聊·富·1286)

⑥ 起月令刻关煞，也信口瞎胡巴，俺从来不信那先生的卦。（聊·磨·1489）

以上各例"从来"用于肯定句、否定句、疑问句。例⑤则较为特殊，由于俚曲的韵律要求，"从来"中间插入了"也么"起衬托音节的作用。

此外，《醒》、《聊》中"从来"各有1例做定语：

⑦ 旁人对他说那神附的光景，与他自己口内说的那从来的过恶，素姐一些不曾记得。（醒·86·1228）

⑧ 大老爷不必动怒，这是这里的土俗，从来的通套。（聊·磨·1431）

"从来"在肯定句、否定句、疑问句中的使用情况比较表

	金	醒	聊	歧	儿
肯定句	10	17	28	32	32
否定句	12	20	34	24	8
疑问句	0	2	1	0	0

3.6.2.2 从

"从"表示行为情况从过去到现在一直保持不变。《金》2例，《醒》31例，[①]《聊》4例。如：

① 奴出娘胞儿活了二十六岁，从没干这营生。（金·12·147）

② 都是那没见食面的行货子！从没见酒席，也闻些气儿来。（金·46·598）

③ 尉迟敬德认了他一认，问说："我侧近边曾不见有你这人。若是外来的远人，如何得来的恁早？"（醒·34·496）

④ 零碎搁你两耳瓜子是有的，身上挝两把也是常事，从割舍不的拿着棒椎狠打恁样一顿。（醒·96·1363）

⑤ 你就没好气，我也不回言，从无一点把你犯。（聊·翻·991）

⑥ 您休当瞎话，还有乡老传给我的哩。南方一个乡人，从没见冰。（聊·磨·1487）

"从"用做时间副词，后面一般都是紧跟否定词，包括"不"、"没"、"无"、"未"、"不曾"、"没有"，只有《醒》中1例"从"与否定词"不"之间有其他词语隔开，即例④。

时间副词"从"当是时间副词"从来"与否定词经常连用而形成的缩略形式，当然，汉语自身所固有的韵律要求在其中起着非常重要的作用。

---

① 1例记做"曾"。

"从"与否定副词搭配使用情况比较表

	金	醒	聊	歧	儿
从不	0	9	0	6	17
从没	2	1	2	1	10
从无	0	4	2	3	0
从未	0	3	0	6①	0
从不曾	0	11	0	7	17②
从没有	0	3	0	0	0

3.6.2.3 自来

"自来"语义与"从来"相同,表示某种情况从过去到现在一直保持不变。《金》15例,《醒》10例,《聊》6例。如:

① 小媳妇实指望伏侍娘到头,娘自来没曾大气儿呵着小媳妇。(金·62·871)

② 他自来治人,必定使毒药把疮治坏了,他才合人讲钱。(醒·67·955)

③ 小二姐年纪幼小,他自来没见黑白。(聊·幸·1593)

"自来"既可用于肯定句又可用于否定句,《金》中两类用法都较常见,分别是8例、7例;《醒》、《聊》用于否定句为主,分别是8例、5例;《歧》中"自来"3例,肯定句中1例,2例用于否定句;《儿》出现15例,8例出现于否定句,7例用于肯定句,下面各举数例:

④ 自来衙门银子,大半不许人究所从来。(歧·75·731)

⑤ 俺们这郑州有句俗语:"郑州城,圆周周,自来好官不到头。"(歧·94·880)

⑥ 我这事自来无人晓得,纵然有人晓得,纪献唐那厮势焰熏天,人避他还怕避不及,谁肯无端的扐这虎须,提着他的名字来问这等不相干的闲事?(儿·18·276)

⑦ 姑娘自来也不曾见过进庙安佛是怎样一个规矩,只说是找个庙,我守着父母的坟住着,我干我的去就结了。(儿·24·405)

《儿》中有"自来"做定语的1例:

⑧ ……倒莫如随遇而安,不贪利,不图名,不为非,不作孽,不失自来的性情,领些现在的机缘,倒也是个神仙境界。(儿·24·393)

---

① "从所未经"1例。

② "从也不曾"1例。

3.6.2.4 自儿

"自儿"义同"自来"。仅《聊》1例：

① 端详那树木庄村，从来无见，自儿不熟，半夜里叫俺恓恓惶惶那里去？（聊·磨·1456）

3.6.2.5 向

"向"用做时间副词，表示某种行为或情况一直存在。《金》5例，《醒》1例：

① 只是学生向有相攀的心，欲求亲家预先禀过，但拜太师门下做个干生子，也不枉了一生一世。（金·55·741）

② 小弟向求哥和西门大官人说的事情，这几日通不能勾会。（金·56·756）

③ 小弟虚度二十四岁。俺姐姐长我一岁，是四月二十五日午时生。向因父母双亡，家业凋丧，妻又没了，出家在晏公庙。（金·97·1452）

④ 自别尊颜，思慕之心未尝少息，悬悬不忘于心。向蒙期约，妾倚门凝望，不见降临蓬荜。（金·98·1473）

⑤ 向蒙会问，又承厚款，亦且云情雨意，衽席钟爱，无时少息。（金·98·1474）

⑥ 氏犹嫌计氏碍眼，要将计氏谋去，以便扶己为正，向未得便。（醒·13·190）

"向"在《歧》、《儿》中分别出现4例、1例：

⑦ 两个为礼坐下，孝移便问道："向未识荆，抖胆敬问尊姓？"（歧·9·99）

⑧ 凡祖上同年后裔以及父亲同寅子侄，向有书札往来，今仕于京者，俱投帖拜见，各赠以先世遗刻数种，中州土仪若干。（歧·103·957）

⑨ 谭绍衣道："卑职捐备。向无此例，不敢动帑。"（歧·104·974）

⑩ 看官试想，文副贡叫兵部引见，向本无例，银子不到书办手，如何能合朝廷的例？（歧·105·979）

⑪ 当时吩咐出来，说："大人向不收礼，这样的费心费事，教安太爷留着送人罢！"（儿·2·25）

3.6.2.6 向来

"向来"表示某种情况或状态从过去到现在一直这样，保持不变。《金》3例，《醒》5例，《聊》11例。如：

① 原来这苗员外是第一个财主，他身上也现做个散官之职，向来结交在蔡太师门下。（金·55·742）

② 你娘向来没有身孕，如今他怎生便有了？（金·64·902）

③ 一个说:"老相公向来吉庆,待小妇人檐下庭参。"(醒·18·259)

④ 向来凡事都是狄亲家那边照管,把这件事我们做罢。(醒·40·582)

⑤ 向来不听的闹成堆,我儿都吃了昧心亏。(聊·禳·1196)

⑥ 鸿渐说:"久不相见,向来在何处?"(聊·磨·1521)

"向来"以肯定句中的用例居多,三种文献中共有15例,问句仅《聊》1例。

另外,《聊》有1例"向来"语义略有不同:

⑦ 向来与官人才有了夫妇之乐,他又待上京会试,好伤感人也!(聊·禳·1252)

3.6.2.7 一向

"一向"表示行为或情况从过去到说话时一直如此。《金》74例,《醒》25例,《聊》3例。如:

① 西门庆笑道:"一向穷冗,没曾来得,老妈休怪休怪。"(金·11·130)

② 一向不见哥嫂,这盏水酒孝顺哥嫂。(金·90·1363)

③ 晁大舍一向将计氏当菩萨般看待。(醒·3·38)

④ 先生问说:"你一向都对的是几个字的?"(醒·33·489)

⑤ 张二遇着银匠说:"一向少会。那里去?"(聊·墙·843)

⑥ 陈爷说:"一向不曾问候,有罪有罪!今日来有话告禀。"(聊·禳·1162)

"一向"既可用于肯定句,也可用于否定句、疑问句,而以用于肯定句居多,具体情况如下表:

	金	醒	聊	歧	儿
肯定句	36	21	2	87	18
否定句	23	0	1	16	2
疑问句	15	4	0	2	0

"一向"可以做定语,《歧》6例、《儿》1例,如:

⑦ 我现居着一步前程,外边也有个声名,若一分家,把我一向的声名都坏了。(歧·39·363)

⑧ 只是大叔一向事体,多半是没主意,吃亏夏鼎们百生法儿,叫大叔不得不上他的船。(歧·76·736)

⑨ 那乌大人先给师母请了安,然后又合公子叙了一向的阔别。(儿·13·193)

3.6.2.8 一向来

"一向来"表示长时间以来一直处于某种状态。仅《金》1例:

① 一向来,不曾和冤家面会,肺腑情难稍难寄。(金·61·838)

《聊》中有"一向来"1例,但是用做时间名词:

② 这一向来打的狠,二十五板命难逃,这里头想是有点窍。(聊·磨·1372)

句中"一向来"前加代词"这",意为"这一段时间来"。

3.6.2.9 素

"素"表示某种情况或状态从过去到现在一直就是这样。《金》1例,《醒》8例,《聊》1例。如:

① 蒋竹山道:"我不知阁下姓甚名谁,素不相识,如何来问我要银子?"(金·19·232)

② 这乡约见他啬吝,又素知他欺软怕硬,可以降的动他,单单的把他名字报到县中。(醒·42·621)

③ 知道那水性泼贱,素不喜我,听了江彬二字,越发生气。(聊·幸·1555)

"素"用做时间副词当由其本义"没有染色的绢"发展而来。"素"由"没有染色的绢"引申产生了"白的、没有染色的"形容词意义,且"白、没有染色"蕴含单一义,而时间链上某一动作行为的持续进行(单一)意即长时间的存在。

《歧》、《儿》除时间副词"素"之外,还有"素来"一词,《歧》1例,《儿》9例。如:

④ 这孔耘轩本来的说项情深,又兼酒带半酣,便一五一十,把谭孝移品行端方,素来的好处,说个不窗口出。(歧·4·38)

⑤ 幸而你父亲的身子狠好,这也是自己素来的学问涵养,看得穿,把得定。(儿·12·165)

⑥ 幸亏是安太太素来那等大方,才能见怪不怪,出来合他相见。(儿·37·699)

⑦ 你四位可别觉着说你们都算孔圣人的徒孙儿了,照着素来懵我也似的那么懵他,合他混抖搂酸的,人家那肚子里比你们透亮远着的呢!(儿·39·772)

3.6.2.10 素原

"素原"表示动作或行为从过去到现在一直如此。《醒》1例:

① 监生的妻素原性气不好,自己不容,所以吊死。(醒·12·184)

3.6.2.11 一起

"一起"表示动作行为从过去到现在一直如此。《醒》1例,《聊》2例:

① 姑子又不是从我手招了来的,一起在你家里走动,谁不认的?(醒·12·183)

② 万岁说:"我一起没出门子,来到这里,人生面不熟的,不认的一个人。你早晚的看看我,我好多玩几天。"(聊·幸·1608)

③ 万岁说:"你好眼皮子薄!赏了丫头的东西,要他何用?"二姐说:"一起没见这般东西,我待看看。"(聊·幸·1617)

3.6.2.12 直

"直"表示动作行为长时间持续进行。《金》108例,《醒》82例,《聊》27例。如:

① 又走到前边铺子里,和傅二叔、贲四、姐夫、玳安、来兴众人,打伙儿直吃到爹来家时分才散了哩。(金·34·448)

② 直挨到巳牌时分,才有个人把钥匙一路开将出来,随后一个小厮拿着手巾,一个捧着银面盆,倾了香汤,进书房来。(金·55·742)

③ 谁知从这一场水后,一点雨也不下,直旱到壬子,整整一年。(醒·31·450)

④ 从头年十月初一为始,直到来年五月初一为止,通共七个月,也只用了二千七百六十七十石米。(醒·32·467)

⑤ 上无公婆,下无子女,直睡到日上三竿,娘子才起来梳头,也就学着淘米做饭。(聊·蓬·1087)

⑥ 早知这个胎,干给也不要,我情愿打光棍直到老!(聊·禳·1184)

3.6.2.13 一直

"一直"表示动作行为持续进行。《金》2例,《聊》2例。如:

① 这钺安儿早已知此消息,一直躲在潘金莲房里不出来。(金·26·336)

② 那伯爵方才一直笑的去了。(金·52·700)

③ 送了回来,一直哭到房中,竟夜不曾合眼。(聊·富·1281)

④ 娟娟茶饭奉高堂,锣鼓终日闹嚷嚷,日头西,一直闹到东方亮。(聊·富·1350)

3.6.2.14 兀、兀自

"兀"意近"一直"。《金》3例,《醒》1例:

① 我则见碧阴阴西施锁翠,红点点鹧鸪抛珠泪,舞仙仙研光帽帽簪,虚飘飘花谷楼前坠。尚兀是芳气袭人衣,艳质易沾泥。(金·55·752)

② 出去一日,把老婆饿在家里,尚兀是千欢万喜到家来,可不害羞哩!(金·56·759)

③ 落后做文字,一样同做,再没些妒忌。日里同行同坐,夜里有时也同一处歇。到了戴网子,尚兀是相厚的。(金·56·763)

④ 野鸡毛好如鲜花,自古冶容多破家。家鸡打鸣好起早,兀坐深闺只绩麻。(醒·6·77)

"兀自"《金》1 例,《醒》1 例,《聊》1 例:

⑤ 当下这只猛虎,被武松没顿饭之间,一顿拳脚,打的动不得了。使的这汉子口里兀自气喘不息。(金·1·7)

⑥ 叹痴人不省,良朋欲避;慈母心悲,兀自推聋。教人爱深莫助,徒切忡忡!(醒·16·230)

⑦ 万岁自合王龙恼了,就是小六哥三两日来看看,又不能住下,兀自没人散闷。(聊·幸·1657)

"兀自"在《歧》中出现 15 例,如:

⑧ 却说谭绍闻一觉睡醒,兀自在床上偃着。(歧·27·253)

⑨ 那石碑边发话的人,口中兀自不休歇。(歧·48·450)

⑩ 王氏方才醒了,说是吓极了,身子兀自颤个不定。(歧·60·554)

3.6.2.15 始终

"始终"表示事件自始至终一直处于某种状态。《金》2 例,《醒》2 例,《聊》3 例。如:

① 若得始终无悔吝,才生枝节便多端。(金·21·276)

② 则生始终蒙恩之处,皆亲家所赐也。(金·67·941)

③ 狄希陈站了会子,始终没说,去了。素姐在屋里家反宅乱的鬼吵。(醒·52·752)

④ 后来呈虽递准,这贼始终不曾拿住。(醒·65·930)

⑤ 待了二日又审,始终没有清浑。(聊·翻·980)

⑥ 姜娘子始终不允。(聊·翻·996)

⑦ 二姐道:"你始终忘不了这琵琶。我还有一把好扇子哩,我再拿出来谝谝。"(聊·幸·1618)

3.6.2.16 终于

"终于"表示动作状态长时间存在。《聊》2 例:

① 人家女儿不教道他孝顺,他若终于胡行,惹的天恼了罚他,岂不是吃了爷娘的亏么? 若是他懂过来,又要怨爷娘,这臧姑不是样子么?(聊·姑·889)

② 若是他终于不回头,着他公公说该促寿,该没儿,该早死了,还有什么儿哩?(聊·姑·890)

3.6.2.17 常、长

"常"表示动作行为的长久和持续性。《金》11 例,《醒》3 例,《聊》10 例。如:

① 他若在外边打哥的旗儿,常没事罢了。若坏了事,要我做甚么?(金·

38・494)

　　② 腰肢不住常摇,好似迎风弱柳;颈骨尽时皆颤,浑如坠雨残荷。(醒・72・1033)

　　③ 须要常守着祖训,不要变改,自然世世显荣。(聊・磨・1548)

“长”表示长久,强调一贯性。《金》18 例,《醒》2 例,《聊》7 例。如:

　　④ 养汉老婆的营生,你拴住他身,拴不住他心,你长拿封皮封着他也怎的?(金・21・261)

　　⑤ 因水晶宫里快活,两个就在那里长住了,不肯回家。(醒・29・425)

　　⑥ 那里有这般像貌,还能在茅屋长穷?(聊・磨・1505)

3.6.2.18　长远、常远

“长远”、“常远”表示动作行为长时间持续进行下去。

“长远”《金》8 例。如:

　　① 我洗着眼儿看着,主子、奴才长远怎硬气着,只休要错了脚儿!(金・11・125)

　　② 你既是一心在我身上,到明日等卖下银子,这遭打发他和来保起身,亦发留他长远在南边立庄,做个买手。(金・61・840)

　　③ 西门庆道:“我的儿,你若一心在我身上,等他来家,我爽利替他另娶一个。你只长远等着我便了。”(金・79・1221)

“长远”在《金》中也有做谓语的用例,这时“长远”是形容词,而不是副词:“经济道:‘若是哥哥这般下顾兄弟,可知好哩。不知这工程做的长远不长远?’”(金・96・1447)

“常远”《金》3 例,《醒》1 例。如:

　　④ 雪娥道:“主子、奴才常远似这等硬气,有时道着!”(金・11・124)

　　⑤ 再不,你若嫌不自便,替他寻上个老婆,他也罢了。我常远不是他的人了。(金・26・328)

　　⑥ 既是如此,你写个揭帖,我央任后溪到府中替你和王奉承说,把你官字注销,常远纳官钱罢……(金・67・940)

　　⑦ 况有一班女戏常远包在家中,投充来清唱“龙阳”,不离门内。(醒・1・8)

“常远”用做形容词做谓语在《醒》中出现 1 例:“童奶奶道:‘你替狄爷打听要紧!他又不肯来咱家吃饭,只买饭吃,岂是常远的么? 我且有要没紧,慢慢的仔细寻罢了。’”(醒・55・796)

3.6.2.19 永

"永"表示动作状态一直持续下去,而不终止或改变。《金》25 例,《醒》3 例,《聊》7 例。如:

① 我若教这奴才在西门庆家,永不算老婆!(金·25·316)

② 我与你为夫妻一十二载,生下娇儿娇女,但贪恋恩爱,永堕沉沦。(金·74·1099)

③ 万斯年,永无竟。(醒·12·171)

④ 使非寿考永终,谓是夭亡非命。(醒·30·441)

⑤ 永闭双睛不见他!(聊·禳·1226)

⑥ 像奴家这一等无心的痴人,该着他死在监牢永不瞑!(聊·磨·1426)

其中,用于否定句的,《金》7 例,《醒》1 例,《聊》4 例。

3.6.2.20 永远

"永远"表示动作状态一直持续下去,没有终止。《金》3 例,《醒》2 例,《聊》1 例。如:

① 后被科道交章弹奏,倒了。圣旨下来,拿送三法司问罪,发烟瘴地面永远充军。(金·98·1468)

② 人家一个女儿嫁与人家,靠夫着主,只指望叫他翁姑喜欢,夫妻和睦,永远过好日子,岂有挑他不贤的事?(醒·10·149)

③ 与商宅永远为业,一任他把耕种葬埋。(聊·寒·1071)

此外,《聊》中有 2 例"永远"做谓语的用例:

④ 舜华说:"官人从此福寿永远,相会也自然有日。"(聊·富·1370)

⑤ 我们都是一会中人,官人福寿永远,咱相会也自然有日。(聊·磨·1551)

3.6.2.21 永永

"永永"表示动作状态一直继续下去。《金》2 例:

① 仰仗着佛祖威灵,福禄寿永永百年千载;倚靠他伽蓝明镜,父子孙个个厚禄高官。(金·57·774)

② 竟往西方见了阿弥陀佛,自此一世二世,以至百千万世,永永不落轮回。(金·57·779)

"永永"作为时间副词"永"的重叠形式在《儿》中出现 1 例:

③ 你家万代的香烟是永永不断了,我公婆的神也淘苦了,心也使碎了。(儿·26·452)

"长时"类副词在《金》、《醒》、《聊》、《歧》、《儿》中的使用频率比较表

	金	醒	聊	歧	儿
从来	22	39	63	58	40
从	2	31	4	23	44
自来	15	10	6	3	15
自儿	0	0	1	0	0
向	5	1	0	4	1
向来	3	5	11	21	45
一向	74	25	3	111	20
一向来	1	0	0	0	0
素	1	8	1	34	2
素原	0	1	0	0	0
一起	0	1	2	0	0
直	108	82	27	33	85
一直	2	0	2	0	50
兀	3	1	0	0	0
兀自	1	1	1	15	0
始终	2	2	3	1	18
终于	0	0	2	0	0
常	11	3	10	0	1
长	18	2	7	2	5
常常	0	1	6	1	0
长远	8	0	0	0	2
常远	3	1	0	0	0
永	25	3	7	14	11
永远	3	2	1	0	5
永永	2	0	0	0	1

3.6.3 过去

这类副词表示从前有过某种动作行为,主要有"曾"、"尝"两个副词。

3.6.3.1 曾

"曾"表示从前有过某种动作行为。《金》103 例,《醒》93 例,[①]《聊》74 例。如:

　　① 翟管家道:"原来中门曾经官家行幸,因此人不敢打这门出入。"(金·55·743)

---

①《醒》中"曾"有 2 例为"从":(1)你们薛爷对我告诉,也说从有算命的许他五十四上先要开花。(醒·25·368)(2)周龙皋年近五十,守了一个丑妇,又兼悍妒,那从见有甚么美色佳人。(醒·72·1035)

　　② 他爹在华亭时候,曾问这样一件事情,问的与这丝毫不差,后来却是假的,被一个道里问明。(醒·46·678)

　　③ 我也曾挣过银子,早知道真么中用,怎么不藏下几两?(聊·墙·850)

"曾"较少用于问句。《金》13 例,《醒》21 例,《聊》3 例。如:

　　④ 月娘道:"你曾吃饭没有?"(金·55·747)

　　⑤ 狄希陈道:"贾为道两个曾说出我知道不曾?"(醒·97·1377)

　　⑥ 六哥道:"你枉做买卖一辈子,老的牙都白了,曾见这样钱来么? 你看看何如?"(聊·幸·1586)

上列"曾"分别用于一般问、特殊问、正反问等问句中。

"曾"更多的是与否定词、疑问词组成否定形式和疑问形式,如"不曾"、"未曾"、"没曾"、"无曾"、"何曾"、"几曾"、"可曾"等,它们在《金》、《醒》、《聊》、《歧》、《儿》中的使用频率比较如下:

	金	醒	聊	歧	儿
曾	103	93	74	65	45
不曾	246	504	201	355	400
未曾	29	11	19	23	15
没曾	81	24	12	0	0
无曾	0	0	2	0	0
何曾	9	0	51	4	13
几曾	4	0	0	1	0
可曾	3	1	2	1	6

3.6.3.2 尝

"尝"表示从前有过某种动作行为。《金》1 例,《醒》3 例。如:

　　① 昨日任后溪常说:老先生虽故身体魁伟,而虚之太极。(金·67·939)

　　② 他又尝与人说道:"我行医有独得之妙,真是约言不烦……"(醒·4·52)

　　③ 有今在官监生晁源未曾援例之先尝与氏宿歇,后来渐久情浓,两愿嫁娶。(醒·13·190)

　　④ 昔有人隐居岩下,尝见一人白单衣徘徊岩上,及晓方去。时常遇见。(醒·24·361)

"尝"可与否定词或疑问词组成"未尝"、"何尝"的复合形式,它们在《金》、《醒》、

《聊》、《歧》、《儿》中的使用频率比较如下：

	金	醒	聊	歧	儿
尝	1	3	0	5	1
未尝	1	4	0	7	12
何尝	0	15	1	34	15

现代汉语表示过去的常用时间副词是"曾经"，但是在《金》、《醒》、《聊》、《歧》中没有出现，我们只在《儿》中检索到 4 例：

⑤ 那些家将也都会些摆跤打拳、马枪步箭、杆子单刀、跳高爬绳的本领。所以从前征噶尔旦的时候，曾经调过八旗大员家的库图扒兵。（儿·18·281）

⑥ 列公，我说书的曾经听见老辈说过一句阅历话，道是："越是京城首善之地，越不出息人。"（儿·25·421）

⑦ 我想起来了，记得公公在青云山合我初见的这天，曾经提过这么一句。（儿·29·507）

⑧ 因前年曾经许过他临期亲去奉祝，此时不肯失这个信，便打算借此作个远游。（儿·38·729）

3.6.4 进行

这类时间副词表示动作行为在进行之中，有"正、正在、正自、正然"4 个。

3.6.4.1 正

"正"表示动作在进行中或状态在持续中。《金》565 例（其中有 14 例字形为"政"），《醒》325 例，《聊》217 例。如：

① 宋蕙莲正和玉箫、小玉在后边院子里挝子儿，赌打瓜子，顽成一块。（金·24·305）

② 不料素姐正从厨房窗下走过，听见说是小玉兰偷了鸡吃，素姐扯脖子带脸通红的把小玉兰叫到房中。（醒·48·698）

③ 正议论着，只听的那喇叭一声子哩响。（聊·翻·966）

"正"在《歧》、《儿》中也多用来表示动作的进行和状态的持续，如：

④ 蔡湘叫了一声开门，管帐阎相公与王中正在帐房清算一宗房租，认的声音，王中急忙开门不迭。（歧·1·8）

⑤ 双庆道："不知怎的，路上遇见截路断道的贼，吓成病了，如今正躺着哩。"（歧·73·704）

⑥ 恰好赶露儿也赶到了，安老爷因他误事，正要责罚，吓的他长跪不起。（儿·13·180）

⑦ 正说着，老爷见公子拿着稿子过来，问道："你倒作完了吗?"（儿·34·616）

3.6.4.2 正在

"正在"表示动作在进行中或状态在持续中。《金》3 例,《醒》24 例,《聊》3 例。如:

① 停一会时,伯爵正在迟疑,只见玳安慌不迭的奔将来,道:"董家姐姐来了,不知那里寻的来。"(金·54·730)

② 两口子正在商量,恰好儿子麻中桂走到,问说:"爹娘说些甚么?"(醒·27·398)

③ 张鸿渐正在吃晚饭,听的问了一声,吃了一惊。(聊·富·1336)

"正在"在《歧》中出现 3 例,《儿》中出现 76 例。如:

④ 绍闻正在徘徊,忽然双庆来说:"轩上有几个客等着说话。"(歧·74·716)

⑤ 三位正在吟哦,庙祝来请吃茶,三人进了道舍。(歧·101·942)

⑥ 正在看着,仆妇们端上茶来,姑娘忙道:"给我。"(儿·24·403)

⑦ 他姊妹正在一头说笑,一头作活,听得是长姐儿的声音,便问说:"是长姐姐吗? 大爷没在屋里,你进来坐坐儿不则?"(儿·33·589)

3.6.4.3 正自

"正自"表示动作在进行中或状态在持续中。《聊》9 例,如:

① 张老爷正自的问不着,互然得了老子真信,又添了两个好兄弟,扎括起来,却是一表人才。(聊·慈·928)

② 却说二相公过一日正自打坐,忽有个人来说:"三姑娘差我来请二叔哩。"(聊·寒·1047)

③ 正自愁叹,忽见从那里来了一个妇人,骑着一个骡子,一个老婆子跟着。(聊·富·1316)

④ 正自打算,忽从里边出来一个纱灯,引着一个女子。(聊·磨·1404)

⑤ 二人正自商议,万岁合二姐到了。(聊·幸·1639)

《儿》出现 1 例:

⑥ 再讲安老爷在屋里听得清楚,正自心中惊喜,说:"不想这班强盗竟有这等见解,可见良心不死!"(儿·21·347)

3.6.4.4 正然

"正然"义同"正自"。《聊》14 例,如:

① 好一似张君瑞正然害病,从天上吊下来一个莺莺,这时节任拘谁怎么不挣。(聊·蓬·1085)

② 正然说着,只见从外边一双燕子翩翩飞入房中,小痴扑了一把,落在地下,却是一双绣鞋。(聊·蓬·1103)

③ 婆媳正然盼望,有个人来报:"少爷会了进士了,报马现在前门首哩。"(聊·富·1360)

④ 且说张天师正然诵皇经,偶然一阵狂风,大同的城隍参见。(聊·幸·1668)

3.6.5 将来

这类时间副词表示动作行为或情况将要进行或出现,有"将、将次、待中"3个。

3.6.5.1 将

"将"表示即将出现某种情况。《金》51例,《醒》131例,《聊》69例。如:

① 经济见天色将晚,有申牌时分,要回家,分付主管:"咱早送些茶盒与他。"(金·98·1469)

② 看雍山庄的管家季春江老病将危,晁夫人自己出到庄上看他。(醒·49·722)

③ 张炳之哭着说:"张讷已将待死哩,你还骂他怎的!"(聊·慈·919)

3.6.5.2 将次

"将次"义同"将"。《金》4例,《醒》22例。如:

① 再缝一歇,将次晚来,便收拾了生活自归家去。(金·3·42)

② 往江南湖湘采取花石纲,运船陆续打河道中来,头一运将次到淮上。(金·65·910)

③ 将次天晚上来,晁梁对晁夫人说道:"这天待黑上来了,屋里摆的满满的,咱在那里铺床?"(醒·49·710)

④ 看天色也将次晚上来了,薛三省娘子仍往莲华庵去请那白尼姑。(醒·63·910)

《歧》出现5例,如:

⑤ 逢若接口道:"九娃,你下去罢,将次该你出脚了。明日少不了你一领皮袄穿哩。"(歧·21·211)

⑥ 今日才有信息,说是南边州县有了邪教大案。如今办的将次回来,衙役皂快正打算拨人夫去接,说今晚接到尉氏。(歧·91·856)

3.6.5.3 待中

"待中"表示动作或情况不久就会发生,用法和现代汉语中的"将"相近,《醒》14例,《聊》8例。如:

① 混混着天待中黑上来,薛、连二位夫人又到了素姐屋里。(醒·45·662)

② 昨日送盒子的去,说他连爹都骂了,这不待中心风么?(醒·52·757)

③ 公子上云:"书童,你外边看看,丽华待中来了。"(聊·襄·1202)

④ 你这里放着床底下,那客来到家,怎敢刷净了茶壶,那客待中去了。(聊·增·1615)

例中"待中"可理解为"将要"、"快要",表示事态的将然状态。

"待中"还可表示接近某个时间,相当于"将近",用来修饰表示某种时间的名词性成分,《醒》4 例:

⑤ 薛三槐媳妇说:"这是五更?待中大饭时了!"(醒·45·656)

⑥ 从正月里叫你买几个椅垫子使,这待中五月了,还坐着这杭杭子做甚么?(醒·82·1165)

⑦ 待中交四更才睡觉,睡倒可就起不来了。(醒·83·1188)

⑧ 吕祥道:"多咎的事? 生的小叔叔,待中一生日呀。"(醒·86·1222)

"待中大饭时"即"接近大饭时"。这种意义和表动作将要发生的用法是相通的,都表示一种将然状态。

"待中"可以用做语气副词,《醒》4 例,《聊》2 例,《儿》1 例(词形为"待终"):

⑨ 我劝你差不多罢,俺那个没了,没人帮着你咬人,人也待中不怕你了!(醒·53·773)

⑩ 赌不信,要是我没棉衣裳,他待中就推看不见了!(醒·79·1126)

⑪ 不是我撒极,如今待中监死我呀!(醒·85·1213)

⑫ 你常时叫你去,你待中收拾不迭的就跑。(醒·94·1343)

⑬ 我若是通你通呵,你待中恼了哩。(聊·襄·1178)

⑭ 公子云:"若是亲,亲你着。你待中恼了?"(聊·襄·1242)

⑮ 这不是只管把话说明白了还是误了事了吗? 所以人家才耐着烦儿起根发脚的合你说。说的待终把纪家门儿的姥姥家都刨出来了,也是为要出出你这口怨气,好平下心去商量正事。(聊·19·329)

以上各例"待中"用在表示论断的句法环境中,除例⑫是对已经发生的事件的论断外,其他 6 例都是对尚未发生的事件的推断,"待中"在句中起加强语气的作用。

3.6.6 完成

这类时间副词表示动作行为或情况在说话之前或某一特定时间之前已发生、存在或完成,有"已、已自、已经、已曾"4 个。

3.6.6.1 已、已自

"已"表示动作行为的完成。《金》467 例,《醒》486 例,《聊》487 例。如:

① 这钺安儿早已知此消息,一直躲在潘金莲房里不出来。(金·26·336)

② 谁知晃无晏的老婆先已来在屋里,句句听得真切,凶神一般赶将出来。(醒·21·316)

③ 我的主意已拿定,今日必要到黄泉。(聊·翻·955)

"已自"义同"已"。《金》2例，《醒》2例。如：

④ 三般捉不着时，气力已自没了一半。(金·1·6)

⑤ 如今已自大郎已百日来到，大娘子请上几位众僧，来抱这灵牌子烧了。(金·8·98)

⑥ 又要把梁生、胡旦的钥匙寄出还他，说他的皮箱已自奶奶取得出来，遇便捎出与你，叫他不要心焦。(醒·17·246)

⑦ 前日已自把家资交付与你，还有甚说？只得忍气罢了。(醒·41·610)

"已自"《歧》出现2例：

⑧ 他的海船乘风迅速，这大炮重数百斤，挪移人众时久，迫照住来船点放火门时，那船已自过去。(歧·102·954)

⑨ 忽一日两个衙役回署叩头，不见王象荩，内心已自不安。(歧·106·988)

3.6.6.2 已经

"已经"义同"已"。《醒》19例，《聊》4例。如：

① 他已经入籍当差，赤历上有他父亲绸粮实户的名字，怕人怎的？(醒·37·541)

② 方知素姐已经雇了轿差了倪奇由旱路送他回家，所以不曾与狄希陈相遇。(醒·78·1119)

③ 老人说："每一次我便记一支筹。今日那筹不知多少，已经满屋，底下的俱朽烂的数不的了。"(聊·蓬·1080)

④ 汉子听说把脚踩，这话说的忒也错。已经夫妻这些年，孩子养活好几个。(聊·俊·1112)

"已经"是时间副词"已"与动词"经"跨层次形成的合成副词，《金》中没有用例，《醒》、《聊》及《歧》(16例)出现频率也相对较低，而到了《儿》中，"已经"出现104例，这表明在近代汉语后期"已经"一词已逐步成为常用副词。

3.6.6.3 已曾

"已曾"表示动作的完成。《金》2例：

① 妇人道："多谢你奶奶挂心。今已曾留下插定了。"(金·7·83)

② 但冯二已曾责子在先，何况与孙文相愆殴，彼此俱伤。(金·67·952)

"已曾"是时间副词"已"和"曾"复合而成的，其中"曾"的语义有弱化倾向。

3.6.7 持续

"持续"类副词表示动作状态持续不变，或不因为有某种情况而改变，有"犹、犹然、犹自、尚、尚然、尚自、仍、仍旧、仍自、依旧、依然、照常、照旧、原"等14个。

3.6.7.1 犹、犹然、犹自

"犹"表示动作状态持续不变。《金》30 例,《醒》11 例,《聊》8 例。如:

① 回头见壁上写了四句诗在上,墨迹犹新,念了一遍,就知他来到,空回去了。(金·82·1270)

② 本县为斯民父母,血气犹存,眼光具在。(醒·90·1281)

③ 这也是君臣该会的日子,道犹未了,这周元担着担子,就闯进门来。(聊·幸·1568)

"犹然"表示动作状态持续不变。《金》1 例,《聊》2 例:

④ 此梦犹然不好,不好。(金·79·1232)

⑤ 好快活,好快活,日出犹然恋被窝。(聊·蓬·1087)

⑥ 十四犹然是婴孩,怎容一霎没人戒?(聊·富·1325)

"犹自"表示不因为某种情况而改变。《金》1 例,《醒》1 例:

⑦ 猛虎尚然遭恶兽,毒蛇犹自怕蜈蚣。(金·100·1489)

⑧ 便宜得处莫夸多,逆旅扬州雉入罗,歪心犹自不消磨。告官下毒,重犯金科。(醒·88·1248)

3.6.7.2 尚、尚然、尚自

"尚"表示动作、状态持续或没有发生变化,类似"还"。《金》36 例,《醒》66 例,《聊》14 例。如:

① 老汉前者丢下个儿子,二十二岁尚未娶妻,专一狗油,不干生理。(金·58·801)

② 寄姐听说,三魂去了九魄;也才是脱了衣裳,小成哥含着奶头,尚不曾睡着。(醒·95·1359)

③ 美人难,美人难,今庚十七尚孤单。(聊·蓬·1086)

"尚然"表示动作状态持续或没有发生变化。《金》1 例,《醒》2 例:

④ 猛虎尚然遭恶兽,毒蛇犹自怕蜈蚣。(金·100·1489)

⑤ 那年明水镇发水的时候,都听见水中神灵说他是成都府经历;府分尚然未定,这经历既是不差,这成都府将来必定不爽。(醒·75·1067)

⑥ 亲受业的徒弟尚然如此,那徒弟的父亲更自不消提起。(醒·92·1308)

"尚自"表示动作状态持续不变。《醒》1 例:

⑦ 三年服孝已完,又有了壮子,奉祀已不乏人,尚不急早回头,重修正果,同上西天,尚自沉沦欲海,贪恋火坑,万一迷了本来,怎生是好?(醒·92·1314)

3.6.7.3 仍、仍自

"仍"表示某种情况维持不变。《金》8例,《醒》132例,《聊》2例。如:

① 那月娘数落了一回,仍过那边去了。(金·63·897)

② 买了些没要紧的东西,回到京中宅子,住了七八日,别了珍哥,仍回通州去了。(醒·6·82)

③ 仇禄看了看,是仰扶风县即将局骗地土照数追还本主,仍将博徒重责。(聊·翻·959)

"仍自"表示行为状态维持原来情况不变。《醒》6例,如:

④ 晁大舍一干人犯仍自回了下处,仍托了两个厅差,拿了银子,打点合衙门的人役。(醒·12·180)

⑤ 把众人送的助丧银子,二人照帖点收,不肯交与小献宝去,恐他又拿去赌博,仍自不成了丧仪。(醒·41·606)

⑥ 狄周将那皮袄仍自抱在怀内。(醒·67·967)

⑦ 吃完了斋供,二位太太换了便服,辞了佛爷,别了众位师傅,仍自上轿回府。(醒·78·1113)

3.6.7.4 仍旧

"仍旧"表示行为或状态维持原来情况不变。《醒》32例,《聊》2例。如:

① 张茂实来店中走了一遭,仍旧回家去了。(醒·65·935)

② 四人辞了出来,仍旧又见了土官。(醒·99·1410)

③ 莫若仍旧去读书,中了状元来,请把奶奶做。(聊·蓬·1093)

④ 仍旧把银子包起,听了听,已是四更。(聊·富·1335)

3.6.7.5 依旧

"依旧"表示某种情况维持不变,和原来一样。《金》38例,《醒》82例,《聊》14例。如:

① 祝日念、孙寡嘴依旧领着王三官儿,还来李家行走,与桂姐打热。(金·80·1251)

② 倒只怕你过了这一会,你又不愁了,依旧仍不读书。(醒·38·553)

③ 二姐骂了金墩几句,依旧柳眉双蹙,杏眼含愁。(聊·幸·1598)

3.6.7.6 依然

"依然"表示某种情况保持不变,和原来一样。《金》2例、《醒》8例,《聊》14例。如:

① 牛朗夜夜依然在,织女缘何不见来?(金·49·647)

② 虽是晁源在家,这晁住的姻缘依然不断。(醒·43·626)

③ 二娘子忒也乖,骂着刚强骂满街,屡屡鬼神警戒你,依然全不挂心怀。(聊·姑·888)

3.6.7.7 照常

"照常"表示某种行为按照过去平常的样子进行,不因情况变化而改变。《醒》13例,《聊》6例。如:

① 大家完了公事,照常的备了酒菜,吃酒完了,收拾安寝。(醒·24·359)

② 童奶奶合调羹因寄姐害病,出不得房门,瞒了他把小珍珠开了锁,照常吃饭穿衣,收在童奶奶房里宿歇。(醒·79·1133)

③ 不如照常半个月,按期交代甚公平,好歹只在各人敬。(聊·墙·845)

④ 娘俩讲了款,照常的过,只把仇福蹭开。(聊·翻·946)

3.6.7.8 照旧

"照旧"表示行为或状态维持原来情况不变。《金》7例,《醒》12例,《聊》4例。如:

① 回去只说凶犯还未拿住,尸首照旧埋瘗,地方看守,无人敢动。(金·88·1335)

② 长老初次与晁书相见,照旧款待不提。(醒·16·242)

③ 万岁说:"二姐,你照旧玩耍。你若待学丝弦,我愿教你。"(聊·幸·1624)

3.6.7.9 原

"原"《金》91例,《醒》236例,《聊》166例。"原"可以表达多种意义和用法。

A. "原"表示某种情况维持不变,和原来一样。《金》8例。如:

① 西门庆想着这个甜头儿,过了两日,又骑马来妇人家行走,原是棋童、玳安两个跟随。(金·37·490)

② 把药来看玩了一番,又恐怕药气出了,连忙把面浆来依旧封得紧紧的,原进后房,锁在梳匣内了。(金·53·710)

③ 常时节把汗巾原袖了,将扇子拽开卖弄,品评诗画。(金·54·727)

④ 西门庆原留琴童与伯爵收拾家活。(金·54·734)

⑤ 嘱咐他果子好生收在拣妆内,原复往后边来。(金·73·1073)

⑥ 后日原是你们来,再唱一日,叫几个会唱的来。(金·74·1095)

⑦ 何千户道:"正是,昨日那边着人来说,学生原差小价去了。"(金·77·1166)

⑧ 不消两日,把身上绵衣也输了,袜儿也换嘴来吃了,依旧原在街上讨吃。(金·93·1403)

B."原"表示初始时间,即指明某一事实是以前时期存在的。《金》50 例,《醒》126 例,①《聊》43 例。如:

⑨ 潘金莲路上说:"大姐姐,你原说咱每送他家去,怎的又不去了?"(金·6·584)

⑩ 舍下此房,原是一千三百两买的徐内相房子。(金·70·1008)

⑪ 这原是你的地铺里东西,你自拿去买几亩地,过日子去……(醒·34·499)

⑫ 泰山元是他的熟路,故是上那高山,就如履那平地的一般容易。(醒·69·989)

⑬ 他原说是中了举,才望父子得团圆,猜他说的是远限。(聊·翻·1006)

⑭ 抬头看见墙上原有挂着一口刀,一伸手把刀抽出来。(聊·富·1313)

C."原"表示强调,在句中加强语气。《金》31 例,《醒》110 例,《聊》123 例。如:

⑮ 被月娘瞅了一眼,说道:"拔了萝卜地皮宽。交他去了,省的他在这里跑兔子一般。原不是那听佛法的人。"(金·51·684)

⑯ 这银子原是早上耐你的,特地请了应二哥,在酒店里吃了三杯,一同往大官人宅里等候。(金·56·760)

⑰ 秦敬宇道:"原不认得他。叙起来,他说是绣江县人……"(醒·50·732)

⑱ 往日那副标致模样,弄得一些也都没了,自己再也不悔,原是打的猴精着极,所以如此,倒恰象似当真吃了狄希陈的大亏一般。(醒·76·1087)

⑲ 他是姓张,好合歹是您的令郎。原是他自己来,可休要上我的账。(聊·慈·903)

⑳ 二姐道:"他是诮我。我有愿在前,不接平人,等着接皇帝。原是我没有造化,接皇帝接下你了。"(聊·幸·1611)

"原"指明事实有时用于突然明白某事的语境里,《金》2 例,《醒》4 例,《聊》5 例。如:

㉑ 原是因李瓶儿房中安着一张螺甸厂厅床,妇人旋教西门庆使了六十两银子,也替他也买了这一张螺甸有栏杆的床。(金·29·374)

㉒ 嗔道不见你,原在这里好睡也。(金·67·953)

㉓ 宗、金二人方晓得侯小槐坟上设祭,原是为此。(醒·41·610)

㉔ 调羹合狄周媳妇方知薛如下叫他送鹳鹰进去,原是为这个缘故。(醒·63·909)

㉕ 张老说:"大爷快救人!扶下他来。"银匠说:"呀,原是张大哥么?"(聊·

---

① 《醒》中 1 例为"元"。

墙·840)

㉖我当是何人,原是大爷、奶奶来了。(聊·襄·1248)

D."原"加强反问语气。《金》12例,如:

㉗淫妇成日和汉子酒里眠酒里卧底人,他原守的甚么贞节!(金·18·220)

㉘伯爵道:"贼小淫妇儿,是撅酸了我! 等住回散了家去时,我和你答话。我左右有两个法儿,你原出得我手!"(金·42·552)

㉙休教他领出去,教别人好笑话。你看看孟家的和潘家的,两个一似狐狸一般,你原斗的过他了!(金·44·580)

㉚吴大妗子道:"我就不信。李大姐好个人儿,他原肯说这等谎?"(金·51·669)

㉛三老爹在外为人做人,他原在人家落脚? 这个人说的讹了。(金·69·982)

㉜那日天下官员上表朝贺毕,还要排庆成宴,你每原等的?(金·70·1005)

㉝郁大姐道:"大姑娘,你休怪他,他原知道咱家深浅? 他还不知把你当谁人看成,好容易!"(金·75·1117)

㉞常言道:官官相护,何况又同寮之间,费恁难事,你等原抵斗的他过!(金·79·1239)

㉟你看么! 我说这淫妇,死了你爹,原守着住? 只当狗改不了吃屎,就弄碜儿来了。(金·86·1313)

㊱薛嫂道:"我的奶奶,我原揣内了这大行货子?"(金·95·1434)

㊲又一人说:"你恁年小小的,原干的这营生,挨的这大杠头子?"(金·96·1448)

因此,根据所表语义的不同,"原"可以划归两个小类:时间副词和语气副词。"原"做时间副词可以表示初始意义,也可以表示持续意义;"原"做语气副词,可以加强肯定语气,也可加强反诘语气。

"持续"类副词在《金》、《醒》、《聊》、《歧》、《儿》中的使用频率比较表

	金	醒	聊	歧	儿
犹	30	11	8	57	8
犹然	1	0	2	0	0
犹自	1	1	0	0	0
尚	36	66	14	130	17
尚然	1	2	0	0	0

	金	醒	聊	歧	儿
尚自	0	1	0	0	0
仍	8	132	2	87	35
仍旧	0	32	2	13	3
仍自	0	6	0	12	0
依旧	38	82	14	84	7
依然	2	8	14	8	90
照常	0	13	6	2	2
照旧	7	12	4	1	13
原	8	0	0	0	0

"仍然"一词不见于《金》、《醒》、《聊》,在《歧》中出现 12 例,《儿》出现 1 例。如:

① 滑氏那里肯听,仍然仰天合地哭道:"你原承许过我要分,你若是早分了,我怎肯把银子给那杀人贼呀!"(歧·41·384)

② 管赂安只是要攀扯谭绍闻,边公那里肯依,打了一番嘴,仍然胡扯乱捞。(歧·64·613)

③ 姑娘纳闷道:"怎么使心用计劳神费力的抬了来又关上门不准进去呢?"叫了一会,那门仍然不开。(儿·28·476)

3.6.8 初时

这类时间副词表示开始时间,主要有"本、本等、本意、本情、原、原来、原本、原初、原起、原先"等 10 个。

3.6.8.1 本

"本"表示某种事实或道理原先就如此。《金》18 例,《醒》10 例,《聊》11 例。如:

① 理刑副千户西门庆,本系市井棍徒,夤缘升职,滥冒武功,菽麦不知,一丁不识。(金·48·632)

② 狄希陈本待不过来磕头,只因不敢违拗了素姐,只得走到下面磕了四个头。(醒·69·986)

③ 本待把两个畜生送了不孝,这游游一口气儿,怎能到城。倒不如还要我那地罢。(聊·墙·835)

3.6.8.2 本等

"本等"表示开始时间,义同"原先"。《醒》12 例,如:

① 只有旁边的人说这们几句公道话,咱本等有气,也就消了许多。(醒·64·920)

② 惠希仁道:"奶奶,你只这们待人有礼,俺们本等有话也说不出口了。"(醒·

81·1153)

③ 权奶奶道:"我本等不待去的,只怕负了周相公美意,勉强走一遭去。"(醒·87·1246)

④ 素姐本等不待下气,只是叫寄姐斗败了的鸡,不敢展翅。(醒·100·1422)

3.6.8.3 本意、本情

"本意"、"本情"表示初始状态。《聊》各1例:

① 我本意待害他来,越发了人家了。(聊·翻·979)

② 万岁本情不待吃,又怕心上人儿羞,伸开御手忙忙受。(聊·幸·1624)

《歧》有"本意"一词,共出现5例:

③ 我本意是为中进士拿来,难说未曾中进士,就不拿出来么?(歧·10·114)

④ 鲍相公失色道:"是家母舅着人寻我哩。我来时原不曾到母舅家去,本意不叫家母舅知道我进城来,不知怎的又知道了。这不可不去,我只得失陪。"(歧·34·318)

⑤ 本县因你们这宗账明是赌欠,本意只图就事结案,不想你分外株连,俱是干系他人前程的话。(歧·46·432)

⑥ 谭绍闻道:"我本意愿行。日昨我舅与母亲一权主定,承许了曲米街巫家的事。一个是舅,一个是娘,叫我也没法。"(歧·51·460)

⑦ 王象荩道:"我本意就是要打死他,我与他抵命,大相公就不必怕他再来引诱了。"(歧·76·743)

3.6.8.4 原来

"原来"表示以前时间的事实。《金》1例,《醒》2例,《聊》3例。如:

① 你原来干的那茧儿,我已是晓的不耐烦了。(金·13·161)

② 纪时中问道:"先生这天上的衙门,是添设的,是原来有的?"(醒·42·618)

③ 他这里有原来使用的底帐,待我查出你看。(醒·65·937)

④ 伤天理黑汗流,攒来埋在地里头,埋时已是辞别就。攒他原来为谁攒,留他又是为谁留?(聊·寒·1072)

⑤ 实告娘娘说,他原来是个美人,我嫌跟着我不雅,才化他做个道童。(聊·蓬·1101)

⑥ 长官,我原来是请你来领教来,你倒赢了我这些银子,把彩都着夺了去了。(聊·幸·1645)

3.6.8.5 原本

"原本"表示初始时间。《醒》2 例：

① 晚生原本寒微,学了些须拙笔,也晓得几个海上仙方。(醒·4·47)

② 张茂实道:"你别听李哥的话。这原本我还不肯正收哩,再讲利钱!"(醒·66·940)

《儿》"原本"1 例：

③ 这往近了说,那道小河子北边的一带大瓦房,那叫小邓家庄儿,原本是二十八棵红柳树邓老爷子的房。(儿·14·222)

3.6.8.6 原初

"原初"表示初始时间。《醒》1 例：

① 老嫂原初姓薛,后来改了姓潘,使的好棒椎。(醒·98·1391)

3.6.8.7 原起

"原起"义同"原初"。《醒》4 例：

① 你曾见俺家里那个白狮猫来? 原起不是个红猫来?(醒·6·89)

② 小的是武城县人,原起先年曾当乡约,如今顿了几匹厂绸,赶老爷考棚好卖。(醒·47·689)

③ 他原起自己也有十来亩地,衣食也是不缺的。(醒·53·765)

④ 原起有备下的酒席,只因来得人客太多,不能周备,只得把肴菜合成一处。(醒·90·1285)

3.6.8.8 原先

"原先"义同"原初"。《金》2 例,《醒》2 例：

① 这个丁二官儿,原先是他姐姐桂卿的孤老,也没说要请桂姐。(金·21·269)

② 陶妈妈问他:"原先嫁这里,根儿是何人家的女儿? 嫁这里是女儿,是再婚儿?"(金·91·1373)

③ 晁源有个胞妹,嫁与一个尹乡宦孙子,原先也有百万家产。(醒·12·179)

④ 晁大舍走到原先住的东书房内,叫了晁书、晁凤到跟前。(醒·15·220)

3.6.9 终时

"终时"类时间副词是与"初时"类相对的,主要有"卒、终、终来、终须、究竟、毕竟、到底"7 个。

3.6.9.1 卒

"卒"表示最终时间。《金》8 例,《醒》1 例,《聊》1 例。如：

① 饶吴月娘怎般贤淑的妇人,居于正室,西门庆听金莲衽席睟睨之间言,卒致于反目,其他可不慎哉!(金·18·224)

② 正与刁氏在亭侧相倚私语,不意天秀卒至,躲避不及。(金·47·614)

③ 先是小人挑激起衅,官兵卒临,止是退避免祸,并无阻拒之情。(醒·99·1411)

④ 他有功无忧,俺无功可羞,犯争差卒知不能勾。(聊·磨·1544)

《歧》也有1例:

⑤ 久之,买主卒不可得,而代恳之人,亦置之高阁而不顾。(歧·81·780)

3.6.9.2 终

"终"表示最终。《金》15例,《醒》5例,《聊》1例。如:

① 大户道:"我许大年纪,又无儿女,虽有家财,终何大用?"(金·1·10)

② 到次日,到后边问玉箫,谁人透露此事,终莫知其所由。(金·25·314)

③ 只怕你父子们的运气退动,终不能脱他的手。(醒·6·79)

④ 终果定不就凶合吉,破上我就去替他,低着头就把主意拿。(聊·富·1281)

3.6.9.3 终来

"终来"表示最终义,是由"终"加词尾"来"构成的附加副词。《醒》1例,《聊》3例:

① 半截汉子好做,为人莫太刚强;若是见机不早,终来撞倒南墙。(醒·35·523)

② 我又不曾伤天理,怎么把你禽兽生?终来为你送了命!(聊·襄·1198)

③ 我有一着,我有一着,想想终来该如何?你年年在他乡,到几时得安乐?(聊·富·1335)

④ 有一着,有一着,想想终来怎奈何?你年年在他乡,可到几时得安乐?(聊·磨·1464)

3.6.9.4 终须

"终须"意为最终。《金》7例,《聊》1例。如:

① 命里有时终须有,命里无时莫强求。(金·14·168)

② 胸中有志终须到,囊内无财莫论才。(金·48·638)

③ 青霄有路终须到,生前无分也难消,把佳期叮咛休忘了。(金·77·1173)

④ 说走就把声来放,什么冤屈,皇天爷娘?坐到黄昏,终须怎么样?(聊·襄·1156)

《儿》出现3例:

⑤ 你我话尽于此,送君千里,终须一别,我也不往下送了。(儿·10·148)

⑥ 有了银钱,却又只怕没人,又道是"牡丹花好,终须绿叶扶持"。(儿·19·298)

⑦ 常言道得好:"送君千里终须别。"(儿·32·582)

3.6.9.5 究竟

"究竟"意为最终,仅《聊》1例:

① [高公]丑事赃名日日多,[夫人]不知究竟更如何?[高公]但求速死黄泉下。(聊·襄·1226)

3.6.9.6 毕竟

"毕竟"表示最终。《金》99例,《醒》3例,《聊》2例。如:

① 毕竟婆子有甚计策说来,要知后项事情,且听下回分解。(金·2·31)

② 毕竟西门庆怎的对何九说,要知后项如何,且听下回分解。(金·5·60)

③ 毕竟还寻了那原旧弄猴的花子来,方才收捕了他去。(醒·76·1087)

④ 害的是干血劳,吃汪太医药只是不效,毕竟医治不好,死了。(醒·80·1137)

⑤ 到了家,又添上三两,拿着来给官人送行。官人毕竟没收。(聊·富·1287)

⑥ 店主说:"他就是罪人,你待断了他的牢食么?"毕竟端了饭来,鸿渐吃了。(聊·磨·1451)

3.6.9.7 到底

"到底"说明某种情况最终发生。《金》2例,《醒》2例,《聊》1例:

① 有疾被他撞倒,无情被他挂着,到底被他缠住拿着。(金·4·52)

② 到底是那小淫妇做势儿,对你爹说:"我终日不得个闲收拾屋里,只好晚夕来这屋里睡罢了。"(金·58·788)

③ 痴心指望成连理,到底谁知事不谐。(醒·52·756)

④ 人是羊性,你要起为头立不住纲纪,到底就不怎的。(醒·96·1366)

⑤ 到底终须要开交。古时有王祥,也曾把后娘孝。(聊·慈·911)

3.6.10 先时

这类时间副词表示动作行为先于或早于另一动作行为发生,主要有"从先、预先、预先里、早"4个。

3.6.10.1 从先

"从先"表示某一动作行为在说话之前的时间产生。《聊》3例:

① 你从先骂的不少了,我说你省着些罢。(聊·慈·907)

② 从先听着,从先听着,大叔只顾紧叨叨。(聊·蓬·1097)

3.6.10.2 预先、预先里

"预先"表示某一动作行为先于另一动作行为发生,《金》14 例,《醒》63 例,《聊》1 例;[1]"预先里"义同"预先",《聊》2 例。如:

① 西门庆预先问帅府周守备讨了五十名巡捕军士。(金·65·913)

② 狄宾梁料他要自己来谢,预先叫家中备下肴馔,留他款待。(醒·44·640)

③ 狄希陈乍闻也未免懊恼,想到那幼小年纪淹在卯水中的时节,水里的神灵已豫先注定他是四川成都府经历。(醒·83·1190)

④ 你若是学的像了我,可预先里准备着烂下腿。(聊·墙·859)

⑤ 公子打躬云:"不敢! 我是预先里这么说。"(聊·禳·1241)

3.6.10.3 早

"早"表示某种情况或行为动作在另一情况或行为动作产生之前就已经存在。《金》148 例,《醒》7 例,《聊》27 例。如:

① 手下又早伺候轿马来接,与西门庆作辞,谢了又谢。(金·49·649)

② 文嫂儿又早在那里接了贴儿,连忙报与林太太说。(金·78·1192)

③ 次日清早,相大妗子合相于廷娘子又都早来奔丧。(醒·60·865)

④ 任德前早已看见,拨开众人,引得童奶奶竟进宅门。(醒·71·1014)

⑤ 张炳之把行李搬进来,饭也没吃,早放倒头儿睡了。(聊·慈·897)

⑥ 二爷早已吩咐了,各人手拿棍一根,休叫他摆了溜子阵。(聊·磨·1416)

3.6.11 临时

这一类时间副词表示动作行为在说话时间临时产生,仅"现"一个。《醒》1 例,《聊》2 例:

① 将次近午,调羹的鱼也做完,螃蟹都剁成了块,使油酱豆粉拿了等吃时现炒。(醒·58·832)

② 当时立了文约,仇福腰里掏出包来,现交了五百两;拆完了,再交那三百。(聊·翻·1002)

③ 弟妇着急没有法,现从头上摘金钩。(聊·磨·1450)

《歧》出现 1 例,《儿》14 例,如:

④ 大家掷将起来。这夏逢若一时财运亨通,正是小人也有得意时,起场时又现赢了八十两。喜喜欢欢,包裹而归。(歧·53·491)

---

① 《醒》3 例记做"豫先"。

⑤ 又有褚大娘子里边弄的家园里的瓜菜,自己腌的肉腥,并现拉的过水面,现蒸的大包子。(儿·16·246)

⑥ 难道这邓九公是安老爷飞符召将现抓了来的不成? 不然怎生来的这样巧!(儿·24·406)

⑦ 便是此刻叫人在外头现找去,只听见背着鼓寻锤的,没听见拿着锤寻鼓的。(儿·30·529)

⑧ 又叫叶通写三个"馈赆"的签子按包贴上,再现买个黑皮子手版来,要恭楷写"旧属安学海"一行字。(儿·39·752)

3.6.12 不定时

这一类时间副词表示不确定的时间,主要有"早晚、早晚间"2个。

3.6.12.1 早晚

"早晚"即"或早或晚",表示不确定时间。《金》33例,《醒》1例,《聊》4例。如:

① 咱每若替他干得此事停当,早晚他在老爷跟前,只方便你我,就是一点福星。(金·88·1336)

② 雪娥收泪谢薛嫂:"只望早晚寻个好头脑,我去自有饭吃罢。"(金·94·1421)

③ 从前作过事,没兴一齐来。早晚应须报,难逃孽镜台。(醒·12·187)

④ 终日昏昏眼不也么开,魂灵已上望乡台。苦哀哉,早晚的刨窝往外抬。(聊·富·1285)

⑤ 万岁说:"我自来没见光景。你嫌我辱没你时,你教些乖给我,早晚给你支架子何如?"(聊·幸·1614)

《歧》1例,《儿》3例:

⑥ 这个人,我早晚要开发他。(歧·49·456)

⑦ 只是可惜你那个老伙伴的病,又未必得早晚就好,来得怎快。(儿·5·64)

⑧ 因前日他母亲死后,他忽然的告诉我父亲,说他的张弹弓借给人用去了,早晚必送来,他如今要走,等不得。(儿·14·212)

⑨ 问他家庄客,又说有事去了,不得知到那里去,早晚一定回来,因是家下无人,不好留客。(儿·17·264)

3.6.12.2 早晚间

"早晚间"义同"早晚"。《金》3例:

① 咱做弟郎的早晚间走去,抓着哥儿,讨个信来回复你老人家,却不是好。(金·57·767)

② 也有说的是的,说道:"孩儿们怎去的远,早晚间却回也。"(金·57·768)

③ 今日呵若得那个檀越为主作倡,管情早晚间把咱好事成就也。(金·

57·770)

3.7 频率副词

"频率副词"表示动作行为发生的频率,按照所表语义的不同可分为高频副词和低频副词两类。

3.7.1 高频副词

"高频副词"表示动作行为的发生具有频率高的特点,主要有"常、长、常常、常常儿、长长、常时、时常、时常里、每、每每、屡、屡屡、屡次、频、频频、恒、往往、寻常、专常、要便、时、时时、刻刻、时刻、时时刻刻、不时、不一时、动不动、动起、动不起、行动、动辄、动动、老、总、自、尽"37 个。[①]

3.7.1.1 常、长

"常"表示动作行为经常发生。《金》190 例,《醒》73 例,《聊》92 例。如:

① 老身无事,常过去与他闲坐,他有事亦来请我理会。(金·3·37)

② 狄希陈也常给小玉儿钱,门口买炒栗子合炒豆儿大家吃。(醒·75·1069)

③ 常是忧愁眉不展,终日没人做声声,大姐也使不的强刚性。(聊·翻·999)

"常"记做"尝"的用例如:

④ 妇人尝与他浸润,他有甚不是,在西门庆面前替他说方便。(金·8·91)

⑤ 尝将压善欺良意,权作尤云殢雨心。(金·19·235)

⑥ 一日也尝当许多银子出门。(金·20·255)

⑦ 晁源虽也尝是管他,不照这一遭管教的利害。(醒·19·283)

⑧ 狄员外因一向尝扰童家,又因监满在即,又因九月重阳,要叫尤聪治酒一卓抬过童家厅上,好同童奶奶合家小坐。(醒·54·789)

"长"表示动作行为屡次发生。《金》2 例,《醒》4 例,《聊》19 例。如:

⑨ 荆林不当车马道,管弦长奏丝罗家。(金·44·574)

⑩ 此生此夜不长见,明月明年何处看?(金·45·593)

⑪ 引诱他的人,如侯、张两个道婆之类,自是也不便长上他门。(醒·76·1085)

⑫ 大成说他一二十,一点人性全不知,亲娘呀,终朝惹的长生气。(聊·姑·863)

[①]《金》有"惯一"一词,似是表示动作行为频繁发生,但只 1 例:"刘婆道:'他惯一不着的,晓得甚么来!这个原是惊,不如我收惊倒好。'"(金·53·697)。

3.7.1.2 常常、常常儿

A. "常常"表示行为、动作屡次发生,强调行为动作的经常性。《金》6 例,《醒》26 例,《聊》14 例。[①] 如:

①岂知这小厮不守本分,常常和同行小厮在街吃酒耍钱,颇露出圭角。(金·12·139)

②有人处常常袖着,无人处慢慢轻摇,休教那俗人见偷了。(金·82·1264)

③连那四奶奶也常常教人送吃食进去与他。(醒·14·209)

④寄姐从此又常常的吵闹,撒泼生冤,打家伙,砸缸盆,嚷成一片,习以为常。(醒·91·1294)

⑤头一种生在园,一开花八千年,我也不得常常见。(聊·蓬·1101)

⑥读的未必专,我又不能常长看。(聊·磨·1441)

B. "常常"由于强调动作行为的经常性,因此在某些语境下转而强调行为状态的长久或持续性。《醒》1 例,《聊》6 例。如:

⑦谁知人的运气就如白昼的日光一般,由早而午,由午而夜,日头再没常常晌午的理。(醒·70·996)

⑧奶奶也不要哀伤,往后也未必常常如此,待二日再看。(聊·襁·1196)

⑨俺也常常少年,事奉我的爹娘。(聊·襁·1273)

⑩你若去时,陡然富贵就是陡然富贵,常常富贵就是常常富贵。(聊·幸·1629)

C. "常常儿"《金》1 例:

⑪你性儿强,我常常儿的让你。一面儿不见,不是你寻我,我就寻你。(金·89·1354)

3.7.1.3 长长

"长长"表示动作行为经常发生。《聊》2 例:

①情意太高,情意太高,长长事儿要分劳,以后做生活,只叫他先跑。(聊·慈·914)

②长长骂着还踢蹬,给你句好气就上了天,我还嫌我骂的善。(聊·俊·1114)

3.7.1.4 常时

"常时"表示动作行为经常发生。《金》27 例,如:

---

①《醒》"常常"有 8 例后加"的";《聊》1 例为"常长"。

① 咱这里间壁住的花家,这娘子儿倒且是好,常时使过小厮丫头送东西与我,我并不曾回些礼儿与他。(金·10·117)

② 有他哥在家,常时撞见打一顿。(金·38·495)

③ 月娘就到奶子床前,摸着官哥道:"不长俊的小油嘴,常时把做亲娘的,平白地提在水缸里。"(金·53·708)

④ 这周氏年小,守不得,就与他这女婿常时言笑自若,渐渐在家嚷的人知道,住不牢。(金·76·1155)

⑤ 自从贤弟那日去后,你令姐昼夜忧心,常时啾啾唧唧不安。(金·97·1452)

3.7.1.5 时常、时常里

"时常"表示动作行为经常发生。《金》10 例,《醒》45 例,《聊》7 例。① 如:

① 左右街坊,有几个不三不四的人,见无人在家,时常打砖掠瓦鬼混。(金·34·435)

② 岂期经济怀恨,在家将氏女西门氏时常熬打,一向含忍。(金·92·1395)

③ 丁利国时常还有帮贴。其妻其子,一个月三十日倒有二十五日吃丁家的饭。(醒·27·395)

④ 连那奢侈惯了的童奶奶也时常的劝他。(醒·54·789)

⑤ 如今思想起来,那厨子始常忒也拿我不当人,甚是可恶!(聊·禳·1237)

"时常里"《聊》1 例:

⑥ 你时常里跺跺脚,休叫那促织叫。(聊·富·1307)

3.7.1.6 每、每每

"每"表示同样的动作发生多次,含有"常常"的意思。《金》21 例,《醒》4 例,《聊》2 例。如:

① 李瓶儿尚不知堕他计中,每以姐姐呼之,与他亲厚尤密。(金·20·254)

② 绿杨影里,时闻鸟雀归林;红杏村中,每见牛羊入圈。(金·93·1405)

③ 我一向敬重你,每见你晚夜时候从土地庙门经过,都有两盏纱灯迎送,所以知你是个贵人。(醒·98·1394)

④ 盼想冤家,盼想冤家,每依南斗望京华。(聊·禳·1187)

⑤ 急仔江城每待打他,我就替他效效劳罢。(聊·禳·1212)

---

① 《醒》"时常"有 4 例后加"的";《聊》"时常"1 例为"始常"。

"每每"表示动作行为多次发生。《醒》8例，如：

⑥晁住通也不照常时，粮食柴火每每的送不到。（醒·21·311）

⑦狄希陈每每与他们同走出门，只是千方百计转眼就不见了，都是在孙兰姬家鬼混。（醒·38·559）

⑧谁知这吴推官以为至乐，每每对了同年亲友，自相夸诩不已。（醒·91·1297）

⑨胡无翳见他没有落发出家的本意，每每将言拨转，又使言语明白劝化。（醒·93·1326）

⑩原只该六十岁的寿限，每每增添，活了一百五岁。（醒·93·1329）

3.7.1.7　屡、屡屡

"屡"表示同样或同类行为多次重复。《金》4例，《醒》7例，《聊》1例。如：

①久仰山斗，未接丰标，屡辱厚情，感愧何尽。（金·36·473）

②学生屡承教爱，累辱盛仪，日昨又蒙赙礼，些小微物，何足挂齿。（金·65·923）

③干等了几时，不见狄家这里动静，又只得使了人来催促，见屡催不理，情愿照程乐宇的礼数只要一半。（醒·39·571）

④门子屡请不出，家人不由得说道……（醒·91·1303）

⑤太公说："屡受颠险，心中甚淡，只借功名为安全之路罢了。"（聊·磨·1506）

"屡屡"表示事情多次重复。《金》1例，《醒》6例，《聊》5例。如：

⑥自此这西门庆就安心设计，图谋这妇人。屡屡安下应伯爵、谢希大这伙人，把子虚挂住在院里，饮酒过夜。（金·13·154）

⑦谁知那天老爷还不肯就下毒手，还要屡屡的儆醒众生。（醒·27·391）

⑧狄婆子不止一日，屡屡试得他是真心，主意要狄员外收他为妾。（醒·56·812）

⑨三官屡屡显灵圣，怎么还敢亵渎他？（聊·寒·1046）

⑩他屡屡杀败官兵，若是不受招安，岂有置之不论的？（聊·磨·1534）

3.7.1.8　屡次

"屡次"义同"屡屡"。《醒》12例，《聊》5例。如：

①只是爹娘见在华亭，公公屡次说北去，这又令我不省。（醒·3·43）

②谁知凡事的成败，都有个一定的日子，恰好屡次都撞他不着。（醒·19·284）

③二相公说："屡次蒙你见爱，就没问大号？"（聊·寒·1055）

④ 听说圣上屡次有人招安,大王是因何不许?(聊·磨·1448)

3.7.1.9 频、频频

"频"表示动作行为屡屡发生。《金》16 例,《醒》4 例。如:

① 西门庆令小厮席上频斟美酒。(金·64·907)

② 六军营内,呜呜画角频吹;五鼓楼头,点点铜壶双滴。(金·81·1256)

③ 其次刑部,如今大狱频兴,司官倒也热闹,只是动不动就是为民削夺,差不多就廷杖,这是要拘本钱的去处,是不消提起的了。(醒·5·65)

④ 文书行到县里,县官频催起身。(醒·75·1063)

"频频"表示同一动作行为多次发生。《金》3 例,《聊》1 例。如:

⑤ 闻的西门庆家里豪富,见他侍妾多人,思想拐些用度,因此频频往来。(金·57·777)

⑥ 杯物频频饮,愁怀且暂清。(金·66·936)

⑦ 二更难过,讨一觉频频的睡着。(金·73·1080)

⑧ 盼想冤家,盼想冤家,每依南斗望京华。手拿绣鞋儿,频频占鬼卦。(聊·襄·1187)

3.7.1.10 恒

"恒"做频率副词,《金》1 例,意为经常、常常:

① 故锦衣西门大官人之灵曰:维灵生前梗直,秉性坚刚;软的不怕,硬的不降。常济人以点水,恒助人以精光。(金·80·1242)

例中"恒"与"常"对举,此意义来源于形容词"恒"。

3.7.1.11 往往

"往往"表示同一动作行为在某一状况下常常发生。《金》2 例,《醒》13 例,《聊》1 例。如:

① 自古男治外而女治内,往往男子之名都被妇人坏了者为何?(金·14·162)

② 往往干事不称其意,渐渐颇生憎恶。(金·19·231)

③ 往往有乍然相见,便就合伙不来,这不消说起,通是没有缘法的了。(醒·79·1124)

④ 但是天下的财帛也是不容易担架的东西,往往的人家没有他,倒也安稳;有了他,便要生出事来,叫你不大受用。(醒·94·1340)

⑤ 常言贵命真天子,往往七窍现龙蛇,你就合着这句话。(聊·幸·1626)

3.7.1.12 寻常

"寻常"表示动作行为常常发生。《醒》4 例,《聊》3 例。如:

①谁知这雍山洞内,久住有一个年久的牝狐,先时寻常变化,四外迷人。(醒·1·12)

②头一兵部,也先寻常犯边,屡次来撞口子,这是第一有干系的。(醒·5·65)

③人都不呼他的姓名,只叫他乳名小鸦儿,寻常挑了皮担,到山前替人做活。(醒·19·272)

④那人道:"相公真是个好心的人,甚是难为,但我这桥上是寻常行走的,不劳相公垂念。"(醒·62·891)

⑤第二年全然不打扰,跟着腚上狗喤荒,他还说我絮聒样。寻常是少柴没米,真教人焦怨难当。(聊·墙·830)

⑥一日能动转,百里作生涯;寻常几个月,不到女儿家。(聊·墙·832)

⑦终日家对脸儿,寻常是骂。(聊·襄·1207)

3.7.1.13　专常

"专常"表示动作行为常常发生。《醒》10例。[①]　如:

①他这向专常出去,近日多常是整夜不回,必定是在那个娼妇家里。(醒·38·563)

②我说叫他出去罢,咱如今同不得常时,又没了钱,又没了势,官儿又严紧,专常的下监来查。(醒·43·631)

③薛婆子道:"你专常的见,专常的叫你娘费礼,这遭不收罢。"(醒·44·641)

④又说街两旁都是无底的臭沟,专常吊下人去。(醒·75·1063)

⑤专常惹的人打骂,咱房东也不成体面。(醒·78·1110)

3.7.1.14　要便

"要便"表示动作行为经常发生。《金》22例,如:

①后边乔皇亲花园里常有狐狸,要便半夜三更假名托姓变做你,来摄我精髓,到天明鸡叫时分就去了。(金·19·240)

②李瓶儿使小厮叫了他两三遍,只是不得闲,要便锁着门去了一日。(金·37·490)

③我心里不耐烦,他爹要便进我屋里,推看孩子,雌着和我睡。(金·57·798)

④书童蓬着头,要便和他两个在前边打牙犯嘴,互相嘲斗,半日才进后边去。(金·64·901)

---

① 其中有3例后加"的"。

⑤ 不想冯二有个儿子冯淮，不守本分，要便锁了门出去宿娼。（金·67·922）

⑥ 奶子如意儿，要便引着孝哥儿，在他屋里顽耍，吃东西。（金·95·1411）

关于"要便"的来源，杨荣祥（2002）认为，"'要'当读平声，义为'乘，趁'，原义当为'趁便'，虚化为副词，表示动作行为经常发生"。

3.7.1.15 时、时时

"时"表示动作行为经常发生。《金》10 例，《醒》4 例，《聊》4 例。如：

① 槐阴满地日卓午，时听新蝉噪一声。（金·29·373）

② 涧水时闻，流泉齐响。（金·84·1291）

③ 狄希陈虽有丈夫之名，时怀鬼见阎王之惧，遇着孙兰姬这等一个窈窕佳人，留连爱惜，怎怪得他不拔肚牵肠？（醒·52·750）

④ 十指春纤时掠鬓，两池秋水屡观鞋。（醒·72·1033）

⑤ 我时来走一遭，着他送我二里遥，姐姐呀，回来再受那师傅的教。（聊·慈·907）

⑥ 催他早起，又叫他晚眠，悄悄步儿时往学中看。（聊·富·1325）

"时时"表示动作行为经常发生。《金》1 例，《醒》11 例，《聊》10 例。如：

⑦ 娘，这等清平世界，孩儿们又没的打搅你，顿顿儿小米饭儿，咱家也尽挨的过。恁地哩，你时时掉下泪来。（金·57·767）

⑧ 差人又正来催逼，幸得县官上东昌临清与府道拜节事忙，夫人又时时的解劝。（醒·36·531）

⑨ 相主事娘子时时进去看他。（醒·78·1107）

⑩ 我身虽是在他方，时时悬挂一条肠，我儿呀，今日才把心来放。（聊·慈·900）

⑪ 恨男儿大不通，时时妄想在心中，松松手就去瞎胡弄。（聊·禳·1225）

3.7.1.16 刻刻

"刻刻"表示动作行为不间断地进行。《醒》5 例，《聊》1 例。如：

① 花娘莫信已从良，刻刻须防本是娼。（醒·50·725）

② 时时如临深渊，刻刻如履薄冰。（醒·65·926）

③ 这潘氏行走坐卧、一饮一食，这丫头刻刻跟在面前。（醒·72·1030）

④ 年来躲在京师住，惟恐冤家觅聚，刻刻耽忧惧，祷祠只愿无相遇。（醒·85·1207）

⑤ 从此，狄希陈便也刻刻提防，时时准备。（醒·97·1385）

⑥ 刻刻读书莫暂停，光阴疾似水流行；夜夜念到三更半，如此三年望有成。（聊·磨·1445）

3.7.1.17 时刻、时时刻刻

"时刻"表示动作行为无时无刻不在持续。《醒》15例,《聊》1例。如:

① 狄希陈指了这个为由,时刻在薛如卞、相于廷两个面前唆拨。(醒·40·582)

② 且住着三间房屋,母亲又时刻不肯离他的卧房,无从下手。(醒·92·1318)

③ 我身边实有一个冤家,委实的时刻算计谋害。师傅既能前知,必能搭救。(醒·100·1424)

④ 我的儿我的娇,听说你上府去告,时刻就把肝肠吊。(聊·翻·960)

"时时刻刻"表示动作行为无时无刻不在进行。《醒》、《聊》各3例:

⑤ 巨耐这汪为露病到这样地位,时时刻刻,不肯放松狄宾梁、程乐宇两人。(醒·39·577)

⑥ 至于那刑房书手张瑞风,时时刻刻的要勾引上手,也只恐晃源手段利害,柘典史扯淡防闲。(醒·43·625)

⑦ 从此寄姐与小珍珠倍加做对,没事骂三场,半饥半饿,不与饱饭,时时刻刻防闲狄希陈合他有帐。(醒·79·1130)

⑧ 他原是一个佳人,闻名要访吕洞宾,时时刻刻逢人问。(聊·蓬·1101)

⑨ 想着报仇,想着报仇,时时刻刻事心头,权且把良心丢在脑背后。(聊·富·1297)

⑩ 想着报仇,想着报仇,时时刻刻在心头。(聊·磨·1412)

3.7.1.18 不时

"不时"表示动作行为频繁发生。《金》3例,《醒》18例,《聊》2例。如:

① 李瓶儿叮咛嘱咐西门庆道:"我的哥哥,切记休贪夜饮,早早回家。那厮不时伺害于你,千万勿忘奴言,是必记于心者。"(金·71·1026)

② 朝廷敕书上又教他兼管许多事情,镇守地方,巡理河道,提拿盗贼,操练人马,常不时往外出巡几遭,好不辛苦哩。(金·96·1441)

③ 春梅不时常出来书院中,和他闲坐说话。(金·97·1462)

④ 那典史常来下监,刑房也不时来查夜,好不严紧!(醒·43·629)

⑤ 韦美按日供柴,计时送米;恐怕吃了秃老婆的小菜,还不时送钱买办。(醒·88·1248)

⑥ 虽无甚么给爹吃,尽尽这穷情也心安,不时的你来看俺看。(聊·墙·833)

⑦ 不时去棋酒快乐,我合他文字相交。(聊·襄·1185)

3.7.1.19 不一时

"不一时"表示行为动作屡次发生。《金》、《聊》各1例：

① 一向要请奶奶过去，家官府不一时出巡，所以不曾请得。（金·96·1440）

② 仇福大喜，谢了扰去了。从此成了朋友，不一时携了酒来合他吃。（聊·翻·938）

3.7.1.20 动不动

"动不动"表示动作行为经常发生。《金》1例，《醒》4例，《聊》3例。如：

① 动不动将人骂，一径把脸儿上挝。（金·83·1274）

② 往时怕的是计氏行动上吊，动不动就抹颈。（醒·1·7）

③ 我合孩子的命贵，不跳黄河。你命不值钱，动不动就跳河跳井的！（醒·87·1237）

④ 从来鬼怕恶人，二相公没来时，动不动打骂；着二相公掘了一场，撅着嘴也没敢做声。（聊·寒·1049）

⑤ 任凭你王侯公子，动不动怒气冲天；他若到了绣房前，咦，汉子就矮了一半！（聊·襄·1145）

3.7.1.21 动起、动不起

"动起"、"动不起"表示动作行为常常发生。"动起"《醒》1例，"动不起"《醒》2例：

① 那计氏还道是向日的丈夫，动起还要发威作势，开口就骂，起手即打。（醒·1·7）

② 若是有那一等的泼皮的光棍，无赖的凶人，动不起拿了那不值钱的狗命图赖人家。（醒·30·437）

③ 又兼刘振白那乔腔歪性，只知道自己，余外也不晓得有甚么父母妻子，动不起生槌实砸，逐日尽是不缺。（醒·82·1168）

3.7.1.22 行动

"行动"表示动作行为经常发生。《金》11例，《醒》4例。如：

① 行动只拿五娘唬我。（金·23·295）

② 我和他紧隔着壁儿，要与他一般见识起来，倒了不成！行动只倚逞着孩儿降人。（金·51·667）

③ 小厮被春鸿骂的狗血喷了头，皆出生入死，行动就说落，教西门庆打。（金·77·1166）

④ 往时怕的是计氏行动上吊，动不动就抹颈。（醒·1·7）

⑤ 第三的兄弟，他倒望着我亲，偏偏的是个白丁，行动在他两个哥手里讨

缺。(醒·74·1051)

⑥ 把两个正经管家反倒欺侮起来,开口就骂,行动就嚷,说管家是个真奴才,他是央倩的人客。(醒·88·1261)

3.7.1.23 动辄

"动辄"表示动作行为经常发生。《醒》1 例:

① 二则与狄希陈朝夕坐在船上,相厮相守,易于言差语错,动辄将狄希陈打骂。(醒·91·1292)

3.7.1.24 动动

"动动"表示动作行为经常发生。《聊》3 例:

① 谁想他不害羞,还使他那本领,动动就说:"我捯子都揸了,怕人咋!"(聊·姑·883)

② 他使钱买了那恶鬼,咱爷又老实,动动就受打骂。你给我写张状来。(聊·寒·1043)

③ 可怜咱爷老实的很,动动就是骨朵揸,乜女人可又难争辨。(聊·寒·1043)

3.7.1.25 总

"总"义同"老"。《金》8 例,《醒》3 例,《聊》24 例。如:

① 莫道佳人总是痴,惺惺伶俐没便宜。(金·51·668)

② 你将九重天子深瞒昧,令四海生民总乱离,更不道天网恢恢。(金·70·1013)

③ 儿子读夜书,自己也做些工夫,细君合女儿也做生活,总在这张方卓之上,两枝蜡烛之下。(醒·24·358)

④ 只得让了狄希陈自己回去,只是千算万算,总不如他的尊意,怀恨更深。(醒·99·1417)

⑤ 于氏心里总不耐烦,也还说是初来,做了饭,二成端给他吃了。(聊·姑·872)

⑥ 此时才觉腰儿细,怀里总像是无人。(聊·富·1311)

3.7.2 低频副词

低频副词表示动作行为的发生具有频率低的特点,主要有"有时、时或、或时、偶尔"4 个。

3.7.2.1 有时

"有时"表示动作行为发生的次数少。《金》4 例,《醒》18 例,《聊》1 例。如:

① 日里同行同坐,夜里有时也同一处歇。(金·56·763)

② 狂蜂浪蝶有时见,飞入梨花无处寻。(金·82·1265)

③ 他或有时不在,魏氏与侯小槐偷做些勾当,他回来偏生晓得。(醒·42·618)

④ 若素姐有时性起,只是忍受,切不可硬嘴触犯,便一七和如一七,七七则和睦美好。(醒·61·880)

⑤ 泼妇名头甚不香,有时用他管儿郎;管的败子回头日,感谢家中孩子娘。(聊·俊·1109)

3.7.2.2 时或

"时或"表示动作行为发生的次数少。《聊》2例:

① 母舅表兄时或到,坐不坏的板凳,喝不干的河。(聊·墙·833)

② 大姐做了饭,也时或去帮他。(聊·翻·999)

3.7.2.3 或时

"或时"表示动作行为发生的次数少。《醒》3例:

① 寄姐看的好纸牌,常与狄希陈看牌耍子,有时赌栗子,或时赢钱,或时赢打瓜子,待半日家不过去。(醒·54·781)

② 每常挑着一担水,或时抗着大斗七斗粮食,就如当顽的一般。(醒·89·1273)

3.7.2.4 偶尔

"偶尔"表示动作行为发生的次数少。《醒》、《聊》各1例:

① 义方开塾儿知孝,慈静宜家妾有贞。偶尔违和聊作楚,虚空保护有神明。(醒·36·525)

② 马上锦袍,马上锦袍,偶尔出门玉辔摇。(聊·慈·927)

频率副词在《金》、《醒》、《聊》、《歧》、《儿》中的使用频率比较表

	金	醒	聊	歧	儿
常	190	73	92	29	66
长	2	4	19	0	0
常常	6	26	14	5	0
常常儿	1	0	0	0	0
长长	0	0	2	0	0
常时	27				
时常	10	45	7	33	10
时常里	0	0	1	0	0
每	21	4	2	8	0

	金	醒	聊	歧	儿
每每	0	8	0	2	0
屡	4	7	1	11	0
屡屡	1	6	5	0	0
屡次	0	12	5	1	1
频	16	4	0	4	1
频频	3	0	1	0	0
恒	1	0	0	0	2
往往	2	13	1	11	15
寻常	0	4	3	0	0
专常	0	10	0	0	0
要便	22	0	0	0	0
时	10	4	4	1	0
时时	1	11	10	2	0
刻刻	0	5	1	1	4
时刻	0	15	1	9	5
时时刻刻	0	3	3	3	2
不时	3	18	2	0	3
不一时	1	0	1	1	16
动不动	1	4	3	3	0
动起	0	1	0	0	0
动不起	0	2	0	0	0
行动	11	4	0	0	0
动辄	0	1	0	0	4
动动	0	0	3	1	0
老	1	0	0	0	4
总	8	3	24	21	37
自	2	0	0	0	0
尽	0	0	5	0	0
有时	4	18	1	5	4
时或	0	0	2	0	0
或时	0	3	0	0	0
偶尔	0	1	1	7	0

3.8 重复副词

重复副词表示动作行为重复或反复多次进行。主要有"又、又自、还、还自、重、重新、从新、复、重复、反复、更、左右、再、再二、再三、再四、再行"等17个。

3.8.1 又

A. "又"表示重复。《金》2655例,《醒》3186例,《聊》1884例。

a. "又"表示同一个、同一类动作行为、状态重复发生或出现,两种动作行为、状态相继发生或出现。《金》766例,《醒》809例,《聊》826例。如:

① 西门庆道:"我分付明日来接我,这咱晚又来做甚么?"(金·17·205)

② 晁夫人道:"这又古怪,我梦见梁和尚进到卧房,他就落地。"(醒·21·312)

③ 那四十年离别夫妻,又得相见,就是铁石人,那里有不悲痛的呢?(聊·慈·930)

其中"又"前后重复同一动词。《金》22例,《醒》8例,《聊》21例。如:

④ 那李智、黄四向伯爵打了恭又打恭。(金·46·594)

⑤ 陆秀才从此收敛做人,不敢丝毫坏了心术,凡事谨了又谨,慎了又慎,惟怕伤了天理。(醒·98·1396)

⑥ 二郎爷夸又夸,这个话实不差,不必定把丈夫嫁。(聊·寒·1065)

"又"修饰名词。《金》32例,《醒》20例,《聊》34例。如:

⑦ 又一个巧宗儿:王三官儿娘子儿,今才十九岁,是东京六黄太尉侄女儿,上画般标致,双陆棋子都会。(金·68·973)

⑧ 刚刚收拾得完,只见伍小川同邵次湖又两个外差,伍小川的老婆儿媳妇,两个出了嫁的女儿,风火一般赶将进来。(醒·11·163)

⑨ 各人饮酒谈心事,一行山北又山南,蓬莱处处都游遍。(聊·蓬·1107)

b. "又"表示几种动作、状态或情况的累积。《金》1889例,《醒》2377例,《聊》1058例。如:

⑩ 昨日晚夕,我才打翠花铺里讨将来,今日要送来,不想奶奶又使了牢子去。(金·95·1432)

⑪ 这班后生,外州下县的人,又生在乡村之内,乍到了省城,就如上在天上的一般,怎拘束得住?(醒·37·545)

⑫ 今日不知吃了谁家的酒了,又不知吃了谁家的引子,连我也找算起来了。(聊·幸·1594)

其中两个以上"又"连用,《金》55例,《醒》114例,《聊》101例。如:

⑬ 你家不见了我头面,又不与我原物,又不赔我银子,只反映着我两头来回

走。（金・95・1429）

⑭ 你家里放着一个又标致，又齐整，又明眉大眼，又高粱鼻相的个正头妻，这里又有一个描不成画不就的个小娘子，狗揽三堆屎，你又寻将我来是待怎么？（醒・79・1126）

⑮ 俺如今又不沙，又不傻，又不聋，又不哑，穷的像个耸打瓦。（聊・穷・1119）

B.“又”表示强调，加强语气。《金》96 例，《醒》86 例，《聊》40 例。如：

⑯ 西门庆亦道：“蒙二公早晚看家。”伯爵道：“我又看家哩。我早起来时，忽听房上喜鹊喳喳的叫……”（金・72・1042）

⑰ 月娘道：“他又那得个姐来，死了葬在此处？”（金・89・1351）

⑱ 我又并没曾将猪毛绳捆住了你，你为甚么这们妆乔布跳的？（醒・3・41）

⑲ 狄员外道：“这又是买的了？你偷的那艾回子的皮袄呢？”（醒・67・965）

⑳ 你又不常出门，脱不过抗墙头根，绵衣裳穿着可也笨。（聊・墙・838）

3.8.2 又自

“又自”表示重复。《金》2 例，《醒》3 例，《聊》2 例：

① 那婆子谢了官人，起身睃那粉头时，三钟酒下肚，哄动春心，又自两个言来语去，都有意了。（金・3・48）

② 西门庆道：“紧自他麻犯人，你又自作耍。”（金・8・96）

③ 大尹道：“这样说起来，那计氏在大门上嚷骂，晁源闪在门后不敢做声，珍哥也躲的不见踪影，这也尽怕他了，还有什么不出的气，又自吊死？”（醒・10・146）

④ 他吃酒不上三钟，就要起席；丈人舅子再三的留他不住，定要起身；进去别他的丈母，那丈母又自苦留。（醒・29・425）

⑤ 薛教授收拾停当，又自到狄家告诉留布留银并那帖子上的说话。（醒・29・431）

⑥ 兰芳笑云：“哈！又自唱下了道了。”（聊・禳・1262）

⑦ 你说咱这当衙役的，每日伤天害理，是安心积的老婆盖志门来么？实对你说罢：俺家里又自生讫了一个，肚子里还怀着一个。（聊・磨・1509）

3.8.3 还

A.“还”表示重复，《金》1366 例，《醒》1891 例，《聊》1448 例。

a.“还”表示同一动作行为或情况的重复出现，而且多是不间断地出现，因而通常被理解为动作行为的持续不变。《金》803 例，《醒》1086 例，《聊》918 例。如：

① 于是一头撞将去，两个就揪扭打在一处。慌的来昭妻一丈青走来劝解，把雪娥拉的后走，两个还骂不绝口。（金・26・338）

② 程大姐到此田地,还不见机,又骂道:"好撒野奴才! 你看谁是养汉婆娘?"(醒·73·1041)

③ 夫人恼了说:"你还没问问是谁,就说不要,从此可也不给你找老婆了!"(聊·襀·1166)

这类"还"可以修饰形容词,意义侧重于表示"不变",因此有把事情往小里、低里、轻里说的意思。《金》21 例,《醒》37 例,《聊》34 例。如:

④ 葛翠屏心还坦然,这韩爱姐一心只想念男儿陈经济大官人,凡事无情无绪,睹物伤悲。(金·100·1494)

⑤ 县官回说:"平日也不甚端方,也甚健讼,也还武断。"(醒·39·574)

⑥ 大不然吃了早饭,往这里走也还暖和。(聊·墙·837)

b. "还"表示不同动作行为的累积出现。《金》563 例,《醒》805 例,《聊》530 例。如:

⑦ 棋童道:"温师父写了这两个,还再写上四个:请黄四婶、傅大娘、韩大婶和甘伙计娘子的,我使来安儿来取。"(金·72·1058)

⑧ 我把这腊嘴进给老公,老公没有不喜欢的,饶了打不消说的,只怕还不教赔银子哩。(醒·70·1000)

⑨ 不曾剜垅,不曾锄田,除吃了酒肉,还赏一百大黄边。(聊·磨·1486)

这类"还"侧重于不同情形的"累积",蕴含量度增加的语义,因此修饰形容词可以表示程度增加。《金》13 例,《醒》24 例,《聊》25 例。如:

⑩ 生的黄白净面,身子儿不肥不瘦,模样儿不短不长,比金莲脚还小些儿。(金·22·278)

⑪ 珍哥道:"人家老头子拿着乌须,没的是死了才乌? 你曾见俺家里那个白狮猫来? 原起不是个红猫来? 比这还红的鲜明哩!"(醒·6·89)

⑫ 也去孤堆着一处,少时子雅起来,回来说:"哎哟! 亏了我还轻些。"(聊·襀·1218)

B. "还"用做语气副词,表示强调。《金》248 例,《醒》504 例,《聊》223 例。如:

⑬ 妇人那里容他住,说道:"你还是那人家哩! 只当奴害了汗病,把这三十两银子问你讨了药吃了。你趁早与我搬出去罢! 再迟些时,连我这两间房子,尚且不勾你还人。"(金·19·235)

⑭ 薛内相道:"是娘子这等大福才享用了这板。俺每内官家,到明日死了,还没有这等发送哩。"(金·64·904)

⑮ 舅爷说:"人材齐齐整整的,这是武城县有名的方便主子,那还有第二家不成? 姐姐,你问他怎的?"(醒·18·263)

⑯ 狄员外忙教人进去备斋管待，问说："师傅还是就行，还要久住？"（醒·29·426）

⑰ 长叹介："近来在床前打铺，气儿不敢粗喘，苦哉苦哉！爹娘听的还说是该。"（聊·襄·1209）

⑱ 大姐夫，他年少的人，已是做出来了，还待治的哩么？（聊·幸·1655）

3.8.4 还自

"还自"义同"还"，表示重复。《金》1例，《醒》1例：

① 西门庆道："你不收，还自推托，我就恼了。事成，我还另外赏几个绸段你穿。"（金·69·982）

② 我合你做夫妇虽是不久，那恩爱比几十年的还自不同。（醒·53·769）

3.8.5 重

"重"表示同一或同类动作行为的重复或者再经历一次。《金》56例，①《醒》19例，《聊》48例。如：

① 常时节道："他下了棋，差了三四着，后又重待拆起来，不算帐。哥做个明府，那里有这等率性的事？"（金·54·726）

② ……尚不急早回头，重修正果，同上西天，尚自沉沦欲海，贪恋火坑，万一迷了本来，怎生是好？（醒·92·1314）

③ 两个月水米未曾也么沾，忽然吃着异样的甜，好自然，盛来吃了又重添。（聊·富·1286）

3.8.6 重新

"重新"表示事情从头另行开始，再一次。《金》3例，《醒》6例，《聊》3例。如：

① 西门庆令左右重新安放桌席，摆设珍羞果品上来。（金·49·642）

② 但时运退动的人就似日头没有重新又晌午的理，只有渐渐的黑将下去。（醒·71·1017）

③ 拿绳子高吊起，打他个极自在！重新又哇，重新又哇……（聊·富·1301）

3.8.7 从新

"从新"义同"重新"。《金》48例，《醒》62例，②《聊》17例。如：

① 贲四戏道："平安儿从新做了小孩儿，才学闲闲，他又会顽，成日只踢球儿耍子。"（金·35·461）

---

① 其中1例为"从"。
② 其中1例为"从心"。

② 晁知州要收他为妾,从新又叫了他爹娘来到,与了他十二两财礼。(醒·36·534)

③ 娘子既不恼我了,咱一章掀过去,从新处好,我合你下棋罢。(聊·襄·1179)

3.8.8 复

"复"表示同一动作行为多次重复进行。《金》53例,《醒》32例,《聊》6例。如:

① 复又到钞关上回了钱老爹话,讨了回帖才来了。(金·67·952)

② 狄周谢了那说信的邻翁,复上了头口,竟往翰林院门口奔来。(醒·75·1064)

③ 你爷死了半年整,谁还想他得复生,入黄泉叫他也不应。(聊·寒·1068)

其中《金》"从新复"连用2例,"又复"连用1例,"复又"连用2例;《醒》"复又"连用9例,"又复"连用2例;《聊》"又复"、"复又"各1例。

3.8.9 重复

"重复"表示同一或同类动作、行为的重复或者再经历一次。《聊》2例:

① 请饱叨,省的老嫂,重复费烹调。(聊·襄·1154)

② 女婿既宿咱家,夫妇重复和好。明日见高仲鸿,自有话说。(聊·襄·1190)

《儿》中出现8例,如:

③ 先觉得分量沉重,重复在月光之下翻覆一看,口中大叫,说:"了不得!险些儿不曾误了大事!"(儿·11·159)

④ 十三妹听了一怔,重复把安老爷上下一打量,又看了看邓九公、褚大娘子,只得站起身来,向安老爷福了一福。(儿·19·300)

⑤ 何小姐要看看是何人的笔墨,先看了看下款,却只得一行年月,并无名号;重复看那上款,写着"老人书付骥儿诵之",才晓得是公公的亲笔。(儿·29·501)

3.8.10 反复

"反复"表示同一动作行为多次重复进行。《聊》5例。① 如:

① 这个潮行,这个潮行,低头返复自思量,若俺丈人来,是该怎样?(聊·翻·951)

② 出门的假儿实难告,反复思量说什么?(聊·襄·1219)

---

① 其中1例为"返复",1例为"反覆"。

③ 老马也慌，老马也慌，低头反复自思量。（聊·富·1294）

④ 张老爷上马泪如麻，反复思量难杀咱，到家里怎么去回娘亲话？（聊·富·1346）

⑤ 二姐反覆踌躇，心里有些两可的意思。（聊·幸·1616）

《歧》、《儿》也各出现1例：

⑥ 绍闻将宁波来书，反复数过，想道……（歧·86·818）

⑦ 反复推求，不得其故。（儿·39·778）

3.8.11 左右

"左右"表示同一动作反复进行。《醒》2例，《聊》1例。如：

① 左右思量，还得去走一遭才是。（醒·14·212）

② 说的晁大舍抓耳挠腮，恨不的此时就把那秦小姐、唐小姐娶一个来家，即时就一木掀把那珍哥掀将出去才好。只是左右思量，没有这们一个妥当人去相看。（醒·18·262）

③ 起来坐下又沉吟，左右想来难杀人。（聊·襄·1223）

3.8.12 再

A. "再"表示重复。《金》312例，《醒》847例，《聊》363例。

a. "再"表示行为、状态重复或继续。《金》209例，《醒》540例，《聊》229例。如：

① 你今日还没吃药，取奶来，把那药你再吃上一服。（金·79·1224）

② 狄婆子说："你头信再住一日，等我明日起身送你家去罢。"（醒·40·594）

③ 正让着，子雅、子平二人到，仲美说："二位是客，不用再让。"（聊·襄·1216）

有时表示事情状态的重复，《醒》23例，《聊》8例。如：

④ 且留这钱，不够可，把我几件首饰添上；再要不够，我问徒弟们家告助，高低赶五七出了这殡，看耽误下了。（醒·41·602）

⑤ 再要不好，开坏你的考语，轻则戒饬，升王官，再好，还是赶逐离任；再要没天理，拿问追赃。（醒·83·1189）

⑥ 相公到了这时节，就再富些也不嫌，可才足了心头愿。这就是皇罗官里，说甚么天上人间！（聊·翻·969）

⑦ 到前头休着大王见，细豆腐揸的好肉，再酸些他也不嫌。（聊·磨·1388）

"再"修饰名词，《金》1例，《醒》8例，《聊》9例。如：

⑧ 乘兴再三瓯,拣溪山好处追游。(金·54·733)

⑨ 人有问甚么的,本等神说一句,他就附会出再三句来。(醒·42·617)

⑩ 再半个多了,再半个多了,添俩眼到是不妙,搭扶肩背,搂着纤腰,房中欢笑全无禁,旁有一人更不消。(聊·禳·1261)

"再"用于句尾,《金》、《醒》、《聊》各1例:

⑪ 要相逢甚日何年再?(金·43·568)

⑫ 事体可一而不可再,往后象这等的状,姐姐千万不可再告。(醒·89·1269)

⑬ 他哥说:"你可不也再呀!一半顿饭不吃,也饿不煞,着咱娘知道了,敢说是我唠着你,偷面赶饼我吃哩。"(聊·慈·916)

b. "再"表示不同动作行为、状态的累积发生。《金》103例,《醒》307例,《聊》134例。如:

⑭ 追出你货物银子来,就夺了这座酒店。再添上些本钱。(金·98·1465)

⑮ 所以先送了他礼,再请不迟,不想送出这等一个没意思来。(醒·39·571)

⑯ 毛尚书说:"俺走的人困马乏,可以下马歇息,下马歇息,再作打算。"(聊·磨·1528)

"再"修饰单用的"不"、"不然"。《金》14例,《醒》20例。如:

⑰ 再不,你若嫌不自便,替他寻上个老婆,他也罢了。(金·26·328)

⑱ 月娘道:"再不是,抱了往那死鬼坟上,唬了他来了。那等分付,教你休抱他去,你不依,浪着抱的去了。"(金·90·1361)

⑲ 轻则不许入房,再不然,不许上床去睡。(醒·1·7)

⑳ 要是不依,只是给我孩子将去。再不,我只是告上状,凭大爷断罢。(醒·46·674)

B. "再"用在否定及疑问形式前,表示强调。《金》146例,《醒》229例,《聊》63例。如:

㉑ 老冯道:"你爹没寻,只问马来了,我回说来了,再没言语。"(金·50·663)

㉒ 不争今日恼小的,惹的同行人耻笑,他也欺负小的,小的再向那里是个主儿!(金·72·1060)

㉓ 童山人道:"咱的法再没有不灵的。只怕他闭户不纳,也就没法了。"(醒·4·49)

㉔ 再说汪为露自从那日死后,各处去找寻小献宝,再没踪影。(醒·41·

599)

㉕ 再休言,再休言,耳朵没教蚰蜒钻。他那闺女大模样,婆婆可也看不见。(聊·翻·964)

㉖ 小娘子,我从今再不信你。(聊·富·1312)

3.8.13 再二、再三、再四

A. "再二"表示动作行为的重复。《金》1例:

① 我的儿,再二来来,越发罢了!(金·27·347)

B. "再三"表示同一动作行为多次重复进行。《金》106例,《醒》168例,《聊》4例。如:

② 落后你三娘生日,桂姐买了一分礼来,再三与我陪不是。(金·77·1171)

③ 丈人舅子再三的留他不住,定要起身。(醒·29·425)

④ 国母双垂泪,再三苦叮咛,莫要出朝去,恐防有灾星。(聊·幸·1557)

C. "再四"义同"再三"。《金》2例,《醒》9例,《聊》1例。如:

⑤ 再四相劝,只得又吃了一杯。(金·55·741)

⑥ 西门庆再四谦逊,让"爷爷先行",自家屈着背,轻轻跨入槛内。(金·55·745)

⑦ 于是衙中众人再四的劝经历在老大人上乞恩,且姑止其事。(醒·98·1403)

⑧ 大兵折了无其数,俺再四踌躇,有何颜面上京都?(聊·磨·1529)

其中"再四"与"再三"连用,《醒》2例:

⑨ 俺刚才又再三再四的嘱付徒弟,这比不的在家,凡事要忍耐,两口儿好生和美着过,再休动手动脚的。(醒·96·1371)

⑩ 俺那强人待下这们毒手,周相公,你要是个见小记恨人的,你八秋儿撺掇他干了这事,你还肯再三再四的劝他么?(醒·98·1402)

3.8.14 再行

"再行"表示动作行为的重复。《金》1例:

① 回覆曾公,再行报看。(金·48·626)

"再行"是副词"再"与动词"行"跨结构形成的合成副词,《歧》、《儿》中也有用例:

② 密祝道:"咱家四世不曾南归,儿指日要上丹徒拜墓修谱,待择吉登程,再行禀明。"(歧·1·6)

③ 只见上面的出语写的是:"请旨革职拿问,带罪赔修,俟该参员果否能于

限内照数赔缴,如式修齐,再行奏闻请旨。"(儿·3·35)

重复副词在《金》、《醒》、《聊》、《歧》、《儿》中的使用频率比较表[①]

	金	醒	聊	歧	儿
又自	2	3	2	0	0
还自	1	1	0	0	0
重	56	19	48	34	30
重新	3	6	3	6	34
从新	48	62	17	3	4
复	53	32	6	32	7
重复	0	0	2	0	8
反复	0	0	5	1	1
更	0	0	3	17	2
左右	0	2	1	4	0
再二	1	0	0	0	0
再三	106	168	4	34	17
再四	2	9	1	0	0
再行	1	0	0	1	1

3.9 否定副词

否定副词即表示否定语义的副词,根据否定内容分为单纯否定、对已然的否定、对判断的否定、禁止否定四类。

3.9.1 单纯否定

3.9.1.1 不

"不"《金》10097 例,《醒》10963 例,《聊》6967 例。[②]

"不"用在动词、形容词及少数数量词前表示否定。如:

① 以后见他说话儿出来有些不防头脑,只低着头弄裙子,并不作声应答他。(金·30·385)

② 偏偏的事不凑巧,走不二里多路,劈头撞见相于廷从后庄上回来。(醒·68·980)

③ 他说的价虽不小,那木料委实不赖。(聊·翻·1002)

其中"不"用在名词、动词或形容词前,组成"不 A 不 B"式。《金》49 例,《醒》62 例,

---

① "又"、"还"、"再"是《金》、《醒》、《聊》、《歧》、《儿》中最为常用的重复副词,在此不再进行数据比较。

② "不"可与其他词组成复合式副词,如"不必"、"不曾"、"无不"等,我们所做频率统计不包括这些词。

《聊》26例。如：

④ 只见那吴月娘毕竟是个正经的人，不慌不忙，不思不想，说下几句话儿，倒是西门庆顶门上针。（金·57·776）

⑤ 这一日，晁夫人甚是喜欢，正是三月三日，不暖不寒的天气，客去以后，还与春莺、晁梁夫妇，孙子晁冠，闲坐叙话。（醒·90·1285）

⑥ 你待在前头就在前头，你待在后头就在后头，不前不后的，你到有些严紧。（聊·幸·1609）

"不"用在可能式、补充式里，构成否定形式。《金》1177例，《醒》1766例，《聊》903例。如：

⑦ 见如今老身白日黑夜只发喘咳嗽，身子打碎般睡不倒的只害疼，一时先要预备下送终衣服。（金·3·40）

⑧ 乡约等不见杨春回话，又叫人传了话来。（醒·34·502）

⑨ 若是没走华容道，把我就给个脖儿齐，我也怨不得军法治。（聊·快·1134）

"不"也可单用。《金》4例，《醒》1例，《聊》9例。如：

⑩ 经济道："我不。别的就与我一百方也不算，一心我只要你老人家这方汗巾儿。"（金·28·359）

⑪ 爱月儿道："不，他只教我打两个嘴巴儿，我方吃这钟酒儿。"（金·68·969）

⑫ 你但放心，这样嫁人养汉的歪事，岂是吃人饭做出来的？我是断乎不的。（醒·36·527）

⑬ 他哥说："你可不也再呀！一半顿饭不吃，也饿不煞，着咱娘知道了，敢说是我唠着你，偷面赶饼我吃哩。"（聊·慈·916）

⑭ 江城云："着娘不信，可见我不是人了！"夫人大哭云："咳，我儿不，你就变化了！"（聊·襄·1248）

其中例⑬、⑭中"不"表示劝止。

3.9.1.2 不必

"不必"表示不需要、用不着。《金》65例，《醒》97例，《聊》174例。

"不必"用在动词前。《金》61例，《醒》92例，《聊》135例。如：

① 那边李瓶儿接入房中，两个厮会，不必细说。（金·13·161）

② 我既然照管他在尼姑庵里，我自然叫他不必告状，断也不叫连累着你。（醒·86·1231）

③ 娘子说："不必订辑，搭起来送在书铺寄卖青钱六百文。"（聊·蓬·1090）

"不必"用在形容词前。《聊》3 例:

④ 劝妇人,且消停,劝你不必怒冲冲,只怕我的这个主,他也不是省油灯。(聊·姑·867)

⑤ 恶虎说:"不必好,唱就极好。你唱一个,我吃一大盅。"(聊·寒·1031)

⑥ 官人不必太固执了,待俺替官人叫门。(聊·襄·1264)

"不必"用在名词前。《醒》《聊》各 1 例:

⑦ 也不必甚么中、行、评、博,外边的推、知,留部考选,只论他有好文章做出来,就补了四衙门清华之职的一般。(醒·30·436)

⑧ 见那海水干,成了万顷田苗,也不必海上三山,说什么蓬莱十岛,去把天门叫。(聊·襄·1273)

"不必"用在主谓短语前。《金》3 例,《聊》9 例。如:

⑨ 武松道:"不必嫂嫂费心,待武二自斟。"(金·1·19)

⑩ 西门庆谢道:"学生生一豚犬,不足为贺,倒不必老太监费心。"(金·31·404)

⑪ 直可还精补液,不必他求玉杵霜;且能转女为男,何须别觅神楼散。(金·53·709)

⑫ 官人不必心惊惧,太平年,我与官人实有缘。(聊·磨·1421)

⑬ 老客不必你多心问,我还有黄菊高酒,每一瓶二钱纹银。(聊·幸·1583)

"不必"用在让步复句的分句前。《醒》3 例,《聊》1 例:

⑭ 也不必说道那鸟衔环、狗结草、马垂缰、龟献宝的故事,只说君子体天地的好生,此心自应不忍。(醒·1·2)

⑮ 这两位菩萨,且不必说他那洁己爱民忘家为国的好处,单只说他那救荒的善政。(醒·31·455)

⑯ 不必说那为僧为道的勾当,你只把娘生前所行之事,一一奉行到底,别要间断,强似修行百倍。(醒·93·1322)

⑰ 不必说天宫快乐,也就是陆地神仙。(聊·蓬·1108)

"不必"单用。《醒》1 例,《聊》19 例。如:

⑱ 惟其成了活钱,所以连看守也是不必的。(醒·34·496)

⑲ 张炳之说:"不必呀,我雇一个小厮给你支使不的么?"(聊·慈·901)

⑳ 太太说:"且不必,一来没盘缠,二来你忒也年幼……"(聊·富·1344)

3.9.1.3 不必用

"不必用"表示不需要、用不着。《金》2例：

① 家人、吏书、门子人等,另在厢房中管待,不必用说。（金·49·642）

② 这各家跟轿子家人伴当,自有酒馔,前厅管待,不必用说。（金·78·1212）

3.9.1.4 不必要

"不必要"表示不需要、用不着。《金》1例,《醒》1例：

① 嫂嫂是个精细的人,不必要武松多说。（金·2·24）

② 所以这靠山也不必要甚么着己的亲戚,至契的友朋,合那居显要的父兄伯叔。（醒·94·1336）

3.9.1.5 不用

"不用"表示没有某种动作行为的必要。《金》5例,《醒》13例,《聊》68例。

"不用"用在动词前。《金》4例,《醒》10例,《聊》46例。如：

① 不用啼哭,此非是你男女,是你三生前冤家,三度托生,欲杀母不得。（金·59·821）

② 谁知那姑子说得一些不爽,第二日轻轻省省,不用推辞,自然走散。（醒·44·639）

③ 妈妈子告诉张大也么官,而今不用再疑难。（聊·慈·921）

"不用"用在形容词前。《醒》1例,《聊》3例。如：

④ 又是个女人,除了降汉子,别又没有甚么亏心,一发不用惊恐。（醒·2·21）

⑤ 他杀了人他该死,我杀了他我抵偿,直口布袋不用强。（聊·寒·1025）

⑥ 早晨打了仗一霎就消,咱还用他不用潮。（聊·禳·1208）

"不用"用在主谓短语前。《金》1例,《醒》2例,《聊》10例。如：

⑦ 我家侄儿媳妇不用大官人相。（金·7·79）

⑧ 成几十几百养的鹅鸭,又不用自己喂他,清早放将出去,都到湖中去了。（醒·24·357）

⑨ 他两个,我管打发他去,不用三奶奶费心。（醒·32·469）

⑩ 姐姐只管大事,家里的事,不用姐姐管。（聊·翻·978）

"不用"单用。《聊》8例,如：

⑪ 赵大姑说:"不用呀,他就来。"（聊·慈·905）

⑫ 皇爷说:"不用,随便的使使罢。"（聊·幸·1620）

"不用"用在表示让步的小句前。《聊》1 例：

⑬ 不用说那赏钱，馍馍也是难拿。(聊·襄·1173)

3.9.1.6 不消

"不消"表示不需要、用不着。《金》120 例，《醒》188 例，《聊》19 例。如：

① 他是恁不是才料处窝行货子，都不消理他了，又请他怎的！(金·23·288)

② 他刘姐也不消拖拉着个孩子过江过海的跟了你去。(醒·84·1193)

③ 你出来还送东西，又愁你在这忍饿，在家不消说是极如意。(聊·姑·877)

其中，"不消"后无其他成分。《金》5 例，《醒》2 例，《聊》7 例。如：

④ 李铭道："爹们不消了。到明日事情毕了，三娣和桂姐愁不请爹们坐坐。"(金·52·700)

⑤ 姐姐，你倒不消哩，好便好，不好我消不得一两银子，雇上短盘，这们长天，消不得五日，我撩下你，我自己跑到家里！(醒·77·1104)

⑥ 恁俩攒穷还不可，骰子牌再也是不消。(聊·俊·1117)

3.9.1.7 不道

"不道"表示否定。《金》6 例：[①]

① 那里象这贼瞎淫妇大胆，不道的会那等腔儿。他再记的甚么成样的套数，还不知怎的拿班儿。(金·75·1117)

② 我在你家做女婿，不道的雌饭吃吃伤了！(金·86·1308)

③ 我与你家做女婿，不道的酒肉吃伤了，有爹在怎么行来？(金·86·1309)

④ 你这小孩儿家空口来说空话，倒还敢奚落老娘，老娘不道的吃伤了哩！(金·86·1318)

⑤ 你家收着俺许多箱笼，因此起的这大产业，不道的白养活了女婿！(金·89·1345)

⑥ 王婆道："阿呀，那里有这个道理！老身央及娘子在这里做生活，如何交娘子倒出钱。婆子的酒食，不到吃伤了哩？"(金·3·42)

3.9.1.8 莫

"莫"表示一般否定。《金》24 例，《醒》8 例，《聊》8 例。如：

① 蒙老爷莫大之恩，小的家主举家粉首碎身，莫能报答。(金·30·380)

---

① 其中 1 例为"不到"。

② 西门庆苏醒了一回，方言："我头目森森然，莫知所以。"（金·79·1223）

③ 虽然山鬼伎俩无穷，亦幸得老僧的不睹不闻也莫尽，所以也不曾落他的障魔，毕竟成就了正果。（醒·32·476）

④ 这们远路，断乎莫有起早的事，必径是雇船。（醒·84·1194）

⑤ 我的郎，我的郎，家中莫有十石粮；若还留着几亩地，还可少把胆来放，还可少把胆来放。（聊·蓬·1088）

⑥ 太公说："各人的各人拿着好。你再回去看看。"合庵说："不必，莫掉了甚么。"（聊·磨·1496）

3.9.1.9 休

"休"表示一般否定。《聊》1例：

① 众人说："大王爷是必定休去了。"（聊·磨·1540）

3.9.1.10 无

"无"表示否定。《金》14例，《醒》22例，《聊》47例。

"无"义同"不"。《金》14例，《醒》19例，《聊》17例。如：

① 想这富贵荣华，如汤泼雪，仔细算来，一件无多，作了虚花惊梦。（金·74·1098）

② 这狄贤弟之哭师也更痛，小子之惑也滋甚，请无问其详，愿闻其略。（醒·41·607）

③ 情愿合他断亲，情愿合他退婚，并无反悔，落笔为真。（聊·襄·1184）

"无"义同"没"。《醒》3例，《聊》30例。如：

④ 就是梁生、胡旦也并无在晁书面前提起半个字脚，这不又是韦陀显圣么？（醒·17·254）

⑤ 驾言原物无伦，本犯自已无说。（醒·47·693）

⑥ 就是这丫头身上，你不过是口里的寻衅，你也从无开手打他。（醒·80·1134）

⑦ 仇福心生一计，说："我是来访熟人，并无带钱来，你留下我，也是无益。"（聊·翻·941）

⑧ 方二爷还无答应出来，公子便说："可是呢，也该问问，那奴才是该砍头的！"（聊·富·1298）

3.9.1.11 弗

"弗"表示一般否定。《金》4例，《醒》1例。如：

① 亘古及今，仁人君子，弗合忘之。（金·1·1）

② 一灵真性去弗回,改头换面无遍数。(金·65·916)

③ 昏迷弗省,恣欲贪嗔;将谓自己长存,岂信无常易到。(金·66·932)

④ 三寸气断去弗回,改头换面无遍数。(金·80·1247)

⑤ 可见这人生在那有水的去处,把水看得是容易不值钱的东西,这那孟夫子也说是:"昏暮叩人之门户求水火,无弗与者,至足矣。"(醒·28·411)

3.9.2 对已然的否定

3.9.2.1 不曾

"不曾"表示动作或情况过去不存在或尚未发生。《金》246 例,《醒》504 例,[①]《聊》201 例。如:

① 这宋蕙莲走到花园门,只说西门庆还未进来,就不曾扣角门子,只虚掩着。(金·23·291)

② 又过了几日,降补的官不敢十分迟得,也不曾与相主事商议。(醒·83·1189)

③ 这不是还不曾晌午,早晨吃了两碗糊突,两泡尿已是溺去了,好饿的紧!(聊·墙·831)

上举各例"不曾"都是用在动词前,这一类《金》162 例,《醒》434 例,《聊》186 例。位于动词前的"不曾"可用于正反问句,《金》2 例:

④ 你吃饭不曾吃?(金·25·311)

⑤ 又叫回来问:"下边原解的,你都与他说了不曾说?"(金·47·620)

动词前的"不曾"较少用于一般疑问句,《金》1 例,《醒》2 例,《聊》6 例。如:

⑥ 玉楼便问:"姐姐,怎么上来尖了脚,不曾磕着那里?"(金·33·427)

⑦ 你们不曾听见么?(醒·23·346)

⑧ 谁知他二人立在檐下说话,人来人往,那个不曾看见?(醒·59·854)

⑨ 怎么二弟家还不曾开门?(聊·墙·838)

"不曾"也可用于反复问句的否定项,《金》84 例,《醒》70 例,《聊》15 例。如:

⑩ 西门庆因问:"钱老爹书下了,也见些分上不曾?"(金·59·805)

⑪ 乔大户道:"也曾请人来看不曾?"(醒·57·830)

⑫ 轿马可曾齐备不曾?(聊·襄·1173)

其中,例⑪、⑫"曾"与"不曾"搭配使用,构成反复问句,《金》5 例,《醒》8 例,《聊》1 例。

---

① 其中"不从"1 例:"任直从清早不从吃饭,直等到傍午的时候,只不见出来,肚里又甚饥饿起来,看见卖抹糕的挑过,买了一碗吃到肚里,又等了个不耐烦,晌午大转了,只不见三个出来,只得自己慢慢走将进去。"(醒·22·334)

3.9.2.2 没

"没"否定动作或情况已经发生。《金》396 例，《醒》715 例，《聊》448 例。

"没＋动"。《金》379 例，《醒》659 例，《聊》397 例。如：

① 背地里和印经家打了一两银子夹帐，我通没见一个钱儿。（金·62·863）

② 来了几日，把个汉子打起这们一顿，差一点儿没打杀了。（醒·96·1372）

③ 况且昨日是二姐不看头势，惹的他骂了一句，他又没伤着姐夫。（聊·幸·1652）

"没＋助动＋动"。《金》5 例，《醒》39 例，《聊》18 例。[①] 如：

④ 汤饭俺每吃了，酒菜还没敢动，留有预备，只把爹用。（金·75·1108）

⑤ 但我刚才并没肯着实捏。（醒·89·1273）

⑥ 丫头说：两人欢喜，待来谢赏来，太太睡着了，就没敢说。（聊·磨·1489）

"没＋形容词"。《金》10 例，《醒》5 例，《聊》4 例。如：

⑦ 西门庆道："没多，只给了百十两来银子。"（金·62·872）

⑧ 是因清唱赵奇元说起他有极好的药线，要往省下赶举场说起，才合他相处了没多几日。（醒·4·48）

⑨ 天没明把我叫起，叫我起来没吃饭，打发着立刻开交。（聊·禳·1216）

"没＋时间名词"。《聊》2 例：

⑩ 公子回来，公子回来，展开卷子细安排，没晌午又完了两三块。（聊·富·1353）

⑪ 公子回来，展开卷子细铺排。没晌午，又完了两三块。（聊·磨·1494）

"没"用于正反问。《金》1 例，《醒》12 例，《聊》23 例。如：

⑫ 今日我不曾得进去，不知他还在那里没在。（金·13·155）

⑬ 童奶奶道："这三个，你两个都见过了没？"（醒·55·796）

⑭ 小举人说："俺爹爹就没说，改了名没改？"（聊·富·1344）

"没"独用。《聊》4 例：

⑮ 他姐姐说："没呀。你家里娶了极好的美人，又贤惠，招管的他极受用，他可待来这里做嘎呢？"（聊·慈·900）

---

① "没"修饰"敢"，《金》5 例，《醒》34 例，《聊》17 例；"没"修饰"肯"，《醒》5 例，《聊》1 例。

⑯ 皇爷说:"那曹小姑不知多大年纪,出了阁不曾?"周元说:"还没哩。"(聊·幸·1570)

⑰ 这二姐心下踌躇,忽然万岁翻身醒来,问道:"你还没睡着哩么?"二姐说:"还没哩。"(聊·幸·1626)

⑱ 话说万岁吃酒吃了半夜,到了天明起的身来,便问:"胡百万两口子来了不曾?"丫头说:"还没哩。"(聊·幸·1667)

"没"用于补充式,构成否定形式。《金》1例:

⑲ 还是请黄内官那日,你没对着应二和温蛮子说:从他死了,好菜也拿没出一碟子来。(金·73·1072)

3.9.2.3 没有

"没有"义同"没"。《金》20例,《醒》33例,《聊》7例。如:

① 那王官儿娘,咱每与他没有大会过,人生面不熟的,怎么好请他? 只怕他也不肯来。(金·78·1196)

② 程乐宇为人,合他相处了这些年,倒也没有见他有甚么难相处的事。(醒·33·486)

③ 兄弟俩人一般大,没有能诛杀父贼,见你死后还心愧。(聊·寒·1059)

"没有"用于反复问句的否定项。《金》15例,《醒》6例,《聊》1例。如:

④ 因问月娘:"你如今心内怎么的? 吃了些甚么儿没有?"(金·75·1132)

⑤ 曾做过这个没有?(醒·85·1208)

⑥ 咱已进了城门了,得个相识的问看宗师还在学里没有。(聊·襄·1228)

3.9.2.4 没曾

"没曾"表示某种动作行为或情况没有发生过。《金》81例,《醒》25例,《聊》12例。[1] 如:

① 都顽的这等,把人的茶都推泼了,早是没曾打碎盏儿。(金·63·896)

② 别说没曾见你,连耳朵听也没听见有你。(醒·95·1353)

③ 丫头还没曾说完,那王龙从床上就张将下来了。(聊·幸·1675)

其中"没曾"用于一般疑问句,《金》9例,《醒》1例。如:

④ 只见奶子如意儿问李瓶儿说道:"娘没曾收哥儿要的那锭金子? 只三锭,少了一锭了。"(金·43·561)

⑤ 月娘到后边,从新又审问金莲:"他昨日来家不醉? 再没曾吃酒? 与你行

---

①《金》中1例为"每曾":"这生那里每曾见他,莫不我眼睛花?"(金·41·538)《醒》中1例为"没从":"晁大舍道:'原来是隔府远客。愚下因贱恙没从梳洗,也且不敢奉揖。'"(醒·4·46)

甚么事?"(金·79·1224)

⑥ 他不会兴妖作怪,没曾谋反? 你们都是合他一伙的人,肯对着老爷说实话么! (醒·89·1265)

"没曾"用于句尾仅《金》1例:

⑦ 薛嫂道:"孩儿出了豆疹了没曾?"(金·85·1303)

3.9.2.5 没得

A. "没得"表示对已然的否定。《金》11例,《醒》35例,《聊》4例。① 如:

① 我猜哥今日也没得往衙门里去,本等连日辛苦。(金·43·560)

② 自家又没得养,别人养的儿子,又去涵遭魂的捱相知,呵卵脬。(金·53·708)

③ 高四嫂道:"我从头里要出去看看,为使着手拐那两个茧,没得去。"(醒·8·123)

④ 疼得叫我替你揉搓,可就没的来,又扯上那一遭有客哩! (醒·21·317)

⑤ 媳妇子邻家,媳妇子邻家,推着你来护着他,没得打下来,还指着脸儿骂。(聊·慈·908)

⑥ 公子说:"我不是恼没中,是懊悔没得见爹爹的面。"(聊·磨·1472)

"没得"的这种用法与"没有"相当,在《歧》中出现7例,《儿》出现10例,如:

⑦ 滑玉道:"我在正阳关开了大米、糯米坊子,生意扯捞住,也没得来瞧瞧姐夫姐姐。"(歧·40·372)

⑧ 果然兴官手中拿着两包,交与奶奶,回来作揖磕头,喜得王春宇没法,说道:"可惜你爷爷没得见。"(歧·49·459)

⑨ 内边一个家人,急忙出来道:"我们老爷说了,事忙没得亲敬,简亵得很。请各自尊便。"(歧·92·862)

⑩ 是啊,方才我见抬进那两个匣子来,我还猜道是画像,及至闹了这一阵,始终没得斟酌这句话。(儿·26·442)

⑪ 咱们前日没得谈完,舅母来叫吃饽饽,就把这话打断了。我看你我眼前可愁的还不专在他喝酒上。(儿·30·524)

⑫ 安老爷因自己还没得带儿子过去叩谢先生,先生倒过来了,一时心里老大的不安,说道:"这个怎么敢当!"(儿·37·695)

B. "没的"表示禁止,义同"别"。

"没的"用于感叹句,《金》12例,《醒》17例。② 如:

---

① "没的"《金》3例,《醒》1例。

② 1例为"没得",5例为"没的家"。

367

⑬ 你没的走来浪声额气！他便因我弄出去了，你为甚么来？（金·26·337）

⑭ 西门庆道："没的扯淡，那里又费你的事起来。如今使小厮请将谢子纯来，和他说说。"（金·61·848）

⑮ 西门庆道："没的胡说，有甚心上人心下人！"（金·67·953）

⑯ 珍哥微笑了一笑，骂道："放他家那撅尾巴骡子臭屁！没的那砍头的臭声！我淘碌他甚么来？"（醒·2·25）

⑰ 没的扯那精臭淡！（醒·60·860）

⑱ 你老人家可是没的家扯淡！（醒·60·869）

"没的"用于陈述句。《金》40 例，[①]《醒》4 例。[②]如：

⑲ 春梅道："皮脸，没的打污浊了我手。娘只教他顶着石头跪着罢。"（金·29·376）

⑳ 月娘道："你来时儿，他爹到明日往院里去，寻他寻试试。倒没的教人家汉子当粉头拉了去，看你那两个眼儿哩。"（金·46·608）

㉑ 婆婆口絮，媳妇耳顽，倒没的教人与你为冤结仇。（金·75·1108）

㉒ 玉楼劝道："他既要出去，你不消打，倒没得气了你。"（金·91·1381）

㉓ 你老本本等等另娶个正经亲家婆，叫他出来随人情当家理纪的，留着他在家里提偶戏弄傀偶罢了，没的叫他出来做甚么！（醒·11·157）

㉔ 晁夫人道："王皮，随他们怎么的罢！我只听天由命的！倒没的这们些前怕狼、后怕虎哩！"（醒·32·475）

㉕ 你去倒没的替他长志哩！（醒·40·584）

㉖ 且是他回山东去了，倒没的想杀我罢了哩！（醒·75·1073）

3.9.2.6 未

"未"否定动作行为已经发生。《金》369 例，《醒》117 例，《聊》172 例。

"未"用在动词前。《金》332 例，《醒》105 例，《聊》156 例。如：

① 他儿子王潮儿，也长成一条大汉，笼起头去了，还未有妻室，外间支着床子睡。（金·86·1316）

② 荷叶、南瓜依旧在墙下站立，未敢动身。（醒·91·1299）

③ 长夜苦难熬，长夜苦难熬，鼓打三更眼未交；祝赞那屋里神，也着俺睡一觉。（聊·蓬·1097）

"未"用于形容词前。《金》22 例，《醒》9 例，《聊》16 例。如：

---

① 1 例为"没得"。
② 2 例为"没得"。

④ 武大忍气吞声,由他自骂,只依兄弟言语,每日只做一半炊饼出去,未晚便回家。(金·2·26)

⑤ 我老爷到任未久,一无所入,又与军门本道同城,耳目不便。(醒·27·399)

⑥ 展卷挥毫,展卷挥毫,完了一篇日未高,忙拿着即时出了号。(聊·富·1353)

"未"用于名词前。《金》13例,《醒》2例。如:

⑦ 唱了还未几折,心下不耐烦,一面叫上唱道情去:"唱个道情儿耍耍倒好。"(金·64·905)

⑧ 唱毕,汤未两陈,乐已三奏。(金·65·922)

⑨ 天还未午,东西望了一望,不见有接的家人,青衣也不及脱换,放开两脚,金命水命的,箭也似跑到孙兰姬家。(醒·38·558)

⑩ 狄希陈这一日天还未午就从孙兰姬家辞了回来,说要与先生接场。(醒·38·560)

"未"用于句尾。《金》2例,《醒》1例:

⑪ 王婆问道:"了也未?"(金·5·65)

⑫ 只见几个汉子,都蓬头精腿,裈裤兜裆,脚上黄泥流,进来放下锹镢,便问道:"老娘,有饭也未?"(金·100·1497)

⑬ 回到萧家,敲门进去,窗楞上拴了马,问说:"那萧老爹醒未?"(醒·4·55)

3.9.2.7 未得

"未得"否定动作行为的发生。《金》4例,《醒》2例,《聊》1例:

① 小价在京,已知凤翁荣选,未得躬贺。(金·51·680)

② 外边满朝文武官员,都各伺候拜寿,未得厮见哩。(金·55·742)

③ 自京邸执手话别之后,未得从容相叙,心甚歉然。(金·66·930)

④ 多亏了此人未得酬,来世做只看家狗。(金·90·1357)

⑤ 想是虽然扶病,也还与珍哥断不了枕上姻缘,所以未得复原。(醒·2·28)

⑥ 天理岂能为粟米? 良心未得作衣裳。(醒·5·62)

⑦ 少爷中了举,恨太爷未得见。(聊·富·1357)

"未得"《歧》出现11例,如:

⑧ 潜斋道:"前日禀见老师,老师公出,未得瞻依。"(歧·4·43)

⑨ 老侄,令尊去世之日,我在山东,未得亲视含殓。(歧·14·150)

⑩ 况去役以陡症即旋,未得送至祥符,大人甚为忧心。(歧·73·711)

⑪ 绍闻道:"今已五天。因有小事,未得送书来。"(歧·73·712)

3.9.2.8 未必

"未必"表示委婉的否定。《金》6例,《醒》7例,《聊》75例。如:

① 豪家未必常富贵,贫人未必常寂寞。扶人未必上青天,推人未必填沟壑。劝君凡事莫怨天,天意与人无厚薄。(金·90·1356)

② 狄员外笑说:"师傅,你自己说是假药,必定就是妙药;倒是那自己夸说灵丹的,那药倒未必真哩。"(醒·29·426)

③ 今日若是自己去,未必出来就见他,不如差个女人罢。(聊·翻·976)

"未必"与否定词"不"并列连用表示肯定。《聊》28例。如:

④ 一个不成人的汉子,配着个迂囊老婆,未必不就死,也就不能长活。(聊·翻·946)

⑤ 二相公一肚子冤气没处告诉,又寻思:"这像那里的个王子,未必不能给我出气。"(聊·寒·1057)

⑥ 我的话也不足信,我是方才到此间,也未必不有个张鸿渐。(聊·磨·1394)

"未必"单用。《醒》1例,《聊》5例。如:

⑦ 取第二或者未必。(醒·38·554)

⑧ 公子说:"这倒未必,我是怕俊;一般也有丑的还怕的,这不奇么?"(聊·襄·1211)

3.9.2.9 未曾

"未曾"表示动作或情况过去不存在或尚未发生。《金》29例,《醒》11例,《聊》20例。[①] 如:

① 月娘道:"这咱哩!未曾念经,经钱写法都找完了与他了。早是我还与你留下一匹衬钱布在此。"(金·68·962)

② 原来西门庆一倒头,棺材尚未曾预备。(金·79·1235)

③ 晁夫人又叫他把皮箱开锁查验,他苦说钥匙不曾带来,未曾开得看来。(醒·17·257)

④ 徐宗师看了,晓得他未曾进学,叹惜时光易过,不觉又是一十六年!(醒·46·668)

⑤ 两个月水米未曾也么沾,忽然吃着异样的甜,好自然,盛来吃了又重添。

---

① 《聊》1例为"未从":"娇儿一个最孤单,未从打他手先战。"(聊·富·1328)

（聊・富・1286）

⑥ 万岁爷未曾听罢，骂一声欺心的小奴才！（聊・幸・1667）

3.9.2.10 未尝

"未尝"表示某种情况或行为过去不存在或尚未发生过。《金》1 例，《醒》4 例。如：

① 自别尊颜，思慕之心，未尝少息，悬悬不忘于心。（金・98・1473）

② 至于晁梁所生之日，本犯以别罪发配在徒，且是旷夫鳏处之日，未尝得妻，从何有子？（醒・47・693）

③ 狄宾梁从来无甚高见，又向来自从与薛教授做了亲戚，事事倚薛教授如明杖一般，况且这个算计又未尝不是。（醒・50・726）

④ 恃娇挟宠，未尝乏衾枕之缘；怙恶逞凶，讵真有刀俎之毒。（醒・64・923）

⑤ 这骆校尉的言语，未尝不可。（醒・83・1180）

3.9.2.11 无得

"无得"表示对已然的否定。《聊》1 例：

① 好文章，虽好无得中，指望你把姓名扬玉堂，也是阴功积一场。（聊・磨・1450）

《儿》"无得"1 例，表示禁止否定：

② 着先行摘去顶戴，限一月修复，无得草率偷减，大干未便。（儿・2・31）

例中"无得"相当于"勿得"。

3.9.2.12 无曾

"无曾"表示动作行为或情况没有发生过。《聊》2 例：

① 李才说："前半截就无曾看见有姓张的呢。"（聊・富・1359）

② 那万岁自从四更天起身，无曾吃饭，肚中饥饿，欲待下马吃饭。（聊・幸・1561）

3.9.3 对判断的否定

"非"表示对判断的否定。《金》94 例，《醒》58 例，《聊》41 例。

"非＋名词（短语）"。《金》46 例，《醒》23 例，《聊》5 例。如：

① 因见月娘生的姿容非俗，戴着孝冠儿，若非官户娘子，定是豪家闺眷。（金・84・1286）

② 若非丈母，心地聪明，指与正路，说透人情，几乎躁死，极吊眼睛。（醒・84・1192）

③ 自家非别人，就是江城的姐姐樊满城是也。（聊·襄·1206）

"非十形容词（短语）"。《金》18 例，《醒》7 例，《聊》27 例。如：

④ 因见月娘生的姿容非俗，戴着孝冠儿，若非官户娘子，定是豪家闺眷。（金·84·1286）

⑤ 一隅徒举枉艰辛，师劳功不倍，弟怨道非尊。（醒·33·478）

⑥ 那神仙也非逍遥，只是旺相百年，又早见五花官诰，封赠数十遭。（聊·襄·1273）

"非十动词（短语）"。《金》22 例，《醒》25 例，《聊》5 例。如：

⑦ 陈经济每日只在花园中管，非呼唤不敢进入中堂，饮食都是小厮内里拿出来吃。（金·18·220）

⑧ 若非男子们领着，这女人们能敢如此？（醒·20·303）

⑨ 若非承受尊君命，斩却贼颅恨始休！（聊·磨·1543）

"非十是"。《金》6 例，《醒》1 例，《聊》2 例。如：

⑩ 不用啼哭，此非是你男女，是你三生前冤家，三度托生，欲杀母不得。（金·59·821）

⑪ 捉他不着，我差人到他家里报信，自然有人来接他，非是不留他到我家去住。（醒·86·1229）

⑫ 有国母跪当前，非是我把你拦，恐防失体人轻慢。（聊·幸·1557）

⑬ 万岁说私行看景，临行曾对臣说，休要泄漏天机，非是小臣之过。（聊·幸·1673）

"非……不"。《金》2 例，《醒》2 例，《聊》2 例。如：

⑭ 非人不度，非人不传，专度有缘。（金·49·654）

⑮ 拖虹歇雨，止电收雷，相送归云，非风不可。（醒·24·360）

⑯ 这狄婆子平日性子真是雷厉风行、斩钉截铁的果断，叫他得了这们动弹不得的病，连自己溺泡尿、屙泡屎，都非人不行。（醒·56·812）

⑰ 他起初逃走，跟的勇将还多，这头伏非子龙不可，须得小心！（聊·快·1123）

⑱ 我生平又不能吃那粗饭，况且是病后非肉不饱，盘缠已是不多了。（聊·磨·1402）

3.9.4 禁止否定
3.9.4.1 不要

"不要"表示劝阻或禁止。《金》82 例，《醒》115 例，《聊》73 例。如：

① 西门庆道:"小油嘴儿,你不要管他。你只递马鞭子与我打这淫妇。"(金·12·147)

② 西门庆道:"我的儿,不要恼,你用多少银,一对我说,等我与你处。"(金·67·955)

③ 况且又是你的弟妇,不是别人,你大他小,千万不要合他合气。(醒·44·643)

④ 果真如此,刑厅吴爷叫来请相公们去,有话合吴爷去讲,不要在此打抢!(醒·99·1415)

⑤ 夫人说:"休呀,快着人对他说,不要费钱,我不能住下。"(聊·襁·1171)

⑥ 叫姐姐不要忙,休拿我当寻常,人物还在金墩上。(聊·幸·1603)

3.9.4.2 别、别说

"别"表示禁止或劝阻。《金》3例,《醒》142例。如:

① 在家,别往那去了。先写十二个请帖儿,都用大红纸封套,二十八日请官客,吃庆官哥儿酒。(金·31·395)

② 分付玳安:"且别教他往后边去,先叫他楼上来见我。"(金·42·550)

③ 希大道:"哥,别题。大官儿去迟了一步儿,我不在家了。我刚出大门,可可他就到了。今日平白惹了一肚子气。"(金·52·691)

④ 你只管替他寻灶上的,他房里不房里,咱别管他。(醒·55·794)

⑤ 承恩把那块银子看了看,说道:"是好银子呀?你别又是那首饰呵。"(醒·70·999)

⑥ 童奶奶道:"这也是。你要不先到那里,只别把话说的太实了。"(醒·75·1074)

"别说"用在让步或递进关系复句中,具有一定的连接作用。《醒》37例。

"别说"用于让步复句。《醒》34例,如:

⑦ 别说他有闺女,也别说他房里还有人怀着肚子,他就是单单的一个老婆子,他丈夫挣下的泼天家业,倒不得享用!(醒·20·296)

⑧ 这族里就只七爷一位,别说换在谷里,就不换合,俺也送得起两石谷与七爷吃。(醒·32·473)

⑨ 别说别人的话你不听,连我的话你也不听了。要是我当时的性子,我也不饶你。(醒·95·1361)

"别说"用于递进复句。《醒》3例:

⑩ 晁夫人道:"天老爷可怜见养活大了,就讨吃也罢,别说还有二十顷地,够他吃的哩。"(醒·22·321)

⑪ 我衙里出去个男人也使不的,别说是个女人!(醒·78·1117)

⑫ 相主事道:"甚么话! 大哥的西宾,我也是该加敬的,别说是个名士。我竭诚拜他,我也还专席请他。"(醒·85·1209)

3.9.4.3 别要、别要说

"别要"表示禁止或劝阻。《金》38 例,《醒》169 例,《聊》2 例。如:

① 你别要管他,丢着罢,亦发等他每来拾掇。(金·23·294)

② 官哥正睡着,奶子道:"别要惊觉了他。"(金·53·718)

③ 我的主意定了,你们都别要三心两意,七嘴八舌的乱了我的主意。(醒·27·398)

④ 狄员外道:"这事跷蹊! 他那里买的? 别要有甚么来历不明带累着咱可,再不只怕把赵杏川的皮袄偷了来,也是有的。"(醒·67·964)

⑤ 我昨日那身把你,别要穿坏,我今日来问你要。(聊·墙·847)

⑥ 万岁说:"我儿,方才你没来嘎,满楼上都是佛动心,把我好不混煞! 叫我一顿鞭子打下去了。别要叫他上来了。"(聊·幸·1606)

"别要说"用在让步复句中兼有连接作用。《醒》3 例:

⑦ 谁知秦敬宇在家,这孙兰姬别要说见他的影响,你就再要听他声咳嗽也杳不可闻。(醒·50·731)

⑧ 别要说这寡妇,就是铜头铁脑、虎眼金睛,也当不起这八卦炉中的锻炼。(醒·53·768)

⑨ 你要出去合他男女混杂斗一斗口,别要说狄大哥回来不好相见,就是旁人也说你不是。(醒·89·1270)

3.9.4.4 没

"没"用于禁止否定。《金》2 例,如:

① 月娘道:"你只记在心,防了他,也没则声。"(金·53·716)

② 白来创笑道:"那一碗就是酸的来了。左右咸酸苦辣,都待尝到罢了,且没慌着。"(金·54·731)

3.9.4.5 休、休说、休说道

"休"表示禁止或劝阻。《金》405 例,《醒》96 例,《聊》295 例。

"休"用于谓词性成分前。《金》376 例,《醒》86 例,《聊》267 例。如:

① 被吴大妗子在跟前拦说:"三姑娘,你怎的? 快休舒口。"(金·75·1128)

② 狄希陈道:"银子是人挣的,你休叫家里知道,跑到当铺里取二十两来,狠一下子给了罢。"(醒·80·1141)

③ 回头便把二姐叫,没有别人你休器,把那新学的琵琶领领教。(聊·幸·1658)

"休"用于名词前。《聊》1 例：

④ 王龙遂说道："两头一样是个砖，一去不来灶突里烟。烟烟，休烟，我打伙搬砖，垒灶窝添柴烟。"（聊·幸·1634）

"休"单用。《聊》1 例：

⑤ 夫人说："休呀，快着人对他说，不要费钱，我不能住下。"（聊·襄·1171）

"休说"用在让步或递进关系复句中，具有一定的连接作用。《金》36 例，《醒》10 例，《聊》25 例。

用在让步复句中。《金》29 例，《醒》8 例，《聊》24 例。如：

⑥ 如今休说他男子汉手里没钱，他就是有十万两银子，你只好看他一眼罢了。（金·7·86）

⑦ 甚么神鹰急脚！要入在俺这教里，休说是甚么神鹰，你就是神虎神龙也不敢来傍傍影儿。（醒·69·984）

⑧ 万岁说："你放心，休说是行令，就是诸样事，我不在人以下。"（聊·幸·1634）

用在递进复句中。《金》7 例，《醒》2 例，《聊》1 例。如：

⑨ 照顾你一个钱，也是养身父母，休说一日三茶六饭儿扶侍着。（金·22·283）

⑩ 俺汉子还管不的，休说娘家的兄弟呀。（醒·69·985）

⑪ 过了这们暑湿的天，你就是没动的元宝也要变的青黄二色哩，休说是经人汗手打造的东西，有个不变色的么？（醒·70·999）

⑫ 那兰芳温柔雅致，我还爱他，休说是个男子。（聊·襄·1253）

"休说道"义同"休说"。《聊》1 例：

⑬ 休说道将这长官款待，皇帝老待吃什么？（聊·幸·1584）

3.9.4.6 休要

"休要"表示禁止或劝阻。《金》180 例，《醒》30 例，《聊》97 例。

"休要"用于动词性成分前。《金》172 例，《醒》29 例，《聊》87 例。如：

① 李瓶儿道："王师父，你休要去了，与我做两日伴儿，我还和你说话哩。"（金·62·866）

② 拿罩儿罩住，休要暴上土。不久就是万岁爷的圣诞，进了万岁爷罢。（醒·5·73）

③ 众人说大家一齐上前，休要退前擦后。（聊·磨·1380）

"休要"用于形容词性成分前。《金》8 例,《醒》1 例,《聊》10 例。如:

④ 伯爵道:"哥,你好歹叫他出来,俺每见见儿。俺每不打紧,教他只当唱个儿与老舅听,也罢了。休要就古执了。"(金·61·851)

⑤ 丈夫做官,只劝道洁己爱民,不要严刑峻罚;儿子为人,只劝道休要武断乡曲,克剥穷民。(醒·93·1329)

⑥ 这是个异味,大家都尝尝,休要偏了。(聊·快·1139)

3.9.4.7 休得、休得要

"休得"用于形容词或动词前,表示禁止或劝阻。《金》7 例,《醒》5 例,《聊》7 例。如:

① 李瓶儿道:"妈妈休得多言多语,明日早与你二娘送丫头来。"(金·24·303)

② 婆子休得吃惊。自古冤有头,债有主,休推睡里梦里。我哥哥性命,都在你身上!(金·87·1327)

③ 孔举人娘子发放道:"看真着些! 休得又是晁奶奶来了!"(醒·11·156)

④ 狄希陈心里忖道:"童奶奶的锦囊,素日是百发百中,休得这一遭使不着了。"(醒·85·1215)

⑤ 还有一句话嘱咐你:到了午转时候,要到双陵头大路上歇马,休得迟误。(聊·快·1123)

⑥ 休得胡言,休得胡言,难说三日便成仙?(聊·襄·1245)

"休得要"义同"休得"。《聊》2 例:

⑦ 公平休得要拿歪,我赢的你吊了红绣鞋。(聊·襄·1179)

⑧ 晚来早去,休得要磨陀。(聊·磨·1408)

3.9.4.8 莫、莫说

"莫"表示禁止或劝阻。《金》71 例,《醒》47 例,《聊》59 例。如:

① 李瓶儿随后送出,月娘道:"你莫送我,进去看官哥去罢。"(金·53·708)

② 可霎作怪,一从许了谢土,就也好些。如今热也可些,眼也不反看了,冷战也住些了。莫道是刘婆没有意思!(金·53·721)

③ 县官说:"奴才! 你莫强辩!"(醒·51·744)

④ 常说朝里无人莫做官,又说朝里有人好做官。(醒·94·1335)

⑤ 孩儿们莫悲伤,我心里虑的长,你不必再把宝鸡上。(聊·寒·1013)

⑥ 娘子莫相商,我自幼无别肠,也该久得仙人谅。(聊·磨·1422)

"莫说"《金》1 例,《醒》20 例。由于用在让步或递进关系复句中,因而具有一定的连接作用。如:

⑦ 咱家小奶奶,你这里写个帖儿,等我对他说声,教老爷差人分付巡检司,莫说一副头面,就十副头面也讨去了。(金·95·1431)

⑧ 莫说叫乡里议论,就是叫任里晁爷知道,也不喜欢。(醒·2·19)

⑨ 其余那十来多位,莫说姚乡宦劝他不肯,就是个姚神仙,也休想拔他一毛!(醒·31·459)

⑩ 人生最要紧的是那性命,往往人为了这财便就不顾了性命,且莫说管那遗臭万年,千人咒骂。(醒·34·495)

3.9.4.9 莫要

"莫要"表示禁止或劝阻。《金》1例,《醒》7例,《聊》14例。[①] 如:

① 伯爵道:"罢罢,等大哥一来,用了饭,就到郊园上去。着到几时,莫要着了。"(金·54·727)

② 晁源道:"你只依我画,莫要管。除却了陈老先生,别人也不来管那闲帐。"(醒·18·267)

③ 我是好话,相公,你莫要后悔!(醒·35·516)

④ 人没要逞粗豪,霸占的不安牢,身死难免人家告。(聊·寒·1070)

⑤ 六哥儿满面欢,你休要不耐烦,莫要将我胡瞒怨。(聊·幸·1589)

"莫要"表示禁止,《歧》1例,《儿》7例,如:

⑥ 酒半酣时,希侨道:"我有一句话,贤弟莫要见阻,我心里想与你拜个兄弟。"(歧·15·157)

⑦ 褚一官坐下,就开口道:"我先有句话:明日如果见了面,老爷子,你老人家可千万莫要性急,索兴让我们二叔先说。"(儿·16·247)

⑧ 安二老爷差人接我来了,你们可看着些,莫要错过去,叫他们空跑一趟。我上任去了。(儿·20·327)

⑨ 梅公子道:"不信由你。等出场后,我几个人订个日子同去,你却莫要耐不住,差个人来窥探。"(儿·35·640)

3.9.4.10 莫待

"莫待"表示禁止或劝阻。《金》3例:

① 伯爵道:"你莫待捻酸哩。"(金·54·725)

② 伯爵道:"这一着,便将就着了,也还不叫悔,下次再莫待恁的了。"(金·54·727)

③ 伯爵道:"大哥此时也该来了,莫待弄晏了,顽要不来。"(金·54·728)

---

① 《聊》1例为"没要"。

3.9.4.11 莫得

"莫得"表示禁止。《醒》2例：

① 只听见空中喝道："尚书在船,莫得惊动!"(醒·16·231)

② 撒帐上,新人莫得装模样。(醒·44·649)

3.9.4.12 勿、勿得

"勿"表示禁止或劝阻。《金》12例,《醒》4例,《聊》2例。如：

① 此去表兄必有美事于我,切勿多言!(金·47·614)

② 俺是夫妇二人,前往城外岳庙里烧香,起的早了些,长官勿怪。(金·90·1365)

③ 勿谓本院之白简不灵也!(醒·7·101)

④ 大凡妇人贵安详,切勿单身出外乡;虽是运逢星驿马,无非欲赶顺风樯。(醒·86·1220)

⑤ 观者怜存本之难,勿久假而不归也。(聊·慈·891)

⑥ 慧娘说："离别的滋味我尝过了。况且这是好离别,还好。你只管努力功名,勿生他念。"(聊·翻·1005)

"勿得"表示禁止或劝阻。《金》2例,《聊》1例。如：

⑦ 夏提刑道："你这厮见获赃证明白,勿得推调,从实与我说来,免我动刑。"(金·26·327)

⑧ 西门庆道："岂敢。老太监勿得太谦,令侄长官虽是年幼,居气养体,自然福至心灵。"(金·70·1007)

⑨ 趁人乱你背着去罢,急忙走勿得留停。(聊·寒·1036)

"勿得"《歧》3例：

⑩ 祥符等县申送默诵《五经》童生娄朴等共十四名,俱限十二月初二日当堂面试,勿得临期有误。(歧·7·81)

⑪ 临场时,各学教官俱于背诵《五经》童生卷面上写"面试《五经》"四字,用印钤盖;交卷时另为一束,勿得临时错误。(歧·7·81)

⑫ 为此票仰去役,即唤谭绍闻并家人王中、保人白兴吾,当堂质讯。勿得需索,违误干咎。(歧·46·426)

3.9.4.13 省、省可、省可里

"省"表示禁止否定。《金》2例,《醒》1例。如：

① 众人尽劝道："死是死了,活的自要安稳过。娘子省烦恼,天气暄热。"(金·6·67)

② 何九道："娘子省烦恼,大郎已是归天去了。"(金·6·69)

③ 人情从说留些好,阴功更是防身宝。不贪不妒不骄嗔,宽容抱,省烦恼,福禄康宁独寿考。(醒·21·306)

"省可"、"省可里"义同"省"。《金》各1例:

④ 你也省可里与他药吃。他饮食先阻住了,肚腹中有甚么儿,只顾拿药淘碌他。(金·61·859)

⑤ 你不往他屋里去,往谁屋里去?那前头媳妇子跟前也省可去。(金·76·1146)

3.9.4.14 少、少要

"少"、"少要"表示禁止否定。

"少"《金》6例,《醒》1例,《聊》5例。如:

① 玳安推着他说:"嫂子,你少生气着恼,且往屋里梳头去罢。"(金·23·293)

② 玳安戏道:"我儿少哭!你娘养的你忒娇,把徽子儿拿绳儿拴在你手儿上,你还不吃?"(金·35·461)

③ 惠希仁道:"老刘,闲话少讲,有话留着到四角台上说去。请狄奶奶出来,齐在个去处,屈尊狄奶奶这一宿儿,明日好打到,挂牌听审。"(醒·80·1147)

④ 张三姐怒冲冲,骂强人少逞凶,活到百岁成何用?(聊·俊·1113)

⑤ 众云:"抱屈呀!"公子说:"少笑。"(聊·襄·1216)

"少要"《金》12例,《醒》3例。如:

⑥ 因嘱咐他:"少要吃酒,只怕糟了脸。"(金·34·442)

⑦ 春梅分付:"你去坐一乘轿子,少要劳碌。"(金·99·1476)

⑧ 晁住说道:"我昨日对俺珍姨说来,说:'杨爷叫和你说,差不多罢,少要淘碌坏了俺爷哩!'"(醒·2·26)

⑨ 晁大舍道:"我的强娘娘!知不到什么,少要梆梆!你拿指头蘸着唾沫拈拈试试,看落色不落色?"(醒·6·89)

⑩ 众光棍道:"你老人家少要替人生气,看气着你老人家身子,值钱多着哩!瞎了银子可,没人赔你老人家的,不可惜了?"(醒·83·1182)

"少要"《歧》2例:

⑪ 这一句骂的茅拔茹恼了,站起来道:"姓夏的少要放屁拉骚,我茅拔茹也不是好惹的……"(歧·30·282)

⑫ 皂役道:"狗忘八肏的,少要撒野,今晚老爷还回不来哩……"(歧·30·284)

3.9.4.15 慢

"慢"表示禁止否定。[1]《醒》2例,《聊》3例:[2]

① 珍哥说道:"你且慢说嘴,问问你的心来。夫妻到底是夫妻,我到底是'二门上门神'。"(醒·2·26)

② 狄希陈道:"哥儿,你漫墩嘴呀。凤冠霞帔,通袖袍带,你还没试试哩。你别要也倒穿了可。"(醒·83·1186)

③ 江城说:"我说你慢翻错了,我伺候下四指老面条。"(聊·襄·1151)

④ 利害分明漫说陈,是非已听圣明君;虽然胜败难先料,已是伤财又害民。(聊·磨·1524)

⑤ 万岁爷一笔到底,六哥看了看,改的是"也漫说那酒高壶大",第二句是"清香赛过屠苏"。(聊·幸·1582)

《歧》3例,《儿》9例,如:

⑥ 忠仆用心本苦哉,纵然百折并无回。漫嫌小说没关系,写出纯臣样子来。(歧·36·337)

⑦ 片长薄技且漫夸,淬砺还需各到家;海内从来多巨眼,莫叫人笑井中蛙。(歧·77·755)

⑧ 漫道持家只等闲,老臣谋国鬓同斑;须知用世真经纶,正在竹钉木屑间。(歧·93·868)

⑨ 列公,话下且慢讲那位姑娘的话,百忙里先把安公子合张金凤的情形交代明白。(儿·8·108)

⑩ 如今你两个且慢动手,这一桌银子算我的,你两个那个出头合我试斗一斗,且看看谁输谁赢?(儿·15·233)

⑪ 老爷道:"咱们且慢闲谈,作正经的罢。"(儿·24·408)

上面我们对《金》《醒》《聊》中的41个否定副词进行了描写分析。其中,单音节副词有"不、莫、休、无、弗、没、未、非、别、勿、省、少、慢"13个,其他双音节副词24个,三个音节的副词有"不必要、不必用、休得要、省可里"4个。多音节否定副词大多是以单音节否定副词为基础,与其他成分词化而成,例如"不必、不必用、不必要、不用、不消、不道、没有、没得、未得、未必、无得、不要、别要、休要、休得、休得要、莫要、莫待、莫得、勿得、少要"21个词是"否定副词+动词(包括助动词)"跨结构结合形成的,"不曾、没曾、未曾、未尝、无曾"5个词语是单音节否定副词与时间副词结合形成的合成副词,只有"省可、省可里"两个副词没有涉及跨层成分的词化问题,而是通过加词缀的

---

[1] "慢"的禁止否定意义的产生,王群(2006)进行了解释,而"少"禁止否定意义的产生与"慢"相类似。

[2] "慢"又记做"漫"。《醒》1例,《聊》2例。

构词方式形成的。

在表意上,否定副词都表示否定,因此同一否定副词可以否定不同的内容,用在不同的语境中。例如"莫、休、无"三个副词既可用于一般否定又可表示禁止否定,"没"既可用于已然的否定又可表示禁止否定。

3.10 语气副词

语气副词数量众多,用法纷繁复杂,语义上主要表示某种语气。根据所表语气的不同,我们把语气副词分为以下五个小类。

3.10.1 确定、强调语气

3.10.1.1 左右

"左右"用做语气副词,加强语气,强调事实的不变性。《金》47 例,《醒》4 例,《聊》1 例。如:

① 左右是你家五娘子!(金·12·145)

② 翻来掉过去,左右只是这两套狗挝门的,谁待听!(金·32·411)

③ 胡旦二人道:"我们去是半步也行不得的。没有分文路费,怎么动身?只好死在这里罢了! 左右脱不了是死!"(醒·15·226)

④ 你那打不尽许多,吊不了这大众,拣那跑不动的拿进一个去,即时发出来打死了号令,左右又只饱了饥民。(醒·31·452)

⑤ 赵大姑冷笑道:"左右是您的孩子,与我甚么相干! 他就挣下那封赠蓦头,还有他姑的哩么?"(聊·慈·903)

"左右"较少用于否定句,只《金》出现 6 例,《醒》2 例。

"左右"是由两个反义词构成的合成副词,在句中说明事件的存在是不争的事实,"左是,右也是,总归是"——侧重于通过对空间范围的全面概括来加强肯定语气。句法上,"左右"多修饰具有条件关系的复句的前一分句,强调条件的不变性、确定性,与现代汉语中"反正"的语义接近。[①]

3.10.1.2 高低

"高低"表示强调,加强确定语气。《醒》6 例,《聊》1 例:

① 算记得就就的,你要不就他,他一着高低把个妹子断送了! 他说要休,就叫他休!(醒·8·120)

② 且留这钱,不够可,把我几件首饰添上;再要不够,我问徒弟们家告助,高低赶五七出了这殡,看耽误下了。(醒·41·602)

③ 晁思才气的暴跳,说道:"气杀我,气杀我! 我从几时受人的这们气? 他说我明日出殡不如他,我高低要强似他!"(醒·53·773)

④ 你只说是那里见来,或是听见谁说,我好到那里刨着根子,就使一百千

---

① 《金》、《醒》、《聊》中无"反正"一词。

钱,我高低买一套与你。(醒·65·927)

⑤ 我从小儿不好吃独食,买个钱的瓜子炒豆儿,我也高低都分个遍。不说你货物儿不济,揽不下主顾,只怨别人呢!(醒·87·1238)

⑥ 顾氏道:"没有上门怪人的理。我高低让狄大嫂到家吃钟茶儿。"(醒·89·1274)

⑦ 你若是合不着我的意思,今晚上高低还费些事儿;如今还待说什么哩,我这身子已是属了你了。(聊·幸·1625)

"高低"多用在肯定句中,倾向于修饰未然事件。《歧》中出现的 3 例"高低"也是如此:

⑧ 夏鼎道:"不难,不难,我高低叫他上钩就是,只是迟早不定。现今日已过午,吃了饭我再慢图。"(歧·37·342)

⑨ 张宅我委的不敢去了。他家非赌即娼,我一个年轻人走来走去,高低没有好处。(歧·37·347)

⑩ 咳!贤弟呀,你昨日憨了,呆了?赢了他两个元宝,我不住使眼瞅你,想着叫你拔哨。你低着头只顾掷,高低叫他赢了七八百两。(歧·59·548)

"高低"与"左右"略有不同。语义上,"高低"侧重强调不同(高与低)的情况与条件;句法上,"高低"饰动,"左右"以饰句子为主。

3.10.1.3 恒属(恒数)、恒是①

《金》"恒数"1 例,"恒属"3 例,"恒是"4 例,如:

① 你恒数不是爹的小老婆就罢了,是爹的小老婆,我也不怕你!(金·24·307)

② 左右是左右,我调唆汉子也罢,若不教他把奴才老婆汉子,一条提,撺的离门离户也不算,恒属人挨不到我井里头!(金·29·366)

③ 如今老爹上边既发此言,一些半些恒属打不动两位官府。须得凑一千货物与他。(金·47·619)

④ 你们千差万差,来人不差,恒属大家只要图了事,上司差派,不由自己,有了三叔出来,一天大事都了了。(金·69·993)

⑤ 孩儿,你起来,不消哭。你汉子恒是问不的他死罪,打死了人还有消缴的日子儿。(金·26·327)

⑥ 恒是看我面,不要你利钱,你且得手使了。到明日做上官儿,慢慢陆续还他,也是不迟。(金·31·390)

⑦ 你老爹他恒是不稀罕你钱,你在院里老实大大摆一席酒,请俺每要一日就是了。(金·67·945)

---

① "恒数"、"恒属"当是"横竖"的异写形式;"恒是"当是另一词,同样在句中加强语气,大概是由形容词"恒"(久、远)发展而来的。

⑧ 他好胆子，恒是杀不了人，难道世间没王法管他也怎的！（金·89·1344）

"恒数（恒属）"3 例用于否定句，1 例用于肯定句；"恒是"3 例用于否定句，1 例用于肯定句。

《金》中"恒属"与"恒是"表达语义基本相同，并且词中都有"恒"字，但是两者并非同出一源。

"恒属（恒数）"是现代汉语常用语气副词"横竖"的音变形式，两者在语音上的联系是显而易见的。但是"横竖"一词在《醒》《聊》《歧》中都没有出现，在《儿》中出现了 15 例，如：

⑨ 老爷道："管他，横竖我是个局外人，于我无干，去瞎费这心猜他作甚么！"（儿·13·184）

⑩ 礼到话不到，说是说不清，横竖算这等一番意思就完了事了。（儿·21·331）

⑪ 你老人家要怕累的慌，我帮着你老人家张罗，横竖这会子缝个缝儿、跷个带子、钉个钮襻儿的，我也弄上来了。（儿·24·395）

⑫ 我有了这件东西，说到得了天塌地陷也是瞎话，横竖咱们大清国万万年，我邓振彪也万万年了。（儿·39·771）

⑬ 你们瞧着罢，回来到了这里，横竖也遏邋了。（儿·22·353）

⑭ 舅太太道："不劳费心，我女孩儿的事，我自己早都弄妥当了，临期横竖误不了。"（儿·24·399）

⑮ 昨日姐姐只管在屋里坐着，横竖也听见他那嘴划了。（儿·29·502）

⑯ 何小姐忙道："你回来罢。他一会儿横竖也到这儿梳头来，你在这儿等着见罢。"（儿·38·719）

其中 11 例"横竖"表示对事物性质判断的确定性，4 例"横竖"表明推断的确定性。

"恒是"是由形容词"恒"与"是"语法化而成的。"恒"做形容词意为"永久、持久"，某种事件永久处于某种状态，言外之意即任何情况下都是如此，于是，"恒"产生了表示"不管怎样、无论如何"的语法意义，"是"是加强肯定语气的，于是在双音化趋势的影响下，"恒"与"是"跨层次构成合成副词"恒是"。

3.10.1.4　好歹

"好歹"加强语气，表示无条件（即任何条件下情况都不变）。《金》100 例，《醒》14 例，《聊》9 例。如：

① 往后大官人但遇他在院中，好歹看奴薄面，劝他早早回家，奴恩有重报，不敢有忘。（金·13·154）

② 他不来，你好歹与我拉将来。拉不将来，回来把你这贼人打十个嘴巴。（金·

97 · 1457)

③ 素姐说："你一定有话说；你好歹与我说了便罢。"（醒·63·906）

④ 俺也再合顶上奶奶说，好歹保护你升做极好的官。（醒·96·1367）

⑤ 你总是个死狗，你好歹的拘巴着些。（聊·墙·839）

⑥ 叫爹爹莫愁肠，好歹的出了丧，济俺娘们往前撞。（聊·翻·933）

"好歹"在《儿》中出现4例：

⑦ 太太说："甚么事啊？你好歹的不要为难，我的孩子，你可搁不住再受委屈了！你如果有甚么不得主意的事，不敢告诉你父亲，有我呢，我给你宛转着说。"（儿·12·168）

⑧ 褚大娘子道："他老人家这话说了可不是一遭儿了，提起来就急得眼泪婆娑的，说这是心里一块病。大妹子，你如今可好歹不许辞了。"（儿·27·461）

⑨ 只见他把灯放在卧房里桌儿上，又悄悄的向何小姐道："姐姐，你老人家今日可好歹的不许再闹到搬碌碡那儿咧！"（儿·32·586）

⑩ 长姐儿合梁材家的皱着眉道："梁婶儿，你回来可好歹好歹把那个茶碗拿开罢，这可不是件事！"（儿·37·701）

例⑩中"好歹"重复使用表示强调。

与"左右"不同，"好歹"加强语气多用在祈使句中，表现了说话人迫切的愿望与心情，因此，"左右"句有许多是不能用"好歹"替换的，尤其是条件复句中，替换之后意义会有变化。

3.10.1.5 翻调

"翻调"强调事情或结果无论如何都是那样。《醒》2例：

① 这童七翻调只是一个；童奶奶虽是个能人，这时节也就"张天师着鬼迷"，无法可使，只得在贩子手里"食店回葱"，见买见交。（醒·71·1018）

② 你想你又没带了多少人来，我听说还有跟的个小厮，翻调也只你两个。（醒·95·1353）

3.10.1.6 翻转（反转）

"翻转（反转）"强调事情或结果无论如何都是那样。《聊》7例，①如：

① 方才放倒身子睡，却又翻转睡不着，睁眼已是日头照。（聊·翻·940）

② 我的人比一家还多，没有说终日清闲，叫他们无事坐着，无事坐着；除了他兄弟俩，翻转是咱娘四个。（聊·翻·996）

③ 反转星星人四个，按上一张搋头床，破矮桌安上也不展样。（聊·翻·1003）

---

① 其中"反转"3例。

④ 已吃到星月全,点上灯不说颠,反转只把吴孝恋。(聊·寒·1032)

⑤ 待要丢放开,反转丢不下。(聊·襄·1165)

⑥ 是成是否好难拿,翻转教人放不下。(聊·襄·1171)

⑦ 几乎送了老性命,翻转只为娇娇。(聊·襄·1198)

从溯源的角度来看,以上6个语气副词"左右"、"高低"、"横竖"、"好歹"、"翻调"、"翻转"有着相似的形成过程,即它们都是由一对反义词素构成的("翻调"、"翻转"中的"翻"与"调"、"翻"与"转"是两个方向相反的动作)。它们的副词用法的形成过程可以解释如下:"左"与"右"、"高"与"低"、"横"与"竖"、"好"与"歹"、"翻"与"调"、"翻"与"转"是事物两种相互对立的存在形式,在一定意义上它们概括对象的全部,以"横竖"为例,即"'横'也如此,'竖'也如此",引申表示任何情况都是如此,强调事实的不变性。

3.10.1.7 到底

"到底"强调不管条件怎样,某一事物的根本情况仍然没有改变。《金》4例,《醒》9例,[①]《聊》41例。如:

① 西门庆笑道:"你去了,好了和尚,却打发来好赶热被窝儿。你这狗才,到底占小便益儿。"(金·67·955)

② 世人欲问长生术,到底芳姿益寿龄。(金·84·1284)

③ 这薛嫂儿听了,到底还是媒人的嘴,恨不的生出七八个口来。(金·86·1307)

④ 雪娥道:"可又来! 到底还是媒人嘴,一尺水,十丈波的。"(金·88·1342)

⑤ 珍哥说道:"你且慢说嘴,问问你的心来。夫妻到底是夫妻,我到底是'二门上门神'。"(醒·2·26)

⑥ 亏了倒底男人的见识眼力比妇人强。(醒·84·1200)

⑦ 到底还是我的女,这个志气不寻常,没坏了咱家好声望。(聊·翻·954)

⑧ 小举人虽然在他娘跟前,强为欢笑,到底那模样带出悲相来。(聊·富·1347)

三种文献中的"到底"都用在陈述句中,没有用在疑问句中的用例。《歧》"到底"44例,有7例用在问句中;《儿》96例,有37例用在问句中。如:

⑨ 耘轩道:"到底是什么事央他,你也叫我知道。"(歧·2·13)

⑩ 只见茅拔茹口中是朋友不是朋友,一路高一声低一声的出胡同口去了,绍闻呆呆的看着,忙赶上说道:"到底少你的不少你的,为什么直走呢?"(歧·30·

---

① 《醒》"倒底"1例,"倒的"1例。

278）

⑪ 夏逢若道："你到底怎着，你先对我说说。"（歧·56·525）

⑫ 姐姐，你方才苦苦的不肯说个实在姓名住处，将来给你送这弹弓来，便算人人知道有个十三妹姑娘，到底向那里寻你交代这件东西？（儿·10·147）

⑬ 张姑娘又问："到底要不要？说话呀！"（儿·23·390）

⑭ 请示公公，果然的这等一块大地，怎的只进这些须租子？我家这地到底有多少顷亩？（儿·33·595）

与《金》《醒》《聊》不同的是，《歧》《儿》中"到底"可以用在祈使句中，《歧》4 例，《儿》10 例，如：

⑮ 慧娘道："到底你要体贴咱爹的意思。我想咱爹在日，必是爱见他哩。只是还没见他奶奶的话儿。兴官呢？"（歧·35·329）

⑯ 惠养民道："到底吃了饭回去。"惠观民笑道："我比不得你们读书人，我把这四五里路，只当耍的一般。两仪呢，咱走罢。"（歧·40·367）

⑰ 夏逢若道："我若是手头宽绰，定要替你垫上一半。争乃我没个银皮儿，况且八九百两，白急死人。你到底想个法子清白他。"（歧·59·548）

⑱ 寅兄，你到底想想，勿论贡、监、生员，咱先打算一番，也不负了皇上求贤的圣恩。（歧·5·46）

⑲ 至于那十三妹姑娘的住处，到底还求见教。（儿·17·265）

⑳ 公子满脸笑容答应着，才要走，太太道："到底也见见俩媳妇儿再走哇！"（儿·34·624）

㉑ 程相公又叫道："老伯，我们到底要望望黄老爷去。"（儿·38·735）

㉒ 老爷只瞧瞧，这一地人围着，都是要听听这个信儿的；老爷看明了，到底也这么念出来叫大家知道知道是怎么件事啊！（儿·40·826）

3.10.1.8 毕竟

"毕竟"强调事物的状态、性质、特点，不管怎么说，终究还是这样；即使出现了新情况，原有的状况也不容否认。《金》10 例，《醒》65 例，[①]《聊》1 例。如：

① 谢希大道："自古道：强将手下无弱兵。毕竟经了他们，自然停当。"（金·54·728）

② 后来两个歌童，西门庆毕竟用他不着，都送太师府去了。（金·56·755）

③ 虽是那妇人，都也似牛头马面一般，却也该叫他挑水；毕竟也甚可怜。（醒·28·413）

④ 你虽说晃冠长成，有人奉祀，毕竟是你的儿子。你出家修行去了，你倒有

---

① 《醒》2 例为"必竟"。

儿子在家,只是父母没有了儿子。(醒·93·1321)

⑤ 我拿着汗巾儿想,他拿着我的毕竟也思量,就着我就知道他合我是一样。(聊·襁·1175)

其中例⑤"毕竟"用在推断的语境中,相当于"一定"。在《歧》中出现的 60 例、《儿》中出现的 10 例"毕竟"中有 3 例类似用例:

⑥ 孝移道:"巫家女儿,你毕竟没见;孔家姑娘,我现今见过。还不知孔耘轩肯也不肯。"(歧·4·34)

⑦ 寅兄居此已久,毕竟知道几个端的行得,咱先自己商量个底本,到那日他们秉公保举,也好承许他,方压得众口。(歧·5·45)

⑧ 此丛台驿,定然是邯郸之丛台。此台是古迹,毕竟还会有遗址,昨日不知道,不曾游得一游。(歧·101·943)

3.10.1.9 终

"终"强调事实情况始终不变。《金》22 例,《醒》21 例,《聊》3 例。如:

① 这蔡御史终是状元之才,拈笔在手,文不加点,字走龙蛇,灯下一挥而就,作诗一首。(金·49·646)

② 这李瓶儿听了,终是爱缘不断,但题起来,辄流涕不止。(金·59·822)

③ 就是计氏娘家,虽然新经跌落,终是故旧人家。(醒·8·117)

④ 儿子晁冠终是少年,不能理料家事,以致诸凡阙略,从新都自己料理了一番。(醒·93·1321)

⑤ 彩鸾寻思:"天上虽好,终没有夫妇之乐。但得像这个丈夫,跟他几年,也不枉生在人间。"回头一看,那书生在那里题诗。(聊·蓬·1081)

⑥ 小生初得见容也么颜,终是一个玉天仙。(聊·富·1291)

《歧》出现 7 例,《儿》5 例,如:

⑦ 这谭绍闻一心要归,却又遇见这个魔障,纵然勉强寒温了几句,终是如坐针毡。(歧·43·395)

⑧ 大抵是妇人喜怒,郁结成了一个大症。从来心病难医,只因其病在神,草根树皮,终不济事。(歧·47·436)

⑨ 不必让茶让酒!自你我牝牛山一别,我埋头等你,终要合你狭路相遇,见个高低。(儿·15·231)

⑩ 若经义不精,史事不孰,纵然文章作的锦簇花团,终为无本之学。(儿·33·592)

3.10.1.10 始终

"始终"强调事实的不变性。《聊》1 例:

① 万岁始终是爱他,见娇滴滴的一声哀怜,早把怒气消入爪哇国去了。(聊·幸·1624)

3.10.1.11 终究

"终究"只有《聊》1例:

① 自有正神清世界,作恶终究罪难逃,还要把他儿孙报。你看那商家父子,好不待富贵逍遥。(聊·寒·1076)

"终究"在《儿》中出现2例:

② 老爷道:"这倒难为你长了。只是我计算,多也不过二千余金,终究还不足数。强如并此而无,且慢慢的凑罢了。"(儿·12·175)

③ 便说眼前有舅太太亲家太太以及他的乳母丫鬟伴他,日后终究如何是个了局?(儿·24·398)

3.10.1.12 终久

"终久"强调事实的不变性。《金》2例,《聊》2例:

① 金莲虽故口里说着,终久怀记在心,与雪娥结仇,不在话下。(金·11·122)

② 把局儿牢铺摆,情人终久再归来,美满夫妻百岁谐。(金·43·568)

③ 偏要拗强,偏要拗强,谁家的孩子你承当?终久少不了我去走一趟。(聊·慈·901)

④ 我想这痴心恋人,终久无益,我今夜可真真送官人家去罢。(聊·磨·1424)

《歧》出现1例:

⑤ 夏逢若也发话道:"谁的事叫谁招没趣,出来何妨?明日上堂也少不了。王中,你把我叫的来到,主子竟躲了。毕竟推车有正主,终久不出来,这事就能清白不成?"(歧·30·283)

3.10.1.13 终须

"终须"强调事物的性质状况不因某种新情况而改变。《醒》2例,《聊》2例:

① 到得十一月十五日卯时前后,那十余家富户陆续都到了教场,也都尽力打扮,终须不甚在行。(醒·1·11)

② 吴刑厅虽是个少年不羁之士,心里没有城府,外面没有形迹,终须是个上司,隔一堵矮墙,打起秋千,彼此窥看,一连三次造了歌词,这也是甚不雅。(醒·97·1382)

③ 哥合嫂,人人合我像同胞,纵然再住几年,也不至惹人笑。几时是了?到

底终须要开交。古时有王祥,也曾把后娘孝。(聊·慈·911)

④ 他爹说终须要别,你何必这样留连?(聊·翻·987)

3.10.1.14 端的、端自

A. "端的"《金》出现 115 例。

"端的"加强确定语气,义同"真"、"确实"。共 78 例,如:

① 月娘道:"刚才他每告我说,他房里好不翻乱,说不见了金镯子。端的不知那里的金镯子。"(金·43·563)

② 吃了饭,上马又走,四个牲口十六个蹄儿,端的是走的好,不多几个日头,就到东平府清河县地面。(金·55·750)

③ 伯爵道:"我猜已定还有底脚里人儿对哥说,怎得知道这等切,端的有鬼神不测之机。"(金·69·999)

④ 端的有沉鱼落雁之容,闭月羞花之貌。(金·77·1181)

⑤ 伯爵又问:"你五娘为甚么打发出来,在王婆子家住着,说要寻人家嫁人,端的有此话么?"(金·87·1320)

⑥ 住着这半边天,端的是冷。(金·93·1400)

"端的"用在特殊疑问句中,义同"究竟",追根究底,询问真实情况,加强疑问语气。共 37 例,如:

⑦ 西门庆道:"不拣怎的,我都依你。端的有甚妙计?"(金·3·37)

⑧ 这西门庆听了,只顾犹豫:"这咱晚端的有甚缘故?须得到家瞧瞧。"(金·17·205)

⑨ 妇人问:"有了我的鞋,端的在那里?"(金·28·356)

⑩ 那妇人陪着笑脸道:"我的哥,端的此是那里来的? 这些银子!"(金·56·759)

⑪ 西门庆拉起来,道:"端的有甚么事你说来。"(金·67·943)

⑫ 我知道你有个人,把我不放到心。你今日端的那去来?(金·82·1271)

《歧》中"端的"28 例,《儿》7 例,用法与《金》中"端的"相同,如:

⑬ 学生自幼,全要立个根柢,学个榜样,此处一差,后来没下手处。长兄此举,端的不错。(歧·2·14)

⑭ 孝移见话头跷奇,茫然不知所以,因问道:"端的是什么事?"(歧·6·56)

⑮ 却说谭绍闻到家,双庆历数了今日讨债之人,谭绍闻好不闷闷。到了晚上睡下,左盘右算,端的无法。(歧·71·680)

⑯ 姑娘听了这话,心下暗想道:"不信世间有这等人,我怎的会不晓得? 我且听听他端的说出个甚么人来,有甚对证,再合他讲。"(儿·18·278)

⑰ 你回去务必替我请教尊翁,这老人合那尊神端的是怎生一个原由? 我是

要把这节事刻在科场果报里边布告多士的。(儿·36·666)

⑱ 这些不经之谈,端的都从何说起?(儿·40·830)

"端"做名词意为开头,"的"做名词意为目的,两者形成合成词"端的"义同"原委",《金》8例,《醒》2例,《聊》1例,《儿》9例,如:

⑲ 县官正坐晚堂,两个各自一条舌头说了,又叫进卖酒的与旁边看的人问了端的。(醒·23·350)

⑳ 薛如卞道:"趁他在外行香,我们走到莲华庵去,便知端的。"(醒·74·1060)

㉑ 鸿老来时问端的,好歹听听他口中言,那时进退从君便。(聊·富·1533)

㉒ 我就一口气赶到庙前,还不曾见个端的,我那个驴儿先不住的打鼻儿,不肯往前走。(儿·8·117)

㉓ 不料一问店家,见他那说话的神情来得诧异,不觉先吃了一大惊,忙问端的。(儿·12·163)

㉔ 此番走到这路,想这褚一官壮士正是他的至亲,寻着一官一问便知端的。(儿·15·225)

"端的"的语气副词用法即由此语法化而来。

B. "端自"义同"端的",在句中加强确定语气。《金》2例,都用在诗句中:

㉕ 治平端自亲贤恪,稔乱无非近佞臣。(金·71·1016)
㉖ 胜败兵家不可期,安危端自命为之。(金·100·1493)

3.10.1.15 委

"委"加强确定语气。《金》4例,《聊》4例。如:

① 把前情诉告了一遍,"委是小的负屈衔冤,西门庆钱大,禁他不得。但只是小人哥哥武大含冤地下,枉了性命。"(金·10·115)

② 生前委被武松因忿带酒,杀潘氏、王婆二命,叠成文案,就委地方保甲瘗埋看守。(金·88·1331)

③ 因为搭伙计在外,被人坑陷了资本,着了气来家,问他要饭吃。他不曾做下饭,委被小的踢了两脚。他到半夜自缢身死了。(金·92·1396)

④ 脖项间亦有绳痕,生前委因经济踢打伤重,受忍不过,自缢身死。(金·92·1396)

⑤ 钱不少,人不老,如今才说三姐好;说道三姐委是好,当初亏了那一吵。(聊·俊·1118)

⑥ 周秀才说:"这人仓卒难以剿灭,他智勇双全,远近百姓都委服他。"(聊·磨·1521)

第三章　副　词

⑦ 二姐跟着万岁学了一套,弹出来委是中听。(聊·幸·1658)

⑧ 万岁敲着连声赞,说这笛委是大妙,得二姐唱一个昆山。(聊·幸·1659)

"委"往往与"是"连用,共4例。《歧》中"委"做语气副词4例,其后也都有"系"一词:

⑨ 单讲到了读画轩,验了万全堂包丸药儿票儿,取具"原任吏部司务厅、房主柏永龄,同乡、河南举人娄昭,结得保举贤良方正、正六品职衔谭忠弼,委系患病,并无捏饰规避情弊"甘结。(歧·10·113)

⑩ 项后发际八字不交,委系受杖后自缢身死。(歧·51·472)

⑪ 件作报了"头面无伤,项上绳痕八字不交,委系自缢身死"。(歧·64·611)

⑫ 司里再加上"实查委系亲病"印结,申详到院。(歧·106·989)

3.10.1.16 的

"的"加强确定语气。《醒》2例:

① 真是善人在世,活着为人,死了为神,的是正理。(醒·93·1333)

② 郭总兵知道梁佐的官兵见在,且的知这两家土官不是决意造反,也还是骑墙观望。(醒·98·1410)

3.10.1.17 委的

"委的"加强确定语气。《金》22例。如:

① 李瓶儿道:"好二娘,奴委的吃不去了,岂敢做假!"(金·14·175)

② 家里开着两个绫段铺,如今又要开个标行,进的利钱也委的无数。(金·55·749)

③ 我空痴长了五十二岁,并不知螃蟹有这般造作,委的好吃。(金·61·850)

④ 他两人厮打,委的不管小人丈人事,又系歇后身死,出于保辜限外。(金·67·943)

⑤ 平安道:"委的亲戚家借去头面,家中大娘使我讨去来,并不敢说谎。"(金·95·1427)

《歧》出现20例,如:

⑥ 等到日夕,只得央道:"哥们到后边说一声,我委的等急了。"(歧·17·178)

⑦ 鲍相公道:"他委的不会,适才搭点儿,都配不上来。如何能替谭兄看哩?"(歧·34·317)

⑧ 张绳祖道:"委的是何处银子?"夏鼎道:"是朋友都比你厚道。这是萧墙

街谭相公银子。我告了一个急,他给我了二两,我不瞒你。"(歧·42·389)

⑨ 夏逢若道:"委的没有赌博,小的是经过老爷教训过的,再不敢胡作非为。"(歧·65·617)

⑩ 至于"王中办理家务,委的万难分身",今绍闻看来,已非急务,且自由他。(歧·106·988)

3.10.1.18 本

"本"在句中加强确定语气。《金》23例,《醒》5例,《聊》10例。如:

① 西门庆道:"我本醉了,吃不去。"(金·13·157)

② 经济道:"本是我昨日在花园荼蘼架下拾的。若哄你,便促死促灭。"(金·83·1274)

③ 晁源、珍哥本还该夹打一顿,留着与道爷行法罢。(醒·12·187)

④ 县官说:"你图赖人的地基,本应问罪;你既抗断,连这五万砖也不问你要罢,出去!"(醒·35·523)

⑤ 俺家无有男人,本不敢留客。看你是个书生,料想不差,我私自留你在这门里头宿一宿罢。(聊·富·1289)

⑥ 鸨儿本是个爱财货,见了银子花了眼,刮打着嘴儿笑呵呵,我不收下恐见错。(聊·幸·1592)

3.10.1.19 本来

"本来"在句中加强确定语气。《金》1例,《醒》2例,《聊》1例。如:

① 那韩爱姐本来娇嫩,弓鞋又小,身边带着些细软钗梳,都在路上零碎盘缠,将到淮安上船,迤逦望江南湖州来。(金·100·1489)

② 晁秀才本来原也通得,又有座师的先容,发落出来,高高取中一名知县。(醒·1·3)

③ 这些招僧串寺的婆娘,本来的骨格不好,又乘汉子没有正经,干出甚么好事?(醒·73·1037)

④ 本来那冯知府,银子钱不贪图,心中也把恶人怒。明知恶虎该死罪,争奈司院乱吩咐,此时难把清官做。(聊·寒·1026)

"本来"也可以做形容词,意为"根本",如:

⑤ 照见本来心,冤愆自然雪。(金·100·1501)

⑥ 县官糊糊涂涂的罚了许多东西,问了许多罪,尽把本来面目抹杀过了。(醒·12·180)

"本来"在上述两例中不是"初始"意,而是"真实、根本"意,当然两者之间是存在联系的。"本来"的语气副词用法与后一意义的关系更为密切,两者都带有说话人的主观评价意义。

3.10.1.20 本自

"本自"在句中加强确定语气。《金》1例,《醒》1例。如:

① 大郎道:"本自南门外只一个永福寺,是周秀老爷香火院。那里有几个永福寺来!"(金·88·1338)

② 此一官者,齰技本自不长,灵窍又为利塞;狼性生来欠静,鼻孔又被人牵。(醒·17·250)

3.10.1.21 本等

"本等"加强确定语气。《金》15例,《醒》18例,《聊》3例。如:

① 昨日甚是深扰哥,本等酒勾多了,我见哥也有酒了,今日嫂子家中摆酒,已定还等哥说话。俺每不走了,还只顾缠到多咱!(金·43·560)

② 太太教我出来,多上覆列位哥们:本等三叔往庄上去了,不在家,使人请去了,便来也。(金·69·993)

③ 人家不见些甚么,本等不与程谟相干,那失盗之人也不疑到程谟身上,偏他对人对众倡说,必定是程谟偷盗。(醒·51·739)

④ 惠希仁道:"童奶奶的高情,本等不该争,不薄我们些儿?"(醒·81·1153)

⑤ 本等是真说不的假,南瓜皮子一大筐,炊帚苕帚三五把。(聊·禳·1146)

⑥ 本等也该费点事,就是十八的大姐铰了头。(聊·禳·1233)

3.10.1.22 原自

"原自"指明本来的事实。《聊》5例:

① 你是姓张,你是姓张,家门原自在东昌。(聊·慈·892)

② 人心原自不相同,你生的你疼,我生的我疼。(聊·慈·892)

③ 出下题没奈何,极的两眼清瞪着,在家原自不成货。出来进去走几趟,也学人家去吟哦,晌午何曾有字一个?(聊·翻·974)

④ 春香原自不丑,扎挂起来,想是也还看的过。(聊·禳·1251)

⑤ 不出三载,直上青霄,玉堂金马,原自不难到。(聊·禳·1269)

3.10.1.23 原来

"原来"指明事实、原因或目的,表示强调,多用于突然明白某事的语境里。《金》305例,《醒》142例,《聊》36例。如:

① 西门庆见了,心摇目荡,不能定止,口中不说,心内暗道:"原来韩道国有这一个妇人在家,怪不的前日那些人鬼混他!"(金·37·484)

②原来妇人还没睡哩,才摘去冠儿,挽着云髻,淡妆浓抹,正在房内倚靠着梳台脚,登着炉台儿,口中磕瓜子儿等待。(金·72·1052)

③怪道公公两次托梦叫我往北去投奔爹娘! 我想爹娘见在南边,却如何只说北去? 原来公公已预先知道了。(醒·6·77)

④狄希陈道:"那就是房下。原来陆长班是惠爷的表兄哩?"(醒·82·1163)

⑤近前一看:呀,原来还是我那糊突冤家! (聊·墙·834)

⑥闷时信步来相访,怪道白日把门关,原来静对芙蓉面。(聊·襄·1185)

3.10.1.24 全、全然

"全"表示强调。《金》33 例,《醒》33 例,《聊》171 例。如:

①金莲道:"我的儿,谁养的你恁乖! 你哄我替你叫了孟三儿,你是全不与我。我不去。你与了我,我才叫去。"(金·27·344)

②夏龙溪还是前日因我送了他那匹马,今日全为我费心,治了一席酒请我,又叫了两个小优儿。(金·38·501)

③俺婆婆要不为着老邹,那眼也还到不得这们等的,全是为他,一气一个挣。(醒·49·718)

④相主事只当戏谈,全不在意。(醒·77·1102)

⑤清晨后晌孝顺你,三般脸上有笑容,怎么心眼全不动? (聊·墙·852)

⑥会不会,全在头一篇;像这文章,可以会在三十名上。(聊·富·1353)

"全"用于否定句,《金》13 例,《醒》8 例,《聊》136 例。

"全然"加强确定语气。《金》3 例,《聊》36 例。如:

⑦青龙与白虎同行,吉凶事全然未保。(金·26·339)

⑧当初人情看望,全然是我。(金·89·1346)

⑨不过是为着一句话,怎么就全然忘了旧日恩? (聊·富·1316)

⑩浮华游荡撑公子,穿上件衣裳算不的人,一辈子乡宦全然尽。(聊·磨·1547)

"全然"用于否定句,《金》2 例,《聊》33 例。

3.10.1.25 皆

"皆"加强语气。《金》17 例,《聊》5 例。如:

①皆因我来迟了一步,误了你性命。(金·88·1334)

②养活月娘到老,寿年七十岁,善终而亡。此皆平日好善看经之报也。(金·100·1506)

③妍媸皆是命里该。(聊·襄·1164)

④虽然是馋涎长流,皆因寻思到这里,才死活强忍。(聊·磨·1427)

3.10.1.26 完完全全

"完完全全"强调事件的确定性。《醒》1例：

① 那晁夫人看一看,丈夫完完全全的得了冠带闲住,儿子病得九分九厘,谢天地保护好了,约摸自己箱内不消愁得没的用度。(醒·18·258)

3.10.1.27 无非

"无非"常用在判断句里,加强肯定的语气。《金》7例,《醒》8例,《聊》1例。如:

① 见你常时进奴这屋里来歇,无非都气不愤,拿这有天没日头的事压枉奴。(金·12·141)

② 你走千家门,万家户,在人家无非只是唱。(金·75·1120)

③ 这汪为露一生作恶,更在财上欺心,也无非只为与小献宝作牛作马。(醒·39·580)

④ 来到这里住着,无非只是受不得家里的苦楚,所以另寻了咱家的姐姐图过自在日子。(醒·79·1132)

⑤ 叫我几回我不去,无非就是嫌他脏,嘴脸叫人看不上。(聊·幸·1668)

3.10.1.28 尽自

"尽自"表示强调。《聊》1例:

① 这个恶人好不谬,惹着尽自勾人受。(聊·姑·881)

3.10.1.29 浑、浑是

"浑"意为"完全",强调程度上百分百,加强确定语气。《金》4例,《醒》3例,《聊》3例。如:

① 孤眠心硬浑似铁,这凄凉怎捱今夜?(金·12·134)

② 二三朝不见,浑如隔了十数年。(金·46·596)

③ 其余那些人家浑如大锅里下扁食的一般。(醒·29·420)

④ 颈骨尽时皆颤,浑如坠雨残荷。(醒·72·1033)

⑤ 快活浑如在天边外,荣华不似居人世间。(聊·富·1277)

⑥ 脚儿一挪头上银花颤,一朵能行白牡丹,脸儿浑似在画中看。(聊·富·1289)

"浑"都是修饰动词"如"、"似",用在夸张比喻句中,《歧》中2例、《儿》中2例与此同:

⑦ 父打子兮妻骂夫,赌场见惯浑如无。有人开缺有人补,仍旧摆开八阵图。(歧·51·474)

⑧ 娄朴写完,笑道:"旅次推敲未稳,恳二位老弟斧正。"绍闻道:"七步八叉,浑如凤构。"(歧·101·942)

⑨ 鼓逢逢,第一声,莫争喧,仔细听,人生世上浑如梦。(儿·38·742)

⑩ 浑不问,眼前兴废;再休提,皮里春秋!(儿·38·743)

"浑是"表示"不管怎样、无论如何",加强确定语气。《醒》3例:

⑪ 店婆凶万状,过卖恶千端;泥灯浑是垢,漆箸尽成瘢。(醒·55·791)

⑫ 俺闺女养汉来!没帐!浑是问不的死罪!(醒·72·1028)

⑬ 寄姐道:"浑是不象你,情管倒穿不了!"(醒·83·1186)

3.10.1.30 浑身

"浑身"表示排除任何条件(即在任何情况下都是这样)的肯定语气。《醒》共出现17例,其中只有3例以"浑身"一形出现:

① 嫂子,你是也使了些谷,浑身替你念佛的也够一千万人。(醒·32·473)

② 留着咱秋里荫枣麸,也浑身丢不了。(醒·32·475)

③ 那婆娘有二十二三罢了,那汉子浑身也有二十七八。(醒·41·598)

更多的则以"浑深"的形式出现,共有14例,如:

④ 我破着活不成,俺那汉子浑深也不饶过你,叫你两个打人命官司。(醒·19·283)

⑤ 你要说不下这事来,你浑深也过不出好日子来。(醒·68·976)

⑥ 浑深待不的几个月就选出官儿来,你就穿袍系带,是奶奶了。(醒·72·1031)

⑦ 我也有房屋地土,浑深走不了我。(醒·80·1148)

⑧ 要检不出伤来,破着拧一拧,再不,再撺一二百撺,浑深也饶了我。(醒·81·1159)

⑨ 这浑深不是你晁家做的,你也做主烧了罢?(醒·92·1317)

"浑身"的副词用法是由其相应的实词意义发展来的。从结构形式来看,"浑"与"身"是定中关系,"浑"是形容词,意为"全"、"满","身"为名词,"浑身"即"全身"、"满身",这一用法在《醒》中共出现了31例,如:

⑩ 外面将计巴拉浑身搜检,那里有一些影响?(醒·11·164)

⑪ 却说晁源披了头发,赤了身子,一只手掩了下面的所在,浑身是血,从外面嚎啕大哭的跑将进来。(醒·20·289)

⑫ 这不今年你二十岁了,破着我再替你当四五年家,你浑身也历练的好了,交付给你,也叫我闲二年,自在自在。(醒·36·535)

"浑身"在总括对象意义即概括所有基础上产生了"任何情况下都是这样"的语法意义。

3.10.1.31 总、总里

"总"表示事情结果必然如此,加强确定语气。《金》11例,《醒》1例(另"总里"1

例)，《聊》15例。如：

① 你总不如再找上了一千两，到明日也好认利钱。(金·45·586)

② 人生有子万事足，身后无儿总是空。(金·53·707)

③ 就等得公婆回来，那公婆怎替我遮蔽得风雨？总不如死了倒也快活。(醒·9·127)

④ 我叫你这没用淫妇总里死在我手！(醒·60·866)

⑤ 我总不是个人了！(聊·襄·1247)

⑥ 这花柳巷里总是填不满的坑，我待着他今日净，就今日净。(聊·幸·1642)

3.10.1.32 一总

"一总"加强确定语气。《醒》1例：

① 狄希陈道："千言万语，一总的是我不是。你只大人不见小人的过！"(醒·87·1242)

3.10.1.33 总然

"总然"加强确定语气。《醒》1例，《聊》3例。如：

① 也没听见人叫奶奶甚么，总然是撩在脑门后头去了，还叫甚么呀？(醒·86·1223)

② 任你怎么刚强，总然是治不的一个忍。(聊·姑·882)

③ 不然移了妹子去，翻尸检骨咱害嚣，总然没法把他傲。(聊·寒·1042)

④ 颠倒思量，总然是无法可设。(聊·丑·1144)

3.10.1.34 通然

"通然"表示强调，加强语气。《醒》1例，《聊》3例。如：

① 老爷这会子极心焦，为家里官司的事愁的整夜睡不着，如今头发胡子通然莹白了，待不得三四日就乌一遍，如今把胡子乌的绿绿的，怪不好看。(醒·14·211)

② 徐氏哭了几日，又气又恼，浑身肿了，不能行动，通然过不的了。(聊·翻·935)

③ 坐着八抬打黄伞，通然不想保朝廷，着他长寿中何用？(聊·寒·1065)

④ 口里没牙眵糊着眼，东倒西歪晒太阳，通然不像个人模样。(聊·幸·1579)

3.10.1.35 实、实实

"实"强调某种情况的真实性。《金》62例，《醒》73例，《聊》70例。如：

① 询之再三，方言："贱号四泉。累蒙蔡老爷抬举，云峰扶持，袭锦衣千户之

职。见任理刑,实为不称。"(金·36·476)

② 娘昼夜忧戚,那样劳碌,连睡也不得睡,实指望哥儿好了,不想没了。(金·62·864)

③ 小的实是穷的慌了,应承了他。(醒·47·688)

④ 说也罢,实是他家死了个人,疼忍不过,别要合他一般见识,给他几个钱,叫他暖痛去。(醒·81·1150)

⑤ 老于婆,你实是歪,找上人家门子来。(聊·姑·868)

⑥ 夏来到实难受,一点点汗珠交流,一霎时全湿的衣衫透。(聊·磨·1460)

另有几例略有不同:

⑦ 实为住的房子不方便,待要寻间房子安身,却没有银子,因此要求哥周济些儿。(金·55·748)

⑧ 你两个贼人,专一积年在江河中,假以舟楫装载为名,实是劫帮凿漏,邀截客旅,图财致命。(金·47·622)

⑨ 名曰妇姑夫妇,实为寇敌仇冤。(醒·52·750)

⑩ 俺两人名虽异姓,实胜同胞,说起关、张生气,提起管、鲍打罕。(醒·81·1155)

⑪ 虚度人间五十秋,短袍破烂又流丢;街头个个称师傅,实与人家去放牛。(聊·襄·1152)

⑫ 你实是为何?(醒·2·17)

前5例"实"在句中有关联作用;例⑫"实"用在疑问句中,加强疑问语气。

"实实"加强确定语气。《醒》7例,《聊》7例。如:

⑬ 这要是我做了这事,可实实的剪了头发,剥了衣裳,赏与叫花子去了,还待留我口气哩!(醒·8·118)

⑭ 有那家里寒的,实实的办不起束脩,我又不曾使了本钱,便白教他成器,有何妨碍?(醒·35·510)

⑮ 那锨柄不捱着实实的侥幸,他自家在道上又找上个小零,这石头可也就不当不正,想是有神灵过,嫌处的他忒也轻。(聊·慈·909)

⑯ 公子说:"小弟实实有愧!"(聊·襄·1220)

3.10.1.36 实在

"实在"强调情况的真实性。《聊》4例,如:

① 实在不曾来。(聊·墙·843)

② 我的天哟,捱饿难,实在难捱饿!(聊·富·1288)

③ 又想着晚间的罪,实在难受,暗暗的把舜华来念了一回,怨了一回,又想

了一回。（聊·富·1316）

④ 王龙道："我实在姓王。"（聊·幸·1633）

3.10.1.37 实落落

"实落落"强调真实性。《聊》2例：

① 娘子说："我从头当你是戏玩,你是实落落的想举人么? 这就忒也无知了。"（聊·磨·1472）

② 老贱人实落落的要打,再打我就捱不的了。（聊·幸·1596）

3.10.1.38 其实

A. "其实"加强确定语气,义同"实"。《金》7例：

① 西门庆道："干娘,我其实猜不着了。"（金·2·30）

② 西门庆道："薛嫂,其实累了你。"（金·7·82）

③ 一壁厢舞着、唱着共弹着,惊人的这百戏其实妙。（金·42·555）

④ 动人的高戏怎生学,笑人的院本其实笑。（金·42·555）

⑤ 看他形状,其实可矜:后直前横,你是何物? 七穿八洞,真是祸根。（金·56·764）

⑥ 常言成大者不惜小费,其实说的是。（金·71·1023）

⑦ 月娘问："他其实说明年往咱家来?"（金·95·1438）

B. "其实"用在复句中,申明事情的真实或客观性。《金》11例,《醒》39例,《聊》11例。如：

⑧ 哄动街坊,人人都说他无行,其实水秀才原是坐怀不乱的。（金·56·765）

⑨ 我做意儿焦,他偷眼儿瞧。甫能咬定牙,其实忍不住笑。（金·74·1104）

⑩ 然虽是说不尽得了夫人解劝的力量,其实得了那跨灶干蛊的儿子不在跟前。（醒·15·218）

⑪ 这房子只为紧邻,不得不买,其实用他不着,任凭来住不妨。（醒·25·373）

⑫ 看着他像无心,其实的实落做。（聊·富·1298）

⑬ 叫了一声皇天,撒了手,其实离着沟底不勾半尺了。（聊·磨·1486）

以上各例"其实"用在复句中兼起关联作用。

3.10.1.39 确、确乎、确然

"确"加强确定性。《醒》2例：

① 薛教授见了这等神奇古怪的,确信是神仙。（醒·29·431）

② 程乐宇起先不允。众人叫汪为露出了三两贿赂,备了一桌东道,央出无耻的教官闵善请了程乐宇去,确要与他和处。(醒·35·521)

"确乎"加强确定语气。《醒》1 例:

③ 人到这个关头,确乎要拿出主意,不要错了念头,说"可以无取,可以取"的乱念,务必要做那江夏的冯商。(醒·34·497)

"确然"加强确定语气。《醒》4 例:

④ 可见这因果报应的事,确然有据,人切不可说天地鬼神是看不见的,便要作恶。(醒·22·337)

⑤ 这话我确然信他不过。(醒·44·640)

⑥ 及至智姐过了门,成亲之夜,确然处子,张茂实倒也解了这狐疑。(醒·62·893)

⑦ 至于人家的小妇,越发又多了一个大老婆碍眼,若说有光明正大的布施与他,这是确然没有这事。(醒·68·970)

3.10.1.40 真、真真、真个

"真"加强确定语气。《金》23 例,《醒》147 例,《聊》195 例。如:

① 两个乐工又唱一套新词,歌喉宛转,真有绕梁之声。(金·31·404)

② 西门庆笑道:"那个真要吃你的,试你一试儿。"(金·53·723)

③ 光阴易过,转眼到了那年六月尽边,祁伯常真是挨一刻似一夏的难过。(醒·29·424)

④ 狄希陈回复了寄姐说道:"真有此事。我又复问了他们一番。"(醒·98·1393)

⑤ 你这字真不在钟王下,细细端相,教人爱煞。(聊·蓬·1090)

⑥ 传出去人人嗤笑,真叫我难见亲朋!(聊·襄·1197)

"真真"加强确定语气。《金》1 例,《醒》27 例,《聊》14 例。如:

⑦ 西门庆见两个儿生得清秀,真真嫋嫋媚媚,虽不是两节穿衣的妇人,却胜似那唇红齿白的妮子,欢天喜地。(金·55·751)

⑧ 杨古月真真合咱相厚,不惮奔驰,必定要来自己亲看。(醒·3·35)

⑨ 众人道:"原来如此!真真是有了后母就有了后父!"(醒·62·888)

⑩ 这死罪真真是无法可救!(聊·富·1314)

⑪ 一霎传进报条来,太太就笑了说:"可不真真的中了么?"(聊·幸·1475)

"真个"加强确定语气。《金》78 例,《醒》34 例,《聊》8 例。如:

⑫ 这春梅真个押着他,花园到处,并葡萄架根前,寻了一遍儿,那里得来,再

有一只也没了。(金·28·354)

⑬ 那孝哥儿真个下如意儿身来,扒与春梅唱喏。(金·96·1440)

⑭ 只怕他真个是害那里疼可哩。(醒·33·489)

⑮ 承恩喜道:"你可别要说谎。你真个与我那腊嘴,我宁可不要这银子。"(醒·70·999)

⑯ 人人夸奖真个妙。(聊·寒·1030)

⑰ 真个两三个人撺上他去了。(聊·富·1337)

其中"真个"用于疑问句,《金》27 例,《醒》12 例,《聊》5 例。如:

⑱ 月娘便问道:"你爹真个不来了? 玳安那奴才没来?"(金·39·518)

⑲ 两个又道:"你真个把做官的打的动不得么?"(醒·96·1366)

⑳ 你真个不合他做亲么?(聊·襄·1161)

"真个"单用。《金》9 例,《醒》10 例。如:

㉑ 月娘道:"真个? 薛嫂儿怎不先来对我说?"(金·40·529)

㉒ 素姐道:"是怎么另娶哩? 真么? 是多昝的事?"(醒·86·1221)

3.10.1.41 当真

"当真"强调情况的真实性。《醒》42 例,如:

① 若是当真同去打围,除了我不养汉罢了,那怕那忘八戴销金帽、绿头巾不成!(醒·2·18)

② 晁源见的这许多鬼怪,这是他自己亏心生出来的,原不是当真有甚么鬼去打他。(醒·15·245)

③ 若是当真要打,从八秋打得稀烂,可不还阁了板子合人商议哩。(醒·20·303)

④ 原是打的猴精着极,所以如此,倒恰象似当真吃了狄希陈的大亏一般。(醒·76·1087)

⑤ 狄希陈当真也就不敢再喊,只说"饶命"。(醒·95·1359)

其中"当真"用于问句中,《醒》5 例:

⑥ 晁源道:"脱不了这也都是实情。难道当真的谁打杀他来?"(醒·12·178)

⑦ 那唐氏果肯心口如一,内外一般,莫说一个晁大舍,就是十个晁大舍,当真怕他强奸了不成?(醒·19·275)

⑧ 他那强盗般打劫来的银子,岂是当真不知去向?(醒·42·613)

⑨ 寄姐方才回嗔作喜,说道:"我说是这们说,谁就当真的说不希罕来?"(醒·82·1167)

⑩ 俺也实不知道你当真的是个甚么人。(醒·95·1352)

3.10.1.42 真实、真真实实

"真实"加强确定语气。《金》2 例,《聊》1 例。如:

① 前日为我告你说,打了我一顿。今日真实看见,我须不赖他。请奶奶快去瞧去。(金·83·1276)

② 当时被秋菊看到眼里,口中不说,心内暗道:"他们还只在人前撇清,要打我,今日却真实被我看见了。到明日对大娘说,莫非又说骗嘴张舌,赖他不成!"(金·83·1282)

③ 又待了几日,忽然说道:"罢呀!我想痴心恋人,也是无趣。我今夜可就真实送你回去了罢。"(聊·富·1310)

"真真实实"加强确定语气。《聊》1 例:

④ 有天知,有地知,真真实实,不嫌奴家天生岔,做个伴儿,做个伴儿,又不推磨,又不织机,下下棋,叠叠衣。(聊·襄·1255)

3.10.1.43 真正、真真正正

"真正"强调确定性。《金》2 例,《醒》7 例,《聊》35 例。如:

① 西门庆道:"怪油嘴,专要歪斯缠人。真正是这样的,着甚紧,吊着谎来!"(金·53·712)

② 西门庆道:"真正任仙人了!贵道里望、闻、问、切,如先生这样明白脉理,不消问的,只管说出来了。也是小妾有幸!"(金·54·736)

③ 又都说:"真正'万事劝人休碌碌,举头三尺有神明'。"(醒·20·304)

④ 若是那真正大富的人家,虽把自己的银钱垫发,也还好贱买贵交,事也凑手。(醒·71·1018)

⑤ 说起来真正是一言难尽,娘子屈着指说了五六分。(聊·富·1312)

⑥ 奴家上边无父母,下边无弟又无兄,这样人真正不成命!(聊·磨·1406)

"真真正正"加强确定语气。《醒》1 例:

⑦ 上面明明白白真真正正写着:"狄门薛氏荐拔亡夫狄希陈、亡弟薛如卞、薛如兼,俱因汗病疔疮,相继身死,早叫超生。"(醒·74·1060)

3.10.1.44 果

"果"表示事情的结果跟预期的相符,加强句子的确定性语气。《金》24 例,《醒》49 例,《聊》10 例。如:

① 春梅看见果是一只大红平底鞋儿,说道:"是娘的怎么来到这书箧内?好

蹊跷的事!"(金・28・356)

② 果是你昨日也在根前看着,我又没曾说他甚么。(金・51・666)

③ 计氏说道:"待我自己出去看看,果是怎样个行景。"(醒・2・18)

④ 典史满口应承,说:"我回去就查;若果是令宠,我自有处。"(醒・14・207)

⑤ 才待上前问路,那些人见了,都起来说:"果不出爷爷所料。"(聊・寒・1054)

⑥ 张鸿渐果在家,再从容把他放。(聊・富・1338)

3.10.1.45 果然

"果然"表示事情的结果跟预期的相符,加强句子的确定性语气。《金》91 例,《醒》198 例,《聊》104 例。如:

① 李娇儿果然问了西门庆,用七两银子买了丫头,改名夏花儿,房中使唤。(金・30・378)

② 他胸中才学,果然班马之上;就是他人品,也孔孟之流。(金・56・761)

③ 学道兖州考完,回到省下,发了吊牌,果然绣江一案吊到省城济南府。(醒・38・555)

④ 果然当日刘有源垫发了三钱银子,用小套封了,送与程婆子收讫,约定后日接程大姐陪酒过宿。(醒・73・1039)

⑤ 才射出,那鼓声乱响,都说:"将军神箭,果然中了左眼!"(聊・快・1137)

⑥ 到了宣武院,果然妓女出色,人物标致,亚赛仙姬,俊如嫦娥。(聊・幸・1558)

其中"果然"用于疑问句,《金》3 例,《醒》8 例,《聊》2 例。如:

⑦ 因叫过春梅,搂在怀中问他:"淫妇果然与小厮有首尾没有? 你说饶了淫妇,我就饶了罢。"(金・12・142)

⑧ 婆子道:"三娘,果然是谁要? 告我说。"(金・24・303)

⑨ 四杈中天星多,虽然财命益夫发福,受夫宠爱,不久定见妨克。果然见过了不曾?(金・91・1374)

⑩ 把单完悄地的拉到门外,问道:"这人果然写得状好? 不致误事才好。"(醒・81・1160)

⑪ 吕德远又道:"这两个妇人一向在老爷奶奶身上果然也有好处么?"(醒・96・1368)

⑫ 我果然没有小长命那本领吗?(聊・襄・1267)

⑬ 万岁说:"果然是实? 你给我搬一个来陪我,何如?"(聊・幸・1585)

"果然"后无其他成分。《醒》1 例,《聊》7 例,如:

⑭ 伊明道:"这要果然,到也极妙! 只是怎好就去叫他哩?"(醒·73·1039)

⑮ 子正云:"是果然么?"(聊·襄·1259)

⑯ 瞧见笑云:"果然,果然! 我且捻个纸捻儿通通他的鼻孔。"(聊·襄·1177)

3.10.1.46 果真

"果真"表示事情的结果与预期的相符。《醒》27 例,《聊》1 例。如:

① 邵次湖道:"怎好不看体面? 若果真不看体面时节,适才那阴阳生,足足还得十五板哩!"(醒·10·143)

② 若是果真有些教法,果然有些功劳,这也还气他得过,却是一毫也没有帐算。(醒·35·511)

③ 这人模样相似的也多,就果真是小珍哥,这又过了九年,没的还没改了模样?(醒·51·744)

④ 素姐道:"若大妗子肯果真送我回家,真是重生父母,再长爷娘。"(醒·78·1107)

⑤ 垂首丧气,辞了相大妗子,独自回家,知道狄希陈果真行了一十六日,极的个吕祥咬唇咂嘴,不住的跺脚。(醒·86·1221)

"果真"可用于疑问句。《醒》3 例:

⑥ 晁老再三又向晁夫人详问:"果真是为何来?"(醒·15·227)

⑦ 他说:"果真不打我? 先生,你发个誓,我才开门。"(醒·33·492)

⑧ 你众人都公道回老爷的话,狄希陈果真作反来?(醒·89·1265)

"果真"独用。《聊》1 例:

⑨ 万岁说:"果真?"(聊·幸·1633)

3.10.1.47 真果

"真果"强调情况的真实性。《聊》26 例。如:

① 大姐真果拿了一根棍来。(聊·翻·987)

② 若这话真果是实,我舍命去叩天阁。(聊·寒·1049)

③ 谁想方兴真果中了举,这可怎么处?(聊·磨·1409)

④ 真果是百里不同风,俺那里鸡架都靠着屋檐底下,你这里鸡架挂在树上,天还没黑就上了架。(聊·幸·1612)

⑤ 万岁自思:"作死的王龙,真果拿着我当个憨瓜。"(聊·幸·1643)

其中"真果"用于疑问句,《聊》10 例。如:

⑥ 范梧说:"你真果不给我?"(聊·翻·974)

⑦ 你真果待要他么？（聊・襄・1166）

⑧ 老爷叫家人问道："张龙、李虎真果吊在那边么？"（聊・磨・1514）

"真果"独用，《聊》5 例。如：

⑨ 王四说："真果的么？"（聊・翻・1002）

⑩ 江城一骨碌爬起来，穿上衣裳，扎了扎腰说："真果么？"（聊・襄・1214）

⑪ 胡百万问二姐姐道："真果么？我不信，我不信！谁家皇帝出来嫖院来？还肯自家说是皇帝？拿银子来罢。"（聊・幸・1663）

"真果"做谓语、宾语。《聊》4 例：

⑫ 夫人拉起来云："我儿是真果么？"（聊・襄・1248）

⑬ 你母亲听的丫头说，那张龙、李虎被您大爷吊了一夜，是真果么？（聊・磨・1514）

⑭ 佛动心你瞎星星，接了个营里兵，你就拿着当真果的敬。（聊・幸・1633）

⑮ 王龙道："他那口里常说合江彬有处，若是真果，可不坏了？"（聊・幸・1648）

3.10.1.48 果尔

"果尔"义同"果然"。《醒》1 例：

① 果尔，汪生未住之先，不知已经几人几世，留此缺陷以待亡赖生之妄求哉？（醒・35・516）

3.10.1.49 果不然

"果不然"表示强调，加强确定性，蕴含事情的结果跟预期相符的意义。《醒》5 例：

① 果不然动了那二位乡约的膻心。（醒・34・502）

② 我说你没有好话，果不然！（醒・58・839）

③ 一日，身上不觉怎么，止觉膝盖上肉战，果不然一错二误的把素姐的脚躧了一下，嘴象念豆儿佛的一样告饶，方才饶了打，罚跪了一宿。（醒・60・867）

④ 果不然从后边一个人托着一个盘子，就是承恩说的那些东西，一点不少，叫道："童先儿在那里哩？太太赏你饭吃哩。"（醒・70・1001）

⑤ 到起鼓以后，果不然两个差人来了，叫我撞了个满怀。（醒・82・1168）

3.10.1.50 果不其然

"果不其然"单独使用，加强确定语气。《醒》4 例：

① 昨日人去请我，我就说嫂子有这个好意，果不其然！这只是给嫂子磕头就是了。（醒・22・324）

② 我说这两个不是好人,果不其然!(醒·34·502)

③ 果不其然,不消十日,齐割扎的把个头来烂吊一边。(醒·66·948)

④ 果不其然,惹的奶奶计较。(醒·69·988)

3.10.1.51 委实

"委实"加强确定语气。《金》2 例,《醒》6 例,《聊》9 例。如:

① 烟花寨,委实的难过。(金·50·662)

② 好三娘,我但知道,有个不来看的? 说句假就死了! 委实不知道。(金·63·890)

③ 我们同学读书,我们都出去考,只留他在家,委实体面也不好看。(醒·37·541)

④ 娘说:"你也叫他有脸来见丈母! 委实的,我也替他害羞!"(醒·41·599)

⑤ 凑千两委实难,倾了家不能完,为儿昼夜常打算。(聊·翻·986)

⑥ 委实孩儿的不是,儿再不敢了。(聊·磨·1443)

3.10.1.52 的真

"的真"加强确定语气。《醒》1 例:

① 晁夫人诧异的了不得:"的真小和尚是梁片云托生的了!"(醒·22·325)

3.10.1.53 的确

"的确"做语气副词,仅《聊》1 例:

① 问了问府县相同,这个信的确非空,娘子不觉心酸痛。(聊·富·1343)

3.10.1.54 白

A. "白"用做情状方式副词,表示无代价地得到或无报偿地付出。《金》15 例,《醒》11 例,《聊》2 例。如:

① 应伯爵道:"哥,你不要笑,俺每都拿着拜见钱在这里,不白教他出来见。"(金·20·251)

② 眼看这狗男女道士,就是个佞钱的,只许你白要四方施主钱粮!(金·94·1414)

③ 俺也想来,这白拾的银子,只许他使么?(醒·34·507)

④ 两边的堂客也不好白吃我的,也是回席两遭。(醒·87·1244)

⑤ 张讷又拉过来,看了看手上那泡,掉下泪来,说:"你总不听,白死的转下了。"(聊·慈·917)

⑥ 到了山西遇着王龙,倚强欺弱,白问我要了去了。(聊·幸·1640)

B. "白"表示行为没有达到预期的目的,或者没有取得应有的效果。《醒》1 例:

⑦ 儿子们也只好白瞪了眼睛干看。(醒·36·528)

C."白"限定动作范围,蕴含动作长时间持续的意味。《金》6例:

⑧ 三姐,你看小淫妇今日在背地里白唆调汉子,打了我恁一顿。我到明日,和这两个淫妇冤仇结的有海深。(金·12·143)

⑨ 你这小淫妇,道你调子曰儿骂我,我没的说,只是一味白鬼,把你妈那裤带子也扯断了。(金·32·415)

⑩ 冤家你不来白闷我一月,闪的人反拍着外膛儿细丝谅不彻。(金·33·425)

⑪ 桂姐一家唬的捏两把汗,更不知是那里动人,白央人打听实信。(金·69·990)

⑫ 头里我自不是,说了句话儿,见他不是这个月的孩子,只怕是八月里的,叫大姐姐白抢白相。(金·30·384)

D."白"表示强调,用于否定句加强否定语气。《金》34例,《醒》6例。① 如:

⑬ 西门庆已是走出来,被花子虚再不放,说道:"今日小弟没敬心,哥怎的白不肯坐?"(金·13·157)

⑭ 那小玉开了里间房门,取了一把钥匙,通了半日,白通不开。(金·46·606)

⑮ 又道:"郑家那贼小淫妇儿,吃了糖五老座子儿,百不言语,有些出神的模样,敢记挂着那孤老儿在家里?"(金·58·792)

⑯ 晁夫人道:"我倒也想他的,白没个信儿。"(醒·49·718)

⑰ 狄员外寻人看视,百不见好。(醒·66·947)

⑱ 寄姐道:"一家子说,只多我穿着个袄,我要把我这袄脱了,就百没话说的了!"(醒·79·1125)

"白"加强确定语气当是由形容词"白"发展而来的。单一(无色彩)蕴含有"一直"的意义,因此可以在句子里加强语气。

3.10.1.55　白白

A."白白"表示无代价地得到或无报偿地付出。《金》2例,《醒》5例。如:

① 这大户早晚还要看觑此女,因此不要武大一文钱,白白的嫁与他为妻。(金·1·12)

② 后因大户年老,打发出来,不要武大一文钱,白白与了他为妻这几年。(金·3·37)

③ 如今的世道,没有路数相通,你就是龚遂、黄霸的循良,那吏部也不肯白

---

① "白"记做"百",《金》1例,《醒》5例。

白把你升转。(醒·5·64)

④ 总然忘八顶了他跪在街上,白白送来,也怕污了门限,也还该一条棒赶得开去!(醒·8·111)

⑤ 那官府有死了人的,他用的都是沙板,不要这等薄皮物件;所以不用当行,也不怕他白白拿去。(醒·33·480)

⑥ 汪为露在日,恃了凶暴,又恃了徒弟人多,白白的赖我界墙,经官断了出来,还把我再三打骂。(醒·42·612)

⑦ 你白白夺来,心上也过去的么?(醒·53·765)

B. "白白"表示行为没有达到预期的目的,或者没有取得应有的效果。《醒》2 例:

⑧ 难道白白辛苦一场?(醒·5·66)

⑨ 大酒块肉,遇着有钱就买,没钱就赊,赊买不来就白白的忍饥。(醒·51·737)

"白"的 A、B 两个义项与"白白"的两个义项是相同的。当表示"无代价地得到或无报偿地付出"意义时,它们修饰动作行为本身,表示动作行为进行的方式,是情状方式副词;而表示"行为没有达到预期的目的,或者没有取得应有的效果"意义时,它们表示的是说话人对事件的评价与态度,是语气副词。

3.10.1.56 只当、白当

A. "只当"表示强调,加强确定语气,意近"到底"。《金》16 例,《醒》1 例。如:

① 你成日放着正事儿不理,在外边眠花卧柳不着家,只当被人所算,弄成圈套,拿在牢里,使将人来对我说,教我寻人情。(金·14·170)

② 月娘听见,说道:"就是仪门首那堆子雪,我分付了小厮两遍,贼奴才,白不肯抬,只当还滑倒了。"(金·21·275)

③ 好个怪浪的淫妇!见了汉子,就邪的不知怎么样儿的了。只当两个把酒推倒了才罢了。(金·46·598)

④ 那李瓶儿越发哭起来,说道:"我的哥哥,你紧不可公婆意,今日你只当脱不了,打这条路儿去了。"(金·59·813)

⑤ 妇人道:"我那等说着,他还只当叫起你来。"(金·73·1082)

⑥ 计氏说道:"晁爷还裂着嘴笑哩!还说:'该!该!我说休去。只当叫人说出这话来才罢了!'这就俺公公管教儿的话了。"(醒·2·19)

以上各例"只当"可以用"到底"来替换,意义基本不变。不同的是,"只当"都是修饰不应该发生或主观上不希望发生的事情或结果。

B. "白当"加强语气,义同"只当"。《醒》11 例,如:

⑦ 我还承望你死在我后头,仗赖你发送我,谁知你白当的死在我头里去了!(醒·20·290)

⑧ 从那一遭去考,我就疑他不停当;你只说他老实,白当叫他做出来才罢。(醒·40·584)

⑨ 我说的话你白当不听!(醒·66·946)

⑩ 整日上庙烧香,百当烧的这等才罢!(醒·73·1043)

⑪ 百当还合他说了,叫他来京里象风狗似的咬了一阵去了。(醒·78·1119)

⑫ 弟子赶了他这一路,赶的人困马乏,百当没得赶上。(醒·86·1225)

其中用于否定句6例。

"只当"、"白当"分别是副词"只"、"白"与助动词"当"形成的合成副词,"白当"与"只当"有着相同的形成过程。"只"、"白"都蕴含有"单一"意义,"当"即"理当"、"应当",具有不可避免的意义,两相结合加强确定语气,意近"到底"。

3.10.1.57 直

"直"加强确定语气,语义与"简直"相近。《金》2例,《醒》2例,《聊》1例。如:

① 那婆子听了道:"大郎直恁地晓事! 既然娘子这般说时,老身且收下。"(金·3·42)

② 直可还精补液,不必他求玉杵霜;且能转女为男,何须别觅神楼散。(金·53·709)

③ 冤家凑合岂容宽? 直教丝毫不爽,也投缳。(醒·80·1134)

④ 但想圣姆在生之日,直是蝼蚁也不肯轻伤一个;既是不曾盗去,若再送官配刺,也定是圣姆所不忍的。(醒·93·1331)

⑤ 犯了这样弥天罪,见了老爷不跪下,胆儿直勾天那大!(聊·富·1282)

3.10.1.58 干净

"干净"表示肯定或强调的语气。《金》19例。

"干净"用在夸张、感叹句中,意近"简直、纯粹"或者"敢情",共9例。如:

① 我和你说的话儿,只放在你心里,放烂了才好。想起甚么来对人说! 干净你这嘴头子就是个走水的槽,有话到明日不告你说了。(金·23·295)

② 你干净是个毬子心肠,滚上滚下;灯草拐棒儿,原挂不定。(金·26·324)

③ 把你到明日,盖个庙儿,立起个旗杆来,就是个谎神爷! 你谎干净顺屁股喇喇! 我再不信你说话了。(金·26·324)

④ 杨姑娘道:"既是素的,等老身吃。老身干净眼花了,只当做荤的来。"(金·39·522)

⑤ 刚才这等拶打着,好么! 干净俊丫头,常言道:穿青衣,抱黑柱。(金·44·580)

409

⑥ 原来知人知面不知心,那里看人去? 干净是个绵里针、肉里刺的货,还不知背地在汉子根前架的甚么舌儿哩。(金·51·667)

"干净"用在推度句中,共10例。如:

⑦ 金莲在楼上听见,便叫春梅问道:"是谁说他掇起石头来了? 干净这奴才没顶着。"(金·28·357)

⑧ 金莲道:"贼囚根,干净只你在这里扫地,都往那里去了?"(金·64·901)

⑨ 月娘道:"干净他有了话,刚才听见前头散了,就慌的奔命的往前走了。"(金·74·1096)

⑩ 就是你这贼狗骨秃儿,干净来家就学舌。我到明日把你这小狗骨秃儿肉也咬了。(金·76·1144)

⑪ 恰似陈姐夫一般,原来夜夜和我娘睡。我娘自来人前会撇清,干净暗里养着女婿。(金·83·1275)

⑫ 昨日陈姐夫到我那里,如此这般告诉我,干净是他戳犯你们的事儿了。(金·85·1301)

副词"干净"是形容词"干净"语法化而来的,变化的语义基础就是形容词"干净"所蕴含的"纯一"意义,由此,副词"干净"可以在句中加强语气,表示强调。

3.10.1.59 可

"可"《金》120例,《醒》686例,《聊》695例。

"可"用于一般陈述句,表示强调。《金》60例,《醒》412例,《聊》468例。如:

① 你老人家不说,小的也不敢说。这个可是使不的。(金·34·447)

② 月娘道:"可倒好个身段儿。"(金·53·787)

③ 奶奶可是没的说;咱有地,宁只舍给别人,也不给那伙子斫头的!(醒·22·320)

④ 你只别治杀了人,犯在我手里,我可叫你活不成!(醒·67·955)

⑤ 我只听的瓜的一声,可也老大响哩!(聊·襄·1195)

⑥ 胡百万说:"我宁只给佛动心磕头,这掴可难作。"(聊·幸·1662)

"可"用于祈使句,加强祈使语气。《金》5例,《醒》55例,《聊》55例。如:

⑦ 我的亲哥,你既真心要娶我,可趁早些。(金·16·202)

⑧ 西门庆道:"多的你收着。眼下你二令爱不大了,你可也替他做些鞋脚衣裳,到满月也好看。"(金·67·956)

⑨ 还与春莺要道:"好姐姐,你务必的夹紧着些,可别要在亥时生将下来!"(醒·21·309)

⑩ 你以后先穿上靴,方戴官帽,然后才穿圆领,你可记着,别要差了,叫人笑话。(醒·83·1185)

410

⑪ 李老笑说："茶里可休加蜜呀。"(聊·墙·833)

⑫ 你回去到家中,老实看着把地耕,可休学你大舅舅,踢弄的一个精光腚。(聊·翻·965)

"可"加强疑问语气。《金》33 例,《醒》149 例,《聊》150 例。如:

⑬ 走出来对应伯爵道："银子只凑四百八十两,还少二十两,有些段匹作数,可使得么?"(金·53·714)

⑭ 玳安接钟,西门庆道："里面可曾收拾,你进去话声,掌灯出来,照进去。"(金·54·735)

⑮ 童七道："咱可怎么合他说?"(醒·71·1013)

⑯ 骆校尉道："这丫头可那里着落他哩? 没的放在外甥房里?"(醒·84·1198)

⑰ 放着死蛇不会打,你说这事是乖可是潮!(聊·快·1140)

⑱ 若说吃酒,他必不放我,我可托个什么原故?(聊·襀·1219)

"可"加强反问语气。《金》5 例,《醒》15 例。如:

⑲ 今日是你个"驴马畜",把客人丢在这里,你躲房里去了,你可成人养的!(金·14·176)

⑳ 李瓶儿道："这样怪行货,歪剌骨,可是有槽道的! 多承大娘好意思,着他甚的,也在那里捣鬼。"(金·53·716)

㉑ 既是有赵杏川这好相处的人,咱放着不合他相处,可合这歪人皮缠为甚么?(醒·67·956)

㉒ 俺两个可是没再三的问他?(醒·84·1198)

其中"可"跟"不"字否定形式组合成特殊的肯定式,《金》17 例,《醒》54 例,《聊》22 例。如:

㉓ 叫了你声娇滴滴石榴花儿,你试被九花丫头传与十姊妹,什么张致? 可不交人家笑话死了。(金·33·425)

㉔ 李瓶儿道："姐姐,可不怎的? 我那屋里摆下棋子了,咱每闲着下一盘儿,赌杯酒吃。"(金·38·503)

㉕ 孙兰姬道："你说得是是的,一点不差。那一年夏里下雹子,可不就是这们疼?"(醒·40·588)

㉖ 晁夫人摸他的肚子,说道："可不是积气怎么! 亏了还不动弹,还好治哩。"(醒·57·825)

㉗ 没个真实信,随即又回还,可不辜负了死这一遍?(聊·慈·921)

㉘ 六哥道："正是,还是你见的明。若等不着时,可不耽误了他么?"(聊·幸·1590)

411

3.10.1.60 可可、可可儿

"可可"、"可可儿"表示动作行为正合于某一点。"可可"《金》16 例，①《醒》32 例，《聊》1 例；"可可儿"《金》10 例。如：

① 原来不曾打着大虫，正打在树枝上，磕磕把那条棒折做两截，只拿一半在手里。（金·1·6）

② 平安道："罢了，也是他的造化。可可二位娘出来看见，叫住他，照顾了他这些东西去了。"（金·58·802）

③ 月娘问大妗子道："我头里旋叫他使小沙弥请了《黄氏女卷》来宣，今日可可儿杨姑娘已去了。"（金·74·1096）

④ 可可的那日晁源不曾吃午饭，说有些身上不快，睡在床上。（醒·16·240）

⑤ 奶奶说梦见梁和尚生的，算计待起名"晁梁"，可可的大爷就起了个名字。（醒·47·683）

⑥ 也看的那见，可可的就是于氏待珊瑚的那嘴，如今轮着自家头上，这才是现世现报天，治己治人处。（聊·姑·875）

3.10.1.61 正、正正

"正"表示强调，加强确定语气。《金》456 例，《醒》131 例，《聊》61 例。如：

① 李瓶儿道："孩子正是猫惊了起的。"（金·53·719）

② 经济见了，欢喜不胜，就同六姐一般，正可在心上，以此与他盘桓一夜，停眠罢宿。（金·98·1471）

③ 这两个学生将来是两个大器，正该请一个极好的明师剔拨他方好。（醒·23·347）

④ 相主事道："正是呢！他这们几日通没到宅里，有甚么事么？"（醒·82·1165）

⑤ 鸿老说："你这不是欺起下官来了么？殊不知我爱护他，正是爱你处。"（聊·磨·1543）

⑥ 张水道："这马是我的，被人拐出来了。那长官是个拐马的，我正是来找他哩。"（聊·幸·1674）

"正正"义同"正"。《醒》3 例：

⑦ 吃过了早饭，可可的那十六日是个上好的吉日，"煞贡"、"八专"、"明堂"、"黄道"、"天贵"、"凤辇"都在这一日里边，正正的一个剃头的日子，又甚是晴明和暖，就唤了一个平日长剃头的主顾来与小和尚剃胎头。（醒·21·315）

---

① 其中 1 例为"磕磕"。

⑧ 他们见我梦里说话,叫醒我来,即刻就落地了,正正的是十二月十六日子时。(醒·22·327)

⑨ 我接过来看是个儿子,我说:"奶奶大喜,是个小相公!"女先刻了八字,正正的子时。(醒·47·687)

3.10.1.62 刚、刚刚

"刚"表示强调。《金》6 例,《醒》3 例。如:

① 这西门庆连忙将身下去拾箸,只见妇人尖尖趫趫刚三寸、恰半扠一对小小金莲正趫在箸边。(金·4·50)

② 经济接在手里,曲似天边新月,红如退瓣莲花,把在掌中恰刚三寸,就知是金莲脚上之物。(金·28·357)

③ 辛翰林复命要上本参,刚撞着有他快手在京,听见这事,得七八百两银子按捺。(醒·9·136)

④ 离了任从兖州经过,徐宗师刚在兖州按临,便道参见,徐宗师留饭,那谷大尹还谆谆讲说晁梁是魏三儿子,魏三不曾冒认。(醒·47·693)

⑤ 刚遇着才到的佛手柑,不大好,要了两个儿进与太太合老公尝新。(醒·71·1011)

"刚刚"表示强调,加强确定语气。《金》2 例,《醒》7 例。如:

⑥ 算来日期已近,自山东来到东京,也有半个月日路程。连夜收拾行李进发,刚刚正好,再迟不的了。(金·55·740)

⑦ 走到卷棚底下,刚刚凑巧,遇着了那潘金莲凭阑独笑。(金·57·779)

⑧ 将那石子刚刚打在身上,只听梆的一声,绝不动弹。(醒·28·409)

⑨ 开库查点,按了库中旧册,刚刚的少了三百万,又掀到册的后面,当日敬德写的张票都在上边。(醒·34·496)

⑩ 刚刚他娘的柜里有三千多钱,小献宝要拿了去做赌博的本钱,魏氏又要留着与汪为露出殡。(醒·41·602)

⑪ 剪刀不当不正,刚刚的戳在气嗓之中,流了一床鲜血,四肢挺在床中。(醒·92·1320)

3.10.1.63 恰

"恰"表示强调。《金》73 例,《醒》21 例,《聊》4 例。如:

① 两个睡到次日饭时,李瓶儿恰待起来临镜梳头,只见迎春后边拿将来四小碟甜酱瓜茄,细巧菜蔬。(金·20·245)

② 只见进入角门,刚转过影壁,恰走到李瓶儿房穿廊台基下,那道士往后退讫两步,似有呵叱之状。(金·62·874)

③ 一日,又到了计家,计都父子俱恰不在,那伍小川就要把计巴拉的娘子拿

出去见官监比。(醒·11·162)

④ 倒不曾搜着程谟的老婆,不端不正刚刚撞见一个三十以下的妇人,恰原来是那一年女监里烧杀的小珍哥。(醒·51·742)

⑤ 张同知恰早回还,看了看面似粉团,慈悲不觉心怜念。(聊·慈·927)

⑥ 不觉的夜静更深,恰才合眼,忽听的那梆铃一派响亮,万岁醒来,顿足捶胸。(聊·幸·1569)

3.10.1.64 适

"适"表示强调。《金》5例,《醒》26例,《聊》6例。如:

① 那李三、黄四却在间壁人家坐久,只待伯爵打了照面,就走进来。谢希大适值进来。(金·53·715)

② 不一时,使棋童儿请了胡太医来。适有吴大舅来看,陪他到房中看了脉。(金·79·1229)

③ 说那里长:"你平日不去催他,适当他娶亲,你却与他个不吉利,其心可恶!"(醒·28·407)

④ 你前世以妾欺妻,妻因你死,他今生以主虐婢,婢为主亡,适得相报之平,还有甚么饶舌?(醒·100·1431)

⑤ 适遇观音菩萨驾彩霞,颈下刀疤一把抓,官人呀,你真是天生好造化。(聊·慈·922)

⑥ 群仙赴会,彩云飘坠,才到了三岛蓬莱,适来迟望乞恕罪。(聊·磨·1549)

"适"后的动词集中在"值"、"当"、"有"、"遇"等少数词语上。如"适值"《金》2例,《醒》19例;"适有"《金》3例;"适当"《醒》2例;"适遇"《醒》3例,《聊》4例。[①]

3.10.1.65 切、切切

"切"表示强调语气。《金》19例,[②]《醒》14例。如:

① 凡家主,切不可与奴仆并家人之妇苟且私狎。(金·22·280)

② 此去表兄必有美事于我,切勿多言!(金·47·614)

③ 你若去时,千万要把那本《金刚经》自己佩在身上,方可前进,切莫忘记了!(醒·3·42)

④ 问了上去,切不可又批州县,把出入之权委于别人。(醒·47·691)

⑤ 你只除了今生再不作恶,切忌了杀生害命。(醒·100·1431)

---

① "适"在《醒》中有1例较为特殊:"柳叶眉弯弯两道,杏子眼炯炯双眸。适短适长体段,不肥不瘦身材。"(醒·44·647)

②《金》有2例为"且":(1)但得一片橘皮吃,且莫忘了洞庭湖。(金·4·51) (2)玉漏铜壶且莫催,星桥火树彻明开。(金·42·557)。

"切"多用于否定句,《金》9 例,《醒》8 例;而且多用于祈使句中,《金》16 例,《醒》12 例。
"切"也可用在一般陈述句中,《金》2 例,《醒》2 例,如:

⑥ 西门庆道:"昏夜劳重,心切不安,万惟垂谅。"(金·54·735)

⑦ 若不具告,切思经济恃逞凶顽,欺氏孤寡,声言还要持刀杀害等语,情理
难容。(金·92·1395)

⑧ 切思苦海茫茫,殊难挽救;仰仗慈航泛泛,犹易援拯。(醒·64·923)

⑨ 切感上呈。(醒·90·1280)

"切切"表示强调的语气。《醒》1 例:

⑩ 切切不可干这样营生!(醒·94·1337)

3.10.1.66 老大

"老大"表示强调,加强确定语气,意近"左右"。《金》1 例:

① 玉箫道:"前边老大只娘屋里。六娘又死了,爹却往谁屋里去?"(金·75·
1113)

3.10.1.67 煞

"煞"表示强调,加强确定语气。《醒》10 例:

① 说罢,回到家来。煞也古怪,珍哥的头也就渐渐不疼了。(醒·3·35)

② 销得转枝莲,煞也好看,把与晁大官人戴。(醒·6·82)

③ 这两个孩子又煞作怪,谁想把他父亲的料气,尽数都得来与了这两个儿
子,真是过目成诵。(醒·23·347)

④ 只是起身之时,未免被素姐咒得利害,煞也有些心惊。(醒·75·1064)

⑤ 发配在路,长解耽着干系,怕他死了,讨不得收管,煞要费事,只得每日些
微买碗粥汤叫他挨命。(醒·81·1155)

"可"、"煞"连用 5 例:

⑥ 可煞作怪,那晁夫人虽是个富翁之女,却是乡间住的世代村老。(醒·16·
235)

⑦ 可煞作怪,这几件物事没有一个人晓得的。(醒·17·254)

⑧ 可煞作怪,那小和尚看见胡无翳,把手往前扑两扑,张着口大笑。(醒·
22·336)

⑨ 不上几个月期程,杨梅疯毒一齐举发,可煞作怪,只偏偏的往一个面部上
钻。(醒·93·1324)

⑩ 可煞作怪,当夜不知被那个偷儿挖了一个大洞,将那九两多的银钱偷了
个洁净。(醒·93·1333)

3.10.1.68 忒煞

"忒煞"加强确定语气。《醒》1例：

① 谁知这件财字的东西,忒煞作怪,冥漠之中差了一个财神掌管,你那命限八字之中该有几千几万,你就要推却一分也推却不去。（醒·34·495）

3.10.1.69 绝、绝乎

A. "绝"用于否定句,加强否定语气。《醒》96例,《聊》3例。如：

① 又有来通书启、说分上的,他却绝没有成心,只当是没有分上的一般,是的还他个是,非的还他个非。（醒·12·172）

② 从此素姐也通不出房,婆婆也绝不到他房里。（醒·48·707）

③ 那毛食又同了一个把那皮箱抬到陈公公面前,逐件取上来看,那有二样,都是些"尧舜与人",绝无银气。（醒·70·998）

④ 叫一声张诚你绝不害怕,你看那狼虫多山又难爬,不听说果然就转了几下。（聊·慈·918）

⑤ 孩子绝不探业,老婆更不通情。（聊·穷·1119）

⑥ 玉火巷您尹六叔,往常时三朝两日的就送客来,如何这一向绝不来走走?（聊·幸·1590）

B. "绝乎"义同"绝"。《醒》1例：

⑦ 看官试想:一个神圣,原是塑在那里儆惕那些顽梗的凶民,说是你就逃了官法,绝乎逃不过那神灵。（醒·22·385）

3.10.1.70 煞实

"煞实"加强确定语气。《醒》4例：

① 再说那村里还有一个小户农夫,也煞实可敬。（醒·23·349）

② 因没有子女,凡那修桥补路、爱老济贫的事,煞实肯做;虽是个卖豆腐的人,乡里中到却敬他。（醒·27·393）

③ 细端详他那模样,眼耳鼻舌身,煞实的不丑。（醒·28·412）

④ 又兼陆好善的母亲、妻子帮虎吃食,狐假虎威,陪看皇姑寺,煞实有趣,也要素姐再走一遭。（醒·78·1114）

3.10.1.71 老实

"老实"加强确定语气。《醒》1例,《聊》3例。如：

① 寄姐故意道:"你说的是那里? 甚么话? 我老实实不懂的。"（醒·98·1401）

② 俺嫂子漫会唠,我老实不会叨,谁能弄那花花哨。（聊·墙·846）

③ 咱可赌不的嘴里叨,老实休要翻错了。（聊·襁·1151）

④ 我老实,心似铁,并不随邪。(聊·襄·1262)

3.10.1.72 下老实

"下老实"加强确定语气。《醒》4 例:

① 李成名媳妇道:"你只休抢着他的性子,一会家乔起来,也下老实难服事的。如今没了大奶奶,珍姨又在监里,他才望着俺们和和气气的哩。"(醒·19·276)

② 虽是空坛,有鬼在内,谁知那两个坛都下老实的重。(醒·27·401)

③ 亏了大的丫头子,今年十二了,下老实知道好歹,家里合他奶奶做伴儿。(醒·49·718)

④ 狄希陈道:"不是说你合他拧成股子打我,只是说你别要理他。我见你这一向下老实合他话的来。"(醒·96·1375)

3.10.1.73 着实

"着实"用来肯定事物、情况的真实性,意思跟"实在"、"确实"相当。《醒》33 例,《聊》39 例。如:

① 珍哥虽不曾走起,晁大舍也着实放心不下。(醒·4·58)

② 待要自己赶来擒捉,一来也被打得着实有些狼狈,二来也被这个母大虫打得猥了。(醒·60·862)

③ 且只说南京有一个姓顾的人家,挑绣的那洒线颜色极是鲜明,针嘴甚是细密,比别人家卖的东西着实起眼。(醒·63·900)

④ 那一日得罪他他着实不忿,想是他知道我大祸临身,故意的送我来解他那仇恨。(聊·富·1316)

⑤ 谁知太爷正青春,为什么咱太太,模样还着实俊?(聊·磨·1496)

⑥ 那老虔婆又着实爱惜他,遂给他十个丫头,伏侍他住在一座南楼上。(聊·幸·1593)

3.10.1.74 紧

"紧"《金》3 例,《醒》1 例。如:

① 李瓶儿越发哭起来,说道:"我的哥哥,你紧不可公婆意,今日你只当脱不了,打这条路儿去了。"(金·59·813)

② 你紧心里不好,休要只顾思想他了。(金·61·841)

③ 你见我不死来?撺掇上路儿来了。紧教人疼的魂儿也没了,还要那等撺弄人,亏你也下般的,谁耐烦和你两个只顾涎缠。(金·75·1124)

④ 小玉兰道:"姑娘紧要开那衣橱,寻不见了钥匙,特差我来要哩。"(醒·66·942)

417

以上各例"紧"都是用在句中修饰谓语,现代汉语中没有与"紧"的意义完全对应的词语。此处副词"紧"的意义显然是与其形容词意义相关联的,由此结合语言环境可以发现,副词"紧"在句中表示同一动作行为、事件事实持续发生的间隔小(紧密),以此强调始终如此,因此"紧"似乎又与语气副词"直"、"本来"语义相近。如例①"你紧不可公婆意"即"你直不可公婆意",例②"你紧心里不好"即"你直心里不好"。

3.10.1.75 紧着

"紧着"《金》3 例:

① 紧着西门庆要梳笼这女子,又被应伯爵、谢希大两个在跟前一力撺掇,就上了道儿。(金·11·132)

② 西门庆笑赶着打,说道:"你这贼天杀的,单管弄死了人。紧着他怎麻犯人,你又胡说。"(金·12·135)

③ 那武松紧着心中不自在,那婆子不知好歹,又奚落他。(金·87·1326)

"紧着"用在递进关系的复句中,表示强调,意则近"本来"、"原本"。

3.10.1.76 紧自

"紧自"《金》6 例,都是用在递进关系的复句中,强调"紧自"所在语句是已经存在的、不变的事实。如:

① 西门庆道:"紧自他麻犯人,你又自作耍。"(金·8·96)

② 金莲紧自心里恼,又听见他娘说了这一句,越发心中撺上把火一般。(金·58·795)

③ 李瓶儿道:"你看孩儿紧自不得命,你又是怎样的! 孝顺是医家,他也巴不得要好哩。"(金·59·815)

④ 紧自家中没钱,昨日俺房下那个平白又桶出个孩儿来。(金·67·954)

⑤ 紧自前边散的迟,到后边,大娘又只顾不放俺每,留着吃饭,来家有三更天了。(金·77·1170)

⑥ 紧自焦的魂也没了,猛可半夜又钻出这个业障来! 那黑天摸地,那里活变钱去?(金·67·955)

3.10.1.77 紧仔

"紧仔"《醒》11 例,[①]如:

① 我紧仔待做寡妇没法儿哩! 我就回家去。写了休书,快着叫人送与我来,我家里洗了手等着!(醒·73·1044)

② 狄大哥,你听不听在你,你紧仔胳膊疼哩,你这监生前程遮不的风,蔽不得雨,别要再惹的官打顿板子,胳膊合腿一齐疼,你才难受哩!(醒·74·1054)

---

① 其中 1 例为"紧子"。

③ 狄希陈道:"你悄悄的罢,紧仔爹不得命哩! 看爹听见生气。"(醒·76·1081)

④ 这相旺争嘴学舌,相主事紧仔算计待要打他,只为他从家里才来,没好就打。(醒·78·1120)

⑤ 周嫂儿道:"是了,舍着俺两个的皮脸替狄大爷做去,紧子冬里愁着没有棉裤棉袄合煤烧哩。"(醒·75·1073)

⑥ 晁夫人又谢说:"紧仔年下没钱,又叫你们费礼。"(醒·21·315)

前5例"紧仔"表示强调,加强确定语气,表示在说话人看来,"紧仔"所修饰的事件是不变的事实。后6例用在递进关系复句中,强调"紧仔"所在语句是已经存在的事实,兼具关联作用。

3.10.1.78 紧则

"紧则"义同"紧仔"。《醒》1例,用在递进复句中:

① 紧则你爷甚么,又搭上你大叔长长团团的。怎么咱做穷秀才时,连鬼也没个来探头的?(醒·22·321)

3.10.1.79 急仔(自)

"急仔"义同"紧仔"。《聊》11例,[1]如:

① 急自要不出来,可也没奈何,也就依了。休说吃好的,合他一样也就罢了。(聊·墙·830)

② 一路上自思道:"俺媳妇子急仔睃不上我,不如就给他罢。"(聊·翻·950)

③ 你原是大人家,急仔没人敢哈喇,去了就是眼目大。(聊·翻·971)

④ 急仔嫌他年纪大,抓打起来不害噐。(聊·翻·941)

⑤ 急仔江城每待打他,我就替他效效劳罢。(聊·襀·1212)

⑥ 极仔想你不见,又说你去的不光滑,痛恓恓把我心摘下。(聊·翻·993)

"急仔"由于用在递进关系复句中,自身语义淡化,更高层次的复句语义渗透固化在"急仔"上,于是"急仔"便可用"本来"替换。

3.10.1.80 打紧

"打紧"表示强调,加强确定语气。《金》2例:

① 奴出娘胞儿活了二十六岁,从没干这营生。打紧我顶上这头发,近来又脱了奴好些,只当可怜见我罢!(金·12·147)

② 但是人家白日里还好挕挢,半夜三更,房下又七痛八病,少不得扒起来收拾草纸被褥,陆续看他,叫老娘去。打紧应保又不在家,俺家兄使了他往庄子上

---

① 其中1例为"极仔"。

驮草去了。百忙挝不着个人,我自家打着灯笼,叫了巷口儿上邓老娘来。(金·67·955)

通过分析会发现,以上两个用例中"打紧"在句中有两个作用:一是从整个篇章结构来看,"打紧"所在语句与其前面的语句之间存在递进关系,"打紧"在句中起关联作用;二是由"打紧"所修饰的语句,又是说话人认为重要或要紧的,是不变的事实,表示强调。

3.10.1.81 着紧

"着紧"在《金》中共出现15例,除有三例用做形容词修饰名词外,其余12例都是副词,在句中做状语,就"着紧"的语法意义及其出现的句法环境,可以分为两类。

"着紧"在句中修饰谓语,表示动作行为的情状,共3例:

① 家中不算丫头,大小五六个老婆,着紧打偢棍儿,稍不中意,就令媒人领出卖了。(金·17·211)

② 月娘对如意儿道:"我又不得养,我家的人种便是这点点儿,休得轻觑着他,着紧用心才好。"(金·53·708)

③ 对人前分解分解,也还好,娘又不出语,着紧问还不说哩。(金·62·865)

以上3例"着紧"分别修饰谓语"打偢棍儿"、"用心"、"问",表示动作的方式、情状。这类"着紧"的语义与"着实"相同。"着紧打偢棍儿"即"着实打偢棍儿","着紧用心"即"着实用心","着紧问"即"着实问"。

"着紧"在句中起加强确定语气的作用。《金》9例,如:

④ 那顷这丫头在娘房里,着紧不听手,俺没曾在灶上把刀背打他?娘尚且不言语。可可今日轮他手里,便骄贵的这等的了!(金·11·126)

⑤ 伯爵道:"不打紧,等我磕头去。着紧磕不成头,炕沿上见个意思出来就是了。"(金·73·1069)

另外7例"着紧"虽同样表示强调,在句中加强确定语气,但是关联作用增强。如:

⑥ 休说他富贵人家,那家没四五个? 着紧街上乞食的,携男抱女,也挈扯着三四个妻小。(金·7·83)

⑦ 除了俺家房下,家中这几个老婆、丫头,但打起来也不善,着紧二三十马鞭子,还打不下来。好不好还把头发都剪了!(金·12·146)

⑧ 若不喜欢,拉到他主子跟前就是打。着紧把他爹扛的眼直直的!(金·22·283)

⑨ 会胜买东西,也不与你个足数,绑着鬼,一钱银子拿出来只称九分半,着紧只九分,俺每莫不赔出来?(金·64·900)

⑩ 出月初二日准起身,定不的年岁,还到荆州买纸,川广贩香蜡,着紧一二年也不止。(金·67·958)

以上各例"着紧"用在递进关系复句中,意近"甚至"。如例⑥"着紧街上乞食的"即"甚至街上乞食的",例⑦"着紧二三十马鞭子"即"甚至二三十马鞭子",余例相同。

3.10.1.82 吃紧(赤紧)

"吃紧"表示强调,加强确定语气。《金》1例,《聊》3例。如:

① 赤紧的因些闲话,把海样恩情一旦差。(金·83·1281)

② 仲鸿说:"想是江城他在那里见他来,吃紧了两个见了话,也未可知。"(聊·襄·1169)

③ 虽然是姓张的也多,只怕保儿信还有瞒我处。吃紧的,就是我那官人,也是有的。(聊·磨·1498)

④ 六哥说:"你空长这么大年纪,吃紧的就没见这钱也是有的。"(聊·幸·1590)

例①"赤紧"在句中强调原因的确切性、可靠性,义同"确实"。例②至④"吃紧"用在递进关系复句中,兼具关联作用。

3.10.1.83 固

"固"表示强调。《金》1例,《醒》13例,《聊》6例。如:

① 说刘、项者固当世之英雄,不免为二妇人以屈其志气。(金·1·3)

② 人家的子弟,固是有上智下愚的品格,毕竟由于性习的甚多。(醒·37·539)

③ 到了儿子家中,那儿子的忤逆固也不忍详细剖说,却也没有这许多闲气说他。(醒·92·1309)

④ 我想普天下做后娘的,可也无其大数,其间不好的固多,好的可也不少。(聊·慈·892)

⑤ 翰林固是佳,中一个进士也不差,声势微尽可朝李大。(聊·磨·1494)

3.10.1.84 并

"并"表示强调,在句中加强否定语气。《金》79例,《醒》52例,《聊》108例。如:

① 西门庆分付道:"我今日饶了你。我若但凡不在家,要你洗心改正,早关了门户,不许你胡思乱想。我若知道,并不饶你!"(金·12·142)

② 薛嫂道:"你大丈母说来,当初丈人在时,止收下这个床奁嫁妆,并没见你别的箱笼。"(金·91·1368)

③ 三个人拿了灯,前后照看,并无踪迹,门户照旧关严,不曾开动。(醒·65·930)

④ 顾氏接在手,故意看道:"可不拶得烂烂的!但我刚才并没肯着实捏。"

（醒·89·1273）

⑤ 但这些人做生意，朝朝南北去奔波，家中并无人一个。（聊·墙·853）

⑥ 俺到这里已经数日，那杨蕃领兵二十万，并不敢前来，落的俺金银美人，抢来快活。（聊·磨·1537）

3.10.1.85 且

"且"表示强调，加强确定语气。《金》39例，《醒》8例。如：

① 与后边孟家三娘，见了奴且亲热，两个天生的，打扮也不相两个姊妹，只相一个娘儿生的一般。（金·16·192）

② 两个只顾坐在芭蕉丛下，李瓶儿说道："这答儿里倒且是荫凉，咱在这里坐一回儿罢。"（金·52·704）

③ 你老人家倒且说的好！（金·95·1430）

④ 人且淹得死了，还讲甚么房屋？（醒·31·450）

⑤ 如今且不可误了正事，我们都去寻那乌大王，再作计较。（醒·62·888）

⑥ 狄希陈道："……爹这们病重，你且是百的别要做声，有你说话的时候哩！"（醒·76·1081）

其中"且"用于反诘句，表示强调。《醒》1例：

⑦ 巧姐在屋里应道："我替俺哥哥那胳膊还疼不过来，且有功夫为嫂子哩！"（醒·74·1051）

3.10.1.86 是百的

"是百的"用于祈使句，加强确定语气。《醒》3例：

① 这天渐渐的冷上来了，是百的望奶奶扎刮扎刮我的衣裳，好歹只看着你大爷分上罢！（醒·51·747）

② 爹这们病重，你且是百的别要做声，有你说话的时候哩！（醒·76·1081）

③ 狄希陈道："我好生躲避着他，要是他禁住我，你是百的快着搭救，再别似那一日倚儿不当的，叫他打个不数。"（醒·97·1384）

"是百的"是表强调语气的"是"与"百的"形成的合成副词。而"百的"用法的形成与"千万"是一致的，都是以量大意义来起到加强语气的作用，其中"的"是词尾。

3.10.1.87 千万、千千万万

"千万"加强肯定或否定语气。《金》15例，《醒》39例，《聊》7例。

"千万"用于祈使句。《金》15例，《醒》34例，《聊》4例。如：

① 金莲慌了手脚，使春梅忙叫小厮到房中，嘱咐千万不要说出来。（金·12·139）

② 望乞大人千万留情,把这干人怎生处断开了。(金·69·987)

③ 若如今问他索计,恐怕他又生歹计出来害你们,千万叫你两个看奶奶分上,背后不要咒念他。(醒·16·241)

④ 千万别要撺掇。(醒·89·1269)

⑤ 向仲起又叮咛,千万的望留意。(聊·富·1299)

⑥ 千万休叫他断书香。(聊·富·1309)

其中"千万"用于否定句,《金》5例,《醒》16例,《聊》1例。

"千万"用于一般陈述句,加强确定语气。《醒》5例,《聊》3例。如:

⑦ 他千万只是疼我;他要变下脸来,只怕晁住媳妇子那些话,他老人家也做的出来。(醒·8·113)

⑧ 我可为什么来?千万只为着死的!(醒·43·632)

⑨ 咱千万是为孩子。(醒·52·756)

⑩ 狄员外惟恐家丑外扬,千万只有一个独子,屈心忍耐。(醒·56·812)

⑪ 我倒也不专为小二官儿,千万只是为咱晁家人少,将帮起一个来是一个的。(醒·57·819)

⑫ 进了学千万侥幸,进不了也就罢了。(聊·襄·1157)

⑬ 本不该离了师傅,千万的只是无钱。(聊·磨·1441)

⑭ 千万只是托着你,茶水酒饭要周全,休把干爷来轻慢。(聊·幸·1589)

"千千万万"用于祈使句,加强语气。《醒》1例:

⑮ 狄奶奶,你要去自去,去到那里,千千万万只不要说是我的多嘴。(醒·77·1093)

3.10.1.88 万、万万

"万"、"万万"表示强调。

"万"《金》6例,《醒》1例,《聊》6例。如:

① 妇人道:"些须微意,不成礼数,万望先生笑纳。"(金·17·211)

② 小人忝在老爹门下,万乞老爹看应二叔分上,俯就一二,举家没齿难忘。(金·34·435)

③ 那日珍哥打得止剩了一口油气,万无生理,谁知他过了一月,复旧如初。(醒·51·746)

④ 我是万不能哀告你,待跪你怎的!(聊·磨·1396)

⑤ 这个兄弟不知道什么得罪着你,万望长官容恕,我管陪情。(聊·幸·1576)

"万万"《金》2例,《醒》5例,《聊》6例。如:

⑥ 西门庆观看原帖子,写着:"即午院中吴银家叙,希过我往,万万!"(金·13·152)

⑦ 外具白金五两,绫帕一方,少伸远芹之敬,优乞心鉴。万万。(金·98·1474)

⑧ 若他不是真意,兄却万万不可把体面去求他。(醒·16·234)

⑨ 恰好薛夫人老病没了,知道素姐在娘家奔丧,这个机会万万不可错过。(醒·68·972)

⑩ 各人要带绳一根,万万休叫他摆了溜子阵。(聊·富·1300)

⑪ 你要指望奉承你,给你钱使,万万不能的!(聊·磨·1453)

3.10.1.89 明、明明

"明"表示强调,用于确认某事。《金》9 例,《醒》14 例,《聊》16 例。如:

① 西门庆明听见,只不做声。(金·31·398)

② 两个在家明睡到夜,夜睡到明,明偷出私肚子来。(金·85·1297)

③ 他这明是蛆心狡肚,故意的要洒泼主人家东西哩!(醒·55·795)

④ 你不是害你狄大爷,你明是做弄你爷的官哩!(醒·78·1119)

⑤ 明知恶虎该死罪,争奈司院乱吩咐,此时难把清官做。(聊·寒·1026)

⑥ 官府说你实言,我看着明是奸,如何当的贼情断?(聊·磨·1435)

"明明"用于确认某事,加强确定语气。《金》3 例,《醒》4 例,《聊》9 例。如:

⑦ 可可今日,妇人到明明开了一条大路教他入港。(金·13·154)

⑧ 那妇人明明看见包里十二三两银子一堆,喜的抢近前来,就想要在老公手里夺去。(金·56·759)

⑨ 那潘道士明明在法座上见一个白衣人领着两个青衣人从外进来,手里持着一纸文书,呈在法案下。(金·62·876)

⑩ 据这等说起来,这神道明明是我公公了。(醒·11·166)

⑪ 晁大舍明明晓得自己见鬼,甚不喜欢,只得壮了胆,往前撞着走。(醒·14·214)

⑫ 二成说:"明明的两堆,我拣了一堆来了。我去看看他何如。"(聊·姑·885)

⑬ 明明知道不中用,还要买他胡瓜答。(聊·磨·1489)

3.10.1.90 分明

"分明"用于确认某事,加强确定语气。《金》15 例,《醒》19 例,《聊》34 例。如:

① 这几句话分明戳在雪娥身上,那雪娥怎不急了。(金·26·337)

② 姑娘,你身上又不方便,好惹气,分明没要紧。(金·75·1129)

③ 这分明是天理不容,神差鬼使,叫大尹打他门口经过。(醒·20·304)

④ 一个老婆跟的人走了,家里的些东西拐的没了,这老天爷往下看着,分明是为晁近仁的现报。(醒·57·818)

⑤ 范小姐甚快活,分明是暖云窝,如今像在家中坐。(聊·翻·1003)

⑥ 这长官帽破衣残,到是极好的口才。分明是个么,说六就过来了。(聊·幸·1575)

3.10.1.91 明白、明明白白

"明白"用于确认某事,加强确定语气。《醒》23例。如:

① 但是那京边起存的钱粮明白每两要三分火耗。(醒·12·172)

② 你明白是魏三的儿子,你愿回去么?(醒·46·676)

③ 一边将封拆开见数,是十个锞子,内中明白显着有四个黑锭,与那六锭迥然不同。(醒·64·919)

④ 如今晁梁明白是梁片云的托化,原为报晁夫人的恩德转生为子。(醒·富·1314)

⑤ 这明白知是天意,埋怨得何人?(醒·磨·1433)

"明明白白"用于确认某事,加强确定语气。《金》1例,《醒》6例。如:

⑥ 李瓶儿那边才起来,正看着奶子奶官哥儿,打发睡着了,又唬醒了。明明白白听见金莲这边打丫鬟,骂的言语儿妨头,闻一声儿不言语,唬的只把官哥儿耳朵握着。(金·41·544)

⑦ 前日,公公明明白白来托梦与我,梦中的言语甚是怕人,再三叫我初一日不要出门,说有仇家报复。(醒·3·37)

⑧ 揭到第二叶上,明明白白的上面写"祁伯常"三字。(醒·29·422)

⑨ 我明明白白看见他张了一张,缩进来了,怎又没了踪影?(醒·31·453)

⑩ 明明白白没有子女,更是不消说得。(醒·36·525)

⑪ 却说那侯小槐明明白白的墙基被他赖了去,经官断回。(醒·42·611)

⑫ 上面明明白白真真正正写着:"狄门薛氏荐拔亡夫狄希陈、亡弟薛如卞、薛如兼,俱因汗病疔疮,相继身死,早叫超生。"(醒·74·1060)

3.10.1.92 显、显然、显见①

"显"、"显然"、"显见"表示说话人觉得某种情况或道理是很明白很容易理解的,同时含有强调和加重的语气。

"显"《金》2例,《醒》2例。如:

① 此正是我衙门里事,如何不申解前来我这里发送?只顾延捱监滞,显有情弊。(金·95·1436)

---

① 《聊》仅1例形容词"明显":"下边两句却极明显。"(聊·磨·1510)。

② 职掌开载已明，你如何拿了起件不行申解，妄用刑杖拷打犯人，诬攀无辜，显有情弊。(金·95·1436)

③ 如此看将起来，素姐明知故为，逆姑殴婿，显是前生冤业。(醒·52·762)

④ 刻部迟延不覆，显有需索情弊，姑不深求。(醒·90·1283)

"显然"《醒》1例：

⑤ 不止于"如在其左右"，显然立在那左右的一般。(醒·28·410)

此外，《金》实词1例："才夏老爹怎生不言语，只是他说话，这个就见出情弊显然来了。"(金·69·991)

"显见"《醒》2例：

⑥ 俺倒不好说甚么了，显见的俺们为家里没了男子人欺负寡妇的一般。(醒·22·331)

⑦ 别人的都有了，只剩了我们三个人，显见的是行止不好的人。一时羞愧起来，恨不得自己一绳吊死！(醒·22·333)

3.10.1.93 可知

"可知"加强确定语气。《金》36例，《醒》3例。如：

① 花子虚道："可知是我的帖子来说。实指望还剩下些，咱凑着买房子过日子，往后知数拳儿了。"(金·14·171)

② 婆子道："我可知要来哩，到人家便就有许多事，挂住了腿子，动不得身。"(金·37·486)

③ 恶人自有恶人磨，窃盗劫来强盗打；可知天算胜人谋，万事塞翁得失马。(醒·11·168)

④ 可知得多少打发的下来？(醒·34·505)

⑤ 雄心化为冰雪，可知我见犹怜；刚肠变作恩情，何怪小奴不尔！(醒·40·587)

"可知"单独使用。《金》1例：

⑥ 王婆道："可知哩，娘子自从嫁了这大郎，但有事百依百随，且是合得着。"(金·3·44)

3.10.1.94 情

"情"加强确定语气，多用于对某种情况的确定的推断或估计。《金》8例：

① 妇人道："情知是谁，争奈武二那厮，我见他大雪里归来，好意安排些酒饭与他吃。他见前后没人，便把言语来调戏我。便是迎儿眼见，我不赖他。"(金·

1·20)

② 这妇人情知不是,又手望他深深拜了一拜,说道:"奴家一时被风失手,误中官人,休怪。"(金·2·28)

③ 郓哥道:"情知是那个,便只是他那个。"(金·4·55)

④ 情知是谁,叵耐李铭那王八,爹临去,好意分付小厮,留下一桌菜并粳米粥儿与他吃。(金·22·283)

⑤ 情知语是针和线,就地引起是非来。(金·34·449)

⑥ 妇人道:"情知是谁,是韩二那厮,见他哥不在家,要便要钱输了,吃了酒,来殴我。有他哥在家,常时撞见打一顿。"(金·38·495)

⑦ 月娘道:"情知是谁,你家使的好规矩的大姐!如此这般,把申二姐骂的去了。"(金·75·1121)

⑧ 金莲道:"情知是谁,画童贼小奴才!俺送大妗子去,他正在门首哭,如此这般,温蛮子弄他来。"(金·76·1161)

"情"在《金》中的搭配是固定的——8个用例都是修饰"知":"情知是谁"、"情知不是"、"情知是针和线"等。

3.10.1.95　情知

"情知"义同"情",表示对某种情况的确定的推断或估计。《醒》6例:

① 高四嫂说道:"晁奶奶可也好性儿。不敢欺,俺小人家依不的!这若是俺那儿这们败坏我,我情知合他活不成!"(醒·2·20)

② 情知宿恨非良伴,配作夫妻,业报才无限。(醒·45·654)

③ 素姐接到手内,把汗巾展开,将那金挑牙也拿在手内看了一看,说道:"你实说!这是谁的?你要拿瞎话支吾,我搅乱的你狄家九祖不得升天!我情知合你活不成!"(醒·52·751)

④ 素姐说:"这意思来混我么!我伶俐多着哩!我也做不成那孝妇,我也看不的那牌坊,我就有肉,情知割给狗吃,我也做不成那股汤!精扯燥淡!"(醒·52·762)

⑤ 说话中间,学师从里面走将出来,狄希陈看见那学师的脸上血红的一个鼻子,情知这番捉弄不着,惹出事来了。(醒·62·892)

⑥ 你惹下这们羞人的事,还敢把汉子咬得这们等的!小陈子,你要不休了他去,我情知死了,离了他的眼罢!(醒·73·1044)

《醒》中"情知"结合紧密,"知"的动词意义弱化,"情知"形成一个词。

3.10.1.96　自

"自"表示某种动作行为的发生是自然的、当然的,在句中加强确定性语气。《金》122例,《醒》61例,《聊》52例。如:

① 西门庆道:"做甚么便没?只恨我夫妻缘分上薄,自不撞着哩。"(金·3·48)

② 雪娥收泪谢薛嫂:"只望早晚寻个好头脑,我去自有饭吃罢。"(金·94·1421)

③ 所以人家子弟,做父母兄长的务要从小葆养他那不忍的孩心,习久性成,大来自不牋忍,寿命可以延长,福禄可以永久。(醒·1·2)

④ 晁大舍曾言已着人合住持说过了,我们自去说得头正,他也自然留住。(醒·15·224)

⑤ 送您姐姐归家去,自有人家叫姐夫。(聊·禳·1184)

⑥ 王龙道:"你不唱,弹弹罢。我自不干了,我给你做身绸子衣服。"(聊·幸·1646)

3.10.1.97 自然

"自然"表示确定性意义。《金》22 例,《醒》80 例,《聊》47 例。如:

① 谢希大道:"自古道:强将手下无弱兵。毕竟经了他们,自然停当。"(金·54·728)

② 伙计,你自安心做你买卖,休理他便了。他自然也羞。(金·86·1310)

③ 你们如今且都依随着他,临期我自然叫他学不的嘴,弄不的手段。(醒·84·1200)

④ 慢慢开导给他,容他慢慢的想,合他汉子商议,他自然有个回转。(醒·94·1344)

⑤ 太太进叩:"多蒙打救,自然该拜谢恩人。"施舜华拉住袍袖。(聊·富·1367)

⑥ 万岁说:"你不要愁,我用着了,他自然两手奉献。"(聊·幸·1639)

3.10.1.98 无故

"无故"加强确定语气。《金》7 例:

① 我说在你心里,随你随你。老婆无故只是为你。(金·25·322)

② 妇人骂道:"贼奴才,还装憨儿! 无故只在这屋里,你替我老实寻是的。"(金·28·354)

③ 都是你老婆,无故只是多有了这点尿胞种子罢了,难道怎么样儿的。(金·31·399)

④ 无故只是个破纱帽、债壳子穷官罢了,能禁的几个人命耳? 就不是,教皇帝敢杀下人也怎的?(金·43·564)

⑤ 妇人道:"你过来,我问你:莫非你与他停眠整宿,在一铺儿长远睡? 惹的那两个丫头也羞耻。无故只是睡那一回儿,还教他另睡去。"(金·75·1107)

⑥ 无故只是大小之分罢了。我还大他八个月哩！（金·76·1138）

⑦ 我不才是他家女婿娇客，你无故只是他家行财，你也挤撮我起来！（金·86·1310）

3.10.1.99　诚、诚然

"诚"加强确定性，表示对事物或性质真实性的肯定。《金》19例，《醒》6例，《聊》1例。[①] 如：

① 许多厚礼，诚有愧赧。（金·39·509）

② 宋御史道："分资诚为不足，四泉看我分上罢了，诸公不消补奉。"（金·76·1142）

③ 不肥不瘦，诚王夫人林下之风；有矩有模，洵顾新妇闺门之秀。（醒·18·262）

④ 此诚千载奇逢，人生希遘，求且不能，宁敢矫情陈免？（醒·90·1284）

⑤ 一来积了阴德，二来也能转钱，刻了印板天下传，这宗生意诚善。（聊·慈·891）

"诚然"表示对事物或性质真实性的肯定。《金》4例，《聊》1例。如：

⑥ 伊鲂洛鲤，诚然贵似牛羊；龙眼荔枝，信是东南佳味。（金·10·117）

⑦ 酒席中间，诚然不如此也不乐。（金·60·830）

⑧ 哀声隐隐棺舆过，此殡诚然压帝京。（金·65·915）

⑨ 那众人一齐应诺，诚然声震云霄。（金·70·1011）

⑩ 我今日诚然是一个凶犯，推断起也不是必死的根原。（聊·磨·1453）

"诚然"在《儿》中出现3例：

⑪ 十三妹沉吟了半晌，说："这桩东西诚然不可失落，但是眼下我们这一群人断断没个回去的理……"（儿·10·149）

⑫ 至于安伯父爷儿们娘儿们几位，诚然不好合这班人相见，如今暂且请在这后厦的里间避一避，也不算屈尊。（儿·21·344）

⑬ 四大圣人这两卷《周易》诚然是万变无穷，我的这点《易》学却也有几分自信，怎的今日卜得这一卦，我竟有些详解不来？（儿·36·677）

3.10.1.100　信

"信"表示对事物或性质真实性的肯定。《金》2例：

① 伊鲂洛鲤，诚然贵似牛羊；龙眼荔枝，信是东南佳味。（金·10·117）

② 信是药医不�病，果然佛度有缘人。（金·54·738）

---

① "诚"修饰"恐"《金》11例，《醒》1例。

3.10.1.101 决、决然

"决"加强确定语气,表示坚决肯定语气。《金》13例,《醒》11例,《聊》4例。如:

① 这礼物决不好受的,你还将回去。(金·30·380)

② 殷天锡那厮,我不上梁山便罢,若上梁山,决替这个妇人报了仇!(金·84·1293)

③ 这一件好事,我决要做成,这事便没有不成之理。(醒·32·468)

④ 狄希陈道:"师傅未卜先知,决也不是凡人,不知可以逃躲得么?"(醒·100·1424)

⑤ 打二十逐出境界,再生事决不轻饶!(聊·寒·1050)

⑥ 今日相遇,决难轻饶!(聊·快·1131)

其中"决"用于否定句,《金》8例,《醒》7例,《聊》3例。

"决"用做语气副词是由其决断意义变化来的。"决"用做动词,《金》3例,《醒》2例。如:

⑦ 审格局,决一世之荣枯;观气色,定行年之休咎。(金·29·367)

⑧ 那常时节暗暗决他要悔。(金·54·726)

⑨ 可是我决着了。(金·54·727)

⑩ 秦参政把那许亲的心肠冷了五分,也还不曾决绝,只是因看他孔方兄的体面,所以割不断这根膻肠。(醒·18·264)

⑪ 这两个人,你就打发了去,后边还有人挟制,不如他的意思,毕竟还要到官,如今爽利合他决绝了罢。(醒·34·503)

"决然"义同"决"。《金》6例。如:

⑫ 没分晓,又买这礼来做甚么!我决然不受。(金·35·462)

⑬ 我说你大官府里那里稀罕你的,休要费心,你就送去,他决然不受。(金·35·462)

⑭ 长官见得极是,此是长官费心一场,何得见让于我,决然使不得。(金·47·622)

⑮ 再犯到我案下,决然不饶。(金·92·1396)

⑯ 西门庆道:"甚么话,我决然送三十两银子来。"(金·68·973)

⑰ 我宋江久后决然替贤弟择娶一个好的。(金·84·1293)

其中有4例用于否定句。

3.10.1.102 断、断然、断乎、断断

"断"表示肯定不容怀疑的语气。《金》7例,《醒》35例,《聊》19例。如:

① 这个银两,小人断不敢领受。(金·19·229)

② 凡念佛者,断有功无量。(金·74·1098)

③ 我看你断不肯慨然做个人情叫我知感,你将来必定人也做不着、鬼也做不着才罢。(醒·35·520)

④ 酒色两个字看来是拆不开的,一定狄希陈合寄姐睡在床上,乘着酒兴,断是又贺了贺喜。(醒·83·1186)

⑤ 我只该在家受罪,断不可连累闺门!(聊·磨·1392)

⑥ 那大王智谋多,断不肯束手缚,杀他俩也自己伤一个。(聊·磨·1522)

其中"断"用于肯定句仅《金》3例,《醒》3例。

"断然"表示肯定不容怀疑的语气。《金》2例,《醒》8例,《聊》8例。如:

⑦ 西门庆道:"老公公,这个断然使不的,同僚之间,岂可旁坐?老公公叔侄便罢了,学生使不的。"(金·71·1017)

⑧ 老九,你如何又费心送礼来,我断然不受,若有甚么人欺负你,只顾来说,我亲替你出气。(金·77·1167)

⑨ 你断然还要去请那法师来制我么?(醒·27·401)

⑩ 这呈稿我断然不敢奉命。(醒·98·1398)

⑪ 这不是甚么好物,反回去断然不拿!(聊·翻·970)

⑫ 张相公惯好颠枪,今夜晚可断然不肯轻放。(聊·磨·1451)

其中"断然"用于肯定句仅《醒》4例。

"断乎"表示肯定不容怀疑的语气。《醒》8例:

⑬ 你就拦住了他的身子,也断乎拦不住他的心肠,倒也只听他本人自便为妙。(醒·36·525)

⑭ 就是傻瓜呆子也断乎说不出口。(醒·36·527)

⑮ 我是断乎不的。(醒·36·527)

⑯ 我断乎不饶他。(醒·53·777)

⑰ 他不认的路,断乎不去。(醒·57·826)

⑱ 这们远路,断乎莫有起早的事,必径是雇船。(醒·84·1194)

⑲ 陈儿断乎被这恶妇打死,你还不快去救他一救!(醒·59·855)

⑳ 断乎有因,待我自己到他家里问他个始末根由。(醒·62·895)

其中"断乎"用于肯定句仅2例。

"断断"表示肯定不容怀疑的语气。《聊》6例:

㉑ 无鞋袜少衣裳,一堆吃饭嫌我脏,清陪客断断不敢望。(聊·墙·831)

㉒ 我怎么生下这样禽兽!这一样东西断断难留!(聊·翻·945)

㉓ 我只是从公审理,可断断不要金银。(聊·寒·1073)

㉔ 孔明说:"断断难恕!"(聊·快·1135)

㉕ 休说有赌头令状,按军法断断难容!(聊·快·1135)

㉖ 您们不安分读书,不行好事,断断难饶!(聊·磨·1432)

"**断断**"虽有 4 例修饰肯定形式,但表达的仍是否定意义。

3.10.1.103 必

"**必**"表示确信无疑。《金》77 例,《醒》76 例,《聊》77 例。如:

① 夏大人年终类本,必转京堂指挥列衔矣。(金·66·931)

② 每日春梅吃饭,必请他两口儿同在房中一处吃,彼此以姑妗称之,同起同坐。(金·97·1462)

③ 李奶奶只说是狄希陈造言枉谤,说:"天下古今,断无此事! 极恶穷奇,必不忍为!"(醒·75·1067)

④ 胡无翳再三要把狄希陈接到寺中养病,说这箭疮正在软肋致命之处,必得一百日方得全好。(醒·100·1427)

⑤ 我如今想了一个计策,这也是望空打彩,可也来必不中用。(聊·墙·852)

⑥ 怎么不见动静? 必是朝廷还不知。(聊·磨·1516)

3.10.1.104 必定

"**必定**"说明说话人对某一情况确信不疑。《金》6 例,《醒》120 例,《聊》54 例。如:

① 伯爵道:"嫂子呼唤,房下必定来。"(金·42·547)

② 薛内相道:"最高者必定是杨宣榆。"(金·64·903)

③ 这是那光棍绰着点口气来诈银子,这事看来必定得合他到官才好。(醒·46·671)

④ 你休要害怕,这银子我必定还你,实不是骗你的。(醒·80·1141)

⑤ 谁似他真不差,恨骂阎罗咬碎牙,但看要死不求活,必定不把人家嫁。(聊·姑·965)

⑥ 这个必定送了命! 他若是有些好歹,我也就有死无生!(聊·磨·1378)

3.10.1.105 必然

"**必然**"表示强调,多用于主观推测的语境。《金》17 例,《醒》12 例,《聊》93 例。如:

① 竹山道:"小人无不用心。娘子若服了我的药,必然贵体全安。"(金·17·210)

② 二艄便说:"我等若留此货物,必然有犯。你是他手下家人,载此货物,到于市店上发卖,没人相疑。"(金·47·615)

③ 既是咱娘儿两个同梦,此事必然是真。(醒·90·1286)

④ 此番必然得我搭救,方可逃生,不然就也难逃性命。(醒·100·1425)

⑤ 您俩是一个人，又每日去化银，必然你就知到信。（聊·墙·853）

⑥ 后日英雄听到此，必然满饮一大觥。（聊·丑·1142）

3.10.1.106 必索、必的

"必索"、"必的"加强肯定性语气，各1例：

① 虽然与四海为一人，必索要正三纲谨五常。朕幼年间广学枪棒，恨则恨未曾到孔子门墙。（金·70·1019）

② 素姐身也没动，说道："你这是辞了路，再不回头了！要是撞见强人，割了一千块子，你必的托个连梦与我，我好穿着大红嫁人家！"（醒·52·757）

3.10.1.107 必须

"必须"表示确信无疑。《金》9例，《醒》2例，《聊》4例。如：

① 月娘道："谁敢耽，必须还等他爹来，问了他爹。不然炙了，惹他来家吆喝。"（金·59·814）

② 夏提刑道："长官所见不错，必须该取他。"（金·69·990）

③ 你虽是遣戍，你那大将的体面自在，借了巡抚衙门效用些时，便可起用，这必须还得用我商议才好。（醒·84·1203）

④ 昨因是不曾留这两个老婆进内，所以老爷吃了这顿好打。如再赶不回来，其祸不小，千万必须赶回才是。（醒·96·1364）

⑤ 太公笑了笑，说："虽然么，必须咱爷俩有一个翰林才好。"（聊·富·1352）

⑥ 虽然如此，大王既归了王化，必须要尊国体，可备鼓乐旗帜，前去迎接。（聊·磨·1535）

3.10.1.108 定、定然

"定"加强确定性语气。《金》55例，《醒》88例，《聊》95例。如：

① 王婆道："咱晚来茶前酒后，他定也不来。待老身明日侵早，往大官人宅上请他去罢。"（金·8·93）

② 客人也先来了已半日，你不知那里来。我到明日，定弄你出去。（金·81·1254）

③ 计巴拉道："晁家的银子定是完了，那两个姑子的银子一定也还未完。难道只我父子两人相欠？"（醒·11·162）

④ 一个刘有源说道："这再没有别人，定是周龙皋的婆子、程木匠的闺女程大姐。"（醒·73·1038）

⑤ 大吉祥，不寻常，将来定是尚书郎！（聊·襄·1267）

⑥ 那我定要上几个本章，除除民害，砍几个贼头，就是那徒流秀才还可救。（聊·富·1364）

"定然"义同"一定"。《金》12 例,《醒》10 例,《聊》19 例。如:

⑦ 今日见了这般盛礼,自然还要升选官爵,不惟拜做干子,定然允哩。(金·55·741)

⑧ 趁姐夫来家,若不早说知,往后我定然不敢往河下做买卖去了。(金·99·1483)

⑨ 我们门当户对的人家,晁爷定然慨允;待你姑爷清晨做了女婿,我赶饭时就与他上个知府。(醒·18·260)

⑩ 既在一处吃酒,难道不交口的不成? 定然说话。(醒·87·1244)

⑪ 你不快疾忙走开,怕晚了去上书房,定然惹的师傅怪。(聊·慈·914)

⑫ 看孩儿不凡,看孩儿不凡,定然是麒麟来送。(聊·襁·1261)

3.10.1.109 一定

"一定"加强确定性。《金》54 例,《醒》124 例,《聊》8 例。如:

① 他既前番被主人赶了出门,一定有些不停当哩。(金·56·765)

② 西门庆道:"工完之时,一定抚按有些奖励。"(金·61·850)

③ 你虽在晁家,一定你那嫡母也恩养得你好,但毕竟不是你真正的根本。(醒·46·677)

④ 大家的算计,以为素姐必定不肯同去,一定留住家中。(醒·99·1417)

⑤ 张旺大惊说:"这一定是个贼!"(聊·翻·979)

⑥ 自己寻思:"夜晚好难受,再这么一夜,一定就死了!"(聊·富·1316)

3.10.1.110 是必

"是必"用于祈使句加强语气。《金》8 例:

① 叔叔是必上心,搬来家里住。若是不搬来,俺两口儿也吃别人笑话。亲兄弟难比别人,与我们争口气,也是好处。(金·1·16)

② 妇人道:"叔叔是必记心者,奴这里专候。"(金·1·16)

③ 临行,西门庆道:"老九是必记心,不可泄漏。改日另有补报。"(金·6·68)

④ 妇人笑道:"蒙官人抬举。奴今日与你百依百随,是必过后休忘了奴家!"(金·6·73)

⑤ 是必累你请的他来。到明日,我做双好鞋与你穿。(金·8·92)

⑥ 妇人道:"干娘是必记心,休要忘了。"(金·8·93)

⑦ 李瓶儿叮叮嘱咐西门庆:"我的哥哥,切记休贪夜饮,早早回家。那厮不时伺害于你。千万勿忘奴言,是必记于心者。"(金·71·1026)

⑧ 西门庆道:"不打紧,到明日正月十六,还有一席,可请你每众伙计娘子走走去。是必休到根前,又推故不去着。"(金·79·1219)

3.10.1.111 稳定

"稳定"表示对某种情况的确定的推断或估计。《金》2 例：

① 若不然，送到东平府，女子稳定偿命。（金·34·445）

② 这一个过去，稳定是个凌迟罪名。（金·47·619）

3.10.1.112 准、准准

"准"表示确定性意义，义同"定"。《金》15 例，《醒》3 例，《聊》1 例。如：

① 到家多拜上奶奶。那家日子定下二十四日行礼，出月初二日准娶。（金·7·83）

② 出月初二日准起身，定不的年岁，还到荆州买纸，川广贩香蜡，着紧一二年也不止。（金·67·958）

③ 你替我上覆奶奶，你说我只没的甚么补报奶奶，明日不发解，后日准起解呀。（醒·51·747）

④ 伊世行道："可不是真怎么！是合吴太太许的幡，也是日夜催趱的完了，后日准要去哩。已差人合寺里说去了。哥有甚么分付？"（醒·78·1111）

⑤ 明日递了诉状，后日准出来，大后日出了票，咱次日就合他见，早完下事来伶俐。（醒·81·1158）

⑥ 若能再见孩儿的成人，贤妻呀，我合你准有好日过。（聊·禳·1261）

"准准"义同"准"。《醒》1 例：

⑦ 狄员外送他上了头口，说道："第四日准准的望你来到。"千叮万嘱而别。（醒·66·950）

3.10.1.113 一准

"一准"义同"一定"。《金》1 例：

① 指吴典恩道："记你一杯酒，停会一准要吃还我。"（金·48·727）

3.10.1.114 壹是

"壹是"加强确定语气。《聊》1 例：

① 仲美说："自天子以至于庶人，壹是皆以两个字称呼为本，你还不知，必然没称呼你。"（聊·禳·1217）

3.10.1.115 务、务必、务要、务须

A. "务"表示强调意义。《金》2 例，《醒》11 例。如：

① 至厅内，王三官务请西门庆转上行礼。（金·69·995）

② 王三官因请西门庆受礼，说道："小侄人家，老伯当得受礼，以恕拜迟之罪。"务让起来，让了两礼，然后挪座儿斜金坐的。（金·69·995）

③ 差人下武城县守提一干人犯，务拿珍哥出官。（醒·12·176）

435

④ 若米完了,学生必要申报上司,务求两院题本钦奖。(醒·90·1280)

⑤ 虔诵《金刚宝经》,务足一万卷之数,就在寺中久住,不敢私自回家。(醒·100·1428)

B. "务必"义同"务"。《金》1 例,《醒》25 例,《聊》2 例。如:

⑥ 春梅不肯,务必拉大妗子同他一处坐的。(金·96·1443)

⑦ 唐氏说:"今日务必早些回来,休教人担惊受怕的。"(醒·19·281)

⑧ 素姐道:"我恨不得你离了这地!我情愿着人送你回去,但那孩子务必要留下与我。"(醒·76·1083)

⑨ 如有人疑在我的身上,狄奶奶,你务必誓也与我说个,替我洗清了才好,也不枉了我为狄奶奶一场。(醒·77·1093)

⑩ 嘱咐我催你早去,务必的休要迟捱。(聊·寒·1047)

⑪ 店主又嘱咐道:"若回来时,务必到咱家歇歇。"(聊·磨·1402)

C. "务要"义同"务"。《金》13 例,《醒》19 例,《聊》1 例。如:

⑫ 他如今在这里不出来,不打紧,我务要奈何那贼小淫妇儿出来。(金·32·413)

⑬ 春梅务要把月娘让起,受了两礼。然后吴大妗子相见,亦还下礼去。(金·96·1440)

⑭ 大凡天下的事都不要做到尽头田地,务要留些路儿。(醒·10·153)

⑮ 你既卖在人家,比不得在自己爹娘手里,务要听奶奶指使。(醒·36·532)

⑯ 大姐便说有法令,军家钱财看的见,赌场里合他显显能,务要赢他的掉了腚。(聊·幸·1639)

D. "务须"义同"务"。《醒》1 例:

⑰ 自示之后,凡系良人妻妾,务须洗涤肺肠,恪遵闺教。(醒·74·1058)

3.10.1.116 管

"管"表示确定性语气。《金》4 例,《醒》4 例,《聊》28 例。如:

① 看官听说:不争今日打了孙雪娥,管教潘金莲从前作过事,没兴一齐来。(金·11·127)

② 你许薛姑子十两银子,藏在他僧房内与小姐相会,管病就要好了。(金·34·444)

③ 你听着我说,有话家里去讲,我管叫他两个替你陪礼。(醒·8·123)

④ 晁无晏道:"这三奶奶别要管他,你只许了口叫我去看,他两个,我管打发他去,不用三奶奶费心。"(醒·32·469)

⑤ 那张舍满脸陪笑,说道:"这个兄弟不知道什么,得罪着你,万望长官容恕,我管陪情。"(聊·幸·1576)

⑥ 俺这十个丫头,每人也訞他三杯,他是铁人,也就管醉了他。(聊·幸·1605)

3.10.1.117 管定、管取、管就

"管定"、"管取"、"管就"是"管"与"定"、"取"、"就"组成的合成副词,义同"管"。"管定"《金》1例;"管就"《金》2例;"管取"《金》3例,《聊》2例。如:

① 等我往后边去,我那屋里有红布手巾,替你盖着头。对他们只说他爹又寻了个丫头,唬他们唬,管定就信了。(金·40·529)

② 小媳妇有个门路儿,管就打散了这干人,三爹收心,也再不进院去了。太太容小媳妇便敢说,不容定不敢说。(金·69·983)

③ 你刚才不见他那等撞头打滚撒泼儿,一径使你爹来家知道,管就把我翻倒底下。(金·75·1130)

④ 安排十件挨光计,管取交欢不负期。(金·3·40)

⑤ 又加桃仁通草,麝香文带凌花。更燕醋煮好红花,管取孩儿落下。(金·85·1296)

⑥ 一个是这里冰人,一个是那头保山,两张口四十八个牙,这一去,管取说得月里嫦娥寻配偶,巫山神女嫁襄王。(金·91·1373)

⑦ 奉圣上旨意,领兵十万,去征任义,管取手到擒来。(聊·磨·1518)

⑧ 宝刀出鞘,雕弓上弦,破上两个拿一个,管取鞭敲金镫还。(聊·磨·1525)

3.10.1.118 管情、管情儿

"管情"、"管情儿"表示对某种情况的确定的推断或估计。"管情"《金》55例,"管情儿"1例。如:

① 玉楼道:"他打了一场,和他恼了,赌了誓再不去了,如何又去?咱每赌甚么?管情不在他家。"(金·21·273)

② 孟玉楼道:"你还不去,他管情往你屋里去了。"(金·31·398)

③ 来保道:"爹放心,管情没事。小的不但干了这件事的,又打听的两桩好事,来报爹知道。"(金·48·637)

④ 玉箫向金莲道:"我猜爹管情向娘屋里去了。"(金·73·1072)

⑤ 这初九日是俺五娘生日,你再送些礼去,梯己再送一盒瓜子与俺五娘。你到明日进来磕头,管情就掩住许多口嘴。(金·78·1189)

⑥ 书童道:"你老人家只顾放心去,管情儿一下不打他。"(金·35·451)

3.10.1.119 情管

"情管"加强确定语气,多用于对某种情况的推断或估计。《醒》66例,《聊》19例。[①]

---

① 《聊》有5例为"请管"。

如：

    ① 晁奉山媳妇说道："我去寻本'崇书'来，咱与珍姨送送，情管就好了。"（醒·3·34）

    ② 他自正月十六日莲花庵里回来就合你闹起，情管是那里受的病根。（醒·65·927）

    ③ 童奶奶道："这好，这好！这情管是李明宇家。他的娘子是我妹妹哩。要是那里，倒也来往方便。"（醒·75·1067）

    ④ 纵然娘子没吃饭，情管笑脸来相见。（聊·俊·1111）

    ⑤ 江城云："情管添上此人，官人也未必嫌多。"（聊·禳·1261）

    ⑥ 店主说："相公不必烦恼。谁叫我不小心来？请管还给相公买一个好驴。"（聊·磨·1401）

"情管"也可以用于非推测语境。仅《醒》1例：

    ⑦ 这是小事。难得姜奶奶得了外孙，我得了孙子。我任从折损了甚么，我情管打发的你喜欢。（醒·49·714）

事实上，无论是否是推断或估计，"情管"都是在句中表示确定性的语义。

确定、强调类语气副词表明说话人对做出的判断是确信无疑的。这包括对事物性质好坏高下做出的判断，对已然及未然事件的判断，对自身行为的决断，对他人行为的祈使。语气副词从以下几个方面表明对判断的确定、强调：概括全部、表明事件的真实性质、限定唯一、两相切合、显然明了、诚信态度、主观决断、事件的不变性。如"都、全、全然、皆、尽、尽自、浑、浑是、浑身、总、总里、一总、总然、通、通身、通常、通然、完完全全"等词之所以产生语气副词的用法是因为它们相应的实词用法都具有概括全部的意义，"左右、高低、横竖、好歹、翻调、翻转"以及"到底、毕竟、终、始终、终究、终久、终须、端的、端自、委、的、委的、本、本来、本自、本等、原、原自、原来"两组词分别是从事件存在条件（任何情况）及事件存在时间（自始至终）两个角度来表明其确定强调意义的，"实、实实、实在、实落落、其实、确、确乎、确然、真、真真、真个、当真、真实、真真实实、真正、真真正正、果、果然、果真、真果、果尔、果不然、果不其然、委实、的真、的确"是从表明事件的真实性质角度实现其确定强调作用的，"白、白当、只当、直、干净、但、只、只管、只顾"是通过限定事件的唯一性，"可、可可、正、正正、刚、刚刚、适、切、切切、就、便、恰"是通过内两相合（如意愿与事实的相合、话题与谓语的相合）的特点，"老大、煞、忒煞、绝、绝乎、煞实、老实、下老实、着实、紧、紧着、紧自、急仔、打紧、着紧、吃紧、固、并、且、再、又、还、也、是百的、千万、千千万万、万、万万"是从度量的角度，"明、明明、分明、明白、明明白白、显、显然、显见、眼看、可知、情、情知、自、自然、无故"是从事件的易感易知易产生的角度，"诚、诚然、信、决、决然、断、断然、断乎、断断、务、务必、务要、务须、管、管定、管就、管情、情管"是从主观态度（诚信、决断、致力）的角度，"必、必定、必然、必索、必的、必须、定、一定、定然、是必、稳定、准、准准、一准、壹是"是通过事件的不变性,等等,来实现其确定强调作用的。

从《金》、《醒》、《聊》与《歧》、《儿》的比较来看,确定强调类语气副词的差别主要体现在某一副词的有无及共有副词的使用频率和用法的不同上。例如只见于《金》的此小类副词有"恒是、端自、干净、老大、紧着、紧自、打紧、着紧、眼看、无故、信、必索、稳定、一准、管就、管情儿",只见于《醒》的有"翻调、的、完完全全、浑是、浑身、通常、总里、一总、确然、真真正正、果不然、果不其然、白当、但、煞、忒煞、绝乎、煞实、下老实、紧仔、紧则、是百的、显然、必的、务须",只见于《聊》的有"翻转、始终、尽自、漫实落落、真真实实、真果、急仔、壹是"。有些副词见于《金》、《醒》、《聊》之一种而又出现于《歧》、《儿》,如"委的、情"见于《金》与《歧》,"横竖、可可儿、决然"见于《金》与《儿》,"端的、是必、管定、管情"见于《金》、《歧》、《儿》,"确乎、果尔、的真、明白、显见"见于《醒》与《歧》,"正正、切切、准准、情知、千千万万"见于《醒》与《儿》,"确、当真、断乎"见于《醒》、《歧》、《儿》,"原自"见于《聊》与《歧》,"终究"见于《聊》与《儿》,"实在、的确、断断"见于《聊》、《歧》、《儿》。对出现于《金》、《醒》、《聊》的部分确定强调类语气副词与在《歧》、《儿》中的使用频率比较如下:

	金	醒	聊	歧	儿
左右	47	4	1	17	12
高低	0	6	1	3	0
横竖(恒数)	4	0	0	0	15
恒是	4	0	0	0	0
好歹	100	14	9	0	5
翻调	0	2	0	0	0
翻转(反转)	0	0	7	0	0
到底	4	9	41	44	96
毕竟	10	65	1	60	10
终	22	21	3	7	5
始终	0	0	1	0	0
终究	0	0	1	0	2
终久	2	0	2	1	0
终须	0	2	3	0	0
端的	115	0	0	28	7
端自	2	0	0	0	0
委	4	0	4	4	0
的	0	2	0	0	0
委的	22	0	0	20	0

	金	醒	聊	歧	儿
本自	1	1	0	2	0
本等	15	18	3	0	0
原自	0	0	5	4	0
都	90	134	55	49	63
全	33	33	171	90	5
全然	3	0	36	8	0
皆	17	0	5	0	0
完完全全	0	1	0	0	0
尽	11	31	18	13	20
尽自	0	0	1	0	0
浑	4	3	3	2	2
浑是	0	3	0	0	0
浑身	0	17	0	0	0
漫	0	0	2	0	0
总	11	1	15	111	42
总里	0	1	0	0	0
一总	0	1	0	0	0
总然	0	1	3	0	0
通	67	138	2	30	4
通身	1	3	0	0	0
通常	0	7	0	0	0
通然	0	1	3	0	0
实实	0	7	7	12	1
实在	0	0	4	59	10
实落落	0	0	2	0	0
其实	18	39	11	61	27
确	0	2	0	2	1
确乎	0	1	0	1	0
确然	0	4	0	0	0
真真	1	27	14	23	27
真个	78	34	8	10	59
当真	0	42	0	11	1

	金	醒	聊	歧	儿
真实	2	0	1	0	0
真真实实	0	0	1	0	0
真正	2	7	35	114	3
真真正正	0	1	0	0	0
果然	91	198	104	181	168
果真	0	27	1	0	8
真果	0	0	26	0	0
果尔	0	1	0	2	0
果不然	0	5	0	0	0
果不其然	0	4	0	0	0
委实	2	6	9	53	0
的真	0	1	0	1	0
的确	0	0	1	6	1
白	34	6	0	6	0
只当	16	1	0	0	0
白当	0	11	0	0	0
直	2	2	1	65	21
干净	19	0	0	0	0
但	0	1	0	0	0
可可	16	32	1	0	1
可可儿	10	0	0	0	4
正正	0	3	0	0	1
切	19	14	0	5	17
切切	0	1	0	0	11
老大	1	0	0	0	0
煞	0	10	0	0	0
忒煞	0	1	0	0	0
十分	3	4	0	9	1
绝	0	96	3	0	32
绝乎	0	1	0	0	0
煞实	0	4	0	0	0
老实	0	1	3	0	0

	金	醒	聊	歧	儿
下老实	0	4	0	0	0
着实	0	33	39	25	10
紧	3	1	0	0	0
紧着	3	0	0	0	0
紧自	6	0	0	0	0
紧仔	0	11	0	0	0
紧则	0	1	0	0	0
急仔	0	0	11	0	0
打紧	2	0	0	0	0
着紧	9	0	0	0	0
吃紧	1	0	3	0	0
固	1	13	6	15	11
且	39	8	0	1	4
是百的	0	3	0	0	0
千万	15	39	7	30	14
千千万万	0	1	0	0	1
万万	2	5	6	28	1
明明	3	4	9	7	6
分明	15	19	34	12	25
明白	0	23	0	1	0
明明白白	1	6	0	0	0
显	2	2	0	0	0
显然	0	1	0	0	0
显见	0	2	0	3	0
眼看	1	0	0	0	0
可知	36	3	0	0	0
情	8	0	0	1	0
情知	0	6	0	0	1
无故	7	0	0	0	0
诚	19	6	1	5	10
诚然	4	0	1	0	3
信	2	0	0	0	0

	金	醒	聊	歧	儿
决	13	11	4	1	1
决然	6	0	0	0	1
断然	2	8	8	3	1
断乎	0	8	0	14	9
断断	0	0	6	9	27
必定	6	120	54	15	3
必然	17	12	93	17	3
必索	1	0	0	0	0
必的	0	1	0	0	0
必须	9	2	4	1	3
一定	54	124	8	131	126
定然	12	10	19	21	2
是必	8	0	0	4	2
稳定	2	0	0	0	0
准	15	3	1	0	20
准准	0	1	0	0	1
一准	1	0	0	0	0
壹是	0	0	1	0	0
务	2	11	0	2	1
务必	1	25	2	1	19
务要	13	19	1	3	1
务须	0	1	0	0	0
管	4	4	28	1	5
管定	1	0	0	2	1
管就	2	0	0	0	0
管取	3	0	2	0	8
管情	55	0	0	18	1
管情儿	1	0	0	0	0
情管	0	66	19	0	0

3.10.2 不定、揣度语气

3.10.2.1 约

"约"表示对数量的不十分精确的估计。《金》96 例，《醒》43 例，《聊》8 例。如：

① 妇人约饭时起来,换睡鞋,寻昨日脚上穿的那一双红鞋,左来右去少一只。(金·28·354)

② 这李娇儿听了,走来向他盛鞋的四个小描金箱儿,约百十双鞋,翻遍了都没有。(金·62·880)

③ 解开汗巾结子,取出那包银来,约有八九两重,丢在狄希陈袖上。(醒·75·1071)

④ 医官回去,送了一丸朱砂为衣的镇惊丸,约有龙眼大。(醒·95·1349)

⑤ 把银子都抬出来,约有万数两,分了两堆,先着二成拣了一堆,包了去给藏姑看。(聊·姑·885)

⑥ 我初到葛家,约有半年,那忘八意思里就待施展。(聊·禳·1208)

3.10.2.2 约莫(约摸)

"约莫"表示不确定语气。《金》6例,《醒》1例,《聊》1例。如:

① 约莫未及两个时辰,又䠓将来王婆门首帘边坐的,朝着武大门前。(金·2·30)

② 约莫将半夜时分,武二翻来覆去那里睡得着,口里只是长吁气。那土兵齁齁的,却是死人一般挺在那里。(金·9·106)

③ 西门庆约莫日落时分来家,到上房坐下。(金·76·1160)

④ 约莫到二更时分,那潘姥姥老人家熬不的,又早前靠后仰,打起盹来,方才散了。(金·78·1207)

⑤ 约莫等到饭时前后,还不见进来。(金·79·1217)

⑥ 约莫饮勾三杯,就起身下楼,作别来家。(金·88·1334)

⑦ 尚书道:"约摸有八十多了,还壮实着哩。"(醒·23·343)

⑧ 展开包甚喜欢,又包煞颠了颠,约摸也有二两半。(聊·寒·1075)

3.10.2.3 约略

"约略"义同"略"。《醒》1例:

① 大凡亲戚们的气运约略相同,童七买卖兴头,谁知童奶奶的父亲骆佳才也好时运。(醒·70·996)

3.10.2.4 大约

"大约"表示不确定语气。《醒》26例,《聊》1例。如:

① 我还不曾收拾得完,大约只好明日回去。(醒·9·130)

② 从辛亥这一年水旱,谁想不止绣江县一处,也是天下太平日久,普天地下大约都是骄纵淫佚之处。(醒·32·463)

③ 天下的事大约只在起头时节若立就了一个好名,你连连不好,将来这个"好"字也便卒急去不了的。(醒·54·786)

④ 狄希陈看了他母舅的书信,大约与狄周所说相同。(醒·76·1079)

⑤ 俺刚才在徒弟屋里坐了会,也说了几句话,大约都是叫徒弟合人处好望和美的事。(醒·96·1371)

⑥ 大约是石头铺了场子来,我起出他来,盖屋好使。(聊·翻·1000)

3.10.2.5 盖

"盖"表示不定、揣度。《金》11 例。如:

① 南人乘舟,北人乘马,盖可信也。(金·47·613)

② 盖天下亦无不可返之俗,亦无不可节之财。(金·48·635)

③ 盖闻电光易灭,石火难消。(金·51·682)

④ 盖缘汝有大道心,常持《佛顶心陀罗经》,善神日夜拥护,所以杀汝不得。(金·59·822)

⑤ 不得承受家缘,盖可惜哉!(金·75·1106)

3.10.2.6 大抵

"大抵"表示不确定语气。《金》6 例,《醒》1 例。如:

① 看官听说:大抵只是妇人更变,不与男子汉一心,随你咬折钉子般刚毅之夫,也难防测其暗地之事。(金·14·172)

② 平生少疾,皆因月孛光辉;到老无灾,大抵年宫润秀。(金·29·370)

③ 原说是姻缘板,大抵一物必有一主,嫂子嫁哥一场,今日情受这副材板勾了。(金·62·870)

④ 看官听说:大抵妾妇之道,蛊惑其夫,无所不至,虽屈身忍辱,殆不为耻。(金·72·1046)

⑤ 大抵物各有主,也说不的,这好有福的匹配。(金·80·1251)

⑥ 大抵血气和平,阴阳调顺,其精血聚而包胎成。(金·85·1295)

⑦ 大抵人情乐唱随,冤家遇合喜分离。(醒·75·1062)

3.10.2.7 大凡

"大凡"用于不十分确定的推测或估计。《金》4 例,《醒》17 例,《聊》1 例。如:

① 大凡妇人产后、小儿痘后,最难调理,略有些差池,便种了病根。(金·55·739)

② 亲家,前日我的书去,那等写了,大凡事要谨密,不可使同僚每知道。(金·70·1005)

③ 大凡还是女妇人心邪,若是那正气的,谁敢犯边!(金·76·1155)

④ 大凡文职好细,三两银子勾做甚么,哥少不得赔些儿。(金·77·1176)

⑤ 大凡天下的事都不要做到尽头田地,务要留些路儿。(醒·10·153)

⑥ 大凡亲戚们的气运约略相同,童七买卖兴头,谁知童奶奶的父亲骆佳才

也好时运。(醒·70·996)

⑦ 大凡做房官的，不瞎眼的有几个？(聊·富·1354)

3.10.2.8 大略

"大略"用于不十分肯定的推测或估计。《醒》3 例：

① 大略他行的美政不止于此，就生出一百副口来也说不尽。(醒·12·173)

② 看了投词，问了些话，大略与巡道问得相似。(醒·12·176)

③ 大略人家子弟在那十五六岁之时，正是那可善可恶之际。(醒·40·581)

3.10.2.9 大段

"大段"用于不十分肯定的推测或估计。《金》1 例：

① 大段金莲生有地儿死有处，不争被周忠说这两句话，有分交这妇人从前作过事，今朝没兴一齐来。(金·87·1324)

3.10.2.10 大都

"大都"限定事物范围，表示大部分、大多数的意思。《金》1 例：

① 正是：肌骨大都无一把，如何禁架许多愁？(金·60·827)

3.10.2.11 略

"略"表示大致范围、大体上。《醒》2 例，《聊》1 例。如：

① 这样的事，万分中形容不出一二分来，天下多有如此，今古亦略相同。(醒·36·528)

② 狄希陈看那考语，不甚通晓；看那实事，略知大义。(醒·99·1413)

③ 妹丈张鸿渐与我所见略同。(聊·磨·1393)

3.10.2.12 七八

"七八"用于不十分肯定的推测和估计。《金》10 例，《醒》1 例。如：

① 亦发再宽待些时，你这边房子也七八也待盖了，撺掇匠人，早些装修油漆停当；你这边孝服也将满。(金·16·197)

② 只进城内，七八到家门首，我只觉他打了个冷战，到家就不吃奶，哭起来了。(金·48·633)

③ 洪四儿道："大爷，这咱晚七八有二更，放了俺每去罢了。"(金·58·791)

④ 把那水济济眼挤着，七八拿杓儿舀。(金·78·1201)

⑤ 那旷野之间，那有甚么地方保甲，反把晁思才拿下骡来，打了个七八将死，解下骡上的缰绳，捆缚了手脚，叫他睡在地下。(醒·53·776)

3.10.2.13 多、多管、多定

A. "多"表示不十分肯定的语气。《金》10 例，《醒》3 例，《聊》2 例。如：

① 到明日,他盖这房子,多是入官抄没的数儿。(金·17·212)

② 妈妈子,早些关了门睡了罢,他多也是不来,省的误了你的睡头。明日早来宅里伺候。(金·24·303)

③ 你实是为何?你的脸都焦黄土褐色的,多因路上冒了风寒。我叫人做些酸辣汤,你吃他两碗,热炕上发身汗出,情管就好了。(醒·2·17)

④ 源儿京中不知干的什么勾当,到了今日二十七,这时节多应又不来了!(醒·7·95)

⑤ 万岁惊疑:"这荒草野坡,多是妖精假装人形来戏弄寡人。"(聊·幸·1567)

⑥ 这花子多是楼上起号,只怕是"胡南楼";他又往北指,只怕是"胡北楼"。是了,长官大号想是胡双楼么?(聊·幸·1641)

B. "多"与"管"连用。《金》1例,《聊》3例。如:

⑦ 赵先生道:"不是,如何面色这等黄?"又道:"多管是脾虚泄泻?"(金·61·858)

⑧ 岂有日高还没醒,必是人儿不在家,门外又没把挂儿挂。好教人参相不透,多管是厌恶这老达。(聊·墙·838)

⑨ 心下踌躇还未了,来了二人跑的凶,倒把婆儿唬了一个挣。多管是打了儿子,拿我去还要找零。(聊·襄·1573)

⑩ 匕是我二妹子跟我学了两套,每日等皇帝,那皇帝也不来了,多管是闷极了,和丫头们弹。(聊·幸·1627)

C. "多"与"定"连用。《金》1例:

⑪ 这早晚多定只在那里。(金·4·55)

3.10.2.14 多半

"多半"用于对情况不十分肯定的估计。《醒》1例:

① 晁书媳妇在那厢房吃着饭,听见舅爷合夫人说的话,心里道:"苦哉!苦哉!撞见这个冤家,好事多半不成了!"(醒·18·264)

3.10.2.15 庶、庶乎、庶几

"庶"用于不十分肯定的推测。《金》15例,《醒》3例。如:

① 不如老先生把手下从者留下一二人答应,其余都分付回去,明日来接,庶可两尽其情。(金·36·479)

② 月娘道:"他家既先来与咱孩子送节,咱少不的也买礼过去,与他家长姐近节,就权为插定一般,庶不差了礼数。"(金·42·546)

③ 西门庆道:"堂尊说与我,有人问,我好回答,庶不误了。"(金·70·1008)

④ 庶前养不止于后弃,救死终得以全生。(醒·31·457)

⑤ 这小琏哥,得一个可托的人抚养他成立,照管他那房产,庶不绝了小二官这一枝。嫂子一象避不得这劳苦似的。(醒·57·819)

⑥ 是直怨相报,不在夫妇之间,庶阃辟有仪,驯协阴阳之则。(醒·100·1429)

"庶乎"义同"庶"。《金》1 例:

⑦ 就如同子平兼五星,还要观手相貌,才看得准,庶乎不差。(金·61·857)

"庶几"义同"庶"。《金》2 例,《醒》2 例。如:

⑧ 座上沈姨夫向西门庆说:"姨夫,不是这等,请大舅上席,还行个令儿,或掷骰,或猜枚,或看牌,不拘诗词歌赋、顶真续麻、急口令,说不过来吃酒。这个庶几均匀,彼此不乱。"(金·60·830)

⑨ 陛下诚以臣言可采,举而行之,庶几官爵不滥而人心思奋,守牧得人而圣治有赖矣。(金·77·1183)

⑩ 若使娴于姆训,庶几不坠夫纲。(醒·48·695)

⑪ 这张大、张二也将就当得起个孝子,这杨氏、王氏也庶几称得起个孝妇。(醒·52·760)

3.10.2.16 怕

"怕"用于不十分肯定的推测。《金》10 例,《聊》5 例。如:

① 经济道:"爹怕来不成了。我来时,醮事还未了,才拜忏,怕不弄到起更。道士有个轻饶素放的? 还要谢将吃酒。"(金·39·518)

② 春梅道:"姥姥,奴吃不得了,怕孩儿家中寻我。"(金·96·1443)

③ 此时若不回头走,怕被旁人看出来。(聊·姑·867)

④ 不敢放马加跑,怕开了难收救。(聊·襄·1229)

⑤ 今岁勒止一考,怕等儿定不就。(聊·襄·1230)

⑥ 怕他来受气,我就叫他叔伯在省中读书。(聊·襄·1230)

⑦ 天师一见说声怪,这一位天颜日近,怕目下有些奇灾。(聊·幸·1669)

3.10.2.17 怕不、怕不的

"怕不"、"怕不的"用于不十分肯定的推测。

"怕不"《金》6 例,《醒》2 例。如:

① 前日爹分付教我叫了郑爱香儿和韩金钏儿,我来时他轿子都在门首,怕不也待来。(金·32·408)

② 经济道:"爹怕来不成了。我来时,醮事还未了,才拜忏,怕不弄到起更。

道士有个轻饶素放的？还要谢将吃酒。"(金·39·518)

③ 俺每回来，见路上一簇响铃驿马，背着黄包袱，插着两根雉尾、两面牙旗，怕不就是巡按衙门进送实封才到了。(金·48·637)

④ 西门庆道："那一朵莲花有几多大？生在上边，一阵风摆，怕不骨碌碌吊在池里么?"(金·57·779)

⑤ 画童道："怕不俺姐夫还睡哩，等我问他去。"(金·64·901)

⑥ 孟玉楼便道："怕不就是春梅来了也不见的。"(金·89·1351)

⑦ 狄员外道："怕不也会哩。叫人往厨房里看还有蟹没，要有，叫他做两个来。"(醒·58·833)

⑧ 薛如卞问说："这监够几日了?"素姐道："怕不也有十来个日子。"(醒·63·908)

"怕不的"《金》9例，《醒》3例。如：

⑨ 伯爵道："这等又好了。怕不的他今日买些鲜物儿来孝顺你。"(金·52·690)

⑩ 一定是王二老爹府里叫，怕不的还没收拾去哩。有累安哥，若是没动身，看怎的将就教他好好的来罢。(金·58·784)

⑪ 来旺道："我去年在家里，就听见人说爹死了，大娘生了哥儿，怕不的好大了。"(金·90·1359)

⑫ 合你一般高，比你白净些；那鼻口儿还不如你俊；那喜溜溜、水汪汪的一双眼，合你通没二样；怕不的他那鞋你也穿的。(醒·19·277)

⑬ 李九强说："怕不的是为杨春的事哩。"(醒·34·505)

⑭ 狄周媳妇说："这陈哥怕不的大嫂也管不下他来哩。这得一位利害嫂子象娘管爹似的，才管出个好人来哩。"(醒·41·597)

3.10.2.18 只怕

"只怕"表示揣测，也许有某种情况。《金》161例，《醒》240例，《聊》149例。[①] 如：

① 大舅道："我去罢，只怕他三位来有甚话说。"(金·61·850)

② 月娘道："挨年近节，忙忙的，且念什么经，他爹只怕过年念罢了。"(金·73·1075)

③ 只怕一时间扯挠不及，甚么衣裳之类，你替我怎么算计；甚么木头，也该替我预备。(醒·53·769)

④ 狄希陈道："堂上老大人既有这话，只怕当真开了劣考，这就辜负了老大人几年培植的功夫。"(醒·98·1391)

---

① 《聊》"仔怕"6例。

⑤ 差人又商议说这方二相公也不是个善查，只怕进了门，他就给个作道。（聊·磨·1394）

⑥ 今日八月将尽，该有消息，仔怕他没有造化。（聊·襄·1230）

⑦ 点名时宗师见他小，还问他年纪，只怕也有些指望。（聊·襄·1157）

3.10.2.19 想、想是

"想"、"想是"用于不十分肯定的推测或估计。

"想"《金》4 例，《醒》12 例，《聊》12 例。如：

① 所有琐事，敢托盛价烦渎，想已为我处之矣。（金·36·473）

② 娘子是甚怎说话！想朝廷不与庶民做亲哩？（金·43·570）

③ 学生此来，单为与老太师庆寿，聊备些微礼，孝顺太师，想不见却。（金·55·741）

④ 外令亲荆子事，已具本矣，想已知悉。（金·78·1185）

⑤ 晁大舍虽然少壮，想被他弄得虚损极了。（醒·2·23）

⑥ 连春元问程乐宇道："四位高徒的文字，想都得意，有写出来的么？"（醒·38·554）

⑦ 他又大发冲天志，要与天下杀贪赃，想他必是天神降。（聊·磨·1391）

⑧ 想您串通衙门，在乡中横行无禁，迎官吏欺诈良民。（聊·磨·1431）

"想是"《金》10 例，《醒》22 例，《聊》103 例。如：

⑨ 伯爵道："你想是没有用早饭。"（金·54·725）

⑩ 你自和平安两个吃罢，陈姐夫想是也不来了。（金·64·899）

⑪ 教官道："这人想是顽冥不灵，也不晓得宗师的美意。"（醒·39·575）

⑫ 想是因你写呈，又被他打坏鼻子。（醒·98·1403）

⑬ 孔明说："奇哉！想是曹操过去了？"（聊·快·1134）

⑭ 想是我那个，春香也长住了。（聊·襄·1244）

3.10.2.20 想必

"想必"表示不十分肯定的推测或估计。《金》41 例，《醒》2 例，《聊》14 例。如：

① 良久，西门庆欠身望夏提刑道："长官也不消要这王氏。想必王氏有些姿色，这光棍因调戏他不遂，捏成这个圈套。"（金·34·438）

② 西门庆道："想必翟亲家有一言于彼。我观宋公为人有些跷蹊。"（金·49·643）

③ 两口子说了会话，想必又做了点子营生。（醒·19·281）

④ 麻中桂买许些地土，成了个富翁，后来遭水劫的时候，也同那几家良善之人不到冲没，想必因那一点不忍负丁利国的善心所致。（醒·27·402）

⑤ 夫人云："想必两口商量就了。"（聊·襄·1250）

⑥ 不知厚与薄,宿下慢慢商,饭合酒想必不上帐。(聊·富·1288)

3.10.2.21 敢、敢是、敢仔(只、子)

"敢"表示不十分肯定的语气。《金》36 例,《醒》5 例,《聊》11 例。如:

① 经济道:"我听见昨日爹分付来旺儿去,敢打发来旺儿去。"(金·25·321)

② 西门庆道:"傻狗材,谁对你说来?你敢错听了,敢不是我衙门里,敢是周守备府里。"(金·69·998)

③ 大尹道:"他骂谁是忘八淫妇?"高氏道:"忘八敢就是晁大官人,淫妇敢就是小珍哥。"(醒·10·146)

④ 叫人看看敢说这是谁家没家教的种子,带着姐儿游船罢了,连老鸨子合烧火的丫头都带出来了!(醒·40·594)

⑤ 魏名说:"咱不赌罢。人不说是咱闹玩,敢说是成宿的赌博哩。"(聊·翻·939)

⑥ 若是从此放你去,去了再生出事一宗,敢说是俺不曾送。(聊·寒·1053)

"敢是"义同"敢"。《金》15 例,《醒》7 例。如:

⑦ 西门庆道:"敢是卖馉饳的李三娘子儿?"(金·2·29)

⑧ 小玉道:"我不晓的,敢是玉箫他听见来?"(金·58·789)

⑨ 月娘道:"敢是你昨日来家晚了,酒多了头沉。"(金·79·1224)

⑩ 合那刑房张瑞风明铺夜盖的皮缠,敢是那刑房不进去,就合那禁子们鬼混,通身不成道理!(醒·43·631)

⑪ 李旺道:"原帐在柜里不是?刚才我给狄大哥看来,两套共是四十三两银子,敢是二十一两五钱一套。"(醒·65·938)

⑫ 常功道:"敢是两口儿家里合了气来,因此这是罚他的哩。"(醒·69·983)

"敢仔"表示不十分确定的语气。《醒》7 例,《聊》5 例[①]。如:

⑬ 狄希陈道:"你割舍不的,敢仔我也割舍不的。"(醒·58·835)

⑭ 两个媒人道:"你要说那差不多的人,俺怎么就没本事说?你要说那大主子,他不给人家做'七大八',俺敢仔没本事说。"(醒·75·1071)

⑮ 陆好善道:"敢仔也费了够五六两银子。"(醒·78·1118)

⑯ 好不跷蹊,好不跷蹊,着人恐惧汗淋漓,臧姑是也人,他那敢子喘粗气。(聊,姑,887)

---

⑰ 赵大姑笑道:"敢子你只知有前窝。"(聊·慈·904)

⑱ 即如就是一碗豆腐,若是切成叶着油煎了,蘸上个蒜碟儿,或是切成细馅包包儿,敢子他就吃了。(聊·襐·1233)

3.10.2.22 会胜

"会胜"出现在《金》中,其他文献中没有发现这个词语形式。虽然"会胜"出现的范围和频率有限,但是借助于语境,它的意义还是比较容易理解的。

"会胜"在《金》中出现 4 例:

① 西门庆道:"想必那矮忘八打重了,在屋里睡哩,会胜也得半个月,出不来做买卖。"(金·19·236)

② 伯爵道:"若不是我那等取巧说着,他会胜不肯借这一百两银子与你。随你上下还使不了这些,还落一半家中盘缠。"(金·31·392)

③ 只是五娘和二娘悭吝些,他当家俺每就遭瘟来,会把腿磨细了。会胜买东西,也不与你个足数,绑着鬼,一钱银子拿出来只称九分半,着紧只九分,俺每莫不赔出来?(金·64·900)

④ 平安道:"怎么样儿的,娘们会胜看不见他。他但往那里去,就锁了门。住了这半年,我只见他坐轿子往娘家去了一遭,没到晚就来家了。每常几时出个门儿来?只好晚夕门首出来倒杓子走走儿罢了。"(金·76·1160)

通过分析可以发现,"会胜"是用在揣度语句中加强揣度语气的,与"或许、也许"的意义是相同的。如例①"会胜也得半个月"即"或许也得半个月";例②"他会胜不肯借这一百两银子与你"即"他可能不肯借这一百两银子与你";例③"会胜买东西,也不与你个足数"中"会胜"修饰"买东西也不与你个足数"一句,仍然是表示揣度语气,就此来看,此句的标点似乎可以改为"会胜买东西也不与你个足数",这样更为准确。例④"娘们会胜看不见他"同样表示"娘们也许看不见他",通过后续句"住了这半年,我只见他坐轿子往娘家去了一遭"可以得到证实。

一般把"会胜"解释为"无论如何,反正"。用表示强调、肯定语气的副词来替换"会胜"似乎也能讲得通。[①] 这就需要对"会胜"的来源进行一番梳理以判断其真实意义。

关于"会胜"的来源,徐复岭(2003)认为,"'会胜'在《金》中更常见的记写形式是'恒属''恒数''恒是'","在另一部也是用山东土白写成的小说《醒世姻缘传》中,该词则又写作'浑深''浑身''浑是'"。他同时认为:"该词表示两种意义,源于两个不同的副词。一是'反正,左右,无论如何,不管怎样'的意思,是一种强调的说法。它大概是由'横竖'或'横是'音变而来。二是'大概,或许'的意思,表示揣测或不十分确定的语气,它则是副词'或是'的变体。"这一论述仍存在两个值得进一步思考的问题。"会

---

① 李申(1992:250)"会胜"条解释为"反正,横竖,无论如何,表示坚决肯定的语气"。

胜"与"横竖"、"横是"之间是否存在音变关系？"会"与"横"以及"胜"与"竖"从语音的角度来看，都是声母相同而韵母却相差较大，同时，"横竖"、"横是"显然是表达确定语气的，而"会胜"却似乎两者皆可。① 我们的看法是，"会胜"与"横竖"，"横是"不存在音变关系，是完全不同的两个词语，表达不同的语法意义。之所以在分析"会胜"的语义时会得出两个不同的结论，是因为忽视了"揣度"的特点。揣度所表示的意义是有定的，说话人主观上认定自己所说的事实，可以用委婉的方式（或许），也可以用确定、强调的方式（一定），表达的只是说话人的不同主观态度，因此会产生两种不同的分析结果。其次，"或是"在今山东某些地区，譬如淄博一带的方言中有音变为"会是"的现象，"或"与"会"方言音同。至于"胜"，可能是词尾"生"的异写形式。

3.10.2.23　或、或是

A. "或"义同"也许"、"或许"，用于对某种情况的推测。《金》1 例,《醒》8 例,《聊》3 例。如：

①他见春梅和你每站在一处，又打扮不同，戴着银丝云髻儿，只当是你我亲生养女儿一般，或后来匹配名门，招个贵婿，故说有些珠冠之分。（金·29·373）

②你听公公说，明日切不可出门，家中且躲避两个月，跟了你爹娘都往北京去罢，或可避得灾过。（醒·3·32）

③人家的家务事情，就是本家的正经家主，经了自己的耳朵眼睛，还怕听的不真，内中还有别故，看得不切，里边或有别因。（醒·98·1395）

④咱二弟妇人家大，或有化的金银簪，未必不拾点金子片。（聊·翻·1000）

⑤谁家盆碗不相敲，或者将来或好。（聊·禳·1196）

B. "或是"义同"或"。《醒》2 例：

⑥薛教授道："或是卖不行，怎么没个开铺的？"（醒·25·366）

⑦天下的事定不得，或者再合他两个撞在一堆也是有的，或是这拟的题目撞着也是有的，这就是造化到了；要是撞不见他们，再题目不省得，这就是不好的机会，宁可告了病出来，千万休要胡说。（醒·38·557）

3.10.2.24　或者

"或者"义同"或"。《金》1 例,《醒》27 例,《聊》37 例。如：

①相春梅后来也生贵子，或者只怕你用了他，各人子孙也看不见。（金·29·373）

②狄员外说："这株朽坏的花木不宜正冲了书房，移到他井池边去，日日浇灌，或者还有生机。"（醒·34·498）

---

① 徐复岭（2003）也认为"会胜"的用例多表示揣度语气。

③ 你且在这里殿檐底下坐了等等，或者跟你的那人就来寻找也是有的。（醒·86·1228）

④ 安大成苦寻思，不过他转便宜，我就让他便宜转，这一个商议或者依。（聊·姑·879）

⑤ 这个说："不大疼还好，或者是个梦。"（聊·富·1319）

3.10.2.25 殆

"殆"表示不定、揣度语气。《金》2例：

① 久后必紊乱上下，窃弄奸欺，败坏风俗，殆不可制。（金·22·281）

② 大抵妾妇之道，鼓惑其夫，无所不至，虽屈身忍辱，殆不为耻。（金·72·1046）

3.10.2.26 似乎

"似乎"表示不定、揣度。《聊》1例：

① 鸿渐说："娘子，我昨夜不过多说了一句话，却也没忘了娘子恩情，小生见娘子似乎不能忘怀。"（聊·磨·1424）

3.10.3 委婉语气

3.10.3.1 几乎、几几乎、几可里

A. "几乎"表示某种情况眼看就要发生而结果并未发生，强调非常接近。《金》2例，《醒》22例，《聊》76例。如：

① 先将符药一把罨在口内，急把酒来大呷半碗，几乎呕将出来，眼都忍红了，又连忙把酒过下去。（金·53·713）

② 那谢希大蓦地嚷起来道："我几乎忘了，又是说起扇子来。"（金·54·732）

③ 倒只是那城里的居民禁不得日日消磨，弄得那通衢闹市几乎没了人烟。（醒·32·465）

④ 吴推官跪得两腿麻木，猛然起来，心里又急着待要出去，只是怎么站立得起来？往前一抢，几乎不跌一交。（醒·91·1302）

⑤ 忽然一阵心酸，几乎吊下泪来，回过头去跑了。（聊·姑·867）

⑥ 上门来大发威，恶狠狠好似贼，教人几乎把牙咬碎！（聊·磨·1395）

B. "几几乎"义同"几乎"。《聊》2例：

⑦ 赵恶虎还没说嘠，几几乎笑倒王成。（聊·寒·1031）

⑧ 做的太过，委实也错，惹弄的递起公呈，几几乎弄成大祸！（聊·磨·1384）

C."几可里"义同"几乎"。《醒》1例：

⑨ 所以这神鹰急脚，不到那一万分恶贯满盈，不轻易差遣。这是人世间几可里没有的事。咱明水镇这家子，却是怎么来，就致的阎王这们大怒哩？（醒·64·914）

3.10.3.2 差不多

"差不多"义同"几乎"，表示相差很少，接近。《醒》21例，如：

① 谁知那李成名也差不多象了萧北川昨日的光景了，唤了数声方才醒转来，说了话，备了马，教人背了药箱，同到了宅内，进去说知了。（醒·4·56）

② 丁利国管顾得有了功劳，拚了性命，把那数十年积攒的东西差不多都填还了他。（醒·27·395）

③ 差不多那汤里得来的东西，将次也就水里去净了。（醒·42·623）

其中13例修饰数量词语，如：

④ 他如今考过满，差不多四年俸了，望升转一升转，求祖爷与吏部个帖儿。（醒·5·73）

⑤ 从到华亭，这差不多就是五年，他没有四指大的个帖儿，一分银子的礼物，捎来问我一声！（醒·9·135）

⑥ 小选子道："谁说只二千里地，走半个月呀？差不多够一万里地，今年还到不的哩！可不走半个月怎么！"（醒·85·1215）

3.10.3.3 差一点（儿）

"差一点（儿）"表示某种事情几乎实现而没有实现，或几乎不能实现而终于实现。《醒》13例，如：

① 肚子胀饱，又使被子蒙了头，被底下又气息，那砍头的又怪铺腾酒气，差一点儿就鳖杀我了！（醒·4·57）

② 您也不等我一等，刚才差一点儿没惹下了祸！（醒·37·545）

③ 历城县裴大爷朦亮骨，使手蒯了个疮，疼的穿不得靴，叫他治治，他就使上毒药，差一点儿没把裴大爷疼杀。（醒·67·955）

④ 昨日生小京哥，差一点儿没疼过去了，我只当又生个孩子。（醒·81·1159）

⑤ 来了几日，把个汉子打起这们一顿，差一点儿没打杀了。（醒·96·1372）

⑥ 若得作践相妗子一场，也还可杀杀水气，谁知不惟不能遂意，反差一点点没叫一伙管家娘子捞着挺顿骨拐。（醒·94·1341）

"差一点(儿)"自身虽是肯定形式,却表示否定意义。像例②至⑥中"差一点(儿)"在句中同样是表示否定,因为各例中虽有否定词"没",却并不表示否定意义,而是表示说话人的一种主观态度,即"没"修饰的事件是说话人不希望发生的。

3.10.3.4 何不

"何不"否定的形式表示肯定,用于反问句加强反问语气。《金》23 例,《醒》13 例,《聊》14 例。如:

① 比是哥请俺每到酒楼上,咱何不往里边望望李桂姐去?(金·15·185)

② 方才应二哥对小厮说,大街上胡太医看的痰火,你何不请他来看看你?(金·79·1229)

③ 晁夫人说:"你何不替他做妻?单等做了妾才报得仇么?"(醒·30·446)

④ 李爷何不将我开了锁镣,把我当一个内里人使唤,本乡本土的人,不胜似使这边的生头?(醒·88·1259)

⑤ 叫道童你听言:今日娘娘在上边,何不把你功劳献?(聊·蓬·1100)

⑥ 既然知我心间事,心间事,何不打救苦苍生,苦苍生?(聊·富·1307)

3.10.3.5 何曾

"何曾"用于反问句,肯定的形式表示否定。《金》9 例,《聊》51 例。如:

① 那时节娇小当年,论聪明贯世何曾见?(金·46·596)

② 人生有酒须当醉,一滴何曾到九泉?(金·66·936)

③ 妇人道:"何曾出来了,还不到一周儿哩。"(金·85·1303)

④ 咱爹有点薄体面,赴了多少大酒席,您家何曾见天日?(聊·墙·832)

⑤ 兄合弟细说当年,才知道有个因缘,从来千古何曾见?(聊·慈·921)

⑥ 我何曾上本来!就是在朝房里,说到招安,便与人议论不合。(聊·磨·1522)

3.10.3.6 何尝

"何尝"用于反问句,义同"何曾"。《醒》15 例,《聊》1 例。如:

① 杨古月名虽是个医官,原不过是个名色而已,何尝见甚么《素问》、《难经》,晓得甚么王叔和《脉诀》!(醒·4·52)

② 这北方中的举人进士,何尝有那先生的一点功劳、一些成就?(醒·35·511)

③ 这也是二年多的光景,何尝我与他一般见识?(醒·59·854)

④ 我虽是家里有,拿着我就是仇人,我岂止舍了他,我还连家都舍了哩!我是另娶的妻,我何尝是娶妾?(醒·75·1071)

⑤ 素姐道:"你秋千打得不高,他那边何尝看见有你?夸的也还是我。"(醒·

97·1381)

⑥ 爷爷爷,你在云栈洞里何尝是如此?(聊·丑·1144)

3.10.3.7 何必

"何必"用于反问句,肯定的形式表示否定。《金》10 例,《醒》7 例,《聊》49 例。如:

① 竹山道:"此是小人分内之事,理当措置,何必计较。"(金·17·211)

② 先是他父冯二打来,何必独赖在孙文相一人身上。(金·67·943)

③ 自己力量若来不得了,止住就罢,何必勉强要别人的东西,慨自己的恩惠?(醒·31·459)

④ 你嫌不好,叫大哥与你另买就是,何必恁样的?(醒·65·934)

⑤ 太母云:"何必又行礼?"(聊·襄·1273)

⑥ 官人风雅又少年,既到寒家定有缘,何必别处求姻眷?(聊·磨·1406)

"何必"并列连用,《聊》1 例:

⑦ 我想盘费甚难,何必何必?(聊·磨·1459)

3.10.3.8 何苦

"何苦"用于反问,肯定的形式表示否定。《金》3 例,《醒》1 例,《聊》6 例。如:

① 玳安道:"六姨,你何苦如此? 家中俺娘也不管着他。"(金·8·92)

② 小的子,你也说的是,咱也何苦定要是这等。只是"人而无信,不知其可也"。那孔圣人说的话,怎么违得?(金·55·749)

③ 月娘道:"要来竟来来便了,何苦要你费心。"(金·57·778)

④ 学师道:"瞒上不瞒下的,你何苦来? 等他不谢你一两银,凭你怎么回话,我也不好怪你了。"(醒·35·517)

⑤ 我才恍然大悟:一个达是公伙的情受的东西,我何苦都费了?(聊·墙·837)

⑥ 佳人才子两相欢,何苦抛家去求仙? 明被道人蒙汗药,迷将人去入深山。(聊·蓬·1098)

3.10.3.9 几曾

"几曾"表示委婉的否定。《金》4 例:

① 伯爵道:"不消分付,此人自然知趣。难道闷昏昏的,吃了一场便罢了,你几曾见我是恁的来?"(金·54·725)

② 西门庆说道:"二哥,你又几曾做施主来的? 疏簿又是几时写的?"(金·57·775)

③ 玉楼、金莲都说:"他几曾大好生吃酒来?"(金·61·852)

④ 他在那里，也没得久停久坐，与了我枕顶，茶也没吃，就来了，几曾见咱家小大姐面儿来！（金·86·1307）

3.10.3.10 不免

"不免"否定形式表示肯定，强调事件发生的必然性、确定性。《金》35 例，《醒》28 例，《聊》61 例。如：

① 西门庆道："我见此物，不免又使我伤心。惟有死了的六娘，他会拣。他没了，如今家中谁会弄他！"（金·67·948）

② 家中日逐盘费不周，坐吃山空，不免往杨大郎家中，问他这半船货的下落。（金·93·1398）

③ 连春元虽然也装着有养，不免先把薛如卞的文字看了，说道："文字说的好。"（醒·38·554）

④ 狄员外乍然听见，那痛儿子的心盛，也不免躁极了一会。（醒·67·953）

⑤ 张讷拜别了哥嫂，不免落泪，他哥嫂们也都感伤，拉着大家痛哭了一场，才放他去了。（聊·慈·911）

⑥ 东庄里许梅庵，是新相知的个朋友，不免去访他访。（聊·磨·1419）

3.10.3.11 未免

"未免"否定形式表示肯定，带有委婉语气。《金》15 例，《醒》44 例，《聊》2 例。如：

① 那月娘虽故好性儿，听了这两句，未免有几分动意，恼在心中。（金·20·253）

② 晚夕，春梅和守备在房中饮酒，未免叙些家常事务。（金·98·1464）

③ 素姐虽与许多人同走，未免多是人生面不熟的。（醒·69·984）

④ 寄姐平素泼恶，未免也甚胆寒。（醒·97·1348）

⑤ 娘娘说："这殿宇虽好，只少株树阴笼罩，未免耀眼。"（聊·76·1082）

⑥ 那二姐虽然也认出万岁是个贵人，只是众人属目之地，见他光弄那呆像，未免没好气，不待答应他，遂把头一摆。（聊·幸·1610）

3.10.3.12 无妨

"无妨"否定形式表示肯定，带有委婉语气。《醒》3 例，《聊》1 例：

① 况如今京营里边仅有可图的事，兄可以见教的，无妨相示。（醒·16·232）

② 住到十二月二十以后，陈师娘要辞回家去，说："年近岁除，怎好只管打搅？无妨过了节再来也可。"（醒·92·1312）

③ 若嫌不称你意，无妨凭你多娶。（醒·94·1337）

④ 叫小痴你听着：看望着小韵哥，闲了无妨打打坐。（聊·蓬·1103）

不定揣度及委婉语气副词在《金》、《醒》、《聊》、《歧》、《儿》中的使用频率比较表

	金	醒	聊	歧	儿
约	96	43	8	17	9
约摸	6	1	1	3	14
约略	0	1	0	3	3
大约	0	26	1	31	133
盖	11	0	0	7	0
大抵	6	1	0	3	2
大凡	4	17	1	23	19
大略	0	3	0	0	3
大段	1	0	0	0	0
大都	1	0	0	0	1
略	0	2	1	0	3
七八	10	1	0	0	0
多	10	3	2	6	0
多管	1	0	3	5	0
多定	1	0	0	0	0
多半	0	1	0	1	1
庶	15	3	0	4	1
庶乎	1	0	0	0	1
庶几	2	2	0	0	0
怕	10	0	5	5	1
怕不	6	2	0	2	1
怕不的	9	3	0	0	0
只怕	161	240	149	89	94
想	4	12	12	11	3
想是	10	22	103	60	26
想必	41	2	14	6	2
敢	36	5	11	0	0
敢是	15	7	0	1	29
敢仔	0	7	5	0	0
会胜	4	0	0	0	0
或	1	8	3	16	0

	金	醒	聊	歧	儿
或是	0	2	0	3	0
或者	1	27	37	37	15
待中	0	4	2	0	1
殆	2	0	0	0	2
似乎	0	0	1	4	15
几乎	2	22	76	29	11
几几乎	0	0	2	0	0
几可里	0	1	0	0	0
差不多	0	21	0	0	2
差一点（儿）	0	13	0	0	0
何不	23	13	14	19	25
何曾	9	0	51	4	13
何尝	0	15	1	34	15
何必	10	7	49	44	23
何苦	3	1	6	18	5
几曾	4	0	0	0	0
不免	35	28	61	20	32
未免	15	44	2	67	37
无妨	0	3	1	2	0

3.10.4 疑问语气

3.10.4.1 难道、难道说、难说、难说道

A. "难道"用于疑问句,加强反问语气。《金》15 例,《醒》115 例,《聊》17 例。如:

　　① 白来创脸都红了,道:"难道这把扇子是送你的了?"(金·54·727)

　　② 这几日你爹上东京去了,我一个儿坐炕上,泪汪汪只想着你。你难道耳根儿也不热的?(金·55·747)

　　③ 狄希陈道:"就是路远,难道从三两就长到十二两么?给你六两银罢。"(醒·84·1200)

　　④ 宗光伯问道:"如今先生读过的书,难道都还记得不成?"(醒·91·1299)

　　⑤ 江城云:"他从头里合你挤眉弄鼻的,难道我看不见么?"(聊·禳·1242)

　　⑥ 不由人怒气发!你把人藏在家,难道说说就干休罢?(聊·磨·1396)

B. "难道说"同"难道"。《金》1 例,《醒》1 例,《聊》13 例。如:

　　⑦ 西门庆道:"若是有些甫馀儿也罢,难道说全征。若征收些出来,斟斗等

秤上也勾咱每上下搅给。"(金·78·1192)

⑧ 话说太监王振虽然作了些弥天的大恶,误国欺君,辱官祸世,难道说是不该食他的肉,寝他的皮么?(醒·15·216)

⑨ 只是得破上去做,难道说运气常低?(聊·翻·949)

⑩ 难道说阴曹地府,就还似阳世三间?(聊·寒·1048)

⑪ 江城说:"你又不知作下什么精儿了,难道说好好的就打你?"(聊·襄·1213)

⑫ 难道说人家合你有来往,就不该许我汤一汤?(聊·磨·1427)

C."难说"同"难道"。《金》2 例,《醒》2 例,《聊》12 例。如:

⑬ 难说他来说人情,哥你陪出礼去谢人,也无此道理。(金·67·944)

⑭ 不如今日,难说四个都与他,胡乱打发两个与他,还做面皮。(金·81·1260)

⑮ 他姓龙的长,姓龙的短,难说叫那孩子没点气性?我待不见他那孩子往咱家来哩?我也叫小冬哥提着姓相的骂!(醒·48·704)

⑯ 我自然也有话讲。我卖出的孩子,难说叫我管衣裳!(醒·79·1129)

⑰ 阎王爷把气淘,骂商礼这样习,难说人人皆不肖。(聊·寒·1050)

⑱ 休得胡言,休得胡言,难说三日便成仙?(聊·襄·1245)

D."难说道"同"难道"。《醒》1 例:

⑲ 汉子们外头干那伤天害理的事,做家里老婆的人清早后晌的劝着些,难说道不听?老七还没等怎么样的,挑唆到头里!(醒·57·828)

3.10.4.2 终不成

"终不成"用于疑问句,加强反问语气。《金》2 例:

① 这也不消说的,只是咱前日酒席之中,已把小的子许下他了,如今终不成改个口哩!(金·55·749)

② 李安道:"终不成不去,惹老爷不见怪么?"(金·100·1490)

3.10.4.3 不成

"不成"用于疑问句,加强反问语气。《金》1 例:

① 你便取银子出来,央我买。若是他便走时,不成我扯住他?(金·3·38)

3.10.4.4 没的

"没的"加强反诘语气。《金》12 例,《醒》170 例,《聊》15 例。[①] 如:

---

① 《醒》中 3 例为"没得",《聊》中 1 例为"没得",4 例为"们哩",9 例为"每哩"。

① 你看恁劳叨！死也死了,你没的哭的他活?(金·62·882)

② 西门庆道:"他不来我家来,我没的请他去?"(金·72·1044)

③ 晁夫人道:"狗！没的我做得不是来?您只顾抱怨我!"(醒·32·475)

④ 你想想那使烧酒灌醉了我的那情肠,你没的不疼我的?(醒·98·1402)

⑤ 俺过着他的日子,他管教俺成人,还说俺是怕婆子,没得还该不怕么?(聊·禳·1147)

⑥ 没的长官就玩不起百十两银子么?只怕你输了没甚盘费,每帖三钱何如?(聊·幸·1576)

⑦ 赵大姑说:"我这里合您家里一样,们哩我就没有那碗饭给他吃么?"(聊·慈·906)

⑧ 就难些也罢,们哩还待另嫁哩么?(聊·翻·933)

⑨ 两个都说:"每哩俺该不吃饭么?分外还弄点好的你吃。"(聊·墙·830)

⑩ 人都说魏名每日弄仇家,仇家不理他,自己弄出祸来,每哩是仇家弄他哩么?(聊·翻·1013)

⑪ 赵大哥,咱从容商议。我合赵大爷是怎么的相与,每哩我疼钱么?急切里找不着好材。(聊·寒·1038)

"没的"用于测度问句。《醒》17例,《聊》7例。① 如:

⑫ 两个道:"这四月十八日泰山奶奶的圣诞,没的就忘记了?"(醒·68·971)

⑬ 没的郭威这本就是他做的?(醒·85·1209)

⑭ 张炳之故意失声大怪,没地去呀问了一遭子,自家回来了。(聊·慈·899)

⑮ 没哩是劝他那娘子?(聊·禳·1200)

⑯ 万岁爷心中惊异,佛动心每哩是他?(聊·幸·1591)

3.10.4.5 莫

"莫"用于揣测问句,加强语气。《金》1例:

① 那守备身边少说也有几房头,莫就兴起他来,这等大道!(金·88·1342)

3.10.4.6 莫不、莫不是

A. "莫不"《金》89例,《醒》2例,《聊》2例。

"莫不"用于反问句,加强反问语气。《金》59例,如:

① 西门庆向伯爵道:"他既是叫将来了,莫不又打发他?不如请他两个来坐

---

① 《聊》中3例为"没哩",1例为"没地",3例为"每哩"。

坐罢。"(金·45·585)

　　② 你放心,那边房子等我对你爹说,你只顾住着,只当替他看房儿,他莫不就撺你不成!(金·62·871)

　　③ 如今爹也没了,大娘他养出个墓生儿来,莫不也来路不明?(金·85·1300)

"莫不"用于揣测问句,加强语气。《金》30 例,《醒》2 例,《聊》2 例。如:

　　④ 西门庆听了,失惊问道:"莫不他嫁人去了?"(金·18·218)

　　⑤ 大妗子道:"乔亲家,别的日子你不去罢,到十五日你正亲家生日,你莫不也不去?"(金·41·540)

　　⑥ 麻中桂道:"莫不就是丁爷、丁奶奶么?"(醒·27·398)

　　⑦ 你们别要当顽,莫不他把这孩子弄把杀了,藏在那床底下柜里也不可知的!(醒·60·870)

　　⑧ 你使出这金钱来,莫不是响马?(聊·幸·1563)

　　⑨ 莫不是东洋大海潮,出来的巡海夜叉?(聊·幸·1602)

B. "莫不是"用于揣测问句,加强语气。《金》8 例,《聊》2 例。如:

　　⑩ 潘金莲接过来说:"道士有老婆,相王师父和大师父会挑的好汗巾儿,莫不是也有汉子?"(金·39·516)

　　⑪ 姐姐前日教我看几时是壬子日,莫不是拣昨日与汉子睡的,为何恁的凑巧?(金·53·716)

　　⑫ 玉楼道:"一二年不曾回家,再有那个孟舅,莫不是我二哥孟锐来家了,千山万水来看我?"(金·92·1386)

　　⑬ 莫不是没有棺,待出买又少钱,借重我这老体面?(聊·墙·853)

　　⑭ 面带着无限忧色,莫不是受人的戮答?(聊·幸·1600)

3.10.4.7 莫非

"莫非"加强揣测语气。《金》6 例,《醒》7 例,《聊》2 例。如:

　　① 哥教唱此曲,关系心间之事,莫非想起过世嫂子来?(金·65·924)

　　② 那长挑身材中年妇人也定睛看着经济,说道:"官人,你莫非是西门老爷家陈姑夫么?"(金·98·1468)

　　③ 二人道:"这莫非就是杨老爷么?"(醒·23·345)

　　④ 杨春说:"狄官人,我听见人说你在地铺子上搁了些东西,你使人叫了我来,莫非要分些与我么?"(醒·34·499)

　　⑤ 你的牌票、银子全无,你莫非是一个响马?(聊·幸·1561)

　　⑥ 仙女说:"待我问他一声。行路的君子,你莫非待吃水么?"(聊·幸·1566)

"莫非"用在反问句中表示强调。《金》8例,如:

⑦ 典田卖地,你两家愿意,我莫非说谎不成!(金·37·487)

⑧ 常言先亲后不改,莫非咱家孩儿没了,断了礼,不送了?(金·67·951)

⑨ 今日他没了,莫非推不知道?(金·80·1241)

⑩ 到明日对大娘说,莫非又说骗嘴张舌,赖他不成!(金·83·1282)

3.10.4.8 莫不道

"莫不道"用于测度疑问句,加强语气。《金》1例:

① 西门庆政走过房来,见门关着,叫小玉开了,问道:"怎么悄悄的关上房门,莫不道我昨夜去了,大娘有些二十四么?"(金·53·713)

3.10.4.9 岂

"岂"用在疑问句中,加强反问语气。《金》103例,《醒》198例,《聊》69例。如:

① 春梅便说:"好娘,说那里话。奴伏侍娘这几年,岂不知娘心腹,肯对人说!"(金·82·1266)

② 月娘吃了一惊,便问中秋儿:"你跟着他睡,走了,你岂会不知?"(金·90·1366)

③ 程乐宇道:"岂止这个? 那做媒的谢礼没的好不送么?"(醒·37·544)

④ 若是在外面等粮厅开了门,送过礼见了出来,外边脱了衣服,岂不也脱了这场大灾?(醒·97·1385)

⑤ 官人休说违心话,违心话,见了他仙容岂肯把我想,把我想。(聊·富·1309)

⑥ 王龙道:"我在你奴才们身上撒谎诓他么? 若是他答应的欢喜,岂止丝绸,人皮袄子我也做的起。"(聊·幸·1629)

其中用于否定词前,《金》19例,《醒》68例,《聊》28例。

疑问语气副词在《金》、《醒》、《聊》、《歧》、《儿》中的使用频率比较表

	金	醒	聊	歧	儿
难道	15	115	17	3	186
难道说	1	1	13	1	1
难说	2	2	12	92	0
难说道	0	1	0	0	0
终不成	2	0	0	0	0
不成	1	0	0	0	0
没的	12	187	22	0	7

	金	醒	聊	歧	儿
莫	1	0	0	0	0
莫不	89	2	2	0	2
莫不是	8	0	2	2	7
莫非	14	7	2	5	14
莫不道	1	0	0	0	0
岂	103	198	69	192	243
原	12	0	0	0	0

　　但是，"疑问"或"反诘"副词本身并不表示疑问、反诘，只是由于它们经常用在反诘的环境中，使得它们都具有突显"反诘"意义的功能。同时，疑问副词在反诘句中所起的具体作用又是不同的，大体可分为三类：

　　第一类，"难道、不成、莫不、没的"。对于它们所表示语义的描述中，"加强反问语气"的说法还是比较确切的，而像"表示怀疑或猜测的语气"及"表示反诘"的概括则不够准确。这类副词在构成上有的含有否定副词，如"终不成、莫不、莫不是、莫非、莫不道"，有的"疑问"副词如"没的、莫"干脆本身就是一个否定副词，而"难道、难说、难道说、难说道"虽然不包含否定副词，但在表意上同样含有否定义素。它们的否定意义在疑问环境中显然已经弱化，转而体现为反问的加强作用。只是，它们的作用并非仅限于此。通过分析我们发现，这些副词所蕴含的否定义素并没有消失，而是发生了转移，这种变化可以用主观化来概括，即在句中表现说话人的主观感情色彩，表明说话人不情愿事件的发生或出现在意料之外。如《金》、《醒》、《聊》中语气副词"没得"的用法。因此，这类词出现的语境并不局限于反诘句，还出现在一般问句中，即我们通常所说的揣度问句，如"莫、莫非、莫不道、没得"。

　　需要说明的是："莫不"、"莫非"并不是双重否定表示肯定，而是同义词连用的结果，它们同样是在句中表现说话人的主观感情色彩的。

　　第二类，"可、还"。这一类"疑问"副词在真性问句及反诘问句中的作用与在陈述句中所表达的强调意义实际是相同的，如"可"可以用于一般陈述句，表示强调，如："你只别治杀了人，犯在我手里，我可叫你活不成！"也可以用于祈使句，加强祈使语气，如："李老笑说：茶里可休加蜜呀。"又可以用在疑问句，加强疑问语气。陈述、祈使、疑问等几种不同语境中"可"的作用都是表示强调，加强语气，只是因所在句子的不同（如陈述、祈使、疑问等）而呈现差异。

　　在我们所调查的语料中，可兼用于陈述句、祈使句和疑问句表示强调的这类语气副词还有一些，如"端的、实、真个、当真、果然、果真、原、切、千万"。"端的"可以用在一般陈述句中，如："月娘道：'刚才他每告我说，他房里好不翻乱，说不见了金镯子。端的不知那里的金镯子。'""端的"也可以用在疑问句中，如："这西门庆听了，只顾犹豫,'这咱晚端的有甚缘故? 须得到家瞧瞧。'"又如现代汉语中的"到底",用在陈述句及疑问句中所表示的意义也是一致的。

第三类,"岂"。"岂"不同于第一类,因为"岂"本身没有否定义素;"岂"不同于第二类,因为"岂"一般不用于陈述句表示强调。"岂"加强反诘语气的用法类似"何"。不同的是现代汉语中不把"何"看做"反问"副词,而是把由"何"参与组成的"何必"、"何尝"、"何不"、"何苦"看做"反问"副词,大概是因为"何"在整个语言系统中的疑问代词用法还是占主导,对"何"在反诘问句中的用法人们极易与疑问代词"何"建立联系,而忽视了两者之间的差异。对于"反诘"副词"岂",我们认为与"何"相同,当是在特殊形式问句——反诘句中由疑问代词发展而来,如《玉篇》解释"岂"为"安、焉也"。

3.10.5 主观评价与情态意愿

3.10.5.1 侥幸

3.10.5.1.1 早、早是、早时、早知

A. "早"义同"幸亏"。《金》3 例:

① 你老人家寻他怎的? 这早来问着我,第二个也不知他。(金·8·94)

② 一宿晚景题过,到次日清早辰,西门庆起来梳头,忽然一阵晕起来,望前一头抢将去。早被春梅双手扶住,不曾跌着磕伤了头脸。(金·79·1223)

③ 这月娘梳了头,轻移莲步,蓦然来到前边金莲房门首。早被春梅看见,慌的先进来报与金莲。(金·83·1276)

B. "早是"义同"幸亏"。《金》39 例,如:

④ 早是奴没生下儿长下女,若是生下儿长下女,教贼奴才扬条着好听。(金·25·319)

⑤ 早是这只旧鞋,若是娘头上的簪环不见了,你也推赖个人儿就是了?(金·28·360)

⑥ 西门庆道:"早是你题起来! 我许下一百廿分醮,我就忘死了。"(金·39·506)

⑦ 陈经济出来,看见二人,说道:"早是我没曾骂出来,原来是五娘、六娘来了,请进来坐。"(金·51·684)

⑧ 春梅又嫌忒咸了,拿起来照地下只一泼,早是兰花躲得快,险些儿泼了一身。(金·94·1419)

C. "早时"义同"幸亏"。《金》16 例,如:

⑨ 娘子早时对我说,不然进入他家,如飞蛾投火一般,坑你上不上下不下,那时悔之晚矣。(金·17·212)

⑩ 经济笑戏道:"你还说,早时我没错亲了哩。"(金·48·630)

⑪ 西门庆道:"阿呀,早时你说! 今日初九日,差六日。我在下已定来与太

太登堂拜寿。"(金·69·988)

⑫ 伯爵道："哥，我说此人言过其实，虚浮之甚。早时你有后眼，不然教调坏了咱家小儿们了。"(金·77·1165)

⑬ 金莲道："早时我和春梅在根前扶住了，不然，好轻身子儿，这一交和你善哩！"(金·79·1224)

D. "早知"义同"幸亏"。《金》2 例：

⑭ 西门庆道："早知我正要奉送公祖，犹恐见却，岂敢云价。"(金·76·1142)

⑮ 经济吃的半酣儿，笑道："早知搂了你，就错搂了红娘，也是没奈何。"(金·82·1264)

通常情况下，条件事件先于结果事件而产生，因此"早"用于条件分句前面，"早"字分句描述的是结果事件产生之前的事实，而且说话人认为是有利的，"有利"是语境所蕴含的，并不是"早"所具备的，但是长时间习惯性的固定搭配使用使得语境义固化在"早"类词上，因此，"早"类词"幸亏"义的产生是语境义沾染渗透的结果。但是，语境渗透不能扩大化。比如，《现代汉语虚词例释》副词"早"词条的第二个义项是："提出一个假设的想法构成一个条件副句，有'假如'的意思，多用于追悔往事，后面往往可以跟'……的话'连用。"这一解释就是把假设复句的意义固化在了"早"一词上。理论上与"幸亏"义的产生是一样的，但是在可接受性上要差一些，因此我们不主张为"早"列"假如"这一义项。

3.10.5.1.2 幸、幸得、幸而、幸喜、幸亏

"幸"、"幸得"、"幸而"、"幸喜"、"幸亏"引出某种有利条件，由于这个条件，使得不希望发生的后果得以避免。

A. "幸"《金》7 例，《醒》7 例，《聊》11 例。如：

① 西施时把翠蛾颦，幸有仙丹妙入神。（金·54·738）

② 奴与官人一缘一会，也是二十六岁，旧日又是大老爹府上相会过面，如何又幸遇在一处，正是有缘千里来相会。（金·98·1469）

③ 幸有张茂实再三认错，满口赔礼，加意奉承，用心将养。（醒·63·898）

④ 众会友幸还不认得是他，大家混过去了。（醒·74·1061）

⑤ 纵然是小弟不才，绝了交也是应该，幸蒙见谅不深怪。（聊·禳·1220）

⑥ 起脚到河南，得大病幸保痊，失了驴，又把盘费断。（聊·磨·1423）

B. "幸得"《金》6 例，《醒》70 例（幸的 1 例），《聊》2 例。如：

⑦ 不想安童被艄子一棍打昏，虽落水中，幸得不死，浮没芦港，得岸上来，在于堤边号泣连声。（金·47·616）

⑧ 前日虽是热天,还好些,这遭又是寒冷天气,又耽许多惊怕。幸得平地还罢了,若在黄河遭此风浪怎了?(金·72·1040)

⑨ 幸得是西北风往东南刮,是空去处,不曾延烧。(醒·43·634)

⑩ 幸得狄希陈白日周旋人事,晚间赴席饯行,幸的无甚工夫领他的盛爱。(醒·85·1219)

⑪ 看了看,幸得刚搭着那气嗓头边儿。(聊·姑·865)

⑫ 幸得还魂归去,喵杀了人了娇娇。(聊·禳·1198)

C. "幸而"《金》1例,《醒》6例,《聊》2例。如:

⑬ 虽然有成有败,终须否极泰来。幸而有道长老之虔诚,不忍见梵王宫之废败。(金·57·773)

⑭ 那头正在石边,幸得帽套毛厚,止将帽套跌破了碗大一块,头目磕肿象桃一般,幸而未破。(醒·3·33)

⑮ 前边五个月靠了杨按台的养活,幸而存济;如今骤然止了,难道别处又有饭吃不成?(醒·31·460)

⑯ 周龙皋出了殡,恨潘氏丑陋不贤,幸而早死,赌气发恨,不论门当户对,只要寻一个人物俊俏的续弦。(醒·72·1030)

⑰ 虽透了甲,幸而伤不甚重。(聊·快·1129)

⑱ 他娘这腔还可以装着,这衣服裂碎,怎么见人?幸而剩下了一两银子,只得做身衣服,好见亲朋。(聊·磨·1432)

D. "幸喜(得)"《醒》5例,《聊》2例。如:

⑲ 幸喜穿了破碎的衣裳,刚得两薄薄的被套,不大有人物色。(醒·15·224)

⑳ 幸喜姜副使嘱付过了,邢侍郎绝口不言。(醒·47·684)

㉑ 狄希陈走到那里,只见那些赤膊的老婆,衣不遮体,团做一堆,幸喜无数老婆围得牢密,央及那男子人不得到前。(醒·73·1043)

㉒ 幸喜女人禁得摆弄,昏了不多一会,也便就省了转来。(醒·86·1228)

㉓ 幸喜得峪中正有山果的时候,且是有水的去处,虽是苦恼,却也还可苟延。(醒·99·1406)

㉔ 幸喜疾病渐渐好,拄着棍脚也能挪。(聊·翻·936)

㉕ 不由人泪纷纷,小弟从今不是人,人品家风都丧尽。幸喜本人知懊恼,今日才敢亲到门,不妨叫他来亲口问。(聊·禳·1191)

E. "幸亏(了)"《聊》5例:

㉖ 独自一个人,占着店一间,三日头就要往外断,死气白赖不肯搬。幸亏十日病又痊。(聊·富·1287)

㉗ 娘子说:"你望呀! 闲着做嗄哩! 这二日**幸亏**你合我下棋,不然,便闷死了。"(聊·磨·1471)

㉘ 这个店家甚可恶,见官人病了,心心念念的,只待往外撵。**幸亏了**十日就又出了汗,才另找了一家,养了半月,好了病,方才又走。(聊·富·1287)

㉙ **幸亏了**,遇仙人,今日送我还家门。(聊·富·1308)

㉚ 你说了这些俏语,**幸亏了**旁里无人。(聊·幸·1614)

3.10.5.1.3 喜、喜得

"喜"、"喜得"引出某种条件,在这种条件下情况得以发生。

A. "喜"《金》1 例,《醒》2 例,《聊》4 例。如:

① 今日正当壬子,正该服药了。又**喜**昨夜天然凑巧,西门庆饮醉回家,撞入房来,回到今夜。(金·53·712)

② 相主事娘子抱着往上撮,相主事叫起爹娘并那上宿的家人媳妇。**喜**是十四日二更天气,正有月色,看的分明。(醒·77·1103)

③ 幸得遭了株连之祸,入了空门,**喜**有善根不泯,精持佛戒,看看还成正果。(醒·100·1423)

④ 却说张大到了清晨,说:"好了,养活了半月,且**喜**逢着小尽。"(聊·墙·837)

⑤ 请客时怕他不到,今日又**喜**他出门。(聊·寒·1038)

⑥ **喜**官人又中了,脱蓝衫换紫袍,满门贵显真荣耀!(聊·襄·1257)

⑦ 忙拜谢天公,叫咱爷俩得相逢,若不然,那里去问名合姓? 坐号**喜**相同,新交好运**喜**重重,咱父子必然是一齐中。(聊·磨·1493)

B. "喜得"《金》2 例,《醒》14 例,《聊》1 例。[①] 如:

⑧ 每日交你哥哥去县里寻叔叔陪话,归来只说没寻处。今日再**喜得**叔叔来家。没事坏钞做甚么! (金·2·24)

⑨ 经济听了暗喜:"就是这个永福寺! 也是缘法凑巧,**喜得**六姐亦葬在此处。"(金·88·1338)

⑩ 如此蹉跎,也还**喜得**晁源伶俐,那"上大人,孔乙己"还自己写得出来。(醒·1·2)

⑪ 只因恼着了当家小老妈官,动也不敢动,口也不敢开。**喜得**顺风顺水,不觉得到了南京。(醒·87·1234)

⑫ 胡无翳掐算了一会,说道:"**喜得**还有救星。小僧与檀越前世有缘,有难之日,小僧自去相救,不肯误了檀越的性命。"(醒·100·1424)

---

① 《醒》中 1 例为"喜的",《聊》1 例为"喜的"。

⑬ 点着名学道笑么也开,喜的原不是求真才。心暗猜,必定是大包封进来。(聊·襄·1158)

3.10.5.1.4 却喜

"却喜"义同"幸喜"。《醒》2 例,《聊》1 例。如:

① 那日却喜顺风,扯了篷,放船前进。(醒·14·214)

② 昏君老者不防他"灯台不照自己",却喜他是正气的女人,观他耻笑别人,他后来断不如此。(醒·36·527)

③ 仇福那头虽疼,却喜如了意,竟然就来拾了。(聊·翻·945)

3.10.5.1.5 亏、亏了、亏得、多亏、多亏了

"亏"、"亏了"、"亏得"、"多亏"、"多亏了"表示因某事或侥幸避免不良后果。

A. "亏"《金》25 例,《醒》33 例,《聊》18 例。如:

① 要不然也费手,亏我和你谢爹再三央劝你爹:"你不替他处处儿,交他那里寻头脑去?"(金·52·700)

② 月娘道:"翟亲家也亏咱家替他保亲,莫不看些分上儿。"(金·81·1259)

③ 亏他自己通说得脚色来历明明白白的,那些听的人倒也免得向人打听。(醒·8·111)

④ 亏我外头去寻人写文书,要不,这不生生的把个孩子填到火坑里来了!(醒·84·1196)

⑤ 夫人说:"四十五上才生了他姐姐,已是没了指望,还亏临了才得了他,不然怎了!"(聊·襄·1150)

⑥ 亏他二舅连科中,老马才吃惊,也不敢拗争,从新轿马把我送。(聊·磨·1423)

"亏"有时表示不满、轻视或讽刺。《金》7 例,《醒》11 例。如:

⑦ 亏你还答应主子,当家的性格,你还不知道,你怎怪人!(金·35·461)

⑧ 这回不见了金子,亏你怎么有脸儿来对大姐姐说,教大姐姐替你查考各房里丫头。(金·43·563)

⑨ 紧教人疼的魂儿也没了,还要那等掇弄人,亏你也下般的,谁耐烦和你两个只顾涎缠。(金·75·1124)

⑩ 谁是他着己的人,肯用心服事?亏你也下得狠心!况且京里有好太医,也好调理。(醒·6·81)

⑪ 相栋宇道:"因甚将脸涂得这等模样?亏你怎在街上走得回家?"(醒·58·841)

⑫ 亏你是兵马司皂隶,还不知道法度!(醒·80·1142)

B. "亏了"《金》9 例,《醒》35 例,《聊》62 例。如:

⑬ 保官儿那个,亏了太师老爷那边文书上注过去,便不敢缠扰。(金·67·940)

⑭ 亏了北京李大郎,养我在家为契友。蘸生酱吃了半畦蒜,卷春饼味了两担韭。(金·90·1357)

⑮ 这可亏了他三个死乞白赖的拉住我,不教我打他,说他红了眼,象心风的一般,不久就惹下。(醒·32·472)

⑯ 你亏了合我说声!你要去告个折腰状,怕丑丢不尽么?(醒·74·1054)

⑰ 后娘折掇的塔塔死,亏了他姑把气啕,好心还得好心报。(聊·慈·910)

⑱ 亏了店主来打救。若是第二夜,就一口气也不留。(聊·磨·1466)

C. "亏得"《醒》1 例:

⑲ 亏得天不从人,狄员外每次都有救星,不得下手。(醒·56·812)

D. "多亏"《金》16 例,《聊》3 例。如:

⑳ 当下两个差些儿不曾打起来,多亏众邻舍劝住,说道:"老舅,你让姑娘一句儿罢。"(金·7·87)

㉑ 桂姐道:"多亏爹这里可怜见,差保哥替我往东京说去了。"(金·52·690)

㉒ 多亏姐姐挂心,使张管家寻将我来,见姐姐一面,恩有重报,不敢有忘。(金·97·1452)

㉓ 今日里望亲家千千万万,小妮子不成人罪大弥天,多亏好公婆佛面相看。(聊·禳·1193)

㉔ 百般的伏赖,刮骨难酬!娘俩去坐监,好不可羞!多亏你昂昂志气,报复了冤仇;若不然,受罪受到何时勾!(聊·磨·1505)

㉕ 贱奴幼在妈娘手,挠头赤足不成材,多亏妈妈好心待。(聊·幸·1678)

E. "多亏了"《金》8 例,《醒》1 例,《聊》16 例。如:

㉖ 多亏了应伯爵、谢希大、祝日念三人死劝,活喇喇拉开了手。(金·20·258)

㉗ 多亏了俺爹朋友王杏庵赒济,把我才送到临清晏公庙那里出家。(金·97·1452)

㉘ 龙氏道:"多亏了大爷、二爷的分上,救出我的儿合女来,我这里磕头谢罢!念话的够了,望大爷、二爷将就!"(醒·89·1269)

㉙ 忽然大祸从天降,冤气昏黑把天遮,几乎就把满门灭。多亏了看常不改,赠白银那么一些。(聊·翻·995)

㉚ 坐着也是单,卧着也是单,对孤灯多亏了影作伴。(聊·富·1304)

3.10.5.2 契合

3.10.5.2.1 正好

"正好"表示两种事情或两种情况的巧合。《金》7例,《醒》8例,《聊》4例。如:

① 及紧偿做去,正好后日教他老子送去,咱这里不着人去罢了。(金·37·484)

② 门面七间,到底五层,仪门进去大厅,两边厢房鹿角顶,后边住房花亭,周围群房也有许多,街道又宽阔,正好天泉住。(金·71·1023)

③ 他的母亲说:"你又还不曾留发,都是小孩子们,正好在一起顽耍,为甚么用这样躲避?"(醒·25·375)

④ 正好陆好善从庙上替相主事买了十二个椅垫,雇了一个人抗了走来,撞见惠希仁、单完两个,作揖叙了寒温。(醒·82·1164)

⑤ 二爷暗喜欢,二爷暗喜欢,这里正好用机关。(聊·富·1298)

⑥ 今日春暖花开时候,正好玩耍。(聊·磨·1388)

3.10.5.2.2 恰好

"恰好"表示动作行为的发生正合于某一点。《金》14例,《醒》89例,《聊》4例。如:

① 恰好大官人正在家,没曾去吃酒。(金·56·760)

② 那吴月娘免不过,只得又秤出五钱银子与他,恰好他还禁了三十七两五钱银子。(金·86·1306)

③ 正在那里埋,他恰好在乡,说碍了他行犁,不许埋那石柱。(醒·35·514)

④ 极的个素姐在屋里又不敢当时发作,只咬的那牙各支各支的恨狄希陈,恰好狄希陈从他跟前走过。(醒·97·1383)

⑤ 恰好您老婆俱在,咱着官断个分明。(聊·墙·857)

⑥ 任大王迎着说:妙哉!正待去请,恰好就到。(聊·磨·1531)

3.10.5.2.3 恰然

"恰然"表示"恰好"、"正好"。《金》1例:

① 这经济慌的奔走不迭,恰然走到石桥下酒楼边,只见一个人,头戴万字巾,身穿青衲袄,随后赶到桥下,说道:"哥哥,你好大胆,平白在此看他怎的?"(金·88·1333)

3.10.5.2.4 适然

"适然"表示事件发生的巧合。《醒》3例,《聊》2例。如:

① 九月间,适然有一班苏州戏子,持了一个乡宦赵侍御的书来托晁知县看顾。(醒·5·63)

② 程乐宇适然撞见薛教授,正立在门前,告讼这事,又是可恼,又是可笑。(醒·33·491)

③ 后来邓蒲风浪游到四川省城,却好狄希陈正署县印,街上适然撞见,差人捉拿,邓蒲风脱命逃走,遗下了些行李,差人交到,当官打开验看,不想这两个秘方用一锦囊包裹。(醒·61·882)

④ 彩鸾随着夫人,顷刻到了蓬莱山。夫人参见了娘娘,献过了藕。适然麻姑也携过酒来,娘娘吩咐,就在座前添设两席。(聊·蓬·1082)

⑤ 你有甚么票子? 你是上府里下文书,适然遇着。(聊·磨·1434)

3.10.5.2.5 可好、可巧

"可好"表示事件情况的偶然巧合。《金》1 例:

① 可好常时节又走来说话,告诉房子儿寻下了,门面两间,二层,大小四间,只要三十五两银子。(金·59·818)

"可巧"义同"可好"。《聊》1 例:

② 空是这说,也没人见,怎么偏你来就可巧的撞着? (聊·慈·922)

3.10.5.2.6 却好

"却好"意近"恰好"。《金》1 例,《醒》19 例。如:

① 这小猴子提了篮儿,一直往紫石街走来,径奔入王婆子茶房里去。却好正见王婆坐在小凳儿上绩苎麻线。(金·4·55)

② 一日,正是十一月初六日冬至的日子,却好下起雪来。(醒·1·9)

③ 幸得珍哥甚不寂寞,正喜他在外边宿监,他却好在家里宿监,所以绝不来管他。(醒·6·83)

④ 在那门前走来走去的相转灯一般。却好一个卖菜的讴过,有一个小丫头出来买菜,狄希陈认是那前日掇茶的丫头。(醒·37·548)

⑤ 次日,吃了早饭,正待收拾上岳庙到山上去,却好孙兰姬的母亲寻到下处,知道是狄老婆子,跪下磕了两个头。(醒·40·595)

⑥ 转身回来,却好遇着素姐行香已毕。(醒·74·1060)

3.10.5.2.7 总好

"总好"表示事情的偶然巧合。《金》1 例:

① 妇人道:"我也不多着个影儿在这里,巴不的来。总好我这里也空落落的,得他来与老娘做伴儿。自古船多不碍港,车多不碍路。我不肯招他,当初那个怎么招我来? 挽奴甚么分儿也怎的? 倒只怕人心不似奴心。你还问声大姐姐

473

去。"（金·16·194）

3.10.5.2.8 自好

"自好"义同"正好"。《金》2 例：

① 一面教玉箫旋把茉莉花酒打开，西门庆尝了尝，说道："自好你娘每吃。"（金·23·288）

② 姐姐你好似古碌钱，身子小眼儿大无庄儿可取。自好被那一条棍滑镘儿油嘴把你戏要，脱的你光屁股。（金·33·426）

3.10.5.3 意外

3.10.5.3.1 竟、竟然、竟自

"竟"表示出乎意料。《金》11 例，《醒》25 例，《聊》33 例。如：

① 常时节借的西门庆一钱八成银子，竟是写在嫖账上了。（金·12·137）

② 那小姐听了邪心动，使梅香暗暗把这阮三叫到门里，两个只亲了个嘴，后次竟不得会面。（金·34·444）

③ 即是刚才人家的媳妇都与婆婆告坐，我那时心里竟不知道是我婆婆。（醒·59·850）

④ 这过去的娘娘，正是你们同县的乡里，如何竟不相识？（醒·93·1329）

⑤ 江城这么个恶人，被那和尚喷了一脸水，竟没恼，回家去了。（聊·襄·1246）

⑥ 真正是俺家里的门，竟不要我走！（聊·幸·1561）

"竟然"表示出乎意料。《聊》1 例：

⑦ 仇福那头虽疼，却喜如了意，竟然就来拾了。（聊·翻·945）

"竟自"表示出乎意料。《聊》1 例：

⑧ 扎挂起来看一看，丫头竟自像个人，就是那金莲不止有三寸。（聊·襄·1251）

3.10.5.3.2 居然

"居然"表示事情超出一般的常情事理，出乎人们的意料。《聊》6 例，如：

① 千枝万叶忙垂下，居然清阴罩户庭，真能助我游山兴。（聊·蓬·1100）

② 为儿侥幸，居然得中。（聊·襄·1239）

③ 我若是居然就把姐姐叫，这可就断然不该。（聊·襄·1258）

④ 乜丫头居然是代把夫人做，他给了俺儿圆下房，如今又产麟儿落了肚。（聊·襄·1260）

⑤ 一日到了北直境界宿下，夜间忽听的邻房唱曲子，居然是故乡的腔调，心

里着实感叹。(聊·富·1331)

⑥ 前拥后呼八人轿,居然一个小朝廷。(聊·磨·1385)

"居然"是"居"加词尾"然"构成的附加式副词。"居"本义为坐,坐着完成的事情即轻而易举完成的事情,往往是出乎人们意料的,"居然"的转折意义由此而来。

3.10.5.3.3　偏、偏偏、偏生

"偏"表示动作行为的发生是出乎意料的,或与某种愿望、要求、常理相反的。《金》43 例,《醒》63 例,《聊》26 例。如:

① 李娇儿道:"花二娘怎的在他大娘、三娘手里吃过酒,偏我递酒二娘不肯吃,显的有厚薄。"(金·14·175)

② 我偏不要你去,我还和你说话哩。你两个合穿着一条裤子也怎的?是强汗世界,巴巴走来我这屋里硬来叫他。(金·75·1121)

③ 晁夫人问说:"那老婆们都偏要要他,是待怎么?"(醒·43·634)

④ 戴奶奶道:"刚才我本等不待留他,我如今可偏要留他哩!"(醒·87·1243)

⑤ 空是这说,也没人见,怎么偏你来就可巧的撞着?(聊·慈·922)

⑥ 他意料我不敢行,我偏走这条道。(聊·快·1129)

"偏偏"表示动作行为的发生是出乎意料的,或与某种愿望、要求、常理相反的。《醒》17 例,《聊》1 例。如:

⑦ 这个昏大官人,偏偏叫他在京守着一伙团脐过日。(醒·6·82)

⑧ 偏偏得这年冬里冷得异样泛常。(醒·31·451)

⑨ 偏偏的这两日又热,我与你赊了这副板来,寻的匠人做了,这那见得我与你主坏了事!(醒·41·600)

⑩ 偏偏的事不凑巧,走不二里多路,劈头撞见相于廷从后庄上回来。(醒·68·980)

⑪ 你妈怎么生你来这们等的!名字没的起了,偏偏的起个浓袋。(醒·98·1401)

⑫ 鸿渐说:"娘子怎么偏偏的与我解闷?"(聊·磨·1422)

"偏生"义同"偏偏"。《金》2 例,《醒》14 例。如:

⑬ 想着起头儿一来时,该和我合了多少气,背地打伙儿嚼说我,教爹打我那两顿,娘还说我和他偏生好斗的。(金·75·1130)

⑭ 你看说话哩,我和他合气?是我偏生好斗,寻趁他来?他来寻趁将我来,你问众人不是!(金·75·1132)

⑮ 见了那姑子,偏生那喜欢不知从那里生将出来,让吃茶,让吃饭,让上热炕坐的。(醒·8·115)

⑯ 过了几日,别人都告了假回家,偏生他不肯回家。(醒·38·563)

⑰ 谁知这素姐偏生不是别人家的女儿,却是那执鼓掌板道学薛先生的小姐。(醒·68·970)

⑱ 还说哩!俺可是没到那里呀?偏生的又撞见员外,又没叫俺进去,给了俺四五十个钱,立断出来了。(醒·68·973)

⑲ 谁知人不敢奈何他的,那天老爷偏生放他不过。(醒·72·1030)

3.10.5.3.4 反(翻、番)

"反"("翻"、"番")表示相反或出乎意料之外,有较强的转折作用。

A. "反"《金》63 例,《醒》52 例,《聊》24 例。如:

① 你是蒋文蕙?如何借了鲁华银子不还,反行毁骂他?其情可恶!(金·19·234)

② 你家都收了我许多金银箱笼,你是我老婆,不顾赡我,反说我雌你家饭吃!(金·86·1308)

③ 到了七月初旬,反又热将起来,热得比那中伏天气更是难过。(醒·29·419)

④ 不惟不与寄姐怀恨,反渐渐的抱着寄姐粗腿起来,望着寄姐异常亲热,寄姐凡有生活,争夺着要与寄姐去做。(醒·95·1357)

⑤ 万事不由人计较,一生都是命安排,害别人反把自己害。(聊·翻·932)

⑥ 他若来,他若来,一家人家哭哀哀,见了他更痛伤心,那倒反把我来害。(聊·翻·981)

"倒反"《金》1 例,《醒》1 例,《聊》5 例。[①]

B. "翻"《金》5 例,《醒》4 例。如:

⑦ 当时只恨欢娱少,今日翻为疾病多。(金·79·1232)

⑧ 入户只嫌恩爱少,出门翻作怨仇多;若有一些不到处,一日一场骂老婆。(金·85·1294)

⑨ 谁知竖子多间阻,一念翻成怨恨媒。(金·97·1456)

⑩ 恐怕程乐宇告状,他先起了五更跑到绣江县里递了无影虚呈,翻说程乐宇纠人抢夺。(醒·35·521)

⑪ 幸而不曾领了钱粮,倒翻赔垫了千把银子,也累不着妻子。(醒·71·1019)

⑫ 万一屈处出你病来,好意翻成恶意,也叫外甥后来抱怨。(醒·78·1107)

---

① 《聊》中 1 例为"到反"。

⑬ 倚新间旧，蛾眉翻妒于入宫；欲贱凌尊，狡计反行以逐室。（醒·13·192）

C."番"《金》2例：

⑭ 生将武二搬离去，骨肉番令作寇仇。（金·1·22）

⑮ 那世里恩情番成做画饼。（金·52·698）

3.10.5.3.5 倒

"倒"表示动作行为的发生是出乎意料的，或与某种愿望、要求、常理相反的。《金》544例，《醒》749例，《聊》296例。[①] 如：

① 谁知他安心早买了礼，就先来了，倒教我等到这咱晚。（金·32·412）

② 倒不如一狠二狠，把他这一千两，咱雇了头口，拐了上东京，投奔咱孩儿那里。（金·81·1257）

③ 你就不看他，也该看你孙子的分上。你拿的他害不好，你孙子还道吃得下饭去哩？（醒·3·35）

④ 老爷倒不可这等算计。正是这个县好，所以要早先防备。（醒·5·64）

⑤ 两人正争，周夫人到笑道："我说一猜一个着。"（聊·襄·1151）

⑥ 金总兵说："我不吃乜贼酒！倒是快些杀了，甚自在。"（聊·磨·1520）

3.10.5.3.6 却

"却"表示动作行为或事情是意外或违反常情、超出常态的，带有转折意味。《金》590例，《醒》724例，《聊》317例。如：

① 他去也是去了，你怎烦恼不打紧，一时哭的有好歹，却不亏负了你的性命？（金·26·335）

② 西门庆接口便说："儿，你长大来，还挣个天官。不要学你家老子，做个西班出身，虽有兴头，却没十分尊重。"（金·57·771）

③ 唐氏道："我当大官人不知怎样难为人的，却原来这们和气。"（醒·19·276）

④ 前世奸人的妻子，虽是被那本夫杀害，却也得了那仙狐的帮助，方能下手。（醒·100·1425）

⑤ 二相公见了这些鬼，也唬了一惊，却也没处逃，低着头跟他回上阴城。（聊·寒·1054）

⑥ 小长命说话差，把个肥缺却让给咱，姐夫方才答应下。（聊·襄·1211）

---

① "倒"作"到"《金》21例，《醒》24例，《聊》154例；"倒"作"道"《金》1例，《醒》3例，《聊》14例。

3.10.5.3.7 怪道

"怪道"用于句首,表示对某事感到意外,不理解。《金》7例,《醒》12例,《聊》3例。如:

① 来旺道:"怪道箱子里放着衣服首饰,我问着他,说娘与他的。"(金·25·313)

② 你不和他两个有首尾,他的簪子缘何到你手里? 原来把我的事都透露与他,怪道他前日见了我笑,原来有你的话在里头。(金·82·1271)

③ 晁夫人道:"原来如此。怪道他只来缠你! 你快把他的原物取出来,我叫人送还与他,你情管就好了。"(醒·17·246)

④ 两个媒人道:"爷哟,怪道童奶奶合爷说的上话来,都是一样性儿!"(醒·55·801)

⑤ 闷时信步来相访,怪道白日把门关,原来静对芙蓉面。可喜有美人在坐,今日里解闷成欢。(聊·禳·1185)

⑥ 太公云:"怪道香的异常!"(聊·禳·1272)

"怪道"与"原来"配合使用,《金》4例,《醒》5例,《聊》1例。

3.10.5.3.8 嗔道

"嗔道"用于句首,表示对于某事感到奇怪,出乎意料。《金》26例,《醒》6例。如:

① 韩道国道:"嗔道他头里不受这银子,教我拿回来休要花了,原来就是这些话了。"(金·32·498)

② 嗔道把忘八舅子也招惹将来,却一早一晚教他好往回传梢话儿。(金·57·843)

③ 嗔道头里不使丫头,使他来送皮袄儿,又与我磕了头儿来。(金·76·1107)

④ 高四嫂说道:"你这们会管教,嗔道管教的大官人做了个'咬脐郎'!"(醒·2·20)

⑤ 素姐说:"嗔道你挤过我来,你待占这点子便宜哩!"(醒·59·850)

⑥ 晁住媳妇道:"嗔道你不去助忙,原来守着他姨夫哩!"(醒·19·275)

3.10.5.3.9 怪嗔道

"怪嗔道"义同"嗔道"。《金》1例:

① 把妇人说的闭口无言。况且许多东西丢在他家,寻思半晌,暗中跌脚:"怪嗔道一替两替请着他不来,原来他家中为事哩!"(金·17·212)

3.10.5.3.10 怪得

"怪得"义同"怪道"。《醒》1例:

① 晁夫人道:"我倒也想他的,白没个信儿。"回说:"怪得他好不想奶奶哩!

可是说不尽那奶奶的好处。"(醒·49·718)

3.10.5.3.11　怪不的(得)

"怪不的"用于句首,表示对之前感到奇怪的事件由于明白了原因而不再感到奇怪。《金》13 例,《醒》3 例,《聊》2 例。如:

① 张四道:"你这嚼舌头老淫妇,挣将钱来焦尾靶！怪不的恁无儿无女！"(金·7·87)

② 金莲道:"我不好说的,巴巴寻那肥皂洗脸,怪不的你的脸洗的比人家屁股还白！"(金·27·345)

③ 西门庆见了,心摇目荡,不能定止,口中不说,心内暗道:"原来韩道国有这一个妇人在家,怪不的前日那些人鬼混他！"(金·37·484)

④ 这七爷怪不的起个名字就叫做'晁思才',二哥就叫'晁无晏'。可是名称其实！(醒·22·329)

⑤ 薛夫人道:"这怎么是挑头子？睃拉他不上,谁怎么他来？怪不的说你教坏了孩子呢！"(醒·52·762)

⑥ 狄希陈接在手中,说道:"怪不得不叫打！我也舍不的打呢！"(醒·75·1070)

⑦ 江城出来,夫人暗说:"江城变化的这样齐整了,怪不的我那儿动心。"(聊·襄·1169)

⑧ 议论纷纷,议论纷纷,谁知太爷正青春,怪不的咱太太,模样还着实俊。(聊·富·1356)

"怪不的"与"原来"搭配使用只《金》1 例。

3.10.5.4　意愿

3.10.5.4.1　索性(儿)

"索性(儿)"意为"尽其性情",[①]表示由着性子,干脆、彻底地进行某种动作行为。《金》1 例,《醒》1 例,《聊》7 例。如:

① 恰好又得他女儿来接代,也不断绝这样行业,如今索性大做了。(金·98·1472)

② 索性说是珍哥逼勒的吊杀了。(醒·9·137)

③ 不说于氏受气而去,且说珊瑚听的吵闹,索性藏了。(聊·姑·869)

④ 不识臭香,不识臭香,索性照着掘他娘！(聊·姑·874)

⑤ 咱这把戏,说起来又待哭又是待笑,我索性再从头数量数量。(聊·襄·1235)

---

① 参看唐贤清(2004:251)。

⑥ 一不做,二不休,索性一万两银子都给了他,把那秀才们问他个七死八活,也好在卢龙做官。(聊·磨·1384)

⑦ 已是赏了,索性儿踢蹬踢蹬罢。(聊·磨·1501)

3.10.5.4.2 投性

"投性"义同"索性"。《醒》9例,《聊》3例。《醒》中"投性"有三种不同的形式,分别是"投性"、"投信"、"头信",出现数量分别为1例、4例、4例,共9例:

① 女先道:"放着这戌时极好,可不生下来,投性等十六日子时罢。这子时比戌时好许多哩。"(醒·21·309)

② 若另寻将来,果然强似他,投信不消救他出来,叫他住在监里,十朝半月进去合他睡睡。(醒·18·261)

③ 唐氏说:"你不要着忙,投信放了心。你躲在门背后,不要出去,我自有道理。"(醒·19·280)

④ 老婆子说:"休惯了他,投信打己他两个巴掌,叫他有怕惧。"(醒·57·821)

⑤ 他只口合手先动不的了,你可投信给他一顿。(醒·58·835)

⑥ 他就展爪,咱头信狠他一下子,己他个翻不的身!(醒·15·220)

⑦ 狄婆子说:"你头信再住一日,等我明日起身送你家去罢。"(醒·40·594)

⑧ 要后晌回来,头信叫他来再过这一宿也罢。(醒·40·595)

⑨ 小献宝说:"就是出殡,没的这两三千钱就够了么?头信我使了,我再另去刷刮。"(醒·41·602)

《聊》中有"投信"、"头信"两种形式,共3例:

⑩ 割了头,碗那大小一个疤啦!投信我掘他妈的!要死就死,要活就活!(聊·禳·1183)

⑪ 投信是破上做,他待能把我咋!(聊·富·1300)

⑫ 万岁说:"这奴才们笑我,我头信装一装村给他们看看。"(聊·幸·1611)

从探源的角度看,这一词的原形应为"投性"。"性"指人所具有的性情、脾性,有较强的主观性,"投"意为迎合。迎合人的性情,由着性子,不考虑其他因素来做事情即蕴涵做事直截了当、干脆彻底的意义。

3.10.5.4.3 爽利(俐)

"爽利(俐)"表示干脆、彻底地进行某种动作行为。《金》4例,《醒》49例。如:

① 玉楼道:"大姐,你不要这红锁线子,爽利着蓝头线儿,却不老作些?你明日还要大红提跟子?"(金·58·797)

② 西门庆道:"我的儿,你若一心在我身上,等他来家,我爽利替他另娶一

个,你只长远等着我便了。"(金·79·1221)

③ 或把我放在外头,或是招我到家去,随你心里,淫妇爽利把不值钱的身子拼与达达罢,无有个不依你的。(金·79·1221)

④ 少要心焦,左右爹也是没了,爽利放倒身大做一做,怕怎的?(金·85·1301)

⑤ 晁夫人说:"他已是跌伤了腿,爽俐把你卖几两银子不好么?"(醒·49·717)

⑥ 陈少潭道:"你已是叫他治了会子,又与了他三四两银子买药去了,怎么又好换的? 爽利叫他治罢。"(醒·67·956)

3.10.5.4.4 越发

"越发"意近"投性",表示干脆利落地进行某种动作行为。《金》6 例,《醒》15 例,《聊》1 例。如:

① 月娘令玉箫扶着他,亲叫道:"蕙莲孩儿,你有甚么心事,越发老实叫上几声,不妨事。"(金·26·333)

② 春梅越发把月琴丢与妇人,扬长的去了。(金·27·347)

③ 对着你家大官府在这里,越发打开后门说了罢。(金·34·435)

④ 刘乡宦也绝不与他较量,后来越发种出那树的外边。(醒·35·514)

⑤ 薛三槐娘子道:"姐姐,你怎么来? 姐夫越发该替你端起尿盆子来了?"(醒·59·845)

⑥ 昨日发神赌咒的许着今日有,哄的我来,越发躲的家去不出来了。(醒·78·1110)

⑦ 娶了这个媳妇,全不孝顺;但得他夫妇合好,也还罢了,又听的他每日吵闹,做公婆的也只得推聋装哑。如今越发毁骂祖宗,咱那儿也不是条汉子了!(聊·襄·1182)

3.10.5.4.5 一发

"一发"义同"越发"。《金》23 例,《醒》3 例,《聊》3 例。[①] 如:

① 那西门庆道:"不妨事,由他。一发过了这两日吃,心静些。"(金·78·1196)

② 且住,等我慢慢寻张胜那厮几件破绽,亦发教我姐姐对老爷说了,断送了他性命。(金·99·1480)

③ 晁老道:"若果真如此,一发接到衙门罢了,叫他外边住着做甚?"(醒·7·95)

---

① 《金》有 18 例为"亦发",《聊》有 1 例为"已发"。

④ 那皂隶不惟不怕,一发拿起一根哭丧棒来一顿赶打,打得那人"金命水命,走头没命"。(醒·27·396)

⑤ 其实这样魔头,一发把天混沌沌叫他尽数遭了灰劫,再待十二万年,从新天开地辟,另生出些好人来,也未为不可。(醒·31·454)

⑥ 那万岁见人笑他,一发装起嘲来了,站在墉路上,可就讲起他那鞋来了。(聊·幸·1611)

⑦ 大姐见他这等,一发将王龙的衣服,脱一件,说一件。(聊·幸·1646)

⑧ 李鸭子已是杀死了,鸿渐已发大开了膛,割下头来,才说:"虽犯了杀人重罪,我心里且快活快活。"(聊·磨·1428)

3.10.5.5 徒然

3.10.5.5.1 干

"干"表示没有效果。《金》15例,《醒》18例,《聊》4例。如:

① 你看蛮子!他既然不是你我的儿女,干养活他一场。他短命死了,哭两声,丢开罢了。(金·59·819)

② 那吴巡检干拿了平安儿一场,倒折了好几两银子。(金·95·1436)

③ 狄员外说:"这们的钱,他不使几个,没的干做乡约揸板子么?"(醒·34·506)

④ 那个族弟叫做晁思才,那个族孙叫做晁无晏,领了那些脓包都出到庄上,假来吊孝为名,见了晁夫人,都直了喉咙,干叫唤了几声。(醒·20·294)

⑤ 寻思就此计大妙,着他姐姐干踩那金莲。(聊·翻·962)

⑥ 大家没法干瞪眼,饿的口干牙又黄。(聊·磨·1375)

⑦ 腰间全没有一文钱。方才从那酒店门前过,那酒味喷香,只干咽了两口唾沫而已。(聊·磨·1483)

⑧ 张春说:"怎么这保正不来了?叫人去看看。"干哕道:"臭死了,臭死了!"(聊·磨·1515)

3.10.5.5.2 空

"空"用在动词前,表示动作没有效果。《金》47例,《醒》33例,《聊》24例。如:

① 你空做子弟一场,连"惜玉怜香"四个字你还不晓的甚生说。(金·46·595)

② 大舅道:"我空痴长了五十二岁,并不知螃蟹有这般造作,委的好吃。"(金·61·850)

③ 众脚户说道:"这头口闲一日,就空吃草料,谁人包认?"(醒·5·62)

④ 狄员外只是极得碰头磕脑的空躁,外边嚷叫,他只当是不闻。(醒·63·903)

⑤ 南无佛空叫爹娘念，我是前生有冤孽，可与春香嘎相干？（聊·襄·1243）

⑥ 六哥说："你空长这么大年纪，吃紧的就没见这钱也是有的。"（聊·幸·1590）

3.10.5.5.3 空自

"空自"表示行为没有效果。《金》4 例，《醒》1 例，《聊》1 例。如：

① 你若负了奴真情，正是缘木求鱼空自守。（金·8·94）

② 超生空自喜，长恨不胜情。（金·66·936）

③ 对西风倚楼空自嗟。（金·73·1066）

④ 世间万事皆前定，莫笑浮生空自忙。（金·88·1342）

⑤ 所以空自生气，辗转不敢动手。（醒·39·571）

⑥ 两泪盈盈，两泪盈盈，空自哀哀告苍穹，喜的是老兄怜，不知道罪孽重。（聊·姑·886）

3.10.5.5.4 徒自

"徒自"表示徒然。《醒》1 例：

① 这没帐的官司就告状也告不出甚么来，徒自费钱费事，不如安静为便。（醒·28·407）

3.10.5.5.5 枉自

"枉自"表示行为没有效果。《金》3 例，《醒》1 例。如：

① 西门庆道："休说我先妻，若是他在时，却不恁的家无主，屋到竖。如今身边枉自有三五七口人吃饭，都不管事。"（金·3·47）

② 西门庆道："我枉自做个男子汉，到这般去处，却摆布不开。你有甚么主见，遮藏我们则个？"（金·5·62）

③ 你如今有了这般势耀，不得此女貌同享荣华，枉自有许多富贵。（金·80·1251）

④ 如今妹子死了，你才做主，迟了，枉自伤了亲戚们的和气。（醒·9·132）

主观评价与情态意愿类副词在《金》、《醒》、《聊》、《歧》、《儿》中的使用频率比较表

	金	醒	聊	歧	儿
早	3	0	0	0	0
早是	39	0	0	0	0
早时	16	0	0	0	0
早知	2	0	0	0	0
幸	7	7	11	8	9

	金	醒	聊	歧	儿
幸得	6	70	2	0	8
幸而	1	6	2	7	32
幸喜	0	5	2	0	6
幸亏	0	0	5	0	4
喜	1	2	4	0	0
喜得	2	14	1	0	0
却喜	0	2	1	0	1
亏	25	33	18	4	20
亏了	9	35	62	0	1
亏得	0	1	0	1	4
多亏	16	0	3	15	3
多亏了	8	1	16	1	1
正好	7	8	4	16	11
恰好	14	89	4	86	72
恰然	1	0	0	0	0
适然	0	3	2	0	0
可好	1	0	0	0	0
可巧	0	0	1	0	9
却好	1	19	0	0	0
总好	1	0	0	0	0
自好	2	0	0	0	0
竟	11	25	33	228	222
竟然	0	0	1	0	0
竟自	0	0	1	0	10
居然	0	0	6	3	6
偏	43	63	26	60	31
偏偏	0	17	1	51	21
偏生	2	14	0	0	2
反	70	56	24	35	7
倒	544	749	296	77	656
却	590	724	317	692	927
怪道	7	12	3	6	3

	金	醒	聊	歧	儿
嗔道	26	6	0	2	0
怪嗔道	1	0	0	0	0
怪得	0	1	0	0	0
怪不的	13	3	2	2	2
索性(儿)	1	1	7	7	9
投性	0	9	3	0	0
爽利	4	49	0	17	0
越发	6	15	1	0	0
一发	23	3	3	27	0
白	0	1	0	4	19
白白	0	2	0	5	1
干	15	18	4	3	5
空	47	33	24	0	10
空自	4	1	1	0	0
徒自	0	1	0	0	0
枉自	3	1	0	0	0

3.11 情状方式副词

相对于其他副词,情状方式副词的意义较为实在,句法上只能处于状语的位置,紧贴被修饰成分中的动词,并且语义上都指向动词。

关于情状方式副词的分类,张谊生(2000)根据其构成语素、表义特点和形成来源,分成四个小类:表方式、表状态、表情状、表比况。参照他的分类及收词情况,我们对《金》、《醒》、《聊》的情状方式副词进行了考察(见情状方式副词统计表)。由于情状方式副词的数量较多,意义实在、单一,在此仅对其中的一部分进行分析。

3.11.1 协同类

协同类表示几个主体同一时间发出同样的行为或同一主体对几个事物采取同样的行为。

3.11.1.1 并、一并

"并"表示两件以上的事同时进行,或对两件以上的事同等对待。《金》11 例,《醒》10 例,《聊》36 例。如:

① 和尚灯,月明与柳翠相连;通判灯,钟馗共小妹并坐。(金·15·181)
② 令史道:"去年只老爹一位到任,如今老爹转正,何老爹新到任,两事并举,比寻常不同。"(金·72·1043)

③ 若必欲过嗣，也要把自己的一个独子小琏哥同小长住并过；若止过小长住，叫把晁近仁的地与他二十亩，城里的住房都腾出与他。（醒·53·767）

④ 说得狄希陈毛骨悚然，一声也不敢强辨，只说道："还有个女命，并烦与他算算。"（醒·61·876）

⑤ 适才表兄陈美卿到，又有街西头吴丽华适才赐拜，并留在此。（聊·襄·1185）

⑥ 一干人并见，跪介，解子说给大王叩头。（聊·磨·1389）

"一并"义同"并"。《金》1例，《聊》5例。如：

⑦ 把文章道学一并送还了孔夫子，将致君泽民的事业及荣身显亲的心念都撇在东洋大海。（金·58·785）

⑧ 他说的一阵天花落，老头子全没主意，几亩地一并分消。（聊·墙·830）

⑨ 有一日主人到了，无余剩一并全收。（聊·寒·1072）

⑩ 他安心把粮打起，见了赦一并上腰。（聊·磨·1372）

⑪ 上写着外无欠少，下随着一并交支。（聊·幸·1641）

⑫ 可怜是三声炮响，将皮褂一并全追。（聊·幸·1676）

3.11.1.2 齐、齐齐

"齐"表示同一时间做出同样的动作。《金》41例，《醒》67例，《聊》73例。如：

① 共凑了四十两银子，齐到应伯爵家，央他对西门庆说。（金·34·439）

② 那戏子又做了一回，约有五更时分，众人齐起身。（金·63·898）

③ 若是再把计氏屈死了，二难齐作，你一发招架不住了。（醒·3·32）

④ 须臾，县官将到，鼓乐齐鸣，彩旗扬拽。（醒·52·761）

⑤ 官府不觉失了色，衙役家人齐叫唤，都说不得亲娘见。（聊·寒·1069）

⑥ 众人入门，揖介，坐介，张鸿渐说："诸兄齐临，有何见教？"（聊·磨·1381）

"齐齐"义同"齐"。《醒》8例，如：

⑦ 府尊坐过堂，完了堂事，听事吏过去禀了，四个小秀才齐齐过去参见，禀贺禀拜，又递了礼单。（醒·40·583）

⑧ 狄员外抽身走进家去，常功拣了头一把交椅朝南坐下，只见众人都齐齐的看了笑话。（醒·67·964）

⑨ 这本司两院的娼妇，齐齐的出来，没有一个不来庆贺。（醒·70·997）

⑩ 这些光棍不知起初的旺气都往那里去了，齐齐跪下一院子，磕头没命，也不叫老人家休要生气，只说老爷将就饶命。（醒·83·1182）

⑪ 荷叶、南瓜齐齐走到当中，叩了四首。（醒·91·1299）

3.11.1.3 一齐(儿)

"一齐(儿)"表示同一时间做出同样的动作。《金》55 例,《醒》50 例,《聊》61 例。如:

　　① 两个一齐走到轩内,慌的西门庆凑手脚不迭。(金·27·344)

　　② 如今关出这批银子,一分也不动,都尽这边来,一齐算利奉还。(金·53·715)

　　③ 陈柳知是李九强害他,纠合了地方、乡约,一齐都与李九强为仇。(醒·48·698)

　　④ 那铺子里的橱柜没有了,连铺子都一齐赁了与人。(醒·71·1015)

　　⑤ 两个管家、一个马夫一齐上前,把员外扑通掀下,亏了没大跌着。(聊·寒·1017)

　　⑥ 十余个人一齐下手,不一时将王龙绑起来了。(聊·增·1676)

3.11.1.4 一起

"一起"义同"一齐"。《金》2 例,《聊》1 例。如:

　　① 这里把三人监下,又差人访拿苗青,拿到一起定罪。(金·47·616)

　　② 如今即忙便寻下,待我有银,一起兑去便了。(金·56·758)

　　③ "听的说大王爷又待去了,俺可怎么过?"都一起哭起来了。(聊·磨·1540)

3.11.1.5 共

"共"表示几个主体同时发出某一动作。《金》33 例,《醒》4 例,《聊》31 例。如:

　　① 一日,在园中置了一席,请吴月娘、孟玉楼连西门庆,四人共饮酒。(金·11·128)

　　② 伯爵来到,三人共坐在一处围炉饮酒。(金·77·1178)

　　③ 小葛条、小娇姐共坐着一个驮篓,一个骡子驮着。(醒·53·775)

　　④ 钦降了成都府经历,衣锦还乡,坟上祭祖,专自己回来迎接大嫂一同赴任,共享荣华。(醒·85·1212)

　　⑤ 娘三个共商议,要送太岁远别离,谁知道那还不肯,大家无法更可施。(聊·姑·879)

　　⑥ 仙女嫦娥各就位,桃仙又是新添的,大家共把彩鸾戏。(聊·莲·1104)

3.11.1.6 同

"同"表示动作行为同时进行。《金》187 例,《醒》226 例,《聊》90 例。如:

　　① 只见大姐走来,李瓶儿让他坐,同看做生活。(金·51·667)

　　② 西门庆和金莲并肩而坐,春梅在旁边随着同吃。(金·76·1151)

③ 禹明吾这伙人在此,若同进他房去,只怕珍哥不出来了。(醒·2·23)

④ 两个差人去了,约定晚夕回话。两个同到了伍小川家里。(醒·10·143)

⑤ 不一时,寿星和福、禄二星同到,便问仙童打他怎的。(聊·蓬·1079)

⑥ 万岁说:"连日取扰,我今自也备了一盏水酒,携来同乐。"(聊·幸·1649)

3.11.1.7 一同

"一同"表示动作行为同时进行。《金》25 例,《醒》26 例,《聊》3 例。如:

① 西门庆道:"直待人散,一同起身。"(金·11·130)

② 他先谢了恩,只等着你见朝引奏毕,一同好领札付。(金·70·1005)

③ 狄希陈又是不敢不同来的,一同前后进门。(醒·68·979)

④ 狄希陈依旧带了狄周、吕祥、小选子一同进京。(醒·76·1085)

⑤ 俺那书房也甚宽,哥哥合我在一间,多娘呀,俺俩一同把书念。(聊·慈·913)

⑥ 万岁大喜,即时吃了酒饭,一同下楼。(聊·幸·1663)

3.11.1.8 同时

"同时"强调动作行为在同一时间发生。《金》1 例,《醒》6 例。如:

① 后王招宣死了,潘妈妈争将出来,三十两银子转卖于张大户家,与玉莲同时进门。(金·1·11)

② 正统爷的龙睛亲看他被也先杀得稀烂,两个亲随的掌家——刘锦衣、苏都督——同时剁成两段。(醒·15·217)

③ 麻从吾合老婆,须臾之间,同时暴死。(醒·27·402)

④ 他要上吊,合他同时伸头;他待跳河,合他同时伸腿。(醒·89·1271)

⑤ 有时推官、经历一同受苦,推官与经历的奶奶同时作恶。(醒·91·1301)

⑥ 两家择了吉日,同时上船。(醒·99·1414)

3.11.1.9 通同

"通同"表示协同。《金》7 例,《醒》4 例。如:

① 知县于是摘问了郓哥口词,当下退厅,与佐贰官吏通同商议。(金·9·108)

② 说他与你们做牵头,和他娘通同养汉。(金·85·1303)

③ 昨日你家丈母好不分付我,因为你们通同作弊,弄出丑事来,才被他打发出门,教我防范你们,休要与他会面说话。(金·86·1305)

④ 典史叫乡约、地方取了抬秤将盐逐一秤过,记了数,贴了封皮,把陈柳上

了锁,带了地方、乡约,说他通同容隐,要具文呈堂转申盐院。(醒·48·698)

⑤ 吴学颜是个好人,叫他管雍山庄子,能保他不与人通同作弊。(醒·49·722)

3.11.1.10 打总

"打总"表示协同进行某一动作行为。《聊》1例:

① 我打总的折折他的架子。(聊·幸·1618)

3.11.1.11 总、总里

"总"、"总里"表示协同。"总"《醒》10例,《聊》3例;"总里"《醒》2例。如:

① 外面总用了包袱包裹的结结实实的,把胡旦的一根天蓝鸾带捆了,叫了人抗到他自己房内。(醒·15·222)

② 也罢,奶奶把这文书总里交给俺两个。(醒·22·332)

③ 还求些须,爽利除了根,设酒总谢相公哩。(醒·62·892)

④ 这总里开出个单子来,都到南京买。(醒·84·1192)

⑤ 纵然留着也不够本,总里上下鳔一鳔。(聊·俊·1111)

⑥ 他既嫌我,我总里装一个嘲呆,辱没他辱没。(聊·幸·1613)

⑦ 你再赢了我,我总里称给你;我若赢了你,咱就准了。(聊·幸·1644)

3.11.1.12 一总、一总里

"一总"、"一总里"表示协同语义。"一总"《金》5例,《醒》3例;"一总里"《醒》1例。如:

① 到明日不管,一总谢罢了。(金·7·81)

② 你每明日还来答应一日,我请县中四宅老爹吃酒,俱要齐备些才好。临了等我一总赏你每罢。(金·32·406)

③ 吴亲家这里点茶,我一总多有了,不消拿出来了。(金·39·514)

④ 不如且回他,等讨徐家银子,一总与他罢。(金·53·714)

⑤ 你娘们都没围脖儿,到明日一总做了,送一个来与你。(金·77·1171)

⑥ 我爽利就把这二十两银一总与了他。(醒·67·953)

⑦ 我爽利一总给他二十两去。(醒·67·954)

⑧ 明日还要到高梁桥一看,回来起身,一总重谢。(醒·78·1114)

⑨ 我变转了一百两银子,放着等一总里交,怕零碎放在手边使了,先送了来与老公垫手儿使。(醒·71·1009)

3.11.1.13 一发

"一发"表示动作行为同时进行。《金》3例,《醒》2例。如:

① 坐到晚夕起身,道:"干娘记了帐目,明日一发还钱。"(金·2·31)

② 西门庆道："明日一发去完了庙里的事,便好了。"(金·53·721)

③ 那两个歌童打个半跪儿,跪将下告道："小的们还学得些小词儿,一发歌与老爹听。"(金·55·752)

④ 算计一发等到元旦出去拜节,就兼了谢客。(醒·2·28)

⑤ 苏锦衣道："外孙不在外公家歇,去到庙角,不成道理,叫人去将他两个一发搬了来家同住。"(醒·5·67)

3.11.1.14 一堆(儿)

"一堆(儿)"表示多对一的协同关系。《醒》2例,《聊》8例。如:

① 狄婆子说:"你叫我合谁吃?"狄周媳妇说:"合陈哥吃罢。这位师傅合这位大姐一堆儿吃罢?"(醒·40·590)

② 人道他在洪井胡同娶了童银的闺女小寄姐,合调羹一堆住着。(醒·77·1099)

③ 到家合他娘说:"明日着俺哥哥合我一堆念书不好么?"(聊·慈·913)

④ 仇大姐泪滂沱,又待了半年多,天不叫咱一堆过!(聊·翻·998)

⑤ 昨日比较,打了我二十五板,及乎死了!俺一堆捱打的,一霎死了两个,发昏的还有。不早些拿腿,只等的走不的就晚了!(聊·磨·1372)

3.11.1.15 一搭里、一搭儿、一搭儿里

"一搭里"义同"一起"。《金》3例,①《醒》1例。如:

① 嫂子这里分付,早辰一面出门,将的军去,将的军来,在下敢不铭心刻骨,同哥一答里来家!(金·13·154)

② 书童在旁说:"二爹,叫他等一等,亦发和吹打的一答里吃罢,敢也拿饭去了。"(金·46·594)

③ 李瓶儿道:"都一答哩交姐夫稍来的,又起个窨儿。"(金·51·686)

④ 他寻思一窝一块的,刘姨、小爷、童老娘、奶奶、小叔叔,都一搭里同住。(醒·86·1222)

"一搭儿"《金》15例。② 如:

⑤ 李瓶儿道:"奶子慌的三不知就抱的屋里去了,一搭儿去也罢了,是孩子没个灯儿。"(金·41·543)

⑥ 玳安道:"是王皇亲宅内叫,还没起身。小的要拴他鸡子墩锁,他慌了,才上轿。都一答儿来了。"(金·58·786)

⑦ 他还等着你会同一答儿引奏,当堂上作主,进了礼,好领札付。(金·70·

---

① 其中"一答里"2例,"一答哩"1例。
② 其中"一答儿"13例。

1007)

⑧ 西门庆叫他来和李铭一答儿吃饭。（金·72·1062）

⑨ 金莲在那边屋里只顾坐的，等着西门庆一答儿往前边去，今日晚夕要吃薛姑子符药，与他交姤，图壬子日好生子。（金·75·1121）

⑩ 你快些把头梳了，咱两个一答儿后边去。（金·76·1140）

"一搭儿里"《金》11 例。[①] 如：

⑪ 月娘笑道："也不迟，你每坐着，多一搭儿里摆茶。"（金·32·409）

⑫ 月娘道："乔亲家母明日见有他众官娘子，说不得来。我留下他在那里，教明日同他一搭儿里来。"（金·41·541）

⑬ 玳安道："你取了，还在这里等着我，一答儿里去。你先去了不打紧，又惹的大娘骂我。"（金·46·605）

⑭ 我正来见你老人家，我说亦发等四月里他二娘生日，会了薛师父一答儿里来罢。（金·50·665）

⑮ 金莲便问玉楼道："你也磨？都教小厮带出来，一答儿里磨了罢。"（金·58·800）

⑯ 宁可我同你一答儿里死了罢，我也不久活于世上了。（金·59·818）

3.11.1.16　一代

"一代"义同"一起"。《金》1 例：

① 西门庆与伯爵、希大都一代上面坐了，伙计、主管两边打横。（金·46·597）

3.11.1.17　一抹儿

"一抹儿"义同"一代"。《金》1 例：

① 这妇人一抹儿多看到在心里。（金·9·104）

3.11.1.18　一搅果

"一搅果"表示多对一的协同关系。《金》2 例：

① 西门庆道："我这几日不是要迟你，只等你寻下房子，一搅果和你交易，你又没曾寻的。如今即忙便寻下，待我有银，一起兑去便了。"（金·56·758）

② 止消先付九两银子，交付那经坊里，要他印造几千几万卷，装钉完满以后，一搅果算还他工食纸札钱儿就是了。（金·57·779）

3.11.1.19　一套儿

"一套儿"义同"一抹儿"。《金》1 例：

---

① 其中"一答儿里"7 例。

① 西门庆道:"你休乱,等我往那边楼上寻一件什么与他便了。如今往东京这贺礼,也要几匹尺头,一套儿寻下来罢。"(金·35·453)

3.11.1.20 一顿

"一顿"义同"一起"。《金》1例:

① 多亏了应二哥,不知费许多唇舌,才得这些银子到手;还许我寻下房子,一顿兑银与我成交哩!(金·56·760)

3.11.1.21 一例

"一例"义同"同样"。《金》5例,《醒》2例。如:

① 还只顾在跟前笑成一块,且提鞋儿,却教他蝗虫蚂蚱,一例都骂着。(金·18·219)

② 与我何干,连我一例也要杀。(金·25·319)

③ 我便说:还是哥十分情分,看上顾下,那日蝗虫蚂炸一例扑了去,你敢怎样的!(金·72·1038)

④ 不管蝗虫、蚂蚱,一例都说着。(金·76·1140)

⑤ 若是咱宅上做这门亲事,老爹说来,门面差徭、坟茔地土钱粮一例尽行蠲免;有人欺负,指名说来,拿到县里任意捞打。(金·91·1372)

⑥ 人为咱家来,休管他贵贱,一例待了他去。(醒·11·157)

⑦ 狄家照了堂客一例相待,那时又有相家大妗子合崔家三姨相陪。况且素姐叫相大妗子打得龇牙扭嘴的,就有话也便没空说得。(醒·68·970)

3.11.1.22 一溜家、一溜子

"一溜家"、"一溜子"表示同时发出某种动作行为。分别出现于《醒》、《聊》,各1例:

① 我到了那里,亭子上摆着一桌酒,张大爷还合一个大高鼻梁的汉子,我不认的他;又有一个穿水红衫子老婆,合俺姑夫在上面一溜家坐着,合姑夫猜枚。(醒·66·943)

② 于夫人此时运正也么高,尽着你歪揣济着你叨;若遇着妇不贤良儿又浑,要再不孝顺,一溜子把气淘,有理还着你没处告。(聊·姑·863)

3.11.2 其他

3.11.2.1 干、干干

A. "干"表示无代价无报偿。《金》7例,《醒》12例,《聊》15例。如:

① 这阮三父母怎肯干罢,一状告到衙门里,把薛姑子、陈家母子都拿了。(金·34·444)

② 你便去了,把俺开店之家,他遭塌凌辱,怎肯干休!(金·84·1290)

③ 武乡宦问说:"这四个人,他家里都过的么? 肯干来替咱支使?"(醒·32·467)

④ 晁夫人道:"他几个哩么? 脱不过一个五六岁的孩子。城里放着房,乡里放着地,待干吃你的哩?"(醒·57·819)

⑤ 早知这样不成才,怎么肯使钱合钞? 休说使了二百钱,就是干给也不要!(聊·禳·1194)

⑥ 皇爷说:"我自来不好干吃人的东西,你既不要,我有道理。你这里隔着什么城近?"(聊·幸·1570)

其中"干"修饰"休",《金》5 例,《醒》3 例,《聊》8 例;"干"修饰"罢",《金》2 例。

B. "干干"表示无代价无报偿。《醒》1 例:

⑦ 难道"一毛不拔",就干干的去了不成? 在这坟上嫁了人去,连灵也不回,是何道理?(醒·41·609)

3.11.2.2 千万

"千万"表示动作行为的情状。《金》1 例,《醒》2 例。如:

① 他千万分付,只教我把你送在娼门。(金·94·1421)

② 哭了一场,两个勉强吃了几杯酒,千万央了差人许他两个在一床上睡了。(醒·13·195)

③ 那一日家中有件要紧事,我待到家走走,我千万的嘱付。(醒·66·948)

3.11.2.3 巴巴(儿)

"巴巴(儿)"用做情状方式副词。《金》出现 10 例,表示人的迫切、急切状态。如:

① 昨日晚间,一个人听见我这里要带,巴巴来对我说。(金·31·391)

② 李瓶儿道:"小奴才儿,应二爹来,你进来说就是了,巴巴的扯他!"(金·34·434)

③ 见爹巴巴使了我来,因叫了两个唱的,没人陪他。(金·42·548)

④ 月娘道:"论起来,五钱银子的也罢,又巴巴儿换去。"(金·63·887)

⑤ 是强汗世界,巴巴走来我这屋里硬来叫他。(金·75·1121)

⑥ 他有好一向没得见你老人家,巴巴央及我稍了个柬儿,多多拜上你老人家。(金·85·1301)

3.11.2.4 眼巴巴

"眼巴巴"用做情状方式副词。《金》1 例,《醒》1 例。如:

① 且说自从西门庆往东京庆寿,姊妹每眼巴巴望西门庆回来,多有悬挂,在屋里做些针指,通不出来闲耍。(金·55·746)

② 那狄希陈眼巴巴的看那天,只愿黑了,好洞房花烛夜,巫峡雨云期。(醒·

44·652）

3.11.2.5 好生（儿）、好善、好势（好世、好事）

A. "好生（儿）"修饰动词，表示动作行为的情状。《金》33 例，《醒》29 例，《聊》7 例。如：

① 今日他家吃的是自造的菊花酒，我嫌他骰香骰气的，我没大好生吃。（金·38·501）

② 两个乘着没有人来，执手相偎，剥嘴呷舌头，两下肉麻，好生儿顽了一回儿。（金·57·780）

③ 又嘱付李九强，好生牵着头口。（醒·40·585）

④ 狄希陈道："银子尺头倒也都有，你只好生仔细做去便了。"（醒·96·1369）

⑤ 这梦儿我再好生做做，休要待雯顾揣醒。（聊·蓬·1085）

⑥ 朱二说："您可好生接和着。"（聊·磨·1374）

B. "好善"义同"好生"，修饰动词，表示动作行为的情状。《醒》1 例：

⑦ 侯、张道："狄老爷，你怎么来？身上不好么，唉唉哼哼的？俺刚才也劝俺的徒弟来，俺好善的说他来么。"（醒·96·1367）

C. "好势（好世、好事）"义同"好生"，修饰动词，表示动作行为的情状。《聊》中各 1 例：

⑧ 张春怒发，张春怒发，撕了个罄净好势的砸！惹的仇家越发深，如今对人常发话。（聊·磨·1462）

⑨ 那解子，好不凶来好不大，他看着咱属他管，为他所辖。咳！你看他好事的吵来，好世的骂，又把你希乎捆煞，几乎勒杀！（聊·磨·1466）

"好势"、"好世"、"好事"应是同一词的不同书写形式，从意义的关联性来看，"好势"似是本字。

3.11.2.6 好好（儿）

"好好（儿）"修饰动词，表示动作行为的情状，《金》15 例，《醒》20 例，《聊》1 例。如：

① 令画童儿："你好好送你温师父那边歇去。"（金·67·949）

② 即不然，也要好好打发他出门。（醒·15·218）

③ 晁夫人说："好儿，别要呕气，好好儿的往那屋里睡了，明日早起来看娘。"（醒·49·711）

④ 你与我好好儿的梳了头，替我往府里递呈子去。（醒·74·1053）

⑤ 唰溜子喇，喇溜子喇，好好儿的访亲戚。（聊·襄·1212）

3.11.2.7 另自

"另自"表示动作行为在原有的范围以外发生或及于别的对象。《金》1例,《醒》5例。如:

① 奶子如意儿和蕙秀在房中等着看官哥儿,另自管待。(金·41·537)

② 大家上了岸,那个道人另自与邢皋门叙礼。(醒·16·231)

③ 看得那正出子女无异冤家债主,只愿死亡都尽,叫他爱妾另自生儿。(醒·36·527)

④ 如没有了乌大王,等我另自嫁了女儿,接了财礼,尽多尽少,任凭你们拿去,千万不可逼我赔你们的银子。(醒·62·887)

⑤ 你女儿不消同去,你只管使那六十两银子,这女儿,我们另自有处,叫他得所;但与你恩断义绝,你两口子不要再来闲管!(醒·62·888)

⑥ 众徒夫磕过一头,吕祥又另自磕头。(醒·88·1257)

3.11.2.8 分外

"分外"表示动作行为在原有的范围以外发生或及于别的对象。《醒》21例,《聊》3例。如:

① 屋内安下卓凳,置了酒炉,叫了一个家人在那里卖酒,两三个钱一大壶,分外还有菜碟。(醒·23·343)

② 你要就是这们成了,我分外你每人再加二钱银子你两个吃酒;要是不成,这驴钱我认。(醒·55·801)

③ 小人带领几个人跟他到江岸上,将银子、尺头尽数夺他回来,还分外的羞辱他一顿,替老爷泄泄这口冤气。(醒·96·1369)

④ 两个都说:"每哩俺该不吃饭么? 分外还弄点好的你吃。"(聊·墙·830)

⑤ 我今送你回家去,叫你中举做高官,分外带着银百万。(聊·寒·1055)

⑥ 注你一生官二品,分外还有十万银,四十年全无拨杂运。(聊·寒·1064)

3.11.2.9 兀的(得)

"兀的(得)"义为"猛然"、出乎意料的。《金》4例:

① 那婆子笑道:"兀的谁家大官人打这屋檐下过? 打的正好!"(金·2·28)

② 那婆子瞧科,便应道:"兀的谁叫老娘?"(金·3·43)

③ 冯妈妈道:"兀得大人还问甚么好也来? 把个见见成成做熟了饭的亲事儿,吃人掇了锅儿去了。"(金·18·218)

④ 料应他必是个中人,打扮的堪描画:颤巍巍的插着翠花,宽绰绰的穿着轻纱,兀的不风韵煞人也!(金·53·710)

"兀的"中"的"当为副词词尾"的",结构与"猛地"相同,其副词意义当由其形容词意义

"高高地耸起"发展而来。

《金》、《醒》、《聊》情状方式副词统计表

	金	醒	聊
表方式			
自	266	224	237
自行	1	0	0
亲	48	63	23
亲自	34	22	11
亲身	0	1	7
亲手	15	6	6
亲口	4	3	1
亲眼	4	3	2
亲笔	0	2	1
私	11	12	20
私自	2	2	6
私下	3	9	0
私己	1	0	0
私意	0	1	0
体己	11	2	0
好好(儿)	15	20	1
好生(儿)	33	29	7
好善	0	1	0
好势	0	0	3
分外	0	21	3
另自	1	5	0
一步	0	3	6
一步步	1	2	2
一步一步	2	1	2
寸步	2	0	2
举步	0	1	1
信步	3	1	1
徐步	2	0	0
平步	0	0	7
高声(儿)	18	14	9
放声	30	10	8

	金	醒	聊
大声	0	2	5
低声	4	0	0
厉声	1	0	1
齐声	3	9	4
连声	3	5	12
悄声	0	2	0
柔声	1	0	0
应声	2	0	1
随声	0	1	0
一声(儿)	0	1	2
一声里	0	0	7
一声子(里)	0	0	4
一片声	7	17	0
一口	5	1	1
一口一声	9	0	0
一递一口	10	0	0
大口	0	0	1
信口(子)	0	4	10
极口	8	2	0
顺口	1	1	3
随口	0	6	2
遂口	0	0	1
绝口	0	1	0
挂口(儿)	3	0	0
缄口	0	1	0
一手	26	16	5
白手	1	1	2
束手	0	3	1
信手	1	1	1
袖手	0	1	0
顺手	4	0	0
随手	1	0	0
一眼	2	0	9
正眼	4	6	4
冷眼	8	0	0

497

	金	醒	聊
另眼	0	2	2
凝睛	0	0	1
定睛	6	0	0
侧耳	0	0	4
只身	1	0	1
舍身	0	0	1
随身	2	1	0
侧身	2	0	0
挺身	1	0	0
前脚（儿）	1	2	0
后脚	1	2	0
翘首	0	0	1
盘膝	4	1	0
并肩	5	1	0
一头	11	11	5
当头	1	0	1
迎头	0	0	1
劈头（子）	0	22	4
分头	0	0	3
劈脸	0	9	4
劈脸带腮	0	0	3
劈面	0	5	0
一心	35	6	23
一心里	0	0	4
存心	0	1	2
苦心	1	0	2
齐心	0	2	1
满心	54	0	17
满心里	0	0	5
无心	0	1	1
真心	2	2	0
屈尊	1	0	0
恣意	0	1	0
执意	0	1	0
曲意	0	0	1

	金	醒	聊
有意	1	0	2
着意	1	0	0
决意	0	5	0
任意	8	7	3
随意	2	0	0
敢于	0	4	0
善于	2	3	0
苦于	0	0	1
惯	15	24	10
一气	0	0	3
一哄	1	0	1
拦腰	3	3	0
正色	3	0	0
屈指	0	1	2
放胆	0	1	0
表状态			
随处	2	0	2
随时	0	2	1
就近	0	2	0
就地	4	0	4
顺便	3	7	0
顺路	0	6	0
趁势	0	1	0
趁热	0	1	0
乘机	2	17	0
乘便	0	3	0
乘势	1	0	0
乘隙	1	0	0
乘兴	4	0	0
如数	1	4	0
急速	0	1	0
分头	2	7	1
两分头	2	0	0
凭空	0	5	0
凭栏	1	0	0

	金	醒	聊
并行	1	0	0
当场	2	1	1
当面	6	34	16
当下	179	0	13
时下	0	4	1
破格	0	2	0
舍命	0	0	6
互相	9	1	2
互为	0	1	0
逐个	0	5	0
逐一	2	4	0
一一	29	82	9
逐日	22	12	11
逐日家	1	0	3
逐日里	0	0	3
日渐	0	4	0
终日	19	8	42
终日家	1	0	2
终日价	0	0	3
终日里	0	1	0
连日	44	3	14
连夜	11	15	3
连年	1	5	6
平素	0	10	0
平日	28	41	13
彻夜	2	0	0
整夜	0	7	1
日夜	13	13	2
擅自	4	1	0
竟	17	55	30
竟自	2	12	3
径自	1	1	0
独	27	18	30
独自	25	11	11
暗自	1	7	1

	金	醒	聊
各自	11	36	2
强自	1	1	1
轻自	0	2	1
重	41	24	6
重重	7	3	2
照样	3	4	7
照常	0	13	6
照例	6	3	0
按期	0	0	1
按时	0	2	0
轮流	4	15	1
轮班	0	2	0
轮番	6	0	0
无端	2	2	1
无故	8	4	1
暗中	9	5	1
暗里	4	0	3
暗暗里	1	0	0
及早	0	3	0
趁早（儿）	33	7	0
中道	1	1	0
特	20	39	7
特地	3	6	0
特故（里）	1	1	0
一笔	2	0	13
循序	0	0	1
大肆	2	0	0
轻易	2	13	7
轻轻易易	0	2	0
次第	3	2	0
偷空	0	1	0
无意中	0	6	0
大踏步	1	2	0
巴巴（儿）	10	0	0
眼巴巴	2	1	0

	金	醒	聊
死	2	0	0
生死	2	0	0
死生	0	0	1
死活	1	1	14
生	9	1	13
生剌剌	1	0	0
生咯吱	0	0	1
生察察	0	0	1
生生（儿）	11	11	2
委曲	0	4	0
委委曲曲	0	1	0
委婉	0	1	0
实（实实）	57	45	38
实剌剌	1	0	0
从实	4	0	3
老实	9	4	3
着老实	1	0	0
下老实	1	2	0
煞老实	0	1	0
着实	7	61	31
着紧	3	0	0
煞实	0	6	0
茁茁实实	0	1	0
结实实	0	1	0
结结实实	0	1	0
牢实实	0	1	0
实秘秘	0	1	0
实逼逼	0	1	0
实落	0	1	6
实心	0	0	2
煞狠	0	1	1
死煞	0	1	0
好意	22	7	1
一味	23	11	3
乍	2	1	0

	金	醒	聊
猝	0	2	0
卒然	0	3	0
一瞬地	1	0	0
一忽地	2	0	0
忽	140	9	103
忽的	1	0	4
忽地哩	1	0	0
忽剌八	4	0	0
忽然	29	35	144
忽然间	0	0	15
猛	8	2	9
猛然	12	8	4
猛然间	0	1	0
猛可	11	0	0
猛可的	0	5	0
猛可地	1	0	0
猛可里	0	1	0
猛可丁	0	1	0
猛哥丁	0	1	0
猛割丁	0	3	0
猛趷丁	0	1	0
急	20	19	19
急急	12	23	16
急攘攘	1	0	0
急巴巴	0	1	聊
急忙	4	14	15
急忙忙	1	0	3
急急忙忙	0	0	3
速急	0	4	0
火急	0	1	0
卒急	0	6	0
急卒	0	1	0
促急	0	1	0
作急	0	3	0
急早	0	1	0

	金	醒	聊
急慌忙	0	0	6
急慌张	0	0	1
急切	5	0	1
急切里	0	0	1
慌	24	1	1
慌慌	3	0	0
慌忙	30	14	38
慌慌忙忙	0	1	0
慌张	0	0	2
慌张张	0	5	0
慌獐獐	0	2	0
慌慌张张	11	2	0
连忙	313	52	7
忙	58	16	58
忙忙	2	10	13
即忙	3	13	14
疾忙	0	3	24
着忙	1	0	1
仓忙	1	0	0
速忙	0	2	0
飞忙	0	1	0
遽然	1	0	1
倏然	1	2	1
兀的	4	0	0
乍	14	50	19
乍时	0	1	0
死	8	6	10
死命	1	0	2
死力	2	0	0
下死手	1	0	0
狠	2	8	7
狠狠	1	1	1
狠命	0	40	0
狠了命	0	1	0
下狠	0	16	0

	金	醒	聊
一力	15	0	2
竭力	2	4	2
并力	1	0	0
极力	0	11	0
奋力	0	1	0
尽力	32	23	1
苦死	1	6	3
抵死	1	10	0
死拍拍	0	1	0
死声	0	0	5
蛮	0	1	0
明	11	18	9
明明	0	2	1
明白	1	13	0
明明白白	0	9	0
竭诚	0	3	1
洁诚	2	0	0
断断续续	0	1	0
爽爽利利	0	1	0
硬	5	5	1
固	4	9	0
千万	0	1	0
大拉拉	0	1	0
大落落	0	2	0
大剌剌	4	0	0
直	35	17	52
一直地	1	0	0
一直里	1	0	0
一直的	0	2	0
一直	88	21	15
直声	1	0	0
径直	2	0	0
直然	0	0	1
直捷	0	1	0
逼直	0	1	0

	金	醒	聊
白	15	11	2
白白	2	5	0
干	7	12	15
干干	0	1	0
从长	0	1	0
扯长	0	1	0
佯常	0	0	4
祥常	0	0	1
佯长	1	17	0
扬长	13	1	2
平空	5	2	2
霹空	1	0	0
表情状、比况			
慨然	1	12	2
惨然	1	0	0
悄然	1	0	0
安然	0	1	0
飘然	2	1	2
骤然	2	5	0
爽然	0	0	2
寂然	0	1	0
迥然	0	1	0
俨然	4	1	5
勃然	0	1	2
公然	0	0	7
恍	5	3	0
脱然	2	1	0
愀然	1	0	0
截然	0	1	0
恍然	3	0	3
恍恍然	1	0	0
焕然	3	0	0
昭然	1	0	0
比比	0	3	0
脉脉	2	0	0

	金	醒	聊
耿耿	2	0	0
碌碌	0	1	0
碌碌动	0	5	0
悴悴	0	1	0
隐隐	12	1	1
源源	0	1	0
津津	1	0	0
津津乎	0	1	0
扬扬	0	3	0
历历	1	1	1
孜孜	1	0	0
翩翩	2	0	1
仓皇	0	1	0
辗转	0	2	0
表协同			
并	11	10	36
一并	1	0	5
齐	41	67	73
齐齐	0	8	0
一齐（儿）	55	50	61
一起	2	0	1
共	33	4	31
同	187	226	90
一同	25	26	3
同时	1	6	0
通同	7	4	0
打总	0	0	1
总	0	10	3
总里	0	2	0
一总	5	3	0
一总里	0	1	0
一发	3	2	0
一堆	0	2	8
一搭里	3	1	0
一搭儿	15	0	0

	金	醒	聊
一搭儿里	11	0	0
一代	1	0	0
一抹儿	1	0	0
一搅果	2	0	0
一套儿	1	0	0
一顿	1	0	0
一例	5	2	0
一溜家	0	1	0
一溜子	0	0	1

3.12 结语

3.12.1 明清山东方言副词特点

《金》、《醒》、《聊》都以山东方言作为背景,三种文献的副词基本上代表了山东方言副词在明清时期的面貌,通过这些语料副词的考察,可以看出明清山东方言副词有如下几个特点。

3.12.1.1 鲜明的地域色彩

《金》、《醒》、《聊》副词系统体现出鲜明的地域特色。比如"漫、响、尽数(济数)、通身、通常、一起、一节、惯一、要便、动起、动不起、行动、省、省可、省可里、翻调、翻转、浑是、浑身、通然、白、白当、只当、干净、紧、紧着、紧自、急仔、打紧、着紧、吃紧、是百的、无故、七八、待中、投性"等词,在《歧》、《儿》中没有出现,具有鲜明的山东方言特色。

此外,《金》、《醒》、《聊》虽然都以山东方言为背景,但是内部也具有鲜明的地域差异。譬如在查检到的 671 个副词中,[①]只出现于其中之一种文献的,《金》88 个,占13.1%;《醒》93 个,占 13.9%;《聊》50 个,占 7.5%。当然,《金》、《醒》、《聊》之间的共性毕竟大于个性,它们共同使用的副词有 304 个,占 45.3%。从疏密关系来看,《醒》与《金》、《聊》的共同点更多一些,如只出现于《醒》、《金》的副词有 58 个,占 8.6%,只出现于《醒》、《聊》两种文献的 52 个,占 7.7%;而《金》与《聊》的差别大一些,只见于这两种文献的副词有 26 个,占 3.9%。具体情况见下表。

《金》、《醒》、《聊》独有副词比较表

类别	《金》独有(88)	《醒》独有(93)	《聊》独有(50)
程度	特地、聊、益加(3)	太于、煞、万分、蛮、颇颇、更加、愈加、倍、倍自(9)	漫、特、少少(3)
总括	通身、通共、凡(3)	全全、通常(2)	全然(1)

---

① 不包括情状方式副词。

类别	《金》独有(88)	《醒》独有(93)	《聊》独有(50)
统计	一总、通身、凡(3)	一共、总、总里、通常(4)	满总、共总(2)
限定	独独、单管、白、不过乎、无过(5)	仅仅、刚刚(2)	
时间	刚然、甫、恰、立马、一旦儿、看看儿、且权、一向来、长远、永永、已曾、原、早晚间(13)	才方、刚只、当即、顷刻间、一霎间、聊、聊且、姑且、且姑、稍、自儿、素原、尚自、仍自、本等、原本、原初、原起(18)	适才、立刻儿、一霎儿、终于、正自、正然、本意、本情、究竟、从先、预先里(11)
频率	常常儿、常时、恒、要便、老、自(6)	每每、专常、动起、动不起、动辄、或时(6)	长长、时常里、动动、尽、时或(5)
重复	再二、再行(2)		重复、反复、更(3)
否定	不必用、不道、弗、莫待、省可、省可里(6)	莫得(1)	无得、无曾、休得要(3)
语气	恒属、恒是、端的、端自、委的、干净、可可儿、老大、紧着、紧自、打紧、着紧、眼看、情、无故、信、决然、必索、是必、稳定、一准、管定、管就、管情、管情儿、盖、大段、大都、多定、庶乎、会胜、殆、几曾、终不成、不成、莫、莫不道、原早、早是、早时、早知、恰然、可好、总好、自好、怪嗔道(46)	翻调、的、完完全全、浑是、浑身、总里、一总、通常、确、确乎、确然、当真、真真正正、果尔、果不然、果不其然、的真、白当、但、正正、切切、煞、忒煞、绝乎、煞实、下老实、紧仔、紧则、是百的、千千万万、明白、显见、显然、情知、断乎、必的、准准、务须、约略、大略、多半、或是、几可里、差不多、差一点、难说道、亏得、怪得、白、白白、徒自(51)	翻转、始终、终究、原自、尽自、漫实在、实落落、真真实实、真果、的确、急仔、断断、壹是、似乎、几几乎、幸亏、可巧、竟然、竟自、居然、索性儿(21)

《金》、《醒》、《聊》共有副词比较表

类别	《金》《醒》共有(58)	《金》《聊》共有(26)	《醒》《聊》共有(52)	《金》《醒》《聊》共有(304)
程度	生、更自、愈、倍加(4)	益(1)	异常、挺、响、稍稍(4)	很、大、太、忒、老、老大、最、甚、十分、尽、通、极、极其、至、绝、好、好生、好不、精、颇、分外、过于、怪、焦、稀、何等、略、略略、稍、少、较、更、越、越发、一发、益发、加倍(37)
总括	多、悉、咸(3)	尽行(1)	尽情(1)	都、全、俱、具、皆、尽、尽数、共、总、通、一概、无不、无非(13)
统计	通共(1)			共(1)
限定	只自、止是(2)		惟独、刚才、至多(3)	仅、独、惟、单、单单、光、空、才、就、刚、方、方才、但、只、只是、只管、只顾、只得、只好、止、不过、至少(22)

类别	《金》《醒》共有(58)	《金》《聊》共有(26)	《醒》《聊》共有(52)	《金》《醒》《聊》共有(304)
类同				也、亦(2)
时间	辄、顿、旋、且暂、姑、向、兀自、常远、尝、将次、已自、犹自、尚然、原先(14)	恰才、一霎、暂时间、少、一直、犹然、终须(7)	旋即、立时、立刻、眼看、且自、随自、一起、常常、待中、已经、仍旧、照常、终来、现(14)	才、方、方才、刚、刚刚、刚才、却才、始、初、新、就、便、即、即时、即忙、登时、即刻、顷刻、马上、立、一旦、一朝、霎时、霎时间、一霎时、看看、且、权、权且、暂、暂且、暂时、略、随即、随后、从、从来、自来、向来、一向、素、直、兀、始终、常、长、永、永远、曾、正、正在、将、已、犹、尚、仍、依旧、依然、照旧、本、原、原来、卒、终、毕竟、到底、预先、早、早晚(69)
频率	频、行动(2)	频频、不一时(2)	屡次、寻常、刻刻、时刻、时时刻刻、偶尔(6)	常、长、常常、时常、每、屡、屡屡、往往、时、时时、不时、动不动、总、有时(14)
重复	还自(1)		左右(1)	又、又自、还、重、重新、从新、复、再、再三、再四(10)
否定	不必要、未尝、别、省、少要(5)	勿得(1)	慢(1)	不、不必、不用、不消、莫、无、不曾、没、没有、没曾、没得、未、未得、未必、未曾、非、不要、别要、休、休要、休得、莫要、勿、少(24)
语气	本自、通身、白、只当、刚、刚刚、切、十分、紧、且、明明白白、显、可知、务、大抵、七八、庶、庶几、怕不、怕不的、敢是、却好、偏生、嗔道、爽利、枉自(26)	终久、委、全然、皆、真实、只顾、吃紧、诚然、管取、多管、怕、何曾、莫不是、多亏(14)	高低、终须、总然、通然、实实、果真、只管、绝、老实、着实、情管、大约、略、敢仔、待中、何尝、无妨、幸喜、却喜、适然、偏偏、投性(22)	左右、好歹、到底、毕竟、终、本、本来、本等、原、原来、都、全、无非、尽、浑、总、通、实、其实、真、真真、真个、真正、果、果然、委实、直、只、可、可可、正、恰、适、就、便、固、并、更、再、又、还、也、千万、万、万万、明、明明、分明、自、自然、诚、决、断、断然、必、必定、必然、必须、定、一定、定然、准、务、务要、管、约、约摸、大凡、多、只怕、想、想必、想是、敢、或、或者、几乎、何不、何必、何苦、不免、未免、难道、难道说、难说、没的、莫不、莫非、岂、幸、幸而、幸得、喜、喜得、亏、亏了、多亏了、正好、恰好、竟、偏、反、倒、却、怪道、怪不的、索性、越发、一发、干、空、空自(112)

3.12.1.2 多音化发展

从结构形式上看,明清时期的山东方言副词与汉语词汇双音节化趋势一致,单音节词不再占优势,双音节词不断增多。

双音节化过程中由重叠语素构成的并列式副词和由词尾参与构成的附加式副词是合成副词的重要组成部分。

由重叠语素构成的合成副词主要有"略略、单单、看看、屡屡、往往、时时、刻刻、真真、可可、大大、永永、频频、颇颇、稍稍、少少、全全、仅仅、独独、刚刚、常常、实实、正正、切切、动动、万万、明明、千千万万、完完全全、明明白白、断断、准准、偏偏、白白、重重、生生、急急、齐齐"等。重叠式副词 AA 与原式 A 表示的基本语义是相同的,只是表达功效略有不同。张谊生(2000)认为两者表达功效的差别在于:A 式偏重于判断,AA 式偏重于描写;A 式显得客观、平稳,AA 式带有夸张、强调。如情状方式副词"齐"与"齐齐"相比,后者描写意义更浓重。

《金》、《醒》、《聊》中的副词词尾有"地、儿、个、乎、家、可、里、其、然、生、子、自"等。由它们构成的副词有:

地:"特地、一瞬地、忽地、一忽地、兀的、百的"等;

儿:"一旦儿、常常儿、立刻儿、一霎儿、自儿、管情儿、高声儿、一声儿、挂口儿、趁早儿、生生儿、一齐儿、一搭儿、一抹儿、一套儿"等;

个:"真个、只个"等;

乎:"断乎、庶乎、似乎、几乎、几几乎"等;

家:"逐日家、终日家、没的家、一溜家"等;

可:"省可、猛可"等;

里:"总里、预先里、时常里、一声里、逐日里、终日里、暗暗里、特故里、一直里、一总里、一搭里"等;

其:"极其"等;

然:"依然、诚然、自然、刚然、犹然、尚然、全然、正然、决然、断然、必然、定然、竟然、居然、遽然、倏然、忽然、猛然"等;

生:"偏生、好生"等;

子:"一声子、信口子、劈头子、一溜子"等;

自:"本自、倍自、端自、更自、尽自、且自、仍自、尚自、随自、已自、犹自、原自、又自、还自、只自、正自、竟自、宁自、空自、徒自、枉自、独自、暗自、各自、径自、强自、轻自"等;

由两种词尾参与构成的副词有:"省可里、几可里、猛可里、猛可地、一搭儿里、一声子里、忽地里"等。

3.12.1.3 同义副词繁多

副词所表语义类别是有限的,但是每一类别下面都有多个副词表达同一语义,历来如此,只是互为同义副词的数量有所不同而已。究其原因,一方面是由于词义发展中的类推现象所致。例如汉语程度副词中的强度一类多来源于具有量大、质好、偏离、顶极、超常规等意义的实词,具备以上语义的实词都有发展为程度副词的可能,不同时间不同地域的人们可能选择其中的一个或几个用于表示程度高的语义,长期发展的结果是众多同义副词在汉语某一层面的共存共用现象。又如对判断的确定、强调,语言使用者也可以选择从概括所有全部、表明事件的真实性质、限定唯一、强调两相切合、显然明了、诚信态度、主观决断、事件的不变性等多角度多方面表达。另一方面是单音节副词的重叠使用、单音节副词充当中心语素构成的加缀形式或其他类别词语形成的复合形式、两个同义副词充当词根形成的复合形式。比如与程度副词"好"同义的"好生、好不"分别是"好"的加缀形式及"好"与否定副词"不"形成的复合形式;总括副词"通常"、"通共"是总括副词"通"与近义词"常"与"共"的并列复合形式;"浑是"是语气副词"浑"与系词"是"形成的复合形式,"浑身"则与"浑"是共同语义基础上的类推发展。

3.12.1.4 同词异形现象较多

《金》、《醒》、《聊》作为口语性较强的白话文献,在记录副词的用字上体现出较大的随意性,一个词往往有两种或两种以上的形式。如"很"又作"狠","极"又作"急","响"又作"想","较"又作"教","越发"又作"越法","益发"又作"亦发"、"一发"、"已发","通常"又作"通长","只是"又作"仔是","看看"又作"堪堪","尝"又作"常","重"又作"从","从新"又作"从心","原"又作"元","预先"又作"豫先","不曾"又作"不从","没曾"又作"每曾"、"没从","未曾"又作"未从","莫要"又作"没要","翻转"又作"反转","毕竟"又作"必竟","实"又作"时","白"又作"百","情管"又作"请管","约摸"又作"约莫","敢仔"又作"敢只"、"敢子","反"又作"翻"、"番","怪不得"又作"怪不的","爽利"又作"爽俐","兀的"又作"兀得","横竖"记作"恒属"、"恒数"。某些副词形式存在两相借用的现象,如时间副词"曾"与"从",程度副词"漫"与否定副词"慢",等等。

词形上的借用现象大多都能从词义的系统性角度确认哪是本形,哪是借形,但某些情况下会给辨析副词的源流问题带来干扰。如程度副词"漫"与否定副词"慢"的相互借用,至今在某些词语中仍是混淆不分的——《现代汉语词典》"慢"与"漫"下面分别有"慢道"、"漫道"两个词条,本字其实应是否定副词"慢"。又如用做否定副词兼语气副词的"没得"一词有"没得"、"没的"两种词形,对其中"得(的)"的分析理解直接关系对"没得"来源问题的研究。

当然,对某些副词不能轻率地认为是同一词的不同书写形式。如程度副词"稍"与"少"、"稍稍"与"少少",频率副词"常"与"长"、"常常"与"长长",重复副词"重新"与"从新"等,它们的实词用法都具备虚化演变为副词的可能性。

3.12.2 副词的形成问题

3.12.2.1 副词的形成方式

副词的产生大都伴随着词语意义由实而虚的发展过程。比如"最、漫、尽、生、至、绝、略、较、更、越、益、愈、都、具、总、就、恰、即、立、很、大、太、忒、老、甚、蛮、通、极、好、精、颇、特、怪、挺、响、焦、稀、少"等单音节副词,都是由相应的名词、动词、形容词发展而来;又如多音节副词"十分、万分、通身、一概、何等、分外、即时、马上、立马、立时、立刻、一旦、一朝、霎时间、暂时、异常、过于、越发、一发、益发、加倍、尽数、济数、尽情、一共、一总、满总、一起、一节、一直、至多、至少、眼看、从来、自来、向来、一向、一向来、长远、左右、高低、幸亏"等词或短语,也是实意虚化的结果。当然,并非所有副词的产生都伴随语法化的发生,如已有副词的加缀形式(好生、特地、更自、倍自、全然、总里、刚然、立刻儿、一旦儿、一霎儿、看看儿、且自、随自、自儿、兀自)、重叠形式(颇颇、略略、稍稍、少少、全全、仅仅、独独、单单、刚刚、常常、长长)以及同义副词因并列连用形成的并列复合形式(老大、通共、无不、无非、共总、惟独、刚才、方才、才方、刚只、恰才、却才、适才、旋即、聊且、权且、且权、暂且、且暂、姑且、且姑、素原、委的、委实、果真、的真、的确)等。

副词中有些原属语句中的跨层次成分,由于相互接连使用,逐步粘合成为一个词语,例如"好不;更加、益加、愈加、倍加、尽行、再行、单管、只是、只顾、只管、不过、无过、已经、不消、不用、不道、没有、没得、未得、无得、勿得、休得、不要、别要、休要、休得要、莫要、莫待、莫得、少要、可知、情知、早知、白当、只当、待中、不成、不免、未免;难道、难说、难说道、难道说、怪道、嗔道、怪嗔道、怪得"等。但这些副词又可分为三种不同情形:一是存在跨层关系的词语原本都是副词,如"好不"一词,因此像它的形成并不存在语法化的问题;二是"更加、单管、尽行、只顾、不过、已经、不消、不用、不道、没有、休得、莫待、少要、可知、白当、待中、不成、未免、只是"一类,构词语素中有一个词语独用时是副词,它们的形成仅仅是部分语法化发展,多是动词、助动词"加、行、管、顾、过、经、消、用、道、有、得、知、成、免、待、要、中、当"及系词"是"。三是"难说、难道、嗔道"一类,它们的形成涉及词内所有要素的语法化发展。

最后,副词中存在较为特殊的情况,如时间副词"从"。"从"是语言使用过程中由于语言交流的经济原则及韵律因素说话人缩略副词"从来"形成的。

3.12.2.2 副词的形成条件及原因

语法化准确描述了副词的形成变化过程,而副词形成变化的原因(也就是语法化的原因)我们同意 Paul J. Hopper 的观点,即语用推理,我们的理解就是说话人和听话人的主观因素在起作用。因为语言作为一种工具是供人们使用的,从语言的发出者到语言的接受者,整个过程都是人在起作用,人类的思维对语言的变化起关键作用。在符合既有语法的前提下,人们可以通过规约性使词产生新意。

主观化是副词形成的原因,而副词形成的条件主要是语义基础、句法位置和语用因素。① 通常的说法"句法位置是副词形成的决定性条件"——一个词,或一个词组,或某种语言成分,如果经常处于句法结构中的谓语的前面,它就极有可能发展成为一个副词,而且,必须是能够而且经常处于谓语的前面这种句法位置,才有演变为副词的可能。但我们认为语义基础在某些情况下已经涵盖了句法位置这一条件,因为一个词的语义特点往往决定了它在句法结构中的位置。而且,并非所有副词是由经常用于谓语之前的词语发展而来,譬如语气副词"左右、高低"等,它们在成为副词之前并不是经常处于谓语前面。

关于语义基础是副词形成的基本条件问题在之前的副词分类研究中有较多论述。比如程度副词、语气副词大都是由共同语义基础的词语发展而来的。语义基础不仅关系到由非副词到副词的发展演变过程,而且关系到副词内部的进一步发展问题。例如形容词"老"、"大",由于其形容词意义具有量度大的特点而发展出表示强度的副词用法。同义副词的连用形成了程度副词"老大",而"老大"又由于表强度的程度副词用法产生了加强语气的作用。与"老大"有着相同变化轨迹的又如《儿女英雄传》里的"大是"一词:

① 赶到该着月分儿了,大家都在那里掐着指头算着,盼他养,白说他可再也不养了,大是过了不差甚么有一个多月呢!(儿·39·761)

"大是"在《儿》中仅此一例,在句中起加强语气的作用。

形成与句法位置关系较为密切的是跨层结合的一类副词。如"已经"本是"已经过"的意思,但由于动词"经"后还有其他谓词性成分,于是在韵律作用的诱导下,"经"的动作性减弱,进而与"已"结合成为一个词。又如"可知"、"情知"本都是确实知道的意思,相同条件作用下导致动词"知"语义的弱化,从而产生了语气副词"可知"、"情知"。

杨荣祥(2005)对语用因素促使下形成的副词有较为详尽的举例,② 在此我们以个别副词的内部发展与副词的再发展为例来论述这一问题。

首先,以"没得(的)"为例。③"没得"在《金》、《醒》、《聊》中可以用做语气副词,起加强疑问语气的作用。"没得"语气副词用法的形成就是其否定副词用法在疑问环境中的变异。"没得"用做否定副词,《歧》、《儿》也有用例,如:

② 滑玉道:"我在正阳关开了大米、糯米坊子,生意扯捞住,也没得来瞧瞧姐夫姐姐。"(歧·40·372)

---

① 语用因素"是指该成分之外的对该成分演变为副词产生影响的有关因素,包括该成分所在句子中的各成分之间的语义关系,该成分所在句子与上下文的关系以及句子本身所表示的各种意义,如隐含义、联想义、比喻义等等"。参看杨荣祥(2005:195)。

② 参看杨荣祥(2005:195~196)。

③ 语气副词"没得"在《金》、《醒》、《聊》中虽然以字形"没的"为主,但是它与否定副词"没得"的关系是有理可据的,而否定副词"没得"中"得"本即意为"得到"的动词。

③ 果然兴官手中拿着两包,交与奶奶,回来作揖磕头,喜得王春宇没法,说道:"可惜你爷爷没得见。"(歧·49·459)

④ 虽说没得中举,这也罢了。(歧·68·655)

⑤ 满相公上的厅阶,口中"恭喜!恭喜"说:"先忙着哩,没得作揖。"(歧·77·746)

⑥ 王氏道:"孩子并没得读书。"(歧·87·826)

⑦ 内边一个家人急忙出来道:"我们老爷说了,事忙没得亲敬,简亵得很。请各自尊便。"(歧·92·862)

⑧ 我还没得与那边老太太叩头,不敢叫侄儿与你伯母见礼……(歧·92·863)

⑨ 方才我见抬进那两个匣子来,我还猜道是画像,及至闹了这一阵,始终没得斟酌这句话。(儿·26·442)

⑩ 舅太太在旁道:"我替他二位说罢:吉期过近,也没得叫姑娘好好儿的作点儿针线,请亲家老爷亲家太太耽待,姑爷包含罢。"(儿·27·471)

⑪ 咱们前日没得谈完,舅母来叫吃饽饽,就把这话打断了。(儿·30·524)

⑫ 不想我的干女儿没得认成,倒把个亲女儿叫弟夫人拐了去了!(儿·32·578)

⑬ 大爷接过茶去,他又退了两步,这才找补着请了方才没得请的那个安。(儿·35·644)

⑭ 这阵大乐,大家始终没得坐下。他才给张亲家老爷道喜,正要找张太太道过喜,好招呼他小夫妻三个。(儿·35·660)

⑮ 这一阵查亲家太太,闹得舅太太也没得给他们小夫妻三个道喜。(儿·35·660)

⑯ 安老爷因自己还没得带儿子过去叩谢先生,先生倒过来了,一时心里老大的不安,说道:"这个怎么敢当!"(儿·37·695)

⑰ 只见他上前拜了两拜,笑嘻嘻的说道:"老爷子怎么也不赏个信儿,悄默声儿的就来了? 也没得叫你女婿接接去!"(儿·39·759)

⑱ 你来的头里我原说叫他同女婿俩人接你去,没得去,你就来了。(儿·40·786)

以上各例"没得"只有单纯的否定作用,没有加强语气的作用。但是随着句法环境的变化,如在下列语句中"没得(的)"不再是对已然的否定:

⑲ 张太太道:"我们是个乡下人儿,攀高咧,没的怪臊的,可说个啥儿呢! 俺这闺女可是个头儿的不弱,亲家太太,你老往后瞧着罢,听说着的呢!"(儿·12·172)

⑳ 邓九公道:"姑奶奶罢呀,没的叫你二叔笑话!"(儿·15·221)

㉑ 谁知雇了辆小单拱儿,那推车的又是老头子,倒够着八十多周儿咧,推也

推不动,没的怄的慌,还没我走着爽利咧!(儿·21·331)

　　㉒再说设或生个不肖之子,慢讲得济,只这风烛残年,没的倒得"眼泪倒回去往肚子里流,胳膊折了望袖子里褪",转不如一心无碍,却也省得多少命脉精神。(儿·21·333)

以上各例,"没的"表示禁止或劝阻,提醒以免出现不应有的情况。对"没的"的变化起主导作用的是句法环境。同样,"没的"在反诘疑问句"疑问"的句法意义的辖制下发生弱化发展的倾向。当然,变化的完成也与"没的"自身语义相关,即"没的"与反诘问句都是表达与形式相反的意义,因此可以出现在反问句中,两者相结合,但是结果不是"负负得正",即不是表达与形式一致的语义,而是负与负的相互强化,这样就由一方来承担反义的表达,而另一方"没的"起辅助强化作用,进而"没得"所表示的否定意义淡化发展,"没得"也就成为加强反问语气的语气副词。但是,"没的"的否定意义并没有完全消失,而是发生了转移,即转化为说话人主观性的表达,即表示说话人不希望事件发生或事件在意料之外。

　　揣度疑问句中"没的"加强揣度语气的用法,可以看做语气副词"没得"的泛化发展。因为历时的语料告诉我们"没的"语气副词的用法最早是用于反诘问句中的,《醒》书中"没的"才较多的用于揣度疑问句。但同时我们发现,否定副词"没的"在揣度问句中又具备变化的语用条件,即揣度问句蕴涵着这样一个意义:说话人有所判断(判断结果是说话人不希望发生或是在意料之外的),但是具有不确定性,因而要求对方做出肯定或否定的回答。于是,"没的"在揣度问句中受测度语气的影响,意义发生了变化,不再表示纯粹的否定,而是表现说话人的主观意愿——不希望事件发生或结果在意料之外,同时又辅助揣度语气的表达。汉语类似的变化,又如禁止副词"别":"别是光线不好,没有看明白吧?"例中"别"不是禁止副词,"别"在句中并不表示否定的意义,而是起加强语气的作用,是一个语气副词。又如:"别是要下雨吧?"例中"下雨"是不能被禁止的,"别"在这里的禁止意义已经淡化,仅仅表达说话人的一种主观感情色彩,加强测度的语气。

　　其次,副词中有所谓在句子篇章中起关联作用的副词——关联副词。关联副词大都是兼属的,有的本是时间副词,如"才、方、方才、就、便",有的本是语气副词,如"本来"及"紧"类副词、"急仔"等。但由于句法环境的影响,原有意义弱化,同时句法结构的语义固化在这些副词上面。例如"本来娇嫩,弓鞋又小"中"本来"一方面有强调的作用,一方面受复句关系影响又有关联作用。而有些副词由于经常用在某种语义关系的复句中,原有语义完全弱化消失,成为表示某种语义关系的连词。如语气副词"可、固"、限定副词"只是、但、就是"等词由于经常用在转折关系复句中而演变为转折连词;又如语气副词"就是"由于经常用在假设复句中,又演变为假设连词;又如由副词参与构成的短语,如"不说、别说、休说、莫说"等词受递进关系复句的影响而成为递进连词,或者是两个连用的副词,如"不惟、不特、但只是、再不",同样是由于句法关系的影响而进一步语法化发展的。

第四章　介　词

4.1 概说

本章以明清时期具有山东方言背景的《金瓶梅词话》、《醒世姻缘传》、《聊斋俚曲》为基础语料,分析明清时期山东方言的介词系统,并与同属北方系资料的《歧路灯》、《儿女英雄传》所反映的介词进行比较研究,同时也就一些相关的问题进行讨论。

4.1.1 介词的特点

根据分析可以得知,从书面语的角度说,《金》、《醒》、《聊》的介词系统是一个历史与方言的混合体。这种混合性体现在三个方面:

(1) 沿用古代汉语和近代汉语的介词及其用法,如"被"、"如"、"似"、"若"、"自"、"在"、"于"、"由"、"打"、"因"、"为"、"连"、"除"等,这些介词出现较早,在《金》、《醒》、《聊》中用法基本没有什么变化。

(2) 反映明清时期介词的发展变化,即反映了介词在明清时期出现的发展变化,或体现了新出现介词的使用情况。与近代汉语介词相比,《金》、《醒》、《聊》中的介词有增加或减少某些用法的情况,这体现了介词在明清时期的发展变化。如介词"问"在近代汉语中可以用于介引求索对象、言谈对象和处所等(参看冯春田 2000/2003:265~269),而在《金》、《醒》、《聊》中则只保留了介引求索对象和言谈对象的用法,其中用于介引求索对象的用例较多,而用于介引言谈对象的用例则很少见。这说明,

"问"从近代汉语发展到明清时期,其用法是有一定变化的。又如在《金》、《醒》、《聊》中还出现了一些双音节介词,如"同合(同和)"、"从就"、"在于"、"到在"、"到于"、"到往"、"往到"等,这些介词是由古代及近代汉语介词"同"、"合(和)"、"从"、"就"、"在"、"于"、"到"、"往"等复合而成的,这是介词双音化在明清时期的进一步体现。再如介词"上"用于介引方向或处所在现代汉语北方方言中是比较普遍的,较早的用例出现在《金》、《醒》、《聊》中,这也体现了明清时期介词系统的发展变化情况。

(3) 反映了山东方言介词系统的一些介词或一些介词在山东方言的特殊用法。由于《金》、《醒》、《聊》都不同程度地带有山东方言背景,所以它们的介词系统中都不同程度地出现了方言介词或出现了体现方言特点的特殊用法现象。如"自赶"、"投到"由"自"、"赶"、"投"、"到"复合而成,而"赶"、"投"则是山东方言用来介引时间的介词;再如"给(己)"用于介引授与和为替的对象的用法是在这三种语料中才出现的,而且在《金》、《醒》、《聊》中多数都写做"己","己"应该是方言记音字,所以这三种语料中的"给"应为"己"音,与现代山东方言中的读音相同。这说明,《金》、《醒》、《聊》的"给"应该是山东方言介词。三种语料中新出现的其他几个介词,如用于介引比较对象的介词"及",用于介引经由处所的介词"漫(瞒)"等,在现代汉语山东方言中都很普遍,而其他北方方言则没有类似的用法,因此也是比较典型的山东方言介词。另外,"在"、"到"在《醒》、《聊》中除了可以用在动词、宾语和处所名词中间,还可以插入动词和宾语中间,即出现在"动词+在(到)+宾语+处所"的语法位置上。这种语法位置仅出现在《醒》、《聊》,《金》中没有出现,《金》以前的文献语料里也没有出现,《醒》、《聊》之后的《歧》、《儿》中也没有出现。这说明,"在"、"到"的用法应是方言的体现。

4.1.2 介词带"着"、"了"的问题

带"着"、"了"的介词是客观存在的,并且是比较普遍的现象。《金》、《醒》、《聊》共出现 122 个介词,其中由带"着"、"了"构成的介词共有 35 个,如"把着"、"比着"、"当了"、"当着"、"同了"、"同着"、"跟了"、"跟着"、"赶着"、"望了"、"望着"、"照了"、"照着"、"朝了"、"朝着"、"向了"、"向着"、"顺着"、"依着"、"按着"、"除了"等。一般都认为这些介词中的"着"、"了"并不是动态助词。因为带"着"、"了"的介词(如"同了"、"同着"、"照了"、"照着"、"朝了"、"朝着"等)和不带"着"、"了"的介词(如"同"、"照"、与"朝"等)在功能和语法特征上没有差别。另外,在《金》、《醒》、《聊》中还出现了带附加成分的介词,如"为的"、"为的是"、"除上"等。"为的"、"为的是"与"为了"、"为着","除上"与"除了",基本功能相当。综合以上两点可以看出,介词中的"着"、"了"并不是动态助词,而是从动态助词演化而来的词缀。

关于带"着"、"了"介词的来源问题,人们的解释同中有异,其中比较一致的观点包括:(a) 介词中的"着"、"了"来源于动态助词;(b) 介词是从动词发展而来的,所以"不可避免地会带有母体动词的某些语法特征"(参看马贝加 2002:4);(c) 带"着"、"了"的介词其原型一般出现较晚,演化成介词的时代应晚于动态助词形成的时代。

但是,以上观点只适用于部分介词,如"朝"、"照"、"按"、"顺"等,这些介词出现较晚,它们出现的时代也正是动态助词形成的时代,所以介词和动词的关系也就非常密切。具体表现为:介词、动词兼类,两种用法并列使用;介词的语法化程度还不高,介词还保留了动词的某些语法特征,所以这些介词可以带"着"、"了"构成新的形式,新形式进一步语法化后,"着"、"了"的动态助词的特性逐步消失,并最后演化为介词词缀。上述观点不适用于其他带"着"、"了"的介词,如交与类介词"同了"、"同着"、师从类介词"跟了"、"跟着"、时所介词"赶着"、"向着"、原因介词"因着"、"为了"、"为着"、排除介词"除了"等。综上所述,关于带"着"、"了"的介词的形成大约可以这样界定:

(1) 介词中的"着"、"了"最初来源于动态助词;

(2) "着"、"了"最初可以附加于介词后,与介词的来源(来源于动词,并带有动词的某些特性)有关;

(3) 带"着"、"了"的介词最初数量很少,发展到明、清时期之所以大量出现并扩展到许多类介词中,是"着"、"了"语法化的结果,即"着"、"了"在介词中由动态助词逐渐语法化为词缀并类推开来的结果。

4.1.3 介词的类别

根据《金》、《醒》、《聊》等介词的具体使用情况,可以把介词分为对象、时所(时间和处所)、方式原因(方式、方法和原因)与范围 4 个大类。其中又分为不同小类,如本章把对象介词分为受事介词、施事介词、授与介词、为替介词、比较介词、交与介词、当对介词、言谈介词、求索介词、师从介词等 10 个小类。其中"受事介词"和"施事介词"是按照介宾和谓语之间的语义关系进行的分类,而"授与介词"、"为替介词"、"比较介词"、"交与介词"、"言谈对象介词"、"求索对象介词"、"师从介词"等小类也是侧重介词宾语与动词之间的关系,并参考语义进行的分类。

《金》介词统计表

对象介词(30)	受事介词(5)	把、把着、将、拿、拿着
	施事介词(7)	被、教、交、叫、着₁、吃、乞
	授与介词(0)	
	为替介词(2)	为₁、替
	比较介词(5)	如、似、若、比、像
	交与介词(4)	和、同、同和、与
	当对介词(3)	朝、朝着、向
	言谈介词(2)	对、对着
	求索介词(1)	问
	师从介词(1)	跟

时所介词（34）	起始时间（5）	自、从、自从、一从、齐
	临近时间（2）	头（投）、投到
	时机介词（6）	赶、赶着、趁、趁着（趁子）、乘、乘着
	所当处所（4）	着₂、就、在于、于
	所止处所（6）	在、到、上、到于、到往、往到
	方向介词（5）	望、望着、照、照着、往
	经由介词（6）	由、打、打从、行、顺、顺着
方式原因介词（18）	工具介词（3）	使、用、以
	方式方法（6）	依、依着、照依、按、靠、靠着
	原因介词（9）	因、因着、因是、为₂、为着、为了、因为、缘、着₃
范围介词（5）	包含介词（1）	连
	排除介词（1）	除了
	话题介词（3）	论、论起、论着
总计（87）		

《醒》介词统计表

对象介词（36）	受事介词（4）	把、将、拿、拿着
	施事介词（4）	被、教、叫、着₁
	授与介词（1）	给（己）
	为替介词（2）	为₁、替
	比较介词（4）	如、似（是）、比、像
	交与介词（6）	合（和）、同、同了、同着、同合、与
	当对介词（8）	当了、当着、朝、朝了、朝着、向、向了、向着
	言谈介词（3）	对、对着、对了
	求索介词（1）	问
	师从介词（3）	跟、跟着、跟了
时所介词（29）	所当时间（1）	当
	起始时间（5）	自、从、自从、从就、齐
	临近时间（1）	头
	时机介词（6）	赶、赶着、趁、趁着、乘、乘着
	所当处所（2）	就、于
	所止处所（3）	在、到在、到
	方向介词（7）	望、望了、望着、照、照了、照着、往
	经由介词（4）	由、打、顺了、顺着

方式原因介词（20）	工具介词(3)	使、用、以
	方式方法(10)	依、依着、照依、按、按了、按着、仗着、靠、靠着、靠了
	原因介词(7)	因、因是、为₂、为着、为的是、为了、缘
范围介词(8)	包含介词(2)	连、连了
	排除介词(4)	除、除了、除的家、除却了
	话题介词(2)	论、论起
总计(93)		

《聊》介词统计表

对象介词（29）	受事介词(4)	把、将、拿、拿着
	施事介词(4)	被、教、叫、着₁
	授与介词(1)	给(及)
	为替介词(2)	为₁、替
	比较介词(5)	如、似、比、比着、及
	交与介词(5)	和(合)、合着、同、同着、与
	当对介词(3)	朝、朝着、向
	言谈对象介词(2)	对、对着
	求索对象介词(1)	问
	师从介词(2)	跟、跟着
时所介词（25）	起始时间(5)	自、从、自从、一自、自赶
	时机介词(4)	赶、赶着、趁、趁着
	所当处所(3)	着₂、就、于
	所止处所(3)	在、上、到
	方向介词(5)	望、望着、照、照着、往
	经由介词(5)	由、打、漫(瞒)、顺、顺着
方式原因介词（16）	工具介词(3)	使、用、以
	方式方法(5)	依、依着、依起、按、仗着
	原因介词(8)	因、因着、为₂、为着、为的、为了、因为、缘
范围介词(6)	包含介词(1)	连
	排除介词(3)	除、除了、除上
	话题介词(2)	论、论起
总计(76)		

521

4.2 对象介词

《金》、《醒》、《聊》对象介词共 43 个,概况如下表。

《金》、《醒》、《聊》对象介词统计表(括号内为介词的附类用法)

				金	醒	聊
受事介词	把		受事	1749	1687	1952
			(授与)	2	2	0
			(交与)	1	1	0
			(工具)	51	23	0
			(经由处所)	0	0	2
	把着		受事	1	0	0
	将		受事	224	667	164
			(工具)	29	23	8
	拿		受事	3	0	12
			(工具)	110	59	4
	拿着		受事	0	21	28
			(工具)	0	24	3
			(依据)	0	1	0
施事介词	被			463	395	166
	教			119	9	19
	交			5	0	0
	叫			8	181	15
	着₁		施事	2	15	92
			受事	0	2	3
			(工具)	9	0	14
	吃			72	0	0
	乞			49	0	0
授与介词	给/己、及₁			0	170	507
为替介词	替			490	514	59
比较介词	如			24	22	9
	似/是			11	29	22
	若			1	0	0
	比			68	114	80
	比着			0	0	7
	及₂			0	0	5
	像			1	3	0

		和/合	110	932	569
交与介词		合着	0	0	1
		同	190	120	12
		同了	0	78	0
		同着	0	34	3
		同合/同和	1	1	0
当对介词		当了	0	7	0
		当着	0	8	0
		朝	17	21	11
		朝了	0	11	0
		朝着	2	7	5
		向	425	93	89
		向了	0	4	0
		向着	0	7	0
言谈介词		对	552	131	99
		对着	47	93	15
		对了	0	39	0
求索介词		问	166	135	26
师从介词	跟	师从	0	3	1
		（交与）	2	0	2
	跟着	师从	0	3	2
	跟了	师从	0	1	0

　　说明：《金》、《醒》、《聊》中出现的一些古汉语介词，如为替介词"为"、交与介词"与"、时间处所介词"于"、"在"、"到"和方式原因介词"以"等 6 个介词，由于使用非常普遍，不做数据统计。个别用法比较特殊的提出例子进行分析。

4.2.1 介引受事的介词

　　《金》、《醒》、《聊》出现的介引受事的介词有"把"、"把着"、"将"、"拿"、"拿着"、"着"等。其中，"把"可以用于介引受事对象、介引工具，也可以介引授与对象、交与对象。而"将"、"拿"、"拿着"、"着"等可以用于介引受事对象和工具，但不能用于介引授与对象和交与对象。因为句式一章对相关问题有详细分析，这里只就"把"、"将"、"拿"的非处置及其他附类用法加以分析。

4.2.1.1 把

4.2.1.1.1 介引授与对象

　　"把"用于介引授与对象在《金》、《醒》中出现了少数用例。如：

① 汤饭俺每吃了,酒菜还没敢动,留有预备,只把爹用。(金·75·1108)

② 把你到明日,盖个庙儿,立起个旗杆来,就是个谎神爷。(金·26·324)

③ 先生把相于廷合薛如卞出了一个四字课:"穿花蛱蝶"。(醒·33·489)

④ 昨日捎去那些东西,要用便用,再不可把我卖钱使了!(醒·9·130)

4.2.1.1.2 介引交与对象

"把"还可以用于介引交与对象,其用法相当于"朝"。如:

① 迎春把他做了个脸。(金·53·718)

② 薛如卞把他两个兄弟点了点头,都出席装合狄希陈说话,长吁短叹的去了。(醒·73·1043)

4.2.1.1.3 介引工具

"把"用于介引工具与介引受事对象的用法是同一来源,因此许多用例都存在着歧义现象。"把"用于工具可与"使"、"用"等相替换。如:

① 把手只一推,争些儿把妇人推了一交。(金·1·20)

② 把眼看那人,也有二十五六年纪,生的十分博浪。(金·2·26)

③ 你便乘此机,把些小意儿贴恋他。(金·5·63)

④ 李瓶儿道:"我没曾收,我把汗巾子替他裹着哩。"(金·43·561)

⑤ 二人睡到五更起来。胡旦穿了两截破衣,把灰搭黑了脸……(醒·8·108)

⑥ 薛夫人把手指着小玉兰骂了两句。(醒·45·657)

⑦ 狄希陈若是个有正经的人,把那义正词严有纲纪的话拦阻他,难道他会插翅飞去不成?(醒·68·976)

⑧ 邢皋门沉吟了一会,回说道:"……若他不是真意,兄却万万不可把体面去求他。"(醒·16·233～234)

⑨ 见了三位同僚,虽把些言语遮饰,那一肚皮的冤屈闷气,两个眼睛不肯替他藏掩。(醒·91·1302)

4.2.1.1.4 介引所经由的处所

"把"用于介引所经由的处所,《聊》2例:

① 你过来,我把这墙上撮过你去罢。(聊·墙·839)

② 人都说张鸿渐来了家,我每日把他门前走,虽是待要骂他几句,干的甚事。(聊·磨·1437)

"把"介引所经由的处所只出现在《聊》中,是方言用法。在《金》、《醒》、《聊》中,"把"所介引的受事对象有时可以用方位短语来充当。如:

③ 老妈儿怠慢着他些儿,他暗暗把阴沟内堵上个砖。(金·12·136)

④ 这经济一面把眼瞧着众人，一面在下戏把金莲小脚儿上踢了一下。（金·24·299）

⑤ 那屠子却不曾云雨，觉得外面有人响动，知道是又有人听他，悄悄的把他媳妇子身上挒了挒，故意又要干事。（醒·35·518）

上例的"把"用法与"在"相当，说明"把"有用于介引所当处所的倾向。"把"介引所经由处所的用法与介引方位短语的用法有密切关系。

4.2.1.2 将

"将"的附类用法比较简单，只有介引工具的一类。如：

① 人只知道夫妻是前生注定，月下老将赤绳把男女的脚暗中牵住，你总然海角天涯，寇仇吴、越，不怕你不凑合拢来。（醒·引起·4）

② 其妻正在机中织布，见夫弃学回家，将刀把机上的布来割断，说道："为学不成，即是此机织不就！"（醒·引起·4）

③ 我又并没有将猪毛绳捆住了你，你为甚么这们妆乔布跳的？（醒·3·41）

④ 珍哥撺掇将钱买，小产几乎弄断筋！（醒·4·45）

⑤ 若不将银钱打动他，好言怎能劝回头？（聊·墙·858）

⑥ 媳妇肯将鞭子敲？（聊·姑·863）

⑦ 我将好言哄他哄他，若信了，我上南楼上吊寻死，抹头服毒，都在于我。（聊·增·1596）

4.2.1.3 拿、拿着

4.2.1.3.1 介引工具

① 你却拿凤仙花染红了我的鼻子，我却如何出去见人？（醒·62·892）

② 叫丫头拿刀切开，我尝尝是酸是甜。（聊·增·1643）

③ 他欺我多着哩，拿着精铜当银子哄我，他把儿子不当瞎子待么？（醒·70·1002）

④ 他只说他汉子没天理，拿着老公的银子养活了他这们些年，不报老公的恩，当着太太的寿日顶撞老公……（醒·70·1005）

⑤ 这个牢成的又不顾惯，只顾拿言语白他，和他整厮乱了这半日。（金·73·1074）

⑥ 当下二人一面分付手下，都回门外寺里歇去，明日早拿马来接。（金·36·479）

⑦ 我倒看外甥分上，且不打你罢了，你倒拿这话来压伏我！（醒·60·859）

4.2.1.3.2 介引依据

① 都说："小鸦儿是个英雄豪杰！若换了第二个人，拿着这们个财主，怕诈

不出几千两银子来！"（醒·20·291）

"拿"、"拿着"与"使"、"用"等工具介词相比，有一些特殊的用例，如《儿》"拿俺每煞气"、"拿我姐姐一镇"、"拿我比起来"等，这些例子中的"拿"都不能用"使"、"用"相替换。这些差别与词语的语法化程度有关。而且从来源上来看，"拿"与"把"、"将"有着相同的语义特征，所以"拿"受"把"、"将"的影响会多一些，所以也基本上可以出现在"把"、"将"所能出现的环境。例⑧"拿着"用于介引依据，《金》、《醒》、《聊》仅出现1例，而相同的用法在《儿》中则很常见。如：

②拿他这等一个人，果然出了家，佛门中未必添一个护法的大菩萨，人世上倒短一个持家的好媳妇。（儿·23·389）

③二叔真个的还拿外人待我？（儿·29·514）

④列公，你看，拿着安老爷这样一个厚道长者，辛苦半生，好容易中得一个进士，转弄到这个地步，难道果真是"皇天不佑好心人"不成？（儿·3·33）

⑤邓九公听了怔了一怔，说："老弟，难道拿着你这样一个人吃鸦片烟不成？"（儿·15·219～220）

⑥姐姐，怎么拿着你这等一个人，"聪明一世，懵懂一时"起来？（儿·26·453）

⑦……老爷太太可别犹疑，觉得拿着咱们这么个门子，怎么学着打起这个小算盘来了？（儿·33·611）

⑧真个的拿着你这么个人，不信会连这点理儿看不破吗？（儿·40·784）

以上例②至⑧相当于"以他这等一个人"、"以我这么一个人"等，其中"拿"、"拿着"的用法与"依"、"按"表示依据的用法相当。

另外，《歧》"拿着"还可以用于表示方式，但仅1例：

⑨我全无一点儿猪狗心肠，竟是被老婆做的，叫我拿着狗脸见人。（歧·70·671）

4.2.2 施事介词

汉语最典型的被动句是用介词"被"介引施事的被动句，除此之外，汉语史上还出现过"教"、"交"、"着"、"叫"、"让"、"给"等形式。到现代汉语中，普通话以"被"为主要形式，在口语中也用"叫"、"让"、"给"等；而方言有的以"叫"为主，有的以"给"为主，不尽相同。除古代汉语的"为"以外，施事介词出现最早的是"被"，而"被"本是表示"遭受"的动词，所以受这一语源的影响，"被"用于被动句一般都含有遭受的语义特征。这是汉语一般被动句所含有的语义特征，也是汉语被动句区别于其他语言被动句的基本特征。

《金》、《醒》、《聊》出现的用于介引施事的介词有"被"、"教"、"叫"、"交"、"着"、"吃"、"乞"。由于来源的差别，它们在用法上也有一定的差异。这些在句式一章有详细讨论,这里从略。

4.2.3 授与介词

授与介词跟为替介词主要有"给"和"替"。"给"主要表授与,"替"主要表为替,因此把它们分别在授与和为替两类里加以分析。

4.2.3.1 "给"的授与介词用法

授与介词"给(己、及₁)"《醒》共出现 170 例,其中写做"给"151 例,写做"己"19 例;《聊》共出现 507 例,写做"给"506 例,写做"及₁"1 例;《金》共出现 23 次,用做"给散"动词,其中只 1 例用于动词之后,与介词相当:

① 杨府尹道:"你每内官家财,无可稽考,得之易,失之易。既是花费无存,批仰清河县,委官将花太监住宅二所、庄田一处,估价变卖,分给花子由等三人回缴。"(金·14·169)

4.2.3.1.1 用于"V 给 N"式

① 取了三十两银子,我已是分给了您丈人合您大舅子了。(聊·墙·855)

② 狄爷,你请出狄奶奶来交付给俺们,凭你往那里去,俺们就不管你了。(醒·81·1149)

③ (银匠说)我先给你发市,盛一碗给张大爷。(聊·墙·841)

④ 又吩咐只留下三十亩薄地给他哥。(聊·姑·879)

⑤ 小献宝说:"你不知从几时就估倒干净,交给我这空房子做甚?"(醒·41·601)

⑥ 狄希陈道:"你是奶奶人家,你只可怜见,明白的说了,我照样买给你罢。"(醒·63·902)

⑦ 这月里是个小尽,到明日送给他二叔家,尽他合他怎么啕去。(聊·墙·836)

⑧ 还魂了半日,才爬起来,听见人说,才知道是安举人附着他,把文书交给大成,拿回来了。(聊·姑·884)

⑨ 你请退了神,我与你念十日经……退己他老爷的地。(醒·11·161)

⑩ 你一个钱不分己我,这是本等,我也只好说我没造化罢了,也没有怨你老人家的事体。(醒·34·499)

⑪ 老婆子说:"休惯了他,投信打己他两个巴掌,叫他有怕惧。"(醒·57·821)

4.2.3.1.2 用于"V 给 NV₂"式

① 于氏心里总不耐烦,也还说是初来,做了饭,二成端给他吃了。(聊·姑·872)

② 兄弟媳妇坐在也么房,大伯亲手做菜汤,急忙忙,流水做来给他尝……

（聊·姑·874）

③ 安大成请了邻墙他叔伯陪着他，吩咐学学给他听听。（聊·姑·874）

④ 第二日，沈大姨家着人送了一个盒子来，沈大姨拿开给病人看了……（聊·姑·877）

⑤ 把银子都抬出来，约有万数两，分了两堆，先着二成拣了一堆，包了去给臧姑看。（聊·姑·885）

4.2.3.1.3 用于"给 NV"式

① 一个十五岁丫头，为没给他做衣裳赌气的，这四月十七日吊杀了。（醒·81·1161）

② 不当家，不当家，快已他做道袍子、做唐巾，送他往南门上白衣庵里与大师傅做徒弟去！（醒·8·116）

③ 杨奶奶到那咱许着给我布施，替我做冬衣哩。（醒·40·593）

④ 您二弟给我做了绵袄，不省的你做么？（聊·墙·847）

⑤ 你穿了去，咱给他送回来，我有衣裳你穿，合我去罢。（聊·墙·845）

⑥ 他家里见放着正头妻，咱家的姑娘给人家做妾不成？（醒·75·1072）

⑦ 说寻丫头给他做媳妇儿，他晓得不晓得？（醒·84·1199）

⑧ 咱已他担着是违背圣旨，十灭九族，拿着当顽哩！（醒·15·220）

授与动词"给"出现较早，用法也有比较大的变化。如在授与介词"给"出现的《醒》、《聊》中，"给"既可以接具体事物名词做宾语，也可以接抽象事物名词做宾语。如：

⑨ 家有薄田一百五十亩，每人给他五十亩，留下五十亩养老，倒合老婆子清净自在。（聊·墙·829）

⑩ 殊不知他是欣羡我那地，谁给谁粮食！（聊·墙·830）

⑪ 设或问我要钱，给他甚么？（聊·墙·850）

⑫ 倘若是我这媳妇给你，只怕你又嫌哩。（聊·姑·878）

⑬ 六哥道："年小小的，扎着根黄带子丑丑的，给我那条白的罢。"（聊·增·1588）

⑭ 他那心肠极可恨，你不说道着实捶，倒给我一个充军罪。（聊·墙·848）

⑮ 待了半年，那于氏全感化不过来，比桑树，骂槐树，只是给珊瑚那不自在。（聊·姑·863）

以上例⑨至⑬"给"接可授与的事物，例⑭、⑮"给"接抽象的事物。从用法的这一演变来看，"给"的动词性减弱，语义也已经虚化了。

"给"连接宾语有两种形式："给 N"和"V 给 N"式。授与介词"给"来源于"V 给 N"式。在"V 给 N"式的例子中，例①"分给"后还带有动态助词，例②"给"用在双音节动词后,例③、例④动词和"给"之间插入了动词宾语成分,这说明"给"还带有动词的特性;而例⑤至⑪"给(己)"用在单音节动词后,"给(己)"已经完全演化为介词。动词"给"由于含有很强的方向性,所以在与其他动词组合时经常用在次动词的位置上,随着语义和语法功能的弱化,"给"也就由动词向介词发生了变化,而"V 给 NV"式也正是由"V 给 N"式发展变化而来的。在这样的格式中,"给"用于一个动词的后面、另一个名谓结构的前面,可以看做是一个"动+介宾结构"和一个"介宾+动词"的套合。这种格式也为"给 NV"格式的出现创造了条件。如果前一个动词省略,则"给"字句就形成了"给 NV"的格式,如例①至⑤"给 NV"式与"V 给 N"式用法没有差别,可以转换;而例⑥至⑧"给 NV"式不能向"V 给 N"转换,"给 NV"式与"V 给 N"式的用法产生了很大差别,"给"也完全脱离了其语源结构"V 给(动词)N"的影响。

4.2.3.2 "给"的其他介词用法

4.2.3.2.1 "给"介引为替对象

a 组

① 要后有甚么人的闲话,你二位给他招架招架,这就安稳了。(醒·34·507)

② 嫂子,你别怪我说,你作的业忒大,你该知感俺娘打你几下子给你消灾……(醒·60·865)

③ 你听我这分上,请相公骑上骡子,叫这觅汉给你牵驴。(醒·69·983)

④ ……既是堂上有这们个好心,趁着这机会叫他给咱除了这害罢。(醒·98·1393)

⑤ 那一时还支使着个小厮,白日给我做饭,黑夜给我看火,也还罢了。(聊·墙·830)

⑥ 人人都说张炳之既没有汉子给那孩子作主,就不该寻后老婆。(聊·慈·896)

⑦ 到了房里,给他端了尿盆子来,又上床去给他梳头。(聊·姑·861)

⑧ 那庄东头有安大成异姓的大娘,姓何,老王跑到他家里,拿了块布子来,给他扎了。(聊·姑·865)

⑨ 一个说金莲最妙,一个说八戒极精;我遂及他撮合成,那管他为唐为宋。(聊·丑·1142)

b 组

⑩ 你宜量甚么好,穿的这袄给我脱下来!(聊·墙·848)

⑪ 给我把两个不孝的奴才,每人打三十六板……(聊·墙·858)

⑫ 给我来家,给我来家,有的是你来有的是他,好歹当面言,何用人传话?(聊·姑·866)

⑬ 赵大姑说:"哎哟,你给我再坐坐,就不吃嘎,咱吧嗓子瞎话也好么。"

(聊·慈·904)

⑭ 他娘大怒说:"今早晨骂了你两句,你就没好气,给我跪着!"(聊·慈·915)

⑮ 阎罗见他不怕打,说:"给我拉了屋里去!"(聊·翻·953)

在有些"给NV"句子中,"给"的语义色彩发生了变化,如例①至例⑨"给"用于介引授与对象的特点已完全消失,即"给"实际上既不带有"授与"的动作性(授与动词的特点),也不再带有授与的方向性(授与介词的特点),而已经演化为为替介词,与"替"介引受益者的用法相当了。而"给"用于介引为替对象的用法进一步泛化,就演化出b组的用法,即表示"为替"的语义已经弱化,介引的也不再是具体而实在的受益者。这些句子具有祈使句的特征,而"给N"仅起到加强语气的作用,去掉后也不影响句子的表达。

4.2.3.2.2 "给"介引当对对象

"给"用于介引当对对象,主要用在"给……磕头"的格式中,表示朝对。如:

① 去给于氏磕了头,磕了起来说:"娘真个待休了我么?"(聊·姑·864)

② 沈大姨说完了,珊瑚说:"给娘磕头。"(聊·姑·880)

③ 张讷从新给他哥们磕头。(聊·慈·911)

④ 我再给你作个揖,这可罢了么。(聊·襄·1179)

⑤ 快来给您公公谢罪!(聊·襄·1193)

⑥ 老王,你合老孙打上轿抬了他去,给太爷和太太叩头的罢。(聊·襄·1251)

4.2.3.2.3 "给"介引言谈对象

① 今日我说一件故事给列位听听……(聊·翻·932)

② 他便说:"你依了我,我教两句话给你,明日省的捱捘子。"(聊·磨·1435)

③ 你若是再要去,我可就不是这么,定是禀给您师傅,要着他多多的着实打。(聊·慈·918)

④ 魏名说:"我教给你。"(聊·翻·937)

⑤ 狄员外绰着狄周的口气,说道:"你且别说给他实话好来,看他再支吾甚么。你既是说了,把他的皮袄剥下,连人带袄押到府里,交给他去。"(醒·67·965)

⑥ 教给那猴子学作人,要一耍为众爷们解闷。(聊·襄·1225)

例①、例②"给"用于介引言谈对象用在动宾短语之后,即"动+宾语+给+人称宾语"的结构中,例③、例④"给"直接用在动词后,"给"后带介宾。而例⑤、例⑥动词也带宾语,但动词的宾语却可以放在介词宾语之后,如"说给他实话"中,"他"是介词"给"的宾语,而"实话"是"说"的宾语。这种组合的"给"字言谈句是现代汉语普通话所没有的。

4.2.3.2.4 "给"介引交与对象

"给"介引交与对象,《聊》1 例,与"和"相替换。如:

① 胡百万说:"是我这裤子里的破烂流丢的,惟止家下给我胡做时他才知道。"(聊·增·1660)

② 姑娘少坐,等我请个人来给你见见。(儿·7·99)

4.2.3.2.5 "给"介引受事

① 俭了年已难禁,又给个官索杀人,老天罚的忒也甚!(聊·磨·1379)

② ……就是天也是给气运使唤着,定数所关,天也无从为力。(儿·3·33)

除早期形式,介词"给"最早出现在《醒》中。根据对《醒》以前一些文献(包括《金》)的分析来看,《醒》以前的文献中出现的"给"都是动词,表示"给散"、"供给"。"给"用于介词,明清时期只出现在《醒》、《聊》、《儿》等文献中,这些文献具有较相同的方言背景(北方方言),所以"给"就具有方言介词的特点。从《醒》、《聊》"给"与"己"、"及"用法相当这一点来看,"给"、"己"、"及"是同一介词的不同记音形式。

4.2.4 为替介词

为替介词在《金》、《醒》、《聊》、《歧》、《儿》五种语料中主要是"替",另外还有"与"、"为"、"给"等。"给"已见上文,这里主要分析"替"的用法。"替"《金》出现 490 例,《醒》514 例,《聊》59 例。

"替"与"给(己)"虽然都可以用于介引为替的对象,但二者在具体用法上却有着很大的差异。"替"可以介引动作行为的受益者,也可以用于介引受害者。"替"的用法和现代汉语普通话"给"的用法相当。

4.2.4.1 "替"的为替介词用法

a 组

① 凡事有数,只知替他保全家事,又替他取名,那知又来与他成就功名。(醒·46·668)

② 想那道士说十五年之间,并不许今科就中,别人倒替他烦恼,他却不以为事,依旧是洒洒落落的衿怀。(醒·16·232)

③ 那管门的其实是铺拉自家,可替咱说话?(醒·71·1008)

④ 痛煞了泪下眼枯,昏惨惨地黑天乌,替他叫屈的无其数。(聊·姑·865)

⑤ 他二姨这杀才,就真么无道数样的替你做,自在的痒难挠,打退了这么个贤惠媳妇,只怕你点着灯还没处去找。(聊·姑·870)

⑥ 还是旧媳妇,换上了个新婆婆,只恐怕使着我那孩儿,也去替他烧上一把火。(聊·姑·882)

⑦臧姑慌了,着二成替他回话。(聊·姑·882)

⑧他爹去吊丧,倒还替他愁。(聊·翻·933)

b组

⑨……快叫人替我掀到后头厢房内丢着去!(醒·11·158)

⑩替我掐了那野牛的脖子,撺他出去!(醒·44·649)

⑪狄周媳妇子,替我即时往外去,再不许进来!(醒·59·854)

⑫薛三槐娘子道:"姐夫,你且替我出去,叫姐姐看着你生气待怎么……"(醒·59·845)

⑬你倒就替我吊杀,没的活着还好见人不成!(醒·73·1043)

⑭替我快走,别寻我持你那贼毛!(醒·78·1115)

c组

⑮……你早替叫下四个唱的,休要误了。(金·79·1216)

⑯您俩下棋,我点着替找却,我点着替找却。(聊·禳·1262)

⑰对完了,公子替收拾笔砚。(聊·磨·1496)

d组

⑱凡百卖的东西,都替你掺上假……(醒·26·388)

⑲二尺二寸的大袖,替他小了三寸,又共偷了尺半有零……(醒·36·529)

⑳自此以后,丢砖撩瓦,锯房梁,砍门扇,夜夜替你开了街门,夜壶底都替钻了孔洞,饭里边都撒上粪土。(醒·42·615)

㉑你道是替我降祸,我要吃了亏,你看我背地里咒你呀不?(醒·58·840)

㉒……哄得我醉,睡着了,替我污了红眼黑眼。(醒·58·842)

㉓你为家里的不贤惠,专替你招灾惹祸的,你躲到京里来另寻贤德的过好日子……(醒·81·1158)

以上 a 组"替"用于介引受益者。"替"由"代替"的"替"发展而来,所以受其来源的影响,"替"主要用于介引动作行为的受益者(在《醒》出现的 514 个例子中,有 503 例用于介引动作行为的受益者),"替 N"只用于谓语前。b 组"替"用于祈使句中,由于经常与"我"组合,"替"与"我"的语法作用都已经虚化了,"替我"与"给 N"一样相当于一个固定成分,在句中仅起到一个加强语气的作用。c 组"替"省略了介词的宾语,这也是"替"用法进一步泛化的结果。d 组"替"用于介引动作行为的受害对象。如例⑱至㉓都表示对介词宾语不利、不好或不幸的事情,"替"由介引受益者向介引受害者发生了变化。其中例⑱、⑳"你"不代表具体的人物,而是一种泛称,"替你……"与现代汉语中的固定用法"给你……"相当,这也是"替"语法意义泛化的一种结果。

4.2.4.2 "替"的其他介词用法

4.2.4.2.1 "替"的授与介词用法

① 小琏哥两口儿好看他,你孤身人没有帮手,叫他替你做个羽翼,也是咱晁家的后代。(醒·90·1286)

② 你要听说,咱娘明日早来替你送饭……(醒·44·652)

③ 有做刚做柔的说着,叫他替季春江立了一张保辜的文约,撵得一班男妇驮了麦子等物回城去了。(醒·20·297)

④ 晁夫人又问:"你为甚么又替晁源为妾?"计氏说:"我若不替他做妾,我合他这辈子的冤仇可往那里去报?"晁夫人说:"你何不替他做妻?单等做了妾才报得仇么?"(醒·30·446)

⑤ 我这衙里要是安静的,这倒也可以唬吓他,说刑厅利害,别要惹他,惹的他恼,不替人留体面。(醒·97·1379)

⑥ 你着您妈妈替你做不的老婆么?(聊·慈·908)

4.2.4.2.2 "替"的交与介词用法

① 原来贼囚根子成日只瞒着我,背地替他干这等茧儿!(金·59·811)

② ……今日与孩子定了亲,累你,我替你磕个头儿。(金·41·543)

③ 又叫老调:"快替你薛大娘行礼留坐。"(醒·74·1048)

4.2.5 比较介词

4.2.5.1 如

《金》24例,《醒》22例,《聊》9例。如:

① 使力气撮上墙,松了手往下张,真如死狗一般样。(聊·墙·839)

② 那妇人见了,强如拾了金宝一般欢喜,旋打扫一间房,与武松安顿停当。(金·1·17)

③ 守着主子,强如守着奴才。(金·26·335)

④ 他大如我,我还不晓的他老人家没了,嗔道今日怎的不见他。(金·78·1204)

⑤ 你老人家就是个都根主儿,再有谁大如你老人家的!(金·79·1238)

⑥ 难得,你若娶过,教这个人来家,也强如娶个唱的。(金·80·1251)

⑦ 这虽不是甚么好人,也还强如众人毒狠。(醒·53·764)

⑧ 不料到了二月尽边,那也先的边报一日紧如一日。(醒·7·99)

⑨ 我儿高官,我儿高官,一个媳妇贤孝,过了一日,胜如三朝。(聊·襄·1272)

⑩ 万岁说:"酒令大如军令,使不的另占。"(聊·增·1637)

"如"用于介引比较的对象来源于同形譬况动词,其中用于介引等比对象的用法与譬况动词的用法相当,即用于"如……一样",如例①;而用于介引差别对象时"如"用于形容词之后,即构成"A＋形容词＋如＋B"的格式。"如"用于介引比较对象的否定形式"不如",可以用在谓语前,即构成"A＋不如＋B＋形容词"的格式。"不如"用于比较,《金》出现7例,《醒》出现6例,《聊》出现3例。如:

⑪ 合你一般高,比你白净些;那鼻口儿还不如你俊;那喜溜溜、水汪汪的一双眼,合你通没二样……(醒·19·277)

⑫ 那老瓜大不如那灰色狗有些耐性。(醒·58·834)

⑬ 陈公道:"你说这童银狗攮的,人皮包着一副狗骨头,还不如个老婆省事哩……"(醒·70·1006)

⑭ 相于廷笑道:"是实,我不如你有好性子,会挨。"(醒·58·837)

⑮ ……虽然叫达一样叫,俺达不如他达亲。(聊·墙·831)

⑯ 倒不如监生自在,省了那混账杂毛。(聊·墙·856)

4.2.5.2 似(是)

"似"《金》11例,《醒》29例,《聊》22例;"是"《金》、《聊》无用例,《醒》2例。

① ……你拿去务要做上了小买卖,卖些柴炭豆儿、瓜子儿,也过了日子,强似这等讨吃。(金·93·1404)

② 你教大官儿拿三个座儿来,教他与列位递酒,倒还强似唱。(金·32·412)

③ 童奶奶道:"天下的事再有那件大似这个的?既亲家得了重病,姐夫就该昼夜兼行;万一尚得相见,免得终天之恨,事在不疑。"(醒·76·1079)

④ 不做甚么,不做甚么,吃的穿的强似他。(聊·翻·952)

⑤ ……就不如我那冤家,也强似孤单。(聊·禳·1200)

⑥ 虽不如会一双,还强似没一个。(聊·富·1360)

⑦ 这点小事就上吊,若大似这个着呢,就该怎么着呢?(聊·增·1598)

⑧ 这是奇货可居,得他一股大大的财帛,胜是那零挪碎合的万倍。(醒·94·1338)

⑨ 你要十分舍不得钱,少使几两,加纳个甚么光禄署丞、鸿胪序班也还强是首领。(醒·83·1179)

以上用于介引差别对象,介引等比对象的例子在《金》、《醒》、《聊》中则罕见。如:

⑩ 谢希大道:"你这花子,两耳朵似竹签儿也似,愁听不见!"(金·61·851)

4.2.5.3 若

《金》1例,《醒》、《聊》无用例。

① 亘古到今,难逢难遇,闻名不曾见面,今日见面胜若闻名。(金·31·403)

"如"、"似"、"若"用于介引比较的对象,与"于"用于比较的用法相当。即介宾都用于形容词后,以补语的形式出现,而且比较句与非比较句(譬况动词的用法)之间没有明显区别。但是一般情况下,"如"、"似"用于程度较强的形容词之后。表示程度的形容词从语义来讲一般分两大类,即程度较强的形容词和程度较弱的形容词,如"强弱"、"大小"、"好坏"、"高低"等,其中程度较强的是"强"、"大"、"好"、"高",而"弱"、"小"、"坏"、"低"等则是程度较弱的形容词。"如"、"似"、"若"等比较介词一般只用于较强的形容词之后,而用于程度较弱的形容词之后表示比较的则很少见,《醒》等偶有用例。如:

② 周嫂儿道:"要看外相儿倒都不丑。冉家的那个还算是俊模样子,脚也不是那十分大脚,还小如我的好些;白净,细皮薄肉儿的……"(醒·55·796)

③ 从来说"春雨贵如油",这一年油倒少如了雨,一连两日不止。(醒·8·111)

④ 身子勾一捏,倒下小如拳,在牙床仅把个角儿占。(聊·富·1304~1305)

⑤ 我看你年纪小似我,我就占先,称你为贤弟罢。(歧·15·156)

4.2.5.4 比、比着

"比"《金》68 例,《醒》114 例,《聊》80 例;"比着"《金》、《醒》无用例,《聊》7 例。

4.2.5.4.1 介引差比对象

① 贫僧也不骑头口,管情比你先到。(金·49·651)

② 晁大舍次早起身,便日日料理打围的事务,要比那一起富家子弟分外齐整,不肯与他们一样。(醒·1·10)

③ 遇着打甚么官司,几百几千的官要诈贿赂,差人要多诈使用,又不与你留些体面,还要比平人百姓多打板子。(醒·42·621)

④ 谁知这陈柳比李九强更狠十倍,更贪几分。(醒·48·695)

⑤ 合我妈使天平兑兑,比你娘沉重多着哩!(醒·87·1235)

⑥ 挂了榜惹人笑,他笑俺比别家先揭了晓。(戏·闹·823)

⑦ 二弟若还知道了,他那哄法比我能,他就有点贪心病。(聊·墙·842)

⑧ 军门里驳下来,一干人跪在阶,比着府里威风赛。(聊·寒·1027)

⑨ 惟有叫爷爷奶奶,比着那旧时较尊。(聊·寒·1069)

⑩ 临了看看我拿的那个,比着主人家那个还略猛点,心里才自在。(聊·襁·1234)

⑪ 新举人去上坟,骑红马彩色新,比着从前越发俊。(聊·富·1344)

"比"与"于"、"如"、"似"类比较介词来源不同、语源句式不同,两类比较介词在语法格式和语法功能上都有一定的差异。

（1）"于"、"如"、"似"等介词用于介引比较的对象必须用于谓语形容词后，其比较格式为"A 形于（如、似）B"；而"比 N"则用于谓语前，把两个比较的对象放在一起构成"A 比 B……"格式。

（2）可以用于"比"字比较句的形容词比较宽泛，而"如"、"似"、"若"类比较句则对形容词的程度有选择性，即一般只能选用成对的程度形容词中程度较强的形容词。

（3）从性质上来看，"比"与"于"、"如"、"似"也有所不同。介词"于"、"如"、"似"、"若"比较句与非比较句同形，没有独立的比较句格式。其表示比较的用法是根据句意（具体说是形容词的程度）判断出来的。如："从来说'春雨贵如油'，这一年油倒少如了雨，一连两日不止。"（醒·8·55）同样的语法格式，根据句意第一个"如"是譬况动词，表示"春雨像油一样稀少、珍贵"，而第二个"如"根据句意则可以看做是介引比较对象的介词。所以，从实质上说，"于"、"如"、"似"、"若"等介引比较对象是句式组合的产物。介词"比"的出现是汉语比较句的重要发展，"比"第一次把两个比较的对象放在一起，然后才给出比较的方面或比较的程度，它标志着汉语真正的比较介词和真正的比较句式的诞生。

4.2.5.4.2 介引等比对象

"比"、"比着"偶尔用于介引等比对象，《金》、《聊》出现了一些用例，和"与"相当。如：

① 原来春梅比秋菊不同，性聪慧，喜谑浪，善应对，生的有几分颜色。（金·10·120）

② 见一月之间，西门庆也来行走三四次，与王六儿打的一似火炭般热，穿着器用的，比前日不同。（金·39·505～506）

③ 就是后生小郎看着，到明日就到南边去，也知财主和你我亲厚，比别人不同。（金·61·835）

④ 西门庆在门前揖让，上马礼去，比寻日不同，倍加敬重。（金·76·1138）

⑤ 那衙役遂又跑回，可就比前番大不相同了。（聊·富·1282）

⑥ 佛动心喜盈盈，比昨日大不同，千式百样把朝廷奉。（聊·增·1649）

⑦ 看了看小保儿还在那床头睡，比着那夜并不差毫厘……（聊·富·1312）

⑧ 可不知道你愁我的心肠，比着我愁你心肠一样儿难捱，难捱！（聊·富·1321）

"比"在《金》、《醒》、《聊》中既可以用于差比，也可以用于等比，这与现代汉语中"比"的用法有差别。在近代汉语常用于介引等比对象的"与"在《金》中也有用于差比的例子，与"比"相当。如：

⑨ 春梅道："我不比与他。我还问你要件白绫袄儿，搭衬着大红遍地锦比甲儿穿。"（金·41·536）

⑩ 金莲道："我不好说的，巴巴寻那肥皂洗脸，怪不的你的脸洗的与人家屁

股还白!"(金·27·345)

例⑨"与"、"比"联合使用,例⑩"与"与表差比的"比"相当。

4.2.5.5 及₂

"及₂"只出现在《聊》中,共5例,用于形容词后介引差比对象。如:

① 他的达强及俺达,他那达俊及俺达,他达就比俺达大。(聊·墙·831)

② 于氏说:"珊瑚虽然强及如今的,只是可不如您那媳妇……"(聊·姑·878)

③ 福、禄、寿三星献了一盘枣,都大及瓜,一盘梨大及胡芦,这都是仙家的宝物,吃一口就长生不老。(聊·蓬·1079)

4.2.5.6 像(象)

"像(象)"《金》1例,《醒》3例,《聊》无用例。用于介引等比对象。如:

① 到不想他第七个房里生了个儿子,喜欢的了不得。也像咱当家的一般,成日如同掌儿上看擎,锦绣绫罗窝儿里抱大。(金·34·447)

② 狄婆子也象他骑着狄希陈的一般使屁股坐着头,打了四五十鞭子,打的那素姐口里七十三八十四无般不骂。(醒·48·702)

③ 三顿吃饭,把桌子凑在椅前,就象常时一样与狄员外、狄希陈同吃。(醒·56·813)

④ 大凡奴仆待人,都看主人的意旨,主人没有轻贱人客的心,家人便不敢萌慢怠之意,所以上下都象晁夫人在世一般。(醒·92·1313)

"像(象)"用于介引比较对象,来源于譬况动词"像"(也写做"相")。如:

⑤ 往后没的又像李瓶儿,乞他害死了罢。(金·75·1132)

⑥ 我说恁大年纪,描眉画鬓儿的,搽的那脸倒相腻抹儿抹的一般,干净是个老浪货!(金·79·1225)

⑦ 汤他这几下儿,打水不浑的,只像斗猴儿一般。(金·83·1275)

⑧ 晁大舍那时光景,通相任伯高在玉门关与班仲升交代一般,左陪礼,右服罪,口口说道:"我也只愿你两家和美的意思,难道我还有甚么向他的心不成?"(醒·3·42)

以上例⑤"像"用于譬况动词,例⑥至例⑧譬况动词用于"像(相)……一般"结构中表示比喻,而"像"用于介引比较的用法直接来源于用于"像……一般"结构中的譬况动词的用法。

4.2.6 交与介词

4.2.6.1 合(和)、合着

介词"合(和)"《金》110例,写做"和";《醒》出现932例,其中有912例写做"合",

只有 20 例写做"和";《聊》569 例,其中写做"合"531 例,写做"和"38 例。"合着"只《聊》1 例。

4.2.6.1.1 介引交与对象

"合(和)"用于介引交与的对象,主要用于与非单方的动作行为动词(如商议、往来、相处、相约等)组合。如:

① 次日,带了许多任上的吃物,自己又到监中和珍哥商议,珍哥甚是不舍。(醒·14·212)

② 到家时和你算账,把畜生剥皮抽筋!(聊·蓬·1079)

③ 高宅和他有老亲戚,用不着我说名望。(聊·襄·1162)

④ 迎上前和那人顶头子撞见,就是那华山上题诗的那少年。(聊·蓬·1085)

⑤ 少时相公出去,拿进一壶酒来,又安排的酒肴,也是自己端来,和娘子吃酒。(聊·蓬·1086)

⑥ 狄员外说:"程乐宇为人,合他相处了这些年,倒也没有见他有甚么难相处的事……"(醒·33·486)

⑦ 狄婆子说:"我来时合你爹约下明日赶后晌押解着你到家……"(醒·40·594)

⑧ 破单衣合我熟,久下来妄想全无,并不知世间有绵裤。(聊·墙·848)

⑨ 不说张鸿渐夫妻欢喜,且说李鸭子的丈人赵鬼子,是人家的马夫,奉着他主人的差,从河间府回来,合着张官人宿在一座店里。(聊·富·1335)

4.2.6.1.2 介引言谈对象

① 只像那里揳了分儿一般,睁着眼和我两个叫。(金·48·633)

② 待我没了,你先去和晃邦邦说……(醒·53·771)

③ 你在这里待会子,我再瞧个空子和他说。(聊·姑·870)

④ 这两日正待合军门老爷讲了,差家丁问你家要去哩。(醒·67·966)

⑤ 又将他前向一切事情,都合他说了一遍,都与他梦中所见不差。(醒·100·1431)

⑥ 你是大的,借重你合小二子说说。(聊·墙·835)

⑦ 你看我呀,就忘了合爹说,王银匠来要钱。(聊·墙·848)

⑧ 张讷,你且去吃饭的,我这里再合您娘讲讲款。(聊·慈·906)

4.2.6.1.3 介引比较对象

"合(和)"用于介引比较的对象,都是表示等同与否的比较。如:

① 老田也到了那里,也赏的合我一样。(醒·45·665)

② 计巴拉一五一十告诉他做的那梦,合晃夫人梦的一点儿不差。(醒·

30·447)

③ 他娘说："价钱有几等说哩：带出去合不带出不同；或留在房里用，或大了嫁出去，又另一说。"（醒·84·1195）

④ 好个儿郎，好个儿郎，模子又好杆又强，脱个坏来就不和人一样。（聊·蓬·1091）

⑤ ……挂榜之日，合我嘴脸一般，还陪了许多妄想，听了无穷的抱屈，耳边聒噪，我却怕他做甚么？（戏·闹·823）

⑥ 万头攒聚不通风，汗蒸人气，腥臊万种，便合那听热审的囚徒一样同。（戏·南·825）

⑦ 到老来无人奉养，就合那牛马相同。（聊·墙·829）

⑧ 如今都是叫爷叫奶奶，就合那真果的一样。（聊·墙·855）

4.2.6.1.4 介引为替对象

"和"用于介引为替对象《金》中出现 2 例：

① 西门庆道："我这几日不是要迟你，只等你寻下房子，一搅果和你交易……"（金·56·758）

② 前日老檀越饯行各位老爹的时，悲怜本寺废坏，也有个良心美腹，要和本寺作主，那时诸佛菩萨已作证盟。（金·57·772）

以上两例与"与"用于介引为替对象的用法相当。

4.2.6.1.5 介引授与对象

"和"用于介引授与对象《金》中出现 6 例：

① 今日门外去，因须南溪新升了新平寨坐营，众人和他送行。（金·35·455）

② 西门庆与他买了两匹红绿潞绸、两匹绵绸，和他做里衣儿。（金·37·485）

③ 晚夕三位娘子摆设酒肴，和西门庆送行。（金·55·740）

④ 翟谦交府干收了，就摆酒和西门庆洗尘。（金·55·741）

⑤ 月娘一面教众人收好行李及蔡太师送的下程，一面做饭与西门庆吃。到晚，又设酒和西门庆接风。（金·55·748）

⑥ 伯爵失惊道："真个他来和哥陪不是来了？"（金·69·999）

4.2.6.1.6 介引师从对象

"合"用于介引师从对象《聊》中仅出现 1 例：

① 兄弟说："你读书是合谁？"（聊·慈·913）

4.2.6.1.7 介引范围

"合（和）"除了用于对象介词外，还有一种用法，即用做范围介词，与包含介词

"连"相当。这种用法在近代汉语中较为常见(参看冯春田 2000/2003:92～110),但《金》、《醒》、《聊》中则仅出现 1 例:

① 晁凤说:"这族里就只七爷一位,别说换在谷里,就不换,合俺也送得起两石谷与七爷吃……"(醒·32·473)

4.2.6.2 同、同了、同着

"同"《金》出现 190 例,《醒》120 例,《聊》12 例;"同了"《金》、《聊》无用例,《醒》出现 78 例;"同着"《金》无用例,《醒》出现 34 例,《聊》出现 3 例。

4.2.6.2.1 介引交与对象

① 那经济得不的一声,同玳安一路送去了。(金·46·607)

② ……好歹同众位娘并桂姐、银姐,请早些过去罢。(金·45·592)

③ 即使人备了马,即同晁家家人来到厅上坐下。(醒·3·35)

④ 问说:"你如何不同妻去,却同妾去?"(醒·12·181)

⑤ 原来这人姓周名希震,字景杨,湖广道州人,一向同一个同乡郭威相处。(醒·84·1202)

⑥ 到了次日,二位相公同一干人犯起了身。(聊·寒·1025)

⑦ 吃了不多两杯酒,用过了饭,同着陈少潭、狄员外去看狄希陈……(醒·67·961)

⑧ 二相公同着四邻去央他,安心给他一百银子,打发他去。(聊·翻·980)

4.2.6.2.2 介引当对对象

① 原差押汪为露在原旧行殴处所同众与程相公陪礼。(醒·35·522)

② ……叫晁大舍同了计家众人跪在当面,写立服罪求饶文书。(醒·9·134)

③ 汪为露说:"你同了众人情愿借墙与我,你对了老爷又是这般说话。"(醒·35·523)

④ 我也顾不得的甚么不体面,同着列位高邻同过往的乡里说个明白,我死了,好替俺那个穷老子、穷哥做做证见。(醒·8·122)

⑤ 我同着这们些亲戚,合他家的这们些管家们都听着。枉说了人,也不当家!(醒·9·135)

⑥ 童奶奶道:"你呀,我同着你大舅不好白拉你的……"(醒·85·1207)

⑦ 当下同着沈大姨立了分书。(聊·姑·879)

"同"、"同了"、"同着"用于介引当对对象,表示动作行为施行时出现的第三方,即当对对象,不是动作行为的发出者,而是旁证者,用法与"当"相当。

4.2.6.2.3 介引言谈对象

① 狄员外同他娘子说道:"我们相处了整整的十年,也再没有这等相契的了;但只恐怕他还要回去,所以不敢便许。"(醒·25·375)

4.2.6.2.4 介引求索对象

① 今日和祝麻子到我家,央我同许不与先生那里借三百两银子,央我和老孙、祝麻子作保。(金·42·550)

② 老吴婆子说:"好奶奶,这还待怎么? 同奶奶要多少才是够,可也要命担架呀。"(醒·49·721)

"同"、"同了"、"同着"在《歧》、《儿》中除了可以用于介引交与对象外,偶尔也用于介引言谈对象和当对对象。如:

③ 那女子听了这话,笑了一声,道:"你这人越发难说话了! 你方才同我在悦来店对面谈了那半天,又不隔了十年八年,千里万里,怎的此时会不认得了……"(儿·6·81)

④ 你们爷儿三个就去收拾起来,我同我这妹妹再多说一刻的话儿。(儿·10·144)

⑤ 只是这四百两银子,同了姑娘说明,私揭弄成官债,心中也有几分爽快。(歧·61·565)

⑥ 孝移不料潜斋肯去,不过同端福儿说过这话完事。(歧·3·21)

⑦ 说完,往前边账房同阎相公说话去。(歧·4·34)

⑧ 王中叫到客房里,同阎楷讲明价值。(歧·13·144)

4.2.6.3 同和(同合)

"同和(同合)"是"同"、"和(合)"连文形式,《金》、《醒》各出现1例,用于介引交与对象。如:

① 伯爵道:"常二哥蒙你厚情,成了房子,无甚么酬答,教他娘子制造了这螃蟹鲜,并两只炉烧鸭儿,邀我来同和哥坐坐。"(金·61·847)

② 你同合他进去了不曾? (醒·10·146)

4.2.7 当对对象介词

当对对象介词包括介引所当对象介词和介引所对对象介词。所当对象即动作行为施行时的第三方,即旁证者;所对对象即动作行为所朝对的对象,即目标。《金》、《醒》、《聊》这类介词主要有"当了"、"当着"、"朝"、"朝了"、"朝着"等。

4.2.7.1 当了、当着

"当了"、"当着"用于介引当对对象,其中"当了"《金》、《聊》无用例,《醒》7例;"当着"《金》、《聊》无用例,《醒》7例,另有1例用于介引所当的时间。如:

① 偏生要在出殡那日,坟上当了众人取了他来。(醒·42·612)

② 高相公当了乌大王,偏会一刀刺死;当了那乌大王降伏的夫人,抖搜成一块,唬得只溺醋不溺尿。(醒·62·889)

③ 白姑子道:"也待我打开这封,当了狄大嫂的面看一看……"(醒·64·919)

④ 这人也不及回避,当了席上许多客人高声通说,人所皆知。(醒·73·1042)

⑤ 当了寄姐,任那小珍珠少饭无衣,寒餐冷宿,口也是不敢开的。(醒·79·1125)

⑥ 狄大嫂,你当着我在这里把话说开,你也再休絮叨,把这银子的事丢开手罢。(醒·64·921)

⑦ 不知他待禀甚么。他只说他汉子没天理,拿着老公的银子养活了他这们些年,不报老公的恩,当着太太的寿日顶撞老公,叫老公生气。(醒·70·1005)

⑧ 素姐道:"吕祥,你当着我叫的那童老娘合那奶奶这们亲哩!"(醒·86·1222)

其中例①至例⑥、例⑧用于介引当对对象,例⑦用于介引所当时间。

4.2.7.2 朝、朝了、朝着

"朝"《金》出现17例,《醒》21例,《聊》11例;"朝了"《金》、《聊》无用例,《醒》11例;"朝着"《金》2例,《醒》7例,《聊》5例。如:

① 薛如兼也没虚让一让,沉沉的接将过来,放在袖内,朝上又与丈母作了两揖。(醒·44·641)

② 然后抬到东山墙下,朝西坐着。(醒·59·848~849)

③ 老爷要领着一家人朝上参拜。(聊·富·1367)

④ 薛三省娘子朝着薛如卞的窗户问说:"大哥,怎么样着?去呀不?"(醒·73·1046)

⑤ 害头痛也不问他甚不甚,脸儿朝墙泪珠儿纷纷,我是那辈子瞎了眼,就嫁你这个强人!(聊·翻·946)

⑥ 朝着狄希陈戳了两拜,千恩万谢,到后堂依旧坐了肩舆,还是胥感上、毕腾云两个快手送去。(醒·96·1371)

⑦ 相公恍然大悟,跳起来朝着道士磕了顿头,说:"师傅,我懂过来了……"(聊·蓬·1096)

⑧ 千枝万叶齐开放,重重叠叠有三丈高,朵朵都朝着娘娘笑。(聊·蓬·1100)

⑨ 关爷朝着玄德双膝跪下,大叫一声:"哥哥!"(聊·快·1134)

⑩ 又过了三日,狄希陈从茅厕里解手回来,一边系那衣带,一边看了个老鸦

在房脊上朝了狄希陈怪叫……（醒·100·1426）

例①至例③介引方向,例④至例⑩介引所对对象。在《儿》中,"朝"还可以用于介引言谈对象,仅1例:

⑪ ……如今就是邓九太爷朝你们说咧!（儿·31·560）

4.2.7.3　向、向了、向着

"向"《金》出现425例,《醒》93例,《聊》89例;"向了"、"向着"只出现在《醒》中,其中"向了"4例,"向着"7例。

4.2.7.3.1　处所、方向介词

4.2.7.3.1.1　介引方向

① 一面伸了头向东望,回转头来,不见道人去向,方知道士不是凡人。（醒·90·1290）

② 二相公竟不进内宅,在门里停过时,出门向南好跑。（聊·寒·1053）

③ 那短命太阳疾似流梭,渐向西方错。（聊·戏·南·826）

4.2.7.3.1.2　介引所止处所

① 这可再向那里去叫冤的!（聊·寒·1027）

② 二郎爷差了一员神将,向南海去取圣水,吩咐殿下伺候。（聊·寒·1064）

③ 深宅大院的,相公不肯出来,我们却向何处寻得?（醒·12·176）

④ 不免装了一个皮狐,压在他的身上,压得他头昏脑闷,脚困手酸,却向他床上搜检铜钱。（醒·92·1318）

⑤ 忽然自笑,怕也难逃,恹头搭脑,只得向法场捱一刀。（聊·戏·南·825）

⑥ 虽然口里没有气,将来未定死与活,一只手常向怀中摸。（聊·寒·1067）

⑦ 每日家不离娘娘左右,忽叫俺向凡间露面出头,这意思好叫人参想不透。（聊·蓬·1085）

⑧ 却只是天已黑了,我可向何处投宿?（聊·磨·1421）

4.2.7.3.1.3　介引所当处所

① 幼年向雪案攻书,长大在金銮对策。（金·10·113）

② 才向腰间惊细柳,又于裙下见金莲……（聊·丑·1143）

③ 于是向月娘面前,花枝招展,绣带飘飘,插烛也似磕了四个头。（金·20·249）

④ 向花前畅饮,月下欢笑。（金·46·600）

⑤ 晁大舍向他脖子下挠了几挠,那猫眯风着眼,呼卢呼卢的起来。(醒·6·89)

⑥ 那些人那有个敢说他不该领了许多人,不分内外,往他卧房,又向他妇人身上搜的话?(醒·11·164)

⑦ 金亮公把小献宝着实数落了一顿,又再三向魏才面前委曲解劝……(醒·41·600)

⑧ 众香头在晁夫人祠堂内烧了回香,一齐祷告,说:"前日在山上时节,已向娘娘面前再三恳祈,望娘娘保祐乡里风雨调和。"(醒·93·1332)

⑨ 寄姐原是京师活泼妇人,在官衙幽闭日久,恨不得有个外人来往,借此解闷消愁,也就向狄希陈面前撺掇,叫请他进衙款待。(醒·95·1357)

⑩ 只得且磨陀,只得且磨陀,共向街头坐,行人渐渐多。(聊·襄·1155)

⑪ 当不得张茂实的母亲贤惠,满口说他儿子的不是,再三向了亲家母面前伏礼,智姐的娘也便纳住了气,同了张茂实来到狄家。(醒·62·895)

4.2.7.3.1.4 介引所由,所始处所

① 那桂姐即向夹道内进里边去。(金·74·1090)

② 便向茄袋里取出来,约有一两一块,递与王婆子,交备办酒食。(金·3·46)

③ 那士兵向前唱了一个诺,便向身边取出家书来交与王婆。(金·8·98)

④ 向袖中取出,递与西门庆。(金·17·205)

⑤ 这安童向怀中取状递上。(金·48·625)

⑥ 便向腰中抽出一张票来,给那张讷看。(聊·慈·921)

⑦ 晁源自问自答的向头上拔下那只簪来,又掇过一个拜匣开将来,递出那网圈、缅铃、胡珠,送在晁夫人手内。(醒·17·253)

⑧ 假饶儿子长成,讨的一官半职,也先向上头封赠起。(金·57·771)

"向"用于介引处所,可以表示所止、所当、所由和所始处所。其中,用于介引所止处所时,其动词一般具有趋向性,如这组用例中的例①、②介宾修饰趋向动词"去",而例③至⑧中的动词尽管不具有较明显的趋向性,但介词的宾语都是动作行为所趋向的处所,也就是最终目的地。而用于介引所当处所,其中例①"向"与"在"构成对仗,例②"向"与"于"构成对仗,"向"很明显与"在"、"于"的功能相当。但"向"用于介引所当处所时,还含有"往"的语义特征,也就是说,"向"不仅包含"所当",而且还包含"所往"的过程。这与"往"、"到"的用法都有一定差别。"向"用于介引所经由处所中的例①,试与下句比较:"慌的玳安替他抱毡包,说道:'桂姨打夹道内进去罢……'"(金·74·1090),同章同页表义相同的句子却分别用了不同的介词"向"和"打",这说明在例①中"向"的用法与"打"相当。"向"用于介引所始处所,其用法与"从"相当。其中

"向"用于介引所始处所时,所修饰的一般是"取"类动词,如"取"、"抽"等,而且在用"向"介引处所的例子中,谓语所表示的动作行为一般都包含了"所往"和"所始"两个过程,这也是"向"与"从"用于介引所始处所的差别。

4.2.7.3.1.5 介引时间

① 这向后子孙世世,成了贴壁紧邻。(聊·翻·1014)

② 向后我也学你的字样,替你代劳可也。(聊·蓬·1090)

③ 除上我向后叫爷爷奶奶,就中了状元是待怎么?(聊·蓬·1094)

④ 委实是儿的不是,我向后再不敢了。(聊·富·1326～1327)

4.2.7.3.1.6 介引对象

A. 介引言谈的对象

① 晁大舍将童定宇的来历向禹明吾扣问。(醒·4·48)

② 晁大舍、晁住都齐向晁住媳妇埋怨。(醒·8·112)

③ 再三向狄周媳妇合调羹手里打听。(醒·65·927)

④ 张茂实家去取衣,狄希陈向李旺请问价钱。(醒·65·937)

⑤ 我昨日又打听出一件事来还没得向你告诉,却也不知是真是假。(醒·98·1393)

⑥ 向内问介:"老社兄写完了么?见教见教。"(聊·戏·闹·821)

⑦ 方且早晚合冷热,怎么好向媳妇言?(聊·墙·835)

⑧ 明日起来,舜华便向官人着实嘱咐。(聊·富·1292～1293)

⑨ 床上哇哼,床上哇哼,满怀冤屈向谁明?(聊·姑·877)

⑩ 亏了公子还相爱,设或淹死在深湾,这冤可向何人辨?(聊·翻·964)

⑪ 素姐也向了家人们问他娘家的事体,又问龙氏曾合狄希陈嚷闹来没。(醒·100·1420)

⑫ 向着自己的家人说道:"你不往晁爷家里摆祭,你哄着我城隍庙来!"(醒·18·268)

⑬ 大尹向着晁夫人说:"将那个怀孕的女人叫出来,待我一看。"(醒·20·302)

B. 介引求索对象

① 想起昔日向钱铺赊一二百文,千难万难;向人借一二金,百计推脱。(醒·1·5)

② 说及华亭的事体,原要向苏、刘二锦衣求书,不知有了这等变故出来,今却再有何处门路。(醒·8·108)

③ 到了次日,珍哥向晁住要揹来与计氏的这些东西。(醒·8·112)

④ 侯小槐听说,又向魏氏抠索出三十多两银子,同了魏才来到省城布政司里递了援例状子……(醒·42·623)

⑤ 众书吏明白,向学道乞恩。(醒·50·727)

⑥ 晁思才把他那房子合乡间典出去的地都向典主找了银子,将那不曾典的地都卖吊了与人,把银子都扣在手内。(醒·57·822)

⑦ 一时间没处弄钱还他,想得母亲曾向晁梁赖得有钱一千,待要好好的问他母亲要用,料得母亲断是不肯……(醒·92·1318)

⑧ 尤聪、吕祥两个饿鬼,都来向狄希陈索命。(醒·100·1430)

⑨ 那老王忘八羔,长钱迷害钱痨,如今向咱把钱要。(聊·寒·1042)

C. 介引所当对者

① 向月娘众人作了揖,就拉过大姐,一处坐下。(金·52·703)

② 西门庆归到卷棚内,看着收拾灯坛,见没救星,心中甚恼,向伯爵坐的,不觉眼泪出。(金·62·876)

③ 晁大舍又向童定宇拱手称谢,分付收了礼。(醒·4·47)

④ 但是向了人低声下气,称呼他"爷",然后问他,他自然有人和你说知所以。(醒·77·1098)

⑤ 就是小,有眼泪也不该向我们女孩儿流哇!(儿·5·66)

例①至③介引所对对象,例④、⑤介引当对对象。

D. 介引交与对象

① 又嫌老计父子村贫,说道:"不便向高门大宅来往!"(醒·1·7)

② 下了马,与珍哥同向众人相见。(醒·1·11)

③ 幸得狄宾梁为人甚好,乡庄人都敬服他,又且儿子是个秀才,没人敢说他是李九强的主人,向他琐碎,然也不免牵着葛条,草也有些动弹。(醒·48·698)

④ 人势众大,只好装聋作哑,你敢向那一个说话?(醒·73·1040)

⑤ 骂畜生太不该,我说休抬只是抬,抬杀人待向何人赖?(聊·墙·851)

E. 介引授与对象

① 我才不顾生合死,我来向阎王把状投,谁知又把非刑受。(聊·寒·1060)

"向"用于介引言谈对象时与"对"相当,用于介引所对者时与"对"、"当"相当,但与"对"比较起来,"向"不像"对"那样对时间和场合有着现时性的约定。"向"用于介引求索对象时"向N"只与"借"类动词组合,如"借"、"求"、"要"、"抠索"、"乞"、"找"、

"赖"、"索"等,表示从介词宾语那里获得或暂时获得某物品,其用法与"问"介引求索对象的用法相当。介引交与对象用法中的"向 N"所修饰的动词具有交与性,如"来往"、"相见"、"琐碎"(方言,相当于"找麻烦")、"说话"、"赖"等,所以"向"所介引的对象就是交与对象,用法与"与"、"同"的用法相当。介引授与对象用法中的例①"向阎王"与授与动词"投"组合,"向阎王"可以后置,即演变成"我来把状投向阎王",其中"阎王"是授与对象。"向"用于介引授与对象仅见《聊》1 例。

另外,"向"用于介引方向、处所或对象时一般"向 N"用在谓语动词前,少数例子也可以用在谓语动词后。如:

① 又吃了几口酒,就讨温茶来漱净口,睡向床上去了。(金·53·713)

② 西门庆骂道:"怪狗才东西,教他递酒,你斗他怎的!"走向席上打了他一下。(金·32·416)

③ 他放心大度一连在孙兰姬家住了两日,狄周寻向那里催他起身,他那里肯走。(醒·40·583)

④ 狠一狠,死向黄泉,合他到阎王跟前分个青红白皂!(醒·3·39)

⑤ 你爹在逃,你爹在逃,不知逃向那去了。(聊·富·1295)

⑥ 漫吐芳心说向谁? 欲于何处寄相思? (金·28·362)

4.2.8 言谈对象介词

介引言谈对象的介词"对"《金》552 例,《醒》131 例,《聊》99 例;"对着"《金》47 例,《醒》93 例,《聊》15 例;"对了"《金》、《聊》无用例,《醒》39 例。

4.2.8.1 介引言谈对象

① 夫人道:"谁肯对咱说? 这是媳妇子们背地插插,我绰见点影儿。"(醒·7·95)

② 对你说休要害冷,走热了自然舒坦。(聊·墙·838)

③ 大成唬了一惊,嘱咐他休对他娘说。(聊·姑·866)

④ 张讷也就挣了一挣,不得不对他娘说。(聊·慈·915)

⑤ 等了许多时,出来个小学生,对他一一通姓名。(聊·富·1288)

⑥ 我去墙西,我去墙西,对你叔们哥们知。(聊·富·1336~1337)

⑦ 狄周到了后边,对了狄员外的娘子夸说不了,说道:"必定是个神仙。"(醒·29·427)

⑧ 叫我说:"你有甚么冤屈的气,你可对着我一五一十的告诉告诉,出出你那气么?"(醒·10·147)

⑨ 大成来家,二成来打听,知道那地回了来了,对着臧姑说。(聊·姑·887)

⑩ 那苦情话儿说不出口来,对着人也是难学,也是难学。(聊·慈·900)

⑪ 魏名见他没动静，又对着仇福着实条陈那不分的利害。（聊·翻·943）

"对"、"对了"、"对着"介引言谈的对象，主要与"说"类动词组合，如"说"、"问"、"夸说"、"告诉"、"学"、"条陈"等，其中例⑥的"知"也就是"说知"，也是"说"类动词。"对"在介引言谈对象时一般可以与"向"替换，但"对"多用于表示现时、现场的动作行为中，而且带有很强的方向性。"对"也一般用于"对……说"的结构中，如例⑤"对他——通姓名"这样的用法很少见。在现代汉语中，这样的格式是用"向"来表达的。这也说明"对"和"向"在介引言谈对象时也有一定差别。

4.2.8.2 介引当对对象

① 要着是我，怎教他把我房里丫头对众掕恁一顿掕子！（金·44·580）

② 吕祥将养好了，仍旧带了锁镣街上讨饭，恨李驿丞捻他出来，对人面前发恨，称言务要报仇。（醒·88·1261）

③ 对人望你想着我，想着我，对我望你把别人忘了。（聊·富·1307）

④ 他对着家中大小，又骂爹和五娘。（金·25·316）

⑤ 金莲道："他刚才袖着，对着大姐姐不好与咱的，悄悄递与我了。"（金·52·704）

⑥ 就是刚才对着大官儿，我也没曾说甚歹，这般泼口言语泻出来！（金·75·1116）

⑦ 为甚么对着人自家砍自家的胳膊？（醒·66·947）

⑧ ……若有眼，对着娘娘还敢坐着？（聊·磨·1486）

⑨ 老王见他倔得狠，把那块木头乱拍打，怎么对着本县骂？（聊·寒·1022）

⑩ 又不与他，又不嫁他，无休无歇的对了他打那丫头……（醒·44·644）

⑪ 反对主子面前轻事重报，惹的走来平白把恁一场儿。（金·11·125）

⑫ 回来对素姐面前，只说佗嫁人去讫，小翅膀就半路没了。（醒·76·1084）

⑬ 见狄希陈不来上学，另请了程乐宇坐馆，对了人面前发作，要在路上截打狄宾梁父子，要截打程乐宇……（醒·35·520～521）

⑭ 常对了小选子合张朴茂面前发作，说道："寻全灶与我做媳妇儿，不知怎么算计，变了卦不给寻了……"（醒·84·1200）

"对"、"对着"、"对了"用于介引当对对象，表示动作行为施行时的第三方即旁证者，可与"当"相替换，并且可以用于"……的面前（面）"的格式中，如例②、例⑪至⑭。

4.2.8.3 介引交与对象

"对"用于介引交与对象只《金》中1例，用法与"同"相当：

① 何九道:"小人是何等之人,敢对大官人一处坐的!"(金·6·68)

4.2.8.4 介引求索对象

"对"用于介引求索对象只《金》中1例:

① 只为扬州盐商王四峰,被安抚使送监在狱中,许银二千两,央西门庆对蔡太师讨人情释放。(金·25·315)

4.2.9 求索对象介词

介引求索对象的介词"问"《金》166例,《醒》135例,《聊》26例。

4.2.9.1 介引求索的对象

① 他家如法做得好炊饼,我要问他买四五十个拿的家去。(金·2·33)

② 西门庆道:"你没银子,拿簪子问我手里当,也是一般。"(金·11·122~123)

③ 因问李瓶儿查算西门庆那边使用银两下落,今剩下多少,还要凑着添买房子。(金·14·170)

④ 你来家该摆席酒儿,请过人来知谢人一知谢儿,还一扫帚扫的人光光的,问人找起后帐儿来了!(金·14·171)

⑤ 你不接济他这一步儿,交他又问那里借去?(金·51·670)

⑥ 一面教春梅问如意儿挤了奶来,用盏儿盛着,教西门庆吃了药,起身往前边去。(金·79·1224)

⑦ 又预先问镇守刘游击借下三十匹马,二十四名马上细乐。除自己家里的鹰犬,仍向刘游击借了四只猎犬,三连鹰叉。(醒·1·11)

⑧ 要依着我的主意,还要问他倒着银子哩!(醒·14·211)

⑨ 问他丈人告助,那生意人割舍不的多给,只给了五两……(聊·姑·883)

⑩ 二姐说:"他唱词你听了,问你讨些赏赐,买胭粉搽。"(聊·增·1617)

⑪ 一面叫玳安问冯妈妈开门。(金·16·190)

4.2.9.2 介引言谈对象

"问"介引言谈对象,《醒》、《聊》各1例,《歧》有1例,如:

① 狄希陈得了这套衣裳,就如拾了万锭元宝,再三问张茂实请价。(醒·65·937)

② 王银匠问我言,人家使着咱大些钱,他说该弄个虚体面。(聊·墙·854)

③ 绍闻道:"我心里有事,还要问你领个教儿……"(歧·27·254)

"问"在介引宾语时,只介引人来充当宾语。这与"问"来源于动词"问(询问)"有关,一般只有有生命、可言语的生物也就是"人"才能是"询问"的对象,所以介词"问"受其语源的影响,也带有这样的语法特征。其中,"问 N"与"获得"类动词(如"借"、

"买"、"倒"、"讨"、"要"等)组合时,表示从介词宾语那里获得某物品,即"问"用于介引求索的对象;而当"问 N"与一些方向性不明显的动词,如"查算"、"找后帐"、"当"、"挤"、"告助"、"开门"等组合,这些动词进入"问"句中也临时获得了"获得"类动词的特性,即借入性。而当"问 N"与言谈类动词(如"言"、"领教"等)组合时,其所介引宾语则为言谈对象。

4.2.10 师从对象介词

"跟"《金》2 例,《醒》3 例,《聊》3 例;"跟着"《金》无用例,《醒》3 例,《聊》2 例;"跟了"只《醒》1 例。

4.2.10.1 介引师从对象

① 你若还要读书,后来进了学,你只跟他读一句"赵钱孙李",他也要诈你个肯心,再没有不成仇敌的。(醒·26·380)

② 狄宾梁是个不识字的长者,看长的好人,不因那儿子不跟他读书,便绝了来往;只除了脩仪不送,其余寻常的馈遗,该请的酒席,都照旧合他往来。(醒·35·521)

③ 人家好好的尺头、鞋袜、金扇、手巾、五两银子,两三抬食盒,爷儿两个自己送上门来,就是见在跟你读书,也不过如此。(醒·39·577)

④ 乜是我二妹子跟我学了两套,每日等皇帝,那皇帝也不来了,多管是闷极了,合丫头们弹。(聊·增·1627)

⑤ 且是薛如兼一过新年,与巧姐俱交十六岁,薛夫人恐怕巧姐跟着素姐学了不好,狄婆子又因自己有病,一家要急着取亲,一家要紧着嫁女,狄婆子自己不能动手,全副都是调羹料理。(醒·56·813)

⑥ 任前德出去说道:"我说的话,奶奶,你听见来?你就跟着我这们说。"(醒·71·1011)

⑦ 我待还跟着汪先生去读书哩。(醒·33·488)

⑧ ……我也曾跟着他学筝来。(聊·增·1657)

⑨ 你就是个老师,俺就跟着你学罢。(聊·磨·1374)

⑩ 那邻庄人见他这庄上人心坚固,所用者少,所保者大,那大姓人家也只得跟了他学,所以也存住了许多庄户。(醒·32·465)

4.2.10.2 介引交与对象

① 伯爵道:"我跟你爹在他家吃酒,他还小哩。这几年倒没曾见,不知出落的怎样的了。"(金·58·784)

② 我家差几个人,跟他即时把行李都搬来了。(金·71·1022)

③ 娟娟去后掩房门,(他两个)跟我就在乜床头困。(聊·富·1365)

④ 可怜未成人,跟我在这里头受!(聊·磨·1408)

"跟"在《金》、《醒》中都有用于动词的用法。如：

⑤ 玳安打发抬轿的酒饭吃了,跟送他到家,然后才来,同琴童两个打着灯儿,跟西门庆家去。(金·42·558)

⑥ 嘱付他父母:"你老公母回去罢,我跟奶奶和姐姐府中去也。"(金·99·1487~1488)

以上例子中的动词"跟"含有"跟随"之义,而用于介引师从对象的介词"跟"也保留了"跟随"的部分语义特征,如以上例①至例⑩,"跟"作为实词的语法功能已经弱化了,但仍然可以用实词"跟随"来进行替换。这说明,介词"跟"来源于动词"跟(跟随)"。而用于介引交与对象的用法,则是从介引师从对象的用法进一步引申而来的。

"跟"在《歧》里不用于介引师从对象,但可以用于介引交与对象、言谈对象和比较对象。如:

⑦ 惠养民道:"我跟咱哥对脸坐着,难说我就没见,偏偏你就看见了?"(歧·40·368)

⑧ 虎镇邦把色盆一推,说道:"他跟你是一家人,这些古董话,叫我听哩!"(歧·58·541)

⑨ 惟俺家这宗闹法,原是我那个老婆不贤良,兄弟们也难以跟他一院里住,这是实话。(歧·68·656)

⑩ 书也不是怎般死读的,你不信,你跟先生商量。(歧·3·21)

⑪ 明日治一份水礼,看看姑娘,我跟姑娘商量。(歧·3·27)

⑫ 茅拔茹道:"你没在家,出门七八天,我跟谁说话哩?"(歧·22·214)

⑬ 王氏道:"这几个人我是知道的,果然待咱这一家子,死了跟活着总是一样子,我如今看出来是真的。"(歧·100·930~931)

⑭ 大舅子跟谭贤弟一样,中了个副榜,将来有个佐杂官儿做做。(歧·102·955)

4.3 时间、处所介词

《金》、《醒》、《聊》中出现的时间、处所介词共 44 个,可以分为两大部分:时间介词和处所介词。时间介词包括:(1) 所当时间介词;(2) 起始时间介词;(3) 正当时间介词;(4) 终止时间介词;(5) 时点介词;(6) 临近点介词;(7) 时机介词;(8) 经过介词,等等。处所介词包括:(1) 起始处所介词;(2) 所在处所介词;(3) 所到处所介词;(4) 临近处所介词;(5) 方向介词;(6) 经由和沿循介词,等等。我们分析时也大致按以上分类进行分析。但这类介词一般都兼有时间和处所两种功能,如"在"、"到"、"从"、"自"等,所以在分类时按照某个介词的主要功能进行分类。

时所介词统计表

		金	醒	聊
所当时间介词	当	0	3	0
起始时间介词	自	74	25	23
	从	386	595	363
	自从	115	64	45
	一自	0	0	4
	自赶	0	0	1
	一从	1	0	0
	从就	0	1	0
	齐	1	8	0
临近时间介词	头/投	5	3	0
	投到	2	0	0
时机介词	赶	39	21	1
	赶着	14	16	2
	趁	49	33	3
	趁着/趁子	14	24	1
	乘	5	29	0
	乘着	1	9	0
所当处所介词	着$_2$	1	0	13
	就	11	4	5
	在于	4	0	0
所止处所介词	上	19	0	27
	到在	0	1	0
	到于	2	0	0
	到往	1	0	0
	往到	1	0	0
方向介词	望	67	3	17
	望了	0	2	0
	望着	28	70	2
	往	717	965	240
	照/炤	8	77	18
	照了	0	10	0
	照着	1	39	18

		金	醒	聊
经由介词	由	14	35	6
	打	97	17	10
	打从	2	0	0
	漫/瞒	0	0	3
	行	1	0	0
	顺	1	0	1
	顺了	0	3	0
	顺着	5	3	2

4.3.1 所当时间介词

"当"只出现在《醒》中,共 3 例:

① 那时又当太平时节,沿路又不怕有甚盗贼凶险;回想再得一二十日程途,就回到本乡本土去了,好生快活。(醒·18·258)

② 晁无晏并吞了晁近仁的家财,正当快活得意的时节,那晓得钻出一个奚笃的老婆郭氏来,不惟抵盗的他财物精光,且把个性命拐得了去。(醒·57·818)

③ 正当嚷骂中间,衙门击梆传事,说已请得医官来到。(醒·95·1349)

4.3.2 起始时间介词

4.3.2.1 自

《金》74 例,《醒》25 例,《聊》23 例。

4.3.2.1.1 介引所始时间

① 于氏自那日已后,越发厌恶珊瑚,来到近前,一句好气也没有。(聊·姑·863)

② 这童七自十二岁跟了父亲打造生活,学做生意,不觉一十八岁。(醒·70·995)

③ 再表应伯爵和西门庆两个,自打发常时节出门,依旧在厅上坐的。(金·56·761)

④ 那些囚妇都送到墙下说:"这些年,自有他进监,都吃他的残茶剩饭,不曾受的饥饿。"(醒·43·636)

⑤ 珊瑚自来了,于氏又疼他,他却不肯自尊。(聊·姑·882)

⑥ 自那日扎一簪,水合米不曾沾,旁里多少人来劝。(聊·翻·955)

⑦ 自离怀不曾见父,好像是从小便孤。(聊·富·1325)

4.3.2.1.2 介引所始处所

① 从八岁到十二岁,首尾五年,自"赵钱孙李"读起,倒也读到那"则亦无有乎尔"。(醒·33·483)

② 只是素姐那日自家中起身,并不曾说与一个人知道。(醒·88·1250)

③ 我自阴城得回还,不见我那兄弟心痛酸,亲娘呀,痛伤怀也不止你挂牵。(聊·慈·923)

④ 才自江东逃出命,又遇赵云耍老头。(聊·快·1127~1128)

⑤ 娘娘欢喜说异常,此树移来自何方,一丝丝教人心欢畅。(聊·蓬·1083)

4.3.2.1.3 介引方向

① 等了几日,可可的那个瞎子自东至西,戳了明杖,大踏步走来。(醒·76·1088)

4.3.2.1.4 介引视角

① 自我看来,一个儿着虎吃了,剩了一个儿,还着他来到这里,为娘的也就可知了。(聊·慈·929)

"自"介引方向少见。例①"自"介引"我"做宾语,但"我"并不是动作行为的对象,而表示"以我的观点看来",因此实际上"自"用于介引视角。而在《儿》中,"自"也可以介引人物做宾语,表示关涉范围的起点。如:

② 若论十三妹,自安太太以至安公子小夫妻张老老夫妻,又那个心里不想答报他……(儿·14·197)

③ 更何况今日我既有了这座祠堂,这里便是我的家了,自我无礼,断断不可。(儿·25·423)

④ 这大约总由于这一向因我家事机过顺,自我起不免有些不大经意……(儿·31·555)

⑤ 为今之计,必须及早把我家这些无用的冗人去一去,无益的繁费省一省,此后自你我起,都是粗茶淡饭,絮袄布衣,这才是个久远之计。(儿·33·593)

⑥ 师爷在二门以外,自安老爷以至公子是臭味与之俱化;师爷到了二门以内,自安太太以至媪婢,是耳目为之一新。(儿·37·706)

⑦ 你们可晓得那河工上的官儿,自总河以至河兵,那个不是要靠那条河发财的……(儿·39·753)

⑧ 此时自安太太以下,都道老爷这一到家,为着公子出口,定有一番伤感,大家都提着全副精神应酬老爷……(儿·40·803)

以上"自"一般用于"自……起(以至)"结构,只出现在《儿》中,《金》、《醒》、《聊》、《歧》

都没有发现相关用例。

4.3.2.2 从

《金》386 例,《醒》595 例,《聊》363 例。

4.3.2.2.1 介引时间

4.3.2.2.1.1 介引所始的时间

① 从两个娶了妻,一个东一个西,老头子日日生闲气。(聊·墙·829)

② 听的爹来,从早晨望了几回哩。(聊·墙·832)

③ 前曾治别人,倒回头来从头子受。(聊·姑·875)

④ 张诚说:"你看俺哥哥,你从多咱就起来了?"(聊·慈·914)

⑤ 从媳妇离了房,着孩儿冏快快,行去带出愁模样。(聊·襄·1190)

⑥ 从大姐出了嫁,来家走了两次。(聊·翻·933)

4.3.2.2.1.2 介引所当的时间

① 因把甘来兴儿叫到面前,跪下执证说:"你从某日,没曾在外对众发言要杀爹?嗔爹不与你买卖做。"(金·26·326)

② 金莲道:"我在这里站着,他从多咱进去了?"(金·78·1202)

③ 看见韩道国,举手说:"韩西桥,你家老爹从正月间没了。"(金·81·1255)

④ 计巴拉从那一年计氏死的时节,这几副木头都是他看过的……(醒·30·448)

⑤ 姑子道:"从大清早的时候,傅惠合麦其心又一个不认得的走来,每人吃了我们的两碗粥去了。"(醒·22·334)

⑥ 从素姐进衙的次日,相栋宇自己到了童家见调羹说知此事,大家倒笑了一场,只猜不着是那个滥嘴的泄了机关,致他自己寻到这里。(醒·77·1100)

⑦ 不一时到了王庄,人都说他没在家,从春间上京去了。(聊·富·1288)

4.3.2.2.2 介引处所

4.3.2.2.2.1 介引所始处所

① 这个念头大差了,又从泥里到深湾,自己差却将何人怨?(聊·墙·830)

② 问他身从何处生?(聊·墙·840)

③ 于氏洗完,从珊瑚手里一把夺过来,甚么不自在。(聊·姑·862)

④ 忽然一日从外回来,张讷听说,流水跑来守着。(聊·慈·896)

⑤ 张讷那里穿衣服,张诚从书房里来,端相了端相,一把搂住说:"你是俺哥哥呀!"(聊·慈·912)

⑥ 要着他怕情儿从心坎里流出来,这才是会降。(聊·襄·1206)

4.3.2.2.2.2 介引所当处所

① 那妇人从楼上应道："奴却待来也！"（金·3·43）

② 于是从花园里游玩了一回，让至翡翠轩那里……（金·49·646）

③ 珍哥从梦中分明还是前日堂上坐的那个太公，举起杖来要打……（醒·3·42）

④ 你从家里钉了丁子一般，住这们一向……（醒·87·1241）

⑤ 他……走到床上，从床里褥子底下见了那个白绫小包依旧还在，就如得了命的一般……（醒·52·752）

⑥ 也合该有事，这一夜，李鸭子从东庄吃了酒来家，远远的望见一个人，跳过墙去。（聊·富·1313）

以上例①至⑥，介宾结构"从 N"所修饰的谓语动词是不可持续动词或存现动词，"从 N"表示动词行为所当的处所，与介词"在"相当。

"从"用于介引所当处所的用法，在现山东方言中（如济南等地）还在使用，例如可以说"从这里坐一会儿"、"从这里转转儿"等。

4.3.2.2.2.3 介引经由处所

① 见蓝氏去了，悄悄从夹道进来。（金·78·1213）

② 至二更时分，把马从后门牵出，作别方回家去。（金·78·1194）

③ 童七、童奶奶、狄员外、狄希陈、寄姐五个围着八仙方卓，传杯弄盏，吃至一更多天，方从角门散的去了。（醒·55·800）

④ 大成窘了，从他媳妇那夹肢窝里钻出去颠了。（聊·姑·876）

此外，"从"还有一例介引跟从对象：

⑤ 你领三千人从我去前边埋伏。（聊·磨·1528）

4.3.2.3 自从

《金》115 例，《醒》64 例，《聊》45 例。用于介引动作行为所始的时间。如：

① 自从你不在家，半个来月，奴白日里只和孟三姐做一处做针指，到晚夕早关了房门就睡了，没勾当不敢出这角门边儿来。（金·12·141）

② 自从那日因些闲话，见大娘紧门紧户，所以不耐烦走动。（金·83·1279）

③ 薛教授自从搬进去，人口甚是平安。（醒·25·373）

④ 又自从丁利国夫妇死的那日，衙中器皿自动，门窗自闭自开，狗戴了麻从吾的纱帽学人走。（醒·27·400）

⑤ 自从珊瑚去了，眼里倒也拔了钉子，可只是诸般的没人做。（聊·姑·871）

⑥ 虽然两树是同根,自从生下你,一别到如今,怎么还能把我认?（聊·慈·912）

⑦ 自从他姐姐来家,忽然又发变兴隆。（聊·翻·968）

⑧ 和你商量,和你商量,小生原无隔宿粮;自从娘子来,嘴儿才赶扯上。（聊·蓬·1092）

⑨ 自从离了俺,花边又柳边,想那里放风筝好自然。（聊·襄·1231）

4.3.2.4 一自

《金》、《醒》无用例,《聊》4 例。用于介引动作行为所始的时间:

① 一自归阴之后,上帝怜俺文章道义,擢为九幽三曹都判官。（聊·钟·818）

② 一自连朝发觉后,美人常当夜叉看。（聊·襄·1209）

③ 一自归来下雕鞍,入门笑说在娘前,母亲呀,不必常把儿挂牵。（聊·富·1347）

④ 一自元朝失政,天生火德临凡。（聊·增·1552）

4.3.2.5 自赶

《金》、《醒》无用例,《聊》1 例。用于介引动作行为的所始时间:

① 自赶吃了酒足饭饱,那衙役就像那十月里的柿子,不揽也就烘上来了。（聊·富·1317）

4.3.2.6 一从

《金》出现 1 例,《醒》、《聊》无用例。用于介引动作行为的所始时间:

① 李瓶儿笑道:"可霎作怪,一从许了谢土,就也好些……"（金·53·721）

4.3.2.7 从就

"从就"仅《醒》出现 1 例,是介词"从"和"就"的复合词。用于介引动作行为所始的时间:

① 叫我扯着往家来了,从就这一日走开,除的家白日里去顽会子就来了,那里黑夜住下来?（醒·40·592）

4.3.2.8 齐

《金》1 例,《醒》8 例,《聊》无用例。主要用于介引所始的时间和处所,偶尔用于介引所在的时间和处所。如:

① 伙计家,有这个道理! 齐腰拴着根线儿,只怕合过界儿去了。（金·61·842）

② 我只是不合你过,你齐这里住下船,写休书给我,差人送的我家去就罢

557

了。（醒·87·1236）

③ 县官把他的卷子齐头看了一遍,笑道:"你今年几岁了?"（醒·37·543）

④ 我齐明日不许已你们饭吃,我就看着你们吃那天理合那良心!（醒·15·221）

⑤ 晁邦邦说:"我齐头里不是为这个忖着,我怕他么……"（醒·32·470）

⑥ 你要不笑笑儿,我就拜你一千拜,齐如今拜到你黑,从黑拜到你天明,拜的你头晕恶心的,我只是不住。（醒·96·1374）

例①至例③介引处所,例④至例⑥介引时间。另外,"齐"在《儿》中写做"起",如:

⑦ 起脚底下到北边儿,不差什么一里多地呢。（儿·34·631）

《醒》《聊》"起"只用在一些固定结构中,如"起头"、"起为头"、"起根"、"起初"、"起初头"等:

⑧ 丫头说道:"谁说不极? 但他醉倒了,就如泥块一般,你就抬了他去,还中甚么用哩? 起头叫着,也还胡乱答应;再叫几声,就合叫死人一般了。"（醒·4·54）

⑨ 晁凤进到监内,寻着值日的禁子,说道:"这娘娘子起头进来,俺可也得了他的好处,临了就给了俺这们个结果。"（醒·43·635）

⑩ 素姐道:"起为头他也能呀能的,后来也叫我降伏了……"（醒·96·1366）

⑪ 人是羊性,你要起为头立不住纲纪,到底就不怎么的。（醒·96·1366）

⑫ 娘子才知道起根就里,也就全然不恼了。（聊·富·1312）

⑬ 婆子道:"先苦后甜。起初头磕了顿头……"（聊·增·1593）

4.3.3 临近时机

4.3.3.1 头（投）

"头"《金》3 例,《醒》3 例,《聊》无用例;"投"《金》2 例,《醒》、《聊》无用例。用于介引时间,表示在某一时间之前,其所指方向与"从"正好相反,在语义上则与"到"相反。如:

① 道人头五更就挑了经担来,铺陈道场,悬挂佛像。（金·8·99）

② 我头行路上许了些愿心,到腊月初一日宰猪羊祭赛天地。（金·72·1040）

③ 头你们出来的两日前边,把我与晁凤叫到跟前,他写了首状,叫我们两个到厂卫里去首你们,受那一百两银子的赏。（醒·16·239）

④ 他头进来的时候,程英才嘱咐他说:"天下的事定不得……"（醒·38·557）

⑤ 这头年里也还有十来日的工夫,你先来收拾着木料,咱擦过节去就动土。（醒·33·487）

⑥ 投天明出西门,径上东京去了。(金·81·1257)

⑦ 约黄昏时分起身,走了半夜,投天明赶到山下客店内。(金·84·1290)

"投"在近代比较常见,大约可上推至五代时期(冯春田 2003:372),现代汉语多用"头",用法基本没有什么变化。

4.3.3.2 投到

《金》2 例,《醒》、《聊》无用例:

① 恁大白日就家去了,便益了贼小淫妇儿了,投到黑还接好几个汉子!(金·45·589)

② 投到俺每去京中,他又早使了钱,知多少银子,寻了当朝林真人分上,对堂上朱太尉说情,愿以指挥职衔,再要提刑三年。(金·72·1041)

4.3.4 介引时机

4.3.4.1 赶、赶着

"赶"、"赶着"是近代汉语出现较晚的一个介词,"最早不超过元代"。(冯春田 2000/2003:416)最早用于介引时机或条件,发展到明清时期,除了可以用于介引时间或条件外,还可以用于介引临近时间和动作行为发生所当的时间、介引称谓对象等。"赶"《金》39 例,《醒》21 例,《聊》1 例;"赶着"《金》14 例,《醒》16 例,《聊》2 例。

4.3.4.1.1 介引时机

《金》用于介引条件、时机的"赶"31 例,"赶着"1 例,与"趁"相当。《醒》无用例,《聊》无用例。如:

① 那金莲记挂经济在洞儿里,那里又去顾那孩子,赶空儿两三步走入洞门首,交经济说:"没人,你出来罢。"(金·52·705)

② 教我约下李大姐,花园里赶早凉做些生活。(金·29·363)

③ 今日赶娘不在家,要和你会会儿,你心下何如?(金·22·279)

④ 赶后边人乱,不知多咱寻了自尽。(金·26·338)

⑤ 我赶眼不见,戏了他的来。(金·31·396)

⑥ 潘金莲赶西门庆不在家,与李瓶儿计较,将陈经济输的那三钱银子,又交李瓶儿添出七钱来,交来兴儿买了一只烧鸭……(金·52·703)

⑦ 这贲四老婆真个依着玳安之言,第二日赶西门庆不在家,玳安就替他买了盒子,掇进后边月娘房中。(金·78·1189)

⑧ 原来李娇儿赶月娘昏沉,房内无人,箱子开着,暗暗拿了五锭元宝,往他屋里去了。(金·79·1235)

⑨ 那小周连忙赶着他哭只顾剃。(金·52·693)

以上例①"赶"介引词语做宾语,例③至例⑨介引短语做宾语,如"早凉"、"娘不在家"、"后边人乱"等都是主谓短语,其中用于介引短语是常例。

4.3.4.1.2 介引临近时间

"赶"用于介引时间的临近点,《金》8 例,《醒》20 例,《聊》1 例。如:

① 提了朴刀,越后墙,赶五更挨出城门,投十字坡张青夫妇那里躲住,做了头陀,上梁山为盗去了。(金·87·1330)

② 却说次日,地方保甲、巡河快手押解经济、金宝,雇头口骑上,赶清晨,早到府前伺候。(金·94·1414)

③ 差人道:"褚爷的法度甚严,我们也不敢领饭,倒是早些起身,好赶明早厅里投文。"(醒·12·177)

④ 你收拾衣服行李,赶后日三月二十八日起身,往东京押送蔡太师生辰担去。(金·25·320~321)

⑤ 文嫂便把家中倚报会茶、赶腊月要往顶上进香一节,告诉林氏。(金·69·983)

⑥ 不日写书往东京回老公公话,赶年里搬取家眷。(金·77·1167)

⑦ 及赶狄周回去,李奶奶叫人房门里外都挂了帘子,厨房炉子生了火,炕上铺了席,瓮里倒了水,碗盏家伙无一不备。(醒·75·1066)

⑧ 狄员外问:"你们赶几时回来? 我这里好叫他伺候。"(醒·25·374)

⑨ 薛三省娘子道:"姐姐,我家去哩,你可休再似夜来,我赶五更就来接你。"(醒·45·660)

⑩ 我赶几时到家,才看看你那罗衫袖?(聊·富·1321)

例①至⑥"赶"用于介引临近时间,仍含有动词"赶"的语义色彩,即有加快行动使不误了某时间的语义特征,相当于"赶在某时之前",而"五更"、"清晨"、"明早"、"后日三月二十八日"、"腊月"、"年里"等都是预定的最后的时间期限;例⑦"及"与"赶"同义连用,这说明"赶"在语义和功能上与"及"相当,也就相当于"在……"、"等到……",是动作行为发生的大致时间,"赶时间"的语义特征已经消失了。例⑧至⑩与例⑦相同,"赶"用在某时间前面表示等到某个时候。但是,受语源动词"赶"语义范畴的影响,"赶"在介引时间时多修饰未发生而将要发生的动作行为,即未来态的动作行为。

4.3.4.1.3 介引所在时间

"赶"用于介引时间语义进一步虚化后,也可用于介引所在时间,可与"当"、"在"等介词相替换,《醒》出现 1 例,《金》、《聊》无用例,《儿》出现 1 例:

① 童奶奶道:"我家有来,刚子赶狄爷到半月前边,叫我打发了……"(醒·55·792)

② 他本姓白,又是赶白露这天养的,原叫"白露儿"……(儿·3·40)

以上例①"赶"用于"赶……前边"中,其结构与"在……之前"相当,所以"赶"与"在"可以替换;例②"赶白露这天养的"就是"在白露这天养的",所以"赶"用于介引动作行为发生的时间。"赶"用于介引时间还保留在《儿》及现代汉语中。《儿》的例子如：

③ 谁知昨日过芦沟桥，那税局子里磨了我个日平西，赶走到南海淀就上了灯了。（儿·24·408）

④ 他到底赶多咱才来看我来呀？（儿·39·764）

⑤ 赶到收了稻子，一年喝不了的香稻米粥，还剩若干的稻草喂牲口呢！（儿·33·610）

⑥ 赶到磨出面来，喂牲口的麸子也有了。（儿·33·610）

⑦ 打发武生来，一来给老太爷少老爷道喜请安，二来叫武生认认门儿，说赶到他老人家庆九十的时候还叫武生来请来呢。（儿·38·725）

⑧ 赶到俩多月上，只见他吃顿饭儿就是吐天儿哇地的闹。（儿·39·761）

"赶"在《儿》中用于介引临近时间的用法与《金》等的用法相当。例⑤至⑧"赶"与"到"连用，并且有词化的趋势，这种用法《儿》只出现8例。

4.3.4.1.4 介引称谓对象

"赶着"用于介引称谓对象，《金》13例，《醒》16例，《聊》2例。如：

① 月娘教丫头拿个坐儿教他坐，分付丫头媳妇赶着他叫五娘。（金·9·104）

② 平昔这妇人嘴儿乖，常在门前站立买东买西，赶着傅伙计叫傅大郎，陈经济叫姐夫，贲四叫老四。（金·23·295）

③ 西门庆赶着他呼堂尊……（金·70·1007）

④ 我要赶着他叫小妗子儿哩，休要当耍子儿！（金·97·1458）

⑤ 薛嫂道："只该打我这片子狗嘴，只要叫错了。往后赶着你只叫舅爷罢！"（金·97·1458）

⑥ 赶着狄希陈当面叫狄相公，对着人称他狄徒弟的女婿。（醒·69·986）

⑦ 吕祥道："你看！谁不赶着他叫老娘合奶奶，只我叫哩么！"（醒·86·1222～1223）

⑧ 素姐问说："人都赶着他叫奶奶，可赶着我叫甚么呢？"（醒·86·1223）

⑨ 素姐接说："既赶着我叫薛奶奶，我听你娘家姓童，叫他们也赶着你叫童奶奶。"（醒·95·1354）

"赶着"用于介引称呼的对象时，只与称谓义动词如"叫"、"呼"等组合。而且从例子可以看出，"赶着"用于介引称呼的对象是受人物身份制约的，即"赶着"多用于敬称（用于地位低的人对地位高的人的敬重称谓）或以示亲近的称呼中。"赶着"的这种语义色彩在例⑥中显得尤其明显，薛姑子对狄希陈阳奉阴违，所以作者在叙述时，面称用"赶着……叫……"而背称则用"称……"，以示态度的差别。由此可见，"赶着"用于介引称呼对象是有一定的语义取向的，是受人物身份地位制约的。

不过，随着"赶着"的进一步虚化，也出现了一些语义弱化的用法。如：

⑩ 赶着玉楼，也不叫娘，只"你也我也"的……（金·91·1379）

⑪ 他背地又压伏兰香、小鸾，说："你休赶着我叫姐，只叫姨娘……"（金·91·1379）

⑫ 童奶奶赶着素姐叫"薛家姑娘"，骆校尉娘子合虎媳妇都是一样称呼。素姐本等不待下气，只是叫寄姐斗败了的鸡，不敢展翅……（醒·100·1422）

⑬ 酒保做了干殿下，赶着姐姐叫娘娘。（聊·增·1552）

⑭ 那焦大那里把贾蓉放在眼里？反大叫起来，赶着贾蓉叫："蓉哥儿，你别在焦大跟前使主子性儿……"（红·7·43）

⑮ 你打听打听，这些人头比你大的大的，赶着我叫妈，我还不理。（红·27·155）

⑯ 这些时我听见二爷嘴里都换了字眼，赶着这几位大姑娘们竟叫起名字来。（红·63·379）

⑰ 套一件茄合色羽纱单褂子，他自己赶着这件东西却教作羽毛外套……（儿·37·697）

以上例子中"赶着"不但可以用于非敬称的语境中，而且除了用于介人做宾语外，还可以介引事物做宾语，如例⑰。"赶着"用法的进一步虚化，使它与现代汉语中的同类介词"管（介引称谓对象）"的用法更接近了一步。

"赶"、"赶着"及"赶到"用法数据统计表

| | 介引时机 | | 介引时间 | | | 介引称谓对象 | 总计 |
| | | | 临近时间 | | 所在时间 | | |
	赶	赶着	赶	赶到	赶	赶着	
金	31	1	8	0	0	13	53
醒	0	0	20	0	1	16	37
聊	0	0	1	0	0	2	3
儿	1	0	5	8	1	7	22
歧	0	0	0	0	0	0	0

4.3.4.2 趁、趁着（趁子）

"趁"《金》49 例，《醒》33 例，《聊》3 例；"趁着"《金》13 例，《醒》24 例，《聊》1 例；"趁子"仅《金》1 例。介引时机。如：

① 趁金莲眼错，得手拿着衣服，往外一溜烟跑了。（金·33·423）

② 趁今日我在家，差个人和他说去，讨他那原文书我瞧瞧。（金·71·1023）

③ 趁他赶不上，我先问了，唠这狗头。（聊·墙·853）

④ 趁王子平不能起来，待俺开门而去……（聊·禳·1212）

⑤ 趁着他大妗子在这里，你每两个笑开了罢。（金·76·1139）

⑥ 到了过午，趁着姜娘子没在屋里，自己有几两私房银子，拿着二三两去了。（聊·翻·940）

⑦ 趁着亲家还没走，分开他两口在那厢。（聊·禳·1193）

⑧ 趁子奴不思个防身之计，信着他，往后过不出好日子来。（金·14·168）

⑨ 一向不得个心净，趁着正月里还了罢。（金·39·507）

⑩ 万岁说："趁着此时，正好出京；天若明了，不好。"（聊·增·1558）

"趁"介引机会，介宾短语在《歧》中可用于谓语之后。如：

⑪ 貂鼠皮瞅了一眼，说道："你去叫去罢，趁这会雨小。"（歧·58·538）

4.3.4.3 乘、乘着

用于介引时机，"乘"《金》5 例，《醒》29 例，《聊》无用例；"乘着"《金》1 例，《醒》9 例，《聊》无用例。如：

① 乘那丈夫出去了，茶前酒后，早与那和尚们刮上了四五六个。（金·57·777）

② 希大道："……刚才陪他灯市里走了走，听见哥使盛价呼唤，我只伴他到粘梅花处，交我乘人乱就扠开了，走来见哥。"（金·42·550）

③ 又按了一会，乘那丫头转了转面，着实将珍哥的手腕扭了一把。（醒·3·34）

④ 我昨日进去寻你的时候，你在那监里分明听见，何不乘我的势力，里应外合起来，我在外面救援，岂不就打出来了？（醒·61·872）

⑤ 这陈经济乘着这个因由，使薛嫂儿往西门庆家对月娘说……（金·91·1368）

⑥ 一个小老婆，乘着人乱，卷了些衣裳，并卖小琏哥的地价，一溜烟走了。（醒·57·827）

⑦ 素姐待了一更多时候，不听见后边动静，又开出门来，悄悄的乘着月色走来张探，只见二人都睡倒席上，细听鼻息如雷……（醒·58·840～841）

⑧ 素姐乘着人乱，一溜烟走回娘家。（醒·59·856）

从《金》、《醒》、《聊》里用于介引时机的介词的使用频率来看，《金》有"赶"、"赶着"、"趁"、"趁着"、"乘"、"乘着"6 个，其中"趁"使用频率最高，出现 49 次，"赶着"、"乘着"使用频率最低，各出现 1 例。另"趁子"出现 1 例，是《金》独有的介词。相比较而言，《醒》用于介引时机主要有"趁"、"趁着"、"乘"、"乘着"4 个介词，而"赶"、"赶着"不用于介引时机。《聊》用于介引时机的介词共出现 4 例，其中"趁"出现 3 例，"趁着"1

例。因此,根据以上情况我们可以看到:第一,"赶"、"赶着"用于介引时机的用法主要出现在《金》中,但在《醒》、《聊》中还没有发展为时机介词。这说明"赶"、"赶着"在《金》、《醒》、《聊》中的发展是不平衡的。第二,"趁"、"趁着"、"乘"、"乘着"在《金》、《醒》中使用频率相当,说明这两种语料所代表的方言在介引时机方面使用的介词情况是一致的,具有很强的共同性。

《金》、《醒》、《聊》介引时机介词使用频率比较表

	赶	赶着	趁	趁着	趁子	乘	乘着	总计
金	31	1	49	13	1	5	1	101
醒	0	0	33	24	0	29	9	95
聊	0	0	3	1	0	0	0	4

4.3.5 所在处所

4.3.5.1 着$_2$

"着$_2$"《金》1例,《聊》13例。

4.3.5.1.1 介引所在处所

"着$_2$"用于介引所在处所,出现在《聊》中。介引的宾语结构用在动词后。如:

① 请姨娘,请姨娘,骑着直到沈家庄,说母亲病着床,搬他来望一望。(聊·姑·876)

② 张诚就爬着他哥哥那身上,叫唤着说:"娘打我罢。"(聊·慈·915)

③ 一群老婆把姜娘子扶着屋里。(聊·翻·953)

④ 各人卧着各人床,却也没把他来问。(聊·翻·940)

⑤ 是什么人,怎么不说话,栖着七黑影里?(聊·增·1602)

⑥ 你这里放着床底下,那客来到家,怎敢刷净了茶壶,那客待中去了。(聊·增·1615)

⑦ 万岁爷笑一声,嘴儿短不相应,人儿怎么照的正?放着外头不大好,放着里头闷腾腾,不知你是怎么用?(聊·增·1615)

⑧ 遂去架上抽了一本书,塌伏着枕上观看。(聊·磨·1406)

⑨ 坐着丈人家的席上,那板凳子做了脚打罗儿,到了这里才成了体面。(聊·磨·1488)

4.3.5.1.2 介引所止处所

"着$_2$"介引所止处所,可以用在谓语动词前,但大多数是用在谓语动词后。如:

① 巴到天明,正待起身,那翟家门户重掩,着那里讨水来净脸。(金·55·742)

② 你犯着我手里,我使上些唾沫打你。(聊·襄·1151)

③ 犯着我手里我也着实敲,到那进前休告饶。(聊·襄·1151)

④ 想是娇嫩嫩的那手,打着脸上也不大疼么?(聊·襄·1194～1195)

⑤ 正说着,只见公子歪待(戴)着方巾,喘吁吁的跑来,藏着在仲鸿身后……(聊·襄·1196)

其中例①"着"介宾结构放在谓语动词前,介引目的地处所;例②至⑤"着"用在动词后,介引所止处所。

4.3.5.2 就

"就"《金》出现 11 例,《醒》出现 4 例,都用于介引处所;《聊》出现 5 例,其中用于介引处所 4 例,用于介引范围 1 例。

4.3.5.2.1 处所介词

处所介词"就"来源于动词"就(靠近)"。如:

① 伯爵拉过一张椅子来,就着火盆坐下了。(金·67·938)

② 抽一本残书上了也么床,就灯看了十几行。(聊·富·1290)

③ 便把那批语条子揭下来,就灯上烧了……(儿·35·647)

④ 一面把烟袋递给柳条儿,一面还回过头来就他手里抽了两口。(儿·37·692)

在这些句子中,例②至例④"就"已不再是个动词,但作为介词又具有很强的"靠近"、"就便"的语义色彩。"就"介引处所,主要表示所当处所。如:

⑤ 知县就厅上赐了几杯酒,将库中众土户出纳的赏钱三十两就赐与武松。(金·1·9)

⑥ 原是清河县一个破落户财主,就县门前开着个生药铺。(金·2·28)

⑦ 既是济助了俺的盘缠,又送了俺这们好尺头、好汗巾,俺就此告辞罢。(醒·96·1370)

⑧ 我就他门前乜块石头上,剁打起来。(聊·磨·1437)

⑨ 公子随急(即)又把那女子怎的扫除了众僧、验明了骡夫、搜着了书信这些情节,一直说到赠金、送别、借弓的话,讲了一遍,就中只是张金凤这节一时且说不出口。(儿·12·168)

⑩ 语音未绝,只叫得一声疼,只见浑身乱颤,就床上把被子都抖的乱动起来。(歧·12·132)

⑪ 我到第四日晚上与他饯行。就此失陪,我要去哩。(歧·64·601)

4.3.5.2.2 范围介词

① 他若问,只就这状上说便了。(聊·磨·1430)

"就"《儿》中用于介引处所出现 16 例,用于介引范围出现 17 例。如:

② 姑娘道:"梦话!我这段冤仇从来不曾向人提过,就我这师傅面前也是前

日才得说起,外人怎的得知？况如今世上那有恁般大英雄作这等大事!"(儿·18·278)

③ 只就面子上讲,昨晚二位奶奶只不过分惠些吃食,今日便鸡鸣而起,亲到寝门来谢,君子亦曰知礼……(儿·38·721)

④ 就小的知道的说:那淮徐道是绸缎纱罗;淮扬道办的秀气,是四方砚台,外面看着是一色的紫檀匣子,盛着端石砚台……(儿·2·29)

⑤ 但是就我们这衙门讲,晚生是有也可,没有也可,倒也不计较……(儿·2·28)

⑥ 只就那喝彩的声音里头接着一片喊声,早从人队子里"噗噗"跳出二三十条梢长大汉来。(儿·15·234)

4.3.5.3 在于

《金》4 例。由动词"在"和介词"于"构成。如:

① 西门庆忙问道:"你房儿在于何处?"(金·71·1025)

② 进房看了西门庆,不似往时,形容消减,病体恹恹,勒着手帕,在于卧榻。(金·79·1231)

发展为复合介词后,用于介引处所或时间,如:

③ (安童)得岸上来,在于堤边号泣连声。(金·47·616)

④ 数杯之后,坐不移时,蔡御史起身,夫马坐轿在于三门外伺候。(金·49·649)

⑤ 一面整办厚礼,绫罗细软,修书答谢员外,一面收拾房间,就叫两个歌童在于书房伺候着。(金·55·752)

⑥ 因问:"迎接在于何时?"(金·65·911)

以上例③至例⑤介引所在处所,介词短语在谓语前;例⑥介引所在时间,介词短语在谓语动词后。

4.3.6 所止处所

4.3.6.1 在

4.3.6.1.1 介引所止的处所

"在"介引动作行为所止的处所,可以用在谓语动词前,也可以用在谓语动词后,与"到"语义相当。如:

① 月娘众人款留不住,送在大门首,又拦了递酒,看放烟火。(金·43·572)

② 正唱在热闹处,忽见小伴当来叫,二人连忙起身。(金·50·663)

③ 两个小优儿都打发在前边来了。(金·74·1095)

④ 狄希陈见先生去了,爬在院子里一株大槐树上顽耍。(醒·33·491)

⑤ 请狄奶奶出来,齐在个去处,屈尊狄奶奶这一宿儿,明日好打到,挂牌听审。(醒·80·1147)

⑥ 只为这些缘故,把一个无辜无罪之人,白送在不死不活之地,好凶也!好苦也!(聊·戏·闹·823)

⑦ 王中听了这句话,把身子打了个冷战,梨儿早滚下五七个在路上灰窝里。(歧·54·507)

⑧ 谭绍闻道:"我前日听说,他移在城隍庙后街马家房子里住,你就到那里去问。"(歧·64·601)

⑨ 经济道:"早是大姐看着,俺们都在上房内,几时在他屋里去来?"(金·82·1267)

⑩ 正说着,两个骡夫回来,又备说那褚一官不能前来,请我今晚就在他家去住的话。(儿·8·114)

以上用"在"的介词短语在句子中都与有方向性或变化性的动词搭配,从语义来讲说明的是动作行为所终止的处所。其中例①至例⑧介宾结构用在谓语动词后,例⑨、例⑩用在谓语动词前面。

4.3.6.1.2 介引所从、经由的处所

"在"用于介引所从、经由的处所,与"从"、"自"相替换的用法,在近代汉语中很常见(参看吴福祥 2004:175),《金》《醒》《聊》《歧》《儿》里还可以见到一些用例。如:

① 正热闹一日,忽有平安报:"来保、吴主管在东京回还,见在门首下头口。"(金·30·386~387)

② 恰遇西门庆自从在东京来家,今日也接风,明日也接风,一连过了十来日,只不得个会面。(金·56·755)

③ 那妇人明明看见包里十二三两银子一堆,喜的抢近前来,就想要在老公手里夺去。(金·56·759)

④ 一个在青布合包内取出六庚牌,一个从绿绢挽袖中掏出八字帖。(醒·18·259)

⑤ 后来见他在庙门经过,没有纱灯迎送,以为偶然。(醒·98·1394)

⑥ 不想那日一个钦差官过,徐大尹送到城外回来,恰好在门前经过,听得里面如千军万马的喧嚷,外面又拥集了几万人,把轿都行动不得。(醒·20·298)

⑦ 恰好王中在楼院过,绍闻道:"王中,你如今往东街投帖请舅爷。"(歧·49·455)

⑧ 只是前日我在北道门经过,见北拐哩一个门上,贴个报条儿……(歧·61·565)

上例"在"也和有方向性或变化性的动词组合,介宾表示动作行为的起点或经由的处

所。如例①至④介宾表示起点,例⑤至⑧介宾表示经由的处所。

4.3.6.1.3 介引所当处所

"在"用于介引所当处所是比较常见的语法现象。如:

① 你在此从容叫罢,我可待扯腿开交。(聊·墙·839)

② 横死七十零二样,投井悬梁与坠楼,何曾听说在墙边受?(聊·墙·840)

③ 你在路上慢慢走,避风的去处好磨陀,到家就是晌午错。(聊·墙·841)

"在"由表示动作或人的位置的动词"在"发展而来,由于做动词时主要接处所做宾语,所以转化为介词后,最早用于介引动作行为所当的处所,并进而发展出"介引所止处所"和"介引起点和所经由的处所"的用法。其实"在"的这些用法,是由它所组合的动词的特点决定的。如果动词具有持续性,则"在"的介宾结构表示所当处所,如果动词具有方向性或具有变化性,那么,介宾就可以表示动作行为的起点或终点。因此,从某种意义上讲,"在"的语义并没有发生变化,只不过"在"的介宾结构所能组合的动词发生了变化,所以介宾才能够表示多种意义。因而,我们说介词的用法和所组合的动词是密切相关的,能和哪些动词组合,这些动词具有什么特征,都关系到介词及介宾结构的意义和用法。

4.3.6.2 到

"到"用于介引所止的时间和处所,《金》、《醒》、《聊》常见。如:

① 这月里是个小尽,到明日送给他二叔家,尽他合他怎么啕去。(聊·墙·836)

② 若不是有些话说,怎依我欠到而今。(聊·墙·849)

③ 你却哄他到跟前,杀害他的性命。(醒·3·32)

④ 晁大舍送了珍哥到监,自己讨了保,灰头土脸,癞狼渴疾,走到家中。(醒·14·203)

但用于介引所止的处所,"到"在《醒》、《聊》中有较特殊的语法位置。如:

⑤ 快烧纸、灌浆水,送到我中房里去!(醒·11·161)

⑥ 狄员外说:"这株朽坏的花木不宜正冲了书房,移到他井池边去,日日浇灌,或者还有生机。"(醒·34·498)

⑦ 我迎到他亭子根前,他见我去就站住了……(醒·41·597)

⑧ 寻到他园子里头,他正看着人摭椿芽。(醒·45·658)

⑨ 你老远的又寻到我这里来!(醒·77·1097)

⑩ 叫爹爹上雕鞍,送到我山阳关,到那里同宿山阳店。(聊·翻·987)

以上诸例"到"分别用在"送"、"移"、"迎"、"寻"等动词后,"他"、"我"等动词宾语的前面,即构成"V 到 ONL"格式。"到"作为介词嵌在动宾短语中间的用法是《醒》、《聊》特殊的语法现象,是方言语法的体现。此外,"到"在《金》中还有介引经由处所

的 1 例,另有 1 例同样用法的"从":

⑪ 为夫主到此进香,因被殷天锡所赶,误到此山所过,有犯贤弟清跸。
(金·84·1292)

⑫ 不想天晚,误从大王山下所过。(金·84·1292)

例⑪、⑫是同章同页上表述同一件事的两个例子,同样表示经由,分别用了"到"和"从"来表示,这说明例⑪的"到"与"从"表示经由的用法相当。

4.3.6.3 上

《金》19 例,《醒》无用例,《聊》27 例。

4.3.6.3.1 介引目的地

① 于是叫迎春:"拿钥匙上大橱柜里拿一匹整白绫来与银姐……"(金·45·591)

② 先是琴童到家,上房里寻玉箫要皮袄。(金·46·604)

③ 令尊既在令弟那里,我就上那里找他。(聊·墙·842)

④ 庄家老得罪着老龙王,只怕怪下来,不上俺那地里下雨的。(聊·姑·867~868)

⑤ 他老说:"我看你待会子再死了,你上那里逃生的罢。"(聊·慈·897)

⑥ 你且上屋里藏着的吧,俺待念佛去哩。(聊·襄·1245)

⑦ 三个一条铁索,都解上东京去了。(金·52·691)

⑧ 一日,不想大金人马抢了东京汴梁,太上皇帝与靖康皇帝都被虏上北地去了。(金·100·1496)

⑨ 老于婆,你实是歪,找上人家门子来。(聊·姑·868)

⑩ 若是这里埋伏下兵和马,咱爷们逃上何方?(聊·快·1127)

⑪ 可把你发落上那里去?(歧·67·646)

以上例①至例⑥"上"所介引的介宾结构用在动词前,修饰谓语动词,这与由"上"构成的连谓短语语法位置是一致的;而例⑦至例⑩"上"所介引的结构用在动词后做补语,"上"作为介词的用法也进一步语法化了。《歧》里也有同类的介词"上",如例⑪。

4.3.6.3.2 介引方向

"上"在《聊》、《歧》中可以用于介引方向。如:

① 上南死命去奔逃,追将来一点没音耗。(聊·磨·1389)

② 急忙上前奔,走一程病临身,如今已是活倒运。(聊·磨·1402)

③ 端福欢喜非常,上前磕头。(歧·11·119)

"上"用于介引处所和方向的用法与"向"相当。在《金》、《聊》、《歧》、《儿》中,"上"、"向"也都有做动词的用法,如:

④ 夫人道:"你不容他在此,打发他两口儿,上原籍真定府家去便了。"(金·92·1392)

⑤ 休盛了,我上城里照顾你的罢。(聊·墙·841)

⑥ 你上俺家里待二日,也散散心。(聊·姑·880)

⑦ 到了第二清晨,张诚早起来上书房开开那角门子,见哥哥已咱把各闹打扫了一大堆,还在那里扫。(聊·慈·914)

⑧ 俺又上阴城走了一遍。(聊·慈·923)

⑨ 到学里看了看张诚,回来上外边屋里扫了扫,拾挦了一个铺。(聊·慈·913)

⑩ 不然,向我家去,有一猪与你吃罢。(金·21·272)

⑪ 江彬听说,心中大喜:"我正要图谋天下,这昏君待要出去看景,我哄他向那险要去处,路途驾崩,何愁江山不到我手!"(聊·增·1555)

⑫ 这可待怎么处?向那里请个大夫来给他看看。(聊·襄·1167)

"向"也有和"上"连用的例子,但属曲词。如:

⑬ 俺向上京都,怕天颜震怒。(聊·磨·1529)

这说明,"上"与"向"关系密切,都由动词发展为介词,只是时间层次不同。

4.3.6.4 到在

"到在"仅《醒》出现1例:

① 况且我们做大将的人,全要养精蓄锐,才统领的三军,难道把些精神力气都用到在你们妇人身上?(醒·87·1239)

4.3.6.5 到于

只在《金》中出现2例:

① 你是他手下家人,载此货到,到于市店上发卖,没人相疑。(金·47·615)

② 进入构栏,到于郑爱月儿家门首下马。(金·77·1169)

4.3.6.6 到往、往到

"到往"、"往到"《金》各出现1例:

① 到明日俺们看灯去,就到往二娘府上望望,休要推不在家。(金·14·179)

② 你还往到李爷那里说去。(金·18·216)

4.3.7 方向介词

4.3.7.1 望、望了、望着

"望"《金》67例,《醒》3例,《聊》17例;"望了"《金》、《聊》无用例,《醒》2例;"望着"

《金》28 例,《醒》70 例,《聊》2 例。

4.3.7.1.1 介引方向、处所

4.3.7.1.1.1 介引方向

"望"源于动词"望(瞭望)",有很强的方向性,所以介词多用于介引方向。如:

① 到次日清早辰,西门庆起来梳头,忽然一阵晕起来,望前一头抢将去。(金·79·1223)

② 一行人众出了东门,望东行走……(醒·37·551)

③ 望上看有双亲,往下看有儿孙,我不好后代越发甚。(聊·墙·859)

④ 娘子大怒,迈动金莲,探出身儿只望当街看。(聊·富·1325)

⑤ 但半夜三更的,怎么敢望里跳?(聊·富·1337)

4.3.7.1.1.2 介引处所

① 次日早起辞别,望山东而行。(金·55·746)

② 常二取栲栳望街上便走。(金·56·760)

③ 雇了一只三号民座,主仆四人望通州进发。(醒·93·1323)

④ 只当是凶信来,那心只望口里跳。(聊·富·1297)

⑤ 您爹爹远逃,您爹爹远逃,不知他望那去了。(聊·磨·1410)

⑥ 晁无晏也便收了兵,一齐望着晁宅行走。(醒·22·323)

4.3.7.1.2 介引对象

4.3.7.1.2.1 介引当对对象

"望"在介引所当对的对象时,表示朝向,带有很强的方向性和动作性。如:

① 前日俺两个在他家,望着俺每好不哭哩……(金·15·185)

② 我问他,小玉望着我摇手儿。(金·25·317)

③ 正在吃完了饭,要上晚堂,恰好小成哥抱到跟前,望着狄希陈扑赶。(醒·94·1347)

④ 素姐望了周相公拜了两拜,又望了狄希陈道:"小陈哥,一向我的不是,我也同着周相公拜你两拜。"(醒·98·1403)

⑤ 二人回来,望着皇帝唱了一个大诺……(聊·增·1576)

4.3.7.1.2.2 介引言谈对象

① 王婆因望妇人说道:"娘子,你认得这位官人么?"(金·3·44)

② 月娘道:"作气不作气,休对我说,我不管你,望着管你的人去说。"(金·21·260)

③ 就是应花子也休望他题,只怕走了风。(金·68·972)

④ 晁大舍挣了一会,望着晁住道:"咱别要吃了他的亏!"(醒·6·89)

⑤ 谷大尹瞪着一双白眼,望着差人说道:"他有何罪,送他到监?"(醒·47·692)

"望"与"对"一样仍带有动词性,都有很强的现时性、现场性。一般来说,"对"所介引言谈者,可以与眼睛的注视方向或对象不一致,而"望(着)"则具有很强的方向性,但从例②来看,"望着"与上文"对"相替换使用,"望着"的方向性也进一步弱化了。

4.3.7.1.2.3 介引交与对象

① 不惟不与寄姐怀恨,反渐渐的抱着寄姐粗腿起来,望着寄姐异常亲热,寄姐凡有生活,争夺着要与寄姐去做。(醒·95·1357)

② 进来门,进来门,望着媳妇也不亲。(聊·翻·940)

③ 他有点歪揣性,怕你尊大望着你眼生,撒了撒犯了他疑心病。(聊·翻·996)

④ 你也试试俺的心肠,志志俺的性情,看俺望着你珍重不珍重,希罕不希罕?(聊·穷·1121)

4.3.7.1.3 介引时间

① 你望前做得来,可再听咱夫妻的命。(聊·磨·1464)

这种用法的"望"和"往"相当,用例很少见,也可能是"往"的别字。

4.3.7.2 往

《金》717 例,《醒》965 例,《聊》240 例。一般用于介引目的处所和方向。如:

① 他流水给了那卖纸马的好钱,滴溜着纸马往这里飞跑。(醒·41·598)

② 小的合倪管家只略拦了一句,轿里就撒泼,拔下钗子就往嗓子里扎,要交命与小的两个。(醒·78·1117)

③ 你是个读书人,不明理,不往明白大处想,这们糊涂?(醒·90·1287)

④ 日头也沉沉的待落了,还走往那里去?(金·53·716)

⑤ 点到跟前,惧内的走往月台东站,不惧内的走往月台西站。(醒·91·1303)

⑥ 晁大舍一箍辘扒起来,提上裤,跐了鞋,跑着往外,说道:"不好!后头计家的吊杀了!"(醒·9·131)

⑦ 相主事娘子抱着往上撮,相主事叫起爹娘并那上宿的家人媳妇。(醒·77·1103)

例①至例⑤介引目的处所,其中①至③介宾短语用在谓语前,④、⑤用在谓语后;例⑥、例⑦介引方向。"往"在《金》中还可以用于介引经由的处所,仅 1 例:

⑧ 正往潘金莲角门首所过,只见金莲正出来看见……(金·43·560)

4.3.7.3 照(炤)、照了、照着

"照(炤)"《金》8 例,《醒》77 例,《聊》17 例;《聊》也写做"炤",仅 1 例。"照了"

《金》、《聊》无用例,《醒》10例;"照着"《金》1例,《醒》39例,《聊》18例。

4.3.7.3.1 介引方向

① 那万岁拿过箭来,照东墙上一摔,舞了几个花,一投,插在壶里。(聊·增·1650)

② 仙女领旨,出了南天门,急驾祥云照梅岭来了。(聊·增·1565)

4.3.7.3.2 介引动作行为所对对象

① 他从头上拔下来了一支簪子,使力气照脖子底下就穿。(聊·翻·953)

② 单炤曹操分心刺,一下就成致命伤。(聊·快·1141)

③ 这监生恃了那几个歪秀才的声势,那里肯听周相公的说话,只管在那江边乱嚷,越发照了船丢泥撒石、撩瓦抛砖。(醒·99·1415)

④ 俺姑才待进去,那鹞鹰照着俺姑的脸一翅子,飞出去了。(醒·63·905)

⑤ 照着那南墙,只顾使头硼!(聊·翻·951)

⑥ 鸹儿照着六哥拜了两拜,说:"您六叔,说不尽亏你看顾俺。"(聊·增·1593)

4.3.7.3.3 介引凭据

"照"、"照了"、"照着"用于介引动作行为所依据的方面。如:

① 西门庆道:"你们只照旧时整理就是了。"(金·72·1043)

② 干等了几时,不见狄家这里动静,又只得使了人来催促,见屡催不理,情愿照程乐宇的礼数只要一半……(醒·39·571～572)

③ 张库吏道:"只还得同了原差拿了票来,我照票内的数目收了,登了收簿,将你票上的名字拓了销讫的印……"(醒·11·165)

④ 一日,安大成有病,不曾起来,珊瑚还照寻常的规矩,早早起来,梳的光头面净,去伺候婆婆。(聊·姑·861)

⑤ 我到十七来与小相公洗三,晃奶奶,你还照着俺婆婆的数儿赏我。(醒·49·713)

⑥ 你照着我这意思写状,明了天我就开交。(聊·翻·956)

⑦ 二相公照着在他丈人家住的那煖云窝,说了款致,盖的一样,一遭子垣墙都合那城墙一样。(聊·翻·1003)

⑧ 胡百万真蹊跷,听一遍不曾学,就照着样儿弹一套。(聊·增·1659)

⑨ 李九强自知寡不敌众,将几亩地仍照了原价卖与别人,把些粮食俱赶集卖了……(醒·48·698)

⑩ 你详细说个来历,好叫我照了路分寻思。(醒·63·902)

4.3.7.3.4 介引视角

① 照我看着你极相是吕祖。(聊·蓬·1096)

4.3.7.3.5 介引比较对象

① 晁源虽也尝是管他,不照这一遭管教的利害。(醒·19·283)

② 一座关圣帝君,他虽不照那土地去作践,也便有十分的侮慢。(醒·26·385)

③ 谁知这穿了道袍的人,他便不肯照平时一样行礼,一连两三拱,拱到客位里边……(醒·67·963~964)

④ 好齐整帽套! 我京里也看够了几千百顶,就只见了兵部职方司老吴的一顶帽套齐整,也还不照这个前后一样,他那后边就不如迎面的。(醒·84·1201)

在"照"的几种用法中,"介引方向"与"介引所对对象"两类用法有相同之处,即都具有很强的方向性;而"介引依据"与"介引视角"的用法也有相同之处。用于依据和用于介引视角的用法在《儿》都比较常见。从《儿》的众多例子中,我们发现有一类与用于介引依据的用法和用于介引视角的用法有非常密切的关系。如:

⑤ 列公,这书要照这等说起来,岂不是由着说书的一张口凑着上回的连环计的话说,有个不针锋相对的么?(儿·17·263)

⑥ 邓九公那边儿早开了谈了,说:"照么么说,人家合你没什么岔儿呀?该咱老爷儿们稿一稿唎……"(儿·31·558)

⑦ 望着太太说道:"照这等看起来,他这副眼泪竟自从天性中来的,倒也难得。"(儿·40·817)

⑧ 列公请听,何小姐这段交代,照市井上外话说,这就叫把朋友码在那儿了。(儿·30·537)

⑨ 照这段书听起来,这位安老孺人不是竟在那里玩弄他家老爷呢么?(儿·40·811)

⑩ 夏逢若道:"照你说,这是我的事?"(歧·30·283)

例⑤至⑦"照"介引代词"这么"、"这等"做宾语,介宾结构可以看做是谓语动词"说"、"看起来"的依据,但这类例子与其他介引依据的用例又有很大的差异,即"照+N+V"(如"照这么说"、"照这么看起来")不做句子的谓语中心,而是做独立语,表示对情况的推测和估计,这种特征与"照"用于介引视角的用法相当;而例⑩"照"接引的是主谓结构"N+V","照+N+V"构成介词兼语结构,兼语结构在句子中做独立语,表示对情况的推测和估计。从某种角度来讲,"照你说"这种用法也就是依据"照你的说法"。因此,"照"用于介引视角的用法来源于其用于介引依据的用法,并且两种用法是有密切关联的。

"照"介引比较对象的用法在《儿》中也比较常见。如:

⑪ 不然，都照宋子京修史一般，大书一句了事，虽正史也成了笑柄了。（儿·12·179）

⑫ 他活了这样大年纪，从不曾照今日这等按着三眼一板的说过话，此刻憋了半天，早受不得了，恨不得跳起来一句告诉那姑娘，说："这说话的就是安学海！根儿里就没这么一个尹其明！"（儿·19·299～300）

⑬ 安老爷吩咐道："明日这一课不是照往日一样作法……"（儿·34·613）

⑭ 这话要照姑娘平日大约还不是这等说法……（儿·25·415）

⑮ 列公请看，世上照邓老翁这样苦好行情的固然少有，照何小姐那样苦不爱钱的却也无多。（儿·27·461）

⑯ 难道我还好照娶你的时候只作新姑爷，诸事惊动老人家不成？（儿·28·489）

⑰ 安太太说："亏是有个对证在跟前儿，不然，叫你这一瓣文儿，倒象我这里照着说评书也似的，现抓了这么句话造谣言呢。"（儿·40·799）

4.3.8 经由和沿循介词

4.3.8.1 由

《金》14 例，《醒》35 例，《聊》6 例。

4.3.8.1.1 介引所经由的处所

① 两个隔墙酬和，窃玉偷看，又不由大门里行走，街坊邻舍怎得晓的暗地里事。（金·13·160）

② 又钦差殿前六黄太尉……由山东河道而来。（金·65·910～911）

③ 这文嫂一面请西门庆入来，便把后门关了，上了栓，由夹道内进内。（金·69·985）

④ 辞了晁大舍，晁住引着，由东里间窗下经过。（醒·2·27）

⑤ 书办照依写完了本，次早由会极门上去。（醒·83·1187）

4.3.8.1.2 介引所始处所

① 出汉中到凤翔，由西安到平凉……（聊·慈·924）

4.3.8.2 打

《金》97 例，《醒》17 例，《聊》10 例。

4.3.8.2.1 介引所经由的处所

"打"介引所经由的处所，可与"由"相替换。如：

① 因向袖中取出琴童那香囊来，说道："这个是你的物件儿，如何打小厮身底下捏出来？你还口温什么！"（金·12·141）

② 我头里骑马打那里过，看见了来，在鲁长腿屋里。（金·50·661）

③ 他妈妈子是个媒人，昨日打这街上走过去不是，几时在家不好来！（金·

58•802)

④ 一日,又打王杏庵门首所过。(金•93•1403)

⑤ 那日恰好从周家庄上回来,正打围场经过,见了这许多人马,猎犬苍鹰,怎敢还不回避!(醒•1•12)

⑥ 二小鬼把锯歪,打旁里锯下来,大疼更比前番赛。(聊•寒•1052)

⑦ 我掩杀这门儿,打这门缝里瞧着他罢。(聊•禳•1204)

⑧ 二姐不教他别处去,着他两口住楼前,事事都打他眼中看。(聊•增•1670)

4.3.8.2.2 介引所当处所

① 永平有个姐姐家,打那里歇两天,叫他送我去。(聊•磨•1462)

4.3.8.2.3 介引方向

① 今日日头打西出来,稀罕往俺这屋里来走一走儿。(金•75•1122)

4.3.8.2.4 介引所始处所

① 翟管家答道:"舍亲打山东来拜寿老爷的。"(金•55•743)

② 为人只把这心猿意马牢拴住了,成佛作祖,都打这上头起。(金•75•1129)

"打"在《歧》中可以介引时间的所始。如:

③ 打开春王姐夫烧香朝南顶去,隆吉在铺子里管账目,已多日了。(歧•11•120)

4.3.8.3 打从

《金》2例,《醒》《聊》无用例。用于介引所经由的处所:

① 西门庆恭身进了大门,只见中门关着不开,官员都打从角门而入。(金•55•743)

② 打从那流沙河、星宿海……走了八九个年头,才到中华区处。(金•57•769)

4.3.8.4 漫(瞒)

"漫"用做介词,表示所经由的处所,《聊》3例:

① 便漫墙叫过他大儿张成来:"给你大叔背着行李。"(聊•富•1336)

② 还不瞒墙着实叫,堪堪就死命难存,发脾寒冷的还成阵。(聊•墙•838~839)

③ 我去把角门关煞,瞒墙请过大哥来,合他会会。(聊•磨•1465)

4.3.8.5 行

"行"介引所经由的处所,《金》1例:

> ① ⋯⋯正行街心走过来。(金·96·1445)

4.3.8.6 顺、顺了、顺着

"顺"《金》1例,《醒》无例,《聊》2例;"顺了"《醒》3例;"顺着"《金》5例,《醒》3例,《聊》2例。如:

> ① 你领一枝人马,顺路北下去,但见曹操残兵败将,斩他首级,夺他器械。(聊·快·1123)
> ② 那万岁骑马顺大街前行,转过街口,果然有座木牌坊⋯⋯(聊·增·1579)
> ③ 且表西门庆跳下楼窗,顺着房山,扒伏在人家院里藏了。(金·10·112)
> ④ 且说二人顺着大街而行⋯⋯(聊·增·1609)
> ⑤ 顺着口子光瞎吧,顶着蒲笠似天那大。(聊·增·1579)

4.4 方式、方法、原因介词

这类介词包括工具介词、依据介词、原因介词等,《金》、《醒》、《聊》共出现 25 个。其中"以"常见,此不予讨论。具体情况见下表:

方式、方法、原因介词统计表

		金	醒	聊
工具介词（2）	使	8	201	40
	用	226	154	21
依据介词（11）	依	18	53	17
	依着	7	20	12
	依起	0	0	2
	照依	5	17	0
	按	2	10	4
	按了	0	12	0
	按着	0	5	0
	仗着	0	1	1
	靠	12	4	0
	靠着	3	3	0
	靠了	0	7	0

		金	醒	聊
原因介词 (11)	因	33	42	10
	因着	3	0	7
	因是	1	5	0
	为	140	129	64
	为着	1	4	5
	为的	0	0	3
	为的是	0	1	0
	为了	4	5	1
	缘	3	1	1
	着₃	2	0	0
合计(24)				

4.4.1 工具介词

4.4.1.1 使

《金》8 例,《醒》201 例,《聊》40 例。"使"来源于动词"使",因此所介的宾语经常由可与动词"使"搭配的具体名词充当,逻辑主语也通常是人。如:

① 这个,我心里要蓝提跟子,所以使大红线锁口。(金·58·797)

② 使力往下一推,直推出帘子外。(金·63·896)

③ 定要似这们样着,我白日没工夫,黑夜也使黄泥呼吃了他!(醒·48·704)

④ 狄希陈只使眼看寄姐,又不敢说叫人赶去。(醒·96·1364)

⑤ 只怕你没有的书,不怕你不问乡宦家使那重价回他,又不怕你不往远处马头上去买。(醒·33·479)

⑥ 想着到了他家中,几乎惹的使柄通。(聊·慈·912)

⑦ 我就狠一狠,交给那杀人贼,也省的我路上着他抓住,使那巴棍打我这腿。(聊·翻·950)

⑧ 没的你也使钉子钉住了,待这们一日?(醒·60·864)

⑨ 又到狄希陈房里,见狄希陈使血染了个红人,知是胳膊受伤,慌乱着寻陈石灰合柳絮、明府骨头,与他搽敷。(醒·66·945)

例⑧、例⑨"使"不蕴含主语,而只表示一种客观状态,说明"使"的虚词用法也进一步虚化了。在《醒》中,"使"可与"将"、"用"等相替换,也有上下对文的用例。如:

⑩ 胡无翳见他没有落发出家的本意,每每将言语拨转,又使言语明白劝化。(醒·93·1326)

⑪ 狄希陈把那门,先使手推,后用脚踢,又用砖石打那窗户。(醒·45·660)

4.4.1.2 用

《金》226 例,《醒》154 例,《聊》21 例。如:

① 奶子如意儿独自坐一顶小轿,怀中抱着哥儿,用被裹得紧紧的进城。(金·48·630)

② 看咱爹爹肚里饥,快打鸡子用油煎,吃点儿且把心窝站。(聊·墙·844)

③ 这个曲儿,是用时兴的耍孩儿调儿编成,能开君子的笑口,也能发俗人的志气。(聊·俊·1110)

④ 却说吴兵各带火把,用小船装载硫磺,摇橹来了。(聊·快·1126)

⑤ 月莲到狱,去救亲娘,用手一指,方把门开放。(聊·襄·1225)

⑥ 万岁将龙衣脱下,用青布衫浮皮一裹,裹的合一个包袱相似,紧放在身子里头,方才睡下。(聊·增·1638~1639)

4.4.2 依据介词

介引依据的介词主要有"依"、"照(炤)"、"照依(炤依)"、"按"、"仗着"、"靠"等。"照(炤)"已在时间处所介词部分加以分析。

4.4.2.1 依、依着、依起

"依"《金》18 例,《醒》53 例,《聊》17 例;"依着"《金》7 例,《醒》20 例,《聊》12 例;"依起"《金》、《醒》无用例,《聊》2 例。

4.4.2.1.1 介引依据

① 自从武松搬去县前客店宿歇,武大自依前上街卖炊饼。(金·1·21)

② 依起那没尽足的心肠,就得二百个达达来把你填还。(聊·襄·1147)

4.4.2.1.2 介引视角

① 依学生愚见,还该谨慎保重。(金·55·739)

② 依我说,今日该小二仔养活我,不如跟了他去,还照常半月一轮罢。(聊·墙·845)

③ 老太太说:"依你这一说,是不去好。"(聊·慈·929)

④ 依我说,那樊子正虽穷,也比不的市井无赖。(聊·襄·1168)

⑤ 依着我说,别要招惹他,那些儿不是?(金·51·671)

⑥ 依着我偷着做做,人不知还好遮羞。(聊·翻·970)

⑦ 依着大成说,不必理他,他娘不听,娘们吃了两个剩饼,就合他熬。(聊·姑·873)

⑧ 依着员外,也就给了他……(聊·寒·1016)

⑨ 那周元果然依着那长官的话,拿着书战战兢兢的来到后庄……(聊·增·1571)

例①至⑨"依"、"依着"用于"依(着)N(说)"结构,表示某人的观点或从某人的角度来看,其中介词所介引的宾语多由第一人称代词充当。并且由于"依我说"的形式是常用格式,所以"依我说"也有凝固成固定结构的趋势。"依"介引视角,《歧》也有许多用例。如:

⑩ 依我说,到那日你跟先生也去游游,两个孩子跟着你两个,叫宋禄套上车儿同去,晌午便回来,有啥事呢!(歧·3·20~21)

⑪ 依我说,世兄只把这老叔的话,常常提在心头就是。(歧·14·153)

⑫ 依我说,先祖做过方面大僚,也不甚玷辱他。(歧·15·161)

⑬ 依我说,不如把这几位老太爷墓子,都要改葬。(歧·61·570)

⑭ 依我说,胡同口有张宅现成一辆车,不如大叔把书送到,亲自问他一声,速去早来……(歧·73·711)

⑮ 隆吉道:"说的是。依我看,大约东街关帝庙里好……"(歧·15·158)

《歧》里还有这样的例子:

⑯ 罗仲素云:"……以老朽看来,大舜心中并无这八个字,其心只有'父母'两个字……"(歧·9·98)

⑰ 老实二字,俗人看来,与愚相近;识者看来,却与诚字为邻。(歧·87·822)

以上例⑩至⑮"依"用于"依我说"、"依我看"中表示某人对情况的推测和估计,其中介词的宾语是观点所出者。该结构与例⑯"以老朽看来"、例⑰"俗人看来"、"识者看来"表意功能相当。从结构来讲,"某看来"是主谓结构,而"依某说"、"依某看"、"以某看来"实际上是一个介宾结构("依某"、"以某")和主谓结构("某说"、"某看"、"某看来")的套合,即"某"是介词和谓语的兼语。而两种结构功能相当则说明"依我说"、"依我看"、"以老朽看来"中的介词"依"、"以"的语义和语法功能已经很弱;而从功能来看,"某看来"在句中不与其他成分构成组合关系,因此是独立语,同理,"依(以)某说(看)"也是独立语成分。

4.4.2.2 照依(炤依)

"照依(炤依)"《金》5例,《醒》17例,《聊》无用例。如:

① 剩下的,再替我打一件,照依他大娘,正面戴,金厢玉观音,满池娇分心。(金·20·245)

② 把剩下的,好歹你替我照依他,也打一件九凤甸儿。(金·20·246~247)

③ 我有一方大红十样锦段子,也照依姐姐描怎一双儿。(金·29·363)

④ 掷出几点，不拘诗词歌赋，要个雪字上，就照依点数儿上。(金·67·947)

⑤ 晁住另拨了一个小厮小官童，跟了杨太医家去取药。回来照依药袋上写明煎服，果然就又好了许多。(醒·2·27)

⑥ 只是叫汪为露看之气死，叫人传话与狄宾梁知道，叫他照依谢程英才的数目，一些也不许短少……(醒·39·571)

⑦ 一面叫家人跟了魏三照依他说的话——徐老娘合原银为证——将孩子的生时八字写真……(醒·46·673)

⑧ 狄员外家中照依进学的时节设了许多酒席，管待宾朋。(醒·50·733)

4.4.2.3 按、按了、按着

"按"《金》2 例，《醒》10 例，《聊》4 例；"按了"《金》、《聊》无用例，《醒》12 例；"按着"《金》、《聊》无用例，《醒》5 例。如：

① 不如照常半个月，按期交代甚公平，好歹只在各人敬。(聊·墙·845)

② 若还到了百年后，拿将出来按分分，大家光降情理顺。(聊·墙·850)

③ 如今按了本利算钱，该银一两四钱五分……(醒·27·399)

④ 这样人也没得吃的年成，把那钱粮按了分数，定了限期，三四十板打了比较。(醒·32·463)

⑤ 晁夫人甚是喜欢，即时传了各庄的管家进城，按了积贮的多寡，以谷碾米，以完官粮。(醒·90·1281)

⑥ 这十分重的利息，不消费一些人力，按着日子送来，那里还有这样赚钱的生意？(醒·35·513)

⑦ 他们也不好按着数儿要的，我住持着，每卷只做一分。(醒·64·917)

⑧ 素姐初次烧香，不知但凡过客都是这等强抗，抗的你吃了他的，按着数儿别钱。(醒·69·987)

4.4.2.4 仗着

"仗着"介引凭借，《金》无用例，《醒》、《聊》仅各 1 例：

① 狄希陈仗着他娘的力量，还待要踢门。(醒·45·660)

② 你仗着俩儿是秀才，我可就不怕你赐怪。(聊·寒·1017)

"仗着"介引凭借在《儿》出现 11 例。如：

③ 及至安老爷到来，投递了手本，河台看了，便觉他怠慢来迟；又见京中不曾有一个当道大老写信前来托照应他，便疑心安老爷仗着是个世家旗人，有心傲上……(儿·2·24)

④ 大家见老爷事事与人同甘同苦，众情踊跃，也仗着夫齐料足，果然在一月限内便修筑得完工……(儿·2·31)

⑤ 还有等刁民恶棍，结交官府，盘剥乡愚，仗着银钱霸道横行，无恶不作……（儿·8·113）

4.4.2.5 靠、靠着、靠了

"靠"《金》12 例，《醒》4 例，《聊》无用例；"靠着"《金》3 例，《醒》3 例，《聊》无用例；"靠了"《金》、《聊》无用例，《醒》7 例。如：

① 嫂嫂是个精细的人，不必要武松多说。我的哥哥为人质朴，全靠嫂嫂做主。（金·2·24）

② 三年前十月初三日下大雪，那一日卖了一个泡茶，直到如今不发市，只靠些杂趁养口。（金·2·34）

③ 潘妈妈道："干娘既是撮合山，全靠干娘作成则个！"（金·6·71）

④ 我是绣江县学一个廪生，家里有一妻一子，单靠这廪银过活……（醒·27·393）

⑤ 婆子也做不得豆腐，老儿也挑不动担子，幸得有了这个干儿子，靠他养老过活，也用不着那家事。（醒·27·395）

⑥ 只靠着我逐日出来供唱，答应这几个相熟的老爹，好不辛苦。（金·11·129）

⑦ 李三哥他不知道，只要靠着问那内臣借，一般也是五分行利。（金·45·583）

⑧ 但请的这几位师父，他各人家都顶着火烟，靠着身子养家的。（醒·64·919）

⑨ 他后来积至十数万不止，遇旱遇灾，通州的百姓全靠了这个过活，并无一个流离失所的人。（醒·17·257）

⑩ 前边五个月靠了杨按台的养活，幸而存济；如今骤然止了，难道别处又有饭吃不成？（醒·31·460）

⑪ 全是靠了自己的八字，生成是个贵人。（醒·35·512）

"仗着"和"靠"、"靠了"、"靠着"都源于"依仗"类语义的同形动词及其带"着"、"了"的形式，这些动词在明清时期还很常用。如：

⑫ 舅太太道："你别仗着你们家的人多呀！叫我们亲家评一评，咱们俩到底谁比谁大？真个的'十七的养了十八的'了！"（儿·33·601）

⑬ 只是一个靠着家门口儿，一个靠仗着暗器，便那赢了也被天下英雄耻笑！（儿·15·233）

⑭ 那婆婆就说："靠天靠地，靠着日月三光，若得俺小的子儿来也，也不负了俺修斋吃素的念头。"（金·57·768）

⑮ 人家一个女儿嫁与人家，靠夫着主，只指望叫他翁姑喜欢，夫妻和睦，永

远过好日子,岂有挑他不贤的事?(醒·10·149)

以上例⑫至⑮的"仗着"、"靠"、"靠着"都是动词,用于"仗着(靠、靠着)＋N"组合结构中,而发展为介词的"仗着(靠、靠着)"则来源于"仗着(靠、靠着)＋N＋V"结构,是由于常用在次要动词的位置上虚化而来的。

4.4.3 原因介词

4.4.3.1 因、因着、因是

"因"《金》33 例,《醒》42 例,《聊》10 例;"因着"《金》3 例,《醒》无用例,《聊》7 例;"因是"《金》1 例,《醒》5 例,《聊》无用例。如:

① 他不知那里因着甚么由头儿,只拿我煞气,要便睁着眼望着我叫,千也要打个臭死,万也要打个臭死。(金·18·219)

② 不争爹因着那边怪我,难为小的了。(金·72·1057)

③ 不是因着那句话,刚才算计一时差。(聊·姑·862)

④ 因着这个梦,他又是俊俏书生,心里有了主意,所以殷勤待他。(聊·翻·963)

⑤ 活把人异样杀,杀了人吊自家,不知他是因着嘎。(聊·寒·1033)

⑥ 才清凉越发愁,说不出因着嘎。(聊·富·1306)

⑦ 一家人好说是我打嘎子,说是我骂嘎子,也不问问是争着甚么,因着甚么。(聊·襄·1205)

⑧ 这老婆当初在王皇亲家,因是养个主子,被家人不忿攘闹,打发出来……(金·78·1213)

⑨ 程乐宇疑心因是说他文章不好,故此着恼……(醒·38·553)

⑩ 宗举人对金亮公道:"这是侯小槐,因是处过紧邻,所以还来坟上致祭……"(醒·41·609)

4.4.3.2 为、为着、为的、为的是、为了

"为"《金》140 例,《醒》129 例,《聊》64 例;"为着"《金》1 例,《醒》4 例,《聊》5 例;"为的"《金》、《醒》无用例,《聊》3 例;"为的是"《醒》1 例;"为了"《金》4 例,《醒》5 例,《聊》1 例。如:

① 从前不曾问一声,只为十年兄弟情,争奈如今手里空。(聊·墙·842)

② 他原是敬财神,不是为孝父亲,受了孝养心还恨。(聊·墙·850)

③ 为着我心上人,对景越添愁闷。(金·61·845～846)

④ 虽在一堆,常常用那小心机,只为着一个儿,看做了多少势。(聊·慈·899)

⑤ 寻思一遭,寻思一遭,为着嘎事闹吵吵?(聊·翻·952)

⑥ 近来为着些小事,惹的心中不耐烦,登时就把娇容变。(聊·襄·1177)

⑦ 不过是为着一句话,怎么就全然忘了旧日恩?(聊·富·1316)

⑧ 天不敬为的咱家苦,再生一个包龙图,这冤待向何人诉?(聊·寒·1028)

⑨ 才清凉越发愁,不知是为的嘎?(聊·磨·1424)

⑩ 陆好善道:"甚么事情?我通没听见说,就是相爷也没见提起。嗔道这们几日通没见往宅里去。为的是甚么事儿?"(醒·82·1164)

⑪ 况且听说是为了打发的好了打,这怎么是个人来?(聊·襄·1238)

4.4.3.3 因为

"因为"《金》12 例,《醒》无用例,《聊》2 例。如:

① 玉楼道:"五姐,休鬼混他。李大姐,你快起来,俺每有庄事来对你说。如此这般,他多昨日和大姐姐好了,咱每人五钱银子,你便多出些儿,当初因为你起来……"(金·21·263)

② 大妗子道:"你姐儿每乱了这一回,我还不知因为什么来……"(金·73·1074)

③ 第二日,陈经济来到,左边邻人说:"你还敢庙里去?你师父因为你,如此这般,得了口重气,昨夜三更鼓死了。"(金·94·1417)

4.4.3.4 缘

《金》3 例,《醒》、《聊》各 1 例。如:

① 三个光头好像师父、师兄并师弟,只是铙钹缘何在里床?(金·57·777)

② 薛教授口里吃饭,心里想说:"这个道人常在狄亲家宅上,缘何再不到我家里?我明日也备一斋邀他家去。"(醒·29·429)

③ 叫云长你听知:你缘何把头低,一问一个不喘气?(聊·快·1134)

《歧》出现 4 例:

④ 却说满相公缘何到此?原是奉了家主盛希侨之命,下苏州置办戏衣,顺便请来了两个昆班老教师。(歧·44·412)

⑤ 既为绅衿,缘何开场诱赌,知法犯法?(歧·46·433)

⑥ 读书只合守寒窗,散网缘何入匪场?(歧·59·549)

⑦ 盛希侨把副末叫上来说:"不错!不错!你缘何就会自己打戏?"(歧·78·758)

4.4.3.5 着₃

"着₃"介引原因,仅《金》2 例:

① 静而思之,着甚来由?(金·1·3)

② 月娘道:"你道我昨日成日的不得看孩子,着甚缘故不得进来……"(金·53·716)

4.5 范围介词

《金》、《醒》、《聊》出现的范围介词有"连"、"除"、"合（和）"、"就"、"论"。其中"合（和）"、"就"在上文已进行分析，这里只分析"连"、"除"、"论"及相关形式的范围介词。详见下表：

范围介词统计表

		金	醒	聊
包含	连	121	257	29
	连了	0	1	0
排除	除	0	32	5
	除了	11	69	7
	除的家	0	5	0
	除却了	0	1	0
	除上	0	0	1
	除到	0	0	1
话题	论	2	33	9
	论起	2	5	1
	论着	1	0	0

4.5.1 连、连了

"连"《金》121 例，《醒》257 例，《聊》29 例；"连了"仅《醒》1 例。如：

① 一日在园中置了一席，请吴月娘、孟玉楼连西门庆，四人共饮酒。（金·11·128）

② 金莲使绣春儿叫将来兴儿来，把银子递与，教他买一坛金华酒，一个猪首，连四只蹄子……（金·23·285）

③ 叫掌案的先儿写个票儿，连那铜杭杭子兑个清数，连人发给理刑周百户，叫他照数替我严限的追！（醒·70·1004）

④ 那铺子里的橱柜没有了，连铺子都一齐赁了与人。（醒·71·1015）

⑤ 狄周跑到当铺取了二十两银子，连家里的，共是四十两，密密的交付。（醒·80·1141）

⑥ 左右的，既蒙姑娘费心，一并全收，连挑担的俱送至厨下，叫庖人作速烹治，为老爷下酒。（聊·戏·钟·819）

⑦ 我已雇了人来，路又不远，连床抬去罢。（聊·墙·851）

⑧ 如今自己将银钱上门送来，连文约也不敢收领，这也是他生来第一快心的事了。（醒·1·5）

⑨ 今大官人象个凶神一般，小娘子登过坛、唱过戏的人，可是说的好，妆出孟日红来，连强盗也征伏了的人……（醒·2·21）

⑩ 他连我还放肆起来，不是长班吆喝住，他还不知有多少屁放哩！（醒·83·1183）

585

⑪ 至亲是个相家,人家"买茄子还要饶老",他却连一个七老八十的妗母也不肯饶。(醒·94·1341)

⑫ 闲来并不让他家坐,寻常连茶没有,待笑话那里捞着?(聊·墙·833)

⑬ 遇着二成不在家,连尿盆子都给他端了,但求他一个不做声。(聊·姑·875)

⑭ 他连这话都说出来了。(聊·增·1566)

"连"介引包括的对象或方面,用于句首时多与副词"都"、"共"、"同"等相照应,往往含有强调的意味。《醒》中也有"连了"做介词的用法,但仅1例:

⑮ 适值济南府祖刑厅来见,徐宗师把自己审的口词、情节,连了一干人犯差人守催着,要次日解报。(醒·47·692)

4.5.2 除、除了

"除"《金》无用例,《醒》32例,《聊》5例;"除了"《金》11例,《醒》69例,《聊》7例。"除"在介引所要排除的对象或情况时,可以介引词语,也可以介引小句。如:

① 除自己家里的鹰犬,仍向刘游击借了四只猎犬,三连鹰叉。(醒·1·11)

② 寄姐道:"说走就走,不消和他说,除惹的他弟兄们死声淘气的,带着个老婆,还坠脚哩……"(醒·86·1224)

③ 好没要紧,除没找了孩子来,赚了一场好骂,还几乎捱一顿好打。(聊·慈·909)

④ 担到来家,担到来家,柴虽不多一样乏,除不给饭吃,还惹的咱娘骂。(聊·慈·916)

⑤ 若是当真同去打围,除了我不养汉罢了,那怕那忘八戴销金帽、绿头巾不成!(醒·2·18)

⑥ 望狄大爷借用一时,下月领出米来,狄大爷除了十两本钱,多余的利息,我与狄大爷平分。(醒·80·1138)

⑦ 除了盘费不算账,考去还要买文章,偏他自己费家当。(聊·翻·943)

4.5.3 除的家

《金》、《聊》无用例,只《醒》5例:

① 可说这房子,我都不给你们,留着去上坟,除的家阴天下雨,好歇脚打中火。(醒·22·325)

② 我还有句话禀奶奶:除的家还许我来看看这媳妇子,浆衣裳,纳鞋底,差不多的小衣小裳,我都拿揝的出去。(醒·49·722)

③ 二来留着他,往后张师傅进来宿监,除的家替张师傅缀带子、补补丁,张师傅冈可了,合张师傅说话儿,他屋里爇茶爇水,又都方便。(醒·43·627)

④ 叫我扯着往家来了,从就这一日走开,除的家白日里去顽会子就来了,那里黑夜住下来?(醒·40·592)

⑤ 除的家倒还是爷提掇提掇叫声"那咎姓薛的"，或说"那姓薛的歪私窠子"，别也没人提掇。（醒·86·1223）

"除的家"是《醒》中独有的排除介词形式。关于它的构成，徐复岭（1993：189～190）认为"家"是语缀，"的"是"了"的音转，并以鲁南地区"错了家"作为旁证。我们则更倾向于把"除的家"中"的"看做是"得"的俗写形式，"除的家"即"除得家"，"得"与"了"、"却"相当，本来是表示完成的动态助词，在"除的家"中变成了构词成分。

4.5.4 除却了

《金》、《聊》无用例，只《醒》1例：

① 晁源道："你只依我画，莫要管。除却了陈老先生，别人也不来管那闲帐。"（醒·18·267）

4.5.5 除上、除到

《金》、《醒》无用例，只《聊》中各1例：

① 书童说："我笑大叔这样恼。这几年大叔也算是自在，就是没人叫声爷爷，除上我向后叫爷爷奶奶，就中了状元是待怎么？"（聊·蓬·1094）

② 你除到分文不给，还要找算人么？（聊·磨·1452）

此外，《儿》还有"除去"用做介词1例，《歧》"除是"做介词1例：

③ 场里虽说有三天的限，其实除了进场出场，再除去吃睡，不过一天半的功夫。（儿·34·613）

④ 大凡一个人，除是自幼有好父兄拘束得紧，不敢窥看赌场，或是自己天性不好赌，这便万事都休了。（歧·42·390）

4.5.6 论、论起、论着

"论"用于介引话题《金》1例，《醒》32例，《聊》9例；"论起"用于介引话题《金》2例，《醒》5例，《聊》1例；"论着"用于介引话题《金》1例。"论"用于介引依据《金》1例，《醒》1例。

4.5.6.1 介引话题

① 伯爵道："若论这狗狗的，脊力尽有，掇轻服重都去的。"（金·77·1176）

② 禹明吾道："计老叔，听我一言：论令爱实死的苦，晁大哥也极有不是……"（醒·9·134）

③ 论平价，这木头匀滚着也值五六两一根。（醒·9·135）

④ 舒忠道："我这样的寒士，怎与他富家结得亲？论这两个学生，倒是我极敬爱的。"（醒·23·348）

⑤ 转口说道："你虑得也是。论这虎势，也象似快了，只是我下意不得，指望他死。"（醒·39·578）

⑥ 老妈妈子道:"那三个里头,有一个的模样比这个好,白净,脚也小;要论手段,都不如这一个。"(醒·55·798)

⑦ 素姐道:"这先明后不争的,极好。论经数是怎么算,包日子是怎么包?你先说说我听。"(醒·64·917)

⑧ 论兵法无正规,那敌人看是谁来。(聊·快·1124)

⑨ 论死杀数俺强:诛文丑,斩颜良,五关也曾斩六将。(聊·快·1124)

⑩ 论那老樊,论那老樊,为人还在德行间。(聊·禳·1166)

⑪ 论令爱貌无双,人物风流百事强,娶媳妇还待求甚么样?(聊·禳·1191)

⑫ 论起春梅,又不是我房里丫头,你气不愤,还教他伏待大娘就是了,省的你和他合气,把我扯在里头。(金·11·126)

⑬ 西门庆道:"论起哥来,仁义上也好,只是有这一件儿。"(金·13·155)

⑭ 晁夫人道:"……我也不认得那个是上辈下辈,论起往乡里来吊孝,该管待才是……"(醒·20·294)

⑮ 论起理来,这等连年收成,刚刚的一季没有收得,也便到不得那已甚的所在。(醒·27·391)

⑯ 论起这情来,也甚恼人,我还看菩萨分上罢了。(醒·65·938)

⑰ 也不差,也不差,论起四于文字佳。(聊·禳·1229)

⑱ 伯爵道:"他两口儿,也得一间门面,一间客坐,一间床房,一间厨灶,四间房子是少不得的。论着价银,也得三四个多银子……"(金·56·758)

4.5.6.2 介引依据

① 既然是论日不论夜,有甚么话说,有甚么话说?你和他从今后就快活。(聊·禳·1262)

② 你把那刚才来到的歪憋,从此尽数收起,再别使出一点儿来,我也不说甚么先来后到,咱论年纪,姊妹称呼。(醒·95·1354)

在介引话题的用例中例①至⑪"论"用于介引范围,表示话题;例⑫至⑰"论起"后接宾语,表示话题,"起"已经词缀化了;例⑱"论着"与"论"用于介词的用法相当。介引依据"论",表示按某种单位或类别说。

"论"用于介引范围《儿》出现46例,《歧》出现27例;"论起"《歧》出现4例。

考查"论"的来源,有两类例子对我们有所启示。如:

① 若是有饭吃的人家,只有一个女儿,没有儿子的,也不与他论甚么辈数,也不与他论甚么高低,必定硬要把儿子与他做了女婿,好图骗他的家私。(醒·26·379)

② 再说晁思才是晁家第一个的歪人:第一件可恶处,凡是那族人中有死了

去的,也不论自己是近枝远枝,也不论那人有子无子,倚了自己的泼恶,平白地要强分人的东西。(醒·57·817)

③ 张类村道:"是论字的。上年我刻《阴骘文注释》,是八分银一百个字,连句读圈点都包括在内。"(歧·38·356)

④ 这是鸿胪派的后代,住在河南省城,当年到丹徒上坟,名忠弼的孙孙,论行辈是绍衣的侄子,今日到先人神位前磕头。(歧·92·863)

⑤ 论来,男人煞重掌威权,女子煞重必刑夫。(金·12·150)

⑥ 孟玉楼道:"论起来,男子汉死了多少时儿,服也还未满就嫁人,使不得的!"(金·18·219)

⑦ 论起来,一个没离了娘老子的孩子,叫他这们远出,可也疼人。(醒·94·1345)

例①、例②"论"是实词,与"说"、"论说"相当;例③、例④"论"也是动词,表示"依据……进行衡量、判定";例⑤至⑦"论"还是动词,不接宾语,但"论来"、"论起来"已经演化成固定结构,所以其中的"论"的用法已经虚化了。而"论"做介词,用于介引话题的用法和用于介引依据(单位或类别)的用法与上述例子中"论"的用法有密切关系。

4.6 结语

4.6.1 介词系统比较

4.6.1.1《金》、《醒》、《聊》的介词系统

4.6.1.1.1《金》、《醒》、《聊》介词的差异

《金》共出现介词 87 个,《醒》共出现 93 个,《聊》共出现 76 个。

《金》与《醒》共同出现的介词共 67 个,只出现在《金》的介词共 20 个,即"把着"、"交"、"吃"、"乞"、"若"(对象介词)、"一从"、"投到"、"着₂"、"在于"、"上"、"到于"、"到往"、"往到"、"打从"、"行"、"顺"(时间处所介词)、"因着"、"因为"、"着₃"(原因介词)、"论着"(范围介词)等;只出现在《醒》的介词 26 个,即"给(己)"、"同了"、"同着"、"当了"、"当着"、"朝了"、"向了"、"向着"、"对了"、"跟着"、"跟了"(对象介词)、"当"、"从就"、"到在"、"望了"、"照了"、"顺了"(时间处所介词)、"按着"、"按了"、"仗着"、"靠了"、"为的是"(方式方法原因介词)、"连了"、"除"、"除的家"、"除却了"(范围介词)等。其中,"似"《醒》又写做"是","和"《醒》又写做"合","同和"出现在《金》中,而"同和"的变化形式"同合"只出现在《醒》中。

《金》与《聊》共同出现的介词共 62 个,只出现在《金》的介词共 25 个,即"把着"、"交"、"吃"、"乞"、"若"、"像"、"同和"(对象介词)、"一从"、"齐"、"头(投)"、"投到"、"乘"、"乘着"、"在于"、"到于"、"到往"、"往到"、"打从"、"行"(时间处所介词)、"照依(炤依)"、"靠"、"靠着"、"因是"、"着₃"(方式方法原因介词)、"论着"(范围介词)等。只出现在《聊》中的介词有 14 个,即"给(及₁)"、"比着"、"及₂"、"合着"、"同着"、"跟着"(对象介词)、"一自"、"自赶"、"漫(瞒)"(时间处所介词)、"依起"、"仗着"、"为的"(方

式方法原因介词)、"除"、"除上"(范围介词)等。其中,"和"又写做"合","趁着"《金》又写做"趁子"。

《醒》与《聊》共同出现的介词共 62 个,只出现在《醒》的介词共 31 个,即"象"、"同了"、"同合"、"当着"、"当了"、"朝了"、"向了"、"向着"、"对了"、"跟了"(对象介词)、"当"、"从就"、"齐"、"头"、"乘"、"乘着"、"到在"、"望了"、"照了"、"顺了"(时间处所介词)、"按了"、"按着"、"照依(炤依)"、"靠"、"靠了"、"靠着"、"因是"、"为的是"(方式方法原因介词)、"连了"、"除的家"、"除却了"(范围介词)等。其中,"给"又写做"己","似"又写做"是"。只出现在《聊》中的介词有 14 个,即"比着"、"及₂"、"合着"(对象介词)、"一自"、"自赶"、"着₂"、"上"、"漫(瞒)"、"顺"(时间处所介词)、"依起"、"因着"、"为的"、"因为"(方式方法原因介词)、"除上"(范围介词)等。其中,"给"《醒》又写做"己",《聊》又写做"及"。

4.6.1.1.2 特殊介词问题

总起来说,《金》、《醒》、《聊》中都有一些特有的介词或其他语料没有的介词用法。如《金》的"交"、"吃"、"乞(施事)"、"一从"(所始时间)、"投到"、"到往"、"往到"等,《醒》的"同了"、"当了"、"朝了"、"向了"、"向着"、"从就"等,《聊》表示比较的"及"和其他介词如"一自"、"自赶"等都是别的介词系统没有的。

另外,《金》、《醒》、《聊》还有一类特殊的介词,即复合介词,如"投到"、"在于"、"到于"、"到往"、"往到"、"打从"、"到在"、"从就"、"同和(同合)"、"照依(炤依)"、"自从"、"自赶"等。这类复合介词的形成既是词语复音化的结果,同时也与《金》、《醒》、《聊》的一些特殊语言现象有关。

在《金》、《聊》中,有一些动词本身可以直接接处所宾语,却另接介词来引进宾语。如:

> ① 西门庆忙问道:"你房儿在于何处?"(金·71·1025)
> ② 见西门庆到,笑吟吟在半门里首迎接进去,到于明间客位,道了万福。(金·59·806)
> ③ 次日五更,道众皆挨门进城,到于西门庆家。(金·66·927)
> ④ 两个说话中间,到于西门庆门首。(金·86·1314)
> ⑤ 西门庆番来覆去盼鸡叫,巴不得天亮。比及天亮,又睡着了。(金·71·1026)
> ⑥ 比及刚到黄河,到水关八角镇,骤然撞遇天起一阵大风。(金·71·1033)
> ⑦ 比及到晚夕,西门庆又吃了刘橘斋第二贴药,遍身痛,叫唤了一夜。(金·79·1231)
> ⑧ 不想比及到黄昏时分,天气一阵阴黑来,窗外簌簌下起雨来。(金·83·1274)
> ⑨ 溜溜的睡了一整夜,好汉子及到天明宿了眼。(聊·慈·897)
> ⑩ 安排一夜醋醋睡,及到睡时又不眠……(聊·富·1341)

⑪ 及到至家，已是残冬将尽。（聊·翻·1006）

⑫ 及至住了雨，日头已西下。（聊·慈·916）

⑬ 及至相处半年久，说句话儿中心怀，没一点不叫人心里爱。（聊·翻·998）

⑭ 及至来家一看，吃了一大惊！（聊·翻·1003）

⑮ 后及至娶了那江城来，倒成了祸根，为不着个破烘笼。（聊·襀·1194）

⑯ 他说火钱六七吊，至到而今把他该，没钱使上门来索债。（聊·墙·849）

⑰ 他二人犯争差，各人低头把饭爬，至到而今不说话。（聊·翻·976）

⑱ 当初我也曾告状，几乎屈死我父亲，至到而今咬牙恨。（聊·寒·1073）

⑲ 俺也怕了十来年，至到而今他不怕俺。（聊·襀·1148）

其中的"在"、"到"、"比及"、"及"、"至"都是动词，都可以直接接处所做宾语，但是在这些用例中却接了介词"于"、"至"、"到"。以上组合是动词和介词的组合，其中有些组合发展为复合词。而这些组合仅见于《金》、《醒》、《聊》，其他语料文献暂未见同样的用例。

4.6.1.1.3《金》、《醒》、《聊》介词用法比较

《金》、《醒》、《聊》介词的用法差别不是很大，但也有一些细微差别体现在个别介词的某些用法上。如"把"用于介引受事和工具的用法是三种语料共有的，而一些特殊用法《金》、《醒》、《聊》分布情况不一："把"用于介引授与对象和交与对象的用法，在《金》、《醒》中有所反映，用例也极少，但在《聊》中类似的用法就没有出现；"给"的用法也很多，其中介引授与对象、介引为替对象、介引交与对象的用法是《金》、《醒》、《聊》共有的，但介引受事却是《聊》特有的；"合（和）"在《金》中有用于"介引为替对象"、"介引授与对象"的用法，而在《醒》中则有用于"介引范围"的用法。

《金》与《醒》介词比较表

		《金》独有（20）	《金》、《醒》共有（67）	《醒》独有（26）
对象介词	受事介词	把着	把、将、拿、拿着	
	施事介词	交、吃、乞	被、教、叫、着₁	
	授与介词			给（己）
	为替介词		为₁、替	
	比较介词	若	如、似（是）、比、像（象）	
	交与介词		和（合）、同、同和（同合）、与	同了、同着
	当对对象		朝、朝着、向	当了、当着、朝了、向了、向着
	言谈介词		对、对着	对了
	求索介词		问	
	师从介词		跟	跟着、跟了

时所介词	所当时间			当
	起始时间	一从	自、从、自从、齐	从就
	临近时间	投到	头（投）	
	时机介词		赶、赶着、趁、趁着（趁子）、乘、乘着	
	所当处所	着₂、在于	就、于	
	所止处所	上、到于、到往、往到	在、到	到在
	方向介词		望、望着、照、照着、往	望了、照了
	经由沿循	打从、行、顺	由、打、顺着	顺了
方式方法原因	工具介词		使、用、以	
	方式方法		依、依着、按、照依（炤依）、靠、靠着	按着、按了、靠了、仗着
	原因介词	因着、因为、着₃	因、因是、为₂、为着、为了、缘	为的是
范围介词	包含介词		连	连了
	排除介词		除了	除、除的家、除却了
	话题介词	论着	论、论起	

《金》与《聊》介词比较表

		《金》独有（25）	《金》、《聊》共有（62）	《聊》独有（14）
对象介词	受事介词	把着	把、将、拿、拿着	
	施事介词	交、吃、乞	被、教、叫、着₁	
	授与介词			给（及₁）
	为替介词		为₁、替	
	比较介词	若、像	如、似、比	比着、及₂
	交与介词	同和	和（合）、同、与	合着、同着
	当对对象		朝、朝着、向	
	言谈介词		对、对着	
	求索介词		问	
	师从介词		跟	跟着

时所介词	所当时间			
	起始时间	一从、齐	自、从、自从	一自、自赶
	临近时间	头（投）、投到		
	时机介词	乘、乘着	赶、赶着、趁、趁着（趁子）	
	所当处所	在于	着2、就、于	
	所止处所	到于、到往、往到	在、上、到	
	方向介词		望、望着、照、照着、往	
	经由沿循介词	打从、行	由、打、顺、顺着	漫（瞒）
方式方法原因	工具介词		使、用、以	
	方式方法	照依（炤依）、靠、靠着	按、依、依着	依起、仗着
	原因介词	因是、因为了、着3	因、因着、为2、为着、为了、因为、缘	为的
范围介词	包含介词		连	
	排除介词		除了	除、除上
	话题介词	论着	论、论起	

《醒》与《聊》介词比较表

		《醒》独有（31）	《醒》、《聊》共有（62）	《聊》独有（14）
对象介词	受事介词		把、将、拿、拿着	
	施事介词		被、教、叫、着1	
	授与介词		给（己、及1）	
	为替介词		为1、替	
	比较介词	象	如、似（是）、比	比着、及2
	交与介词	同了、同合	和（合）、同、同着、与	合着
	当对对象	当着、当了、朝了、向了、向着	朝、朝着、向	
	言谈介词	对了	对、对着	
	求索介词		问	
	师从介词	跟了	跟、跟着	

时所介词	所当时间	当		
	起始时间	从就、齐	自、从、自从	一自、自赶
	临近时间	头		
	时机介词	乘、乘着	赶、赶着、趁、趁着	
	所当处所		就、于	着$_2$
	所止处所	到在	在、到	上
	方向介词	望了、照了	望、望着、照、照着、往	
	经由沿循	顺了	由、打、顺着	漫(瞒)、顺
方式方法原因	工具介词		使、用、以	
	方式方法	按了、按着、照依(焻依)、靠、靠着、靠了	按、依、依着、仗着	依起
	原因介词	因是、为的是	因、为、为着、为了、缘	因着、为的、因为
范围介词	包含介词	连了	连	
	排除介词	除的家、除却了	除、除了	除上
	话题介词		论、论起	

4.6.1.2《歧》、《儿》的介词系统及与《金》、《醒》、《聊》的比较

前面说过,《金》共出现介词 87 个,《醒》共出现 93 个,《聊》共出现 76 个,而《歧》共出现介词 71 个,《儿》中出现 78 个。从出现的介词来看,《金》、《醒》、《聊》共出现介词 122 个,其中有 55 个介词《歧》没有出现,即"把着"、"拿"(受事)、"交"、"着₁"、"乞"(施事)、"若"、"比着"、"及₂"(比较)、"合着"、"同和(同合)"(交与)、"当了"、"当着"(当对)、"朝了"、"朝着"、"向了"(方向)、"对了"(言谈)、"跟着"、"跟了"(师从)、"自赶"、"一从"、"从就"、"齐"(所始时间)、"头"(投)、"投到"(临近时间)、"赶着"、"乘着"(时机)、"着₂"(所当处所)、"到于"、"到往"、"往到"(所止处所)、"望了"、"照₁(焻)"、"照了"、"照着₁"、"打从"、"漫(瞒)"、"行"、"顺了"、"顺着"(经由)、"按了"、"按着"、"依起"、"照依"、"靠了"(方式方法)、"因着"、"因是"、"为的是"、"为了"、"着₃"(原因)、"连了"、"除的家"、"除却了"、"除上"、"除到"、"论着"(范围)等。另外,"给"又写做"己、及₁","似"又写做"是","和"又写做"合","趁着"又写做"趁子"等。而且《歧》中还有一些介词使用频率也很低,如"一自"1 例,"赶"1 例,"乘"3 例,"在于"1 例,"到在"1 例,"顺"1 例,"为的"2 例,"缘"3 例,等等。这说明《歧》的介词使用相对集中,所以数量也就相对较少。而《歧》出现的比较介词"不胜"和"跟"、范围介词"除是"是《金》、《醒》、《聊》没有的。

《金》、《醒》、《聊》出现的 50 个介词在《儿》中没有出现,即"把着"(受事)、"交"、"着₁"、"乞"(施事)、"如"、"若"、"比着"、"及₂"(比较)、"合着"、"同和(同合)"(交与)、"当了"(当对)、"朝了"(方向)、"跟了"(师从)、"一自"、"自赶"、"一从"、"从就"、"齐"(起始时间)、"头(投)"、"投到"(临近时间)、"乘着"(时机)、"着₂"、"在于"(所当时

间)、"到在"、"到于"、"到往"、"往到"(所止处所)、"照了"、"打从"、"漫(瞒)"、"行"、"顺"(经由)、"使"(工具)、"按了"、"依起"、"照依(炤依)"、"靠了"(方式方法)、"因着"、"因是"、"为的"、"为的是"、"缘"、"着₃"(原因)、"连了"、"除的家"、"除却了"、"除上"、"除到"、"论起"、"论着"(范围介词)等。其中一些介词还有其他书写形式,如"给"又写做"己"、"及","似"又写做"是","趁着"又写做"趁子","照"又写做"炤"等。而《儿》中只有 5 个介词是《金》、《醒》、《聊》没有的,即比较介词"较"、交与介词"同上"、时间介词"起"和"赶到"、范围介词"除去"。

另外,用于介引受事的"把"、"将"、"拿"、"拿着"4 个介词在《儿》中也用于介引工具,所以《儿》的工具介词系统共出现 6 个介词,即"用"、"以"和"把"、"将"、"拿"、"拿着"。所以相比而言,《儿》的工具介词系统与《金》、《醒》、《聊》唯一的差别是没有出现工具介词"使"。而在《歧》中,则只有"拿"、"拿着"可以用于介引工具,《歧》的工具介词系统就包括"使"、"用"、"以"、"拿"、"拿着"5 个介词,与《金》、《醒》、《聊》、《儿》等语料相比,其工具介词系统少了"把"、"将",而比《儿》又多了介词"使"。另外,《歧》的"拿"只用于介引工具,所以其受事介词系统就只有 3 个,即"把"、"将"、"拿着",这与其他几种语料相比也是比较特殊的。

同样,由于"照"、"照了"、"照着"等方向介词也可以用于介引方式方法,所以方式方法介词系统也可以包含"照"系列介词。其中,在《儿》中"照"系列都不用于介引方式方法,所以其方式方法介词系统只包括"按"、"按着"、"依"、"依着"、"靠"、"靠着"、"仗着"7 个介词,而《歧》中"照"、"照着"用于介引方式方法,所以其方式方法系统包括"按"、"照"、"照着"、"依"、"依着"、"靠"、"靠着"、"仗着"8 个,与《儿》相比,"按着"不用于介引方式方法。

《金》与《歧》介词系统比较表

		《金》独有(29)	《金》、《歧》共有(58)	《歧》独有(13)
对象介词	受事介词	把着、拿	把、将、拿着	
	施事介词	交、着₁、乞	被、教、叫、吃	
	授与介词			给
	为替介词		为₁、替	
	比较介词	若	如、似、比、像	不胜、跟₁
	交与介词	同和	和、同、与	同了、同着
	当对介词	朝着	朝、向	向着
	言谈介词		对、对着	
	求索介词		问	
	师从介词		跟	

		《金》独有(29)	《金》、《歧》共有(58)	《歧》独有(13)
时所介词	所当时间			当
	起始时间	一从、齐	自、从、自从	一自
	临近时间	头(投)、投到		
	时机介词	赶着、乘着	赶、趁、趁着(趁子)、乘	
	所当处所	着$_2$	就、于、在于	
	所止处所	到往、往到、到于	在、上、到	到在
	方向介词	照、照着	望、望着、往	
	经由介词	打从、行、顺着	由、打、顺	
方式方法原因	工具介词		使、用、以	
	方式方法	照依	按、依、依着、靠、靠着	仗着
	原因介词	因着、因是、为了、着$_3$	因、为$_2$、为着、因为、缘	为的
范围介词	包含介词		连	
	排除介词		除了	除、除是
	话题介词	论着	论、论起	

《醒》与《歧》介词系统比较表

		《醒》独有(32)	《醒》、《歧》共有(61)	《歧》独有(10)
对象介词	受事介词	拿	把、将、拿着	
	施事介词	着$_1$	被、教、叫	吃
	授与介词		给(己)	
	为替介词		为$_1$、替	
	比较介词		如、似(是)、比、像(象)	不胜、跟$_1$
	交与介词	同合	和(合)、同、同了、同着、与	
	当对介词	当了、当着、朝了、朝着、向了	朝、向、向着	
	言谈介词	对了	对、对着	
	求索介词		问	
	师从介词	跟着、跟了	跟$_2$	
时所介词	所当时间		当	
	起始时间	从就、齐	自、从、自从	一自
	临近时间	头		
	时机介词	赶着、乘着	赶、趁、趁着、乘	
	所当处所		就、于	在于
	所止处所		在、到在、到	上
	方向介词	望了、照、照了、照着	望、望着、往	
	经由介词	顺了、顺着	由、打	顺
方式方法原因	工具介词		使、用、以	
	方式方法	按了、按着、照依(炤依)、靠了	按、依、依着、靠、靠着、仗着	
	原因介词	因是、为的是、为了	因、为$_2$、为着、缘	为的、因为
范围介词	包含介词	连了	连	
	排除介词	除的家、除却了	除、除了	除是
	话题介词		论、论起	

《聊》与《歧》介词系统比较表

		《聊》独有(17)	《聊》、《歧》共有(59)	《歧》独有(12)
对象介词	受事介词	拿	把、将、拿着	
	施事介词	着$_1$	被、教、叫	吃
	授与介词		给(及)	
	为替介词		为$_1$、替	
	比较介词	比着、及	如、似、比	像、不胜、跟$_1$
	交与介词		和(合)、合着、同、同着、与	同了
	当对介词	朝着	朝、向	向着
	言谈介词		对、对着	
	求索介词		问	
	师从介词	跟着	跟$_2$	
时所介词	所当时间			当
	起始时间	自赶	自、从、自从、一自	
	时机介词	赶	赶、趁、趁着	
	所当处所	着$_2$	就、于	在于
	所止处所		在、上、到	到在
	方向介词	照、照着	望、望着、往	
	经由介词	漫(瞒)、顺着	由、打、顺	
方式方法原因	工具介词		使、用、以	
	方式方法	依起	按、依、依着、仗着	靠、靠着
	原因介词	因着、为了	因、为$_2$、为着、为的、因为、缘	
范围介词	包含介词		连	
	排除介词	除上	除、除了	除是
	话题介词		论、论起	

《金》与《儿》介词系统比较表

		《金》独有(27)	《金》、《儿》共有(59)	《儿》独有(19)
对象介词	受事介词	把着	把、将、拿、拿着	
	施事介词	交、着$_1$、乞	被、教、叫、吃	
	授与介词			给
	为替介词		为$_1$、替	
	比较介词	如、若	似、比、像	较
	交与介词	同和	和(合)、同、与	同了、同着、同上
	当对对象		朝、朝着、向	当着、向了、向着
	言谈介词		对、对着	对了
	求索介词		问	
	师从介词		跟$_2$	跟着
时所介词	所当时间			当
	起始时间	一从、齐	自、从、自从	起、赶到
	临近时间	头(投)、投到		
	时机介词	乘着	赶、赶着、趁、趁着、乘	
	所当处所	着$_2$、在于	就、于	
	所止处所	到往、往到、到于	在、上、到	
	方向介词		望、望着、往、照、照着	望了
	经由介词	打从、顺	由、打、顺着	顺了
方式方法原因	工具介词	使	用、以	
	方式方法	照依(炤依)	按、依、依着、靠、靠着	按着、仗着
	原因介词	因着、因是、缘、着$_3$	因、为$_2$、为着、为了、因为	
范围介词	包含介词		连	
	排除介词		除了	除、除去
	话题介词	论起、论着	论	

《醒》与《儿》介词系统比较表

		《醒》独有(23)	《醒》、《儿》共有(70)	《儿》独有(8)
对象介词	受事介词		把、将、拿、拿着	
	施事介词	着₁	被、教、叫	吃
	授与介词		给(己)	
	为替介词		为₁、替	
	比较介词	如	似(是)、比、像(象)	较
	交与介词	同合	和(合)、同、同了、同着、与	同上
	当对对象	当了、朝了	当着、朝、朝着、向、向了、向着	
	言谈介词		对、对着、对了	
	求索介词		问	
	师从介词	跟了	跟₂、跟着	
时所介词	所当时间介词		当	
	起始时间	从就、齐	自、从、自从	起、赶到
	临近时间	头		
	时机介词	乘着	赶、赶着、趁、趁着、乘	
	所当处所		就、于	
	所止处所	到在	在、到	上
	方向介词	照了	望、望了、望着、照、照着、往	
	经由介词		由、打、顺了、顺着	
方式方法原因	工具介词	使	用、以	
	方式方法	按了、照依、靠了	按、按着、依、依着、靠、靠着、仗着	
	原因介词	因是、为的是、缘	因、为₂、为着、为了	因为
范围介词	包含介词	连了	连	
	排除介词	除的家、除却了	除、除了	除去
	话题介词	论起	论	

《聊》与《儿》介词系统比较表

		《聊》独有(17)	《聊》、《儿》共有(59)	《儿》独有(19)
对象介词	受事介词		把、将、拿、拿着	
	施事介词	着₁	被、教、叫	吃
	授与介词		给（及）	
	为替介词		为₁、替	
	比较介词	如、比着、及	似、比	较、像
	交与介词	合着	和（合）、同、同着、与	同了、同上
	当对对象		朝、朝着、向	当着、向了、向着
	言谈介词		对、对着	对了
	求索介词		问	
	师从介词		跟、跟着	
时所介词	所当时间			当
	起始时间	一自、自赶	自、从、自从	起、赶到
	时机介词		赶、赶着、趁、趁着	乘
	所当处所	着₂	于、就	
	所止处所		在、上、到	
	方向介词		望、望着、照、照着、往	望了
	经由介词	漫（瞒）、顺	由、打、顺着	顺了
方式方法原因	工具介词	使	用、以	
	方式方法	依起	按、依、依着、仗着	按着、靠、靠着
	原因介词	因着、为的、缘	因、为₂、为着、为了、因为	
范围介词	包含介词		连	
	排除介词	除上	除、除了	除去
	话题介词	论起	论	

4.6.2 与介词有关的语法现象

4.6.2.1 介词的固定结构与介宾短语的词化

一些单音节介词由于经常带一些单音节词语宾语，所以逐渐凝固成一些固定结构，而且由于组合的进一步固定化，一些固定结构也有了词化趋势。如：

① 打不的，是你从头里灶的我。（聊·禳·1151）

② 把一个圣贤人被虎咬去，都说是天没眼不分贤愚，从今后在世间好人难做。（聊·慈·918）

③ 从头说了一遍，把大姐几乎气死！（聊·翻·955）

④ 这都是从前来没有的。（聊·姑·889）

　　⑤ 若着那爷娘从小教诲,那里有天贤的呢?(聊·姑·860)

　　⑥ 仇牧之见他如此,越发恼他,从此不来往。(聊·翻·933)

　　⑦ 不由人泪纷纷,小弟从今不是人,人品家风都丧尽。(聊·襄·1191)

　　⑧ 从先听着,从先听着,大叔只顾紧叨叨;俺待自家去,怕师傅不肯要。(聊·蓬·1097)

　　⑨ 张讷自此以后,只等他去了才做活路。(聊·慈·914)

　　⑩ 审得晁源自幼娶计氏为妻,中道又复买娼妇珍哥为妾……(醒·10·152)

　　⑪ 自古没巧不成话,姻缘合当凑着。(金·2·26)

　　⑫ 竹山乘机请问:"不知要何等样人家?小人打听的实,好来这里说。"(金·17·212)

　　⑬ 西门庆道:"胡说!我这里用银子使,再让两日儿?照旧还去,骂那狗弟子孩儿!"(金·51·675)

　　⑭ 他宠妾弃妇,逼勒计氏吊死,合该今生为他的侧室,以便照样还冤。(醒·100·1430)

　　⑮ 这吕祥配发到驿,大使因他是个凶恶贼徒,照例打了他三十板。(醒·88·1261)

　　固定结构是介词和所介宾语的凝固,所以很显然,固定结构是由于组合的经常性和日趋固定性而形成的。但从另一方面也可以看出,介词所介成分固定之后,其所介的范围也就萎缩了。由于所介引的范围萎缩,一些介词的用法甚至只保留在固定结构中。如:

　　⑯ 你起先见了他,不该便起一个邪心。(醒·3·32)

　　⑰ 雍山的十六顷,是咱起为头置庄子买的,把这个放着……(醒·22·321)

　　⑱ 我起为头也恨的我不知怎么样的,教我慢慢儿的想,咱也有不是。(醒·22·320)

　　⑲ 狄婆子问孙兰姬道:"你两个起为头是怎么就认的了?"(醒·40·591)

　　⑳ 素姐道:"起为头他也能呀能的,后来也叫我降伏了。如今他既是伏了咱,我也就好待他。"(醒·96·1366)

　　㉑ 人不依好,在路上我没合你说来?到了衙里,头上抹下,就给他个下马威。人是羊性,你要起为头立不住纲纪,到底就不怎么的。(醒·96·1366)

4.6.2.2 介词宾语的省略问题

　　金昌吉(1996)在分析介词的核心功能时认为,介词的核心功能之一就是"介词所附着的词语不能外移或省略"。陈昌来(2002:25)也认为:"介词一定要前附于所介引的词语,不能悬空,介词短语中的介词宾语不能省略,否则就不是介词了,如'小王被打了'一句中的'被'就不能看作介词,只能归到助词中去。"

在对《金》、《醒》、《聊》、《歧》、《儿》等介词的统计与分析中,我们发现主要有几类情况与以上问题有关,即"被＋动词"、"替＋动词"、"把＋动词"、"拿着＋动词"、"对＋动词"、"对着＋动词"、"替＋动词"等,但这些结构中的"被"、"替"、"拿着"、"把"、"对"、"对着"却不能简单地用助动词来解释。

a组　被＋动词

① 也是一家子新娶个媳妇儿,是小人家女儿,有些手脚儿不稳,常偷盗婆婆家东西往娘家去。丈夫知道,常被责打。(金・12・149)

② 这里二捣鬼与妇人被捉不题。(金・33・429～430)

③ 且说平安儿被责,来到外边,打内刺扒着腿儿走那屋里……(金・35・460)

④ 直至戏罢送神,那被附的人倒在地上,出一通身冷汗,昏去许久,方才省转。(醒・86・1226)

⑤ 神灵不愤起风波,托身附话,作怪兴魔,被拐一双骡。(醒・88・1248)

b组　替＋动词

⑥ 众人道:"这就极好,就仗赖替写一写。"(醒・22・328～329)

⑦ 二人千恩万谢的回来,上复了晁夫人的话,说:"徐大爷正上了梁,穿了吉服回来,又替起名晁梁。"(醒・21・312)

⑧ 我肚里算计正要叫他是晁梁,恰好大尹就替起了这个名字。(醒・21・312)

⑨ 麻中桂道:"他只怕没顾赡爹和娘,我只知道从八岁吃他的饭,穿他的衣裳,他还替娶了媳妇子。他可着实的顾赡我来!"(醒・27・398)

⑩ 自此以后,丢砖撩瓦,锯房梁,砍门扇,夜夜替你开了街门,夜壶底都替钻了孔洞,饭里边都撒上粪土。(醒・42・615)

⑪ 秦敬宇道:"只怕三百两也还有,便是不够,我替转寻……"(醒・50・727)

⑫ 您俩下棋,我点着替找却,我点着替找却。(聊・襄・1262)

⑬ 因向程师爷说道:"我们小爷本就没主意,再经了这事,别为难他了,倒是程师老爷替想想行得行不得……"(儿・3・35)

⑭ 那时手里正给他的那个作着认干女儿的那双鞋,便叫他跟在一旁,不是给烧烧烙铁,便是替刮刮浆子,混着他都算一桩事……(儿・24・392～393)

⑮ 姜氏早近桌边,拣撒几碗剩馔,绍闻也替拣,姜氏笑道:"这样好。"(歧・73・709)

c组　拿着＋动词

⑯ 珍哥道:"人家老头子拿着乌须,没的是死了才乌?你曾见俺家里那个白

狮猫来？原起不是个红猫来？比这还红的鲜明哩！"(醒·6·89)

⑰ 李成名媳妇子拾了我的冠子,为甚么叫你的孩子拿着当球踢……(醒·11·160)

⑱ 正是有眼不识荆山玉,拿着顽石一样看。(金·21·260)

⑲ 杨太医说道:"这有甚么正经。遇着庸医错看了脉,拿着当外感,一贴发表的药下去,这汗还止的住哩……"(醒·2·25)

⑳ 咱己他担着是违背圣旨,十灭九族,拿着当顽哩!(醒·15·220)

㉑ 你还不晓的那林大舅,就是你娘的弟,娶了你后来这个妗母,拿着当天神一般敬重。(醒·44·644)

㉒ 这智姐从小娇生惯养,嫁与张茂实,拿着当刘瑾的帽顶一般看待,一霎间这等摧残起来,张茂实惟恐当真做了忘八,看看打成人命。(醒·62·894)

㉓ 人家拿着当贼囚似的防备,门也不叫我出出!(醒·77·1104)

㉔ 好不怪哉,好不怪哉! 大伯拿着当奴才!(聊·姑·875)

㉕ 臧姑说:"这糊突梦,那着当件事哩。"(聊·姑·888)

d组　把＋动词

㉖ 反对主子面前轻事重报,惹的走来平白把怎一场儿。(金·11·125)

㉗ 花月仪容惜羽翰,平生良友凤和鸾。绿门财禄堪依倚,莫把凡禽一样看。(金·29·371)

㉘ 监生自恃了自己有钱,又道不过是吊死人命,又欺侮狄希陈是个署印首领小官,不把放在心上。(醒·94·1339)

e组　对＋动词

㉙ 那学生道:"适才李公祠请去写圃。临行时说,今日有客到,即去对说。"(歧·2·14)

㉚ 只见那学生叫家童去李公祠对说客到,孝移道:"不必,我们即到李公祠去瞧尊先生去,并看看写的圃。"(歧·2·14)

㉛ 夜间吃酒时,王中向董橘泉说:"吃了药,热的要紧。"橘泉道:"吃了桂附,岂有不潮潮之理。"吃完了酒,董橘泉便在账房里睡。到了半夜,后头一片说:"热的当不得!"王中又来拍门对说。(歧·11·125)

㉜ 坐在大厅,日已近巳,宝剑儿说道:"少爷还没起来哩,我去对说去。"(歧·16·170)

㉝ 绍闻道:"就是前日咱往俺妗子家去,俺隆吉哥商量请盛大哥。俺两个伙备了一席,在蓬壶馆请他看了出戏。我只说娘知道,临走时,也就忘了对说。"(歧·19·192)

㉞ 少时,赵大儿起来,王氏把这话对说。(歧·26·246)

㉟ 天明时节，蔡湘知晓，来家对说，皮匠扭开戏箱提了戏衣走讫。（歧·29·271）

㊱ 绳祖道："祝老爷天明时，已出南门走了，咱晌午也请不成。你去后对说，把午时待客东西，拣快的分一半做早饭，我与谭叔吃……"（歧·33·309）

㊲ 一日，在后门上撞见双庆儿，问道："你家大相公好几时不曾出门，每日在家做啥哩？你对说我在此，等说句要紧话。"（歧·37·343）

㊳ 吃完，一个十来岁小和尚就来问字，谭绍闻接过一看，乃是《楞严经》钞本，绍闻对说了一个字。（歧·44·409）

㊴ 老人道："我家有远客，你把锣拿的去，替我敲起来，人就到了。我昨晚已排门都对说明白了。"（歧·44·411）

f组　对着＋动词

㊵ 晁夫人对着——的告诉了，冤冤屈屈的不大自在。（醒·30·447）

㊶ 狄婆子也没对着提素姐一个字，管待的薛夫人去了。（醒·52·758）

以上 a 组、b 组"被"、"替"做动词时可以接动词做宾语，c 组、d 组的介词都来源于"V₁＋N＋V₂"的连动结构，e 组、f 组与"V＋宾语（动词）"结构无关，但也来源于连动结构"V₁＋N＋V₂"。因此，从语法分析来看，这些用法中的待定成分是要区别对待的，由于来源不同、与动词的关系不同，待定成分的性质也就有很大差异。

4.6.2.3 "被"、"替"、"拿着"以及"把"、"对"、"对着"的性质

"被"作为被动标志，有两种常用结构：(1) "被＋宾语＋动词"；(2) "被＋动词"。对这两种结构中的"被"的性质，人们一般认为：结构(1)中的"被"是介词，而结构(2)中的"被"是助动词。这种定性主要与"被"的来源有关。

"被"来源于遭受类动词"被"，带动词做宾语，所以转化为被动标志时最初也直接用在动词前，不介施事者，到汉末魏晋发展出介宾语的用法后"被＋动词"结构还很常用。所以把"被＋动词"结构中的"被"看做助动词是有道理的。

"替"做动词有两种常用结构：(1) 替＋名词(代词)；(2) 替＋动词。一般把"替＋名词(代词)＋动词"结构中的"替"看做介词，而"替＋动词"结构中的"替"却应该一分为二去看待。

"替"可以带动词做宾语，所以"替"可能是动词。但从例子来看，b 组例⑥可以理解为动词（"代替"、"替代"），而例⑦至例⑮"替"都没有"代替"的语义特征，而只有"为替"的语义特征，所以这些例子中的"替"不能看做动词，而应看做介词省略了宾语形式。介词之所以可以省略宾语是受口语化因素的影响造成的。所以，对于"替＋动词"的结构要根据具体语境区别对待。结果也有两个：(1) 动词；(2) 介词省略现象。所以"替＋动词"中的待定成分肯定不是助动词。

与以上"被＋动词"、"替＋动词"不同的是，"拿着"与"把"作为动词都不能介动词宾语，它带宾语主要有两种结构：(1) 拿着/把＋名词；(2) 拿着/把＋名词＋动词，而

其介词的用法则来源于结构（2）——连动结构"拿着/把＋名词＋动词"。所以，从来源看，"拿着"、"把"没有可能与动词发生直接组合关系。如从上面 c 组例子来看，"拿着"和后面的动作行为动词（如"看"、"当"、"乌须"、"当球踢"、"当顽"等）不构成组合关系，d 组"把"也与动词没有直接组合关系，这说明"拿着"、"把"不具有发展为助动词的条件。

那么该如何看待"拿着＋动词"和"把＋动词"结构呢？我们认为，"拿着"、"把"虽然来源相同，做动词时特点也相当，但由于发展的不平衡性，二者用在动词前的用法也应该区别对待。

首先，"拿着"可以是动词，可以是介词省略形式，具体性质的判定要根据具体语境具体对待。在《金》、《醒》、《聊》、《歧》、《儿》等语料中，"拿着"兼有动词和介词两种词类；c 组的例子中"拿着"都承上省略了宾语成分，其中例⑯、例⑰的宾语还可以"持拿"，因此"拿着"还带有"持拿"的语义特征；而例⑱至例㉕"拿着"承上省略的宾语都是不可持拿的事物，所以从性质看"拿着"不是动词，而是介词。所以，"拿着＋动词"中"拿着"的性质有两个：动词；介词。

其次，"把＋动词"中的"把"应是介词省略宾语的形式。根据有两个：在《金》、《醒》、《聊》、《歧》、《儿》等语料中，"把"主要用做介词，只偶尔用做动词，并且"把"用做动词时一般用于"把 N"或"把与 N"结构中，与"给"的动词用法相当；从 d 组的例子来看，例㉖至例㉘中承上省略的宾语也不是可持拿的事物，所以"把"不再具有"持拿"的语义特征，所以这些用例中的"把"不是动词。综合以上两个原因，"把＋动词"结构中的"把"应是介词省略宾语的形式。

"对"、"对着"做动词常用的结构是"对/对着＋名词（代词）"或"对/对着＋名词（代词）＋动词"。其中，"对"、"对着"在"对/对着＋名词（代词）＋动词"结构中处于次动词的位置上，"对/对着＋名词（或代词）"表示动词的方式或状况，"对/对着"的介词用法就来源于这种结构，所以"对"、"对着"与动词没有直接组合关系。而从 e 组、f 组的例子来看，"对"、"对着"与动词也确实不是直接组合关系，所以可以肯定，"对"、"对着"应是省略宾语的形式。

总起来说，"被＋动词"结构中的"被"是助动词；"替＋动词"中的"替"可以是动词，也可以是介词省略形式；"拿着＋动词"中的"拿着"可以是动词，也可以是介词省略形式；"把＋动词"中的"把"是介词省略形式；"对/对着＋动词"结构中的"对"、"对着"是介词省略形式。因此，介词不能省略宾语的观点值得商榷。

4.6.2.4 "给"省略介宾的词性问题

"给＋动词"《聊》出现 4 例，《歧》出现 1 例，而在《儿》中则出现 64 例。可以把这些用例分为以下几组：

a 组

① 张诚说："我偷了点面，着咱那邻舍家给赶的。"（聊·慈·916）

②我进去使钱二百,央门上即刻给传。(聊·翻·960)

③今日同这二位混,混了半夜,好容易脸不红了,这时候忽然又给说起媳妇来!(儿·9·133)

④倒是他才说也要给我绣那么一块匾挂在这卧房门上,你给想三个字呢。(儿·32·585)

⑤得亏太太给遮掩过去了。(儿·33·589)

⑥我好容易见着老弟你了,你只当面儿给弄齐全了,我就放心了。(儿·39·770～771)

⑦只这等个天月二德,就把这位珍姑娘的件好事给凑合成了。(儿·40·834)

b组

⑧槌被石待合我换老婆,我说他不值个破枣,干给跪着也不要。(聊·禳·1216)

⑨江城把牌一推,打了公子一耳把子云:"春香给跪着!"(聊·禳·1242)

c组

⑩也不差,也不差,论起四于文字佳。但是他降了青,便不给打好卦。(聊·禳·1229)

⑪在姐姐想着,自然也该照着外省那怯礼儿,说定了亲,婆婆家先给送匹红绸子挂红。(儿·26·441)

⑫却说安公子这日正在书房里温习旧业,坐到晌午,两位大奶奶给送到来滚热的烧饼,又是一大碟炒肉炖疙疸片儿,一碟儿风肉,一小铫儿粳米粥……(儿·33·591)

⑬舅太太便让他摘帽子、脱褂子,又叫人给倒茶。(儿·37·690)

⑭却说夏鼎不曾招致得谭绍闻来,张绳祖连饭也不给吃,心中好生不快。(歧·37·342)

d组

⑮只因安老爷生恐这里话没定规,亲家太太来了,再闹上一阵不防头的怯话儿给弄糟了,所以指称着托他二位照看行李,且不请来,叫在店里听信。(儿·21·331)

⑯无如公子的话已是说出口来了,杯已是飞出门儿去了。这个当儿,忽然梦想不到来了这么个人,双手给抱住了……(儿·31·541)

e组

⑰公子断没想到从城里头憋了这么个好灯虎儿来,一进门就叫人家给揭了

……(儿·38·729)

⑱ 邓九公道："老弟,告诉不得你! 这两天在南城外头只差了没把我的肠子给恹断了,肺给气炸了……"(儿·32·565)

⑲ 这一忙,把长姐儿的一个安也给耽搁了。(儿·35·643)

⑳ 老爷只顾合世兄这一阵考据风调雨顺,家人们只好跟在后头站住。再加上围了一大圈子听热闹儿的,把个天王殿穿堂门儿的要路口儿给堵住了。(儿·38·734)

㉑ 瞧瞧,人家新新儿的靴子给踹了个泥脚印子,这是怎么说呢?(儿·38·737)

㉒ 老爷只管这么宽恩,奴才们这起子人跟出来是作什么的呢? 会把老爷随身的东西给丢了。(儿·38·739)

㉓ 谁知叫这位老爷子这么一折,给折了个稀呼脑子烂。(儿·40·806)

㉔ 别的都是小事,老爷那个天性,倘然这一番脸,要眼睁睁儿的把只煮熟了的鸭子给闹飞了,那个怎么好?(儿·40·816)

㉕ 公子再想他令堂百忙里又把克翁两个字给串到韵学里的反切上去了……(儿·40·827)

以上"给"的前4组例子符合介词省略宾语的基本特点,即可以根据上下文补足宾语,"给"与动词不构成直接组合关系。其中a组"给"省略为替对象,与"给"、"替"介引为替对象的用法相当;b组省略当对对象,与"给"介引当对对象的用法相当;c组省略授与对象,与"给"、"替"用于介引授与对象的用法相当;d组省略施事,"给"有表示被动的语义特点,与"被"可以相替换。

e组与以上几组不同,"给+动词"中不能补充出介词宾语,而且"给"如果省略,句子所表达的语义不会发生变化,句子中各句法成分也不会发生变化。所以这组的"给"符合助动词的语法特点,应属于助动词范畴。

"给"做助动词的用法在现代汉语普通话和方言中都很常用,而从《金》、《醒》、《聊》、《歧》、《儿》等语料来看,"给"最早出现在《醒》,到《聊》时出现了不介宾语的用法,大约到清末《儿》时才发展出助动词的用法。所以,"给"用做助动词最早应出现在《儿》。

4.6.2.5 词汇虚化、动词的语法化及介词化

在介词的形成和发展过程中,都有词汇虚化和语法化的问题。词汇虚化与语法化有一定的差别。语法化主要指词汇向语法成分转化的过程和结果,而词汇虚化则侧重指词汇在发展过程中由实词变为虚词及语义的弱化问题。

4.6.2.5.1 词汇虚化

词汇虚化不仅存在于实词与虚词之间,也存在于实词或虚词的发展过程中。实词随着语言的发展,有的语义也会逐渐变虚,如"拿"、"将"等由本来只接可持拿的物

品做宾语向接不可持拿物品做宾语的变化。

① 姑子笑说："你拿耳朵来，我与你说。"（醒·40·589）

② 晁夫人说："你拿肚子来我摸摸。"（醒·57·825）

③ 大官人，你将耳朵来！（金·2·34）

虚词的再虚化，如介词"替"由介引动作行为的受益者向介引动作行为的受害者所发生的变化，说明虚化的问题不仅仅是实词与虚词间的问题，也是整个词汇、语法发展变化中的问题。

4.6.2.5.2 动词的语法化

动词的语法化指动词发展为虚词的过程，如发展为介词、发展为助动词的过程等。从动词到介词的发展是从实词到虚词的发展过程，其语义逐渐变弱、变虚，因此，从较长一段历史时段来讲，动词发展为介词是词汇的虚化。许多介词如"对"、"望"等在表达上存在着对场合的要求，即一般用于现场的会话和动作行为中，这表明这些介词仍带有很强的动词性，是动词的特征介入了介词的组合而造成的。这也是动词虚化为介词的一个例证。但从语法功能来讲，从实词发展为虚词，也是语法化的过程，即从单独做语法成分，在句子或短语中做中心语，到不能单独做语法成分，只起附着性功能的变化过程。如"把"由持拿义的动词变为介引被处置的对象，其"持拿"的语义消失了，由动词介宾到介词介宾，"把"在句中的主导地位和作用也减弱了，所以"把"从词汇发展的角度来讲是虚化过程，从语法发展的角度来讲就是语法化过程。

无论是虚化还是语法化，都只是动词发展为介词过程中的一种现象，而不是原因和动力。某些动词之所以发展为介词，根本原因在于组合关系以及组合模式的变化。组合关系才是语言发展变化的内因，同一时期、同一部作品中相关歧义句的存在就是一个很好的证明。

4.6.2.5.3 动词的介词化

动词的语法化出现较早，一些介词在先秦时期的文献中就已经发展为介词了，而且这种趋势一直延续到明清时期。在明清时期的语料中，动词的语法化主要表现为几个方面：(1) 动词向介词转化，如"给"就是这一时期才演化为介词的。(2) 动词向助动词转化，如"给"。(3) 动词的介词化。动词的介词化是指动词有向介词发展的趋势，但还没有完全发展为介词。以下先举出一些例子：

a组

① 王婆子道："那娘子是丁亥生，属猪的，交新年九十三岁了。"（金·2·31）

② 春梅道："他二娘养的叫玉姐，今年交生四岁……"（金·96·1441）

③ 此时，珍哥才交十九岁，头次生产，血流个不住，人也昏晕去了。（醒·4·52）

④ 娘子出的房来，听了听，天交三鼓，便回房来……（聊·富·1329）

⑤ 恨那打更人，恨那打更人，打的更点未必真，交四鼓多大霎，又咱五更尽？

（聊・磨・1495～1496）

⑥ 西门庆道："这目下交了秋，大家都要添些秋衣……"（金・56・757）

⑦ 那按院他原籍湖广的地方，天气和暖，交了正月，过了二月以后，麦子也将熟了，满地都有野菜，尽就可以度日。（醒・31・456）

⑧ 只等他交了十六岁，我就叫小娇姐合他圆房；小葛条打发他回奚家去。（醒・53・770）

⑨ 仔细听了更鼓，交过二更来了。（醒・21・309）

b组

⑩ 于氏拭了脸，劈珊瑚瓜的声一耳根子……（聊・姑・862）

⑪ 倒被他劈头两下，打的我疼到而今！（聊・襄・1178）

⑫ 江城笑着从手中夺过那绣鞋，劈头打了两下……（聊・襄・1177）

⑬ 若是迭不的攥拳，劈脸就是耳巴……（聊・襄・1207）

⑭ 劈脸带腮就是一拳，一交倒在地面朝天。（聊・襄・1208）

⑮ 张春大怒，劈脸带腮只一拳，搉了个倒栽葱……（聊・富・1323）

⑯ 才待搬泥头，被妇人劈手一推，夺过酒来，提到屋里去了。（金・38・494）

⑰ 妇人见他不应，匹手便来夺火箸……（金・1・20）

⑱ 乞武松匹手夺过来，泼在地下。（金・1・20）

c组

⑲ 午时三刻曹操到，我就一马闯出去，分心刺杀老奸曹。（聊・快・1135）

⑳ 单炤曹操分心刺，一下就成致命伤。（聊・快・1141）

㉑ 那床上一个碗盆子，拾起来分头就打，打了一个跟头，鲜血直流。（聊・翻・945）

d组

㉒ 你若不是怜新弃旧，再不外边另有别人，你指着旺跳身子说个誓，我方信你。（金・8・95）

㉓ 你指着肉身子赌个誓么！（金・61・844）

㉔ 你指着这个为由，沿门抄化，你还不知赚多少哩！（醒・10・148）

㉕ 这不来了么？你守灵，咱指地作保，取王十万家钱，过了丧事要来还他。（聊・墙・854）

㉖ 没奈何，指地作保，取银五十两。（聊・姑・883）

㉗ 李蝎子有钱财，六百银费安排，指着田土揭下债。（聊・寒・1040）

㉘ 俺那冤家指着个帖子，合圣旨呀是的……（聊・增・1573）

㉙ 指着丫头，赶着月娘，一口一声只叫"大娘"，快把小意儿贴恋。（金・9・

104)

　　㉚ 还有等虽不叫他姑姑却又不敢合他公然叙姐妹,更不敢官称儿叫声大姑娘,只指着孩子们也叫声姑姑的……(儿·40·820)

　　e组

　　㉛ 西门庆且不拾箸,便去他绣花鞋头上只一捏。(金·4·50)
　　㉜ 便去头上拔下来了一对金凤钗,插在江城头上。(聊·襄·1170)
　　㉝ 旧年邻舍才相识,又去南城二里多。(聊·襄·1156)
　　㉞ 去山不远,咱且下马歇息歇息。(聊·磨·1534)
　　㉟ 前边去公馆不远了,待俺下马。(聊·磨·1538)
　　㊱ 看我不去五日内,着你表里一崭新,看比这个俊不俊?(聊·墙·846)

　　以上 a 组"交"用在表示时间或岁数的名词前,表示"即将到某一时间"或"刚刚进入某一时间段",用法与临近时间介词相当。b 组接"头"、"脸"等名词做宾语时,可以用"照"来替换。c 组"分"与"劈"用法相同,也只用于接"头"、"心"等身体部位做宾语。d 组例㉒至例㉗"指"、"指着"可以理解为表示工具,例㉘至例㉚可以理解为表示依据。e 组"去"本为动词,有"距离"之义,在以上例子中接处所宾语或时间宾语,其中例㉛、例㉜与"向"表示处所的用法大致相当,例㉝至例㊱"去"与动词"离"用法相当。

　　从表面看来,"交"、"劈"、"分"、"指"、"指着"、"去"的用法都与介词相当,但实际上从一些语法特征来分析,这些用例中的成分还没有完全发展为介词,而只是介词化了。如"交"与宾语间可以插入动态助词(如"了"、"过"),"劈"、"分"比较"照"来说词汇意义也还很实在,而"指"、"指着"所连接的成分虽然可以理解为工具和依据,但却不能用工具介词或依据介词来进行替换,所以依据以上语法特征可以看出,以上"交"、"劈"、"分"、"指"、"指着"、"去"等成分由动词进一步语法化后,在一定程度上有介词化的趋势,但还处在动词向介词过渡的发展阶段。

　　4.6.2.5.4 语义在语法化过程中的作用和影响

　　语义对语法变化的作用和影响,主要表现在两个方面:

　　第一,在不同的语言中,"同一语义范畴的词往往属于同一词类"(石毓智、李讷 2001:385),而从汉语史的发展来看,正是这种语义上的相同性,决定了同义词汇语法变化上的相似性。这一点在介词形成和发展上体现得很明显,如一系列语义相同的动词都发展为介词,并且用法相当,转化为介词后语法功能也大致相当,这说明它们在语法演变上发生了相似的变化。

　　第二,在使用过程中,许多介词都带有语源词汇的语义特征,因而在用法上与语源意义不同但语法功能相同的介词有一定的差别。这也是语义在语法演变中的影响。

　　4.6.2.5.5 与词汇语法化相反的语法发展问题

　　词汇不但有语法化的可能,即由实词变为虚词,而且也有与语法化相反发展的可能,如介词"把"在表使役处置式中,其用法就相当于一个使役动词了。介词动词化是一个与虚化截然相反的趋势,如"与"在《金》中也偶尔用于表示使役:

> ① 来保进入房中,也不叫娘,只说:"你娘子人家,不知事,不与他去就惹下祸了……"(金·81·1260)

尽管这类语法现象在《金》、《醒》、《聊》以至整个近代汉语中都是很少见的,但特例有时更有助于揭示语言发展的本质。反语法化很明显是句子组合的产物,这进一步证明了组合在语言发展变化中的重要性。因此,我们在研究语法关系尤其是实词与虚词之间的关系及其发展变化时,不仅要注意趋势性的发展变化,如语法化,也应注意那些特殊用例,即与语法化发展趋势不同的发展过程。

第五章 连 词

5.1 概说

一般认为连词的主要功能是连接作用,与介词、副词在功能和语义上都存在交叉关系。而且从来源上看,连词与介词、副词的关系也很密切,如某些连词与介词、副词存在语源关系,副词有连词化的趋势等。语法功能的相近性和语源上的相关性使连词与介词、连词与副词的关系错综复杂。从所起连接作用的性质上来说,连词包括连接词和短语的连词与连接句子和语篇的连词两大类别。在借鉴以往对连词分类的基础上,本章以具有明清山东方言背景的《金瓶梅词话》、《醒世姻缘传》、《聊斋俚曲》为基础语料,[①]比较《歧路灯》、《儿女英雄传》等,把连词分为并列、连贯、递进、选择、原因、目的、转折、假设、条件 9 类,分析各主要连词的语法功能,同时就连词的形成及其语法化问题进行探讨。

《金》、《醒》、《聊》共出现连词 236 个,其中《金》145 个,《醒》158 个,《聊》140 个。连词体系在各个历史阶段有不同的特点,跟近代汉语前期(唐宋时期)的连词体系相比(参看吴福祥 1996、2004a;周刚 2002),《金》、《醒》、《聊》三种语料里的连词有以下主要特点:

---

①《聊斋俚曲》中的《磨难曲》与《富贵神仙》其实是同一曲目的不同版本,所以在统计数据时不重复计算,但在用例分析时也采用一些有差别的、可说明问题的例子。

第一,新旧更替仍然存在,大批新连词产生。

第二,由于《金》、《醒》、《聊》具有山东方言背景,连词也带有方言特色,一些连词与《敦煌变文集》体系有较大出入。如"一行"较早出现在元曲中,在《聊》中出现频率较高,与出现在《敦煌变文集》中同样表示并列的连词"一头"等无论从语源上还是从语法意义上,都有较大的差别。

第三,由于口语化较强,《金》、《醒》、《聊》的连词同词异形现象较多。如:"无论"《醒》也写成"亡论";"宁只"《聊》又写成"宁自"、"宁子"、"能仔";"既"《聊》也写成"即","省得"也写成"省的","免得"也写成"免的","只"也写成"仔","但只"也写成"但仔","但只是"又写成"但仔是";"纵"《醒》、《聊》也写成"总",《金》、《醒》、《聊》"纵是"也写成"总是",《金》、《醒》"纵然"也写成"总然",《聊》"纵然是"也写成"总然是";"倘或"《金》也写成"倘忽",等等。

5.2 并列连词

并列连词从所连接的成分考虑可以分为连接词和短语的并列连词、连接分句或语篇的并列连词两大类。

连接词和短语的并列连词。这类连词有"和(合)"、"同"、"与"等,用于词语或短语 A 和 B 的连接中,构成"A 和(合)B"结构,而"A 和(合)B"结构在句子中可以充当主语、宾语等句法成分。

连接分句或语篇的并列连词。这类连词,根据所连接的成分可以分为连接分句的并列连词和连接语篇的并列连词,根据来源可以分为"一面"类并列连词和"一者"类并列连词。"一面"类并列连词包括"一面"、"一边"、"一壁"、"一壁厢"、"一行"、"一头"等 6 个。这些连词可以单独承担关联功能,也可以前后搭配构成关联,如"一面……一面"、"一头……一头"、"一边……一边"等。其中,双用搭配是常例,偶尔也有成组使用的,如"一面"、"一头"、"一边"可以关联多个并列项。另外,由于功能相当,这类连词也相互搭配使用,如"一壁……一面"等,但这种用法极少见。"一者"类并列连词包括"一者"、"二者"、"三者"、"一则"、"二则"、"三则"、"四则"、"一来"、"二来"、"三来"等。"一者"等连词来源于数词结构,一般顺序连用,即"一……二……三……四……",表示事物的几个方面,一般不能用于连接具有同时性的成分。

并列连词的具体情况见统计表。

并列连词统计表

		金	醒	聊
连接词和短语	和	364	16	25
	合	0	504	145
	同	43	25	0
	与	225	135	29
	并	234	62	4

			金	醒	聊
连接分句或语篇	「二面」类	一面	526	194	4
		一边	1	152	4
		一壁	16	0	0
		一壁厢	5	0	0
		一行	0	0	69
		一头	13	0	0
	「二者」类	一者	13	0	0
		二者	14	0	0
		三者	1	0	0
		一则	3	17	3
		二则	0	15	2
		三则	0	4	0
		四则	0	2	0
		一来	14	43	14
		二来	7	27	12
		三来	0	1	2
	其他	再不	10	12	0
合计:21 个(《金》16,《醒》14,《聊》11)					

5.2.1 连接词和短语的连词

5.2.1.1 和(合)

"和(合)"《金》364 例,写做"和";《醒》520 例,其中写做"和"16 例,写做"合"504 例;《聊》170 例,其中写做"和"25 例,写做"合"145 例。如:

① 王婆便出门去了,丢下西门庆和那妇人在屋里。(金·3·46)

② 西门庆和那妇人都吃了一惊。(金·4·50)

③ 今日大雪里,只当赏雪,咱安排一席酒儿,请他爹和大姐姐坐坐儿,好不好?(金·21·263)

④ 那丫头仍往晁大舍枕旁取那册叶合《如意君传》。(醒·2·27)

⑤ 薛教授说:"这是极该。就是俺薛如卞,过了年也是十一了,通也不成个读书。小冬哥也过了年九岁,也是该读书的时候。不然,我请个先生教女婿合两个儿罢。"(醒·33·485~486)

⑥ 爹和哥,你且家去,明日早些来,咱说话。(醒·8·121)

⑦ 高氏道:"他没说自己寻死,他只说要与晁大官人和珍哥对命。"(醒·10·147)

⑧ 不一时,寿星和福、禄二星同到,便问仙童打他怎的。(聊·蓬·1079)

⑨ 老婆子死去了,冷合热自己熬,肚里饥饱谁知道?(聊·墙·830)

⑩ 看见相公甚喜欢,说你如何到此间?问了姓名合籍贯。(聊·寒·1057)

5.2.1.2 同

《金》43 例,《醒》25 例,《聊》无用例。如:

① 只因政和三年正月上元之夜,梁中书同夫人在翠云楼上,李逵杀了全家老小,梁中书与夫人各自逃生。(金·10·118)

② 李瓶儿同丫鬟掌着灯烛出来,把子虚挽扶进去。(金·13·154)

③ 惟有潘金莲、孟玉楼同两个唱的,只顾搭伏着楼窗子望下观看。(金·15·182)

④ 西门庆同众人到了李家,桂卿正打扮着在门首站立,一面迎接入中堂,相见了,都道了万福。(金·15·185)

⑤ 老魏同魏三封开了他的箱柜,凡是魏家下去的东西尽情留下。(醒·72·1025)

⑥ 陆好善同倪奇、小再冬直等两府随从过尽,方才扶素姐合陆家婆媳上了马,挣入伙内,跟了同行。(醒·78·1112)

⑦ 单完同狄希陈专寻赵哑子,只见赵哑子住的所在,同单完合狄希陈寻到他家。(醒·81·1160)

⑧ 周相公办了一卓酒在上面,要请二位奶奶同狄奶奶都到上面游玩一番。(醒·87·1244)

5.2.1.3 与

上古汉语连词,《金》225 例,《醒》135 例,《聊》29 例。如:

① 吴月娘与众房,共五顶轿子,头戴珠翠冠,身穿锦绣袍,来兴媳妇一顶小轿跟随,往吴大妗家做三日去了。(金·35·461)

② 晁大舍与珍哥没一些兴头,淡淡的吃了几大杯,也就罢了。(醒·2·17)

③ 不担惊怕与勤劳,难得银钱到我腰;但弄机关须要妙,才能保守鬓边毛。(聊·禳·1203)

5.2.1.4 并

上古汉语连词,《金》234 例,《醒》62 例,《聊》4 例。"并"既可以连接词语,也可以用于连接句子。其中连接句子的用例较少,《金》3 例,《醒》1 例,《聊》1 例。如:

① 且说武松领了知县的言语,出的县门,来到下处,叫了土兵,却来街上买了一瓶酒并菜蔬之类,径到武大家。(金·2·23)

② 晁大舍自己的行头并家人庄客的衣服,一一打点齐备。(醒·1·11)

③ 若有婆若有公,或者有嫂并有兄,还怕他不大通人性。(聊·翻·933)

④ 写了一纸供案,再不许到西门庆家缠扰,并责令地方火甲眼同西门庆家人即将尸烧化讫来回话。(金·27·341)

⑤ 于是连忙写了请帖八个,就叫了老冯来,教他同玳安拿请帖盒儿,十五日请乔老亲家母、乔五太太,并尚举人娘子、朱序班娘子、崔亲家母、段大姐、郑三姐来赴席,与李瓶儿做生日,并吃看灯酒。(金·42·546)

⑥ 观政已毕,授了四川成都府推官,家乡是其便道,雇了座船,带了荷叶、南瓜一干丫环仆妇先到家乡祭祖辞坟,并迎接大奶奶赴任。(醒·91·1297)

⑦ 适才表兄陈美卿到,又有街西头吴丽华适才赐拜,并留在此。(聊·襀·1185)

以上例①至例③用于连接词语,例④至例⑦用于连接句子。

"并"与"和(合)"、"同"、"与"等连词都属于连接词语的连词,但二者相比,"并"的用法又有其特殊性。主要表现在:"并"除了可以连接词语外,还可以连接句子,这使得"并"具有连接词语连词和连接句子连词的双重功能。

5.2.2 连接分句或语篇的连词

5.2.2.1 一面

《金》526次,《醒》194次,《聊》4次。

5.2.2.1.1 连接分句。如:

① 一面差小玉报西门庆,一面急急归到房里。(金·53·716)

② 一面整办厚礼,绫罗细软,修书答谢员外,一面收拾房间,就叫两个歌童在于书房伺候着。(金·55·752)

③ 这潘金莲坐着,半日不言语,一面把那狗打了一回,开了门,放出去了。(金·58·794)

④ 月娘众人见孩子只顾搐起来,一面熬姜汤灌他,一面使来安儿快叫刘婆去。(金·59·814)

⑤ 一面吃着,分付出来伺候备马。(金·71·1026)

⑥ 温秀才听见他来,一面即出来相见,叙礼让坐……(金·72·1058)

⑦ 一面斗着嘴,一面把盒子交付家人晃住。(醒·3·41)

⑧ 晃大舍一面笑,一面叫丫头拿道袍来穿。(醒·4·46)

⑨ 一面摆上饭来,一面叫人收拾书房与胡旦宿歇。(醒·5·67)

⑩ 如今只是一面做着,将见有的且先交付与他,待小人们着一人先回去取来补足。(醒·5·71~72)

⑪ 晃夫人一面出去见他两个,一面叫人收拾素斋。(醒·21·306)

⑫ 那日间,他的细君除一面料理家事,一面教导女儿习学针指。(醒·24·358)

⑬ 县官把那圆领的事情对了夫人告讼,一面叫人取那圆领进去,穿上与夫

人看。（醒·36·530）

　　⑭ 狄希陈一面收拾祭祖，一面收拾南行，口口声声只说是要合素姐同往。（醒·85·1215）

　　⑮ 抚院计无所出，退进后堂，长吁短气，一面星飞题本，一面算计调兵。（醒·99·1407）

　　⑯ 一面差家人刘宾上城打点，一面又送差人银十两……（聊·寒·1021）

5.2.2.1.2 连接语篇。如：

　　① 吃毕午斋，谢了西门庆，都往花园各亭台洞内游玩散食去了。一面收下家火，从新摆上下桌斋馔上来，请吴大舅等众亲朋伙计来吃。（金·66·929）

　　② 左思右想，还是出门，且再看怎生光景。一面梳洗完备，更了衣……（醒·3·33）

　　③ 晁大舍拆看了书，见书上写得甚是关情，却也有几分自己过意不去。一面叫快些收拾酒饭与晁凤吃，好叫他先去回话。（醒·7·96）

　　④ 哭得住了，妹子要别了家去，留不肯住，只得送了出门。一面先着人送了酒饭往监中与珍哥食用，又送进许多铺陈、该替换的衣服进去，又差了晁住拿了许多银子到监中打点……（醒·14·203）

　　⑤ 顾氏一面说道："狄大嫂这是还不释然，再回来待我陪礼。"往前就赶。（醒·89·1274）

　　⑥ 晁大舍与珍哥没一些兴头，淡淡的吃了几大杯，也就罢了。一面叫丫头扫了炕，铺了被褥，晁大舍与珍哥也都上炕睡了。（醒·2·17）

　　⑦ 一个元辰五鼓的时候，大吉大利，把一个大爷气得做声不出，叫差人快拿裁缝。一面且穿了旧时的吉服，各庙里行过了香。（醒·36·529～530）

　　⑧ 晁梁一面说道："既是师傅道友，何妨请来同吃素斋？"一面伸了头向东望，回转头来，不见道人去向，方知道士不是凡人。（醒·90·1290）

　　⑨ 吴推官磕头起来说道："因念奶奶身边没人伏侍，年小丫头又不中用，空叫奶奶淘气。京中寻了两个老婆，专为伺候奶奶，但没曾讨了奶奶的明示，这是得罪。"一面叫过两人来在奶奶上磕头，指着荷叶道："这是先寻的，名字叫就荷叶。"指着南瓜道："这是后寻的，名字叫就南瓜。"大奶奶也没大老实看，将眼睛瞟了一瞟，说道："极好！极该做！名字又起的极好！荷叶、南瓜都是会长大叶的！"大奶奶当时沉下脸来，就不受用。一面家人媳妇丫头过来磕头。（醒·91·1297～1298）

　　从《金》、《醒》、《聊》"一面"的使用情况看，"一面"一般用在主语后、谓语前，在无主句或省略主语的句子中用于句首。其中的谓语中心语一定是由动词充当的，根据能否同时发生，可以把"一面"所连接的动词分为肢体动词和非肢体动词两大类。肢体动词包括动作行为动词中与肢体有关的动词，如"走"、"收拾"等，这部分动词所表示的动作行为不能同时发生,即不具有共时性;非肢体动词包括头部动词(如"说"、"笑"等)、使令类动词(如"叫"、"派"、"差"等)、持续性动词(如"等候"等)、心理活动动词(如"打算"、"想"等)。有些非肢体动词虽然也是动作行为动词,但动作性不强,因此也能同时发生,即具有共时性。而使令动词、持续性动词、心理活动动词由于不具有很明显的动作行为,也具有共时性。正由于这两类动词的不同特性,"一面"连接句在表义上也有所差别,即:连接两个肢体动词时多表示"事情的两个方面";如果至少其中一方为非肢体动词,"一面"连接句一般表示两种或两种以上的动作行为"同时进行"。

"一面"是由结构"一十面(方面)"词化而来的,所以其关联功能和"一方面"相当,所连接的分句 A 和 B 多是两方面的动作行为,即共存的动作行为。复句或句群的谓语动词大都是动作行为动词,如"整办"、"收拾"、"摆(饭)"、"料理"、"教导"、"回买"、"开(门)"、"跑"、"出来"等。这些动作行为动词大多是肢体动作行为动词,不能同时进行,即不具有共时性。施事者可以相同,也可以不同,但如果施事相同的话,动词一定不具有共时性,如例⑭"教导"和"料理"施事相同,但却不能同时进行。所以,总体来说,这两种动作行为也可以看做一个问题的两个方面。这是受"一面"的语源特征影响而形成的语法特征。

随着"一面"用法的泛化,施事相同的 A 和 B 分句的谓语动词也出现了肢体动作动词之外的动作行为动词,如头部动作动词("说"、"使"、"差"、"报"、"言语"、"分付"、"斗嘴"、"笑"、"看"等)和心理动作动词("想"),这些动词所表示的动作行为是可以和肢体动作行为("走"、"灌"、"打"、"梳洗"、"交付"等)同时进行的,因此"一面"也就具有了表示"同时进行"的语法功能。

从对《金》、《醒》、《聊》的统计来看,"一面"在肢体动词和非肢体动词这两种动词的选用上是有一定的差别的。如在《醒》中,"一面"所连接的动词都是肢体动词的用例出现 6 例,占总例子的 8.5%,至少一方是非肢体动词的用例出现 65 例,占 91.5%。其中在非肢体动词中,头部动作行为动词出现 44 例,占 67.7%;心理活动动词出现 6 例,占 9.2%;使令动词出现 14 例,占 21.6%;其他动词出现 1 例,占 1.5%。从统计数字来看,"一面"经常用于非肢体动词与一般肢体动词的连接中。由于这两种动作行为可以同时进行,所以"一面"的用法和现代汉语"一边"的用法相当,即多用于连接同时进行的动作行为。

也正由于"一面"复句或句群中谓语动词存在着这些差异,也使得"一面"的语法意义有一定的差别。吕叔湘(1984:532)指出:"一面……,一面……。关联副词,表示两种以上的动作同时进行。用在动词前。"即认为"一面"具有表示同时进行的语法意义。而从明清时期的作品来看,"一面"的主要功能也是用于连接同时进行的动作行为动词。

5.2.2.2 一边

"一边"起源于中古时期,《金》、《醒》、《聊》的使用情况差别很大。《金》仅 1 例接近连词。《醒》出现 152 次,组成复句或句群 93 个,其中用于连接分句 66 例(单用 13 例,双用 53 例),用于连接语篇 27 例(单用 22 例,双用 4 例,多用 1 例)。《聊》出现 4 次,组成复句 2 个,双用。如:

①　说着闲话,一边看着收拾。(醒·5·73)

②　一边挽留,一边雨果然下了,薛教授只得解了行李,等那天晴。(醒· 25·365)

③　胡百万暗低头,一边想一边愁,机关心里安排就。(聊·增·1669)

④　一边说着,一边拉到屋里坐了。(聊·襄·1170)

⑤　武松听见他叫,向前一刀,也割下头来,拖过尸首。一边将妇人心肝五脏,用刀插在楼后房檐下。(金·87·1329)

⑥　薛如卞一边说道:"瞎话!待我看看。"一手揭开门帘,只见狄希陈蓬头垢面,真象个活囚相似,坐在地下。(醒·63·907)

⑦　狄希陈道:"只许你念诵,不许我念诵罢?"一边掷下,端端正正掷出一对四红。(醒·75·1070)

⑧　李成名自己进到房内,一边对着萧婆子说道:"家里放着病人,急等萧老爹去治,这可怎么处?"一边推,一边摇晃,就合团弄烂泥的一般。(醒·4·54)

例①至例④"一边"用于连接分句,其中例①单用,例②至例④前后连用;例⑤至例⑧ "一边"用于连接句子,构成句群,其中例⑤至例⑦单用,例⑧前后连用。

"一边"本是短语,后用来表示"事情或东西的一方面",也可以指旁边。如:

⑨　一边是外房,一边是卧房。(金·9·102)

⑩　又逻着小的厮打,小的走开一边不理。(金·25·316)

⑪　这守备厅上打经济,才打到十棍,一边还拶着娟的,忽听后边夫人有请,分付牢子把棍且阁住休打,一面走下厅来。(金·94·1416)

⑫　他老夫妻一边教,一边养,却都是疼儿子的一番苦心。(儿·33·588)

发展为连词后最初的用法是用于连接不同事物或不同方面的动作行为,或用于连接相同事物的动作行为,而这些动作行为可以看做事物的两个方面。如:

⑬　也搜括了几百石谷,一边平粜,一边煮粥。(醒·32·466)

⑭　薛教授一边去拉,素姐一边还打,把薛教授的身上还稍带了两下。(醒· 48·700)

⑮　素姐口里一边叫救,相大妗子一边打,也足足打够二百多棒椎,打的两条胳膊肿的瓦罐般粗,抬也抬不起来。(醒·60·860)

随着"边"语义色彩的进一步弱化,"一边"就发展为用于连接同时或类同时进行的动作行为。从对《醒》出现的 93 个例子的分析看,"一边"用于连接至少一方为非肢体动词的有 83 例,占总例的 89.2%,用于连接肢体动词的仅有 10 例,占总例的

10.8％。在连接肢体动词的 10 个例子中,有 5 个是表示两个方面的动作行为的,这说明"一边"主要用于连接可以同时进行的动作行为。从使用频率来看,"一边"主要用于《醒》,而比《醒》时代稍晚的《歧》和更晚些的《儿》中也只有少量用例(《歧》和《儿》都各只 3 例)。也就是说,在明清时期的五种语料里,"一边"只在《醒》中出现的频率较高,而且表现为较成熟的连词用法。这说明,"一边"在明清时期并不是很普遍,也可能只是方言现象。

5.2.2.3 一壁

近代汉语连词,只见于《金》,共 16 例。其中单用 5 例,双用 4 例,与"一面"连用 3 例。如:

① 一壁弹着,见太湖石畔石榴花经雨盛开,戏折一枝,簪于云鬓之旁,说道:"我老娘带个三日不吃饭——眼前花。"(金·27·347)

② 这文嫂走到后边,一力撺掇,打了二钱银子酒,买了一钱银子点心,猪羊牛肉各切几大盘,拿将出去,一壁哄他众人在前厅大酒大肉吃着。(金·69·994)

③ 经济一壁接酒,一面把眼儿不住斜瞅妇人……(金·24·299)

④ 一壁推辞,一壁把银子接的袖了,深深道了个万福,说道:"谢姐夫的布施。"(金·15·186)

⑤ 咱一壁打鼓,一壁磨旗,幸的他若好了,把棺材就舍与人,也不值甚么。(金·62·869)

⑥ 那如意儿一壁哭着,一壁挽头发,说道:"俺每后来,也不知什么来旺儿媳妇子,只知在爹家做奶子。"(金·72·1037)

以上例①、例②"一壁"单用,例③与"一面"搭配使用,例④至例⑥双用,都用于连接分句。"一壁"可以与"一面"搭配使用,可见其用法和"一面"相当。所连接的动词可以都是肢体动词,也可以有一方是非肢体动词,表示所连接的动作行为同时进行。

5.2.2.4 一壁厢

《金》5 例,其中单用 3 例,双用 1 例。用法与"一壁"相当。如:

① 一壁厢舞着、唱着共弹着,惊人的这百戏其实妙。(金·42·555)

② 一壁厢舞迓鼓,一壁厢蹁高撬,端的有笑乐。(金·42·556)

③ 小厮也通晓得,并不嗔道作难,一壁厢进报西门庆。(金·57·772)

"一壁厢"做连词,《歧路灯》未见,《儿》仅出现 4 次,用在 2 个例子中:

④ 姑娘一壁厢说着,一壁厢便把袖子高高的撸起请大家验明。(儿·25·417)

⑤ 恰好华嬷嬷送上一碗茶来,张姑娘接过茶来,一壁厢喝着,一壁厢目不转睛的只看着那碗里的茶想主意。(儿·25·429)

从用法来看,"一壁厢"与"一壁"基本没有差别。"一壁厢"即"一壁"、"一厢"。

"一壁"、"一边"都来源于短语"一壁"、"一边"。"边"、"壁"都是事物的某个侧面,所以"边"、"壁"从语义来讲是属于表示同一类事物的词汇。在近代汉语中,有关"边"、"壁"的词汇都有很多共同的语法特征。如代词"这壁"、"那壁"与"这边"、"那边"用法相当,这就是说,"一边"和"一壁"在用于连词时用法相当,可以从语义方面的理据来解释。而在近代汉语中,往往用法相同的一类词中都可以根据语义来源分成一组或几组,或者说,语义相同的词汇,在语法发展中往往会有相同的演变。

5.2.2.5 一行

《聊》共出现 69 次,其中用于连接分句 58 次(单用 26 例,双用 16 例),连接语篇 11 例(单用)。《金》、《醒》、《歧》、《儿》未见相关用例。

5.2.2.5.1 连接分句。如:

① 十一月数九天,冷脿块放面前,一行哈着浑身战。(聊·墙·831)

② 一行叫你等等我,你只扯腿一溜风,你那心不知待怎么用。(聊·墙·853)

③ 一行走着心里只暗恼,人人都说骂的好,也是现世报。(聊·姑·869)

④ 珊瑚一行磕下头去,那泪直流。(聊·姑·870)

⑤ 一行给他揉搓,一行叹着他……(聊·慈·896)

⑥ 他哥慌了,一行推着他,腰里拿出斧子来,乒乒乓乓的斫起来了。(聊·慈·918)

⑦ 那屋壁破墙垣,四下透黑浪烟,一行倒蹬一行叹。(聊·翻·999)

⑧ 又定了匠人二十个、小工一百名,一行拆,一行盖。(聊·翻·1002)

⑨ 还有几张旧箱子,明日抬来看用着,一行铺排一行乐。(聊·翻·1003)

⑩ 兄弟二人一行说着,出了衙门,向那没人处写了三张大状。(聊·寒·1024)

⑪ 二相公下殿来,这个谜好难猜,一行走着还惊怪。(聊·寒·1055)

⑫ 大相公迭不的细说,一行拾那坏块,一行说:"俺爷活了!"(聊·寒·1067)

⑬ 一行杀来一行烧,满山满谷哭嚎啕。(聊·快·1139)

⑭ 正争瓜子闹垓垓,一行叫着还不待来,两个还要胡厮赖。(聊·禳·1151)

⑮ 方二相公一行领着妹子往下走,一行骂,老马听的也怒冲冲的退了堂。(聊·富·1283)

⑯ 方二爷一行煎药,一行暗暗祷告。(聊·富·1296)

⑰ 不知那个多嘴,传弄到太太知道了,一行哭着,叫了小举人来。(聊·富·1347)

⑱ 太太听了,太太听了,满斗焚香天地上烧,一行说足了心,不觉的连声笑。(聊·富·1360)

5.2.2.5.2 连接语篇。如:

① 臧姑说:"若是咱娘有些差迟,就是天不许我改过。"一行说着就下泪。(聊·姑·890)

② 一路寻思,这借书是男子做的,怎么叫我去取,我待怎么样借法?一行寻思着,已到了栖贤山。(聊·蓬·1085)

从对"一行"的统计来看,"一行"多单用,而单用时多用于第一个并列成分之前。

5.2.2.5.3 除了连词,《聊》里"一行"还有其他用法的例子。如:

① 二相公使手掏,大相公把头招,一行又使筷子拗……(聊·寒·1035)

② 文萧一见吴彩鸾,一行惊怪又喜欢,谁想先到蓬莱殿。(聊·蓬·1106)

③ 各人饮酒谈心事,一行山北又山南,蓬莱处处都游遍。(聊·蓬·1107)

④ 一行杀人又放火,合你前世里甚冤仇?(聊·快·1128)

⑤ 二相公说:"一行逐我出境,如何又拿?"(聊·寒·1051)

⑥ 大姐说:"老王,你看这长官分明是拾查子说话,一行不知道,一霎就知道了。"(聊·增·1643)

⑦ 俺家里一行好好的,拿倒地就害不好,自己来不的。(醒·71·1010)

以上例子,"一行"所关联的动作行为还带有明显的时间上的先后性。而例⑥"一行"与"一霎"前后搭配使用,说明其含义和用法都与"一霎"相当。例⑦是《醒》"一行"的唯一一例,和例⑥用法一致。所以这些例子的"一行"并不是连词,而是时间词。

"行"表示时间的用法可以找到别的例证。如:

⑧ 童奶奶道:"你别要这只管的不足,那内官的性儿是拿不定的,杭好杭歹,他恨你咬的牙顶儿疼……"(醒·71·1008)

"杭"就是"行",表示时间。我们认为表示并列的连词"一行"来源于表示时间的结构"一行(一霎、一会儿)",本用来表示时间,由于语义的进一步弱化而演变成了连词。在《金》、《醒》、《聊》中也出现了"行",但用法稍有差别。如:

⑨ 行吃着饭,丢下饭碗,往外不迭。(金·21·270)

⑩ 这金莲就知其意,行陪着吃酒,就到前边房里,去了冠儿……(金·40·532)

⑪ 秋桂见他只顾寻思,便说:"张天师闭了眼,你出甚么神哩?"行说着,端了茶碟来,又烫了酒来。(聊·翻·941)

⑫ 行说着,丫头抬了水来。(聊·增·1646)

⑬ 赌场里根基没凭准，行说着好说把脸丢，转一转儿还依旧。（聊·增·1651）

⑭ 行扎着包头，像断线的珍珠，一个个乱滚。（聊·磨·1488）

⑮ 众人行说行劝，扶素姐归了卧房……（醒·77·1105）

以上例中的"行"与副词"边"用法相当，在句子中做时间状语。

5.2.2.6　一头

"一头"仅见于《金》，13 例。单用 1 例，双用 4 例，四词连用 1 例。如：

① 婆子一面把门拽上，用索儿拴了，倒关他二人在屋里。当路坐了，一头绩着绪。（金·4·49）

② 这婆子一头叉，一头大栗暴着直打出街上去。（金·4·56）

③ 那婆婆一头哭，一头笑起来……（金·57·767）

④ 正在唠唠叨叨，喃喃洞洞，一头骂，一头着恼的时节，只见那玳安走将进来……（金·57·771）

⑤ ……便起身说："我和你去楼上说句话儿。"一头说，一头走。（金·98·1470）

⑥ 这小猴子打那虔婆不过，一头骂，一头哭，一头走，一头街上拾梨儿……（金·4·56）

"一头"做连词较早的用例见于《敦煌变文集》，凡 18 例（吴福祥 1996:281），近代汉语其他语料未见，《全元曲》凡 3 例：

⑦ 一头说话，早来到姑娘门首。（全元曲·282）

⑧ 既是这等，待我一头开门，一头念诗你听咱。（全元曲·3695）

⑨ 他道我吃了他肯酒，受了他红定，现今领着媒婆在这里，约定后日是吉日良辰，一头下财礼，一头就要你过门，这可不是把我生做起来了？（全元曲·3768～3769）

比《金》时代晚的《儿》中也只有 5 例：

⑩ 他姊妹正在一头说笑，一头作活，听得是长姐儿的声音……（儿·33·589）

⑪ 说着，早见他拿着条布手巾，一头走，一头说，一头擦手，一头进门。（儿·35·660）

⑫ 我只打量那上头有个什么希希罕儿呢，也仰着个颏儿，一头儿往上瞧，一头儿往前走，谁知脚底下……（儿·38·736）

⑬ 脸是喝了个漆紫，连乐带忙，一头说着，只张着嘴气喘如牛的拿了条大手巾擦那脑门子上的汗。（儿·39·758～759）

⑭ 正在一头笑着，忽然又把眉一扬，就说："站住！先别乐大发了！这一来，

咱们娘儿们不是都去不成了吗？……"（儿·40·794）

"一头"来源于数量短语"一头（一端）"，相应的用法还保留在《金》、《醒》等语料里。如：

⑮ 就与老头同日同时，一头断气，一头生了个儿子，世间少有蹊跷古怪事。（金·79·1237）

⑯ 你爹又没了，当初只因潘家那淫妇，一头放火，一头放水，架的舌，把个好媳妇儿生逼临的吊死了。（金·90·1361）

⑰ 只见一根桃红鸾带，一头拴着床脚，一头拴着狄希陈的腿……（醒·52·754）

⑱ 把这刘振白短短的一根铁索，一头扣在脖项，一头锁在个大大的石墩……（醒·82·1167）

以上例⑰、⑱的"一头"即"一端"，用于表示具体事物的两极；而例⑮、⑯的"一头"无法用"一端"来替换，而且已不再表示具体事物的两极，而表示相对或相反的两种情况，并且带有很强的数量短语的特征。这种用法，无论从语义上还是从语法功能上都与并列连词（表示事物两个方面的用法）有密切的关联。所以，"一头"是由数量短语语义弱化后，由于语法位置的关系而演化为并列连词的。

5.2.2.7 一者、二者、三者

"一者、二者、三者"来源于表示列举的数词结构"一……二……"，只见于《金》。"一者"13例，其中与"二者"搭配10例，与"二来"搭配3例；"二者"共出现14例，其中与"一者"搭配10例，与"一来"搭配3例，与"一则"搭配1例；"三者"1例，与"一来"、"二者"搭配使用。如：

① 今日安排一席酒，一者与他两个把一杯，二者当家儿只当赏雪，耍戏一日，有何不可！（金·21·263）

② 这李瓶儿一者思念孩儿，二者着了重气，把旧时病症又发起来……（金·60·827）

③ 西门庆道："韩伙计打南边来，见我没了孩子，一者与我释闷，二者照顾了他外边走了这遭，请我坐坐。"（金·61·842）

④ 你丈母心内不好，一者送大姐来家，二者敬与你爹烧纸。（金·89·1343）

⑤ 一者是西门庆三周年，二者是孝哥儿生日。（金·96·1439）

⑥ 这任道士听了，一者年老的着了惊怕，二来身体胖大……（金·94·1417）

⑦ 一来也是你老人家际遇，二者小人有缘，不消犹豫，就骑上马，跟你老人家往府中去。（金·96·1450）

⑧ 要请天秀上东京，一则游玩，二者为谋其前程。（金·47·614）

⑨ 这月娘一来因孙雪娥被来旺儿盗财拐去，二者又是来安儿小厮走了，三者家人来兴媳妇惠秀又死了，刚打发出去，家中正七事八事。（金·91·1368）

"一者、二者、三者"用于连接两个或几个方面的事情，使用时有两种情况："一者……二者……"配合；和其他数词结构来源的连词搭配使用，如"一者……二来"、"一来……二者"、"一则……二者"等。"一者"与"一面"、"一边"等连词在使用上有一些差别。如："一面"、"一边"等连词来源于"一面（方面）……一面"、"一边（边鄙）……一边"，所以发展为连词后常用的搭配形式是"一面……一面"、"一边……一边"。而"一者、二者、三者"一般不能单用，搭配也多构成"一……二……三……"的数词列举式结构。这说明，"一者、二者、三者"发展为连词后更多保留了其数词结构（尤其是作为列举性数词结构）的特征。从"一者、二者、三者"的连词化进程来看，"一者"大约在上古汉语就发展为连词了，而"二者"、"三者"则是明清时期才用于表示并列关联的。

"一者、二者、三者"不见于《儿》；"一者"《歧》4例，其中与"二者"搭配使用3例，与"二来"搭配1例。"二者"《歧》出现3例，"三者"出现1例。如：

⑩ 我素日常有此心，要上丹徒，一者丁忧两次，还有下场事体，二者也愁水旱路程。（歧·1·6）

⑪ 一者家伯春秋已高，举动需人，家边内里不和，诸事我心里萦记；二来舍弟太小，家伯母照顾不到，舍弟生母憨实些，我也着实挂心。（歧·99·924）

⑫ 一切官司也未必能听断的如法，但只要紧办速结，一者怕奸人调唆，变了初词；二者怕黠役需索，骗了愚氓；三者怕穷民守候，误了农务。（歧·31·287）

5.2.2.8　一则、二则、三则、四则

"一则、二则"，古代汉语连词。"三则、四则"《景德传灯录》里有少量用例接近于连词，但还没有完全脱离数词结构的特征。《金》只出现"一则"3例，与"二者"连用、双用各1例。"一则"《醒》出现17例，其中与"二则"顺序连用11例，"一则……一则"双用3例；"二则"共15例，其中与"一则"搭配10例，与"一来"搭配5例；"三则"4例，"四则"2例，与"一来"、"二来"或"一则"、"二则"搭配。"一则"《聊》出现3例，"二则"2例。如：

① 我一则害怕，二则也恼他杂情，所以也不曾叫住你看得他一看。（醒·22·311）

② 一则老爷自己穿的是一件旧白布道袍，我们还敢穿甚么？二则老爷也不许我们穿道袍，恐怕我们管家穿了道袍，不论好歹就要与人作揖，所以禁止的。（醒·23·346）

③ 后离了他的母亲，坐在船上，一则无人管束，得以逞其骄性；二则与狄希

陈朝夕坐在船上，相厮相守，易于言差语错，动辄将狄希陈打骂；三则自从为那衣裳珠玉的事合了气，狄希陈慌了手脚，递了降书降表，越发放了胆；四则日逐与那权奶奶、戴奶奶相处，京师妇人那不贤惠、降老公、好吃嘴、怕做活，一千一万，倒象一个娘肚里养的，越发看了不好的样式……（醒·91·1292）

④ 所以本厅取信不及，一则是无事，我们大家取笑一番；一则也要知知这世道果然也有不惧内的人么？（醒·91·1304）

⑤ 狄希陈拿了这两套衣裳往家行走，心中一则以喜，一则以惧。（醒·65·933）

⑥ 晁夫人说："我也想来：一则是个徒夫老婆，提掇着丑听拉拉的；一则甚么模样，青光当的搽着一脸粉，头上擦着那绵种油触鼻子的熏人，斩眉多睃眼的，我看不上他……"（醒·49·717）

⑦ 若要一一的指说他那事款，一来污人的口舌，二来脏人的耳朵，三则也伤于雅道，四则又恐未必都是那一方的人，所以不忍暴扬出来。（醒·28·411）

从"一则……一则"的搭配可以看出，"一则"已经完全脱离了数词结构的特征，有向"一面"、"一边"靠拢的趋势。"一则、二则、三则、四则"不见于《歧》。"一则"在《儿》中出现 17 例，"二则"19 例，"三则"9 例，"四则"3 例。其中数组顺序连用的用法（即"一则……二则……三则……四则"）更常见。如：

⑧ 一则隔着一百多地，骡夫未必肯去；二则如果褚老一不在家，我那妹子他也不好跑出这样远来；三则一去一来又得耽误工夫，你明日起身又可多走半站。（儿·3·45）

⑨ 公子固是十分不愿——一则自己本有些害怕；二则当不得骡夫店家两下里七言八语；三则想着相离也不过二十多里地，且到那里见着褚一官也有个依傍；四则也是他命中注定合该有这场大难。（儿·5·68）

⑩ 姑娘，不是我不相认：一则是灯前月下；二则姑娘的这番装束与店里见的时节大不相同；三则我也是吓昏了；四则断不料姑娘你就肯这等远路深更赶来救我这条性命。（儿·6·82）

⑪ 莫若此时趁事在成败未定之天，自己先留个地步：一则保了这没过门女婿的性命；二则全了这一相（厢）情愿媒人的脸面；三则也占了我女孩儿家自己的身分；四则如此一行，只怕这事倒有个十拿九稳也不见得。（儿·10·139）

5.2.2.9 一来、二来、三来

上古汉语连词。《金》"一来"共出现 14 例，其中单用 6 例，与"二来"搭配使用 4 例，与"二者"搭配使用 3 例，与"一者"、"二者"搭配使用 1 例。"二来"共 7 例，其中与"一来"搭配使用 4 例，与"一者"搭配 3 例。"一来"《醒》中共出现 43 例，其中单用 10 例，与"二来"搭配使用 26 例，与"二则"搭配使用 5 例，双用 1 例。"二来"共出现 27

例,其中与"一来"搭配使用 26 例,单用 1 例。"三来"1 例,与"一来"、"二来"搭配使用。《聊》"一来"出现 14 例,其中单用 2 例,与"二来"搭配 12 例;"二来"12 例,"三来"2 例,与"一来"、"二来"搭配使用。

"一来"也来源于列举的数词结构,用法与"一者"、"一则"比较相近。如:

① 当下只有李瓶儿,一来有了孩子,二来服了药,不出房来。(金·55·740)

② 只有西门庆,一来远客,二来送了许多礼物,蔡太师到十分欢喜他。(金·55·745)

③ 这两日,一来我心里不自在,二来因些闲话,没曾往那边去。(金·85·1301)

④ 陈师娘的女儿并儿子、孙子、媳妇都络绎往来看望,一来要遮饰自己的不孝,二来也图晁夫人的款待。(醒·92·1312)

⑤ 一来谢他连年看望之情,二来看那事体如何,葬埋了梁和尚,完了你前生之事。(醒·93·1322)

⑥ 别珊瑚,别珊瑚,见了说笑都全无,一来是体娘的心,二来是解娘的怒。(聊·姑·863)

⑦ 这月娘一来因孙雪娥被来旺儿盗财拐去,二者又是来安儿小厮走了,三者家人来兴媳妇惠秀又死了,刚打发出去,家中正七事八事。(金·91·1368)

⑧ 他说是邻村庄户之家,一来也是轮该到他身上合做乌大王的夫人,二则也因是继母贪图众家的六十两财礼,情愿卖到死地……(醒·62·886)

⑨ 李氏知道弄把他,也不出门去,也不再坐下,说我站着等等罢,一来晚了好还家,二怕孩子叫呱呱。(聊·慈·905)

⑩ 玳安道:"一来他是福好,只是不长寿。俺爹饶使了这些钱,还使不着俺爹的哩。俺六娘嫁俺爹,瞒不过你老人家是知道,该带了多少带头来……"(金·64·899)

⑪ 狄员外因一向尝扰童家,又因监满在即,又因九月重阳,要叫尤聪治酒一卓抬过童家厅上,好同童奶奶合家小坐,一来回席,二来作别,三来过节。(醒·54·789)

⑫ 一来看着与这里姐姐铺床,一来也走走散闷。(醒·59·846)

例①至例⑥"一来"与"二来"搭配,例⑦、例⑧与其他并列关联词(如"二者"、"二则")搭配;例⑨单用,后句用数词"二"来照应;例⑩单用。例⑪"一来"与"二来"、"三来"顺序连用,例⑫"一来"双用。从单用和双用这两种用法来看,"一来"的连词化发展要比"一者"、"一则"更进一步。"一来"《歧》54 例,其中单用 2 例,与"二来"搭配 51 例,与"二来"、"三者"搭配 1 例。"二来"52 例,"三来"3 例。"一来"《儿》出现 16 例,"二来"13 例,"三来"5 例。多组顺序连用的例子出现得也较多。如:

⑬ 褚大娘子道:"不是怕什么:一来,这一路岔道儿多,防走错了;二来,我们也该专个人去请一请;三来,大短的天,我瞧明日这话说结了,他娘儿这一见管取舍不得散。我家只管有的是地方儿,可没那些干净铺盖,叫他们把家里的大车套了去,沿路也坐了人,也拉了行李。"(儿·16·245)

⑭ 这些人,一来,为着姑娘平日待他们恩厚,况又银钱挥霍,谁家短个三吊两吊的,有求必应;二来,有这等一个人住在山里,等闲的匪人不敢前来欺负;三来,这山里大半是邓九公的房庄地亩,众人见东翁尚且如此,谁不想来尽个人情……(儿·21·334)

⑮ 这又是何原故呢?一来,他自己打定主意,定要趁今日这个机缘,背城一战,作成姑娘这段良缘,为的是好答报他当日作成自己这段良缘的一番好处,便因此受他些委屈也甘心情愿。二来,这桩事,任大责重,方才一口气许了公婆,成败在此一举,所以不敢一步放松。三来,他的那点聪明,本不在何玉凤姑娘以下,况又受了公婆的许多锦囊妙计,此时转比何玉凤来的气壮胆粗……(儿·26·443~444)

以上"一者"、"二者"、"一则"、"二则"、"三则"、"一来"、"二来"等类连词比较特殊。

首先,这类连词一般不单用,可以同序列(如"一者"与"二者")搭配使用,也可以与其他序列(如"一来"与"二者"等)搭配使用。其次,这类连词是由数词结构发展而来的,发展为连词后还带有很强的顺序性,因此在搭配使用时也遵循严格的顺序,如"一者……二者"、"一则……二则……三则……四则"、"一来……二来……三来"等。其次,这类连词虽然有严格的顺序性,但发展为连词后语义也已经弱化,其中"一则"、"一来"也适用叠用的格式,如"一则……一则……"、"一来……一来……"等,说明"一来"、"一则"等连词也有发展为一般并列连词的趋势。这些由数词结构发展而来的连词,从理论上来讲是无限长的,可以关联无限个并列项。但在实际使用中,一般"一者"、"二者"、"一来"、"二来"、"一则"、"二则"出现的频率较高,而第三顺序以上连词"三来"、"三则"、"四则"等出现频率则较低。而且,同"一面"、"一边"相比,"一者"等来源于数词结构的连词一般只用于连接分句,即只用于组成复句,而"一面"、"一边"等并列连词则可以用于连接复句,组成句群。

5.2.2.10 再不

"再不"用于连接分句或语篇。《金》出现 10 次,组成复句 3 例,句群 7 例。《醒》出现 12 例,组成复句 3 例,组成句群 9 例。《聊》无用例。

5.2.2.10.1 用于并列连接。如:

① 妇人道:"你还哄我哩!你若不是怜新弃旧,再不外边另有别人,你指着旺跳身子说个誓,我方信你。"(金·8·95)

② 月娘道:"随你那里歇宿,再不你也跟了他一处去歇罢。"(金·14·178)

③ 月娘道："这等，叫刘婆子来瞧瞧，吃他服药，再不头上剁两针，由他自好了。"（金·75·1133）

④ 人家多有如此的，看了吉日，从新另娶；再不叫个阴阳生回背回背。（醒·59·850）

⑤ 李瓶儿道："好，好。你既有真心取奴，先早把奴房撺掇盖了，取过奴去，到你家住一日，死也甘心！省的奴在这里度日如年。"西门庆道："你的话，我知道了。"李瓶儿道："再不的，房子盖完，我烧了灵，搬在五姐那边楼上住两日，等你盖了新房子搬移不迟……"（金·16·196）

⑥ 金莲道："都不去罢，只咱和李大姐三个去罢，等他爹来家，随他骂去。再不把春梅小肉儿和上房里玉箫、你房里兰香、李大姐房里迎春都带了去，等他爹来家问，就教他答话。"（金·24·301）

⑦ 伯爵道："哥，你明日去不去，我好来会你。"西门庆道："到明日看。再不，你先去罢，我慢慢儿去递杯酒。"（金·79·1215）

⑧ 若是该雨不雨，该晴不晴，或是甚么蝗虫生发，他走去那庄头上一座土地庙里，指了土地的脸，无般不识的骂到。再不就拿了一张弓，挟了几枝箭，常常把那土地射一顿，射得那土地的身上七孔八穿的箭眼。（醒·26·385）

⑨ 我可也再不另做新诗，我只念那旧的就是。再不，薛相公，你就自己做。（醒·44·650）

⑩ 我就叫你姑一顿打杀了，还有你爷爷问你讨命哩！再不，我合那头薛奶奶说。（醒·66·942）

⑪ 我听说寻个秀才分上得二百两银子哩！贼忘八羔子！你就好好的问你爹要二百两银子给我才罢！要不，照着小巧妮子的嫁妆，有一件也给我一件！再不，叫你爹也给俺小再冬子个秀才，我就罢了！（醒·56·815～816）

⑫ 艾前川道："有银子肯不给你么？实是买药使了。要不，你拿了药去。再不，你等着使了药，另赚了钱给你。"（醒·67·960）

⑬ 寄姐道："咱又没打杀他的人，脱不是害病死的，给他二两银子烧痛钱丢开手。他要兴词告状，你可再合他相大爷商议。再不，把这两间房卖了，另搬到背净去处住着，他还没处寻咱哩。"（醒·80·1136）

以上例①至例④"再不"用于连接分句，例⑤至⑬用于连接句子。

"再不"用于连接并列成分，用于连接并列第二项的有 19 例，只有 3 例用于第三并列项，如例⑪至⑬，这一特点与"再不"的来源有关。"再"本为数词（"第二次"），所以与"不"词化为连词后仍带有"第二"的语义色彩，一般用于并列第二项的连接中。但随着语言的发展，"再不"也可以用于更后的并列选择项，如例⑪、⑫，第二项由"要不"连接，而"再不"则用于连接第三选择项。例⑬第一、二并列项由意合构成并列，"再不"用于连接第三项。

"再不"作为并列连词,《儿》出现 2 例:

⑭ 原是一个碾粮食的碌碡,上面靠边却有个凿通了的关眼儿,想是为拴拴牲口;再不,插根杆儿,晾晾衣裳用的。(儿·4·59)

⑮ 那老两口儿听了,连连的作揖下拜,说道:"果然如此,我们来生来世就变个驴变个马报姑娘的好处!再不,我们就给你吃一辈子的长斋,都使得!"(儿·7·101)

5.2.2.10.2 用于假设连接

"再不"除了做并列连词外,也可以用于假设连接。如:

① 西门庆道:"我今日不知怎的,一心只要和你睡。我如今杀个鸡儿,央及你央及儿。再不你交丫头掇些水来洗洗,和我睡睡也罢了。"(金·50·664)

② 玳安道:"再不,你备豆腐铺子里驴子骑了去,到那里等我打发他钱就是了。"(金·68·980)

上例"再不"所连接的成分 A 和 B 不具有并列或选择关系,因此"再不"不属于并列或选择关联范畴。这种用法的"再不"更接近假设连词,并且和"要不"一样具有一种"恳请"的语义色彩,用于商量的场合提出的一种假设项。

"再不"本来是非直接组合成分"再(＋不……)",是跨层结构,后来发展成为一个连词,其用法和"不然"、"再不然"相当。"再不"的形成和"不"语义的弱化有直接关系。近代汉语中还有一些副词性的成分"不"、"不就"、"不着"都具有很强的关联作用,这些关联性成分与"再不"形成的语法演变过程是一致的。

5.3 连贯连词

连贯连词都是后续连词,包括解说连词、顺承连词、总结连词 3 小类。《金》、《醒》、《聊》出现的解说连词包括"如"、"即如"、"譬如"、"譬若"、"像(象、相)"5 个。顺承连词多延续古代汉语的连词,如"于是"、"然后"、"然则"、"至于"、"至如"等。新出现的连词有"那么",出现在《醒》中,在《儿》里又进一步发展,即不但"那么"有关联作用,其他代词如"这么"等也都有连词化的趋势。总结连词主要包括"可见"、"足见"、"总之"等。具体情况见连贯连词统计表。

连贯连词统计表

		金	醒	聊
解说连词	如₁	0	8	1
	即如	0	3	1
	譬如	3	1	3
	譬若	1	0	0
	像(象、相)	22	19	0

		金	醒	聊
顺承连词	于是	450	34	6
	因是₁	1	0	0
	然后	78	50	2
	然则	1	0	0
	那么	0	11	0
	至于	3	13	0
	至如	0	1	0
总结连词	可见	2	30	4
	可见是	0	0	1
	足见	1	0	4
	总之	0	1	0

5.3.1 解说连词

5.3.1.1 如₁

《金》无用例，《醒》8 例，《聊》1 例。本为譬况动词，发展为连词，表示举例。如：

①　杀人不已，渐至如晋献公、唐明皇、唐肃宗杀到亲生的儿子。（醒·1·2）

②　就是山东古称十二山河，济南如趵突、芙蓉等，此十二泉。（醒·28·411）

③　再如山西，象这样没水的去处比比都是。（醒·28·413）

④　凡有这等死去的鬼魂，不许他托生为人，常常叫他做鬼。如吊死的，脖子拖了那根送命的绳；自刎的，血糊般搭拉着个头……（醒·30·437）

⑤　当初那些投充的狐群狗党，有见没了雄势自己辞了去的，有拐了房钱租钱逃走了的，又有如高升、曲进才、董重吃醉打了秀才逐出去的……（醒·30·438）

⑥　自古以来的孝子，如穿井的帝舜，穿芦花的闵子骞，都是遭着后娘；就是那卧冰的王祥，也是卧了鱼来事奉他后娘。（聊·慈·893）

"如"用于举例说明《儿》中出现 28 例。如：

⑦　姑娘道："……即如你这囊中的银钱是自己折变了产业去救你的令尊交国家的官项：这便是'有主儿的钱'。再如那清官能吏，勤俭自奉，剩些廉俸……也叫作'有主儿的钱'……"（儿·8·113）

⑧　那运河沿河的风气，但是官船靠住，便有些村庄妇女，赶到岸边，提个篮儿，装些零星东西来卖，如麻绳，棉线，零布，带子，以至鸡蛋，烧酒……（儿·22·355）

⑨ 又见天气冷了,给他作了几件轻暖细毛行衣,甚么如斗篷、卧龙袋一切衣服都备得齐整。(儿·32·571)

⑩ 那夜安公子早已完卷,那班合他有些世谊的,如梅问羹、托诚村这几个人也都已写作妥当,准备第二日赶头排出场……(儿·35·639)

5.3.1.2 即如

《金》无用例,《醒》3例,《聊》1例。用于解说关联。如:

① 晁源见的这许多鬼怪,这是他自己亏心生出来的,原不是当真有甚么鬼去打他。即如那梁生、胡旦好好的活在那里做和尚,况且晁夫人又替他还了银子,又有甚么梁生、胡旦戴了枷锁来问他讨行李银子?(醒·17·245)

② 散处本土的人,只晓得种几亩地就完了他的本事,这赚钱的营生是一些也不会的。即如舍下开这个客店,不是徒在饭食里边赚钱,只为歇那些头口赚他的粪来上地。(醒·25·367)

③ 若教他身子亲近的都是些好人,眼耳闻见的都是些好话,即是那火炮一样,你没有人去点他的药线,他那一肚子的火药也毕竟响不出来。即如那新城县里有一个大家,他上世的时候,凡是生下儿女,雇了奶子看养。那大人家深宅大院,如海一般;那奶母抱着娃娃,怎得出到外面?及至娃娃长到五六岁的时候,就送到家塾里边,早晚俱由家中便门出入;直到考童生的时候,方才出到街头,乍然见了驴、马、牛、羊,还不认得是甚么物件。这样的教法,怎得不把那举人、进士科科不四五个与他中去?(醒·37·539)

④ 这懒还消说么?即如就是一碗豆腐,若是切成叶着油煎了,蘸上个蒜碟儿,或是切成细馅包包儿,敢子他就吃了。(聊·襄·1233)

"如"有举例说明的用法,"即"也用于表示解说,所以"即如"也就用于表示解说。从用法来讲,"即如"与"如"、"例如"相当,但"即如"与"如"、"譬如"等举例连词在语义色彩上是有差别的,"即如"在口语中一般说成"就比如说",有对举例加以强调的功能。

"即如"除出现在《醒》、《聊》中,《歧》、《儿》也出现了一些用例。如《歧》有43例,《儿》有12例。而且由于"即"还有让步连词的用法,所以"即如"在《歧》中偶尔也用于让步关联,如:

⑤ 休说绫罗绸缎,即如一付好头面,到穷了时,只换一斗麦子……(歧·28·260)

⑥ 今日事已清白,咱一毫没事,就把他忘了,人情上如何过得去?即如不为咱的事挨打,朋情上也该周济他。(歧·32·297)

以上"即如"就是"即使",表示让步的假设关联,是由连词"即(即使)"和"如(例如)"复合而成。从以上例子来看,"即如"复合后语义发生了偏移,即只保留了"即"的语法功能,而"如"的功能弱化了。

5.3.1.3 譬如

《金》3 例,《醒》1 例,《聊》3 例,《歧》4 例,《儿》5 例。如:

① 孙雪娥单管率领家人媳妇在厨中上灶,打发各房饮食。譬如西门庆在那房里宿歇,或吃酒吃饭,造甚汤水,俱经雪娥手中整理,那房里丫头自往厨下拿去。(金・11・123)

② 当下就和甘伙计批立了合同,就立伯爵作保。譬如得利十分为率:西门庆分五分,乔大户分三分,其余韩道国、甘出身与崔本三分均分。(金・58・793)

③ 到了临期,本利还不上来,又把那利银作了本钱,利上加利。譬如一百两的本,不消十个月,累算起来就是五百两。(醒・26・378)

④ 人心原自不相同,你生的你疼,我生的我疼。后娘冤屈也难明,好也是无情,歹也是无情。譬如有一个前窝儿,若是打骂起来,人就说是折蹬;若是任凭他做贼当忘八,置之不管,人又说是他亲娘着,他那有不关情的:谓之左右两难。(聊・慈・892)

⑤ 虽是这等说法,这个泼字,若用的当了,就是合那疼汉子的孟姜,敬丈夫的孟光,一样相传。譬如巴豆、信石,用在那好人身上,就是毒药;若是用之得当,那人参、黄芪也没有那样效验。(聊・俊・1109～1110)

⑥ 这尖还罢了。譬如两厨子打发主人,省事的着人做,费事的着咱做;不就是挣赏的人去干,倒包的咱去干。(聊・襄・1233～1234)

"譬如"作为连词,表示举例,用于连接分句,是两个譬况动词"譬"和"如"复合而成的。当"譬"和"如"表譬况的功能弱化,"譬如"就转化为表示举例说明性的连词。

5.3.1.4 譬若

"譬若"也是譬况动词"譬若"演化而来的,用于表示举例说明。《金》出现 1 例,《醒》、《聊》、《歧》、《儿》无用例:

① 小玉道:"譬若说相薛姑子、王姑子、大师父,都是佛爷女儿,谁是佛爷女婿?"(金・88・1340)

5.3.1.5 像(相)

"像"《金》6 例,《醒》2 例,《聊》无用例;"象"《金》8 例,《醒》17 例、《聊》无用例;"相"《金》8 例,《醒》、《聊》无用例。如:

① 潘金莲道:"像人家汉子在院里嫖院来,家里老婆没曾往那里寻去?寻出没曾打成一锅粥?"(金・46・608)

② 吴大妗子听了道:"像俺们终日吃肉,却不知转世有多少罪业?"(金・50・657)

③ 春梅道:"不是这等说。像郁大姐在俺家这几年,先前他还不知怎样的,

大大小小，他恶讪了那个人儿来？教他唱个儿他就唱，那里像这贼瞎淫妇大胆，不道的会那等腔儿……"（金·75·1116～1117）

④ 玉楼道："我的哥哥，谁养的你怎乖！还说你不护他，这些事儿就见出你那心里来了。摆过酒儿交与他，俺每是合死的？像这清早辰得梳了头？小厮你来我去，称银子换钱，把气也掏干了。饶费了心，那个道个是也怎的！"（金·75·1124）

⑤ 我今日说过，要你自家立志，替汉子争气。像我进香去，两番三次被强人掳掠逼勒，若是不正气的，也来不到家了。（金·85·1298）

⑥ 也没见这浪淫妇，刁钻古怪，禁害老娘……像我与俺主子睡，成月也不见点水儿，也不见展污了甚么佛眼儿。偏这淫妇会，两番三次刁蹬老娘。（金·91·1380）

⑦ 白姑子道："我说的那许多罪恶，原不是说一个人身上的，若是一个人身上犯这们些天条，还等到如今哩。象那为子的单重在那打爹骂娘，为媳妇的单重在打翁骂婆，为妻的单重在凌虐丈夫，为臣的单重在欺君盗国，只犯此一件，那阴司便不相饶。"（醒·64·914）

⑧ 别样的小礼，买上两枝牙笏，四束牙箸，四副牙梳，四个牙仙；仙鹤、獬豸、麒麟、斗牛补子，每样两副；混帐犀带买上一围；倒是刘鹤家的好合香带多买上几条，这送上司希罕。象甚么洒线桌帏、坐褥、帐子、绣被、绣袍、绣裙、绣背心、敞衣、湖镜、铜炉、铜花觚、湖绸、湖绵、眉公布、松江尺绫、湖笔、徽墨、苏州金扇、徽州白铜锁、篾丝拜匣、南京绉纱，这总里开出个单子来，都到南京买。（醒·84·1192）

⑨ 人材儿也不丑，脚也不甚么大，生的也白净，象留爷坐这们寻常的一桌酒儿都也摆出来。（醒·55·792）

⑩ 相于廷娘子道："罢呀！你就起不去哩！象狄大哥叫你使铁钳子拧的遍身的血铺漉，他怎么受来？"（醒·60·866）

⑪ 当时象杨尚书老爷做到官保，还只穿着领漂白布衫。（醒·65·932）

⑫ 潘姥姥道："还是小后生家，好口牙。相老身，东西儿硬些就吃不得。"（金·33·422）

⑬ 西门庆道："不瞒你说，相我晚夕身上常时发酸起来，腰背疼痛，不着这般按捏，通了不得。"（金·67·939）

⑭ 金莲道："这个，姐姐，才显出个皂白来了。相韩道国家这个淫妇，姐姐还嗔我骂他罢。干净一家子都养汉，是个明王八……"（金·79·1226）

⑮ 小玉道："譬若说相薛姑子、王姑子、大师父，都是佛爷女儿，谁是佛爷女婿？"（金·88·1340）

5.3.2 顺承连词

5.3.2.1 于是

上古汉语连词,表示顺承《金》450 例,《醒》34 例,《聊》6 例。"于是"来源于介词结构,有表示因果的用法,但在有些例子中,前一句子和"于是"句并没有明确的因果关系,因此仅仅起到连贯连接的作用。可以用于连接分句,也可以连接句子。如:

① 西门庆拆看书中之意,于是乘着喜欢,将书拿到卷棚内……(金·66·930)

② 绣春关上角门,走进在旁边陪坐,于是筛上酒来。(金·78·1206)

③ 到了二十五日,宗、金两个自己原有体面,又有这五十两银子,于是百凡都尽象一个丧仪,不必烦说。(醒·41·608)

④ 那老侯、老张又是两个会首,又少专功走来照管。偎贴了刘嫂子做了一处,又兼狄希陈是感激他的人,于是这几个的行李安放一处。(醒·69·984)

⑤ 彩鸾在云端一望,见那村中出来一个人,于是按落云头,先问问那秀才在那里居住,再想个法儿好去找他。(聊·蓬·1085)

⑥ 来保道:"我明日五更就走道儿了。"于是领了书信,又赶到狮子街韩道国家。(金·51·673)

⑦ 按台老大人谓天灾固已流行,或人力可图挽救。于是百方济度,万苦挪移。(醒·31·457)

⑧ 这样作业的孩子,你定要叫他三十而娶,这十四年里头,不知作出多少业来!这古礼怎生依的?于是他母亲拿定主意,择在十一月过聘,过年二月十六日完婚。(醒·44·639)

⑨ 娘子笑了笑说:"随你,你既然要求取功名,我也不挡你。"相公于是打点琴剑书箱,又摆下酒,夫妇对饮相别。(聊·蓬·1093)

以上例①至例⑤"于是"用于连接分句,例⑥至例⑨用于连接语篇。

5.3.2.2 因是

《金》1 例,《醒》、《聊》无用例:

① 想起头里月娘骂玳安说两样话,不知弄的什么鬼,因是向床上摸那淫器包儿,又没了。(金·50·663)

5.3.2.3 然后

上古汉语连词,《金》78 例,《醒》50 例,《聊》2 例。如:

① 韩道国先取一盏,举的高高奉与西门庆,然后自取一盏旁边相陪。(金·61·836)

② 一面打发他吃了茶食,先教在后边唱了两套,然后花园摆设下酒席。

（金·61·844）

③ 李瓶儿房里收拾干净，薰下香，然后请任医官到房中。（金·61·853）

④ 西门庆与他叙礼毕，然后与众人相见。（金·61·856）

⑤ 左右先捧进香纸，然后胡府尹素服金带才进来。（金·63·894）

⑥ 昔年曾在学生散处作县令，然后转成都府推官。（金·65·911）

⑦ 吴道官率众接至坛所，行毕礼，然后西门庆着素衣经巾拜见。（金·66·928）

⑧ 西门庆与道众递酒已毕，然后吴大舅、应伯爵等上来，与西门庆散福递酒。（金·66·936）

⑨ 彼此扳了些说话，然后安排酒筵，递酒。（金·72·1047）

⑩ 罚了他妇女养汉，报他的淫恶，然后着他把员外死的情由，记着打了一百二三十下，二郎爷便叫员外上去，给他一支铁丝拧成的鞭子，着他照数还他。（聊·寒·1062）

"然后"的"然"即"这样"，"然后"即"这样之后"，当"然后"用于上下文中间时，"然"就起到复指前一句并进而把下句连贯起来的作用。也正因为这样，"然后"才会演化成为连贯连词，表示时间上和顺序上的先后连贯。

在《金》和《儿》中还有"落后"，用法与"然后"相近。如：

⑪ 请我那里说甚么话，落后邀过朱台官来陪我。（金·75·1134）

⑫ 说也不当家花拉的！这位大嫂一拉就把我们拉在那地窨子里，落后那大师傅也来了，要把我们留下。（儿·7·101）

这里的"落后"从语义来讲与"然后"相当，但语源结构却与"然后"不同，也没有发展成为连词，只是表示时间先后，但没有关联作用。

5.3.2.4 然则

《金》1例，《醒》、《聊》、《歧》无用例，《儿》44例。如：

① 诗人评此二君，评到个去处，说刘项者固当世之英雄，不免为二妇人以屈其志气。虽然，妻之视妾，名分虽殊，而戚氏之祸尤惨于虞姬。然则妾妇之道，以事其丈夫，而欲保全首领于牖下，难矣。（金·1·3）

② 你们三位可别打量这位安公子合我是亲是故，我合他也是水米无交，今日才见。然则一个萍水相逢的人，我因何替他出这样的死力呢？（儿·8·116）

③ 我依他两个的话，才用了几日的功，他两个果然就这等欢天喜地起来。然则他两个那天讲的，只要我一意读书，无论怎样，都是甘心情愿的，这句话真真是出于肺腑了。（儿·32·586）

④ 你如今话不曾说，先说请出孔圣人来也不中用，然则还商出些什么量来？

（儿·36·681～682）

⑤ 公子连忙站起来把两个媳妇都现在有喜不能上路的话说了，乌大人道："然则你一个出去不成？"（儿·40·835）

5.3.2.5 那么

"那么"本是指示代词，在《醒》中作为连词出现 11 例，用于连接语篇。如：

① 母亲笑道："小家子丫头！你见与他些果子吃，嫌他夺了你的口分，明日还要叫他与你做女婿哩！"素姐道："那么，他要做了我的女婿，我白日里不打死他，我夜晚间也必定打死他，出我这一口气！"（醒·25·375）

② 薛三省娘子说："狄大娘定个日子，好叫姐姐家去，这活络话怎么住的安稳？咱家姐姐待几日不往俺那头去哩么？"狄婆子说："那么，也敢说的嘴响，俺那闺女不似这等！定要似这们样着，我白日没工夫，黑夜也使黄泥呼吃了他！"（醒·48·704）

③ 相于廷笑道："咱这寡烧酒怎么吃？我兼着说书你听，倒不好来？"狄希陈笑道："那么，你只造化，没撞着哩，可不叫你说嘴说舌的怎么？你要撞见这们个辣拐子，你还不似我哩。"（醒·58·837）

④ 狄希陈道："……我合你说：你嫂子惯会背地里听人，这天黑了，只怕他来偷听。万一被他听见了，这是惹天祸。你么跑了，可拿着我受罪哩。"相于廷道："那么，跑一步的也不是人……"（醒·58·839）

⑤ 薛三槐娘子道："……这里姐姐待不眼下就过门了？要这们降罚二哥，我看你疼不疼。"素姐道："那么，要是小巧妮子敢象我似的降俺兄弟，他不休了他，我也替他休了！"（醒·59·845～846）

⑥ 素姐说："连你也糊涂了！他屋里放着小老婆，他每日争风生气的，你不寻他，拿着我顶缸！你们也把那淫妇打给他这们一顿，我也不恼。"相于廷娘子道："那么，他只没敢气着俺姑娘哩。他要欺心，怕他腥么？不打他……"（醒·60·865）

⑦ 唐氏道："情管你那辈子就是这们个老婆！"小鸦儿道："那么，我要做个老婆，替那汉子挣的志门一坐一坐的。"（醒·19·276）

⑧ 囚妇说："那起初进来，身上也还干净，模样也还看的；如今作索象鬼似的，他还理你哩！"珍哥说："那么，这们没情的人，我理他么？"（醒·43·627）

"那么"本是远指代词，在虚化的过程中，有时并不包含实际的远指意义。"那么"用在句间时，相当于一个省略性的假设条件分句，因此可以复合成关联词语，而且成为连词后也还具有假设的语义特征，即用于连贯连词时表示一种条件下的某结果。"那么"的关联用法在《儿》中出现 4 例，如：

⑨ 他听了便说道："哦！老爷哪！那么请安。"（儿·15·223）

⑩ 张姑娘听了便问:"妈,你老人家既没吃饭,此刻为什么不吃呢? 不是身上不大舒服阿?"他又皱着眉,连连摇头说:"没有价! 没有价!"褚大娘子笑道:"那么这是为什么呢……"(儿·21·335)

⑪ 何小姐道:"我呢?"他倒认得,说:"你,你也是姐。"张姑娘道:"那么问着你那是谁,只摇头儿不言语。偏叫你说!"(儿·37·694)

5.3.2.6 至于

"至于"所关联的选项是并列的,但"至于"又与其他并列连词不同。一般并列连词所关联的两分句或句子应该是平等的,但"至于"从语义重点来讲,"至于"句前面的是正题,而"至于"所关联的成分则是顺便提到的或比较容易解决的事情,其重要性要比前一句弱一些。《金》出现 3 例,《醒》出现 13 例(其中有 4 例用于每章结尾处提示下文),《聊》无用例。如:

① 及至东昌府徐崧、东平府胡师文、兖州府凌云翼、徐州府韩邦奇、济南府张叔夜、青州府王士奇、登州府黄甲、莱州府叶迁等八府官行厅参之礼,太尉答以长揖而已;至于统制、制置、守御、都监、团练等官,太尉则端坐,各官听其发放,各人外边伺候。(金·65·922)

② 统制道:"你每自在家清心寡欲,好生看守孩儿,不必忧念。我既受朝廷爵禄,尽忠报国。至于吉凶存亡,付之天也。"(金·99·1485)

③ 过了几日,春梅见统制日逐理论军情,干朝庭国务,焦心劳思,日中尚未暇食,至于房帏色欲之事,久不沾身。(金·100·1492)

④ 这圣地经历的所在,也不消论甚好歹。至于甚么防山、龟山、峄山、君山、昌平、南武、灊台、太白、栖霞、谷城、马陵、南武——这都是兖州属内名山。(醒·24·361)

⑤ 不知怎生原故,只一见了丫头小珍珠,就是合他有世仇一样,幸得还不十分打骂。至于衣穿饮食,绝不照管,只当个臭屎相待。(醒·79·1124)

⑥ 县官道:"做秀才的人,况且又是名士,齐家是第一义,怎么任他这等胡做,劝也不劝他一声? 这还可以借口说是女兄,又经出嫁;至于薛再冬是二生的弟,这是可以管束的,怎么也放他出来胡做?"(醒·89·1268)

同样的用法《歧》出现 64 例,《儿》出现 76 例。如:

⑦ 事不宜迟,如今东店有顺人上京,就带了去。至于小弟的,也不成账,靠后些不妨。(歧·30·273)

⑧ 大叔一到,刚帮硬证,他还说什么? 至于这二十两,我一面承许,不必挂意。(歧·30·280)

⑨ 张正心道:"弟今日只带二百金,是家伯交的,弟即交与世兄。至于买之一字,弟再为酌处……"(歧·68·651)

⑩ 天尊道："夫人,你不见那后边的许多人便都是这班儿牵引的线索,护卫的爪牙？至于他各人到头来的成败,还要看他入世后怎的个造因,才知他没世时怎的个结果……"(儿·首回·4)

⑪ 我走后,倘然他再托人说,就回复说我没留下话就是了。至于玉格今年才十七岁,这事也还不忙……(儿·2·21)

5.3.2.7 至如

上古汉语连词,用法与"至于"相当。《金》《聊》《歧》《儿》无用例,《醒》1 例:

① 山东六府,泰山、东海,这是天下的奇观,固要让他罢了。至如济南的华不注、函山、鹊山、鲍山、黉山、夹谷、长白、孝堂、紫榆、徂徕、梁父、大石、平原、大明、趵突、文卫、濯缨——这都说是名胜,写在那志书上面。(醒·24·360)

5.3.3 总结连词

5.3.3.1 可见、可见是

"可见"《金》2 例,《醒》30 例,《聊》4 例;"可见是"《聊》1 例。"可见"《歧》11 例,《儿》19 例;"可见是"《歧》《儿》无用例。可用于连接分句,也可用于连接语篇。如:

① 西门庆道："你看了还与我。他昨日为剪这头发,好不费难。吃我变了脸恼了,他才容我剪下这一柳子来。我哄他只说要做网巾顶线儿,径拿进来与你瞧,可见我不失信。"(金·12·148)

② 西门庆更不问这嘎饭是那里,可见平日家中受用、管待人家,这样东西无日不吃。(金·34·444)

③ 狄员外道："老丈到了五十二岁方才纳宠,可见这娶妾是不容易讲的……"(醒·25·366)

④ 观其有人回家,婆婆叫人寄银子、寄金珠、寄首饰尺头与你,可见又是疼爱媳妇的婆婆。(醒·30·438)

⑤ 几番害人人兴旺,临了自家弄断根,这魔殃翻的忒也甚。可见人自有天报,何苦的冤仇相寻？(聊·翻·1012)

⑥ 那刘悦死了婆,把他丈人去调唆,那知后日还成祸。到了二十余年后,给了一个大揭锅,吊了头还有甚么回生药？可见是冤仇莫结,人弄你你心下如何？(聊·翻·1012～1013)

5.3.3.2 足见

《金》1 例,《醒》无用例,《聊》4 例。"足见"用于连贯,与"可见"相当。可用于连接分句,也可用于连接语篇。如:

① 生以不幸,闺人不禄,特蒙亲家远致赙仪,兼领诲教,足见为我之深且厚也。(金·67·941)

② 把弟妇尊又称，不肯忘了旧恩情，足见他那圣贤性。（聊·翻·1004）

③ 我看他有仙根，一朵朵娇艳超群，仙花自是有风韵。足见你慈心志愿大，柳桃俱是贵门人，这个功德真难尽。（聊·蓬·1101）

④ 方才把柳树精，遣他去取文生，他的道业还不堪敬。趁着娘娘不曾去，着他夫妻一相逢，才知道仙家妙用。若要离别到底，那神仙好说煞谁听？娘娘说："足见洞宾渡世的苦心。"（聊·蓬·1105）

5.3.3.3 总之

上古汉语连词，用于连贯，表示总结，有的是对前面所讲的总体概括，有的则是重申或强调某种观点，用于连接句群。《金》、《聊》无用例，《醒》1 例：

① 寄姐道："这事怎么在的我，只在妈的主意。要说从小儿在一搭里相处，倒也你知我见的，省的两下里打听。总之，这事只在妈的主意定了，我自己也主不的，兄弟也主不的。"（醒·75·1073）

"总之"《歧》出现 50 例，《儿》出现 2 例。既可以用于连接分句，也可以连接语篇。如：

② 新安朋友说，他县的风俗，停丧在家，或一半年，或十余年，总之，埋后请阴阳先生看《三元总录》，写出殃状来……（歧·12·135）

③ 弟的来意，怕明日有拜的客，或有人请酒，所以亲订。总之，明日不闲，就再迟一日也不妨。（歧·9·93）

④ 贵同年前日相会时，他曾说过，愿留省城，图校字便宜些，今日何由知他必归？总之，今日为念修延师，非为念修也，乃为孝移兄耳。（歧·55·513）

⑤ 却说谭绍闻在书房中，依旧展卷吟哦。争乃天雨不止，渐渐心焦起来。总之，同一雨景，一等人以为清幽，一等人以为寂寞。（歧·57·534）

⑥ 张类村道："程嵩老亢爽性子，没吃酒也是这样。总之，不过是不想叫谭世兄启迁，轻举妄动的意思……"（歧·62·584）

⑦ 但是要找这座庙，既须个近便所在，又得个清净道场，断非十日八日可成，少也得一月两月，甚至三月半年都难预定。总之无论怎样，我一定还你个香火不断的地方就是了。（儿·23·380）

5.4 递进连词

递进连词在连词中是比较特殊的一类，即一般与其他关联成分前后搭配使用或双用。有些搭配非常常见，如"不但……而且"等，有些搭配则具有很强的临时性、随意性。递进连词根据从句的位置可分为两大类：先行连词和后续连词。从语义来源的角度可以分为"不说"类连词、"不但"类连词和"况"、"且"类连词等。具体情况见递进连词统计表。

递进连词统计表

		金	醒	聊
"不说"类	不说	0	0	2
	别说	0	11	0
	休说	10	6	12
	休说是	0	2	4
	莫说	1	19	0
	休讲	0	0	1
	无论$_1$（亡论）	0	1	0
		0	2	0
	不要说	0	8	0
	别要说	0	3	0
"不但"类	不但	5	0	5
	不特	0	11	0
	不惟（不唯）	1	57	4
	不惟说	0	0	1
	不惟说是	0	0	1
	不止	0	21	5
	不止于	0	13	0
	不光	0	0	2
	不光止	0	1	0
	不只光	0	0	1
	不只	0	0	1
	岂但	0	1	1
	岂止	1	5	1
	岂止于	0	1	0
	宁惟	0	1	0
"况"、"且"类	尚且	1	7	0
	况	43	52	10
	况是	1	0	1
	况且	7	50	23
	况且是	0	0	5
	何况	13	9	9
	何况是	0	0	4
	况兼	1	0	0
	且	3	90	3
	且是	3	38	13
	方且	0	0	5
	方且是	0	0	5
	而且	0	0	1
其他类	甚至	2	4	0
	甚至于	0	3	0

5.4.1 先行连词

5.4.1.1 不说

近代汉语连词,用于先行关联,一般前置。"不说"是由"否定副词＋动词"结构演化而来的,用于递进关联时多放在所关联分句的句首。《金》、《醒》无用例,《聊》2例:

① 不说他为人好,方且是活路多……(聊·姑·861)
② 不说那酒席齐整,满屋里兰麝薰香。(聊·翻·969)

"不说"多见于《歧》,而且也出现了用在句末(即后置)的用法。如:

③ 小儿拜这个师父,不说读书,只学这人样子,便是一生根脚。(歧·2·13)
④ 大爷临归天时嘱咐的话,相公难道忘了么?不说书本儿渐次丢却,这几个人,那一个是正经人?(歧·32·298)
⑤ 不说在别人脸上不好看,叫人在厨房里也难见老樊们。(歧·36·335)
⑥ 不说男人看戏的多,只甬路东边女人,也敢住瘟神庙一院子人了。(歧·49·456)
⑦ 不说终身体面难赎,只这一场惊慌,岂不把家人亲友吓杀!(歧·51·474)
⑧ 别的软衣服不说,只这八身铠,在箱子里那一处放的下?(歧·31·291)

上例③至⑦"不说"用在所关联的分句前面,而例⑧则放在所关联成分的后面。

5.4.1.2 别说

"别说"《五灯会元》偶见用例。《金》、《聊》无用例,《醒》11例。"别说"与"不说"相当,在《醒》中用于先行关联,前置。如:

① 你这们涎不痴的,别说狄大嫂是个快性人,受不的这么顿碌,就是我也受不的。(醒·64·920)
② 别说是个一奶同胞的姐姐,就是同院子住的人叫人辱没了这们一顿,您也探出头来问声儿。(醒·74·1051)
③ 别说别人的话你不听,连我的话你也不听了。(醒·95·1361)
④ 他两个说:"真是有缘有法的,别说性儿相同,模样儿也不相上下。"(醒·96·1373)

"别说"在《儿》里还出现了用于后续关联的用法。如:

⑤ 这些人都是我父亲手下的败将,别说还有我何家妹子在这里。怕什么!(儿·21·344)

"别说"与"不说"虽然都是偏正结构,但"别"是表示禁止的副词,而"不"却是表示否定的副词,所以语义是有很大差别的,但随着短语语源语义的弱化和连词化,"别说"与"不说"作为连词在使用上基本没什么明显差别。

5.4.1.3 休说、休说是

"休说"《金》10 例,《醒》6 例,《聊》12 例;"休说是"《醒》2 例,《聊》4 例。

5.4.1.3.1 连接词语。如:

① 休说两架铜鼓,只一架屏风,五十两银子还没处寻去。(金·45·586)

② 狄周道:"论街坊情分,休说十两,若有时,就是二十两何妨……"(醒·80·1138)

5.4.1.3.2 连接分句。如:

① 休说哥恼,俺每心里也看不过,尽力说了他娘儿几句。(金·21·269)

② 休说没他不是,就是他不是处,他既如此,你也将就可恕他罢。(金·72·1060)

③ 这绣江县要别的没有,若要私盐,休说每月止要四起,就是每月要四十起也是有的。(醒·48·697)

④ 休说还有一套整的,就是荆人做起的,狄大嫂要,也就奉承。(醒·65·937)

⑤ 休说是咱的一个丫头,就是一个合咱不相干的人,见他这十一月的天气还穿着两个单布衫,咱心里也动个不忍的念头。(醒·79·1126)

⑥ 爹,咱县里休说没有猴头、燕窝呀,爹,连那鱼鳖虾蟹也是没有的呀,爹。(聊·墙·833)

⑦ 休说是件破衣,七长八短不整齐,穿上就是有些觅汉气。(聊·墙·846)

⑧ 休说我穷断根,纵然有几两银,我还不使何须问。(聊·墙·849)

⑨ 睁睁眼认认我休要想赖,休说是仇福子你这奴才,就是您达来我也要揭他的盖!(聊·翻·950)

⑩ 郭氏道:"你休说是嘱付的话我没有不听的,你就是放下个屁在这里,我也使手鲞着你的。你但说我听。"(醒·53·770)

⑪ 要入在俺这教里,休说是甚么神鹰,你就是神虎神龙也不敢来傍傍影儿。(醒·69·984)

⑫ 别人不知道,我知道:把银子休说,只光金珠玩好……宝石,还不知有多少。(金·64·899)

⑬ 宋惠莲道:"论起来,你是乐工,在人家教唱,也不该调戏良人家女子。照顾你一个钱,也是养身父母,休说一日三茶六饭儿扶持着。"(金·22·283)

⑭ 当时孟玉楼若嫁得个痴蠢之人,不如经济,经济便下得这个锹镢着。如今嫁个李衙内……他又勾你做甚?休说平日又无连手。(金·92·1388)

⑮ 俺汉子还管不的,休说娘家的兄弟呀。(醒·69·985)

⑯ 那兰芳温柔雅致,我还爱她,休说是个男子。(聊·襄·1253)

以上例①至⑪用于先行连词,前置;例⑫用于先行连词,后置;例⑬至⑯用于后续连词,先行。

5.4.1.4 莫说

近代汉语连词,《金》1 例,《醒》19 例,《聊》无用例。

5.4.1.4.1 连接词语。如:

① 莫说一副头面,就十副头面也讨去了。(金·95·1431)

② 李成名道:"莫说一瓶,十瓶也有。"(醒·4·58)

③ 晁书听说,呆了半晌,说道:"这些详细,不是你们告诉,莫说奶奶,连我们众人都一些也不晓得……"(醒·16·239)

④ 他知道是差人调兵,把个中门紧紧的拦住,莫说一个小选子,就是十个小选子也飞不出去。(醒·83·1181)

5.4.1.4.2 连接分句。如:

① 你若果然做出这事来,莫说他财大势大,我敌他不过;就是敌得他过,他终没有偿命的理!(醒·9·130)

② 周相公道:"你的妻子,你不愿离异,也由得你。莫说是太守,凭他是谁也强不得的事。"(醒·98·1398)

③ 依着他辣燥性气,真是人看也不敢看他一眼,莫说敢勾引他。(醒·72·1024)

以上例①、②用于先行关联,例③用于后续关联。

"莫"本是"没有什么或没有谁",本身的语义在现代汉语中必须用短语才能够表达完整,所以,它与否定副词"不"或禁止副词"别"在来源上都有差别。后来"莫"也发展出"不"或"不要"的义项,所以"莫说"发展为连词时与"不说"、"别说"用法相当。而从具体功能来看,"莫说"一般用于先行关联、前置,只有 1 例用于后续关联、前置,无后置用法。

5.4.1.5 休讲

《金》、《醒》无用例,《聊》1 例:

① 且休讲这光棍子百般的琐碎,万般的凄凉,只有一个孩子叫呱呱的,没了他娘,就只是找他达呀,他叫你东游西转的。(聊·慈·894)

5.4.1.6 无论₁(亡论)

"无论₁",上古汉语连词,《醒》1 例;"亡论"《醒》2 例,《金》、《聊》无用例。"无论(亡论)"就是"不要谈及"。与其他"不说"类连词用法相同,用于先行关联。如:

① 渐次的春社花朝、清明寒食,无论各家俱有株把紫荆、海棠、蔷薇、丁香、牡丹、芍药,节次开来,只这湖边周匝的桃柳,山上千奇百怪的山花,开的就如锦城

金谷一般。（醒・24・355）

② 所以冤家相聚,亡论稠（仇）人中报复得他不畅快,即是那君臣父子兄弟朋友之际,也还报复得他不大快人。（醒・引起・5）

③ 单说这明水地方,亡论那以先的风景,只从我太祖爷到天顺爷末年,这百年之内,在上的有那秉礼尚义的君子,在下又有那奉公守法的小人,在天也就有那风调雨顺、国泰民安的日子相报。（醒・27・390）

"无论"在《歧》中也用于递进关联,共3例,另有"勿论"的形式。如:

④ 这周东宿是将来做黄堂的人,明决果断,便立起身道:"我到任日浅,无论品行不能尽知,即面尚有许多未会的……"（歧・5・48）

⑤ 绍闻是从没经见的,勿论说话,连气儿也出不上来。（歧・17・175）

以上"不说"类连词都是由动词性偏正短语（否定副词＋动词）发展而来。这类词从语源上来讲,语源结构相同,语义相当,发展为同一类连词用法也相同。这是结构转化为连词非常典型也非常系统的例子。这类连词一般都是先行连词。

5.4.1.7 不要说、别要说

"不要说"《醒》8例,《金》、《聊》无用例;"别要说"《醒》3例,《金》、《聊》无用例。"不要说"、"别要说"与"不说"在语义上没有什么差别,是"否定副词＋能愿动词＋动词"结构语义弱化后转化而成的关联成分。如:

① 不要说一家的事,就是邻佑人家,还要看看,怎的就早睡了?（金・53・721）

② 不要说眼看那百姓们饿死,就是平日莫逆的朋友,也没有肯周济分文;不要说那朋友,就是父族母族妻族的至亲,看他饿得丝丝凉气,冻得嗤嗤哈哈的,休想与他半升米一绺丝的周济……（醒・90・1283）

③ 又恭逢这般盛典,不要说有整齐酒席款待,就是空来看看,也是平生罕见的奇逢。（醒・90・1285）

④ 不要说刑厅是上司,经历是属官,就是在你爹娘隔壁,你这样肆无忌惮,也定是要责罚的了。（醒・91・1295）

⑤ 不要说我何玉凤看了不安,便是我的母亲九泉有知,也过不去。（儿・20・319）

⑥ 你要出去合他男女混杂斗一斗口,别要说狄大哥回来不好相见,就是旁人也说你不是!（醒・89・1270）

5.4.1.8 不但

上古汉语连词,《金》5例,《醒》无用例,《聊》5例;《歧》17例,《儿》107例。"但"有"只"义,"不但"即"不只",所以转化为连词就是递进连词。"不但"一般与其他连词或关联副词搭配使用,构成"不但……并"、"不但……并且"、"不但……又"、"不但……

也"、"不但……还"等关联结构。用于先行关联。如：

① 小的不但干了这件事的，又打听的两桩好事，来报爹知道。（金·48·637）

② 这两个小伙子，不但唱的好，就他容貌也标致的紧。（金·55·753）

③ 不但咱把门户撑，人也肯把丈人做。（聊·翻·966）

④ 不但人物精，又极会说话。（聊·翻·972）

⑤ 他就凭钱咱凭理，不但告人还告官，告城隍带着王知县。（聊·寒·1048）

⑥ 我的来由，我的来由，你已从尾知道头；不但有心恋那人，还有一块连心肉。（聊·蓬·1095）

⑦ 方才出门，我说他三姨怎么就这么贤德了，不但不打他三姨夫了，又给他收妾买妓。（聊·禳·1266）

5.4.1.9 不特

近代汉语连词，《醒》11 例，《金》、《聊》无用例。"不特"就是"不独"，所以也有"不仅仅"的意思，因此与"不但"、"不只"从语义上来讲是一类，转化为连词语法功能也相同。用于先行关联，前置。如：

① 所以那样至诚的圣人，不特成己成人，还要陶成万物，务使天乔蠢动，物物得所，这才是那至诚仁者的心肠。（醒·1·1）

② 一贴药吃将下去，不特驴唇对不着马嘴，且是无益而反害之。（醒·18·266）

③ 后来不特吃饭，且要吃酒；不特吃饼，且要吃肉！（醒·26·382）

④ 行了不足十日，不特消弭了那汹汹之势，且是那街上却有了人走动，似有了几分太平的光景。（醒·32·466）

⑤ 不特饱了八口之家，自己且还要心广体胖，手舞足蹈的快活。（醒·33·482）

⑥ 见侯小槐日久不言，先发钳制，不特认墙为己物，且诬墙东尚有余地。（醒·35·515～516）

⑦ 此日不特本镇的男女倾国而观，就是一二十里邻庄妇女，没有一个不瘸瘸摆摆、短短长长，都来聚观盛事。（醒·52·761）

⑧ 这告示贴在本镇闹集之所与各庙寺之门，都将薛氏金榜名标。不特狄、薛两家甚无颜面，就是素姐也自觉没有兴头，只恨丈夫兄弟不肯与他出头泄愤，恨得誓不俱生。（醒·74·1058）

⑨ 你既自己晓得罪过，许要痛改前非，若果真如此，"人有善念，天必从之"，不特免了人间的官法，且可免了天理的雷诛。（醒·98·1402）

5.4.1.10　不惟、不惟说、不惟说是

"不惟"《金》1 例,《醒》57 例,《聊》4 例。一般用于先行关联,后续关联仅 1 例。《聊》"不惟说"、"不惟说是"各 1 例。如:

① 如今翻过天来,倒象似那不由娘老子的大儿一般,不惟没一些怕惧,反倒千势百样,倒把个活菩萨作贱起来。(醒·3·38)

② 晁大舍与珍哥热闹惯了,不惟珍哥不在,连一些丫头养娘都没一个,也甚是寂寞。(醒·7·99)

③ 这祁伯常从山上冲下,夹石带人,不惟被水,更兼那石头磕撞得骨碎肉糜,搁在一枝枣树枝上。(醒·29·425)

④ 这样的男子,不惟托生,还要用他为神。(醒·30·435)

⑤ 那三分存剩的人家,不惟房屋一些不动,就是囤放的粮食一些也不曾着水,器皿一件也不曾冲去,人口大小完全。(醒·29·420)

⑥ 计老头得了这板,不惟济了大用,在那枕头上与晁夫人不知念够了几千几万的阿弥陀佛。(醒·30·449)

⑦ 不惟土地全唠去,老婆也哄着换了铜!(聊·翻·956)

⑧ 不惟说见面羞,方且是可说嘎。(聊·姑·876)

⑨ 好奸徒,好奸徒,烧的我鼻脸黑又乌! 不惟说是衣服烧,身上燎泡无其数。天叫孤,天叫孤,一统天下坐皇都,尽他怎么弄机关,自然还有天加护。(聊·快·1130)

⑩ 今日见了这般盛礼,自然还要升选官爵,不惟拜做干子,定然允哩。(金·55·741)

以上例①至例⑨用于先行关联,例⑩用于后续关联。

"惟"就是"只,单单"。"不惟"就是"不只",转化成连词后一般与其他连词或关联副词搭配使用。"不惟"用于连词起源于先秦时期,"不惟说"、"不惟说是"是明清时期才发展为连词的。

5.4.1.11　不止、不止于

"不止"《金》无用例,《醒》21 例,《聊》5 例;"不止于"《金》、《聊》无用例,《醒》13 例。"不止(不止于)"即"超出某数目或范围",类似的用法在《聊》还可以见到。如:

① 员外怜他不成才,冤若不解何日开? 报应还比流星快。冤仇不止如天大,好人转眼尽忘怀,恶人也喜他胸襟泰。(聊·寒·1075)

② 低下头暗自沉吟,高公子是个才人,好处不止模样俊。(聊·襄·1221)

③ 江城今不止倾城。(聊·襄·1249)

④ 扎挂起来看一看,丫头竟自像个人,就是那金莲不止有三寸。要把你打扮齐整,嫁于那放猪的老陈。(聊·襄·1251)

⑤ 官人没来,咱爹看着拨出来了二十石谷,锁了仓门,我去贴封条的;又把

仓门开开,将谷堆平,看了看去了不止二十石……(聊·襄·1271)

演化为连词后,表示递进,用于先行关联,一般也须与其他成分搭配使用。如:

⑥ 不止治病,即遇有甚么劫难的时候,你把我这药来界在门限外边,就如泰山一般的安稳。(醒·28·416)

⑦ 不止管南赡部洲的生死,还兼管那四大部洲的善恶。(醒·42·618)

⑧ 可见为人切忌不可取那娼妇:不止丧了家私,还要污了名节,遗害无穷!(醒·51·748)

⑨ 狄员外在日所积的粮食棉花,不止供人蚕食,还拼命的布施与人,也就十去五六。(醒·76·1085~1086)

⑩ 有人说,不止骂,就该打那科子……(聊·慈·904)

⑪ 况且又不光止打骂那妾,毕竟也还把自己丈夫牵扯在里头;也还不止于牵扯丈夫,还要把那家中使数的人都说他欺心、胆大、抱粗腿、惯炎凉。(醒·44·644)

⑫ 我不惟会做饭,我且能会摆酒。我不止于会摆酒,凡一应这些拖炉油炸,我无所不会。(醒·88·1258)

从以上例子可以看出,"不止"和"不止于"用法相当,"于"已经失去了语义和独立的语法功能,演变成了连词词缀。

5.4.1.12 不光

《金》、《醒》无用例,《聊》2例。"不光"也就是"不只"、"不单",用于先行关联。如:

① 有人说,就该骂那科子;有人说,不止骂,就该打那科子;有人说,不光打,就该杀那科子;依我说,不光杀,还该油锅里煎那科子……(聊·慈·904)

5.4.1.13 不光止

"不光止"由"不光"、"不止"合成,用于先行关联。《金》、《聊》无用例,《醒》1例:

① 况且又不光止打骂那妾,毕竟也还把自己丈夫牵扯在里头;也还不止于牵扯丈夫,还要把那家中使数的人都说他欺心、胆大、抱粗腿、惯炎凉。(醒·44·644)

5.4.1.14 不只光

"不只光"就是"不只"、"不光",也是由范围副词发展来的,是"不只"和"不光"复合而成的。用于先行关联。仅《聊》1例:

① 这样人我待跟着你怎么过?不只光没甚么下锅,只怕这几亩薄田,乌温的时节不多。(聊·翻·945~946)

《聊》还有1例"不止光"表示范围,没有发展成连词:

② 在我看来,还不止光吃酒。(聊·襄·1222)

5.4.1.15 不只

《金》、《醒》无用例,《聊》1例:

① 叫一声我的兰芳,你不只人物在行,才能人就跟不上。(聊·襄·1270)

5.4.1.16 岂但

《金》无用例,《醒》、《聊》各1例。"岂但"即"岂止",是反问形式结构,表示"不止"。可以用于先行关联,也可以用于后续关联:

① 你不肯实说,岂但纪兄,连众人也都要疑的。(醒·41·608)
② 弟是博学多文,岂但识字而已哉!(聊·戏·闹·814)

5.4.1.17 岂止、岂止于

"岂止"《金》1例,《醒》5例,《聊》1例;"岂止于"《金》、《聊》无用例,《醒》1例。"岂止"本是反问形式,表示"不止",转化为连词后表示递进关系,用于先行关联。如:

① 程乐宇道:"岂止这个? 那做媒的谢礼没的好不送么?"(醒·37·544)
② 我虽是家里有,拿着我就是仇人,我岂止舍了他,我还连家都舍了哩!(醒·75·1071)
③ 狗攮的你可自家想,岂止吃你饭合茶,贴上个闺女把我嫁。(聊·翻·975)
④ 关老爷是个正直广大的神,岂止于不追旧恶,定然且保祐新祥。(醒·28·410)

5.4.1.18 宁惟

"宁惟"是反问形式连词,即"不惟"。《金》、《聊》无用例,《醒》1例:

① 本院宁惟不念其旧,抑且嘉与其新……(醒·7·102)

"不但"、"不惟"类连词是由偏正即"否定副词(不)+范围副词(但、只等)"结构发展而来的,一般用于先行关联;而"岂但"、"岂止"、"岂止于"、"宁惟"等4个连词则是由偏正结构"反问副词(岂、宁等)+范围副词(但、止、惟等)"发展而来的,一般用于先行关联、连接分句。

5.4.1.19 尚且

近代汉语连词,《金》1例,《醒》7例,《聊》无用例。如:

① 娘尚且不言语,可可今日轮到他手里,便骄贵的这等的了!(金·11·126)
② 家主不在家,家中尚且万分气势;今正经贵人到了,这烜赫是不消说起的了。(醒·1·5)

③ 生他的慈母尚且要寻了自尽,羞眼见他,我却如何只管恋在这里?(醒·16·236)

④ 那按院从八月初一日到了地方,见了这个景象,说:"这秋成的时候尚且如此,若到了冬春,这些饥民若不设法救济,必定半个不存。"(醒·31·455)

"尚且"《歧》2 例,《儿》18 例。如:

⑤ 三百金尚且不足,那二百作典之说,勿用再议。(歧·68·651)

⑥ 中军官尚且不看,何况大人。(歧·107·997)

⑦ 自己左右的两个人尚且调停不转,又丢下六宫佳丽,私通三国夫人……(儿·首回·6)

5.4.2 后续连词

5.4.2.1 况、况是

"况",上古汉语连词,《金》43 例,《醒》52 例,《聊》10 例;"况是",近代汉语连词,《金》1 例,《醒》无用例,《聊》1 例。

"况"、"况是"在连接递进分句时,用于后续关联,多单独使用。也可用于连接句子。如:

① 小村庄无有许多铺盖,况我是贫寒家甚是作难……(聊·戏·闹·815)

② 这快活那王孙公子也跟不上,况那享用不比寻常。(聊·蓬·1091)

③ 那风那等凶恶,沙石迷目,通不放前进。天色又晚,百里不见人,众人多慌了。况一个装驮垛又多,诚恐钻出个贼怎了?(金·72·1040)

④ 寄姐原是京师活泼妇人,在官衙幽闭日久,恨不得有个外人来往,借此解闷消愁,也就向狄希陈面前撺掇,叫请他进衙款待。也是个他乡故知,况也得他一路挈带,伴了自家的人来。(醒·95·1357~1358)

⑤ 秀才在庄户家做先生的时候,尚且极其尊敬,况如今做了不曾过门的娇客,这好待是不必提的。(醒·98·1397)

⑥ 休说我穷断根,纵然有几两银,我还不使何须问。七八十亩田地还好过,我又别无有子合孙,就有银留着好出殡。况您俩日生也便,又不曾女嫁男婚。(聊·墙·849)

⑦ 吹龙笛,击鼍鼓;皓齿歌,细腰舞。况是青春莫虚度,银缸掩映娇娥语,酒不到刘伶坟上去。(金·11·131)

5.4.2.2 况且、况且是

"况且",中古汉语连词,《金》7 例,《醒》50 例,《聊》23 例;"况且是"《金》、《醒》无用例,《聊》5 例。"况且"用于表示递进,可以连接分句,也可以用来连接语篇。用于后续关联。如:

① 他每日只在外边胡撞,就来家,奴等闲也不和他沾身;况且老公公在时,

和他另在一间房睡着,我还把他骂的狗血喷了头。(金・17・204)

② 典史道:"查夜公事,况且夜又太深,不便取扰,白日相会罢。"(醒・14・205)

③ 张讷说:"兄弟是手足,没有不疼的,况且我那兄弟,又比不的人家那兄弟……"(聊・慈・923)

④ 自蒙青盼,全无他念,况且是母亲的总管,又说是夫人的箴片。(聊・禳・1261)

⑤ 哥若有好心,常言道救人须救时无,省的他嫂子日夜在屋里絮絮叨叨。况且寻的房子住着了,人走动,也只是哥的体面。(金・56・757)

⑥ 但我既然知了详细,怎好不合姑娘说知,好叫他作急的挽回,许口改过,这事还可止得。况且趁周相公在此,再加劝解。(醒・98・1398~1399)

⑦ 相公三五两银子的驴还不叫我赔,吃几顿饭,那有要钱的理?况且每日都是外边吃饭,扰我甚么来吃?(聊・磨・1401~1402)

5.4.2.3 何况、何况是

"何况",中古汉语连词,《金》13 例,《醒》9 例,《聊》9 例;"何况是"《金》、《醒》无用例,《聊》4 例。可用于连接分句,也可用于连接句子。如:

① 你把娘们还放不到心上,何况以下的人!(金・24・307)

② 三岁小孩儿出来也哄不过,何况风月中子弟。(金・52・697)

③ 男子人来往,尚且不可,何况是乔妆怪扮的老婆?(醒・95・1358)

④ 他急自极好害饥困,何况等了半日多,此时不知怎么饿。(聊・墙・833~834)

⑤ 仙女也要想丈夫,吕祖呀,何况凡人谁受神仙度。(聊・蓬・1083)

⑥ 他既这等,就是丑也作成他,何况是好!(聊・禳・1172)

⑦ 他每日巴数我还要落泪,何况是到如今水净鹅飞,我不知到后日怎么受罪?(聊・翻・950)

⑧ 黑了点上灯儿,使船看看风儿,谯楼上还有个更儿,帘子上还有个钉儿,粮食有个升儿,秤上有个星儿,何况是眼里放着钉儿,怎么不听听声儿?(聊・禳・1235)

⑨ 你家就有人兴词告状,这没影子官司,也打不出甚么来。何况我知道你家有个生你的娘母子,可说那下州小县没见天日的老婆,俺这北京城里的神光棍老婆眼里不作他。(醒・95・1355)

⑩ 这个都是过世老头儿惹的,恰似卖富一般,但摆酒请人,就交家乐出去,有个不传出去的?何况韩伙计女儿又在府中答应老太太,有个不说的?(金・81・1260)

5.4.2.4 况兼

近代汉语连词,"况兼"是递进连词"况"和"兼"复合而成的,用法与"况"相当。《醒》、《聊》无用例,《金》1例:

① 家里开着两个绫段铺,如今又要开个标行,进的利钱也委的无数。况兼他性格温柔,吟风弄月,家里养着七八十个丫头,那一个不穿绫着袄?(金·55·749)

5.4.2.5 且、且是

"且",上古汉语连词,《金》3例,《醒》90例,《聊》3例;"且是"《金》3例,《醒》38例,《聊》13例。可用于连接分句或句子。如:

① 且是街上做买卖,大大小小不曾恶了一个,又会撰钱,又且好性格,真个难得这等人!(金·3·44)

② 西门庆道:"他来了咱家这几年,大大小小没曾惹了一个人,且是又好个性格儿,又不出语,你教我舍得他那些儿!"(金·62·877~878)

③ 婆子笑嘻嘻道:"武二哥比旧时保养,胡子楂儿也有了,且是好身量,在外边又学得这般知礼。"(金·87·1325)

④ 珊瑚自从过门,无所不做;且是性情又好,呼气来呵气去的,就吆喝他两句,他也不使个性子。(聊·姑·861)

⑤ 我寻了一美人,今日等你来成亲,且是模样委实俊。(聊·襄·1251)

⑥ 这海不止无边,且是无底;不是无底,有底谁见来?(聊·蓬·1077)

⑦ 小小学生,小小学生,怎么就知把哥疼?且是那样娘,反生出个贤圣。(聊·慈·915)

⑧ 离家大远的,任他作甚么精,我且听不见。且是上无公婆,下无妯娌,家里有五十亩地。(聊·翻·933)

⑨ 王相公说:"公子的意极坚。且是他令媛读书知礼,不比寻常。"(聊·翻·966)

5.4.2.6 方且、方且是

"方且"只出现在《聊》中,凡5例,《金》、《醒》无用例;"方且是"只出现在《聊》中,凡5例,《金》、《醒》无用例。用于连接分句或句子。如:

① 休说小弟没有长才,方且不是牧民之官,可有甚么恩惠给那百姓们!(聊·磨·1413)

② 老头子日日闲,情着吃情着穿,着您媳妇常忙乱。方且早晚合冷热,怎么好向媳妇言?(聊·墙·835)

③ 忽然提醒糊突梦,急忙今晚早到家,见娘就说分了罢。方且待刷刮盘缠,细寻思我为甚么?(聊·翻·943)

④ 这浮财也还多,当日文书一大箩,有中人到底还不错。但这些人做生意,朝朝南北去奔波,家中并无人一个。方且是停丧在地,怎使的合人闹呵?(聊·墙·853)

⑤ 你没见,如今那管秀才的学官,一多半不识字。他大爷若做了秀才,俺还管着您了。方且是进了学,那教官才出铁牢,他就把你头啃吊。(聊·墙·856)

⑥ 不说他为人好,方且是活路多:爬灰扫地,洗碗刷锅,大裁小铰,扫碾打罗……(聊·姑·861)

⑦ 你找个甚么头儿去相相那江城,若是标致,就做了亲也罢了。方且是他自家主的,后日也怨不的那爷娘。(聊·襄·1168)

5.4.2.7 而且
上古汉语连词,《金》、《醒》无用例,《聊》1 例:

① 高老伯年五十,才生了高四于,还得见他连登第。而且今日又生子,公姑两个甚欢喜,未必不还得了济。(聊·襄·1265)

"况"、"且"类连词本身或含有"并列"的意义,或含有"更进一步"的意义。这类连词包括"并"、"且"、"况"、"而"、"况且"、"何况"、"况兼"、"并且"、"而且"、"方且"、"且是"、"况是"、"何况是"、"方且是"等。可以用于连接分句,也可以用于连接句子。

5.4.2.8 甚至、甚至于
"甚至",近代汉语连词,《金》2 例,《醒》4 例,《聊》无用例;"甚至于"《金》、《聊》无用例,《醒》3 例。如:

① 自此以后,常在门首成两价拿银钱买剪截花翠汗巾之类,甚至瓜子儿四五升量进去,教与各房丫鬟并众人吃。(金·23·296)

② 后来有了珍哥,益发把计氏看同粪土,甚至不得其所。(醒·4·45)

③ 进了学,拜也不拜一拜,甚至撞见揖也不作一个的。(醒·26·380)

④ 若是有饭吃的人家,只有一个女儿,没有儿子的,也不与他论甚么辈数,也不与他论甚么高低,必定硬要把儿子与他做了女婿,好图骗他的家私。甚至于丈人也还有子,只是那舅子有些脓包,丈人死了,把丈人的家事抬个丝毫不剩,连那舅子的媳妇,都明明白白的夺来做了妾的。(醒·26·379)

⑤ 你任意滥用罢了,甚至于男子女人有那极不该在这河渠里边洗的东西,无所不洗。(醒·28·413)

⑥ 至于上门催讨得来的,十无一二,未免要劳动汪相公大驾亲征,又渐渐的烦劳动汪相公文星坐守,又甚至于兴词告状,把那县门只当了自家的居室,一月三十日,倒有二十日出入衙门。(醒·35·513)

5.5 选择连词
选择连词包括未定选择连词和已定选择连词。其中,未定选择连词包括"或"、

"或是"、"或者"、"可是"等连词,选择的结果未定;已定选择连词包括"宁"、"宁可"等,选择结果已经明确。具体情况见选择连词统计表。

选择连词统计表

		金	醒	聊
未定选择连词	或	76	123	20
	或是	14	179	23
	或者	1	7	1
	或者是	0	0	1
	可	0	7	5
	可是	0	7	1
已定选择连词	宁	4	0	0
	宁可	16	14	4
	宁只	0	3	3
	宁自	0	0	0
	宁子	0	0	1
	能仔	0	0	1
	还是	6	40	3
	情只	0	0	1
	与其	2	3	0
	不如	49	38	62
	不若	3	3	1
	要不	0	7	0
	不然	2	24	6

5.5.1 未定选择连词

5.5.1.1 或、或是

"或",上古汉语连词,《金》76例,《醒》123例,《聊》20例;"或是",近代汉语连词,《金》14例,《醒》179例,《聊》23例。如:

① 咱家虽没好的吃,或是热面或冷酒淘,爹爹待吃就开口。(聊·墙·846)

② 不把你恩情断,住了三年或五载,待要回还就回还。(聊·富·1291)

③ 或是您亲达来是您祖,仔怕是您亲祖宗,见了磕头这么盛。(聊·增·1631)

④ 打伙商量,或杀或降,军令森严,谁把人轻放!(聊·快·1131)

⑤ 你或见放在何处,或是与了你娘,或是与了你那个奶奶,或是姑姑、妹妹、姐姐、姨姨、大娘、婶子,你可也说个下落。(醒·63·902)

⑥ 或把我放在外头,或是招我到家去,随你心里。(金·79·1221)

⑦ 月娘随他往那房里去,也不管他;来迟去早,也不问他。或是他进房中取东取西,只教丫头上前答应,也不理他。(金·18·224)

⑧ 晁大舍又送了两站,说定待计氏稍有起色,或是坐舡,或是起早,即往任上不题。(醒·6·80)

⑨ 吴推官问道:"狄经历或是就东,或是就西……"(醒·91·1304)

⑩ 或是哄咱先脱了衣裳睡下,或是他推说有事,比咱先要起来,这就是待打咱的苗头来了。(醒·97·1379)

⑪ 三官说:"或是服药,或是打官司,哭歇子当了甚么?"(聊·寒·1018)

⑫ 接过来耀眼明,掌柜的唬一惊,这人不是小百姓;不然是个真强盗,宝藏库里剜窟窿,或是短了天朝的贡。(聊·增·1587)

例①、②用于连接词语,其他用于连接分句。"或"在表示递进连接时可以单用,如例②、③,也可与"或"、"或是"搭配使用,如例①、④、⑤。"或是"的"是"本是个判断动词,经语义虚化后演变成连词内附加成分,因而就形成了新的连词"或是"。"或是"在《金》、《醒》、《聊》中已经是比较成熟的连词,在使用时可以和"或"搭配使用,也可以自身前后搭配使用,也可以单用,从语法功能和用法来看与"或"没有任何区别。

5.5.1.2 或者、或者是

"或者",上古汉语连词,《金》1例,《醒》7例,《聊》1例;"或者是"《金》、《醒》无用例,《聊》1例。如:

① 端的谁使了你来?或者是你家中那娘使了你来?或是里边十八子那里?(金·16·199)

② 若有婆若有公,或者有嫂并有兄,还怕他不大通人性。(聊·翻·933)

③ 我合他可没有一定的方法,恼了脸也顾不的甚么是嘎,若是迭不的攘拳,劈脸就是耳巴;或者是脸上抓,身上掐,腿上扭,腚上砸,棒槌槌,巴棍打。(聊·襀·1207)

连词"或者"是由副词"或者(或许)"转化而来的,在明清时期还能找到相应的例子。如:

④ 今日可有个指望,听说他称肉杀鸡等他丈人,就不教我陪客,或者还舍点腥水儿喝喝呀!(聊·墙·831)

⑤ 娘子一日静坐,忽然想起来说:"我不过动了凡心,娘娘罚我下来受罪,或者还有满的日子,我何必这等愁闷?"(聊·蓬·1099)

⑥ 孔明说:"眼下便见云长放了他,或者翼德不放他。"(聊·快·1133)

⑦ 我作的我受,或者打不着你,你管甚么闲事?(聊·襀·1197)

5.5.1.3 可、可是

"可"《金》无用例,《醒》7例,《聊》5例;"可是",近代汉语连词,《金》无用例,《醒》7例,《聊》1例。如:

① 但既生米做成了熟饭,豆腐吊在灰窝里,你可吹的,你可弹的?(醒·8·110)

② 张氏道:"你这就是不长进脓包话!叫人骑着门子骂,说关着门子别理

他！叫人听着,你可是贼呀,你可是忘八呢?"(醒·89·1271)

③ 这日用的斋供,可是家里做了送去,可就在庵里叫人做罢?(醒·64·918)

④ 倒是骆校尉来到,怨妹子,恼外甥,自己打脸咒骂,说道:"我可有酒癖,可是有馋癖……"(醒·83·1188)

⑤ 你姑夫要这个官,可是图名,可是图利?(醒·83·1179)

⑥ 吃了午饭,高没鼻子走到,前来问说:"咱换了折子钱了?可是咱自己有哩?"(醒·50·728)

⑦ 你说的那话,可是你自己听的,可是有人对你说的?(醒·96·1373)

⑧ 六哥说:"……你搬婊子,可是要省钱的,要费钱的?"(聊·增·1585)

⑨ 万岁观罢说:"二姐,你是本处人,可是远来的呢?"(聊·增·1613)

"可是"《歧》无用例,《儿》出现2例。如:

⑩ 你不曾生得眼睛,须是生着耳朵,也要打听打听你姑娘可是怕你来探的,可是你说得动的!(儿·17·275)

5.5.2 已定选择连词

5.5.2.1 先取后舍连词

先取后舍连词包括"宁"、"宁可"、"宁只"3个。

5.5.2.1.1 宁

上古汉语连词,《醒》、《聊》无用例,《金》4例:

① 虞姬泣曰:"妾宁以义死,不以苟生。"(金·1·2)

② 正是:比肩刑害乱扰扰,转眼无情就放刁。宁逢虎挡三生路,休遇人前两面刀。(金·46·611~612)

③ 宁教我西门庆口眼闭了,倒也没这等割肚牵肠!(金·62·877)

④ 那李衙内心中怎生舍得离异,只顾在父母跟前哭啼哀告:"宁把儿子打死爹爹跟前,并舍不的妇人。"(金·92·1391~1392)

"宁"《歧》出现2例,《儿》出现5例。如:

⑤ 只要能在家下私处,不拘舍弟怎的,我宁丢东西银钱,只不在公堂上打官司,丢了我这个人。(歧·70·673)

⑥ 只他这个中军,从纪大将军那等轰轰烈烈的时候早看出纪家不是个善终之局,这人不是个载福之器,宁甘一败涂地,不肯辱没了自己门第,耽误了儿女终身,也就算得个人杰了。(儿·18·291)

5.5.2.1.2 宁可

近代汉语连词,《金》16例,《醒》14例,《聊》4例,《歧》2例,《儿》8例。如:

① 薛嫂打发西门庆上马,便说道:"还亏我主张有理么?宁可先在婆子身上

倒,还强如别人说多。"(金·7·79)

② 宁可拿乐器来唱个与娘听,娘放了奴去罢。(金·44·575)

③ 宁可我们不要,也少不得了你的。(金·47·618)

④ 俺在江湖上走的多,晓的行情,宁可卖了悔,休要悔了卖。(金·81·1259)

⑤ 你若再还不肯,宁可我照数赔你罢了。(醒·17·253)

⑥ 罢,罢,我这饭吃不成,宁可省下来请个先生来家教他!(醒·33·485)

⑦ 你可再思,你可再思,宁可低头忍着饥,作要作弄的,着咱娘再生气。(聊·慈·916)

⑧ 宁可还一刀两断,你还去另嫁人家。(聊·俊·1113)

⑨ 所以这些人宁可考到老,不得这个"中"字,此心不死。(儿·1·13)

⑩ 公子扭他不过,只得拿了两吊钱给他,又嘱咐了一番,说:"你们要不认得,宁可再到店里柜上问问,千万不要误事!"(儿·4·49)

5.5.2.1.3 宁只(宁自、宁子、能仔)

"宁只"《金》无用例,《醒》3例,《聊》3例。"宁自"、"宁子"、"能仔"出现在《聊》中,各1例。

① 晁书娘子道:"奶奶可是没的说;咱有地,宁只舍给别人,也不给那伙子砍头的……"(醒·22·320)

② 这向圣上坐的朝早,宁只早去些,在朝房里等会儿不差。(醒·83·1186)

③ 给人家为奴作婢,黑汗白流,单只挣了这点种子,我宁只是死,叫他去不成!(醒·94·1344)

④ 胡百万说:"我宁只给佛动心磕头,这掭可难作。"(聊·增·1662)

⑤ 早知他轿马人抬,宁只舍了老婆孩,怎肯惹的张爷怪!(聊·磨·1509)

⑥ 若还是言语不对,咱宁只死守三山。(聊·磨·1532)

⑦ 我的才短,宁自我还当着我的,让你这个缺罢。(聊·襄·1210)

⑧ 宁子死到别处,休要连累这贤主人。(聊·磨·1453)

⑨ 生有地,死有处,能仔教他撵了。(聊·磨·1407)

"宁只"与"宁自"、"宁子"、"能仔"是一个词的不同音变形式。在山东某些方言中,"只"与"自"、"子"、"仔"的声母、韵母都相同,而"能"与"宁"也是同音字,因此这几个词应该是一个词在方言中的不同记音形式。

5.5.2.2 先舍后取连词

先舍后取连词包括"还是"、"情只"、"与其"、"不如"、"不若"、"要不"、"不然"等。

5.5.2.2.1 还是

近代汉语连词,《金》6例,《醒》40例,《聊》3例。如:

① 老程婆子还取笑道："这三钱银子算闺女的,还是算我的哩?"(醒·73·1039)

② 惟有相干廷取笑不了,一见便说："哥好? 恭喜! 几时出了狱门? 是热审恩例,还是恤刑减等……"(醒·61·872)

③ 狄员外忙教人进去备斋管待,问说："师傅还是就行,还要久住?"(醒·29·425~426)

④ 主意还在剿除,还是招抚?(醒·99·1408)

⑤ 狄员外问："还是有子不举? 还是从来不生?"(醒·25·366)

⑥ 令亲想定是带家眷的,还是水路,还是旱路?(醒·84·1204)

⑦ 还是小媳妇没造化,哥儿死了,娘又这般病的不得命。(金·62·871)

⑧ 吴推官笑道："还是堂翁自己开罢。晚生不好开坏他的考语。万一叫他反唇起来,也说晚生……晚生就没话答应他了。还是我不揭他的秃,他也不揭我的瞎罢。"(醒·97·1389)

⑨ 还是哥智谋大,见的多!(金·69·998)

⑩ 薛教授道："还是你合他去好。"(醒·56·808)

⑪ 若留在这边,我一脚不来,只怕他问问,可不便宜了他么? 还是抬去为妙。(聊·墙·851)

⑫ 大相公说："你性子不好,说话戆也直戆,还是我去吧。"(聊·寒·1019)

⑬ 起来不能站立,还是睡罢。(聊·襄·1167)

例①、②"还是"用于"(是)……还是"结构,"还是"表示二选一的选择,选择结果不确定;例③、④"还是"与"还"搭配,其功能与例①、②一样,用于二选一的任选关联,选择结果不确定。但不同的是,"是……还是"中的"还是"还是动词结构,其中"是"的判断性还非常明显;而与"还"搭配使用则说明"还是"与"还"的关联功能相当,"是"已不再具有判断动词的特性,这是"还是"连词化的进一步发展。例⑤、⑥"还是"双用,用于任选的选择关联,"还是"已经完全变成连词。例⑦至⑬"还是"用于先舍后取的选择关联中,表示经过比较、考虑而有所选择,其中比较项可在上文出现,也可不出现。这种用法和"要不"、"不然"的选择关联功能相当。"还是"在《儿》出现的 69 例中,常见的是"还是……还是"连用的形式。如:

⑭ 他口里连称怪事,说："我安骥此刻还是活着,还是死了……"(儿·6·79)

⑮ 姑娘这半日这等乱糟糟的,还是冒失无知呢,还是遇事轻喜?(儿·27·470)

⑯ 若不早为筹画,到了那展转开不开的时候,还是请公公重作出山之计,再去奔波来养活你我呢? 还是请婆婆摒挡薪水,受老来的艰窘呢?(儿·30·533)

⑰ 怎么头一年就合我打起擂台来了? 还是我这话嘱咐多余了,还是你是我

的嬷嬷爹,众人只管交齐了,你交的齐不齐就下的去呢?(儿・36・669)

5.5.2.2.2 情只

"情只"只《聊》1 例:

① 志气可嘉,志气可嘉,情只寻死不归家。(聊・姑・878)

5.5.2.2.3 与其

上古汉语连词,《金》2 例,《醒》3 例,《聊》无用例;《歧》2 例,《儿》4 例。"与其"可以与"不如"或"不若"连用表示取舍,也可以单用。如:

① 与其病后能求药,不若病前能自防。(金・79・1215)

② 他说:"与其被外人吃了,不如济救了自己亲人。"(醒・31・451)

③ 守节事难,与其有始无终,不若慎终于始。(醒・36・525)

④ 你与其好听人,你家去干不的么?(醒・59・850)

⑤ 转念一想,既要成全他到底,与其聘到别家,万一弄得有始无终,莫如娶到我家,转觉可期一劳永逸。(儿・25・419)

⑥ 与其等到几年儿之后,零星添补完了,另打主意,何如此时就这项上定个望长久远的主意,免得日后打算?(儿・33・598)

5.5.2.2.4 不如

近代汉语连词,《金》49 例,《醒》38 例,《聊》62 例。"不如"类短语转化为虚词后做介词用时表示比较。如:

① 想当初念书时错了主意,到不如耍手艺还挣吃穿。(聊・戏・闹・813)

放在分句和分句中间,用于两种想法的比较时,就有了选择的用途,因此"不如"类可以转化为连词表示选择,和"要不"、"不然"相当,都是先舍后取连词。如:

② 老婆摇头说道:"后边惜薪司挡住路儿——柴众。咱不如还在五娘那里,色丝女子。"(金・23・289)

③ 黄四道:"李三哥他不知道,只要靠着问那内臣借,一般也是五分行利。不如这里借着衙门中势力儿,就是上下使用也省些……"(金・45・583)

④ 西门庆向伯爵道:"他既是叫将来了,莫不又打发他!不如请他两个来坐坐罢。"(金・45・585)

⑤ 这安童自思:"我若说下书的,门上人决不肯放。不如我在此等着放告牌出来,我跪门进去,连状带书呈上。"(金・48・624)

⑥ 冈冈的坐在这里,不如也收拾些甚么,沽些酒来与狄东家闲坐一会。(醒・25・365)

⑦ 何太监道:"到五更我早进去,明日大朝,今日不如先交与他银子,就了事而已。"(金・71・1024)

"不如"由副词修饰的譬况动词发展为虚词,最初用于表示比较,并进一步发展为取舍选择连词。

5.5.2.2.5 不若

上古汉语连词,《金》3 例,《醒》3 例,《聊》1 例。如:

① 你家武大郎知,须连累我,不若我先去对武大说去。(金·4·50)

② 与其病后能求药,不若病前能自防。(金·79·1215)

③ 你若与他回去,他有了党羽,你没了帮扶,提防不了这许些,只怕你要落他的虎口。你不若且同了我们众人还到京师里去。(醒·99·1417)

④ 歪子待走,蝎子慌极,连忙拉住说:"赵大哥,咱从容商议。我合赵大爷是怎么的相与,每哩我疼钱么? 急切里找不着好材。罢罢,不若家母那寿棺,就此着赵大爷用了罢。"(聊·寒·1038)

5.5.2.2.6 要不

"要不"来源于"要＋不"结构,发展到近代汉语晚期出现了连词的用法,由于用例较少,并且有一些用例介于连词和"要＋不"语法结构之间,所以在统计连词的用例时遵循以下原则:第一,"要不"可以去掉,但基本不影响语义的表达;第二,"要不"不表示否定。满足以上条件的"要不"《金》无用例,《醒》7 例,《聊》无用例。《歧》无用例,《儿》5 例。如:

① 珍哥说:"李成名我不知怎么,只合他生生的,支使不惯他;不然,还留下晁住两口子罢。"晁大舍道:"要不只得留下他两口子罢,只是我行动又少不得他。"(醒·14·212～213)

② 狄员外道:"亲家说那里话。亲家被那年水冲了,还不大方便……"薛教授说:"要不我合亲家伙着也罢……"(醒·33·486)

③ 晁夫人说:"好诌! 你怎么知文解字做秀才来? 你见谁娶了媳妇儿还合娘睡的?"晁梁道:"要不合沈姐都往那屋里去……"(醒·49·711)

④ 李旺道:"有一个相厚的弟兄要问你回一套,你要不回一套与他,叫他给咱的原价……"(醒·65·936)

⑤ 艾前川道:"有银子肯不给你么? 实是买药使了。要不,你拿了药去。再不,你等着使了药,另赚了钱给你。"(醒·67·960)

⑥ 两个道:"他盼得眼里滴血的火势,俺且到那里合他说声,再等回话。"童奶奶道:"这也是。你要不先到那里,只别把话说的太实了。"(醒·75·1073)

⑦ 陆好善道:"他衣服又不甚么齐整,又没女人们跟随,又不知怎么没有鼻子,疯头怪脑的,见了太太,叫太太重了不是,轻了不是的,不好相处。"伊世行道:"要不叫他混了进去,叫他不要言语……"(醒·78·1111)

⑧ 那张太太是提着精神招护了一道儿女儿女婿,到了这里,放了乏了,晚饭又多饮了一杯,更加村里的人儿不会熬夜,才点灯就有些上眼皮儿找下眼皮儿,

打了两个呵欠,说道:"要不,咱睡罢?"(儿·12·178)

⑨ 舅太太才打发人来,来问着;要不,爷奶奶也早些歇着罢。(儿·31·545)

⑩ 华忠有些急了,晚间趁空儿回老爷说:"回老爷,这走长道儿可得趁天气呀,要不,请示老爷,明日赶一个整站罢。"(儿·38·730)

"要不"来源于假设分句,即"要+不 VP"。从假设分句发展为选择连词、具有假设的语义色彩,这个过程涉及许多语法演变问题,如分句的简化问题、分句词化问题、连词化问题。随着"要+不 VP"句的发展,出现了省略"VP"的假设分句,即"要+不"假设分句。在这种结构中,"要"和"不"仍然不具有直接组合关系,"要"是连词,"不"是否定分句"不 VP"的省略形式,省略的部分是在前文有所交代的,而且是可以补足的。如:

⑪ 晁凤出去说道:"亏我进去问声! 要不,这不又做下不是了……"(醒·32·475)

⑫ 童奶奶道:"狄爷,你自己照管着更好;要不,配给个家人,当家人娘子支使也好……"(醒·55·792)

⑬ 你就好好的问你爹要二百两银子给我才罢! 要不,照着小巧妮子的嫁妆,有一件也给我一件!(醒·56·816)

⑭ 嫂子,你别怪我说,你作的业忒大,你该知感俺娘打你几下子给你消灾,要不,天雷必定要劈。(醒·60·865)

⑮ 叫员外快快的追了还他,要不,连员外都要告着哩。(醒·67·965)

⑯ 咱实得百十两银接接手才好哩,要不,也就捉襟露肘的了。(醒·71·1016)

⑰ 咱有这个墙壁,合他见官,可也胆壮些;要不,这肚里先害了怕,话还说的我溜哩么?(醒·81·1158)

⑱ 亏我外头去寻人写文书,要不,这不生生的把个孩子填到火坑里来了!(醒·84·1196)

⑲ 这只该合他对个明白,要不,往后来怎么再买丫头?(醒·84·1197~1198)

以上例子"VP"承上省略,省略成分可在句中补出来,如例⑪"要不"分句可补足省略成分"进去问声",例⑫句可补足"自己照管"等等。这种"要+不"结构仍然表示否定假设。"要"是连词,起关联作用,表示假设;"不 VP"由"不"代替,"不"独立充当假设分句。连词"要"和句子"不"是关联关系,不是组合关系,更不是直接组合成分。但是,由于分句只有"要"和"不","要"与"不"的紧密程度较"要+不 VP"明显增强了。

由于"要+不"在上下文的作用下完全能够表达"要+不 VP"的语义,而且更符合口语习惯,所以"要+不"就由原来暂时的省略形式演变为常式。这样,"要+不"就具

备了结构的一般特征,即固定性、不可拆分性。而且随着语义弱化,"要不"也可以用于与假设无关或关系较远的语言环境中。如:

⑳ 我看头年里不知有工夫没有,要不就是过了年,我还有话与你们讲。(醒·21·315)

㉑ 你若说输个己,给他些什么,少了又拿不住他,多了这又是"大年五更呵粘粥,不如不年下"了。且是一个降动了,大家都要指望。要不,你只推我……(醒·34·502)

㉒ 狄周媳妇说:"这娘就没看真。那婆娘有二十二三罢了,那汉子浑身也有二十七八。要不就是后娘……"(醒·41·598)

㉓ 论人倒标致,脸象瓜子苗花儿似的,可是两点点脚;要不,你老人家娶了他也罢。(醒·72·1030)

㉔ 有我这们个老婆,愁嫁不出你这们个杭杭子来么! 孩子我也不带了去。要不,我抱着孩子扯着你,咱娘儿三个一齐的滚到黄河里头就罢了!(醒·87·1237)

㉕ 九娃道:"我不坐。奶奶,你有针线儿与我些,我的衫子撕了一道口子,得两根绿线缝缝。奶奶,要不我拿家来缝缝罢?"(岐·23·222)

上例"要不"可以看做否定前一分句的假设分句,但假设的语义已经不很明确。这种结构虽然根据具体语境还可以补足"VP",但是可以补足的成分并不具有唯一性和排他性,而且补足句也并不符合汉语表达习惯。这说明"要不"是自足的,不是缺省。

以上例子可以概括为"A,要不(,)B",其中"要不"分句与"A"分句从语义上有关联,而与"B"没有关联,但"要不"与"B"两个分句中间的隔断(标点)却是可以省略的,这说明"要不"与下一分句"B"的密切程度也有所增强。

"要不"语义的弱化,使分句结构化。但在这个过程中,不但有"要"语义的弱化,"不"语义也有弱化,即从否定的副词虚指到否定语义消失的变化过程。从"要(+不……)"结构到省略 VP 独立做分句,到"要不"结构化,这是一个特殊的过程,既是分句词化的过程,也是跨层结构词化的过程。结构化的"要不"进一步发展就演变成连词"要不",用于选择关联。同前一种用法相比,关联词"要不"除了自足、不表示否定外,其位置也变得很灵活,不但可以用于分句间,也可以用于句首。这说明"要不"基本已经脱离了来源上的影响,也与结构"要不"产生了本质的差别。

由于语源的关系,"要不"作为选择连词还具有假设语义色彩,因此与其他来源的并列连词相比,就有自己的特点,即只用于将来时,而不能用于过去或现在时。同样,后面的"不然"作为选择连词时也具有这样的特点。

5.5.2.2.7 不然

中古汉语连词,《金》2 例,用于并列连词;《醒》24 例,其中用于并列连词 8 例,用于选择连词 16 例;《聊》6 例,用于选择连词。"不然"可以做并列连词,也可以做选择

连词,而且二者关系非常密切。例如,"不然"有一些用法语义模糊,既可以认为是否定假设句,也可以认为是并列或选择句。如:

① 西门庆分付王六儿:"你对他说:若不与我,即便拆了。如何教他遮住了这边风水? 不然,我教地方分付他。"(金·48·627)

② 任直说:"他这一定有人调唆;不然,就是待诈钱……"(醒·47·686)

这说明"不然"的假设句与并列句、选择句是有很密切的关系的,当并列的成分是假设的或有所选择时,就可能出现以上这种表义模糊的现象。这也与语源结构("不然"句)有很大关系,"不然"做连词所带有的语义特色,也正与语源有关。

5.5.2.2.7.1 并列连词

"不然"用在前一个并列项之后,引起后一个并列项。如:

① 小的说:"下在客店里不便,不然,让到小的家里去,有小的寡妇娘母子可以相陪……"(醒·78·1117)

② 正寻思咱大哥,他占的便宜多,小尽到有六七个。一个老是大家的老,兄弟二人分养活,明日送来也不错。大不然吃了早饭,往这里走也还暖和。(聊·墙·837)

③ 你要叫不醒他,待我自家进去请他;再不然,我雇觅四个人连床抬了他去。(醒·4·54)

④ 剩下的饭食,下次热来吃了,这又叫是积福;再不然,把与那穷人担了出去,吃在人的肚里,也还是好……(醒·26·386)

⑤ 注我该死于水,我第一不要过那桥,但是湖边、溪边、河边、井边,且把脚步做忌这几日。再不然,我先期走上会仙山顶紫阳庵秦伯猷书房,和他伴住两日,过了这日期。(醒·29·424)

⑥ 如今调署了老爷,这是上头看承得老爷重,再不然,就是老爷京里的有什么硬人情儿到了。(儿·2·28)

以上句子中"不然"由于语义弱化,不再是前句的否定句,而仅仅是一个在上下分句或句子间起关联作用的语法成分,这时"不然"的功能就发生了变化,即已经从一个实词性的分句发展成为关联成分,具有连词的特征。但由于来源于假设句,所以仍含有假设的语义色彩,也因而一般都用在将来时态(一般将来或过去将来)的句子中。这种"不然"与"要不"的某些用法相当,属于并列关联。

5.5.2.2.7.2 选择连词

"不然"本来是个否定性结构,即使表示假设也是否定假设,但有时其否定性减弱甚至消失,而变成了一个肯定性结构。如:

① 接过来耀眼明,掌柜的唬一惊,这人不是小百姓,不然是个真强盗,宝藏库里剜窟窿,或是短了天朝的贡。(聊·增·1587)

② 晁凤娘子说道:"这可怎么样着?不然,且教叔叔在这炕上睡罢。"(醒·49·711)

③ 算着也还得一个多月的住,不然,还仗赖童爷替俺且寻个做饭的罢。(醒·55·791)

④ 咱后日的公酒,不然,咱去叫他来,合他顽一日也可。(醒·73·1039)

⑤ 我与你小叔子商议,不然且送你回家,你可散心消闷。(醒·78·1107)

⑥ 王中道:"年节已近,不然明日早晨咱就到孔爷家走走。"(歧·38·351)

⑦ 华忠满院子里看了一遍,只找不出个座儿来,说:"不然,请老爷到南边儿那书场儿的板凳上坐坐去罢。"(儿·38·741)

例①中"不然"没有否定 A 的意思,而是仅仅在 A("不是小百姓")上加上一种 B("是个强盗")的选择项,因而也完全是肯定的。只不过,"不然"的这种表示选择的用法上,也还保留着假设的语义特征。而例②至⑦"不然"句只出现了一种可选项,这种用法和"要不"的用法相当。

"不然"是从"不然(这样)"短语发展为短句,再发展为连词的。"不然"本来是否定意义非常明显的假设结构,可以单独做句子用,因此也可以说是句子结构,但在有些语境中,如果这些否定因素显示得不很明确,那么一个否定结构就相当于一个纯假设关联的结构了。这样从短语的语义来讲,其中某些语义("不")弱化,于是短语的语义也就发生了偏移,因而也就有了词化的可能。

"不然"本是个否定副词结构,意思是"不这样",在一些情况下独立做句子使用。如:

⑧ 薛内相道:"不然。一方之地,有贤有愚。"(金·64·905)

⑨ 狄希陈道:"我岂肯自己泄漏?"吕德远道:"不然。听得管家们说老爷有些混帐……"(醒·97·1378)

⑩ 吴推官道:"不然,先来的是妾,童氏,京师人……"(醒·97·1388)

⑪ 安公子虽然生得尊贵,不曾见过外面这些下流事情,难道上路走了许多日子,今日才下店不成?不然,有个原故。(儿·4·54)

这些用例中的"不然"是个结构,可独立成句,表示对前一句子 A 的否定,而非否定假设。其中"然"即"这样","不然"即"不是这样"。但这种"不然"还不完全具有句子功能。"不然"真正做独立的句子的用法是表示否定假设,而表示否定假设的用例也还明显带有"不+然(这样)"的语义特征,因而可以肯定,"不然"表示否定假设的用法源于"不然"的表示否定的结构。如:

⑫ 我这篇是非,就是他气不愤架的。不然,爹如何恼我?(金·74·1091)

⑬ 趁着他大妗子在这里,你每两个笑开了罢。你不然,教他爹两下里作难,就行走也不方便。(金·76·1139)

⑭ 丁利国道："亏我再三问你,不然,岂不可惜枉死了……"(醒·27·393～394)

⑮ 每人分与我们千把两便罢,不然,我们具呈报县,大家不得!(醒·34·502)

⑯ 邢侍郎说："这事一定有个因由,不然,这个光棍凭何起这风波?"(醒·47·681)

⑰ 早时苦了钱好,人情说下来了,不然怎了?(金·29·366)

⑱ 早时你有后眼,不然教调坏了咱家小儿们了。(金·77·1165)

⑲ 此番必然得我搭救,方可逃生,不然就也难逃性命。(醒·100·1425)

⑳ 大爷,你可千千万万见了这两个人的面再商量走的话! 不然,就在那店里耽搁一半天倒使得。(儿·3·44～45)

以上例子中,"不然"还可以解释为"不这样",但其句法功能却不同了。如例子中"不然"置于两个分句中间,并且有独立的标点符号与上下分句分开,例⑰至⑲中"不然"没有以独立分句的形式出现,但却仍是独立的分句,与B构成紧缩复句。从语义上来讲,它是对前一句的否定,对后一句来说是一种假设条件。所以相当于句子"要是不这样"所起的作用,因而我们把它看做句子。

但是需要注意的是:"不然"的句子功能却是很特殊的,即其一般格式为"A,不然B"式,其中"不然"和B是假设关系,而A与"不然+B"则为肯定与否定的并列关系,即"不然"表示对前面分句A的否定和B的假设条件。因而,"不然"并不是简单的句子,它既是上句的下句,也是下句的上句,因而是一个兼句。有时"不然"也与假设条件同时出现,如:

㉑ 六姐,也亏你这个嘴头子,不然嘴钝些儿也成不的。(金·43·564)

㉒ 珍哥说："你还把网巾除了,坎上浩然巾,只推身上还没大好,出不得门;不然,你光梳头、净洗面的,躲在家里,不出去回拜人,岂不叫人嗔怪?"(醒·4·46)

㉓ 周景杨道："山水既秀胜,必定人也是灵透的;不然,若是寻常乡里人家,便要有村气……"(醒·84·1204)

这说明,在以上"不然"单独出现的句子中,它确实是兼有两种功能,即句子的功能和关联的功能。"不然"的连词用法与"不然"小句的关联作用有关。"不然"作为小句,本身就是上下文的中间环节,起的作用就是关联。而从语法功能上来看,"不然"与在几种语料中出现的"若(要、如等)不然"、"不然者"、"不然的时候"类句子结构用法相当,这就进一步说明了"不然"的关联作用。

5.5.2.2.7.3 与"若(要、如等)不然"的作用相当

"若不然"本身是一个比较完整的句子,在"若不然"结构中,"若"、"如"、"要"、"即"等是关联词语,"不然"是谓词性结构"不这样",充当假设条件。如:

① 其母张氏,不合引女入寺烧香,有坏风俗,同女每人一拶,二十敲,取了个供招,都释放了。若不然,送到东平府,女子稳定偿命。(金·34·445)

② 汪为露道:"你这进学,甚得了我五年教导的工夫,你要比程先生加倍的谢我便罢;如不然,你就休想要做秀才⋯⋯"(醒·38·560)

③ 辗转踌躇几番,要首将出去;即不然,也要好好打发他出门。(醒·15·218)

④ 当初若自知分量,这不是累人的差役,自己告辞,也是辞得脱的;即不然,再叫童奶奶去央央陈公合广西司说说,也不是难的。(醒·71·1018)

⑤ 张绳祖道:"你就是一时着急,该寻别个与你周章。即不然,你到这里一商量,也不见什么作难⋯⋯"(歧·33·310)

⑥ 你快听我说,好好的替你狄爷寻个好灶上的,补报他那几碗粥,要不然,这叫是"无功受禄",你就那世里也要填还哩!(醒·55·795)

在几种语料中,"若不然"类与"不然"并存,而且用法相当。这说明,"不然"兼有"若不然"中的两个成分"若"、"不然"的功能。

5.5.2.2.7.4 与"不然者"、"不然的时候"用法相当。《歧》《儿》中出现了一些"不然者"、"不然的时候"的用例,与"不然"的用法相当。如:

① 某老哥帮了我三百金,不然者就没饭吃。(歧·9·95)

② 再坐一会,我就闷死,这却该怎么? 不然者,咱掷六色罢?(歧·16·171)

③ 这是有去有来的买卖,不过拿国家库里钱捣库里的眼,弄的好巧了,还是个对合子的利儿呢! 不然的时候,可惜这样个好缺,只怕咱们站不稳。(儿·2·29)

④ 只恨我邓老九有了两岁年纪,家里不放我走;不然的时候,我豁着这条老命走一趟,到那里,怎的三拳两脚也把那厮结果了!(儿·16·250)

⑤ 你们还得知道,我毁坏你们这几件家伙不是奚落你,是卫顾你。不然的时候,少停,你们一出这个门儿,带着这几件不对眼东西,不怕不吃地方拿了。(儿·31·561)

⑥ 我听见说,那都是那些王公大人,还得万岁爷赏才使得着呢。慢讲我这分儿使不着,就让越着礼使了去,也得活着对的起阎王爷,死了他好敬咱们,叫咱们好处托生啊! 不然的时候,凭你就顶上个如来佛去,也是瞎闹哇。(儿·32·573)

这些例子都是用"不然者"、"不然的时候"充当否定句和后一句的假设条件分句。其中"不然者"、"不然的时候"就是"不然的话","者"、"的时候"虽然还没有发展为独立的关联词语,但从结构上可以看出与"的话"用法相当。因而我们也可以认为,"不然者"、"不然的时候"也是关联词语加条件分句的结构,"不然"与这种结构的用法也是相当的。这说明,"不然"已经具有关联词语和假设分句兼有的功能。所以,当"不然"

做兼句时,它实际上起到的就是连词的作用。因而,当它进一步语法化后,即语义进一步弱化而失去否定意义,"不然"就转化为连词。

5.6 因果连词

因果连词可以分为两类:原因连词和结果连词。其中,原因连词包括"因、因着、因是、为、为着、因为、缘、为缘、惟其、既、既是、既然、既然是"等,一般为先行连词;结果连词包括"所以、所故、以致、因此"等。具体情况见因果连词统计表。

因果连词统计表

		金	醒	聊
原因连词	因	271	406	45
	因着	0	0	31
	因是	3	4	0
	为	21	63	6
	为着	0	1	1
	为的是	0	0	1
	为因	1	0	1
	缘	3	0	0
	为缘	2	0	0
	因为	24	1	1
	惟其	0	2	0
	既	145	192	52
	既是	87	107	21
	既然	20	22	28
	既然是	0	0	2
	既只	0	1	0
	比是	3	0	0
结果连词	所以	20	347	9
	所以说	0	3	0
	所故	1	0	0
	以此	28	3	4
	由是	3	0	0
	因此	51	15	16
	因此上	3	0	3
	故	5	7	1
	故是	0	1	0
	故此	7	6	0
	以致	5	22	0

5.6.1 原因连词

5.6.1.1 因、因着、因是₂

"因"是上古汉语原因连词,在《金》、《醒》、《聊》中又构成"因着"、"因是"的连词形式。"因"《金》271 例,《醒》406 例,《聊》45 例;"因着"《金》、《醒》无用例,《聊》31 例;"因是"《金》3 例,《醒》4 例,《聊》无用例。如:

① 吴大妗子同二妗子、郑三姐都还要送月娘众人,因见天气落雪,月娘阻回去了。(金・46・607)

② 因他翅膀硬了,终日淘气,早早分他出去。(聊・墙・829)

③ 出了丧,他哥们因他仁义,还待留他,他断然不肯。(聊・慈・911)

④ 月娘因着头里恼他,就一声儿没言语答他。(金・46・600)

⑤ 因着合他常相处,该钱也无个账目存,这一来叫人心不愤。(聊・墙・849)

⑥ 这是俺那媳妇子着人送来的呀,一则是问好,二则是因着这里没人做饭,怕饿着我。(聊・姑・877)

⑦ 我不过因着他姓张,我还疼他点呢。(聊・慈・907)

⑧ 张老爷因着自己没儿,见张诚是个齐整人才,有心拾了他去做个义子。(聊・慈・927)

⑨ 瞎着眼,那贵人还给点体面,必然是因着俺瞎的可怜,不叫俺在门旁两腿直站,吩咐给个坐,定定才吹弹。(聊・磨・1487)

⑩ 我家等着,我家等着,因着咱家运气高,必然是京棍子,打毛头瞎来报。(聊・磨・1501)

⑪ 昨他因着京师信息将至,差人去约我今日同到大哥这边,不时即到。(聊・磨・1531)

⑫ 常时还好来,近因着他战战得塞的,越发厌恶了人,着人说不出口来。(聊・禳・1208)

⑬ 皆因是前世里无缘,你今生寿短。(金・59・823)

⑭ 张朴茂传到外边,悄悄的分付去人,说:"昨因是不曾留这两个老婆进内,所以老爷吃了这顿好打……"(醒・96・1364)

⑮ 立合状,立合状,因着黑夜去爬墙。(聊・磨・1470)

⑯ 为甚么咯气又撩生?只因着汉子好弄鬼。(聊・禳・1206)

以上例①至⑭用于先行关联,例⑮、⑯用于后续关联。

5.6.1.2 为、为着、为的是

"为",上古汉语连词,《金》21 例,《醒》63 例,《聊》6 例;"为着"《金》无用例,《醒》、《聊》各 1 例;"为的是"《聊》1 例。

5.6.1.2.1 表示原因。 如：

① 生生为这孩子不好,是白日黑夜思虑起这病来了。(金·61·854)

② 为着该钱就不见,家父不是这样人,既相好怎么不相信?(聊·墙·843)

③ 只为着家没人,十年不上娘家门,他后娘常送盒来问。(聊·翻·934)

④ 只为着递了张呈子,被知县老马使上了一万两银子,着军门绞了两个,其余辽阳充军。(聊·磨·1387)

⑤ 只为着给朝廷管膳,险些儿去给阎王帮闲。(聊·增·1670)

⑥ 炉香一片,古董几件,为的是孩儿做官,摆设下请爹娘去看。(聊·襄·1272)

5.6.1.2.2 表示目的。 如：

① 只为着皇爷心欢喜,谁想临行大揭锅。(聊·增·1678)

《儿》除出现"为着"6 例、"为的是"16 例("为得是"2 例),还出现了"为是"的形式,共 2 例。如：

② 这日舅太太合张太太商量,也都在新房的对面三间住下,为是多个人照料。(儿·28·483)

③ 倒把房子让给远房几家族人来住,留了两户家人随同看守,为的是房子既不空落,那些穷苦本家人等也得省些房租……(儿·1·11)

④ 一来,他自己打定主意,定要趁今日这个机缘,背城一战,作成姑娘这段良缘,为的是好答报他当日作成自己这段良缘的一番好处……(儿·26·443～444)

⑤ 这正是首县第一桩要紧差使,为得是打听明白,好去答应上司,是个美差。(儿·13·184)

⑥ 只见他举进门来,又用小手巾儿抹了抹碗边儿,走到大爷跟前,用双手端着茶盘翘儿,倒把两路脯膊往两旁一撬,才递过去。原不过为得是防主人一时伸手一接,有个不留神,手碰了手。(儿·35·644)

5.6.1.3 为因

近代汉语连词,《金》、《聊》各 1 例：

① 立借契人蒋文蕙,系本县医生。为因妻丧,无钱发送,凭保人张胜,借到鲁名下白银三十两,月利三分,入手用度。(金·19·234)

② 为因身体壮,留俺走西东,一日主人恼,化为一大恭。(聊·戏·钟·817)

5.6.1.4 缘

上古汉语连词,《金》3 例。"缘"既可做先行连词,也可做后续连词。如：

① 盖缘汝有大道心，常持《佛顶心陀罗经》，善神日夜拥护，所故杀汝不得。（金•59•822）

② 莫道成家在晚时，止缘父母早先离。（金•61•860）

"缘"除出现在《金》中，《歧》中还出现 32 例。如：

③ 程公缘昨夜事忙，略为注目，批了准讯。（歧•46•429）

④ 缘鲁家这男人，害的童子痨症，看看垂危，气息奄奄，他家说要喜事冲冲。（歧•48•449）

⑤ 程嵩淑道："这是我与盛价送的字儿，缘他一向不亚纯臣事主，所以送他个字，叫做王象荩……"（歧•55•512）

⑥ 程公问了，范姑子抵死不敢说出绍闻被张绳祖请去那一段内情，缘范姑子使了夏逢若转托银子四两，恐怕受贿情重。（歧•45•416）

⑦ 我所以说叫你把厅后重门拆了。为啥呢？缘有这一层门，你的堂楼便成了五鬼廉贞火了。（歧•61•571）

5.6.1.5 为缘

"为缘"是"为"和"缘"的复合，只见于《金》2 例：

① 为缘你常持诵《佛顶心陀罗经》，并供养不缺，所以杀汝不得。（金•59•822）

② 为缘你供养修持，那舍了此经一千五百卷，有此功行，他投害你不得，今此离身。（金•59•822）

5.6.1.6 因为

近代汉语连词，《金》24 例，《醒》1 例，《聊》1 例。如：

① 到了狮子街东口，西门庆因为月娘众人今日都在李瓶儿家楼上吃酒，恐怕他两个看见，就不往西街去看大灯，只到买纱灯的根前就回了。（金•15•184）

② 因为那归的忙促，不曾叩府辞别，正在想着。（金•55•751）

③ 西门庆道："我当先曾许下他来，因为东京去了这番，费的银子多了……"（金•56•757）

④ 我自前日别了，因为有些小事，不得空，不曾来看得你老人家，心子里吊不下，今日同薛姑子来看你。（金•57•776）

⑤ 因为家里穷，怕冻饿着孩子，一来娘老子使银子，二来叫孩子图饱暖。（醒•79•1128）

⑥ 因为无钱卖了马，宾客王龙买了骑，三百两银子上了契。（聊•增•1641）

⑦ 五祖投胎在母腹中，因为度众生。（金•39•523）

⑧ 心中牵挂，饭不饭茶不茶，难割舍我俏冤家。凄凉，因为我心上放不下，

更不知你在谁家。（金·45·590）

以上例①至例⑥"因为"用于连接分句、做先行连词，例⑦、⑧用于连接分句，做后续连词。"因为"在《金》、《醒》、《聊》中用于连接分句、做先行连词24例，用于连接分句、做后续连词仅2例。"因为"《歧》出现5例，用于先行连词；《儿》中出现23例，用于后续连词的1例：

⑨ 那先生连忙把身子一背，避而不受，也不答拜。你道这是为何？原来这是因为他是替死者磕头，不但不敢答，并且不敢受，是个极有讲究的古礼。（儿·17·269）

5.6.1.7 惟其

近代汉语连词，《金》、《聊》无用例，《醒》2例：

① 惟其晓得他性气不好，故将此等秽言加之，好教他自尽……（醒·12·184）

② 内中有乘机窃取的，或是缠在腰里，或是藏在袖中，那钱都变了青竹蛇儿，乱钻乱咬；也有偷了家去的，都变成了蛇，自己走到敬德家中。惟其成了活钱，所以连看守也是不必的。（醒·34·496）

5.6.1.8 既（即）、既是

"既"，近代汉语连词，《金》145例，《醒》192例，《聊》52例；"即"《聊》1例；"既是"，近代汉语连词，《金》87例，《醒》107例，《聊》21例。"既"、"既是"为先行连词，连接分句。如：

① 妇人道："既恁的，请叔叔向火。"（金·1·19）

② 为着该钱就不见，家父不是这样人，既相好怎么不相信？（聊·墙·843）

③ 人人都说张炳之既没有汉子给那孩子作主，就不该寻后老婆。（聊·慈·896）

④ 阎王说："他既不告，送他回去罢。"（聊·寒·1052）

⑤ 王婆道："既是娘子肯作成，老身胆大，只是明日起动娘子，到寒家则个。"（金·3·41）

⑥ 小厮道："既是与五娘烧纸，老刘你领进去，仔细看狗。"（金·12·149）

⑦ 春梅道："既是好，成了这家子的罢。"（金·97·1460）

⑧ 但只既是一锅吃饭，天长地久，服事不周，有甚差错，师娘别要一般见识，谅谅就过去了。（醒·92·1312）

⑨ 如今他既是伏了咱，我也就好待他。（醒·96·1366）

⑩ 既是令尊招管他，原是你的亲妹夫，怎么脸面全不顾？（聊·翻·975）

⑪ 既是还有两口屋，我合哥哥在那小屋里，您娘们在大屋里，他各人娘家自然来搬了去。（聊·翻·997）

⑫ 既是如此,就叩头谢恩。(聊·襄·1258)

⑬ 早若如此,我也不记仇;既是到如今,望和平不能勾。(聊·富·1300)

"既"在《聊·磨》又写成"即"如:

⑭ 你即不吃,去歇息的罢,我也要睡哩。(聊·磨·1478)

5.6.1.9 既然、既然是

"既然",近代汉语连词,《金》20 例,《醒》22 例,《聊》28 例;"既然是"《金》、《醒》无用例,《聊》2 例。"既然"本是个自足的分句,即"已经这样",在整个句子连接中相当于因果句的原因分句。分句词化后演变成连词,表示原因。如:

① 既然好,已是见过,不必再相。(金·91·1375)

② 晁夫人道:"前日爷出殡时既然没来穿孝,这小口越发不敢劳动。"(醒·20·295)

③ 他既然不在家,大伯又不好替。(聊·姑·875)

④ 既然大姐待要,我也不留。(聊·翻·961)

⑤ 既然尸灵没损坏,就可还魂再得生,三十一年人家盛。(聊·寒·1064)

⑥ 既然是他不嫌咱,就合他是姻缘。(聊·翻·965)

⑦ 既然是论日不论夜,有甚么话说,有甚么话说?(聊·襄·1262)

5.6.1.10 既只

只有《醒》1 例:

① 郭总兵道:"我既只走来了,还敢回去傍的床边哩?"(醒·87·1243)

5.6.1.11 比是

只有《金》3 例,其中 2 例表示原因,1 例表示选择。

5.6.1.11.1 原因连词。如:

① 桂姐道:"什么稀罕货,慌的你怎个腔儿! 等你家去,我还与你。比是你怎怕他,就不消剪他的来了。"(金·12·148)

② 祝日念道:"比是哥请俺每到酒楼上,咱何不往里边望望李桂姐去?只当大节间往他拜拜年去,混他混……"(金·15·185)

5.6.1.11.2 选择连词。如:

① 西门庆听了,说道:"比是我与人家打伙儿做,我自家做了罢,敢量我拿不出这一二万银子来!"(金·78·1210)

5.6.2 结果连词

5.6.2.1 所以、所以说

"所以",中古汉语连词,《金》20 例,《醒》347 例,《聊》9 例;"所以说"《金》、《聊》无用例,《醒》3 例。"所以"本是介词结构,"所"代指前面所说的事情,"所以"在上下句之间才有一种把上下句关联起来的作用,因而演化为连词。"所以"在《金》、《醒》、《聊》中只做后续结果连词。如:

① 这个,我心里要蓝提跟子,所以使大红线锁口。(金·58·797)

② 一向要请姥姥过去,家官府不一时出巡,所以不曾请得。(金·96·1440)

③ 我想起必定前世里与他家有甚冤仇,所以神差鬼使,也由不得我自已。(醒·59·850)

④ 只是他又甚是标致,他与我好的时候也甚是有情,只是好过便改换了。所以又舍不得休他。(醒·61·878)

⑤ 武二道:"我问他,如何不说!我所以打他。原来不经打,就死了。"(金·9·111)

⑥ 我前日见你这里打的酒,通吃不上口,我所以拿的这坛酒来。(金·38·495)

⑦ 我既以礼待他,他这等非礼加我,我的理直,他的理屈,我所以把原礼收回。(醒·42·611)

⑧ 他如今既然死了,我所以借助丧的名色,还是与他那前日的谢礼。(醒·42·611)

⑨ 但古人生在淳庞之世,未雕未凿之时,物诱不牵,情窦不起,这一定的婚娶之期所以行得将去。(醒·44·638)

⑩ 邓蒲风道:"在下就会。只是烦难费事,要用许多银钱,住许多日子,方才做得这个法灵。在下所以不敢轻许。"(醒·61·878)

⑪ 那日狄希陈去莲花庵寻他说话,他所以果然不曾在家。(醒·65·930)

以上例①至例④"所以"在分句句首,例⑤至例⑪"所以"用在分句主语之后。"所以"用在主语后,凡 11 例,其中《金》2 例,《醒》9 例。

"所以"《歧》出现 239 例,用于先行连词 4 例。《儿》共出现 156 例,有 155 例用于后续连词,1 例用于先行连词。如:

⑫ 前日我所以不便启齿者,没有在我家便说请先生之理。(歧·2·13)

⑬ 所以见面就邀,要挂个相与的意思。(歧·15·155)

⑭ 王中道:"我所以说卖产还债,就是这个意思……"(歧·48·447)

⑮ 我所以提这宗亲,只为这女娃生得好模样儿。(歧·49·459)

⑯ 便听公子回道:"今日所以要用这个大杯,一因是父母吩咐开酒;二因当日戒酒是向这个杯上戒的,所以今日开酒,还向这个杯上开;三则当日戒酒的原故,也不专为着用功而起。"(儿·37·709)

"所以"用做先行连词,和后续连词相比,强调重点有些差别,"所以"句先行,句子强调的中心是后一分句,即原因句。

"所以说"由连词"所以"与"说"构成。如:

⑰ 若那时薛教授把他当个寻常游方的野道,呼喝傲慢了他,那真君一定也不肯尽力搭救。所以说那君子要无众寡,无小大,无敢慢。(醒·29·433)

⑱ 若与你没有缘法,你就在他跟前一遭一遭的走过,不是风雨,就是晚夜;不是心忙,就是身病;千方百计,通似有甚么鬼神阻挠。所以说:一饮一食,莫非前定。(醒·79·1123)

"所以说"在《歧》中出现6例,用于后续关联。如:

⑲ 盛希侨道:"戏今日只闲一天,我所以说叫他唱唱……"(歧·71·680)

⑳ 我在一旁亲看,所以说我会治。(歧·99·923)

5.6.2.2 所故

"所故"只有《金》中出现1例:

① 盖缘汝有大道心,常持《佛顶心陀罗经》,善神日夜拥护,所故杀汝不得。(金·59·822)

5.6.2.3 以此

中古汉语连词,《金》28例,《醒》3例,《聊》4例。如:

① 小女迎儿,寻常被妇人打怕的,以此不瞒他,令他拿茶与西门庆吃。(金·6·72)

② 因要工钱触怒,以此昼夜凌虐,命在须臾。(醒·88·1262)

③ 老爷察盘考审,多在外,少在内,以此不知。(醒·91·1305)

④ 大家捱了一年,那于氏是给人气受的主,到了受人气,就担不的了,以此得了病,一口水也下不去。(聊·姑·875)

⑤ 从此丫头研墨,夫妇齐抄,书去钱来,以此大便了。(聊·蓬·1090~1091)

⑥ 让你打时是一礼,怎么爽然就托实?以此叫我心里气。(聊·襄·1179)

5.6.2.4 由是

近代汉语连词,《醒》、《聊》、《歧》、《儿》无用例,《金》3例:

① 正是:花枝叶下犹藏刺,人心怎保不怀毒。这苗青由是与两个艄子密密商量……(金·47·615)

② ……便叫春梅:"把花儿浸在盏内,看茶来与你姐夫吃。"不一时,两盒儿蒸酥、四碟小菜,打发经济吃了茶,往前边去了。由是越发与这小伙儿日亲日近。(金·82·1269)

③ 自此已后,经济只在前边,无事不敢进入后边来……各处门户,日头半天,老早关了。由是与金莲两个,恩情又间隔阻了。(金·85·1298)

5.6.2.5 因此、因此上

近代汉语连词,"因此"《金》51 例,《醒》15 例,《聊》16 例;"因此上"《金》3 例,《醒》无用例,《聊》3 例。如:

① 因他自幼生得有些颜色,缠得一双好小脚儿,因此小名金莲。(金·1·11)

② 那行子忒也秦,不拿他当个人,因此他那心里恨。(聊·翻·985)

③ 他门户虽然不差,他女儿未知怎么,因此心上还悬挂。(聊·襄·1163)

④ 方二爷生性极傲,只因待借人声势,不得不加意奉承,把一个公子奉承的极其欢喜,因此异常的相待。(聊·富·1297)

⑤ 那衙役们原就是有些怕方二爷,又见老马慌了,越发怕他,因此都去监里跪着小姐,小姐才出来上了轿。(聊·富·1299)

⑥ 只有西门庆,一来远客,二来送了许多礼物,蔡太师到十分欢喜他。因此就是正日,独独请他一个。(金·55·745)

⑦ 也有说的是的,说道:"孩儿们怎去的远,早晚间却回也。"因此婆婆也收着两眶眼泪,闷闷的坐地。(金·57·768)

⑧ 俺娘这屋里分明听见,有个不恼的? 左右背地里气,只是出眼泪。因此这样暗气暗恼,才致了这一场病。(金·62·865)

⑨ 小的今年二十二岁,大娘许了替小的娶媳妇儿,不替小的娶。家中使的玳安儿小厮才二十岁,倒把房里丫头配与他完了房。小的因此不愤,才偷出假当铺这头面走了。(金·95·1427~1428)

⑩ 又因薛素姐合了两场大气,每日吵闹不止,狄婆子不由得别着暗恼,手脚一日重如一日。相于廷因此也要来看望姑娘。(醒·58·831)

例①至例⑤连接分句,例⑥至例⑧连接语篇。例⑨、例⑩"因此"放在主语后。从对《金》、《醒》、《聊》的用例分析来看,"因此"一般用于主语前,用于主语后只出现 6 例。"因此上"用法和"因此"相当。如:

⑪ 因那老师父七八岁的时节,有个哥儿从军边上,音信不通,不知生死,因此上那老娘儿思想那大的孩儿,掉不下的心肠,时常在家啼哭。(金·57·767)

⑫ 止为那殿宇倾颓,琳宫倒塌,贫僧想的起来,为佛弟子,自然应的为佛出力,总不然偿到那个身上去,因此上贫僧发了这个念头。(金·57·772)

⑬ 就为合那孔老先生孟老先生平日意气不甚投合,才沾着"子曰诗云"便有头疼脑闷,因此上合他疏淡,不甚理他,今日他不来帮衬我,也索性不怪他。(聊·戏·闹·822)

⑭ 我妹妹一女流,父亲是老实头,官刑屈打无人救。我才不顾生合死,我来向阎王把状投,谁知又把非刑受。因此上要到灌江口,对爷爷诉诉冤仇。(聊·寒·1060)

⑮ 又看着自家命里该当没有官星,因此上丢了那书本子,光弄那杂八戏,吹弹歌舞,件件都会。(聊·增·1656)

"因此上"还出现在《儿》中,凡18例。如:

⑯ 所喜他天性高明,又肯留心学业,因此上见识广有,学问超群,二十岁上就进学中举。(儿·1·9)

⑰ 原来这人天生的英雄气壮,儿女情深,是个脂粉队里的豪杰,侠烈场中的领袖。他自己心中又有一腔的弥天恨事透骨酸心,因此上,虽然是个女孩儿,激成了个抑强扶弱的性情,好作些杀人挥金的事业。(儿·5·69)

"以此"、"由是"、"因此"、"因此上"等结果连词起源结构都是相同的,即都是介宾结构词化而来的。

5.6.2.6 故、故是

"故",上古汉语连词,《金》5例,《醒》7例,《聊》1例;"故是"《金》、《聊》无用例,《醒》1例。"故"是古连词遗留,多用于书面语环境,如叙述语、官话等。又有"故是"等形式。如:

① 他说:"都是门徒,为公愤故来相伴生员的。"(醒·35·515)

② 他说:"玉皇因我书熟,故聘我做太子太师……"(醒·42·619)

③ 任直说:"也没有亲。只因受过晁夫人的恩,所以不平这事,故出来证他。"(醒·47·691)

④ 素姐原是狐狸托生,泰山元是他的熟路,故是上那高山,就如履那平地的一般容易……(醒·69·989)

5.6.2.7 故此

上古汉语连词,《金》7例,《醒》6例,《聊》无用例;《歧》6例,《儿》8例。如:

① 闻知昨日在宅上吃酒,故此斗胆恃爱。(金·75·1112)

② 经济道:"吴氏与小的有仇,故此诬赖小的……"(金·92·1396)

③ 程乐宇疑心因是说他文章不好,故此着恼,遂说:"你今才十六岁,正是读书的时节……"(醒·38·553)

④ 只说在你身边,故此又去压你。(醒·92·1319)

⑤ 老爷家里有一点摘不开的家务,故此不曾出去。(儿·5·76)

⑥ 我父子受他这等的好处,故此特地来亲身送还他这张弹弓……(儿·14·211)

5.6.2.8 以致

《金》5例,《醒》22例,《聊》无用例。如:

① 话说宋徽宗皇帝政和年间,朝中宠信高、杨、童、蔡四个奸臣,以致天下大乱。(金·1·4)

② 汉举孝廉,唐兴学校,我国家始制考贡之法,各执偏陋,以致此辈无真才,而民之司牧何以赖焉?(金·48·634)

③ 他房中的蚊子无人可咬,以致他着极受饿,钻进帐去咬他,又把小玉兰也被蚊虫咬坏。(醒·75·1062)

④ 无奈下情不能上达,正供难以捐除,体恤有心,点金无术,以致不得不勒限严比,忍用桁杨。(醒·90·1281)

⑤ 儿子晃冠,终是少年,不能理料家事,以致诸凡阙略,从新都自己料理了一番。(醒·93·1321)

⑥ 又说:"因甚自不谨慎小心,以致被了汤火……"(醒·97·1388)

⑦ 若梁参将的官兵困在山峪中,他虽不曾杀害,以致困饿而死,情虽可恨,罪有可原,抚与剿择可而用。(醒·99·1408)

5.7 目的连词

《金》、《醒》、《聊》中的目的连词包括"好"、"以便"、"省"、"省得(省的)"、"免得(免的)"、"看"等。具体情况见目的连词统计表。

目的连词统计表

		金	醒	聊
"好"类	好	28	188	62
"以便"类	以便	0	10	1
"省"、"免"类	省	1	3	2
	省得	8	23	1
	省的	30	9	15
	免得	1	11	1
	免的	0	0	3
"看"类	看	3	18	45

5.7.1 好

《金》28例,《醒》188例,《聊》62例。用在目的分句中、后续,一般在主语后、目的成分之前的位置上。如:

① 你再去问声嫂子来,咱好起身。(金·13·158)

② 我一心要寻个先生们在屋里,好教他写写,省些力气也好,只没个有才学的人。(金·56·761)

③ 有那些儿不是,说来好改。(金·63·888)

④ 奶奶肯了,讨个婚帖儿与我,好回小老爹话去。(金·91·1373)

⑤ 你既说是个族长,凡百的公平,才好叫众人服你。(醒·22·330)

⑥ 彩鸾在云端一望,见那村中出来一个人,于是按落云头,先问问那秀才在那里居住,再想个法儿好去找他。(聊·蓬·1085)

⑦ 钱万里道:"烦请谭爷出来,我好叩喜。"(歧·6·60)

⑧ 我亲自来请,与二位添些彩头,好做官。(歧·10·107)

⑨ 你别累赘,快些收去,大家好打点起身。(儿·10·143)

⑩ 留他这条命好问他话。(儿·31·555)

上例"好"一般都在主语后、谓语前,整个谓语是"好"所连接的目的成分,"好"在句中的位置取决于它所直接连接的目的成分的位置。"好"表示由于前面的条件 A,目的语 B 才可能实现,所以"A,好 B"句一般可以转化为"A,B 才好"。从语义色彩来讲,"好"目的句表示的是主观希望什么事情发生,而前面的分句就是能够产生这种希望的条件。

5.7.2 以便

近代汉语连词,《金》无用例,《醒》10 例,《聊》1 例。"以便"在意义上就是"以方便"、"以便于",因此其语义趋向也是希望发生 B(即目的句)。如:

① 乱乱烘烘的开了十三日吊,念了十来个经,暂且闭了丧,以便造坟出殡……(醒·18·267)

② 到了北京,进了沙窝门,在一庙中暂住,以便找寻下处。(醒·54·778)

③ 于是,晁梁自视以为没有内顾之忧,要算计往通州香岩寺内与胡无翳同处修行,以便葬梁片云的身子。(醒·93·1321)

④ 他宠妾弃妇,逼勒计氏吊死,合该今生为他的侧室,以便照样还冤。(醒·100·1430)

⑤ 着他打的罢,我且跑到高四于那里,速速去以便早来。(襄·18·1214～1215)

⑥ 邓祥等又复检点行囊,务要捆扎妥适,以便长行。(歧·10·117)

⑦ 夏鼎既脱逃,限即日拿获,以便与同犯发解。(歧·54·507)

⑧ 张亲家老爷也要同去,以便就近接送照料……(儿·34·622)

与"以便"相当的一个关联成分是"以图",如:

⑨ 自己也不敢走开,站在当院,以图支吾遮掩。(歧·11·128)

但"以图"并没有演变为连词,而是实词性结构起关联作用。

5.7.3 省、省得(省的)

"省"《金》1 例,《醒》3 例,《聊》2 例;"省得"《金》8 例,《醒》23 例,《聊》1 例;"省的"《金》30 例,《醒》9 例,《聊》15 例。如:

① 惠希仁道："来的正好。老刘实是个趣人，省我们上门上户的。走！走！铺里坐坐去。察院老爷嗔俺违了限，正差人出来催拿原差哩。"（醒·81·1154）

② 凡系本部院差人进京，即在此房安寓，省又另寻下处，以致泄漏军机。（醒·82·1175）

③ 晁梁说道："既无用处，与我寄放在此，省我明岁来时，累我行李。"（醒·93·1326）

④ 打了仗开了交，省在一处把气恼，怎么做局把我罩？（聊·襄·1203）

⑤ 既不误了他读书，又省他出去放荡，岂不妙哉！（聊·襄·1225）

⑥ 领出头面来，还了人家，省得合口费舌。（金·95·1429）

⑦ 不如趁有他的时节，好叫他发送到正穴里去，省得死在他后边，叫人当绝户看承。（醒·16·239）

⑧ 孔明说："云长再思一思，若不能杀那曹操，不如不去，省得那时懊悔。"（聊·快·1125）

⑨ 比对我当初摆死亲夫，你就不消叫汉子娶我来家，省的我攔拦着他，撑了你的窝儿。（金·11·126）

⑩ 论起春梅，又不是我房里丫头，你气不愤，还教他伏侍大娘就是了，省的你和他合气，把我扯在里头。（金·11·126）

⑪ 交他去了，省的他在这里跑兔子一般。（金·51·684）

⑫ 月娘道："好不好随你叫他去，我不管你，省的人又说招顾了我的兄弟。"（金·76·1162）

⑬ 惠希仁合单完道："你交下，快着来，我先坠着童氏，省的被得躲了。"（醒·81·1155）

⑭ 勉强把箸儿动一动，也省的半日忍饥。（聊·墙·833）

⑮ 再有甚点心，拿上一盒子与他吃，省得他又说大清早辰拿寡酒灌他。（金·95·1433）

"省"、"省得（省的）"也出现在《歧》、《儿》中。"省"《歧》2例；"省得"《歧》1例，《儿》15例。"省的"《歧》38例，《儿》无用例。如：

⑯ 你回来了好，省我萦记你。（歧·70·669）

⑰ 大相公吩咐一句，叫他回去罢，省得他等着。（歧·48·443）

⑱ 邓九公起来又向安公子道："老贤侄，你夫妻也同拜了罢，也省得只管劳动你姐姐。"（儿·24·411）

⑲ 王氏道："不管饭就好，省的伺候。就请下他。"（歧·8·84）

5.7.4 免得（免的）

"免得"《金》1例，《醒》11例，《聊》1例；"免的"《金》、《醒》无用例，《聊》3例。"免得（免的）"《歧》无用例，《儿》出现11例，都为"免得"的形式。如：

① 说道："便是这位娘子。他是大人家出来的,因和大娘子合不着,打发出来,在我这里嫁人。情愿个单夫独妻,免得惹气。"(金·94·1421)

② 李成名道："您慢慢叫醒他,待我且到家回声话去,免得家里心焦。"(醒·4·54)

③ 我如今教他不过了,决要辞去,免得耽阁人家子弟。(醒·23·347)

④ 两口子齐心算计,要把小琏哥致死,叫是"斩草除根",免得后来说话。(醒·57·822~823)

⑤ 你给我吹风炉速煮参汤,免得俺空肚子虚火煎熬。(聊·戏·闹·821~822)

⑥ 这老奴才不知捣的甚么鬼儿!怎么是没来?实实的招来,免的持毛!(聊·襀·1204)

⑦ 我定然不放他,把角门关了,免的胡缠。(聊·襀·1227)

⑧ 前生造就,神佛保佑,既遭了前世冤家,要脱逃如何能够?泼水难收,泼水难收,到不如今生全受,免的再生再来报仇。(聊·襀·1240)

"免得(免的)"与"省"、"省得(省的)"都是目的连词,但与"好"、"以便"等目的连词不同的是,这几个连词都从"免除"类动词发展而来,因此本身就包含"使 S 不 V"的语义特征,因而在表示目的时与"以便"等语义正相反,不是为了"获得",而是为了"免除"。从语义来讲,"以便"的目的是实现主观希望的事情 B,而"免得"等要免除主观不希望发生的事情 B。

5.7.5 看

《金》3 例,《醒》18 例,《聊》45 例。从所连接的事情与主语的主观愿望的一致与否来看,"看"作为目的连词,与"免得"、"省的"等连词是一类目的连词,即目的是为了免除某种不好的事情发生。如:

① 奶奶叫个大姐送我送,看狗咬了我腿。(金·95·1435)

② 新出锅滚热的果子,纯香油炸的,又香又脆,请到里边用一个儿。这到店里还有老大一日里,看饿着了身子。(醒·69·987)

③ 小厮们,计着些儿,明日再合我提提儿,看我今日酒醉忘了。(醒·70·1002)

④ 狄希陈道:"你悄悄的罢,紧仔爹不得命哩!看爹听见生气。"(醒·76·1081)

⑤ 你还不快找也,看到别处着人哄去了。(聊·墙·842)

⑥ 慧娘说:"爹爹吩咐休住下,看这里费事。"(聊·翻·971)

但从来源来讲,"看"与"免得"的来源却没有任何相同之处。因为"免得"等目的连词本身就含有"免除"的语义,所以就用于表示"免除"、"使不发生"的目的关联。"看"一般也用于表示"担心某些不好的事情发生,其前面的句子也表示为了免除而有所作为",但又不是所有"看"句都可以替换为"以免"句。如:

⑦ 桂姐笑道："怪攘刀子的，看推撒了酒在爹身上。"（金·21·271）

⑧ 你去罢，看老王弄不好。（聊·墙·832）

⑨ 李氏说："休做呀，我等不的，看那孩子醒了哭。你叫小讷子来，我合他去罢。"（聊·慈·903）

⑩ 苦到不妨，再加蜜看人笑话。（聊·墙·833）

⑪ 天已明了，看老头子害冷，先送些火去。（聊·墙·848）

⑫ 自家不是别人，县前王银匠便是。急急上城，看有花户倾销。（聊·墙·840）

⑬ 还有几张旧箱子，明日抬来看用着，一行铺排一行乐。（聊·翻·1003）

⑭ 王中急叫赵大儿，悄悄骂道："……你快去楼下，看大爷要茶要水。"（歧·11·128）

例⑦至例⑩不能用"以免"或"省得"来替换，因为"看"所表示的只是避免未来的一种坏的可能性发生，句中除了由"看"引起的目的句 B，并没有出现为避免 B 而采取的动作行为句 A。而"以免"、"省得"句是"A，以免（省得）B"，句子包含 A、B 两个有因果关系的分句。例⑪是个倒装句，应是"先送些火去，看老头子害冷"。例⑫"急急上城，看有花户倾销"全句可以补充为"急急上城，看有花户倾销，耽误了生意"。这样的用法相当于省略了一个分句，而这个分句"耽误了生意"才是想"避免"的真正情况。例⑬、⑭也是省略了避免句 B 的，但在表达上是完整句。因此，可以说"看"句适用的结构为"A，看 B"，表示"不 A，就会 B"。

5.8 转折连词

转折连词《金》、《醒》、《聊》共出现 29 个，其中《金》出现 21 个，《醒》出现 23 个，《聊》出现 20 个。具体情况见转折连词统计表。

转折连词统计表

		金	醒	聊
前转折连词	虽	86	213	128
	虽是	23	121	28
	虽说	0	7	2
	虽说是	0	3	0
	虽然	29	84	84
	虽然是	3	1	12
	虽然说是	0	1	2
	虽则	1	1	1
	虽则是	3	0	1
	虽故	27	0	0

		金	醒	聊
后转折连词	但₁	15	212	24
	但是₁	1	14	3
	只₁	2	11	0
	只是	53	203	24
	但只₁	1	16	1
	但只是₁	4	6	26
	但仔是	0	0	4
	但祇是	0	0	1
	可只	0	2	0
	可只是	0	4	7
	就是₁	0	0	11
	就只是	0	1	0
	然	1	4	1
	不过	0	0	2
	不料	21	24	3
	不想	126	7	11
	不意	2	4	0
	不期	8	1	0
	争耐	1	0	0
	争奈	11	3	6
	只争	1	0	0
	不争	10	0	0

5.8.1 前转折连词

5.8.1.1 虽、虽是、虽说、虽说是

"虽",上古汉语连词,在《金》、《醒》、《聊》里又构成"虽是"、"虽说"、"虽说是"等。其中,"虽"《金》86 例,《醒》213 例,《聊》128 例;"虽是"起源于近代汉语,《金》23 例,《醒》121 例,《聊》28 例;"虽说"《金》无用例,《醒》7 例,《聊》2 例;"虽说是"《金》、《聊》无用例,《醒》3 例。如:

> ① 这时虽是新秋,不知开着多少花朵在园里。(金·56·756)
> ② 咱那东西虽不济,他也知道咱家穷,全要你把心来用。(聊·墙·832)
> ③ 张炳之婆子的性儿尖似锥,我虽不敢朝你的头,你还猜不方我的谜。(聊·慈·899)

④ 狄员外道:"虽是家里有,可也要使钱买,把这银子收了倒好。"(醒·66·950)

⑤ 虽是眼前没处住,自然好歹的垒个窝,这比充军还好过。(聊·翻·998)

⑥ 虽是人家也赌钱,谁像你乜没腔眼?(聊·俊·1112)

⑦ 虽是江城见的少,模样烂熟在心间,精神眉眼皆活现。(聊·襄·1172)

⑧ 号里少人行,号里少人行,虽是无声却有声,好似一集人,隔着十里听。(聊·磨·1495)

"虽说"是"虽+说"结构在"说"语义弱化后重新分析而形成的连词,用法与"虽"相当。又有"虽说是"的形式。如:

⑨ 虽说司厅合抚院,都该横骨垛了心,敢仔遭着清官问?(聊·寒·1024)

⑩ 虽说是二雄不并栖,谁知道这二雌也是并栖不得的东西。(醒·91·1295)

从以上例子可以看出,连词"虽"在明清时期,受连词发展中的一些新因素(如新词缀"是"、"说"的形成和类推)的影响,在形式上也有许多变化。这种变化在其他语料如《歧》、《儿》里表现得也比较明显,而《儿》更为突出。如:

⑪ 二人口中虽是硬说,不觉泪已盈眶,却强制住不叫流出来。(歧·12·132)

⑫ 孔慧娘虽说不怨,却因自己有病,难以收拾。(歧·33·306)

⑬ 边公道:"人情虽说可悯,王法断难姑息。拉下去。"(歧·65·625)

⑭ 他虽说走了几站,那华奶公都是跟着他,破正站走,赶尖站住,尖站没有个不冷清的。(儿·4·54)

⑮ 但是我想,我那时候虽说无靠,到底还有我的爹妈;他虽说无靠,合我还算得上个彼此。(儿·26·434)

⑯ 你的书虽说不生,荒了也待好一年了……(儿·33·592)

⑰ 虽说是安顿在土地祠不至受苦,那庙里通共两间小房子,安老爷住了里间,外间白日见客,晚间家人们打铺,旁边的一间小灰棚只可以作作饭菜、顿顿茶水。(儿·3·33)

⑱ 虽说是没什么模样儿,绝好的一个热心肠儿。(儿·15·221)

5.8.1.2 虽然、虽然是、虽然说是

"虽然"《金》29 例,《醒》84 例,《聊》84 例;"虽然是"《金》3 例,《醒》1 例,《聊》12 例;"虽然说是"《金》无用例,《醒》1 例,《聊》2 例。如:

① 西门庆道:"虽然官差,此是我赏你,怕怎的!"(金·66·926)

② 虽然叫达一样叫,俺达不如他达亲。(聊·墙·831)

③ 于氏说:"珊瑚虽然强及如今的,只是可不如您那媳妇……"(聊·姑·

878）

④ 虽然两树是同根，自从生下你，一别到如今，怎么还能把我认？（聊·慈·912）

⑤ 他虽然是个男子，我却还嫌他铺囊。（聊·翻·933）

⑥ 三姐说道也不错，这等汉子恋不过，虽然嫁不着好丈夫，不少这样破喇货。（聊·俊·1112）

⑦ 虽然是人离咫尺，如隔天涯。（金·44·576）

⑧ 薛如卞兄弟虽然是有正经，但是为他母亲烧纸，难道好拒绝他不成？（醒·68·972）

⑨ 虽然是没嘎你吃，咱可也不是叫花。（聊·翻·971）

⑩ 二相公气昂昂，虽然是跪在堂，那是理直气也壮。（聊·寒·1025）

⑪ 虽然说是做了亲，也不求他一碗饭。（聊·翻·965）

⑫ 虽然说是点灯来，却又只顾拿不到。（聊·翻·938）

"虽然"是"虽＋然"分句词化而成的连词，"虽＋然"结构在《金》、《醒》、《聊》中还可以见到。如：

⑬ 虽然，妻之视妾，名分虽殊，而戚氏之祸，尤惨于虞姬。（金·1·3）

⑭ 清晨饭日头高，糊突哈了勾一瓢，虽只然多只撒了两泡溺。（聊·墙·834）

例⑬中"虽然"独立成句，而例⑭"虽只然"即"虽这样"，"只然"复指前面的分句，"虽只然"仍是个独立分句。

5.8.1.3 虽则、虽则是

"虽则"，上古汉语连词，是连词"虽"和"则"复合而成的连词。《金》1 例，《醒》1例，《聊》1 例；"虽则是"《金》3 例，《醒》无用例，《聊》1 例。"虽则"《歧》无用例，《儿》出现 2 例；"虽则是"《歧》、《儿》无用例。如：

① 我虽则往东京，一心只吊不下家事哩，店里又不知怎样，因此急忙回来。（金·55·747）

② 与晁夫人姑媳虽则睡不同床，却是食则共器。（醒·92·1312）

③ 话说只为这件奇事，编了一部要孩儿，虽则传流已久，各人唱的不同。（聊·增·1553）

④ 虽则是不纳忠言之劝，其亦大数难逃。（金·47·616）

⑤ 后见王姑子制就头胎衣胞，虽则是做成末子，然终觉有些注疑，有些焦刺刺的气子，难吃下口。（金·53·713）

⑥ 连日江城与小生竟有了说笑，虽则是我去奉承着他么，到底也还奉承得过了。（聊·襄·1241）

5.8.1.4 虽故

"虽故"只出现在《金》中,27 例,其中用于主语后 25 例,用在主语前 2 例。如:

① 金莲虽故口里说着,终久怀记在心,与雪娥结仇,不在话下。(金·11·122)

② 这西门庆留心已久,虽故庄上见了一面,不曾细玩其详。(金·13·152)

③ 你爹虽故家里有这几个老婆,或是外边请人家的粉头,来家通不瞒我一些儿,一五一十就告我说。(金·23·295)

④ 蔡御史道:"他虽故是江西人,倒也没甚蹊跷处……"(金·49·643)

⑤ 见李瓶儿勒着鸦青手帕,虽故久病,其颜色如生,姿容不改……(金·63·887)

⑥ 这文嫂故意做出许多乔张致来,说道:"旧时虽故与他宅内大姑娘说媒,这几年谁往他门上走……"(金·69·993)

⑦ 虽故差人拿帖儿,送假牌往衙门里去,在床上睡着,只是急噪,没好气。(金·79·1227)

⑧ 伯爵道:"好大舅,虽故有嫂子,外边事怎么理的……"(金·79·1237)

⑨ 东厢孙二娘生了小姐,虽故当家,挝着个孩子。(金·88·1341)

⑩ 虽故大娘有孩儿,到明日长大了,各肉儿各疼,归他娘去了,闪的我树倒无阴,竹篮儿打水。(金·91·1371)

以上例①、③、④"虽故"用在主语后,强调主语的动作行为;例②、⑤、⑥、⑦、⑧、⑨承前或因上下文省略主语;例⑩用在主语前,强调整个原因句。

5.8.2 后转折连词

5.8.2.1 但₁、但是₁

"但₁"《金》15 例,《醒》212 例,《聊》24 例;"但是₁"《金》1 例,《醒》14 例,《聊》3 例。可以用于连接分句,也可以用于连接语篇。如:

① 我也极知道公婆是该孝顺的,丈夫是该爱敬的,但我不知怎样,一见了他,不由自己就象不是我一般,一似他们就合我有世仇一般,恨不得不与他们俱生的虎势。(醒·59·850)

② 妹妹不知何处去,想是他来报父冤,但他软弱何能干?(聊·寒·1034)

③ 我侄儿会做文章,但他意兴太颠狂。(聊·襄·1157)

④ 纵然儿女无行径,但有老气还不妨,一口不来怎么样?(聊·襄·1198)

⑤ 伯爵道:"哥怎的说这个话?你唤他,他才来,也不知道你一向恼他。但是各人勾当,不干他事,三婶那边干事,他怎得晓的,你到休要屈了他……"(金·72·1059)

⑥ 狄希陈自从到任以来,虽也日有所入,不过是些零星散碎之物;如今得此大财,差不多够了援例干官的一半本钱,感激周相公锦囊妙计,着着的入他套中,

685

也谢了周相公五十两。狄希陈甚是欢喜。但是，天下的财帛也是不容易担架的东西，往往的人家没有他，倒也安稳；有了他，便要生出事来，叫你不大受用。（醒·94·1340）

⑦ 这一险可非轻，几乎把老命倾，遇着你也是前生幸。但是如今饥又冷，可往那里去投生？（聊·墙·841）

⑧ 自家卢龙秀才，姓张名遹，字鸿渐，年方一十八岁，颇有个微名。但是时运未至，不得不惧祸藏身。（聊·磨·1381）

5.8.2.2 只₁、只是

"只₁"《金》2 例，《醒》11 例，《聊》无用例；"只是"《金》53 例，《醒》203 例，《聊》24 例。如：

① 我一心要寻个先生们在屋里，好教他写写，省些力气也好，只没个有才学的人。（金·56·761）

② 狄希陈说："这邪街上有一个魁姐，生的人才有八九分姿色，我去合他讲一讲，包他两个月；只不可说是用他演法，只合他讲包宿钱罢了。"（醒·61·880）

③ 童奶奶道："还得我自己进去，要是亲见了老公更好，只不知得出朝不……"（醒·71·1013）

④ 王婆道："生的十二分人才，只是年纪大些。"（金·2·31）

⑤ 西门庆说："做亲也罢了，只是有些不搬陪。"（金·41·540）

⑥ 那孩儿方才宁贴，睡了一觉，不惊哭吐奶了，只是身上热还未退。（金·48·633）

⑦ 只是他又甚是标致，他与我好的时候也甚是有情，只是好过便改换了。（醒·61·878）

⑧ 近来提亲的到不少，只是合不着我的意思。（聊·禳·1160）

⑨ 我有那个念头，只是搜寻不着好的。（聊·增·1623）

⑩ 如老公必欲不饶，脱不了咱家所有的，那个不是老公赏的？咱变换了来赔上。你只别拿着这假杭杭子哄老公。（醒·70·1006）

⑪ 我岂不能一鼓荡平，张大其事，说甚么不封侯拜将？只自己良心难昧，天理不容，我所以且不进兵，先与议抚。（醒·99·1410）

⑫ 狄希陈道："这事也做得周密。只是要谨言，千万不可对里边家人们说……"（醒·97·1378）

⑬ 张老爷说："那有不去之理！只是去也有法，不必疑难。"（聊·慈·929）

⑭ 你每日极好，也想着你做不出这样事来。只是我没处怨了，就屈了你了。（聊·翻·944）

⑮ 相公就住几天何妨？只是我可担不的。（聊·磨·1453）

以上例①至⑨用于连接分句，例⑩至⑮用于连接语篇。

5.8.2.3 但只₁、但只是₁(但仔是)

"但只₁"《金》1例,《醒》16例,《聊》1例;"但只是₁"《金》4例,《醒》6例,《聊》26例;"但仔是"只出现在《聊》中,4例。如:

① 因为那日后边会遇陈经济一遍,见小伙儿生的乖猾伶俐,有心也要勾搭他,但只畏惧西门庆,不敢下手。(金·18·224)

② 那张水云合陈鹤翔见了,不胜诧异,只是不晓得那诗中义理,不知说得是甚;但只心里也知道不是个野道士,必定是个神仙。(醒·28·417)

③ 这程乐宇劝的话句句都是正经,但只不曾说着他的心事。(醒·38·553)

④ 你是个学生不足言,不足言,但只我离家这几年,不过找你看一看。(聊·翻·959)

⑤ 情管那家子必定有一个人害眼疼的,这拿的就是他;但只是咱这地方没有这们恶人。(醒·64·915)

⑥ 老婆你说你乖觉,汉子哄你不值个破瓢,但只是耽了些惊恐,费了些计较。(聊·慈·900)

⑦ 论起来我就该低头竟过,但仔是亲戚们好处还多。(聊·富·1317)

⑧ 那行子忒也秦,不拿他当个人,因此他那心里恨。但只我已被贼掳,怎么寻法害子孙?(聊·翻·985)

⑨ 武松道:"小的本为哥哥报仇,因寻西门庆,误打死此人。"把前情诉告了一遍:"委是小的负屈衔冤,西门庆钱大,禁他不得。但只是个小人哥哥武大含冤地下,枉了性命。"(金·10·114~115)

⑩ 如今阴司不收,我白日游游荡荡,夜归向各处寻讨浆水,适间蒙你送了一陌钱纸与我。但只是仇人未获,我的尸首埋在当街,你可念旧日之情,买具棺材盛了葬埋,免得日久暴露。(金·88·1334)

⑪ 我儿有这一个心就好。但只是我饱了,行了罢。(聊·墙·833)

⑫ 譬如有一个前窝儿,若是打骂起来,人就说是折蹬;若是任凭他做贼当忘八,置之不管,人又说是他亲娘着,他那有不关情的:谓之左右为难。但只是做着后娘,只出上一片好,就见了玉皇爷爷,也敢抓出心来给他看看;但仔是那做后娘的可又不能哩。(聊·慈·892)

⑬ 但只是他人家大,我仰攀不起;我只找穷汉人家肩膀齐的。(聊·襀·1161)

以上例①至⑦用于连接分句,例⑧至⑬用于连接句子。

5.8.2.4 可只、可只是

"可只"《金》、《聊》无用例,《醒》2例;"可只是"《金》无用例,《醒》4例,《聊》7例。可以用于连接分句,也可以用于连接语篇。如:

① 小娇春也只得跳在湖里逃命，可只不会赴水，泪没得象个雏鸡一般。（醒·66·946）

② 一两席酒，我自己也曾做来，可只是人家有大小不等，看将就不将就哩。（醒·55·797）

③ 自从珊瑚去了，眼里倒也拔了钉子，可只是诸般的没人做。（聊·姑·871）

④ 以理论起来，既有了儿，就不娶也可以罢了，可只是打光棍也是难呢。（聊·慈·894）

⑤ 虽然快乐，可只是凭着娘子抄书度日，这也不是常法。（聊·蓬·1091～1092）

⑥ 也没有别人，可只是说了，你也未必能学。（聊·禳·1208）

⑦ 你既入了会，以后还有甚么善事，一传你要即刻就到；若有一次失误，可惜的就前功尽弃了。可只你公公不许我们进去，怎么传到你的耳朵？（醒·69·992）

⑧ 今夜既不死，想还有几日的活头。可只是这腿重了，不能行路。（聊·磨·1453）

⑨ 奶奶分付，怎敢不依！可只是扰的太多了。（聊·磨·1455）

⑩ 那时走了八日，这已是十来天，那有不到的。可只是如何是个了手？（聊·磨·1471）

5.8.2.5 就是₁

"就是₁"表示轻度转折，《金》、《醒》无用例，《聊》11例。如：

① 道有烟两样，就是不大好……（聊·戏·闹·816）

② 你看走了半里路，浑身热气到脚梢，就是这腔上还不妙。（聊·墙·846）

③ 只该打他三五下，叫他再来好记着；好记着，没奈何，就是打的他忒也多。（聊·慈·895）

④ 小的登堂告知县，那些光棍们，枷打在下边，就是没把地土断。（聊·翻·958）

⑤ 就是那鹤壮如驴，他能驮我到仙府，也怕那里的神仙太多，这后来的无处安放。（聊·富·1276）

此外，"就是"用于转折《歧》无用例，《儿》出现4例：

⑥ 这些话我心里也有，就是不能象他说的这么文诌诌的。（儿·1·13）

⑦ 傻狗说："好可是好，就是咱们驮着往回里这一走，碰见个不对眼的瞧出来呢，那不是活饥荒吗？"（儿·4·51）

⑧ 十三妹对众人说道："饭儿是吃在肚子里了，上路的主意我也有了，就是

得先合你两家商量……"（儿·9·131）

⑨ 褚一官道："我不怕别的；他老人家是个老家儿，咱们作儿女的，顺者为孝，怎么说怎么好，就是他老人家抡起那双拳头来，我可真吃不克化！"（儿·14·214）

5.8.2.6 就只是

《金》、《聊》无用例，《醒》1 例；《歧》无用例，《儿》出现 1 例：

① 狄希陈道："你嫂子倒也是个没毒的，不大计恨人。我要有甚么惹着他，我到了黑夜陪陪礼，他就罢了。他就只是翻脸的快，脑后帐又倒沫起来。"（醒·58·835）

② 邓九公道："是啊！要果然是这桩事，可就算来的巧极了：一则那东西是你一件家传至宝，我呢，如今又不出马了，你走后我留他也是无用，倒是你此番远行带去是件当伐的家伙。就只是这块砚台，偏偏的我前日又带回二十八棵红柳树西庄儿上收起来了。如今人家交咱们的东西来，人家的东西咱们倒一时交不出去，怎么样呢？"（儿·17·261）

5.8.2.7 然

上古汉语连词，《金》1 例，《醒》4 例，《聊》1 例；《歧》12 例，《儿》11 例。如：

① 后见王姑子制就头胎衣胞，虽则是做成末子，然终觉有些注疑，有些焦剌剌的气子，难吃下口。（金·53·713）

② 幸得狄宾梁为人甚好，乡庄人都敬服他，又且儿子是个秀才，没人敢说他是李九强的主人，向他琐碎；然也不免牵着葛条，草也有些动弹。（醒·48·698）

③ 却说薛素姐那日从淮安赶船不着，被吕祥拐了骡子，流落尼姑庵内，虽遇着好人韦美，差了觅汉送他回家，然受了许多狼狈。（醒·94·1341）

④ 所以晁老听了这些语，那心头屡次被火烧将起来，俱每次被那夫人一瓢水浇将下去，于是这梁生、胡旦也还没奈何容他藏在里边。然虽是说不尽得了夫人解劝的力量，其实得了那跨灶干蛊的儿子不在跟前。（醒·15·218）

⑤ 方娘子虽然未守寡，然供给儿子读书，也极费力。（聊·富·1325）

⑥ 那位打算诗酒风流的公子，何尝不是被他姊妹两个一席话生生的把个懒驴子逼上了磨了呢！然虽如此，却也不可小看了这个懒驴子……（儿·33·591）

5.8.2.8 不过

近代汉语连词，《金》、《醒》无用例，《聊》2 例。"不过"做副词，与"只"、"只是"相当。如：

① 张胜说："你系娼门，不过趁熟觅些衣饭为生，没甚大事。看老爷喜怒不同：看恼，只是一两掯子；若喜欢，只恁放出来也不止。"（金·94·1414）

② 小瓦瓴不过才十来多岁，已下手把样子描了两对，想是那小心眼诸般学

会。（聊·墙·859）

③ 安大成要寻思，不过他转便宜，我就让他便宜转，这一个商议或者依。（聊·姑·879）

"不过"演变成连词后，用法也与"只"、"只是"的连词用法相当，表示轻度转折。如：

④ 我不是相戏，不过你恐怕犯法，那家里眼也没有这么长。（聊·禳·1221）

⑤ 他说，这倒极好，不过那太太愿意没？（聊·禳·1254）

"不过"、"不过是"做连词《歧》、《儿》出现较多。如：

⑥ 绍闻道："只因说话太刚，惹人连他的好处也要忘了，所以昨日我打发他。不过咱爹承许他的菜园，他的市房，不昧他的便罢。"（歧·35·329）

⑦ 姑娘接着说道："我也没什么愿意不愿意，不过想着他二位穿了孝参了灵就算情理两尽了，究竟有伯父伯母在上头；况且又是行路，就这样上路，断乎使不得……"（儿·20·323）

⑧ 心地儿使得，本领也不弱，只不过老实些儿，没什么大嘴末子。（儿·32·572）

⑨ 霍士端回说："小的可敢说怎么样呢？不过是老爷待小的的恩重，见不到就罢了，既见到了，要不拿出血心来提补老爷，那小的就丧尽天良了……"（儿·2·29）

5.8.2.9 不料

《金》21例，《醒》24例，《聊》3例。如：

① 正要阳谷县抓寻哥哥，不料又在清河县做了都头。（金·1·9）

② 当下李瓶儿只指望孩儿好来，不料被艾火把风气反于内，变为慢风……（金·59·816）

③ 走回家去，原要自己管了店，叫薛三槐去买米，不料铺中围了许多人在那里买布，天又看看的晚了，只得拿了几十文钱，叫冬哥提着篮，跟了到米店去籴了五升稻米回来。（醒·29·429）

④ 这年二月尽边，晁夫人因雍山庄上盖房上梁，季春江请晁夫人出去看看，原算计不两日就回，穿的也还是棉衣。不料到了庄上，天气暴热起来，又没带得夹袄，只得脱了棉衣，光穿着两个绵绸衫子，感冒了风寒，着实病将起来。（醒·36·536～537）

⑤ 狄周媳妇正哈哝着，不料素姐正从厨房窗下走过，听见说是小玉兰偷了鸡吃，素姐扯脖子带脸通红的把小玉兰叫到房中，把衣裳剥脱了个精光，拿着根鞭子，象打春牛的一般，齐头子的鞭打，打的个小玉兰杀狼地动的叫唤。（醒·48·698～699）

⑥ 仇大姐在里边,安排的甚周全,赶饼做饭登时办。虽然家中无预备,排头个个赏了钱,行人们都待了酒合饭。不料他还能如此,来的人个个喜欢。(聊·翻·967)

5.8.2.10 不想

《金》126 例,《醒》7 例,《聊》11 例。如:

① 那小周连忙赶着他哭只顾剃,不想把孩子哭的那口气憋下去,不言语了,脸便胀的红了。(金·52·693)

② 实承望和娘相守到白头,不想我的命苦,先把个冤家没了,如今不幸我又得了这拙病,死去了。(金·62·872)

③ 昨日晚夕,我才打翠花铺子里讨将来,今日要送来,不想奶奶又使了牢子去。(金·95·1432)

④ 我实承望要回了这张床去,也做他老人家一念儿,不想又与了人去了。(金·96·1442)

⑤ 原是算计两个先生各自请开,只因他吃不得慢酒,所以先送了他礼,再请不迟,不想送出这等一个没意思来。(醒·39·571)

⑥ 因受不的家里后娘屈气,使性子来京里投亲,不想亲戚又没投着,流落在京,情愿自己卖身。(醒·84·1195)

⑦ 我的儿我的娇,听说你上府去告,时刻就把肝肠吊。一个嘎本领,怎不来家就开交?知道那上状怎么告?不想你出头露面,倒把咱门户撑高。(聊·翻·960)

⑧ 那魏名听的人说,待乡亲极有理,所以来亲近他,不想转了一脸灰,好不烦恼!(聊·翻·1008)

5.8.2.11 不意

《金》2 例,《醒》4 例,《聊》无用例。如:

① 那时酒中说话,咱也忘却多时……不意一诺千金,远蒙员外记忆。(金·55·751)

② 既是前边失了主意,待他来骂的时候,舍吊了这几两财礼,把这个老婆白叫他将了回去,这也就消弭了祸端。不意又被那宋明吾的一班伙党作刚作柔的撮合,故意讲和,又与了他四两银子。(醒·63·899)

③ 胡无翳喜不自胜,说本夜梦见梁片云从远处云游回寺,合胡无翳行礼相拜,送胡无翳土宜,里面有一匹栗色松江纳布。不意日中便有晁梁来到。(醒·93·1323)

5.8.2.12 不期

《金》8 例,《醒》1 例,《聊》无用例。如:

① 西门庆安心早晚要调戏他这老婆,不期到此正值孟玉楼生日,月娘和众堂客在后厅吃酒。(金·22·278)

② 一向使人找寻贤弟不着,不期今日相会,实乃三生有缘。(金·97·1452)

③ 恰才睡着,似睡不睡,梦见金莲身穿素服,一身带血,向经济哭道:"我的哥哥,我死的好苦也! 实指望与你相处在一处,不期等你不来,被武松那厮害了性命……"(金·88·1334)

④ 不期这等一个极好的道场,已是完成九分九厘的时候,却生出一件事来……(醒·30·442)

5.8.2.13 争奈(争耐)

"争奈(争耐)"《金》11 例,《醒》3 例,《聊》6 例。如:

① 左右捧茶上来,吃了茶,黄主事道:"昨日宋松原多致意先生,他也闻知令夫人作过,也要来吊问,争奈有许多事情羁绊……"(金·65·910)

② 几次欲待要往公门诉状,争奈妾身未曾出闺门,诚恐抛头露面,有失先夫名节。(金·69·987)

③ 夏公便道:"要留长官坐坐,争奈在于客中,彼此情谅。"(金·71·1027)

④ 有心待告诉官府,争奈这腿软腰酸。(聊·墙·835)

⑤ 从前不曾问一声,只为十年兄弟情,争奈如今手里空。(聊·墙·842)

⑥ 谢娘子泪涟涟,一炷明香祷告天:不孝惹的那神灵怨,我今才醒了糊突梦,痛改从前以往愆。争奈光阴已有限,若许从新改过,再着我侍奉十年。(聊·慈·890)

⑦ 有钱不怕无衣穿,争奈腰中无有钱,肚里无食偏要死,穷人论不的热合寒……(聊·慈·924)

⑧ 我这嫂子与你是那样夫妻,热突突死了,怎的不心疼? 争耐你诺大的家事,又居着前程,这一家大小太山也似靠着你。(金·62·884)

"争奈"《歧》出现 2 例,《儿》出现 3 例;另《歧》又写做"争乃",69 例。如:

⑨ 双庆将帖儿放在桌上,说道:"俺家大相公多拜张大爷,本该讨扰,争乃家有个紧事,万不能来……"(歧·36·338)

⑩ 眼睁睁看着有一股子钱,争乃手中无本钱,只得放过去。(歧·40·372)

⑪ 也曾将牌上配搭、色子的点数教导了几番,争乃一时难以省悟。(歧·

50·464）

5.8.2.14 只争

《醒》、《聊》无用例，只《金》1例：

① 娘子人材无比的好，只争年纪大些。（金·91·1375）

5.8.2.15 不争

近代汉语连词，《金》10例，《醒》、《聊》无用例。如：

① 看官听说：大段潘金莲生有地儿死有处，不争被周忠说这两句话，有分交这妇人从前作过事，今朝没兴一齐来。（金·87·1324）

② 爹从前已往天高地厚之恩，小的一家粉身碎骨也报不过来。不争今日恼小的，惹的同行人耻笑，他也欺负小的，小的再向那里是个主儿。（金·72·1060）

③ 李铭道："小的从小儿在爹宅内答应这几年，如今爹到看顾别人，不用小的了。就是桂姐那边的事，各门各户，小的一家儿是不知道。不争爹因着那边怪我，难为小的了……"（金·72·1057）

④ 常言道：要打没好手，厮骂没好口。不争你姊妹们攘开，俺每亲戚在这里住着也差。（金·75·1128）

⑤ 我宋江久后决然替贤弟择娶一个好的。不争你今日要个这妇人，惹江湖上好汉耻笑。（金·84·1293）

⑥ 常二笑道："刚才说了许多辛苦，不争这一些羊肉，就牛也该宰几个请你。"（金·56·760）

"不争"有"不料"之义，但除了做转折连词，还可以引起反义疑问句，与"怎奈、难道"相当。有时也可引起递进关系从句，如例①至例③"不争"做转折连词，而例④、例⑤"不争"有反问之意。"不争"的这种用法和"怎奈"的发展是一致的，这也说明这类连词化的结构和同形疑问结构之间有渊源关系。例⑥"不争"又可以接引递进关系的句子，这应该是其用法发展的结果。

5.9 假设连词

假设连词在《金》、《醒》、《聊》中数量较多，变化也较复杂。从来源看，可以分为：

第一，"如"、"若"类，如"如"、"如是"、"若"、"若是"、"若然"、"若乃"、"如若"、"如果"、"若要"、"若要是"、"若使"、"若或"等，这一类假设连词是由譬况动词演化来的；

第二，"倘"、"使"、"假"、"设"类，如"倘"、"倘若"、"倘若是"、"倘然"、"倘或（倘忽）"、"设使"、"设或"、"假如"、"假若"、"假饶"、"使非"等；

第三，"要"类，如"苟"、"要"、"要是"等；

第四，"便"、"就"、"即"、"纵"、"饶"类，如"便"、"便是"、"就"、"就是"、"就使"、"即"、"即使"、"纵"、"纵是"、"纵然"、"纵然是"、"纵使"、"饶"、"饶是"等；

第五,其他,如"万一"、"除非"、"任"、"凭"、"随"、"不拣"等。

具体情况见假设连词统计表。

假设连词统计表

		金	醒	聊
"如"、"若"类	如₂	12	79	3
	如是	0	0	1
	若	432	681	336
	若是	87	127	174
	若然	1	0	0
	若乃	1	0	0
	如若	1	0	0
	如果	0	6	0
	若要	10	3	7
	若要是	0	0	2
	若使	0	5	0
	若或	0	0	1
"倘"、"使"、"假"、"设"类	倘	10	8	2
	倘若	3	0	0
	倘若是	0	0	2
	倘然	1	0	0
	倘或	7	1	2
	倘忽	4	0	0
	倘或是	0	0	1
	设使	2	0	0
	设或	0	0	9
	假如	2	0	0
	假若	3	0	1
	假饶	3	0	0
	使非	0	3	0

		金	醒	聊
"要"类	苟	1	0	1
	要	0	371	2
	要是	0	81	0
	要说是	0	1	0
"便"、"就"、"即"、"纵"、"饶"类	便	2	7	0
	便是	3	7	0
	便就	0	0	1
	便就是	0	1	1
	就	55	147	153
	就是$_2$	82	201	65
	就使	1	2	0
	就算	3	0	0
	即$_2$	0	14	0
	即使	0	8	0
	纵	2	2	16
	总	3	8	11
	纵是	0	0	1
	总是	1	1	1
	总就是	0	0	1
	纵然	1	2	32
	总然	5	14	0
	纵然是	0	0	3
	总然是	0	0	1
	纵使	0	1	0
	饶	21	11	0
	饶是	1	0	0

		金	醒	聊
	打要	1	0	0
	打哩	0	5	0
	打仔	0	1	0
	万一	1	44	7
	除非	8	17	3
	除非是	3	0	7
	除是	1	0	0
	任	4	18	7
	任是	1	0	1
其他	任拘	0	0	11
	任凭	0	13	3
	凭	2	54	2
	任从	0	1	0
	不拘	18	24	1
	随	2	1	0
	随问	12	0	0
	无论₂	0	2	4
	不论	2	19	0
	不拣	1	0	0

5.9.1 如、如是

"如"《金》12例,《醒》79例,《聊》3例;"如是"《金》、《醒》无用例,《聊》1例。如:

① 因对李瓶儿说:"寻一件云绢衫与金莲做拜钱,如无,拿帖段子铺讨去罢。"(金·35·453)

② 如不要,伏望老爹再宽限两三日,等我倒下价钱,将货物卖了,亲往老爹宅里进礼去。(金·47·619~620)

③ 胎前必须以安胎为本,如无他疾,不可妄服药饵。(金·85·1295)

④ 如有走透消息者,必要重责不恕。(聊·翻·1010)

⑤ 以后饮食都着胡百万过了目,方许进用;如是胡百万不在这里,我自检点。(聊·增·1670)

"如是"《歧》出现1例,《儿》无用例:

⑥ 如是阎相公还在宅里时,俺们就商量楚结,犯不着唐突少爷。(歧·30·274)

5.9.2 若、若是

"若"《金》432 例,《醒》681 例,《聊》336 例;"若是"《金》87 例,《醒》127 例,《聊》174 例。如:

> ① 你过日从容再访,若撒谎怎见乡邻。(聊·墙·843)
>
> ② 将军若能如此,真是忠君爱国,何止下官受福!(聊·磨·1537)
>
> ③ 若是有人欺负你,不要和他争执,待我回来,自和他理论。(金·2·24)
>
> ④ 若是素姐一两日喜欢,寻衅不到他身上,他便浑身通畅;若是无故心惊,浑身肉跳,再没二话,多则一日,少则当时,就是拳头种火,再没有不着手的。(醒·60·866~867)
>
> ⑤ 您若是昧心说话,就着他托生了珊瑚。(聊·姑·868)
>
> ⑥ 若不是众人拉劝着,是也打成一块。(金·75·1132)
>
> ⑦ 若不是计爷暗中保护,你们不死,也定要去层皮的!(醒·11·167)
>
> ⑧ 若是像这下半世,就不做神仙也自然。(聊·富·1277)
>
> ⑨ 若不是张老爷给你作主,我领二十万大兵,怕你甚么!(聊·磨·1542)
>
> ⑩ 若非霞外云游客,定是蓬莱玉府人。(金·62·874)

"若"还有时和"时"前后搭配使用表示假设,这也使得"时"有了假设语义色彩,因而有时"时"也单独用于一个句子,表示假设:

> ⑪ 若好时,怎的不与你老人家磕头!(金·46·601)
>
> ⑫ 若爱时,就送上也何难!(金·55·746)
>
> ⑬ 要赶不回来时,你别要你那命!(醒·96·1364)
>
> ⑭ 合爹隔着三四里,爹若来时也不难,想爹恨不常相见。(聊·墙·832)
>
> ⑮ 他不急时,不使将保儿来接我。(金·45·588)

例⑪至⑭的"时"已经不再具有明显的语义特征,而且还可以省略,说明"时"在与"若"联合使用中语义发生了弱化,不再表示"时候"。例⑮则直接用"时"来表示假设语义。

5.9.3 若然、若乃

上古汉语连词,只见《金》各 1 例:

> ① 若然如此,公道何堪?(金·92·1391)
>
> ② 若乃持盈慎满,则为端士淑女,岂有杀身之祸。(金·1·3)

5.9.4 如若

近代汉语连词,由假设连词"如"和"若"复合而成,用法和单用时相同。只有《金》1 例:

> ① 谢希大接过说道:"哥如若不说,俺每明日唱扬的里边李桂姐、吴银儿那里知道了,大家都不好意思的。"(金·16·200)

5.9.5 如果

近代汉语连词,《金》、《聊》无用例,《醒》6 例;《歧》1 例,《儿》32 例。如:

① 若是这财,丧了良心,涂抹了面孔,如果求得他来,便也只图目下的快活,不管那人品节概的高低,倒也罢了。(醒·34·495)

② 如果与宅上致祭,好预先往坟上伺候。(醒·46·678)

③ 如果弟子该偷他的,望菩萨赐一上上之课;如果不该偷他的财物,只许他骗害平人,赐弟子一个下下之课。(醒·65·928)

"如果"是"如"和"果"的复合。"果"本是副词,表示"果真"、"果然",而"果然"就有假设关联作用,并且表示真性假设。如:

④ 果然那样,那不叫作探花,倒叫作笑话儿了!(儿·1·16)

⑤ 果然有些善根,再知悔过,这人力定可以回天……(儿·3·34)

⑥ 安公子道:"且请看看这弹弓,果然不直一笑,那时我再送金银不迟。"(儿·11·159)

⑦ 先生果然肯成全他,便是大幸了。(儿·18·283)

"如果"复合后,"果"的"果真"、"果然"的语义特征消失了。

5.9.6 若要、若要是

"若要"《金》10 例,《醒》3 例,《聊》7 例;"若要是"《金》、《醒》无用例,《聊》2 例。如:

① 小丫头,娘若要使唤,留下;不然,寻个单夫独妻,与小人家做媳妇儿去罢。(金·62·872)

② 那传话的家人说道:"若要安排,趁如今四爷在外边查夜,大门还不曾开,急急就去不迟。"(醒·14·205)

③ 若要一一的指说他那事款,一来污人的口舌,二来脏人的耳朵,三则也伤于雅道,四则又恐未必都是那一方的人,所以不忍暴扬出来。(醒·28·411)

④ 又有人说好至诚,此人若要把命倾,可就是老天全然无灵应。(聊·慈·926)

⑤ 若要不是命里该,怎么得见娘子面……(聊·蓬·1086)

⑥ 若要是招了和尚,还得先生打扫庙宇,奉供香烟,点灯关门。(聊·戏·闹·815)

⑦ 说攒都是净瞎账,若要是老天保佑,就叫咱门户生光。(聊·翻·994)

"若要"不是由连词"若"和连词"要"复合而成的,因为从"若"、"要"和"若要"出现的时代来看,"若"出现最早,"若要"也要早于连词"要",而"要"作为连词到明清时期才大量出现。因此,"若要"应来自于"若+要(想要)"结构。

5.9.7 若使

"若使"《金》、《聊》无用例,《醒》5 例;《歧》、《儿》无用例。"若使"由"若"和"使"复合而成。如:

① 若使走到下处,或是狄希陈桀骜不驯,或是那妓者虎背熊腰,年纪长大……再若昂昂不采,这又不免"怒从心上起,恶向胆边生"。(醒·44·638~639)

② 若使雄风不露,争夸洛浦明妃,如能英气终藏,尽道河洲淑女。(醒·44·647)

③ 但这里晁奶奶若使不肯叫你认回去,你却怎处?(醒·46·672)

5.9.8 若或

《金》、《醒》、《歧》、《儿》都无用例,只《聊》有 1 例:

① 若或今日还贫贱,想起当年一夜仇,眼睛红冤气真难受。(聊·磨·1515)

"若或"由假设连词和并列连词复合而成,复合后"或"表示并列的语义消失。

5.9.9 倘

《金》10 例,《醒》8 例,《聊》2 例;《歧》出现 13 例,《儿》出现 43 例。如:

① 倘有小人指戳,拔树寻根,你我身家不保。(金·17·209)

② 倘人来寻你,我就差人往县里替你说去。(金·51·672)

③ 二爹倘到宅内,见了爹,替小的加句美语儿说说。(金·72·1057)

④ 倘县中派你甚差事,我拿帖儿与你李老爹说。(金·77·1167)

⑤ 闻得绣江县一案要调省城,倘缘法不断,府案取得有名,再来进道,这倒有许久的相处……(醒·37·550)

⑥ 倘明年收成,还叫百姓照数偿还。(醒·90·1280)

⑦ 叫左右,倘你大姑娘处有差人来,即忙传报。(聊·戏·钟·818)

5.9.10 倘若、倘若是

"倘若"《金》3 例,《醒》、《聊》无用例;"倘若是"《金》、《醒》无用例,《聊》2 例。"倘若"《歧》出现 6 例,《儿》出现 1 例;"倘若是"《歧》、《儿》无用例。如:

① 倘若推辞,连那鹁子都与我锁了,墩在门房儿里。(金·58·783~784)

② 观音堂到舍下路途颇远,也有山也有岭坟墓转弯,倘若是下了大雨难以行走,小学生失了脚沾了衣衫。(聊·戏·闹·815)

③ 倘若是我这媳妇给你,只怕你又嫌哩。(聊·姑·878)

5.9.11 倘然

《醒》、《聊》无用例,《金》1 例:

① 婆子道:"官人倘然要说俺侄儿媳妇,自恁来闲讲便了,何必费烦又买礼

来,使老身却之不恭,受之有愧。"(金·7·78)

"倘然"《歧》无用例,《儿》中出现 40 例。如:

②倘然他办不来,索性把他参了,他也没的可说……(儿·2·30)

③倘然你要急出个好共歹来,我们作奴才的可就吃不住了!(儿·3·35)

④他倘然要到我这屋里看起道儿来,那可怎么好呢?(儿·4·56)

⑤倘然两件事都无着,如何是好?(儿·11·155)

⑥一个不说,倘然日后姐姐想过滋味儿,后悔起来……那时妹子可就对不住姐姐了。(儿·26·434)

⑦倘然不亏这等一磨,却教他怎的夜磨到明,早磨到晚!(儿·28·489)

5.9.12 倘或(倘忽)、倘或是

"倘或"《金》7 例,《醒》1 例,《聊》2 例;"倘忽"《金》4 例,《醒》、《聊》无用例;"倘或是"《金》、《醒》无用例,《聊》1 例。"倘或"《歧》2 例,《儿》出现 20 例。如:

①武松口中不言,心下惊恐:"天色已黑了,倘或又跳出一个大虫来,我却怎生斗得过他!"(金·1·7)

②我兄弟武二,你须知他性格,倘或早晚归来,他肯干休!(金·5·61)

③妇人又问:"你头里过这边来,他大娘知道不知? 倘或问你时,你怎生回答?"(金·13·159~160)

④西门庆听了,要问他求方儿,说道:"请医须请良,传药须传方。吾师不传于我方儿,倘或我久后用没了,那里寻师父去? 随师父要多少东西,我与师父。"(金·49·654)

⑤倘或处得过激,孩子生性恼出病来,悔就晚了。(醒·44·639)

⑥倘或说出,朝中若有奸臣,万岁路途有失,臣怎的担的起?(聊·增·1673)

⑦况你孤单无伯仲,倘或是万一不好,那时节受苦谁疼?(聊·富·1279)

⑧我便说,垓子点头,倘忽遇着一年地动怎了?(金·42·554)

⑨后次大姐回房,骂经济:"不知死的囚根子! 平白和来旺媳妇子打牙犯嘴,倘忽一时传的多知道了,淫妇便没事,你死也没处死!"(金·24·305)

⑩玉楼向金莲道:"这庄(桩)事咱对他爹说好,不对他爹说好? 大姐姐又不管,倘忽那厮真个安心,咱每不言语,他多又不知道,一时遭了他手怎的……"(金·25·318)

⑪就算另替那奴才娶一个着,你要了他这老婆,往后倘忽你两个坐在一答里,那奴才或走来根前回话做甚么,见了有个不气的?(金·26·330)

⑫月娘听了,心中就有些不耐烦了,说道:"你看韶刀! 哭两声儿,丢开手罢了。一个死人身上,也没个忌讳,就脸挝着脸儿哭,倘忽口里恶气扑着你是的!

他没过好日子,谁过好日子来……"(金·62·879)

其中例⑫"倘忽"用于连接省略式假设句,即只有假设分句的假设复句。

5.9.13 设使

中古汉语连词,《歧》、《儿》无用例,只《金》2例:

① 设使我就说,对着谁说来,也有个下落！(金·51·668)

② 西门庆笑道:"不怕他,设使就行到府里,我也还教宋松原拿回去就是。胡府尹我也认的。"(金·78·1210)

5.9.14 设或

近代汉语连词,《聊》9例;《歧》无用例,《儿》出现6例。如:

① 设或问我要钱,给他甚么?(聊·墙·850)

② 设或他家有丧事,他那闺女十七八,难说就把汉子嫁?(聊·寒·1029)

③ 设或放了他着,该怎么处?(聊·快·1124)

④ 设或他不走华容,却也是军师失计。(聊·快·1124)

⑤ 待俺去走走,设或说成了,挣他这一宗布来……(聊·禳·1160)

⑥ 设或路上撞着,可成了冤家路窄了……(聊·增·1578)

5.9.15 假如

上古汉语连词,只出现在《金》中2例:

① 假如你每日卖十扇笼炊饼,你从明日为始,只做五扇笼炊饼出去卖。(金·2·24)

② 假如灵柩家小箱笼一同起身,若说数辆车驮,未免起眼,倘遇小喽啰怎了?(金·88·1332)

"假如"《歧》出现5例,《儿》出现37例。如:

③ 假如姑娘说日头从西出来,他都信得及,岂有个不谨遵台命的……(儿·8·109)

④ 再说假如那时要留他一个,你未必不再受累,又费一番唇舌精神。(儿·8·118)

⑤ 假如你是个老练深沉有胆有识的人,我说了这话,你自然就用些机关,加些防范。(儿·8·118)

⑥ 此时假如妹子说了,姐姐始终执意不从,日后姐姐无的后悔的,妹子也无的抱愧的。(儿·26·434)

⑦ 假如是桩别的东西,也就不犯着再去取了。(儿·26·445)

⑧ 假如我不说明这话,大家断不得知。(儿·28·484)

5.9.16 假若

中古汉语连词,《金》3 例,《醒》无用例,《聊》1 例:

① 假若死了他,淫妇、王八儿也不好,称不了你甚么愿!(金·28·360)

② 天可怜见,到明日假若好了,是的,你好心人,龙天自有加护。(金·62·866)

③ 应伯爵听了,低了低头儿,说道:"不打紧。假若我替你说成了,你伙计六人怎生谢我?"(金·45·583)

④ 假若是第八篇再不消。(聊·戏·闹·822)

"假若"《歧》无用例,《儿》出现 1 例:

⑤ 假若永不适人,岂不先于伦常有碍?(儿·25·421)

5.9.17 假饶

近代汉语连词,《金》3 例,《醒》、《聊》无用例;《歧》、《儿》无用例。如:

① 假饶不是娼门女,也是屏风后立人。(金·29·370)

② 假饶驾雾腾云术,取火钻冰只要钱。(金·43·560)

③ 那李瓶儿就说:"娘说那里话,假饶儿子长成,讨的一官半职,也先向上头封赠起。娘,那凤冠霞帔,稳稳儿先到娘哩。好生奉养老人家!"(金·57·771)

5.9.18 使非

《金》、《聊》未见用例,《醒》3 例:

① 一个气喘声哮,使非肉燥皮粗,谁不称为少妇?(醒·18·259)

② 使非寿考永终,谓是夭亡非命。(醒·30·441)

③ 使非度此荒春,胡以望臻长夏?(醒·31·457)

以上 3 例都见于书面语(诗词、公告)中。

5.9.19 苟

《金》1 例,《醒》无用例,《聊》1 例;《歧》无用例,《儿》出现 4 例。如:

① 苟有用我者,请尝试之。(聊·戏·闹·814)

5.9.20 要、要是、要说是

"要"《金》无用例,《醒》371 例,《聊》2 例;"要是",近代汉语连词,《金》、《聊》无用例,《醒》81 例。"要说是"《醒》1 例。《儿》出现"要"227 例,"要是"11 例。如:

① 他千万只是疼我,他要变下脸来,只怕晃住媳妇子那些话,他老人家也做的出来。(醒·8·113)

② 这要犯出来,丢了官是小事,只怕一家子吃饭家伙都保不住哩。(醒·15·220)

③ 众人又拉拉扯扯的劝着，说道："宅里请咱，咱要去，咱如今就该去了；要不去，咱大家各自回家弄碗稀粘粥在肚子里，干正经营生去……"（醒·22·323）

④ 这要在俺们县里，有这们一位大乡宦，把天也胀开了，还够不着那些管家的们作恶哩！（醒·23·345～346）

⑤ 你要一毛不拔，这我就不好管的。（醒·34·506）

⑥ 他要好么好，再不好，我等巡按来审录，我锥上一张状，还送了他哩！（醒·43·632）

⑦ 他要敲门打户的，惹的我不耐烦了，我开了门，爽俐打几下子给他！（醒·44·651）

⑧ 你要听说，咱娘明日早来替你送饭；要姐姐不听说，明日咱娘也不来了，三日可也不来接你。（醒·44·652）

⑨ 我要不认你是婆婆，我可还有三句话哩！（醒·48·700）

⑩ 我要不死，你也且打不成哩！（醒·48·705）

⑪ 于夫人此时运正也么高，尽着你歪揣济着你叼；若遇着妇不贤良儿又浑，要再不孝顺，一溜子把气啕，有理还着你没处告。（聊·姑·863）

以上例子中，"要"基本上都用于"主语"之后、谓语成分之前，这是"要"的最初位置，也是最基本的位置。但在例⑧中，前一个"要"用于分句主语后，后一个"要"用于分句主语前。"要"用于主语前后，在表达上有所不同。"要"用于主语后，强调谓语成分；而用于主语前，"要"后紧接主语，所以所强调的重点就不在谓语成分上，而在主语成分上。"要"的这一位置的出现，说明"要"的用法有进一步泛化的趋势。

"要是"、"要说是"连接主谓短语或动词性短语，在功能上与"要"、"若"相当，可以用"若"、"要"来进行替换。如：

⑫ 要是老七死的早，小琏哥还小，你可将着他到那里，抢就合他们抢，分就合他们分，打就合他们打。（醒·53·770）

⑬ 你要揣量着，这事成不的，我就不消去了，别说那瞎诳着我空走一遭的话。你要就是这们成了，我分外你每人再加二钱银子你两个吃酒；要是不成，这驴钱我认。（醒·55·801）

⑭ 要说是合我混赖，倒趁着徐爷在这里讲个明白倒好。（醒·46·670）

以上"要是"、"要说是"可以用于主语之前，或没有主语，也可以用于主语之后。位置不同，表达上的差异和"要"是相同的。

因为"要（想要）"的语义中有一种假想的因素，这就为"要"发展成为假设连词提供了语义基础。随着"要"语义的进一步弱化，"要"在用法上也发生了一定的变化，"要"由一个主要动词（单独做谓语）或副动词（能愿动词做状语），演变成一个连接成分，由句子成分演变成非句子成分。也就是说"要"在一定条件下失去了它动词的性质，发展成为语法成分了。也正由于"要"来源于能愿动词，所以"要"最初总是处在主语之后、谓语中心语之前,和能愿动词的位置一致。

5.9.21 便、便是、便就、便就是

"便",中古汉语连词,《金》2 例,《醒》7 例,《聊》无用例;"便是",近代汉语连词,《金》3 例,《醒》7 例,《聊》无用例;"便就"《金》、《醒》无用例,《聊》1 例;"便就是"《金》无用例,《醒》、《聊》各 1 例。如:

① 那婆子听了,堆下笑来说道:"若得娘子贵手做时,老身便死也得好处去……"(金·3·41)

② 我今日有了银子不采他,人就道我薄情,便大官人知道,也须断我不是。(金·56·759)

③ 宗、金二人方晓得侯小槐坟上设祭,原是为此,说道:"便是我们在那里,师母自己情愿嫁人,我们也不好上前留得他……"(醒·41·609～610)

④ 秦敬宇道:"只怕三百两也还有,便是不够,我替转寻……"(醒·50·727)

⑤ 那晁近仁的老婆,一个寡妇,种那三十多亩地,便是有人照管,没人琐碎,这过日子也是难的。(醒·53·767)

⑥ 凡他走去,童奶奶、寄姐、调羹,便是狄希陈合虎哥,都不把他当外人相待,遇酒留饮,逢饭让吃,习以为常。(醒·77·1092)

⑦ 奴便就打水挨磨,似三娘受苦不差。(聊·增·1627)

⑧ 便就是有缘法的,那缘法尽了,往时的情义尽付东流,还要变成了仇怨。(醒·79·1124)

⑨ 便就是神仙到此,也忘了洞府名山。(聊·增·1610)

5.9.22 就、就是₂

"就",上古汉语连词,《金》55 例,《醒》147 例,《聊》153 例;"就是₂",近代汉语连词,《金》82 例,《醒》201 例,《聊》65 例。如:

① 我就去不成,也不到央及他家去。(金·46·598)

② 这两个小伙子,不但唱的好,就他容貌也标致的紧。(金·55·753)

③ 若是嫂子不去,我就把头磕烂了,也好歹请嫂子走走去。(金·72·1061)

④ 但他醉倒了,就如泥块一般,你就抬了他去,还中甚么用哩?(醒·4·54)

⑤ 他不往那头去,撞不见;就撞见可,这本乡本土的人,说开了话罢,这是甚么深仇么?(醒·64·912)

⑥ 六哥说:"休说做衣服,就买几张刚连纸来也不勾糊一身衣服的。"(聊·增·1586)

⑦ 就是六姐恼了你,还有没恼你的。(金·76·1140)

⑧ 不知原来家中小大姐这等躁暴性子,就是打狗也看主人面。(金·79·1219)

⑨ 总然就是冲撞了你老人家,你也不该"大人见小人的过"。你就不看他,也该看你孙子的分上。(醒·3·35)

⑩ 就是十个学生去了两个,也还有四双;即使去了八个,也还剩一对。(醒·33·482)

⑪ 纵然就是死不了,却也要把皮来退。(聊·翻·980)

⑫ 但我想官人也还有几年住头哩,就是家中有了娘子,料想也无妨。(聊·富·1291)

5.9.23 就使

中古汉语连词,《金》1例,《醒》2例,《聊》无用例。"就使"是"就"和假设连词"使"的复合,相当于"即使":

① 咱只消尽这家私广为善事,就使强奸了常娥,和奸了织女,拐了许飞琼,盗了西王母的女儿,也不减我泼天富贵!(金·57·776)

② 就使这地不干我事,都是晁近仁自己的地,放着晁为仁亲叔伯兄弟,你们"山核桃差着一格子"哩!(醒·53·766)

③ 他又没有儿女,又没有着己的亲人,就使有地有房,也是不能守的,叫他寻一个老头子跟了人去。(醒·57·828)

"就使"《儿》出现1例:

④ 就使有等稍知自爱的,又苦于众人皆醉,不容一人独醒……(儿·1·19)

5.9.24 就算

"就算"只出现在《金》3例:

① 我就算依了你,春梅贼小肉儿,他也不容他这里。(金·23·290)

② 西门庆道:"就算有如此,我也不怕你……"(金·19·240)

③ 就算另替那奴才娶一个着,你要了他这老婆,往后倘忽你两个坐在一答里,那奴才或走来根前回话做甚么,见了有个不气的?(金·26·330)

"就算"还出现在《儿》中,13例,而且有"就算是"、"就算说"等各1例。如:

④ 张金凤道:"就算我这话没影儿,等我说句有影儿的姐姐听……"(儿·26·436)

⑤ 就算我爹妈不能说什么,不能作什么,也算一片诚心……(儿·26·439)

⑥ 中了,好极了;就算是不中,再白辛苦这一趟也不要紧,也是尝过的滋味儿罢咧。(儿·1·13)

⑦ 那瘦子道:"不能,就算说合了盖儿了,难道连寻宿儿的那一个也盖在里

头不成?"(儿·6·83～84)

5.9.25 即₂

上古汉语连词,《金》、《聊》无用例,《醒》14例。如:

① 你如今不要廷试,坐了监,科他一遍科举,中了更好;即不中,考选有司,也定然不在人下。(醒·1·3)

② 只怕江院有题本,即不题本,把宋其礼、曹一佳问了军,招达兵部,咱守着近近的,这风声也就不好了。(醒·7·105)

③ 若这个晁大舍一向住在衙内,你即有夫人的好话,晁老却不敢不听儿子的狂言。(醒·15·219)

④ 不止治病,即遇有甚么劫难的时候,你把我这药来界在门限外边,就如泰山一般的安稳。(醒·28·416)

⑤ 起初也只互相吃那异姓,后来骨肉天亲,即父子兄弟、夫妇亲戚,得空杀了就吃。(醒·31·451)

⑥ 即乡宦不肯上本,百姓们也有上公疏的;就是乡宦们自己不肯上本,也还到两院府道上个公呈,求他代奏。(醒·32·463)

5.9.26 即使

上古汉语连词,《金》、《聊》无用例,《醒》8例;《歧》出现3例,《儿》1例。如:

① 即使齐人这等登垄乞墦,瞒得妻子铁桶相似,毕竟疑他没有富贵人来往,早起跟随,看破了他的行径。(醒·引起·3)

② 不要说没这许多本钱,即使有了本钱,赚来的利息还不够与官府赔垫……(醒·33·479)

③ 即使你就要娶他,必竟也还要他送葬完事,回到家中,另择吉日……(醒·42·612)

④ 击残溺器碎揉花,即使恁般奇绝不如他。(醒·56·804)

⑤ 即使强梁肆恶,这玉石俱焚,理所宜然,何至于一能解围,即以朱陈相许?(歧·95·888)

5.9.27 纵(总)、纵是(总是)

"纵",上古汉语连词,也写做"总","纵是"也写做"总是"。"纵"《金》2例,《醒》2例,《聊》16例;"总"《金》3例,《醒》8例,《聊》11例;"纵是"《金》、《醒》无用例,《聊》1例;"总是"《金》、《醒》、《聊》各1例。如:

① 纵有反覆,没甚事。(金·53·722)

② 臧姑说:"象呀,休说咱还年小,纵没有儿,我也留着个闺女。"(聊·姑·888)

③ 纵不念书也无妨,就是家去去见阎王,苦儿呀,恐怕到家就算了账。

（聊·慈·907）

④ 今日咱家富且贵,纵有邪人也不敢欺,却也用不着我生气。（聊·翻·1013）

⑤ 不必慌,不必慌,半夜三更爬过墙,必定是来做贼,纵杀了也无妨帐。（聊·磨·1468）

⑥ 你总做到极品高官,提起那东山之斧,这个光景是苦是乐?（醒·引起·2）

⑦ 他总不肯全付还我,就是二两一两也好。（醒·67·959）

⑧ 若是杀害了官兵,心已不臣,罪无可赦,总他摇尾乞怜,法在必剿。（醒·99·1408）

⑨ 你总是个死狗,你好歹的拘巴着些。（聊·墙·839）

⑩ 于氏心里总不耐烦,也还说是初来,做了饭,二成端给他吃了。（聊·姑·872）

⑪ 晁老道:"仔细寻思,'三十六计,走为上计'。总是也先不来,我寻出来问军问死,破着使上几千银子,自然没事……"（醒·7·100）

⑫ 若再上赌博场里撞天命,那屋里总是有神灵,也不加护那吊腚的苍生。（聊·俊·1116）

⑬ 这些人我也不怕他,如今这进场的约有五千余人,纵是中他一百,还有四千九百个落第。（聊·戏·闹·823）

5.9.28 总就是

"总就是"只《聊》1例:

① 昼夜寻思千般法,怕的是前生没结欢喜缘,但结得我那金莲见一面,总就是再贬红尘心也甘。（聊·丑·1144）

5.9.29 纵然（总然）、纵然是（总然是）

"纵然",近代汉语连词,《金》1例,《醒》2例,《聊》32例;"总然"《金》5例,《醒》14例,《聊》无用例;"纵然是"《金》、《醒》无用例,《聊》3例;"总然是"《金》、《醒》无用例,《聊》1例。如:

① 你就纵然过不去,也还捞着往里瞧,就吊休往外头吊。（聊·墙·839）

② 你纵然没嘠俺吃,俺只得送到家中。（聊·寒·1053）

③ 纵然丈夫犯了罪,告官犯不着灭满门,那怕就去当官问。（聊·富·1281）

④ 纵然我就落了第,也就可以还的家;还的家,抱娃娃,功名从此不做他。（聊·富·1359）

⑤ 金莲道:"总然他背地落也落不多儿。"（金·58·799）

⑥ 总然我到明日死了，你恁在我手下一场，我也不教你出门。（金·59·824）

⑦ 总然就是冲撞了你老人家，你也不该"大人见小人的过"。（醒·3·35）

⑧ 总然就是寻妾，也只寻清门静户人家女儿才是，怎么寻个登台的戏子老婆？（醒·8·110）

⑨ 不回到你山东，越发没帐。总然回到山东，你就有娘家说话，只说娘儿两个不服水土害病死了。（醒·95·1355）

⑩ 纵然是没甚么差池，何大娘，我这心里也不忍。（聊·姑·869）

⑪ 总然是银钱中用，就把那心眼全迷。（聊·寒·1045）

5.9.30 纵使

中古汉语连词，《金》、《聊》无用例，《醒》1例：

① 正是：人生适意贵当时，纵使乐极生悲那足计？（醒·1·12）

"纵使"《儿》出现2例：

② 古今来一班伟人，又何尝不才名两赋？到了载不起，纵使才大如海，也会令名不终……（儿·32·575）

③ 果能自信，则明王复作，纵使辙环终老，吾道不行，只二三门弟子为世所知，亦未尝不可各行其志……（儿·39·775）

5.9.31 饶、饶是

"饶"，近代汉语连词，《金》21例，《醒》11例，《聊》无用例；**"饶是"**《金》1例，《醒》、《聊》无用例，《儿》3例。如：

① 可是说的，饶叨贴了娘的，还背地不道是。（金·62·865）

② 饶费了心，那个道个是也怎的！（金·75·1124）

③ 饶你不做活也罢了，还要言三语四的声颏。（醒·26·387）

④ 饶他这样害怕，还不得安稳哩。（醒·40·589）

⑤ 饶是迎春在旁捞扶着，还把额角上磕伤了皮。（金·61·852）

⑥ 狄希陈饶是这等开交，还怀了一肚皮怨气，借了哭汪为露的名头，叫唤了个不住。（醒·44·639）

"饶"在有些句子中还转化为递进连词，与"不但"相当。如：

⑦ 他两个不过意思罢了，脱不了到道里，饶不得进，还要提先生，追究出代笔的情节，不是顽处！（醒·37·549～550）

⑧ 若不讨与小的，小的饶不得儿子罢了，难道还夹小的不成？（醒·47·689）

上例中的"饶"引进一个从句，但后文没有接让步结果句，而是另起一个句子，与"饶"

句并列,因此从语句上来讲相当于"饶"省略了结果句。"饶"表示让步的用法,适用于这样的语境,因此也就相当于递进连词。

5.9.32　打要、打哩、打仔

"打要"只《金》1 例,"打哩"只《醒》5 例,"打仔"只《醒》1 例:

① 书童道:"早是这个罢了,打要是个汉子儿,你也爱他罢?"(金·31·394)

② 麻从吾道:"打哩他嫌少不肯去,在外头嚷嚷刮刮的。这如今做了官,还同的那咱做没皮子光棍哩?"(醒·27·399)

③ 杨春说:"他打哩真个申到县里,那官按着葫芦抠子儿,可怎么处?"(醒·34·503)

④ 秦继楼说:"你只管合他说去,怕怎么的?各人的主意不同。打哩他有没甚么话说,我没的好合你为仇?落得'河水不洗船'哩。"(醒·34·503~504)

⑤ 郭氏道:"看你糊涂么!你拿着生死簿子哩?打哩你那老婆先没了可,这不闪下你了……"(醒·53·773)

⑥ 薛夫人道:"他打哩有好话说可哩,你到后头看他说甚么。"(醒·56·808)

⑦ 晁夫人笑道:"打仔你媳妇儿教你养活他可哩,你没的也不听?"(醒·57·828)

5.9.33　万一

中古汉语连词,《金》1 例,《醒》44 例,《聊》7 例;《歧》40 例,《儿》30 例。如:

① 若万一差池起来,就捣烂你做肉泥,也不当稀罕!(金·53·717)

② 且万一杀了他,自己死不及,落了人手,这苦便受不尽了!(醒·9·127)

③ 万一你心里不愿住下,不趁着这年小合你说,到有了年纪又迟了。(醒·36·535)

④ 万一找他来再不好,可是屁股长在脖子上,我腆着脸去见人么?(聊·姑·879)

⑤ 万一有走滚,叫我无处自反。(聊·戏·闱·824)

"万一"也可以引出独句,即只有假设句,无结果句。如:

⑥ 今日跟到山里,万一撞见犸虎着呢?(聊·慈·917)

"万一"用于连接假设句表示不好的事情出现的几率虽然很小,但某一事情如果发生,会引起某种极不好的后果。

5.9.34　除非、除非是

"除非",近代汉语连词,《金》8 例,《醒》17 例,《聊》3 例;"除非是",近代汉语连词,《金》3 例,《醒》无用例,《聊》7 例。如:

① 若得再和你相逢,只除非在鬼门关上罢了。(金·62·867~868)

② 若是要我不去告,除非解了父亲冤,还要磕头千千万。(聊·寒·1052)

③ 若要把你找,除非画图间,没有福难得见一面。(聊·富·1291)

④ 他若不中,除非张龙、李虎不来家便罢,他若来家,我必然不依他安生。(聊·磨·1466)

⑤ 待相逢,除非梦里见!(聊·磨·1480)

⑥ 要得安然无事,除非把你两家合成一家,我一个人儿就好照顾了。(儿·9·132)

⑦ 盼娇儿,除非是梦儿中来到。(金·59·824)

⑧ 这举人断无走滚,也不怕剪绺的了。万一有走滚,叫我无处自反。除非是俺祖宗阴骘未到。(聊·戏·闹·824)

⑨ 待要我不合娘说,除非是再休出门!(聊·翻·940)

⑩ 待闹合他当堂闹,若是待平安无事,除非是银地两交。(聊·翻·957)

⑪ 就是去往书里找,除非是去做高官,老天却要遂人愿。(聊·翻·986)

⑫ 除非是这等这等,才叫他贵贱难分。(聊·翻·1008)

"除非"用于假设是"除"的否定形式,一般用于后续,如例①至例⑤,例⑥"除非"用在先行句中这样的假设条件句不多见。"除非是"一般用在后续句中,如例⑦至⑪,而如例⑫用于先行连接的则比较少见。

5.9.35 除是

《金》1例,《醒》、《聊》无用例;"除是"《儿》出现2例。如:

① 嘱付你衷肠莫更变,要相逢则除是动载经年。(金·46·596)

② 替他算算,何玉凤竟看不见这件东西,无此理;看见不问,更无此理;看见问了,照旧供看,尤其无此理;除是劈了烧火,那便无理而又无理……(儿·29·513)

5.9.36 任、任是

"任"《金》4例,《醒》18例,《聊》7例;"任是"《金》1例,《醒》无用例,《聊》1例。"任"《歧》4例,《儿》6例;"任是"《歧》无用例,《儿》9例。如:

① 任有来半夜敲门的,也不过是那懒惰的邻家,不曾种得火,遇着生产,或是肚疼来掏火的,任凭怎么敲,也是不心惊的。(醒·24·357~358)

② 任你怎么刚强,总然是治不的一个忍。(聊·姑·882)

③ 任是肝肠如铁石,不生悲也自生悲。(金·60·826)

④ 任是谁说,算是去定了。(儿·3·39)

⑤ 见个败类,纵然势焰薰天,他看着也同泥猪瓦狗;遇见正人,任是贫寒求乞,他爱的也同威凤祥麟。(儿·5·69)

5.9.37　任拘

"任拘"《金》、《醒》无用例,《聊》11 例。如:

　　① 大娘子进了门合家欢乐,任拘嗄做停当不用吆喝,于夫人在房中稳稳高坐。(聊·姑·882)

　　② 你看贼强人,才没人管着,任拘甚么茧儿都作估出来了。(聊·襄·1207)

　　③ 任拘多少人,俺是头一报。(聊·磨·1475)

　　④ 任拘见谁,可休说撞着我来。(聊·墙·841)

　　⑤ 任拘怎么叫冤苦,尸棚里像个木头官,摇摇头不听苦主辨。(聊·寒·1021)

　　⑥ 你好了,任拘是嗄由你的性。(聊·襄·1167)

　　⑦ 任拘你弄出甚么像来,我可就是这么走。(聊·富·1315)

　　⑧ 穷虽穷志气刚,任拘他怎么降,脸儿难合心两样。(聊·增·1668)

　　⑨ 任拘谁人作下恶,到头都是你承担,心腹人拥撮你头儿断。(聊·磨·1436)

　　⑩ 任拘你势力怎么大,破上一死不怕天;不怕天,嗄相干,骂到你明年又明年!(聊·磨·1438)

"任拘"表示让步一般都用于前句,后接结果句。

　　"任"、"任拘"和从偏正结构"不+论"类发展而来的"不论"一样,有的用法还没有完全丧失基本语义,还是实词结构。如:

　　⑪ 我先把财神扯倒,任拘他怎么相争。(聊·墙·843)

5.9.38　凭、任凭、任从

"凭"《金》2 例,《醒》54 例,《聊》2 例;"任凭"《醒》13 例,《聊》3 例;"任从"《醒》出现1 例,《金》、《聊》无用例。如:

　　① 我做老婆的,不曾有失花儿,凭你怨我,也是枉了。(金·56·759)

　　② 苏锦衣道:"银子倒不必去取,任凭多少,我这里可以垫发;只这几日,也就有信了……"(醒·5·72)

　　③ 但只有一件不好:只许在铺中任凭多少只管吃去,只不教把酒装了别处去。(醒·23·343)

　　④ 素姐问道:"说阴间有甚么神鹰急脚,任凭甚么强魂恶鬼,再没有拿不去的?"(醒·69·984)

　　⑤ 国家的法度:朝廷坐的御车,任凭甚么人,但有僭分坐的,法当砍了两脚。(醒·79·1124)

　　⑥ 任有来半夜敲门的,也不过是那懒惰的邻家,不曾种得火,遇着生产,或是肚疼来掏火的,任凭怎么敲,也是不心惊的。(醒·24·357～358)

　　⑦ 任凭以后遇荒年,切莫怜他没得吃。(醒·31·462)

⑧ 我朝戚太师降得那南倭北敌望影惊魂,任凭他几千几万来犯边,只远远听见他的炮声,遥望见他的传风号带,便即抱头鼠窜,远走高飞。(醒·62·885)

⑨ 你如不说,我任凭你做下甚么不是,我自己也不打你,我也不合你姑娘说,我分付狄周媳妇厨房与你肉菜吃……(醒·66·942)

⑩ 程思仁道:"任凭魏姐夫分付甚么,我没有敢违悖的,尽着我的力量奉承,只是留下我的闺女。我还有几两棺材本儿哩,我替魏姐夫另寻一个标致的妾服侍魏姐夫。"(醒·72·1027~1028)

"任从"与"任凭"用法相当,在《醒》中还有动词用法。如:

⑪ 又不肯姑息,任从学生们顽耍荒业,先生不在,这师娘拿些生活,坐在先生公座上边,替先生权印……(醒·92·1307)

转化为连词后与"任凭"用法相当。如:

⑫ 我任从折损了甚么,我情管打发的你喜欢。(醒·49·714)

5.9.39 不拘

近代汉语连词,《金》18例,《醒》24例,《聊》1例。"不拘"即"不论"。如:

① 娘收了这段子衣服,不拘娘的甚么旧白绫袄儿,与我一件儿穿罢。(金·45·591)

② 崔本专管收生活,不拘经纪、买主进来,让进去,每人饮酒二杯。(金·60·828)

③ 云离守道:"不拘甚事,我都依。"(金·100·1504)

④ 专在渡船上乘着人众拥挤之间,在人那腰间袖内遍行摸索,使那半边铜钱磨成极快的利刃,不拘棉袄夹衣,将那钱刀夹在手指缝内……(醒·93·1330)

⑤ 不拘说他模样好,说话典雅也爱人,白日不愁夜间冈。(聊·禳·1256)

其中例⑤"不拘"和其他例子的用法不完全一致,"不拘"似乎已转化为递进连词。

5.9.40 随、随问

"随"《金》2例,《醒》1例,《聊》无用例;"随问"《金》12例,《醒》、《聊》无用例。如:

① 不然,随你多少也存不的。(金·46·610)

② 慢说媳妇受些冤枉谈论,便触恼了姐姐,随姐姐怎样,媳妇也甘心情愿。(儿·25·428)

③ 这婆子爱的是钱财,明知道他侄儿媳妇有东西,随问什么人家他也不管,只指望要几两银子。(金·7·76)

④ 满清河县,除了我家铺子大,发货多,随问多少时,不怕他不来寻我。(金·16·193)

⑤ 随问旁边有人说话,这婆子一力张主,谁敢怎的!(金·7·77)

⑥ 你只与好生收着,随问什么人来抓寻,休拿出来。(金·31·396)

⑦ 他随问怎的,只是奶子,见放着他汉子,是个活人妻。(金·72·1053)

⑧ 他随问怎的,只是个手下人,他那里有七个头八个胆,敢顶撞你?(金·72·1053~1054)

⑨ 早知你死在仇人之手,奴随问怎的,也娶来府中,和奴做一处。(金·89·1350)

⑩ 爹随问怎的着了恼,只他到,略说两句话儿,爹就眉花眼笑的。(金·62·884)

5.9.41 无论₂

"无论₂"《金》无用例,《醒》2例,《聊》4例。先看下例:

① 无论他死活,只出上个看不见。(聊·慈·896)

② 到今日魂已伤,无论令爱不贤良,到底改不了从前的样。(聊·襄·1191)

③ 且说珊瑚到家,合庄里都喜,无论同姓异姓,都拿着礼物来看珊瑚,就是娶个新媳妇来,也不能那么热闹。(聊·姑·881)

④ 凡是天地间的神灵,无论甚么爷爷,你若保佑俺打骂不捱,我就发下洪誓大愿。(聊·襄·1148)

⑤ 俺无论几顿,只是锅子里泚上瓢水……(聊·襄·1233)

⑥ 无论是真是假,我且进去,看是如何。(聊·富·1311)

⑦ 这真正我那庄村,无论是真是假,我且进去。(聊·磨·1425)

例①、②"无论"还有很强的实词特征,都有"不管"、"不说"之义,而且从上下文来讲,也不构成让步关联。所以,"无论"还没有发生连词化。而例③中"无论"所接的分句结构后没有接结果句,而是另起一个让步分句("就是"句),因而"无论"句与下句之间就不是个完全的让步关联,所以可以说此句中的"无论"也还不是个连词。而例④至⑦"无论"用于连接上下有让步关联的句子,因而已经发展为连词,由于受语源影响表示无条件让步。

5.9.42 不论

近代汉语连词,《金》2例,《醒》19例,《聊》无用例。"不论"本是"不说"的意思,在有些用法中还保留这种结构。如:

① 街上不论亲戚朋友,但闻得晁夫人预备后事,就如他的娘老子将死一般……(醒·90·1287)

② 不论张炳之无有汉仗,就是个好汉子,一个生意人,少在里,多在外,娶了后老婆待了半年,就出去了,家里好歹,他那里知道的?(聊·慈·896)

发展为连词后表示让步性的假设关系。如：

    ③ 你只休恼恨着他，不论谁，他也骂你几句儿。（金·64·900）

    ④ 不论有这话没这话，只是让进他两个往屋里去私意说话，就是我的不是。（醒·96·1374）

《歧》中还出现了"勿论"，用法与"无论"、"不论"相当。如：

    ⑤ 只这庙唱戏，勿论白日夜间，总来看的。（歧·49·456）

5.9.43 不拣

《醒》、《聊》无用例，《金》1 例：

    ① 来保说："翟爹说那里话！蒙你老人家这等老爷前扶持看顾，不拣甚事，但肯分付，无不奉命。"（金·30·381）

5.10 条件连词

《金》、《醒》、《聊》共出现条件连词 16 个，包括有条件条件连词和无条件条件连词。具体情况见条件连词统计表。

条件连词统计表

		金	醒	聊
有条件条件连词	但$_2$	52	23	18
	但是$_2$	4	11	0
	只$_2$	2	71	2
	仔	0	0	1
	但只$_2$	0	4	0
	但仔	0	0	2
	但只是$_2$	0	0	1
	但要	1	1	0
	只要	5	4	4
	但只要	0	1	0
	但则	0	1	0
	要只	0	2	0
	只有	1	0	0
无条件条件连词	但凡	13	13	0
	一凡	0	0	1
	凡	1	67	0
	凡是	0	27	1
	但教	1	0	0

5.10.1 有条件条件连词

5.10.1.1 但$_2$、但是$_2$

"但$_2$"《金》52 例，《醒》23 例，《聊》18 例；"但是$_2$"《金》4 例，《醒》11 例，《聊》无用例。用于连接条件分句，表示充分条件。可以连接无主句，也可以连接有主语的句

子,而且在连接有主语的分句时,位置可在主语前,也可在主语后。如:

① 你爹但来晚了,都在你身上,等我和你答话。(金·21·270)

② 我但开口,就说咱每挤撮他。(金·65·925)

③ 那平安经过一遭,那里再敢离了左右,只在门首坐的,但有人客来望,只回不在家。(金·78·1198)

④ 众人齐说:"奶奶大娘但有甚么分付,只叫人传一声,我们即时就来,不敢迟误。"(醒·21·315)

⑤ 素姐说:"我不知怎么,但看见他,我便要生起气来,所以我不耐烦见他!"(醒·25·375)

⑥ 你但有一分人气,本院也不肯叫你死了。(聊·磨·1436)

⑦ 若是但能熟记,再无难题窘手……(聊·戏·闹·822)

⑧ 但有一个说声好,我就叫他声于大姑,还要拜他个无其数。(聊·姑·868)

⑨ 这驴儿日行五百里,但遇着歹人或者异怪物事,他便咆哮不止,真真是个神物!(儿·8·114)

⑩ 你但能邀的他来,不论俺或输或赢,只见他一面,就与你十两银子。(歧·36·338)

⑪ 但是他爹说出来个曲儿,就和爹热乱,两个白搭白的,必须搭恼了才罢。(金·73·1074)

⑫ 晁大舍但是外出周旋,仍是留晁住在家看守。(醒·7·99)

⑬ 但是那京边起存的钱粮明白每两要三分火耗。(醒·12·172)

⑭ 到了七月初八日,越发心内着慌,心里想道:"注我该死于水,我第一不要过那桥,但是湖边、溪边、河边、井边,且把脚步做忌这几日……"(醒·29·424)

⑮ 所以但是晓得他的,见了他的,再没有一个不厌恶痛绝。(醒·51·738)

⑯ 但是晁夫人托他做些事件,竭力尽心,绝不肯有甚苟且……(醒·53·765)

⑰ 但用的甚么家伙,都问声儿。但是家里有的,就取过来使……(醒·54·779~780)

⑱ 但是来往的都站着瞧,围了许多人。(醒·76·1089)

5.10.1.2 只₂(仔)

"只₂"《金》2例,《醒》71例,《聊》2例;《聊》又写做"仔",1例。如:

① 把我埋在先头大娘坟旁,只休把我烧化了,就是夫妻之情。(金·62·868)

② 爹随问怎的着了恼,只他到,略说两句话儿,爹就眉花眼笑的。(金·62·884)

③ 你只有了钱，不论平日根基不根基，认得不认得，相厚得不知怎样。你要清早跌落了，那平日极至的至亲……到了饭后，就不与你往来……（醒·26·381）

④ 李旺道："你只不要合顾家的生活比看，这也就好；你要是拿着比看，那就差远着哩……"（醒·65·932）

⑤ 你只敢离我一步儿，我不立劈了你成两半个，我改了不姓薛！（醒·68·977）

⑥ 如今也不知怎么，他只开口，我只嫌说的不中听；他只来到跟前，我就嫌他可厌。（醒·80·1135）

⑦ 我只到家透出一点风信儿来，我叫到任去的到不成任，做奶奶的做不成奶奶！（醒·84·1200）

⑧ 大姐说："你只不嫌就够了。"（聊·翻·974）

⑨ 他娘说："好小厮！你仔敢哭，我就一顿结果了你……"（醒·33·484）

⑩ 恶虎恋着吴孝，总不说走，说："你仔唱，我就吃。"（聊·寒·1032）

从以上用例可以看出，由多个条件句构成的句子，可以双用"只"，也可以用"只"和其他连词，如例③、④中的"要"、"要是"，前后替换使用。

"只"用于假设连接，有时用于独句中，即只有"只"的条件句，而无结果句。如：

⑪ 素姐震天的一声喊道："你只敢出去！跟我往屋里来！"（醒·59·854）

⑫ 你只再说不给，你试试！（醒·67·960）

⑬ 人不中敬，我说你还是敬着我些儿是你便宜，你只听着那两个贼老婆试试！（醒·96·1372）

⑭ 你只休恼恨着他，不论谁，他也骂你几句儿。（金·64·900）

⑮ 你只以后躲着他些儿，你拿出在船上待我的性子来待他，也就没有事了。（醒·96·1375）

例⑪至⑮只出现了条件句，没有出现条件的结果项。这种情况一般出现在口语中，可以看做省略了结果分句。例⑭、⑮条件句后虽有分句，但不是"只"句的连接句，而是另起的分句，其间相当于省略了"只"句的结果句。这种用法也是典型的口语语法。"只"和"仔"在山东某些方言中是同音字，声母都是[ts]，因此，应该说"仔"是方言记音字。

5.10.1.3 但只₂（但仔）、但只是₂

"但只₂"《金》、《聊》无用例，《醒》4例；"但仔"出现在《聊》中，2例；"但只是₂"《金》、《醒》无用例，《聊》1例。"但只（但仔）"是"但"和"只"的复合形式。如：

① 但只看了他母亲的行事，便料得定他儿子的收成。（醒·21·318）

② 人不知道,只是我合你老人家说的上话来,你老人家但只开口就是投机的。(醒·83·1191)

③ 天那天,但仔有一个好的,也还好过。(聊·墙·835)

④ 你看但仔是个人,怎么就不来说声?(聊·慈·900)

⑤ 大凡做房官的,不瞎眼的有几个?但只是好看便罢了。(聊·富·1354)

5.10.1.4 但要

《金》《醒》各 1 例,《聊》无用例:

① 等我教他来与娘磕头,赔个不是,趁着他大妗子在这里,你每两个笑开了罢。你不然,教他爹两下里不作难,就行走也不方便。但要往他屋里去,又不怕你恼?(金·76·1139)

② 他娘家不说话便罢,但要说句话,我把他这打翁骂婆,非刑拷打汉子,治杀了婆婆合他自己的爹,我叫他娘母子合两个兄弟都一体连坐哩!(醒·60·861)

5.10.1.5 只要

《金》5 例,《醒》4 例,《聊》4 例;《歧》58 例,《儿》40 例。如:

① 你两个拿去打酒吃。只要替我干得停当,还谢你二人。(金·19·229)

② 也不消等他甚么日后,只要你把腿一伸,他就把翅膀一晾……(醒·36·528)

③ 邓蒲风道:"只要把门关闭的严密,也便罢了。"(醒·61·879)

④ 宗师的主意甚精也么明,只要实压着毡上星。(聊·襄·1158)

⑤ 只要富贵从天降,把那前半截的风霜一笔删。(聊·富·1277)

⑥ 只要你用心孝顺,我分给你顷地犋牛。(聊·增·1587)

⑦ 养儿不在阿金溺银,只要见景生情。(金·13·162~163)

⑧ 自古人害人不死,天害人才害死了。往后久而自明,只要你与奴做个主儿便了。(金·12·145)

例④缺省了结果,还不是典型的条件复句。《醒》《儿》也有类似的用例。如:

⑨ 程大姐道:"要嫁人家,也不论老少,只要有缘法。"(醒·72·1034)

⑩ 公子说:"只要他好。只是这时候可那里去找会扎针的代服(大夫)去呢?"(儿·3·43)

"只要"这样的用法也是很常见的,尤其是口语中,不必给出结果句,其结果句往往因上文而省,或比较清楚不需要说出。

5.10.1.6 但只要

《金》、《聊》无用例,《醒》1例:

① 白姑子道:"这除非是观音菩萨的力量,将了药师王佛的宝经,与阎王面前极力的申救,或者也还可救度。但只要那本人在菩萨面前,着实的忏悔,虔诚立誓,改革前非,自己料得是那一件得罪,便在那一件上痛改,以后再不要重犯,这才做得那忏罪消灾的功德哩。"(醒·64·914)

5.10.1.7 但则

《金》、《聊》无用例,《醒》1例:

① 苏锦衣道:"这倒不打紧,人非木石,四五千的缺,止问他要二千银子,他岂有不出的? 但则明白,我叫了他的家人,当面与他说说明白。"(醒·5·71)

5.10.1.8 要只

《金》、《聊》无用例,《醒》2例:

① 你要只守住了,还少甚么哩?(醒·22·322)

② 你要只进一进来,跌折双腿……(醒·74·1055)

5.10.1.9 只有

"只有"本是由"状语和动词中心词"重新分析后形成的动词,后又转化为连词,表示假设条件唯一。《醒》、《聊》无用例,《金》1例:

① 你凡事只有个不瞒我,我放着河水不洗船,好做恶人?(金·74·1088)

"只有"用做假设连词,《儿》凡2例:

② 只有等他事毕回来,少不得就得知这桩快事了。(儿·16·240)

③ 只有合他成了百年良眷,便如浮云尽散,何消锦被严遮。(儿·26·453)

5.10.2 无条件条件连词

5.10.2.1 但凡

《金》13例,《醒》13例,《聊》无例;《歧》4例,《儿》2例。"但凡"是"但"和"凡"的复合形式。如:

① 看官听说:但凡大小人家,师尼僧道,乳母牙婆,切记休招惹他,背地什么事不干出来?(金·12·151)

② 金莲道:"一件,你娘房里但凡大小事儿,就来告我说……"(金·64·902)

③ 但凡来吊孝的,纷纷议论。(醒·18·266)

④ 若但凡来的都要管待,一来也不胜其烦,二来人便不好常来取扰,所以将卖酒为名,其实酒价还不够一半的本钱。(醒·23·343)

⑤ 但凡人做好事的，就如那苦行修行的一般。（醒·32·467）

⑥ 但凡人世主偷情养汉，总然不是无因，都是前生注定。（醒·40·587）

⑦ 原来素姐从小只怕鹞鹰，但凡行走，必定先要在那头上看得四下里没有鹞鹰飞过，方敢走动……（醒·63·904）

⑧ 但凡所用之物，无一不备。（醒·92·1312）

5.10.2.2 一凡

"一凡"只见《聊》1例：

① 全无信音，全无信音，炳之少年离家门，一凡故乡人，无复能相认。（聊·慈·928）

5.10.2.3 凡、凡是

"凡"《金》1例，《醒》67例，《聊》无用例；"凡是"《金》无用例，《醒》27例，《聊》1例。如：

① 凡有人家生育男女，必要从此发心，方得易长易养，灾去福来。（金·57·779）

② 又住了五六日，那伍圣道凡遇发昏时节，便见邵次湖来面前，叫他同到阴司对理别案的事情。（醒·13·199）

③ 即如那新城县里有一个大家，他上世的时候，凡是生下儿女，雇了奶子看养。（醒·37·539）

④ 凡是天地间的神灵，无论甚么爷爷，你若保佑俺打骂不揎，我就发下洪誓大愿。（聊·禳·1148）

5.10.2.4 但教

《醒》、《聊》无用例，《金》1例：

① 但教有酒身无事，有花也好，无花也好，选甚春秋。（金·54·733）

5.11 连词的比较研究

5.11.1 明清山东方言语料连词系统的比较

《金》、《醒》、《聊》出现的连词总起来说数量大致相当（《金》出现145个，《醒》出现158个，《聊》出现140个），而且由于方言背景相同，连词系统也有许多共同点。如《金》、《醒》、《聊》的选择连词都常用"或"、"或是"、"不如"等，转折连词常用"虽"、"虽然"、"虽是"、"但"，假设连词常用"若"、"若是"、"就"、"就是"；目的连词常用"好"、"省得（省的）"、"看"。再如《金》、《醒》、《聊》表示原因的连词主要有两个："因"、"既"，而且使用频率也大致相当。如因果连词《金》共出现753例，其中"因"271例，占总用例的36％；"既"出现145例，占总用例的19.3％；《醒》中共出现原因连词1227例，其中

"因"出现 406 例,占总用例的 33.1％;"既"出现 192 例,占总用例的 15.6％;《聊》共出现原因连词 226 例,"因"出现 45 例,占总用例的 19.9％;"既(即)"出现 53 例,占总用例的23.5％。但是,各书实际使用情况也是有差别的。具体差异表现为以下几点。

5.11.1.1 各语料的连词系统有不同的特色

《金》由于时代及书面语体色彩较其他语料浓,反映在连词系统上就表现为:第一,多沿用古代汉语和近代汉语的连词。第二,连词系统内与《醒》、《聊》比较接近的连词相对少些。《醒》、《聊》由于口语化色彩较浓,所以接近北方方言的连词较多,连词的词形变化也较多。《金》、《醒》、《聊》连词的不同词形,一般不是历史遗留,而是由记写方言音造成的。相比较而言,《醒》、《聊》都较多地反映了山东方言,口语性较强,方言性也较强,另外,在书写形式上俗体字也较多,这些俗体字也大多是方言记音字。因此,《醒》、《聊》的连词词形变化就较多。如"但只是"在《聊》里又有"但仔是"等形式;"纵"《醒》、《聊》也写做"总",相应的,"纵然"也写做"总然";"宁只"《聊》里又有"宁自"、"宁子"、"能仔"等多种书写形式。

5.11.1.2 同样的关联作用,所选择的关联词语有一定差异

《金》与《醒》共同的连词共 100 个,出现在《金》而未见于《醒》的连词有 45 个,出现在《醒》而《金》未见的连词有 58 个。《金》与《聊》共同的连词共 86 个,出现在《金》而未见于《聊》的连词有 59 个,出现在《聊》而《金》未见的连词有 54 个。《醒》与《聊》共同出现的连词有 94 个,出现在《醒》而未见于《聊》的连词有 64 个,见于《聊》而未见于《醒》的连词共 46 个。其中,除了目的连词外,其他几类连词(如并列连词、连贯连词、递进连词、选择连词、原因连词、转折连词和假设连词等)在三种语料中使用的差别都很大。例如,同样是用于连接同时进行的动作行为的并列连词,除了"一面"、"一边"外,其他几个连词就不是都普遍使用的,如"一壁"、"一壁厢"、"一头"、"一者"、"二者"、"三者"只出现在《金》中,"三则"、"四则"只出现在《醒》中,"一行"只出现在《聊》中。

另外,相同的连词《金》、《醒》、《聊》出现的频率也有很大差别。如:"一面"在《金》、《醒》分别出现 526 例和 194 例,而在《聊》仅出现 4 例;"一边"在《醒》中出现 152例,而在《金》、《聊》中仅分别出现 1 例和 4 例;"或是"在《醒》出现 179 例,而《金》、《聊》则分别出现 14 例和 23 例;"虽是"在《醒》中共出现 121 例,而《金》仅出现 23 例,《聊》仅出现 28 例;"但"在《醒》中出现 212 例,《金》、《聊》则分别出现 15 例和 24 例;"要"在《醒》中出现 371 例,而《金》无用例,《聊》也仅见 2 例。这些连词在使用频率上的差别说明《金》、《醒》、《聊》在连词使用上是有差别的,这种差别与时代及基础方言有关,也可能与作者的语言写作习惯有某种关系。

《金》与《醒》连词系统比较表

类别	《金》独有(45)	《金》与《醒》共有(100)	《醒》独有(58)
并列	一壁、一壁厢、一头、一者、二者、三者(6)	和(合)、同、与、并、一面、一边、一则、一来、二来、再不(10)	二则、三则、四则、三来(4)
连贯	譬若、因是、然则、足见(4)	譬如、像(相)、于是、然后、至于、可见(6)	如₁、即如、那么、至如、总之(5)
递进	不但、况是、况兼(3)	休说、莫说、不惟、岂止、况、况且、何况、且、且是、尚且、甚至(11)	别说、休说是、无论₁(亡论)、不要说、别要说、不特、不止、不光止、不止于、岂但、岂止于、宁惟、甚至于(13)
选择	宁(1)	或、或是、或者、宁可、还是、与其、不如、不若、不然(9)	可、可是、宁只、要不(4)
原因	为因、缘、为缘、比是、所故、由是、因此上(7)	因、因是、为、因为、既、既是、既然、所以、以此、因此、故、故此、以致(13)	为着、惟其、既只、所以说、故是(5)
目的		好、省、省得(省的)、免得(免的)、看(5)	以便(1)
转折	虽则是、虽故、只争、不争(4)	虽、虽是、虽然、虽然是、虽则、但₁、但是₁、只₁、只是、但只₁、但只是₁、然、不料、不想、不意、不期、争奈(争耐)(17)	虽说、虽说是、虽然说是、可只、可只是、就只是(6)
假设	若然、若乃、如若、倘若、倘然、设使、假如、假若、假饶、苟、就算、饶是、打要、除非是、除是、任是、随问、不拣(18)	如₂、若、若是、若要、倘、倘或(倘忽)、便、便是、就、就是₂、就使、纵(总)、总是、纵然(总然)、饶、万一、除非、任、凭、不拘、随、不论(22)	如果、若使、使非、要、要是、要说、便就是、即₂、即使、纵使、打哩、打仔、任凭、任从、无论₂(15)
条件	只有、但教(2)	但₂、但是₂、只₂、但要、只要、但凡、凡(7)	但只₂、但只要、但则、要只、凡是(5)

《金》与《聊》连词系统比较表

类别	《金》独有(59)	《金》与《聊》共有(86)	《聊》独有(54)
并列	同、一壁、一壁厢、一头、一者、二者、三者、再不(8)	和(合)、与、并、一面、一边、一则、一来、二来、不然(9)	二则、三来、一行(3)
连贯	譬若、像(象、相)、因是、然则、至于(5)	譬如、于是、然后、可见、足见(5)	如₁、即如、可见是(3)
递进	莫说、况兼、尚且、甚至(4)	休说、不但、不惟(不唯)、岂止、况、况且、何况、且、且是、况是(10)	不说、休说是、休讲、不惟说、不惟说是、不止、岂但、不光、不只光、不只、况且是、何况是、方且、方且是、而且(15)
选择	宁、与其(2)	或、或是、或者、宁可、还是、不如、不若(7)	或者是、可、可是、宁只(宁自、宁子、能仔)、情只(5)
原因	因是、为因、缘、为缘、比是、所故、由是、故此、以致(9)	因、为、因为、既(即)、既是、既然、所以、因此、因此上、以此、故(11)	因着、为着、为的是、为因、既然是(5)
目的		好、省、省得(省的)、免得(免的)、看(5)	以便(1)
转折	虽故、只₁、不意、不期、只争、不争(6)	虽、虽是、虽然、虽然是、虽则、虽则是、但₁、但是₁、只是、但只₁、但只是₁(但仔是)、然、不料、不想、争奈(争耐)(15)	虽说、虽然说是、可只是、就是、不过(5)
假设	若然、若乃、如若、倘若、倘然、设使、假如、假饶、就算、就使、便、便是、饶、饶是、打要、除是、随、随问、不拣(19)	如₂、若、若是、若要(若或)、倘、倘或(倘忽)、假若、苟、就、就是₂、纵(总)、纵是(总是)、纵然(总然)、万一、除非、除非是、任、任是、凭、不拘、不论、(21)	要、如是、若要是、若或、倘若是、倘或是、设或、便就、便就是、总就是、纵然是、任拘、任凭(13)
条件	但是₂、但要、只有、只教、但凡、凡(6)	但₂、只₂(仔)、只要(3)	但仔、但只是₂、、一凡、凡是(4)

《醒》与《聊》连词系统比较表

类别	《醒》独有(64)	《醒》与《聊》共有(94)	《聊》独有(46)
并列	同、三则、四则、再不(4)	和(合)、与、并、一面、一边、一则、二则、一来、二来、三来、不然(11)	一行(1)
连贯	像(象)、那么、至于、至如、总之(5)	如、即如、譬如、于是、然后、可见(6)	可见是、足见(2)
递进	别说、莫说、无论(亡论)、不要说、别要说、不特、不止于、不光止、岂止于、宁惟、尚且、甚至、甚至于(13)	休说、休说是、不惟(不唯)、不止、岂但、岂止、况、况且、何况、且、且是(11)	不说、休讲、不但、不惟说、不惟说是、不光、不只光、不只、况是、况且是、何况是、方且、方且是、而且(14)
选择	与其、要不(2)	或、或是、或者、可、可是、宁可、宁只(宁自、宁子、能仔)、还是、不如、不若(10)	或者是、情只(2)
原因	因是、惟其、既只、所以说、故是、故此、以致(7)	因、为、为着、因为、既(即)、既是、既然、所以、因此、故(10)	因着、为的是、为因、既然是、以此、因此上(6)
目的		好、以便、省、省得(省的)、免得(免的)、看(6)	
转折	虽说是、只₁、可只、就只是、不意、不期(6)	虽、虽是、虽说、虽然、虽然是、虽然说是、虽则、但₁、但是₁、只是、但只₁、但只是₁(但仔是)、可只是、然、不料、不想、争奈(17)	虽则是、就是₁、不过(3)
假设	如果、若使、使非、要是、要说是、便、便是、便就是、就、就是₂、就使、即、即使、纵使、打哩、打仔、饶、任从、随、不论₂(20)	如、若、若是、若要、倘、倘或、要、苟、纵(总)、纵是(总是)、纵然(总然)、万一、除非、任、任凭、凭、不拘、无论₂(18)	如是、若要是、若或、倘若是、倘或是、设或、假若、便就、便就是、就、就是₂、总就是、纵然是、除非是、任是、任拘(16)
条件	但是₂、但要、但凡、但只要、但则、要只、凡(7)	但、只₂(仔)、但只₂(但仔)、只要、凡是(5)	但只是、一凡(2)

5.11.2 相关的北方系语料的连词系统比较

《金》、《醒》、《聊》与《歧》、《儿》由于时代、方言背景、口语化程度等原因,导致语法上存在着一定的差异。就连词系统来看,《歧》、《儿》的连词要更丰富一些。

5.11.2.1《歧》与《金》、《醒》、《聊》连词系统的差异

《歧》的方言基础是河南方言,书面语色彩也较浓,所以其连词系统与《金》、《醒》、《聊》和以北京方言为基础的《儿》差别都较大,出现的连词数量也较少。

《歧》共出现连词 138 个,其中有 16 个连词在《金》、《醒》、《聊》中没有出现,有 5 个连词在《儿》有用例,而有 11 个连词不见于《儿》,是《歧》独有的连词,即"跟"、"看来"、"莫说是"、"况乃"、"要么"、"结果"、"若说是"、"即令"、"纵令"、"凭是"、"勿论"等。但在《金》、《醒》、《聊》中出现的 236 个连词中,有 114 个在《歧》中没有出现。具体情况见下表。

《歧》与《金》、《醒》、《聊》连词系统比较表

连词	《金》、《醒》、《聊》独有(114)	《金》、《醒》、《聊》、《歧》共有(122)	《歧》独有(16)
并列	一壁、一壁厢、一行、一头、一则、二则、三则、四则、再不(9)	和(合)、同、与、并、一面、一边、一者、二者、三者、一来、二来、三来(12)	跟、并且(2)
连贯	譬如、譬若、像(象、相)、因是、然则、那么、可见是、足见(8)	如、即如、于是、然后、至于、至如、可见、总之(8)	看来(1)
递进	别说、休讲、不要说、别要说、不特、不惟说、不惟说是、不止、不止于、不光、不光止、不只光、不只、岂但、岂止、岂止于、宁惟、况且是、何况是、况兼、方且是、甚至于(22)	不说、休说、休说是、莫说、无论(亡论)₁、不但、不惟、况、况是、况且、何况、且、且是、方且、尚且、而且、甚至(17)	莫说是、慢说(漫说)、况乃(3)
选择	或者是、可、可是、宁只(宁自、宁子、能仔)、情只、不若、要不(7)	或、或是、或者、宁、宁可、还是、与其、不如、不然(9)	要么(1)
原因	因着、为着、为的是、为因、为缘、既然是、既只、比是、所故、由是、因此上、故是(12)	因、因是、为、缘、因为、惟其、既(即)、既是、既然、所以、所以说、以此、因此、故、故此、以致(16)	结果、由于(2)
目的	免得(免的)(1)	好、以便、省、省得(省的)、看(5)	

连词	《金》、《醒》、《聊》独有（114）	《金》、《醒》、《聊》、《歧》共有（122）	《歧》独有（16）
转折	虽说是、虽然是、虽然说是、虽则、虽则是、虽故、只₁、但只₁、可只、可只是、就是₁、就只是、不过、只争、不争（15）	虽、虽是、虽说、虽然、但₁、但是₁、只是、但只是（但仔是₁）、然、不料、不想、不意、不期、争奈（争耐、争乃）（14）	
假设	若然、若乃、如若、若要是、若使、若或、倘若是、倘然、倘或是、设使、设或、假若、假饶、使非、苟、要说是、便、便是、便就、便就是、就使、就算、总就是、纵然是（总然是）、纵使、饶是、打要、打哩、打仔、任是、任从、随问、不拣（33）	如₂、如是、若、若是、如果、若要、倘、倘若、倘或（倘忽）、假如、要、要是、就、就是₂、即、即使、纵（总）、纵是（总是）、纵然（总然）、饶、万一、除非、除非是、除是、任、任拘、任凭、凭、不拘、随、无论₂、不论（32）	若说、若说是、设若、即令、纵令、勿论、凭是（7）
条件	但是₂、但只₂（但仔）、但只是₂、但只要、但则、要只、但教（7）	但₂、只₂（仔）、但要、只要、只有、但凡、一凡、凡、凡是（9）	

5.11.2.2《儿》与《金》、《醒》、《聊》连词系统的差异

《儿》共出现连词 183 个，其中有 137 个也出现在《金》、《醒》、《聊》中，"并且"等 46 个连词《金》、《醒》、《聊》没有出现，但 5 个连词在《歧》中有用例，另 41 个连词则是《儿》独有的，如"类如"、"慢说是"、"慢讲"、"慢讲是"、"莫讲"、"别讲"、"慢道"、"慢道是"、"甚而"、"尤其"、"何况于"、"不及"、"莫如"、"因之"、"为是"、"原故"、"只管"、"只管是"、"就只"、"然而"、"即或（即乎）"、"纵说"、"纵说是"、"纵让"、"假使"、"便说"、"便连"、"便算"、"便算是"、"便让"、"就便"、"就便是"、"就便算"、"就让"、"满算"、"满让"、"就连"、"就说"、"好在"、"就算是"、"就算说"等。具体情况见《〈儿〉与〈金〉、〈醒〉、〈聊〉连词系统比较表》。

《儿》是用北京方言写成的，主要是描写满族人的生活，其中出现了一些很独特的连词，如"要不"、"原故"、"那么着"等。由于口语化较强，因此有关联作用的新结构也较多，并且一些结构也成系统地发展为连词，如"不说"系列的递进连词，在《儿》中有 13 个已经发展成为比较成熟的连词，而在其他语料中这类结构用做关联功能虽然也可以见到，但无论从数量上，还是从连词化的程度上，都是不能与之相提并论的。正由于口语色彩强，《儿》有许多结构或词汇演化成了连词或相应的连词构成成分。《儿》中的许多连词带上"说"又构成了新的形式，如"虽说"、"虽然说"、"便说"、"就算说"、"就说"、"纵说"等，这样的现象《醒》、《歧》也是有的，如《醒》"要说是"的"说"就已经语法化了，但并不多见；《歧》有"若说"，但更不普遍。这些连词加起来，《儿》有 20

多个,再加上特殊的系列连词"不说"类和"便"类,就极大地扩充了《儿》的连词阵营。

《儿》与《金》、《醒》、《聊》连词系统比较表

连词	《金》、《醒》、《聊》独有(99)	《金》、《醒》、《聊》、《儿》共有(137)	《儿》独有(46)
并列	一壁、一行、一者、二者、三者(5)	和(合)、同、与、并、一面、一边、一壁厢、一头、一则、二则、三则、四则、一来、二来、三来、再不(16)	并且(1)
连贯	譬若、因是、至如、可见是、足见(5)	如、即如、譬如、像(象、相)、于是、然后、然则、那么、至于、可见、总之(11)	类如(1)
递进	不说、休说、休说是、休讲、别要说、不特、不惟说、不惟说是、不止于、不光、不光止、不只光、不只、岂止于、宁惟、况是、况且是、况兼、方且、方且是、而且、甚至于(22)	别说、莫说、无论₁(亡论)、不要说、不但、不惟(不唯)、不止、岂但、岂止、况、况且、何况、何况是、且、且是、尚且、甚至(17)	慢说(漫说)、慢说是、慢讲、莫讲、莫讲是、别讲、慢道、慢道是、甚而、尤其、何况于(11)
选择	或者是、宁只(宁自、宁子、能仔)、情只、不若(4)	或、或是、或者、可、可是、宁、宁可、还是、与其、不如、要不、不然(12)	不及、莫如(2)
原因	为因、缘、为缘、惟其、既然是、既只、比是、所以说、所故、以此、由是、故是(12)	因、因着、因是、为、为着、为的是、因为、既(即)、既是、既然、所以、因此、因此上、故、故此、以致(16)	因之、为是、原故、由于(4)
目的	省(1)	好、以便、省得(省的)、免得(免的)、看(5)	
转折	虽然是、虽然说、虽然说是、虽故、但₁、只₁、只是、但只₁、但只是₁(但仔是)、可只、可只是、不意、不期、只争(14)	虽、虽是、虽说、虽说是、虽然、虽则、但是₁、就是₁、就只是、然、不过、不料、不想、争奈(争耐)、不争(15)	只管、只管是、就只、然而(4)

连词	《金》、《醒》、《聊》独有(99)	《金》、《醒》、《聊》、《儿》共有(137)	《儿》独有(46)
假设	如是、若然、若乃、如若、若要、若要是、若使、若或、倘若是、倘或是、设使、假饶、使非、要说是、便就、便就是、纵是（总是）、总就是、纵然是（总然是）、饶、打要、打哩、打仔、除非是、任拘、任凭、任从、随问、不拣(29)	如、若、若是、如果、倘、倘若、倘然、倘或（倘忽）、设或、假如、假若、苟、要、要是、便、便是、就、就是、就使、就算、即、即使、纵（总）、纵然（总然）、纵使、饶是、万一、除非、除是、任、任是、凭、不拘、随、无论₂、不论(36)	若说、设若、即或（即乎）、纵说、纵说是、纵让、假使、便说、便连、便算、便算是、便让、就便、就便是、就便算、就让、满算、满让、就连、就说、就算是、就算说、好在(23)
条件	但只₂（但仔）、但只是₂、但要、但只要、要只、一凡、但教(7)	但₂、但是₂、只₂（仔）、但则、只要、只有、但凡、凡、凡是(9)	

《歧》、《儿》独有连词统计表

			歧	儿
并列		跟	3	0
		并且	4	54
连贯		类如	0	2
		看来	20	0
递进		莫说是	1	0
		慢说（漫说）	4	18
		慢说是	0	1
		慢讲	0	18
		慢讲是	0	2
		莫讲	0	13
		别讲	0	1
		慢道	0	1
		慢道是	0	1
		甚而	0	3
		尤其	0	4
		何况于	0	4
		况乃	2	0
选择		要么	1	0
		不及	0	1
		莫如	0	19

		歧	儿
因果	因之	0	5
	结果	1	0
	原故	0	5
	由于	1	3
转折	只管	0	31
	只管是	0	5
	就只	0	8
	然而	0	15
假设	若说	18	9
	若说是	3	0
	设若	1	1
	即或（即乎）	0	8
	即令	26	0
	纵说	0	13
	纵说是	0	1
	纵让	0	4
	纵令	1	0
	假使	0	2
	便说	0	7
	便连	0	1
	便算	0	10
	便算是	0	1
	便让	0	2
	就便	0	10
	就便是	0	1
	就便算	0	1
	就让	0	21
	满算	0	1
	满让	0	1
	就连	0	26
	就说	0	3
	好在	0	5
	凭是	1	0

	歧	儿
就算是	0	1
就算说	0	1
勿论	7	0
为是	0	2

5.12 连词研究的相关问题

5.12.1 连词的语义来源分析

连词的来源是个非常复杂的问题。总起来说,连词的来源有这样几种情况:(a) 词语;(b) 短语;(c) 句子;(d) 跨层结构;(e) 附加构成。这是从连词的产生方式来解释的,也是从语源结构来解释的,但考查《金》《醒》《聊》的连词,连词的来源不仅涉及结构问题,还涉及语义问题。

语义对连词的演化和其演化后的语法功能有很大的影响,语义相同的实词往往会在语法演变上有相同的发展。连词的数量要比介词多得多,而且连词也是比较开放的系统,词、结构甚至是句子都可以演化为连词。但连词的演变却是有规律的,语义相同的实词往往会在语法演变上有相同的发展,即演变成语法功能相同的同类连词。如递进连词、转折连词、假设连词、让步连词等都可以分为几个小类,每一小类语法功能相同,而且从语源来讲,都来自同一语义类词汇。如"不说"、"别说"、"别讲"等递进连词都与"说"类动词有关;"不但"、"不只"之类递进连词都来源于"否定副词+范围副词"的结构,其中范围副词"但"、"只"语义相当。再如,"但只"类转折连词、"但只"类假设连词、"如若"类假设连词、"倘使"类假设连词、"便就"类假设连词、"任随"类假设连词等都是语义来源相同且连词语法功能相同的小类。这说明语义对连词的演化和其演化后的语法功能有很大的影响。

实词语义的弱化是短语或句子可以词化的一个重要条件。从词汇的发展史来看,短语的词化问题非常普遍,尤其是在汉语词汇复音化的过程中,词化现象大量出现;而从现代汉语的词汇向前追溯的话,也会发现许多词汇是由短语发展而来的。在连词的发展中,词化问题也非常突出。而且除了短语的词化问题,还存在着句子词化的问题。但无论是短语词化还是句子词化,在这个过程中语义弱化都起到了非常重要的作用,也就是说语义弱化是短语或句子词化的先提条件。如果没有某些词义的弱化,短语或句子是不可能降格为词汇的。如"不然"、"要不"及带"说"类连词等,这类短语或句子之所以可以词化,是语义弱化和语法化双重演化的结果,语义弱化是由语法泛化造成的,也是短语或句子可以词化的一个重要条件。

某些短语构成的连词在发展中存在词义偏移。在双音节连词形成中有一些连词是由单音节连词复合而成的,如"如若"、"并且"、"如果"、"而且"等。在这些连词中,有些连词是由语法意义相同的连词复合而成的,而有些则是由语法意义不同的连词复合而成的,如,"而且"中的"而"表示顺承,"且"表示联合,"但则"中的"但"表示假设,"则"表示顺承等。这些连词复合后某些语素的语义弱化甚至消失了,而复合而成的连词"而且"、"但则"的语法功能只与其中的另一个语素("且"、"但")相当,所以实际上这些连词在复合过程中发生了词义偏移。

5.12.2 连词发展演变中的一些语法化问题

连词在发展演变过程中必然还涉及一些比较重要的语法问题。如一些实词成分的语法化、实词的连词化等,都是与连词密切相关的语法现象,也是连词研究中争议最多的问题。

5.12.2.1 结构的连词化

5.12.2.1.1 "(不)是……是……"结构的连词化

"(不)是……是……"类结构本是判断动词的连用,有时用在某些猜测语境中,以提出几种可能的选择项。而随着"是"判断性质的弱化,这种语境中的"是……是……"就不再具有明显的判断性或不再表示判断,因而也就成了一种标志,由于这种标志用在选择关联项的关联上,所以其功能就和选择连词相当了。如:

① 我倒不解他们是干功名来了,是玩儿来了?(儿・34・633)

② 如府上先代曾做内廷名臣,近世又职任民社,你心里代想一想,是要你保守房田哩,是要你趋跄殿陛哩?(歧・6・58)

③ 是你自己愿出去,是大相公赶你出去的?(歧・55・510)

④ 家中问老爷吃饭,是在家么,是在书房?(歧・9・93~94)

⑤ 夏逢若果问:"你家大相公是在家,是在轩上?"(歧・57・533)

⑥ 是独姐姐你没看见呢,还是你也看见了不信呢?(儿・26・436)

⑦ 他这股子横劲,也不知是他自己憋出来哟,还是你们俩逼得懒驴子上了磨了呢?(儿・33・591)

⑧ 不是我索落你,事情儿已是停当了,你爹又替你县中说了,不寻你了。亏了谁?还亏了我。(金・52・694)

⑨ 你敢错听了,敢不是我衙门里,敢是周守备府里?(金・69・998)

⑩ 一面儿不见,不是你寻我,我就寻你。(金・89・1354)

⑪ 一个碗内两张匙,不是汤着就抹着。(金・76・1152)

⑫ 你就勉强求了他来,他不是挑拨那病鬼来缠你,乘机逃在那医人家去,或是勾引孽神琐碎,他好投充势要之家,叫你分文不剩,空落一身狼狈。(醒・34・495)

⑬ 不是家里父母不良,就是兄弟凶恶,或是女子本人不好。(醒・75・1069)

⑭ 没人处淌两眼泪还不差,只怕母亲知道,不是唬煞,就是哭煞!(聊・磨・1479)

⑮ 雇个老婆子来做饭,不是主人嫌他,便是他嫌主人,朝去暮来,朝来暮去,

也不知换了多少。(醒・76・1084)

⑯ 非伤寒则为杂症,不是产后,定然胎前。(金・61・857)

⑰ 非是你无缘,必是我那些儿薄幸。(金・59・819)

⑱ 身子陪坐,把个头别转一边,就是低了不看。(醒・88・1250)

以上"是……是……"结构的语法功能确实与连词相当,但需要注意的是,这类由结构发展而来的选择性关联成分,与一般的选择连词的连用(如"或……或……")是不能相互替换的,而且选择功能也不完全相同。"是……是……"类关联结构一般用于选择项有尽的情况,如二选、三选等,可以用"是……是"结构把所有选项列出,而"或……或……"可用于无限量的选择项关联中,一般选择项不是一一列举出来的。

5.12.2.1.2 "不是"、"不着"的连词化

"不是"类结构本是否定性判断结构,有"不是"、"不着"等,这些结构在一些语言表达中有一定的关联作用,即用于假设关联。这些结构与《金》、《醒》、《聊》、《歧》、《儿》等语料中的一些相关结构,如"要不是"、"若不是"、"若不着"等,在用法和语义上几乎完全相同。因此,可以说"不是"类结构有连词化的趋势。

否定判断结构"不是"、"不着"的弱化。"不是"、"不着"本是否定判断结构,可以用在假设分句中充当谓语成分,其中表示假设的连词可以出现,也可以不出现。如:

① 这要不是他,谁是管得他的?(醒・52・755)

② 又转念:若不着他,我那儿怎见父亲?(聊・翻・986)

③ 他在咱身上的好处不小:这缺要不着他的力量,咱拿四五千两银子还没处寻主儿哩。(醒・15・221)

④ 若是不着他,俺娘们家里就过不的了!(聊・磨・1465)

⑤ 刚才不是咱,这们些人也撺不动他。(醒・43・630)

⑥ 西门庆道:"不瞒你说,相我晚夕身上常时发酸起来,腰背疼痛,不着这般按捏,通了不得。"(金・67・939)

⑦ 北京城不着这们傻孩子,叫那光棍饿杀罢!(醒・6・89)

⑧ 不着那两位令郎,也到不了这步田地。(聊・墙・840)

⑨ 不着家里丫头,不会唱这么个曲儿。(聊・禳・1263)

⑩ 鸨儿道:"不着你,这东西是天上吊下来的,地下跑出来的,科枝上长的树上结的?"(聊・增・1593)

以上例①至例④,"要"、"若"、"若是"是假设连词,而"不是"后面仅带有名词性成分(名词或代名词),因而,"不是"、"不着"还带有非常明显的判断动词的痕迹。所以,这些句子中的"不是"、"不着"还应是个完全的动词性结构,做句子成分,也是必需成分。而例⑤至例⑩"不是"、"不着"虽然仍是句子的谓语性成分,但其表示判断的语义特征却弱化了,而仅仅具有否定的特征。

"不是"、"不着"表示假设连接。"不是"、"不着"在有些例子中,与"如果不是"、

“如果不”的用法相当，即表示否定假设关联。如：

⑪ 刚才不是我这般说着，他甚是恼你。（金·72·1061）

⑫ 不是你回来，我这一夜也是不得睡的。（醒·19·281）

⑬ 适间不是夫人再三与你讨饶，四十个大板，赶逐你出境哩！（醒·36·530）

⑭ 你爹身上衣服，不着你恁个人儿拴束，谁应的上他那心！（金·72·1036）

⑮ 你刚才不着我再三哀恳，你必定是死；你以后再不可打我。（醒·58·840）

⑯ 把一个小厮瘦成一朵，不着来此怕见了阎罗。（聊·慈·900）

⑰ 不着咱厚，我也不劝你。（聊·翻·943）

⑱ 仇福说：“是呢。不着你说，我还想不到这里哩。”（聊·翻·943）

以上诸例中的“不是”、“不着”已经不能再用否定判断结构来解释，因为这些结构后所带的不再是名词性成分，而一般是一个主谓句，这样的句子都可以用“如果不”或“如果……不”的否定假设句子进行转换，其语义不发生任何改变。所以，这种用法的“不是”、“不着”是融否定与假设于一体的结构，即本身还带有否定的特征，但不具有判断功能，而实际承担的是假设关联的功能。相应的，《金》中的“要着”、“若着”用法也与“要是”相当。如：

⑲ 杨姑娘道：“还是姐姐看的出来，要着老身，就信了。”（金·40·530）

⑳ 要着俺里边，才使不的！（金·44·580）

㉑ 要着我，你两个当面锣、对面鼓的对不是！（金·51·668）

㉒ 潘金莲道：“要着我，把学舌的奴才打的烂糟糟的，问他个死罪也不多……”（金·76·1155）

㉓ 要着是我，怎教他把我房里丫头对众拶恁一顿拶子！（金·44·580）

㉔ 哥，你好汉，还起的早。若着我，成不的。（金·67·938）

例⑲至㉒、㉔“要着”、“若着”中的“着”后面接名词性成分，可替换为“是”，因此还带有明显的动词特征；而例㉓“要着”之后有判断动词，所以“着”显然已经虚化，“要着”也有词化的趋势，可与“要是”相替换。

有一些否定性成分，比如副词“不”是有连接作用的。“不是”、“不着”之所以可以用于连接分句，也是受到“不”的影响。但“不是”、“不着”和“不”在连接分句时，用法却是不同的。因为“不是”、“不着”是由动词性结构演变而来，所以可以连接名词性成分，而“不”是个副词，只能连接动词性成分。而且“不是”、“不着”强调所连接的成分的作用，带有“多亏”的语义特征，而“不”则没有这种特征。

5.12.2.2 实词的连词化

5.12.2.2.1 判断动词"是"的连词化

"是"在有些例子中,有先肯定但暗含否定的用法,这就有了转折的作用。因此有人认为"是"是连词,有转折和假设功能。如:

　　① 是人家有些气恼儿,对人前分解分解,也还好,娘又不出语,着紧问还不说哩。(金·62·865)

　　② 兄弟们厚是极厚,财帛上也要分明。(聊·墙·842)

　　③ 褚大娘子笑向张金凤道:"说是这么说,大妹子,你可不许借着这事叫我们姑娘受委屈。"(儿·26·448)

　　④ 安老爷道:"是虽如此,也得叫他们小孩子们心里过得去。"(儿·29·515)

　　⑤ 张姑娘道:"好是好极了,我在姐姐跟前,可不存一点心眼儿。姐姐说话可一会价的性急,他的脾气可一会儿价的性左,咱们可试着步儿来……"(儿·30·526)

　　⑥ 太太道:"是虽说是老爷合我的操心,也亏他自己的立志……"(儿·36·689)

　　⑦ 曹氏要商量孩子读书的话,也就应允道:"住是不能住,晚些坐姑娘的车回去。"(岐·3·27)

但从"是"的使用情况来看,"是"还带有很强的表示肯定的特征,所以还不是完全的连词,而是处于从判断动词向连词过渡的阶段。"是"在《儿》中还可以构成"是说",功能与"是"相当。如:

　　⑧ 是说是为我姐姐都是该的,这个白斋可吃到多早晚是个了手呢?(儿·21·336)

　　⑨ 褚一官道:"你老人家想,他们离这里通算不过二三百里地,是说不敢到这里来骚扰,这里两头儿通着大道,来往不断的人,有什么不得信儿的?"(儿·21·338)

　　⑩ 自从咱爷儿俩认识以后,是说你算投奔我来了,你没受着我一丝一毫好处……(儿·27·460~461)

　　⑪ 屋里是说且不动呢,零零碎碎也偷空儿归着归着……(儿·29·520)

5.12.2.2.2 "搭(打)"的连词化

"搭"又写做"打","搭上"的用法有时相当于连词。如:

　　① 他那媳妇子,又搭上他那邻舍家跑了一天井,都夺着那枕柄,才没捞着他打。(聊·慈·908)

　　② 自从遭了官司,弄的少挡没系,又搭上人来索债,叫花子躲乱——穷的讨

饭还带着不安稳。(聊·姑·883)

③ 咱这庄一条直街,他来的人多,街上挤满了,一炮可以放倒百人,又打上墙头上枪箭齐下,他还如何攻的哩!(聊·翻·1010)

同样的用法还出现在《儿》中,而且带"着"的用法也有关联作用。如:

④ 那日人来的更多,厅上棚里都坐得满满的。再搭上那卖熟食的、卖糖儿豆儿的、赶小买卖的,两边站得千佛头一般。(儿·15·229)

⑤ 不想那肚子有冒冒的一年不曾见过油水儿了,这个东西下去,再搭上方才那口黄酒,敢是肚子里就不依了……(儿·29·518)

⑥ 总之,是个自爱的心,也搭着他实在有点儿怕人家。(儿·23·385)

⑦ 姑娘此时自是害羞,不肯去看;无奈他本是个天生好事的人,又搭着向来最听娘的话,借这一拉,便挨在玻璃跟前往外看。(儿·27·468)

⑧ 却说姑娘因是拜过堂的,安太太便不教他一定在床里坐,也搭着姑娘不会盘腿儿,床里边儿坐不惯,只在床沿上坐着。(儿·28·483)

"搭上"在《聊》中共出现6例,都有连词化的趋势;另有"打上"1例。"搭着"《儿》共出现10例,其中4例有连词化倾向。"搭上"出现6例,3例有连词化趋势。

5.12.2.2.3 "带"、"兼"的连词化

"带"、"兼"本是动词,有"携带、顺便"义,因此"带"、"兼"的一些结构就有表示并列的功能。如:

① 过了几日,薛教授央狄员外陪了拜那明水镇的人家,就带着寻看房子。(醒·25·370)

② 到晚来我与你去把水担,家里忙看孩子带着烧火……(聊·戏·闹·816)

③ 自从遭了官司,弄的少挡没系,又搭上人来索债,叫花子躲乱——穷的讨饭还带着不安稳。(聊·姑·883)

"带着"《醒》出现36例,只1例有连词化的趋势;《聊》有3例有连词化的用法。"带着"在《儿》中出现72例,6例有连词化的趋势。如:

④ 什么事儿他全通精儿,还带着挺撅挺横,想沾他一个官板儿的便宜也不行!(儿·4·50)

⑤ 今日同这二位混,混了半夜,好容易脸不红了,这时候忽然又给说起媳妇来!就说媳妇儿也罢,也有这样"当面鼓,对面锣"的说亲的吗?这位媒人的脾气儿还带着是不容人说话,这可怎么好?(儿·9·133)

⑥ 不但我不认得他,这个人来得有点子酸溜溜,还外带着挺累赘。(儿·17·262)

⑦ 一个人要是吃多了,咬牙,放屁,说梦话,这三桩事可保不齐没有,还带着

自己真会连影儿不知道。(儿·23·387)

⑧ 他老人家是风雨无阻,步行去,步行回来,还带着来回不吃一口东西,不喝一点儿水,嘴里不住声儿的念佛。(儿·26·432)

⑨ 一进门儿,把眼前的这点儿差使地陀罗儿似的挡了个风雨不透,还带着当的没比那么搁当儿,得样儿,是劲儿。(儿·40·821～822)

在《醒》中还有"更兼"、"又兼",其功能也连词化了。如:

⑩ 这祁伯常从山上冲下,夹石带人,不惟被水,更兼那石头磕撞得骨碎肉糜,搁在一枝枣树枝上。(醒·29·425)

⑪ 晁大舍因一连做了这两个梦,又兼病了两场,也就没魂少智的。(醒·4·45)

⑫ 只是纵欲的人,又兼去了许多血脉,只身上虚弱的紧。(醒·5·62)

⑬ 晁源道:"监生妻,这本县城内也是第一个不贤之妇,又兼父兄不良,日逐挑唆,监生何敢常凌虐他。"(醒·10·148)

⑭ 过了年,天气渐渐热了,珍哥住的那一间房虽然收拾干净,终是与众人合在一座房内,又兼臭虫虼蚤一日多如一日,要在那空地上另盖一间居住。(醒·14·209)

⑮ 不料这巧姐在家极是孝顺,母亲的教诲,声说声听;又兼素性极是温柔,举止又甚端正,凭那嫂子恁般欺侮,绝不合他一般见识……(醒·59·852)

"又兼"本是副词修饰动词的偏正结构,但从对一些例句的分析来看,它已经失去了动词的语法功能,因而具有并列关联的作用。"又兼"在《醒》中出现33例,其中有3例做动词结构,30例有连词化的趋势。"又兼(兼且)"、"搭着(上)"、"带着"具有"兼带"的语义色彩,所以"搭(打)"、"带"、"兼"系列才会转化为表示并列的关联成分。

5.12.2.2.4 "无奈"、"可惜"的连词化

"无奈"、"可惜"也有连词化倾向。如:

① 早知道这般样苦事呵,谁待要把名标!无奈他封君公子与偏豪,撺掇人上轿,只落得软监稳坐祸难逃。(聊·戏·闹·823)

② 一面想,一面要叫那跑堂儿的。无奈自己说话向来是低声静气慢条斯理的惯了,从不会直着脖子喊人,这里叫他,外面断听不见……(儿·4·56)

③ 手艺人吃的是肉肥卤面,可惜俺念书人饿的可怜。(聊·戏·闹·813)

④ 楼舍亭台,楼舍亭台,论这里边盖的开,可惜没有钱,不是心不待。(聊·翻·972)

⑤ 乍住着蛴螬房,进大屋也恍荡,可惜没嘎安插上。(聊·翻·1003)

"无奈"、"可惜"即"没有办法"、"值得惋惜",用于转折关联,前面分句是非常肯定,而后句是"尚有遗憾"的转折。

5.12.2.3 虚词的连词化

5.12.2.3.1 副词的连词化

副词和连词的关系是非常密切的。这主要表现在两个方面,一是一些副词具有关联作用,所以在功能上与连词相近,在词类的归属上也因此一直存有争议;二是一些词汇兼有副词和连词两种词类,如"就"、"即"等,其中有一些连词用法是由副词的用法发展而来的。这里涉及的连词化问题也与副词有关,如"不"、"再"等都是副词,这些副词本不具备关联的功能,但在实际语用中却有连词化的倾向。另外,在近代汉语的连词序列中,有一些连词虽然不是由副词发展而来的,但却与副词所构成的偏正结构有很密切的关系,如"再不"、"不然"、"再不然"等。这里主要探讨副词"再"、"不"的连词化发展。

5.12.2.3.1.1 "不+VP"简省形式及其语法化

在近代汉语中本来有"不+VP"的分句形式,可以用"不+VP"的简省形式"不"来单独承担,这一般用在承上句或有上下文照应的情况下。如:

① 好便好,不么,叫他另娶个妾过日子。(醒·40·592)

② 此时再要把通榜的名次一个个推上去,那卷面上的名次都要改动,更不成句说话了。不么,我们就向这备卷中,对天暗卜一卷,补中了罢。(儿·35·652~653)

③ 那丈母娘可憋不住了,说:"姑爷,你换下来给我快拿去罢。不的时候,姑娘他也是着急。"(儿·11·156)

④ 有儙笨活,只管交给我,管作的动;不的时候儿,这大米饭,老天可不是叫人白吃的。(儿·13·193)

⑤ 却在三月上旬,乃花子虚百日,李瓶儿预先请过西门庆去,和他计议,要把花子虚灵烧了,"房子卖的卖,不的你着人来看守,你早把奴取过去罢……"(金·16·196)

⑥ 我们就是这么个糙礼儿,姑老爷爱依不依。不,你就别吃,还跟了你那程大哥吃去。(儿·37·706)

⑦ 是这么着,我就住些日子,不,我可就不敢从命了。(儿·29·516)

"不+VP"的简省形式"不"在肯定句后,用于表示与前句相反的假设条件,必有后句来补充说明假设的结果。其中例①至④"不"加上一些表示假设语法意义的成分就独立成为单句,这是"不+VP"简省形式的最基本的形式,后面往往有"么"或"的"、"的时候(儿)"等。而例⑥、⑦则是这种简省形式的变式,"不"从语义上是一个假设分句,可以还原为"不依"、"不是这么着"等。在这种用法中,"不"所处的语法位置与一般连句的连词的语法位置相当,这也正是"不"有连词化倾向的语法诱因。

"不"的连词功能。"不+VP"本身是否定结构,因而"不+VP"的简省形式"不"也是表示否定的。但在一些用法中,其否定的意义已经不明显,"不"也不再做分句或句

子成分,而仅仅起到一种关联作用,即"A,不 B"中的"不"不再是否定"A"的。如:

⑧ 譬如两厨子打发主人,省事的着人做,费事的着咱做;不就是挣赏的人去干,倒包的咱去干。(聊·禳·1233～1234)

⑨ 往往遇着孤身客人,半夜出来劫他的资财,不就害人性命,甚至关藏妇女在内。(儿·7·94)

⑩ 可就是这一头儿没得车道骑牲口,不就坐二把手车子也行得。(儿·14·198)

⑪ 褚大娘子得了空儿便在东院同张姑娘伴了玉凤姑娘作耍,不就弄些吃食给他解闷,绝不提起分别一字。(儿·21·349)

⑫ 便是那极安静的也脱不了旗人的习气,喊两句高腔,不就对面墙上贴几个灯虎儿等人来打。(儿·34·633)

上例从语法位置上来讲,还是"不＋VP"的简省形式的语法位置,即在分句中间;但从语义上来讲,这种用法却与"不＋VP"的简省形式有很大的差别,即"不"不再是个单独的假设分句,也不再具有否定前句的功能。如例⑧至⑫,"不"与前一分句并不构成一正一反的关系,而相反是"A"与"B"构成并列关系,"不"与"A"、"B"都不构成关系。所以,在这种句子中的"不"已失去了"不＋VP"的简省形式的语法功能,而进一步向连词演化了。

"不＋VP"的简省形式连词化后,"不"一般还是用在后一分句的句首以引起关联的,但随着这种用法的进一步语法化,"不"甚至也可以引起第一选择分句或引起唯一选择分句。这时"不"已经脱离了源词的语法位置,而完全发展成为一个特殊的关联成分。如:

⑬ 不就打听打听,若是人物好着,合他就做了也罢了。(聊·禳·1163)

⑭ 便拦傻狗说:"不,咱们就住下罢。"(儿·5·73)

⑮ 你待要谁呢? 不就着吴丽华罢。(聊·禳·1201)

⑯ 褚一官便故意把那庄客的话又向他说了一遍。他道:"不就是马三爸来了?"(儿·17·260)

⑰ 倒是这杠怎么样? 不就卸了他罢?(儿·20·325)

⑱ 他道:"那里还坐车呀!"我说:"才多远儿呢! 咱走了去罢!"他爹说:"我怕什么? 撒开鸭子就到咧! 你那踙拉踙拉的,踙拉到偺时候才到喂!"那么着,我可就说:"不,你就给我找个二把手的小单拱儿来罢。"(儿·21·331)

⑲ 舅太太也说:"有菜没菜的,那包子合饭可千万叫他们弄热了再吃。"张太太又说:"不咧熬上锅小米子粥,洇上几呀鸡子儿,那倒也饱了肚子咧。"(儿·34·623)

⑳ 早听程相公笑嘻嘻的说道:"老伯,不么,我们今日就在此地歇下,也去望望凤凰罢。"(儿·38·731)

㉑ 不着我去罢。(聊·襄·1161)

㉒ 娘子见的也是,不着就是这等。(聊·磨·1392)

这些句子中,"不"的后面都还有与假设有关的成分与"不"相呼应,如例⑬至⑱的"就"、例⑲的"咧"、例⑳的"么"、例㉑、㉒的"着"。其中,"就"是上下句间的关联副词,"着"可以用在后面表示假设。如:

㉓ 不俊着就怕的那!(聊·襄·1211)

上例和"不＋VP"的简省式从形式上来看很相近,但是句中的"不"却不再表示对前面句子的否定,或前面根本就没有否定假设的关联句。因此可以说,这种"不"已经失去了否定副词的功能,而在句子的连接中相当于一个连接分句的连词性成分。另外,我们还发现了几例没有任何关联性成分存在的"不"字关联句。如:

㉔ 他便说:"一袋烟可惜了的的,不,姑奶奶抽罢。"(儿·15·224)

㉕ 正待要走,张姑娘道:"姐姐,舅母既这么吩咐,不,咱们就走罢,家里坐坐儿再来。"(儿·29·520)

㉖ 路南里有个雅座儿,不,咱们挪过那边去坐罢。(儿·32·565)

总之,在连词化成分"不"的形成过程中,"不＋VP"简省为"不"是非常重要的环节,并进而经由词句阶段,即"不＋VP"由简省的临时形式而演化成常式的阶段,最后才演化成连词化成分"不"。所以,可以说连词性成分"不"并不是由副词直接发展来的,而是由副词做修饰语的偏正结构发展而来的。除"不"以外,"没有"、"不是"偶尔也有相关用法。如:

㉗ 范姑子道:"我顾不哩。没有教小徒陪陪罢。"(歧·16·166)

㉘ 侥幸成了对儿,也亏天爷在行;不是呵,把这件东西那里放?(聊·襄·1175)

例㉗原注:"没有,豫语,转折连词。"实际上,"没有"不是转折连词,而应与"不"一样是由否定副词演化而成的连词性成分。例㉘"不是"语义和功能都与"不"、"不然"相当,也是由"不是VP"的简省形式发展来的。

5.12.2.3.1.2 与副词"再"相关的连词化问题

"再"本是副词,表示"第二次",后表示"两次"。在《儿》中,"再"有时用于两个分句或两个句子中间,有连接并列成分的作用,因而与连词相当。一般出现于"A,再B"的格式。如:

① 这种东西,多也无用,再与者受者都要心安。(儿·13·188)

② 门生受恩最深,就该作个倡首。就譬如世兄孝敬老师万金,难道老师也合他让再让三不成?再门生还有句放肆的笑话儿:以老师的古道,处在这有天无日的地方,只怕往后还得预备个几千银子赔赔定不得呢。(儿·13·188)

③ 跑堂儿的是怕耽误了他的买卖,便向安老爷说:"我看这个地方儿屈尊你老,再也不得说话……"(儿·14·206)

④ 老爷道:"……但是这事不是三句五句话了事的,再也'定法不是法',我们今日须得先排演一番……"(儿·16·247)

⑤ 再说,既要喝酒,必要说说话儿,这里也不是说话的地方儿;一家人罢咧,自然该把二叔请到咱里头坐去。再这天也不早了,二叔这等大远的来,难道还让到别处住么?(儿·15·220)

⑥ 便又告诉褚大娘子:"我这句话,只有你妹夫知道;再我不敢瞒婆婆,便是公公跟前,我也不曾提过……"(儿·26·449)

⑦ 褚大娘子道:"没什么了。再就是我不在家,你多费点心儿照应照应那孩子,别竟靠奶妈儿。"(儿·20·325)

上例①至⑥"再"用在 B 句的句首,无论从位置还是从用法上来看都与连词更接近。而例⑦的"再"与 B 直接关联而与所关联的成分 A 是隔断式关联,这与"再"的语源语法位置"A,再 B"相去更远了。这些用法的"再"在句子中不再做句子成分即状语,而处在连接句子或分句的位置上,承担关联作用,因此可以说"再"已从一个副词而连词化了。

"再"的连词化还体现在由"再"组成的结构"再者"的连词化上。《儿》中也有许多"再者"用于连词的例子。如:

⑧ 我又不会喝那东西,我也不懂,我缠不清,等我找了你老的女孩儿来,你老自己告诉他罢。再者,二叔在这里,也该叫他出来见见。(儿·15·220)

⑨ 我十三妹今日理应在此看你两家礼成,只是我孝服在身,不便宴会。再者,男女不同席。就此失陪,再图后会。(儿·16·238)

⑩ 褚大娘子忙道:"二叔,罢了罢!他老人家回来却有会子了。我看那样子又有点喝过去了,还说等二叔回来再喝呢!此时大约也好睡了,再要一请,这一高兴,今日还想散吗?再者,女婿今日也没回来,倒让他老人家早些睡罢。"(儿·31·547)

⑪ 求奶奶开恩,可怜他个糊涂,听不出主儿的吩咐来。再者,看他平日差使也还勤谨,奶奶赏奴才个脸,饶他这次。(儿·36·671)

⑫ 一则是个热闹儿,再者,一个小孩子中了会子,也叫他兴头兴头。(儿·36·682)

⑬ 老爷道:"为什么?你的酒量也还喝得;再者,我向来又准你喝酒,为什么忽然不喝了?"(儿·37·707)

⑭ 戴勤忙回道:"奴才管的那地里本有几块低洼地;再者,今年的雨水大,那棉花不得晒,都受了伤了……"(儿·36·669)

上例"再者"用于关联分句或句子,用逗号与所关联的上下分句相隔。"再者"是由副词"再"加后缀"者"构成的结构,在以上用例中承担了连词的功能,所以在语用上也连词化了。

《儿》还出现了"再说"的关联用法。如:

⑮ 如今就靠这几个小子们,如何使得呢?再说万一得了缺,或者署事有了衙门,老爷难道天天在家不成?(儿·2·22)

⑯ 他这一件事,我看着听着心里就不忍。再说我原为老爷的事出来,他也是个给人家作儿子的,岂有他妈死了不叫他去发送的理?(儿·3·40)

⑰ 人家掌柜的土木相连的东西我可不敢动!再说,那东西少也有三百来斤,地下还埋着半截子,我就这么轻轻快快的给你老拿到屋里去了?(儿·4·57)

⑱ 怎么哭起来了呢?再说,你也是大高的个汉子咧……(儿·5·66)

⑲ 我原无心要他的性命,怎奈他一个个自来送死……再说,假如那时要留他一个,你未必不再受累,又费一番唇舌精神。(儿·8·118)

⑳ 舅太太道:"姑娘,什么话!这安佛可得洁净些儿;再说也去去这一年的不吉祥。"(儿·24·401)

㉑ 那何玉凤姑娘……心里纳闷道:"怎么才来就走,也不给人碗茶喝呢?再说,弄只鹅,嘎啊嘎的,又是个什么讲究儿呢……"(儿·27·471~472)

㉒ 老兄二百岁以后,果然我作个后死者,这事还怕不是我的责任?再说,只要有机会,也不必专在你老人家二百岁后。(儿·32·573)

以上所提到的副词或副词性结构"不"、"再"、"再者"、"再说"等都具有和连词一样的关联功能,即有连词化的趋势,说明副词与连词在功能上具有一定的共同点。这些副词或副词性结构之所以会发展为连词,主要是由于它们所处的位置(原有语法位置或由于某种原因而造成的语法位置)与关联分句的连词的位置相当。这是副词或副词结构连词化的句法基础。

5.12.2.3.2 指示词的连词化

在明清时期的语料里,指示代词"那么"发展为连词,而且与它有关的片段,如"这么着"、"这么说"、"那么着"、"那么说"等,也都具有关联上下文的功能。但从语法性质来讲,这些成分在句子或句群中又可以从复指性语法成分或分句来解释,所以只能说这些代词有连词化的趋势。

5.12.2.3.2.1 远指代词相关组合的语法化

先看"那么着"。"那么着"和"那么"相当,是"那么"又加助词"着"构成的。如:

① 他道:"那里还坐车呀!"我说:"才多远儿呢!咱走了去罢!"他爹说:"我怕什么?撒开鸭子就到咧!你那踱拉踱拉的,踱拉到偺时候才到喂!"那么着,我可就说:"不,你就给我找个二把手的小单拱儿来罢。"(儿·21·331)

② 安老爷听了,那里肯放,便道:"老哥哥,来不来由你,放不放可就得由我

了。"邓九公听了,哈哈大笑,说:"那么着,咱们说开了……"(儿·29·516)

③ 众人只得说道:"在庙里搜一搜就知道了。"县官说:"那么着,咱们就搜哇。"(儿·11·151～152)

④ 一时听了舅太太这话,那何小姐性急口快,便道:"娘这话也说的是。那么着,我就在家里服侍婆婆,叫我妹子跟了他去。"(儿·40·793)

⑤ 那妇人听了,这才裂着那大薄片子嘴笑道:"你瞧,'大水冲了龙王庙——一家人不认得一家人'咧!那么着,请屋里坐。"(儿·7·96)

吕叔湘(1984:360)指出,"那么着""作为一个小句,复指上文,引起下文"。而从《儿》的用例来看,"那么着"的复指性功能已经弱化,因而其关联功能也进一步增强,所以也可以说"那么着"主要的功能就是用于顺承关联。

"那么说"就是"那样说来"、"那么说来",因此在句中承当的也是顺承功能。如:

⑥ 张太太道:"我俩不在这儿睡呀?那么说,我家走罢,看行李去。"(儿·22·353)

⑦ 只听他先念了声佛,说道:"真哪!奴才说句不当家的话,照老爷这么存心,怎么怪得养儿养女望上长,奴才大爷有这段造化呢?那么说,这俩钱儿敢则花的不冤。到底是奴才糊涂……"(儿·39·754)

⑧ 老爷听了,才说了句"是呀",张姑娘那里就说:"那么说,还得换上长飘带手巾呢。"珍姑娘接着就说:"那么说,还得叫他们把数珠儿袄子带上呢。"(儿·40·829)

可以看出,"那么说"的"说"已经不是实在意义的动词,而成为一个后附的语法成分。

5.12.2.3.2.2　近指代词相关组合的语法化

《醒》、《歧》、《儿》里"这"类代词有"这"、"这们"、"这么着"、"这么说"等。先看"这"的例子:

① 狄希陈道:"他吃酒不肯家去,是待算计捉弄我了,家中预先带了来的。"狄婆子道:"这也或者有的。亏了没往外去,若叫外人撞见,成甚么模样!这孩子这等刁钻可恶!"(醒·58·842)

② 调羹说道:"娘说的极是。我替娘收拾,头上也不消多戴甚么,就只戴一对鬓钗、两对簪子;也不消戴环子,就是家常带的丁香罢;也不消穿大袖衫子,寻出那月白合天蓝冰纱小袖衫子来,配着蜜合罗裙子。"狄婆子道:"这就好。"(醒·59·847)

③ 相于廷娘子道:"可是我正没个空儿问你,你合狄大哥象乌眼鸡似的是怎么?说他又极疼你,又极爱你,你只睖拉他不上,却是怎么?一个女人在家靠爷娘,嫁了靠夫主哩。就是俺姑娘,我见他也绝不琐碎,俺姑夫是不消说的了,你也都合不来?"素姐说:"这却连我也自己不省的……"(醒·59·850)

"这"有复指功能,因此在上下句子间也起到了关联作用,但这种用法的"这"在句子中还充当句法成分,所以还不能说这种用法的"这"具有纯粹连词的功能。

"这么着"、"这么说"只见于《儿》,而且与"那么着"、"那么说"一样具有连词性。如:

④ 那跑堂儿的听见钱了,提着壶站住,说道:"倒不在钱不钱的。你老瞧,那家伙真有三百斤开外,怕未必弄得行啊!这么着啵,你老破多少钱啵?"(儿·4·57～58)

⑤ 姑娘听了,说道:"我的少爷,你可酸死我了!这么着,我给你出个主意……"(儿·8·107)

⑥ 邓九公见他如此说,便丢下华忠向着他道:"……露着你们先亲后不改,欺负我老迈无能!这么着,不信,咱们爷儿们较量较量!"(儿·15·216)

⑦ 我也曾闻着我们这舅爷跟的是个官儿,这么着,尊驾先通个姓名来我听听。(儿·15·217)

⑧ 这一哭,可把舅太太哭急了,说:"姑太太,你们娘儿三个这哭的可实在揉人的肠子!这么着,我合姑太太倒个过儿……"(儿·40·795)

⑨ 舅太太道:"哦!原来你还是嬷嬷呢?这么说,连你都比我的命强了!你到底还合姑娘有这么个缘法儿呀!"(儿·22·368)

"这么着"由"这么"再加"着"构成,虽然"这么"在《儿》中没有连贯连词的用法,但"这么着"用于连贯关联的用法却与"那么着"一样普遍。

从《金》、《醒》、《聊》、《歧》、《儿》的情况看,指示代词的连词化只出现在《醒》、《儿》,其中《醒》只有"那么"发展为连词,而《儿》则有"那么"及其相关结构有连词化现象。

总结这些成分的连词化发展,可以看到,词的句子功能其实是其中一个最重要的环节,也是这些词或短语向连词发展最关键的一步。许多词或短语都是通过单独做句子进而发展为连词的,代词"那"("这么"、"那么"、"这么着"、"那么着")等是如此,而副词"不"("不咱"、"不则")等能够发展为连词化成分,也是由于"不"有句子功能。与此相当的是,那些本不可以独立成句的短语,如果有了句子的功能,那么它也就有了连词化的可能,如"再不"、"要不"等,都是由无成句资格的短语,有了句子功能,并进一步发展而来的。

第六章　助　词

6.1 概说

助词是汉语虚词中重要的一类。不同的历史时期,汉语助词系统内部有不同的构成成分和不同的特点。本章以明清时期具有山东方言背景的《金瓶梅词话》、《醒世姻缘传》、《聊斋俚曲》为基本研究素材,对助词进行描写分析,并与《歧路灯》、《儿女英雄传》等语料进行比较研究。自马建忠提出"助字"这一类别后,学界对助词的研究范围和类别就存在着争议。这里综合考虑以往的研究成果,从功能的角度划分,把助词归纳为结构助词、动态助词、事态助词、假设助词、概数助词、非疑问语气助词和疑问语气助词七种大的类型。

明清山东方言助词系统表

结构助词	底(的$_1$)、地(的$_2$)、得$_1$(的$_3$)、哩(里)
动态助词	着$_1$、了$_1$、过、将、得$_2$(的$_4$)、讫(起)、子
事态助词	了$_2$、来$_1$、的$_5$、着$_2$、可$_1$
假设助词	时、着$_3$、可$_2$
概数助词	来$_2$、把、数、多、许、左右、上下
非疑问语气助词	么$_1$、呢$_1$、哩$_1$、呵(阿、啊)$_1$、呀$_1$、罢$_1$、的$_6$、着哩、罢了、也罢、便了、便是、就是(了)、那(哪)$_1$
疑问语气助词	么$_2$、呢$_2$、哩$_2$、呀$_2$、呵(阿、啊)$_2$、罢$_2$、哩么、不成、那$_2$

6.2 结构助词

明清山东方言结构助词主要有"底"、"地"、"得",由于语音轻化,在《金》、《醒》、《聊》等相关语料里多数采用了"的"这一形式,个别还用了"哩"。因为明清山东方言结构助词"底"、"地"、"得"跟现代汉语北方方言的情况比较一致,所以以下只分别进行概况性的分析。

6.2.1 底(的)

"底"是近代汉语新产生的一个结构助词,约始见于唐代。结构助词"底"自形成后,在字形、字音方面产生了一些变化。约在北宋时期,"底"开始出现写做"的"(可看做"的₁")的情况。(参看蒋绍愚、曹广顺主编 2005:253~256)到《金》、《醒》、《聊》的时代,只有《金》仅存 8 例"底":

① 我也不晓的你们底事,你每大家省言一句儿便了。(金·11·126)

② 淫妇成日和汉子酒里眠酒里卧底人,他原守的甚么贞节!(金·18·220)

③ 若说他底本事,他也曾:斜倚门儿立,人来倒目随;托腮并咬指,无故整衣裳。(金·22·278)

④ 你做奶子行奶子的事,许你在跟前花黎胡哨,俺每眼里是放的下砂子底人?(金·72·1038)

⑤ 饶养活着他,还教他弄乾坤儿,家里底事往外打探。(金·76·1162)

⑥ 众伙计主管,门下底人,伺候见节者,不计其数,都是陈经济一人在前边客位管待。(金·78·1187)

⑦ 说不的当初死鬼为他丢了许多钱底那话了,就打他恁个银人儿也有。(金·86·1314)

⑧ 着了慌乱,辛苦了底人,都睡着了。(金·100·1500)

《金》、《醒》、《聊》"底"、"的"两种字形使用情况表

	底	的	总计
金	8	3978	3986
醒	0	6263	6263
聊	0	2947	2947

从上表可以看出,到了明末清初,"底"在口语里已基本消失,"的"已代替"底"成为主流的书写形式。下文在讨论结构助词"的"时,不再区分两种字形。

6.2.1.1 "的"字结构的类型

"的"字结构是指结构助词"的"用在名词、动词、形容词等各种词或短语后面构成的结构形式,可分为带中心语和不带中心语两种类型。"的"字结构经过唐五代、宋元的发展,到了明清时期,不仅继承了以往的类型,而且还出现了一些新的形式。通过对《金》、《醒》、《聊》的调查可知,几乎所有的实词和短语都可以充当"的"前成分 X。

其中,出现频率较高的有代词(《金》占 16.83％,《醒》占 13.70％,《聊》占 25.45％)、动宾短语(《金》占 17.68％,《醒》占 17.20％,《聊》占 14.90％);而一些类型的"的"字结构出现的频率则较低,有的甚至只有几例,如主谓并列结构、"所"字结构、兼语结构等。从"的"字结构能否带中心语来看,带中心语的数量要远远多于不带中心语的"X＋的"结构。

6.2.1.2 "X＋的"的句法功能

"X＋的"的句法功能主要是充当主语、宾语、兼语、定语、称呼语。

6.2.1.2.1 主语

"X＋的"结构做主语主要是做整个句子的主语。如:

⑨ 自古佳人才子,相凑着的少,买金偏撞不着卖金的。(金·1·12)

⑩ 那两个大的,一个是他小舅子,一个是他姑表兄弟。(醒·40·591)

⑪ 到了坑边,见那土里白花花的都是小银锞。(聊·姑·3·885)

6.2.1.2.2 宾语、兼语

"X＋的"结构做宾语绝大多数是做句子的宾语,少量做介词的宾语。另外,还有一部分做兼语结构前一动词的宾语(即兼语)。如:

⑫ 方才一箱是你大嫂子的,还做不完,才勾一半哩。(金·56·757)

⑬ 叫当值的陪二位吃饭,请胡大叔到里面去。(醒·5·68)

⑭ 叫狄周去看了人拣那熟的先剪了来家。(醒·29·428)

⑮ 吃了茶,天就黑了,外边又有来搬春娇的。(聊·翻·2·941)

6.2.1.2.3 定语

"X＋的"做定语所修饰的中心语限于名词性成分。X 可由名词、动词、形容词等各类词或短语充当。如:

⑯ 李瓶儿再三辞:"奴的酒勾了。"(金·14·175)

⑰ 狄宾梁是个不识字的长者,看长的好人。(醒·35·521)

⑱ 不肖的两畜生,饿的他达哇哼哼,墙头上几乎送了命。(聊·墙·4·857)

6.2.1.2.4 称呼语

"X＋的"结构做称呼语全部指人,"X"多为动宾短语。如:

⑲ 姓计的,我害不好,多谢你去看我!(醒·2·27)

⑳ 掌鞭的,我虽是大名人,我却不往大名。(聊·富·9·1331)

㉑ 梅庵说:"两人吃酒太闷,提壶的,你去叫一个清唱的来唱唱。"(聊·磨·12·1419)

在"X＋的"结构做称呼语中,有一些是表示骂詈的称呼语,用以表达说话人的不

满情绪,可独立成句。如:

㉒ 桂姐笑道:"怪攮刀子的,看推撒了酒在爹身上。"(金·21·271)

㉓ 玉楼戏道:"好个不认业的!人家有这一件皮袄,穿在身念佛。"(金·46·607)

㉔ 贼忘恩负义砍头的!贼强人杀的!明日府里问,再不还打一百板哩!(醒·13·197)

㉕ 傻砍头的!谁教你真个吊死不成!(醒·39·577)

㉖ 您六叔贼天杀的!谁恼着你来,许久不来玩玩?(聊·增·9·1590)

㉗ 好嚼舌根子的!我没说你休去罢?(聊·增·25·1662)

《金》、《醒》、《聊》"X+的"的句法功能基本情况表

	金		醒		聊	
	数量	百分比	数量	百分比	数量	百分比
主语	765	19.19%	567	9.05%	499	16.93%
宾语	776	19.47%	598	9.55%	357	12.11%
定语	2403	60.29%	5081	81.13%	2072	70.31%
称呼语	42	1.05%	17	0.27%	19	0.65%
总计	3986	100%	6263	100%	2947	100%

可以看出:"X+的"最主要的语法功能是充当定语,所以"的"字结构带中心语的数量远远多于不带中心语的数量,其次是充当主语、宾语(包括兼语),数量较少的是称呼语。

6.2.1.3 "的"的特殊用法

在《金》、《醒》、《聊》中,"的"还有一些较为特殊的用法。这些用法至今仍在一些方言里使用,对研究现代汉语及方言结构助词"的"有一定参考价值。

6.2.1.3.1 "的"所在的结构"的"去掉、保留都不影响句意的表达,"的"似乎仅起一种强调作用。主要有以下几种情况。

6.2.1.3.1.1 用于主谓间,强调主语。如:

㉘ 这妇人一心只想着西门庆,那里来理会武大的做多做少。(金·5·59)

㉙ 尽你吵,尽你骂,哏哏哏,杀野鸡我的不是大。(聊·俊·1115)

6.2.1.3.1.2 用于谓宾间,主要是为了强调宾语。如:

㉚ 只闻知人说,你家有的个五娘子,当能请你拜见,又不出来。(金·12·146)

㉛　太母云:"好好! 你若不做官,那里有的这个东西!"(聊·襄·33·1272)

6.2.1.3.1.3 用于"数量短语+的+中心语"的偏正结构中,强调的是中心语。如:

㉜　这张四见说不动这妇人,到吃他抢了几句的话,好无颜色。(金·7·84)

㉝　也将近五十来的岁,极和气的好人。(醒·25·364)

㉞　谁知他还有一件的隐恶:每到了定更以后,悄悄的走到那住邻街屋的小姓人家听人家捱声。(醒·35·518)

6.2.1.3.2 "的"所在结构表示一种陈述。如:

㉟　狄员外叫人拾的火烧,买的豆腐合熟肉,黄芽白菜。(醒·55·799)

㊱　龙氏杀狠的留着,赶的杂面汤,定的小菜,炒的豆腐,煎的凉粉,吃完才去。(醒·74·1051)

㊲　童奶奶袖了几百钱,溜到外头央卖火烧老子的儿小麻子买的金猪蹄、华猪头、蕙酒、豆腐、鲜芹菜,拾的火烧,做的绿豆老米水饭,留狄希陈们吃。(醒·75·1065)

㊳　那婆娘信以为真,即忙做的老米干饭,煎的豆腐,炒的白菜,都使盆罐盛了。(醒·82·1169)

㊴　叫人炒的面筋豆腐,蒸的稻米干饭,当晚饱餐了一顿。(醒·86·1230)

㊵　鸡蛋摊的黄煎饼,做的假肉、假鸡、假猪肠、假牌骨、假鸡蛋、假鹅头,弄了许多跷蹊古怪的物件。(醒·88·1259)

㊶　自家去做的饭,盛了一碗,给他娘合他儿吃了。(聊·翻·5·956)

㊷　给俺老婆做的通红的袄,娇绿的棉裤,扎挂的合那花鹁鸽一样,人人看着齐整。(聊·襄·24·1234)

这类例子只见于《醒》、《聊》,《金》未见。

6.2.2 地(的)

结构助词"地"的产生时间要早于"底",可靠的例子出现在唐代。"元代中叶,'的'最终取代了'底',同时,也出现了'的'取代'地'的例子。"(曹广顺 1995:137)到《金》、《醒》、《聊》里,以"的"(可看做"的₂")代"地"呈现递增趋势。需提出的是,《醒》中还有 2 例结构助词"地"写做"得"的例子:

①　这个野道足足得搅乱了我两个月零四日,此时不来,想是别处去了。(醒·28·417)

②　偏偏得这年冬里冷得异样泛常。(醒·31·451)

同时还发现《金》有几个"地"写做"哩"的例子:

③　不想到了粘梅花处,这希大向人闹处,就扠过一边,由着祝日念和那一个

人只顾哩寻。（金•42•549）

④ 说罢，不觉地扑簌簌哩吊下泪来。（金•55•749）

⑤ 西门庆拿着笔，哈哈哩笑道："力薄，力薄。"伯爵又道："极少也助一千。"西门庆又哈哈地笑道："力薄，力薄。"（金•57•774）

《金》、《醒》、《聊》结构助词"地"几种不同字形使用情况表

	地	的	哩（里）	得
金	63(4.98%)	1197(94.70%)	4(0.32%)	0(0.00%)
醒	2(0.10%)	1976(99.80%)	0(0.00%)	2(0.10%)
聊	1(0.18%)	549(98.92%)	5(0.90%)	0(0.00%)

从上表可以看出，"地"这一字形在当时已极少使用，而且这些仅存的"地"也往往用在那些产生较早的"特地"、"蓦地"、"暗地"、"忽地"、"悄地"等副词性词语中，这说明当时结构助词"地"写做"的"已经成为主流。同时，在《金》、《聊》里也开始出现少量"地"写做"哩"的现象（《聊》里的例子已是词内成分，不再是独立的助词），这是后来方言里结构助词音变为"哩"的先声。（参看冯春田2004b）

明清时期，"地"字结构的组合形式更为丰富，通过对《金》、《醒》、《聊》的调查，"地"字结构可分为22类。

《金》、《醒》、《聊》"地"字结构的组合类型及语法功能分布情况表[①]

		主语	谓语	—VP	—AP	—NP	宾语	补语	合计
A+地	金	0	0	41	0	0	0	0	41
	醒	0	0	18	0	0	0	0	18
	聊	0	0	5	0	0	0	0	5
AA+地	金	0	61	93	1	0	0	57	212
	醒	0	46	571	0	4	0	50	671
	聊	0	27	121	1	0	0	9	158
AB+地	金	0	10	28	0	0	0	2	40
	醒	0	1	140	2	0	0	1	144
	聊	0	2	67	21	0	0	0	90
ABB+地	金	0	46	21	0	0	7	13	87
	醒	0	18	43	2	0	0	5	68
	聊	0	24	29	0	0	0	7	60

① 结构助词"地"写法不一，在讨论"地"字结构的组合类型时不再区分。

		主语	谓语	一VP	一AP	一NP	宾语	补语	合计
AABB+地	金	0	7	3	0	0	0	6	16
	醒	1	46	87	0	0	2	13	150
	聊	0	15	7	0	0	2	1	25
ABAB+地	金	0	0	0	0	0	0	0	0
	醒	0	3	5	0	0	0	0	8
	聊	0	4	3	0	0	0	2	9
不A不B+地	金	0	2	0	0	0	0	1	3
	醒	0	5	6	0	0	0	0	11
	聊	0	4	0	0	0	0	0	4
副V(形)+地	金	0	0	16	0	0	0	0	16
	醒	0	0	21	0	0	0	2	23
	聊	0	0	7	0	0	0	0	7
A尾+地	金	0	16	8	0	0	1	2	27
	醒	0	15	27	0	0	0	1	43
	聊	0	2	0	0	0	0	0	2
副(数)(形)N(A)+地	金	0	1	14	0	0	0	0	15
	醒	0	3	92	4	0	0	2	101
	聊	0	1	49	2	0	0	0	52
VO+地	金	0	0	7	0	0	0	0	7
	醒	0	1	106	1	0	0	0	108
	聊	0	0	12	0	0	0	0	12
拟声词+地	金	0	2	22	0	0	0	0	24
	醒	0	1	41	0	0	0	0	42
	聊	0	0	18	0	0	0	0	18
动词并列结构+地	金	0	62	13	0	0	0	5	80
	醒	0	63	169	5	0	0	12	249
	聊	0	25	15	1	0	0	2	43
名词并列结构+地	金	0	17	7	0	0	0	1	25
	醒	0	25	53	1	0	0	2	81
	聊	0	8	13	0	0	1	0	22

		主语	谓语	一VP	一AP	一NP	宾语	补语	合计
主谓并列结构＋地	金	0	3	0	0	0	0	1	4
	醒	0	7	35	1	0	0	0	43
	聊	0	2	2	1	0	0	0	5
数A数A＋地	金	0	1	1	0	0	0	0	2
	醒	0	2	24	0	0	0	0	26
	聊	0	0	12	0	0	0	0	12
数A数B＋地	金	0	1	0	0	0	0	0	1
	醒	0	4	45	1	0	0	3	53
	聊	0	2	5	0	0	0	0	7
主谓结构＋地	金	0	5	3	0	0	0	0	8
	醒	0	2	16	1	0	0	0	19
	聊	0	1	2	0	0	0	0	3
动补结构＋地	金	0	0	0	0	0	0	0	0
	醒	0	0	0	0	0	0	0	0
	聊	0	0	4	0	0	0	0	4
指代词＋地	金	2	10	18	7	6	6	4	53
	醒	0	1	3	6	0	0	1	11
	聊	0	0	0	4	0	0	0	4
疑问代词＋地	金	1	68	492	9	9	43	4	626
	醒	0	35	25	0	0	23	1	84
	聊	0	3	7	0	0	0	0	10
其他四字式＋地	金	0	6	0	0	0	0	0	6
	醒	0	8	32	0	0	0	2	42
	聊	0	6	1	0	0	0	1	8

可以看出：产生较早的"A＋地"在这一时期数量不断减少；其他的"AA＋地"、"ABB＋地"、"AABB＋地"这些产生同样较早的形式仍然比较活跃，并且在内部构成成分上也相当丰富；"拟声词＋地"、"动词并列结构＋地"在数量上也较多；"指代词＋地"、"疑问代词＋地"两种类型在数量上不断减少。"指代词＋地"之所以减少，可能是因为"指代词＋地"最初主要是由指示词"恁"及相关形式"恁么"、"恁般"构成，元代以后兴起的"这么"、"那么"又以不用"地"为常，使得相关的"恁地"、"恁么地"、"恁般地"趋于消失。另外，其他形式的"地"字结构数量虽不多，却充实了"地"字结构的类型，使得"地"字结构日渐多样化。

6.2.3 得（的）

结构助词"得"（可看做"得₁"）产生于唐代。（参看曹广顺 1995）作用在于引出补语，具有结果补语标记的性质。由于语音轻化，《金》、《醒》、《聊》结构助词"得"中的一部分已写成了"的"（可看做"的₃"），这里把两种字形放在一起讨论，不再特别区分。

6.2.3.1 结果补语标记"得"

结果补语标记"得"用在已然或假设已然的语境中，表示通过某种动作行为获得了某种结果。根据补语意义的不同，可细分为：结果补语——强调通过某种动作行为获得某种结果；状态补语——强调结果呈现的状态；程度补语——强调动作达到的程度；趋向补语——强调动作位移的结果。"状态也好，程度也好，都只是结果的一种语义表现（或实现）形式，各自突出的侧面不同而已。有的侧重于描摹结果呈现的状态（情态），有的侧重于体现结果所达到的程度（幅度），有的则只是陈述某一动作所导致的预期或必然结果。趋向补语可看做结果补语内部的一个次类，由趋向动词充当。"（蒋绍愚、曹广顺 2005:336）《金》、《醒》、《聊》"得"后补语的形式比较丰富，可分为九种，详见下表。

《金》、《醒》、《聊》结果述补结构分布情况表

		金		醒		聊	
		得	的	得	的	得	的
1	动＋得＋形/动	95	194	191	140	2	165
2	动＋得＋形/动＋了	16	48	53	76	1	25
3	动＋得＋形/动词组	97	536	441	385	3	428
4	动＋得＋名词词组	9	52	35	29	1	25
5	动＋得＋主谓词组	94	437	302	247	6	261
6	动＋得＋名＋形/动	27	51	24	27	1	25
7	动＋得（＋名）＋趋向动词	19	69	84	37	1	30
8	动＋得＋副	1	0	6	7	0	13
9	动＋得…	1	8	0	6	0	5
总计		359	1395	1136	954	15	977
		1754		2090		992	

"得"由动词语法化为补语标记后，最初所带的补语以单音节为主。随着时间的推移，补语越来越复杂和多样化。从表内可以看出，补语由动词词组、形容词词组充当的数量最多，其次是由主谓词组充当，说明"得"后补语的结构形式日趋复杂。

当"得"后补语是单个动词或形容词的时候，可以有两种情况：一种是后边不带"了"，一种是后面可以带"了"。如：

① 被西门庆带酒骂道："淫妇们闲的声唤，平白跳甚么百索儿！"（金·18·

218)

　　② 高季说："来得仓猝，盘费甚少。"（聊·襄·22·1229）

　　③ 郓哥见了，立住了脚，看着武大道："这几时不见你，吃得肥了。"（金·5·57）

　　④ 当夹袄的钱又使得没了，家中籴了一斗米，老婆又偷粜了三升，只得又当了衣裳，在家养病。（醒·54·784）

　　二者的不同之处在于：前者的结构助词"得"不可以省略；后者可以，如"吃得肥了"可以说成"吃肥了"，"使得没了"可以说成"使没了"。

　　"得"后结果补语的空缺在近代汉语中虽然是偶尔的现象，但也是近代汉语结果式"得"字句中颇具特色的一种。《金》、《醒》、《聊》这种形式都有所体现。如：

　　⑤ 妇人道："你还说哩，都是你弄得我，肯晚夕来和我做做伴儿？"（金·37·487）

　　⑥ 好个不长俊的小厮，你看唬的那脸儿！（金·43·567）

　　⑦ 你看你咬的我这鼻子，抠的我这眼！（醒·85·1215）

　　⑧ 江城说："打不的，是你从头里灶的我。"（聊·襄·2·1151）

　　⑨ 杨蕃说："都是张老爷宠的他，我有甚么错呢？"（聊·磨·34·1542）

　　《金》、《醒》、《聊》出现了为数不多的程度副词做补语的情况，主要有"很（狠）"、"甚"、"极"、"忒"。如：

　　⑩ 这里来，这样热闹得狠！（金·53·720）

　　⑪ 病魔侵子父休官，想是良心伤得忒。（醒·17·244）

　　⑫ 最是素姐与程大姐吃亏得很，连两只裹脚一双绣鞋也不曾留与他，头发拔了一半，打了个七死八活。（醒·73·1042）

　　⑬ 不是周生拦得甚，薛姬解出锦江西。（醒·98·1391）

　　⑭ 公子说："可是呢，老世台该问问，那奴才可杀的很！"（聊·磨·9·1413）

　　⑮ 万岁爷爱的极了，使不的叫他声御妻。（聊·增·13·1607）

　　此外，"主要谓语动词＋得（的）"接处所词，后面又有趋向动词。"得"有介词化倾向。如：

　　⑯ 玳安道："他的魂儿听见爹到了，不知走的那里去了。"（金·38·495）

　　⑰ 月娘道："头里进门，我教他抱的房里去，恐怕晚了。"（金·41·543）

　　⑱ 有那没廉耻的货，人也不知死的那里去了，还在那屋里缠。（金·72·1038）

　　⑲ 你娘的头面箱儿，你大娘都拿的后边去了，怎好问他要的？（金·75·1109）

　　⑳ 银子不知使的那里去了，还没送与他生活去哩。（金·95·1430）

上例中的"的"近似于介词"到"。这种"的"通常出现在"动词＋的＋处所名词＋趋向动词"这样的句法格式中。这种用法仅见于《金》。

6.2.3.2 可能补语标记"得"

可能补语标记"得"用在未然的语境中，承担一种能性意义，表示做某事能不能够、可不可以。据此可把能性补语标记"得"所在句式分成肯定式和否定式两种。

6.2.3.2.1 可能补语标记"得"所在的肯定式表示做某事"能够"、"可以"。根据《金》、《醒》、《聊》"得"后补语的构成，可以分成七种不同的类型。

6.2.3.2.1.1 动＋得。"得"后无补语，"动＋得"即"能＋动"。如：

㉑ 郑春道："小的哥吃的，小的本吃不的。"（金·67·946）

㉒ 手中银钱又都浪费已尽，回家怎生过得？（醒·86·1227）

㉓ 抬他来当堂验伤，看解的解不的？（聊·寒·2·1025）

6.2.3.2.1.2 动＋得＋补。补语大多为单个动词或形容词。如：

㉔ 这贴心疼药，太医交你半夜里吃，吃了倒头一睡，把一两床被发些汗，明日便起得来。（金·5·64）

㉕ 这样绝命的事，只除非是那等飞天夜叉，或是狼虎，人类中或是那没了血气的强盗，方才干得出来！（醒·16·240）

㉖ 若是他答应的欢喜，岂止丝绸，人皮袄子我也做的起。（聊·增·18·1629）

6.2.3.2.1.3 动＋得＋宾。这一结构中的动词为及物动词，"动＋得＋宾"即"能＋动＋宾"。如：

㉗ 常言俗语说得好：借米下得锅，讨米下不的锅。（金·31·390）

㉘ 这程大姐渐渐长成，熟鸭子的勾当瞒的别人，怎瞒得过女儿？（醒·72·1024）

㉙ 娟娟说："吃这几口儿济得甚事？"（聊·磨·22·1481）

6.2.3.2.1.4 动＋得＋宾＋补。有时可将宾语提前，变成把字句，"动＋得＋宾＋补"变成"把＋宾＋动＋补"。如：

㉚ 死也死了，你没的哭的他活！（金·62·882）

㉛ 你若果然做出这事来，莫说他财大势大，我敌他不过，就是敌得他过，他终没有偿命的理！（醒·9·130）

㉜ 你若能插上宫花，你若能带上乌纱，那时才压的仇人下！（聊·磨·21·1476）

6.2.3.2.1.5 动＋得＋补＋宾。如：

㉝ 你教人有刺眼儿看得上你！（金·12·147）

㉞ 你老人家头里说的这们利害,俺每人得了他二钱银子的钱,俺担得起这利害么?(醒·80·1141)

㉟ 若光论嘴头,我也照的住他。(聊·增·13·1605)

6.2.3.2.1.6 动＋宾＋得＋补。这种形式数量很少,可转换成"动＋得＋补＋宾",如:

㊱ 不知晁大舍三月十六日起身得成起身不成,再听下回续起。(醒·7·105)

㊲ 相公在家,娘子有人照管,我们倒也放心得下。(醒·14·213)

6.2.3.2.1.7 动＋得＋趋补$_1$＋宾＋趋补$_2$。这种形式比较特殊,仅见于《醒》,宾语出现在复合趋向补语之间。如:

㊳ 你拿的他害不好,你孙子还道吃得下饭去哩?(醒·3·35)

㊴ 就拿条蛮棒,你待赶得出他去哩?(醒·23·347)

㊵ 这郑就吾极不知趣,这们个喜洽和气的姐儿,也亏你放的下脸来哩!(醒·38·561)

㊶ 爷哟,怪道童奶奶合爷说的上话来,都是一样性儿!(醒·55·801)

㊷ 这个我不强你。你要自已打得过心去,不消念得一千卷也就罢了。(醒·64·917)

《金》、《醒》、《聊》肯定式可能述补结构分布情况表

		金		醒		聊	
		得	的	得	的	得	的
1	动＋得	16	12	54	27	1	30
2	动＋得＋补	42	23	108	36	13	72
3	动＋得＋宾	38	37	120	43	3	46
4	动＋得＋宾＋补	6	1	20	6	0	9
5	动＋得＋补＋宾	8	16	26	14	0	3
6	动＋宾＋得＋补	0	0	2	0	0	0
7	动＋得＋趋补$_1$＋宾＋趋补$_2$	0	0	8	8	0	0
总计		110	89	338	134	17	160
		199		472		177	

可能补语标记"得"所在的肯定句式中,占主要地位的是"动＋得"、"动＋得＋补"、"动＋得＋宾"三种。

6.2.3.2.2 可能补语标记"得"所在的否定句式表示做某事"不能够"、"不可以"。可分为六种类型。

6.2.3.2.2.1 动＋不＋得。如：

㊸ 这西门庆见了,推辞不得,须索让坐。(金・35・454)

㊹ 金莲道:"天不着风儿晴不的,人不着谎儿成不的。"(金・72・1039)

㊺ 若等明早开了门,他若已呈了堂,便就搭救不得了。(醒・14・205)

㊻ 其初逢冷逢热,还不能不换换衣裳;后来盘费没了,也就换不得了。(聊・慈・6・924)

6.2.3.2.2.2 动＋宾＋不＋得。如：

㊼ 这银子原是早上耐你不的,特地请了应二哥,在酒店里吃了三杯,一同往大官人宅里等候。(金・56・760)

㊽ 晁老只除了一日两遍上堂,或是迎送上司及各院里考察,这却别人替他不得,也只得自己出去。(醒・16・234)

㊾ 今早晨剩的那糊突,给他不的么?(聊・墙・1・834)

6.2.3.2.2.3 动＋不＋得＋宾。如：

㊿ 小的自知娘每吃不的咸,没曾好生加酱,胡乱也罢了。(金・23・287)

○51 我可知要来哩,到人家便就有许多事,挂住了腿子,动不得身。(金・37・486)

○52 出家人是打不得诳语的,那犁舌地狱不是耍处。(醒・22・326)

○53 你们如今且都依随着他,临期我自然叫他学不的嘴,弄不的手段。(醒・84・1200)

○54 每日是降人,日头又倒照,才知道抄不的家里的稿。(聊・姑・1・869)

6.2.3.2.2.4 动＋不＋得＋补(＋宾)。如：

○55 西门庆道:"你说往王皇亲家唱就罢了,敢量我就拿不得来?"(金・58・783)

○56 这等可恶! 叫不得来,就罢了!(金・58・784)

○57 谁想那铜杭杭子原待不的久,过了三伏的霉天,久放在那皮箱里蒸着,取将开来,尽情煅黑的都发了翡翠斑点。(醒・70・998)

○58 等不的说完就跑,叫着二成,一个拿着锹,一个抗着钁,流水先去刨去。(聊・姑・3・884)

○59 王龙颠了两颠说:"他担不的使这全秉。"(聊・增・18・1628)

6.2.3.2.2.5 动＋不＋得＋宾＋补。宾语出现在补语的前面。如：

○60 我叫你,如何不来? 这等可恶,敢量我拿不得你来!(金・58・787)

○61 我做三昼夜道场,超度不得你托生个男身,还托生了个女子,又还要做妾。(醒・30・446)

⑫ 你也说不得我头秃，我也笑不得你眼瞎，真是同调一流雷的朋友。(醒·91·1301)

⑬ 这人生祸福，俱是老天作主，在不的人作弄。(聊·翻·1·932)

⑭ 长命说："咱可赌不的嘴里叨，老实休要翻错了。"(聊·襀·2·1151)

6.2.3.2.2.6 动＋得＋不＋补。否定词出现在补语前面。仅见1例：

⑮ 遇着庸医错看了脉，拿着当外感，一帖发表的药下去，这汗还止的不住哩！(醒·2·25)

《金》、《醒》、《聊》否定式可能述补结构分布情况表

		金		醒		聊	
		得	的	得	的	得	的
1	动＋不＋得	49	65	75	73	5	112
2	动＋宾＋不＋得	12	6	13	4	0	1
3	动＋不＋得＋宾	31	51	122	68	2	95
4	动＋不＋得＋补（＋宾）	1	5	8	16	0	7
5	动＋不＋得＋宾＋补	3	12	15	7	1	10
6	动＋得＋不＋补	0	0	0	1	0	0
总计		96	139	233	169	8	225
		235		402		233	

从表中可以看出，"动＋不＋得"数量最多，是可能"得"字句否定式的基本形式，其次是"动＋不＋得＋宾"。

6.2.3.3 结构助词"得"的特点

通过对《金》、《醒》、《聊》结构助词"得"的调查分析，可以看出结果补语标记"得"后的补语结构形式非常丰富，出现了各种结构的短语形式充当补语，单个动词或形容词充当补语的情况相对来说较少。可能补语标记"得"后的补语部分则相对简单，大多数是单个动词或形容词，甚至没有补语。这种不同，反映了二者补语部分在表达功能上的差异：前者的功能主要在于补充说明和描写，表达的需要可使得补语结构形式比较复杂；后者的功能主要在于表达出主观能力能不能做到、客观条件允不允许，因此后段结构往往比较简单甚至是空缺。

结构助词"得"绝大多数写成了"的"，如《金》结构助词"得"共出现2188例，74.18%写做"的"；《醒》"得"共2964例，42.38%写做"的"；《聊》共1402例，97.15%写做"的"。除《醒》两种写法的数量基本持平外，《金》、《聊》"的"都占了绝大多数。这个现象说明在明清山东方言中，"得"的语音已经轻化。

6.3 动态助词

"动态助词是近代汉语中新产生的一个助词小类。"(曹广顺 1995:10)这类助词主

要用来表示动作的开始、进行、持续、完成等状态、情貌。明清山东方言动态助词主要有"着"、"了"、"过"、"将"、"得"、"讫(起)"、"子"。

6.3.1　着

动态助词"着"(可看做"着₁")来源于"附着"义的动词"着",表示动作进行的用法比表示动作持续的用法出现得要晚。到明清时期,"着"的语法功能趋于成熟和完善。动态助词"着"在《金》、《醒》、《聊》里的使用情况如下。

6.3.1.1　动+着(+宾)

"着"用在动词后,表示动作的进行、状态的持续或存在,"着"后可以出现宾语,也可以不出现。如:

① 刚打发去了,正在厅上乱着,使小厮叫媒人来,寻养娘,看奶孩儿。(金·30·386)

② 你没的说,我下边不住的长流,丫头火上替我煎着药哩。(金·61·841)

③ 锅里烙着韭黄羊肉合子,喷鼻子香,馋的人口水往下直淌。(醒·78·1119)

④ 树上开着十数朵花,通似鲜花无异,细看却是映红宝石妆的。(醒·5·72)

⑤ 炕上铺着席头子,头枕着块半头砖,就死了可有何人见?(聊·墙·1·829)

⑥ 正卧着,听见他娘吵骂,扎挣起来,流水来问:"娘是为嘎来?"(聊·姑·1·862)

6.3.1.2　动₁+着+动₂

"着"用在两个动词性成分之间,形成"动₁+着+动₂"的连动结构,动₁跟动₂之间可形成下面几种意义关系。

6.3.1.2.1　动₁表示动₂的方式和情状。如:

⑦ 惠莲正在后边和玉箫在石台基上坐着挝瓜子儿哩。(金·23·286)

⑧ 俺山里没香,我早起后晌焚着松柏斗子替奶奶念佛。(醒·49·722)

⑨ 听着姜娘子数量着哭,一日没吃饭,就暗宿了。(聊·翻·3·946)

⑩ 跑了去相对孤堆着哇哼,子雅说:"我也还不调贴。"(聊·襄·19·1218)

6.3.1.2.2　动₁跟动₂之间有一种手段和目的的关系。如:

⑪ 他无理胆大,不是一日,见藏着刀子要杀我,你不得知道。(金·26·326)

⑫ 狄员外催着狄希陈出去见他丈母,那里催得他动。(醒·41·599)

⑬ 纵着老婆养满村,石庵吃醋心不忿。(聊·襄·19·1217)

6.3.1.2.3　动₁跟动₂两个动作同时进行。如:

⑭ 只见西门庆扶着来安儿,打着灯,趔趄着脚儿,就往李瓶儿那边走。(金·74·1096)

⑮ 狄希陈笑着,在相于廷胳膊上扭了两把。(醒·58·840)

⑯ 兄弟二人一行说着,出了衙门,向那没人处写了三张大状。(聊·寒·2·1024)

6.3.1.3 表动作的实现或完成

⑰ 这书童就向桌上砚台下取着一纸束帖,与西门庆瞧。(金·34·442)

⑱ 北京买着纱罗凉靴,天坛里的鞋,这不当头的大礼小礼都也差不多了?(醒·84·1193)

⑲ 我收拾着几件乐器,分散给您,没有的拍手亦可。(聊·磨·1·1374)

《金》、《醒》、《聊》动态助词"着"使用情况表

		金	醒	聊
表动作的进行、状态的持续或存在		2136	1646	1199
动₁＋着＋动₂	方式或情状	757	693	510
	手段或目的	277	348	151
	动₁、动₂同时进行	123	93	64
表动作的实现或完成		32	17	21
总计		3325	2797	1945

在明清山东方言里,动态助词"着"最主要的语法功能是表示动作的进行、状态的持续或存在,其次是"动₁＋着＋动₂"结构中的"着"。表动作实现和完成的"着"数量相对来说较少。

从表实现或完成的"着"所在的句法结构来看,"着"主要用在一些本身不能持续、同时也不能造成持续性结果的动词之后,如"取"、"买"、"收拾"、"备"等。清代以后,表动作实现或完成的用例越来越少。

6.3.2 了₁[①]

动态助词"了"来源于"完结"义的动词"了",约在晚唐五代时期完成虚化,在宋代得到充分发展,元明清时期开始成熟起来,已经接近现代汉语的用法。(参看曹广顺1995)由于动态助词"了"在《金》、《醒》、《聊》中出现的频率极高,因此只抽取了《金》、《醒》、《聊》数量大体相近的段落进行了调查分析(《金》1~20回,约15万字;《醒》1~20回,约16万字;《聊》取《寒森曲》、《富贵神仙》、《增补幸云曲》三篇,约16.5万字)。

6.3.2.1 "了"的用法

6.3.2.1.1 表动作状态的实现或完成,可出现在表现在、过去或将来、假设的语

---

① "了₁"代表动态助词"了","了₂"代表事态助词"了"。

境中。根据"了"所在句法格式的不同，可分成以下七类。

6.3.2.1.1.1 动＋了。"了"用在动词后，动词可以是动作动词，也可以是状态动词。如：

① 武松见了，叫声阿呀时，从青石上翻身下来。（金·1·5）

② 杨古月看完了脉，辞了出房，仍经窗前走过。（醒·3·36）

③ 我照票内的数目收了，登了收簿，将你票上的名字拓了销讫的印。（醒·11·165）

④ 半夜三更爬过墙，必定来做贼，杀了也没妨帐。（聊·富·9·1338）

"动＋了"后还可加结构助词"的"构成"的"字结构，在句中做主语、宾语或定语。如：

⑤ 把磕了的瓜子皮儿都吐下来，落在人身上。（金·15·182）

⑥ 又有死了的，通融折算将来，也实有三分利息。（醒·12·173）

⑦ 从来这元宝儿，见了的就动情。（聊·寒·8·1073）

6.3.2.1.1.2 动＋了＋名。名词可以是动作涉及的对象，也可以是动作的数量或动作完成需要的时间等。如：

⑧ 武松走了一会，酒力发作，远远望见乱树林子，直奔过树林子来。（金·1·5）

⑨ 洗了脂粉，乌云散乱，花容不整，哭得两眼如桃，躺在床上。（金·11·127）

⑩ 杨古月备了自己的马，同晁住来到门前，到厅上坐下。（醒·2·27）

⑪ 我自离了北京，一路见了多少人，没人问我个辛苦。（聊·增·7·1581）

6.3.2.1.1.3 动＋了$_1$＋宾＋了$_2$。动态助词"了"用在动词后，宾语后还出现事态助词"了"。如：

⑫ 大官人新近请了花二哥表子后巷儿吴银儿了，不要你家桂姐了。（金·15·186）

⑬ 张胜道："你又吃了早酒了。"（金·19·233）

⑭ 我的傻哥儿！吃了人的亏了！（醒·6·88）

⑮ 二姐说："我问的是你家里动了荤了没？"（聊·增·17·1623）

6.3.2.1.1.4 动补＋了（＋名）。"了"用在动补结构后，表示某种变化已经完成或实现。如：

⑯ 花二娘搬的远了，俺姊妹们离多会少，好不思想。（金·14·174）

⑰ 晁大舍将丸药用银匙研化了，等煎好了汤药灌下。（醒·4·57）

⑱ 那万岁看馋了，不觉的说出来了个六。（聊·增·6·1575）

其后可以出现名词性宾语。如：

⑲ 听得说一个壮士打死了景阳冈上大虫，迎贺将来，尽皆出来观看，哄动了那个县治。（金·1·8）

⑳ 却被院中婆娘见精识精，看破了八九分。（金·11·131）

㉑ 我正在天地上磕完了头，我黑了眼，看不上他，还被他撞见了。（醒·3·36）

㉒ 我又并没曾将猪毛绳捆住了你，你为甚么这们妆乔布跳的？（醒·3·41）

㉓ 小大姐笑吊了裤子，喜起来顾不的难看。（聊·富·11·1349）

6.3.2.1.1.5 动＋了＋动。"了"用在重叠的动词之间，表短暂、轻微的动作或状态。"动＋了＋动"之间可以插入数词、副词，"动＋了＋动"后也可以有宾语。如：

㉔ 将那条尾剪了又剪，半空中猛如一个焦霹雳，满山满岭，尽皆振响。（金·1·5）

㉕ 谢希大一对镀金网巾圈，秤了秤，只九分半。（金·12·136）

㉖ 他倒替你算了一算，说你只一更多天就要大败亏输哩！（醒·4·49）

㉗ 只梳洗了梳洗，走进后面去了，没人去处撞见了晁源。（醒·19·281）

㉘ 就扎了扎腰，拿着把切菜刀，跑了来骑门大骂。（聊·富·7·1322）

6.3.2.1.1.6 动＋了（＋宾）＋趋动。"了"用在动词和趋向动词"来/去"之间，"了"后可出现宾语，也可以不出现。如：

㉙ 武大便自去央了间壁王婆子来，安排端正，都拿上楼来。（金·1·16）

㉚ 快送了来。教他家丫头伺候去，你不要管他，我要使你哩。（金·20·244）

㉛ 适间用了五十两银子买了轿来，甚是齐整，叫你去看看。（醒·6·80）

㉜ 小科子！你领了您那孤老来，都把我银子赢了去，我也不肯干休！（聊·增·22·1651）

这种格式的趋向动词后又可以出现事态助词"了"。如：

㉝ 我老娘眼里放不下砂子的人，肯叫你在我根前弄了鬼儿去了！（金·13·162）

㉞ 二娘使了来，说顾银匠送了头面来了，请爹瞧去。（金·17·204）

㉟ 高氏道："我劝了他出来了，谁知他是怎么吊杀来？"（醒·10·147）

㊱ 且不说歪子移了尸去了，却说商二相公把三官背着，使的力尽筋舒，才到家停起来。（聊·寒·4·1038）

6.3.2.1.1.7 形＋了。"了"用在表示变化的形容词后，表示某一状态的实现。如：

㊲ 见他口里吐血，面皮蜡楂也似黄了，便叫那妇人出来。（金·5·61）

㊳ 丢的家中这些妇人都闲静了。（金·12·133）

㊴ 谁知他家富贵了，你倒过起这们日子来了！（醒·3·38）

㊵ 便是我们证他的罪名，除不得根，把仇越发深了。（醒·20·297）

㊶ 张官人较壮实了，将饭钱合草钱共算该一两五钱银子。（聊·富·3·1286）

㊷ 万岁说："夜已深了，你合那丫头们在楼下睡了，明日再玩。"（聊·增·24·1661）

6.3.2.1.2 表动作或状态的持续，相当于动态助词"着"。如：

㊸ 说毕，西门庆笑了起身去。（金·2·31）

㊹ 你再接了说！（醒·12·181）

㊺ 小相公哭了说："娘呀，咱就几时出去呢？"（聊·富·4·1295）

㊻ 傻了脖子挺；刲开那肚子，割了他脑袋。（聊·富·6·1314）

《金》、《醒》、《聊》动态助词"了"使用情况表

		金	醒	聊
表示动作状态的实现或完成	动＋了	544	513	463
	动＋了＋名	1151	2310	1535
	动＋了$_1$＋宾＋了$_2$	8	13	79
	动补＋了(＋名)	144	347	246
	动＋了＋动	13	71	143
	动＋了(＋宾)＋趋动	104	107	94
	形＋了	63	77	130
表示动作状态的持续		4	10	9
总计		2031	3448	2699

6.3.2.2 动态助词"了"的特点

动态助词"了"的使用频率极高，在所调查的语料部分章节中，《金》出现 2031 次，《醒》3448 次，《聊》2699 次。相比来说，《醒》动态助词"了"出现的频率要更高一些。表动作状态实现、完成的"了"所出现的句法格式非常丰富，达七种之多。其中使用频率最高的为"动＋了＋名"，其次是"动＋了"。动态助词"了"和事态助词"了"可以共现在"动＋了$_1$＋宾＋了$_2$"这一格式里，《聊》使用最多，共 79 例。其他句法格式也基本跟现代汉语相同。总之，明清山东方言表动作状态实现完成的"了"已基本上接近现代汉语。

在明清山东方言中,动态助词"了"、"着"不分的现象还存在,但动态助词"了"用如"着"表动作状态的持续在这一时期已经很少。

6.3.3 过

动态助词"过"来源于表位移的动词"过",主要用在"动+过"、"动+过+宾"两种句法格式中。语法功能有两种:一种是表示动作的结束、完成;一种是表示过去曾有过某种事情或经验。明清时期,"过"在继承这些用法的基础上,也有一些新的特点。

6.3.3.1 "过"的用法

6.3.3.1.1 用在动词后,表示动作的完成、结束。如:

① 这府尹陈文昭已知这事了,便教押过这一干犯人,就当厅先把清河县申文看了,又把各人供状招拟看过。(金·10·114)

② 西门庆笑道:"仙长远来,已定未用早斋,待用过,看命未迟。"(金·29·367)

③ 待他看过脉,吃两钟药,就好了的。(金·54·734)

④ 文武众官依次序上过寿,接连着赴了席。(醒·5·73)

⑤ 倪奇说:"狄奶奶必欲住下,且不就得,我只得回家且禀过再处。"(醒·78·1108)

⑥ 每人饮过一杯,觉着异常的精神,都来叩谢。(聊·富·14·1369)

⑦ 先生先用过饭,请到书房,就着题目做一篇程文,领领尊教。(聊·磨·18·1457)

⑧ 只见一杯一杯排头都饮过,不曾得干。(聊·增·36·1550)

动态助词"过"用在动词后表示动作的完成或结束,强调的是动作本身的状态而非动作的结束造成的状态,因此"过"所在句子不受时态的限制。它可以用来表达已然的事件,也可以用来表达未然或假设的事件。

6.3.3.1.2 用在动词后,表示过去曾有这样的事情或经验。如:

⑨ 我那等对你说过,教你略等等儿,我家中有些事儿。(金·19·240)

⑩ 那个去处是我自己看过的,躲一年也不怕有人寻见。(醒·15·222)

⑪ 我已说过,不消指望他出去,我已送他在监里了。(醒·60·868)

⑫ 你见了贵人,前边已是凶过了,往后再不凶了。(聊·磨·28·1510)

⑬ 这东西我曾玩过,一名叫行头,也叫气球。(聊·增·21·1643)

"动+过"还可以用在句中起修饰限定作用。如:

⑭ 西门庆道:"原来是卖过的田,算甚么数?"(金·56·762)

⑮ 俗忌铺过的新床不教空着,量上了一布袋绿豆压在床上。(醒·49·710)

"动+过"在句中起修饰限定作用的用法《金》有3例,《醒》32例,《聊》未见。另

外,"过"后还可出现宾语,如:

⑯ 薛嫂道:"大官人昨日已是到姑奶奶府上讲过话了。"(金·7·82)

⑰ 他在庙上曾见过六娘一面。(金·63·888)

⑱ 幸得我还会过晁老先生,所以还有几分光景。(醒·18·267)

⑲ 这沈裁原也曾答应过他,记得他是正月初七日生日。(醒·36·530)

⑳ 哎!我也曾挣过银子,早知道真么中用,怎么不藏下几两?(聊·墙·4·850)

《金》、《醒》、《聊》动态助词"过"使用情况表

	金	醒	聊
表动作的完成、结束	114	87	17
表过去曾有这样的事情或已有的经验	133	238	36
总计	247	325	53

6.3.3.2 "过"的特点

从"过"所在的句法结构看,有"动+过"和"动+过+宾"两种类型。唐宋时期以"动+过"为主,"动+过+宾"少见。早期少用"动+过+宾"的原因,正如曹广顺(1995:39)所说:"'过'是表达空间上运动的动词,这种运动,无疑都是以处所为起点,以处所为终点的,它所带的宾语,自然也应当是处所宾语。当'过'变成助词时,词义不再指空间运动,而是说运动状态,处所宾语与之搭配的机会减少了,这样,就造成了早期多用'动+过',少用'动+过+宾'的现象。"伴随"过"虚化程度的提高,当它完全变成一个体标记时,"动+过"对宾语不再有什么限制,于是"动+过+宾"的数量开始增多。到了明清时期,"动+过+宾"的数量逐渐超过了"动+过"格式。

《金》、《醒》、《聊》"动+过"、"动+过+宾"两种格式使用情况表

	金	醒	聊
动+过	138	133	18
动+过+宾	109	192	35
总计	247	325	53

从这组数据对比可以看出,在明清山东方言里,"动+过+宾"的数量逐渐增多并超过了"动+过"。

从"过"的语法功能看,动态助词"过"在唐宋时期主要是用在动词后表动作的结束或完成,表过去曾经发生和已有经验的则为数很少,而到明清时期,"过"两种用法的使用情况则发生了很大变化。明清山东方言中"过"用于表示曾经发生或已有经验已很习见。"过"用于表示结束或完成强调的是动作本身的状态,用于表示曾经发生

或已有经验强调的是一种经历,后一种用法是前一种用法在特定语境下进一步虚化的结果。

6.3.4 将

6.3.4.1 "将"所在句法结构类型

"将"是近代汉语中新产生的一个动态助词,可表动作的趋向和动作的开始、完成、持续等。曹广顺(1995)总结出"动+将"结构的四种类型:a. 动+将(+宾)+趋向补语;b. 动+将+宾;c. 动₁+将(+宾)+动₂;d. 动+将。这四种格式在晚唐五代开始趋向于统一为"动+将+趋向补语"。《金》、《醒》、《聊》的"动+将"结构仍具备以上四种类型,但在数量上却相差悬殊。

《金》、《醒》、《聊》"动+将"结构使用情况表

		金	醒	聊
动+将(+宾)+趋补	趋向性动词+将(+宾)+趋补	202	231	43
	非趋向性动词+将(+宾)+趋补	30	67	18
动+将+宾		29	0	3
动₁+将(+宾)+动₂		4	12	1
动+将		3	0	0
总计		268	310	65

6.3.4.2 "将"所在句法结构主要特点

6.3.4.2.1 "动+将"结构带趋向补语是最常见的形式,在"动+将"结构中使用频率最高。如《金》"动+将(+宾)+趋补"共 232 例,占"动+将"结构的 86.57%;《醒》共 298 例,占"动+将"结构的 96.13%;《聊》共 61 例,占"动+将"结构的 93.85%。其他形式如"动+将+宾"、"动₁+将(+宾)+动₂"、"动+将"用例非常少,到了清代的《聊》已基本不用。曹广顺(1995:60)认为:"唐代以后,助词'将'的使用向'动+将+补'格式归并,语法意义趋向于单一。"《儿》里"动+将"共 35 例,全部为"动+将(+宾)+趋补"。《儿》成书于公元 19 世纪前半叶,反映的是当时的北京口语,说明到了清代,这一归并的过程已基本完成。

6.3.4.2.2 "动+将(+宾)+补"的补语总体来说是单音节补语少,复合补语多。《金》共有 232 例带补语的"动+将"结构,单音节补语 141 例,复合补语 91 例;《醒》共有 298 例带补语的"动+将"结构,单音节补语 42 例,复合补语 256 例;《聊》共 61 例带补语的"动+将"结构,单音节补语 15 例,复合补语 46 例。伴随时间的推移,复合趋向补语日趋增多,而使用频率较高的补语有"来、起来、下来、出来"等。

《金》、《醒》、《聊》"动＋将（＋宾）＋补"补语使用情况表

			金	醒	聊
单音节		来	136	24	12
		去	5	18	3
复音节		起来	38	37	14
		起去	0	0	1
		过来	5	8	4
		过去	0	14	0
		上来	6	14	0
		上去	1	10	1
		下来	15	30	7
		下去	1	10	3
		出来	21	69	10
		出去	4	23	0
		开来	0	9	0
		开去	0	3	0
		进来（近来）	0	4	4
		进去	0	10	2
		回来	0	4	0
		入来	0	2	0
		转来	0	9	0
总计			232	298	61

6.3.4.2.3 "动＋将"结构的动词绝大多数为单音节动词，《金》仅出现12例用双音节动词的情况，且基本为并列式动词，如"摇摆"、"招惹"、"杜绝"、"分付"、"打骂"等；《醒》出现了9例用双音节动词的例子，也基本为并列式动词，如"熔化"、"掠掇"、"回复"等；《聊》全为单音节动词。这说明"动＋将"结构中动词形式相对单调，可以进入这一格式的动词受到了很大的限制。

6.3.4.2.4 在《金》、《醒》、《聊》中也发现了"将"用在形容词后的情况，构成"形＋将"结构。①《金》共5例，全部为"形＋将＋补"；《醒》共11例，全部为"形＋将＋补"，其中3例是否定式，且有3例用的是双音节形容词（贤惠、大发、贪酷）；《聊》仅1例，用在"形＋将＋宾"结构中。如：

---

① 为表述方便，《金》、《醒》、《聊》"动＋将"结构使用情况表把"将"用在形容词后的情况归入相应的"动＋将"结构。

① 你每不依我,只顾说去;等住回乱将起来,我不管你。(金·12·139)

② 正是:喜将起来笑嘻嘻,恼将起来闹哄哄。(金·46·610)

③ 西门庆便恼将起来,道:"可是个有槽道的! 不要说一家的事,就是邻佑人家,还要看看,怎的就早睡了?"(金·53·721)

④ 自己把嘴每边打了二十五下,打得通是那猢狲屁股,尖尖的红将起来。(醒·11·159)

⑤ 只见晁源的疟疾又大发将来,比向日更是利害,依旧见神见鬼。(醒·16·253)

⑥ 到了七月初旬,反又热将起来,热得比那中伏天气更是难过。(醒·29·419)

⑦ 那嘴又哓哓的硬将上来,说道:"我从来听见人说:打杀人偿命,气杀人不偿命……"(醒·60·861)

⑧ 只怕我贤惠不将去,我拿了李洪一嫂的手段来! (醒·92·1317)

⑨ 斜将俊眼看将来。(聊·蓬·2·1081)

"形+将"结构表示的是某种状态的开始、持续或完成等。这种"将"在形容词后表动态的用法是由"动+将"结构发展而来。之所以这样讲,是因为体标记一般是沿"独立动词→连动式中的后一动词→补语→体标记"这一路线虚化而成的,"等到演化成体标记后,才用于形容词,形容词的体在时间层次上晚于动词"。(张国宪1998:410)

6.3.4.2.5 在调查中,我们还发现了"动+将"结构的否定形式"动+不+将(+宾)+补",表示对已然或假设已然情况的否定,否定词"不"用在"将"前。《金》有6例,《醒》10例,《聊》1例。如:

⑩ 西门庆见叫不将钺安去,在前厅暴叫如雷。(金·26·336)

⑪ 等不将他来,只见他极的眼象牛一般。(醒·41·604)

⑫ 差人拿不将他来,差人都合他是一个人,谁肯拿他?(醒·46·697)

⑬ 就是这们个意思儿,多不将去。(醒·49·721)

⑭ 我就跑不将去拿了来么?(醒·56·814)

⑮ 到如今通身的下汗,悔也是悔不将来。(聊·姑·3·889)

6.3.4.2.6 "把"字句、"被"字句跟"动+将"结构结合在一起的一个非常明显的结果就是:由于"把"字句通过介词"把"将受事宾语提到动词前面、"被"字句中受事宾语也被提前变成句子主语,从而使得一部分"动+将+宾+补"结构变为"动+将+补"。如:

⑯ 那妇人能有多大气脉,被这汉子隔桌子轻轻提将过来。(金·87·1328)

⑰ 到晚上,一顶轿子把大姐又送将来。(金·89·1345)

⑱ 我把他的尸首从棺材里倾将出来,烧得他骨拾七零八落。(醒·13·195)

⑲ 那心头屡次被火烧将起来，俱每次被那夫人一瓢水浇将下去。（醒·15·218）

⑳ 你若不即时拿到，把狗腿夹将起来！（聊·寒·2·1020）

㉑ 要把你的贼头割下，把贼心剜将出来！（聊·禳·24·1238）

㉒ 方娘子见他冷打漫吹的，说的都是云里雾里的话，就拭了拭那泪，把脸放将下来恼了。（聊·富·6·1312）

另外，《醒》还有 2 例"动＋将"用于"被"字句和"把"字句结合的句子中：

㉓ 被家母自己赶到城中把我押将回来，孙兰姬被当铺里蛮子娶了家去，只待要痛哭一场，方才出气。（醒·41·608）

㉔ 这一定倒在那里睡觉，被人把酵子都拿将去了。（醒·57·826）

6.3.5　得（的）

动态助词"得"（可看做"得₂"）来源于表"获得"义的动词"得"，约形成于唐代，发展于宋代，元代之后渐趋消亡。（参看曹广顺 1995）但在明清时期的《金》、《醒》、《聊》中，"得"仍见使用，用法及结构都非常多样。由于语音轻化，动态助词"得"也写做"的"（可看做"的₄"）。

6.3.5.1 "得"的用法

6.3.5.1.1 用在动词后，表示动作已经实现或完成。这种用法的"得"功能上跟动态助词"了"近似。主要用在以下几种类型的结构中。

6.3.5.1.1.1 动＋得（＋宾）。如：

① 小的们还学得些小词儿，一发歌与老爹听。（金·55·752）

② 西门庆听得，使下来安儿来问："谁在里面喧嚷？"（金·63·896）

③ 于是筛了两大碗酒，打发秋菊吃的，扣他在厨房内。（金·82·1279）

④ 晁大舍又辞了邢皋门、袁山人、梁生、胡旦，到后堂同珍哥上的轿，众人骑上头口去了。（醒·8·110）

⑤ 梁和尚的真身还不曾葬，留得遗言，等他自去葬他哩。（醒·47·687）

⑥ 赵恶虎听的，就送上六百两银。（聊·寒·2·1024）

⑦ 樊婆徐氏上云："嫁得穷酸丁，飘零五十春；搬来又搬去，南北似流民……"（聊·禳·3·1152）

⑧ 夫人说："江城，你就听的，该怎么着？"（聊·禳·10·1183）

6.3.5.1.1.2 复杂结构。这里的复杂结构指的是"得"用在兼语结构、连谓结构中。如：

⑨ 初时，李瓶儿还请的大街坊胡太医来看，后来怕使钱，只挨着。（金·14·172）

⑩ 晁夫人还请得计家的男妇都来奔丧送葬。（醒·18·270）

⑪ 奉许旌阳真君法旨，全家俱免，差得我等在此防护。（醒·29·432）

《金》、《醒》、《聊》"得"表实现或完成情况表

		金	醒	聊
动＋得	得	3	12	0
	的	17	8	8
动＋得＋宾	得	26	46	2
	的	39	65	40
复杂结构	得	0	10	2
	的	13	4	25
总计		98	145	77

6.3.5.1.2 用在动词后，表示动作或状态的持续进行。这种用法的"得"在功能上跟动态助词"着"近似。主要用在以下几种类型的结构中。

6.3.5.1.2.1 动＋得（＋宾）。如：

⑫ 桌上堆的咸食斋馔，点心汤饭，甚是丰洁。（金·39·514）

⑬ 出了城门，只见那郊原野旷，景物芳菲，花红柳绿，仕女游人不断头的走的。（金·89·1345）

⑭ 素姐也在席上坐着，正喜笑的，只看见狄希陈来到，把那脸来一沉。（醒·45·661）

6.3.5.1.2.2 动₁＋得（＋宾）＋动₂。如：

⑮ 早辰跨得雕鞍去，日暮归来红粉香。（金·24·308）

⑯ 不说两个在床上欢娱顽耍，单表吴月娘在上房陪着大妗子、三位师父，晚夕坐的说话。（金·75·1125）

⑰ 笑的去了，通常说了前后的话。（醒·55·801）

《金》、《醒》、《聊》"得"表动作或状态持续情况表

		金	醒	聊
动＋得	得	0	1	0
	的	6	13	4
动＋得＋宾	得	9	11	0
	的	14	7	8
动₁＋得（＋宾）＋动₂	得	26	32	3
	的	76	27	85
总计		131	91	100

6.3.5.2 "得"的特点

从动态助词"得"的语法功能来看,明清山东方言中"得"依然具有两种语法功能:一种是用在动词后,表示动作已经实现或完成。这种用法的"得"不仅可以用在已然的语境中表动作的实现或完成,还可以用在未然的语境中表动作实现的可能性。"得"的另外一种用法就是用在动词后,表动作的持续和进行。

表示实现或完成的"得"出现最多的句法结构是"动＋得＋宾",在《金》中共 65例,占该语料"得"表示实现或完成例句总数的 66.33％;《醒》111 例,占 76.55％;《聊》42 例,占 54.55％。"得"表示持续出现最多的句法结构是"动₁＋得(＋宾)＋动₂",《金》共 102 例,占该语料"得"表示持续总数的 77.86％;《醒》59 例,占 64.84％;《聊》88 例,占 88.00％。

在《金》、《醒》、《聊》中,"的"的使用频率已经远远超过本字"得",特别是清代的《聊》,已经在绝大多数情况下选择了"的"。这与结构助词"得"的字形演变趋势一致,都与语音轻化有关。"得"、"的"两种字形使用情况如下表。

《金》、《醒》、《聊》动态助词"得"、"的"两种字形使用情况表

	金	醒	聊
得	64	112	7
的	165	124	170
总计	229	236	177

6.3.6 讫(起)

动态助词"讫"来源于表"完成"义的动词"讫",约形成于唐五代。"'讫'字广泛用作完成助词,在汉语史中是一个短暂的现象。"(曹广顺 1998:487)自元代始,除《元典章》外,在文献中很少能够见到"讫"用做助词的例子。但在《金》、《醒》、《聊》中,不仅依然能够看到动态助词"讫"的用例,还有类似用法的"起"。[①]

6.3.6.1 "讫(起)"的用法

6.3.6.1.1 用在"动＋讫(起)"格式中,表示动作的实现或完成。如:

①　因此二艄尽把皮箱中一千两金银,并苗员外衣服之类分讫,依前撑船回去了。(金·47·615)

②　伯爵刚才饮讫,那玳安在旁连忙又斟上一杯酒。(金·60·829)

③　晁书二人得了喜信,收拾了行李,将带来二百两路费银内留下五十两,与胡旦在京搅缠,辞谢了苏锦衣,雇了长骡,合了同伴回南去讫。(醒·6·77)

---

① 曹广顺(1998:487):"'讫'字《广韵》居乞切,入声,讫韵,见母。'起'字墟里切,上声,止韵,溪母。元代入声发生了变化,《中原音韵》中'讫'字入作上声,可能与'起'字同音。'讫'是一个较少使用的生僻字,或许元代以后文献中记作'起'字的完成助词,本字应是'讫'。"

④ 止将晃源等一干原被干证俱罚纸谷银两不等,发落讫。(醒·13·192)

⑤ 下边喊了一声,一刀砍讫,提头来报。(聊·磨·5·1390)

6.3.6.1.2 用在"动+讫(起)+宾"格式中,表示动作的实现或完成。如:

⑥ 于是按着桂姐,亲讫一嘴,才走出来。(金·52·699)

⑦ 那道士往后退讫两步,似有呵叱之状。(金·62·874)

⑧ 却说经济睡起一觉,酒醒过来,房中掌上灯。(金·82·1270)

⑨ 不带我去罢呀,哄着我京里差不多住起一个月,盘缠够三四十两银子。(醒·86·1221)

⑩ 来了几日,把个汉子打起这们一顿,差一点儿没打杀了。(醒·96·1372)

⑪ 从此丢起诈威,二三年间大富了,买了个官儿。(聊·襄·5·1161)

⑫ 实对你说罢:俺家里又自生讫了一个,肚子里还怀着一个。(聊·磨·29·1509)

《金》、《醒》、《聊》、《歧》、《儿》动态助词"讫(起)"使用情况表

		金	醒	聊	歧	儿
动词+讫(起)	讫	16	24	9	152	0
	起	8	28	1	0	0
动词+讫(起)+宾语	讫	4	1	2	0	0
	起	2	6	1	0	0
总计		30	59	13	152	0

6.3.6.2 "讫(起)"的特点

动态助词"讫"可以出现在"动+讫"、"动+讫+宾"、"动+宾+讫"三种格式中表示动作的实现或完成,但《金》、《醒》、《聊》只出现了"动+讫"、"动+讫+宾"这两种格式,"动+宾+讫"未见。以河南方言为背景的《歧》"讫"使用频率相对较高,共152例,但只出现在"动+讫"这一格式中;《儿》不见"讫"的用例。

在《金》、《醒》、《聊》中,"讫"不但仍在使用,并且还出现了相类似的"起"。"起"有可能是"讫"的异写,在《醒》中的使用频率最高,超过了"讫"。但在《歧》、《儿》里,"起"均未见使用,说明"讫(起)"在这一时期,已成为一个地域性很强的助词。

在"动+讫(起)+宾"格式中出现的宾语主要是数量短语。《金》共6例"动+讫(起)+宾",宾语全部是数量短语;《醒》7例,其中4例宾语是数量短语;《聊》3例,其中有2例宾语是数量短语。

6.3.7 子

动态助词"子"表动作的实现或完成。它是现代吴方言区常见的一个语法词(也写做"仔"或"则")。动态助词"子"仅在《金》出现4例,《醒》、《聊》、《歧》、《儿》均未

见。如：

① 登时把胡僧吃的愣子眼儿，便道："贫僧酒醉饭饱，足可以勾了。"（金·49·653）

② 只见管家的三步那来两步走，就如见子活佛的一般，慌忙请了长老。（金·57·772）

③ 尼姑生来头皮光，拖子和尚夜夜忙。（金·57·777）

④ 荆统制娘子、张团练娘子、乔亲家母、崔亲家母、吴大姨、吴大妗子、段大姐，坐子好一回，上罢元宵圆子，方才起身，告辞上轿家去了。（金·79·1215）

"子"主要用在动词和宾语之间，所出现的句法结构单调。

6.4 事态助词

事态助词也是近代汉语时期新产生的一类助词，它与动态助词的主要区别是：动态助词表达动作的状态、情貌，事态助词则与整个事件相联系，表达整个事件的状态、情貌。（卢烈红 1998:226）明清山东方言事态助词主要有"了"、"来"、"的"、"着"、"可"。

6.4.1 了$_2$

事态助词"了"主要的语法功能是："用在句末，主要肯定事态出现了变化或即将出现变化，有成句的作用。"（吕叔湘 2002:351）

6.4.1.1 "了"的用法

事态助词"了"，我们调查的范围跟动态助词"了"相同：《金》前 20 回，《醒》前 20 回，《聊》包括《寒森曲》、《富贵神仙》、《增补幸云曲》三篇。根据事态助词"了"的具体使用情况，以下对"了"的语法功能进行描述。

6.4.1.1.1 动＋了。事态助词用在动词后，有时"了$_1$"、"了$_2$"可以重合，既表动作完成，又表事态有了变化。如：

① 西门庆道："我的爹娘俱已没了，我自主张，谁敢说个不字！"（金·3·48）

② 一边交割了，晁大舍上了马，家人们都雇了驴子，一溜烟往下处行走。（醒·6·87）

③ 这一煞才不喤哼了，想是睡着了。（聊·寒·1·1018）

④ 六哥说："你给我改了，我挣了钱来孝敬你老人家。"（聊·增·7·1582）

6.4.1.1.2 动＋了$_1$＋宾＋了$_2$。动态助词"了$_1$"跟事态助词"了$_2$"共现，"了$_1$"表示动作已经完成，"了$_2$"则表示动作已经完成这一事态的变化。如：

⑤ 说花二娘等爹不去，嫁了大街住的蒋太医了。（金·18·219）

⑥ 我的儿，你就吊了造化了。娘手里拿的东西儿，你不吃？（金·19·230）

⑦ 晁亲家是几时续娶了亲家婆？怎么就有了晁奶奶了？（醒·11·156）

⑧ 张遑来了家了，快去给我拿来！他若不出来，还带方氏来回话。（聊·富·

4 · 1300）

6.4.1.1.3 动宾＋了。"了"用在"动宾"后,肯定事态已经或将有变化。如：

⑨ 王婆道："大官人侥幸,好几日不见面了。"（金·2·33）

⑩ 晁大舍道："我晓得这意思了,却是怎么进去?"（醒·10·143）

⑪ 这天已交四鼓了,你去闭闭眼,明日好做文章。（聊·富·12·1352）

⑫ 你几辈子没使钱了,拿着几个钱这么亲? 十个钱还要戥子称着使。（聊·增·8·1586）

6.4.1.1.4 动补＋了。用在动词补语后,表示"动＋补"所代表的动作已经完成这一事态的变化。如：

⑬ 当下这只猛虎,被武松没顿饭之间,一顿拳脚,打的动不得了。（金·1·7）

⑭ 梁胡二人已睡久了,走到晁老卧房床沿上坐了,说了详细。（醒·8·109）

⑮ 那官都着他买透了,这日子怎么过哪!（聊·寒·2·1023）

⑯ 万岁跳起身来大骂："好贼! 你输极了么? 谁给你出气哩么?"（聊·增·22·1651）

6.4.1.1.5 动宾（补）＋了。动词后面出现宾语、补语时,"了"放在最后。如：

⑰ 非嫂子耽心,显的在下干事不的了。（金·13·154）

⑱ 更觉宽松了好些,也掇的气转了。（醒·4·57）

⑲ 有几两银子都放手出去了,那日往这里来,谁敢再出去讨?（醒·15·222）

⑳ 晁大官儿拿着文书问他要银子,叫郑伯龙要合他关老爷庙里发牒哩,说誓哩,才丢开手了。（醒·9·136）

㉑ 刘氏慌忙拉起说："大哥们折罪杀我了!"（聊·增·5·1573）

6.4.1.1.6 动＋动态助词（＋宾）＋了。动态助词一般为"过"、"得（的）"、"着",动词宾语在动态助词后面。如：

㉒ 薛嫂道："大官人昨日已是到姑奶奶府上讲过话了。"（金·7·82）

㉓ 赵恶虎虽不跪着,却也不敢坐着了。（聊·寒·2·1022）

㉔ 娘子说："他去考的了。"（聊·富·9·1334）

㉕ 臣已受过封了。但臣命薄,一个州县也称不得,又玩耍惯了,不愿做官。（聊·增·28·1677）

6.4.1.1.7 动＋了₁（＋宾）＋趋动＋了₂。动态助词"了₁"和事态助词"了₂"共现,趋向动词一般为"来、去",动词宾语在"了₁"后面。如：

㉖ 把个见见成成做熟了饭的亲事儿,吃人掇了锅儿去了。(金·18·218)

㉗ 高氏道:"我劝了他出来了,谁知他是怎么吊杀来?"(醒·10·147)

㉘ 老王说:"你带了赵春元的心去了,就罢了么?"(聊·寒·4·1041)

㉙ 你又把竹夫人拿了来了? 小娘子,我从今再不信你。(聊·富·6·1312)

6.4.1.1.8 动＋宾＋趋动＋了。"了"表示事态已经发生了变化。如:

㉚ 我已与了干娘银子,买酒肉嘎饭果品去了。(金·6·72)

㉛ 萧北川送出周公去了,倒有个醒来的光景,呵欠了两声,要冷水吃。(醒·4·55)

㉜ 大相公也没回家,即刻上府去了。(聊·寒·2·1024)

㉝ 不转晴的上下前后看起那女子来了。(聊·增·4·1566)

6.4.1.1.9 形＋了。"了"表示事态已经、将要发生变化,或对已经形成的事态表示肯定。如:

㉞ 李瓶儿急了,暗暗使过冯妈妈来对西门庆说。(金·14·170)

㉟ 计老头虽然穷了,族中也还成个体面。(醒·9·139)

㊱ 这船上拥挤的人忒多了,我们缓些再上。(醒·16·231)

㊲ 身上乏了,就在一个屋檐下歪了歪。(聊·富·7·1319)

6.4.1.1.10 形＋补＋了。用在形容词补语后,对事态发展的程度加以肯定。如:

㊳ 晁住夫妇渐渐衣服鞋袜也便华丽得忒不相了。(醒·6·82)

㊴ 后来他挞了挞签,凭计姨夫顶触了一顿,束住了手不打,把众人都诧异的极了。(醒·11·166)

㊵ 你说房里那些妇女们,都说咱太太欢喜了,乜模样越发俊的娇嫩了。(聊·富·13·1361)

6.4.1.1.11 数量短语＋了。用在数量短语后,表示已经或将要出现某种情况。如:

㊶ 王婆子道:"那娘子是丁亥生,属猪的,交新年恰九十三岁了。"(金·2·31)

㊷ 差不多四年俸了,望升转一升转,求祖爷与吏部个帖儿。(醒·5·73)

㊸ 如今四十四五年了,我并不曾见有个甚么族人来探探头。(醒·20·294)

㊹ 娘子说:"他今年八岁了,读书读了三年了。"(聊·富·5·1309)

㊺ 万岁来宣武院三个月了,你们还不晓得。(聊·增·28·1675)

6.4.1.1.12 名＋了。用在名词后,这一格式往往隐含着一个表示变化的动词。如:

⑯ 因说起晁知县考过满,将升的时候了。(醒·5·64)

⑰ 说着,也就夜了。(醒·12·179)

⑱ 兄弟商量妥当,天已二鼓了。(聊·寒·4·1042)

⑲ 走了勾三十里,天就晌午了。(聊·富·6·1316)

《金》、《醒》、《聊》事态助词"了"使用情况表

	金	醒	聊
动＋了	522	492	426
动＋了₁＋宾＋了₂	8	13	79
动宾＋了	55	142	93
动宾(补)＋了	126	177	148
动补宾＋了	1	7	18
动助(＋宾)＋了	4	1	6
动＋了₁(＋宾)＋趋动＋了₂	10	3	22
动宾＋趋动＋了	60	58	69
形＋了	71	73	119
形＋补＋了	1	8	23
数量短语＋了	5	5	10
名＋了	0	4	3
总计	863	983	1016

6.4.2 来

事态助词"来"(可看做"来₁")来源于趋向动词"来",约出现于唐代。在产生之初包括到了元明时期,"来"的功能尚未固定,有时表曾然,有时表将然。(参看曹广顺1995)明清山东方言里的"来"仍可用于表曾然和将然。

6.4.2.1 "来"的用法

明清时期,事态助词"来"主要具有以下两种语法功能。

6.4.2.1.1 表曾然

6.4.2.1.1.1 用于陈述性的动词、动词性短语或小句后,表示动作行为是曾经发生的。如:

① 迎春、绣春之事,奴已和他大娘说来。(金·62·877)

② 小的曾裏过奶奶来,奶奶说且教他去着,小的才放他去了。(金·94·1417)

③ 这几副板我都见来,也都不相上下。(醒·30·448)

④ 大姐忙问道:"你见咱二弟来么?"仇福说:"见来。"(聊·翻·9·987)

⑤ 我原来是请你来领教来,你倒赢了我这些银子,把彩都着夺了去了。(聊·增·21·1646)

由于事态助词"来"主要用来表示"曾然",指明事件已经发生,因此常跟表示曾然的时间副词如"曾、已、当初、头里、几曾、一向、刚才"或表过去的时间名词"昨日、夜来、前辈子、早上"等共现。

6.4.2.1.1.2 用于疑问句末,也表曾然。如:

⑥ 是女招的,是后婚儿来?(金·23·292)

⑦ 西门庆问道:"说你等着我洗澡来?"(金·29·375)

⑧ 常二与妇人两个说了一回,那妇人道:"你那里吃饭来没有?"(金·56·760)

⑨ 珍哥说道:"他还说什么来? 他没说你爷的病是怎么样着?"(醒·2·25)

⑩ 你曾见俺家里那个白狮猫来?(醒·6·89)

⑪ 咱城里他那些旧亲戚,他管甚么有恩没恩,他认的谁来?(醒·9·135)

⑫ 我抠了你媳妇儿的眼,啃了你媳妇儿的鼻子来?(醒·85·1214)

⑬ 沈大姨一行拉着他,说:"我儿,你怎么来?"(聊·姑·2·870)

⑭ 张讷又问:"你见俺兄弟来没?"(聊·慈·5·920)

⑮ 叫您姊妹们来接客来,叫您来骂客来么?(聊·增·13·1605)

事态助词"来"可以用在是非问句、选择问句、反复问句、特指问句以及反诘问句句末。

6.4.2.1.2 表将然。用于动词、动词性短语或小句后,表示动作行为是将要发生的。如:

⑯ 我的儿,怎地乖觉,长大来定是聪明伶俐的。(金·57·771)

⑰ 今别你去来,今别你去来,脚夫等候,不得迟挨。(聊·襁·3·1155)

《金》、《醒》、《聊》事态助词"来"使用情况表

		金	醒	聊
曾然	用在陈述句后	219	128	61
	用在疑问句末	202	174	132
将然		24	8	13
总计		445	310	206

6.4.2.2 "来"的特点

通过语料调查可以看出,从明代的《金》到明末清初的《醒》再到清代的《聊》,事态

助词"来"从总体上来说呈现出减少的趋势。

事态助词"来"往往还兼表一定的语气,尤其是用于疑问句末表曾然时表现得更明显。如:

⑱ 俺众人把大虫绻了,请壮士下冈,往本县去见知县相公,讨赏去来。(金·1·8)

⑲ 他背地对人骂我不贤良的淫妇,我怎的不贤良的来?(金·20·248)

⑳ 我这两日,只有口游气儿,黄汤淡水谁尝着来?(金·38·503)

㉑ 你看这昏君忘八!没的只我一个见来?(醒·8·118)

㉒ 狄婆子说:"我管你爹甚么来?好叫你做证见?"(醒·41·598)

6.4.3 的

6.4.3.1 表示曾然。如:

① 伯爵道:"我头里不说的,我愁甚么?死了一个女儿会拣泡螺儿孝顺我,如今又钻出个女儿会拣了……"(金·67·948)

② 玉楼道:"你由他说不是。我昨日不说的:一棒打三四个人……"(金·76·1140)

③ 一日,张讷出去玩的,邻舍家有个周妈妈,见他跛踦跛踦的,便问:"这孩子你那里疼呀?"(聊·慈·1·896)

6.4.3.2 表示对事态的肯定。如:

④ 我的姐姐,我西门庆死不晓的,你一片都是为我的。(金·21·260)

⑤ 西门庆笑道:"那里是怕他的,我语言不的了。"(金·12·148)

⑥ 若不是县官处得叫他畅快,他毕竟要报仇的。(醒·39·571)

⑦ 姜娘子说:"仔怕嫖赌也是有的。"(聊·翻·2·940)

⑧ 二相公说:"不劳相送,我自己去罢。"二鬼不肯的。(聊·寒·5·1053)

⑨ 都拱手说:"得意,得意!关老爷的兵也是不弱的,你起来说说。"(聊·快·1140)

⑩ 万岁也极好胜的,看看不会就是一件短处。(聊·增·22·1650)

6.4.3.3 表示事情的趋向或说话者的主观意向。如:

⑪ 庄家老得罪着老龙王,只怕怪下来,不上俺那地里下雨的。(聊·姑·1·868)

⑫ 他老说:"我看你待会子再死了,你上那里逃生的罢。"(聊·慈·1·897)

⑬ 拾掇了饭来,给二相公吃着,说:"我去禀禀的。"(聊·翻·9·985)

⑭ 兰芳,跟我去给翁婆磕头的。(聊·襄·30·1257)

⑮ 今日来我原不曾待见他,既是这等,我上宅里看他去的。(聊·襄·30·

1259)

　　⑯ 你即不吃，去歇息的罢，我也要睡哩。(聊·磨·22·1478)

　　⑰ 罢哟，咱且去做正经事的。(聊·磨·28·1510)

《金》、《醒》、《聊》事态助词"的"使用情况表

	金	醒	聊
的	57	48	99

6.4.4 着

事态助词"着"(可看做"着$_2$")用在小句后表且然(暂且如何)，根据"着"所在小句有无表先时的词语，可分成以下两类。

6.4.4.1 "着"所在句式有语法标记

"着"所在句式含有"且、暂且、先、待"等表先时的词语。如：

　　① 慌的金莲连忙问道："只怕你空心虚弱，且坐着吃些甚么儿着，出去也不迟。"(金·79·1223)

　　② 薛嫂道："桂姐，且不要筛上来，等我和奶奶说了话着。刚才在那里也吃了些甚么来了。"(金·95·1433)

　　③ 那闺女笑道："哥儿，我且饶你去着，改日你壮壮胆再来。"(醒·37·549)

　　④ 我等爹多睡了着去。(聊·墙·3·846)

6.4.4.2 "着"所在句式无语法标记

"着"所在句式没有任何表先时的词语。如：

　　⑤ 驼垛子的老驴上山——你捱霎着，又济着喘嘎粗气哩。(聊·姑·1·867)

　　⑥ 夜间深了着，再走不迟。(聊·富·9·1332)

　　⑦ 方氏说："你站在窗外，我认认着。"(聊·磨·13·1425)

　　⑧ 你给他做个管家不好么？哄的他上了套着，那时在我。(聊·增·20·1642)

《金》、《醒》、《聊》事态助词"着"使用情况表

	金	醒	聊
"着"所在句式有语法标记	51	15	16
"着"所在句式无语法标记	0	0	8
总计	51	15	24

　　这种用法的"着"《金》出现频率最高，其次是《聊》，《醒》出现最少。而且在《金》、《醒》、《聊》中，"着"以跟表先时的词语共现为常。《歧》、《儿》均无这类用法。

777

6.4.5 可

"可"做事态助词(可看做"可₁"),用在未然事态句子后表预设事态,只《醒》21 例,如:

① 晁夫人道:"消停,等完事可,咱大家行个礼儿不迟。"(醒·22·325)

② 你到家合奶奶说,奶奶心里明白,奶奶使孩子如今就跟了我家去极好;要奶奶舍不的,叫他且养活奶奶老了可,这话合我另讲。(醒·46·670)

③ 狄爷,你寻一个,且别要动手,等到家里可,狄奶奶许了,你就收他。(醒·55·793)

④ 狄周道:"放着,由他! 我到冬里换个蓝布边,吊上个插青布面子,做出来我穿,等他再合军门老爷讲可再处。"(醒·67·968)

⑤ 我待走路哩,你等着你爹死了可,你再来哭不迟!(醒·69·992)

⑥ 等他两个砍头的死了可再哭,迟了甚么!(醒·74·1052)

⑦ 寄姐道:"我可不合你说话了。你听甚么话,且打了可再讲。"(醒·95·1352)

对于这种用法的"可"与假设助词"可"之间的演变关系,冯春田(2004a)认为:从时间方面看,这种"可(科、克)"相当于"时"和"后",从事件方面看,"可"表示未然事态,又由于"可"所在小句是条件小句,所以"可"类似表示一种预设的事态。当表未然事态的"可"所在句子变成了假设条件句后,"'可'显然因受句子意义的影响也就演变为、或被看成了假设助词'可'",因此,"前者是后者转化的词汇或意义基础,后者是前者处在不同句法环境后的进一步语法化"。

6.5 假设助词

明清时期山东方言表假设的助词主要有"时"、"着"、"可"。在《金》、《醒》、《聊》里,这几个假设助词的分布情况差异很大。如"时"在《金》的出现频率比《醒》、《聊》要高,"着"在《聊》的出现频率比《金》、《醒》要高,而"可"则只出现于《醒》。下面讨论它们的使用发展情况及相关问题。

6.5.1 时

假设助词"时"约出现于唐宋时期,江蓝生(2002)对"时"的来源有详尽的论证,认为"时"源于表未然、将然的时间名词"时",诱发时间名词"时"语法化的句法语义条件是"出现在时间条件短语和小句末尾,表示动作或事态是没有实现的、未然的;当'VP时'的'时'实词意义弱化时,就引发了语法化"。

6.5.1.1 "时"的用法

《金》、《醒》、《聊》里的假设助词"时"可根据它所在小句是否有假设语法标记分为两类。

6.5.1.1.1 "时"所在小句有表假设义的连词"若、若是、要"等。如:

① 若是他不来兜揽答应时,此事便休了;他若口里答应,与你说话时,这光

便有五分。(金·3·38)

② 干娘,你拿了去。要吃时,只顾取来。(金·3·48)

③ 如宅上用钱时,不拘多少,发帖来,小桌支取。(醒·1·4)

④ 我要去时,没本事挑唆了狄奶奶来叫他做一出"李奎(逵)大闹师师府"也不算好汉!(醒·78·1119)

⑤ 还是你见的明。若等不着时,可不耽误了他么?(聊·增·9·1590)

⑥ 小二妮子那奴才他若不来时,我只得拿出利害来,给他个狠手,死活从他。(聊·增·10·1593)

6.5.1.1.2 假设助词"时"所在小句没有表假设义的标记。如:

⑦ 见今立限各乡并猎户人等,打捕住时,官给赏银三十两。(金·1·5)

⑧ 我特地来寻你,我方才把两句话来激你,我不激你时,你须不求问我。(金·5·58)

⑨ 好便好! 不好时,我连小浓袋还不叫去哩!(醒·94·1344)

⑩ 你嫌我辱没你时,你教些乖给我,早晚给你支架子何如?(聊·增·15·1614)

《金》、《醒》、《聊》、《歧》、《儿》假设助词"时"使用情况表

	金	醒	聊	歧	儿
"时"所在小句有形式标记	50	26	14	55	0
"时"所在小句无形式标记	13	9	12	11	0
总计	63	35	26	66	0

《醒》里还有用"时节、时候"代替"时"的例子,共8例(这8例也归入上表《醒》的总数中)。如:

⑪ 若我慌张的时节,老先生抽头不迟。(醒·7·101)

⑫ 若果真不看体面时节,适才那阴阳生,足足还得十五板哩!(醒·10·143)

⑬ 师傅若要用斋时候,只管下顾。(醒·29·427)

⑭ 若是有晁源的时候,他还放僻邪侈,作孽非为。(醒·30·438)

另外,《金》还有3例"时"用在推论复句中:

⑮ 那婆子听了道:"大郎直恁地晓事! 既然娘子这般说时,老身且收下。"(金·3·42)

⑯ 那妇人便问:"官人恁的时,没了大娘子得几年了?"(金·3·47)

⑰ 据此等说时,正是怎生得好? 却是苦也!(金·5·62)

用在这种推论复句中的"时"语法化的程度要比用在假设复句中的"时"高,因为"推论句和让步转折句的从句是广义的条件句,跟源自时间条件的假设句在语义上有共同性"。(参看江蓝生 2002)

6.5.1.2 "时"的特点

在明清山东方言中,假设助词"时"已很少使用。同时,"时"在地域上的分布也不均衡。在同以山东方言为背景的《金》、《醒》、《聊》中,"时"在《金》的出现频率要高于时代略晚的《醒》、《聊》。在以河南方言为背景的《歧》中,使用频率较高,共出现 66 例,但在以北京方言为背景的《儿》中却未见使用。

6.5.2 着

假设助词"着"(可看做"着₃")出现时间较晚,在元末明初的《水浒传》中尚未发现用例。到了《金》、《醒》、《聊》里,"着"开始用做假设助词。

6.5.2.1 "着"的用法

根据"着"所在的假设复句是否出现结果分句,可将"着"所在的假设句分为两大类。

6.5.2.1.1 有表结果分句的假设句

假设复句可以没有任何形式标记,也可以有形式标记。有形式标记的假设复句又可以有以下几种情况。

6.5.2.1.1.1 假设义连词和"着"共现。如:

① 你待家去着,我也不肯留你。(聊·姑·2·869)

② 打起你死了着,那左邻右舍说:有小六哥,不是他儿么?(聊·增·8·1588)

6.5.2.1.1.2 假设义连词不出现,仅出现假设助词"着"。如:

③ 待要说是奴才老婆,你见把他逞的怎没张置的,在人根前上头上脸,有些样儿! 就算另替那奴才娶一个着,你要了他这老婆,往后倘忽你两个坐在一答里,那奴才或走来根前回话做甚么,见了有个不气的?(金·26·330)

④ 等我到几时再去着,也携带你走走。你月娘儿会打的好双陆,你和他打两贴双陆。(金·61·849)

⑤ 人又说是他亲娘着,他那有不关情的:谓之左右两难。(聊·慈·1·892)

⑥ 等他上的楼来,合你作揖着,你只还个半签,就勾了他的了。(聊·增·18·1630)

6.5.2.1.1.3 "着"用在有假设关系的紧缩句中。"着"所在小句无语气停顿,假设出现了某种情况跟在这种情况下产生的结果紧接在一起。这种句式仅《聊》9 例。如:

⑦ 李氏瞅了他一眼,说:"好呢,好着你肯走么?"(聊·慈·3·905)

⑧ 捞着你着亲亲的,捞不着你窨窨的。(聊·穷·1119)

⑨ 混账物诮嘎哩? 谁说你的不俊来? 不俊着就怕的那!(聊·襀·17·1211)

⑩ 万岁说:"有那个着不是穷汉了。我可给他嘎? 给他把豆子罢。"(聊·增·16·1617)

⑪ 老王休合他赢酒,输了着他到肯吃。(聊·增·19·1634)

6.5.2.1.2 无表结果分句的假设句

这种"着"所在的句式都是问句,句末用疑问语气词,表示"假设某种情况出现该怎么办"。仅《聊》5例:

⑫ 今日跟到山里,万一撞见犸虎着呢?(聊·慈·4·917)

⑬ 周元说:"他发作了着呢?"(聊·增·5·1571)

⑭ 若大似这个着呢,就该怎么着呢?(聊·增·11·1598)

⑮ 丫头道:"俺二姐夫不来着你呢?"(聊·增·18·1628)

⑯ 任我输几帖,我仔不合你赌着呢?(聊·增·21·1644)

"着呢"这一组合形式跟表示强调夸张语气的语气助词"着呢"不同,冯春田(2004a)论证了"着呢"这一形式的句法意义关系:"'(如果)VP着(的话),(则又当)怎么样呢?''着'跟'呢'原本分属于不同的句法单位,由于'……着'后的内容是无定的,所以提出询问时可以用代词('如何'、'怎么样/着'之类),而且在句法上又可以不出现,于是就形成了'……着呢'连接的形式。"并指出这种形式为两个句义单位的连用,可看做复句的单句化。

《金》、《醒》、《聊》假设助词"着"使用情况表

		金	醒	聊
有表结果的分句	有前置词	7	8	13
	无前置词	6	0	4
	紧缩句	0	0	9
无表结果的分句		0	0	5
总计		13	8	31

6.5.2.2 "着"的来源

通过调查语料,可以看到假设助词"着"与表且然的事态助词"着"有着渊源关系。

表且然的"着"在句式里隐含其他事情暂缓去做这一含义,因此,"从时间角度说,'着(著)'可看做表先时;如果从事件方面说,却是且然,并带有一定程度上的预设(拟欲性)。"(参见冯春田2004a)"着"所在小句如用VP₁表示,那么句式所隐含的句意可用VP₂表示。很明显,无论VP₂是不是在语境中显现,都要先完成VP₁再说。因此在某种条件下,VP₁可看做进行VP₂的一个条件和前提。如:

⑰ 桂姐,且不要筛上来,等我和奶奶说了话着。刚才在那里也吃了些甚么来了。(金·95·1433)

⑱ 你先去着,我等明早自家到那里合狄大嫂说话罢。(醒·64·912)

⑲ 你给他做个管家不好么? 哄的他上了套着,那时在我。(聊·增·20·1642)

假设复句指的是前面分句先提出一种假设的情况,后面的分句说明在这种假设的情况下产生的结果这样一种句式。假设的情况可看做产生某种结果的条件。也就是说,表且然的"着"跟假设句之间存在一定的句意关系,可跟假设连词"若、要、不"等共现在假设句中,发展到后来即使句中无假设连词时,"着"所在句式依然具有表示假设的语法功能,"着"也随之变成了一个表假设的语法标记。

在时代略晚的《歧》和《儿》中,均未发现"着"表假设的用法。

6.5.3 可

假设助词"可"(可看做"可₂")是一个地域性很强的助词,即使在同以山东方言为背景的《金》、《醒》、《聊》中,分布也极不均衡。《金》、《聊》均未见假设助词的"可",但在《醒》里却出现了62例。①

6.5.3.1 "可"的用法

"可"的用法跟假设助词"着"相近,主要用在假设从句末表示假设。根据"可"所在的假设复句是否出现表示结果的分句这一标准,可以把"可"所在的假设句分为两大类。

6.5.3.1.1 有表结果分句的假设句

6.5.3.1.1.1 假设义连词和假设助词"可"共现。假设复句从句有假设连词,句末用假设助词"可"。连词有"若、若是、如、要、要是、打哩、打仔"等,共30例。如:

① 要是管家来冲撞你可,不许你合他一般见识。(醒·40·586)

② 要不就是后娘;要是亲娘可,也舍不的这们降发那儿,那儿可也不依那亲娘这们降发。(醒·41·598)

③ 他说:"如奶奶留下我可,这孩子寻给人家养活。"(醒·49·716)

④ 郭氏道:"看你糊涂么! 你拿着生死簿子哩? 打哩你那老婆先没了可,这不闪下你了……"(醒·53·773)

⑤ 晁无逸道:"他劝的有理才听;要没有理可,难道也听他罢?"(醒·57·829)

⑥ 要是相大娘中打可,俺素姐姐一定也就自己回过椎了,还等着你哩?(醒·60·863)

---

① 《醒》还有5例"呵"用于假设从句末的情况,但"呵"、"可"之间是否同源的问题,目前存在很大争议,因此暂不纳入本节讨论。助词"可"在《醒》中还可写做"科"、"克"。

⑦ 如要自到庵中可,请薛亲家婆合薛如卞娘子连氏、薛如兼娘子巧姐同去相陪。(醒·64·921)

⑧ 媒婆道:"周大叔,你难道不晓得这人么? 要好与你老人家科,俺从八秋儿来合你说了。"(醒·72·1030)

6.5.3.1.1.2 假设义连词不出现。假设复句从句没有假设连词,但从句末有假设助词"可",共 26 例。如:

⑨ 童奶奶道:"四岁了。才往姥姥家去,在家里可,不叫他见狄爷么?"(醒·54·779)

⑩ 童奶奶看中了可,咱留下他罢。(醒·55·798)

⑪ 狄员外说:"想着买了蟹可,叫他做给你舅看。"(醒·58·833)

⑫ 脱不了你是待倒俺婆婆的几件妆奁,已是叫那贼老婆估倒的净了,剩下点子,大妗子你要可,尽着拿了去!(醒·60·859)

⑬ 他不往那头去,撞不见;就撞见可,这本乡本土的人,说开了话罢,这是甚么深仇么?(醒·64·912)

⑭ 龙氏道:"我问他要人可,他说甚么?"(醒·94·1343)

6.5.3.1.2 无表结果分句的假设句

"可"所在的句式都是问句,"可"后紧跟疑问语气词"哩"或"呢",表示的是"假设某种情况出现该怎么办"这样一种语义。如:

⑮ 狄员外说:"你打他怎么? 只怕他真个是害那里疼可哩?"(醒·33·489)

⑯ 小玉兰道:"我这们说,奶奶打我可哩?"(醒·52·753)

⑰ 薛夫人道:"他打哩有好话说可哩? 你到后头看他说甚么。"(醒·56·808)

⑱ 晁夫人笑道:"打仔你媳妇儿教你养活他可哩,你没的也不听?"(醒·57·828)

⑲ 龙氏道:"我问他要尸首可呢?"(醒·94·1343)

这类的"可"6 例,其中 5 例"可"后紧跟"哩",1 例紧跟"呢"。"可哩"、"可呢"跟"着呢"这一组合形式一样,表示的也是"(如果)VP 可(的话),(则又当)怎么样哩/呢"的句义关系。

《醒》假设助词"可"使用情况表

有表结果的分句	有前置词	30
	无前置词	26
无表结果的分句		6
总计		62

6.5.3.2 "可"的其他用法

"可"还可用在推论复句和让步转折复句中作为话题标记。

6.5.3.2.1 "可"用在推论复句中,3例:

⑳ 既是要建七昼夜道场可,就要占住了他们的身子哩。(醒·64·918)

㉑ 狄周将那皮袄仍自抱在怀内,说道:"你既是与军门老爷讲不的了可,也不怕你再差家丁去要,我还把这皮袄拿回去罢……"(醒·67·967)

㉒ 我替你姑夫算计,你既不图利,只是为名可,你加纳个京官做。(醒·83·1179)

6.5.3.2.2 "可"用在让步转折复句中,14例。如:

㉓ 童奶奶道:"你合狄爷这么说罢了,你这话合我说哩?再要手段不济可,拿着这们些银子,是买他人才哩,是买他的真女儿哩?"(醒·55·800)

㉔ 相大妗子骂道:"不吃人饭的畜生!你就不为婆婆可,也为你的爹!还亏你戴着一头花,穿着上下色衣……"(醒·60·859)

㉕ 狄员外道:"虽是家里有可,也要使钱买,把这银子收了倒好。"(醒·66·950)

㉖ 你就是他的老婆可,已是长过天疱顽癣,缉瞎了眼,蚀吊了鼻子。(醒·95·1350)

6.6 概数助词

概数助词是指用在数词、量词后以辅助说明大概的数目,或者不到那个数目,或者大于那个数目。明清山东方言表概数的助词主要有"来"、"把"、"数"、"多"、"许"、"左右"、"上下"。

6.6.1 来

关于概数助词"来"(可看做"来₂")的来源,吕叔湘(1957a)、太田辰夫(1987)、胡竹安(1959)都有过相关论述,认为概数助词"来"来源于"以来"的省略。江蓝生(2000:1～18)从历史的角度对概数助词"来"进行了详尽的考察,指出概数助词"来"主要出现在四种句法位置:a. 数+量/名+来;b. 数+量+来+名/形;c. 数+来;d. 数+来+名/量。到了明清时期,概数助词在继承前代用法的基础上,也出现了一些变化。

6.6.1.1 "来"的用法

根据"来"所在句式是表时间还是表数目,可分成时间概数和数目概数两类。

6.6.1.1.1 时间概数助词。"来"可以用在以下两种格式中。

6.6.1.1.1.1 时间词语+来。"来"用在表示时间的词或短语后,表示从某一时间开始到说话时为止的时间。如:

① 近日来也自知礼亏,只得窝盘他些个。(金·5·59)

② 老年来患了走阳的病,昼夜无度,也还活了三年方死。(醒·27·392)

③ 四十年来,朝夕在母膝下,昼则伴食,夜则侍寝。(醒·90·1284)

④ 半年来丝丝两气,只饿的老肚生烟。(聊·墙·1·831)

⑤ 连日来热难当,不敢出门汗似浆,今日清凉把你望。(聊·襄·17·1210)

6.6.1.1.1.2 动/形＋来。"来"用在动词或形容词后,表示某时以来的时间。如:

⑥ 第二句说"别来思不待言",这是叙寒温了。(金·56·763)

⑦ 尼姑生来头皮光,拖子和尚夜夜忙。(金·57·777)

⑧ 这也是他生来第一快心的事了!(醒·1·5)

⑨ 老来衰惫靠别人,他就养活也有点进。(聊·墙·4·850)

⑩ 晚来对银灯,只将薄情骂。(聊·襄·11·1187)

6.6.1.1.2 数目概数助词。数目概数助词"表示大概的数目。一般指不到那个数目,有时也指比那个数稍大或稍小"。(吕叔湘 2002:347)主要用在下面几种格式中。

6.6.1.1.2.1 数＋来＋量(＋名)。"来"用在数词和量词之间,量词后可以出现名词。如:

⑪ 我自有用你处,待事务毕了,我再与你十来两银子做本钱。(金·9·107)

⑫ 当直的托出一个朱红合子,里边有三十来样美味,一把银壶。(金·55·742)

⑬ 蔡太师看了礼目,又瞧了抬上二十来扛,心下十分欢喜,连声称"多谢"不迭。(金·55·744)

⑭ 今日也接风,明日也接风,一连过了十来日,只不得个会面。(金·56·755)

⑮ 也有送十来个鸡子的,也有送一个猪肚两个猪肘的。(醒·21·313)

⑯ 家中止得十来亩田,门前开个住客的店儿,一个妻,一个儿子。(醒·23·349)

⑰ 打到十来板上,无数饥民齐来遮住了。(醒·31·452)

⑱ 不过吃了你十来钟酒,这们小人样!(醒·50·732)

⑲ 本庄十来顷地,倒被人家告了三四顷去了。(聊·寒·8·1070)

⑳ 十来胎不存留,看今生已罢休,不想还生下这块肉。(聊·襄·2·1150)

㉑ 我给你十来个钱,你做身衣服穿。(聊·增·8·1586)

另外,《金》、《醒》、《聊》还有几例用法比较特殊:

㉒ 其余那十来多位,莫说姚乡宦劝他不肯,就是个姚神仙,也休想拔他一

毛！（醒·31·459）

㉓ 小瓦瓿不过才十来多岁，已下手把样子描了两对，想是那小心眼诸般学会。（聊·墙·4·859）

㉔ 十来多岁还撒娇。（聊·禳·3·1155）

㉕ 走了十来多日，才到了牛梦里。（聊·富·10·1342）

㉖ 十来两多银子，这刚才又去了三十，剩的也看得见了。（醒·34·507）

㉗ 我大他十来岁多，我是姐姐。（醒·96·1373）

以上例子是在“数＋来＋量（＋名）”基础上，在量词前面或后面加上了“多”，从而表示比某个数目稍大。另外《醒》里还有这样1例：

㉘ 也将近五十来的岁，极和气的好人。（醒·25·364）

6.6.1.1.2.2 数＋量＋来＋名。“来”用在量词后，名词跟在“来”后。如：

㉙ 自从你不在家，半个来月，奴白日里只和孟三姐做一处做针指。（金·12·141）

㉚ 西门庆道：“没多，只给了百十两来银子。”（金·62·872）

㉛ 你去了这半个来月，奴那刻儿放下心来！（金·72·1053）

㉜ 两幅画，破着值了三钱：通共六钱来的东西。（醒·4·49）

㉝ 就是十两来出头的银子哩。（醒·65·932）

6.6.1.1.2.3 数＋量＋名＋来。“来”用在“数＋量＋名”后面，仅《金》里2例：

㉞ 妇人道：“拙夫从去岁十一月得伤寒病死了，今已八个月来。”（金·17·211）

㉟ 我养不的，俺家儿子媳妇儿金大姐到新添了个娃儿，才两个月来。（金·85·1300）

《金》、《醒》、《聊》概数助词“来”使用情况表

		金	醒	聊
时间概数	时间词语＋来	20	23	19
	动/形＋来	3	2	33
数目概数	数＋来＋量（＋名）	16	60	24
	数＋量＋来＋名	3	2	0
	数＋量＋名＋来	2	0	0
总计		44	87	76

6.6.1.2 “来”的特点

“来”用在表时间或有时间意义的词语后表大概的时间在明清山东方言中和前代用法基本一致，没有发生什么变化。表数目概数的“来”则一方面继承了前代的句法

格式,同时又有所变化。如此前的"数＋量/名＋来"在明清山东方言语料里几乎不用(仅在《金》中有"两个月来"、"八个月来"2例);"数＋来＋名/量"在这一时期又发展出加"多"的格式。"数＋量＋来＋形"、"数＋来"这两种格式在明清山东方言语料里未见。

表时间的概数助词"来"除《聊》稍微特殊外,《金》、《醒》中用在时间词语后的数量均多于用在动词或形容词后的数量;表数目的概数助词"来"在明清山东方言中使用最多的句法格式是"数＋来＋量(＋名)",这也是现代汉语最主要的用法。"数＋量＋来＋名"、"数＋量＋名＋来"用例都很少,这两种格式在现代汉语中均不见使用。另外,像现代汉语常见的表概数的"数＋量＋来＋形"("七斤来重"、"二尺来长"、"三米来高"),《金》、《醒》、《聊》均未见。但在《歧》、《儿》里有这类用法,《歧》1例,《儿》16例。如:

㊱ 只见当中一个有一丈来高,那头有柳斗大小,脸上白的如雪,满腮白髯三尺多长。(歧·70·668)

㊲ 那秃和尚手里只剩得一尺来长两根大镘头钉子似的东西,怎的个斗法?(儿·6·86)

㊳ 烟袋锅儿上还挑着一个二寸来大的红葫芦烟荷包,里面却不装着烟,烟是另搁在一个筐萝儿里。(儿·15·223)

㊴ 他那对咂儿往小里说也有斤半来重的馒头大小,围腰儿也不曾穿,中间儿还露着个雪白的大肚子。(儿·39·763)

除用在时间词、数目词后表概数外,"来"还可出现在"名＋来＋形"这样的句法格式中,这种句法格式约出现于宋元时期。江蓝生(2000:12)指出:"'来'后所跟的形容词并不是任意的,必须是包含着数量意义的,如'大,宽,阔,高,厚,深,长'等一类(只说'大,宽,高'等,不说'小,窄,低'等,但可连说'大小''粗细')。这个事实可以说明这种用法的'来'是从概数词'来₂'演化而来的。"也就是说,"名＋来＋形"中的"来"是概数助词"来"的进一步虚化。明清山东方言里的同类用法如:

㊵ 扑地一声,跳出一只吊睛白额斑斓猛虎来,犹如牛来大。(金·1·5)

㊶ 叔叔,你不会篓火,我与你拨火,只要一似火盆来热便好。(金·1·20)

㊷ 吃的楞楞睁睁,提着碗来大小拳头,走来谢家楼下,问:"金宝在那里?"(金·94·1413)

㊸ 天来大的喜事,快每人且先挂一匹大红云纻,再赏喜钱!(醒·83·1181)

"名＋来＋形"这种偏正结构可以用来表示物体的大小、高低、粗细、厚薄、深浅,其中的形容词只能是表示物体性状量值的性质形容词"高、深、重、大"等,而不能用相反的"低、浅、轻、小"等,但像例㊷这样"大小"连用则可。

"名＋来＋形"这一形式《歧》1例,《儿》4例。如:

㊹ 双庆、蔡湘抵死不容我见你,谁知你上了这个天来大当。(歧·75·734)

㊺ 公子打开一瞧，只见里面是五寸来长一个铁筒儿，一头儿铸得严严的，那头儿却是五个眼儿，都有黄豆来大小。(儿·31·544)

㊻ 从那一肩膀来宽的一个夹道子挤过去，有一间坐南朝北小灰棚儿。(儿·32·566)

㊼ 完了事才回头，只见远远的象那第六号的房檐上挂着碗来大的盏红灯。(儿·34·633)

㊽ 就有承值填榜的书吏用碗口来大的字照签誊写在那张榜上。(儿·35·654)

6.6.2 把

概数助词"把"主要用来表示约量，根据所在语境语义的限制，一般表示略多于和略少于两种约量。《金》、《聊》均无"把"用如概数助词的情况，仅在《醒》发现 25 例"把"用做概数助词的例子。根据"把"前词性的不同，又可分成以下两大类。

6.6.2.1 量＋把

"把"前成分为量词，能用在"量＋把"结构的量词都是表示确定的量，如"个"、"件"、"斗"、"尺"等，不表确定量的量词如"堆"、"群"等不能用在"量＋把"结构中。这是因为"把"表示的是大约估计的量，这个量的多少必须以一确定的量作为衡量标准。这一用法的概数助词"把"还可以细分为三种类别。

6.6.2.1.1 量＋把。如：

① 若你爷儿两个还要上本复官，且不回去，我自己先回家去住年把再来。(醒·17·255)

"把"后不出现其他语法成分。但根据上下文，往往可以在"把"后补出一名词性成分。如上例，可以说成"年把时间"。

6.6.2.1.2 量＋把＋名。"把"后附有名词或名词性成分。如：

② 这将近一年，因晁大舍不在家中，往计氏家走动觉得勤了些，也不过是骗件把衣裳，说些闲话，倒也没有一些分外的歪勾当做出来。(醒·8·117)

③ 那房里有斗把米豆，麻从吾拿了回家去与自己的老婆儿子吃了。(醒·26·383)

④ 我们趁这有月色的时候，掘开他的坟，把那首饰衣服脱剥了他的，也值个把银子。(醒·28·408)

⑤ 寻了尺把白杭细绢，拿了一只雄鸡，把大针在那鸡冠上狠掇。(醒·72·1025)

⑥ 若是内中有分把姿色的，紧紧圈将住了，一个说道梳得好光头，有的说缠的好小脚，有的说粉搽得太多，有的说油使得太少。(醒·73·1040)

⑦ 等了个把月，不见动静，把红本高高的搁在一个所在放着。(醒·90·

1283)

"量＋把＋名"中的名词在一定的语境中可以省略。

6.6.2.1.3 量＋把＋形。"把"后有形容词或形容词性成分。如：

⑧ 只见晁大舍枕头旁一本寸把厚的册叶,取将过来,签上写道"春宵秘戏图"。(醒·2·24)

⑨ 手背与手上的泥土,积得足足有寸把厚。(醒·28·412)

⑩ 他只见了寸把长的蜈蚣,就如那蛐蟮见了鸡群的一样。(醒·62·884)

这一结构中的量词一般为表示重量和长度的度量衡量词,而形容词则为"长、宽、深、厚"等性质形容词,而与之相对的"短、窄、浅、薄"等形容词不能用在这种结构中。

6.6.2.2 数＋把

"把"前成分为数词,能用在"数＋把"结构中的数词都是位数词,如"百"、"千"、"万"等。这一用法的概数助词"把"可以出现在以下两种结构中。

6.6.2.2.1 数＋把。如：

⑪ 谁知他还满了这些棒债,偶然一日就不禁打起来,打不多百把,便把两只眼来一瞪,两只腿来一伸,跟了个无常飞跑去了!(醒·72·1030)

6.6.2.2.2 数＋把＋名。"把"后出现名词或名词性成分。如：

⑫ 晁大尹方知雍山庄上被人放火烧得精光,也去了万把粮食等物。嗟叹了一回,开了船向北而行。(醒·6·80)

⑬ 不过是每人作兴了千把银子,扶持了个飞过海的前程,况还都不曾选出官去,真是狐狸小丑,还寻他做甚?(醒·15·217)

⑭ 他虽然侵欺了万把银子,我们大家已是摊认了,你便证出他来,这银子也不过入官,断没有再还我们的理。(醒·17·252)

⑮ 又神差鬼使,叫他里面嚷打做鬼哭狼号,外面拥集万把人汹汹的大势。(醒·20·304)

⑯ 扭开第一个抽斗,里面止有千把散钱。(醒·65·929)

⑰ 幸而不曾领了钱粮,倒翻赔垫了千把银子,也累不着妻子。(醒·71·1019)

⑱ 狄希陈的好处,将小翅膀分就的产业之外,又与他置添了千把东西。(醒·100·1433)

6.6.2.2.3 数＋把＋量(＋名)。名词可以出现也可以不出现。如：

⑲ 这巢万把石谷不系小事,如何不托孙子,倒托两个家人?(醒·32·468)

⑳ 一句书教了百把遍,方才会了;又教第二句,又是一百多遍。(醒·33·488)

㉑ 到了四川眉州峨嵋山上,只见那峨嵋山周遭有数百里宽阔,庵观寺院不下千数个所在,总上来也有万把个僧人。(醒·100·1423)

概数助词"把"在《歧》《儿》中分别出现3例、2例:

㉒ 乡里有顷把薄地,勤勤俭俭,今日孩子们都有饭吃。(歧·2·17)

㉓ 有这当头,不愁咱的银子,尽少也值千把两。(歧·24·231)

㉔ 我原使他百把银子,场场儿输,没赢一场儿。(歧·57·529)

㉕ 十三妹略略的数了一数,通共也有个千把两银子。(儿·10·142)

㉖ 那消个把时辰,早出了西直门,过了蓝靛厂,奔西山双凤村而来。(儿·35·654)

《金》《醒》《聊》《歧》《儿》概数助词"把"使用情况表

	金	醒	聊	歧	儿
把	0	25	0	3	2

通过上表可以看出,在同以北方方言为背景的几部语料中,概数助词"把"的分布很不均衡。我们又检索了明清时期的其他几部语料,结果是在以南方方言为背景的语料《西游记》《醒世恒言》《型世言》中发现了概数助词"把"的用例,而在以北方方言为背景的语料《老乞大》《水浒传》《红楼梦》中均无"把"的用例。在黄伯荣主编的《汉语方言语法类编》"概数"一节中,收集的关于概数助词"把"的用例都是南方方言,如安徽巢县话、安徽合肥话、湖北鄂南话、福建福州话等。结合历史语料,推测表概数的"把"最初应该是在南方方言中产生并使用,然后再向北方方言中渗透的。

6.6.3 数

概数助词"数"可以用在数词或量词后表示一个在某一范围左右的约量。根据"数"前词性的不同,可以分成以下两大类。

6.6.3.1 数+数

概数助词"数"用在数词后,"数+数"结构后可以出现量词和名词,也可以只出现量词或只出现名词。如:

① 投了十数壶,把妇人灌的醉了,不觉桃花上脸,秋波斜睨。(金·27·349)

② 排军喝道,张打着大黑扇,前呼后拥,何止十数人跟随,在街上摇摆。(金·31·393)

③ 老汉在街上恁问了两三日,走了十数条街巷,白不讨出块腊肉儿来。(金·58·802)

④ 苏锦衣的一个羊脂玉盆,盆内一株苍古小桃树,树上开着十数朵花,通似鲜花无异,细看却是映红宝石妆的。(醒·5·72)

⑤ 我们是邹平县的公差,一年从这里经过,至少也有十数遭。(醒·23·

344)

⑥ 这也实实的救活了千数孩提。（醒·31·455）

⑦ 次日，又与童奶奶商量，定了主意，挖年选官，差狄周到家还得捎百数银子使用。（醒·75·1068）

⑧ 把银子都拾出来，约有万数两，分了两堆，先着二成拣了一堆，包了去给臧姑看。（聊·姑·3·885）

⑨ 十个钱就看在眼里，似俺这烟花巷里，十数两银子也曾见过。（聊·增·9·1590）

"数＋数"结构中的数词最常用的是位数词"十"，偶尔也用"百"、"千"、"万"。此外，又有"数"和"多"同时用在数词后表示概数的例子。如：

⑩ 寻了他十数多年，方才从这里经过，来领施食，得遇着他。（醒·30·445）

⑪ 霜降已过了十数多日，将近要立冬的时节，忽然狂风暴雨，大雷霹雳。（醒·41·600）

⑫ 众人也不下千数多人，都拿了长枪朴刀，朽弓败箭，短棍长镰，双叉扁斧；高相公寄放了行李，手执了匕刀。（醒·62·888）

⑬ 但是娶进门的，至久不过一月，前后也打死了十数多人。（醒·98·1397）

⑭ 丫头再拿那成锭的大元宝来，又大小搬出来了十数多个。（聊·增·21·1645）

"数"、"多"共现在主观上表示量多。

6.6.3.2　量＋数

概数助词"数"用在量词后仅在《醒》中发现用例。如：

⑮ 他说："有两数金子正在要换，讲价不对，想还要转来哩。"（醒·11·163）

⑯ 只送得我两数银子，就要拱手。我没的是来管忘八乐工哩！（醒·25·371）

⑰ 进了学送的谢礼，与人扛帮作证，受贿讲和，换夺经纪，诈骗拿讹，匀扯来，那一日没有两数银子进门？（醒·41·601）

⑱ 没见他怎么等的，这先使两数多银子哩。（醒·88·1259）

⑲ 你合他说妥着，讲开一年给他两数银子制衣裳，这眼下给他扎括的衣帽，算上钱。（醒·88·1259）

⑳ 只得差了薛再冬，叫他扁着吊数钱，寻到城内陪他姐姐。（醒·89·1266）

"量＋数"的量词除 1 例为"吊"外，其他均为"两"，仅 1 例"数"、"多"共现。

《歧》有 14 例概数助词"数",全部用于"数＋数"这一格式中,《儿》未见用例。

《金》、《醒》、《聊》、《歧》、《儿》概数助词"数"使用情况表

	金	醒	聊	歧	儿
数＋数	15	19	16	14	0
量＋数	0	7	0	0	0
总计	15	26	16	14	0

6.6.4 多

概数助词"多"主要用来表示约量,一般表示略多于。概数助词"多"所出现的句法环境比较多样,主要用于如下结构。

6.6.4.1 数＋多＋量(＋名)。如:

① 前日说他家有个老母有病,七十多岁,死了浑家半年光景,没人扶恃。(金·94·1421)

② 晁住媳妇卷着袖,又着裤子,提了一个柳条篮,里边二十多个雪白的大馍馍,一大碗夹精带肥的白切肉。(醒·19·275)

③ 又有那二百多名贫生,也要入在饥民队里吃粥。(醒·31·456)

④ 一句书教了百把遍,方才会了;又教第二句,又是一百多遍。(醒·33·488)

⑤ 众仙看了看,八百多席已是安排齐整,众人才谢过了娘娘,挨次坐下了。(聊·蓬·1·1080)

6.6.4.2 数＋量＋多(＋名)。如:

⑥ 论着价银,也得三四个多银子。(金·56·758)

⑦ 我这一日多不曾吃饭! 走回家去才吃,叫老婆孩子也笑话。(醒·26·383)

⑧ 李九强得了他够两吊多钱,十来两多银子,这刚才又去了三十,剩的也看得见了。(醒·34·507)

⑨ 传杯弄盏,吃至一更多天。(醒·55·800)

⑩ 一伙人雄赳赳的,十里多路一霎就到。(聊·寒·4·1045)

⑪ 不瞒你说,我原有两顷多地,这几年卖了一顷多,昨日又卖了十来亩。(聊·蓬·4·1088)

6.6.4.3 数＋多(＋名)。如:

⑫ 垫地脚带山子上土,也添匀一百多车子。(金·35·465)

⑬ 三日大殓,择二月十二日破土,二十日出殡,也有四七多日子。(金·79·1236)

⑭ 世情真好笑呵呵,三载赃私十万多。(醒・17・255)

⑮ 还有铜钱二百多,投庄且顾眼前活。(聊・富・3・1288)

⑯ 那虔婆打了二十多鞭子,就不打了。(聊・增・10・1596)

6.6.4.4 数＋量＋名＋多。这种用法的"多"仅《金》1例:

⑰ 三朝九日,足乱了约一个月多,不曾往潘金莲家去。(金・8・89)

6.6.4.5 数＋量＋多＋形。如:

⑱ 此板七尺多长,四寸厚,二尺五宽。(金・64・903)

⑲ 可奈旧年间有一个皮匠,生得有八尺多长,一双圞眼,两道浓眉,高颧大鼻。(醒・19・272)

⑳ 初十日下了一场大硝,颜色就是霜雪一般白的,滋味苦咸螫口,有半寸多厚。(醒・31・460)

㉑ 刘恭的老婆上前救护,被程谟在胯子上一脚,拐的跌了够一丈多远。(醒・51・740)

㉒ 只见那疮都变了焌黑的颜色,蚀有一指多深,把肉都翻出朝外。(醒・66・951)

6.6.4.6 数＋数/来＋多。"多"与其他概数助词"来"、"数"共现在数词之后,使得数值朝着略大的方向延伸,从主观上表达了量多。如:

㉓ 寻了他十数多年,方才从这里经过,来领施食,得遇着他。(醒・30・445)

㉔ 其余那十来多位,莫说姚乡宦劝他不肯,就是个姚神仙也休想拔他一毛。(醒・31・459)

㉕ 众人也不下千数多人,都拿了长枪朴刀,朽弓败箭,短棍长镰,双叉扁斧。(醒・62・888)

㉖ 小瓦瓵不过才十来多岁,已下手把样子描了两对。(聊・墙・4・859)

㉗ 说不尽途中风霜,客里月露,走了十来多日,才到了牛梦里。(聊・富・10・1342)

㉘ 丫头再拿那成锭的大元宝来,又大小搬出来了十数多个。(聊・增・21・1645)

另外,《醒》还有 2 例比较特殊,在"数＋来＋量"格式后再加"多":

㉙ 李九强得了他够两吊多钱,十来两多银子,这刚才又去了三十,剩的也看得见了。(醒・34・507)

㉚ 我大他十来岁多,我是姐姐。(醒・96・1373)

《金》、《醒》、《聊》、《歧》、《儿》概数助词"多"使用情况表

	金	醒	聊	歧	儿
数＋多＋量（＋名）	8	46	12	37	11
数＋量＋多（＋名）	10	55	54	14	5
数＋多（＋名）	3	28	17	20	5
数＋量＋名＋多	1	0	0	0	0
数＋量＋多＋形	1	4	0	1	10
数＋数/来＋多	0	4	4	1	1
数＋来＋量＋多	0	2	0	0	0
总计	23	139	87	73	32

概数助词"多"较多地出现于"数＋多＋量（＋名）"、"数＋量＋多（＋名）"、"数＋多（＋名）"这三种格式,无论是《金》、《醒》、《聊》还是《歧》、《儿》,这三种格式在数量上都有一定体现。"数＋量＋名＋多"格式比较罕见,仅《金》1例。"数＋量＋多＋形"在以山东方言为背景的《金》、《醒》、《聊》及以河南方言为背景的《歧》中出现频率都极低,但《儿》出现频率相对要高。"数＋来＋量＋多"也较为特殊,仅出现在《醒》中。

6.6.5 许

概数助词"许"主要用来表示约量,表示大约在某一数量范围内。《金》2例、《醒》3例,《聊》无概数助词"许"的例子。如:

①　那话约有六寸许长大。（金·4·47）

②　玳安把酒壶嘴支入碗内一寸许多。（金·54·681）

③　他把那边又帮阔了丈许,上面盖了五间茅屋,沿堤都种桃柳。（醒·23·343）

④　忽然东北黑云骤起,冰雹如碗如拳石者,积地尺许。（醒·27·392）

⑤　那日晚上,家中止知他在自己门口探望狄家的动静,等了更许,不见他进去。（醒·82·1167）

《金》的例①"数量＋许"后有"长大";例②比较特殊,"数量＋许"后面又有表示略多量的"多"。《醒》的3例"量＋许"后无别的词语。

6.6.6 左右、上下

"左右"、"上下"通过方位词对举,用在数量词后表示概数。由于实义性较强,可看做准助词性质的概数助词。"左右"仅在《金》出现1例,《醒》、《聊》未见;"上下"《金》1例,《醒》4例,《聊》未见用例。因为例少,不再分列:

①　只他一个浑家,年纪只好二十左右,生的十分美貌。（金·56·762）

②　央及你爹,只说你那贵处有好人才女子,不拘十五六上下,替我寻一个送来。（金·30·381）

③　年纪约四十上下,专一在县前做保人,替比较。（醒·46·669）

④ 只见一个二十岁上下的少妇,穿着家常衣服,雄赳赳的走进亭来。(醒·66·945)

⑤ 两个小孩子,一个叫是雨哥,一个叫是星哥,都才十岁上下。(醒·72·1030)

⑥ 将到家里,望见一个道人,长须白面,年可四十上下。(醒·90·1290)

6.7 非疑问语气助词

语气助词是助词中非常活跃的一类,句法关系的调整、语义的变化等都会促使语气助词系统内部成员根据表达的需要不断地进行调整,包括新旧成分的更替、使用频率的增减、表达功能的或扩展或萎缩等。语气助词还会受字音、字形、语用等方面的影响产生一定的变化,导致性质分化及新形式的产生。这些都使得在不同的历史发展时期,汉语语气助词系统内部有不同的构成成分和不同的特点。由于《金》、《醒》、《聊》都是通俗文献,所以语气助词出现频率很高。语气助词包括表示陈述、祈使、感叹等非疑问语气的助词和表示询问、反问、测度等疑问语气的助词。我们把语气助词分成非疑问的语气助词和疑问语气助词两部分分别讨论。以下首先对非疑问语气助词加以分析,包括"么"、"呢"、"哩"、"呀"、"呵(阿、啊)"、"罢"、"的"、"着哩"、"罢了"、"也罢"、"便了"、"便是"、"就是(了)"、"那(哪)"。

6.7.1 么

语气助词"么"(可看做"么₁")在产生之初,主要用在疑问句中传疑,经过唐宋元时期的广泛运用,又发展出传信的用法。

6.7.1.1 用在感叹句中,表达感叹语气。有以下两种情况。

6.7.1.1.1 用在名词后表示感叹,仅《金》17例,而且全部用在名词"天"后表示一种惊叹、不满、委屈等语气。《醒》、《聊》均无此用法。这种用法的"么"跟语气助词"呀"、"啊"等功能相似。如:

① 天么天么! 姐夫贵人,那阵风儿刮你到于此处! (金·11·130)
② 天么,天么! 可不冤屈杀了我罢了! (金·12·141)

6.7.1.1.2 用在感叹句末尾,用以传达感叹语气。如:

③ 你看这两个私窠子么! 在家里就象巡拦一般,巡的恁谨。(醒·19·278)
④ 我说你干不的么! 这们不贤惠的人,你留着他做甚么? (醒·58·836)

另外,《聊》中还有4例"么"后又用语气词"呀"的例子。这应当是为了适应追求夸张、浓烈的感情色彩需要,通过叠用语气词来达到这一修辞效果。如:

⑤ 哎哟! 想杀奴了么呀,我的乖乖! (聊·禳·31·1263)

6.7.1.2 用在祈使句句中,传达期望、阻止、命令等祈使语气。如:

⑥ 妇人道:"那里有此勾当? 你指着肉身子赌个誓么!"(金·61·844)

⑦ 好汉子,你出来么! 我没的似俺哥,你掐把我? (醒·58·839)

⑧ 娘子说:"你还不躺下么!"(聊·富·8·1326)

另外,《聊》里也有 6 例"么"后用"呀"的祈使句,分别表达阻止、催促的语气。如:

⑨ 哎哟! 你上来罢么呀,我的乖乖! (聊·禳·31·1263)

⑩ 哎哟! 你放放罢么呀,我的乖乖! (聊·禳·31·1263)

⑪ 哎哟! 休要动了么呀,我的乖乖! (聊·禳·31·1263)

6.7.1.3 用在句中停顿处。 可分为以下两种情况。

6.7.1.3.1 提醒听话人注意。 如:

⑫ 妇人道:"你么! 可是没的说。奴那里有这个话,就把身子烂化了!"(金·19·240)

⑬ 你看么,你教我干? 恁有钱的姐姐,不撺他些儿是傻子! (金·58·797)

⑭ 我史瞎子穷么穷,不合混帐老婆们干这谋杀亲夫的勾当! (醒·76·1089)

⑮ 您么是为做官图名图利,吃着牢食,坐着软监就罢了。(醒·77·1103)

⑯ 他么着你解着来,我也着你解着来么? (聊·磨·18·1451)

6.7.1.3.2 用在假设或条件小句后。 如:

⑰ 既不害命,凭他罢。好便好,不么,叫他另娶个妾过日子。(醒·40·592)

⑱ 他要好么好,再不好,我等巡按来审录,我锥上一张状,还送了他哩! (醒·43·632)

⑲ 你要送的礼不齐整,好么,只给你个苦差,解胖袄,解京边,解颜料,叫你冒险赔钱。(醒·83·1189)

⑳ 他要是错听了怪俺们么,狄老爷,你务必替俺辨白辨白。(醒·96·1371)

㉑ 若是拿么,也就该来了。(聊·磨·6·1395)

㉒ 万岁说:"你若是有么,你就说,算你的。"(聊·增·24·1660)

6.7.1.4 用在陈述句后。 《金》、《醒》、《聊》里还有少量的"么"用在陈述句中表达陈述语气的例子,表明说话人自己的态度和事理理应如此。如:

㉓ 晁思才说:"我记的么。景泰三年十二月十六日酉时生的。"(醒·47·690)

㉔ 陈公道:"这不难么。我看你好人的面,我知道,有处。你家去,我叫人写票子提他回来。"(醒·70·1007)

㉕ 店主说:"你爱吃,我只管筛来。还吃饭么?"鸿渐说:"吃么。"(聊·磨·18·1451)

㉖ 合庵说:"认得徐北岗么?"答应:"极熟了么。"(聊·磨·25·1492)

《金》、《醒》、《聊》非疑问语气助词"么"使用情况表

		金	醒	聊
表示感叹语气	用在名词后	17	0	0
	用在感叹句后	8	62	24
表示期望、阻止命令等祈使语气		21	13	22
表示停顿	用在句中停顿处	3	10	3
	用在假设或条件小句后	0	4	2
表示陈述语气		1	15	3
总计		50	104	54

6.7.2 呢

"呢"系字(尔、你、哖、尼、聹)在宋代就已有用在非疑问句中的用法。(参看曹广顺 1995:155)明清时期,非疑问的语气助词"呢"(可看做"呢$_2$")在以往用法的基础上又有了一些新的变化。

6.7.2.1 用在句子末尾,表示肯定、认同或否定语气。如:

① 相主事道:"正是呢。他这们几日通没到宅里,有甚么事么?"(醒·82·1165)

② 仇福说:"是呢。不着你说,我还想不到这里哩。"(聊·翻·3·943)

③ 满城笑说:"请无好小气,想是他不爱你么?"江城说:"不呢。"(聊·襄·16·1208)

6.7.2.2 用在句子末尾,指明事实并带有强调夸张的语气。如:

④ 伯爵道:"是了,好人口里的言语呢。"(金·54·730)

⑤ 你那不在家窼,我闷了就合春香抹牌,觉着和他不如你呢。(聊·襄·26·1241)

6.7.2.3 用在句子末尾,表示轻蔑不满的语气。如:

⑥ 合兄弟商议倒是该的。放着活人呢,可去求那泥塑的神哩!(醒·75·1073)

⑦ 怪呀! 这事是我作成二位的,我倒肯走了? 拿我送铺呢!(醒·81·1154)

⑧ 二姐说:"你害的人进退两难,还打四不知呢!"(聊·增·12·1600)

6.7.2.4 用于假设或条件小句末尾。仅《聊》2 例:

⑨ 要帐俺不又不该你嘎;探亲呢,俺合您娼家有什么亲?(聊·增·12·1601)

⑩ 若是不肯娶我呢,是我合该命尽,一死无大灾,就是妈娘杀了我,我可也断不肯迎新送旧了。(聊·增·17·1625)

《金》、《醒》、《聊》非疑问语气助词"呢"使用情况表

	金	醒	聊
肯定、认同或否定	0	2	19
申明事实、强调夸张	1	11	49
轻蔑不满	0	14	6
表停顿	0	0	2
总计	1	27	76

6.7.3 哩

语气助词"哩"(可看做"哩₁")自唐代产生之后,主要语法功能是"祛疑树信",表示夸张的语气。伴随词义的泛化、语境的变迁,以及跟其他语气词混用等影响,用在非疑问句中的"哩"句法功能有所增加,到了元明以后产生了一些前代所不具备的用法。到了明清时期,绝大多数情况下都采用了"哩"这一字形,偶尔写做"里"。如:

① 桂姐道:"齐香儿他在王皇亲宅里躲着里。"(金·51·672)

② 傻小淫妇儿,他怎的睡不安稳?又没拿了他去,落合的在家里睡觉儿里。(金·52·696)

6.7.3.1 用在陈述句末,指明事实并带有强调夸张语气,这是"哩"基本的用法。如:

③ 只依奴,到家打发了再来也。往后日子多如柳叶儿哩!(金·16·193)

④ 张大说:"听的爹来,从早晨望了几回哩。"(聊·墙·1·832)

⑤ 你问的是老婆么?有七八十个还多哩。(聊·增·17·1623)

6.7.3.2 用在句子末尾,表示轻蔑不满的语气。如:

⑥ 他每日日只跟着他娘们伙儿里下棋、挝子儿、抹牌顽耍,他肯在灶上做活哩!(金·25·312)

⑦ 送这差不多五十两银子已你,指望你到官儿跟前说句美言,反倒证得死拍拍的,有点活泛气儿哩!(醒·13·197)

6.7.3.3 用在句子末尾,表示命令或催促。如:

⑧ 俺奶奶布施与你这许多东西,还不磕头哩!(金·88·1339)

⑨ 张大嫂,你还不快着去哩!狄大官娘子待中把张大哥使棒椎打杀呀!(醒·66·946)

⑩ 这老婆风了,媳妇子们,还不快些让他进来哩!(醒·89·1275)

6.7.3.4 用在句子成分之间。"哩"用在几个并列的成分之后,表示列举。如:

⑪ 头里那等雷声大雨点小,打哩乱哩,及到其间,也不怎么的。(金·20·243)

⑫ 又说他怎的拿刀弄杖,成日做贼哩,养汉哩,生生儿祸弄的打发他出去了。(金·29·365)

⑬ 又是甚么算命的星士哩道士哩哄我,叫他淫的挣的骂我这们一顿!(醒·3·42)

⑭ 过了一年,晁大官儿拿着文书问他要银子,叫郑伯龙要合他关老爷庙里发脓哩,说誓哩,才丢开手了。(醒·9·136)

⑮ 你一个低钱没有济助的,一张纸也割舍不的烧给那孙子,责备出的殡不齐整哩,又是不念经哩,撒骚放屁的不羞么?(醒·53·772)

⑯ 以后叫他薛奶奶,叫我奶奶,不许添上甚么"童"字哩、"银"字哩的!(醒·96·1373)

⑰ 那汉子光贬扯人,又是瓢又是桃哩,夜叉哩,东瓜哩!(聊·增·12·1603)

《金》、《醒》、《聊》非疑问语气助词"哩"使用情况表

	金	醒	聊
指明事实、略带夸张	529	942	224
口气不满、态度轻蔑	104	204	40
命令、催促	32	17	12
列举	4	14	5
总计	669	1177	281

6.7.4 呀

明清时期,非疑问的语气助词"呀"(可看做"呀$_1$")一方面继承了"也"旧有的功能,一方面也发展出了"也"原先不具备的语法功能,使用范围不断扩大。

6.7.4.1 用在陈述句末,表示确认、申明、解释等语气。如:

① 那月娘笑嘻嘻,也倒身还下礼去,说道:"你喜呀。"(金·41·542)

② 我来了这们一日,去的迟了,俺姑又打我呀。(醒·60·864)

③ 这房儿是老公看顾咱的,是你祖父分给咱的呀。(醒·71·1015)

④ 他姑细想了想,才大惊失色说:"你是小讷子么?"张讷说:"是呀。"(聊·慈·2·898)

⑤ 娘是俩罢,老可是一个呀。(聊·翻·5·960)

6.7.4.2 用在祈使句末,表示请求、命令、建议、阻止、劝告等语气。如:

⑥ 姑娘,你不依,我去呀。(金·75·1128)

⑦ 你既是显了手段,叫人受着苦,你可还快着去治他呀!(醒·67·957)

⑧ 俺汉子还管不的,休说娘家的兄弟呀。(醒·69·985)

⑨ 不知那里来的一个侉老婆,你来看看呀!(醒·77·1097)

⑩ 李老笑说:"茶里可休加蜜呀。"(聊·墙·1·833)

⑪ 张炳之说:"也着个人跟了你去呀。"(聊·慈·3·902)

6.7.4.3 用在感叹句末,表示感叹语气。如:

⑫ 好呀,好呀! 我请你来做衣裳,不曾交你偷汉子。(金·4·50)

⑬ 苦呀! 倒当不得了!(金·5·64)

⑭ 又叫狄希陈道:"你好狠人呀! 你过来跪着咱妗子罢!"(醒·60·860)

⑮ 韶道呀! 人为你报不平,惹得这们等的,还有甚么喜处,用着这们笑?(醒·97·1387)

⑯ 耶耶好奇呀! 驼垛子的老驴上山,——你揠霎着,又济着喘嘎粗气哩。(聊·姑·1·867)

⑰ 道士笑说:"你好愚呀! 那都是水上的泡,镜中的影,恋他怎的?"(聊·蓬·5·1095)

也可用在名词、名词性结构、呼语后面表感叹语气。如:

⑱ 我的奶奶呀! 你就这们执古性儿,就真个一口价儿?(醒·51·800)

⑲ 好混帐杭子呀! 钱是什么,拿着命不要紧哩!(醒·70·1004)

⑳ 瞎话呀! 这一定是我来了以后的事,怎么就有勾一生日的孩子?(醒·86·1222)

㉑ 大姐也迭不的问,跑到屋里说:"娘呀! 俺二弟来了!"(聊·翻·10·994)

㉒ 冤家呀! 舍上奴,尽你咋摆划。(聊·磨·8·1408)

用在感叹句末是"呀"这一时期最主要的语法功能,出现的例子最多。

6.7.4.4 用在句子停顿处或重复的词语间。用在句子停顿处,如:

㉓ 你呀,我同着你大舅不好白拉你的。(醒·85·1207)

㉔ 你看我呀,就忘了合爹说,王银匠来要钱。(聊·墙·3·848)

㉕ 大姐说:"说起来呀,他读书知礼,那里有不来的?"(聊·翻·7·970)

㉖ 他有爱汉子的呀,或是想老婆的呀,俺老李一到,就是天仙织女,俺也念诵的思凡。(聊·襀·14·1200)

㉗ 可是呀,你许下给我件人皮袄子,只怕这件衣服你做着难。(聊·增·21·1646)

也可用在重复的词语间,表示动作状态的重复或表示反复称谓,个别还表列举。如:

㉘ 他瞪着个眼往前凑呀凑的,是待拉我的火势哩。(醒·57·821)

㉙ 不由的鼻子揸呀揸的,嘴裂呀裂的。(醒·82·1166)

㉚ 那里疼,哪里痒,谁来问一声? 苦哉呀苦哉!(聊·墙·1·830)

㉛ 娘呀娘呀的,动了腥荤了。(聊·姑·2·873)

㉜ 兰芳云:"他会唱狗呀狗你看家,虽不中听,也足发笑。"(聊·襄·21·1262)

㉝ 一伙子人瘸呀跛呀的,到了县里。(聊·富·4·1301)

《金》、《醒》、《聊》非疑问语气助词"呀"使用情况表

	金	醒	聊
陈述句末	4	23	22
祈使句末	1	9	27
感叹句末	14	88	310
句子停顿处或重复词语间	0	19	50
总计	19	139	409

非疑问的"呀"用在陈述、祈使、感叹句末、句中停顿处在元代就已出现,但用在重复的词语后表停顿应该是"呀"的较新用法。《金》、《醒》、《聊》"呀"用在重复词语后的相关形式,《金》无例,《醒》仅有"A 呀 A 的"10 例,A 全为动词(如"凑呀凑的"、"揸呀揸的"、"裂呀裂的")。《聊》用在重复词语后的情况就变得复杂起来,首先是组合形式多样化,出现了"A 呀 A"(如"哥哥呀哥哥"、"奇怪呀奇怪"、"妙哉呀妙哉")、"A 呀 A 呀的"(如"娘呀娘呀的"、"咧呀咧呀的"、"冬呀冬呀的")、"A 呀 B 呀的"(如"瘸呀跛呀的"、"瘤呀点呀的")三种形式。其次,这些组合形式的内部构成成分也不再是单一的动词,"A 呀 A"的"A"可以是名词,"A 呀 A 呀的"的"A"可以是名词、动词,还可以是拟声词。

6.7.5 呵(阿、啊)

语气助词"呵"(可看做"呵₁")始见于宋代。明清时期是语气助词字形规范的重要时期,许多语气助词在这一时期都采用了口字旁的字形,如"罢"、"么"、"那"、"也"分别采用了"吧"、"吗"、"哪"、"呀","阿"也采用了"啊"这一形式。因此,在明清时期,"呵"、"阿"、"啊"三种字形并存,表示的是同一个语气助词。

6.7.5.1 "呵"的使用情况

6.7.5.1.1 用在句中停顿处,以舒缓语气。如:

① 气的我鹤顶红剪一柳青丝儿来呵,你海东红反说我理亏。(金·33·424)

② 今日呵若得那个檀越为主作倡,管情早晚间把咱好事成就也。(金·57·770)

③ 朕将卿如太甲逢伊尹,卿得嫂嫂呵恰便是梁鸿配孟光。(金·71·1019)

④ 俺呵飘然言旋,名山洞天。(聊·富·14·1370)

6.7.5.1.2 用在假设或条件小句后。如：

⑤ 满怀愁闷诉与天公也,天有知呵,怎不把恩情送。(金·61·851)

⑥ 珊瑚说:"但得娘知道我没有二意,不怪我呵,就死了也甘心!"(聊·姑·2·880)

⑦ 侥幸成了对儿,也亏天爷在行;不是呵,把这件东西那里放?(聊·襄·8·1175)

⑧ 我若是通你通呵,你待中恼了哩。(聊·襄·9·1178)

6.7.5.1.3 用于祈使、感叹句后,表示祈使、感叹语气。如：

⑨ 看起来也不是个善良君子也呵!(聊·襄·9·1177)

6.7.5.1.4 用于呼语后,表示呼唤。如：

⑩ 叫一声我的娇儿呵,恨不的一声儿就要把你叫应。(金·59·819)

⑪ 我的皇天呵!我怎么就这么不气长!(醒·68·979)

⑫ 俺娘呵!这是怎么说!(聊·姑·1·865)

6.7.5.2 "阿(啊)"的使用情况

"阿、啊"在《金》、《醒》、《聊》中非常罕见,共4例:

⑬ 佛阿!老爹,你这等样好心作福,怕不的寿年千岁 ……(金·57·778)

⑭ 儿阿!你一些好事不做,专一干那促搩短命的营生,我久知你不得好死!(醒·20·290)

⑮ 我的狠心的儿阿!(醒·20·290)

⑯ 今日相爱总是爱,教人泪啊下盈腮。(聊·磨·21·1477)

例⑬至⑮"阿(啊)"用在名词或呼语后,表示感叹语气,例⑯"啊"在句子停顿处,用来舒缓语气。

《金》、《醒》、《聊》非疑问语气助词"呵(阿、啊)"使用情况表

	金	醒	聊
呵	21	11	9
阿(啊)	1	2	1
总计	22	13	10

从上表可以看出,非疑问的语气助词"呵、(阿、啊)"《金》出现较多。明清时期处于近代汉语后期,现代汉语很多语气助词都是在明清时期形成的。"啊"作为现代汉语的主要语气助词,在明清山东方言里使用还不是那么普遍。

6.7.6 罢

"罢"(可看做"罢₁")是近代汉语新产生的一个语气助词(来源于用在句末表示

"罢休/罢了"的"罢"),大约出现在元代。语气助词"罢"产生之初,主要表示决定、抉择的语气。

6.7.6.1 "罢"的用法

6.7.6.1.1 用在陈述句末,表示决定、决断语气。这种决定语气表达的是说话人个人的意志和选择,是自我的裁定,不涉及他人意愿。如:

① 宁可我同你一答儿里死了罢,我也不久活于世上了!(金·59·818)

② 实和你说了罢,休推睡里梦里!(金·69·992)

③ 躲在家中,安我过苦日子的分罢!(醒·2·19)

④ 我看这孩子有些造化似的,不象个门里人,我替俺这个种子娶了他罢。(醒·40·588)

⑤ 大相公说:"你性子不好,说话忒也直戆,还是我去吧。"(聊·寒·1·1019)

⑥ 趁如今我就合你别了罢,省的你日后再把奴来闪。(聊·富·6·1310)

6.7.6.1.2 用在祈使句末,表示商量、请求、催促、命令等祈使语气。当"罢"用在祈使句中,这时动作行为的决定不再是说话者个人的意愿,说话人需要听取他人意见、要求或者把自己意志加于对方,具有商量、请求、催促、命令等语气。如:

⑦ 对你五娘说:休打秋菊罢,哥儿才吃了些奶,睡着了。(金·41·544)

⑧ 哥哥,争奈小弟没个妻室,让与小弟做个押寨夫人罢。(金·84·1292)

⑨ 李成名我不知怎么,只合他生生的,支使不惯他;不然,还留下晃住两口子罢。(醒·14·212)

⑩ 小的家也尽够过的,神差鬼使的做这没天理的勾当,只望老爷饶这狗命罢!(醒·47·691)

⑪ 这天待中黑呀,舅来了这们一日,你快着撧掇拿酒来吃罢。(醒·83·1186)

⑫ 你路上少吃俭用,可以到了家,你就快忙走罢。(聊·翻·9·983)

⑬ 大姐说:"叫他来吧,得请他!你呢,他就担的个请字?"(聊·增·18·1628)

6.7.6.1.3 用在陈述句末,相当于同类用法的"罢了、就是了",表示仅此而已、算了、只好如此,具有一种退让的语气。如:

⑭ 月娘道:"他不来罢,咱每自在,晚夕听大师父、王师父说因果,唱佛曲儿。"(金·39·518)

⑮ 到明日不管好歹人,都乞他骂了去罢,要俺每在屋里做甚么?(金·75·1125)

⑯ 他不往那头去,撞不见;就撞见可,这本乡本土的人,说开了话罢,这是甚

么深仇么?(醒・64・912)

⑰ 再说甚么被人捻到堂上,央书办门子说分上,晚生就没话答应他了。还是我不揭他的秃,他也不揭我的瞎罢。(醒・97・1389)

⑱ 太公上云:"石庵来看看罢,何必又厚费?"石庵云:"好说,不堪之极!"(聊・襄・32・1265)

6.7.6.1.4 用在陈述句末,表示在某种情况下做出选择,这种句子一般都含有表示选择的词语"不如"。如:

⑲ 比时明日与哥庆喜,不如咱如今替哥把一杯儿酒,先庆了喜罢。(金・16・201)

⑳ 他既是叫将来了,莫不又打发他!不如请他两个来坐坐罢。(金・45・585)

㉑ 咱既是打了,就蒯他两蒯,他也只说咱打来。咱不如就象模样的打他两下子罢!(醒・32・471)

㉒ 我又合他家不甚熟识,这天已将晚,不如等他晚上回庵的时节,我自去请他来罢。(醒・63・910)

㉓ 不如割开这嘴拿出来罢。(聊・寒・3・1036)

㉔ 店主说:"相公就住几天何妨?只是我可担不的。不如雇上驴行了罢。"(聊・磨・18・1453)

6.7.6.1.5 用于话题间的停顿。如:

㉕ 就是一碗肉罢,也有几样的做,也有几样的吃哩。(醒・55・797)

㉖ 就是我罢,每日领着主人家工食月粮,也尽够费的。(聊・襄・24・1234)

㉗ 那皇帝罢,他在京里。(聊・增・3・1561)

《金》、《醒》、《聊》非疑问语气助词"罢"使用情况表[1]

	金	醒	聊
决定语气	187	116	158
祈使语气	487	292	451
退让语气	48	36	28
抉择语气	8	4	24
停顿语气	0	3	10
总计	730	451	671

①《聊》含 9 例"吧"。

6.7.6.2 "罢"的词形

语气助词"罢"在元代只有"罢"这一种书写形式,后来才出现"吧"的词形。语气助词"罢"来源于用在句末表示"罢了/罢休"的"罢",而不是来源于"也罢"、"便罢"之类。很显然,"也罢"、"便罢"连用在句末出现只能形成一些准助词,而且跟"罢/吧"表示的语气不同。(冯春田 2002/2003:516)因此,不能把语气助词"罢/吧"跟"也罢"、"便罢"的来源混为一谈。"吧"的字形在明清时期还很少见,《金》、《醒》、《聊》三种语料里仅《聊》有 9 例。如:

㉘ 子正说:"过来,我背着你走吧。"(聊·襄·3·1156)

㉙ 仲鸿说:"妙极妙极! 就是这么吧。"(聊·襄·7·1168)

㉚ 春香云:"不敢劳动奶奶,着老王吧。"(聊·襄·28·1251)

㉛ 我儿,坐下读吧。(聊·富·8·1328)

㉜ 万岁听说大喜,说:"叫他上楼来吧。"(聊·增·13·1606)

㉝ 你把这鹦哥送给我吧,好合俺那一个配对。(聊·增·14·1612)

㉞ 大姐说:"叫他来吧,得请他! 你呢,他就担的个请字?"(聊·增·18·1628)

6.7.7 的

语气助词"的"至迟在元代就已出现,它的功能主要是表达一种肯定、强调的语气。

6.7.7.1 "的"的用法

6.7.7.1.1 表示确认语气。"的"用在句子谓语后,表示对已成事实、一般事理的确认或对某种事态的肯定。

6.7.7.1.1.1 对已成事实的确认。如:

① 求子的最是要念他,所以月娘念他,也是王姑子教他念的。(金·53·713)

② 昨日我合他大舅散了,弟兄两个吃到那昝晚,我倒怪喜欢的。(醒·58·842)

③ 赵家把仵作、刑房都打点停当,检了一回,并无有致命伤,只有头上一个窟窿,是自己碰的。(聊·寒·2·1021)

6.7.7.1.1.2 对事理或某种事态的肯定。如:

④ 论起来,男子汉死了多少时儿,服也还未满就嫁人,使不得的。(金·18·220)

⑤ 这礼物决不好受的,你还将回去。(金·30·380)

⑥ 雪娥道:"可又来! 到底还是媒人嘴,一尺水十丈波的。"(金·88·1342)

⑦ 春梅道:"姥姥,奴吃不得的,怕孩儿家中寻我。"(金·96·1443)

⑧ 这天够老咎晚的了,叫闺女睡会子好起来,改日说罢。(醒·44·646)

⑨ 前程都有个分定的,留着来科再中解元罢。(醒·50·734)

⑩ 我不要钱,我心里只怪想老三奶奶的,我只待看看老三奶奶去。(醒·57·824)

⑪ 这翰林极是美官,人人求之不得的,难道说方二爷他潮么?(聊·富·4·1298)

⑫ 两个都挣了一挣,只当是官府家又来拿张鸿渐来的。(聊·富·6·1312)

6.7.7.1.2 表示确信语气,对假设或未来的某种情况表明说话人的肯定态度。如:

⑬ 我就对宋御史说,是我妻兄,他亲口既许下,无有个不做分上的。(金·76·1145)

⑭ 宾梁有甚么分付,俺没有不依的。(醒·34·506)

⑮ 这话听到娘的耳朵,信与不信,都是生气的。(醒·59·854)

⑯ 张鸿渐说:"狗脂,你弄就弄,或者你不敢杀了我!你要指望奉承你,给你钱使,万万不能的!"(聊·磨·18·1453)

《金》、《醒》、《聊》非疑问语气助词"的"使用情况表

		金	醒	聊
确认	对已成事实的确认	172	482	126
	对事理或事态的确认	99	87	37
确信		59	257	121
总计		330	826	284

6.7.7.2 "的"的特点

从数量上来看,表确认语气是语气助词"的"最主要的功能。从用法之间的关系来看,确认语气的"的"源自用于句末的结构助词"的",用在已然的语境中,表示说话者对已成事实、一般事理的确认或对某种事态的肯定;当"的"用于未然或假设的语境中时,说话人则是根据目前状况对假设或未来的情况做出客观判断或主观声明,相信在未来的时间里一定要发生某事,"的"的确认语气在语境影响下转化为确信语气。

6.7.8 着哩

语气助词"着哩"最早约出现于元代,一直沿用到明清时期。这一助词形式,在早期白话中写做"着里",在现代汉语共同语里为"着呢"。

6.7.8.1 "着哩"的用法

6.7.8.1.1 形+着哩。"着哩"用在形容词后,表示强调夸张的语气。如:

① 那计老头子爷儿两个不是善的儿,外头发的话很大着哩!(醒·8·112)

　　② 二人道："这饭多着哩，只怕咱三人还不能吃得了。"(醒·23·345)

　　③ 但只是年纪太小，今年整才二十岁了，往后的日子长着哩。(醒·36·535)

　　④ 慧娘说："姐姐收下。往后借重姐姐处多着哩。"(聊·翻·7·970)

　　⑤ 你放心。我这军好着哩。(聊·增·8·1588)

　　⑥ 万岁道："远着哩！是日南交趾国进奉来的。"(聊·增·16·1620)

　　6.7.8.1.2 形＋多着哩。在形容词和"着哩"之间，出现了形容词"多"。如：

　　⑦ 俺桂姐，今日不是强口，比吴银儿好多着哩！(金·15·187)

　　⑧ 说窄，是哄你珍姨的话。衙内宽绰多着哩。(醒·7·98)

　　⑨ 只是这们大事，俺不敢不报，这大爷的耳朵长多着哩！(醒·34·503)

　　⑩ 西门外汪家当铺也还有，可是按着葫芦抠子儿，括毒多着哩。(醒·50·729)

　　⑪ 可恶多着哩！他拦着门，可也容人出得去，可合你说呀？(醒·83·1183)

　　⑫ 我既是泄露了他的天机，他没有饶我的，不是推我在河里，就是使绳子勒杀我，他狠多着哩！(醒·87·1236)

　　⑬ 丫头说："街上有几百人去迎接的，热闹多着哩！"(聊·磨·27·1504)

　　本来形容词后用"着哩"就可表达强调夸张的语气，在"着哩"前加上"多"就使得句子的感情色彩更为浓厚，主观倾向也更为明显。这种新形式在《金》还只是个别的（仅 1 例），而且是比较句。但在《醒》则高达 35 例，通常也不含有比较的意思（仅有 2 例用在比较句中）。

《金》、《醒》、《聊》、《歧》、《儿》非问语气助词"着哩"使用情况表

	金	醒	聊	歧	儿
形＋着哩	0	19	5	21	0
形＋多着哩	1	31	1	1	0
总计	1	50	6	22	0

　　《歧》语气助词"着哩"22 例，其中有 21 例"形＋着哩"，1 例"形＋多着哩"；《儿》未见"着哩"的例子，但有"着呢"，共 4 例：

　　⑭ 那张老道："什么话！那说书说古的菩萨降妖捉怪的多着呢！"(儿·8·111)

　　⑮ 敢则昨日提起来，人家比咱们知道的多着呢。(儿·19·301)

　　⑯ 我不怕你笑话我怯，我长这么大还是头一遭儿看见大红猩猩毡的轿子。敢是比我们家乡那怯轿子好看多着呢！(儿·27·464)

⑰ 横竖虽算请安远着呢，就栖在那个长脸儿的瘦子身旁坐下。（儿·32·568）

6.7.8.2 "着哩"的来源及语法化过程

关于"着哩"的问题，已有学者做过相关研究。（参看孟琮1962，罗骥2003，萧斧1964，孙锡信1999）以往的研究为基础，现在要考虑的问题是：早期白话中"形＋着哩"中的"着哩"是如何由两个独立的语法单位凝固为一个表示强调夸张语气的语法单位的，其语法化过程如何？下面拟从句式的变化、词性的转移和表达功能的扩展三个方面对有关问题进行探讨。

6.7.8.2.1 "着"所在句式的变化：从"动＋着＋宾＋哩"到"动＋着＋哩"。通过对《金》、《醒》、《聊》的调查分析，可以发现"着哩"首先是从"动＋着＋宾＋哩"的格式中开始其语法化过程的。

6.7.8.2.1.1 动＋着＋宾＋哩。动态助词"着"跟动词组合的"动＋着"后有宾语，句末用语气助词"哩"。例如：

⑱ 五娘快与了我罢。伙计铺子里不知怎的等着我哩！（金·33·425）

⑲ 金莲道："泼丢泼养？恨不得成日金子儿裹着他哩！"（金·34·447）

⑳ 金莲道："你这欺心的囚根子，不要慌，我洗净眼儿看着你哩。"（金·35·470）

㉑ 晁大舍道："守着花哩！大初一五更，跌了一交，病的不相贼哩！"（醒·4·46）

㉒ 你对您媳妇子说，我这里做着饭哩，着他等等罢。（聊·姑·2·874）

㉓ 丈人、丈母一边一个按着说："那有此理！筛着酒哩。"（聊·襄·11·1189）

这种句式是由"动＋着＋宾"加上表示申明语气的"哩"组合而成的，宋元时期就已出现。

6.7.8.2.1.2 动＋着＋哩。当"动＋着＋宾＋哩"中宾语不出现时，就会变成"动＋着＋哩"。从"动＋着＋宾＋哩"到"动＋着＋哩"的句式变化又有以下两种情况。

A. 宾语省略。如果动词宾语（即受事）叙述者和倾听者都清楚，或者从上下文的语境能够推断出，无需说出时，宾语可以不显现。例如：

㉔ 金莲道："也罢，你快收拾，咱去来。李瓶儿那里等着哩。"（金·29·364）

㉕ 李瓶儿道："我没曾收，我把汗巾子替他裹着哩。"（金·43·561）

㉖ 你不来看你娘，他还挂牵着你，留了件东西儿与你做一念儿，我替你收着哩。（金·63·891）

㉗ 你主意是怎的？两个媒婆都见等着哩。（醒·18·261）

㉘ 晁邦邦那年取银子的文书，俺家收着哩，你有本事问他要的出来，俺和你

平使,四六也罢。(醒·53·771)

㉙ 童奶奶道:"孩子外头端着哩,太太分付声,叫人端进来。"(醒·71·1012)

㉚ 家人答应了一声,回来说:"宅里熬着哩。"(聊·襄·19·1218)

B. 宾语提前。当句子表达需要强调受事时,还可将宾语提前,这同样会形成"动+着+哩"式。例如:

㉛ 后边请娘去,哥儿不好了,风搐着哩,叫娘快来! (金·59·813)

㉜ 晁凤道:"书在宅里放着哩,没敢带进来。"(醒·14·211)

㉝ 他嚷嚷刮刮的,你那夹棍板子封皮封着哩? (醒·27·399)

㉞ 你休要弄的来历不明,犯出来,带累我住不成房子。稻子我收着哩,我去问声狄大叔,看该与你不。(醒·48·696)

上例由于句子表达的需要,分别将宾语"风"、"书"、"夹棍板子"、"稻子"提前,使得句子的受事得到了某种程度的强调,同时也使得句子格式由"动+着+宾+哩"变成了"动+着+哩"。

"动+着+宾+哩"格式中,宾语的空位或提前形成了新格式"动+着+哩",此时的"动+着+哩"中的动词为及物动词,当这种格式使用稳定后,又扩展到不及物动词,即不及物动词也用在了"动+着+哩"这种格式里。如:

㉟ 绣春道:"我娘害肚里疼,屋里挺着哩,便来也。"(金·30·383)

㊱ 桂姐道:"齐香儿他在王皇亲宅里躲着哩。"(金·51·672)

从"动+着+宾+哩"到"动+着+哩"应该是"着哩"语法化过程的关键一步,因为这使得"着哩"凝固为一个独立的语法单位具备了可能性。但不管是在"动+着+宾+哩"还是"动+着+哩"格式中,"着哩"都是两个独立的语法单位:"着"是动态助词,表示动作的持续和进行;"哩"是语气助词,表申明语气。

6.7.8.2.2 "着"前谓词词性的转移:从"动+着哩"到"形+着哩"。

吕叔湘(1982:57)曾经提到:"假如一个动作连绵下去,也就成为一种状态","同样,形容词做表态谓语,有时不是表示一种无始无终的一瞬间的状态,而是表示一种状态的开始,或是表示一种状态的完成,于是这个形容词也就带有动作的意味"。这表明汉语中动词和形容词有许多相同之处。这一点在形容词后可带时体助词上体现得非常明显,本来时体助词是用在动词后表示动作的持续、进行或完成等,随着时体助词虚化程度的提高,也用在了形容词的后面。如:

㊲ 道夫辞拜还侍,先生曰:"更硬着脊梁骨。"(朱子语类)①

---

① 例㊶引自刘坚(1992:271)。

㊳ 桑昆不见人,烦恼着去了。(《元朝秘史》)①

㊴ 皇帝的大福阴里,酒也醉了,茶饭也饱了。(《朴通事》)

"着"用在动词后表示动态(动作状态),当然在一定条件下它就有表示非动作的、单纯的状态的语义条件。因此,"X+着哩"就很容易发生 X 由动词向形容词的转移,从而形成继"动+着哩"之后而有的"形+着哩"式。如:

㊵ 婆子道:"还饱着哩,不吃罢。"(金·37·492)

㊶ 他来对我说,正值小儿病重了,我心里正乱着哩,打发他去了。(金·60·833)

㊷ 尚书道:"天已正午,日色正热着哩,你们慢慢的吃……"(醒·23·344)

上例的谓词都是形容词,而且谓词前面分别出现了副词"还"、"正",强调的是状态的持续,这里的"形+着哩"在结构上还可以分析为"形着/哩"。再看下面的例子:

㊸ 这说起来话长着哩。(醒·18·263)

㊹ 他也有妾,妾也生了,远着哩。(醒·40·592)

㊺ 沈大姨说:"倒未必,他贤惠着哩。"(聊·姑·2·878)

以上 3 例主要是为了表达说话人的主观看法和态度,不再强调状态的持续,"着"不再紧接中心谓词,这表明"着哩"已经开始从两个独立的语法单位走向粘合,变为一个语法单位,表示一种强调夸张的语气。因此,在结构上应该分析为"形/着哩"。

由于"着"前谓词词性的转移,"X+着哩"式继"动+着哩"后出现了"形+着哩"。随着表达功能的改变,"形着/哩"被重新分析为"形/着哩","着哩"的性质发生了根本的改变。

6.7.8.2.3 "着哩"表达功能的扩展:从客观陈述到强调夸张。

以上的分析表明,从"动+着+宾+哩"到"动+着+哩"再到"形+着哩",通过句式的变化、词性的转移,从而导致句法结构的重新分析,使得"着哩"变成一个独立的语法单位。同时,在这个过程中还有一个不可忽略的因素,即在从"动+着+宾+哩"到"形+着哩"的演变过程中,恰好同时也经历了一个主观化的过程(subjectivisation),即"经历了一个在语言中逐步加入说话人对命题或所说内容的主观态度和倾向性的过程"。(杨永龙2003)可以观察下面这组句子:

㊻ 金莲道:"你还敢说哩。你在那里? 这时才来,教娘每只顾在门首等着你。"(金·21·273)

㊼ 金莲道:"你去,晚夕早些儿来家,我等着你哩。"(金·40·528)

㊽ 冯妈妈道:"累你好歹说声,你二娘等着哩。"(金·17·203)

㊾ 这们的大物业,你受用的日子长着哩。(醒·36·535)

---

① 例㊷、㊸引自刘坚(1995:213、297)。

例⑯金莲的话语只是表明她在等西门庆,表明的是一种客观事实;例⑰中,说话者的主观情感开始有所表露;而例⑱里,主观化色彩有所加重;例⑲则纯粹表明了晁夫人的立场。通过对这些例子的分析,可以看出说话者的目的、愿望及实现目的、愿望的迫切程度赋予了句子不同程度的主观化色彩。

从"动+着+宾"的客观陈述,到"动+着+宾+哩"、"动+着哩"的带有主观色彩,再到"形+着哩"开始表示强调夸张的语气以及这种语气在"形+多着哩"中进一步加强,可以说:"动+着+宾→动+着+宾+哩→动+着哩→形+着哩→形+多着哩",从前到后,"着哩"所在句式的主观化色彩逐渐增强,同时当"着哩"所在句式完全变成说话人用来传达自己主观愿望的载体时,"着哩"也就变成了一个独立的语气助词。

6.7.9 罢了

"罢了"是近代汉语新产生的一个语气短语词,由"完结、结束"义的动词"罢"和"了"的组合形式"罢了"虚化而来,它形成的时间约在明代。

6.7.9.1 "罢了"的用法

"罢了"用在其他谓词性结构后,表达一种退让、无可奈何的态度和语气。如:

① 他要饼吃,连忙做了与他去就罢了,平白又骂他房里丫头怎的!(金·11·126)

② 这个剪头发却成不的,可不唬死了我罢了!(金·12·147)

③ 论起来,也还不搬陪,胡乱亲上做亲罢了。(金·47·618)

④ 你看着我成日好模样儿罢了,只有一口游气儿在这里,还来缠我起来!(金·61·842)

⑤ 学生也不肯久稽,待这里寻了房儿,就使人搬取家小,也只待出月罢了。(金·71·1027)

⑥ 俺每便不说,他又不是婆婆,胡乱带过断七罢了,只顾带几时?(金·73·1075)

⑦ 休要日远日疏,顽要续了,把奴来也不理,奴就想死了罢了,敢和谁说!(金·79·1221)

⑧ 若去了正旦,就如去了全班一样了,到不如全班与了晁大爷,凭晁大爷赏赐罢了。(醒·1·8)

⑨ 富贵爷们买了家去,当个丫头小厮传话儿罢了,能敢要多少?(醒·6·87)

⑩ 我当是四衙里,跟着您走走罢了;这来回百十里地,我去不成!(醒·12·177)

⑪ 晁住说:"你骂我罢了,你提名抖姓的叫晁源待怎么……"(醒·43·630)

⑫ 我不知道你京里的浅深罢了,你童奶奶甚么是不晓的,肯少还了你们价

儿?（醒·55·801）

⑬ 从此可也不给你找老婆了！你待等着做驸马呵？你等着罢了！（聊·襄·6·1166）

⑭ 我果然没有小长命那本领吗？天下可也没有他那一份子奶奶罢了。（聊·襄·32·1266）

⑮ 二姐笑道："我不出院罢了，我既出院，就有点事。"（聊·增·12·1601）

《金》、《醒》、《聊》、《歧》、《儿》非疑问语气助词"罢了"使用情况表

	金	醒	聊	歧	儿
罢了	212	283	55	29	21

6.7.9.2 "罢了"的来源

"罢了"组合表示"完结、结束"义大约在元代开始出现。如：

⑯ 到如今无了征战，绝了士马，罢了边尘。（关汉卿：邓夫人苦痛哭存孝）

⑰ 孩儿也，王员外差嬷嬷来，拿着十两银子，一双鞋儿与你穿，蹎断线脚，也就罢了这门亲事，因此上我烦恼也。（关汉卿：钱大尹智勘绯衣梦）

⑱ 写罢了眉尖一纵，更叫人悲痛。（白朴：董秀英花月东墙记）

上例"罢了"所在语境都为客观陈述"完成、结束"某件事情，"罢了"为动词"罢"和"了"的组合。当"罢了"所在句式旨在表达说话人的态度和情感时，"罢了"的语义开始发生转变。如：

⑲ 他受了我红定，倒被他抢白一场，难道便罢了？（石君宝：鲁大夫秋胡戏妻）

⑳ 你认便认，不认便罢了，你怎么教我认了去？（王实甫：吕蒙正风雪破窑记）

㉑ 落后又教多娘费心，送了盒子并那一两银子来，安抚了他，才罢了。（金·79·1219）

㉒ 别的都罢了，只替老高婆子这五两银子，气他不过！（醒·10·153）

从以上例子可以看出，原本表"完成、结束"义的"罢了"引申出"算了"义，表示在某种情景下没有别的办法只好如此。但由于"罢了"在这种句子里还充当着谓语中心，因此还是具有实义的语法单位，还不是语气助词，太田辰夫(1987:341)认为这种情况"有助词化的倾向，但似乎还应该称为谓词或者准助词"。

不过，当"罢了"出现在其他谓词性结构后构成"VP＋罢了"的格式时，语义表达重心前移，"罢了"的地位受到削减，于是演变成一个语气词，这一时间大约是在明代。

6.7.9.3 "罢了"的音变

在《金》、《醒》、《聊》里还出现了"罢哩"，可能是"罢了"的音变形式。如：

　　㉓ 李大姐，你还不教奶子抱了孩子，往后边去罢哩。(金·48·629)

　　㉔ 大妗子道："三姑娘留下，教我过了初三日，初四日家去罢哩。"(金·76·1145)

　　㉕ 我就只多嘴了这句，谁还说第二句来？娘说叫你饶了他罢哩。(醒·48·699)

　　"罢咧"则可能是"罢了"的另一音变形式，《金》、《醒》、《聊》里均未见，但在时代更晚些的《儿》里有 10 例。如：

　　㉖ 就算是不中，再白辛苦这一趟也不要紧，也是尝过的滋味儿罢咧！(儿·1·13)

　　㉗ 看这样子，将来准是个八抬八座罢咧！(儿·15·219)

　　㉘ 你也是吃人的稀的，拿人的干的，不过一个坐着的奴才罢咧！(儿·17·271)

　　㉙ 老弟，这一来，你放了心了罢咧！(儿·40·786)

　　㉚ 这话，舅太太却不好出主意了，只说了句："有日子呢罢咧，也只好慢慢的商量。"(儿·40·796)

　　㉛ 我想着一个小子罢咧，怕什么呢，就告诉他妈，等定个日子叫他们相看丫头来罢。(儿·40·800)

6.7.9.4 "罢了"的相关形式

由于"罢了"在独立充当谓语中心时经常受"也"、"就"、"便"等副词修饰，当"罢了"位移到其他谓词性结构后充当语气功能词时，这些副词往往仍跟"罢了"一起处于句末，用来表达"只好如此、就这样算了"的退让语气。因此，"也罢了"、"就罢了"、"便罢了"就成了一个整体，具有跟"罢了"相同的语法功能。例如：

　　㉜ 大家将就些便罢了，何必撑着头儿来寻趁人！(金·26·337)

　　㉝ 一概看待也罢了，显的说你我不帮衬了。(金·46·595)

　　㉞ 西门庆道："你说往王皇亲家唱就罢了，敢量我就拿不得来？"(金·58·783)

　　㉟ 我不遇见就罢了，我既是遇见了，我这不忍之心，怎生过得去？(醒·62·891)

　　㊱ 那客极的这们等的，放他去也罢了，主人家只是不放。(醒·66·944)

　　㊲ 令亲倒是捎带的，八十也可，六十也可，便再五十也得，这随他便罢了。(醒·84·1204)

　　㊳ 不瞎眼的有几个？但只是好看便罢了。(聊·富·12·1354)

　　㊴ 俺不归家也罢了，又遇着知县老昏君，老婆常拿去当堂问。(聊·磨·28·1508)

⑩ 二姐说："昨日是他请咱,咱去就罢了;方才扰了他,怎好自己又去?"(聊·增·20·1639)

"也罢了"、"就罢了"、"便罢了"《金》52 例,《醒》34 例,《聊》28 例,《歧》10 例,《儿》8 例(一并统计在"罢了"的总数里)。这种"也罢了"、"就罢了"、"便罢了"的大量存在,说明"罢了"还具有一定的实词性。

6.7.10 也罢

至迟在元末明初就可以看到作为语气助词的"也罢"。例如:[①]

① 若有似俺男儿知重我的,便嫁他去也罢。(关汉卿:望江亭中秋切鲙)

② 阿者,恰才休和他说也罢,不争孩儿知道了,如今便要去认他那亲娘去,如之奈何?(关汉卿:刘夫人庆赏五候宴)

③ 尽教,胡留下者。便使不得也罢。你要那话怎么?(古本老乞大)

④ 哥哥,便不做得买卖也罢,只在家里坐地,盘缠兄弟自送将来。(水浒传·第二十四回)

这一时期,"也罢"主要表示一种"算了,只好如此"的语气。到了明清时期,"也罢"在继承这一用法的同时,又发展出了新的用法。

6.7.10.1 用在句末,相当于"罢了、算了",表示没别的办法,只好如此。如:

⑤ 一个是大老婆,一个是小老婆,明日两个对养,十分养不出来,零碎出来也罢。(金·30·385)

⑥ 我们也顽够了老大一向,叫人把这秋千架子拆了也罢。(醒·97·1383)

⑦ 就难些也罢,们哩还待另嫁哩么? 他在时,我还嫌他带累我哩。(聊·翻·1·933)

⑧ 仇禄说:"就怪些也罢,如今怪强的后日怪。"(聊·翻·6·966)

6.7.10.2 用在句末表示让步,这时"也罢"所在语境往往是说话人在一定情境下没有更好的选择,只好对现状容忍、接受。例如:

⑨ 不拘大小人家,只要好女儿,或十五六、十七八的也罢。(金·36·474)

⑩ 不打紧,我既要请嫂嫂家去,就使一百两也罢。另外破五两银子,谢你老人家。(金·87·1325)

⑪ 要不我合亲家伙着也罢。只是书房我可没有,只得独累亲家。(醒·33·486)

⑫ 论起来你今日不去也罢,随你的心从你的意就且住下。(聊·姑·2·870)

---

① 例③引自李泰洙(2003:155)。

6.7.10.3 表示列举。用在列举两种相关或相反情况的句子末尾。"也罢"所在的句式可看做一种无条件句,表示无论在哪种情况下,结果都不变。如:

⑬ 再替我叫两个,不拘郑爱香儿也罢,韩金钏儿也罢,我请亲朋吃酒。(金·32·407)

⑭ 你伏侍别人,还相在我手里那等撒娇撒痴,好也罢歹也罢了,谁人容的你?(金·62·872)

⑮ 真病也罢,假病也罢,我半夜三更,不往前去!(醒·2·22)

⑯ 窝子里反反,我的不是也罢,你的不是也罢,休叫外人笑话。(醒·22·323)

⑰ 他要把心狠狠,着人抬把出去,或是寻个乱葬冈,深也罢,浅也罢,掘个坑子埋了。(醒·94·1343)

《金》、《醒》、《聊》、《歧》、《儿》非疑问语气助词"也罢"使用情况表

	金	醒	聊	歧	儿
只好如此	21	17	5	11	12
表示让步	19	14	4	13	4
表示列举	6	24	0	6	7
总计	46	55	9	30	23

"也罢"出现次数都不是太多。从总体上看,表示"只好如此"的"也罢"使用频率较高,其次是表让步的用法,表列举的用法《金》、《醒》、《歧》、《儿》里都有,《聊》未见。

6.7.11 便了

6.7.11.1 "便了"的用法

"便了"主要表示决定、允诺,告诉对方不必疑惑的语气。如:

① 武松道:"哥哥不要问,说起来装你的幌子,只由我自去便了。"(金·1·21)

② 奴才无礼,家中处分他便了,好要拉刺刺出去,惊官动府做甚?(金·26·326)

③ 狄希陈道:"银子尺头倒也都有,你只好生仔细做去便了。"(醒·96·1369)

④ 夫人,大事,咱爹多年高,以后就托三叔便了。(聊·禳·33·1271)

《金》、《醒》、《聊》、《歧》、《儿》非疑问语气助词"便了"使用情况表

	金	醒	聊	歧	儿
便了	87	8	41	1	1

"便了"在《金》、《聊》中出现频率较高,分别为87例、41例,《醒》仅出现8例。在

时代略晚的《歧》、《儿》中，"便了"各出现1例：

⑤ 谭学生，你各人看该怎的，随你便了。（歧·62·582）

⑥ 似你这等的功行，便是我这里也无天条可引，只好破格施恩，凭你自己愿意怎样，我叫你称心如意便了。（儿·24·394）

6.7.11.2 "便了"的形成

"便了"最初是副词"便"跟动词"了"的组合，大约出现于唐宋时期。开始是表示"就完了、就结束、就行"的意思。如：

⑦ 汝莫言，有小分戒，善将为便了。（祖堂集·卷十四）

⑧ 如知得是，知得非，知得便了，更无作用，不似仁义礼三者有作用。（朱子语类·卷六）

⑨ 一击忘所知。只消此一句便了。（古尊宿语要·卷第四十八）

上面各例的"便了"都处于句末。当"便了"出现在下列例子中时，就发生了变化：

⑩ 大姐，不妨事，我多与他些钱钞便了也。（关汉卿：杜蕊娘智赏金线池）

⑪ 我嫁你便了！（关汉卿：杜蕊娘智赏金线池）

⑫ 哥哥，不妨事，俺如今先去与阿者说知了，则死瞒杀了，不要与他说便了也。（关汉卿：刘夫人庆赏五侯宴）

由于"便了"所在语境旨在表达说话人的主观性，表达的是一种肯定、不容置疑的态度，这就使得"便了"语义虚化，但还保留着某些实义，因此"便了"后有的还带有语气助词"也"。它约在元末明初虚化成一个表语气的短语词。

6.7.12 便是

6.7.12.1 "便是"的用法

"便是"用于句末，表达确认、肯定的语气。如：

① 止是我们佛家的行径，多要随缘喜舍，终不强人所难。随分，但凭老爹发心便是。（金·57·774）

② 那个拦我，我把孩子先摔杀了，然后我也一条绳子吊死就是了。留着他便是了！（金·94·1420）

③ 若是如此，相公叫人快收拾你自己行李便是，我们倒不消费心。（醒·12·177）

④ 韦美道："既是主意已定，我连忙收拾打点便是。"（醒·88·1249）

⑤ 公子说："不必，这班缺好出来，我重重的帮你帮你便是。"（聊·禳·17·1210）

⑥ 一个觅汉在家里，着他春大爷看着他做庄稼，把屋门锁了便是。（聊·磨·6·1395）

同样用法的"便是"《儿》无例,《歧》3例:

⑦　近来城中新进生员,许多与咱交好,择近处央请几位便是。(歧·62·575)

⑧　只要在二十日以内,十五日以外,寻个日期便是。速去办来。(歧·107·1002)

⑨　抚台道:"只此行礼便是。"(歧·108·1014)

《金》、《醒》、《聊》、《歧》、《儿》非疑问语气助词"便是"使用情况表

	金	醒	聊	歧	儿
便是	2	12	8	3	0

6.7.12.2 "便是"的形成

语气词"便是"是由语气副词"便"跟判断词"是"的组合形式"便是"虚化而来。大约从晚唐五代时期开始,"便是"开始出现用于句末的情况。如:

⑩　师云:"虽则德山同根生,不与雪峰同枝死。汝欲识末后一句,只这个便是。"(祖堂集·卷七)

⑪　宗云:"信即是佛,即汝便是。"(祖堂集·卷十七)

⑫　师云:"阿那是维摩祖父?"对云:"则某甲便是。"(祖堂集·卷十八)

⑬　未动时流行不息,所谓那活泼泼底便是。(朱子语类·卷三十二)

⑭　所谓"静中有物"者,只是知觉便是。(朱子语类·卷九十六)

上举各例的"便是"处在了句末这样一个易于虚化的句法位置。到了元代,又出现了下面这样的例子:[①]

⑮　这般时,敢少了恁饭。不碍事,便少时,俺再做些个便是。

⑯　我怎么不识钞,索甚么教别人看去? 换钞不折本,你自别换与一张儿便是也,索甚么合口?

⑰　换钱不折本,你自别换与五分好的银子便是,要甚么合口?

⑱　官凭印信,私凭要约。你罚下他十两钞与他卖主,悔交去便是。

⑲　我得了官,母亲喜欢便是,可怎生倒怪我?(关汉卿:状元堂陈母教子)

上举各例"便是"所在的句式已不再是判断句,而是普通的陈述句,"便是"不再用来表达判断,而是表达一种确认、肯定的语气,"便是"已经发生虚化,虚化的诱因在于"便是"所在句式由原先的客观判断变成说话者对某一事实的主观看法,"便是"经历了一个主观化的过程,虚化成了一个表语气的功能词。

---

① 例⑮至⑱引自李泰洙(2003:140、155、170)。

6.7.13 就是(了)

6.7.13.1 "就是(了)"的用法

6.7.13.1.1 用在陈述句末尾,肯定事实,提请对方不用犹豫、怀疑。如:

　　① 李瓶儿笑道:"原来也是这个事。不打紧,等你爹来家,我和他说就是了。"(金·34·441)

　　② 怎的没地方儿? 你娘儿两个在两边,等我在当中睡就是。(金·44·580)

　　③ 我也不要他,一心扑在你身上,随你把我安插在那里就是了。(金·61·840)

　　④ 那高氏道:"我出去就是了。火热热的,谁好意在这里哩……"(醒·10·150)

　　⑤ 这都是几个丫头合家人媳妇,见在家里,行时一同起身就是。(醒·12·177)

　　⑥ 二姐放心,我定然娶你就是了!(聊·增·17·1625)

这一用法是"就是"最主要的语法功能,跟"便是"在表肯定、确认语气上一脉相通。

6.7.13.1.2 用在陈述句末尾,表示如此而已,义同"罢了、算了"。

《金》、《醒》、《聊》里还出现了极少数不再表示对事实确定的例子,有把事情往小里说的意味。这种用法的"就是(了)"可能是受所在句法环境的影响而形成。在所见的几例"就是(了)"表"罢了、算了"义的句子中,前面都有表限定义的副词"只是","就是(了)"表如此而已这种语气的获得跟"只是"有着密切的关系。如:

　　⑦ 早出儿子——不知他什么帐儿,只是伙里分钱就是了。(金·39·519)

　　⑧ 来旺儿道:"也说不的,只是娘心里明白就是了。"(金·90·1361)

　　⑨ 昨日人去请我,我就说嫂子有这个好意,果不其然! 这只是给嫂子磕头就是了。(醒·22·324)

　　⑩ 晁夫人道:"罢了,我既然说了,也只是还本钱就是。"(醒·22·332)

　　⑪ 大同的教场也不为景致,只是大就是了。(聊·增·8·1584)

《金》、《醒》、《聊》非疑问语气助词"就是(了)"使用情况表

	金	醒	聊
肯定事实	144	43	19
如此而已	2	2	1
总计	146	45	20

6.7.13.2 "便是"、"就是"的消长

"就是"跟"便是"是古今词的关系。以下是明清相关语料中"便是"、"就是"的使用情况表。

语料	成书年代	便是	就是
古本《老乞大》	不迟于 1346 年	3	0
老乞大谚解	元末明初	3	0
水浒传	元末明初	2	0
金瓶梅词话	明代中叶	2	146
初刻拍案惊奇	1627 年	24	19
二刻拍案惊奇	1632 年	26	41
型世言	明崇祯年间	9	7
醒世姻缘传	明末清初	12	45
聊斋俚曲	17 世纪末 18 世纪初	8	20
歧路灯	1777 年	3	126
红楼梦	18 世纪末	3	175
儿女英雄传	1849 年	0	21

在元代至明初,语气词"就是"还未见使用,如古本《老乞大》、《老乞大谚解》、《水浒传》使用的全是"便是"。到了明代中叶以后,"就是"的数量开始增多。从《金》到《儿》这九种语料中,除《初刻拍案惊奇》的"便是"数量多于"就是"外,其他语料"就是"都要多于"便是"。并且在明末清初以后,"就是"在各种语料里都取得了绝对优势,到了清末的《儿》里"便是"不再使用,完全被后起的"就是"所代替。

6.7.14 那(哪)

非疑问语气助词"那(哪)"在《金》、《醒》、《聊》里主要有以下两种用法。

6.7.14.1 用于句中。如:

① 他每日听那听的,他就会说了……(醒·7·94)

② 我见他瘸那瘸的,已是走不动了。(醒·69·983)

6.7.14.2 用于句末和反复式感叹句的前一项或前后两项词语后。如:

③ 天那天好可怜,不看吃来看我穿,十根两绺人人见。(聊·墙·1·831)

④ 天那天,但仔有一个好的,也还好过。(聊·墙·1·835)

⑤ 如今这样冷,肚里又饥,我往那里去?可怜哪可怜!(聊·墙·2·841)

⑥ 平生不会撒谎,今日反唠自己的儿孙,讨愧的紧,可笑的紧哪!(聊·墙·3·849)

⑦ 听说咱媳妇解了衣打那厨子,这是个甚么景况!况且听说是为了打发的好了打,这怎么是个人来?天哪天哪!(聊·襀·24·1238)

⑧ 好大的个举人哪！也就是在炕头上称罢。(聊·襄·26·1241)

⑨ 强人哪,你看这鞭子,乒乒儿乓乓儿,乒乒儿乓乓儿,打你那亲人！(聊·襄·26·1243)

⑩ 苍天哪苍天！佛也不来搭救,那举人也不能优免,这冤孽何时了也！(聊·襄·26·1243)

⑪ 官人哪！官人哪！(聊·襄·27·1247)

《金》、《醒》、《聊》"那(哪)"使用情况表

	金	醒	聊
表示停顿	0	2	0
表示感叹	0	0	51
合计	0	2	51

6.8 疑问语气助词

本节讨论疑问语气助词"么(吗)"、"呢"、"哩"、"呀"、"呵(阿、啊)"、"罢"、"哩么"、"不成"、"那"及相关的问题。

6.8.1 么(吗)

疑问语气助词"么(吗)"(可看做"么$_2$")来源于反复问句句末的否定词"无"。(参看蒋绍愚、曹广顺 2005:275~288)下面从用法及特点两个方面对明清山东方言中的疑问语气助词"么(吗)"进行分析探讨。

6.8.1.1 "么"的用法

6.8.1.1.1 用在是非问句中。"么"用在是非问句末尾,可以用肯定、否定两种形式进行询问,说话者希望听话者就命题做出肯定或否定的回答。

6.8.1.1.1.1 用肯定形式发问。如:

① 王婆因望妇人说道:"娘子,你认得这位官人么?"(金·3·44)

② 老先生到家多少时就来了? 令堂老夫人起居康健么? (金·49·643)

③ 这眼底下要与他娶媳妇哩。这媳妇后来也孝顺么? (醒·40·589)

④ 王龙叫丫头:"我买的那马,今日饮了么?"(聊·增·27·1673)

6.8.1.1.1.2 用否定形式发问。如:

⑤ 叔叔只穿这些衣服,不寒冷么? (金·1·20)

⑥ 既是家中使了孩子来请,买卖要紧,你不去,惹的他大娘不怪么? (金·16·193)

⑦ 掌柜的道:"刚才说过,凡事不敢欺心的,你们不曾听见么?"(醒·23·346)

⑧ 这不是那一年往咱家去的那个没鼻子的媳妇儿么? (醒·100·1422)

⑨ 珊瑚说:"我来了三四年,在娘身上就没点好么?"(聊·姑·1·864)

6.8.1.1.2 用在测度问句中。"么"用在测度问句中是指用问句的形式表示说话人对事态的现状或未来做出推测,语气介乎陈述和疑问之间。如:

⑩ 西门庆呆登登想了一会,说道:"莫不就是李三、黄四的事么?"(金·53·714)

⑪ 二人道:"这莫非就是杨老爷么?"(醒·23·345)

⑫ 六哥道:"你这意思说的是我么?"(聊·增·12·1600)

在这种测度问句中,往往用揣测副词等来帮助表达疑问语气。

6.8.1.1.3 用在反诘问句中。"么"用在反诘问句中,不需要听话者做出解答。反诘问句也可分成肯定、否定两种形式。

6.8.1.1.3.1 肯定形式的反诘问句是用肯定的形式表示否定。如:

⑬ 俺每都是刘湛儿鬼儿么?(金·39·517)

⑭ 三奶奶,你是个极好的善人,人都说你是成佛作祖的,再有待族人厚的似你老人家么?(醒·57·828)

⑮ 咱家是小人家么?跳起来吃葱吃蒜的,杀猪宰羊的也断不了。(聊·增·17·1623)

⑯ 你可弄下这个茧,怨的二姐夫恼了么?(聊·增·23·1654)

6.8.1.1.3.2 否定形式的反诘问句是用否定的形式表示肯定。如:

⑰ 那头虽是没了,难道就认不出脚来么?(醒·20·289)

⑱ 这能有多大点子东西,我就送不起这套衣裳与大嫂穿么?(醒·66·940)

⑲ 我儿,你真么薄皮子,我就没有那顿饭你吃么?(聊·姑·2·871)

⑳ 魏名说:"我借上,们哩你还不起我吊钱么?"(聊·翻·2·939)

《金》、《醒》、《聊》疑问语气助词"么"使用情况表

		金	醒	聊
是非问	肯定形式	59	293	257
	否定形式	25	130	145
测度问		8	27	26
反诘问	肯定形式表示否定意义	5	177	48
	否定形式表示肯定意义	1	103	33
总计		98	730	509

6.8.1.2 "么"的词音

疑问语气词"么"现代汉语写做"吗"。《金》、《醒》、《聊》里,仅《聊》有 2 例"吗"的例子:[1]

———————————

[1] 上文在讨论"么"的相关情况时,包括下面两例写做"吗"的情况。

㉑ 可见这人生在世,行好事的自有老天加护,怎能怕人嫉妒呢?那魏名的结果,还不是一个样子吗?(聊·翻·12·1014)

㉒ 我果然没有小长命那本领吗?(聊·禳·32·1266)

这说明,在清代以前,至少在书面上"吗"还是比较罕见的。在《金》、《醒》、《聊》中虽然罕见"吗"的写法,但该期"么"在口语里却的确存在[ma]的词音,这从聊斋俚曲韵文的押韵就可以看得出来。如:

㉓ 张二说:"你值么!想一想咬碎牙,你望俺倾了家,老贼可恨煞也诈!唠着年年费家当,发丧又要弄光滑,百石粮食费不下。要合你舍死对命,我就说骂你没查。"(聊·墙·4·857)

㉔ 珊瑚两眼泪撒撒,说娘方才怒气加,亲娘呀,我还不知是为嘎。娘道不是该这么,我就回房换了他。亲娘呀,谁敢在你身上诈?这身衣服不堪夸,穿着做饭纺棉花。亲娘呀,不是因着那句话,刚才算计一时差。我的不是说什么,亲娘呀,望你宽洪担待罢。(聊·姑·1·862)

㉕ 仇大郎听着他,才说的是实话,不相厚谁肯将我挂?忽然提醒糊突梦,急忙今晚早到家,见娘就说分了罢。方且待刷刮盘缠,细寻思我为什么?(聊·翻·3·943)

㉖ 我说休恼,这也有法,独守空床,也是呆瓜,他也找块肥肉,何苦喜这清茶?他就恼了脸儿,把我讹喇,说道李婆子放屁,说的是什么!(聊·禳·15·1204)

这些韵脚字都属家麻韵。"么"的词音变化了,在书面上不一定随之有相应的字形,这说明字形的变化往往滞后于词音的变化。

6.8.1.3 "么"的特点

"么"由反复问句句末否定词"无"虚化而来,源词"无"的功能特点决定了"么"的主要语法功能是表达疑问语气。在明清山东方言中,"么"虽然可用来表达非疑问的语气,但仍主要用于疑问句。我们同时也调查了《歧》、《儿》,《歧》表疑问语气的"么"共 436 例,非疑问的 73 例;《儿》表疑问语气的"么"共 143 例,非疑问的 32 例。

《金》、《醒》、《聊》、《歧》、《儿》疑问、非疑问语气助词"么"数量对比情况表

	金	醒	聊	歧	儿
"么"用在疑问句中	98	730	509	436	143
"么"用在非疑问句中	50	104	54	73	32
总计	148	834	563	509	175

由表内的统计可见,"么"用于疑问句的数量远远超过用在非疑问句中的数量,非疑问语气不是"么"的主要功能。

6.8.2 呢

关于语气助词"呢"（可看做"呢₂"）的来源，很多学者都进行过研究。江蓝生（2000）、曹广顺（1995）对"呢"的来源问题进行探索，证明"呢"的源头是"尔"。"呢"在产生之初，主要用于特指问句，发展到明清时期，"呢"在疑问功能上有所扩展，可以用在是非问句、选择问句、反诘问句中表达相应语气。

6.8.2.1 "呢"的用法

6.8.2.1.1 "呢"用于特指问句。"呢"所在的特指问句包括两种：一种是含有疑问代词的疑问句，句中用"谁"、"那个"、"嘎"、"那里"等疑问代词；一种是"NP＋呢"这样的句式，通常称为"承前问"。后者虽然没有出现疑问代词，但是由于包含着特指问的语义，因此也把这一类句子归入特指问句。如：

① 故意的掏掏袖子，就道："汗巾包的四两银子呢？"（醒·67·966）

② 惠希仁道："可是谁呢？只怕是同班的朋友。待我出去看看。"（醒·81·1152）

③ 慧娘说："俺的屋呢？"大姐说："您那有，有也待张的口屋哩。"（聊·翻·7·971）

另外，在《醒》、《聊》中还有这样的例子：

④ 龙氏道："我问他要人可，他说甚么？"再冬道："他怎么没的说？他说害病死了。"龙氏道："我问他要尸首可呢？"（醒·94·1343）

⑤ 张诚你拦着他些。今日跟到山里，万一撞见犸虎着呢？（聊·慈·4·917）

⑥ 周元说："他发作了着呢？"（聊·增·5·1571）

⑦ 丫头道："俺二姐夫不来着你呢？"（聊·增·18·1628）

6.8.2.1.2 "呢"用于是非问句，功能上相当于"么"。如：

⑧ 咱"君子不羞当面"，斗胆问声奶奶，这银子足数呢？有铅丝没有？（醒·81·1156）

⑨ 太太说："你没问问您少爷呢？"（聊·磨·26·1502）

"呢"用在是非问句中的情况非常少，《金》无例，《醒》、《聊》各1例。

6.8.2.1.3 "呢"用于选择或反复问句。"呢"用于选择问句可用在"VP₁，VP₂呢"这样的格式中，也可以跟其他语气词配合使用构成"VP₁呀，VP₂呢"或者"VP₁那，VP₂呢"，还可以构成"VP不VP呢"这样的反复问句。例如：

⑩ 那侯师傅与张师傅是两个和尚，是道士呢？（醒·74·1057）

⑪ 这一会子家里实是没有甚么，有指布呀，有斤棉花呢？（醒·79·1126）

⑫ 张氏道："你这就是不长进脓包话！叫人骑着门子骂，说关着门子别理他！叫人听着，你可是贼呀，你可是忘八呢？"（醒·89·1271）

⑬ 沈大姨说:"你仔说,您二姨这杀才是乜人吗?真么一个媳妇,是模样不好呀,是脚手不好呢?是不孝顺?这杀才是待死呀!"(聊·姑·2·870)

⑭ 我还给你一顶帽,你要不要呢?(聊·增·8·1588)

⑮ 万岁说:"你先吹吹我看,换过了换不过呢?"(聊·增·24·1659)

6.8.2.1.4 "呢"用于反诘问句。如:

⑯ 俺爷可甚么体面,怎么见那长班呢?(醒·78·1115)

⑰ 这一日没吃下些饭去,可那里有奶给孩子吃呢?(醒·87·1242)

⑱ 那媳妇子怎能件件都合着心呢?(聊·姑·2·878)

⑲ 如今俱已团圆所愿,富贵遂心,那里还有肯着你去了的呢?(聊·翻·12·1013)

《金》、《醒》、《聊》疑问语气助词"呢"使用情况表

	金	醒	聊
特指问	0	45	189
是非问	0	1	1
选择问	0	5	9
反诘问	0	4	38
总计	0	55	237

6.8.2.2 "呢"的特点

从整体情况来看,明清时期"呢"的使用逐渐增多。在元末明初的《水浒传》里"呢"未见使用,明末的《型世言》4 例,《初刻拍案惊奇》7 例,《二刻拍案惊奇》5 例。可以看出,在明代"呢"仅是零星使用。到了明末清初以后,情况则发生了很大变化。明末清初的《醒》出现 82 例,清代的《聊》313 例,《歧》272 例,《儿》436 例。总的趋势是从明至清,"呢"的使用逐渐增多。据李泰洙(2003)可以看出《老乞大》在时间上前后相续的四个版本《古本〈老乞大〉》(元代)、《老乞大谚解》(元末明初)、《老乞大新释》和《重刊老乞大谚解》(清代)就体现了"呢"在这一时期的发展状况。《古本〈老乞大〉》、《老乞大谚解》未见"呢"的使用,而《老乞大新释》和《重刊老乞大谚解》则分别出现了 77 例和 16 例。

明清相关文献"呢"使用情况表

	成书年代	"呢"出现次数
古本《老乞大》	不迟于 1346 年	0
老乞大谚解	元末明初	0
水浒传	元末明初	0
金瓶梅词话	明代中叶	1

	成书年代	"呢"出现次数
初刻拍案惊奇	1627 年	7
二刻拍案惊奇	1632 年	5
型世言	明崇祯年间	4
醒世姻缘传	明末清初	82
聊斋俚曲	17 世纪末 18 世纪初	313
老乞大新释	1761 年	77
歧路灯	1777 年	272
重刊老乞大谚解	1795 年	16
儿女英雄传	1849 年	436

冯春田（2000/2003:537）从语法功能入手，论证了本不具备传疑功能的"尔"由于用在有疑问代词的疑问句末尾，由此受到疑问语气的浸染，从而具备了表示疑问的资格。因此由"尔"变来的"呢"系字助词，"在本源或者根本上说，是借助于所在句子里的疑问词而表示疑问语气的（即使'王老师呢'这样的问句，也是承前问或具有一定的语言环境）；而疑问代词（指代）都是询问一定的事情的，所以'呢'系字助词的基本功能就是用于特指问。到现代汉语，特指问句仍保持这种特性"。也就是说，"呢"在产生之初主要是用在特指问句中。在明清山东方言里，"呢"用在特指问句中表达疑问语气仍为其疑问用法的主流。除《金》外，《醒》有 45 例用在特指问句中，占该书疑问用法总数的81.82％。《聊》189 例用在特指问句中，占该书疑问用法总数的79.75％。《儿》"呢"的疑问用法也绝大多数集中于特指问句（193 例表疑问的"呢"中，有 131 例用在特指问中，占该书疑问用法总数的 67.88％）。这一组数据从侧面说明了"呢"的语法功能与源词"尔"的关系："尔"最初是借助所在句子的疑问代词而具备了疑问语气，疑问代词是用来询问某方面的事情的，这决定了"呢"的主要功能是用在特指问句中表达疑问语气。

"呢"用在是非问句中仅在《醒》、《聊》里各有 1 例。"呢"用在选择问句中也比较有特点，就是往往跟其他语气助词如"那"、"呀"配合使用。"呢"用在反诘问句的数量不是太多，大概与这一时期疑问语气助词"么"的使用普遍有关。

从"呢"非疑问、疑问用法的数量对比来看，在所调查的明清时期的语料里，疑问用法的"呢"在数量上都超过了非疑问用法的"呢"。

《金》、《醒》、《聊》、《歧》、《儿》疑问、非疑问的"呢"数量对比情况表

	金	醒	聊	歧	儿
疑问	0	55	237	230	193
非疑问	1	27	76	42	243
总计	1	82	313	272	436

除《金》外,《醒》、《聊》、《歧》"呢"的使用都反映了这一趋势。但是在《儿》里,情况则恰好相反:在436例"呢"的例子中,用于疑问的193例,用于非疑问的则有243例,非疑问用法的超过了疑问用法。这说明,同一语气助词在不同方言区表达功能会有所差异。

6.8.3 哩

"哩"(可看做"哩₂")的产生时间较一致的看法是唐代,产生之初主要写做"里、俚"等。大约在宋代才出现"哩"这一写法并逐渐统一,同时也出现了"哩"用于疑问句的情况。(参看曹广顺1995)

6.8.3.1 "哩"的用法

6.8.3.1.1 用于特指问句。 "哩"用在特指问句的末尾,句中有疑问代词。如:

① 你娘在前边做什么哩? 你去连你娘、潘姥姥快请来。(金·14·175)

② 月娘问看门的平安儿:"谁拿着那边钥匙哩?"(金·33·426)

③ 公子说:"你骂嘎哩?"江城说:"我骂了还骂,怎么着我!"(聊·穰·9·1180)

④ 差人正嚷着说:"怎么着哩? 咋不出来? 俺就进去哩!"(聊·磨·11·1416)

另外,《醒》里还有"哩"用在"NP＋呢"式问句中的例子。如:

⑤ 晁大舍道:"那鹦哥哩?"(醒·7·95)

⑥ 你说得十六两才够,别的哩?(醒·36·533)

⑦ 宗师说:"破题哩?"回说:"王政可辅,王迹正可存也。"(醒·38·558)

⑧ 晁夫人说:"你合我睡,你媳妇儿哩?"(醒·48·711)

⑨ 相于廷凶凶的走到他房门口连叫道:"狄大哥哩?"(醒·60·869)

由于这种问句都可根据前后语境推导出相应的疑问代词所代表的疑问点,因此可把这类疑问句也归入特指问句。不过,《金》、《聊》没有这种用法。

6.8.3.1.2 用于是非问句。 "哩"在明清时期还可用于是非问句。如:

⑩ 嫂子,你思想你家旺官儿哩?(金·26·337)

⑪ 薛嫂道:"吃了他两个茶食,这咱还有哩?"(金·95·1434)

⑫ 薛相公,你这眼下不娶连小姐哩?(醒·44·650)

⑬ 童奶奶问说:"狄大叔在家里哩? 多咱相去?"(醒·75·1072)

6.8.3.1.3 用于选择或反复问句。 "哩"用在选择问句中往往是用在"是……是……"、"是……还是……"、"有……有……"等选择句式中,有时也用在反复问句中。如:

⑭ 这话,我听的是梦是真哩?(醒·22·324)

⑮ 你是风是气,还是替娘老子装门面哩?（醒·48·704）

⑯ 老程婆子还取笑道:"这三钱银子算闺女的,还是算我的哩?"（醒·73·1039）

⑰ 周景杨问道:"令亲家里便与不便哩?"（醒·84·1204）

⑱ 姐夫,你怎么一条汉子,还害怕么?有狼哩,有虎哩?（聊·增·14·1609）

6.8.3.1.4 用于反诘问句。"哩"用在反诘问句中,用肯定形式表示否定,否定形式表示肯定。如:

⑲ 只这几句,稳稳把心窝里事都写在纸上,可不好哩?（金·56·763）

⑳ 又向那孩子说:"儿长大起来,怎地奉养老娘哩?"（金·57·771）

㉑ 您在这门口打仗,打下祸来,这是来补报奶奶的好处哩?（醒·32·470）

㉒ 百姓都流泪说:"老爷是重生的父母,俺有甚么孝敬哩?"（聊·磨·33·1539）

㉓ 谁不知你是皇帝哩?我自有道理。（聊·增·4·1566）

6.8.3.1.5 用于测度问句。《金》有"哩"用于测度问句的例子,《醒》、《聊》未见。如:

㉔ 你每悄悄的在屋里,把门儿关着,敢守亲哩?娘请你说话。（金·35·452）

㉕ 傅伙计道:"他早辰问我柜上要了二十两银子买孝绢去了,口称爹分付他,孝绢不匀。敢是向门外买去哩?"（金·64·902）

这类测度问句都含有表揣测义的语气副词,说明"哩"的测度语气是受了句式的影响。

《金》、《醒》、《聊》疑问语气助词"哩"使用情况表

	金	醒	聊
特指问	13	77	19
是非问	3	25	0
选择问	0	10	2
反诘问	5	99	14
测度问	4	0	0
总计	25	211	35

6.8.3.2 "哩"的特点

"哩"在虚化为一个语气助词后,最初的句法功能主要是用在非疑问句中"祛疑树信"、"叙实夸张"。元代之后开始用在疑问句中表示相应的语气。（参看曹广顺1995）

在明清山东方言中,"哩"可出现在特指问、是非疑问、选择问、反诘问、测度问几种问句中,兼具非疑问、疑问两种功能,但"哩"用于非疑问、疑问的数量相差悬殊。

《金》、《醒》、《聊》疑问、非疑问的"哩"数量对比情况表

	金	醒	聊
疑问	25	211	35
非疑问	669	1177	281
总计	694	1388	316

从上表可以看出,明清时期"哩"的主要语法功能仍是用于非疑问句式表达相应的语气。

"呢"在明代使用还不是太多,但它的发展很快。入清以后,不仅在数量上跟"哩"由数量悬殊变得差距不大甚至超过了"哩",而且在语法功能上也具备了"哩"、"那(哪)"两个语气助词的全部语法功能。如《儿》"哩"仅存13例,而且全部用于肯定、感叹,而"呢"却有436例;《红楼梦》"呢"1832例,"哩"没有用例。

《金》、《醒》、《聊》、《歧》、《儿》、《红》"呢"、"哩"数量对比情况表

	金	醒	聊	歧	儿	红
呢	1	82	311	272	436	1832
哩	694	1388	316	967	13	0

6.8.4 呀

语气助词"呀"(可看做"呀₂")大约产生于元代,一般认为它的前身是语气助词"也"。最初的字形有"哑"、"暇"、"呀"三个。到了明清时期,"呀"的使用开始多了起来。以下分析疑问语气助词"呀"在《金》、《醒》、《聊》里的使用等情况。

6.8.4.1 "呀"的用法

6.8.4.1.1 用在陈述句形式的问句末尾,表示询问、揣测或不满。如:

① 你是厨长呀? 这菜做的极好。(醒·51·738)

② 你老人家这向身上安呀?(醒·69·987)

③ 您就这们看的下去呀?(醒·74·1051)

④ 这杀才是待死呀?(聊·姑·2·870)

⑤ 那不是俺爹爹呀?(聊·磨·2·1379)

⑥ 不知你淌泪来没呀?(聊·磨·19·1460)

6.8.4.1.2 用在选择或反复问句中。语气助词"呀"一般放在选择问句第一个选项或反复问句肯定项的后面。如:

⑦ 素姐骂道:"你是瞎眼呀,是折了手呀……"(醒·59·845)

⑧ 这一会子家里实是没有甚么,有指布呀,有斤棉花呢?(醒·79·1126)

⑨ 张永道:"是你王三爷自家的呀,是他买的呢?"(聊·增·27·1674)

⑩ 那闰女说:"我猜你待要欺心,又没那胆,是呀不是?"(醒·37·548)

⑪ 这是嘲呀可是怪?咱不如从此孝敬,哄着他掘将出来。(聊·墙·2·842)

⑫ 我问问你,会下棋呀不会?(聊·襄·29·1255)

6.8.4.1.3 用在反诘问句末尾。如:

⑬ 我还不待要那小薛妮子哩!住房子的小菊姐,不标致呀?(醒·33·485)

⑭ 你怎么强似俺呀?你会做跺塑像拿泥捏出俺这们个八九岁的儿来么?(醒·53·773)

⑮ 谇着大嫂老远的来回跑,不打他打谁呀?(醒·81·1214)

⑯ 丑云:"嗤!我道你就不怕么?那一日俺王大娘就没打你呀?"(聊·襄·1·1148)

⑰ 谁信呀?我且问你:你这么些粮食,你有多少庄子呢?(聊·增·23·1655)

6.8.4.1.4 用在特指问句末尾。出现在特指问句中的疑问代词有"怎么"、"谁"、"那里"、"哪个"等,用以询问方式、人物、处所、原因等相关信息。如:

⑱ 外甥媳妇没来么?怎么没见他呀?(醒·72·1024)

⑲ 银匠问:"是哪个呀?原是二位贤偶。令尊好吗?"(聊·墙·4·853)

⑳ 这孩子你那里疼呀?(聊·慈·1·896)

㉑ 太太站起来说:"怎么着呀?"(聊·磨·26·1499)

《金》、《醒》、《聊》疑问语气助词"呀"使用情况表

	金	醒	聊
陈述句形式的问句末	0	46	13
选择问句句末	0	13	9
反复问句句末	0	10	4
反诘问句句末	0	33	6
特指问句句末	0	12	5
总计	0	114	37

6.8.4.2 "呀"的特点

虽然元代"呀"开始出现代替"也"的例子,但占优势的还是"也"。到了明初,"呀"在书面语中依然不如"也"多。如《水浒传》"也"245例,"呀"仅10例,《金》里也只有19例。明末清初以后,情况则出现了很大变化,《醒》"呀"253例,《聊》446例。

《金》、《醒》、《聊》语气助词"也"、"呀"两种字形数量对比情况表①

	金	醒	聊
也	233	32	121
呀	19	253	446

从这组数据可以看出,在具有明清山东方言背景的语料中,两个字形使用的基本趋势是"也"逐渐减少,"呀"逐渐增多。

"呀"在替代语气助词"也"的过程中,一方面是继承"也"旧有的语法功能,一方面也发展出了"也"原先不具备的语法功能,使用范围不断扩大。疑问句式中的"呀"在元代包括明初还很少使用,《金》未见"呀"用在疑问句中的例子。但到了明末清初以后,"呀"开始逐渐用在疑问句式中,如《醒》有 114 例、《聊》有 37 例用于疑问句式,并分布在不同类型的疑问句中表达相应的语气。该期以河南方言为背景的《歧》也出现了"呀"用于疑问句的例子,但仅 6 例。如:

㉒ 你说啥呀? 你如今承许下巫家亲事了?(歧·50·460)

㉓ 夏逢若道:"谁呀?"(歧·56·524)

㉔ 虎镇邦道:"你说啥呀? 你的主子去南乡里去? 少时你的主子出来了,我先把你这小东西儿毁炉了!"(歧·66·630)

㉕ 你说啥呀? 这楼这厅,都是他的,却不叫他住,早早的就叫他做人家房户。(歧·67·645)

㉖ 王氏道:"你也走呀?"(歧·80·777)

㉗ 店小二飞也似上来,说道:"要添炭呀?"(歧·101·940)

在这 6 个用例中,就有 4 个用于特指问句,另外两个用于陈述句形式的问句中,这说明"呀"疑问功能使用的范围没有《金》、《醒》、《聊》广泛。

6.8.5 呵(阿、啊)

疑问语气助词"呵(阿、啊)"(可看做"呵$_2$")《金》、《醒》均未出现,仅《聊》出现 3 例:

① 方且是停丧在地,怎使的合人闹呵?(聊·墙·4·853)

② 从此可也不给你找老婆了! 你待等着做驸马呵? 你等着罢了!(聊·襄·6·1166)

③ 不肖的畜生! 你还待受罪呵?(聊·襄·12·1192)

在《初刻拍案惊奇》、《型世言》、《歧》、《儿》几种语料里,疑问用法的"呵(阿、啊)"《初》2 例、《型》1 例、《歧》0 例、《儿》19 例。总体上看,出现次数都很少。综合《金》、《醒》、《聊》"呵(阿、啊)"的使用情况,可以看出这一时期疑问语气的"呵(阿、啊)"不管

---

① "也"、"呀"的数量统计皆包括各自的非疑问、疑问语气用法。

是在南方方言还是北方方言里都很少使用。这一方面与"呵（阿、啊）"的来源有关，由于"呵（阿、啊）"的源词"後"、"好"、"呀"都不以表达疑问语气为主要功能，这会在根本上决定"呵（阿、啊）"不会以表达疑问语气为主要功能，相应出现的次数就不会太多。同时，这一时期，用来表达疑问语气的助词"么"、"呢"、"哩"等使用频率相对较高，这也会使得"呵（阿、啊）"本不发达的疑问功能受到排挤，因而只在这一时期的语料中零星出现。

6.8.6 罢

疑问语气助词"罢"（可看做"罢₂"）一般是用在反问句末，表示揣测、试探语气。下面举些疑问语气助词"罢"的例子：

① 你如何把硬话儿不认？莫不人家就不问你要罢？（金·19·233）

② 早是这个罢了，打要是个汉子儿，你也爱他罢？（金·31·395）

③ 胡无翳听着，写完了稿，又从首至尾读了一遍与众人听，问道："就是这等写罢？"（醒·22·328）

④ 狄婆子说："亲家说那里话！没的为孩子们淘气，咱老妯娌们断了往来罢？"（醒·48·706）

⑤ 相旺还要指望留他，故意问道："狄奶奶不说甚么，我且回去罢？"（醒·77·1092）

⑥ 我有饭给他吃，我只顾留着他，你待咋着我罢？（聊·姑·1·867）

⑦ 我这腰里，还有二两银子，不就夺了去罢？（聊·磨·18·1450）

⑧ 丫头说："好嚼舌根子的！我没说你休去罢？"（聊·增·25·1662）

同时，"罢"还可用在陈述句末，但由于所在句式具有表示揣测的词语如"不敢"等，或所在的句法环境含有揣测义，从而使得"罢"也有了揣测语气，因此也可以归为一类。如：

⑨ 陈柳说："你的工粮不在你家罢，寄在我家做甚……"（醒·48·696）

⑩ 师傅稳便，不敢奉揖罢。想是待要化斋，请进里面奉屈。（醒·90·1290）

《金》、《醒》、《聊》疑问语气助词"罢"使用情况表

	金	醒	聊
罢	15	45	14

用"罢"的反问句跟用"吗"的反问句相比，语气上要委婉得多。"罢"一开始常常跟副词"莫不、没的、没"等配套使用，但有时不需这些副词的配合，仅借助语境也可以表达揣测、试探的语气。

6.8.7 哩么

近代汉语后期，出现了一个复合式疑问语气助词"哩么"，在《醒》、《聊》所代表的

山东方言里广泛使用。

6.8.7.1 "哩么"的用法

表疑问语气的"哩么",主要分布在是非问句和反诘问句中。

6.8.7.1.1 "哩么"用于是非问句,主要是突出疑问焦点,加强疑问语气。

6.8.7.1.1.1 用肯定的形式发问。如:

① 你怎么来,这们个腔儿？为甚么不穿棉袄棉裤？是装俏哩么？（醒·79·1128）

② 寄姐道:"你叫他出去看甚么海棠楼哩么？"（醒·97·1384）

③ 徐氏说:"你还在着哩么？"（聊·翻·9·987）

④ 老王,你发窝子风哩么？（聊·增·18·1631）

6.8.7.1.1.2 用否定的形式发问。如:

⑤ 狄爷还没去哩么？他有带的厨子,怎么又寻上灶的？（醒·55·794）

⑥ 你还没睡着哩么？（聊·增·17·1626）

6.8.7.1.2 "哩么"用在反问句中,虽然依旧是疑问的形式,但是说话人对事情的看法却已是不言而喻。如:

⑦ 你换几个好的给他罢。你看不见我这晒着哩么？（醒·41·598）

⑧ 咱家姐姐待几日不往俺那头去哩么？（醒·48·704）

⑨ 这要不是双小鞋,他要只穿的下大拇指头去,他待不说是他的哩么？（醒·52·755）

⑩ 鸿渐笑着说:"你不知道哩么？还问什么？"（聊·磨·13·1425）

⑫ 还是看本事要紧。咱光选人材,娶看娘子哩么？（醒·55·796）

⑬ 九月天往南首里走,那里放着就吵着要棉衣裳？你是待拿着压沉哩么？（醒·85·1215）

⑭ 侯、张道:"买我甚么哩么？有差些成色的,俺也将就使了。"（醒·96·1370）

⑮ 俺达好不好,谁着他合你令堂并骨哩么？（聊·墙·1·832）

《金》、《醒》、《聊》疑问语气助词"哩么"使用情况表

	金	醒	聊
是非问句	0	5	6
反诘问句	0	29	21
总计	0	34	27

通过语料调查,可以看到"哩么"仅见于以山东方言为背景的《醒》、《聊》,同时期的南方系语料《二刻拍案惊奇》、《型世言》和北方系语料《歧》、《红楼梦》均未发现"哩

么"的用例,这说明"哩么"是山东方言中特有的一个语气助词。

6.8.7.2 "哩么"的来源

"哩么"无论是在语法功能上还是在语音上,都与"了么"有着相通的地方("了么"为事态助词"了"与语气助词"么"的组合形式)。

事态助词"了"大约是在北宋时期形成的,由反复问句句末否定词衍生的语气词"吗"在宋代字形也稳固在"么"上。前者的主要语法功能是"对全句作一种陈述,表示句子所表达的事态变化已经实现、完成了"(曹广顺 1995:90),后者则主要是用于是非问、测度问或者反问,用来询问一件事情的状态如何或是通过反问的形式来肯定或否定一件事情目前所处的状态。二者在语义上存在着契合点,使得它们出现在同一语境中具备了某种可能。因此,当要询问某件事情是否实现或完成时,可直接将陈述句形式转换为问句,如果加"么"的话,语气则会得到加强。试比较:

⑯ 两个道:"这四月十八日泰山奶奶的圣诞,没的就忘记了?"(醒·68·971)

⑰ 我还替他捎了话来,回过奶奶的话了。没的奶奶忘了么?(醒·49·719)

《金》、《醒》、《聊》"了么"使用情况表

	金	醒	聊
是非问句	5	8	52
反诘问句	0	16	44
总计	5	24	96

通过比较可以发现,"了么"、"哩么"二者分布的句法环境非常一致。也就是说,"了么"具备发展为"哩么"的条件。所以不排除"了么"音变为"哩么"的可能性。

"哩么"与"了么"在语法功能上的一致是二者之间存在渊源关系的前提。此外,也还有另一种可能,即"哩么"就是由"哩"、"么"两个语气词混合而成。"哩"受"呢"的渗染,到了明代,原本用于非疑问的"哩"开始具有传疑功能,用在是非问、反问、特指问等类型的疑问句中。试比较以下两类例子:

⑱ 明日邢爷船过,待不见哩?(醒·47·683)

⑲ 魏三说:"罢呀怎么! 咱待不见哩么?"(醒·46·675)

⑳ 我已是病的待死,这银子要了来,没的我拿了去哩?(醒·39·577)

㉑ 仇家不理他,自己弄出祸来,每哩是仇家弄他哩么?(聊·翻·12·1013)

"哩"后不用"么"跟"哩"后用"么"相比,在语气上存在着明显的差异,"么"的出现就是为了弥补"哩"在传疑功能上的不足。由于二者混用,彼此间的界限逐渐模糊,于是最终成为一个语法词。因此,部分"哩么"存在源于"哩"和"么"两个语气词连用的

可能。如果实际情况的确这样,那么"哩么"就应该看做原本是功能相似的两个同形的词。

6.8.7.3 "哩么"的相关语气词

清代中叶以后,在反映北京口语的《儿》中出现了"呢么"、"呢吗"两个形式,应该是同一语气词在不同方言里的变体。"呢么"的例子如:

㉒ 到了茌平,老爷不是还有事去呢么,为什么又耽搁半天的路程呢?(儿·14·198)

㉓ 姑娘,你不见是我让进他来的吗?他这里叫我受着窄呢么!(儿·17·272)

㉔ 你不说要给你妈开斋呢么?(儿·29·514)

㉕ 妈不是回来还同舅母请公婆吃饭呢么?(儿·37·695)

㉖ 二位奶奶都没起来呢么?(儿·38·718)

㉗ 照这段书听起来,这位安老孺人不是竟在那里玩弄他家老爷呢么?(儿·40·811)

"呢吗"的例子如:

㉘ 有人找我说话?你没看见我手里做着活呢吗?(儿·17·259)

㉙ 这个又问说:"说不是三四该着呢吗?"(儿·34·628)

㉚ 你们家这不现放着俩媳妇儿呢吗?(儿·40·793)

"呢么"、"呢吗"跟"哩么"用法功能一致。从形式方面看,语气助词"哩"、"呢"在元明时期开始混用,"呢"在清代开始替代"哩"。"哩么"的"哩"是受到"哩"、"呢"归一趋势的影响,在形式上换成"呢么"。至于"呢吗"的出现,则是因为"么"在清代已逐渐让位于新字形"吗",由"呢么"到"呢吗"是适应了这一字形替换的局面。当然,"哩么"和"呢吗"是否是方音差异("哩"、"呢"),也还有考察的余地。

6.8.8 不成

用于句末的语气助词"不成"形成时间大约在元明之际。对于其虚化过程,钟兆华(1991)、孙锡信(1999)、徐时仪(2000)等都先后有过分析论证,这里只对相关语料里"不成"的用法加以分析。

6.8.8.1 "不成"用于句末,跟"难道、莫不、莫非、没的、每哩"等副词配合使用。如:

① 他若见你,便起身来走了归去,难道我扯住他不成!此事便休了。(金·3·38)

② 俺每是买了个母鸡不下蛋,莫不杀了我不成!(金·30·385)

③ 这已是请人来了。你不出去,却怎样的,莫不回了人去不成?(金·75·1135)

④ 没的这猫也着人哄了不成?(醒·6·88)

⑤ 莫非我们是贼,怕我们偷了你的东西不成?(醒·38·561)

⑥ 周九万是有体面的人,岂有叫他母亲在外边干这样败家坏门的事儿不成!(醒·73·1039)

⑦ 银匠说:"年年化银子,该下了几吊火钱,因着相好,不曾开口,怎么连面不见?每哩见了我待啃你一口不成么?好笑人!"(聊·墙·2·843)

6.8.8.2 没有语气副词配合。如:

⑧ 为女妇人家,好吃懒做,嘴大舌长,招是惹非,不打他,打狗不成!(金·7·84)

⑨ 你说你这般把这一个半个人命儿打死了,不放在意里,那个拦着你手儿哩不成?(金·43·564)

⑩ 那个服毒的人已是在那里滚跌了,你这个下毒的人还去打他不成?(醒·12·185)

⑪ 我是一筐一担的人家么?这能有多少东西,我就走了不成?(醒·67·967)

⑫ 老马说:"你就中了,怎么着本县不成!"(聊·富·2·1283)

⑬ 万岁说:"你问的这么亲切,待告着我不成?待我再混他一混。"(聊·增·20·1641)

《金》、《醒》、《聊》、《歧》、《儿》疑问语气助词"不成"使用情况表

	金	醒	聊	歧	儿
前有表反诘语气的形式标记	18	61	2	20	117
前无表反诘语气的形式标记	14	34	5	14	18
总计	32	95	7	34	135

从"不成"的整体使用情况来看,除《聊》外,有副词"难道、莫不、没的"等配合使用的要多于没有副词的情况,不过《聊》"不成"的使用频率比较低。在《歧》、《儿》两种语料里,"不成"跟反诘副词配合使用的情况也都多于"不成"单独使用。

6.8.9 那

"那"用于疑问(可看做"那₂"),只《聊》2例:

① 大婶子说,问问周二叔合大姑夫,还敢那不敢?(聊·襄·19·1218)

② 我要做嫖客,合你犯个嫁娶,不知你肯那不肯?(聊·襄·29·1255)

"那"用在"A哪(那)不A"式中表示疑问。

6.9 明清山东方言助词的一些问题
6.9.1 助词的特点
6.9.1.1 与明清以前汉语的助词相比,《金》、《醒》、《聊》的助词系统有较大的变

化,如事态助词比较丰富、语气助词有新的发展等。《金》、《醒》、《聊》出现的事态助词包括"的"、"着"、"了"、"来"、"可(呵)"5个。与《朱子语类辑略》(参看吴福祥 2004a)相比,"去"没有出现,而"的"、"着"、"可(呵)"等则都是新兴助词,其中"可(呵)"又带有方言特色。所以《金》、《醒》、《聊》中的事态助词丰富既是明清时期助词发展变化的结果,也是方言对助词系统影响的结果。语气助词《朱子语类辑略》共出现"也"、"矣"、"尔"、"耳"、"而已"、"焉"、"在"、"里"、"乎"、"耶(邪)"、"与(欤)"、"否"、"么"、"哉"、"夫"15个,而《金》、《醒》、《聊》则出现 17个,包括"么"、"呢"、"哩"、"呵(阿、啊)"、"呀"、"罢"、"着"、"的"、"着哩"、"罢了"、"也罢"、"便了"、"便是"、"就是(了)"、"哪(那)"、"哩么"、"不成"等,新旧更替变化很大。

从一些助词的具体用法来看,这种变化也是很明显的,如结构助词"的"用在主谓、谓宾结构间以及数词和中心语中间等。另外,在《金》、《醒》、《聊》中,"的"还出现了一些比较特殊的用法。如:

① 这是五十两碎银子,与你大婶买针头线脑的使用……(醒·8·110)

② 我如今同了你到我房中,我把随身的衣服与鞋鞋脚脚的收拾出来,另在一间房子住着,你把这原旧的卧房封锁住了。(醒·41·601)

③ 刚只埋了回来,他娘老子可领着一大夥汉子老婆的来了家里,打打括括的把小女采打了不算,呼的身上那屎,可是从没受的气都受勾了。(醒·81·1156)

④ 那怕你真个悬梁刎颈,你就当真死了,那老计的父子也来奈不动他。(醒·1·7)

⑤ 进入中门,连春元的夫妇他也不曾回避,薛如卞作了揖。(醒·37·542)

应该说,"的"表示列举的语法意义是固定结构"X 的……X 的"所赋予的,而例①至例③中"的"表示列举,可以与表示列举的"等"、"类"等词语相替换,并且已经脱离了列举结构"X 的……X 的",唯一的语法条件就是"X"必须由并列短语(如"针头线脑"、"鞋鞋脚脚"、"汉子老婆")充当,这说明"的"表示列举的用法已经完全演化成熟了。

例④、例⑤"老计的父子"、"连春元的夫妇"可以直接去掉"的"而成为"老计父子"、"连春元夫妇"。"的"附加在词语 X 后并不改变 X 的性质或功能,因此与定语标志和表示列举的用法都有一定的差别。尽管汉语表示定中修饰关系有时也是可以不用"的"的(吕叔湘 1984:133),但这种用法仍然是结构助词。

6.9.1.2 结构助词词形趋同、词音弱化

《金》、《醒》、《聊》中结构助词主要有"的"、"地"、"得"三个,其主要功能分别为定语标志、状语标志、补语标志。而从以上三个助词的词形来看,"的"在《金》、《醒》、《聊》中有"的"、"底"两种词形,其中"的"共出现 13188 例,"底"则只出现 8 例;"地"有"地"、"的"、"哩"、"得"等多种词形,其中"的"出现 3722 例,占总用例的 98%,其他词

形共出现 77 例,占总用例的 2％;"得"有"得"、"的"两种词形,其中"的"共出现 4241 例,占总用例的64.7％,"得"共出现 2313 例,占总用例的 35.3％。由此可见,《金》、《醒》、《聊》中的三个结构助词"的"、"地"、"得"的词形,尤其是"的"、"地",有趋同的趋势。

除了趋同,《金》、《醒》、《聊》中的三个结构助词还体现出共通性的特点,即除了"的"可以表示"地"、"得"的语法功能外,"得"也有用做"的"、"地"的例子,"得"用做"地"前文提到过,用做"的"的例子《金》、《醒》、《聊》都有,但用例较少。如:

⑥ 我连日做得梦有些不吉。梦见一张弓,挂在旗竿上,旗竿折了。(金·100·1495)

⑦ 见邢皋门不做禀稿,遂着晁大舍做了个不疼不痒的禀帖,说得都是不伦之语。申了顺天府,并抚院关屯各院,也不令邢皋门得知。(醒·7·101)

⑧ 普天地下大约都是骄纵淫佚之人,做得也都是越礼犯义的事,所以上天都一视同仁的降了灾罚。(醒·32·463)

⑨ 后生们见了八九十岁的老人家,有得好的,不过躲了开去,笑他弯腰屈背,倒四颠三的;还有那样轻薄的东西,走到跟前,扑头撞脸,当把戏撮弄的!(醒·26·380)

⑩ 又有得将山上出的那白土烙了饼吃下去的,也是涩住了,解不下手来,若有十个,这却只死五双。(醒·27·391)

⑪ 彩鸾说:"我隐了身形,看他写得是何言语。"(聊·蓬·2·1081)

⑫ 我笑得诸葛亮,人都说他用兵如神,看来也是虚名。(聊·快·2·1127)

"的"、"地"、"得"词形的趋同或相混情况说明:在《金》、《醒》、《聊》所反映的背景方言中,这三个结构助词的词音是相近或相同的。这种现象与现代汉语"的"、"地"、"得"的同音现象在变化方式上具有一致性。

结构助词"地"在《金》、《聊》里也偶尔有写做"哩"的例子。结构助词"哩"主要见于《歧》,用法同"的"的 105 例,同"地"的 8 例,同"得"的 56 例。(参看冯春田 2004b)从以上统计来看,《歧》中出现的"哩"在做结构助词时也分别与"的"、"地"、"得"相当。《歧》里"地"的词形没有出现,"地"除了用"哩"来表示外,还主要用"的"来表示。"得"除了用"得"来表示,也多用"的"来表示。词形"哩"的出现与趋向于写做"的"的现象一样,都是结构助词词音弱化而导致趋同的体现。

6.9.2 助词词素化及相关问题

从语言发展的角度看,每一个助词都处在不断的虚化过程中。受句法、语义、语用等方面的影响,它们从实词虚化为语法成分,进入句法层面;有的还会进一步虚化,从句法层面再进入词法层面,变成词语的附加成分。我们将助词从句法层面进入词法层面变成词语的附加成分(即从句法成分变成构词成分),称为助词的词素化。在《金》、《醒》、《聊》等相关语料中,结构助词"地"和"得"、动态助词"着"、语气助词"哩"、语气助词"么"、语气助词"着"都有词素化的倾向。

助词词素化后往往具有以下特点：

词素化后的助词跟别的构词词素结合在一起表达的语义是固定的，不能按照各自原有的意义组合起来理解。如"忽地"的意思为"突然"，"暗地"的意思为"私下"，"晓得"的意思为"知道"，"休得"的意思为"不要、不得"，"懒得"的意思为"不想、不情愿"，"使不得"的意思为"无须、不可以"（表示劝阻），"不见得"表示"说不定、不一定"，"紧着"的意思为"本来"，"济着"的意思为"任由"等。

助词词素化后可跟其他词素形成不同的词类。例如，动态助词"着"词素化后可跟其他词素构成介词（如"顺着、为着、凭着、按着、向着"）、副词（如"紧着"）、动词（如"破着"）、连词（如"不着、若着、要着"）、语气助词（如"着哩"），结构助词"得"词素化后可形成动词（如"料得、见得、消得、出落得、免不得、成不得、顾不得"）、连词（如"免得"）、副词（如"幸得、休得、只得、怕不得"）、形容词（如"了得、难得、要不得、了不得"），结构助词"地"可形成副词（如"忽地、暗地"），语气助词"哩"可构成语气助词"哩么"等。

助词词素化往往伴随着语音的轻化。助词都是从实词虚化而来，在这个虚化的过程中，往往伴随词音上的变化。当助词词素化后，从句法层面进入词法层面时，词音有时还要进一步轻化。如：

① 夫人说："大不然人已死了，还觉哩么？出上就抬了去。"（聊·寒·4·1042）

"觉哩"的原词形式是"觉得"，当结构助词"得"失去独立地位、变成"觉得"的构词成分时，在词音上又发生了由[ti]到[li]的演变。

助词词素化后可在词后再出现这一助词。如：

② 许那高四嫂的东西也一分不少，都悄地的送了。（醒·12·178）

③ 做秀才的时候，同了学官出到五里铺上迎接宗师，都在一个大寺等候，他悄地的把教官的马一蹾一蹾的牵到那极高的一座钟楼上面。（醒·62·890）

④ 把单完悄地的拉到门外，问道："这人果然写得状好？不致误事才好。"（醒·81·1160）

⑤ 因明日是圣姆的诞辰，念你们特地的远来，怕山上没有地主，故暂回本山料理。（醒·93·1329）

以上 4 例是词素化了的"地"后又出现助词"的（地）"，说明"地"已与前面词素凝合成一个表固定意义的词，失去了独立的语法地位，由句法层面进入了词法层面。

第七章　句　式

7.1 概说

近代汉语的句式较之古代汉语发生了很大的变化。这一时期，旧有的句式进一步变化或消失，新的句式产生并得以发展。而到了近代汉语后期的明清时期，句式又与近代汉语前期有所不同，该期的句法结构更加接近现代汉语。可以说明清时期的句式特点体现了近代汉语向现代汉语的过渡，明清时期是现代汉语句式系统形成的重要时期，现代汉语的句式直接来源于明清时期的汉语。

汉语的句式从历时发展角度看有时代的不同，从共时角度看又有地域的差别。由《金瓶梅词话》、《醒世姻缘传》、《聊斋俚曲》三种具有明清山东方言背景的语料所体现的句式，除带有汉语发展到明清时期的共同特点外，还有明显的地域特征。比如表被动的"着"字句在《金》、《醒》、《聊》里都有用例，在现代山东方言里这种句式也很常见，但在同时期其他文献中却很少见到，所以"着"字被动句应该是具有明清山东方言特点的句式；又如《金》、《醒》、《聊》里"X＋A＋差比标记＋Y"式差比句的差比标记"的"、"起/其"、"及"等，是极具山东地域特色的语法形式，直到现代山东方言里还在广泛使用着。这些带有地域性的句式，不仅是汉语方言语法的重要组成部分，也是完整的具有时、地观念的汉语语法史的重要内容。

本章以《金》、《醒》、《聊》为基本语料，对其中的处置句式、被动句式、差比句式、选择问句、反复问句进行分析讨论,对每种句式的讨论都着眼于句式的发展、反映明清语法特点的程度、句式的地域性等因素来加以分析。在具体操作上,首先对三种语料文献里的句式进行共时平面的静态研究,找出所研究的句式的所有用例,对其进行穷尽性描写,力求真实、全面地反映出明清时期山东方言句式的状况,从而对其特点做出总结分析;在共时描写的基础上,对《金》、《醒》、《聊》里的句式进行历时对比分析,找出其共同点和差异之处,对差异之处,从时间、地域、语体等方面做出解释;同时,比较前后差不多同时期的北方系文献《歧路灯》、《儿女英雄传》等,以观察明清山东方言句式与同时期北方方言的共同点和相异处,由此试图更明晰地反映出明清时期山东及北方方言的句式特点。此外,还较多地联系沟通现代山东方言,以观察明清时期山东方言句式在现代山东方言里的演变情况。

7.2 处置句式

处置句式是汉语里的一种特殊句式,一般把由"把"、"将"等介引谓语动词的受事、主要表示处置意义的句式称为"处置式"。王力(1984:116、117)最早提出"处置式"这一概念,他说:"中国语里有一种特殊形式,就是用助动词'把'(或'将')字,把目的语提到叙述语的前面","'把'字所介绍者乃是一种'做'的行为,是一种施行(execution),是一种处置"。后来,王力(1989:266)又从结构形式和句式的意义两个方面对处置式做出了说明:"就形式上说,它是用介词'把'字把宾语提到动词的前面;就意义上说,它的主要作用在于表示一种有目的行为,一种处置。"

根据语义特征、结构形式等特点,吴福祥(1996)把处置式分为广义处置式、狭义处置式和致使义处置式。广义处置式的结构通常是双及物式,在意义上可以表示"处置给、处置作、处置到"等;狭义处置式的结构为一个及物式,谓语动词前后可以有其他成分,句子表示的处置意义较强;致使义处置式为非及物式结构,其中处置介词后面的成分是谓语动词的当事或施事而非受事,句子体现的是一种致使义。这三类处置式的产生或来源问题一直是学术界讨论的热点,不过对这三类处置式的产生时间基本达成了共识。一般认为,表"处置给、处置作、处置到"的广义处置式在先秦就已经产生;狭义处置式产生于魏晋南北朝,成熟于唐代;致使义处置式产生于晚唐五代。(参看蒋绍愚、曹广顺主编 2005:352~378)

关于处置式的来源问题,主要有三种意见:第一,处置式来源于连动式结构"将/把+NP$_1$+V$_2$"中动词"将/把"的语法化,祝敏彻(1957)、王力(1980/1985)、贝罗贝(1989)等都持这种看法;第二,认为处置式源于上古汉语具有提宾功能的"以"字结构,如 Bennett(1981)一方面认为古汉语的"以"字结构是唐宋时期"把/将"句(处置式)的前身,另一方面又指出表处置的"把/将"句来自连动式的重新分析。陈初生(1983)则直接认为唐代表处置的"把/将"字句来源于上古汉语"以"字处置式的词汇替换,而否认表处置的"把/将"由连动式演变而来的说法;第三,认为处置式有不同的次类,不同次类的处置式来源不同。如叶友文(1988)认为"纯处置"是在唐代伴随介词"将/把"出现而产生,"处置到"、"处置给"则源自先秦至隋唐以前的"以"字句和

"于"字句。梅祖麟(1990)在叶文的基础上对唐宋处置式则进行了更为全面、细致的分类。(参看蒋绍愚、曹广顺主编 2005:352)此外,冯春田(2000/2003:580)提出:"用同一个处置介词的'将'或者'把'字处置式,认为它有两种以上的来源或形成途径,这是很成问题的。"从处置句式的类型来看,最早的处置式形式是以"以"作为处置介词的"以"字句,它产生于上古时期,但后来并没有得到发展而逐渐消失。"将"字句始见于魏晋六朝时期,"持"字句较早见于汉魏时期的汉译佛经,"取"字句也见于魏晋南北朝时期的佛经文献,"把"字句和"捉"字句比较典型的例子则见于唐代以后的文献。从意义上来说,致使义的"将"字句和"把"字句一般认为出现于唐五代时期。(参看蒋绍愚、曹广顺主编 2005:354～360)

在具有明清山东方言背景的语料《金》、《醒》、《聊》里,处置式共出现 6540 例。除了近代汉语常见的"将"字句和"把"字句外,还有带有时代和地域特色的"拿"字句、"着"字句等。本章基于《金》、《醒》、《聊》三种语料文献处置式的穷尽调查,对各类型处置式的结构和语义等方面加以分析,同时与北方系文献《歧》、《儿》里的处置式进行比较分析。

7.2.1 处置句式的类型

7.2.1.1 "把"字句

"把"字处置句在《金》、《醒》、《聊》里分别出现 1750 例、1679 例、1952 例,各占其处置句式总数的 88.5%、70.9%、90.4%,是三种语料里出现频率最高的一种处置句类型。

7.2.1.1.1《金》、《醒》、《聊》里"把"字句的语义结构分析

明清时期"把"字句发展得已经很成熟,结构和意义关系都比较复杂。从结构形式和语义特征上来看,《金》、《醒》、《聊》里的"把"字句也可以分为广义处置式、狭义处置式和致使义处置式三类。其中,广义和狭义处置式都表示处置义,即谓语 VP 的动作行为是对"把 N"中的 N 的处置,N 是谓语的受事,要承受 VP 所发出的动作行为或影响,不过所表现的处置义的强弱有所区别,结构上也有不同。致使义处置式中 N 是动词的当事或施事,整个句子表示一种致使义(以下分析中 V 代表动词,N 代表受事对象,C 代表补语,A 代表状语)。

7.2.1.1.1.1 广义处置式

从结构上来看,这类处置式通常是一个双及物式(把+N_1+V+N_2),受事对象 N_1 是谓语动词关涉的双宾语中的一个。因为这个动作涉及两个不同域内的题元,谓语动词语义上的处置性就比较弱。按具体的语义来分,这类处置式又可以分为以下几个小类。

A. 处置给:把 N_1 给予 N_2

这类处置式谓语一般是表"给予"义或是与"给予"义相关的动词,如"与"、"给"、"赐"、"递"、"送"、"还"等,动词后也常跟表"给予"义的介词,如"给"、"与"等(《金》常用介词"与",如"递与"、"报与"、"拿与"等;《醒》"给"和"与"的使用频率相当;《聊》则

多用"给")。在语义上表示由于某种动作的实施,N₁由原来的主体转移到另一主体N₂处。《金》114 例,《醒》98 例,《聊》40 例。如:

① 武大道:"好兄弟,你对我说是谁,我把十个炊饼送你。"(金·5·58)

② 西门庆因使春梅,春梅越发把月琴丢与妇人,扬长的去了。(金·27·347)

③ 一面斗着嘴,一面把盒子交付家人晁住。(醒·3·41)

④ 途中这样贵饭,他把整碗的面退还店家。(醒·54·788)

⑤ 把这件衣裳丢给他,就完事了。(醒·67·967)

⑥ 我到人间,要把碧藕赐众仙。(聊·莲·2·1082)

⑦ 也罢,我把个丈夫让给你罢。(聊·襄·29·1255)

有时 N₂ 后又出现动词,这时 N₂ 既是"给予"义动词的宾语又是后面的动词的主语。如:

⑧ 干娘,不要独自吃,你也把些汁水与我呷一呷。(金·4·55)

⑨ 妇人把刚才陈敬济拿的鞋递与他看。(金·28·359)

⑩ 把这二两银子与他做盘缠,叫他即忙回去。(醒·27·399)

⑪ 你会做好人,把恶人推给我做。(醒·34·504)

有一类"处置告"的形式,可以看做"处置给"的一种隐喻派生,因为"告诉"的动作表达的是把言语(N₁)从一个主体传达给另一个主体(N₂),和"给"所表达的动作在方向性和结果上是相同的。这种形式中的动词多是"言语"义动词或是与"言语"义有关的动词,常见的有"告"、"诉"、"说"、"奏闻"、"报"等。《金》10 例,《醒》7 例,《聊》3 例。如:

⑫ 文嫂便把家中倚报会茶、赶腊月要往顶上进香一节,告诉林氏。(金·69·983)

⑬ 应伯爵无日不在他那边趋奉,把西门庆家中大小之事,尽告诉与他。(金·80·1251)

⑭ 把那前后左右从根至尾的始末,怎样借银子,怎样打发出来,尽情告诉了那和尚。(醒·15·226)

⑮ 把这些众生的罪孽,奏闻了玉帝。(醒·27·390)

⑯ 来传话的人把他的话回了乡约。(醒·34·502~503)

⑰ 安心上灌江口告状,把冤情诉与真君。(聊·寒·6·1058)

B. 处置在/到:把 N₁ 放到/放在 N₂

这类处置式中,N₂ 通常是处所词或表示处所的名词性成分,句子表达的语义是:由于某种动作的实施,受事对象 N₁ 由原来的位置位移到 N₂ 处。谓语一般为可使物体改变位置的动作动词,如"放"、"送"、"挂"、"拿"、"插"、"抬"、"扛"等,并且动词后一般带有"到"、"在"等可以跟处所名词的介词。《金》302 例,《醒》257 例,《聊》88 例。如:

　　① 李瓶儿那边同两个丫鬟迎春、绣春,放桌凳,把箱柜挨到墙上。(金·14·168)

　　② 原来他把潘家的就葬在寺后首,俺们也不知。(金·90·1360)

　　③ 一日,把那椅子掇在当门,背了吕祖的神像,坐在上面齁齁的睡着。(醒·28·415)

　　④ 调了个湾子,把小荷香弄到那里,上上头,彻底换了绸帛。(醒·44·645)

　　⑤ 马知县怒气发,你把人藏在家,难道这就干休罢?(聊·富·2·1282)

　　⑥ 亏他二舅中两榜,中两榜,才把奴家送到门,送到门。(聊·富·5·1309)

　　C. 处置作:把 N₁ 当做/比做/看做 N₂

　　这类处置式谓语表示的是一种意愿或认识,在语义上表示在某种观念的支配下把 N₁ 看做(或当做、比做、认做)另一人或事物 N₂。谓语位置上出现的多是"认定"、"当做"或"比拟"义的认知动词和比拟动词,如"为"、"作"、"当"、"比"、"拟"、"如"等。《金》46 例,《醒》43 例,《聊》10 例。如:

　　① 分明指与平川路,却把忠言当恶言。(金·18·24)

　　② 贼强人,把我只当亡故了的一般。(金·34·446~447)

　　③ 后来有了珍哥,益把计氏看同粪土,甚至不得其所。(醒·4·45)

　　④ 他毕竟把我们当他一个好倚靠的泰山。(醒·15·218)

　　⑤ 祢衡虽狂,他把口舌当刀枪;虽不能杀贼,他那气也壮。(聊·快·4·1138)

　　⑥ 佛动心笑颜开,我每日也疑猜,谁想你把俺当嘲巴待。(聊·增·22·1648)

　　D. 处置成:把 N₁ 变成 N₂

　　这类处置式表示的语义是由于某种动作行为的实施,受事成分 N₁ 被处置成(物力上或心理上)另一事物 N₂。句子中的动词主要有"打做"、"变"、"分为"、"裁作"、"为"、"裁"、"化出"等。《金》15 例,《醒》38 例,《聊》12 例。如:

　　① 这武松被这一惊,把肚中酒都变作冷汗出了。(金·1·6)

　　② 王婆把这砒霜,用手捻为细末,递与妇人,将去藏了。(金·5·63)

　　③ 把我个强盗般的婆婆生生被他气成瘫痪。(醒·56·814)

　　④ 把那玉簪、玉花都敲成烂酱往河里乱撺。(醒·87·1235)

　　⑤ 把银钱化成汁子,使铁勺舀着往口里直灌,那恶虎叫哭连天。(聊·寒·7·1061)

　　⑥ 你看天生造化,把悍妇变成了贤妻。(聊·禳·32·1265)

需要说明的是,并不是具有双宾语结构的"把"字句都是广义处置式。有的谓语动词后虽然还带有宾语 N_2,结构形式为"把＋N_1＋V＋N_2",但这个 N_2 实际上是 N_1 的一部分或就是 N_1,V 对宾语 N_2 的支配也就是对 N_1 的支配,对 N_1 的处置也就是对 N_2 的处置,所关涉的对象不是两个而是一个,因此这类处置式不是广义处置式,应该是狭义处置式的特殊形式(具体分析及用例见狭义处置式)。

7.2.1.1.1.2 狭义处置式

这类处置式的结构通常是一个及物式(把＋N＋V),谓语动词一般只涉及一个域内的题元,受事 N 是谓语动词唯一关涉的对象。根据结构形式和谓语特点,狭义处置式又可以分为以下几个小类。

A. 动词为光杆形式

这种格式即"把＋N＋V",谓语只单独出现动词,动词前后无其他成分。处置式发展到近代汉语,由于语言节奏和动词补语的发展(王力 1980:412、413),除了歌曲唱词等韵文里以外,宾语后面一般已不可以是单个的光杆动词,特别是不能是单独的单音节动词了。因此,《金》、《醒》里的"把＋N＋V"的形式并不多见,并且大都出现在韵文里。如:

① 懒把蛾眉扫,羞将粉脸匀。(金・17・209)
② 破着一命剐,便把皇帝打!(金・25・315)
③ 堂高闲把湘帘卷,燕子还来续旧巢。(金・96・1445)
④ 忆昔兰房分半钗,而今忽把信音乖。(醒・52・756)
⑤ 告官下毒,重犯金科,牢洞把尸拖。(醒・88・1248)

由上面的例子可以看出,出现在韵文里的动词多为单音节形式。而非韵文里的用例则多为双音节动词,《醒》里共有 15 个谓语只出现动词的用例,其中 3 例是用在诗文当中,其余 12 例除了 1 例外都是双音节动词,《金》中非韵文里的用例也大多是双音节形式。如:

⑥ 如今少不的把对门房子打扫,卸到那里,寻伙计收拾装厢土库,开铺子发卖。(金・58・783)
⑦ 我央任后溪到府中替你和王奉承说,把你官字注销,常远纳官钱罢。(金・67・940)
⑧ 若除此这几种恶物,其余飞禽走兽、鳞介昆虫,无害于人,何故定要把他残害?(醒・1・1~2)
⑨ 因乡宦差人分付,小的们不敢把他难为,所以只得将他松放。(醒・14・204~205)
⑩ 就是薛教授皓然了须眉,衣冠言动就合个古人一般,也便不好把他殴打。(醒・35・521)

但是,《聊》因为受俚曲语体的影响,"把+N+V"的形式较为普遍,共 889 例,占《聊》"把"字句总数的 45.4％,并且单音节动词充当谓语的比率也相当大。其中,狭义处置式里"把+N+V"的形式共 869 例,这些用例也基本上都出现在韵文中。如:

⑪ 肚里吐噜如雷响,一堆饿火把心烧,堪堪饿死谁知道?(聊·墙·1·834)

⑫ 没娘孩子好可怜,棘针几时把脚签?(聊·慈·1·896)

⑬ 实说我可不去赌,你待赌时靠一边,看人说我把你骗。(聊·翻·4·948)

⑭ 叫爷娘合兄弟,当初咱家过不的,我才来家把您替。(聊·翻·12·1013)

⑮ 想起泪流,想起泪流,解出几乎把命休!(聊·磨·20·1473)

因此,《聊》"把+N+V"的形式占优势,并不代表《聊》所处时代和地域的特点,而是与《聊》俚曲形式的语体有关。俚曲的唱词长短、字数和押韵都有一定限制,单音节动词比较简单灵活,更容易符合曲词的句式要求。

B. 动词重叠

这种格式即"把+N+V(+一/了)+V"式,其中动词前后仍没有其他成分,只是重复使用动词,表示动作施行的时间短暂或重复等。《金》12 例,《醒》25 例,《聊》38 例。如:

① 明日你只认起了,单拣着有时运的跟,只休要把脚儿锡锡儿。(金·35·469～470)

② 长官来到,明日还收拾了耍子所在,栽些花翠,把这座亭子修理修理。(金·77·1166)

③ 拿天平来,我把这银子兑兑,别要"糟鼻子不吃酒,枉耽虚名"的。(醒·96·1370)

④ 快去把衣裳找找,梳梳头好见尊公。(聊·墙·1·832)

⑤ 大年初一,烧炷名香,三盏清茶,磕了一万个响头,就把财神爷爷来祝赞祝赞。(聊·穷·1119)

叠用的动词之间还可以插入"一"、"了"等成分,意义和动词直接叠用相同。如:

⑥ 西门庆道:"望乞老先生把他这胎气好生安一安。"(金·76·1138)

⑦ 这春梅把眼瞪一瞪,唤将当直的家人媳妇上来。(金·90·1367)

⑧ 那会子打发得他喜欢,也便把口来裂一裂,牙龇一龇,露了个喜态。(醒·100·1423)

⑨ 给我把衣服抃一抃,扑撒扑撒前后襟。(聊·快·2·1128)

⑩ 不免把门敲了敲,有觅汉金三,出来问是谁。(聊·富·9·1333)

C. 动词前有前加成分

这种形式,动词前面有修饰成分,后面没有任何其他连带成分,根据前加成分的不同,又可以分为以下几类。

a. 把+N+来+V

这一类动词后面没有其他成分,动词和宾语之间出现"来"。《金》出现 17 例,多是"把酒来斟"的形式,《醒》8 例,《聊》用例最多,有 97 例,动词多为单音节。如:

① 三人坐下,把酒来斟,武大筛酒在各人面前。(金·1·17)

② 欲心如火,只把闲话来说。(金·1·19)

③ 无奈的做大的容不得人,终日里把那妾来打骂,再也没个休止。(醒·44·644)

④ 我且一朝权在手,便把令来行!(醒·68·978)

⑤ 咱那东西虽不济,他也知道咱家穷,全凭你把心来用。(聊·墙·1·832)

⑥ 爹爹在那方,见了爹问问娘,不觉就把声来放。(聊·襄·30·1259)

⑦ 官府若是不肯准,除罪只把项来摇,把状只望当堂掷。(聊·磨·14·1430)

从意义来看,"来"表示要做某事。"来"的使用对"把"字句的意义并不构成多大影响,可以去掉。但从动词的形式来看,"来"后面多为单音节动词,因此加上"来"后可以避免只出现光杆动词的现象。而《聊》里大量"来+V"形式的使用,还有凑足曲词音节的作用。

此外,《金》、《醒》"来+V"后还可以出现"了"、"着"等虚词或补语成分(《金》15例、《醒》4 例),显示了"来"意义的进一步虚化。如:

⑧ 西门庆见妇人说话乖觉,一口一声只是爹长爹短,就把心来感动了。(金·37·484)

⑨ 好小周儿,怎大胆,平白进来把哥哥头来剃了去了。(金·52·693)

⑩ 平白安扎怎样行货子,没廉耻,传出去教人家知道,把丑来出尽了!(金·76·1161)

⑪ 剥了皮,把肉来煮得稀烂。(醒·62·889)

⑫ 又攒了一服药,煎汤把疮来洗净,敷上末药,贴上膏药。(醒·67·962)

上面"把"字句"来 VP"中的"VP"都表达出(或能够表达出)动作已经实现的意义,"来"不再表示要做某事。这种用法的"来"相当于现代汉语用在"把"字句动词前的助词"给"(如"他把衣服给晾干了"),[①]具有加强处置语势的作用,并且带有较浓的口语

---

① 引自吕叔湘主编(2002:227)。

色彩。

b. 把＋N＋去＋V

这种形式多出现在《聊》里，共 7 例，此外只《金》有 1 例。如：

⑬ 自从娶过玉楼来，见衙内日逐和他床上睡，把他不去揪采，这丫头就有些使性儿起来。（金·91·1378）

⑭ 土条蛇用心机来的最妙，每日把赌钱法用心去教。（聊·翻·2·938）

⑮ 那刘悦死了老婆，把他丈人去调唆。（聊·翻·12·1012）

⑯ 那小鬼见阎王命儿难保，他有什么心绪把人去看？（聊·襄·18·1209）

⑰ 一个俗俗人儿，怎能把青天去上？（聊·磨·1·1276）

例⑬是否定式。这类例子里的"去＋V"和"来＋V"是对称的，"去"表示要做某事，或者说表示动作行为的趋向性，去掉也不影响句义。但是"去＋V"没有像"来＋V"那样出现"去＋VP"的用法，似乎表明"去"还没有发生"来"那样的虚化。

c. 把＋N（＋A）＋一＋V

这种形式里动词前加"一"，表示动作行为的状态，《金》15 例，《醒》29 例，《聊》25 例。如：

⑱ 把腰胯一伸，掀将起来。（金·1·5～6）

⑲ 这妇人连忙把封门一开，西门庆钻入里面。（金·77·1179）

⑳ 先生吃过了早饭，仍旧又上坑解手，三不知把那树橛一扳，脑栽葱跌得四马攒蹄。（醒·33·490）

㉑ 素姐走到跟前，把桌子一掀，连碗掀在地上，跌得稀泥烂酱。（醒·66·945）

㉒ 张诚来见那光景，把脸一变，问他哥哥为嗄来。（聊·慈·4·915）

㉓ 方娘子把身一歪，倒在官人怀里。（聊·富·5·1309）

从上面例子来看，"一"后面的动词一般为单音形式，"一＋V"表示动作、变化突然出现或者彻底。有时"一"前面也可以有表示动作方式或方向的修饰语。如：

㉔ 念毕，又把五谷果子往北一撒。（醒·44·648）

㉕ 着极的人激出一段火性，把那柜上使手尽力一拍。（醒·67·958）

㉖ 把椅子往一边一拉。（聊·增·16·1622）

d. 把＋N＋A＋V

这种形式中动词的后面没有其他连带成分，前面有修饰语（状语），用来表示动作行为的时间、频率、方式、程度，或者施及的处所、范围等。《金》32 例，《醒》52 例，《聊》70 例。如：

㉗ 依你说起来，除了娘，把俺们都撵，只留着你罢！（金·11·126）

㉘ 若把事体拿死蛇般做，这一千两银子只怕还不够正经使用。（醒·5·66）

㉙ 这李大郎请到家教这两个孩子，恐怕先生不肯用心教得，要把修仪十分加厚，好买转先生尽心教道。（醒·23·347）

㉚ 经官断了出来，还把我再三打骂。（醒·42·612）

㉛ 还望老爷上公堂，把那地土尽追偿。（聊·翻·5·959）

㉜ 前面张宅不远，咱把路庄板着实打，看他听不见。（聊·磨·23·1484）

上面例㉘、㉜谓语前的修饰语"死蛇般"、"着实"表示动作行为的方式，例㉗、㉛副词"都"、"尽"表示动作行为的范围，例㉙副词"十分"表示动作行为的程度，例㉚副词"再三"表示动作行为的频率。

D. 动词后有连带成分（包括同时有前加成分）

在《金》、《醒》里，动词后有连带（后续）成分的"把"字句最为常见。按照后续成分的不同，又可以分为动词后带有虚词成分、动词后带有补语、动词后带有宾语三类。

a. 把＋N（＋A）＋V＋虚词成分

这种形式中，动词后面只带有表时态体貌的助词，如表动作完成或实现的"了"，表动作持续的"着"等。《金》129例，《醒》55例，《聊》37例。[①] 如：

① 使出冯妈妈来，把牌面幌子都收了。（金·19·233）

② 那韩道国坐在凳上，把脸儿扬着，手中摇着扇儿。（金·33·430）

③ 你不如把我打发了，你老婆还是老婆，汉子还是汉子！（醒·3·39）

④ 把那淫妇的衣裳剥了！（醒·11·160）

⑤ 周元把书收了，皇爷就要起身。（聊·增·5·1571）

从《金》、《醒》、《聊》的使用频率来看，动词后面只跟虚词的用例是逐渐减少的，这从一个侧面反映出明清时期处置式的 VP 渐趋复杂化的倾向。

b. 把＋N（＋A）＋V＋C

这种动词后面带有补语的形式在"把"字句中所占比例最高。王力（1980：412、413）曾经提到："由于带了补语，比较适宜于宾语提前（'把房子打扫干净'比较'打扫房子干净'更顺口），所以处置式的动词后面逐渐带有补语，至少也带一个'了'字或'着'字。"而这种带有补语的形式也很快就成了处置式的主流。除《聊》由于文体的限制，用例所占比例不是很高之外，《金》、《醒》的用例都反映了这一点，这三种语料文献里"把＋N（＋A）＋V＋C"分别有 771 例、751 例、440 例，各占"把"字句总数的 44.1％、44.8％、22.5％。并且这类"把"字句的补语的语义类型也非常丰富，有结果补语、动趋式补语、数量补语、状态补语、程度补语等。下面分别举例说明。

[①] 这类"把"字句《金》里带有虚词"了"的 105 例，带"着"的 24 例，动词前面常有副词"都"、"也"等的修饰；《醒》里带有"了"的 49 例，带"着"的 6 例；《聊》里带"了"的 30 例，带"着"的 7 例。

(a) 结果补语一般为动结式(使成式),即动词后面带有结果成分。王力(1980:413)认为:"使成式和处置式的关系是非常密切的。在现代汉语里,在大多数情况下,处置式是和使成式结合着用的。"而也正是"由于使成式的普遍应用(使成式的第二成分是补语),近代汉语动词后带补语的情况越来越普遍,处置式的应用也就跟着普遍起来"。在具有明清山东方言背景的语料里,"把"字句中使成式的运用也是很普遍的。如:

⑥ 那婆子便把衣袖卷起,舀了一桶汤。(金·5·64)

⑦ 在街上遇见这大雨,慌忙躲在人家房檐下,用手巾裹着头,把衣服都淋湿了。(金·6·72)

⑧ 叫人把那地下的帖子拾起,抬了礼回去。(醒·39·570)

⑨ 素姐把他叫住,哄他进了大门。(醒·76·1088)

⑩ 只宜蒲团打坐,把人事一切丢开。(聊·蓬·6·1099)

⑪ 家人举起,把张龙一棍打倒。(聊·磨·28·1512)

与其他类型的补语相比,《聊》里"把"字句中动结式的用例比其他补语形式的要多些,这也主要是《聊》的语体特点造成的。因为和其他补语相比,动结式更为简洁,更适合有字数限制的韵文唱词。

(b) "把"字句中的趋向补语表示受事对象在空间的位移方向。比如"上"表示物体由低处移向高处,"出来"表示物体由里到外。《金》、《醒》、《聊》"把"字句里的趋向补语有"上"、"下"、"出"、"来"、"去"、"下来"、"上来"等。如:

⑫ 你便与他有瑕玷,如何做作着把我的小厮弄出去了!(金·12·143)

⑬ 就把那大四方穿衣镜也带出来,教他好生磨磨。(金·58·800)

⑭ 大尹道:"且把这八个男子锁出来!"(醒·20·300)

⑮ 相大妗子毕竟把狄希陈拉出来了。(醒·61·872)

⑯ 大家一齐到门,把先父请去,说了来意。(聊·禳·1·1145)

⑰ 你领了您那孤老来,都把我银子赢了去,我也不肯干休!(聊·增·22·1651)

(c) "把"字句后的数量补语可以是名量补语和动量补语。名量补语的例子如:

⑱ 说毕,令迎儿把桌上蒸下的角儿装了一碟儿,打发玳安儿吃茶。(金·8·92)

⑲ 你对春梅说,把昨日你姥姥稍来的新小米儿量二升,就拿两个酱瓜儿出来,与他妈妈儿吃。(金·58·802)

⑳ 他把那边此边又帮阔了丈许,上面盖了五间茅屋。(醒·23·343)

㉑ 这尺头在那边,箱里包也是闲,就把衣裳做两件。(聊·翻·9·992)

㉒ 我把精兵点五百,九月初十到贵庄,发了财高情不敢忘。(聊·翻·12·

1009)

不过,相比之下动量补语的例子更多一些。如:

㉓ 把来旺儿夹了<u>一夹</u>,打了二十大棍。(金·26·328)

㉔ 珍哥把晁大舍拔地瞅了<u>一眼</u>。(醒·3·36)

㉕ 望着丁利国笑了一笑,把嘴扭了<u>一扭</u>。(醒·27·397)

㉖ 龙氏得意的把头摇了<u>两摇</u>,仰着脸走向前来等着擦灰。(醒·56·808)

㉗ 又想着晚间的罪实在难受,暗暗的把舜华来念了<u>一回</u>。(聊·富·6·1316)

(d) 状态补语多用"得(的)"字结构。如:

㉘ 把家中大小丢得<u>七颠八倒</u>,都不喜欢。(金·6·70)

㉙ 不想把孩子哭的<u>那口气憋下去</u>,不言语了,脸便胀的红了。(金·52·693)

㉚ 珍哥把中门关顶得<u>铁桶相似</u>,气也不喘一声。(醒·8·122)

㉛ 霎时把个小再冬打的<u>皮开肉绽</u>。(醒·89·1267)

㉜ 把一个花花世界,真弄的<u>日月无光</u>!(聊·寒·7·1063)

(e) 程度补语也可用"得(的)"字结构充任。如:

㉝ 几次把月娘喜欢得<u>没入脚处</u>,称呼他做六姐。(金·9·104)

㉞ 那怒气早已钻入爪洼国去了,把心已回动了<u>八九分</u>。(金·12·142)

㉟ 把个刘海斋喜的<u>极</u>了,只是缠着问我要。(醒·7·94)

㊱ 后来他挺了挺签,凭计姨夫顶触了一顿,束住了手不打,把众人都诧异的<u>极</u>了。(醒·11·166)

㊲ 从头说了一遍,把大姐几乎<u>气死</u>!(聊·翻·5·955)

c. 把+N₁(+A)+V+N₂

这类形式中谓语动词后面带有宾语 N_2,但 N_2 实际上就是 N_1 或 N_1 的一部分。《金》42 例,《醒》84 例,《聊》65 例。按照动词的意义和宾语的性质,又可以分为以下几类。

(a) N_2 与 N_1 具有领属关系,N_2 归 N_1 所领有。如:

㊳ 于是不由分说,把这小妮子跣剥去<u>身上衣服</u>,拿马鞭子下手打了二三十下。(金·8·90)

㊴ 饶是迎春在旁挡扶着,还把额角上磕伤了<u>皮</u>。(金·61·852)

㊵ 把床头上那把<u>解手刀</u>拔出鞘来,袖在袖内,看他来意如何。(醒·2·21)

㊶ 我把那狐狸剥了<u>皮</u>,硝的熟,做了一条风领。(醒·6·85)

㊷ 把那鸡子一个个自己亲手剥去了外边的<u>硬皮</u>,就如那粉团玉块一般,盛在那碗碟之内。(醒·61·881)

㊸ 忙把差人拉住手，翻了前边翻后边，并无一个张鸿渐。（聊·富·2·1281）

㊹ 衙役欺心，衙役欺心，该把乜狗脚打断筋！（聊·富·4·1300）

㊺ 作恶的心肠还不改，把俺那儿来割了头。（聊·富·7·1322）

在上面例子中，V 对 N_1 的处置也就是对 N_2 的处置。如例㊷"把那鸡子一个个自己亲手剥去了外边的硬皮"，虽然直接剥的是"硬皮"，而实际上是对"鸡子"施行的动作。通常的表达习惯是直接把 N_2 放在 N_1 的后面，谓语动词后面就不再带有宾语。如例㊳"把这小妮子跣剥去身上衣服"即"把这小妮子身上衣服跣剥去"，例㊶"我把那狐狸剥了皮"即"我把那狐狸皮剥了"。试比较语料里的相关例子：

㊻ 我不把你下截打下来也不算！（金·11·127）

㊼ 是甚么东西儿？怎的把人半边胳膊都麻了？（金·16·195）

㊽ 狄婆子把狄希陈的夹袄一手脱将下来。（醒·48·703）

㊾ 又把他头发取将开来，分为两股，打了两个髻子，插了两面白纸小旗。（醒·58·841）

（b）当"把 + N_1 + V + N_2"结构中 N_1 和 N_2 指同一事物或人，N_2 是对 N_1 的复指时，很明显，V 所关涉的题元也只是一个。如：

㊿ 为今之计，不如把这位先生招他进来，过其日月，有何不可。（金·17·213）

(51) 你若要他这奴才老婆，不如先把奴才打发他离门离户。（金·25·322）

(52) 我待把族里那八个人，叫他们来。（醒·22·320）

(53) 再把你姑娘也抬了他去，叫他听着咱说话，看着咱可吃酒。（醒·58·831）

(54) 差了小选子悄悄的把小珍珠的母亲叫了他来。（醒·79·1127）

(55) 二郎爷爷吩咐，把地狱的冤魂放他出来，有冤的诉冤。（聊·寒·7·1063）

(56) 等着我回了北京，把那天下的好木匠叫了他来，做些还你娘们。（聊·增·15·1615）

在这种形式中，复指的宾语去掉并不影响句义。"把"字句中这种复指宾语成分多出现在人物语言中，是语言带有非正式性和随意性色彩的表现。

（c）还有一类双宾结构的"把"字句中 N_1 与 N_2 并没有直接的关系，V 和 N_2 之间一般是固定搭配或已经结合成熟语，如"问军"、"画押"、"打比较"、"回席"、"超生"、"上锁"等。虽然动词和宾语之间一般带有表示动作完成的助词"了"等成分，V 和 N_2 之间好像是动宾结构，但在意义上有了补充说明作用，所以这一类我们仍不看做是广义处置式而归为狭义处置式。如：

⑤ 晁夫人把那八张合同都<u>画了押</u>,照着填就的各人名字,分散与他收执。(醒·22·330)

⑤ 把那钱粮<u>按了</u>分数,定了限期,三四十板<u>打了比较</u>。(醒·32·463)

⑤ 死得干净,又把他的家事<u>估了绝产</u>,限定了价钱,派与那四邻上价。(醒·32·464)

⑥ 记了数,贴了封皮,把陈柳<u>上了锁</u>,带了地方、乡约,说他通同容隐,要具文呈堂转申盐院。(醒·48·697)

⑥ 你的母亲已即时齐齐整整把我<u>回了一席</u>。(醒·65·931)

⑥ 骂只骂你太无情,把我那娇儿<u>超了生</u>。(聊·富·7·1323)

E. 谓语动词为较复杂的结构形式

这种类型里,"把"字句中的 VP 比较复杂,可以是连谓等复谓形式或者是与其他句式的糅合。《金》70 例,《醒》83 例,《聊》49 例。具体又有下列几种形式。

a. 把+N₁(+A)+V₁(+N₂)+V₂(+N₃)

这种形式中 V_1 和 V_2 可以是并列关系。如:

① 学生到衙门里,即时把这干人<u>处分惩治</u>,无损令郎分毫,亦可戒谕令郎,再不蹈此故辙,庶可杜绝将来。(金·69·988)

② 晁思才偶然出来,只见许多叫化子在那里把酵糖<u>一边吃一边装</u>。(醒·57·826)

③ 在里边合寄姐睡觉,必定把门<u>顶了又顶,闩了又闩</u>。(醒·97·1385)

④ 又把他<u>害命割了头</u>,不知何日填还毂?(聊·墙·1·835)

⑤ 要自己剜心剔骨,把魏名<u>挖眼嚼腮</u>!(聊·翻·9·983)

⑥ 若不是别人解劝,定把你<u>剥皮抽筋</u>!(聊·禳·17·1212)

例④、⑤、⑥V_1 和 V_2 后都带有宾语。而更多的是连谓形式,表示先后发生的动作或后一性状表前一动作的结果等。如:

⑦ 把他娘子儿的头面都<u>拿出来当了</u>。(金·51·671)

⑧ 贼作死的强盗,把人<u>妆出去杀了</u>,才是好汉!(金·59·815)

⑨ 李铭连忙磕了个头起来,把盒儿<u>搋进来放下</u>。(金·72·1057)

⑩ 若不急急追捕,只恐怕把许多藏书名画<u>失落无存</u>,不为小可。(醒·26·384)

⑪ 把小成哥<u>揪了奶</u>往旁里一推,推的小成哥怪哭。(醒·95·1360)

⑫ 把王龙<u>剥皮草揎</u>,抬到楼前,立站不倒,面不改色。(聊·增·28·1676)

b. 句式糅合套用

句式糅合套用充分显示了"把"字句结构的复杂性,即在"把"字句的基础上又同时使用了使役句式、被动句式或处置句式等特殊句式。《金》、《醒》、《聊》"把"字处置句式用了使役句式的例子如：

⑬ 从子虚在时，就把两个丫头教西门庆耍了。（金·14·173）

⑭ 把那淫妇教他领了去，变卖嫁人，如同狗屎臭尿，掠将出去，一天事都没了。（金·86·1312）

⑮ 程乐宇又把狄希陈的文字也叫他誊了出来把与连春元看。（醒·37·544）

⑯ 晁书娘子又把他自己儿子小二存的一双鞋，叫他穿上。（醒·57·825）

⑰ 正说着，两个上了坟，把那祭馔来着人抬了来。（聊·翻·7·973）

⑱ 范公子见年近了，把暖帐箱笼要紧的东西，使人送去。（聊·翻·8·978）

《金》、《醒》、《聊》中的"把"字句也都有与被动句式混合的结构形式。如：

⑲ 如今把俺们也吃他活埋了。（金·11·126）

⑳ 把石头乞做工的夫子两三镢头坎得稀烂，怎了？（金·42·554）

㉑ 再万一银子使不下来，就在刑部里面静坐，也强如把头被也先割去。（醒·7·100）

㉒ 临难卸肩，不惟行不得，把品都被人看低了。（醒·7·101）

㉓ 把一个圣贤人被虎咬去，都说是天没眼不分贤愚，从今后在世间好人难做。（聊·慈·4·918）

㉔ 谁知祸不单行，把个驴儿又被人偷了去了。（聊·富·3·1286）

《醒》的"把"字句还可套用处置句式。如：

㉕ 如今老爷考过满了，又不到部里干升，万一有人将县缺谋去，只好把个远府不好的同知，或是刁恶的歪州，将老爷推升了去，岂不误了大事？（醒·5·64）

㉖ 郭姑子把手往衫子里边将抹胸往下一扳，突的一声跳出盆大的两只奶，支着那衫子大高的。（醒·10·148）

㉗ 把个刘芳名恨不得把他娘养汉爹做贼的事情都要说将出来。（醒·82·1172）

F. 谓语为主谓谓语句或复句

这种形式的谓语由主谓谓语句形式或复句充当，《金》、《醒》、《聊》里分别出现5例、18例、7例。如：

① 那白来创把檀香饼一个一口，都吃尽了……（金·54·725）

② 你与我把那奴才，一边脸上打与他十个嘴巴。（金·73·1083）

③ 连夫人叫人把那送来的饭，一桌摆在新人房内，一桌送到上房与公婆同用。（醒·44·650）

④ 把这刘振白短短的一根铁索，一头扣在脖项，一头锁在个大大的石墩。（醒·82·1167）

⑤ 老王丢签，把赵家家人每人打了二十五板。（聊·寒·2·1023）

⑥ 相公吃了三盅，忽觉心中宽阔，把那功名妻子，一切看着都不要紧了。（聊·蓬·5·1096）

例③、例④的谓语由两个主谓谓语句构成并列复句。从上面例子可以看出，主谓谓语句的主语与前面的处置介词宾语一般是领属关系或整体与部分的关系，主谓谓语句表达了对介词宾语每个部分（或每个部位）的具体处置。

G. 省略谓语动词

在这种形式中，"把"的谓语动词省而不现，只出现动词后面的补语成分。这类"把"字句并不多见，《金》没有出现，《醒》4 例，《聊》2 例。如：

① 晁思才走向前把季春江照脸一巴掌。（醒·20·297）

② 先把自己的媳妇，今日一顿，明日一顿，不上两个月，吊死了。（醒·25·372）

③ 素姐跑上前把狄希陈脸上兜脸两耳拐子，丢丢秀秀的个美人，谁知那手就合木头一般……（醒·48·702）

④ 把春香那怀中一剪子，把他那妈妈头子铰吊一个。（聊·襄·26·1243）

⑤ 把秀才三十大板，一霎时命丧黄泉。（聊·富·2·1278）

从用例来看，所省略的谓语动词多为"打"或与"打"义相关的词。虽然动词没有出现，但通过与动作行为义有关的数量补语，显现出了所蕴含的动作义。如"一巴掌"含有"打了一巴掌"的意义，"一剪子"即"绞了一剪子"等。

H. 零谓语中心语

这种形式中没有出现谓语成分，和省略谓语的情况不同，零谓语中心语一般不能具体补出谓语的具体内容，句子在处置介词"把"引出受事对象后就结束了。这类形式具有共同的特点，即一般只在对人责骂、怪罪的场合使用，带有骂詈色彩或戏称作用，口语性极浓。《金》、《醒》、《聊》分别出现 10 例、8 例和 3 例。如：

① 把你贼受罪不渴的老花子，就没本事寻个地方儿，走在这寒冰地狱里来了。（金·23·291）

② 我把你这起光棍，如何寻这许多人情来说！（金·35·450）

③ 西门庆骂道："我把你这贼奴才！你说你在大门首，想说要人家钱儿，在外边坏我的事，休吹到我耳朵内，把你这奴才腿卸下来！"（金·35·457）

④ 我把你这个老虔婆，我就合你对了！（醒·33·489）

⑤ 我把你这个光棍奴才……你在我手里支调！（醒·47·689）

⑥ 相大妗子道："我把你这贼佞嘴小私窠子……"（醒·60·860）

⑦ 寄姐在他胳膊上扭了一下,说道:"我把你这谎皮匠……你说没有,这是甚么呀?"(醒·75·1070)

⑧ 方娘子闻说,一发大骂:"我把你奸佞官!拿人容易放人难。"(聊·磨·6·1396~1397)

⑨ 那二姐没好气的说道:"好!把那憨达!这是一座牌坊。"(聊·增·14·1610)

从上面例子可以看出,"把"后面的形式为"代词+名词"的成分,代词一般为第二人称代词"你",后面的名词是一种蔑称,带有明显的贬义色彩,二者构成复指关系。这类处置式句子的谓语没有出现,听起来好像话语未完,表示的是一种要"把你怎么样"但怎么处置却不表达出来。不过句子所表达的语义通过语言环境和语气又是可以推测出的,很明显蕴含着主体想对受事对象进行某种处置。

7.2.1.1.1.3 致使义处置式

这类处置式中介词"把"所控制的对象不是动词的受事,而是它的当事或施事。也就是说,谓语所表现的动作或状态不是主语 S 发出或呈现的,而是"把 N"的 N 由于某种因素发出或呈现出的。在整个句子中,"把"表示的不是处置义,而是"使令"、"使让"之类的致使义。当然,致使义"把"字句并不是"把"字处置式的主流,出现的时间也要晚于一般的处置式,"最早的用例见于晚唐,两宋时期也不习见",但"元明以来发展为一种常见的类型"。(冯春田 2000/2003:566)明清山东方言背景文献《金》、《醒》、《聊》里这类处置式分别出现 121 例、104 例、90 例。

按照谓语的性质,致使义"把"字句可分为动词谓语句、形容词谓语句和主谓谓语句三种类型。

A. 动词谓语句

由动词充当谓语是致使义"把"字句的主要类型,其中动词多是不及物的,可以是动作动词。如:

① 成日着了那哭,又着了那暗气暗恼在心里,就是铁石人也禁不的,怎的不把病又发了!(金·62·865)

② 奴已和他大娘说来,到明日我死,把迎春伏侍他大娘。(金·62·877)

③ 把西门庆、月娘多笑了,桂姐才起了来。(金·74·1091)

④ 听得里面如千军万马的喧嚷,外面又拥集了几万的人,把轿都行动不得。(醒·20·298)

⑤ 然后一群婆娘,豺狗阵一般,把那驴子乱窜乱跑。(醒·68·981)

⑥ 倒把我好心的娇儿,离别了正勾三年。(聊·姑·2·880)

⑦ 秋桂越发作弄着笑,娇儿心肝不住口,把㐫孩子吃了个大敲。(聊·翻·2·941)

致使义"把"字句的谓语也可以由非动作动词充当。如:

⑧ 倒今日空闲,没件事体,就把这事儿完了也罢。(金・57・771)

⑨ 不想我的命苦,先把个冤家没了,如今不幸我又得了这个拙病死去了。(金・62・872)

⑩ 两口子算计把这一股财帛没了,还那里再有这股总财赔得起这套圆领?(醒・36・531)

⑪ 可可的造化低,把个丫头又死了!(醒・80・1138)

⑫ 紧到年跟底下,把一个会做饭上厨的家人病倒。(醒・88・1258)

⑬ 那一日是元宵,把妹子不见了,井里树上都寻到。(聊・寒・3・1035)

⑭ 箭箭中贼头,鼓声酒杯倒,把一个刘皇叔生醉倒。(聊・快・3・1137)

B. 形容词谓语句

可以由形容词充当谓语是狭义处置式的一大特点,形容词所表现的是 N 所呈现出的性质或状态。如:

① 把个李瓶儿急的要不的。(金・13・157)

② 两个都把心来冷淡了。(金・18・224)

③ 秦参政把那许亲的心肠冷了五分,也还不曾决绝。(醒・18・264)

④ 你主人既已不在,你又是个单身,照他这众人不过,便是我们证他的罪名,除不得根,把仇越发深了。(醒・20・297)

⑤ 那徐老娘把脸沉沉的,让他递酒,也没大肯吃。(醒・49・713)

⑥ 安大成,怒不休,看见血水把心柔。(聊・姑・1・867)

⑦ 把一个极有本领的媳妇,到这里老大窘,也是自家踢弄的紧。(聊・姑・3・882)

⑧ 待了数日,把亲事妥当,二相公才复试去了。(聊・翻・6・968)

⑨ 却说二相公去后,范公子把慧娘搬去,止有他娘合仇大姐在家里,把日子又大差了。(聊・翻・8・981)

C. 主谓谓语句

这类形式用例不多。如:

① 又仔细看了一看,把个晁住娘子三魂去了九魄。(醒・20・288)

② 安大成原是来逐珊瑚,见了那血水,把逐他的言语一句也说不出来了。(聊・姑・1・876)

致使义处置式中的动作行为或状态不是"把 N"里的 N 主动的动作行为或状态,它或者是前面主语 S 使其发出或具有的,也可以是由于前面所述原因致使发生的,也可能是某种说不清的原因导致发生的,再就是根本没有必要说明原因。因此"把"所表现的处置义就不是太明显,有时去掉"把"句子所表达的语义也不会有太大变化。

7.2.1.1.2《金》、《醒》、《聊》"把"字句的相关问题

7.2.1.1.2.1 "把"字句的总体面貌及特点

以上对《金》、《醒》、《聊》里"把"字句的语义和结构形式做了较细致的描写和分析,现在把三种语料里"把"字句的语义结构类型及出现频率概括为下表。

类型及频率		文献	金	醒	聊
广义处置式		处置给	124	105	43
		处置到	302	257	88
		处置作	46	43	10
		处置成	15	38	12
狭义处置式	动词谓语句	光杆动词做谓语	38	15	869
		动词重叠	12	25	38
		来+动词	17	8	97
		去+动词	1	0	7
		一+动词	15	29	25
		动词前有状语	32	52	70
		动词后有虚词	129	55	37
		动词后为补语	771	751	440
		动词后为宾语	42	84	65
		谓语为复杂结构	70	83	49
	主谓谓语句		5	18	7
	省略谓语中心		0	4	2
	零谓语中心		10	8	3
致使义处置式			121	104	90
合计			1750	1679	1952

从上表及以上分析可以看出,《金》、《醒》、《聊》里"把"字句的使用频率都非常高,各语料间没有太大差距,这表明明清时期"把"字句在山东内部方言里普遍盛行,是很常用的处置式。从类型上来说,《金》、《醒》、《聊》里广义处置式、狭义处置式及致使义处置式的比例也相当,表现了"把"字句在明清山东方言里的稳定性和一致性。从句法结构上看,《金》和《醒》都以动词后带有补语的复杂谓语形式为主,《聊》里动词后带有补语成分的用例虽然低于谓语为光杆动词形式的用例,但光杆动词谓语多是由《聊》的文体特点所造成的特殊现象,并不是《聊》所处时代和地域口语的反映。《金》、《醒》、《聊》"把"字句的结构和语义特点反映了明清时期山东方言"把"字句的成熟性及复杂性。

同时期北方系文献《歧》、《儿》里"把"字句的使用频率也很高,这两种语料里分别出现 1191 例、1432 例。从语义和结构类型上来看,与明清具有山东方言背景的文献《金》、《醒》、《聊》的"把"字句没有太大差别,如都具有广义、狭义、致使义三种类型,在结构上谓语为光杆动词的用例也很少,使用频率最高的类型也是动词后带有补语的复杂谓语形式。不过,《歧》、《儿》里零谓语中心句有所变化,《歧》只出现 1 例,用例比《金》、《醒》、《聊》要少,而《儿》里则没有这类形式。《歧》的例子是:

① 张绳祖笑道:"我把你这傻东西,亏你把一个小宦囊家当儿董尽。"(歧·42·390)

总的来说,《金》、《醒》、《聊》、《歧》、《儿》五种语料的情况表明,明清时期北方方言里"把"字句的发展与使用情况比较一致,呈现出句式成熟和结构复杂化、语义多样化的整体状况。

7.2.1.1.2.2 《金》、《醒》、《聊》"把"字句的特点

除了上面所分析的一般类型,《金》、《醒》、《聊》以及《歧》、《儿》里的"把"字句还具有一些比较特殊的结构,体现出明清时期山东方言或北方方言里"把"字句的一些时代特点或地域性特色。

A. 语序具有灵活性

《金》、《醒》、《聊》里的"把"字句语序比较灵活,具体表现在以下几个方面。

a. 介词结构"把+N"放在主语前

一般来说,介词结构"把+N"都是位于主语之后的,但有些例子中"把+N"结构却放在主语的前面,显示出了语序的灵活性。这种"把"字句,《金》、《醒》、《聊》分别出现 5 例、9 例、1 例。如:

① 把剩下的,好歹你替我照依他,也打一件九凤甸儿。(金·20·246)
② 你今日还没吃药,取奶来,把那药你再吃上一服。(金·79·1224)
③ 见了老晁走到,歇住了手,从容坐定,把日来也先犯边要御驾亲征的事,大家议论。(醒·7·100)
④ 把狄希陈的胳膊,寄姐一只手扯着,一只手伸着两个指头打。(醒·75·1069)
⑤ 求天公断执法问,恳把那祖宗产业,望老爷追给本人。(聊·翻·5·956)

上面各例的"把+N"都可以看做放在了主语前,如例①一般的语序为"好歹你替我把剩下的照依他也打一件九凤甸儿",例②通常的语序为"你把那药再吃上一服",其余各例同此。

前后差不多同时期的北方系语料文献《歧》里也有这类"把"字介词结构位于主语前的例子。如:

⑥ 因此把斩送的事,法圆自行开打。(歧·11·128)

⑦ 把昨日我赶你两口子出门的话,大家都忘了罢。(歧·36·335)

⑧ 开行哩欠的客货多,把他的家业众人分了。(歧·66·634)

不过在《儿》中,这类用例罕见,当句子有主语时,"把＋N"一般都是出现在主语之前。

b. 否定副词、助动词等放在介词结构与 VP 之间

现代汉语的处置式,除了一些熟语性的句子外(如"怎能把人不当人"),否定副词一般只能位于介词结构的前面。但《金》、《醒》、《聊》里"把"字句的否定副词"不"、"休"、"不曾"、"别"、"没"、"莫"等的位置却比较灵活,可以放在介词结构的前面,也可以放在"把＋N"和动词之间。放在动词之前的例子如:

⑨ 于是把花子虚一下儿也没打,批了一道公文,押发清河县前来估计庄宅。(金·14·169)

⑩ 我知道你有个人,把我不放到心。(金·82·1271)

⑪ 今日爹没了,就改变了心肠,把我来不理,都乱来挤撮我。(金·86·1309)

⑫ 又再三的嘱咐小僧,叫把那积谷的事别懈怠了。(醒·22·326)

⑬ 为甚么倒把家事不交给你,倒交与个杂毛贼淫妇掌管,叫他装人?(醒·56·815)

⑭ 想是仙人模样俊,模样俊,把奴全不放心中,放心中。(聊·富·5·1309)

⑮ 那北兵甚猖狂,虏妇女杀善良,把官放不在心坎上。(聊·磨·33·1537)

《金》、《醒》中否定形式的"把"字句否定词置于"把＋N"和谓语动词之间的比例大约占三分之一强,而《聊》中否定词则绝大部分都位于"把＋N"之前。可见由《金》、《醒》到《聊》,"把"字句中的否定词是逐渐前移的,越来越向现代汉语靠拢。《歧》和《儿》里也有这种结构式的用例。如:

⑯ 真正把得罪人全不当个什么。(歧·37·347)

⑰ 怎的把请风水先生看坟这宗大事,没有记在上边?(歧·62·579)

⑱ 盛希瑗道:"哥也太把爷爷的著作不在意了。"(歧·96·900)

⑲ 这其间因碍着十三妹姑娘面皮,却把纪大将军代子求婚一层不曾提着一字。(儿·18·291)

⑳ 忙的他把个绳头儿不曾拴好,一失手,连钩子掉在屋里地下了。(儿·31·549)

但《儿》里这类用例已很少见到,只是偶尔出现,和现代汉语的语序基本一致。

除了否定副词外,助动词在现代汉语的处置式里一般也只能放在"处置介词＋

N"的前面,而不出现在"处置介词＋N"之间,但是《金》、《醒》、《聊》的"把"字句中,助动词也可以位于"把＋N"与动词之间。如:

㉑ 妇人把蜜蒸也要分开,春梅道:"娘不要分,我懒待吃这甜行货子,留与姥姥吃罢。"(金·73·1084)

㉒ 正欲把心腹中事要告诉春梅,等守备来家,要发露张胜之事。(金·99·1482)

㉓ 只是叫晁大哥凡百的成礼,替令爱出齐整殡,往后把这叫骂的事,别要行了。(醒·9·134)

㉔ 奉劝那有姬妾的官人:把那恩爱毕竟要留些与自己的嫡妻,把那情义留些与自己家的儿子,断不可做得十分绝义。(醒·36·528)

㉕ 李旺领众人说道:"咱把宅后墙都要围了。"(聊·磨·19·1468)

当否定词、助动词或有其他副词连用时,还常同时都放在"把＋N"与动词之间。如:

㉖ 奴没奈何,请将大官人过来,央及大官人,把他不要题起罢。(金·14·166)

㉗ 见了狄员外,把狄周所托的言语不敢增减,一一上闻。(醒·40·584)

㉘ 我连一个乌大王都把他拿来杀了,叫他把这个女子都不敢领去,我岂是怕你们这些人的?(醒·62·887)

㉙ 跟随的,我嘱咐您,到家把这信全然休要提起,看太太担心。(聊·磨·22·1478)

上面例㉖、㉗是否定词、助动词都后置于介词结构后,例㉘、㉙否定词和助动词前又有范围副词,三者都置于"把＋N"与动词之间。

B. "把"字介词结构的复杂化

《金》、《醒》里处置介词"把"后的宾语可以复杂化,由复句甚至超句形式充任,或带有补充说明性成分。《聊》因为曲体形式的限制,"把"后的宾语一般不是太长,所以这种现象不明显。《金》、《醒》的用例如:

① 于是把卖梨儿寻西门庆,后被王婆怎地打,不放进去,又怎的帮扶武大捉奸,西门庆怎的踢中了武大,心疼了几日,不知怎的死了,从头至尾,细说了一遍。(金·9·108)

② 冯妈妈悉把半夜三更妇人被狐狸缠着,染病着,看看至死;怎的请了大街上蒋竹山来看,吃了他的药怎的好了,某日怎的倒踏门招进来,成其夫妇;见今二娘拿出三百两银子,与他开了生药铺,从头至尾说了一遍。(金·18·218)

③ 夏提刑得了几百两银子在家,把儿子夏承恩,年十八岁,干入武学肄业,做了生员。(金·48·627)

④ 王三官儿说哥衙门中动了,把小张闲他每五个,初八日晚夕,在李桂姐屋里都拿的去了,只走了老孙、祝麻子两个。(金·69·998)

⑤ 把那算上的利钱,就是那准折的东西,都不问您要。(醒·22·332)

⑥ 姜副使又把当日晁知州死后,族人怎样打抢,徐县公经过怎样问断,亲自叫老娘婆验看,叫人报喜起名,前后细说了一遍。(醒·47·681)

⑦ 这龙氏把那偷开宅门打狄希陈六百多棒椎合那使熨斗盛着火炭倒在狄希陈衣领之内,此等之事,一字不提。(醒·99·1418)

上面例③、④、⑤“把”后的宾语带有补充性说明成分,其他各例宾语由复句或超句形式构成。而当宾语结构特别繁复时,还会出现谓语中心残缺的现象(这在下面会讨论到)。同时期北方系文献《歧》里这类“把”字结构复杂化的用例也较多。如:

⑧ 慧娘又把今日这番情节,全为收转王中,怎的这事上可以全公爹当日付托王中之苦心,怎的可以得王中扶曳少主之实力,委委曲曲,一一与冰梅详说。(歧·35·330)

⑨ 只求老爷把这诱赌的人——一个巴庚、一个钱可仰,都是商民素日认识的,还有一个年轻的极白面皮,满身上都是绸缎衣服,素不识面——一同拿到衙门,按律治罪,商民就再没别的说了。(歧·51·472)

⑩ 心中一时忙乱,便把华奶公嘱咐的走不得小路合那女子说的务必等他回来见了面再走的这些话全忘在九霄云外。(儿·5·68)

上面用例“把”字句的宾语都较长,除了例⑨为追加补充说明性成分外,其他各例都是复句或超句形式。

从《金》、《醒》及《歧》、《儿》的用例来看,“把”后的宾语为复杂结构的用例其谓语动词从意义上说常为言说类动词,而宾语部分常是言说的内容。现代汉语里“把”字后的宾语比较短小,一般不会出现这种情况。

C. 成分省略或残缺现象

《金》、《醒》、《聊》里的“把”字句有时出现省略或句子成分残缺现象,有以下几个方面的情况。

a. 省略处置介词“把”

当两个处置式前后相连时,后面的处置介词“把”可以不出现,承前面的处置式省略。这种现象多出现在《醒》里。如:

① 这单于民狠命问他要钱,上了比较,一五一十的打了几遭,把丈母合媳妇的首饰也销化了,几件衣服也典卖了。(醒·25·370)

② 晁梁把自己的庵起名南无庵,娘子住的庵起名信女庵,各自苦行焚修。(醒·93·1326)

另外,《儿》里这类用例也较多。如:

③ 说着,把脸一沉,手一指,指着安公子道:"我可是特来救安公子你来了。不知你知道不知道?明白不明白?"(儿·8·110)

④ 如今我要不先把你们的心安了,神定了,就说万言,也是无益。(儿·9·123)

b. 省略介词宾语

在《金》、《醒》、《聊》里,"把"字句处置介词后的宾语都有不出现的情况。如:

⑤ 武松是个直性汉子,只把做亲嫂嫂相待。(金·1·16)

⑥ 延挨了几日,人情两尽,只把当厅责了他四十,论个递解原籍徐州为民。(金·26·331)

⑦ 那司官胆大,还不把放在心里,迟了两三日,方才淡括括的复将上去。(醒·90·1283)

⑧ 监生自恃了自己有钱,又道不过是吊死人命,又欺侮狄希陈是个署印首领小官,不把放在心上。(醒·94·1339)

⑨ 可着他赌气子把坑害!(聊·磨·18·1454)

从上面用例来看,"把"后省略的宾语一般为单个的代词宾语,如例⑤应为"把他做亲嫂嫂相待",例⑦、例⑧应省略了"这(件事)"。这类省略的宾语形式都比较简单,在上下文里能明显看出所省略的内容,因此省略后并不影响句义的表达。同时,从例子调查情况看,有这类省略现象的处置式在语义上往往又是表示"处置作/处置为(当做)"。

c. 谓语残缺现象

当处置介词"把"后的宾语比较繁复时,《金》、《醒》里有时会出现谓语中心残缺的现象,一般出现在谓语动词为表言说行为、宾语是言说内容的句子里。如:

⑩ 玳安悉把在常时节家会茶,"起散的早,邀应二爹和谢爹同到李家,他鸨子回说不在家,往五姨妈家做生日去了。不想落后爹净手到后边,看见粉头和一个蛮子吃酒不出来,爹就恼了,不由分说,叫俺众人把淫妇家门窗户壁尽力打了一顿,只要把蛮子、粉头墩锁在门上,多亏应二爹众人再三劝住。爹使性步马回家,路上发狠,到明日还要摆布淫妇哩。"(金·21·264)

⑪ 敬济把因走百病,被人剽开门不见了狗,坐在当街哭喊骂人,"今早他汉子来家,一顿好打的,这咱还没起来哩。"(金·24·305)

⑫ 迎春悉把"琴童从外边拿到我娘屋里收着,不知在那里来?"(金·31·398)

⑬ 晁凤把那晁源从邢侍郎行后,怎么发疟疾,发的怎样见鬼,奶奶差晁书香岩寺请僧保安,撞见梁生、胡旦在寺出家;怎样晁源留他行李,骗他银子,晁夫人替晁源赔了梁生、胡旦的六百三十两银,梁生、胡旦怎样常来山东看望,梁生发愿

要托生与奶奶为子；到了十二月十六夜子时，他那里坐化，这里奶奶做梦，梦见他进屋里来与奶奶叩头，说奶奶没人，他愿来伏侍；奶奶刚醒，沈姨就生二叔，落草也是子时；奶奶说梦见梁和尚生的，算计待起名"晃梁"，可可的大爷就起了个名字。又说："梁和尚至今未葬，肉身垒在龛内等他自己葬他。奉敕修建的坟茔，好不齐整。明日邢爷船过，待不见哩？胡和尚知道邢爷船到，他自然来接邢爷的。"（醒·47·682）

⑭　遂把那起先诈银四十两，见狄希陈软弱可欺，悔恨诈得银子不多，随心生一计，叫了他父母来，诈了他银子三十二两，他父母谢了他五两，又教他告状，若告上男子，因老爷每次状上妇女免拘，不拘妇女，不能多诈银子，所以单告一个女人，叫他无可释脱，这是实情。（醒·82·1173）

上面的例子"把"字句中的谓语本是"说"、"告诉"之类的言说动词，但由于"把"的宾语就是言说的内容，并且言说的内容一般都比较详细复杂，在形式上往往表现为多个分句甚至更多更长的复句，所以在这个长宾语之后的谓语言说动词，往往被遗漏掉了，如例⑫、⑭后处置介词宾语后都可以补充"说"等言说动词。不过有的在处置介词"把"引出部分言说内容后，剩下的内容又用直接引语来表现，如例⑩、⑪，但谓语动词始终没有出现；有的在后面与处置式并列的句子中出现言说动词，如例⑬，但前面的处置式仍没有谓语动词。这种现象应该不是实际语言的反映，而是书面语表达上的不规则问题。

D. 成分重复现象

《金》、《醒》里的"把"字句有的成分可以前后重复出现，如否定副词、句子主语、"把＋N"介词结构等。如：

① 我不把秋林小厮，不摆布的见神见鬼的，他也不怕我。（金·50·659）
② 如你必欲告状，你把说的那些情节，你就写一个与我。（醒·46·672）
③ 把银子从春夏的时候，有那要钱使的庄家，把银子散与他用了。（醒·71·1017）

上面例①为否定副词"不"重复使用，例②谓语动词前重复出现主语"你"，例③在介词结构和谓语动词之间的补充成分后又重复使用了"把"字介词结构。这种成分重复现象不能一概认为是由于语法表达的不严密造成的，例①、例②显然有表现说话人急促、气愤之下言语活动神态的作用，这种重复是说话人在特殊情况下的特殊的言语表达。例③则应视为语言的不规则问题。

《金》、《醒》、《聊》及《歧》、《儿》处置式在结构上表现出的特殊性，有的是时代因素造成的，如否定词或助动词等成分的后置，是因为在这一时期这类成分具有后置的用法，并且表现出渐趋前置的倾向。而有一些则是书面语上"把"字句表达不严密、结构不规范的表现。不过除《聊》因文体限制比较特别外，这些特殊性多体现在《金》、《醒》里，《歧》、《儿》中相对较少，由此可看出从《金》、《醒》到《歧》、《儿》"把"字句的历时演变轨迹,即随着处置式的发展,其结构越来越表现为简洁和规范严密化,不再带有较长、较复杂的宾语成分,语序也有一定限制而不随意变动,并且不再较多地出现重复和省略现象等。

7.2.1.2 "将"字句

处置介词"将"是由"将"的动词义"持、拿"转化而来的,"将"字句始见于魏晋,入唐后得到了很大的发展,在唐宋时期成为通常使用的句式。(参看蒋绍愚、曹广顺主编 2005:357)但随着处置介词"把"的出现和发展,"'将'字处置式大约宋代之后在口语中就逐渐被淘汰了"。(冯春田 2000/2003:561)和"把"字句相比,明清时期具有山东方言背景的语料文献里"将"字句的用例较少,并且分布也不均衡:《金》、《醒》、《聊》分别出现 224 例、667 例、164 例。不过,这些文献里的"将"字句并不一定反映出明清山东方言口语中仍常用这种句式,而极可能是一种书面语(文语)现象,与作者的书面语表达习惯有一定关系。所以本节对此只做简略分析。

7.2.1.2.1 《金》、《醒》、《聊》"将"字句的语义结构

根据结构形式和语义特征,《金》、《醒》、《聊》里的"将"字句也可分为广义处置式、狭义处置式和致使义处置式三类。

7.2.1.2.1.1 广义处置式

《金》、《醒》、《聊》"将"字句谓语动词关涉两个宾语的广义处置式各出现 77 例、199 例、18 例,按语义类型也可以分为四类。

A. 处置给:将 N_1 给予 N_2

这类处置式《金》25 例,《醒》73 例,《聊》4 例。如:

① 普天世界断生了男子,何故将奴嫁与这样个货?(金·1·12)
② 分付李安将马头大酒店还归本主,把本钱收算来家。(金·99·1485)
③ 他将东西送你,大官人知道不曾?(醒·19·275)
④ 你的妻子既将房卖与我,上上下下,尽属于我,你如何妄争?(醒·77·1095)
⑤ 笑了笑,将那笙递于胡百万。(聊·增·25·1665)

有时 N_2 后又出现动词,N_2 则既做前面动词的宾语又做后面动词的主语。如:

⑥ 西门庆就将手内吃的那一盏木樨金橙茶递与他吃。(金·21·268)
⑦ 却说八老到河下,天已晚了,入门将银、柬都付与爱姐收了。(金·98·1474)
⑧ 取了药回到家中,将药亲交与珍哥收了。(醒·2·25)
⑨ 婆子道:"贼不咬恩人,你将这钱还给他拿去罢。"(聊·增·3·1562)

"处置给"的隐喻派生"处置告"《醒》里用例多些。如:

⑩ 那个来请计氏的家人媳妇,将计氏的话一五一十学与珍哥。(醒·2·

22)

⑪ 计都痛女不甘,遂将氏设计谋害情由,告赴本县。(醒·13·191)

⑫ 一篇话,说得那晁老儿削骨淡去,将曹铭的话说与晁源。(醒·17·254)

B. 处置在/到:将 N₁ 放到/放在 N₂

这类处置式《金》37 例,《醒》113 例,《聊》12 例。如:

① 一面将盘馔却摆在面前,三人坐定,把酒来斟。(金·3·46)

② 恭对将男官哥儿,寄于三宝殿下,赐名吴应元。(金·39·511)

③ 又叫丫头将椅子掇到珍哥炕边。(醒·3·34)

④ 徐大尹叫赶开众人,将轿抬到晁家门首,下了轿,进到厅上。(醒·20·298)

⑤ 将书本丢在半空,说着只当耳旁风,每日常把鬼儿弄。(聊·富·8·1326)

⑥ 见了爷拜了两拜,将二人请进香房。(聊·增·25·1664)

C. 处置作:将 N₁ 当做/比做/看做 N₂

这类处置式《金》10 例,《醒》7 例,《聊》1 例。如:

① 常将压善欺良意,权作尤云殢雨心。(金·72·1048)

② 看官听说:院中唱的,以卖俏为活计,将脂粉作生涯。(金·80·1249)

③ 将恼看为欢,贪前不顾后。(醒·14·203)

④ 以东房之地隘也,私将侯小槐之西壁以为后墙,上盖东厦三间,以成四合之象。(醒·35·515)

⑤ 莫将饭食作寻常,一盏羊羹致国亡。(醒·77·1092)

⑥ 共酒同茶,共酒同茶,只将恶款当闲吧。(聊·磨·10·1412)

D. 处置成:将 N₁ 变成 N₂

这类处置式《金》5 例,《醒》6 例,《聊》1 例。如:

① 将手中花撮成瓣儿,洒西门庆一身。(金·11·123)

② 由着人将玎珰响的好人作贱成酆都饿鬼,把一个万人妻臭窠子婆娘尊敬的似显灵神道!(醒·3·39)

③ 不一时,将那珍哥住房烧成灰烬。(醒·43·634)

④ 将龙一刀斩为两断,一霎时风浪全消,商老爷便站起来观看。(聊·寒·8·1069)

7.2.1.2.1.2 狭义处置式

狭义处置式也是《金》、《醒》、《聊》"将"字句的主流,三种语料里各出现 118 例、414 例、138 例。根据结构形式和谓语特点,狭义处置式也可分为以下几个小类。

A. 动词为光杆形式

谓语动词前后没有其他成分、只出现谓语动词的"将"字句,在《金》、《醒》里用例较少,各出现 12 例、11 例;《聊》由于俚曲文体的影响,用例较多,共 69 例。与这几种文献里"把"字句情况相似的是,《金》和《聊》里的"将"字句多出现在韵文中,谓语动词以单音节形式为主;而《醒》里这类用例多出现在非韵文中,但谓语动词的形式又以双音节为主。如:

① 贪欢不管生和死,溺爱谁将身体修。(金·6·70)

② 懒把蛾眉扫,差将粉脸匀。(金·17·209)

③ 也就知他是个贵人,甚是将他敬重。(醒·98·1394)

④ 这个念头大差了,又从泥里到深湾,自己差却将何人怨?(聊·寒·1·830)

⑤ 老兄情太高,扰过了千万遭,不曾杯水将恩报。(聊·禳·3·1154)

B. 动词重叠

动词重叠的形式只在《金》、《醒》里分别出现 9 例、8 例,《聊》里没有用例。并且"VV"的重叠形式不多见,多为"V+了/一+V"的形式。如:

① 那大虫又饥又渴,把两只爪在地下跑了一跑,打了个欢翅,将那条尾剪了又剪,半空中猛如一个焦霹雳,满山满岭,尽皆振响。(金·1·5)

② 将帖掀一掀,递到晁大舍手内。(醒·4·46)

③ 晁大舍将晁住娘子打发了打发,各自去安歇。(醒·19·279)

④ 略略的将祖居修盖了修盖,规模通不似个官保尚书的府第。(醒·23·341)

C. 动词前有前加成分

这类形式《金》、《醒》、《聊》各出现 10 例、44 例、4 例。其中《金》、《醒》里的"将"字句动词前面有的有修饰成分,有的后面没有任何其他连带成分、前面可以有表状态的"一"或修饰语,也可以同时具有这两种成分;《聊》里只有带有状语修饰成分一种类型。相比之下,"将"字句不如"把"字句前加成分的形式多样化一些。如:

① 每日将大门紧闭,家下人无事亦不许往外去。(金·17·208)

② 老师将手中禅杖,向他头上只一点,教月娘众人看。(金·100·1505)

③ 外面将计巴拉浑身搜检,那里有一些影响。(醒·11·164)

④ 他将长枷梢望着张云鼻梁上尽力一砍,砍深二寸,鲜血上流,昏倒在地。(醒·51·741)

⑤ 将书本细细钻研,休把玩耍放心间,一心专把文章念。(聊·富·8·1327)

⑥ 想妹妹挂心怀,怕爷嗔不敢来,谁想倒将奴错爱。(聊·增·25·1666)

"将"字句谓语动词前可以是多个状语连用,如例②、④等。

D. 动词后有后续成分

《金》、《醒》、《聊》里最为常见的"将"字句的结构也是动词后带有后续成分一类

（包括同时带有前加成分）。按照后续成分的不同,这一类可以分为动词后带有虚词、动词后带有补语、动词后带有宾语三种类型。

"将"字句中动词后带有的虚词成分也多是表动作完成的"了"。《金》、《醒》、《聊》各有 19 例、32 例、7 例。如:

① 因时遭荒馑,将祖房儿卖了,与兄弟分居,搬移在清河县居住。(金·1·4)

② 一面取出来,将皮袄包了,连大姐披袄,都交付与玳安、琴童。(金·46·606)

③ 差人持了官票,连这三家的门上脚影也不敢到,将票缴了。(醒·82·1175)

④ 眼见他将这石槽底下银子掘了,搬回家去。(醒·100·1433)

⑤ 众客都来了,将帐子挂了,咱好行礼。(聊·禳·32·1266)

⑥ 将灯灭了,将灯灭了,婆媳同床这一宵。(聊·富·9·1336)

《金》、《醒》、《聊》里"将"字句的后续成分数量最多的也是动词后带有补语,分别有 44 例、197 例、31 例。这些补充成分可以是表动作结果的动结式,也可以是数量补语、趋向补语、状态补语、程度补语等。如:

⑦ 春梅和月娘匀了脸,换了衣裳,分付小伴当将食盒打开。(金·89·1354)

⑧ 这杨二风故意拾了块三尖瓦楔,将头颅钻破,血流满面。(金·93·1399)

⑨ 我正与公公说话,你却将我唤醒。(醒·6·79)

⑩ 你怎将我们的尊神杀害?(醒·62·887)

⑪ 将房门放开,将房门放开,满地尘埃,该把房屋深深拜。(聊·禳·3·1155)

⑫ 便唤武松上厅来,参见毕,将打虎首尾诉说了一遍,两边官吏都惊呆了。(金·1·9)

⑬ 也有将孝帐扯下几幅,藏在身边的。(醒·20·297)

⑭ 他那里着实谦让,俺这里没管短长,便将金钗赠一双,即时插在他头上。(聊·禳·7·1171)

⑮ 我在轿子里将被儿裹得紧紧的,又没踮着他。(金·48·633)

⑯ 到太师府内见了翟管家,将两家礼物交割明白。(金·48·634)

⑰ 谁敢出来说话,我将轿打得粉碎,再与拼命不迟!(醒·6·80)

⑱ 韦美将那从头彻尾的根由说得详细,不必烦琐。(醒·86·1229)

⑲ 略不停时,将酒席摆的齐齐整整。(聊·增·23·1652)

⑳ 小玉兰出到厨房,对着狄周媳妇,将那夜间干的勾当告诉的一些不差。(醒·45·664)

㉑ 只听得一声响,簌簌地将那树枝带叶打将<u>下来</u>。(金·1·6)

㉒ 众尼僧都穿了法衣,拿了法器,从狱中将素姐迎将<u>出来</u>。(醒·64·923)

㉓ 遂将小娃子抱<u>出来</u>,大众齐看云:"好福相!"(聊·襄·32·1266)

上面例⑦至⑪"将"字句谓语动词带有结果补语,例⑫至⑭为数量补语,例⑮至⑲是状态补语,例⑳为程度补语,例㉑至㉓则是趋向补语。

《金》、《醒》、《聊》表狭义处置的"将"字句谓语动词也可带有宾语 N_2,三种语料各出现 12 例、58 例、15 例。其中,N_2 和 N_1 也具有领属关系或复指关系,或者 N_2 是固定搭配,或者是熟语中的保留宾语。如:

㉔ 不如我如此如此,这般这般,与两个艄子做一路,拿得将家主害了<u>性命</u>,推在水内,尽分其财物。(金·47·615)

㉕ 妖道侮嫚神祇,亵渎庙宇,我故将他跌折<u>手足</u>。(醒·93·1333)

㉖ 动静谋为要三思,莫将烦恼自招<u>之</u>。(金·76·1137)

㉗ 一边将薛三槐先打<u>发他</u>去回话,一边着了人在那店后边房子扫地糊窗。(醒·25·368)

㉘ 也要算计将那马棚后面石槽底下那埋的五千两银子掘<u>他</u>出来。(醒·100·1432)

㉙ 若你们出来管事说情,我们必定将这几年诈害百姓的恶款,上<u>公愤民本</u>了。(醒·7·103)

㉚ 将他上了<u>锁</u>,脚上带了脚镣,放他出街讨饭。(醒·88·1257)

㉛ 取到白银二十两,三日以里定还上;不还上,将他准了<u>账</u>。(聊·翻·4·949)

上面的"将"字句里,例㉔、㉕谓语动词的宾语与前面介词宾语有领属关系,例㉖至㉘谓语动词带有复指宾语,例㉙至㉛则为保留宾语。

E. 动词前后为较复杂的结构形式

《金》、《醒》、《聊》的动词谓语"将"字句,VP 也可以复杂化,可以是连谓等复谓形式,也可以同其他句式糅合使用,还可以由复句形式充任。这类形式三种语料各出现 10 例、46 例、10 例。如:

① 伯爵把汗巾儿掠与西门庆,将瓜仁两把嗑在口里都<u>吃</u>了。(金·67·942)

② 计氏出到大门上,闭了一扇门,将身掩在门后将上半截探出去<u>看望</u>,甚是齐整。(醒·2·18)

③ 珍哥诬执计氏与道士和尚有奸,挑唆晁源将计氏逼打<u>休弃</u>。(醒·9·134)

④ 除了这两样东西吃不得了,只得将那死人的肉割了来吃。(醒·27·391)

⑤ 万岁传令:"叫锦衣武士,代刀指挥上来,将王龙拿去剥皮草揎,消朕之大恨。"(聊·增·28·1676)

⑥ 素姐将狄希陈扭肩膊,拧大腿,掐胳膊,打嘴巴,七十二般非刑,般般演试,拷逼得狄希陈叫菩萨,叫亲娘。(醒·52·751)

⑦ 这胡无翳将这寺内历年败坏的山门,重整僧纲,再兴禅教。(醒·93·1325)

⑧ 大姐见他这等,一发将王龙的衣服,脱一件,说一件。(聊·增·21·1464)

⑨ 葬完了,晁梁仍把这儿孙妇女让回家中,将陈师娘平日存下的衣裳、用过的铺盖都尽数叫他们分去。(醒·92·1316)

⑩ 小鸦儿将晁源与唐氏的两颗首级,将发来结成一处,背在肩上。(醒·20·288)

⑪ 怎肯将自家的银,生生的将你让?(聊·姑·3·886)

⑫ 刘振白将剩的十四两银子,被原差要了二两,雇人叫招子找寻逃走的婆娘,又四散访缉那拐银的儿子。(醒·82·1176)

⑬ 将他的庄田房舍都叫晁无晏掐了个精光。(醒·57·818)

上面例①至例⑤"将"字句的谓语为连谓结构;例⑥至例⑧由复句形式充当谓语,都为并列式复句;例⑨"将"字处置式接用了使役句;例⑩、⑪谓语结构里又套用了处置式;例⑫、⑬谓语结构为被动式形式,处置式和被动式混合使用。

F. 省略谓语动词

省略谓语动词只出现修饰或补充成分的"将"字句用例较少,只《醒》出现6例,《金》、《聊》未见。如:

① 一边将狄希陈东一箍,西一箍,一下一个紫泡。(醒·59·855)

② 素姐将狄希陈肩膊上两三棍,骂道:"你还不快快的与我?还要故意装这忘八腔儿!"(醒·63·902)

③ 素姐取出棒椎,先将门子拦肩一下。(醒·95·1359)

与"把"字句一样,"将"字句的这类形式省略的谓语动词也多是与"打"义相关的肢体行为动词。

G. 谓语为主谓谓语句

主谓谓语形式的"将"字句《金》、《醒》、《聊》中分别出现2例、12例、2例。如:

① 打闹里领西门庆家小厮伴当,并发来众军牢,赶入闹里,七手八脚将妇人

床帐、装奁、箱笼,搬的搬,抬的抬,一阵风都搬去了。(金·7·87)

② 狄婆子将那送的两架盒子一点也没收,全全的回还了去。(醒·48·707)

③ 将魏三封扯的扯,拉的拉,再三苦劝。(醒·72·1027)

④ 将那押了讨保的差人合刘芳名每人十五板,再限五日不完,连原差解院。(醒·82·1175)

⑤ 大王说叫人来,将众位相公,每人助他路费十两,教他归家去。(聊·磨·5·1391)

7.2.1.2.1.3 致使义处置式

《金》、《醒》、《聊》里具有致使义的"将"字句所占比例较小,三种语料分别出现29例、54例、8例。按照谓语的性质分类,致使义"将"字句有动词谓语句、形容词谓语句两种类型。

A. 动词谓语句

动词谓语句同样是"将"字致使义处置式的主流。与"把"字句相比,谓语动词大多是动作动词,可带也可不带宾语,不及物动词和非动作性的动词较少。如:

① 香汤沐浴方才了,将身便乃入佛堂。(金·74·1100)

② 原来晁大舍的意思,又不肯自己舍着身同爹娘在这里,恐怕堵挡不住,将身子陷在通州城里。(醒·7·100)

③ 本官妻宜人郑氏,将妾假装怀孕,用银三两买魏三之子,于分娩之时螟蛉诳众。(醒·46·677)

④ 冬天不与棉衣,每日不与饭吃,锁在空房,如今活活打死,将尸首都不见了。(醒·80·1142)

⑤ 吕祖吹了一口气,不觉已将绣裙飘。(聊·蓬·7·1105)

B. 形容词谓语句

形容词谓语句的"将"字句只《金》出现2例,《醒》1例,《聊》则没有用例:

① 冤家下得忒薄幸,割舍的将人孤另。(金·52·698)

② 将奴这桃花面,只因你憔瘦损。(金·83·1280)

③ 将船妥当了回来,狄希陈合郭大将军甚是欢喜。(醒·85·1210)

7.2.1.2.2 《金》、《醒》、《聊》"将"字句的特点

7.2.1.2.2.1 《金》、《醒》、《聊》"将"字句的总体面貌

根据上面对《金》、《醒》、《聊》里"将"字句的语义和结构形式的描写分析,我们将这三种语料里"将"字句的语义及结构类型、出现频率概括为下表。

类型及频率		文献	将字句		
			金	醒	聊
广义处置式		处置给	25	73	4
		处置到	37	113	12
		处置作	10	7	1
		处置成	5	6	1
狭义处置式	动词谓语句	光杆动词做谓语	12	11	69
		动词重叠	9	8	0
		动词前有状语	10	44	4
		动词后有虚词	19	32	7
		动词后为补语	44	197	31
		动词后为宾语	12	58	15
		谓语为复杂结构	10	46	10
	省略谓语动词		0	6	0
	主谓谓语句		2	12	2
	零谓语中心句		0	0	0
致使义处置式			29	54	8
合计			224	667	164

由上表及以上分析可知,与"把"字句相比,"将"字句的使用频率要低得多,结构类型也要比"把"字句少一些。如动词前的成分比较简单,都没有零谓语中心句等,体现出在明清时期具有山东方言背景的语料文献里,"将"字句虽然仍占一定的比例,但明显不是处于优势的处置句式,远不如"把"字句使用频繁、类型丰富。此外,"将"字句在三种文献里分布也不平衡:《醒》里出现频率最高,《金》和《聊》要相对低些。从结构形式上来看,除《聊》外,《金》、《醒》也都是动词后带有其他成分的用例最多。不过,《醒》里的"将"字句在结构上看要比《金》和《聊》丰富或复杂些。我们知道,"将"字句大约南宋时期在口语里就渐趋衰落(冯春田 2000/2003:561),《金》、《醒》、《聊》里的这种差别,可能反映出"将"字句在《醒》所代表的山东内部方言里衰退速度可能比《金》、《聊》所处地区的方言慢些,衰落的程度也低些,也可能与作者的语言修养或习惯有关系。

同时期北方系文献《歧》里"将"字句出现 313 例,"将"字句与"把"字句的出现比例与《金》、《醒》、《聊》里这两种句式的比例差别不大,结构类型也相当。不过到了《儿》里,"将"字句用例又大大减少,只出现 25 例,与"把"字句的出现频率相差极大,在一定程度上表现出从《歧》到《儿》这一期间"将"字句在书面语里的衰落速度也大大加快。

"将"字句的衰落状况在文献语体或书面语境中也能够体现出来。《金》、《醒》及《歧》、《儿》"将"字句在对话和叙述语里的出现频率见下表(《聊》因唱词较多,此处不再统计)。

文献 出现频率	金		醒		歧		儿	
	数量	比例	数量	比例	数量	比例	数量	比例
叙述句	186	83%	640	94%	284	90.7%	24	96%
对话句	38	17%	27	4%	29	9.3%	1	4%

从上表可以看出,"将"字句出现在对话中的比例大大低于叙述性语言里的比例,这说明明清时期口语中"将"字句已很少使用或已不使用,"将"字句的使用带有较强的书面色彩。虽然口语中不常用到,但作者在写作中会不自觉地应用书面语,因此明清时期的文献大多是以"把"字句为主,并存在一定数量的"将"字句。

7.2.1.2.2.2 《金》、《醒》、《聊》"将"字句的特性

与"把"字句一样,《金》、《醒》、《聊》里的"将"字句也具有一些比较特殊的结构,表现出一定的特性。

A. 语序具有灵活性

a. 介词结构"将+N"放在主语前

"将+N"放在主语前的用例多出现在《醒》里。如:

① 将所得的野味,大家均分了。(醒·1·13)
② 将晁思才自己置添的地与那城里宅都卖了,众人均分。(醒·57·828)

b. 否定副词、助动词等放在介词结构与 VP 之间

《金》、《醒》、《聊》"将"字句中的否定副词和"把"字句一样,可以放在介词结构的前面,也可以放在"将+N"和动词之间。后者的用例如:

③ 他只受了西门庆那匹云绒,将三十两银子连夏提刑的十两银子都不受,说道:"岂有此理。若如此,不见至交亲情。"(金·70·1004)
④ 不然,君子因甚却远庖厨? 正是要将杀机不触于目,不闻于耳,涵养这方寸不忍的心。(醒·1·2)
⑤ 也多有不到的,将那没有过犯的也不叫来铳卯,便即罢了。(醒·12·174)

助动词或其他副词用于"处置介词+N"之后的例子如:

⑥ 将这一肚皮恶气必定要出在狄希陈身上。(醒·66·947)
⑦ 晁梁将带去使剩的银子,还有三百多金,要留下与胡无翳使用。(醒·93·1326)
⑧ 因他在围场中伤害其外的生灵不等,将泰山圣姆名下听差的仙狐不应用

箭射死,又剥了他的皮张,弃掉了他的骸骨。(醒·100·1429)

B. "将"字结构的复杂化

《金》、《醒》、《聊》里处置介词"将"后的宾语也可以复杂化,由复句甚至超句形式充任,或带有补充说明性成分等。如:

① 于是下边打动鼓板,将昨日《玉环记》做不完的折数,一一紧做慢唱,都搬演出来。(金·64·907)

② 将那时收帘子打了西门庆起,并做衣裳入马通奸,后怎的踢伤了武大心窝,用何下药,王婆怎地教唆下毒,拨置烧化,又怎的娶到家去,一五一十,从头至尾说了一遍。(金·87·1328)

③ 珍哥将他怎样昏迷,怎样去请计氏不来,杨太医怎样诊脉,禹明吾四人怎样同来看望,一一都对晁大舍说了。(醒·2·25)

④ 晁梁将带去使剩的银子,还有三百多金,要留下与胡无翳使用。(醒·93·1326)

⑤ 便将怎么陷害,怎么成亲,怎么为东人被罪,从头至尾,说了一遍。(聊·翻·9·983)

上面例①、④介词结构后带有补充说明性成分,其他各例为复杂宾语形式,谓语也一般为言说动词,宾语是言说内容。

C. 成分省略或残缺现象

a. 省略处置介词

当两个或多个"将"字句相连时,后面的处置介词"将"可以不出现,承前面的处置式省略。这种现象也多出现在《醒》里。如:

① 拔了签,将晁源二十大板,珍哥褪衣二十五板,伍小川一拶二百敲,海会、郭姑子每人一拶。(醒·13·196)

② 所以将那行过的歪事,未免有几分愧心,未行的善念,也有几分感动。(醒·90·1282)

③ 所以每年凡遇梁片云坐化的忌日,都将墙垣糊括,床炕修整,另换帐幔,重铺毡条,所以把那记下晁夫人生辰糊在下面。(醒·93·1324)

b. 谓语残缺现象

"将"字句谓语残缺现象也出现在处置介词后的宾语是比较繁杂的形式里,句子的谓语动词一般也是表言说行为,宾语则是言说内容。如:

④ 梁生也随即出来相见,备了齐整斋筵款待晁书,将晁大舍问他借银子,剩了三十两,还不肯叫他留下,还要了个干净;第二日又怎样看报,"将我们两人立刻打发出来,一分银子也没有,一件衣裳也不曾带得出来,我们要辞一辞奶奶,也是不肯的;叫两个公差说送我们到寺,只到了旱石桥上,一个推净手,一个推说去

催马,将我们撇在桥上,竟自去了。我们只得自己来到寺里……"(醒·16·238)

⑤ 差人将那房子有人出到五十八两,已是平等足价,他临期又变卦不卖,这明白是支吾延捱。(醒·82·1176)

D. 成分重复现象

助动词在《金》、《醒》、《聊》里本来可以出现在介词结构前,也可以处在介词结构后,不过有的"将"字句中介词结构前后都出现了助动词,是一种成分重复现象。《醒》里的用例如:

① 要将这几年与小翅膀管的庄田收贮的许多粮食,都要交还与调羹自己收管,所以同了调羹母子回到家中。(醒·99·1418)

有时同一副词或同义副词在介词结构前后也同时使用。如:

② 乱将两只手,也不按寸关尺的穴窍,胡乱按了一会,说道:"我说不是外感,纯是内伤。"(醒·2·24)

当然,《金》、《醒》、《聊》里"将"字句在结构上表现出的特殊性,有的也是表达不严密、结构不规范的表现,不仅明清时期具有山东方言背景的文献里,近代汉语"将"字句也普遍存在这些特点。

7.2.1.3 "拿"字句

介词"拿"引进动作行为支配或处置的对象,相当于表处置的介词"把"的用法,出现时期"大概要晚至明代"。(冯春田 2000/2003:571)但除了在某些方言(如吴语、闽语)里,"拿"表处置的用法并没有发展起来。明清具有山东方言背景的语料文献《金》、《醒》、《聊》里"拿"字句的用法和特点,可以反映出"拿"字处置式在汉语北方方言里发展变化的情况或特点。

"拿"字句在《金》、《醒》、《聊》里各出现 3 例、21 例、40 例(其中处置介词"拿"也可写做"拿了"、"拿着"的形式,在一定程度上还带有动词的特点),一般是谓语动词涉及两个题元结构的广义处置式,并且谓语动词多为"当"、"当做"等,表示一种主观的意愿或认识,即"拿 N_1 当做/比做/看做 N_2"的格式。这种形式《金》出现 3 例,《醒》20 例(都为"拿着"的形式),《聊》38 例(其中"拿着"26 例)。这类形式又分为处置介词"拿(着)"带有宾语和省略宾语两种类型,其中"拿(着)"后出现宾语,即构成"拿(着)N_1 当做/比做/看做 N_2",《金》有 2 例,《醒》12 例,《聊》23 例。如:

① 题起他来,就疼的你这心里格地地的,拿别人当他,借汁儿下面,也喜欢的你要不的,只他那屋里水好吃么?(金·73·1072)

② 还问我要烧酒吃,教我拿茶当酒与他吃。(金·79·1225)

③ 他拿着咱计家不当人待,生生的把个人逼杀了,就没个人喘口气,也叫人笑下大牙来!(醒·9·137)

④ 他也为我才来,又为我年小,凡是银钱出入,拿着我当贼似的防备,瞒着

我爷儿两个估倒。（醒·41·603）

⑤ 你要是自己桶答下来的，拿着你就当个儿，拿着我就当个媳妇儿。（醒·56·815）

⑥ 我这们再三的说，凡事别要太过，已是够他的了，你拿着我的话当狗臭屁，可吃他这们场亏！（醒·66·946）

⑦ 只是该拿他当粪堆，休要为他气着你，亲娘呀，你可暂且消消气。（聊·姑·1·863）

⑧ 拿着人人当珊瑚，这却不是珊瑚是臧姑，妈妈呀，这婆婆还得另一做。（聊·姑·2·873）

⑨ 叫姐姐不要忙，休拿我当寻常，人物还在金墩上。（聊·增·12·1603）

以上例子里的"拿（着）"，大都可以由"将"、"把"替换。

在《聊》里，宾语 N_1 有时还可以置于"拿（着）"之前，构成"N_1＋拿＋V＋N_2"的格式，共 2 例（其中 1 例"拿"为"那"）：

⑩ 好不怪哉，好不怪哉！大伯拿着当奴才！（聊·姑·2·875）

⑪ 臧姑说："这糊突梦，那着当件事哩。"（聊·姑·3·888）

"拿（着）"所引进的宾语 N_1 省略不出现，直接为"拿＋V＋N_2"的形式，《醒》出现 6 例，《聊》13 例。如：

⑫ 李成名媳妇子拾了我的冠子，为甚么叫你的孩子拿着当球踢？（醒·11·160）

⑬ 这智姐从小娇生惯养，嫁与张茂实，拿着当刘瑾的帽顶一般看待，一霎间这等摧残起来，张茂实惟恐当真做了忘八，看看打成人命。（醒·62·894）

⑭ 人家拿着当贼囚似的防备，门也不叫我出出！（醒·77·1104）

⑮ 娶后婆，前边撒下了个小哥哥，你说是咱的儿，他拿着当拾来的货。（聊·慈·1·894）

⑯ 摊着你这个赌博鬼，拿着不置个烂甜瓜，你休怨我胡轮打，不过是忘了你不撑擦。（聊·俊·1117）

⑰ 就给你银子二百两，休要拿着当土合沙，做条裤子好支架。（聊·增·25·1663）

在上面"拿（着）＋V＋N_2"的用例中，不出现的这个名词的所指比较明显，一般也在上下句中存在，所以能够不出现而不影响句义。近代汉语里"把"和"将"所引进的处置式中也有不出现宾语 N_1 的"把/将＋VP"的用法，但用例要比"拿"字句的少得多，远不如"拿＋VP"常用。这应该是因为"把"或"将"作为介词出现得较早，介词特征非常强,后面一般不能省略名词;而"拿(着)"虚化为介词的时间较短,语法化程度还不够高;此外,它的动词"持拿"义也还在普遍使用,所以也很容易受动词用法的影响。

表主观意愿的处置,不用动词"当"也能够表达,有的则可以认为是"拿(着)……当……"格式的变体。这种不出现"当"的用法,《金》有1例,《醒》2例,《聊》2例:

⑱ 正是有眼不识荆山玉,拿着顽石一样看。(金·21·260)

⑲ 好混帐杭子呀!钱是什么,拿着命不要紧哩!(醒·70·1004)

⑳ 我虽是家里有,拿着我就是仇人,我岂止舍了他,我还连家都舍了哩!(醒·75·1071)

㉑ 一般都是你的儿女,拿着俺大不相干!(聊·翻·1·933)

㉒ 俺妈娘往常时拿着我合掌上明珠哇是的,何等爱我!(聊·增·10·1594)

上面的例子有的是省略动词"当"的形式,如例⑱,完整的表达应该是"拿着玉当顽石一样看";也可以用比拟结构来表达主观的认识,如例㉒"拿着我合掌上明珠哇是的",也就是"拿着我当掌上明珠";还可以直接表述主观认识的结果,如例⑲、⑳、㉑,表达的意义分别是"认为命不要紧"、"认为我就是仇人"、"认为俺不相干"等。

《醒》里还有1例表"处置到"的"拿"字句:

㉓ 狠强人!眼里有疗疮,拿着我放不在心上!(醒·79·1130)

前后属同一时期的北方系文献《歧》、《儿》里也有"拿"表处置的用法,但例子较少,分别出现5例、4例,多为"拿着"的形式,也多用于广义处置"拿(着)N_1当做/比做/看做N_2"的格式中。如:

㉔ 谁家还拿着闺女与他做老婆?(歧·63·598)

㉕ 都是汉子各不着兄弟,拿着屋里女人做影身草。(歧·108·1011)

㉖ 讲我们这些开店的,仗的是天下仕宦行台,那怕你进店来喝壶茶、吃张饼,都是我的财神爷,再没说拿着财神爷往外推的。(儿·5·68)

㉗ 你们试想,我岂有拿着你两家若干条性命当儿戏的?(儿·10·146)

上面例㉔、㉖为狭义处置式,其他是表"处置作"的广义处置式。由此可见,"拿"字处置式在清代后期北方方言里又出现萎缩的趋势,现代汉语北方方言里"拿"表处置也只局限于"拿N_1当做/比做/看做N_2"式里,使用范围较窄,这表明在北方方言里"拿"字句并没有发展成为典型的处置句式。

7.2.1.4 "着"字句

"着"在明清时期具有山东方言背景的语料里,也有介引受事对象、类似"把"表处置的用法,只是例子不多,《醒》有2例,《聊》3例。

7.2.1.4.1 "着"字句的用法

《醒》、《聊》的"着"字句都表示"处置给"、"处置到"、"处置作"等广义处置式,没有发现用"着"的狭义处置式和致使义处置式。如:

① 又有一个力士说道:"奉吕纯阳祖师法旨着他添在劫内,见有仙符为据。"(醒·29·421)

② 你着我当吃屎的孩子哄我,领了我的细丝银子,交精铜棍棒子给我!(醒·70·1003)

③ 立文契仇大郎,为没钱去纳粮,情愿就着妻作当。(聊·翻·4·949)

④ 诸般家事托给我,又着我叫太太,原是爹娘把我爱。(聊·襄·30·1258)

⑤ 容易,就着他老婆给你。(聊·磨·14·1436)

上面例①表示"处置到",例②、③、④表示"处置作"(例③省略宾语 N₂),例⑤表示"处置给"。

7.2.1.4.2 "着"字处置式的形成

"着"介引受事对象类似"把"表处置的用法从唐代就出现了用例。如:

① 莫忧世事兼身事,须着人间比梦间。(韩愈:遣兴)

② 连渠直道当时语,不着心源傍古人。(元稹:酬孝甫见赠诗之二)

不过,这种用法同介词"用"、"以"比较相近。后来,"着"的这种用法虽然仍可见到,但使用并不很普遍。

明清山东方言文献里"着"字处置式的形成和上面两例的情况应该不同,与"把"字、"将"字、"拿"字处置式的形成也不同,而是可能与"着"字使役句有关。在表使役的"着"字句里,当"(S)着 NVP"中的 VP 不是由 N 发出的,而是对 N 的处置,使役词"着"受此制约就近于表处置。《聊》里有的用例可以看出这种演变的痕迹。如:

③ 张大说:"诮什么!俺达好不好,谁着他合你令堂并骨哩么?"(聊·墙·1·832)

④ 着那樊老儿定了个美人计,着那江城扎挂的合那妖精一般出来见他,那有不动心的?(聊·襄·13·1195)

⑤ 拿绳子来,把他手脚背绑在一堆,从梁上抽将起去,着他肚皮朝地。(聊·磨·28·1513)

例中的"着"既可以理解为动词"使"、"让"等,表示后面的动作是前面主语让 N 发出的;也有些近似于表处置的"把",表示后面的动作不是由 N 发出,而是主语对 N 的处置。这类用法体现出由使役向处置的转化。

7.2.2 处置句式的特点

7.2.2.1《金》、《醒》、《聊》处置式类型的特点

根据以上分析,《金》、《醒》、《聊》及《歧》、《儿》处置式的类型及出现频率可概括为下表。

	把字句	将字句	拿字句	着字句	总计
金	1750	224	3	0	1977
醒	1679	667	21	2	2369
聊	1952	164	40	3	2159
歧	1191	313	5	0	1509
儿	1432	25	4	0	1461
合计	8004(84.4%) (99.2%)	1393(14.7%)	73	5	9475

由上表可知,《金》、《醒》、《聊》及《歧》、《儿》里的处置句式,"把"字句是出现频率最高、占绝对优势的类型。这说明,明清山东方言及同时期的北方方言里,"把"字句已稳定下来成为最重要的处置句式。"将"字句从出现频率上看,则是仅次于"把"字句的类型。《醒》里的"将"字句明显高于《金》和《聊》,这也许表明《醒》所代表的方言区"将"字句衰落的速度可能还要慢些,不过更可能是与作者的语言表达习惯或者语言修养有关,因为"将"字句在当时的口语里实际上可能已经消失。仅从语料文献的角度看,从《歧》到《儿》"将"字句也是衰退速度加剧。除"把"字句、"将"字句外,《金》、《醒》、《聊》、《歧》、《儿》五种语料文献里都有"拿"字处置句,但从语义和结构类型上看都有局限。本来《金》、《醒》、《聊》三种语料"拿"字句的分布已经显示出它随着时代的发展使用频率也渐渐增多的趋势,但在《歧》、《儿》里"拿"字句的用例又有所下降,这除了地域因素外,也反映出"拿"表处置的用法在北方方言里没有得到充分的发展而成为典型或常用的句法形式。另外,《金》、《醒》、《聊》还出现了少量的"着"字句,反映了明清山东方言处置句式的地域特色。

7.2.2.2《金》、《醒》、《聊》处置式语义和结构类型的特点

由前文的描述和分析可以看出,《金》、《醒》、《聊》里的处置式不管是"把"字句还是"将"字句,狭义处置式都占明显的优势,广义处置式次之。在狭义处置式中,"把"字句和"将"字句又都是以动词后带有补语的格式为主。"拿"字句和"着"字句相比,虽然前者数量较后者多一些,但一般只用于广义处置式中表示"处置作"义的一类,类型和功能都比较单一。"着"字句用例虽然较少,也只用于广义处置式中,不过除表示"处置作"外,还可以表示"处置到"和"处置给"。

从结构上来看,"把"字句的结构类型最为丰富和多样化,反映出"把"字句作为近代汉语新兴的处置句式,随着时间的发展功能越来越丰富,结构形式也越来越复杂多

样,也因此呈现出"将"字句所没有的结构类型或特点。相比之下,"将"字句的结构类型要少些,这固然和"将"字句出现的频率低有关,但同样又是"将"字句已退出当时口语范围在结构形式上的直接反映。

7.2.2.3 现代山东方言处置式的类型和结构特点

现代山东方言里"把"字句仍是主要的处置句式类型,总体上与通语差别不大。不过"把"字句在明清时期的一些特点,在共同语里已经罕见或消失,但在现代山东方言里还依然保存着。如现代山东有的地区的方言里,"把"字句如出现否定词、助动词,可置于"把"字介词结构与动词之间,而在普通话里否定词、助动词一般都要放在"把"字之前。如:[①]

① 把我这一肚子气怎么地能发泄出来呢?(山东临清)
怎么样能把我这一肚子气发泄出来呢?(普通话)
② 我把这个包袱皮儿不能情埋唠它。(山东临清)
我不能把这个包袱皮儿就这样埋了。(普通话)

在现代汉语共同语里,"把"字句的谓语动词一定要带有别的成分出现,不能是光杆动词;而现代山东东部方言里,当"把"字介词结构前有"好一个"做状语时,动词可以是光杆动词。如:

③ 叫我好一个把他拾掇。(山东平度)
叫我把他狠狠地整治了一顿。(普通话)
④ 我好一个把他熊。(山东平度)
我把他狠狠地训斥了一顿。(普通话)
⑤ 好一个把他欢气。(山东平度)
让他好好高兴了一通。(普通话)

例⑤很明显是致使义处置式。这一特点既是对明清山东方言里"把"字句特点的继承,同时又有所变化和发展。

7.3 被动句式

被动句式是汉语里一种重要的句法结构形式,在上古汉语里就已经形成,但在汉语发展的历史过程中这一句式又发生了很多变化。

古代汉语的被动句主要有"于"字句、"见"字句、"为"字句和"被"字句,结构一般比较简单。"于"字句由介词"于"引进动作行为的施事,其形式是"S+V+于+N"式(其中 S 是受事主语,V 为谓语动词,"于"为被动标记,N 是施事者),由于这与"于"用在动词后引进动作行为处所时的句子结构在形式上并无不同,所以一般又不把它看做被动句式。"见"字句是在动词前用"见"构成"见+V"的形式,"见"字后不出现施

---

① 例①至例⑤引自钱曾怡主编(2001:303、304)。

事,但动词后往往有"于"字结构("于"引进施事)。"为"字句由介词"为"引出施事,句子形式为"为＋N＋V"式,不过"为"后的施事可以不出现,直接是"为＋V"的形式,但有时也可以在动词后用"于"引进施事。另外,"为"字句还有"为 N 所见 V"、"为 N 之所 VP"式等。战国末期还产生了"被"字被动句。起初,"被"字后往往不出现施事,形成"被＋V"式,较早的用例在一定程度上可能还带有它原来作为动词的意义("遭受"、"蒙受"义),这也是它后面不出现施事者的原因。虽然"被"后不出现施事者的形式一直延续到现代汉语里,但大约到汉末"被"后就出现了施事者,这也意味着在这一时期"被"字被动句开始趋于成熟。(参看王力 1980:426～429;冯春田 2000/2003:581～585)

近代汉语被动句式有了新的变化,不仅句式类型多样,在结构上也具有复杂化的特点。"被"字句在这一时期又有了进一步的发展,并成为近代汉语里主要的被动句式。这时的"被"字句出现了"被＋N＋所＋V"的形式,并且其主流格式"被＋N＋VP"的结构渐趋复杂化,语义关系也有了新的发展。大约在晚唐五代时期出现了新的被动式"吃"字句,唐宋时期还产生了其他新的被动句式"教(叫/交)"字句、"着"字句、"与"字句等,这类句式的句子形式是带有施事者的"教/着/与＋N＋VP"式。到了明清时期,则又产生了"让"字句、"给"字句等新的被动句式,在句子形式上也是在被动标记后出现施事的"让/给＋N＋VP"式。(参看蒋绍愚、曹广顺主编 2005:379～416)

《金》、《醒》、《聊》所反映出的明清山东方言里的被动句式,使用频率较高的有"被"字句、"吃(乞)"字句、"教(叫)"字句和"着"字句,这与同时期通语里被动句的情形比较一致,但这三种语料文献中被动句的差异仍反映出了一定的时代和地域特色,如"吃(乞)"字句只出现在《金》里,"着"字句多出现在《聊》里等。另外还有几种出现频率较低的类型,如体现被动句式新发展的"给"字句、"让"字句等(当然还有因书面语特点而出现的古汉语被动句式"为"字句、"见"字句,以及古代汉语罕见而唐代较多出现的"与"字句)。下面对相关语料文献里被动句式的具体类型进行分析讨论,同时跟同期北方系文献《歧》和《儿》的被动句式进行比较分析。

7.3.1 被动句式的类型

7.3.1.1 "被"字句

一般认为,"被"字句最初产生时"被"后面不能出现施事者,大约在汉末才出现了带有施事者的"被"字句,形成了真正的被动句。到了近代汉语里,"被"字句得到迅速发展,句子成分开始复杂化,语义结构关系也发生了变化,成为近代汉语中最重要的一种被动句式。《金》、《醒》、《聊》里"被"字句的使用频率和特点与同时期共同语里的情况比较一致,都是使用频率最高的一种被动句式,分别出现 463 例、395 例、166 例,各占其被动句式总数的 63.5%、65.3%、57.8%,反映出明清时期"被"字句的面貌。前后差不多同时期的北方系文献《歧》、《儿》中"被"字句分别出现 151 例、187 例。下面主要对"被"字句的结构形式进行描写分析,同时讨论"被"字句的相关问题。

"被"字句的结构形式可以从施事宾语的构成和谓项成分的结构来观察和分析。

7.3.1.1.1 "被"字句的施事宾语

《金》、《醒》、《聊》里都有不带施事宾语的"被"字句,分别有 11 例、35 例、17 例。不出现施事是"被"字句的早期特点,"被"字句产生之初就是一种"无施事被动句"(即为"S＋被＋V"的结构形式)。但到唐五代时期,白话文献里"被"字后出现施事的形式已经非常普遍。带有施事宾语的用例《金》、《醒》、《聊》分别有 452 例、360 例、149例,各占其"被"字句式的 97.6％、91.1％、89.8％。从形式上来看,这些施事宾语都是由体词性成分充任的,这些体词性成分可以是单个体词与体词性短语。

《金》、《醒》、《聊》里的施事宾语都以单个体词的形式为主,特别是《聊》,除 9 例短语形式外,其余都为单个的体词。如:

① 这妇人见勾搭武松不动,反被他抢白了一场好的。(金·1·20)

② 今日才拿了三日,被你扯烂了。(金·8·96)

③ 他房中的蚊子无人可咬,以致他着极受饿,钻进帐去咬他,又把小玉兰也被蚊虫咬坏。(醒·75·1062)

④ 与他们讲和不来,恐怕被他们连累,申报了抚、按上司。(醒·99·1405)

⑤ 按院接来看了说:"你媳妇子被户房抢去了?"(聊·磨·14·1436)

⑥ 有个张先生,是徐员外门宾,自去年被贼掳去,性命无存!(聊·磨·22·1479)

单个体词的施事宾语可以是代词,如例①、②、④;也可以是名词,如例③、⑤、⑥。

由体词性短语构成的施事宾语一般是偏正短语、并列短语、同位短语三类,《金》62 例,《醒》30 例,《聊》9 例。如:

⑦ 小人哥哥武大,被豪恶西门庆与嫂潘氏通奸,踢中心窝。(金·9·108)

⑧ 谁知被有心的人听见,两个背地俏成一帮儿算计我。(金·12·145)

⑨ 这来旺儿自知路上说话,不知草里有人,不想被同行家人来兴儿听见。(金·25·315)

⑩ 这祁伯常从山上冲下,夹石带人,不惟被水,更兼那石头磕撞得骨碎肉糜,搁在一枝枣树枝上。(醒·29·425)

⑪ 坚硬如铁的磁石,被那米星大的金刚钻,钻得飕飕的风响。(醒·62·884)

⑫ 狄希陈被智姐的母亲林嫂子痛打了一顿,头一日还扎挣得起。(醒·63·898)

⑬ 被几个混帐官府拨弄的日月无光!(聊·磨·29·1516)

⑭ 输给个好人罢了,被这花子赢了,怎么见人?(聊·增·6·1577)

上面例⑦、⑩施事宾语为并列短语,例⑧、⑪、⑬、⑭为偏正短语,例⑨、⑫为同位短语。

前后同期北方系语料文献《歧》和《儿》里带有施事宾语的例子分别有 127 例、174

例。与《金》、《醒》、《聊》的施事宾语一样，也大多是由体词性成分构成。只有《歧》里有 1 例施事宾语由动词性成分充任：

⑮ 这王春宇也不料今日送苏州物件，问济宁惊恐，却被兴官念《三字经》，弄得姐弟、舅甥，不乐而散。（歧·74·719）

7.3.1.1.2 "被"字句的谓项结构

《金》、《醒》、《聊》里的"被"字句，谓语多由动词来充任，动词谓语句分别出现 454 例、387 例、164 例，各占其"被"字句总数的 98.1%、98%、98.8%，因此下面主要对动词谓语句"被"字句的结构进行分析。

7.3.1.1.2.1 被＋V

这类"被"字句的特点是，施事没有出现，谓语由单个动词充当，前面没有修饰性成分，后面不带补语、宾语以及助词，由光杆动词处于谓语的位置。明清时期"被"字句发展已很成熟，这种不出现施事者的"被＋V"的形式并不常见，《金》、《醒》、《聊》分别出现 9 例、25 例、14 例，[①]并且常以被动义短语的形式做句内成分，动词也以单音节形式为主。如：

① 且说平安儿被责，来到外边，打内剌扒着腿儿走那屋里，掯的把人揸沙着。（金·35·460）

② 问其始末情由，却是扬州苗员外家安童在洪上被劫之事。（金·47·616）

③ 致被捉获，具了事件，拿去本县见官。（金·90·1365）

④ 小人是被杀的晃源尸亲，伺候领头。（醒·20·292）

⑤ 那新妇周氏方将被骗的原委仔细说出，县官与挂了烈妇的牌扁。（醒·28·410）

⑥ 又见炉台上面放着盛酒的空尊、吃剩的腊肉皮骨，佛前的烛台也没了，方才知是被盗。（醒·65·930）

⑦ 大姐听的说他爹被掳，才来家看了看。（聊·翻·1·934）

⑧ 杀人的是悬梁死，被杀的是烂流丢，伤痕不用还穷究。（聊·寒·4·1041）

⑨ 俺这里哈哈大笑，略粗心吃他大敲，五百喽啰尽被枭。（聊·磨·32·1531）

上面例②、④、⑤"被＋V"都作为定语修饰后面的名词性成分，而例⑧"被＋V"后面加"的"成为名词性结构做主语。《金》、《醒》、《聊》里"被＋V"以短语的形式存在是较普遍的现象，这也表明不出现施事的"被"字句容量较小，一般是容量小的句子才能够出

---

① 另外还有动词前后有其他成分但也不出现施事的"被"字句。不过，当"被"字句的施事不出现时，动词多为光杆形式，这表明不出现施事者的"被"字句的构成比较简单。

现在句子中做句内成分。

同时期北方系文献《歧》、《儿》里这种不出现施事、谓语是单个动词形式的用例分别有 22 例、14 例。与《金》、《醒》、《聊》里的用法一样,《歧》、《儿》里"被＋V"式也常以被动义短语的形式出现在句中做句内成分,动词也以单音节形式为主。其中《儿》的用例多是"被参"的形式,"被＋V"式在《儿》中的使用范围更窄。

7.3.1.1.2.2 被＋N＋V

这类光杆动词谓语句的"被"字句,"被"字后出现施事宾语,《金》、《醒》、《聊》分别出现 40 例、22 例、26 例。如:

① 自从嫁得你哥哥,吃他忒善了,被人欺负,才得到这里。(金·1·15)

② 吃人家碗半,被人家使唤,得不的人家一个甜枣儿,千也说好,万也说好。(金·58·798)

③ 被乡里笑话也还是小事,你却惹下了一件大祸!(醒·3·31)

④ 等收拾完了,请娘来这里住,离了你的眼,省的受你的气,被你顶触!(醒·44·645)

⑤ 有一个张诚被虎食,他家就在敝邻西。(聊·慈·5·921)

⑥ 细说说心上冤,拜都督合固山,老爷的人怎被棍子骗?(聊·翻·9·985)

从谓语动词的形式来看,《金》、《醒》里这类"被"字句动词多为双音节复合词形式,而《醒》当"被＋N＋V"里的 V 为单音节形式时,一般只出现在文言或韵文当中。如:

⑦ 狼性生来欠静,鼻孔又被人牵。(醒·17·250)

⑧ 只是这一时"龙游浅水遭虾戏,虎落深坑被犬欺"!(醒·88·1256)

不过,《聊》由于俚曲语体的影响,"被＋N＋V"式的 V 是以单音节形式为主,26 例中除了 7 例双音节复合动词外,其余都是单音节动词形式。这和《聊》里的处置式与后文将要提到的其他被动式相同,当谓语动词独用时由单音节动词形式充任谓语的数量比较多。因为单音节动词比较灵活,更符合受长短、字数、押韵等限制的曲词的表达要求,并且句末由单音节动词结尾,表达上更显得干净利落。

《歧》和《儿》里"被＋N＋V"式分别出现 20 例、10 例,其中的 V 也多为双音节形式,单音节形式也是一般出现在韵文或文言里,与《醒》的情况一致。当 V 为双音节或多音节形式时,则往往出现在一般的叙述或对话语言中。如:

⑨ 谁知天网恢恢,疏而不漏,恰被乡保撞见。(歧·45·417)

⑩ 绍闻被这柔情温润,渐渐有了喜色。(歧·76·736)

⑪ 一日,安老爷接着邳州直河巡检的禀报,报称沿河碎石坦坡一段被水冲刷,土岸蛰陷,禀请兴修。(儿·2·26)

7.3.1.1.2.3 被＋N＋所＋V

这类"被"字句只出现在《金》和《醒》里,分别有 6 例、2 例,《聊》没有用例,谓语动词都是单音节形式。如:

① 一旦被韩信所败,夜走阴陵,为追兵所逼。(金·1·2)

② 这安童见其尸大哭道:"正是我的主人! 被贼人所伤,刀痕尚在。"(金·48·626)

③ 迎春与奶子悉把被五娘房里猫所唬一节说了。(金·59·813)

④ 老师,我等顶上烧香,被强人所赶,奔下山来,天色昏黑,迷踪失路至此。(金·84·1290)

⑤ 因被张胜所杀,蒙师经功荐拔,今往东京城内,与王家为子去也。(金·100·1501)

⑥ 后来中了进士,仍旧被他所累,一个小小的行人,与了个不谨闲住。(醒·35·520)

⑦ 回说是被炭火所伤,不能穿得衣服。(醒·97·1387)

"被＋N＋所＋V"式本是古代汉语里"为＋N＋所＋V"的类化(王力 1989:281),这种形式在近代汉语中并没有发展起来。《金》、《醒》里的用例也表明"被＋N＋所＋V"式具有较大的限制性,即只有当施事后面的谓语动词为光杆单音节形式时,才会形成这类形式。这应该是由于"被"字句的发展趋势是动词前后的成分越来越复杂,动词独用的现象已不常见,光杆单音节动词做谓语的用法更不常见,单音节动词前面加上"所"后,在读音上变成了双音节,就避免了单音动词的单独存在,但同时也因此限制了句式的复杂化。《聊》因为语体特点能够自然使用单音节动词形式,也就没有出现"所"加单音动词的用法。

《歧》和《儿》里只有《歧》出现 1 例"被＋N＋所＋V"式:

⑧ 这是谭绍闻一被隆吉所诱,结拜兄弟,竟把平日眼中不曾见过的见了。(歧·17·182)

这也反映出清代中后期这类形式越来越少以至不再使用的状况。

7.3.1.1.2.4 被＋N＋V＋虚词

这类"被"字句动词前后没有状语或补语等成分,动词后面只带有"着"或"了"等虚词。《金》31 例,《醒》26 例,《聊》10 例。如:

① 你若是负屈衔冤被人害了,托梦与我,兄弟替你报冤雪恨!(金·9·106)

② 俺每刚才在后边陪大妗子、杨姑娘吃酒,被李桂姐唱着,灌了我几钟好的。(金·51·676)

③ 嗔道媳妇这们个主子都照不住他,被他降伏了!(醒·7·97)

④ 与其被外人吃了,不如济救了自己亲人。(醒·31·451)

⑤ 我被光棍辱了，他还畅快哩！（醒·74·1056）

⑥ 相公，你被剪绺的剪了。（聊·磨·8·1403）

⑦ 我说你不要合他玩，这不是被他赢了？（聊·增·6·1576）

这种形式谓语动词可以是单音节也可以是多音节的，但以单音节形式为主。

同期北方系文献《歧》、《儿》这类形式分别出现 10 例、3 例，动词后的虚词成分也多为"着"、"了"、"的"等。

7.3.1.1.2.5　被＋N（＋A）＋V（＋C）

这类"被"字句谓语动词可以有补语或状语，也可以同时带有补语和状语，有的补语或动词后面还可再出现虚词成分。这种形式的"被"字句最多，《金》239 例，《醒》208 例，《聊》92 例。

A. 谓语动词只带有补语成分，这一类的例子最多，《金》、《醒》、《聊》分别多达 160 例、175 例、78 例。从语义上来看，这些补语又可分为以下几种。

a. 结果补语

① 哭了一回，被丫鬟小玉劝止，住了眼泪。（金·91·1377）

② 不料大官人又被人杀死了。（醒·22·331）

③ 那个卖酒的哭诉一部长须都被他采净了。（醒·23·351）

④ 不想路上被盗弄了个精光！（聊·磨·18·1457）

⑤ 李鸭子是我的女婿，被张鸿渐杀死。（聊·磨·19·1461）

b. 趋向补语

⑥ 被伯爵拉过来，咬了一口走了。（金·68·972）

⑦ 说西门庆家中孙雪娥，如此这般，被来旺儿拐出，盗了财物去，在外居住，事发到官，如今当官办卖。（金·90·1366）

⑧ 他的父亲恐怕路上被人哄去，每次都是送他到了学堂门口，方得自己转去。（醒·31·452）

⑨ 被乡约举首出来，发县审究，拟了有力杖罪，呈详解院。（醒·31·456）

⑩ 被他二姨跳将出，一顿几乎打断筋！（聊·襄·18·1213）

⑪ 这马是我的，被人拐出来了。（聊·增·27·1674）

c. 状态补语

⑫ 西门庆与何千户坐着两顶毡帏暖轿，被风刮得寸步难行。（金·71·1033）

⑬ 小厮被春梅骂的狗血喷了头，皆出生入死，行动就说落，教西门庆打。（金·77·1166）

⑭ 狄希陈被素姐用铁钳拧得通身肿痛，不能走动，里外只有一个狄员外奔驰。（醒·60·858）

⑮ 就是军厅的胡爷,也常是被奶奶打得没处逃避,蓬了头,赤着脚,出到堂上坐的。(醒·91·1305)

⑯ 休说清官没半个,就有一个不大贪,被银钱也耀的眼光乱。(聊·寒·2·1024)

⑰ 众百姓抬酒肉,父老挂杖上,俺被那北兵弄的九死一生!(聊·磨·33·1539)

d. 程度补语

⑱ 兹因北虏犯边,抢过雄州地界,兵部王尚书不发人马,失误军机,连累朝中杨老爷俱被科道官参劾太重。(金·17·205)

⑲ 想被他弄得虚损极了。(醒·2·23)

⑳ 两三次通瞒着俺,不叫俺知道,被外头人笑话的当不起。(醒·20·295)

㉑ 你每常说会拳棒,十来个人到不得你跟前,我当是真来,谁知几个蛮子就被他打得这们等的。(醒·53·777)

㉒ 这八家子被老婆降极了,大家约了一道怕老婆会。(聊·禳·1·1145)

e. 数量补语

㉓ 玳安悄悄进来替他禀问,被西门庆喝了一声,唬的众人一溜烟走了。(金·68·966)

㉔ 这要被他打几下了,那里告了官去!(醒·37·545)

㉕ 所以吕祥虽是被驿丞打了三十,倒也还不受以下人的大亏。(醒·88·1257)

㉖ 想是因你没天理,被那神灵打一鞭,如何却把商臣怨?(聊·寒·3·1036~1037)

㉗ 两个斗了三合,被大王刺了一枪。(聊·磨·33·1538)

㉘ 那王龙输了这些银子,心里疼着,又被大姐诮了几句,怎么不恼!(聊·增·21·1645)

f. 处所补语

㉙ 被西门庆撞在一处,无人,教他两个苟合,图汉子喜欢。(金·22·280)

㉚ 被吴巡简拿在监里,还不教人快认赃去!(金·95·1428)

㉛ 狄希陈虽被他娘推在房门之外,靠了门框,就如使了定身法的一般,敢移一步么?(醒·52·755)

㉜ 那妇人在庙烧纸,站住了看戏,被大王附在身上在那里闹场。(醒·88·1253)

㉝ 我被掳在东山,卖旗下十余年,京游子不敢下眼看。(聊·翻·9·985)

㉞ 是过路的长官,被雨截在咱家里。(聊·增·5·1568)

B. 谓语动词后面没有其他成分,只有状语修饰语,这一类《金》16 例、《醒》12 例、《聊》1 例。而多数带有状语的"被"字句后面都有后续成分,这种同时带有状语和补语的用例,《金》63 例、《醒》21 例、《聊》13 例。从语义上看,动词前的状语可分以下几种。

a. 表示动作的时间、频率

① 哥就往他家去,被我再三拦住了。(金·13·154)

② 被妇人半夜三更,赶到前边铺子里睡。(金·19·231)

③ 你早到好来!步戏被县上今早叫去了。(醒·38·566)

④ 他如今被八个金刚逐日轮流监管,手也不能抬起,口也不能张开,与你相守,也是有限的时光,不必怕了。(醒·100·1432)

现代汉语中时间副词一般只能放在"被"字前,而近代汉语里时间副词可以置于"被"字后直接位于动词前,《金》、《醒》、《聊》里的情况也是如此,如上面各例时间状语都放在动词前。

b. 表示动作的处所

⑤ 正说着,被西门庆房中咳嗽了一声,雪娥就往厨房里去了。(金·23·289)

⑥ 良久,只闻的西门庆气喘吁吁,妇人莺莺声软,都被金莲在外听了个不亦乐乎。(金·27·344)

⑦ 不如替他还了这股冤债,省得被人在背后咒骂。(醒·16·241)

⑧ 小的风闻得一似吊杀了个丫头,被丫头的老子在南城察院里告着哩。(醒·82·1165)

c. 表示动作的方式

⑨ 被妇人顺手只一推,把小伙儿推了一交。(金·19·228)

⑩ 我来此间问他索讨,反被他如此这般欺负,把我当贼拿了。(金·92·1390)

⑪ 那日审官司的时节,不是俺爷爷计会元央了直日功曹救护着,岂不被赃官一顿板子呼杀了?(醒·11·161)

⑫ 谁知被人这等狠打了一顿,又被人如此杀缚了一场。(醒·95·1356)

⑬ 修行的时节,养了个长生鼠儿,被裴相公一杖打死。(聊·襄·27·1245)

⑭ 两个又战了几合,被李杰一棍打倒。(聊·磨·29·1520)

《金》、《醒》、《聊》的这类被动句中,很多动词带有表示动作变化突然或彻底的"一",为"A＋一＋V"的形式,如例⑨;还有不少用例以"一＋名量词"做状语表示动作方式,如例⑬"一杖打死",即"用杖一下子就打死了"。

d. 表示动作的情状

⑮ 玉楼道:"二娘再三不肯,要去,被俺众姊妹<u>强着</u>留下。"(金·14·177)

⑯ 冤家路儿窄,又被他<u>亲眼</u>看见,他怎的不恼?(金·21·269)

⑰ 晁老被儿子<u>这胡</u>说,算计便要当真上起本来要复官职。(醒·17·254)

⑱ 不意又被那宋明吾的一班伙党<u>作刚作柔</u>的撮合,故意讲和,又与了他四两银子。(醒·63·899)

⑲ 一个女人被人<u>独名</u>告着,拿出见官。(醒·82·1166)

⑳ 撞见山上的一伙大王,尽行劫去,被他<u>苦死</u>央及,拣了三头不济的骡子还他。(醒·88·1251)

㉑ 别的或者是谎,那范子廉被他<u>活活的</u>打死了,这可假不的。(聊·磨·4·1386)

㉒ 万岁的性儿也是好动不好静的,极好合人打混,又被鸨儿<u>百般</u>相劝,也就没了气了。(聊·增·23·1652)

e. 表示动作的工具

㉓ 那一遭被素姐<u>使鞭子</u>打的浑身紫肿,脱与他娘看了一看,素姐知道了,夜间又另打了够三百。(醒·60·866)

㉔ 晓得是被他<u>将凤仙花</u>来哄了,学师差了门斗与他说道……(醒·62·891)

㉕ 智姐听说丈夫被人<u>使棒椎</u>痛打,还那里顾的甚么体面;飞奔也似的奔到湖亭,正见素姐行凶,张茂实受痛。(醒·66·946)

f. 表示动作的程度、量度或范围

㉖ 被桂姐<u>尽力</u>打了一下,骂道:"贼们攘的,今日汗歪了你,只鬼混人的。"(金·52·696)

㉗ 被花子虚<u>只一</u>推,跌倒在地。(金·60·827)

㉘ 素姐同吕祥都不知去向,遥地里被人<u>无所不</u>猜,再没有想到是赶狄希陈的船只。(醒·88·1250)

㉙ 刚只出了城,被一大些强人<u>尽数的</u>打劫去了。(醒·99·1418)

有的用例不只出现一个状语,表示不同语义的状语可以同时出现,显示了"被"字句谓语结构的复杂化。如:

㉚ 当下这只猛虎,被武松<u>没顿饭之间</u>,<u>一顿拳脚</u>,打的动不得了。(金·1·7)

㉛ 被玉箫<u>故意</u>向他肩膊上拧了一把,说道:"贼囚,你夹道卖门神——看出来的好画儿!"(金·31·395)

㉜ 寄姐不曾提防,被素姐<u>照着胸前一头</u>拾来,碰了个仰拍叉,扯回鞭去,照

着寄姐乱打。(醒·95·1351)

例㉚"没顿饭之间"、"一顿拳脚"两个状语分别表示动作的时间和方式;例㉛"故意"表示动作的情态,"向他肩膀上"表动作发生的处所;例㉜"照着胸前"、"一头"则分别表示动作的处所和方式。当状语成分较多、较长时,中间可以有停顿,如例㉚。

《金》、《醒》、《聊》里"被"字句的状语除了出现在"被"字后的动词结构里外,有的状语如时间名词、处所名词、副词、助动词等还可以位于"被"字结构的前面。试比较下面的例子:

㉝ 死了汉子,败落一齐来,就这等被人欺负,好苦也!(金·95·1431)

我来此间问他索讨,反被他如此这般欺负,把我当贼拿了。(金·92·1390)

㉞ 武大那里再敢开口,被这妇人倒数骂了一顿。(金·1·21)

倒被小院儿里的,千奴才,万奴才,骂了我恁一顿。(金·11·125)

㉟ 你早到好来!步戏被县上今早叫去了。(醒·38·566)

父亲从昨日后晌被差人吊在南城第三铺内,至今不曾吃饭。(醒·82·1169)

㊱ 果然次年会试,在贡院门前被人挨倒在地踹得象个柿饼一般。(醒·98·1394)

不如替他还了这股冤债,省得被人在背后咒骂。(醒·16·241)

以上例㉝两个例句是表示动作方式的"这等"、"如此这般",第一个例句放在"被"字结构前,第二个例句则出现在"被"字后;例㉞的两个例句语气副词"倒"分别位于"被"字后和"被"字结构前;例㉟表明时间状语可以在"被"字后也可位于"被"字结构前;例㊱处所状语分别在"被"字结构前和"被"后。这说明,明清山东方言里"被"字句的状语位置比较灵活,可位于"被"字前也可处于"被"字后。另外,《金》里的否定副词可出现在"被"字前也可出现在"被"字后。如:

㊲ 西门庆已是走出来,被花子虚再不放,说道:"今日小弟没敬心,哥怎的白不肯坐?"(金·13·157)

㊳ 这一个出去,不被人议论?(金·63·890)

否定副词出现在"被"字后的动词结构里的形式在明清时期已不多见,《醒》和《聊》及《歧》、《儿》里都没有出现用例。

同期北方系文献《歧》、《儿》里的"被+N(+A)+V(+C)"式分别有 72 例、124例,其中只出现补语的分别有 55 例、89 例,只出现状语的分别有 11 例、19 例,状语和补语同现的用例分别有 6 例、16 例。从补语的意义类型来看,《歧》、《儿》与《金》、《醒》、《聊》没有太大差别,不过有时《歧》、《儿》里的补语可以是更为复杂的形式,甚至可以跨多个小句,更体现了"被"字句谓语结构的复杂化趋向。如:

㊴ 想是小的昨晚带着锁，被公差们扯捞的，把带的顺袋儿掉了。（歧·31·291）

㊵ 这王春宇也不料今日送苏州物件，间济宁惊恐，却被兴官念《三字经》，弄得姐弟、舅甥不乐而散。（歧·74·719）

㊶ 被那张金凤骂得眼泪往肚子里咽，被那"王八的奶奶儿"呕得肝火往顶门上攻。（儿·8·106）

㊷ 这个所在被我闹得血溅长空，尸横遍地，请问，就这样撂下走了，叫你们两家四个无依无靠的人怎么处？（儿·9·120）

㊸ 那张金凤此时被十三妹磨的也不知嘴里是酸是甜，心里是悲是喜，只觉得胸口里象小鹿儿一般突突的乱跳，紧咬着牙始终一声儿不言语。（儿·9·128）

上面例㊴动词补语为处置式的形式，例㊵、㊶补语都是由主谓短语充当，例㊷、㊸补语则都由多个分句构成。

《歧》、《儿》里的状语从意义类型上看与《金》、《醒》、《聊》的差别也不大，不过相对来说，《歧》和《儿》特别是《儿》，表瞬间时间的副词"一"或"这一"的形式做状语的用例增加。如：

㊹ 谭绍闻本来羞愧，又被巫翠姐一激，况且家中有王中，毕竟做事有些碍眼梗手，拿定主意，出了东楼说道："王中呀，你也太厉害，我也使不起你。"（歧·53·496）

㊺ 盛公弟兄当日为宵小所间，兴过词讼，被边明府一批，有云"莅官多载不能成让畔之休风"，反"致有阋墙之凉习"。（歧·99·925）

㊻ 却说何小姐一时说得高兴，说得忘了情，被张姑娘一恸，不觉羞得小脸儿通红。（儿·29·511）

㊼ 我只说这个小蛋蛋子可是要作窝心脚，那知这群爷们被他这一打，这一骂，这才乐了！（儿·32·568）

从用例来看，这类"被"字句的动词多为单音节形式，动词后没有其他成分。但这类"被"字句一般不能独立成句，它后面要有后续句。如果动词前不出现"一"或"这一"等成分，那么就成为单音节动词做"被"字句的谓语了，而这种单音节谓语形式除了出现在韵文或文言中，白话里已很少使用。因此，《歧》、《儿》里"被"字句状语副词"一"、"这一"的增加，也表明随着时代的发展，汉语被动句单音节光杆动词谓语的形式越来越不被使用。

7.3.1.1.2.6 被＋N₁（＋A）＋V（＋C）＋N₂

一般来说，被动句的受事已经转为主语，谓语动词不应该再带有宾语。也正因为如此，早期"被"字句的谓语动词后带宾语的情况比较少见，"但是到了唐代，被动式又有新的发展，'被'字的前面有主语，动词的后面还有宾语，而宾语所代表的事物又是主语代表的人所领有的"。(王力,1989:282)随着被字句的发展,被字句带宾语的情形逐渐增多,明清时期这种现象更为普遍,《金》、《醒》、《聊》分别出现 58 例、65 例、14 例,各占其"被"字句总数的 12.5%、16.8%、8.4%,而宾语所代表的事物也不仅限于是主语代表的人所领有的。"被"字句中谓语动词带上宾语之后,位于小句之首的受事主语(或零形式)便成了间接受事,而谓语动词后的宾语则变成直接受事。语义上,被字句的主语跟谓语动词后的宾语有时有一定的联系。根据这种语义联系,可以把谓语动词所带的宾语分为复指性宾语、隶属性宾语和并列性宾语三类。

A. 复指性宾语

这类宾语即受事,在语义上与受事主语具有复指关系,一般都可以置换到主语的位置。这种现象《金》出现频率最高,共有 25 例;其次是《聊》,有 7 例;《醒》里的"被"字句虽然较多,但带有复指性宾语的用例却不多,只出现 4 例。其中有的宾语是指代受事的代词,可称为代词性复指宾语;有的宾语则是表示受事的名词,可称为名词性复指宾语。《金》中以代词性复指宾语为主,而《聊》里则大多是名词性复指宾语。如:

① 玳安哭的两眼红红的,说道:"被爹踢骂了<u>小的</u>来了。说道,那个再使人接,来家都要骂。"(金·12·138)

② 你在他家干坏了甚么事来,被人纸棺材暗算计了<u>你</u>!(金·26·332)

③ 被李娇儿一面拉住<u>大姐子</u>。(金·75·1128)

④ 泄了关机,被他追究起<u>那透露的人</u>来,反教那梁、胡两个住不稳,晁书也活不停当了。(醒·16·240)

⑤ 只听得天塌的一声响,狄宾梁合狄希陈震得昏去,苏醒转来,只见院子里被雷击死了<u>一个人</u>。(醒·54·789)

⑥ 骂奴才老贼奸,又害民又欺官,被你把持着<u>扶风县</u>。(聊·翻·4·953)

⑦ 亏了我没回家,若要回家,岂不被你闪煞<u>人</u>也!(聊·蓬·7·1106)

以上除例①、例②为代词性复指宾语外,其余各例都是名词性复指宾语。

B. 隶属性宾语

这类宾语是具体受事的事物(一般为表示事物的名词),是主语名词的一部分,或是主语名词所领有的,大都可以置换于受事主语的位置上。这类用法《金》有 12 例,《醒》用例最多,共出现 28 例,《聊》有 4 例。从宾语和主语的语义关系上来看,又可以分为两类。一类宾语名词在概念上是主语名词的一部分,宾语多是表器官等的名词。如:

① 被西门庆揪住<u>顶角</u>,拳打脚踢,杀猪也似叫起来,方才住了手。(金·28·360)

② 被敬济抹过<u>顶发</u>,尽力打了几拳头。(金·89·1345)

③ 看那树槶,却是被人削细了<u>那根脚</u>。(醒·33·490)

④ 自从这一遭丢德,被人窥见了<u>肺肝</u>。(醒·35·517)

891

⑤ 丈夫被光棍咬伤了胳膊，出来告不的状。（醒·74·1056）

⑥ 大炮一声排成阵，军士满山去放火，张邰被俺攮断筋。（聊·快·3·1133）

另一类宾语名词是主语名词所领有的事物。如：

⑦ 向五被人告争地土，告在屯田兵备道打官司，使了好多银子。（金·35·466）

⑧ 因为搭伙计在外，被人坑陷了资本，着了气来家，问他要饭吃。（金·93·1396）

⑨ 出入空门，致有狄监生妻薛氏在玉皇庙通仙桥上被群棍劫夺簪珥，褪剥中衣。（醒·74·1057）

⑩ 雇了驴上王庄，被贼人剪被囊，盘费钱今日毕了账！（聊·磨·8·1403）

C. 并列性宾语

这类宾语与受事主语（或零形式的受事主语）是并列关系，《金》21 例，《醒》33 例，《聊》3 例。宾语又可分为以下几类。一类是宾语表示主语（或零形式主语）受动作支配（包括物理和心理上的支配）后的结果。如：

① 不料被那乡约两邻证了一个反坐。（醒·97·1341）

② 你那起初霎你说金豆子就合杂粮囤那是的，被我一句话诈出家当来了。（聊·增·17·1623）

宾语还可以和动词构成较固定的关系，即谓语是"动·宾"结构，属于固定形式。如：

③ 这妇人情知不是，叉手望他深深拜了一拜，说道："奴家一时被风失手，误中官人，休怪。"（金·2·28）

④ 被他娘变了脸，一手扯将过来，胳膊上扭了两把，他就撒着嘴待哭。（醒·33·484）

⑤ 从道袍一条大缝直透到着肉的布衫，方知是过浮桥的时节被人割了绺去。（醒·36·531）

⑥ 只是侯小槐被汪为露降怕了的，虽是做了鬼，也还怕他活将转来被他打脖，不敢应允。（醒·41·605）

⑦ 急慌忙，被那老贼颠了枪。（聊·磨·33·1539）

当这类句子的谓语为言说类行为动词时，宾语则是直接引语。这种用法只出现在《金》里，共 11 例。如：

⑧ 被西门庆骂道："你这贼狗才，单管这闲事胡说！"（金·32·415）

⑨ 被张好问叫道："韩老兄，你话还未尽，如何就去了？"（金·33·431）

宾语还可以是谓词性成分,为动词词组或主谓结构,语义上是谓语所涉及的内容。这种例子不多。如:

　　⑩ 头里他再三不来,被我学生因称道四泉盛德,与老先生那边相熟,他才来了。(金·49·643)

同时期北方系文献《歧》和《儿》里这类"被"字句分别出现 15 例、27 例,从宾语的类型来看也有复指性宾语、隶属性宾语和并列性宾语三类。不过,从《歧》、《儿》的用例来看,复指性宾语的"被"字句到清代越来越少,《歧》、《儿》都只出现少数几例。

　　7.3.1.1.2.7 被＋N(＋A)＋VP₁＋VP₂

这类"被"字句的谓语由连动式或兼语式充当,其中谓语为连动式结构的例子比较常见,《金》53 例,《醒》29 例,《聊》5 例。按照相连的两个动词之间的关系,可以分为以下几类。两个动词表示的是先后发生的动作,有先后关系。如:

　　① 也是他爹,因我不见了那只睡鞋,被小奴才儿偷了,弄油了我的,分付教我从新又做这双鞋。(金·29·364)

　　② 韩二夺门就走,被一少年一拳打倒拿住。(金·33·429)

　　③ 待不卖了送去,恐被他捉住便打个臭死。(醒·25·371)

　　④ 家中也都道是被人哄去吃了。(醒·31·452)

　　⑤ 不说老马被按院拿了问罪,且说张鸿渐在施舜华家……(聊·富·5·1302)

这种先后发生的动作跟受事都有直接的语义联系,即多以受事为作用对象。如例①"偷"的对象是"睡鞋","弄油"的对象也是"睡鞋"。两个动作还可以是方式和目的关系。如:

　　⑥ 被西门庆带酒骂道:"淫妇们闲的声唤,平白跳甚么百索儿!"(金·18·218)

　　⑦ 于是把脸子挨向他身边,被金莲举手只一推。(金·52·704)

　　⑧ 又兼庄上的厅房楼屋前年被那狐精放火烧了,至今还不敢盖起,所以也要急急回来,免在乡间寂寞。(醒·19·272)

　　⑨ 愈思愈恼,只觉得喉咙里面就如被那草叶来往擦得涩疼。(醒·39·576)

在这类用例中,一般前一动作表示后一动作的方式,只是施事宾语的动作并不作用于受事对象,与受事没有直接的语义关系。如例⑦"举手"的动作是施事者"金莲"发出的,但这一动作没有作用于前面的主语,只有后面"推"的动作的作用对象是受事主语(包括零形式主语)。

　　由兼语句充当谓语的"被"字句相对较少,《金》8 例,《醒》1 例,《聊 1》例。如:

⑩ 此是花二哥,前日请我们在院中与吴银儿做生日,醉了,被我搀扶了他来家。(金·13·156)

⑪ 来旺儿口还叫冤屈,被夏提刑叫过甘来兴儿过来,面前执证。(金·26·327~328)

⑫ 接说晁梁被那光棍魏三的搅乱,谷大尹的胡断,致得那晁思才、晁无晏俱算计要大动干戈,就是晁梁也自生疑虑。(醒·47·681)

⑬ 明被道人蒙汗药,迷将人去入深山。(聊·蓬·5·1098)

在同时期北方系文献《歧》和《儿》里,"被＋N(＋A)＋VP₁＋VP₂"式"被"字句用例较少,分别出现 6 例、2 例,没有出现兼语句充当谓语的例子。

7.3.1.1.2.8 被＋N₁＋把/将＋N₂＋VP

这种形式是被动句和处置式的结合,动词前后也可以有其他成分。因为处置式的特点是由处置介词"把"、"将"等引出处置的对象(即动作行为的受事),所以当被动句式跟处置句式配合时,也就改变了"S＋被＋N＋VP"的组合关系,使可处在主语位置上的受事变成了由"把(将)"引进的处置对象,成为"被＋N₁＋把/将＋N₂＋VP"。这类被动句《金》10 例、《醒》9 例、《聊》2 例。如:

① 妇人正手里拿着叉竿放帘子,忽被一阵风将叉竿刮倒,妇人手擎不牢,不端不正却打在那人头巾上。(金·2·26)

② 被风把长老的僧伽帽刮在地下,露出青旋旋光头,不去拾,只顾搧钹打鼓,笑成一块。(金·8·101)

③ 被我把李娇儿先赢醉了……(金·73·1084)

④ 这一定倒在那里睡觉,被人把醉子都拿将去了。(醒·57·826)

⑤ 那邵强仁的老婆,伍小川的儿子,说是被晁源的事把他累死,上门指了籴谷,每家赖了一石。(醒·32·476)

⑥ 昨日要入殓,怎么被雷把先生震的稀烂?(醒·41·602)

⑦ 做呈子未必然,被仇人把他攀,风闻料想也定不了案。(聊·富·2·1282)

如果不与处置式配合使用,"把(将)"的宾语一般放在主语或置于谓语的宾语位置。如"忽被一阵风将叉竿刮倒"可以表达为"叉竿忽被一阵风刮倒"或"忽被一阵风刮倒叉竿"。

在同时期北方系文献《歧》和《儿》里,这类被动式和处置式结合的用法分别出现 5 例、6 例。不过,《歧》和《儿》里"被"字句和处置式结合使用,有时句子主语位置上仍出现主语。如:

⑧ 原来夏鼎被王中打狗一句把胆输了,不敢叫门。(歧·37·341)

⑨ 这名相公又被小厮将头上插了一朵小草花儿。(歧·89·840)

⑩ 原来姑娘被张金凤一席话，把他久已付之度外的一肚子事由儿给提起魂儿来，一时摆布不开了。（儿·26·440）

⑪ 我是被一起子听戏的爷们把我气着了！（儿·32·565）

上面例⑧、⑨、⑩的主语与处置介词后的成分在语义上有领属关系，例⑪的主语与"把"后的成分是同一关系。

以上分析了《金》、《醒》、《聊》以动词形式充当谓语的"被"字句，《金》、《醒》、《聊》动词谓语句"被"字句的结构形式和出现频率如下表。

类型及频率 ＼ 文献		金	醒	聊	总计
被＋V		9	25	14	48
被＋N＋V		40	22	26	88
被＋N＋所＋V		6	2	0	8
被＋N＋V＋虚词		31	26	10	67
被＋N(＋A)＋V(＋C)	被＋N＋V＋C	160	175	78	539(53.6%)
	被＋N＋A＋V	16	12	1	
	被＋N＋A＋V＋C	63	21	13	
被＋N₁(＋A)＋V(＋C)＋N₂	复指性宾语	25	4	7	137(13.6%)
	隶属性宾语	12	28	4	
	并列性宾语	21	33	3	
被＋N(＋A)＋VP₁＋VP₂	连动	53	29	5	97(9.7%)
	兼语	8	1	1	
被＋N₁＋把/将＋N₂＋VP		10	9	2	21
总计		454	387	164	1005

由上表及前面的分析可以看出，谓语动词为简单形式的"被＋V"、"被＋N＋V"、"被＋N＋所＋V"、"被＋N＋V＋虚词"在《金》、《醒》、《聊》里的比例较小，共占 21%。而这三种语料文献的"被"字句都以带有补语成分为主，动词前后带有状语或补语成分的用例在"被"字句总量中占了 53.6%，而在所调查的 1005 例"被"字句里，谓语为复杂形式的（包括动词前后带有其他成分、谓语为连动式或兼语式、与处置式相配合的形式）占整个"被"字句的 79%。由此可见，明清山东方言里"被"字句的发展已相当成熟，不仅结构形式多样，并且具有复杂化的特点。另外，作为"被"字句最初形式的遗留，谓语为单纯动词形式的"被"字句仍有 144 例，占整个"被"字句的 14.3%，说明这类形式在明清时期还在使用（至少在书面语里是这样），但在使用上有一定限制，如动词一般不为单音节形式，或多出现在韵文和文言里（《聊》因为文体原因不受限制）。

《歧》、《儿》"被"字句的结构形式及出现频率如下表。

文献 类型及频率		歧	儿	总计
被＋V		22	14	36
被＋N＋V		20	10	30
被＋N＋所＋V		1	0	1
被＋N＋V＋虚词		10	3	13
被＋N（＋A）＋V（＋C）	被＋N＋V＋C	55	89	196（58.2％）
	被＋N＋A＋V	11	19	
	被＋N＋A＋V＋C	6	16	
被＋N₁（＋A）＋V（＋C）＋N₂	复指性宾语	3	3	42（12.5％）
	隶属性宾语	3	7	
	并列性宾语	9	17	
被＋N（＋A）＋VP₁＋VP₂	连动	6	2	8（2.4％）
	兼语	0	0	
被＋N₁＋把/将＋N₂＋VP		5	6	11
总计		151	186	337

从上表来看,《儿》里"被"字句谓语为简单动词形式的用例明显要少于《歧》,而动词前后有状语、补语或宾语的比例也显然高于《歧》,这表明随时代的发展"被"字句的结构越来越复杂化。另外,与《金》、《醒》、《聊》里的"被"字句相比,《儿》的"被"字句当动词后带有宾语时,复指性宾语的用例较少,多是并列的关系;而谓语为连动式的用例也越来越少,兼语式谓语的形式则没有出现。

以上所分析的"被"字句谓语都由动词充任,还有的用例谓语动词没有出现,从形式上来看谓语是名词性的或形容词性的,这类用法《金》7 例、《醒》7 例、《聊》2 例。如:

① 被西门庆兜脸一个耳刮子。(金·12·141)

② 那西门庆被老婆一席话儿,闭口无言。(金·25·320)

③ 他也慌了,被春梅两个耳刮子,就拉回来见妇人。(金·28·355)

④ 晁大舍送客回来,刚刚跨进大门,恍似被人劈面一掌,通身打了一个冷噤。(醒·1·13)

⑤ 被一个戴黄巾的后生,脑后一掌,便昏迷不知所以。(醒·93·1331)

⑥ 只有许褚来挣扎,只被我透甲一矛!(聊·快·3·1135)

⑦ 倒被他劈头两下,打的我疼到而今!(聊·禳·9·1178)

不过,以上各例不能认为是非动词谓语句,因为这些被动句的谓语大多是省略了"打"或与"打"义相关的核心动词,虽然这个核心动词并没有出现,但这些数量补语显然是表示动量的,能明显地体现出所省略的动词的含义。例②比较特殊,省略的谓语动词是言说义动词"说",谓语部分只出现了表动作结果的形容词形式。这一省略形式不像其他各例省略"打"义动词的用法那样普遍。

在清代北方系文献《儿》里,只见到 1 个同类谓语形式的例子:

⑧ 原来姑娘自被安老爷一番言语之后,勾起他的儿女柔肠,早合那以前要杀就杀、要饶就饶、要聚便聚、要散便散的十三妹迥不相同。(儿·20·324)

"被"字句的谓语还可以由主谓短语充任,《金》2 例、《醒》1 例。如:

⑨ 被他一顿话说:"咱早休去。一个太师老爷府中,谁人敢到? 没的招是惹非。"(金·81·1259)

⑩ 再也不自己想道那些丫头养娘被他打的打了,采的采了,那一个是喜欢你的,肯与你遮盖?(醒·20·301)

7.3.1.1.3 零主语"被"字句

吕叔湘(1984/2002:203)曾注意到一种"被"字句,即"通常没有主语,施事在前,受事在后,象是一般的中性句头上加了个被字","也可以说是应该作为被字句主语的词被安放在宾语的位置上了"。如"被他这一句话害死了两条性命"即"两条性命被他这一句话害死了"。吕先生指出的"最特别"的这类"被"字句,是一种缺乏主语的零主语"被"字句,这种"被"字句近代汉语里已比较常见。在明清时期具有山东方言背景的语料《金》里这种例子比较普遍,共 64 例,《醒》、《聊》分别出现 13 例、6 例。随着"被"字句研究的深入,零主语"被"字句受到了更多的关注。吴福祥(2004a:340、341)根据受事成分是否出现,把这种零主语"被"字句分为两类,这一分类同样适用于明清山东方言语料里同类"被"字句的类型分析。

7.3.1.1.3.1 带有受事的零主语"被"字句

这类"被"字句是受事在动词之后而不在"被 V"结构之前。《醒》、《聊》里的用例大多是这一种。如:

① 被妇人夺过扇子来,把猫尽力打了一扇把子,打出帐子外去了。(金·51·678)

② 泄了天机,被他追究起那透露的人来,反教那梁、胡两个住不稳,晁书也活不停当了。(醒·16·240)

③ 我想妓女兰芳,合官人彼此留恋,被我打断了他的恩情,也是一件恨事。(聊·襄·29·1253)

④ 这身材几乎一丈,到被他㖞煞爷娘,丫头还把小孩装。(聊·襄·3·1156)

这类处在宾语位置的受事多数都可以置换到"被 V"结构前主语的位置,例如①"被妇人夺过扇子来"可以变成"扇子被妇人夺过来"等。不过,并不是所有谓语动词带有宾语的"被"字句都是这种零主语被动句,只有宾语和整个句子的受事一致时才是零主语句,零主语句的另一特点是句子去掉"被"和加上"被"的基本意义相同。

据调查可知,出现受事的零主语"被"字句,受事除了做动词的宾语外,有时还可处在句中的其他位置上。有的出现在状语或状语中介词宾语的位置上。如：

⑤ 被玉箫故意向他肩膊上拧了一把，说道："贼囚，你夹道卖门神——看出来的好画儿！"（金·31·395）

⑥ 被金莲向窗棂上打了一下，说道："后面不去听佛曲儿，两口子且在房里拌的甚么嘴儿？"（金·51·684）

⑦ 西门庆还没曾放到口里，被应伯爵连碟子都挝过去，倒的袖了。（金·52·701）

⑧ 被妇人尽力脸上拧了两把……（金·73·1083）

上面例子状语里的名词成分是"被"字句的受事，如例⑥是"窗棂"被打，例⑧是"脸"被拧，例⑦是"碟子"被抓，并且这个受事也可以认为能变换到主语的位置，如"被金莲向窗棂上打了一下"可以变换成"窗棂被金莲打了一下"，其余各例同此。但是，除句子意义有所变化之外，从句子语境来说，如果把受事置换到主语位置，往往会造成与上下文主语不一致的情形。如例⑤去掉"被"前后两句主语都是"玉箫"，而如果把"被"字句的受事移到主语位置，会造成后句改变主语的现象。

受事有时还可以出现在补语的位置上，这个补语往往是比较复杂的形式。如：

⑨ 被他千王八万王八，骂的李铭拿着衣服往外，金命水命，走投无命。（金·22·282）

⑩ 当时被伯爵一席话，说的西门庆心地透彻，茅塞顿开，也不哭了。（金·62·885）

⑪ 当下被他一席话，说的西门庆心邪意乱……（金·68·973）

上面"被"字句的 VP 都是动补结构，并且是主谓结构做动词补语，而受事就是补语的主语。如例⑪是"西门庆"被说得"心邪意乱"，例⑨是"李铭"被骂得"往外走不迭"。这类"被"字句的受事也可以置换到主语位置，如例⑪可以变换成"西门庆被他一席话儿说的心邪意乱"。这样，就和"林氏被文嫂这篇话说的心中迷留摸乱，情窦已开"（金·69·984）一类受事出现在主语的位置上的"被"字句是一样的了。

受事还可以处在兼语的位置上。如：

⑫ 此是花二哥，前日请我们在院中与吴银儿做生日，醉了，被我搀扶了他来家。（金·13·156）

⑬ 被来保推他往屋里挺觉去了。（金·81·1254）

⑭ 主管道："被小人劝他回去了。"（金·99·1480）

上面例中做兼语的受事也可以变换到主语位置，如例⑫"被我搀扶了他来家"可以变换成"他被我搀扶了来家"，这样原来的兼语句就成为了连谓句。其余各例同此。

与处置式相结合的"被"字句，因为受事变成了由处置介词引进的处置对象，也不再有受事主语而成为零主语"被"字句。如：

⑮ 反被妇人把淫器之物都用石砸的稀烂，都丢吊了。（金·19·231）

⑯ 今被杨大郎这天杀的，把我货物不知拐的往那里去了。（金·92·1392）

⑰ 昨日要入了殓，怎么被雷把先生震的稀烂？（醒·41·602）

上面的例子去掉"被"句子意义不改变，就直接变成了处置式。

　　虽然以上这类带有受事的零主语"被"字句与去掉"被"字的非被动句式表达的意义相同，但这些句子一般都可以还原成受事位于句首的典型的"被"字句。所以从语义上来看，这类零主语"被"字句仍是表被动意义的。与不带"被"字的中性句子相比，这类句子很明显能突出受事，虽然受事没出现在句首位置，但受话者的意识当中仍会不自觉地注意到受事对象。因此，这类零主语"被"字句也可以说是典型"被"字句在结构上的非正规表现。

　　7.3.1.1.3.2 不出现受事的零主语"被"字句

　　这类零主语"被"字句里没有出现受事，并且通常也无法根据上下文补出受事，句中的谓语动词可以是非及物的，是"被 N"中 N 的自动行为。如：

① 小人哥哥武大，被豪恶西门庆与嫂潘氏通奸，踢中心窝。（金·9·108）

② 被春梅怪叫起来，骂道："好贼王八！你怎的捻我的手，调戏我……"（金·22·282）

③ 俺每刚才在后边陪大妗子、杨姑娘吃酒，被李桂姐唱着，灌了我几钟好的。（金·51·676）

上面例①虽然"被"字句前面有一个主语，但这个主语并不是"被"字句的受事，即不能是"武大"被"通奸"，"通奸"是"西门庆与嫂潘氏"自主发出的行为。其余各例也都可以做同样的分析。在结构和意义上说，这类被动句是没有具体的受事的。

　　此外，这类"被"字句的谓语动词也可以不是表示施加行为动作的谓词性成分。如：

④ 被杨府尹大怒，都喝下来了，说道："你这厮少打！当初你那内相一死之时，你每不告，做什么来？如今事情已往，又来骚扰，费我纸笔。"（金·14·169）

⑤ 被玉箫恼了，说道："你这媳妇子，俺每在这里掷骰儿，插嘴插舌，有你甚么说处！"（金·23·290）

⑥ 被他吃醉了，往在张舅门上骂嚷。（金·92·1382）

　　从语义来看，因为这类零主语"被"字句一般无法补出受事或根本没有受事，因此句子并不表达"被动"义。不过，这类"被"字句和不带"被"的中性句所表达的意义仍有区别，冯春田（2000/2003：595）提出："近代汉语的被动句在宋代已经出现分化，这主要表现在'被'字被动句具有'使让'义和表示'原因'两个方面。"我们发现，这种不带受事的零主语"被"字句常具有"使让"义或"原因"义。如：

⑦ 正说着，被西门庆房中咳嗽了一声，雪娥就往厨房里去了。（金·23·

289)

⑧ 被玉箫恼了,说道:"你这媳妇子,俺每在这里掷骰儿,插嘴插舌,有你甚么说处!"(金·23·290)

⑨ 都不受来,被薛嫂儿和我再三说了,才受了下饭猪酒,抬回尺头。(金·95·1438)

⑩ 这月娘却拒阻不肯,被云离守忿然大怒,骂道:"贱妇,你哄的我与你儿子成了婚姻,敢笑我杀不得你的孩儿!"(金·100·1504)

例⑦、例⑨具有"原因"义,例⑧、例⑩具有"使让"或"致使"义。这种与常规"被"字句语义不同的"被"字句具体是表"使让"义还是"原因"义,多与它所处的语境有关。

前后差不多同时期的北方系文献《歧》和《儿》里也有这种零主语"被"字句。例如:

⑪ 那巴庚与钱可仰,被窦丛打儿子,也误撞了两棍。(歧·51·473)

⑫ 谭绍闻早已自倒,被凳子角把脸上磕了一条血痕。(歧·54·503)

⑬ 倘然不是那个老人那位尊神开我愚蒙,只我娄蒙斋蒙蒙一世罢了,岂不被我断送了你一个真功名,埋没了你三篇好文字?(儿·36·666)

例⑪"被"表原因义,其他各例是带有受事的零主语"被"字句。

零主语"被"字句的发展经历了唐五代、宋元、明清三个时期。根据它在各时期代表性的语料文献中出现的频率,有人统计到唐五代时零主语"被"字句占 5.3%,宋元时期占 33.8%。(参看周四贵 2006)这说明零主语"被"字句在唐五代产生之后,宋元时期得到了充分的发展。明清时期文献里零主语"被"字句出现的频率如下表。

	零主语"被"字句	"被"字句总数	零"被"句所占比例
水浒全传(21～20 回)	23	87	26.4%
金	64	463	13.8%
红楼梦(1～80 回)	12	128	9.3%
醒	13	395	3.3%
聊	6	166	3.6%
歧	5	151	3.3%
儿	9	180	5%

从上表可以看出,明清时期语料文献里零主语"被"字句在明代使用频率还比较高,但已经低于宋元时期,出现了萎缩的趋势。而到了清代,零主语"被"字句日益衰落,用例在"被"字句中占的比率很低。从形式来看,这一时期一般只有带受事成分的类型,并且受事多出现在宾语或处置式宾语的位置。可以说,零主语"被"字句在明清时期没有发展起来,而是逐渐走向了没落。

7.3.1.2 "吃(乞)"字句

据江蓝生(2000b:44)考察,被动标记"吃"和被动标记"被"的形成是一样的,都来自动词的"遭受"、"蒙受"义。"吃"本来是表示进食的动作,因为具有"接受"、"承受"的义素,在唐代它的受事宾语便由可吃类食物渐渐扩大到非食物类,如"吃棒"、"吃拳",甚至是抽象的"吃言语"、"吃官司"等。而"吃"与这些表示不可食并且不利的事物的词语相搭配时,它的实词原有义素不再显现而含有的"承受"义凸显出来,"吃"便有了"遭受"、"承受"义。大约在晚唐时期,"遭受"义的"吃"开始与动词组合,这时不仅有了向被动转化的语义条件("遭受"为受动性的),在结构上也和被动式的"被+V"相近了。如果这时的"吃"还可以按动词来理解,那么当"吃"和后面的动词之间出现施事,即出现在"吃+N+V"的格式中时,"吃"就由"遭受"义转化为引出施事表示被动的用法。宋代以后,"吃"表被动的用例开始多起来。宋元明白话文献中使用非常频繁,如在宋元话本、元明白话小说等通俗文献里,"吃"字被动句的使用频率几乎与当时通行的"被"字句相当。

但是,到了清代,在许多北方系语料里却很难见到由"吃"作为被动标记的被动句的踪迹,这时期的白话小说如《红楼梦》、《儒林外史》等都没有出现。在明清时期具有山东方言背景的文献里,"吃"字句也只出现在明代的《金》中,并且是《金》里使用频率较高的一种重要的被动句式。

《金》里"吃(乞)"字句的发展已很成熟,句式的复杂性和严密化都有体现。《金》里表被动的"吃(乞)"共有121例,占其被动式总数的16.6%(其中写做"吃"的72例,写做"乞"的49例)。从施事宾语的角度来看,"吃(乞)"字句只有3例不出现施事宾语,所出现的施事宾语也都是体词性成分,并且以单个体词为主,由体词性短语构成的施事宾语也包括偏正、并列、同位三种(这些在下文的例句里都有体现,此处不再举例说明)。和"被"字句一样,《金》里的"吃"字句也有不出现受事主语的零主语"吃"字句,而出现受事的句子受事一般处在宾语的位置,语义上仍多表被动;不带受事又无法补出受事主语的零主语"吃"字句,一般不表被动义。本节根据句子所表达的意义,把《金》里的"吃(乞)"字句分为被动义"吃"字句、使役义"吃"字句和原因义"吃"字句三类。

7.3.1.2.1 被动义"吃(乞)"字句

被动义"吃"字句在《金》里共出现110例,其谓语基本上都是由动词充任。从VP的类型来看,《金》里的"吃"字句已经具备了当时"被"字被动句的所有类型和特点。

7.3.1.2.1.1 吃(乞)+V

"被"字句早期的形式是不出现施事者的"被+V",明清时期的《金》、《醒》、《聊》里都有少量用例,但很明显,这种形式只是早期"被"字句特点的遗留,因为出现施事的格式才是被动句的标准式。《金》里的"吃"字句发展已很成熟,"吃(乞)+V"的形式也只是偶尔出现,共有3例,其中1例动词为光杆形式。如:

　　① 千万只看奴之薄面,有人情好歹寻一个儿,只休教他吃凌逼便了。(金·

14·166)

上面例子的"吃"理解为"遭"、"受"意义仍可。另外两例动词后有其他成分：

    ② 于是乞逼勒不过,交迎春掇了水……(金·50·664)

    ③ 你这小孩儿家空口来说空话,倒还敢奚落老娘,老娘不道的吃伤了哩!

(金·86·1318)

这种用例也正体现了"吃"表被动来自于"遭受"义,当"吃"和动词之间出现了施事后,"吃"字被动句才真正成熟起来。

7.3.1.2.1.2 吃(乞)＋N＋V

这类"吃(乞)"字句"吃(乞)＋N"后的谓语是前后没有其他成分的光杆动词。《金》里共有14例。如：

    ① 若是不搬来,俺两口儿也吃别人笑话。(金·1·16)

    ② 小女迎儿,又吃妇人禁住,不得向前。(金·5·61)

    ③ 拾了本有,吊了本无,没丫头便罢了,如何要人房里丫头伏侍,吃人指骂?

(金·11·127)

    ④ 今日只当吃人暗算,弄出这等事来。(金·14·166)

    ⑤ 你如今还不心死,到明日,不吃人争锋厮打,群到那里打个烂羊头,你肯断绝了这条路儿?(金·14·166)

    ⑥ 常时节吃众人撺掇,只得送与他了。(金·54·732)

    ⑦ 我在严州府探亲,吃人陷害,打了一场官司。(金·96·1445)

从上面的例子也可以看出,"吃(乞)＋N"后的动词很少是单音节形式,而大多是双音节或多音节词。《金》里14例"吃＋N＋V"的格式中,有13例动词为双音节,另外1例为四音节词语(例⑤"争锋厮打")。这和《金》里的"被"字句也比较一致(《金》里同类型的"被"字句后面的动词,除了在韵文或"被……所……"格式里之外,都是双音节形式)。

7.3.1.2.1.3 吃(乞)＋N＋V＋虚词

这类"吃(乞)"字句动词后面带"着"或"了"等助词。《金》共有17例。如：

    ① 郓哥道:"我吃那王婆打了,也没出气处。"(金·5·59)

    ② 我的一时间不是,乞那西门庆局骗了,谁想脚踢中了你心。(金·5·63~64)

    ③ 乞我相问着,他那脸儿上红了,他没告诉你?(金·61·842)

    ④ 娘到明日好生看养着,与他爹做个根蒂儿,休要似奴粗心,吃人暗算了。

(金·62·873)

    ⑤ 他兄弟何十,乞贼攀着,见拿在提刑院老爹手里问。(金·76·1152)

    ⑥ 前日多累你押解老爷行李车辆,又救得奶奶一命,不然也乞张胜那厮杀

了。（金·100·1490）

与前一类型的动词相比,这种形式的动词多是单音节的。

7.3.1.2.1.4　吃（乞）＋N（＋A）＋V（＋C）

这种格式中,"吃（乞）＋N"后的动词前后带有状语或补语成分,也可以同时带有状语和补语,有的后面还可再出现助词。这种"吃（乞）"字句最多,共有47例,其中又以动词只带补语成分的例子为最多。如：

① 妇人吃他几句,抢得通红了面皮。（金·1·20）

② 只说武大自从兄弟武松说了去,整日乞那婆娘骂了三四日。（金·2·26）

③ 奴身上不方便,我前番乞你弄重了些,把奴的小肚子疼起来,这两日才好些儿。（金·27·344）

④ 如今六娘死了,这前边又是他的世界,那个管打扫花园,又说地不干净,一清早辰吃他骂的狗血喷了头。（金·64·900）

⑤ 爹若不早把那蛮奴才打发了,到明日咱这一家子乞他弄的坏了。（金·34·448）

⑥ 春梅道："都是他失惊打怪叫我起来,乞帐钩子抓下来了,才在踏板上拾起来。"（金·73·1082）

⑦ 吴月娘乞他这两句触在心上。（金·75·1128）

从例子可以看出,动词后的补语可以是数量补语,如例②;可以是状态补语（多为动词性短语形式）,如例①、④;也可以是程度补语,如例③;其他例⑤为结果补语,例⑥为趋向补语,例⑦为处所补语等。补语后面也可以出现助词,如例⑤、⑥带有助词"了"。

值得注意的是,与"吃（乞）"字被动句相关的还有一种比较特殊的形式,即"吃（乞）（＋N）＋V＋不过"式。《金》有6例：

⑧ 武松乞他看不过,只低了头,不理他。（金·1·16）

⑨ 乞他再三逼迫不过,叫过玳安来,教他后边说去。（金·20·251）

⑩ 那小伙儿吃他奈何不过,说道："死不了人,等我唱。我肚子里使心柱肝,要一百个也有!"（金·33·424）

⑪ 于是乞逼勒不过,交迎春掇了水……（金·50·664）

⑫ 西门庆乞他逼迫不过,一面使王经："领申二姐出来,唱与大舅听。"（金·61·851）

⑬ 吃他逆殴不过,只得兑出三百两银子交他、陈定在家门首打开两间房子,开布铺,做买卖。（金·92·1382）

这类句子的重点是叙述受事承受动作的状态,动词一般为表逼迫、纠缠等对人不利的行为。对于这种结构形式,江蓝生（2000b:38）归为被动式进行讨论,冯春田（2000/

2003:603)则认为其中的"吃(乞)"具有动词性,"吃(乞)……不过"即"受……不过"的意思,是《朱子语类》里"吃不过"结构的延伸。冯的分析是从意义和结构的贯一性来考虑问题的,不过这种结构形式产生在被动标记"吃(乞)"出现之后,并且动补结构与被动结构是可以结合的,因此也可以把它理解为"被 V 得受不了","不过"作为程度补语用在被动句动词之后,与"吃(乞)"字被动句里动词后面出现补语形式的用法类似。因此,也就不必把它从同类结构的"吃(乞)"字句分离出来,排除在被动句式之外。

"吃(乞)"字句动词前面只出现状语的用法较少,只有 2 例:

⑭ 谢希大道:"可是来,自吃应花子这等韶刀。哥刚才已是讨了老脚来,咱去的也放心。"(金・13・158)

⑮ 他使性儿把袍儿上身扯了一道大口子,吃我大哕喝,和他骂嚷。(金・79・1216)

例中"这等"、"大"等表示动作行为的方式或程度。更多的例子是同时出现状语和补语。如:

⑯ 乞武松匹手夺过来,泼在地下。(金・1・20)

⑰ 奴忍气吞声,丢了几两银子,吃奴即时撺出去了。(金・19・240)

⑱ 那安童正要走时,乞翁八一闷棍打落于水中。(金・47・615)

⑲ 倒吃他千奴才、万老狗骂将出来,唬的往家中走不迭。(金・95・1429)

上面"吃(乞)"字句里状语可以表示动作的情状,如例⑯;可以表示动作的时间,如例⑰;也可以表示动作的工具或数量,如例⑱;还可以表示动作的方式,如例⑲等。在补语的后面还可以再出现助词成分,如例⑰。状语和补语等多种成分共同出现反映出了"吃(乞)"字句谓语构成的复杂化。

7.3.1.2.1.5 吃(乞)＋N_1＋V＋N_2

"吃(乞)＋N"后的谓语动词可以带有宾语,《金》共有 17 例。根据语义关系的不同,"吃(乞)"字句中谓语动词所带的宾语也可以分为复指性宾语、隶属性宾语和并列性宾语三类。

A. 复指性宾语

《金》里"吃"字句充任复指性宾语可以是名词也可以是代词。如:

① 把个见见成成做熟了饭的亲事,吃人掇了锅儿去了。(金・18・218)

② 把孩子丢在这里,吃猫唬了他了。(金・52・705)

③ 乞你麻犯了人,一夜谁合眼儿来!(金・83・1274)

例①、③宾语为名词性复指宾语,例②为代词性宾语。更多的例子是并不单独带有复指性宾语,另外还带有其他成分。如:

④ 想着先前,乞小妇奴才压杠造舌我那一行院,我陪下十二分小心,还乞他

奈何得我那等哭哩。（金·20·243）

　　⑤ 他自吃人在他跟前那等花丽狐哨、乔龙画虎的，两面刀哄<u>他</u>，就是千好万好了。（金·20·248）

　　⑥ 吃我说了<u>他</u>几句，从今改了，他也再不敢了。（金·45·588）

　　⑦ 养的好不肖子，今日吃徐知府当堂对众同僚官吏，尽力数落了<u>我</u>一顿，可不气杀我也！（金·92·1391）

上面例子除了复指性宾语外，动词还带有状语或补语，显示出结构的复杂化。如例⑤，前面带有 3 个并列的状语，用来修饰动词"哄"。因为句子较长，为舒缓语气，中间可出现停顿，如例⑤、例⑦。

　　B. 隶属性宾语

　　与"被"字句一样，这类宾语也是具体受事的事物（一般为表示事物的名词），它可以是主语名词的一部分，或者是主语名词所领有的，大都可以置换到受事主语的位置上。如：

　　⑧ 那婆子吃他这两句道着<u>他真病</u>，心中大怒，喝道："含鸟小猢狲，也来老娘屋里放屁！"（金·4·55）

　　⑨ 只是俺娘儿两个，到明日科里吃他算计了<u>一个去</u>，才是了当。（金·51·668）

　　⑩ 孙雪娥吃众人赢了<u>七八钟酒</u>，又不敢久坐，坐一回又回去了。（金·58·794）

上面例⑧、⑩的宾语代表的事物为主语所领有，例⑨的宾语是主语的一部分。

　　C. 并列性宾语

　　这类宾语与受事主语（或零形式的受事主语）是并列关系，例如：

　　⑪ 他爹见了我讪讪的，乞我骂了<u>两句没廉耻</u>。（金·25·317）

　　⑫ 顷刻间只见这内裆县乞炮打<u>成堆</u>。（金·78·1194）

　　⑬ 乞我说了两句：<u>他不在家，左右有他老婆会扎，教他扎不是？</u>（金·78·1201）

例⑪、⑬谓语为言说类动词，宾语为言说内容，例⑫宾语表示主语受动作支配后的结果。

　　7.3.1.2.1.6　吃（乞）＋N＋VP$_1$＋VP$_2$

　　这种形式的动词谓语为复杂的连谓结构，即连续的动词或动词短语，动词前后也可带状语、宾语、补语等。《金》共有 4 例：

　　① 休要高声，乞邻舍<u>听见笑话</u>。（金·1·20）

　　② 若不是我，都乞韩伙计老牛箍嘴，<u>拐了往东京去</u>。（金·81·1262）

　　③ 吃巡逻的<u>当</u>土贼<u>拿到</u>该坊节级处，<u>一顿掭打</u>，使的罄尽，还落了一屁股

疮。(金·93·1403)

④ 说平安儿小厮偷了印子铺内人家当的金头面,还有一把镀金钩子,在外面养老婆,吃番子<u>拿</u>在巡简司<u>拶打</u>。(金·95·1433)

与前面的用例相比,这种形式的"吃"字句也更为复杂,句子中间有时也出现停顿,如例②、例③。和"被"字句相比,"吃"字句复杂谓语形式中没有出现兼语充任的现象。

7.3.1.2.1.7 吃(乞)+N+把/将+O+VP

这种形式是被动式和处置式的结合,动词前后也可以有其他成分,如可有状语、补语等。《金》有 6 例。如:

① 乞金莲向前<u>把</u>马鞭子夺了,掠在床顶上。(金·26·336)

② 我因寻了你一回,寻不着,就同王三官到老孙家会了,往许不与先生那里借三百两银子去,乞孙寡嘴老油嘴<u>把</u>借契写差了。(金·42·553)

③ 被西门庆向伯爵头上打了一扇子,笑骂道:"你这断了肠子的狗才!生生儿吃你<u>把</u>人就欧杀了。"(金·52·697)

④ 乞我<u>把</u>贼瞎淫妇一顿骂,立撺了去了。(金·75·1116)

⑤ 西门庆道:"也吃我<u>把</u>那奴才拶了几拶子好的。为你这奴才,一时小节不完,丧了两个人性命。"(金·76·1155)

例中处置式都可还原为"S+吃+N+VP"的格式,也可还原为带有宾语的"吃+N+V+O"的形式。如例①"吃金莲向前把马鞭子夺了"的语义等同于"马鞭子吃金莲向前夺了"或"吃金莲向前夺了马鞭子"。其余各例也与此相同。

7.3.1.2.2 使役义"吃(乞)"字句

当"吃(乞)"字句的谓语表示的动作行为没有直接受事,或者这个动作行为是"吃(乞)+N"中 N 的自动行为时,"吃(乞)"字句所表示的语法意义就具有某种程度上的"使让"或"致使"义。不过这类"吃"字句《金》里只有 1 例:

① 早是我打后边来,听见他在屋里哭着,就不听的动静儿。乞我慌了,推门不开,旋叫了平安儿来,打窗子里跳进去,才救下来了。(金·26·334)

例中"乞我慌了"即"使(让)我慌了","我"并不是动词"慌"的受事者,而是前面的情形使"我"有了这个动作,"慌"也是"我"自身的动作。

7.3.1.2.3 原因义"吃(乞)"字句

零主语"吃(乞)"字句有表原因的一类。江蓝生认为(2000b:40),表原因的"吃(乞)"是从它的被动义引申出来的,因为被动一般表示不利的、不幸的意义,而这种不利或不幸容易成为某种事态或结果的原因。冯春田(2000/2003:605)还从谓语的性质、语法位置及组合关系方面来分析,认为元代出现的"吃"字句形容词性的谓语描述的是"吃(乞)+N"中 N 的某种性质或状态,并且往往处在表示原因分句的位置上,因此"吃"也就受此制约而转化为在一定程度上表示被动原因的介词。江、冯二人的观点都认同"吃（乞）"表原因是从它的被动意义发展而来。《金》里这类"吃"字句共有10例，"吃"在一定程度上相当于表原因的介词"因"。如：

① 自从嫁得你哥哥，吃他忒善了，被人欺负，才到这里来。（金·1·15）
② 吃我变了脸恼了，他才容我剪下这一柳子来。（金·12·148）
③ 后吃宰相王安石立青苗法，增上这夏税。（金·78·1191）
④ 生生吃他听奴才言语，把他打发出去，才乞武松杀了。（金·92·1387）

"吃（乞）"字句表示原因一类的标记除了为"吃（乞）"之外，还多为"吃（乞）了"的形式。如：

⑤ 但乞了这左眼大，早年克父；右眼小，周岁克娘。（金·29·372）
⑥ 别的到也罢了，只吃了他贪滥蹋婪，有事不论青红皂白，得了钱在手里就放了，成什么道理！（金·34·437）
⑦ 吃了你这心好，济过来了，往后有七十岁活哩。（金·46·610）
⑧ 孟玉楼道："娘，不是这等说。李大姐倒也罢了，没甚么。倒吃了他爹恁三等九格的。"（金·62·883）
⑨ 燕顺道："这兄弟诸般都好，自吃了有这些毛病，见了妇人女色，眼里火就爱。"（金·84·1293）
⑩ 吃了你印堂太窄，子丧妻亡。（金·96·1449）

"吃了"的形成，可能是受了近代汉语中动词后附"着"、"了"的影响。"吃"在近代汉语里也是个极常用的动词，其介词形式很容易受到动词用法的影响而带有虚词"了"。

7.3.1.2.4 "吃（乞）"字句的分布和消亡

据江蓝生（2000b：40）考察，以"吃"为被动标记的被动句通行的区域比较广，它既出现在南方系白话语料（如《朱子语类》、《水浒传》、《西游记》、《清平山堂话本》、《永乐大典戏文三种》、《新刊全相平话》、《三言》等）里，也出现在北方系白话文献（元曲、《老乞大》、《朴通事》等）中，但是后者的用例要比前者少得多。《金》虽然属于北方系，但可能由于方言接触，受江淮方言影响，所以"吃"字句比较常见。并且《金》里表遭受义和被动义的"吃"也写做"乞"，而"吃"、"乞"混用的其他资料所代表的方言大致在江苏、浙江一带，现代这些地区的方言里仍有"吃"、"乞"同音的现象，《金》的"吃"、"乞"混用也应该是受这类方言的影响而出现的。所以可以说，虽然"吃"字被动句在元明时期及此前的南北方方言中都存在，但主要通行于江苏、浙江以及山东的部分地区。

不过，"吃"成为被动标记后虽然很快发展为成熟的被动句，使用也比较普遍，但却始终没有动摇"被"字句的主流地位。到了清代，由"吃"作为被动标记的被动句在北方方言里几乎销声匿迹了。《聊》里有的"吃"字句看似表被动，如：

① 弄鬼就吃敲，阁老也难逃，常言道水儿长船儿高。（聊·禳·23·1232）
② 虽然么，可是含着一丸药儿，当初在他身上有点不周处，只怕吃他敲。

（聊·磨·28·1508）

③ 你当日吃他敲，我受的气不必说，今日相逢怎不报！（聊·磨·28·1515）

例中"吃"可以理解为"被"，"吃敲"即"被敲"，"吃他敲"即"被他敲"。不过从《聊》这类"吃"的总体应用情况来看，还不能把它看做被动标记。一是因为"吃"的这种用法后面的动词一般只限于"敲"，不具有普遍性；再就是"吃"后面还可以出现表时态的"了"，如：

④ 秋桂越发作弄着笑，娇儿心肝不住口，把乜孩子吃了大敲。（聊·翻·2·941）

⑤ 一群衙役如猛虎，但只是过的就吃了敲，打官司就是财神到。（聊·富·2·1278）

例中的"吃了"和《金》里表原因义的"吃了"不同：此处"了"不是毫无意义的成分，而是表动作完成的时态助词，因此"吃"只能是动词，表"遭受"义。"吃敲"即"受敲"，与"吃惊"、"吃亏"等的用法相同。

但是也应看到，由于"吃"的这种"遭受"义仍很常用，有时仍可以发现受这种用法的影响而出现的被动句的例子。如清代北方系语料《儿》里表"遭受"义的"吃"使用较频繁，不管"吃"是和表示抽象事物的名词组合还是"吃＋V"的形式，都可见到，偶尔也有"吃"表被动的用法。如：

⑥ 及至猛然间听得那铜旋子锵啷啷的一声响亮，心中吃那一吓，心系儿一定是往上一提；心一离血，血依然随气归经，心里自然就清楚了。（儿·6·79）

⑦ 那贼好容易褪出那只手去，却又受了两处误伤，被那剑划了两道口子，抿耳低头，也吃绑了。（儿·31·554）

⑧ 不然的时候，少停，你们一出这个门儿，带着这几件不对眼的东西，不怕不吃地方拿了。（儿·31·561）

例⑥、⑦"吃"带有"遭受"义，但例中的"吃"也可以看做表示被动；而例⑧"吃"则是明显的被动标记的用法。在现代汉语包括区域广大的北方方言里，不仅"吃"作为被动标记的用法走向消亡，"吃"的"遭受"义除了在词汇化了的"吃惊"、"吃亏"等少数词语里保存着，一般也不再使用。

7.3.1.3 "教（交/叫）"字句

"教（交/叫）"、"着"、"让"等是近代汉语里新产生的被动标记。与被动标记"被"、"吃"的演变过程不同，"被"和"吃"表被动都与它们各自的动词义"遭受"、"蒙受"有关，而"教（交/叫）"、"着"、"让"等词本来都是表示"使令"意义的动词，基本语法功能是构成使役式，即带有使令意义的兼语式，所以这一类被动句里的"教/交/叫"是作为使役式的第一个动词而演变成介引施事表示被动的介词的。这种由使役动词演变为被动标记的语言现象,在现代汉语北方方言里仍广泛存在。

近代汉语里有"教"字句,又有与之同音或音近的"交"字句、"叫"字句(本节所称的"教"字句、"叫"字句、"交"字句都是指表示被动义的句式)。这几个代表被动标记的字并非同一个字的多种记音形式,它们本来都有同样的使役动词的用法,都可以从使役动词发展为介引施事的介词。其中"教"字句出现在唐代(蒋绍愚、曹广顺 2005:397),宋代以后用例渐多;"交"字句只在宋元文献里可以见到(冯春田 2000/2003:626),而明清时期已很少见,不管是表使役还是表被动的"交"字句都是如此;"叫"字句可能形成于明末清初。(冯春田 2000/2003:634)在具有明清山东方言背景的文献《金》、《醒》、《聊》里,"教"字句、"交"字句、"叫"字句的使用情况,可以反映出三者的发展演变趋势。《金》里"教(交/叫)"字句共 132 例,其中"教"119 例、"交"5 例、"叫"8 例;《醒》中"教(交/叫)"字句 190 例,其中"教"9 例、"叫"181 例;《聊》"教(交/叫)"字句 24 例,其中"教"9 例、"叫"15 例。这三种语料文献里的"教(交/叫)"字句各占其被动句总数的 18.1%、31.2%、8.4%。在前后差不多时期的北方系文献《歧》、《儿》里,这类被动句分别出现 51 例、42 例,其中"教"字句分别为 4 例、3 例,"叫"字句各出现 47 例、39 例。下面从结构类型上对《金》、《醒》、《聊》的这类句式进行分析讨论。

7.3.1.3.1《金》、《醒》、《聊》"教(交/叫)"字句的结构类型

7.3.1.3.1.1 "教(交/叫)"字句的施事宾语

《金》、《醒》、《聊》里的"教(交/叫)"字句都出现施事宾语,没有被动标记直接跟动词构成的"教(交/叫)+V"的形式。从施事宾语的类型来看,《金》、《醒》、《聊》中的施事宾语也都是体词性的,不过形式上比较简单,单音或单个体词构成的施事宾语的比例要远远高于体词性短语构成的施事宾语。体词性短语构成的施事宾语《金》有 13 例,《醒》14 例,《聊》没有出现。如:

①　早是奴没生下儿长下女,若是生下儿长下女,教贼奴才扬条着好听?(金·25·319)

②　教贼万杀的小奴才,把我的鞋拾了,拿到外头,谁是没瞧见!(金·28·360)

③　怎么来! 不长进,不争气,带了这们偷馋抹嘴的丫头来,叫贼淫妇私窠子们屎声颡气的!(醒·48·699)

④　小女要不就该出来相见,实是叫老韩的婆子打伤了,动不的,睡着哩。(醒·81·1150)

例①、②、④的施事宾语为偏正短语,例③为并列短语。由单个体词构成的施事宾语可以是名词也可以是代词。如:

⑤　人问他要,只相打骨秃出来一般,不知教人骂多少!(金·21·264)

⑥　惯着他明日把六邻亲戚都教他骂遍了罢!(金·75·1121)

⑦ 放到这咎，叫姑端这们一脚！（醒·59·845）

⑧ 象狄大哥叫你使铁钳子拧的遍身的血铺溇，他怎么受来？（醒·60·866）

⑨ 殊不得地土享用，倒叫他吵了一天。（聊·墙·1·836）

⑩ 再休言，再休言，耳朵没教蚰蜒钻。（聊·翻·6·964）

上面例⑤、⑦、⑩施事宾语为名词，其余为代词。

前后差不多同期的北方系文献《歧》、《儿》里的施事宾语也有名词或代词两种类型，并且也是体词性短语所占的比例要低得多。

7.3.1.3.1.2 "教（交/叫）"字句的谓项结构

从谓语的性质来看，《金》、《醒》、《聊》里的"教（交/叫）"字句仍以动词谓语句为主，其形式也和"被"字句、"吃"字句一样，可以单用动词，动词前后也可以有其他成分。

A. 教（交/叫）+N+V

这类形式里的谓语动词为光杆动词，前后不出现其他成分。《金》31例，《醒》26例，《聊》5例。如：

① 妇人分付："你好生藏着，休教大姐看见，他不是好嘴头子。"（金·28·359）

② 薛姑子教月娘："拣个壬子日，用酒儿吃下，晚夕与官人同床一次，就是胎气。不可交一人知道。"（金·50·665）

③ 从几时就这等大胆降服人，俺每手里教你降伏！（金·72·1037～1038）

④ 不然，你光梳头、净洗面的，躲在家里，不出去回拜人，岂不叫人嗔怪？（醒·4·46）

⑤ 叫你娘听见，扭二十把，下不来哩！（醒·33·488）

⑥ 欢欢喜喜出衙门，不曾打死叫人抬。（聊·磨·2·1378）

⑦ 下山一战，官兵四散，可惜这个毛贼，眼睁睁教他逃窜！（聊·磨·31·1527）

除了《聊》以外，《金》、《醒》里这类"教（交/叫）"字句中的动词多为双音节形式，《醒》出现单音节动词形式比《金》稍多，但又一般是作为句子形式在句中做句内成分，或者是动词后面有单音节语气词。如：

⑧ 不干我事，我没污你两个的眼，是天为你两个欺心，待污了眼，插上旗，尚候着叫雷劈哩！（醒·58·843）

⑨ 狄员外是错待了人的？可不叫他怪么？（醒·67·959）

⑩ 权家的丫头都伶俐，不叫人哄呀！（醒·87·1239）

同期北方系文献《歧》里动词为光杆动词的用例有 9 例,《儿》里用例较少。如:

⑪ 你这事叫王中知道,就要搅散。(歧·15·159)

⑫ 真正天生光棍儿,那得不叫人钦敬。(歧·24·236)

⑬ 邓九公道:"姑奶奶罢呀! 没的叫你二叔笑话!"(儿·15·221)

其中的动词又都是双音节形式。

B. 教(交/叫)＋N＋V＋虚词

这种形式动词前面没有其他成分,后面只出现"了"、"着"等虚词。《金》7 例,《醒》15 例,《聊》3 例。如:

① 今日贼小淫妇儿不改,又和他缠,每月三十两银子教他包着。(金·69·997)

② 只怕没的卖了,这两把老骨拾还叫他撒了哩!(醒·52·755)

③ 罢罢罢! 生有地,死有处,能仔教他撵了。(聊·磨·8·1406～1407)

这类"教(交/叫)"字句里的谓语动词多为单音节形式。

《歧》、《儿》里动词后有虚词、动词前没有其他成分的"教(交/叫)"字句用例都不多,只出现少数几例。

C. 教(交/叫)＋N(＋A)＋V(＋C)(＋虚词)

这类形式动词前可以有状语,动词后可以有补语或虚词,并常常出现多种成分共现的局面,《金》32 例,《醒》72 例,《聊》6 例。动词前可只出现状语,例如:

① 我当初又不曾图你钱财,自恁跟了你来,如何今日交人这等欺负!(金·11·127)

② 那里寻不出老婆来,教奴才在外边猖扬,甚么样子?(金·25·318)

③ 若把这样北人换他到南方去,叫那南方的先生象弄猢狲一般的教导,你想,这伙异人岂不个个都是孙行者七十二变化的神通!(醒·35·512)

④ 狄员外道:"儿子进学,原是为荣,倒惹的叫人这样凌辱!"(醒·39·570)

⑤ 赵歪子还魂了半日,才醒了说:"叫商臣好打! 当官行凶,求老爷作主。"(聊·寒·3·1036)

也可以只在动词后面出现补语,例如:

⑥ 人问他要,只相打骨秃出来一般,不知教人骂多少!(金·21·264)

⑦ 你看教这贼淫妇气的我手也冷了,茶也拿不起来。(金·72·1037)

⑧ 这在家里可这们一个大身量的汉子,叫他唬的只筛糠抖战。(醒·41·598)

⑨ 两个利他的家产,不许他过继侄儿,将他的庄田房舍都叫晁无晏捣了个精光。(醒·57·818)

⑩ 殊不得地土享用，倒叫他吵了一天。（聊・墙・1・836）

动词前后也可以同时出现状语、补语等成分，例如：

⑪ 还只顾在跟前笑成一块，且提鞋儿，却教他蝗虫蚂蚱，一例都骂着。（金・18・219）

⑫ 到屋里，教我尽力数骂了几句。（金・35・458）

⑬ 教奴才们背地排说的磣死了！（金・85・1297）

⑭ 抬过凳来，叫门子着实的打了二十五板。（醒・25・371）

⑮ 象狄大哥叫你使铁钳子拧的遍身的血铺潦，他怎么受来？（醒・60・866）

⑯ 李旺击了鼓，说他老婆叫张春待中打杀。（聊・磨・15・1440）

⑰ 叫我一顿鞭子打下去了。（聊・增・13・1606）

据调查，同时期北方系文献《歧》、《儿》里这类被动句出现状语的用例较少，大多是只带有补语。如：

⑱ 孝移道："外父的门风叫你弄坏了。"（歧・3・29）

⑲ 潜斋道："张类老一生见解，岂叫人一概抹煞。"（歧・4・34）

⑳ 太太这才想过来，说："是呀，真真的，我也是叫你们唬糊涂了。"（儿・12・169）

㉑ 其实这二位都算"叫人家装在鼓里"了！（儿・23・374）

上面例⑲动词前有状语，其余都是只动词后带有补语。

D. 教（交/叫）＋N_1＋V＋N_2

这类形式动词后带有宾语，并且前后也可有状语或补语等修饰补充成分，《金》38例，《醒》40例，《聊》3例。和"被"字句、"吃"字句一样，"教（交/叫）"字句中谓语动词带有的宾语也有复指性宾语、隶属性宾语和并列性宾语三类。

a.《金》里"教（交/叫）"字句的宾语以复指性宾语为主，共24例，占带有宾语的"教（交/叫）"字句的63.1%。三种语料中的宾语多是代词性的，名词性复指宾语只是偶尔出现。复指性宾语的例子如：

① 我想起来为甚么？养虾蟆得水蛊儿病，如今到教人恼我。（金・18・223～224）

② 我来你家讨冷饭吃？教你恁顿捽我？（金・58・796）

③ 我教你好看着孩儿，怎的教猫唬了他，把他手也挝了！（金・59・815）

④ 又是甚么算命的星士哩、道士哩哄我，叫他淫的揺的骂我这们一顿！（醒・3・41）

⑤ 俺的爷爷！俺的祖宗！叫你拖累杀俺了！（醒・12・177）

⑥ 如今的年成不好，人皮里包着狗骨头，休把晁奶奶的一场好心辜负了，叫

低人带累坏了好人。（醒·22·332）

⑦ 我教这孩子们笑杀我了！你就递呈子去罢。（醒·45·658）

b. 隶属性宾语《聊》里没有出现，《金》也只有1例，《醒》有7例。如：

⑧ 怪不的人说怪浪肉，平白教人家汉子捏了捏手，今日好了，头也不疼，心口也不发胀了。（金·76·1146）

⑨ 晁大舍的为人，只是叫人掐住脖项，不拘多少，都拿出来了。（醒·13·200）

⑩ 你说的话，我牢牢的记着，要违背了一点儿，只叫碗口大的冰雹打破脑袋！（醒·53·771）

⑪ 再要叫人看见伤痕，许说要从新另打。（醒·60·866）

⑫ 可怜做了一世好人，叫这恶妇送了老命，鸣呼哀哉！（醒·76·1082）

c. 三种语料里并列性宾语的例子如：

⑬ 教俺每众人笑道："狼筋敢是狼身上的筋？若是那个偷了东西不拿出来，把狼筋抽将起来，就缠在那人身上，抽攒的手脚儿都在一处。"（金·44·579）

⑭ 叫我插插着合他说道："快进去！只这在街上撒泼，也就休得过了。"（醒·10·146）

相比之下，《歧》、《儿》里这种动词后带有宾语的"教/叫"字句用例不多。

E.　教（交/叫）＋N＋四字结构

这种形式的用例里谓语结构是比较复杂的四字结构，只在《金》中出现6例。如：

① 到明日，少不的教人沾言沾语，我是听不上。（金·33·421）

② 又相来旺儿媳妇子，往后教他上头上脸，甚么张致？（金·67·951）

③ 娘不打与你这奴才几下，教他骗口张舌，葬送主子，就是一般！（金·83·1275）

④ 只恨死鬼当初揽下的好货在家里，弄出事来，到今日教我做臭老鼠，交他这等放屁辣臊！（金·89·1344）

上面的动词谓语成分都是并列结构。这类四字式大都带有俗语性质，一般都已固化，不能拆开使用。

F.　教（交/叫）＋N＋VP$_1$＋VP$_2$

这种形式的动词谓语为复杂的连谓结构或兼语结构，动词前后也可带状语、宾语、补语等。《金》、《醒》、《聊》分别有8例、27例、1例。如：

① 教他指攀月娘与玳安有奸，要罗织月娘出官，恩将仇报。（金·31·392）

② 先来问我要，教我骂了玳安出去。（金·35·471）

③ 他只顾使平安叫，又打小的，教娘出来看见了。（金·76·1161）

④ 叫我<u>一边说，一边推</u>的<u>进去</u>了。(醒·10·146)

⑤ 昨日这伙子砍头的们只是不听我说，白当的叫他<u>带累</u>的我<u>吃</u>这们一顿亏！(醒·21·317)

⑥ 你那老婆不是叫人<u>提溜</u>着<u>卖</u>了，就是叫人<u>抢绝产唬</u>的<u>走</u>了，他还敢抬你哩！(醒·53·773)

⑦ 叫人家<u>休退打骂</u>，岂不着父母担罴？(聊·翻·1·932)

例①、②、⑤谓语由兼语结构充任，其余各例为连谓结构。《歧》《儿》里这类形式的例子不多。

G. 教(交/叫)＋N＋把/将＋O＋VP

这种形式是被动式和处置式的结合，动词前后也可以有其他成分，如可有状语、补语等。《金》《醒》《聊》分别有 7 例、4 例、2 例。如：

① 教贼万杀的小奴才，<u>把</u>我的鞋拾了，拿到外头，谁是没瞧见！(金·28·360)

② 不依我，教我从新<u>把</u>文书又改了。(金·42·554)

③ 俺每送了些粗茶，倒教爹又<u>把</u>人情回了。(金·68·968)

④ 叫他<u>把</u>我一顿打杀，没的不怕展污了街么？(醒·72·1027)

⑤ 姑夫，你到明日叫人做帽套呵，你可防备毛毛匠，别要叫他<u>把</u>好材料偷了去。(醒·84·1201)

这类形式《歧》里仅出现 1 例，《儿》3 例。如：

⑥ 贤弟你才成人儿，才学世路上闯，休要叫朋友们<u>把</u>咱看低了，就一五一十清白了他。(歧·24·236)

⑦ 自从去年见他们，算叫他们<u>把</u>我装在坛子里，直到今日才掏出来。(儿·27·463)

⑧ 要这么恘会子人，只怕明白不了；那信上是什么使，还叫你<u>把</u>人的屎恘出来呢！(儿·40·827)

以上分析了以动词性结构充当谓语的"教(交/叫)"字句，现把《金》《醒》《聊》动词谓语"教(交/叫)"字句的具体结构形式和出现频率概括为下表。

文献 类型及频率	金	醒	聊	总计
教/交/叫＋N＋V	31	26	5	62(18.6%)
教/交/叫＋N＋V＋虚词	7	15	3	25(7.5%)
教/交/叫＋N＋四字结构	6	0	0	6(1.8%)

类型及频率	文献	金	醒	聊	总计
教/交/叫+N(+A)+V (+C)	教/交/叫+N+V+C	21	56	3	110 (33.1%)
	教/交/叫+N+A+V	8	9	1	
	教/交/叫+N+A+V+C	3	7	2	
教/交/叫+N₁(+A)+ V(+C)+N₂	复指性宾语	24	7	1	81(24.3%)
	隶属性宾语	1	7	0	
	并列性宾语	13	26	2	
教/交/叫+N(+A)+ VP₁+VP₂	连动	6	26	1	36(10.8%)
	兼语	2	1	0	
教/交/叫+N+把+O+VP		7	4	2	13(3.9%)
总计		129	184	20	333

由上表及以上分析可以看出,和"被"字句、"吃"字句相比,《金》、《醒》、《聊》"教(交/叫)"字句被动介词后面都出现施事,没有出现被动标记直接跟动词的用例,这是因为"教(交/叫)"字句表被动都来源于表使役的兼语句,而其中的兼语是一定要出现的必有成分,当使役句通过重新分析语法化为被动句时,由兼语而来的施事仍保留着强制共现的特点,因此在语法化后的被动式里就不能不出现。其他结构类型与同类的"被"字句、"吃"字句基本相同,不过光杆动词充当谓语的比例要高一些,占句式的16.6%。从整体上来看,其谓语仍是以复杂形式为主,显示出了"教(交/叫)"字句源于使役句的一些特点。同时,有些被动句实际上还有较明显的使役义,这里的分析在尺度上把握得要宽些。

以上所分析的"教(交/叫)"字句谓语都由动词充任,另外在《金》、《醒》、《聊》三种语料文献里还有以下非动词形式充任的例子:

① 到后边,又叫雪娥那小妇奴才毡声浪颡,我又听不上。(金·20·243)

② 你如今不禁下他来,到明日又教他上头上脸的。(金·72·1039)

③ 怎么来!不长进,不争气,带了这些偷馋抹嘴的丫头来,叫贼淫妇私窠子们尿声额气的!(醒·48·699)

④ 今晁思才叫晁夫人一顿"楚歌",吹得去了。(醒·53·767)

⑤ 那么,你只造化,没撞着哩,可不叫你说嘴说舌的怎么?(醒·58·837)

⑥ 狄大爷象佛儿似的,叫他一个不合你理论,我看你可怎么出来?(醒·73·1046)

虽然这类"教(交/叫)"字句的谓语不是一般的动词形式,但这些谓语成分里都含有动作义。它们或是用动作的状态来表示动作,如"毡声浪颡"、"尿声额气的"等,蕴含着

"乱说乱骂"之类的动作;有的则以动作的数量或方式表示动作,如例④"一顿'楚歌'"则代指言说动作。因此这类"教(交/叫)"字句的谓语仍是表示施事的动作行为。

7.3.1.3.2 "教(交/叫)"字句在明清时期的分布和发展

前面提到,"教(交/叫)"字句里的被动介词"教"、"交"、"叫",虽然语音相同或相近,但它们都来自各自的使役动词用法,都有各自发展的道路。明清文献中"教"、"交"、"叫"的使用情况,正反映了三类处置句式在明清时期的发展状况。现把《金》、《醒》、《聊》、《歧》、《儿》及明清时期其他一些语料里"教(交/叫)"字句的出现频率统计列表如下。

类型及频率 \ 文献	"教"字句	"交"字句	"叫"字句
水浒传	0	0	0
金	119	5	8
西游记	5	0	0
型世言	5	0	0
醒	9	0	181
聊	9	0	15
歧	4	0	47
红楼梦	9	0	114
儿	3	0	39

从上表可以看出,明清时期"教"字句除了在《金》里大量出现外,其他语料里的用例都是为数不多的几个,显示出"教"字句在明清时期呈明显的衰减之势,直到现代汉语里完全被淘汰。而《金》里"教"字句的繁盛,可能跟时代略早有关,当然也不排除在《金》的时代及其所反映的山东内部方言里"教"字句还比较兴盛。"交"字句在《金》只出现5例,明清其他文献中都没有用例,反映出"交"字句在明清时期就已处于被淘汰的结局。"叫"字句则从明清时期经历了由少到多的过程:除《金》有少数例子外,《水浒传》、《西游记》和《型世言》中都没有出现,但在明末清初的《醒》里,"叫"字句则被大量使用,可以说《醒》是目前所见的第一部大量出现被动式"叫"字句的语料文献。表示被动的"叫"字在明末清初开始兴盛起来,并逐渐替代了同音或音近的"教"字和"交"字,占据了使役被动句的主要位置。这一被动句式在《醒》后的语料文献如《歧路灯》、《红楼梦》、《儿女英雄传》里都普遍使用,也是现代汉语特别是现代汉语口语中极为常用的被动形式。当然,"教"字句、"交"字句的衰落和淘汰,"叫"字句的发展和逐步繁荣,是和它们本身使役用法的衰亡兴盛息息相关的。表使役的"教"字句、"交"字句在清代都已处于劣势,后起的"叫"字等使役式则占了主流,而与使役式相应的被动式也就随着发生了相同的变化。不过,《聊》里"叫"字句用例不多,这应该和地域特征

有关系。从《聊》里被动式所具有的类型来看,由使役句变化而来的被动式更常见的是"着"字句(分析讨论见下文)。

7.3.1.4 "着"字句

"着"表示被动"大约开始在宋代"(冯春田 2000/2003:609),到清代得到了发展。与"教"字句相同,"着"字句的被动用法也是由"着"作为使役动词的使役句语法化而来。不过"着"表被动,表现出了一定的地域特征,在清代即使同样是北方方言也不像"叫"字句那样比较普遍地存在。在具有明清山东方言背景的文献《金》、《醒》、《聊》里,"着"字句的使用反映出了它在明清时期的时代特征和地域性:《金》只出现 2 例,《醒》则出现了 15 例,而到《聊》已有 92 例。调查结果显示,在前后差不多同时期的北方系文献里,已罕见表示被动的"着"字句。

"着"字句的施事宾语同样都是体词性的,也以单个体词为主,短语形式较少。

从谓语的性质来看,"着"字句基本上是由动词充任(例见下文),只有《聊》里有下面两例谓语较为特殊:

① 只着我连三刀子,他便就两腿蹬摇。(聊·寒·6·1059)
② 他虽可恨,着人奶奶长、奶奶短的,我也欢喜。(聊·襄·23·1231)

例①的谓语是"连三刀子",例②的是"奶奶长、奶奶短的"。这类谓语形式虽不是动词性的,但仍然含有很强的动作性,是用动作的方式或状态代表某种动作。例①"连三刀子",实际上表示"连刺三刀";例②"奶奶长、奶奶短的",是指被人"奶奶长、奶奶短地叫"。因此,这类谓语虽然没有出现动词,但仍是表示动作义的。除此之外,其他"着"字被动句的谓语都是动词。与"被"字句、"教(交/叫)"字句等被动句式一样,"着"字句根据谓语动词的形式也可以分为以下几类。

7.3.1.4.1 着+N+V

这一类的谓语是单独的动词,而且动词前后没有其他连带或修饰性成分。《金》1例,《醒》2 例,《聊》12 例。如:

① 先是歌郎并锣鼓地吊来灵前参灵,吊《五鬼闹判》、《张天师着鬼迷》……各样百戏吊罢,堂客都在帘内观看。(金·65·913)
② 童奶奶虽是个能人,这时节也就"张天师着鬼迷",无法可使,只得在贩子手里"食店回葱",见买见交。(醒·71·1018)
③ 替他婆,好呆哥,腚不曾着铁瓦合!(聊·姑·3·882)
④ 若还着令堂知道,皇天河水洗不净干。(聊·翻·4·948)
⑤ 为汉子着老婆管教,就死了难见祖宗。(聊·俊·1117)

《金》、《醒》里都出现了"张天师着鬼迷"这个例子,此例或出现在剧名中或存在于俗语里,按说应该是一种习见的句式,但是《金》、《醒》里却很少用到"着+N+V"式被动句。《聊》里的"着+N+V"式占其"着"字句的13%,虽然单音节光杆动词在这类格式中仍占优势(12 例中有 7 例谓语动词是单音节形式),但和"被"字句、"教(交/叫)"字句相比,《聊》的"着"字句中单音节谓语动词的比例还是较低的。究其原因,应该是《聊》里的"着"字句更多用在口语中,而其他单音节动词谓语被动句则出现在曲词或韵文中。这似乎表明,尽管《金》、《醒》里"着"字被动句比较少见,但在《聊》所体现的具体方言里,它却是最反映当时口语的句式。

7.3.1.4.2 着＋N＋V＋虚词

这类格式动词后面只有虚词"了"或"着",《金》1 例,《醒》2 例,《聊》9 例。如:

① 西门庆道:"老先儿倒猜得着,他娘子镇日着皮子缠着哩。"(金·67·947)

② 晁住道:"没的这猫也着人哄了不成? 咱这里的猫,从几时有红的来? 从几时会念经来?"(醒·6·88)

③ 敢仔是尤聪着雷劈了,另寻了这吕祥儿,一年是三两银子的工食雇的。(醒·84·1199)

④ 我那儿着张鸿渐杀了,官家把他解去,谁想那解子,两个王八羔子,把他卖放了。(聊·磨·15·1437)

⑤ 着那行子知道了,是与非难以合他论。(聊·磨·19·1462)

7.3.1.4.3 着＋N(＋A)＋V(＋C)

这类格式动词前有状语或后有补语,也可以同时带有状语或补语成分,《醒》7 例,《聊》41 例。如:

① 七爷着人打的雌牙扭嘴的,你可不奚落他怎么? (醒·53·777)

② 只说你在京里作了孽,着立枷枷杀了。(醒·76·1081)

③ 身子酥了一酥,两只手软了一软,连盆带水吊在地下,把寄姐的膝裤、高底鞋、裙子,着水弄的精湿。(醒·80·1135)

④ 休着咱哥家哄去,孝顺他咱要当先。(聊·墙·2·844)

⑤ 我待治人来,倒着人治了这么一下子。(聊·翻·5·961)

⑥ 乡绅人家眼目大,婆婆丢在九云霄,才着人笑的牙儿吊。(聊·翻·7·969~970)

⑦ 待了霎,范栝也出来了,着他师傅好骂。(聊·翻·7·975)

⑧ 着两个丫头,一闹一个三更尽,才歇下还骨轮嗓子,才打了一个盹。(聊·富·13·1357)

⑨ 起了本按庄村,照地亩赦三分,有灾无灾全不论;都着蚂蜡吃了个净,何曾一点受皇恩! (聊·磨·1·1372)

⑩ 小的哥哥去上司去告状,在路上撞着那皂头,被他拴回来,着马老爷四十板打死了! (聊·磨·14·1433)

⑪ 我昨日实着你赢极了,我就心焦了,几句休要放在心里。(聊·增·23·

1652)

例⑦只出现状语,例⑧、⑩谓语动词既有状语又带有补语,其余各例只带有补语。

7.3.1.4.4 着＋N₁＋V＋N₂

这类格式谓语动词带有宾语,《醒》3 例,《聊》19 例。宾语类型和"被"字句、"吃(乞)"字句、"教(交/叫)"字句一样,也有复指性宾语、隶属性宾语、并列性宾语三类。例如:

① 我好容易要的银子哩,路上着人查着使假银子的,这倒是我害二位师傅了。(醒·96·1370)

② 骂江城好畜生,说的那话缠不清,着你气杀我樊子正!(聊·禳·13·1197)

③ "我可着小福子气杀我了!"从头说了一遍,把大姐几乎气死。(聊·翻·5·955)

④ 又偷了人家牛,着人家告着他。(聊·禳·5·1161)

⑤ 他如今似变化了的一般,这不是着人换了心去么?(醒·45·659)

⑥ 我着冤家唬碎也么心,不想你依然性命存。(聊·富·13·1358)

⑦ 你着舜华引转了心了。(聊·磨·12·1423)

⑧ 臧姑说:"你着他倒了包。"(聊·姑·3·885)

⑨ 若是他终于不回头,着他公公说该促寿,该没儿,该早死了,还有甚么儿哩?(聊·姑·3·890)

例①至例④是复指性宾语,例⑤至例⑦是隶属性宾语,例⑧、例⑨是并列性宾语。

7.3.1.4.5 着＋N＋VP₁＋VP₂

明清时期具有山东方言背景的语料里,"着"字被动句的谓语没有兼语结构,只有《聊》的 4 例是连谓结构。如:

① 昨日着我拧着耳朵拿了来,着他在我床前打铺,慢慢的合他好说,不好骂着也便。(聊·禳·16·1207)

② 这胡秀才,着几位朋友请去吃酒闹玩,数日不曾归家。(聊·增·24·1657)

7.3.1.4.6 着＋N＋把/将＋O＋VP

这类格式是"着"字句和处置式结合使用,《醒》1 例,《聊》4 例。如:

① 素姐从床上爬起来坐着,把药接在手内,照着狄希陈的脸带碗带药猛力摔将过去,淋了一脸药水,着磁瓦子把脸砍了好几道口子流血,带骂连打,把狄希陈赶的兔子就似他儿。(醒·74·1059)

② 给你遮寒原是好,怎么着人把俺诮,拿来罢休被人家笑。(聊·墙·3·847)

③ 我的天,连累人,着你把人连累!(聊·襄·13·1196)

④ 可着他赌气把我来坑害。(聊·富·6·1316)

另外,《聊》还有 1 例没有出现施事的"着"字句:

⑤ 长官,我原来是请你来领教来,你倒赢了我这些银子,把彩都着夺了去了。(聊·增·21·1245～1246)

一般来说,由使役句变化而来的被动句式,没有经过"被动标记＋V"的阶段,因而继承了使役句必现兼语的特性,施事是必须出现的,《聊》里的"着＋V"只是个例。

基于以上分析,把《金》、《醒》、《聊》里"着"字被动句的具体结构形式和出现频率概括为下表。

文献 类型及频率	金	醒	聊	总计
着＋V	0	0	1	1
着＋N＋V(VP)	1	2	14	17
着＋N＋V＋虚词	1	2	9	12
着＋N(＋A)＋V(＋C)	0	7	41	48
着＋N_1(＋A)＋V(＋C)＋N_2	0	3	19	22
着＋N＋VP_1＋VP_2	0	0	4	4
着＋N＋把/将＋O＋VP	0	1	4	5
总计	2	15	92	109

由上表及前面的分析可知,"着"字句带有较强的地域特征,在明清山东方言内各地区分布差异也很大。《金》所反映的具体方言很少用到"着"字句,少数的例子也是出现在剧名或俗语中;《醒》里用例稍多,但和"被"字句、"叫"字句相比处于明显弱势;《聊》使用比较普遍,在《聊》里"着"字句是仅次于"被"字句的较重要的句式,并且《聊》里"着"字句的结构形式也比较多样化。

此外,现代山东方言里还保留着"着"用来介引施事对象的用法,方言调查者也记做"找",应是词音在方言里略有变化。如:[①]

① 一本书找他丢了。(山东安丘)

② 那本书着他拿去了。(山东利津)

③ 老鼠找猫抓住了。(山东寿光)

④ 家里找你作损的还有个弄儿吗?(山东荣成)

---

① 此处现代山东方言用例例①引自许宝华、宫田一郎主编(1999:2525),例②至例④引自钱曾怡主编(2001:305、306)。

7.3.1.5 其他被动句式

除了以上谈到的"被"字句、"吃"字句、"教（交/叫）"字句、"着"字句外，明清山东方言里还有一些出现频率较低的被动句式。它们或者是早已定型化的句式，是古汉语句式的遗留，如"为"字句、"见"字句；或者是近代汉语里产生，明清时期已不常用的句式，如"与"字句；或者是新兴被动句式的萌芽，是明清时期产生的新句式，如"给"字句、"让"字句等。本节对"为"字句、"见"字句不再进行分析。

7.3.1.5.1 "与"字句

表示被动的"与"字句出现在唐代（冯春田 2000/2003：607），明清时期已渐衰落但仍有用例。"与"字句只出现在《醒》中，共 3 例：

　　① 又嘱付教不要与邢皋门、晁凤、晁书知道。（醒·15·222）

　　② 薛如卞密密的寻了一只极大的苍鹰，悄悄拿到狄家，背地后交与狄周媳妇，叫他不要与人看见，只等素姐与玉兰不在房里，将这鹞鹰暗自放在他的房中，不可令人知道。（醒·63·904）

　　③ 原来白姑子骗他这许多银子，素姐是着实瞒人，再三嘱咐白姑子，千万不可与人知道。（醒·64·924）

上例"与"字句都是"与＋N＋V"式，结构比较简单。

7.3.1.5.2 "让"字句

"让"字句是由表"使役"的"让"字句发展而来的，是近代汉语后期新出现的被动句式之一。太田辰夫（1987：229）认为在现代汉语里才有"让"表使役的用法，因此"让"用来表示被动"清代还没有出现用例"。但是在明清具有山东方言背景的文献《金》、《醒》、《聊》里，已有大量"让"字使役句，并且"让"字被动句也已萌芽，虽然只有 3 例，但已可以表明，至少在明末清初，"让"字使役句已出现向被动式转化的迹象。《醒》1 例，《聊》2 例：

　　① 可说我让你骂了好几句了，你再骂，我不依了！（醒·60·860）

　　② 要给我着实捶他，让他告我敢应承。（聊·寒·1·1017）

　　③ 世间的一桩好事，却让你独占头功。（聊·磨·29·1517）

到现代汉语尤其是方言里，"让"字句已成为极为常见的被动句式。

7.3.1.5.3 "给"字句

"给"表示被动应该是在动词"给"（给予）得以较多使用之后才形成的，而动词"给"直到清代才开始大量出现，因此"给"字被动句出现较晚，明清山东方言里只有时代较晚的《聊》出现 2 例：

　　① 俭了年已难禁，又给个官索杀人，老天罚的忒也甚！（聊·磨·2·1379）

　　② 周元说："我不信，我不信，他是一个大官，倒给你这长官支使？"（聊·增·5·1571）

直到《儿》的时代用例也还很少,只出现3例。如:

　　③ 就是天也是给气运使唤着,定数所关,天也无从为力。(儿·3·33)

　　④ 不料给当面抖搂亮了,也只得"三一三十一"合那两个每人"六百六十六"的平分。(儿·5·63)

到现代汉语里,"给"表示被动才普遍起来。

　　7.3.2 被动句式的特点及相关问题

　　7.3.2.1《金》、《醒》、《聊》被动句式的共性及差异

　　《金》、《醒》、《聊》里被动句式的类型及出现频率如下表(比率为某个被动句占整个被动句式的百分比)。

类型及频率 ＼ 文献		金		醒		聊		用例总计
		用例	比率	用例	比率	用例	比率	
"被"字句		463	63.4%	395	63.5%	166	57.8%	1024
"吃(乞)"字句	"吃"字句	72	16.6%	0	0	0	0	121
	"乞"字句	49		0		0		
"教(交/叫)"字句	"教"字句	119	18.1%	9	31.2%	9	8.4%	346
	"交"字句	5		0		0		
	"叫"字句	8		181		15		
"着"字句		2	0.3%	15	2.4%	92	32.1%	109
"为"字句		6	0.8%	5	0.2%	2	0.3%	13
"见"字句		6	0.8%	0		0		6
"与"字句		0	0	3	0.5%	0	0	3
"让"字句		0		1	0.2%		0.7%	3
"给"字句		0	0	0		2	0.7%	2
总计		730	100%	609	100%	288	100%	1627

　　由上表可以看出,《金》、《醒》、《聊》里的被动句式既表现出了一致性,又显示出差异性。"被"字句是近代汉语以至现代汉语使用频率最高或最重要的被动句式,这在明清山东方言里也反映了出来。在《金》、《醒》、《聊》里,"被"字句都是使用频率最高和最为常见的形式。除了"被"字句外,这三种语料文献又都有各自较为常用的被动句式,反映出具体语料文献所处时代和地域(体现背景方言)的特点:"吃(乞)"字句只在《金》里出现,这既与《金》所处的时代有关(时间较早),也说明了《金》所代表的山东内部方言口语中"吃(乞)"字句较为常用(当然这也不排除有方言接触和《金》背景方言复杂的因素,也有它在流传过程中被传抄修改的可能);"教(交/叫)"字句在《金》和《醒》里都很常见,但《金》以"教"字句为主,《醒》则主要使用"叫"字句;《聊》除"被"字

句外,最为常用的是"着"字句,而"着"字句在《金》和《醒》里并不多见,反映出"着"字句在山东内部方言里的差异性。另外,"为"字句、"见"字句是偶尔使用的文言句式,"让"字句、"给"字句则体现了汉语被动句式在明清时期的新发展。

《金》、《醒》、《聊》里的被动句式"被"字句、"吃(乞)"字句、"教(叫)"字句、"着"字句,及新出现的被动句式"给"字句、"让"字句,在前后差不多同期的北方系文献《歧》、《儿》里的出现情况如下表。

| | "被"字句 | "吃"字句 | "教(叫)"字句 | | "着"字句 | "给"字句 | "让"字句 |
			"教"字句	"叫"字句			
歧	151	0	4	47	0	0	0
儿	187	3	3	39	0	3	0

由上表可以看出,《歧》和《儿》里也以"被"字句为主要的被动句式,体现出"被"字句在近代汉语同类句式中的主流地位。"教(叫)"字句则是仅次于"被"字句的句式,主要以"叫"字句为主,其类型和《醒》、《聊》比较一致,反映了"叫"字句在清代的稳定发展和兴盛。《歧》和《儿》里都没有出现"着"字句,说明"着"字句在明清时期已具有较强的地域性,是山东内部方言较常用的被动句式。"让"字句在比《醒》时代晚的《歧》和《儿》里都没有出现,反映了这类被动式在清代还没有发展起来,但在山东方言中的某些地区已经萌芽,表明此类句式在山东方言中的发展速度可能要快于北方其他方言(如《歧》、《儿》的背景方言)。"给"字句《歧》里没有出现,《儿》出现3例,也反映了"给"字句形成的初始状态,虽然在《聊》里已经出现个别用例,但直到清末还没有成为较常用的句式。

7.3.2.2 明清山东方言被动句的特殊性

袁宾(1987b)曾把近代汉语里的一些被动句称为特殊被动句,具体包括以下五类:第一类,受动者位于动词之后;第二类,位于动词之后的受动者用介词"将"、"把"等提到动词前;第三类,动词是"言"、"道"、"说"等,后面多带有直接引语;第四类,动词是对主动者的描述,并不是直接作用于受动者,有时动词是不及物动词;第五类,否定词置于"被"字之后。由前面的描写分析可以知道,这五种类型,除第五类只在《金》里出现外,其他类型的被动句如第一类、第三类谓语动词后带有宾语的用法,第二类被动句和处置式的结合,第四类无法补出受事者的零主语被动句,在明清时期具有山东方言背景的语料文献《金》、《醒》、《聊》里都存在。袁宾(1987b)又认为:"唐代和北宋的口语文献里,已可以看到特殊被字句,但数量很少……金、元、明时期使用频率较高,清代又逐渐减少","北京口语里的特殊被字句在清代逐渐减少以至基本消失"。而在《金》、《醒》、《聊》三种文献里,虽然《金》的特殊被动句出现频率相对要高些,《醒》和《聊》的出现频率低些,但仍占一定比例,并没有明显地表现出逐渐减少以至基本消失的趋势,这也显示出了清代山东方言被动句的地域特色。其中的一些特殊形式,甚至还保留到现代山东方言里,比如受动者位于动词之后,一般是做动词的宾语,这在现代汉语共同语里是很少出现的,但动词后可以出现宾语却是现代山东方言里具有方言特色的句法形式。

7.3.2.3 现代山东方言被动句式对明清山东方言的继承和发展

现代山东方言是对明清山东方言的继承和发展,这一点也可以从被动句式的发展变化情况反映出来。

7.3.2.3.1 被动句式类型的继承和发展

由上面的分析可知,明清山东方言里常见的被动句式有"被"字句、"吃(乞)"字句、"教(交/叫)"字句和"着"字句,新产生的有"给"字句、"让"字句,这些被动句式在现代山东方言里有的已不再使用,有的则成为常用的句式。钱曾怡主编(2001:304)指出:"在普通话中,用以表被动意义的标记语主要有'被'、'教'、'让'、'给'等('叫'、'让'、'给'多用于口语),尤以用'被'字为多;而在山东方言中,表被动却不用'被'字,一般是使用'叫'、'让'、'给'等词,个别地区还用'着'(也写作'找')字。"例如:[①]

① 衣裳叫钉子挂儿个口子。(山东牟平)
② 我的书叫他拿走了。(山东烟台)
③ 小车让对门借去俩。(山东德州)
④ 自行车让人给他骑走了。(山东临沂)
⑤ 房子给弄脏了。(山东莱州)
⑥ 那套书给我同学借去了。(山东临沂)
⑦ 家里找你作损得还有个弄儿吗?(山东荣成)
⑧ 书找他给掉了。(山东寿光)

由此可以看出,"叫"字句在现代山东方言里仍是常用的句式,并且分布比较普遍,"整个山东方言基本都是把用'叫'表示被动意义的格式作为一种常用说法"。(钱曾怡主编,2001:305)"让"字句、"给"字句在现代山东方言里得到发展并应用开来,主要在山东方言西区使用;"着"字句在现代山东方言仍存在,但也是只出现在某些区域里,使用范围仍不广泛。由此可以很明显地看到现代山东方言被动句式对明清时期的继承和发展。

不过,明清时期最为常见的"被"字句,在现代山东内部方言里却不再使用。之所以发生这种变化,与语料文献的书面语性质和方言口语的差异性有关。我们对明清时期山东方言的调查主要依据文献《金》、《醒》、《聊》进行,而这些白话文献虽然带有方言色彩,但毕竟是书面语,因此不可避免地会使用当时通语中最常用而且是严格意义上的被动式"被"字句,而实际口语里并不一定以"被"字句为主,语料文献里"被"字句的使用特点也可反映出这方面的一点信息。我们对《金》、《醒》、《聊》里"被"字句的使用情况按语体分布做了统计,结果如下表:

---

① 例①至例⑧引自钱曾怡主编(2001:305)。

	叙述部分	对话部分	"被"字句总数
金	336(72.5%)	127(27.5%)	463(100%)
醒	293(74.2%)	102(25.8%)	395(100%)
聊	124(74.7%)	42(25.3%)	166(100%)

由上表可以看出,"被"字句绝大多数都出现在叙述性文字里,用于口语对话的只占一小部分。而从具体用例来看,用于口语的也多是较庄重的场合。因此,即使在明清时期,"被"字句在山东方言口语里也许已不常用,它只是当时带有明显书面语或文语色彩的官话被动式。其实,即使在现代汉语共同语里,"被"字句的书面性也较强,口语里很少用到。明清山东方言中常用的"教(交/叫)"字句、"着"字句等,则大都出现在对话部分,说明这类句式是当时方言口语的反映,也因此保留在了现代山东方言里。所以,现代山东方言里没有"被"字句,而以"叫"字句、"让"字句、"着"字句为主。

7.3.2.3.2 被动句式内部结构的继承和发展

明清时期被动式的结构特点在现代汉语共同语里已发生了变化,但现代山东方言却继承了这一时期的一些形式,没有发生大的变化。例如,明清山东方言里除"被"字句、"吃(乞)"字句外,其他被动句式("着"字句有 1 个例外)都不存在不出现施事的"被动标记+V"的形式。现代山东方言正继承了明清时期除"被"字句、"吃"字句以外的其他常用句式的特点,被动句里通常要出现施事宾语。钱曾怡主编(2001:306)指出:"山东大部分地区的方言,被动句标记语后面一般都不能紧跟动词('给'除外),而是要有'施事'出现。"例如:[①]

① 我的茶杯叫人打破了。(山东烟台)
② 那套书让我同学借去了。(山东临沂)
③ 花瓶儿着谁打破的呀?(山东博山)
④ 他找车撞伤了。(山东寿光)

可以肯定地说,这种特点与句式来源有关。现代山东方言里常用的"叫"字句、"让"字句、"着"字句,都是由使役句发展演变而来的,其中的施事宾语保留了使役句兼语强制出现的特性,不能不出现。不过,在现代汉语共同语里,"叫"字句等却受到了"被"字句的类化,可以不出现施事,被动标记后面直接跟动词。山东方言里的相关句式并没有发生这种变化,而是继承了明清时期山东方言来源于使役句式的被动句的特点。

另外,明清山东方言里被动句的受事可以出现在谓语动词之后做宾语,有复指宾语、隶属宾语、并列宾语三种,但现代汉语共同语中除了做隶属宾语外,其他形式一般是不出现的。现代山东方言被动式的宾语则与明清山东方言同类句式保持了较大的

---

① 例①至例⑬引自钱曾怡主编(2001:306、307)。

一致性,可以出现更多的宾语类型。例如:

⑤ 可叫他气死我了。(山东莱州)

⑥ 原来叫小王骑走了自行车。(山东临沂)

⑦ 着他狠狠地说我哩一顿呢。(山东利津)

再者,现代山东方言被动句式的结构也出现了新的变化。《金》、《醒》、《聊》里的被动句没有"被动标记＋N＋给＋VP"的格式,也没有"被动标记＋N＋给＋代词＋VP"的格式,而这两种结构形式在现代山东方言里都存在,前一格式也存在于现代汉语共同语中,后者则是具有山东方言特色的用法。例如:

⑧ 我的书叫他给拿去了。(山东烟台)

⑨ 我的书叫他给我拿去了。(山东烟台)

⑩ 小车儿让对门儿给借去了。(山东德州)

⑪ 小车儿让对门儿给咱借去了。(山东德州)

⑫ 书找他给掉了。(山东寿光)

⑬ 书找他给我掉了。(山东寿光)

"给"直接用在动词前《儿》里已有用例,而"给"和动词之间又出现代词的格式,则是现代汉语方言里才有的。山东方言里被动句式的这一特殊形式应该是在动词前加"给"的格式形成后才出现的。

7.3.2.4 被动句式语用意义的发展和变化

对被动句式意义的讨论,王力的论述(1980:429~431)最有影响,他说:"就压倒多数的例子看来,我们说汉语被动式基本上是表示不幸或不愉快的事情。"自王力的观点提出后,很多论著在论述被动句式时都会提到被动句的这一语义特点,即被动句具有表示"不幸"、"不愉快"、"不企望发生"、"不利"等"消极义"色彩。不过,这并不意味着所有被动句都带有这样的意义,王力也是认为"基本上"是,而不是所有都是。根据我们对《金》、《醒》、《聊》被动句意义的调查,也可以发现这一点。三种语料文献里绝大多数的被动句具有表示一种"不愉快"、"不幸"意义的特点,但也有少数被动句句子的意义是无所谓愉快或不愉快的,有的甚至带有一种愉快的语义。如:

① 你我被他照顾,此遭挣了恁些钱,就不摆席酒儿请他来坐坐儿?(金·61·835)

② 俺每送了些粗茶,倒教多又把人情回了。(金·68·968)

③ 我去年曾见他一遍,他反面无情,打我一顿,被一朋友救了。(金·98·1464)

④ 唐氏悄悄的对小鸦儿说道:"大官人的银子被我拾了。"(醒·19·282)

⑤ 至于那刑房书手张瑞风,时时刻刻的要勾引上手,也只恐晁源手段利害,柘典史扯淡防闲,所以落的叫晁住享用独分东西。(醒·43·625)

⑥ 着我说的滚热,他就心痒难抓。(聊·襄·15·1204)

⑦ 他虽可恨,着人奶奶长、奶奶短的,我也欢喜,不免去到公婆那里。(聊·襄·23·1231)

⑧ 刚才听的更鸡鸣叫,那谯楼上钟鼓乱敲,卷行装里外都着银灯照。(聊·襄·27·1248)

⑨ 一日,张官人出去游玩,被一个初相识的朋友拉了去酒馆里吃酒。(聊·富·5·1304)

上面的例子无论是对句内受事、施事、当事,甚至还是句外言说者的主观性来说,都没有不幸、不利色彩。到现代汉语里,被动句表如意、有利的事情的用法更为普遍,被动句的适用范围就更加广泛。

7.4 差比句式

《马氏文通》把古代汉语的比较句分为平比、差比、极比三种(马建忠 1983:135),后来人们在讨论汉语的比较句时一般都采用这一分类。差比句是比较双方差异的比较句式,可以说是汉语比较句里最重要的句式。从历时发展来看,古今差比句发生了很大的变化。

太田辰夫较早对汉语比较句的演变进行了全面的观察。他(1987:166)曾指出,古代汉语的差比句用"A-形容词-介词-B"式(本章把这种形式记为"X+A+比较标记+Y",其中 X、Y 代表两个比较项,一般为名词形式;A 为表比较结果的形容词;比较标记为引进比较对象的介词),形容词表示比较的结果,一般句子中只有这个比较结果,不能再用副词或补语说明差别的程度;介词是用来引进比较对象的,古汉语里有"于、过"等词。古代汉语差比句的这种特征直到中古汉语里还没有发生变化。不过在唐宋时期,差比句所使用的比较介词发生了变化,出现了新的比较标记"如"、"似"。而差比标记"如"、"似"产生后,差比句的结构也随之发生了发展和变化:比较结果前可出现副词修饰语,句子后可以出现补语;比较项除名词或数量词外还可以是动词性短语。而在宋元时期,差比句式又发生了更大的变化,即出现了"比"字差比句,即由介词"比"引进比较对象用于比较语之前而形成的一种比较句式(可以记为"X比 YW"),其中比较项 X、Y 形式更为多样(X 常不出现),比较结果 W 也更为复杂和更能体现出差异性。明清时期"比"字差比句已占了绝对的优势,成为差比句的主要或典型格式,而"X+A+比较标记+Y"式差比句则逐渐走向衰落,现代汉语里则已基本不再使用,"比"字句最终发展为现代汉语差比句的主流句式。(参看蒋绍愚、曹广顺主编 2005:417~425)

由《金》、《醒》、《聊》三种语料所体现的明清山东方言里的差比句主要有早期的"X+A+比较标记+Y"式和近代汉语里发展起来的"比"字句两种,其中"比"字句是占优势的形式,这和同时期共同语中差比句的类型及特点相一致,但"X+A+比较标记+Y"式却比这一时期共同语里的同类句式要丰富和活跃得多,并且具有较强的方言特色,很多用法直到现代还在山东方言内广泛使用着。因此,明清山东方言里的差比句既体现了差比句的时代特征和历时发展变化,又有着鲜明的地域特色。下面对《金》、《醒》、《聊》里的差比句按类型进行分析讨论,并跟前后差不多同时期的北方系文献《歧》、《儿》里的差比句加以比较。

7.4.1 "X＋A＋比较标记＋Y"式差比句

《金》、《醒》、《聊》"X＋A＋比较标记＋Y"式差比句里的比较标记大致可以分为四类:一类是上古汉语就有的"于/乎";另一类是用法和来源较一致的比较标记"似"和"如";再一类就是作为形容词补充成分出现的比较标记"的"和"过";还有一类就是具有典型山东方言特色的差比标记"起/其"和"及"等。其中,"于"字句(由"于"引进比较对象)在明清时期的几种具有山东方言背景的文献里属于书面语的文言成分;"如"字句、"似"字句虽然在近代汉语前期已经形成,又非明清山东方言所独有,但它们是具有明清山东方言背景语料里"X＋A＋比较标记＋Y"式差比句的重要形式;而以"的"、"过"、"起(其)"、"及"为比较标记的差比句具有突出的方言特点(以这几个词为比较标记的差比句在内部结构关系上又与"于"、"似/如"字句不同,所以单独列出讨论)。因此,本节对"X＋A＋比较标记＋Y"式差比句的各种类型进行分析讨论,这有助于对明清山东方言里的这类句式有整体的认识,也可由此了解各种形式之间的差异和联系。

7.4.1.1 "X＋A＋于/乎＋Y"式

"于"或"乎"为比较标记的"于/乎"字句,是由"于"或"乎"引进比较对象做比较词的补充成分而形成的差比句,其中的比较词一般为单音形容词。又因为这个补充成分紧接比较词之后,所以在它后面很难再出现其他成分,比较项则一般都是单纯性的名词性成分。"于/乎"字句是古代汉语差比句的主要形式,"于"和"乎"也是古汉语时期"X＋A＋比较标记＋Y"式差比句仅有的两种比较标记。宋元以后到明清时期,比较标记"于/乎"大概已只是书面语里用到。在明清时期具有山东方言背景的文献里,比较标记"于/乎"也是多出现在一些韵文或文言性较强的表述中,《金》有 3 例,《醒》14 例,《聊》里则未见。如:

① 李瓶儿见他妆饰少次与众人,便去起身来问道:"此位是何人? 奴不知,不曾请见的。"(金·14·173)

② 外视轻如粪土,内觑贵乎玗琅。(金·46·654)

③ 无奈其母固是溺爱,这个晁秀才爱子更是甚于妇人。(醒·1·2)

④ 催科勒耗苛于虎,课赎征镊狠似狼!(醒·5·62)

⑤ 剑锋自敛,片舌利于干将;拘票深藏,柔嫚捷于急脚。(醒·13·192)

⑥ 只是他自己不知,作恶为非,甚于平日。(醒·39·569)

例①"于"写为"与"。"乎"或"于"引进的比较项多为单纯的名词性成分,除例⑥是同一事物在不同时间段的比较外,其他各例前后两个比较项为表示不同事物的名词。

另外,只有《醒》里出现了 1 例比较项 X、Y 是相同成分的例子:

> ⑦ 过了一宿,睡到天明,就哑了喉咙,一日甚于一日,后来说的一个字也听不出来了。(醒·53·771)

例⑦比较项 X、Y 由相同的数量结构充任,表示程度往重里发展。总的来说,明清时期山东方言里以"于/乎"为比较标记的"X+A+于/乎+Y"式差比句用法比较简单、一致,是对古代汉语这种格式的袭用。

前后差不多同期的语料文献《歧》和《儿》里也偶尔可见用比较标记"于/乎"的差比句,分别出现 6 例。和《金》、《醒》的例子一样也是对古汉语语法的沿用,此处不再举例。

7.4.1.2 "X+A+似/如+Y"式

到宋元时期,"X+A+似/如+Y"式差比句逐渐代替了"于"字句而成为"X+A+比较标记+Y"式差比句的主要格式,具有明清山东方言背景的语料里所反映的情形也是如此。因为比较标记"似"和"如"来源相似,用法也较一致,所以这里把它们放在一起分析讨论。

7.4.1.2.1 "X+A+似+Y"式

"X+A+似+Y"式差比句在唐五代时期用例还较罕见,宋代之后才开始兴盛起来。这类形式的比较项不限于名词,而且能够表现比较的结果,这比起古代汉语"于"字差比句的"于"只引进名词比较项来说是一大发展。

明清山东方言里"似"字差比句与共同语基本一致,但在具体语料文献里又各有特点,分布也不均衡,《金》出现 11 例,《醒》29 例(2 例写做"是"),《聊》22 例。以下分别介绍。

7.4.1.2.1.1 《金》里的"似"字句

在《金》里,"似"字差比句内所用的形容词范围较小,只有单音的"强"(6 例)、"胜"(3 例)、"大"(1 例)和双音的"胜强"(1 例,出现在曲词中)4 个。"似"引进的比较项 Y 多为动词性结构,有 9 例。如:

> ① 老身这条计,虽然入不得武成王庙,端的强似孙武子教女兵,十捉八九,着大官人占用。(金·3·37)

> ② 强似搬在五娘楼上,荤不荤,素不素,挤在一处甚么样子!(金·16·198)

> ③ 你拿去务要做上了小买卖,卖些柴炭豆儿、瓜子儿,也过了日子,强似这等讨吃。(金·93·1404)

只有 2 例引进的比较项 Y 是名词性的:

> ④ 却说平安儿见月娘把小玉配与玳安做了媳妇儿,与了他一间房住,衣服穿戴胜似别人。(金·95·1426)

⑤ 王六儿道:"还有大似他的,睬这杀才做甚么!"(金·99·1479)

7.4.1.2.1.2《醒》里的"似"字句

《醒》里的"似"字句不仅数量比《金》多,用法也比《金》更多样化,可以分为两类。

A. 比较标记前后的比较项 X、Y 由不同的词或词组充当,共 23 例。这一类里的形容词范围有所扩大,除了和《金》共有的"强"、"胜"、"大"外,还有"好"、"狠"、"恶"等词,比较项 Y 大多为名词性成分,共 20 例。如:

① 虽是低搭,也还强似戏场上的假官。(醒·5·71)

② 真是有智的妇人胜似蠢劣的男子十倍!(醒·81·1151)

③ 你要十分舍不得钱,少使几两,加纳个甚么光禄署丞、鸿胪序班,也还强是首领。(醒·83·1179)

④ 幸得素姐狠似响马的人,那里还怕甚么响马,一心只是回家。(醒·88·1250)

在《醒》里,"似"引进的名词性的比较项之后可以出现表比较结果的数量补语,如例②。

另外,有 3 例比较项 Y 为动词性成分:

⑤ 我就是到门前与街坊家说几句话,也还强似跟了许多孤老打围丢丑!(醒·2·21)

⑥ 你只把娘生前所行之事,一一奉行到底,别要间断,强似修行百倍。(醒·93·1322)

⑦ 这是奇货可居,得他一股大大的财帛,胜是那零挪碎合的万倍。(醒·94·1338)

B. 比较项 X、Y 为同一词语。《醒》里有 6 例比较项 X、Y 是同一个数量结构,强调形容词(比较词)表示的程度随着时间的延伸而增强。如:

① 计氏的胆不由的一日怯似一日,晁大舍的心今朝放似明朝。(醒·1·8)

② 及至艾前川行后,这疮一时疼似一时,一刻难挨一刻,疼的发昏致命,恶心眼花,只是愿死,再不求生。(醒·66·951)

③ 后来晁思孝做了官,晁源做了公子,陈先生的年纪喜得一年长似一年。(醒·92·1308)

7.4.1.2.1.3《聊》里的"似"字句

《聊》里的"似"字句共有 22 例,和《醒》一样也有两种基本类型,但出现的比例悬殊。作为比较词的形容词的范围和《金》类似,也比较狭窄。

A. 比较项由不同的词或词组充任。这类差比句的形容词只有"强"(14 例)、"胜"(5 例)、"大"(1 例)3 个单音词和 1 例双音的"胜强"。在这一类里,比较项 Y 为动词性成分的有 12 例。如：

　　① 这一霎坐着,倒强似走路。(聊·磨·8·1404)

　　② 团圆胜似功名显,况且时运变,父子俱连登,一齐朝玉殿,才叫那天下人打一哞。(聊·磨·25·1498)

　　③ 等我那小厮们来时,多给你几串,强似你起五更、睡半夜的卖酒。(聊·增·8·1587)

比较项 Y 是名词性的有 8 例,后面一般不再出现补充成分。如：

　　④ 不做甚么,不做甚么,吃的穿的强似他。(聊·翻·4·952)

　　⑤ 只受那千年香火,胜强似一世荣华。(聊·寒·7·1065)

　　⑥ 得合娘子重相会,胜似金钗十二环。(聊·襀·31·1261)

　　⑦ 这点小事就上吊,若大似这个着呢,就该怎么着呢?(聊·增·11·1598)

比较词"胜强"是特例,应该是与《金》里的例子一样是受曲词字数牵制而临时组成的双音式。《聊》里还有 1 例比较项 Y 为状态形容词：

　　⑧ 到晚床儿上,有个金莲,腰儿软,口儿甜,就不如我那冤家,也强似孤单。(聊·襀·14·1200)

　　B. 比较项 Y 为相同的数量结构。只出现 1 例：

　　① 一年一年的,张诚越发大了,他娘望着他懂窍了,谁想一年潮似一年。(聊·慈·4·915)

7.4.1.2.1.4《歧》和《儿》里的"似"字句

《歧》和《儿》里也有"似"字句,分别出现 17 例、11 例。从形式上来看,都可以分为两种类型。

A.《歧》里"似"字句的比较项由不同词或词组充任的 11 例,所使用的形容词有"大"(2 例)、"强"(4 例)、"胜"(4 例)、"小"(1 例)4 个。比较项 Y 除 1 例为动词性成分外,其他都由名词性成分充任。如：

　　① 我看你年纪小似我,我就占先,称你为贤弟罢。(歧·15·156)

　　② 隆吉道："酒令大似军令,既是写的小杯,如何改大杯?"(歧·15·163)

　　③ 希侨道："你不说罢,他能强似我爷做过布政司么?"(歧·20·206)

　　④ 伏羲、文王老先生,弟子求教伸至诚,三文开元排成卦,胜似蓍草五十茎。(歧·37·344)

例③比较项为动词性成分,其余为名词性成分,其中例④比较项后面出现数量补语。《儿》里比较的两项由不同词或词组充任的有 7 例,其中动词性形式有 3 例,名词性形

式 4 例。表示比较结果的形容词有"强"(5 例)、"大"(2 例)两个。如:

⑤ 无如我眼前有桩大似作官的事不得不先去料理。(儿·13·196)

⑥ 褚大娘子道:"他这样的还乡,不强似他乡流落? 岂有不愿之理?"(儿·16·253)

⑦ 无论你有多大的学问,未必强似公公。(儿·30·533)

⑧ 那程师爷见修馔不菲,人地相宜,竟强似作个老教去吃那碗豆腐饭。(儿·37·695)

例⑥、例⑧比较项 Y 为动词性成分,例⑤、例⑦比较项 Y 为名词性成分。

B.《歧》中比较项为相同数量结构的有 6 例。如:

① 催了几回,话头一层紧似一层,一句重似一句。(歧·40·375)

② 一日胆大似一日,便大弄起来。(歧·42·391)

例②里的"胆大"应该是一个形容词。《儿》比较项由相同数量结构充任的有 4 例,如:

③ 你怎么一年老似一年,还是这样忙叨叨疯婆儿似的?(儿·22·366)

④ 这个当儿,离京是一天近似一天了。(儿·23·374)

7.4.1.2.2 "X+A+如+Y"式

差比标记"如"出现得比"似"略晚些,但宋代以后"X+A+如+Y"差比句式发展很快,也成为常用的差比句。具有明清山东方言背景的语料里"如"字差比句的类别在文献的分布上并不平衡,《金》有 24 例,《醒》22 例,《聊》9 例。

7.4.1.2.2.1《金》里的"如"字句

《金》里的"如"字差比句的比较项 Y 只有一种,即与前一比较项 X 是不同的词或词组。形容词的范围仍比较狭小,有"强"(19 例)、"大"(4 例)、"轻"(1 例)3 个。其中"如"引进的比较项 Y 为动词性的有 14 例,形容词都是"强"。如:

① 守着主子,强如守着奴才。(金·26·335)

② 难得,你若娶过,教这个人来家,也强如娶个唱的。(金·80·1251)

③ 你又拈不的轻,负不的重,但做了些小活路儿,还强如乞食,免教人耻笑,有玷你父祖之名。(金·93·1403)

比较项 Y 为名词性成分的有 10 例。如:

④ 再过一二年,这边院中,似桂姊妹这行头,就数一数二的,盖了群,绝伦了,强如二条巷董官女儿数十倍。(金·15·188)

⑤ 是我这干女儿又温柔,又软款,强如李家狗不要的小淫妇儿一百倍了。(金·45·589)

⑥ 外视轻如粪土,内觑贵乎玗琅。(金·46·654)

⑦ 你老人家就是个都根主儿,再有谁大如你老人家的!(金·79·1238)

跟《金》里"似"所在的差比句相比,《金》里"如"字后的比较项是名词性成分的和动词性成分的两种数量相差不大(比例为5:7),也可以出现表比较结果的数量补语,如例④、⑤。

7.4.1.2.2.2《醒》里的"如"字句

《醒》里的"如"字差比句和"似"字句一样,比较词有动词性和形容词性的两种。从比较项来看,也有两种类型,这是与《金》里同类差比句所不同的。

A. 比较的两项分别由不同词、词组充任,共10例。形容词有"强"、"胜"、"好"、"重"、"少"、"小"等。其中,比较项Y为动词性成分的有3例,如:

　　① 虽是乞夫明入垒,胜如优孟暗登场。(醒·5·62)

　　② 再万一银子使不下来,就在刑部里面静坐,也强如把头被也先割去。(醒·7·100)

比较项Y为名词性成分的有7例,如:

　　③ 野鸡毛好如鲜花,自古冶容多破家。(醒·6·77)

　　④ 虽不比往时,也还胜如别处。(醒·25·366)

　　⑤ 冉家的那个还算是俊模样子,脚也不是那十分大脚,还小如我的好些。(醒·55·718～719)

Y是名词性成分时也可以出现表比较程度的补语,如例⑤。

B. 比较项由相同的数量结构充任,这类例子较多,有12例。如:

　　① 不料到了二月尽边,那也先的边报一日紧如一日。(醒·7·99)

　　② 那武城大尹,一来恃了甲科,二来也是死期将到,作的恶一日狠如一日。(醒·12·174)

　　③ 若素姐有时性起,只是忍受,切不可硬嘴触犯,便一七和如一七,七七则和睦美好。(醒·61·880)

　　④ 再说素姐病得一日重如一日,饮食日减,皮肉日消,半个月不能起床。(醒·100·1431)

7.4.1.2.2.3《聊》里的"如"字句

《聊》里的"如"字句只有一类,即与《金》一样,限于前后的比较项由不同的词或词组充当,形容词有"胜"(5例)、"大"(1例)、"俊"(1例)、"小"(2例)4个。其中,比较项Y为动词性成分的4例,如:

　　① 逃在他乡就饿死,俺善人埋在俺乱三岗,胜如打死公堂上!(聊·磨·1·1372)

　　② 带泪开笑颜,胜如九锡下云天。(聊·磨·25·1493)

　　③ 大将军作总戎,杀贼人能尽忠,胜如美酒来奉迎。(聊·磨·33·1537)

比较项 Y 为名词性成分的有 5 例,如:

④ 我儿官高,我儿官高,一个媳妇贤孝,过了一日,胜如三朝。(聊·襁·33·1272)

⑤ 身子勾一捏,倒下小如拳,在牙床仅把个角儿占。(聊·富·5·1304～1305)

⑥ 万岁说:"酒令大如军令,使不的另占。"(聊·增·19·1637)

7.4.1.2.2.4《歧》和《儿》里的"如"字句

《歧》和《儿》里"如"字句的用例较少,分别出现 5 例、2 例,并且比较项只有由不同词组充任的一种形式。《歧》表比较结果的形容词只有"强"1 个,比较项 Y 为动词性成分的有 3 例;《儿》中这类句式里的形容词有"强"和"大"2 个,比较项 Y 为动词性成分的有 1 例。例如:

① 大叔若肯回来,宅院产业现在,强如独门飘寓他乡。(歧·1·8)

② 若是看中了,这些山主们带回一件,强如你卖十件哩。(歧·16·167)

③ 绍闻吃了一汤碗,说道:"这岂不强如挂面万倍!"(歧·35·330)

④ 强如并此而无,且慢慢的凑罢了。(儿·12·175)

⑤ 老爷便恼九公道:"这样听起来,只怕还有位大如嫂呢罢?"(儿·15·233)

例①、②、④Y 由动词性成分充任,例③Y 后出现表示比较程度的补语("万倍")。

7.4.1.2.3《金》、《醒》、《聊》"X＋A＋似/如＋Y"式差比句的特点及相关问题

7.4.1.2.3.1 "X＋A＋似/如＋Y"式差比句的文献分布及发展特点

由以上分析可以看出,虽然《金》、《醒》、《聊》里"似"字句和"如"字句在用法上比较一致,跟共同语里的差别也不大,但在这三种文献里的分布及句法构成又有些差异,反映了明清时期山东内部方言里这类句式的特点。我们把这三种语料文献里"如"字句、"似"字句的类别和分布情况概括为下表。

文献	句式类型	比较项特点				出现总数
		不同的词或词组			相同的数量结构	
		名词性		动词性(包括形容词性)		
		单个名词	带有补语			
金	似	2	0	9	0	11
	如	7	3	14	0	24
醒	似	19	1	3	6	29
	如	7	0	3	12	22
聊	似	8	0	13	1	22
	如	5	0	4	0	9
总计		48	4	46	19	117

由上表可以看出,《金》"如"字句占优势,"似"字句不仅用例较少,类别也比较单一;《醒》里两种句式出现频率相当,类别也很一致,都比较丰富;《聊》的两种句式使用也不平衡,"似"字句占主要地位,"如"字句相对较少。从各句式的具体形式来看,《金》里的"似/如"字句和《醒》、《聊》相比,没有出现比较项为相同数量结构的用法,比较项 Y 也多为动词性成分;《醒》、《聊》中比较项为不同词语的类别中,Y 很明显是名词性成分占主要地位。在所用的比较词的特点上,《金》的形容词范围尤其小,只限于"强"、"胜"、"大"几个("胜强"1 例是曲词牵制的因素所致)。《醒》的"似/如"字句的用法则有了很大的发展,有比较项是不同词语和比较项为相同词语(数量结构)的两类,比较项为数量结构的出现频率较高,形容词的范围也有所扩大。《聊》的用例显示其比较项仍以不同的词或词组充当为常,只出现 1 例数量结构的例子。所用形容词的范围也比较小,跟《金》的情况相当。

为便于比较,把北方系语料《歧》、《儿》"似/如"字句的出现频率情况概括为下表。

文献	句式类型	比较项特点				出现总数
		不同的词或词组			相同的数量结构	
		名词性		动词性		
		单个名词	带有补语			
歧	似	9	1	1	6	17
	如	0	2	3	0	5
儿	似	4	0	3	4	11
	如	1	0	1	0	2
总计		14	3	8	10	35

由上表可以看出,《歧》和《儿》里"似"字句的用例比"如"字句要多些,形式也较为复杂,而"如"字句里已没有由相同数量结构充任比较项的一类。从《金》、《醒》、《聊》与《歧》、《儿》的比较来看,两种句式都明显呈衰落趋势,只是"如"字句的衰落程度更甚。

因此可以说,《金》、《醒》、《聊》里的"X＋A＋似/如＋Y"式差比句的使用频率虽然比前期要少得多,但和《歧》、《儿》相比,仍表现出一种平稳的状态,在这三种文献里并没有呈现出萎缩的趋势。这一方面表现出一种时代的差异,另一方面也体现出"似/如"差比句在明清山东方言里和其他一些北方方言里的区别。

在现代山东内部方言中,仍有"似"字作为差比标记的遗存。如鲁西南的部分地区就还有用比较标记"似"的"X＋A＋似＋Y"式差比句。例如:[①]

①　瘦死的骆驼大似马。(山东金乡)
②　论文化水儿我也不差似他。(山东金乡)

---

① 下面 2 例引自钱曾怡主编(2001:283、294)。

7.4.1.2.3.2 "X＋A＋似/如＋Y"式差比句的一些句式特点

"X＋A＋似/如＋Y"式差比句的"似/如"在引进比较项时有很大的共性,从《金》、《醒》、《聊》及《歧》、《儿》反映出的这类差比句的情况来看,具有以下共同的特点。

"X＋A＋似/如＋Y"式差比句里的比较词都是形容词,除了2例"胜强"和1例"胆大"为双音结构外(其中"胜强"是"胜"和"强"连用,而且可以肯定这是迁就曲词的结果而非口语的反映),其他都是单音形容词;这些形容词大多表示强势意义,即有程度差别的成对形容词中表程度强的词,例如"强弱"的"强"、"大小"的"大"、"多少"的"多"、"轻重"的"重"等,其中"强"在《金》、《醒》、《聊》、《歧》、《儿》中出现的频率最高;"胜"也表示比另一个程度高,在这几种文献里也很常用。不过,除了个别的本身不具有表程度强弱的意义的形容词,如"好"、"恶"、"暖"、"怯"、"潮"等(这些词一般出现在比较项X、Y为相同数量结构的句子里),也有表弱势意义的形容词用于"似/如"字差比句中,以上五种语料共出现9例,所用的形容词分别为"小"、"轻"、"少"、"薄"4个。如:

① 外视轻如粪土,内觑贵乎玗琅。(金·46·654)

② 从来说"春雨贵如油",这一年油倒少如了雨,一连两日不止。(醒·8·111)

③ 且是那极敦厚之乡也就如那淋醋的一般,一淋薄如一淋。(醒·26·378)

④ 冉家的那个还算是俊模样子,脚也不是那十分大脚,还小如我的好些;白净,细皮薄肉儿的。(醒·55·796)

⑤ 身子勾一捏,倒下小如拳,在牙床仅把个角儿占。(聊·富·5·1304～1305)

例②比较特殊,形容词"如"后用助词"了",这或许透露出这里的"如"还具有某种程度上的"像似"义动词(即源词)的特性。跟"于/乎"字句相比,"似/如"字句的比较项Y有了较大的发展。"于/乎"字引进的比较项一般只由名词性成分充当,并且后面极少再出现补充成分;而"似/如"字句的比较项Y则不仅可以是名词性成分,还可以是动词性成分,这是"于/乎"字句所不具备的特点。并且,比较项Y为名词性成分时后面出现表比较结果的数量补语的用法,在"似/如"字句里已很常见,而"于/乎"字句则是以不出现比较结果为常。另外,"似/如"字差比句的两个比较项为相同数量结构的用法更为普遍,这在"于/乎"字句中也是很少出现的。

在句式特点上,"似/如"字句在句式上一般以肯定形式出现。明清时期的《金》、《醒》、《聊》里,否定式只出现了5例(《金》没有出现)。如:

⑥ 这等报复岂不胜如那阎王的刀山、剑树、砲捣、磨挨的十八重阿鼻地狱!(醒·引言·6)

⑦ 本乡本土的人,不胜似使这边的生头?(醒·88·1258)

⑧ 在这天上享受香火,不强似在人间享富贵么?（聊·寒·7·1065）

⑨ 官人说:"有娘子这一表人物,嘎女婿找不出来,不强似自家过么?"（聊·富·3·1291）

值得注意的是,这4例否定式都是在作为比较词的形容词前出现否定词"不"。从上面的例子可以看出,"似/如"字句的否定式都以反诘问的形式出现,实际上表达的还是肯定意义。在前后差不多同时期的北方系文献《歧》、《儿》也是如此,用"似/如"的差比句否定形式《歧》里有1例,《儿》出现2例,也是以反诘问的形式出现:

⑩ 绍闻吃了一汤碗,说道:"这岂不强如挂面万倍!"（歧·35·330）

⑪ 他这样的还乡,不强似他乡流落?岂有不愿之理?（儿·16·253）

⑫ 你且让我一纳头扎在"子曰诗云"里头,等我果然把那个举人进士骗到手,就铸两间金屋贮起你二位来亦无不可。不强似今日的帮忙?（儿·32·585）

需要说明,《歧》又有1例是表示假设的副词用在"似"字差比结构的前面,并非一般的否定式:

⑬ 久后再娶不能胜似从前,就是一生的懊恼。（歧·49·453）

当需要表达否定意义时,"似/如"字差比句则是以肯定形式的反问句来表达。如:

⑭ 这都有甚么强如这会仙山、白云湖的好处?（醒·24·360）

⑮ 天下的事再有那件大似这个的?（醒·76·1079）

⑯ 我天生的没鼻子少眼来?他强似我!（醒·86·1222）

⑰ 希侨道:"你不说罢,他能强似我爷做过布政司么?"（歧·20·206）

因此可以说,"似/如"字差比句在意义上的特点是表示肯定。

7.4.1.2.3.3 "X＋A＋似/如＋Y"式差比句式的形成

在讨论了有关差比句的基础上,现在再就其形成问题谈点看法。关于"X＋A＋似/如＋Y"式差比句式的形成,目前至少可以看到下面几种主要观点。

冯春田（2000/2003:653）认为:是在差比句式里由通常用于比较的"像似"义动词"如"、"似"代替了"于",而旧有的"于"字式本来就可以形成差比,"如"、"似"用在"于"的位置上也就弱化了动词性,从而成为新的比较标记,因此以"似"、"如"为比较标记的"X＋A＋似/如＋Y"式则可以认为是一种局部（部分）更新了的差比句式。这种说法突出了"如"、"似"本身与比较的关系,认为比较标记"如"、"似"的形成与它本身所具有的意义有关,当它用在差比句中的"于"的位置时,受句法位置的影响也就虚化成为比较标记。

石毓智、李讷（2001:194,196）则认为:"于"字句解体后,表差比的功能由业已存在的等同级结构（即平比,形式也可为"X＋A＋似/如＋Y"）承担。因为这两种句式有以下几个共性：两式的中心谓语主要都是由形容词承担，构成要素的性质相同；两式构成要素的数量和语序一样；两式都表示比较，表义功能也相近。这样，本来表等同级的结构便兼容了原来差比式（"于"字句）的功能，"似"和"如"也就成为新的比较标记。这种观点可以解释"X＋A＋似/如＋Y"式差比句的一些特点形成的原因。如和"于"字差比句相比，这种"X＋A＋似/如＋Y"句式中的比较项 Y 为动词性成分的用法较为普遍，因为等同级结构里可以出现比较复杂的语法结构，而因介词"于"功能的限制，"于"字差比句的比较项一般是单纯的名词性成分。另外，这种句式多以肯定形式出现，否定也一般用于反问句中，这和它等同级结构的特点也相似。这一观点认识到了两种结构的相似性。

在此之前，太田辰夫（1987：167）就曾提出：比较标记"似"的产生，可能是与"如"同样由强调平比而发展来的。这种观点和石、李的认识不同，石、李认为是表平比的形式承担了表差比的用法，"似"、"如"也就自然成了比较标记，两者不存在演变的关系，强调结构的整体性；而太田辰夫则认为"似"、"如"作为比较标记是由平比的用法转化发展而来的，即动词"似"、"如"由表平比发展出表差比的用法，强调语义之间的联系。太田辰夫（1987：167）接着又推断，这种情况下的"似"或许不是由动词发展而来的，它是别的后助动词放在形容词后面而成为比较标记，再后来的"如"则可能因为和它类似而用做比较标记（即词义沾染）。不过太田辰夫只是提出了这种说法，并没有具体分析。我们认为，这种说法也有其合理之处。"似"在唐宋时期，常用在动词后构成"V 似"的形式，用法大体与介词"与"、"向"相当。如：[1]

> ① 十年磨一剑，双刃未曾拭。今日把似君，谁为不平事？（贾岛：剑客诗）
> ② 年来马上浑无力，望见飞鸿指似人。（窦巩：赠阿史那都尉诗）
> ③ 今日分明说似君，总教各各除疑虑。（敦煌变文集·维摩诘经讲经文）
> ④ 小诗苦雨当雪片，寄似南风一问天。（杨万里：四月一日三衢阻雨诗）

例中的"似"语义明显指向后面的名词性成分，具有介引给予或交付对象（例①、例④）以及言说对象（例③）和指点展示对象（例②）的作用。"似"的这种介词用法和"于"的功能有相似之处，因此有可能替换本身用法繁多的"于"出现在"X＋A＋比较标记＋Y"式的差比句中，成为新的比较标记。而"如"则是因为"似"和"如"都有相同的用法（表等同级比较），也就具备了"似"作为比较标记出现在这种差比句式中的条件。

因为问题本来的复杂性，还难以把其中的某种观点作为比较标记"似"、"如"形成的定论。而造成比较标记来源有多种解释的因素可能有以下几个方面：在词义上，"如"、"似"都可以表比较，即平比，这和差比句有着意义上的联系，存在着由平比发展为差比的可能；在结构上，表平比的"似/如"字句有同表差比的"于"字句相同的结构形式，有承担"于"字句功能的可能；在"似"和"于"的关系上，"似"本身也具有和"于"

---

① 以下例子转引自江蓝生（2000e：266、267）。

类似的介词用法,有直接替换比较标记"于"的可能,等等。因此,这个问题还有待进一步探讨。(参看蒋绍愚、曹广顺主编 2005:417～425、431～436)

7.4.1.3 "X＋A＋补＋Y"式差比句

大约从宋代开始,汉语里又出现了一种差比句式,这种句式跟"X＋A＋于(似、如)＋Y"式相比,形式类似但内部结构关系不同,形成也不同:这种差比句式比较词后面具有比较功能或者暂且可看做比较标记的不是引出比较对象的介词,而是表示比较词所达到的结果或实现程度的虚词,可以看成是作为形容词的补充成分出现。冯春田(2000/2003:658)把这种形式看做"形·补"式。因此,在结构关系上"X＋A＋于(似、如)＋Y"式应为"X＋A＋[于(似、如)＋Y]",而"X＋A＋补＋Y"式为"X＋[A＋补]＋Y",二者内部结构是不相同的。不过,在这种差比句式用法稳定之后,其中动词的词性和词义都有所弱化,更多的是作为比较标记而存在,表示句子的比较意义,所以它们也可以看做是差比标记。明清山东方言里这种差比句式里的比较标记有"得(的)"、"过"、"及"、"起(其)"等,其中一些形式直到现代在山东方言里仍广泛地使用着,具有明显的地域特色。以下分别加以分析。

7.4.1.3.1 "X＋A＋补＋Y"式差比句的类型

7.4.1.3.1.1 "X＋A＋得(的)＋Y"式

"X＋A＋得(的)＋Y"式差比句里的比较标记本字是"得",南宋时期就有"得"字差比句的用例,不过在近代汉语中并不常见。明清山东方言"得"字句多出现在《聊》里,共 5 例,另外《醒》有 1 例,说明差比标记"得"在当时已有比较明显的区域性,在这一时期山东方言中也只出现在部分地区。《醒》和《聊》里的"得"字差比句的"得"都记做"的":

① 我的儿也不赖的他,自然会去抢东西、分绝产,这是不消说了。(醒·53·770)

② 他爹听说泪两行,你跟着您姑强的您娘,娇儿呀,我近里还来走一趟。(聊·慈·2·901)

③ 仇禄说:"就怪些也罢,如今怪强的后日怪。"(聊·翻·6·966)

④ 我只说天下就没有大的卢龙知县的,谁想到了这等!(聊·磨·14·1436～1437)

⑤ 张大爷赏一百,强的人家赏一吊。(聊·磨·23·1485)

⑥ 胡百万说:"这个头向就强的别的。但只是口说无凭,求爷给一个帖儿做个凭信。"(聊·增·24·1661)

上面例中出现的形容词多是"强"和"大",表明这类差比句的比较词也仍然是以表强势意义为主。比较项例③、例⑤为动词性成分,其余各例为名词性成分。不过,例②的比较项 Y 形式上是名词性的,但实际上是承前省略了谓词"跟着"。

7.4.1.3.1.2 "X＋A＋过＋Y"式

"X＋A＋过＋Y"式差比句在唐代就有用例。明清山东方言里"X＋A＋过＋Y"式差比句只存在于《醒》中,共3例:

① 当日说知心,绵里藏针,险过远水与遥岑。(醒·15·216)

② 恶疾还有利害过天疱疮的么?(醒·95·1350)

③ 因此,太尊晓得,所以说从古至今凶恶的妇人也多,从没有似你这般恶过狼虎的。(醒·98·1402)

《醒》以"过"为比较标记的差比句的形容词从词义上说范围有所变化,即不再限于表示强势意义的形容词。

7.4.1.3.1.3 "X＋A＋起(其)＋Y"式

"X＋A＋起(其)＋Y"式差比句在《金》里没有出现,《醒》共有9例,《聊》有9例(其中5例为"起",4例为"其")。"起/其"字句的比较项Y一般为名词性成分,形式也较为简单,后面大多不出现表示比较结果的成分。如:

① 这是姐姐的喜事,还有甚么大起这个的哩?(醒·59·846)

② 怎么! 俺周大叔倒利害起骆驼合驴子了!(醒·72·1032)

③ 我年纪大起你,跑在你头里,我的儿是你的徒弟,你那爹,他先生怎么教他来,养活了孤苦师娘,没的算过当么?(醒·92·1312)

④ 那官司大起天,大爷到一霎完,这势力压倒了新泰县。(聊·寒·3·1030)

⑤ 看着模样不大精致,俺这心里还俏别起人。(聊·襀·16·1206)

⑥ 这贱人们诮你佛动心接的不像皇帝,难道就不像个人?怎么说王龙家小厮强起我?(聊·增·14·1611)

《醒》里只有3例出现表示比较结果的补充成分的例子:

⑦ 姓龙的怎么? 强起你妈十万八倍子!(醒·48·701)

⑧ 我合狄大哥父来子往,我长起狄大哥好几岁,我还是大伯人家哩。(醒·89·1272)

⑨ 这是你女婿寻下一位娘子,姓薛,大起我好几岁,我赶着他叫姐姐哩。(醒·100·1422)

上面例子里表示比较结果的都是数量补语,未发现例外。《醒》里还有比较项为动词性成分的例子,但仅见1例:

⑩ 寄姐道:"罢! 人见来还好哩,还强起你连见也没见!"(醒·83·1186)

这个例子比较的两项为动词性的"见"和"连见也没见"。

在《聊》里,比较标记"起"也写做"其",共4例,也有1例的比较项为动词性成分。如:

⑪ 只说窟窿天那大,还有大其天的大窟窿。(聊·穷·1120)

⑫ 休愁那亲事难成,情管找一个极俊的媳妇,还强其江城,还强其江城。
(聊·襄·7·1167)

⑬ 虽不如中一双,还强其没一个。(聊·磨·26·1501)

例⑪、⑫比较项 Y 为名词性成分,例⑬为动词性成分。

同时期具有山东方言背景的贾凫西的《木皮词》里也有 1 例同类的"其":

⑭ 从今后你两个才算真避世,不强其抗犁耙扎觅汉?(木皮词)[①]

此例比较项为动词性成分。

《醒》和《聊》里"起/其"字差比句中的形容词除了 2 例双音词("利害"、"俏别")
外,其余是单音的"强"(7 例)、"大"(7 例)、"长"(2 例)3 个词,还是以具有程度高或形
状大等语义的形容词占优势。在句子形式上,这类差比句都是肯定形式,没有出现相
应的否定式。

7.4.1.3.1.4 "X＋A＋及＋Y"式

"X＋A＋及＋Y"式差比句方言性比较强,近代汉语里罕有用例,明清时期具有山
东方言背景的语料里也只在《聊》中见到 5 例。如:

① 他的达强及俺达,他那达俊及俺达,他达就比俺达大。(聊·墙·1·
831)

② 珊瑚虽然强及如今的,只是可不如您那媳妇。(聊·姑·2·878)

③ 福、禄、寿三星献了一盘枣,都大及瓜,一盘梨大及胡芦,这都是仙家的宝
物,吃一口就长生不老。(聊·蓬·1·1079)

上面"及"字差比句的这几例比较项都是名词性的,形容词也多带有强势意义,如
"强"、"大"等。

7.4.1.3.2 《金》、《醒》、《聊》"X＋A＋补＋Y"式差比句的特点及相关问题

7.4.1.3.2.1 "X＋A＋补＋Y"式差比句的文献分布和特点

《金》、《醒》、《聊》"X＋A＋补＋Y"式差比句的类型和文献分布情况如下表。

	的	过	起(其)		及
			起	其	
金	0	0	0	0	0
醒	1	3	9	0	0
聊	5	0	5	4	5

由上表及以上分析可以看出,"X＋A＋补＋Y"式差比句到明清时期已具有较明
显的方言特色,经对同期北方系文献《歧》、《儿》进行考察,都没有发现这种差比句式。

---

① 此例引自徐复岭(1995:130)。

而《金》、《醒》、《聊》里各种比较标记的使用又反映出语料文献背景方言即所处具体方言区的特点。《金》里没有出现这种差比形式，可能是《金》的具体的背景方言里没有这种语法现象。《聊》里"X＋A＋补＋Y"式不仅用例最多，比较标记种类也最多，因此《聊》所代表的山东内部方言里的"X＋A＋补＋Y"式差比句应该是很常用的差比句式。而《醒》和《聊》里都有"的"字句和"起（其）"字句，说明这是《醒》和《聊》所处方言区共有的方言语法，由此也可知这两种文献所代表的方言有更大的共性。《聊》的作者蒲松龄是山东淄博（淄川）人，现代该地方言里仍有这两种比较标记，正与《聊》的方言背景山东淄博（淄川）话相一致。同时也说明在山东内部方言，《醒》所代表的方言应与淄博方言相距不远或关系更近一些。

从《醒》和《聊》里"X＋A＋补＋Y"式差比句所用的形容词（比较词）来看，它们基本上是单音词，两种语料文献这类句式里出现最多的是"强"，其次是"大"，另外有少数几例"俊"、"利害"、"狠"等。因此，"X＋A＋补＋Y"式和"X＋A＋比较标记＋Y"式这两种差比句有相同的特点，就是所用的形容词从意义上来说多为形状大或程度高的一类，表示的一般是"X比Y大（高、强、好）"的意义，比较的两项里，X项是高级或强级项，Y是次级或弱级项；在句式上也是肯定形式为主。

7.4.1.3.2.2 "X＋A＋补＋Y"式差比句在现代山东方言的分布及发展

在现代山东方言里，"X＋A＋补＋Y"式差比句式的比较标记仍很丰富，使用也很广泛，不过有的类别也发生了新的变化。

"X＋A＋过＋Y"式差比句仍然保留在现代汉语里，也是现代汉语中唯一的一种"X＋A＋比较标记＋Y"式差比句。这可能与"过"的常用性和其本身所具有的比较意义有关。不过在仍广泛使用"X＋A＋比较标记＋Y"式差比句的现代山东方言中，却没有这种以"过"作为比较标记的差比句了。

使用差比标记"得（的）"的差比句虽然在汉语历史上和明清时期山东方言里出现的用例不是太多，但现代山东方言里却较普遍地存在这类句式，如东营、滨州、淄博、潍坊等地的一些区域，以"得（的）"为比较标记的差比句都比较常见。例如：[①]

① 穷了给一口，强的有了给一斗。（山东无棣）
② 打针强的吃药。（山东桓台）
③ 今们儿这天好的夜来。（山东寿光）
④ 懒汉回了头，力气大的牛。（山东临朐）

现代山东方言里这些用比较标记"得"的差比句，正是对明清时期山东方言语法的继承，从使用的广泛性和常见性方面说，也是一种发展。

"起（其）"字差比句在《醒》和《聊》里虽然还不是占优势的"X＋A＋比较标记＋Y"式差比句，但在现代山东方言中却广泛地使用着。就分布区域看，山东近三分之二地

---

① 例①至例④引自钱曾怡主编（2001：393）。

区的方言都存在这种句式,只是又以山东东部、中部广大地区的使用为主。例如:[1]

  ⑤ 都吃了吧,强起剩了它。(山东青岛)

  ⑥ 吃饭喝口汤,强起开药方。(山东高密)

  ⑦ 是亲三分向,是火热起炕。(山东莱阳)

  ⑧ 饥里帮一口,强起饱里帮一斗。(山东诸城)

  ⑨ 这个屋子暖和起那个屋子。(山东莱州)

  ⑩ 去要饭也强起跟着他受罪。(山东沂水)

  除通行于山东东区方言以外,"起"字差比句在现代山东西区的鲁中、鲁西和鲁西北方言中也经常可以见到。如:

  ⑪ 这件子衣裳肥起那件子。(山东淄川)

  ⑫ 爷爷疼孙子,强起攒金子。(山东历城)

  ⑬ 惊蛰听见雷,小米贵起金。(山东泰安)

  ⑭ 秋天锅锅腰,强起春天转三遭。(山东齐河)

  ⑮ 垒院墙,有这些旧砖强起没有。(山东德州)

  现代山东方言里"起"字句不仅使用范围广,结构形式也比明清时期要复杂,并且差比句式里所用的形容词范围更大,双音节形容词更为常见;常使用本身不含有强势程度义的形容词(如"暖和"、"干静"、"热闹"等),同时弱势意义的词也常使用(如"矮"、"小"等)。再就是除肯定句式外,否定形式使用也非常广泛。例如:

  ⑯ 今儿的剧不热闹起夜儿的。(山东牟平)

  ⑰ 他不矮起我。(山东荣成)

  ⑱ 日子过得并不好起人家。(山东德州)

  ⑲ 他考得不差起你。(山东济南)

  ⑳ 麦子不贵起苞米。(山东平度)

  在现代山东东部的一些地区,"起"字句还可以用于动作、行为的比较,不只限于性质、状态的比较。如:

  ㉑ 今儿的电影儿有意思起夜儿的吗?(山东牟平)

  ㉒ 闺娘子就是会说话儿起小子。(山东牟平)

  ㉓ 我不知道起你?(山东牟平)

这些用法都是明清时期山东方言"起"字差比句所没有的。因此,"X+A+起+Y"式差比句是现代山东方言的一种重要的差比句式,而这也正是对明清时期山东方言里的这种句式的继承和发展。

---

  [1] 例⑤至㉓引自钱曾怡主编(2001:292)。

现代山东方言里已不再见有"及"字差比句,因此这类句式可能只存在一定时期内的一定区域里,即在明清时期《聊》所在的方言区存在,没有扩展开也没有发展下来。"及"有可能是受当时方言区比较兴盛的以"起"为比较标记的差比句影响而产生的,这类句式中做补语的动词都含有一定的结果义或实现义,"及"、"起(其)"不排除是一系字的音变的可能。当然,"及"本身也有"比较"的语素(赶得上、比得上),因此也就有自身演变为差比标记的可能。这些都有待进一步调查和论证。目前可知的事实是,由于用"及"的差比句明清时期的出现频率很低,可能使用的区域较小,其他"X+A+补+Y"式差比句势力又很强,所以终被淘汰。

总的来说,"X+A+补+Y"式差比句在古今山东方言里都具有重要地位,带有明显的地域特征。从明清到现代山东方言,这类句式还是发生了一些值得重视的变化。

7.4.1.3.2.3 "X+A+补+Y"式差比句比较标记的形成

前面提到过,"X+A+补+Y"式差比句是因为比较词 A 后的成分表示的是比较所达到的结果或实现程度,是形容词的补充成分。因此,能进入这类差比句中的词,应该是具有"达到"义或相关意义的词。而从比较标记的"过"、"得"、"起"、"及"等的作用及其原本意义的联系来看,"X+A+补+Y"式里的差比标记,正应该是由表示"达到"义一类的词演变而来的。如"X+A+得(的)+Y"式差比句里的"得(的)",本词是"得",原为"得到"、"获得"义,因此它便可以用在形容词的后面表示现实性或结果,具有成为"X+A+得(的)+Y"式差比句比较标记的语义条件。"X+A+过+Y"式差比句里的比较标记"过",作为动词有"超过、超出"义,也可以表示一种胜出性的结果或状态,它本身就含有比较的词汇意义。如:

① 由也好勇过我,无所取材。(论语·公冶长)
② 任能毋过其所长。(经法·道法)
③ 狡捷过猴猿,勇剽若豹螭。(曹植:白马篇)

所以"过"也可以出现在形容词后面补充说明形容词的程度,也可以进入"X+A+补+Y"式差比句,从而成为比较标记。如:[①]

④ 贫于杨子两三倍,老过荣公六七年。(白居易:送刘五司马赴任硖州兼寄崔使君)
⑤ 这些邻舍是他房客,又道这是狠过阎罗王的和尚,凶似夜叉的妇人,都不敢来惹他。(型世言 29 回)

例④"过"与上句的"于"相对,很明显是比较标记。

关于比较标记"起"的来源,有人认为它来自相同用法的"及",是"及"的记音字。但是比较标记"及"只见于《聊》,而且出现的时代要晚于"起",二者的地域分布也不相

---

① 例④至例⑦引自冯春田(2000/2003:660、661)。

同,因此"起"不太可能是"及"的记音字。实际上,"起"本身也有作为比较标记用于"X＋A＋补＋Y"式差比句的语义和语法基础。"起",《说文》释为"能立也",后引申出"兴起"、"起来"之义,可以用在动词后,表示动作的趋向、开始或完成。比较标记"起"则应该是来自于表达动作的实现或完成的用法。例如:

⑥ 早修起了,比在前高二尺阔三尺,如法做的好。(老乞大)

⑦ 王世名去看,道:"有刀吗?"道:"有打起的厨刀。"(型世言2回)

⑧ 萧北川见了银子大米,虽是欢喜,却道也还寻常,只是见了那一沙坛酒,即如晁大舍见珍哥好起病的一般,不由的向李成名无可不可的作谢。(醒·5·62)

⑨ 怎么我往京里去寻你爷儿们,你爷儿们躲出我来,及至我回来寻你,你又躲了我进去,合我掉龙尾儿似的,挑唆你相大哥送在我软监里,监起我两三个月?(醒·85·1213)

⑩ 来了几日,把个汉子打起这们一顿,差一点儿没打杀了。(醒·96·1372)

上面例中的"起"都用做动词的补充成分,表示动作行为的实现或完成。因此,"起"可以用在差比句的比较词之后,作为形容词的补充成分,表示形容词程度的达到或实现,从而成为比较标记。

"及",《说文》释为"逮也",即具有"追上"、"赶上"之义。如:

⑪ 见善如不及,见不善如探汤。(论语·季氏)

⑫ 往言不可及也。(国语·晋语二)

⑬ 桃花潭水深千尺,不及汪伦送我情。(李白:赠汪伦)

"追上"、"赶上"本身就表一种结果,因此"及"也有条件用在形容词后作为比较标记而形成"X＋A＋及＋Y"式差比句。

7.4.2 "比"字差比句

本节主要分析讨论具有明清山东方言背景的语料文献里的"比"字差比句。虽然明清山东方言里"X＋A＋比较标记＋Y"式差比句没有出现明显的萎缩的趋势,并且还有地域或方言性很强的"X＋A＋补＋Y"式,但"比"字差比句仍是当时差比句的主要形式。不过,近代汉语里表示比较关系的"比"字句并不都是表示差比,而非差比和表差比的"比"字句有着历史上的联系,所以这里在分析"比"字差比句的同时,也连带对《金》、《醒》、《聊》里不表差比的"比"字句做些概括性的分析。

7.4.2.1 非差比"比"字句

7.4.2.1.1 比动句

表示甲乙两事物可否构成某种比较关系的"比"字句为比动句,其中的"比"为动词,意思是"能够相比"、"和……相比"。从结构形式上来看,早期比动句有"X 比 Y"

式和"X 比 YW"两种,而后者是"比"字差比句的渊源,其中的 W 多是 VP 的形式,表示比较结果。(参看蒋绍愚、曹广顺主编 2005:421～425)但到明清时期,"X 比 YW"式里的"比"已虚化为介词,W 也多是形容词,因此《金》、《醒》、《聊》"X 比 YW"式多是差比句而非比动句。这样,《金》、《醒》、《聊》里的比动句多为"X 比 Y"式,其中比较项 X、Y 大多为名词性成分。这类比动句只表示甲乙两种事物相比,后面没有补充说明的内容。从形式来说,有肯定式和否定式两种,但肯定式用例较少,绝大多数为否定式。先看下面的例子:

① 那班蠢材,只顾吃酒饭,却怎地比的那两个!(金·55·746)

② 西门庆道:"第二日我还要早起,衙门中连日有勾当,又考察在迩,差人东京打听消息,我比你每闲人儿!"(金·69·997)

③ 我拿甚么比俺的妹妹?他先全鼻子全眼的,就强似我。(醒·96·1373)

④ 本朝就有一个人,可以比那王祥,他兄弟就可以比那王览。(聊·慈·1·893)

⑤ 朕乃末世之君,怎比的古圣先皇?(聊·增·1·1554)

⑥ 你就拿着家当比那北京皇爷么?(聊·增·7·1583)

例①为"比的(得)",是动词"比"跟助词"的"构成的可能式。从用例来看,表示肯定的"X 比 Y"式比动句基本上是疑问句,并且主要是反问句式,如上面例子除例④外都是反问句。而反问句肯定式在意义上表达的是否定意义,如例②"我比你每闲人儿"也就是"我不能和你们闲人儿相比"。

《金》、《醒》、《聊》里的"X 比 Y"式的否定形式占绝对优势。其否定式可用否定性状语构成,也可由否定性补语表达。如:

⑦ 亲兄弟难比别人,与我们争口气,也是好处。(金·1·16)

⑧ 见他瘦的黄恹恹儿,不比往时,两个在屋里大哭了一回。(金·61·854)

⑨ 我们这两家姑娘可是不怕人相,也难说比那月里红鹅,浑深满临清唱的没有这们个容颜,只是不好叫大官人自己看的。(醒·18·261)

⑩ 这明水镇的地方,若依了数十年先,或者不敢比得唐虞,断亦不亚西周的风景。(醒·26·378)

⑪ 你既卖在人家,比不得在自己爹娘手里,务要听奶奶指使;若不听教道,要打要骂,做娘的便管你不着。(醒·36·532)

⑫ 兄弟是手足,没有不疼的,况且我那兄弟,又比不的人家那兄弟。(聊·慈·5·923)

⑬ 这梦不比寻常梦。(聊·襄·24·1239)

上面例⑪、⑫是以否定补语"不的"、"不得"来表达否定,其余各例以否定性状语表示否定,其中否定性状语可以是"不"、"难"、"难说"、"不敢"等形式。

同期北方系文献《歧》和《儿》里"X 比 Y"式比动句的特点与《金》、《醒》、《聊》的一致，都是以否定式为主，少数的肯定式也大多是以反问的形式表示否定意义。不过《歧》、《儿》里比动句否定式的形式不如《金》、《醒》、《聊》丰富，《歧》以补语表达否定占绝对优势，否定性状语只有"不"的形式；《儿》否定性补语和否定性状语的使用频率相当，但否定性状语也只有"不"一类。例如：

⑭ 人家比不得你，芝麻大一个胆儿，动不动说什么坏了家教。（歧·3·21）

⑮ 及看到二百几十宗孝子事实，俱是根经据史，不比那坊间论孝的本子，还有些不醇不备。（歧·91·854）

⑯ 这两条腿儿的头口可比不得四条腿儿的头口。（儿·14·200）

⑰ 你们这一去，见着少大爷，不比从前，可就得上台唱起戏来了。（儿·40·787）

《歧》中"的（得）"又写做"哩"，所以《歧》中还有"比不哩"的形式：

⑱ 你还不晓的我的近况，夏逢老呀，我比不哩当日咱在一处混闹的时候了。（歧·74·722）

可以看出，《金》、《醒》、《聊》里的比动句都是否定式占绝对优势，肯定式除《聊》里的唱词外只有为数不多的几例。而在最初的比动句里并不存在这种现象，如据石毓智、李讷（2001：198）对魏晋时期语料《世说新语》的统计，肯定式和否定式比动句分别出现 32 例、4 例，二者的比例是 8：1；但到了宋元时期，比动句就已由以肯定式为主变成以否定式为主了。《金》、《醒》、《聊》里的情况表明，该期否定式比动句已居绝对优势，肯定式极为罕见，《歧》和《儿》里这种现象仍很突出，肯定式比动句的比例远远低于否定式。在现代汉语里，比动句也"常用否定式，肯定式只限于少数习语"（吕叔湘 2002：72）。可以看出，"X 比 Y"式比动句从宋元以来就以否定形式为主，现代汉语里肯定式的应用更受限制，基本上是只用于否定式，而即使否定式在现代汉语里也很少以单句的形式出现，后面一般都要有分句补充说明由某种不同而产生的结果或原因。如：[①]

⑲ 出门不比在家，遇事要多加考虑。

⑳ 今年不比往年，用收割机几天就收割完了。

㉑ 我不比你，你上过大学。

7.4.2.1.2 等比句

比较甲乙两事物，比较结果是相同或没有差别的句子为等比句，用"比"字的等比句的结构形式为"X 比 YW"。这类例子宋代开始出现，明清时期已经不常用，《金》、

---

① 例⑲至㉑引自吕叔湘（2002：72）。

《醒》、《聊》分别只出现 2 例、1 例、2 例。如:

> ① 比那个不出材的,那个不是十个月养的哩!(金·39·517)
> ② 每一会场,一省也成二三十中了进士,比那南方也没有甚么争差。(醒·35·511)
> ③ 看了看保儿还在床睡,比着昨夜更不差毫厘。(聊·磨·13·1425~1426)
> ④ 做了十年夫妻,同床了四载,可不知道你愁我的心肠,比着我愁你心肠一样儿难揎,难揎!(聊·富·7·1321)

例③、例④为"比着"。因为比较的结果是等同的,在相关语料里这类比较一般用表示"与同"的"与"、"和"等作为引进比较对象的介词构成等比句。或者也因此,用"比"的等比句就比较罕见,同时期北方系文献《歧》、《儿》里都没有出现这种用例。

7.4.2.2 "比"字差比句

由"比"构成的差比句在形式上为"X 比 YW"式,《金》、《醒》、《聊》分别出现 68 例、114 例、87 例。下面从比较项、比较词(表示比较结果)、疑问形式、肯定与否定形式等角度对具有明清山东方言背景的语料里的"比"字差比句进行分析讨论,同时对比《歧》、《儿》里的同类差比句(分别出现 73 例、127 例),以观察明清时期这类差比句的发展变化及在明清时期北方方言内部的差异。

7.4.2.2.1 "比"字差比句的比较项

《金》、《醒》、《聊》里"比"字差比句的比较项 X、Y 都由不同的词或词组充任,没有出现两个比较项是相同数量结构的形式。从谓语性质来看,"比"字差比句也有名词性成分和动词性成分两类。

7.4.2.2.1.1 比较项是名词性的

《金》、《醒》、《聊》"比"字差比句的比较项都是以名词性的为主。当比较项都是名词性成分时,在具体用例中意义也有所不同。有的比较项 X、Y 表示的是同类的人或物,二者直接相比较,可以是人称代词或指人名词。如:

> ① 你比来旺儿媳妇子差些儿!(金·72·1038)
> ② 他比玳安倒大两岁,今年二十二岁,倒不与他妻室。(金·95·1426)
> ③ 这伍圣道比邵强仁还凶恶哩。(醒·11·163)
> ④ 谁想这陈师娘的公子比他妹子更是聪明,看得事透,认的钱真,说道:"妇人'有夫从夫,无夫从子'。"(醒·92·1309)
> ⑤ 从此臧姑比珊瑚还小心。(聊·姑·3·890)
> ⑥ 魏名这个贼禽兽,更比曹操秦桧奸!(聊·翻·9·985)

有的比较项 X、Y 所代表的人或事物不是同类的,两相比较,是比喻性的,有夸张的修辞色彩,被比成分的性质显得更加突出。如:

⑦　极得那先生跺了跺脚,自己咒骂道:"教这样书的人比那忘八还是不如!"(醒·33·492)

⑧　我听说女人的身子比金子还贵哩,劳病了,极是难治哩。(醒·58·836)

⑨　京师虽是帝王辇毂所在,那人的眼孔比那碟子还浅。(醒·70·995)

⑩　姐夫恼也应该,但是他比驴马呆,怎么当一个人儿待?(聊·翻·8·977)

⑪　奴才犯了弥天罪,见了老爷不跪下,胆儿就比天还大!(聊·磨·6·1396)

⑫　一见皇帝面,和颜悦色添,向前拢着马,话儿比蜜甜,老客咱家住,三生结下缘。(聊·增·7·1580)

⑬　胡百万慌忙跪下,磕的头比那碎米还多。(聊·增·24·1660)

比较项 X 可以是指某一具体的人或物的名词,另一比较项是表遍指的疑问词"那(哪)个"。这种形式只出现在《金》中。如:

⑭　你每姐姐比那个不聪明伶俐,愁针指女工不会?(金·37·487)

⑮　好奶奶你比那个不聪明?(金·76·1152)

这类用法中"比"的动词性还比较强。与现代汉语相比,没有发现表遍指的疑问代词(如"谁"、"什么"等)做比较项的用法。

有的例子比较项 X 为人或物,另一比较项 Y 则是表时间的词,整个差比句表示同一人或物在不同时间段的比较,一般是现在和过去相比较。如:

⑯　这西门庆仔细端详那妇人,比初见时越发标致。(金·4·52)

⑰　原来他房里春花儿,比旧时黑瘦了好些,只剩下个大驴脸,一般的也不自在哩。(金·75·1119)

⑱　珍哥自己督厨,肴馔比昨日更加丰盛。(醒·4·50)

⑲　夫人还坐在房内,只见晁源的疟疾又大发将来,比向日更是利害,依旧见神见鬼。(醒·17·253)

⑳　地土未增新产业,厅堂通是旧家门,清高更比常时甚。(聊·寒·8·1068)

㉑　新举人去上坟,骑红马彩色新,比着从前越发俊。(聊·富·10·1344)

当比较项 X、Y 是定中短语形式时(X、Y 可以是同一人或物,也可以是不同的人或物),通常会出现承前或蒙后省略中心语的现象。这种现象多出现在《醒》里。如:

㉒　小弟的官虽比家兄大,家兄的地却比小弟的还多好几十亩哩。(醒·23·342)

㉓　咱铺里有时兴仇家洒线,比顾家的更强,拿几套家里拣去。(醒·65·936)

㉔ 亏了倒底男人的见识眼力比妇人强。（醒·84·1200）

㉕ 我的哥儿！你哄老娘,是你吃的盐比老娘多?（醒·87·1242）

㉖ 老娘见的事比你广!（醒·87·1242）

㉗ 万岁听说,看了一看,笑道:"你比那一个的模样还略强点。"（聊·增·12·1603）

例㉒至㉖都是承前省略定语中心语,例㉗蒙后省略定语中心语。

7.4.2.2.1.2 比较项是动词性的

《金》、《醒》、《聊》比较项为动词的用例较少。不过从构成上来看,动词性比较项和名词比较项一样,可以是同类动作也可以是不同性质动作的比较,还可以是同一动作不同时间段的比较,也有省略形式。如:

① 在门首买花翠胭粉,渐渐显露,打扮的比往日不同。（金·22·280）

② 小产比大产还难调理,只怕掉了风寒,难为你的身子。（金·33·428）

③ 打扮的如琼林玉树一般,比在家出落自是不同,长大了好些。（金·71·1082）

④ 过了半月,下了一日多雨,这两个鬼忽然又大发作起来,比先作祟得更是利害。（醒·27·401）

⑤ 把个脊梁尽着叫他烧,烧的比"藤甲军"可怜多着哩!（醒·97·1389）

⑥ 就有模样丑似鬼,一揸长短大花鞋,汉子怕的比我赛。（聊·襄·17·1211）

⑦ 公子说:"唱的比丽华更悲。"（聊·襄·20·1223）

⑧ 这门下虽不快活,比那绑着的时节自在的紧。（聊·磨·18·1457）

⑨ 你只是情吃情穿,比当军受用的自然。（聊·增·16·1622）

例②为同性质的动作相比较;例①、③、④、⑧为同一动作现在与过去相比较;例⑨为不同性质的动作相比较,具有夸张作用;例⑤、⑥、⑦比较项 Y 为主谓短语的省略形式,都省略了谓语动词。

同时期北方系文献《歧》和《儿》里的比较项也有名词性的和动词性的两种,前后比较项的性质和省略形式与《金》、《醒》、《聊》一致。不过在《儿》里,动词性成分充当比较项的用例比例较高,形式也更为复杂,同时出现了比较项由相同数量结构充任的类别。后者的例子如:

⑩ 你瞧,一天比一天进的钱儿是多了,出的钱儿是少了,你家躺着吃也吃不了。（儿·33·611）

⑪ 你们一家子只管在外头各人受了一场颠险,回到家来,倒一天比一天顺当起来了。（儿·36·678）

7.4.2.2.2 "比"字差比句的比较词

在"X＋A＋比较标记＋Y"式差比句里,比较词一般只能由形容词充任,并且多为表强势意义的单音节形容词,而"比"字差比句里表示比较结果的比较词却较多样化,可以是形容词性的,也可以是动词性的;而当句子为疑问形式时,比较结果又可由疑问代词充任,甚至隐含不出现(这类形式在差比句的疑问形式中分析)。根据比较词的形式和所表达的意义,可以区分为表异比和表差比的两类。

7.4.2.2.2.1 表异比

表异比的可看做异比句,说明比较结果的比较词往往用"不同"或者相近的词语,形式上为"X 比 Y 不同"式。这种差比句的比较词只表示比较结果"不同",而没有具体到差比的程度。这类异比句开始出现在宋代,但并不多见,明末清初前后的文献较为常见,《金》、《醒》、《聊》分别出现 16 例、15 例、3 例。如:

① 原来春梅比秋菊不同,性聪慧,喜谑浪,善应对,生的有几分颜色。(金·10·120)

② 在门首买花翠胭粉,渐渐显露,打扮的比往日不同。(金·22·280)

③ 那日大妗子、杨姑娘都在这里,月娘摆茶与他吃,整理素馔咸食、菜蔬点心,摆了一大桌子,比寻常分外不同。(金·50·656)

④ 带着玎珰禁步,比昔不同许多。(金·89·1351)

⑤ 那巡道的衙门,说那威风,比刑厅又更不同。(醒·13·195)

⑥ 这县丞受的气比府经历还不同哩……(醒·83·1188)

⑦ 秀才省下完事回家,见得自家的光景比旧大不相同,来提亲的络绎不绝,都是显要之家。(醒·98·1397)

⑧ 谁想那阎王比前不同。(聊·寒·6·1055)

⑨ 那衙役遂又跑回,可就比前番大不相同了。(聊·富·2·1282)

⑩ 佛动心喜盈盈,比昨日大不同,千式百样把朝廷奉。(聊·增·22·1649)

从上面例子可以看出,虽然这种异比句只说明比较的结果是不同的,而没有具体说明差比的内容,但是表示比较结果的比较词"不同"等前面常有表示程度的副词如"分外"、"更"、"还"、"大"、"更自"、"甚是"等的修饰(如例③、⑤、⑥、⑦、⑨、⑩),有的则有表示程度的补语(如例④"不同"后有程度补语"许多"),这样就突出了比较关系,表现了比较的程度。不过这种修饰语的出现在文献里的分布并不均衡,《金》只有 4 例出现修饰或补充成分的异比句,而《醒》15 例中有 14 例、《聊》3 例中有 2 例出现修饰或补充成分。此外,表示异比除使用"比"之外,还有"和"、"与"、"同"等介词。《醒》里有 9 例相关的例子。如:

⑪ 却亏不尽邢皋门原是个公子,见过仕路上的光景,况且后来要做尚书的人,他那识见才调自是与人不同。(醒·16·234)

⑫ 就是地子的身分颜色，也与寻常的不同。（醒·65·932）

⑬ 我山东的规矩与北京不同，我不晓的该怎么样着。（醒·75·1074）

从《醒》的用例来看，由介词"与"、"和"等引进比较项时，"不同"前后很少有修饰或补充成分，语义重在强调区别。这样，就跟"比"字异比句比较词前后有修饰或补充成分有着明显的差别。

不过，"比"和"与"、"和"等的这种差别只在《醒》里比较明显，在后来的《红楼梦》里"比"字异比句用例的比较词却又不再有修饰或补充成分，只是《红》里这两种不同介词的异比句形式的比例发生了变化，由"与"等构成的异比句占有优势，二者的比例为17：5。因为两者的形式和功能一样，从词的意义角度和句子来看，介词"与"、"和"又更适于出现在这种结构里，因此用于异比句里的"比"逐渐被"与同"类介词所代替，到了《歧》和《儿》里就不再有用例，现代汉语里也没有这种用法。

7.4.2.2.2.2 表差比

"比"字差比句在形式上是"X 比 YW"，这是现代汉语差比句的标准式和主要形式，其中表示比较结果的比较词 W 具体地说明了差比的内容。这种差比句直到明代才有了较大的发展，《金》、《醒》、《聊》里分别出现 52 例、109 例、84 例。从比较词 W 的性质来看，可以分为"X 比 YAP"式、"X 比 YVP"两类（其中 AP 代表形容词性短语，VP 代表动词性短语，包括主谓短语）。①

A. "X 比 YAP"式

表示比较结果的比较词是形容词性的，这类形式是"比"字差比句中最主要的一类。《金》、《醒》、《聊》各出现 30 例、71 例、72 例。根据形容词性比较词的形式可分为以下几类。

a. 形容词单用

《金》有 3 例，《醒》11 例，《聊》32 例，除少数几例双音节形式外，形容词一般为单音节词。如：

① 请任医官来看，说脉息比前沉重。（金·61·854）

② 亏了倒底男人的见识眼力比妇人强。（醒·84·1200）

③ 那院里陈嫂子比你矮，陈哥比你弱么？（醒·89·1271）

④ 他的达强及俺达，他那达俊及俺达，他达就比俺达大。（聊·墙·1·831）

⑤ 昏阎王更比阳间胜，爷合妹送在牢内，又把我锯解油烹。（聊·寒·6·1058）

⑥ 佛动心出院门，小脚儿印香尘，更比月里嫦娥俊。（聊·增·11·1599）

《聊》由单个形容词作为表示比较结果比较词的用例要远远多于《金》和《醒》。不过在

---

① 另外，《金》、《醒》、《聊》里还分别有 2 例、3 例、2 例由疑问代词充当比较词。

《聊》的 32 例里,有 18 例"比 YAP"前面有副词"更"、"还"、"就"等修饰,而这些副词也可以是放在比较词前面的。

b. 形容词前有状语修饰

这类形式中的状语一般都是表程度的副词,《金》、《醒》、《聊》分别有 16 例、34 例、22 例。程度副词多是表示程度增高的"更"、"还"、"越"、"越发"、"更加"等。如:

⑦ 这西门庆仔细端详那妇人,比初见时越发标致。(金·4·452)

⑧ 今年不上三十岁,比唱的还乔。(金·80·1251)

⑨ 珍哥自己督厨,肴馔比昨日更加丰盛。(醒·4·50)

⑩ 京师虽是帝王辇毂所在,那人的眼孔比那碟子还浅。(醒·70·995)

⑪ 若待强要我不告,这心比石头还坚。(聊·寒·5·1052)

⑫ 惟有叫爷爷奶奶,比着那旧时较尊。(聊·寒·8·1069)

《金》、《醒》、《聊》里的程度副词有时还可以多个并列使用,或者修饰并列结构。如:

⑬ 这场苦,比前日还更苦十分。(金·72·1040)

⑭ 周守备见了春梅,生的模样儿比旧时越又红又白,身段儿不短不长,一双小脚儿……(金·86·1308)

⑮ 他叫出去就罢了,他要叫我出去,只怕比那遭更还狠哩。(醒·97·1384)

⑯ 老马得胜越发诈,比前加倍更酷贪,秀才分外没体面。(聊·富·2·1281)

例⑬、⑮、⑯为程度副词并用,例⑭"越"修饰形容词性并列结构。

除了表示程度更高的副词外,《金》、《醒》、《聊》里作为状语修饰语的副词还有表示程度极高、一般用来表极比的副词。如:

⑰ 比寻常分外粗大。(金·50·660)

⑱ 晁大舍次早起身,便日日料理打围的事务,要比那一起富家子弟分外齐整,不肯与他们一样。(醒·1·10)

⑲ 且只说南京有一个姓顾的人家,挑绣的那洒线颜色极是鲜明,针黹甚是细密,比别人家卖的东西着实起眼。(醒·63·900)

⑳ 原来这言不的语不得的暗气,比那枪刀棍棒万分利害。(醒·82·1168)

上面例中的"分外"、"着实"、"万分"看似极比副词,但它们所表达的语义和"更"、"还"相同,只是强调程度更高,而不是与差比相排斥的极比。

c. 形容词后有补语成分

《金》、《醒》、《聊》"比"字差比句里形容词后有补充成分的用例分别出现 11 例、26 例、18 例,前面也可再出现副词修饰语。形容词后的补充成分有程度补语和数量补语两类。程度补语的例子如：

㉑ 俺们虽是门户中出身，跷起脚儿，比外边良人家不成的货色儿高好些。（金·12·146）

㉒ 妇人登在脚上试了试，寻出来这一只比旧鞋略紧些，方知是来旺儿媳妇子的鞋。（金·28·356）

㉓ 这场苦，比前日更苦十分。（金·72·1040）

㉔ 原起不是个红猫来？比这还红的鲜明哩！（醒·6·89）

㉕ 那狄希陈的两片门扇，比那细柳营的壁门结实的多着哩。（醒·83·1187）

㉖ 合我妈使天平兑兑，比你娘沉重多着哩！（醒·87·1235）

㉗ 他达达比臧姑无赖的更甚，声声的要告状，跳打着骂上门。（聊·姑·3·882）

㉘ 临了看看我拿的那个，比着主人家那个还略猛点，心里才自在。（聊·襄·24·1234）

㉙ 这门下虽不快活，比那绑着的时节自在的紧。（聊·磨·18·1457）

例㉘里的"比"为"比着"。可以看出形容词后面的补语大多表程度高或强，如"好些"、"些"、"十分"、"紧"、"多着"、"更甚"等，少数的例子表程度稍高，如例㉘补语为"点"。数量补语的例子如：

㉚ 他比玳安倒大两岁，今年二十二岁，倒不与他妻室、一间房住。（金·95·1426）

㉛ 那晁住媳妇原是个凿木马脱生的，舌头伸将出来，比那身子还长一半。（醒·8·111）

㉜ 况又是个南僧，到底比那真空寺的和尚强十万八千倍。（醒·30·445）

㉝ 老头子瞎发威，不论个是合非，他不过比我大几岁。（聊·墙·3·848）

㉞ 妹夫比你强十倍，给他提鞋蹬了牙！（聊·翻·8·976）

《歧》、《儿》里同类差比句中表比较结果的形容词后的补语也有这两种。例如：

㉟ 孝移见王氏便道："这学生甚聪明，将来读书要比他外爷强几倍哩。"（歧·3·28）

㊱ 真正走又不能走，坐又坐不下，说那图圄柙床之苦，也比这好受些。（歧·20·203）

㊲ 张金凤不等他发作，说话比先前高了一调。（儿·26·433）

㊳ 敢是比我们家乡那怯轿子好看多着呢！（儿·27·464）

例㊱、㊳形容词后为程度补语，其他各例为数量补语。

从上面分析可以看出，与比较词只能是形容词的"X＋A＋比较标记＋Y"式差比句相比,《金》、《醒》、《聊》"比"字差比句中的形容词在词义上不再多限制为表强势意义,可以是一般的或表弱势意义的词,如"红"、"标致"、"结实"、"齐整"、"弱"等;并且"比"字差比句里的比较对象 Y 因为置于形容词的前面,使形容词可以自由地受程度副词或其他词语修饰,后面也可以根据表达的需要出现补充成分,这样就能具体地表达出差比的结果和程度,使汉语比较句式的表达更为精密和丰富化。

B. "X 比 YVP"式

这类"比"字句表示比较结果的比较词项由动词性成分承担,又可分为两类。

a. 比较词项是一般的动词性短语。《金》、《醒》、《聊》分别出现 14 例、32 例、9 例。其中的动词性成分一般不是单个的动词,而是有表性质或状态的状语或补语成分。如:

　　① 小产比大产还难调理,只怕掉了风寒,难为你的身子。(金·33·428)

　　② 我比别的商人早掣你盐一个月。(金·49·645)

　　③ 管请申二姐到宅里,比他唱的高。(金·61·839)

　　④ 村中有甚么社会,他比别人定是先到,定是临后才回。(醒·23·342)

　　⑤ 你这进学,甚得了我五年教导的工夫,你要比程先生加倍的谢我便罢,如不然,你就休想要做秀才!(醒·38·560)

　　⑥ 童七道:"家常饭只比酒席少做了几样,有两样么?"(醒·55·800)

　　⑦ 禁子说:"马老爷不必忧虑,请管比别人少使二两银子。"(聊·磨·14·1437)

　　⑧ 这一回,比着仇禄充军之时,更觉难看。(聊·翻·11·999)

　　⑨ 比着小人家,着实知道嘎!(聊·翻·7·972)

例③有补充成分,例②既有副词修饰语又有补充成分,例⑥、⑦、⑨有宾语和副词修饰语,其余各例只有副词修饰语。由上面所举例子可以看出,有些副词本身是性质形容词,如"高"、"早"、"难"、"少"等。

如果"比 YVP"前没有表性质的修饰成分出现,那么"比"字后的动词或短语通常本身要属于性质动词,或具有变化义,或带有能愿动词。如:

　　⑩ 那妇人便帘内听见武松言语,要娶他看管迎儿;又见武松在外出落得长大,身材胖了,比昔时又会说话儿,旧心不改……(金·87·1325)

　　⑪ 二人的心里又待要比别人偏些甚么,不待合众人都是一样。(醒·22·329)

　　⑫ 廪膳纳贡比附学省银一百三十两,科举一次免银十两。(醒·50·726)

　　⑬ 若还是比你能我胜,定然有异样奇灾。(聊·寒·8·1075)

例⑩、⑬动词前有能愿动词"会"、"能",例⑪、⑫谓语"偏"、"省"为性质动词。

《金》、《醒》里有时动词性比较词本身也有比较结构,如可以是"比不的"、"不如"、

"没有"等构成的比动句。如：

⑭ 那个夸死了的李大姐,比古人那个不如他。(金·73·1074)

⑮ 比他的脚指头儿也比不的。(金·76·1140)

⑯ 不一时,薛教授同家眷到了,进入后去,比那前日来的时节更是周全,比到自己家里也没有这等方便。(醒·25·369)

⑰ 司徒叹道:"畜类尚听人的好话,能感动他的良心,可见那不知好歹、丧了良心的,比畜类还是不如的!"(醒·79·1123)

b. 比较词项为主谓短语。《金》6例,《醒》3例,《聊》1例。如:

⑱ 两件大红纱,两件玄色焦布,俱是织金莲五彩蟒衣,比杭州织来的,花样身分更强十倍。(金·25·321)

⑲ 那咱在咱家时,我见他比众丫鬟行事儿正大,说话儿沉稳,就是个才料儿。(金·90·1360)

⑳ 等头比别家不敢重,钱数比别家每两多二十文。(醒·1·4)

㉑ 一般也还是先年的铜货,偏偏的嫌生道冷起来,生意比往日十分少了九分。(醒·70·996)

㉒ 军门里驳下来,一干人跪在阶,比着府里威风赛。(聊·寒·2·1027)

例⑲比较词项由两个并列的主谓短语充当。例㉒应该是受曲词韵律制约形成的怪式,不一定反映口语。

同期北方系文献《歧》和《儿》里的比较词也同样有形容词性的、动词性的(包括主谓谓语)两种。与"X＋A＋比较标记＋Y"式差比句相比,"比"字句的比较词项可以出现动词性成分,由原来只能表达状态或性质的比较结果,扩展到表达动作行为及相关事物的比较结果,这显然就使汉语对差比范畴的表达更为丰富和全面了。

7.4.2.2.3 "比"字差比句的疑问形式

从对《金》、《醒》、《聊》里"X＋A＋比较标记＋Y"式差比句的用例分析来看,这类差比句的疑问形式很少,并且所出现的疑问句式没有有疑而问的询问句,都是无疑而问的反问句。而"比"字差比句的疑问式的类型就比较丰富,除了不表疑问的反问句式外,明清山东方言里还出现了表示询问的有疑而问的"比"字差比句。

7.4.2.2.3.1 反问句

《金》、《醒》、《聊》里"比"字差比句的反问句的基础句型可以是是非句、选择问句、反复问句。如:

① 他比那个没鼻子、没眼儿,是鬼儿,出来见不的?(金·75·1120)

② 他是比你没心?(金·76·1139)

③ 这县丞不比主簿还大么?(醒·83·1188)

④ 那院里陈嫂子比你矮,陈哥比你弱么?(醒·89·1271)

⑤ 看我不去五日内，着你表里一崭新，看比这个俊不俊？（聊·墙·3·846）

例②、③、④是是非问的形式，例①是并列选择问句，例⑤是反复问句形式。这些例子的肯定形式表达的是否定意义，否定形式表达的则是肯定意义。

同期北方系文献《歧》、《儿》里的"比"字差比句疑问形式也大多是反问句，并且与《金》、《醒》、《聊》同类差比句所属的反问句一样，肯定形式表达的是否定意义，而否定形式则表达的是肯定意义。

7.4.2.2.3.2 询问句

《金》、《醒》、《聊》"比"字差比句的询问句常用特指问来表达，另外也有是非问和反复问的形式。如：

① 这带子比那银托子识好不好？（金·73·1085）

② 比昨日那中军也还好些么？（醒·99·1409）

例①为反复问句形式，例②是是非问句。《金》、《醒》、《聊》"比"字差比句特指问的疑问点多是针对比较词提出，即询问比较结果"怎样"、"如何"，比较词一般由疑问代词"如何"等充任。如：

③ 伯爵道："哥，你是个人！你请他就不对我说声？我怎的也知道了。比李桂儿风月如何？"（金·61·848）

④ 你比宗昭何如？他中了举，我还奈何的他躲到河南去了。（醒·38·560）

⑤ 况如今又开了新例，中书许加太仆少卿，你爽利再加撺给他几两银子，加了卿衔，金带黄伞，骑马开棍，这比经历何如？（醒·83·1179）

⑥ 朝朝日日嫌珊瑚，这比珊瑚是何如？（聊·姑·2·873）

上面例子因为比较结果不明确而询问，即询问两者相比，比较项 X 比 Y 是强还是弱、是好还是坏等，由疑问代词"如何"等代替（询问）比较结果。有时，处在比较词位置上的疑问代词甚至不出现，句末用疑问助词。如：

⑦ 童奶奶道："那两个比这个哩？"（醒·55·798）

"那两个比这个哩"即"那两个比这个怎么样（如何）哩"。

同期北方系文献《歧》、《儿》里表询问的"比"字差比句也多是特指问。如：

⑧ 九宅哩，比前几月在我家的那排场何如？（歧·64·607）

⑨ 你看我夫子一生是何等"学不厌，教不倦"的工夫，比你这区区取科第如何？（儿·37·708）

上面两例也是针对比较词提问，由疑问代词"何如"、"如何"充当比较结果。此外，《儿》里还出现了 1 例针对比较项提问的疑问句：

⑩ 叫我们亲家评一评,咱们俩倒底谁比谁大?(儿·33·601)

这个例子的两个比较项都由疑问代词"谁"充任。

由上面的分析可以看出,明清山东方言里"比"字差比句的疑问形式不只是反问,而且还有有疑而问的询问句,而后者却是"X+A+比较标记+Y"式差比句所不具有的。"比"字差比句由于"比"字句中表示比较结果的比较词出现在"比 Y"之后,形式上也可以由复杂的成分充任,当比较结果是未知的、不明确时,就可以对"比"字差比句中的比较词进行询问;而"X+A+比较标记+Y"式差比句的比较词 A 所处的句法结构位置本身就有形式的限制,一般只能以单独的形容词出现,并且因为这个表示比较结果的词先于比较项出现,因此它必须是明确、具体的,不能以疑问的形式出现。可见,"比"字差比句由于结构形式的特点,使汉语的差比句式表意更加灵活丰富,能够表达出更多的语义内容。

不过,与《儿》及现代汉语相比,明清山东方言里"比"字差比句的疑问都是针对比较词来提问的,没有出现针对比较项进行提问的形式,如"谁比他强"、"他比谁强"等。这也说明,"比"字差比句在后来的发展中功能也越来越全面和完善。

7.4.2.2.4 "比"字差比句的否定形式

一般来说,"比"字句的否定形式为"X+不+比+Y+W","X+比+Y+不+W"式只是内部否定或成分否定,因此我们不把它看做"比"字差比句的否定式。按照这种标准衡量,《金》、《醒》、《聊》里的"比"字差比句跟"X+A+比较标记+Y"式差比句一样,否定形式也很不发达。《醒》和《聊》里仅各见 1 例。如:

① 这县丞不比主簿还大么?(醒·83·1188)
② 且是他他日官职,未必不比你尊荣。(聊·磨·34·1543)

例①是否定式出现在反诘疑问句中,表达的是肯定意义。例②从意义上说,是表示否定之否定,因此该例仍然是表示肯定。从用例来看,否定式"不比 Y……"表达"(X)没有/不如 Y……"和"(X)跟 Y 一样……"两种意义,跟"比"字句的意义并不对称。如"不比你尊荣"含有"不如你尊荣"和"不比你更尊荣=跟你一样尊荣"两个意思。

同期北方系文献《歧》和《儿》里的"比"字差比句的否定形式也不多,并且也多出现在反问句当中。如:

③ 但家中不比前几年丰厚,还要费个周章,你看怎的料理?(歧·77·746)
④ 我迟一半年,指瞧弟以为名,到京城走走,不比朝南顶武当山强些么?(歧·99·927)
⑤ 如今既安不得葬,在这里住着,守着棺材,不比坟更近吗?(儿·23·382)
⑥ 要作碗三鲜汤、十锦羹,吃着岂不比面爽口入脏些?(儿·28·493)

上面例③不是疑问语气,"不比前几年丰厚"的意思是"不如前几年丰厚"。其他 3 例

都用在反问句中,而实际表达的是肯定意义。此外,《儿》里还出现了"没比"的形式。如:

⑦ 你看,此时可再没比安水心先生那么安详的了!(儿·40·825)

不过这一例不是差比而是表示极比了,即"安水心先生"是最安详的(没有可比得上的)。

与"X+A+比较标记+Y"式差比句一样,"比"字差比句的否定意义也多由肯定式的反问形式来表达。如:

⑧ 他比那个没鼻子、没眼儿,是鬼儿,出来见不的?(金·75·1120)

⑨ 那院里陈嫂子比你矮,陈哥比你弱么?(醒·89·1271)

⑩ 绍闻道:"怎能比看戏好?"(歧·91·854)

⑪ 再如天下最乐的,还有比饮酒看戏游目快心的么?(儿·18·292)

上面各例都表"不比(比不上)"义。

7.4.2.2.5 "比"字差比句的特点

"比"字差比句发展到明清时期,虽然已成为汉语里主要的差比句式,但和现代汉语相比,仍显示了它在发展中的阶段性。《金》、《醒》、《聊》里的"比"字差比句和现代汉语所反映的语言事实相比,具有以下几个特点。

7.4.2.2.5.1 "比"带有一定的动词特性

前面分析过,"比"字差比句里介词"比"源于动词"比",具有明清山东方言背景的语料里"X+比+Y+W"式差比句中的"比"仍滞留着一定的动词性。如《聊》里表差比或等比的"比",后面都可以带有动态助词"着",形成"比着"的形式。如:

① 比着小人家,着实知道嘎!(聊·翻·7·972)

② 这一回,比着仇禄充军之时,更觉难看。(聊·翻·11·999)

③ 做了十年夫妻,同床了四载,可不知道你愁我的心肠,比着我愁你心肠一样儿难捱,难捱!(聊·富·7·1321)

④ 新举人去上坟,骑红马彩色新,比着从前越发俊。(聊·富·10·1344)

⑤ 返回身来说道小生的话,比着娘子越发难言了。(聊·磨·8·1407)

⑥ 看了看保儿还在床睡,比着昨夜更不差毫厘。(聊·磨·13·1425~1426)

后面带有助词"着"显示了"比"仍保留着动词的特点。并且"比 Y"后面可以有停顿(书面上有标点,如例①、②),这表明表示比较结果的比较词 W 与前面"比 Y"结合得还不紧密,"比"还具有某种程度上的动词特征。

7.4.2.2.5.2 没有疑问代词和相同数量结构充任的比较项

从前面的分析可知,在明清时期具有山东方言背景的文献里只有《金》出现 2 例由疑问词"那个(哪个)"做比较项的例子,与现代汉语相比,没有出现表遍指的疑问代词(如"谁"、"什么"等)为比较项的用法。直到《红楼梦》里,表遍指时还多是一般的词汇形式。在《歧》和《儿》里,都很少出现表遍指的疑问代词做比较项的用例,这也说明明清时期介词"比"的语法功能与现代汉语仍有差异。

在《金》、《醒》、《聊》里,"比"字差比句都没有相同数量结构充任比较项的用法,只是在晚些的《红楼梦》里可见到这种例子,到了《儿》里这种用法才稍多了一些。

7.4.2.2.5.3 否定形式用例少

由上面的分析知道,《金》、《醒》、《聊》里"比"字差比句的否定形式只出现 2 例,但在现代汉语里,"比"字差比句的否定式是比较常见的。《红楼梦》里否定形式"X+不+比+Y+W"式的使用频率就已远远高于《金》、《醒》、《聊》了,《歧》和《儿》里的否定式比《金》、《醒》、《聊》三种语料也要多些,这说明《金》、《醒》、《聊》里"比"字差比句的否定功能使用还不普遍。当表示差比否定时,《金》、《醒》多以介词"不如"表达。如:

① 不如高底鞋好看。(金·29·364)

② 总不如死了倒也快活。(醒·9·127)

③ 合你一般高,比你白净些,那鼻口儿还不如你俊。(醒·19·277)

④ 那老瓜大不如那灰色狗有些耐性。(醒·58·834)

⑤ 年成不好,生意不济,不如收了铺子为妙。(醒·70·997)

⑥ 我虽是个挂印总兵,这一时不见有甚么八面威风,且不如个府经历如此轩昂哩!(醒·91·1293)

而现代汉语常见的表差比否定的"没有",是与"比"字句差比句意义对称的形式,《金》、《醒》里还没有用例,《聊》里开始偶见用例。如:

⑦ 再没有咱厚,每日家在一堆磕打着头,你用钱原就该把你帮凑。(聊·翻·4·949)

⑧ 吊在地叫呱呱,成了个小娃娃,手脚没有半拳大。(聊·寒·6·1057)

到《红楼梦》、《歧》、《儿》里,也能见到"没有"的形式。这说明,"没有"表差比否定在明末清初的《醒》里还没有出现,或者是明清山东方言差比否定的类型较少,用例也就较少。

7.5 选择问句式

选择问句是并列两种或两种以上可供选择的项目,让被问或回答的人选择其中一种的疑问句式。从历时发展来看,汉语里选择问句的基本形式没有发生太大变化,只是句末语气词及关系词的使用上各代有别。[①]

先秦两汉时期选择问句的基本结构框架已具雏形,其形式"差不多必用语气词,并且多数是上下都用"。(吕叔湘 1982:285)先秦两汉时期选择问句的特点是"两小句

---

① 本节有关选择问句历时发展的内容,参考了蒋绍愚、曹广顺主编(2005:447~460)。

句末几乎必用'与'、'乎'、'将'、'邪'之类的疑问语气词"。这一时期两小句之间还经常有表选择的关联词语,配合表示选择问,梅祖麟(1978)指出,这时期选择问句"大多数另嵌入'抑'、'意'、'将'、'且'、'其'、'妄其'之类的关系词"。不过该期关联词语还很驳杂,既有语气副词,又有连词。后汉时期选择问句有了重要发展,出现了既不用语气词也不带关联词语的新格式。六朝时期,句末不带语气词的用例渐渐出现,关联词语也发生了新变化,"为"在六朝成了选择问句的重要标记,并且进一步复词化,产生了"为是"、"为当"之类新型关联词。

唐五代时期选择问句句末不带语气词成为普遍现象,连接词也出现了新的变化,"为"以及由"为"复词化而来的"为当"、"为复"、"为是"等在这一时期成为选择问句常见的重要连词。另外,"是"也开始进入选择问句中,不过在该期还不够普遍,并且也显示出一定的地域性差异。

宋代由连接词"是"构成的选择问句已经占据了相当比例,元明以后则成为并列选择问句中的主要连接词。据梅祖麟(1978)研究,"还是"在南宋时期也进入了选择问句,还出现了在"是"前加上疑问副词"可"的情况,另外还偶尔用"共"、"和"、"却"、"或"、"或是"等作为连接词。宋元明清时期,选择问句带有语气词的情况较为复杂,在各时代或同时代文献显示的情况不一致,这与文献的文白程度、选择问句本身的句式特点有一定关系。这一时期语气词有"邪(耶)"、"也"、"那"、"呵"、"哩"等,宋代常用"邪(耶)"、"也",元明后以"那"为常,清代以"呢"为主,并出现了"啊"、"哇"、"呀"、"哪"、"呦"等,已与现代汉语并列选择问句的形式基本一样了。

明清山东方言里的选择问句用例不是太多,但在各个文献语料里的用例也体现出了近代汉语特别是明清时期这类句式的发展变化。从《金》、《醒》、《聊》的例子来看,"是"仍是这一时期最主要的连接词,并且带有语气词的选择问句渐趋增多,语气词也逐渐丰富化,这与明清时期汉语的总的语法特点相似。明清山东方言里的选择问句不带连接词的形式呈逐步减少的趋势,选择项为多项并列的用法增多,紧缩或复合为并列式选择项的情况也更为普遍。下面对《金》、《醒》、《聊》里选择问句的具体形式及特点进行讨论,同时跟同属北方系语料文献的《歧》和《儿》里的选择问句做比较分析,由此观察明清山东方言选择问句的特点以及明清时期汉语选择问句的面貌和发展趋向。

7.5.1 选择问句的类型

选择问句在《金》、《醒》、《聊》分别出现 35 例、50 例、27 例,同期北方系文献《歧》、《儿》分别有 36 例、49 例。按照是否出现连接词,可以分为不带连接词的选择问句和带连接词的选择问句两种大的类型。

7.5.1.1 不带连接词的选择问句

不带连接词的选择问句《金》、《醒》、《聊》里分别出现 23 例、13 例、6 例。根据是否出现语气词,这类选择问句又可分为句末不带语气词和带有语气词的两种。

7.5.1.1.1 "A,B(AB)"型

这类选择问句选择的两项 A、B 并列,句末不带有语气词,《金》19 例,《醒》6 例,《聊》3 例。如:

> ① 你们却要<u>长做夫妻</u>,<u>短做夫妻</u>?(金·5·62)
>
> ② 那官吏接了,便问:"你<u>要见老爷</u>,<u>要见学士大爷</u>?"(金·18·215)
>
> ③ 你娘<u>在后面</u>,<u>在屋里</u>?(金·29·374)
>
> ④ 金莲道:"我问你,到十二日乔家请,<u>俺每多去</u>?<u>只教大姐姐去</u>?"(金·40·532)
>
> ⑤ 兄弟,你<u>吃面吃饭</u>?(金·96·1447)
>
> ⑥ 令亲在<u>山东城里住</u>,<u>乡里住</u>?(醒·84·1204)
>
> ⑦ 你气头子上棱两棒槌,万一棱杀了,<u>你与他偿命</u>,<u>我与他偿命</u>?(醒·89·1271)
>
> ⑧ 二位待要银子?甚么银子?<u>桃仁子</u>?<u>杏仁子</u>?(聊·墙·4·856)
>
> ⑨ 昨日这打,比着江城<u>谁轻谁重</u>?(聊·襄·19·1217)
>
> ⑩ 把个竹夫人丢在地下,问:"你<u>在前边在后边</u>?"(聊·磨·13·1425)

上面例中的选择问句多由两个并列的是非问句构成,选择项 A、B 还可以是并列的短语,如例⑤、⑨、⑩。从选择项的结构形式来看,选择项 A、B 的形式基本一样,除了供选择的疑问点外,其他成分都是重复或相同的。有的疑问点在动词前,动词及动词后的成分则为重复形式,如例①、⑦等;有的疑问点在动词后,那么动词前面的成分就是相同的,如例②、③、⑤、⑩等;有的谓语形式为选择点,如例⑨等。供选择的疑问点在语义上通常有明显的对立,如"长"和"短"、"后面"和"屋里"、"轻"和"重"、"前边"和"后边"等,这样就可以借助选择项的语义对立来表达选择性。

7.5.1.1.2 "A(语气词),B(语气词)"型

这类选择问句的并列选择项间仍没有连接词,但句末有语气词帮助表示选择问。《金》、《醒》、《聊》分别出现 4 例、7 例、3 例。一般情况下是并列的选择项 A、B 句末都出现语气词,有时则只是其中一项之后出现语气词。《金》里的语气词多为"来",另外还有 1 例语气词"也",后者应该是仿古形式而不是当时口语的反映。如:

> ① 那两个人手里各拿着一条五股钢叉,见了武松倒头便拜,说道:"壮士,你是人也,神也?"(金·1·7)
>
> ② 带着衣服打来,去了衣裳打来?(金·20·244)
>
> ③ 贼小奴才,小淫妇,碓磨也有个先来后到,先有你娘来,先有我来?(金·91·1379)

例①句末语气词为"也",两个选择项都是名词;其他两例为"来",各例中的两个选择项都是句子形式。

比较《金》的情况,《醒》里这类选择问句句末语气词要更多样化一些,用得较多的是"呀",另外还有"呢"、"来"、"么"等。如:

　　④ 好贼小砍头的！你姐姐做了贼,养了汉来?(醒·73·1045)

　　⑤ 且不是紧挨着军厅,就是紧靠着刑厅,你敢高声说句话呀,你敢放声咳嗽声?(醒·83·1179)

　　⑥ 我悔不尽的"孤军深入",撞在你这伙子强人的网里,我待跳的呀,飞的呀?(醒·95·1353)

例⑥两个并列选择项句末都有语气词"呀",例④、⑤只有一个选择项出现语气词,其中例④后一选择项的句末语气词为"来",例⑤前一项的句末语气词为"呀"。

《醒》里的这类选择问句还有一个特点,即不同的选择项句末还常用不同的语气词。如:

　　⑦ 俺闺女臭了么?瘌呀?瞎呀?(醒·72·1028)

　　⑧ 这一会子家里实是没有甚么,有指布呀,有斤棉花呢?(醒·79·1126)

　　⑨ 刘爷没的合我有仇呀,合这狄奶奶有仇呢?(醒·80·1146)

例⑧、⑨选择项句末都分别使用语气词"呀"和"呢";例⑦比较特殊,为三个选择项并列,前一项句末语气词为"么",后两选择项句末都为"呀"。

《聊》里这类选择问句的语气词比较一律,选择项后多用语气词"哩"。如:

　　⑩ 姐夫,你怎么一条汉子,还害怕么?有狼哩?有虎哩?(聊·增·14·1609)

当选择的两项紧缩为并列的形式时,有时也可以在前后并列的两项或其中一项末出现语气词,《聊》有1例语气词出现在前一选择项的:

　　⑪ 不然还要着实打,我看打的疼来骂的疼?(聊·磨·15·1440)

《歧》、《儿》不带连接词的形式分别有8例、5例。如:

　　⑫ 上号吏道:"在城在乡?"阎楷道:"萧墙街谭乡绅。"(歧·5·52)

　　⑬ 边公问道:"是什么亲戚?城里城外?"(歧·65·618)

　　⑭ 大人,先到公馆?先到河院?(儿·13·186)

　　⑮ 我倒底算姐姐聘的,算和尚聘的呀?(儿·26·447)

其中例⑫、⑬两个选择项构成并列紧缩式,例⑮后一选择项带有语气词"呀"。

　　7.5.1.2　带连接词的选择问句

带有连接词的选择问句选择项的句末可以出现语气词,也可以不出现语气词。《金》、《醒》、《聊》这类选择问句分别出现12例、37例、21例,其中连接词有"是"、"还是"、"或"、"或是"、"可是"、"却"等。这些连接词既可以成对搭配使用,也可以不同连接词相对使用,还可以只在一个选择项前使用。《金》、《醒》、《聊》三种语料文献里,这类问句连接词的使用反映出了时代和各自的区域性特点。

7.5.1.2.1《金》里选择项的连接形式

《金》里选择问句的连接词常用"是"、"还是"、"或"、"却"等,其中以"是"为连接词的共5例。如:

① 是女招的,是后婚儿来?(金·23·292)

② 伯爵问:"是李锦送来,是黄宁儿?"(金·52·692)

③ 你叫唱的是杂耍的?(金·74·1095)

④ 梦见一张弓,挂在旗竿上,旗竿折了,不知是凶是吉?(金·100·1495)

例③、④选择项为并列紧缩形式;例①后一选择项句末有语气词"来";例③只在后一选择项出现连接词"是",并且这一选择项中省略谓语动词"叫";例②后一个选择项也省略谓语动词。"是"本是判断词,但在选择问句中由表断定带有了连接词的性质,并演变成为连接词,用来连接、突显选择项。

《金》里还有2例以"还是"作为连接词的例子,如:

⑤ 怎么来扭着了,还是胎气坐的不牢?(金·40·525)

例⑤在后一选择项前使用"还是"。

《金》里以"或"、"或是"为连接词的例子如:

⑥ 或者是你家中那娘使了你来,或是里边十八子那里?(金·16·199)

⑦ 请问老爹:明日出去或埋或化?(金·59·820)

⑧ 你这两日怎的不去后边坐,或是往花园中散心走走?(金·83·1278)

例⑥是"或者是"与"或是"配合使用,例⑦为"或"配合使用形成紧缩式,例⑧只在后一选择项前出现连接词"或是"。《金》里还有2例在后一选择项前出现"却"或"却是"的例子:

⑨ 你要死,却是要活?(金·9·110)

⑩ 你要回去乎,却同我在此过活?(金·47·616)

例⑩前一选择项句末有语气词"乎",这是仿古所致。"却"本是表转折的连词,但在选择问句里连接并列的两项,这可能是因为并列的两项在语义上常是相反的,因此可以用"却"来连接。

7.5.1.2.2《醒》里选择项的连接形式

《醒》里这类选择问句的连接词多用"是",共有20例,另外还有"还是"、"或"、"或是"、"可是"等。连接词"是"多配合使用,句末常出现语气词"哩"。如:

① 我听的是梦是真哩？（醒·22·324）

② 一万多银子都平白地干给了人，是风是气哩？（醒·34·505）

③ 纪时中问道："先生这天上的衙门，是添设的，是原来有的？"（醒·42·618）

④ 再要手段不济可，拿着这们些银子，是买他人才哩，是买他的真女儿哩？（醒·55·800）

⑤ 你是瞎眼呀，是折了手呀？（醒·59·845）

⑥ 薛大娘没坐轿来么？是步行了来的？（醒·74·1048）

⑦ 素姐又问："是水路，是旱路？"（醒·85·1216）

⑧ 您两个是折了腿出不来呀，是长了嗓黄言语不的？（醒·94·1344）

⑨ 人家娶老婆，不图生孩子、留后代，是舍饭给他吃，舍衣裳给他穿哩？（醒·95·1354）

以上除例⑥、⑨的连接词"是"用在一个选择项里（可以用在前一选择项，也可以用在后一选择项），其余各例都为"是"搭配使用，其中"是"连接的选择项也可以是紧缩并列式，如例①、②。选择项句末的语气词，例①、②、④、⑨用"哩"，另外还有"呀"、"呢"、"么"等，其中"呀"、"呢"可以用在两个选择项的句末，也可以只出现在一个选择项句末；"么"的用例较少，一般只单独使用，没有出现两个选择项的句末同时使用的情况。

《醒》的连接词还有"还"、"还是"。连接词可以单用，单用时一般出现在后一选择项末尾；也可以两个配合使用，构成"还是 A（语气词），还是 B（语气词）"或"A（语气词），还是 B（语气词）"的形式。如：

⑩ 还是有子不举，还是从来不生？（醒·25·366）

⑪ 师傅还是就行，还要久住？（醒·29·425）

⑫ 这三钱银子算闺女的，还是算我的哩？（醒·73·1039）

⑬ 令亲想定是带家眷的，还是水路，还是旱路？（醒·84·1204）

⑭ 主意还在剿除，还是招抚？（醒·99·1408）

例⑫为连接词单用的"A（语气词），还是 B（语气词）"的形式，其余各例是两个"还是/还"配合使用。句末可以出现语气词"哩"，如例⑫"哩"出现在后一选择项。因为带有连接词，句子的选择意义能由连接词突出，选择项就可以比较复杂，句式形式也可以有很大差异不再有重复成分，在语义上也可以不是明显的对立关系。

《醒》还有连接词"是"、"还是"配合的用例，通常"是"用在前一选择项，"还是"用在后一选择项，构成"是 A（语气词），还是 B（语气词）"的形式。当选择项为三项并列时，前两项由"是"连接，后一项用"还是"。如：

⑮ 你是风是气,还是替娘老子装门面哩?(醒·48·704)

⑯ 是热审恩例,还是恤刑减等?(醒·61·872)

⑰ 令亲是秀才援例,还是俊秀援例?(醒·84·1204)

例⑮是三个选择项并列,前两个构成紧缩式,最后的选择项句末出现语气词"哩"。

除"是"、"还是"外,《醒》里的选择性连接词还常用"可"、"可是"。与"是"、"还是"不同,"可"、"可是"一般由各自配合使用,构成"可 A,可 B"或"可是 A,可是 B"的形式。如:

⑱ 但既生米做成了熟饭,豆腐吊在灰窝里,你可吹的,你可弹的?(醒·8·110)

⑲ 你姑夫要这个官,可是图名,可是图利?(醒·83·1179)

⑳ 我可有酒癖,可是有馋癖!(醒·83·1188)

㉑ 你说的那话,可是你自己听的,可是有人对你说的?(醒·96·1373)

例⑳为"可"跟"可是"配合使用,其余各例都是"可是"或"可"各自配合使用。一般说来,当并列的选择项主语不一致时,连接词出现在各个选择项的前面,如例㉑;当选择项为同一个主语时,连接词用在第一个主语之后,后一选择项的主语则常承前省略,如例⑳。不过例⑱两个选择项的主语相同,却在前后选择项里都出现了,这样的形式使各选择项的句子资格更为明显,不易于形成并列紧缩的形式。

《醒》里还有 2 例"或是"配合使用的例子:

㉒ 你就实说,你或是拾或是买的? 或是从觅汉短工罗的?(醒·56·815)

㉓ 吴推官问道:"狄经历或是就东,或是就西? 不西不东,茫无定位,却是何故?"(醒·91·1304)

其中例㉒是有三个选择项的选择问句。

7.5.1.2.3《聊》里选择项的连接形式

《聊》里的连接词比较单纯,只有"是"、"可是"两种,可以两个各自配合使用,也可以混合搭配,也可以只出现在一个选择项里。其中"是 A(语气词),是 B(语气词)"的例子如:

① 真么一个媳妇,是模样不好呀,是脚手不好呢? 是不孝顺?(聊·姑·2·870)

② 你说说是好是不好?(聊·襄·5·1163)

③ 那药是别人加的,是你大婶子自己加的?(聊·襄·19·1218)

④ 茶博士说:"爷是吃酒是吃茶?"(聊·襄·20·1222)

⑤ 家人禀奶奶:"是连衣打,是解衣打?"(聊·襄·24·1238)

⑥ 不知是念佛之力也,不知是举人之功也?(聊·禳·26·1241)

⑦ 我那没良心的官人,你是爱在前头呀,是爱在后头呢?(聊·富·6·1310)

⑧ 面前的田地是湿呀是干?(聊·磨·23·1486)

⑨ 张永道:"是你王三爷自家的呀,是他买的呢?"(聊·增·27·1674)

例①有三个选择项,前两个选择项句末分别带有语气词"呀"、"呢"。例②、④、⑧选择项为并列紧缩式,其中例⑧第一个选择项之后带有语气词"呀"。例⑥、⑦、⑨选择项句末也使用语气词,例⑥的语气词"也"是文言语气词。

"是"还可以单独使用,可出现在前一选择项也可出现在后一选择项。如:

⑩ 俺从来不留人宿,谁知你是好人歹人?(聊·磨·8·1404)

⑪ 鸹儿道:"不着你,这东西是天上吊下来的,地下跑出来的,科枝上长的树上结的?"(聊·增·10·1593)

⑫ 老儿道:"你会刀呀,是耍枪?"(聊·增·7·1579)

例⑫"是"用在后一选择项前,例⑩、⑪用在前一选择项前,其中例⑩的两个选择项是并列紧缩式,例⑪有三个选择项而只在第一个选择项出现连接词"是"。

《聊》里这类选择问句只用连接词"可是"的有4例:

⑬ 输的热了再去捞,投寻结下人命债,沙窝里淘井越发深,这可是嘲哄可是怪。(聊·俊·1116)

⑭ 天可是青呀可是蓝?(聊·磨·23·1486)

⑮ 只怕你没有钱,你搬婊子,可是要省钱的,要费钱的?(聊·增·8·1585)

⑯ 你来要账来呀,可是来探亲来呢,可是看朋友来呢?(聊·增·12·1601)

例⑬、⑭是两个"可是"配合使用,并且选择项都属于紧缩式的一类,但又都在前一并列项后出现语气词"呱"或"呀"。跟连接词"是"不同,"可是"单用时多出现在后一选择项里,例⑯为三个选择项,"可是"用在后两项的前面。例⑯的每个并列项句末都使用语气词。

《聊》里的"是"、"可是"可以搭配使用,一般"是"用在前一选择项,"可是"用在后一选择项,构成"是A,可是B"的形式。如:

⑰ 家里财神不供养,把他简慢又蹭开,这是嘲呀可是怪?(聊·墙·2·842)

⑱ 对子原是小女做,并无一人对上他,不是天缘可是嘎?(聊·翻·6·964)

⑲ 放着死蛇不会打,你说这事是乖可是潮!(聊·快·4·1140)

⑳ 我跪你是敬你的贪那,可是敬你的赃呢?(聊·磨·6·1396)

㉑ 万岁观罢说:"二姐,你是本处人,可是远方来的呢?"(聊·增·15·1613)

上面例⑰、⑱、⑲的选择项都是紧缩形式,例⑳、㉑由并列的是非问句组成,例⑳前后选择项后分别出现语气词"那"、"呢",例㉑后一选择项出现语气词"呢"。

7.5.1.2.4《歧》、《儿》里选择项的连接形式

《歧》里带有连接词的选择项多是由连接词"是"配合,构成"是 A(语气词),是 B(语气词)"的形式,共 20 例,另有 4 例只一个选择项用连接词"是"。另外,《歧》还有 4 例"是"与"可是"、"还是"、"或是"搭配使用的例子:

① 嵩淑道:"可是令祖生日,是归天之日?"(歧·20·204)

② 果子是下茶用,还是要包封捎回去呢?(歧·49·453)

③ 话是在这里说,或是到你别的去处说呢?(歧·66·630)

④ 你说书房中乳腔念书,是老太爷晚生子么?或是老太爷孙子?(歧·89·835)

例①是"可是 A,是 B"的形式,例②则是"是 A,还是 B"的形式,例③、④是"是 A,或是 B"式。其中,例②、③第二选择项带有语气词"呢",例④第一个选择项带有语气词"么"。

《儿》里的连接词多用"是"和"还是",两者既可单独使用,又可各自成对搭配,也可混合搭配。其中以"是 A(语气词),是 B(语气词)"例子较多,共 14 例。如:

⑤ 只不知屋里这位小爷吓得是死是活?(儿·6·89)

⑥ 这人还不知是有哇是没了呢。(儿·17·261)

⑦ 姑娘,你这话是真话,是玩儿话?(儿·22·369)

⑧ 是这样的门第我不愿意哟,是这样的公婆我不愿意哟?(儿·26·450)

例⑤、⑥选择项为并列紧缩式。以上例子句末的语气词有"呢"(例⑥)、"哟"(例⑧)、"哇"(例⑥)等。

《儿》里单用一个"是"的例子共 5 例,一般只出现在前一选择项,构成"是 A,B"的形式。如:

⑨ 骡夫究竟是步行去的骑了牲口去的一概没管。(儿·4·54)

⑩ 你不是吓着了? 气着了? 心里不舒服呀?(儿·9·126)

⑪ 知他是三个月两个月!(儿·16·239)

例⑩为三个选择项并列,"是"出现在第一个选择项,最后的选择项带有语气词"呀"。

《儿》里用连接词"还是"构成"还是 A,还是 B"的共 8 例。如：

⑫ 他还是河员送礼,还是看坟的打抽丰来了?(儿·2·25)

⑬ 此时还是抹了这几个字去,你一个人去作何府祠堂扫地焚香的侍儿?还是存着这几个字,我两个同作安家门里侍膳问安的媳妇?(儿·26·451)

⑭ 姑娘这半日这等乱糟糟的还是冒失无知呢还是遇事轻喜?(儿·27·470)

⑮ 还是请公公重作出山之计,再去奔波来养活你我呢?还是请婆婆挡挡薪水,受老米的艰窘呢?(儿·30·533)

例⑭、⑮带有语气词"呢"。可以看出,以"还是"为连接词的这类选择问句式可以比较复杂,如例⑬、⑮。"还是"在《儿》里可放在前一选择项也可放在后一选择项,共 6 例,构成"还是 A,B"或"A,还是 B"的形式。如：

⑯ 难道我说我姓"宝头儿",还是说我姓"女"不成?(儿·5·63)

⑰ 还是本地用,远路用?(儿·9·122)

⑱ 还是姐姐自己会算命啊,会合婚呢?(儿·26·439)

例⑰、⑱"还是"用在第一个选择项,例⑯用在第二个选择项,例⑱带有语气词"啊"和"呢"。"是"、"还是"搭配使用《儿》里共 10 例,一般"是"在前、"还是"在后,构成"是 A,还是 B"的形式。如：

⑲ 他是沽名,还是图利?(儿·8·106)

⑳ 姑娘,你这称呼是九十的"十"字,还是金石的"石"字?(儿·8·111)

㉑ 就是我这把刀要问问你这事到底是可哟,是不可!还是断断不可!(儿·9·136)

㉒ 公子是出场就动身了啊还是不曾上路呢?(儿·12·174)

例㉑有三个选择项,前两项使用连接词"是",后一项用"还是"。例㉒句末带有语气词"啊"或"呢"。

另外,《儿》里还有 1 例由"还"用在后一选择项的用法,选择的两项分别用语气词"哪"和"啊"：

㉓ 客人吃饭哪,还等人啊?(儿·4·48)

7.5.2 选择问句的特点及相关问题

根据以上的分析,把明清时期《金》、《醒》、《聊》里选择问句的类型(含连接方式)及其出现频率概括为下表。

文献	结构类型				数量统计		
金	不带连接词			A,B	19		23
				A(语气词),B(语气词)	4		
	带有连接词(句末可有语气词)	是		是A,是B	4	5	35
				A,是B	1		
		还是		还是A,还是B	1	2	
				A,还是B	1		12
		或(是)		或(是)A,或(是)B	2	3	
				A,或是B	1		
		却(是)		A,却(是)B	2		
醒	不带连接词			A,B	6		13
				A(语气词),B(语气词)	7		
	带有连接词(句末可有语气词)	是		是A,是B	15	20	50
				A,是B	4		
				是A,B	1		37
		还(是)		还是A,还是B	4	6	
				A,还是B	2		
		是,还是		是A,还是B	4		
		或(是)		或(是)A,或(是)B	2		
		可(是)		可(是)A,可(是)B	5		
聊	不带连接词			A,B	3		6
				A(语气词),B(语气词)	3		
	带有连接词(句末可有语气词)	是		是A,是B	9	12	27
				A,是B	1		21
				是A,B	2		
		可是		可是A,可是B	3	4	
				可是A,B	1		
		是,可是		是A,可是B	5		

由上表可以看出,《金》里的选择问句以不带连接词的形式为常,不带连接词的形式里又以前后项都不出现语气词为主;所用的连接词有"是"、"还是"、"或(是)"、"却(是)"4个。《醒》带有连接词的形式占优势,连接词除了《金》所具有的"是"、"还是"、"或(是)"外,还出现了"可(是)"。《聊》也以有连接词为常,所用的连接词只有"是"、"可是"两个。这三种语料文献里使用的连接词都以"是"为主,同一个连接词可以配

合使用,也可以只出现在一个选择项里,并且不同的连接词都可以混合搭配使用。连接词"可是"在《醒》和《聊》里都比较常用,应是《醒》和《聊》所属方言的共性。

同时期北方系文献《歧》和《儿》里选择问句的结构形式及出现频率如下表。

文献	结构类型			数量统计			
歧	不带连接词		A,B	2		8	
			A 语气词,B 语气词	6			
	带有连接词 (句末可有语气词)	是	是 A,是 B	20	24		36
			A,是 B	2		28	
			是 A,B	2			
		可是,是	可是 A,是 B	1			
		是,还是	是 A,还是 B	1			
		是,或是	是 A,或是 B	2			
儿	不带连接词		A,B	4		5	
			A(语气词),B(语气词)	1			
	带有连接词 (句末可有语气词)	是	是 A,是 B	14	19		49
			是 A,B	5		44	
		还(是)	还是 A,还是 B	8	15		
			还是 A,B	3			
			A,还是 B	3			
			A,还 B	1			
		是,还是	是 A,还是 B	10			

由上表可以看出,《歧》和《儿》都以带有连接词的形式为主,其中《歧》里的选择连接词"是"占绝对的优势,每一例用选择连词的选择问句都用到"是"。另外,和"是"搭配使用的有"还是"、"可是"、"或是"等。《儿》里的连接词只有"是"和"还是",二者出现频率"是"稍占优势,但差距不大。

下面根据所观察到的事实和具体的统计数据,对《金》、《醒》、《聊》、《歧》、《儿》五种语料文献所反映出的明清山东方言和同期北方方言的选择问句的发展特点进行概括性讨论。

7.5.2.1 不带连接词的选择问句呈逐步减少的趋势

为方便讨论,首先把《金》、《醒》、《聊》及《歧》、《儿》不带连接词的选择问句的数量及所占选择问句总数的比例概括为下表。

	金		醒		聊		歧		儿	
	数量	比例	数量	比例	数量	比例	数量	比例	数量	比例
不带连接词	23	65.7%	13	26%	6	22.2%	8	22.2%	5	10.2%

由上表可以看出,不带连接词的选择问句从《金》到《醒》呈明显下降状态,《聊》的用例又少于《醒》。《聊》和《歧》使用连接词的比例基本一致,但到《儿》又呈明显的减弱趋势。到现代汉语里,除了在一些并列紧缩的形式里,这种不带连接词的选择问句使用频率也要大大低于带有连接词的句子。

由本节的概述分析知道,在早期汉语里不带连接词的形式就不是选择问句的主流。到了明清时期,不带连接词的类型更呈逐步缩减的趋势。究其原因,是因为不带连接词的选择问句不如带连接词的表义明确:没有连接词所表现的选择性不强,句子往往要依靠语义的对立来表示选择。而要体现语义的对立,就要求句式的结构形式简单明了,因此这类选择问句不利于表达复杂的选择问的内容。这类不带连接词的选择问句的特性不符合语言发展明确化、复杂化的方向,所以在使用上受到局限而呈萎缩的状态。

7.5.2.2 连接词的时代特点和新的发展

由本节概述分析知道,元明以后"是"就已成为并列选择问句里的主要连接词,明清山东方言连接词的使用也体现了这一点。连接词"是"在《金》、《醒》、《聊》三种语料文献及《歧》、《儿》里出现的数量和占带有连接词选择问句总量的比例如下(表内"配合使用"指同一连接词的配合,"混合使用"指"是"和其他关联词搭配使用)。

	金		醒		聊		歧		儿	
	数量	比例	数量	比例	数量	比例	数量	比例	数量	比例
配合使用	4		15		9		20		14	
单用	1	41.7%	5	64.9%	3	81%	4	100%	5	65.9%
混合使用	0		4		5		4		10	
总数	5		24		17		28		29	

从上表来看,这五种语料文献中连接词"是"的使用频率都很高,特别是在《歧》里,每一个带有连词的选择问句都用到"是"。从《金》到《歧》,"是"的比例明显呈上升的趋势。

《儿》里的连接词"是"的使用频率也很高,但所占比例和《聊》、《歧》相比有所下降,这是因为《儿》中除了"是"外,还常使用"还是"。"还是"在南宋时期进入并列选择问句(梅祖麟1978),经元明清历代,到现代汉语已成为最常用的选择问句连接词。在使用上,"还是"除单用、两个配合使用外,还常和"是"搭配使用。《金》、《醒》、《聊》及《歧》、《儿》反映出了连接词"还是"的发展。这几种语料文献里,"还是"的出现频率及所占带有连接词的选择问句总量的比例如下表。

	金		醒		聊		歧		儿	
	数量	比例	数量	比例	数量	比例	数量	比例	数量	比例
配合使用	1		4		0		0		8	
单用	1		2		0		0		7	
是 A,还是 B	0	16.7%	4	27%	0	0	1	2.8%	10	56.8%
总数	2		10		0		1		25	

从上表可以看出,在《金》、《醒》、《儿》三种语料文献里,"还是"的使用频率及所占比例逐步提高。特别是《儿》,由于时代与现代汉语距离更近,"还是"的用例基本上与"是"相当了,由连接词"是"和"还是"组成的"是 A,还是 B"也更为常见。不过,《聊》和《歧》有些例外,《聊》没有选择问句用"还是"的例子,《歧》也只有 1 例,这很可能和地域因素有关。《聊》和《歧》除"是"外,更为常见的连接词是"可是"(《聊》9 例,《歧》3例)。

从以上分析还可以看出,明清山东方言及同期北方方言里,"是"和"还是"是选择问句最为常用的连接词。从具体形式来看,同一个连接词配合使用的"是 A,是 B"式或"还是 A,还是 B"式又比单用的形式的使用频率高得多;不过,"是"和"还是"混合搭配使用的"是 A,还是 B"除在《儿》里,出现频率还不太高。

7.5.2.3 带有语气词的用例渐趋增多,语气词逐渐丰富

语气词的使用在选择问句里的变化较大。前文概述提到,宋元明清时期语气词的情况较为复杂,并不完全一样,如苏恩希(2001)的调查显示,《西游记》25 例并列选择问句中没有一例句末带有语气词。不过明清山东方言和《歧》、《儿》所代表的北方方言体现出了另一特点,即带有语气词的选择问句呈上升趋势。明代的《金》共有 6例带有语气词的选择问句,占选择问句总数的 17.1%;在这以后的《醒》、《聊》、《歧》、《儿》里带语气词的分别各占选择问句的 39.6%、49.6%、53.3%、59.2%,因此明清时期北方方言里带有语气词的选择问句呈较明显的上升趋势。

从语气词的总类来看,《金》、《醒》、《聊》里的语气词也越来越丰富化和口语化。三种语料文献语气词的使用分布情况见下表:

	金		醒		聊	
	数量	比例	数量	比例	数量	比例
来	6	54.5%	1	3.2%	0	0
也	2	18.2%	0	0	2	10%
乎	1	9.1%	0	0	0	0
呢	2	18.2%	5	16.1%	6	30%

	金		醒		聊	
	数量	比例	数量	比例	数量	比例
呀	0	0	15	48.4%	6	30%
哩	0	0	8	25.8%	4	20%
么	0	0	2	6.5%	0	0
那	0	0	0	0	1	5%
呃	0	0	0	0	1	5%
总计	11	100%	31	100%	20	100%

由上表可以看出,《金》里选择问句所用的语气词有"来"、"也"、"乎"、"呢"4个,其中最常用的语气词为"来","也"和"乎"都应该是文言成分。《醒》里选择问句出现的语气词有"来"、"呢"、"呀"、"哩"、"么"5个,最为常用的是"呀",其次是"哩"。《聊》里选择问句的语气词有"也"、"呢"、"呀"、"哩"、"那"、"呃"6个,其中"呢"和"呀"用例最多,"那"和"呃"《金》、《醒》里都没有出现。由此可以看出,《金》、《醒》、《聊》三种语料文献里的语气词种类是越来越丰富了。"呀"在《醒》和《聊》中的使用频率都比较高,但《歧》和《儿》里"呀"的用例很少,这说明选择问句里用语气词"呀"在《醒》和《聊》所代表的方言区域内比较盛行。

比较而言,《儿》里语气词的出现频率最高,形式也最为多样,除使用频率最高的"呢"外,还出现了其他几种语料选择问句没有的语气词"啊"、"哟"和"吗",充分体现了清代后期北方方言选择问句语气词的丰富化。

7.5.2.4 选择项为多项并列的形式增多

选择问句一般是由两个选择项并列组合而成,但从古代汉语里就有三个或更多的分句组合的形式。不过到明清山东方言和同期北方方言里,这种由多个选择项组成的选择问句更为常见。《金》、《醒》、《聊》及《歧》、《儿》五种语料里除了《歧》以外,其他四种语料都有这种用例,并且数量呈上升趋势。如:

① 月娘道:"他比那个没鼻子、没眼儿,是鬼儿,出来见不的?"(金·75·1120)

② 薛夫人迎着说道:"你怎么来? 你是风是气,还是替娘老子装门面哩?"(醒·48·704)

③ 你就实说,你或是拾或是买的? 或是从觅汉短工罗的? (醒·56·815)

④ 真么一个媳妇,是模样不好呀,是脚手不好呢? 是不孝顺? (聊·姑·2·870)

⑤ 不着你,这东西是天上吊下来的,地下跑出来的,科枝上长的树上结的? (聊·增·10·1593)

⑥ 你来要账来呀,可是来探亲来呢,可是看朋友来呢? (聊·增·12·

1601)

⑦ 还是《平妖传》的胡永儿？还是《锁云囊》的梅花娘？还真个的照方才那秃孽障说的,我是个"女筋斗"呢？(儿·8·111)

⑧ 你不是吓着了？气着了？心里不舒服呀？(儿·9·126)

⑨ 姐姐如今只剩了孤鬼儿似的一个人儿,连个彼此都讲不到,是算有"靠"啊？是不算末路穷途啊？还是姐姐当日给我两个作合是一片好心,一团热念？(儿·26·435)

⑩ 是独你管的这项地里有低洼地哟？是别人管的地里没种棉花哟？还是今年的雨水大,单在你管的那几块地里了呢？(儿·36·669)

当有三项选择时,多用连接词来连接:可以只一项出现连接词,如例①、⑤、⑧;可以有两项使用连接词,如例⑥;更多的是三项都出现连接词,如例②、③、④、⑦、⑨、⑩。所使用的连接词可以是同一词配合使用,如例③的"或是"、例④的"是";也可以是不同连接词混合搭配使用,如例②、⑩的"是……是……还是……"。这种多选择项的形式,可以提供更多可选择的信息,而连接词的使用可以使这种选择关系更加明晰。

7.5.2.5 选择项紧缩为并列形式更为普遍

在古代汉语中,选择问句是由两个是非问句组成的并列复句,但大约在唐代选择问句出现了复合化的倾向,即由两个分句组成的选择问句复合成为紧缩句式。到明清时期,这种形式或类似的形式更为普遍,《金》、《醒》、《聊》及《歧》、《儿》里分别出现5例、8例、10例、9例、11例。例如:

① 请问老爹:明日出去,或埋或化？(金·59·820)

② 兄弟,你吃面吃饭？(金·96·1447)

③ 梦见一张弓,挂在旗竿上,旗竿折了,不知是凶是吉？(金·100·1495)

④ 我听的是梦是真哩？(醒·22·324)

⑤ 知道后日事体怎么？知道有你有我？我且挽到篮里是菜。(醒·41·607)

⑥ 典史说:"你看我是风是傻？"(醒·48·697)

⑦ 昨日这打,比着江城谁轻谁重？(聊·襄·19·1217)

⑧ 把个竹夫人丢在地下,问:"你在前边在后边?"(聊·磨·13·1425)

⑨ 边公问道:"是什么亲戚？城里城外？"(歧·65·618)

⑩ 爷是吃饭吃酒？(歧·88·833)

⑪ 只不知屋里这位小爷吓得是死是活？(儿·6·89)

从上面例子可以看出,这类选择问句都比较简短,除做整个句子的谓语外,也可做宾语、补语等。在形式上,这类选择问句的结构多是相互对称的,句末较少出现语气词;语义上可以表示并列非对立关系,如例⑥;但大部分是表示两种对立的状态,如"死"和"活"、"有"和"无"、"里"和"外"等。古代汉语和近代汉语在大多数情况下,这种并列紧缩形式的内容是由分列式复句的选择问句来表达的。现代汉语里除了带有连接词"是"的同类选择形式仍然存在,其他形式在多数情况下要在两项选择项之后或其中一项之后出现语气词。

并列紧缩式选择问句也有带有语气词的形式,冯春田(2000/2003:701)指出这种用法在元代就已经出现了。但是在《金》、《醒》、《聊》、《歧》、《儿》五种语料里,这类用例还不是太多,语气词多出现在前一选择项之后。如:

⑫ 家里财神不供养,把他简慢又蹭开,这是嘲呀可是怪?(聊·墙·2·842)

⑬ 不然还要着实打,我看打的疼来骂的疼?(聊·磨·15·1440)

⑭ 空每日说天可是青呀可是蓝?面前的田地是湿呀是干?(聊·磨·23·1486)

⑮ 在城里那街里住?(歧·21·208)

⑯ 这人还不知是有哇是没了呢。(儿·17·261)

上面例中语气词"呀"、"来"、"哇"、"那"都用在并列的两项之间。

不过,这种复合或紧缩的形式一般只能在有两项选择的复句是选择问句里发生,三项或三项以上的选择问句因为形式更复杂,就不可能形成句式较为简单的并列紧缩式,即便在现代汉语里也是这样。

7.6 反复问句式

反复问句又称为正反问句,是把谓语的肯定形式和否定形式并列在一起作为选择的项目,希望对方从肯定和否定的内容做出选择的疑问句。从形式来看,它是由肯定形式和否定形式并列构成,询问正反两方属于哪一方,因此它也可以看成是选择问句的一种特殊类型;从功能来看,反复问句需要回答者对问题做出肯定或否定的回答,又近似于是非问句。在汉语的历史上,反复问句形成后,先后出现了"VP+Neg"式、"VP+Neg+VP"式、"可/还 VP"式等类型(其中 VP 表示动词结构,有的语法著作用 V 表示;NP 表示名词结构;Neg 表示否定词)。当这些格式里用的否定词不同时,所能询问的动作的时态也不同,如"VP+不曾/没(有)"式、"VP+没+VP"式等着眼于过去,询问过去某个动作行为是否已经完成,而"VP+不"式、"VP+不+VP"式则侧重于表示现在的常时态和表将来的未然态,询问未知和未实现的情况。

从反复问句的历史发展过程来看,从先秦到元明清时期,反复问句的句型格式、语气词等都发生了很大变化。先秦两汉时期就有了反复问的句式,但大致在唐代之后才得到发展和丰富,宋元明清时期则是汉语反复问句的完善定型期。

先秦两汉时期的反复问句有"VP+Neg(PRT)"式和"VP+Neg+VP"式两种形式(PRT 表示语气词)。据刘子瑜(1996)研究,从先秦两汉到六朝反复问句有"VP+Neg+PRT"、"VP+Neg"和"VP+Neg+VP"三种形式,能进入前两种格式的否定词有"不、未、否、无",语气词有"乎、耶、也"等。在这三种形式中,先秦时期以"VP+Neg

＋PRT"为主,汉代这类形式逐渐减少,六朝时以不带语气词的"VP＋Neg"式为主。从"VP＋Neg"式否定词的词汇更替过程来看,先秦时期为"不、否",汉代"未、无"进入,但"无"只能出现在与"有"相对的语境中。

东汉六朝时期,出现了"疑问副词'颇(叵)/宁/岂(讵)'＋VP＋Neg(PRT)"的反复问句格式,不过对这类问句的性质各家看法不同,如刘坚等(1992)认为这些疑问副词是用在反复问句中表推度语气,否定词仍具有称代性;吴福祥(1997)则认为这类形式也不再是"VP＋Neg"式反复问句,而变成"F—VP"式反复问句(F代表疑问副词)。汉代以后还出现了"否定副词＋VP＋Neg"的形式,谓语部分是否定形式,句末否定词已经虚化,整个问句变成是非问句。

唐五代时期,反复问句发生了重要变化。这一时期反复问句的主要形式是"VP＋Neg"式和"VP＋Neg＋VP"式,并仍以"VP＋Neg"式为主,而"VP＋Neg＋PRT"式消失,出现了"可/还VP"式。该期进入"VP＋Neg"式的否定词有"否、不、未、无",其中"否"和"不"占优势,"未"出现频率仍较低,不过"无"在这一时期发展起来,大量进入"VP＋Neg"式,而且不再局限于与"有"相对的语境,可以出现在与其他非"有"义动词相对的语境中。这一时期"VP＋Neg"式还出现了一个新的变化,就是VP和Neg之间可以加语气词的形式,有加"已(以)"和加"也"的两类。另外,谓语部分是否定形式的"否定副词＋VP＋Neg"式在数量上远远超过了前代,句末的"不/否"等已经虚化,"VP＋Neg"式反复问句在这一时期分化发展出是非问句和反诘问句等非反复问句。据刘子瑜(1996)的统计,"VP＋Neg＋VP"式反复问句的出现频率与前代相比有大幅上升,但数量仍不算多,不过其形式已比较完备,有"V＋O＋不＋V＋O"式、"V＋O＋不＋V"式和"V＋不＋V"式,谓语可以由形容词充当,肯定项和否定项之间还可以插入舒缓语气的语气词。前代已有的"颇＋VP＋Neg(PRT)"式在这一时期仍很常用,但"宁/岂"已呈衰微之势。这时期还出现了"还VP(PRT)"式反复问句,其中"还VP"式较少见,较为常见的是句末语气词一般为"摩/么"的"还VP＋PRT"式。不过,"还VP＋PRT"式反复问句带有一定的地域性特征,反映北方方言的《敦煌变文集》中很少见到这类用例,张美兰(2003)基于对《祖堂集》选择问句的调查,也认为这种句式反映了南方口语特色。据遇笑容、曹广顺(2000)研究,"可VP"式最早见于隋代佛经,刘坚等(1992)的研究显示唐五代这类用例不多,一般出现在诗词和禅宗语录里,而且"可"后的动词多为"能"和"是",比较单调。

宋元明清时期的反复问句从形式上来说和唐五代差别不大,仍以"VP＋Neg"式和"VP＋Neg＋VP"式为基本形式,带有语气词的"还VP(PRT)"式在宋代还很常见,但明清以后则被"可VP(PRT)"式取代。"可VP"式在这一时期得到了很大发展。该期"VP＋Neg"式已成为历史上的遗留形式,不过否定词有了新的发展。否定词为"不、否、无、为"的数量不多,而表已然体的"不曾"、"没有"进入。"不曾"始见于宋代,元明时期常见;"没有"在明清之际又代替了"不曾"进入"VP＋Neg"式,成为已然体反复问句的主要形式。"VP＋Neg＋VP"式在这一时期成为占优势的反复问句形式,这也是该期"VP＋Neg＋VP"式的一大变化。在结构类型上,唐代的结构形式在这一时期已成为常见形式,并且新出现了"V＋不＋V＋O"式。肯定项和否定项之间插入语气词的用例也很常见。另外,充当 VP 的成分也趋于复杂化。"可 VP"式在宋元明清时期有了很大发展,在宋代还不多见,但元代以后渐趋增多,明清白话小说中大量出现,成为"F＋VP＋Neg(PRT)"式的主要形式。从形式上来看,有"可 VP"和"可 VP么"式等。"可"后面的动词也渐趋丰富,不再局限于"能"和"是"。

具有明清山东方言背景的语料文献《金》、《醒》、《聊》里的反复问句分别出现 360例、298 例、195 例。从形式特征来看,三种语料里有"VP＋Neg"式、"VP＋Neg＋VP"式、"可 VP"式等类型。另外,当肯定项 VP 由非动作动词"有"充任时,一般的分类根据其具体形式归入"VP＋Neg"或"VP＋Neg＋VP"式里,但这种形式中的否定词"没(有)"、"无"等更应该看做动词,与其他形式的否定词性质并不相同。因此,我们把这类形式独立出来,归为"有(＋NP)＋没有/没/无(＋NP)"式。下面对明清山东方言文献《金》、《醒》、《聊》进行考察,同时对比前后差不多同时期北方系文献《歧》和《儿》里反复问句的类型及分布情况,以此明确地描绘出明清山东方言反复问句的概貌、地域特色及明清北方方言反复问句的特点和内部差异等。

7.6.1 反复问句的类型

7.6.1.1 "VP＋Neg"式反复问句

这类反复问句是由谓词性成分后加上称代性否定词 Neg 构成。从语义上来看,否定词隐含有与前面动词结构语义相反的内容,结构形式上比前面的动词结构有所省略。《金》、《醒》、《聊》这类形式的反复问句分别出现 122 例、117 例、32 例,各占所在语料反复问句总数的 33.9％、39.2％、16.4％。能出现在 Neg 位置上的否定词有"不"、"否"、"未"、"不曾"、"没有"、"没"、"没曾"等。

7.6.1.1.1 "VP＋Neg"式反复问句的类型

7.6.1.1.1.1 "VP＋不"式

由否定词"不"构成的反复问句形成很早,裘锡圭(1998)指出西周中期的铭文里已有用例,遇笑容、曹广顺(2000)对中古汉语里相关的疑问句进行了调查和分析。这类问句,近代汉语和现代很多方言中都普遍存在,因此"VP＋不"式反复问句可以说是汉语里历史最久的一类句式。《金》、《醒》、《聊》里"VP＋不"式反复问句分别出现 1例、22 例、1 例,分布并不平衡。《醒》这类问句的肯定项后还可以出现语气词"呀",构成"VP＋呀不"的形式。如:

① 相栋宇道:"这可是怎么剥?他刘姐也会不?"(醒・58・833)

② 素姐说:"象不是会里的人也好搭上去不?"(醒・68・975)

③ 大哥,怎么样着?去呀不?(醒・73・1046)

④ 吕祥,你算计算计,他去了这半个多月,咱还赶的上他不?(醒・86・1223)

⑤ 这是南京地面,我待进城买甚么去哩,你待要甚么不?(醒·87·1241)

⑥ 娘子下笔好似雨打败叶,风卷残云,一霎时写了一篇,递于相公说:"你看看支的不?"(聊·蓬·4·1090)

例③为肯定项(VP)后前面出现语气词"呀"的形式。从用例来看,"VP＋不"式反复问句谓语均由动词充任,可以是及物的也可以是不及物的。这类形式表示一种常然态、未然态,句中常出现"敢"、"会"、"肯"、"要"等能愿动词,询问常时或将来发生的事以及可能出现的结果。

《醒》里的"VP＋不"式反复问句有不少句首出现表提醒或推测的话语标记的例子,《金》里仅有的 1 例"VP＋不"式反复问句也带有话语标记。如:

⑦ 你说你敢招架他不?(醒·57·828)

⑧ 你叫他凡事都遂了心,你看他喜你不?(醒·58·836)

⑨ 你道是替我降祸,我要吃了亏,你看我背地里咒你呀不?(醒·58·840)

⑩ 我只说是小孩儿促狭,你看等他来我说他不!(醒·58·842)

⑪ 你看我到家说了,奶奶打你不!(醒·59·845)

⑫ 算计请他程师娘,他不知去呀不?(醒·59·846)

⑬ 不知你二位肯叫我去不?(醒·68·975)

⑭ 我今年四十五岁,房中再没有人,专娶令爱过门为正,不知肯俯就不?(醒·72·1034)

⑮ 若不依我,打听出来,看我嚷的尘邓邓的不!(金·72·1054)

例⑦句首出现话语标记"你说",具有提醒强调作用。和"你说"作用相同的话语标记还有例⑧、⑨、⑩、⑪、⑮里的"你看"、"看"等,也有提请注意后面反复问形式所表示内容的功能。从用例可以看出,句首带有这类话语标记的反复问句,不再表疑问而表反诘语气,句子里往往已给出了答案。如例⑧的意思是"你叫他凡事遂了心,他肯定会喜欢你",例⑮很明显是表达一种肯定意义,意思是"若不依我,打听出来,我一定嚷的尘邓邓的"。另外,例⑫、⑬、⑭反复问句句首使用表推测的标记"不知",其中例⑫"不知"出现在主语后面,但"不知"不是反复问句的谓语动词,是"不知他"而非"他不知"。带有"不知"类标记的反复问句,语气显得较委婉,疑问点仍是反复问句的内容,去掉它不会影响句义。

不过有的用例句首虽然出现"看"、"不知"等成分,但它们不是话语标记而是动词性的,这时"VP＋不"式反复问句不再是独立的表疑问的句子,而成为句内成分。如:

⑯ 稻子我收着哩,我去问声狄大叔,看该与你不?(醒·48·696)

⑰ 你说去,且看你爹叫你去呀不?(醒·56·807)

⑱ 还得我自己进去,要是亲见了老公更好,只不知得出朝不。(醒·71·1013)

例⑯、⑰句首是"看",但这里"看"是动词,表示的是观察将要发生的事并做出判断,而后面的反复问句形式就是要观察和判断的内容,因此句中所出现的反复问句形式是"看"的宾语,整个句子表达的是一种祈使语气而不是疑问。例⑱里的"不知"即"不知道",也是动词性的,反复问句"得出朝不"是"不知"的内容,做句子的宾语,整个句子是在陈述所存在的事实也不是表示疑问。

同期北方系文献《歧》和《儿》里各出现 1 例"VP＋不"式反复问句,其肯定项后面都带有语气词"也"。如:

⑲ 你知兴相公有了丈母家也不? (歧・106・994)

⑳ 公子道:"闲话休提。我且问你,褚一官在家也不?" (儿・14・206)

7.6.1.1.1.2 "VP＋否"式

由否定词"否"构成的反复问句形成也较早,但出现的时代可能要晚于由"不"构成的反复问句,先秦两汉时期这类句式也不如后者常见(冯春田 2000/2003:713),不过到近代汉语里已比较普遍。《金》、《醒》、《聊》分别出现16例、11例、2例。如:

① 西门庆道:"命中还有败否?" (金・29・368)

② 想此间无可相熟者,委托学生来,敬烦尊府做一东,要请六黄太尉一饭,未审尊意可允否? (金・65・911)

③ 生到京也曾道达云峰,未知可有礼到否? (金・68・964)

④ 老先生,敕书上有期限否? (金・68・964)

⑤ 学生与宋松泉、钱龙野、黄泰宇四人作东,借府上设席请他,未知允否? (金・72・1046)

⑥ 我今试问世间人,这般报应人怕否? (醒・11・155)

⑦ 真是我见犹怜,未免心猿意马。不识司空惯否? (醒・12・179)

⑧ 晁老道:"不知敢借重否?" (醒・16・233)

⑨ 但不知佳期果如愿否? (醒・44・652)

⑩ 狄希陈却瞒了他的本姓,回说:"贱姓相,绣江县人,闻得贵铺有当十的折钱,敬要来换些,不知还有否?" (醒・50・727)

⑪ 列位施主是山东武城人否? (醒・93・1329)

⑫ 你见着张老爷否? (聊・磨・28・1511)

从上面例子可以看出,VP中的动词可以是及物的也可以是不及物的,还可以是非动作动词"有"、"是"等(如例①、④、⑩、⑪),表示一种常然态。但更多的用例是对将来事件结果的询问,句里出现"敢"、"可"等能愿动词,表示未然态。从用例来看,这类形式的反复问句句首常有"未知"、"未审"、"不知"、"不识"等表示推测的标记。使用这类标记并不是要说明自己不知道后面的行为或事件(句子所询问的仍是反复问句的内容),而是使语气表达得更委婉客气些,去掉它们,句子的意义不发生大变化。由此可以看出,"VP＋否"式反复问句多用在正式场合,带有较强的文语色彩。

《金》、《醒》、《聊》的"VP＋否"反复问句形式也可以在陈述句里做句内成分,不再具有独立性。《醒》有 1 例肯定项和否定词之间出现连词"与",为"VP＋与否"的形式。如:

⑬ 未定初十日起身得成否,且听下回分解。(醒·4·58)

⑭ 白姑子得了这许多横财,不知能安稳飧用与否。(醒·64·924)

⑮ 狄希陈只因作戏捉弄智姐打了一顿,却自己受了无限的苦楚,丢坏了许多的银钱,到此还不知可以结束得这段报应否。(醒·65·938)

⑯ 问我还记前仇否,我就张口不能言。(聊·磨·28·1511)

以上各例"VP＋否"反复问句形式在句子里充当宾语,所在句子的谓语动词多是"未定"、"不知"、"问"等表示询问的词。

同期北方系文献《歧》、《儿》也有"VP＋否"式反复问句,《歧》出现 23 例,《儿》仅出现 1 例。《歧》肯定项后出现连词"与"的用例有 8 例。如:

⑰ 今日还拜客与否?(歧·7·72)

⑱ 已从提塘那里寄回一封遥贺的书信,未知达否?(歧·10·101)

⑲ 自己中了进士,儿子也发了,父子两个有一点俗气否?(歧·39·359)

⑳ 今日渐入窘乏,不知还可扶救否?(歧·75·727)

㉑ 老仙长通医道与否?(歧·75·732)

㉒ 大侄曾议婚否?(歧·95·895)

㉓ 表弟,你问俺姑夫的事,你舅曾挽过一句话否?(歧·100·934)

㉔ 但你做官一年,经手有亏空与否?(歧·106·989)

㉕ 二位姑奶奶可曾有喜信儿否?(儿·38·723)

例⑰、㉑、㉔肯定项后出现连词"与",例⑱、⑳反复问句句首出现加强委婉语气的推测标记"未知"、"不知"。从《歧》的用例来看,除了用于常然态和未然态外,"VP＋否"式反复问句还可用在已然态中,句中出现表示过去时间的成分,如例㉒、㉓出现时间状态副词"曾"等。这说明,和"VP＋不"式反复问句相比,"VP＋否"式反复问句使用的语义空间更大一些。

《歧》里有 8 例"VP＋否"式反复问句出现在陈述句里做句内成分。如:

㉖ 一日,先命王象荩向道台衙门打听大人在署与否。(歧·96·902)

㉗ 铺家问银子齐备否,王象荩道:"分文不欠。"(歧·98·915)

从用例来看,《歧》里出现在陈述句里的"VP＋否"式反复问句形式多在句中做宾语,例中句子的谓语动词多是"说"、"问"、"打听"、"打探"等言说义或相关的动词。

7.6.1.1.1.3 "VP＋未"式

使用否定词"未"构成的反复问句始见于汉代,魏晋至唐宋时期有所发展,但与由

"不"、"否"字构成的反复问句相比,处于弱势地位。大约从南宋时期开始,"VP+未"式反复问句更趋于衰落,只是偶尔可以见到。(冯春田 2000/2003:716~718)《金》、《醒》、《聊》的用例也正体现出了这一点,《金》有 2 例,肯定项和否定词"未"之间都出现语气词"也";《醒》有 1 例,《聊》则没有出现。如:

> ① 王婆问道:"了也未?"(金·5·65)
>
> ② 老娘,有饭也未?(金·100·1497)
>
> ③ 那萧老爹醒未?(醒·4·55)

从例子来看,"VP+未"式反复问句可表常然态(例②)、已然态(例①、③)。

《歧》、《儿》都没有出现"未"字反复问句,这表明明清时期汉语口语里已不再使用这类反复问句,只是偶尔出现在书面语中。

7.6.1.1.1.4 "VP+不曾"式

"不曾"进入"VP+Neg"式始于宋,不过宋时用例极少,元代略有增加,但数量仍不多,到了明代中叶才广泛使用开来。从《金》、《醒》、《聊》的用例来看,"VP+不曾"可以说是明清山东方言里"VP+Neg"反复问句的主要形式,在这三种语料里各出现 87 例、65 例、11 例。如:

> ① 拙夫从昨日出去,一连两日不来家了,不知官人曾会见他来不曾?(金·13·155)
>
> ② 角门子关上了不曾?(金·27·350)
>
> ③ 你娘早辰吃了些粥儿不曾?(金·62·867)
>
> ④ 克过一个妻宫不曾?(金·96·1449)
>
> ⑤ 那计氏也曾对着你说要寻死不曾?(醒·10·147)
>
> ⑥ 受过封不曾?(醒·20·299)
>
> ⑦ 你可问别的学生,自从吃了早饭曾来学里不曾?(醒·31·453)
>
> ⑧ 我要到皇姑寺一看,央他婶子讲说,不知讲过不曾?(醒·77·1102)
>
> ⑨ 园内蟠桃开了花不曾?(聊·蓬·6·1100)
>
> ⑩ 那曹小姑不知多大年纪?出了阁不曾?(聊·增·5·1570)
>
> ⑪ 丫头,你姐夫进了院了不曾?(聊·增·16·1616)

例①、⑧反复问句句首出现表推测的标记"不知"。从用例来看,以"不曾"构成的反复问句多出现表示过去时间的标记或成分,如常出现表动作完成的"了"、"来"、"过"和表过去时间的状语"曾"等。因此,"VP+不曾"式反复问句一般是询问某种事件或行为是否已经完成,以表已然态为常。

另外,《金》、《醒》、《聊》里的"VP+不曾"式反复问句分别有 6 例、6 例、2 例出现在陈述句中做句内成分,其中《金》肯定项和否定词"不曾"之间可出现语气词"也"。如:

⑫ 他问干娘衣服做了不曾,我便说衣服做了,还与干娘做送终鞋袜。(金·4·52)

⑬ 把铺子关两日也罢,还着来保同去,就府内问声,前日差去节级送蔡驸马的礼,到也不曾。(金·37·484)

⑭ 打听京中考察本示下,看经历司行下照会来不曾。(金·69·991)

⑮ 不知后来也略知做省不曾。(醒·76·1090)

⑯ 狄友苏的尊宠,此时亦不知安静了不曾。(醒·87·1244)

⑰ 小浓袋听了这话,不知学与素姐不曾……(醒·98·1404)

⑱ 买了两个盒礼,着人去看姜娘子好了不曾。(聊·翻·6·956)

⑲ 咱去看看,开开您那门,少了甚么不曾。(聊·翻·9·992)

上面例子中"VP+不曾"式反复问句形式所在的陈述句的谓语动词多为"问"、"看"、"不知"等能带谓词性宾语、表询问或判断的感受动词,反复问句在句中做这些谓词的宾语。与表疑问只出现在人物对话中的用法相比,这类"VP+不曾"式反复问形式多出现在叙述语言里,人物对话里则比较少见。

值得注意的是,《金》里又有2例"不曾"后出现动词的用法,可能反映出"VP+不曾"源于"VP+不曾+VP"的省略(至少语义上是如此)。如:

⑳ 你吃饭不曾吃?(金·25·311)

㉑ 你都与他说了不曾说?(金·47·620)

同期北方系语料文献《歧》、《儿》里也有"VP+不曾"式反复问句的例子,《歧》出现78例,《儿》有8例,也可以出现在其他句子里做句内成分,此处不再举例。

7.6.1.1.1.5 "VP+没有"式

否定词"没有"在明清之际才进入"VP+Neg"式结构,但到后来逐渐发展成为表已然的反复问句的主要形式。不过在《金》、《醒》、《聊》里由"没有"构成的反复问句用例并不多,分别出现15例、5例、1例(此处统计都不含动词是"有"的形式),都表已然态。如:

① 五姐,你灌了他些姜汤儿没有?(金·19·239)

② 那没廉耻货进他屋里去来没有?(金·35·471)

③ 月娘道:"你曾吃饭没有?"(金·55·747)

④ 原娶过妻小来没有?(金·91·1372)

⑤ 方才出去,你都见来没有?(醒·8·119)

⑥ 叫我费了这们一场的事,也不知果然度脱了没有?(醒·30·445)

⑦ 小和尚从此以后,凡遇吃饭,就问说:"娘,给沈姐饭吃了没有?看他又要嫁人家。"(醒·36·536)

⑧ 这人可不知一向在那里,曾做过这个没有?(醒·85·1208)

例⑥反复问句句首有推测标记"不知"。很明显,上面各例中常出现表过去时间范畴的标记或成分,如表完成的体标记"了"、"过"、"来",表过去时间的副词"曾"、"方才"等。

《金》和《聊》里各有1例这类反复问句形式出现在词组层面充任陈述句句子成分。如:

⑨ 西门庆叫玳安伺候马,带上眼纱,问棋童去没有。(金·38·494)

⑩ 咱已进了城门了,得个相识的问看宗师还在学里没有。(聊·襄·22·1229)

上面两例"VP+没有"式反复问形式在句中都做宾语,谓语动词也是表询问或判断的"问"、"问看"。

同期北方系文献《歧》、《儿》用"没有"的反复问句分别出现3例、15例,没发现在陈述句或其他句子里充当句子成分的例子。除了表已然态外,《儿》里还有表常然态的用例。如:

⑪ 你可是褚家庄的? 你们当家的在家里没有?(儿·14·205)

上例中肯定项的"在"是非动作动词,表常然态。

7.6.1.1.1.6 "VP+没"式

由否定词"没"构成的反复问句在元明时才有用例。明清时期的《金》里没有出现,《醒》和《聊》分别出现13例、17例。与"VP+没有"式反复问句一样,用"没"的反复问句也表已然态。《聊》里这类问句的句末还可以出现语气词"呀"。如:

① 狄大爷合狄大娘起来了没?(醒·45·656)

② 我那答叫你捎与老魏的布和钱,你给过他了没?(醒·49·719)

③ 童奶奶道:"这三个,你两个都见过了没?"(醒·55·796)

④ 相主事道:"他临行,倪奇打发你饭钱来没?"(醒·78·1118)

⑤ 太公云:"咱儿没在家,不知他商量来没?"(聊·襄·28·1250)

⑥ 不知你淌泪来没呀?(聊·富·7·1321)

例⑤、例⑥句首有推测标记"不知",例⑥"VP+没"式反复问句后带有语气词"呀"。以上各例都是询问事情是否完成,句中多有表已然体的标记"了"、"过"等。

《醒》、《聊》里的"VP+没"式反复问句可以出现在陈述等类句子中充当句内成分,不再带有疑问语气。如:

⑦ 素姐也向了家人们问他娘家的事体,又问龙氏曾合狄希陈嚷闹来没。(醒·100·1420)

⑧ 一日吃了两碗冷糊突,没人问声够了没。(聊·慈·1·895)

⑨ 看老王拾掇着,春香先去叫开角门子,问太爷和太太醒了没。(聊·襄·

27·1248)

⑩ 二姐说："我问的是你家里动了荤了没？"（聊·增·17·1623）

前三例陈述句里的"VP＋没"反复问句形式在句中都做宾语，谓语都是表询问的动词"问"。应说明的是，最后一例实际上有看做问句与非问句的可能：一是纯表陈述，"你家里动了荤了没"是"是"字句的宾语；二是"我问的是"表示强调，整个句子仍属问句，"VP＋没"式仍可看做有独立资格的反复问句。

在同期的北方系文献《歧》和《儿》里，都没有发现"没"字反复问句。

7.6.1.1.1.7 "VP＋没曾"式

否定词"没曾"应该是偶尔出现的形式，因此由"没曾"构成的反复问句非常罕见，只在《金》出现1例，表已然态：

① 薛嫂道："孩儿出了痘疹了没曾？"（金·85·1303）

7.6.1.1.2 《金》、《醒》、《聊》"VP＋Neg"式反复问句的特点

根据以上分析，现把《金》、《醒》、《聊》及《歧》、《儿》里"VP＋Neg"式反复问句的具体形式及出现频率概括为下表。

	金		醒		聊		歧		儿	
	数量	比例	数量	比例	数量	比例	数量	比例	数量	比例
VP＋不	1	0.8%	22	18.7%	1	3.1%	1	0.9%	1	4%
VP＋否	16	13.1%	11	9.4%	2	6.2%	23	21.9%	1	4%
VP＋未	2	1.6%	1	0.9%	0	0	0	0	0	0
VP＋不曾	87	71.4%	65	55.6%	11	34.4%	78	74.3%	8	32%
VP＋没有	15	12.3%	5	4.3%	1	3.1%	3	2.9%	15	60%
VP＋没	0	0	13	11.1%	17	53.2%	0	0	0	0
VP＋没曾	1	0.8%	0	0	0	0	0	0	0	0
总计	122		117		32		105		25	

由上表可知，能进入明清山东方言里"VP＋Neg"式反复问句的否定词有"不"、"否"、"未"、"不曾"、"没有"、"没"、"没曾"7个。比较此前这类反复问句里否定词的类型来看，前期的"无"在具有明清山东方言背景语料里已经完全消失。此外，以否定项为标准而分出的明清山东方言反复问句的这7种类型在《金》、《醒》、《聊》里并不是同时都出现，同一形式在各语料文献里的分布也不相同。其中，《金》以"VP＋不曾"式为主要形式，其次为"VP＋没有"式，没有出现"VP＋没"式，而"VP＋没曾"是其特有的形式（仅有一例，但是反复问句中很少见到否定词"没曾"，因此这应该是非正规的形式）。《醒》仍以"VP＋不曾"式为主，不过"VP＋不"式的使用频率也较高，超过了"VP＋没（有）"式。《聊》以"VP＋没"式为主，其次为"VP＋不曾"式，没有出现"VP＋

未"式。另外,明清北方系文献《歧》里的情况比较特殊,以"VP＋不曾"式和"VP＋否"式为主,《儿》则以"VP＋没有"式为主,其次为"VP＋不曾"式。下面将对这五种语料文献所反映出的明清时期的山东方言和北方方言"VP＋Neg"式反复问句所处的历史层次和特点做些分析,由此也可明确《金》、《醒》、《聊》里反复问句差异性的原因及与《歧》、《儿》相异的因由。

7.6.1.1.2.1 "VP＋否/未"式反复问句在明清时期口语里消亡

从《金》、《醒》、《聊》、《儿》的用例来看,"否"字反复问句出现频率都不高。从使用特点来看,"否"字反复问句多出现在叙述文字、章节末尾等,即使在人物对话中也多是一些正规或庄重的场合,一般是以文言形式描述僧道、长者、官员等的话,平常的交际语里不出现。这说明,明清时期的口语中已不再有"VP＋否"式反复问句。《歧》有些例外,由"否"构成的反复问句出现较多,这应该和《歧》的内容与人物身份有关:《歧》本身带有浓厚的教育性,所描述的正式交际场合或训诫式的语言较多,其中的文人雅士的语言也常带有书面语特点,因此"VP＋否"式反复问句相对使用较多。

"VP＋未"式反复问句只在《金》、《醒》里出现少数几例,其他语料文献中都没有用例,说明这类反复问句在明清口语中实际上也已被淘汰。

7.6.1.1.2.2 "VP＋不曾"式渐趋衰落

从《金》、《醒》、《聊》、《歧》、《儿》来看,用否定词"不曾"的反复问句除了一些出现在句子里做句内成分的例子外,其余全都用于人物对话中,具有很强的口语性,可以说不排除是当时口语面貌的真实体现。"VP＋不曾"式在《金》、《醒》里都占明显优势,用例都超过其同类反复问句的一半,是《金》、《醒》"VP＋Neg"式反复问句的主要类型,这与同时期汉语里"VP＋不曾"式反复问句的发展情况相一致,即明代与明末清初"VP＋不曾"式在反复问句中还处于强势地位。不过,从《金》、《醒》等五种语料文献的用例来看,除《歧》以外,"VP＋不曾"式反复问句又呈递减之势,《聊》和《儿》的用例都低于35％,从中也可看出这类反复问句在清代又有渐趋衰落的趋势。《歧》里"VP＋不曾"式的比例很高,这可能与作者的使用习惯或地域特点相关,也反映了这一类型在清代中期反复问句中还占有重要地位。我们对《儿》之后的《官场现形记》和《老残游记》进行过考察,发现这两种文献里都已没有"VP＋不曾"的用例,说明在清末这类形式已经消亡。

"VP＋没有"和"VP＋没"式反复问句都是以"没"类否定词作为否定项,因此也可以合并看做一类。从《金》、《醒》、《聊》、《歧》、《儿》五种语料文献的使用情况来看,除《歧》外,其他四种文献里"VP＋没(有)"式反复问句明显呈逐步增长的趋势,在《金》、《醒》、《聊》、《儿》中各占反复问句总数的12.3％、15.4％、56.3％、60％。《金》和《醒》都以"VP＋不曾"式反复问句为主,而《聊》和《儿》很明显以"没(有)"式反复问句为主,表明后者逐渐取代前者而成为现代汉语里基本的反复问句式。

7.6.1.1.2.3 "VP＋不"和"VP＋没"式带有较强的地域色彩

从《金》、《醒》、《聊》、《歧》、《儿》五种语料文献的分布情况来看,"VP＋不"式反复问句除《醒》用例较多外,其他语料各只出现1例。这说明"VP+不"式反复问句虽然一直存在,但在语料分布上是有差异的,具有一定的方言口语色彩。明清时期山东方言和其他一些北方方言中,"VP+不"式反复问句在一些区域里比较兴盛,在另一些区域里使用频率则相对较低。《醒》的"VP+不"式反复问句都出现在人物对话中,因此应是当时当地口语句法形式的反映。现代山东方言仍通行这种"不"字反复问句,并且肯定项和"不"之间也可以出现语气词。(参看钱曾怡主编2001:297~298)

《聊》以"VP+没"式为"VP+Neg"反复问句的主要格式,这一形式占其"VP+Neg"式反复问句的53.2%。除了《聊》以外,只有《醒》有"VP+没"式反复问句,共出现13例。另外,我们对同期的《红楼梦》进行考察,没有发现这类反复问句形式。因此可以认为,用否定词"没"的反复问句主要出现在《醒》和《聊》所属的方言区,带有较强的地域色彩。在现代山东方言中,表已然体的"VP+没"的形式分布仍十分广泛。

7.6.1.2 "VP+Neg+VP"式反复问句

这类反复问句的肯定项与否定项是相同的动词或动词短语,由"不"、"没"等否定词置于否定项谓词性成分之前,构成肯定和否定的并列形式,让答者选择其中一项来回答。这类形式《金》、《醒》、《聊》分别出现177例、149例、138例,各占其反复问句总数的49.2%、50%、70.8%。

7.6.1.2.1 "VP+Neg+VP"式反复问句的类型

7.6.1.2.1.1 "VP+不+VP"式

"VP+不+VP"式反复问句最早见于睡虎地秦墓竹简简文(冯春田1987),周璧香(2007)客观地提出:"自冯春田提出秦简的用例开始,学者纷纷由不同角度去解释为何从秦简以迄唐代间它的发展是一片空白?为何传世的文献不见其踪迹?"周璧香由汉文佛典搜寻例子,发现唐代前这类句式的发展并非空白,东汉六朝佛典里这类句式的运用多样而繁复。这类反复问句里的否定词为"不",多表未然态和常然态。《金》、《醒》、《聊》分别出现176例、147例、135例,其中单独表疑问的形式《金》、《醒》、《聊》分别出现92例、36例、38例,用于陈述句充任句子成分的比例都比较高。这类反复问句肯定项后可以出现语气词,《金》里用"也",《醒》里用"也"、"呀"等,《聊》里用"呀"、"那"等。另外,在肯定项和否定项之间有时也出现连词"与"。从VP的形式来看,又可分为以下几类。

A. V+O+不+V+O

这类形式谓语都是动词,动词后带有宾语。例如:

① 你上来,我问你要桩物儿,你与我不与我?(金·12·147)
② 在后边,李娇儿、孙雪娥两个看答着,是请他不请他是?(金·23·285)
③ 你拿指头蘸着唾沫拈拈试试,看落色不落色?(醒·6·89)
④ 咱给他吃不给他吃?(聊·增·7·1583)

例②比较特殊,这个反复问句由"是VP(VO)+不+VP(VO)是"构成,前一个"是"字实际上应该是表强调。例③里在反复问句前又有表示尝试的"看",VO(落色)其实已经词化。例④谓语结构是兼语式。这种前后两项动词都带宾语的形式用例较少,并且三种语料也呈明显的递减趋势。

B. V+O+不+V

这类形式的谓语也都是动词性的,肯定项为动宾结构,否定项谓语动词的宾语则不出现。如:

① 你烧灵那日,花大、花三、花四,请他不请?(金·16·198)

② 太师老爷在家不在?(金·18·214)

③ 我有一庄事央烦你每,依我不依?(金·19·228)

④ 老爹们明日多咱时分来?用戏子不用?(金·72·1056)

⑤ 若是寻的不好,看我打你耳刮子不打?(金·97·1458)

⑥ 这等齐整,那珍哥落得受用,不知也还想我老杨不想?(醒·2·24)

⑦ 这银虽是一锭元宝,不知够五十两不够?(醒·6·86)

⑧ 老爷问你是收生婆不是?(醒·20·302)

以上例①至例④为独立的反复问句,例⑧反复问句形式出现在兼语式内。例⑤反复问句式前有表示提示的话语标记"看",此例不表真性疑问而是实表肯定。例⑥反复问句前有表示揣测的"不知",该例也不是纯粹的反复问,而是还具有揣测的语气。

当肯定项谓语动词前面有助动词时,否定项里这一动作动词也可以省而不用,只出现助动词。如:

⑨ 月娘吩付:"你会唱'比翼成连理'不会?"(金·73·1065)

⑩ 金莲笑道:"你问他敢打我不敢!"(金·73·1073)

⑪ 薛如卞道:"白姑子不知会念《药师经》不会。"(醒·63·908)

⑫ 你会打双陆呀不会?(聊·襄·29·1255)

⑬ 江城云:"你坐下,我问问你,会下棋呀不会?"(聊·襄·29·1255)

例⑫、⑬肯定项后都出现了语气词"呀"。

C. V/A+不+V/A

这一类反复问句又应该分为两个小类:一类肯定与否定(或正反)项的谓词是动词性短语,即"V+不+V";另一类的肯定与否定项的谓词是形容词或形容词性短语,即"A+不+A"。

a. V+不+V

这类形式前后项只有谓语而不出现宾语,谓语由动词充任,当动词前带有助动词时,否定项可省略动词而只出现助动词。如:

① 因问春梅:"我醉不醉?"(金·73·1083)

② 夫人道:"这门亲咱合他做不做?"(醒·18·263)

③ 说寻丫头给他做媳妇儿,他晓得不晓得?(醒·84·1199)

④ 于氏便说:"有一着,咱就大家不动锅,我儿呀,咱可看他饿不饿?"(聊·姑·2·873)

⑤ 不知他能起不能起,又不知头儿消不消?(聊·襄·19·1216)

⑥ 你说该怕不该怕?(聊·襄·1·1146)

⑦ 闲中我要到他那里坐半日,看他意何如,肯也不肯?(金·37·486)

⑧ 你道这样童子心肠,当如此的世故,教他葆摄初心,还要照依他家上世人品,能与不能?(醒·37·540)

⑨ 大婶子说,问问周二叔合大姑夫,还敢那不敢?(聊·襄·19·1218)

⑩ 我要做嫖客,合你犯个嫁娶,不知你肯那不肯?(聊·襄·29·1255)

例①"醉不醉"、例⑤"消不消"表已然态,"不"实际上相当于"没";例⑦至例⑩为能愿动词充当谓语,肯定项后带有语气词"也"、"那"或出现连词"与";例⑩句内有表示咨询的"不知"。

当前面肯定项的动词为双音节形式时,后面否定项还可以突破词的界限省略第二个音节。如:

⑪ 你头里过这边来,他大娘知道不知?(金·13·160)

⑫ 我有庄事儿来告诉你,你知道不知?(金·21·262)

⑬ 太太久闻老爹在衙门中执掌刑名,敢使小媳妇请老爹来,央烦庄事儿,未知老爹可依允不依。(金·69·987)

有时肯定项谓语动词前有副词等修饰成分,否定项会出现省略动词而只用副词的用法,但所见的实际用例较少。如:

⑭ 可也不知怎么个人儿,好相处不好?(醒·85·1208)

b. A+不+A

这类反复问句的谓词由形容词充任,形容词可为单音节形式也可为双音节形式。如:

⑮ 不知这工程做的长远不长远?(金·96·1447)

⑯ 狄希陈道:"这飞星如此,不知俺两个八字合与不合?"(醒·61·877)

⑰ 周景杨问道:"令亲家里便与不便哩?"(醒·84·1204)

⑱ 却是春香,却是春香,你运气强不强?(聊·襄·26·1242)

⑲ 这不是衣服,你拿了去穿上,去那穿衣镜前照照你自家,看看俊也不俊?(聊·襄·28·1251)

⑳ 既是文武班齐,天下宁静不宁静?八方太平不太平?(聊·增·1·1554)

㉑ 我写个帖子给你,拿去给他,量他几石粮食来给你娘们吃,好呀不好? (聊·增·5·1571)

从以上用例可看出,《醒》里这类反复问句肯定项后可出现连词"与",如例⑯;《聊》里的肯定项后可出现语气词"呀"、"也"等,如例⑲、㉑。其中例⑮、⑯句首有表推测语气的"不知",例⑲出现在陈述句中做句内成分,做动词"看看"的宾语。

D. V+C₁+V+不+C₂

这类反复问句的谓词是述补结构,前项(肯定项)一般带有表示可能、可以或允许的助词"得(的)",当对这个动补形式进行否定时,否定的重心不在动词而是动词之后的"得"或"得"后的成分。如果 V 后只有"得",否定词则用于后项"得"字前,成"V 不得(的)"式;如果 VP 为动结式和动趋式结构,"得"后还有其他成分,用以表示可能或不可能,则前项用"得",后项以"不"替换"得",也就是否定词是处于后项谓语动词和其补语之间,而不在两个谓词之间。据傅惠钧(2004)考察,这类结构宋时已见使用,《古尊宿语录》中就有用例,但直到明代还不多见。明清语料文献《金》、《醒》、《聊》分别出现 4 例、11 例、4 例。如:

① 你家就是王十万,使的使不的? (金·34·447)
② 李铭叫了四个唱的,十五日摆酒用,来回话,问摆的成摆不成? (金·79·1226)
③ 我看没有了这顶轿,看咱去的成去不成! (醒·6·80)
④ 却也该自己想度一想度,这个担子,你拇量担得起担不起? (醒·16·237)
⑤ 虽然才满月的孩子,怎便晓得后来养得大养不大? (醒·21·318)
⑥ 是那里人?肚儿里可不知来的来不的? (醒·85·1208)
⑦ 抬他来当堂验伤,看解的解不的? (聊·寒·2·1025)
⑧ 不知搬了来搬不了来,且听下回分解。 (聊·增·8·1588)
⑨ 你先吹吹我看,换过了换不过呢? (聊·增·24·1659)
⑩ 我且问你:你这丝弦教的教不的? (聊·增·16·1662)

例③是反复问句形式,其实表示肯定的意义。除此之外,其余各例都是反复问句。从上面用例可以看出,反复问句动词后面的补语可以是"得(的)"直接充任,如例①、⑥、⑦、⑩;也可以是"得(的)"为补语标记,后面另出现补语成分,如例②至例⑤;《聊》里反复问句动补结构后或动补结构之间还可以出现"了",如例⑧、⑨。而"VC 了"式是现代山东方言使用非常广泛的动补结构形式,《聊》里反复问句出现这种形式应该也是当时《聊》所处地区方言的反映。

同时期北方系文献《歧》和《儿》也有"VP+不+VP"式反复问句。《歧》出现 128例,没有"V+O+不+V+O"式,肯定项后可出现语气词"乎"、"也",其中 V+C₁+V+不+C₂ 式多是助词"得"直接做补语。《儿》"VP+不+VP"式反复问句共 103 例,类型有"V＋O＋不＋V＋O"式、"V＋O＋不＋V"式、"V＋不＋V"式、"V＋C₁＋V＋不＋C₂"式四种,其中带补语的用例与《金》、《醒》、《聊》、《歧》四种语料文献相比出现较多。另外《儿》还有1例比较特殊,VP里的动词为重叠形式,后面带有可能补语"的(得)",但否定词没出现在动词和"的"之间,而是在两个VP之间,与"V＋不＋V"的形式相同。如:

⑪ 你想,师傅九十岁的人,我这脸上也消消的不消消的?(儿·27·461)

按照动补结构常用的否定形式,这一用例应为"我这脸上也消消的消消不的"。这类特殊形式并不多见,只是偶尔出现。

7.6.1.2.1.2 "VP＋没＋VP"式

这类反复问句里所用的否定词为"没"。与"VP＋不＋VP"式多表未然态不同,"VP＋没＋VP"式多表已然态,另外还可表常然态。不过这类反复问句在《金》、《醒》、《聊》里的用例不多,三种语料分别出现1例、2例、3例,类型有"V＋O＋没＋V"式和"V＋没＋V"式两种。如:

① 今日我不曾得进去,不知他还在那里没在。(金·13·155)
② 做了中饭没做?中了拿来吃。(醒·40·589)
③ 不知他尸灵坏了没坏?(聊·寒·7·1064)
④ 你去看看王宁睡了没睡了?(聊·禳·22·1228)
⑤ 小举人说:"俺爹爹就没说,改了名没改?"(聊·富·10·1344)

例①、②、⑤为"V＋O＋没＋V"式,例③、④为"V＋没＋V"式;例③反复问句句首有表委婉语气的标记"不知"。

《歧》和《儿》里都没有出现"VP＋没＋VP"式反复问句。

7.6.1.2.2《金》、《醒》、《聊》"VP＋Neg＋VP"式反复问句的特点及相关问题

从《金》、《醒》、《聊》的用例来看,明清山东方言里"VP＋Neg＋VP"式反复问句出现频率比较高,VP的成分也明显复杂化,形容词及形容词短语充当VP的数量大量增加,VP为述补结构的用例较为普遍,音节也有加长的趋势。可以看出,"VP＋Neg＋VP"式反复问句在明清时期已相当成熟,也是明显占优势的反复问句形式。而从同时期北方系语料文献《歧》、《儿》的调查情况来看,明清北方方言的"VP＋Neg＋VP"式反复问句的特点和这时期山东方言具有很大程度上的一致性。

从《金》、《醒》、《聊》"VP＋Neg＋VP"式反复问句的类型来看,明清山东方言里"VP＋不＋VP"式出现频率最高,是"VP＋Neg＋VP"式反复问句中的强势形式。同期北方系语料文献《歧》和《儿》的用例调查显示,清代北方方言里更是如此,只有"VP＋不＋VP"式,"VP＋没＋VP"式没有出现。实际上,从"VP＋Neg＋VP"式反复问句产生之时到唐宋元历代发展期,"VP＋没＋VP"式就一直处于明显的弱势地位,没有得到充分的发展。这也显示出当表已然状态时,汉语是不常用"VP＋Neg＋VP"式反

复问句的。

从"VP＋Neg＋VP"式反复问句的结构类型来看,当谓语动词带有宾语时,《金》、《醒》、《聊》、《歧》、《儿》的用例都以后面否定项不带有宾语的"V＋O＋不＋V"式为主,前后项都带有宾语的"V＋O＋不＋V＋O"式虽然有用例,但使用频率很低。这可能是因为如果前后项都带有宾语,一是造成信息重复不适合语言简洁化的要求,再就是前后项都带有宾语不利于 VP 形式的复杂化。另外,这一时期汉语里的"VP＋Neg＋VP"式反复问句已出现"V＋不＋V＋O"式形式,但反映明清北方言的《金》、《醒》等五种语料文献里没有出现一例"V＋不＋V＋O"式。朱德熙(1991)指出,"V-Neg-VO"式主要见于南方,而"VO-Neg-V"式则主要用于北方,两种形式在方言里分布不同。《金》、《醒》、《聊》、《歧》、《儿》里的用例情况也正反映了这一点。

现代山东方言里的"VP＋Neg＋VP"式反复问句出现了明清时期山东方言里所没有的特点。在现代山东方言里,当 VP 是由非单音节谓词或短语构成时,要拆出这个词或短语中动词或形容词的第一个音节作为肯定形式,与整个的词或短语的否定形式构成并列,即使是连绵词或形容词的生动形式也要这样拆开,说成"V＋不/没＋VP"式。如:[①]

① 打不打算去?(山东烟台)

② 害没害怕?(山东烟台)

③ 你们面不面熟?(山东莱州)

④ 你闻闻,这东西臭不臭烘烘的?(山东莱州)

⑤ 海边儿凉不凉快?(山东青岛)

⑥ 他答没答应?(山东青岛)

⑦ 学不学习?(山东枣庄)

这种形式与《金》里当动词为双音节形式时,后面的否定项采用肯定项里这个动词的一个音节以代全词的性质是相同的。但是,现代山东话是在肯定项拆用谓词的第一个音节,而《金》里的例子是在否定项拆用肯定项谓词的第一个音节(如"知道不知"、"依允不依"),在形式上看又正相反。不过,在具有明清山东方言背景的《醒》和《聊》里尚未见类似例子,因此这应该是山东方言里反复问句式在明清之后才产生的新的特点。

同样,VP 是由非单音节谓词或短语构成,当动词前有助动词时,现代山东方言里则只拆除助动词的第一个音节作为肯定形式来与整个助动词的否定形式构成并列。这种形式只出现在否定词为"不"的类型中,即只能表示未然态,说成"助动词＋不＋助动词＋VP"。以明清山东方言为背景的语料文献《金》、《醒》、《聊》里,只有《聊》中出现了下面这样的 1 例:

---

① 例①至例⑦引自钱曾怡主编(2001:299)。

⑧ 方太太在香闺日日纳闷,到是那公子会不会放不在心,只望他早上山西
打听个实信。(聊·富·13·1357)

这个例子是反复问句形式,但整个句子并非表示疑问。《金》、《醒》、《聊》所反映出的
明清山东方言的类似结构一般与此相反:当带有助动词时,不管 VP 是什么音节形
式,前项的 VP 必须完整,而后项则可只出现助动词(如"敢打我不敢"、"会打双陆呀
不会"),清代之前的文献里很少见到与此不同的用法。这说明,"助动词＋不＋助动
词＋VP"的形式虽然在清时已经出现,但在典型的问句范围里还没有发展起来。不
过,现代山东方言里这类反复问句却很普遍。如:①

⑨ 愿不愿去?(山东烟台)

⑩ 愿不愿意学习?(山东烟台)

⑪ 该不该去?(山东烟台)

⑫ 该不该学习?(山东烟台)

7.6.1.3 "有(＋NP)＋没有/没/无(＋NP)"式反复问句

这类反复问句肯定项的谓语动词是非动作动词"有",后边多带有宾语;否定项的
谓语动词是"无"、"没"、"没有"、"无有"等,可带宾语也可不带宾语。其中,宾语由名
词或名词性短语充当,询问人或事物、情况是否存在,是现在时的表达式。《金》、
《醒》、《聊》分别出现 44 例、19 例、7 例,各占反复问句总数的 12.2%、6.4%、3.6%。

7.6.1.3.1 "有(＋NP)＋没有/没/无(＋NP)"式反复问句的类型

从否定项的谓语动词来看,《金》、《醒》、《聊》里"有(＋NP)＋没有/没/无(＋NP)"
式反复问句又可分为以下三类。

7.6.1.3.1.1 "有(＋NP)＋无/无有(＋NP)"式

这类形式只在《金》里出现 5 例,肯定项后可以带语气词"也"。谓语动词可以都
不带宾语,两个动词直接并列。如:

① 次日,叫进张胜、李安吩付:"你二人去县前打听,那埋的妇人、婆子尸首
还有无有?"(金·88·1336)

谓语动词也可以都带宾语。如:

② 且说你衙内今年多大年纪,原娶过妻小来没有,房中有人也无,姓甚名
谁,乡贯何处,地里何方,有官身无官身,从实说来,休要揭谎。(金·91·1372)

例②反复问句形式与多个小句并列。有时只有前项谓语动词"有"带宾语,后项宾语
省略。如:

③ 且说你衙内今年多大年纪,原娶过妻小来没有,房中有人也无,姓甚名

---

① 例⑨至例⑫引自钱曾怡主编(2001:299)。

谁,乡贯何处,地里何方,有官身无官身,从实说来,休要揭谎。(金·91·1372)

上例肯定项宾语后面带有语气词"也"。

同时期北方系文献《歧》、《儿》只《儿》里有 1 例"有(＋NP)＋无/无有(＋NP)"式反复问句,"有"和"无"都带有宾语:

④ 你们听听,有理无理?(儿·9·121)

7.6.1.3.1.2 "有(＋NP)＋没有(＋NP)"式

这类形式否定项的谓语动词为"没有",《金》、《醒》、《聊》分别出现 38 例、18 例、6 例。从出现宾语的情况来看,有前后项都不带宾语、都带宾语和一项带有宾语三类。

前后项都不带宾语的用例罕见,只《金》出现 1 例:

① 西门庆道:"你既是施药济人,我问你求些滋补的药儿,你有也没有?"(金·49·651)

前后项都带宾语的用例也不多,《金》、《醒》中各出现 1 例:

② 因问西门庆房里有人没有人,见作何生理。(金·7·82)
③ 你知道有孩子没有孩子? 待桶下孩子来再辨也不迟。(醒·56·812)

以上 2 例反复问句都出现在别的句子做句内成分。

当肯定和否定的两项只有一项带宾语时,一般宾语出现在前项,宾语处于后项构成"有没有＋NP"的用法只《聊》中有 1 例:

④ 解子说:"有没有钱吃酒?"(聊·磨·18·1450)

更多的例子是"有"带宾语、"没有"省略宾语的"有＋NP＋没有"式。如:

⑤ 奴明日若嫁得怎样个人也罢了,不知他有妻室没有?(金·17·212)
⑥ 西门庆问:"有人看没有?"(金·42·555)
⑦ 左右慌忙下来问道:"老爷问你有状没有。"(金·48·625)
⑧ 温师父有头口在这里没有?(金·68·976)
⑨ 有后门没有?(醒·20·298)
⑩ 但你曾见化人的布施,有使锥子剜人肉筋的没有?(醒·31·459)
⑪ 咱家这们些景致,你见有绣江县知县县丞的奶奶亲戚出来顽要的没有?(醒·77·1102)
⑫ 待我到外边问声人,看这堂上三厅合首领衙里也有女人出来看景致的没有?(醒·97·1383)
⑬ 众将,你们都看看,我有头吭没有?(聊·快·2·1126)
⑭ 有了婆婆家没有?(聊·襄·7·1169)
⑮ 姐夫,你家有铜床没有?(聊·增·17·1622)

例⑥、⑧"有"与别的动词构成复谓结构形式,例⑬肯定项后带有语气词"呵"。例⑤反复问句句首有表委婉询问语气的标记"不知"。从形式上来看,这类反复问句与"VP+Neg"中的"VP+没有"相同,但按通常的看法,"有+NP+没有"里的"没有"是动词,而"VP+没有"的"没有"是否定副词,二者性质并不相同。

同时期北方系文献《歧》和《儿》里也有"有(+NP)+没有(+NP)"式反复问句。《歧》共14例,都是"有"带宾语、"没有"省略宾语的"有+NP+没有"的形式。如:

　　⑯ 铺里有好鞭子没有?(歧·15·154)

　　⑰ 你家里有现成银子没有?(歧·29·268)

　　⑱ 适才你们当街打架,有这谭相公没有?(歧·30·284)

　　⑲ 我借与他十两银子周济你,你有啥说没有?(歧·69·660)

　　⑳ 谭绍闻道:"烟火有两军交战的故事没有?"(歧·104·971)

例⑲"有"与动词"说"构成复谓结构形式。

《儿》里"有(+NP)+没有(+NP)"式反复问句共10例。和《歧》一样,《儿》里的用例也都是只有"有"带宾语的"有+NP+没有"式。如:

　　㉑ 恰好安老爷的小车儿也赶到了,问道:"问的有些意思没有?"(儿·14·203)

　　㉒ 你见过有个爷娘死,儿女跟了去的没有?(儿·19·294)

　　㉓ 只不知这老圈地,我家可有个什么执照儿没有?(儿·33·595)

7.6.1.3.1.3 "有(+NP)+没(+NP)"式

这类反复问句否定动词为"没"。《金》、《醒》、《聊》里的用例较少,都只出现1例,其中《金》里的例子前后项都带有宾语:

　　① 刚才这等掠掸着你,你娘脸上有光没光?(金·44·580)

《醒》和《聊》里的用例"有"带宾语,"没"省略宾语,和"VP+Neg"中的"VP+没"的形式相同,不过这里的"没"为动词,"VP+没"中的"没"为否定副词。如:

　　② 狄员外道:"怕不也会哩。叫人往厨房里看还有蟹没,要有,叫他做两个来。"(醒·58·833)

　　③ 张讷只一跳:"我看是有天没?"(聊·慈·4·918)

例②反复问句形式做句内成分。

同时期文献《歧》和《儿》里没有"有(+NP)+没(+NP)"式反复问句。

7.6.1.3.2《金》、《醒》、《聊》"有(+NP)+没有/没/无(+NP)"式反复问句特点及相关问题

根据以上分析,《金》、《醒》、《聊》、《歧》、《儿》五种语料文献里"有(+NP)+没有/没/无(+NP)"式反复问句的具体类型及出现频率列如下表。

类型		金	醒	聊	歧	儿	总计
有（＋NP）＋无/无有（＋NP）	有＋无/无有	2	0	0	0	0	6
	有＋NP＋无/无有＋NP	2	0	0	0	1	
	有＋NP＋无	1	0	0	0	0	
有（＋NP）＋没有（＋NP）	有＋没有	1	0	0	0	0	86
	有＋NP＋没有＋NP	1	1	0	0	0	
	有＋NP＋没有	36	17	5	14	10	
	有＋没有＋NP	0	0	1	0	0	
有（＋NP）＋没（＋NP）	有＋NP＋没＋NP	1	0	0	0	0	3
	有＋NP＋没	0	1	1	0	0	
总计		44	19	7	14	11	95

　　从上表可以看出，谓语动词为"无/无有"的"有（＋NP）＋无/无有（＋NP）"形式只出现在《金》和《儿》里，出现频率也较低。明清时期"无"不管作为动词还是否定副词，除一些固定搭配外，在同类词语当中已不是常用的形式，一般带有书面性。因此，反复问句里用"无"的例子也不多。"有（＋NP）＋没有（＋NP）"反复问句在《金》、《醒》等五种语料文献里都有用例，是较常用的形式。"有（＋NP）＋没（＋NP）"式反复问句则只出现在《金》、《醒》、《聊》中，用例较少。

　　宾语出现的情况可以反映"有（＋NP）＋没有/没/无（＋NP）"式反复问句的演变过程。这类反复问句的三种类型不论哪一种都有前后项都带宾语的形式，很明显，这类形式是"有（＋NP）＋没有/没/无（＋NP）"式反复问句的全式，其他一项带宾语或都不带宾语的用法是这种全式的省略形式。省略式的出现频率反映出一类反复问句的发展及成熟情况。一般来说，省略式的出现频率与其所属类别的数量呈正比：总数多，则省略式也多；总数少，那么省略式也较少。从具体用例来看，《金》、《醒》、《聊》、《歧》、《儿》都以使用否定动词"没有"的形式为主；从宾语出现情况看，省略后项宾语的"有＋NP＋没有"式占有优势，其他两类不管全式还是省略式用例都不多。这表明，明清山东方言或同时期其他北方方言里，"有（＋NP）＋没有（＋NP）"式反复问句出现频率不仅高，发展虚化程度比"有（＋NP）＋没（＋NP）"式也要高些。这一点，从形式和来源发展较为相似的"VP＋Neg"式也可以看出。两种反复问句相对应的形式在几种语料文献里的出现频率如下表。

否定词	类型	金	醒	聊	歧	儿
没有	有＋NP＋没有	36	17	5	14	10
	VP＋没有	15	5	1	3	15
没	有＋NP＋没	0	1	1	0	0
	VP＋没	0	13	17	0	0

从表中可以看出,"没有"、"没"在反复问句中作为动词的用法与作为否定副词的用法有明显的对应关系:如果一部文献里没有出现否定动词省略宾语的形式,那么它也就没有这个否定词作为反复问句的否定项表示否定的用法,如《金》、《歧》、《儿》里都没有"有+NP+没"式,也就都没有出现形式上与之相应的"VP+没"式。这说明,"有(+NP)+没有/没/无(+NP)"式反复问句与"VP+Neg"式的来源和发展可能有相同的模式或过程。

"有(+NP)+没有(+NP)"式还出现了省略前项宾语的用法,即"有没有+NP"的形式。一般来说,汉语反复问句里的省略,从一开始就选择了右省策略(傅惠钧2006)。不过,近代汉语里也出现了左省的形式,虽然用例很少出现也比较晚,但这一现象又确实存在。傅惠钧(2006)指出,这类省略"V 主要是判断动词、存在动词和助动词","进一步使用,才扩展到行为动词",《聊》中的"有没有+NP"的存在也证明了至少在明清北方方言里有这一语言事实。

7.6.1.4 "可 VP"式反复问句

这类反复问句由疑问副词"可"与 VP 构成,询问结果是肯定的 VP 还是否定的VP 的,可以表示未然态、已然态、常然态等。关于"可 VP"式是否是反复问句,历来看法不尽相同。朱德熙(1985)在方言调查的基础上,根据答话方式、语气词分布以及在疑问句系统中的地位,把它归入正反问(即反复问)。虽然这一观点也有人提出商榷,但多数是表示认可的。

7.6.1.4.1 "可 VP"式反复问句的类型

"可 VP"式反复问句《金》、《醒》、《聊》分别出现 17 例、13 例、18 例。从是否出现语气词来看,这三种文献里的"可 VP"式反复问句可分为不带语气词的"可 VP"式和带有语气词"么"的"可 VP 么"式两类。需要说明的是,在《金》、《醒》、《聊》里,这类问句的谓词又可以是形容词性的,因为类型一致,在实际分析时不另区分。

7.6.1.4.1.1 "可 VP"式

这类形式《金》、《醒》、《聊》分别出现 11 例、7 例、4 例。如:

① 你主人身上可有甚官役?(金·30·380)

② 你每可记的《玉环记》"恩德浩无边"?(金·36·478)

③ 再添你三两,共三十二两,你可也卖了?(醒·6·86)

④ 可吃的叫你们不够了?(醒·55·795)

⑤ 这日用的斋供,可是家里做了送去?(醒·64·918)

⑥ 我可称的穿这衣服,戴这头面?(醒·85·1215)

⑦ 你每日在海上,可记的这海水干了几次?(聊·蓬·1·1080)

⑧ 他回来,可有甚么事?(聊·磨·26·1498)

上面例①、②、⑥、⑦、⑧表示常时态,例③、⑤表示未然态,例④表示已然态。例③"可"与 VP 之间有语气词"也"。

7.6.1.4.1.2 "可 VP/A 么"式

这类形式《金》、《醒》、《聊》分别出现 6 例、6 例、14 例,其中有的谓词是形容词性的。如:

① 一个人到果子铺问:"可有榧子么?"(金·35·467)

② 待寻下房子,我自兑银与你成交,可好么?(金·56·758)

③ 你父亲、母亲可安么?(金·93·1402)

④ 丁利国又问:"你可肯教书么?"(醒·27·394)

⑤ 晁邦邦道:"你可说么? 也可要他消受。"(醒·32·472)

⑥ 狄希陈唬得面无人色,说道:"这灾祸可有路逃躲么?"(醒·65·933)

⑦ 二相公说:"你可想家么?"(聊·翻·9·983)

⑧ 娘子说:"还有一个人,可有马么?"(聊·磨·10·1411)

⑨ 来到上房,问:"娘夜来可安么?"(聊·磨·22·1479)

⑩ 太老爷说:"您两个可知罪么?"(聊·磨·28·1512)

⑪ 六哥说:"你老人家这一遭可好么?"(聊·增·10·1593)

⑫ 万岁说:"给你一个都篾片头,你可愿做么?"(聊·增·24·1660)

从上面用例来看,谓词可以由形容词来充任,如例②、③、⑨、⑪,"可安么"、"可好么"等表示"安不安"、"好不好"义。VP 也可以是复杂的连谓形式,这时疑问的焦点一般在第一个动词上,如例⑥"可有路逃躲么"是询问"有没有路逃躲"。

同期北方系文献《歧》和《儿》里"可 VP"式分别出现 17 例、51 例,也可表示未然体、已然体和常然体三种时态。从句末是否带有语气词来看,也分为带语气词和不带语气词两类,但两部文献带有语气词的"可 VP 么"式用例相对较少,尤其是《儿》,以不带语气词的"可 VP"式为主。

7.6.1.4.2 《金》、《醒》、《聊》"可 VP"式反复问句的特点及相关问题

"可 VP"式反复问句在元明以后得到很大发展,这从《金》、《醒》、《聊》、《歧》、《儿》的使用情况也可以看出,这五种文献语料里的"可 VP"式反复问句不仅出现频率较高,结构也愈趋复杂。如:

① 昨日可是你爹对你大娘说,去年有贲四在家,还扎了几架烟火放,今年他不在家,就没人会扎?(金·78·1201)

② 这单上戏衣,可是你亲手点验,眼同过目,交与谭绍闻的么?(歧·31·289)

③ 你问的可是那承办高家堰堤工冤枉被参的安太老爷的家眷么?(儿·11·162)

④ 你可记得你我在能仁寺庙内初会的时候,我待你也有小小的一点人情?(儿·26·433)

和其他类型的反复问句相比,"可 VP"式是"可"和 VP 组合而成,疑问标记后是敞开的,因此 VP 的结构与长度比其他形式更灵活和自由,结构也可更为复杂。据傅惠钧(2004)统计,《儿》里 VP 超过 20 个音节的就有 7 例,"可 VP"式具有复杂化的趋向。

"可 VP"的另一特点是句中不出现否定的一面,是用"可"加肯定的一面提问。因为问句中只出现肯定的一面,答案就往往偏于肯定,或者提问者主观上倾向于肯定。如以上所举例子中提问者主观上都是偏于肯定的。不过,回答者并不能直接用"是"或"不是"做出回答,需要针对疑问焦点给出答案,如上面例①如果回答应是"是我爹对我大娘说的"或"不是我爹对我大娘说的",例④则应回答为"记得"或"不记得"。从这一点也可以看出,"可 VP"式尽管和是非问有很多联系,但从句式的意义和功能来看,"可 VP"式与正反问有更多的相同点。回答是非问句,只能对整个命题做出肯定或否定,用"是、对"或"不、没有"等做答复,而"可 VP"式却不能这样回答。

除了"可 VP"、"可 VP 么"的形式外,"可"还可出现在其他反复问句类型前,即两种反复问句结合使用。《金》、《醒》、《聊》、《歧》、《儿》里都有用例。如:

⑤ 太太久闻老爹在衙门中执掌刑名,敢使小媳妇请老爹来,央烦庄事儿,未知老爹可依允不依?(金·69·987)

⑥ 不知老翁可有相知否?借重一言,学生具币礼拜求。(金·77·1164)

⑦ 谁这里说你没吃小豆腐儿么?你可给布给钱来没?(醒·49·720)

⑧ 今日渐入窘乏,不知还可扶救否?(歧·75·727)

⑨ 我们且离了这个地方,外面见见天光,可好不好?(儿·7·98)

⑩ 他走了可回来了没有?(儿·12·166)

⑪ 这姓褚的可是人称他褚一官的不是?(儿·14·204)

⑫ 你可认识他不认识他?(儿·15·277)

⑬ 我只愁他这位夫人倘然有别人叫他陪酒,他可去不去呢?(儿·32·568)

⑭ 二位姑奶奶可曾有喜信儿否?(儿·38·723)

上面例⑥、⑦、⑧、⑩、⑭为"可 VP＋没有/没/否"的形式,可看做"可 VP"与"VP＋Neg"式的结合体;例⑤、⑨、⑪、⑫、⑬为"可 VP＋不＋VP"的形式,应是"可 VP"与"VP＋不＋VP"式的结合体。这两种类型结合的形式其实应该是一种羡余表达,取其中的一种类型完全可以表达出句义,如例⑨"可好不好"换为"可好"或"好不好"意思一样,其余各例也是如此。这种两种句式结合的方式有强化疑问的作用,因为"可"本身就具有加强语气的作用,我们把这种两种类型结合的形式归到"可 VP"之外的另一种类型中,不再把它统计入"可 VP"式。

7.6.2 反复问句的特点及相关问题

7.6.2.1《金》、《醒》、《聊》反复问句的特点

反复问句在《金》、《醒》、《聊》、《歧》、《儿》里的分布及出现频率如下表。

	金		醒		聊		歧		儿	
VP＋Neg	122	33.9%	117	39.2%	32	16.4%	105	39.8%	25	13.2%
VP＋Neg＋VP	177	49.2%	149	50%	138	70.8%	128	48.5%	103	54.2%
有＋NP＋没有/ 没/无＋NP	44	12.2%	19	6.4%	7	3.6%	14	5.3%	11	5.8%
可 VP	17	4.7%	13	4.4%	18	9.2%	17	6.4%	51	26.8%
总计	360		298		195		264		190	

从上表可以看出,《金》、《醒》、《聊》反复问句类型的使用具有很高的一致性,各形式在三种文献里的比率差别都不太大,只有《聊》"可 VP"式用例超过了"有(＋NP)＋没有/没/无(＋NP)"式这一点有些不同。《歧》、《儿》和《金》、《醒》、《聊》相比,也是"可 VP"式使用差异较大,特别是《儿》。由此及前面的描写分析,我们可以得出明清山东方言和其他一些北方方言反复问句的以下一些特点。

从形式上来看,《金》、《醒》等五种语料文献的反复问句有"VP＋Neg"式、"VP＋Neg＋VP"式、"有(＋NP)＋没有/没/无(＋NP)"式、"可 VP"式等几种类型,并且以"VP＋Neg"式、"VP＋Neg＋VP"式为基本形式,没有出现"还 VP"式,但"可 VP"已逐渐发展起来。这些都与同时期共同语里的反复问句的类型特点相一致。

和近代汉语前期相比,"VP＋Neg"式已成为古汉语的遗留形式,不再占主流地位,反映出语料文献所属方言里"VP＋Neg"式渐趋衰落的形式。这一时期进入"VP＋Neg"框架的否定词有"不"、"否"、"未"、"不曾"、"没有"、"没"、"没曾"7 个词,其中"否"、"未"只是书面语的反映,当时口语里已不再使用;"没曾"只是偶尔出现的形式;"不曾"和"没/没有"是使用频率最高的否定词,不过"不曾"在这一时期又呈现出由强势到逐渐减弱的趋势,"没/没有"则表现出明显的渐趋增强之势,到《聊》和《儿》里"没有"的用例都已超过一半,成为这类反复问句最主要的否定词形式;"不"体现了一定的地域特点,只在《醒》所处的方言区较为常用,其他文献里用例很少,在文献反映的当时当地口语中也应该很少出现。

"VP＋Neg＋VP"是这一时期占优势地位的反复问句形式。五种语料文献都是以"VP＋Neg＋VP"式反复问句为主,并且在《金》、《醒》、《聊》里呈现出逐渐增强的趋势。在形式类型上,有"VP＋不＋VP"和"VP＋没＋VP"两种,其中"VP＋不＋VP"式是占绝对主流的形式;在结构类型上,充当 VP 的成分表现出复杂化的倾向,但没有出现这一时期汉语里已有的"V＋不＋V＋O"式反复问句。

"可 VP"式的发展趋势也是逐渐增强,《儿》里用例明显增多,已超过"VP＋Neg"式成为使用频率较高的反复问句形式。从是否出现语气词来看,"可 VP"式有"可VP"和"可 VP 么"两种形式,VP 结构也渐趋复杂化。

"有(＋NP)＋没有/没/无(＋NP)"除《金》、《醒》外,在其他三种语料文献里都是出现频率最低的反复问句类型。因为这类形式 VP 只局限于动词"有",使用起来也就受语义的制约而不会常用。

7.6.2.2《金》、《醒》、《聊》反复问句形式里语气词的使用问题

《金》、《醒》、《聊》、《歧》、《儿》里的反复问句除"可 VP"式外,其他三种形式在肯定项 VP(或 A)与否定词之间都可出现语气词。五种文献里语气词出现情况如下表。

类型及频率	文献		金	醒	聊	歧	儿
VP＋Neg	VP＋不	VP＋呀不	0	5	0	0	0
		VP＋也不	0	0	0	1	1
	VP＋未	VP＋也未	2	0	0	0	0
	VP＋不曾	VP＋也不曾	1	0	0	1	0
VP＋不＋VP	VP＋也不＋VP		5	10	3	38	9
	VP＋呀不＋VP		0	5	4	0	0
	VP＋那不＋VP		0	0	0	3	0
	VP＋乎不＋VP		0	0	0	3	0
有（＋NP）＋没有/没/无（＋NP）	有＋NP＋也无		1	0	0	0	0
	有＋也没有		1	0	0	0	0
	有＋NP＋呕没有		0	0	0	1	0

7.6.2.2.1 "VP＋Neg"式的语气词

这类反复问句里有三种形式的 VP 与 Neg 之间加有语气词,已在当时占优势地位的"VP＋没(没有)"式不在其中,使用频率也较高的"VP＋不曾"式虽然有用例,但数量很少。这说明,VP 与 Neg 之间是否出现语气词,与具体形式的使用频率无关。

由前文所述可知,VP 和 Neg 之间加语气词是唐五代时期出现的形式,有加"已(以)"和加"也"两类。徐正考(1996)认为这种语气词的作用是"延缓语气,其应用有一定的规律,'已(以)'只能与'不、否'搭配,'也'只能与'无、未……'配合"。而且,这类形式带有一定的地域特征,代表北方方言的《敦煌变文集》以"已(以)"为主,代表南方方言的《祖堂集》及《唐禅师语录》等以"也"为主。李思明(1983)考察元杂剧后认为,宋元时期"以"、"已"已基本消失,并有了"也"出现在"不"前面的用法。《金》、《醒》、《聊》里能进入"VP＋Neg"式里的语气词有"呀"、"也"两个,有了一定的变化和发展。其中"也未"的形式只出现在《金》里,而"VP＋未"在当时口语里已不再使用,因此"也未"的用法并不反映当时口语的特点,只是对古汉语语法的偶尔运用。三种文献没有出现"也不"的形式,但同时期文献《歧》和《儿》里有这类用法,体现出一定的地域性差别。另外,"也"还可以出现在"不曾"的前面,这应是明清时期的新用法。VP 和 Neg 之间加语气词"呀"应该是这一时期新出现的类型,只以"呀不"形式出现,而且只在《醒》有用例,带有较强的口语特点和地域性。

另外,《醒》和《歧》里"与"也可以出现在这类反复问句中,形成"VP＋与否"、"VP＋与不曾"的格式。据吴福祥(1997)考察,先秦时期就有"VP＋与不"的用法,不过这时"与"还具有连词的功能,"与"进一步虚化成语气词后,被其音借字"以"、"已"所替代。而"以"、"已"的形式在宋元时期就已消失,因此我们认为《醒》和《歧》里的"与"是连词而不是语气词,不过和出现在"VP＋Neg＋VP"式反复问句的"与"相比,有虚化的迹象。

7.6.2.2.2 "VP＋不＋VP"式的语气词

从结构上来看,"VP＋不＋VP"式里的语气词出现比较有规律,即不管哪种语气词,一般多出现在"V＋不＋V"、"A＋不＋A"式中,其中 V 和 A 多是单音节的,如"真也不真"、"是也不是"、"好呀不好"、"肯那不肯"等形式。另外,只有少数几例出现在"V＋O＋V"式里。如:

① 你会打双陆呀不会?（聊•襄•29•1255）

② 你坐下,我问问你,会下棋呀不会?（聊•襄•29•1255）

"VP＋不＋VP"式里的语气词之所以多出现在 VP 为单音节的 V 或 A 的类型里,大概是因为当单音节肯定与否定形式并列时,语气显得较直接突兀,而在肯定项后加入语气词,能起到舒缓语气的作用。

从语气词的类型来看,《金》、《醒》、《聊》进入"VP＋不＋VP"式中的语气词有"也"、"呀"、"那"三个。前两个在"VP＋Neg"式里也有使用,"那"只出现在《聊》里,也写做"哪"。据曹广顺(1995:160～170)考证,语气词"那"在魏晋到唐宋,只用于是非、反诘问句,元代到明初开始用于特指、选择问句,而明代以后"那"走向了消亡。明清时期的语料文献《水浒传》、《西游记》、《儒林外史》、《红楼梦》等中都没有见到"那"用于疑问句的踪迹。而《聊》里的"那"除了可以出现在反复问句中,还可以用于反诘问句,因此《聊》疑问句中的"那"应是《聊》所处方言区这一时期特有的语法形式,是地域特征的表现。另外,《歧》还有语气词"乎"进入"VP＋不＋VP"式中,但明清时期"乎"早已不是口语中常用的语气词,不管用在什么疑问形式里,用语气词"乎"都是一种书面语里的仿古形式。

7.6.2.2.3 "有(＋NP)＋没有/没/无(＋NP)"式的语气词

"有(＋NP)＋没有/没/无(＋NP)"式的语气词有"也"、"呃",其中"也"也可出现在"VP＋Neg"和"VP＋不＋VP"两种反复问句里,而"呃"只见于《聊》,应是语气词"哇"的记音字,体现出了《聊》所处地区的语气词特点。跟《金》、《醒》、《聊》相比,《歧》、《儿》的同类反复问句中没有加入语气词的用法。

7.6.2.2.4 反复问句语气词的分布与发展特点

反复问句中的语气词在《金》、《醒》、《聊》、《歧》、《儿》里的分布情况如下表。

类型及频率 ＼ 文献	金	醒	聊	歧	儿
也	10	10	3	40	10
呀	0	10	4	0	0
那	0	0	3	0	0
呃	0	0	1	0	0
乎	0	0	0	3	0

由上表可以看出,语气词"也"在反复问句里最为常用,五种文献都有用例;"乎"是一种仿古形式,口语中并不存在,只在《歧》出现;"那"和"呃"是《聊》所处方言区的语气词形式;"呀"在《醒》和《聊》里出现频率较高,是这两种文献所属区域共有的语法形式。

现代山东方言"VP＋不"式反复问句中间也可出现语气词。据罗福腾(1996)考察,鲁北、鲁中地区这类否定式中的 VP 与"不"之间常有一个含糊的语气词,多写做"呃",临清、德州等地听起来是 VP 末音节韵母拖长的音。如鲁中历城的"热阿吧"、"害怕啊吧"、"笔是你的啊吧",寿光的"你去呃啵"、"这个人老实呃啵"、"你买这本书呃啵"。而淄川是《聊》所代表的方言区,《醒》所用方言和现代的历城方言又很相近,因此现代这两个地区反复问句中的语气词很可能是《醒》和《聊》里语气词"呀"、"那"、"也"等音变的结果。

7.7 结语

《金》、《醒》、《聊》都是以明清山东话为背景方言的语料文献,这几种语料里的句式在一定程度上可以反映明清时期山东方言句式的面貌。《歧》、《儿》分别是以河南方言、北京方言作为背景方言的语料,其中的句式大致可体现它们各自的背景方言在当时的句式特点。通过对《金》、《醒》、《聊》三种语料文献句式的考察以及与同期北方系文献《歧》、《儿》句式的对比分析,不仅可以看出明清山东方言句式所呈现的时代和地域特点,而且也能从中窥见句式形成和发展的一些规律。

7.7.1 明清山东方言的句式特点

7.7.1.1 明清山东方言句式的时代特点

明清山东方言句式显然具有明清时期汉语句式的特点,表现出它作为北方方言的一部分与共同语在历史层次上的一致性,明清时期具有山东方言背景语料里相关句式的类型和结构都可以体现出这一点。

从句式类型来看,《金》、《醒》、《聊》里虽然有一些古代汉语句式的遗留,如表被动的"为"字句、"见"字句,表差比的"于"字句,"VP＋否/未"式反复问句等等,但这些句式多用在叙述文字或正式场合里,是一种书面性的、带有文言色彩的成分,因此它们并不是明清山东方言口语里所应用的句式,只是文献书面语的体现。明清山东方言里的句式更多的是对近代汉语前期句法形式的传承和发展,比如,处置式仍以"把"字句为主,"将"字句表现出衰落趋势但还没完全退出;被动句式也以"被"字句为主流形式,但"叫"字句发展起来并已成为较常用的形式,而"吃"字句则在明清后期不见踪影或基本消失;比较句同样以"比"字句为主;选择问句的结构形式也没有太大变化,句式里常用的连接词也同前期一致;反复问句与早期近代汉语一样,是以"VP+Neg"式和"VP+Neg+VP"为基本形式,不过后者已成为占优势的类型。这些句式都是近代汉语前期就已出现的形式,不过到了近代汉语后期的明清时期,各类句式地位的强弱发生了变化,有的更加成熟和稳定,如"把"字处置式、"被"字被动句、"比"字差比句、"VP+Neg+VP"式反复问句等;有的得到巩固和发展,如"拿"字处置式、"叫"字被动句、"可VP"式反复问句等;有的则趋向衰落和消亡,如"将"字句处置式、"吃"字被动句等。除此之外,有的句式是明清时期新产生的,如表被动的"给"字句和"让"字句,虽然这时用例还不多,但这些句式是前期近代汉语里没有、现代汉语里却很常用的类型,所以很明显,明清时期是这类句式的萌芽时期。因此,明清山东方言的句式也具有跟共同语一致的明显的时代特点。

从句式的结构来看,《金》、《醒》、《聊》所体现的明清山东方言也带有这一时期句式的特点,即结构比较繁杂。比如,这一时期一些句式的结构还不够紧凑,像《金》、《醒》里的"X比YW"式"比"字差比句,"比Y"后可以出现隔离性停顿;处置式中的介词结构后也可以出现停顿(书面上可用逗号隔开),介词结构的宾语还可以由复句甚至超句形式组成,而现代汉语里的这类结构一般比较短小简洁。明清时期的句式还表现出语序不固定的特点,如否定词、助动词等可以置于处置介词结构之后,现代汉语处置式里这类成分只能位于介词结构之前。另外,该期有的句式还表现出表达不够严密的特点,常出现成分省略、残缺或重复的现象,如处置式里处置介词后的宾语有时省而不出,当宾语结构比较复杂时有时谓语中心会残缺,而否定副词、处置介词结构等可以前后重复同现等(当然,类似这些特点有的则可能仅仅是书面语的问题,在实际口语里未必或者说不可能如此表达)。这些结构上的特性,体现了近代汉语后期即明清时期句式繁芜复杂、不够严密的特点。

7.7.1.2 明清山东方言句式的地域特点

除具有上述明清时期汉语的共同特点外,《金》、《醒》、《聊》所体现的明清山东方言句式还具有明显的地域特征,这主要体现在以下两个方面。

一是明清山东方言句式的发展与共同语的不同步性。明清山东方言里的有些句式,其形式、用法与共同语并没有什么不同,但因发展演变的速度或程度不同以及其他因素而具有了地域色彩。这种不同步的具体体现又分两种情况。第一,有的句式在明清山东方言里表现出一定的超前性,其发展演变的速度快于共同语。比如,表被动的"叫"字句,共同语里直到《红楼梦》的时代才普遍使用,但在成书于明末清初的《醒》里,"叫"字句已大量出现,表现出《醒》的背景方言区"叫"字句的兴盛,即表明明清山东内部方言里"叫"字句的发展明显快于共同语。又如表示被动的"让"字句,太田辰夫(1987:229)认为"清代还没有出现用例",但是在明清山东方言语料文献的

《醒》里"让"字被动句已经萌芽(共出现了3例)。而比《醒》时代要晚的《歧》和《儿》里都还没有"让"表被动的用法,反映了这类被动式在清代北方方言里确实还没有发展起来,因此"让"字被动句在山东方言里的发展速度要快于共同语中这类句式的发展。再者,同样表被动的"给"字句,在共同语里直到《儿》里才出现3例,反映了"给"字句形成的初始状态,但是在具有明清山东方言背景的语料文献《聊》里"给"字句已经出现,虽然用例不多但形成时间显然要早于共同语。第二,明清山东方言句式在某些方面也表现出一定的滞后性,演变速度要慢于共同语。比如,石毓智、李讷(2001:204、205)提出:"明——清,'似'字结构解体,其比较功能落在了'比'字式上。"但是,在一定程度上说可以体现明清山东方言句式发展变化状况的《金》、《醒》、《聊》里,"X+A似/如+Y"式差比句并没有呈现出逐步萎缩的趋势,而表现出一种平稳的状态:"X+A似/如+Y"式差比句《金》35例,《醒》51例,《聊》31例。这说明,明清山东方言里差比标记"似"、"如"的衰变相对迟缓,慢于共同语的演变速度。又如"X+比+Y+W"式差比句中的"比"仍保留着一定的动词性,《聊》里表差比或等比的"比",后面都可以带有动态助词"着",为"比着"的形式。因此,明清山东方言里的"比"字差比句发展相对较慢,落后于当时的北方话系统。

二是明清山东方言句式的地域特征还表现在一些特有的句式上,这些句式在共同语里一般没有而只在山东方言里使用,或者同时也存在于同期的北方方言里。如表被动的"着"字句在《金》、《醒》、《聊》里都有用例,现代山东方言里仍很常用,不过明清时期其他语料文献却很少能见到"着"字被动句的踪影,现代共同语里也没有这种表被动的"着",因此"着"字被动句很明显是具有方言特色的句式。又如《醒》、《聊》里"X+A+起/的/及+Y"式差比句,同时期北方系文献也不见用例,是极具山东地域特色的语法形式,直到现代在山东方言里还广泛使用着。这些带有地域性的句式,是明清山东方言句式的重要组成部分。

7.7.2 句式的形成和发展问题

从《金》、《醒》、《聊》所反映的明清山东方言句式可看出,一种句式的形成都经过语法化的过程。汉语是一种缺少形态变化的语言,但在句式当中通常也有表示某种句法关系的语法标记,如处置式里的"将"和"把",被动句式里的"被"、"吃"、"叫"、"让",比较句式里的"比"等,有了这些语法标记句子才成为或者说才能看做表示某种特定语法意义的句式。从来源看,这些语法标记都是由实词虚化而来的,因此句式的产生、形成过程就是一个包括实词虚化和句法结构变化在内的语法化过程。一种语法标记的产生不是偶然随意的,常会受到一些条件的制约。首先在语义上要有适宜性,哪些词向哪类语法标记虚化发展是有较强的规律性的,必须是相适应的语义才能形成相应的语法标记。如处置式的标记"将"、"捉"、"把"、"拿"等,动词义都表示"持、握"等与手有关的动作,在这个语义基础上和相应的句法环境里虚化为表处置的标记。近代汉语被动标记的词汇来源主要有三类:"被、吃、蒙"等被动标记是由表"遭受"、"蒙受"义的动词演变而来;"教、叫、着、让"等是由使役义动词演变而来;"与、给"

等是由给予义动词演变而来。不管是哪一类,这些动词都有向被动标记演化的语义基础。如从受事的立场来看,被动其实就是一种"遭受"、"遭遇",而不是自己的主动行为;从施事的角度看,被动事件又往往是施事的意志行为,是施事者对受事者施加的,所以使役义的动词也可以发展为被动标记;从施事和受事的关系看,被动事件是施事通过某种动作对受事施加影响,又与"给予"义有一定的联系。当然,有了相应的语义基础也并不是说一定就能形成某一语法标记,这还需要有一定的语法环境和相应的使用频率(如一般认为具有"持、握"义的动词"将"、"把"等是在连动结构里第一个动词位置上发生虚化的,而"将"、"把"又是使用频率较高的词)。

从一种句式的类型来看,同一种语法形式又往往有多种形式标记的现象。如处置式有"将"字句、"把"字句、"拿"字句、"着"字句等类型,"被"动句有"被"字句、"吃"字句、"教"字句、"让"字句等。不同的格式常产生于不同的时代,新格式产生初期都是个别的少见的现象,如表被动的"给"字句萌芽于明清时期,明清文献里只出现少数几例,随着时间的推移,"给"字句的数量才不断多起来。但新旧格式的产生不是一个简单替代的过程,它们常长期共存,相互竞争,最后更适合当时语言系统发展的新的形式逐渐取代旧有格式成为新的语法形式。

参考文献

著作类

白维国 1991 《金瓶梅词典》，北京：中华书局。

北京大学中文系 1955、1957 级语言班 1982 《现代汉语虚词例释》，北京：商务印书馆。

曹广顺 1995 《近代汉语助词》，北京：语文出版社。

陈昌来 2002 《介词与介引功能》，合肥：安徽教育出版社。

陈群 2006 《近代汉语程度副词研究》，成都：巴蜀出版社。

丁声树 1999 《现代汉语语法讲话》，北京：商务印书馆。

董秀芳 2002 《词汇化：汉语双音词的衍生与发展》，成都：四川民族出版社。

董遵章 1985 《元明清白话著作中山东方言例释》，济南：山东教育出版社。

冯春田 1991 《近代汉语语法问题研究》，济南：山东教育出版社。

冯春田 2000/2003 《近代汉语语法研究》，济南：山东教育出版社。

冯春田 2003 《〈聊斋俚曲〉语法研究》，开封：河南大学出版社。

冯胜利 2000 《汉语韵律句法学》，上海：上海教育出版社。

高名凯 1985 《汉语语法论》，台北：开明书店。

龚千炎 1987 《中国语法学史稿》，北京：语文出版社。

龚千炎 1994 《儿女英雄传虚词例汇》，北京：语文出版社。

郭锡良 1997 《汉语史论集》，北京：商务印书馆。

汉语大词典编辑委员会 1997 《汉语大词典》，上海：汉语大词典出版社。

何九盈、蒋绍愚 1980 《汉语词汇讲话》，北京：北京出版社。

何兆熊 2000 《新编语用学概要》，上海：上海外语教育出版社。

胡裕树 1995 《现代汉语》，上海：上海教育出版社。

胡竹安、杨耐思、蒋绍愚 1992 《近代汉语研究》，北京：商务印书馆。

胡壮麟 1994 《语篇的衔接与连贯》，上海：上海外语教育出版社。

胡壮麟 2004 《认知隐喻学》（修订本），北京：北京大学出版社。

黄伯荣 1996 《汉语方言语法类编》，青岛：青岛出版社。

黄伯荣、廖序东 1997 《现代汉语》（下册），北京：高等教育出版社。

江蓝生 2000 《近代汉语探源》，北京：商务印书馆。

蒋冀骋 1991 《近代汉语词汇研究》，长沙：湖南教育出版社。

蒋冀骋、吴福祥 1997 《近代汉语纲要》，长沙：湖南教育出版社。

蒋礼鸿 1994 《敦煌文献语言词典》，杭州：杭州大学出版社。

蒋绍愚 1989 《古汉语词汇纲要》,北京:北京大学出版社。

蒋绍愚 1994 《近代汉语研究概况》,北京:北京大学出版社。

蒋绍愚 2005 《近代汉语研究概要》,北京:北京大学出版社。

蒋绍愚、曹广顺 2005 《近代汉语语法史研究综述》,北京:商务印书馆。

蒋绍愚、江蓝生(编)1999 《近代汉语研究》,北京:商务印书馆。

蒋绍愚 2000 《汉语词汇语法史论文集》,北京:商务印书馆。

杰弗里·利奇[英] 1987 《语义学》,李瑞华等译,上海:上海外语教育出版社。

金兆梓 1983 《国文法之研究》,北京:商务印书馆。

黎锦熙 1992 《新著国语文法》(汉语语法丛书本),北京:商务印书馆。

黎锦熙、刘世儒 1959 《汉语语法教材·第二编·词类和构词法》,北京:商务印书馆。

李如龙 2001 《汉语方言的比较研究》,北京:商务印书馆。

李申 1992 《〈金瓶梅〉方言俗语汇释》,北京:北京师院出版社。

李申 2002 《近代汉语文献整理与研究》,石家庄:河北教育出版社。

李泰洙 2003 《〈老乞大〉四种版本语言研究》,北京:语文出版社。

李宗江 1999 《汉语常用词演变研究》,上海:汉语大词典出版社。

刘丹青 2003 《语序类型学与介词理论》,北京:商务印书馆。

刘坚 1985 《近代汉语读本》,上海:上海教育出版社。

刘坚 等 1992 《近代汉语虚词研究》,北京:语文出版社。

卢烈红 1998 《〈古尊宿语要〉代词助词研究》,武汉:武汉大学出版社。

陆俭明 2005 《现代汉语语法研究教程》,北京:北京大学出版社。

吕叔湘 1955 《汉语语法论文集》,北京:科学出版社。

吕叔湘 1979 《汉语语法分析问题》,北京:商务印书馆。

吕叔湘 1982 《中国文法要略》(汉语语法丛书本),北京:商务印书馆。

吕叔湘 1984/2002 《汉语语法论文集》(增订本),北京:商务印书馆。

吕叔湘主编 1980 《现代汉语八百词》,北京:商务印书馆。

吕叔湘主编 2002 《现代汉语八百词》(增订本),北京:商务印书馆。

吕叔湘著、江蓝生补 1985 《近代汉语指代词》,上海:学林出版社。

吕叔湘等著、马庆株编 1992 《语法研究入门》,北京:商务印书馆。

吕叔湘、王海棻 2001 《马氏文通读本》,上海:上海教育出版社。

罗骥 2003 《北宋语气词及其源流》,成都:巴蜀书社。

罗竹风 1986 《汉语大词典》,上海:上海辞书出版社。

罗竹风主编 1990 《汉语大词典》(1～12卷),上海:汉语大词典出版社。

马贝加 2002 《近代汉语介词》,北京:中华书局。

马建忠 1983 《马氏文通》,北京:商务印书馆。

潘允中 1982 《汉语语法史概要》,郑州:中州书画社。

齐沪扬 2002 《语气词与语气系统》,合肥:安徽教育出版社。

戚晓杰 2006 《明清山东方言背景白话文献特殊句式研究》,山东大学博士学位论文。

钱曾怡 1993 《博山方言研究》,北京:社会科学文献出版社。

钱曾怡主编 2001 《山东方言研究》,济南:齐鲁书社。

邵敬敏 2000 《汉语语法的立体研究》,北京:商务印书馆。

沈家煊 1999 《不对称和标记论》,南昌:江西教育出版社。

沈家煊、吴福祥、马贝加主编 2005 《语法化与语法研究》(二),北京:商务印书馆。

石毓智、李讷 2001 《汉语语法化的历程——形态句法发展的动因和机制》,北京:北京大学出版社。

石毓智 2006 《语法化的动因与机制》,北京:北京大学出版社。

苏恩锡 2001 《〈西游记〉句法研究》,北京大学博士学位论文。

束定芳 2001 《中国语用学研究论文精选》,上海:上海外语教育出版社。

孙锡信 1992 《汉语历史语法要略》,上海:复旦大学出版社。

孙锡信 1997 《汉语历史语法丛稿》,上海:汉语大词典出版社。

孙锡信 1999 《近代汉语语气词》,北京:语文出版社。

太田辰夫〔日〕1987 《中国语历史文法》,蒋绍愚、徐昌华译,北京:北京大学出版社。

唐贤清 2004 《〈朱子语类〉副词研究》,长沙:湖南人民出版社。

唐韵 2002 《〈元曲选〉语法问题研究》,成都:四川文艺出版社。

王德春 1997 《语言学概论》,上海:上海教育出版社。

王海棻等 1996 《古汉语虚词词典》,北京:北京大学出版社。

王力 1980 《汉语史稿》,北京:中华书局。

王力 1984 《王力文集·第一卷·中国语法理论》,济南:山东教育出版社。

王力 1985 《中国现代语法》,北京:商务印书馆。

王力 1989 《汉语语法史》,北京:商务印书馆。

王云路、方一新 1992 《中古汉语语词例释》,长春:吉林教育出版社。

吴福祥 1996 《敦煌变文语法研究》,长沙:岳麓书社。

吴福祥 2004a 《〈朱子语类辑略〉语法研究》,开封:河南大学出版社。

吴福祥 2004b 《敦煌变文12种语法研究》,开封:河南大学出版社。

吴福祥、洪波主编 2003 《语法化与语法研究》(一),北京:商务印书馆。

吴福祥主编 2005 《汉语语法化研究》,北京:商务印书馆。

香坂顺一〔日〕1997 《白话语汇研究》,江蓝生、白维国译,北京:中华书局。

向熹 1993 《简明汉语史》,北京:高等教育出版社。

邢福义 1986 《语法问题探讨集》,武汉:湖北教育出版社。

邢福义 1993 《现代汉语》,北京:高等教育出版社。

邢向东、张永胜 1997 《内蒙古西部方言语法研究》,呼和浩特:内蒙古人民出版社。

徐复岭 1993　《〈醒世姻缘传〉作者和语言考论》,济南:齐鲁书社。

徐烈炯、刘丹青 1998　《话题的结构与功能》,上海:上海教育出版社。

徐通锵 2001　《历史语言学》,北京:商务印书馆。

许宝华、宫田一郎[日]主编 1999　《汉语方言大词典》(1～5卷),北京:中华书局。

许仰民 2006　《〈金瓶梅词话〉语法研究》,北京:中华书局。

杨伯峻、何乐士 1992　《古汉语语法及其发展》,北京:语文出版社。

杨荣祥 2005　《近代汉语副词研究》,北京:商务印书馆。

杨树达 1984　《高等国文法》,北京:商务印书馆。

俞光中、植田均[日] 1999　《近代汉语语法研究》,上海:学林出版社。

俞光中 2000　《近代汉语语法研究》,北京:中华书局。

遇笑容 2001　《〈儒林外史〉词汇研究》,北京:北京大学出版社。

袁宾 1992　《近代汉语概论》,上海:上海教育出版社。

袁宾　等 2001　《二十世纪的近代汉语研究》(上、下),太原:书海出版社。

张伯江、方梅 1996　《汉语功能语法研究》,南昌:江西教育出版社。

张惠英 1992　《金瓶梅俚俗难解词》,北京:社会科学文献出版社。

张静 1987　《汉语语法问题》,北京:中国社会科学出版社。

张美兰 2001　《近代汉语语言研究》,天津:天津教育出版社。

张美兰 2003　《〈祖堂集〉语法研究》,北京:商务印书馆。

张相 1979　《诗词曲语词汇释》,北京:中华书局。

张亚军 2002　《副词与限定描状功能》,合肥:安徽教育出版社。

张谊生 2000　《现代汉语副词研究》,上海:学林出版社。

张谊生 2004　《现代汉语副词探索》,上海:学林出版社。

张自烈[明]　《正字通》,《续修四库全书》第234册。

章士钊 1907　《中等国文典》,北京:商务印书馆。

一鸣 1997　《〈金瓶梅词话〉和明代口语词汇语法研究》,上海:上海古籍出版社。

赵克成 1987　《近代汉语语法》,西安:陕西师范大学出版社。

赵元任 1980　《中国话的文法》,丁邦新译,香港:香港中文大学出版社。

赵元任 1982　《汉语口语语法》,吕叔湘译,北京:商务印书馆。

志村良治[日] 1995　《中国中世语法史研究》,江蓝生、白维国译,北京:中华书局。

中国社会科学院语言研究所 2004　《吕叔湘:纪念吕叔湘先生百年诞辰》,北京:商务印书馆。

中国社会科学院语言研究所词典编辑室 1983　《现代汉语词典》,北京:商务印书馆。

中国社会科学院语言研究所古代汉语研究室 2002　《古代汉语虚词辞典》,北京:商务印书馆。

周法高 1959 《中国古代语法称代编》,台北:台联国风出版社。

周刚 2002 《连词与相关问题》,合肥:安徽教育出版社。

朱德熙 1980 《现代汉语语法研究》,北京:商务印书馆。

朱德熙 1982 《语法讲义》,北京:商务印书馆。

朱德熙 1985 《语法答问》,北京:商务印书馆。

朱德熙 1999 《朱德熙文集》(第三卷),北京:商务印书馆。

祝敏彻 1996 《近代汉语句法史稿》,郑州:中州古籍出版社。

Paul J. Hopper & Elizabeth Closs Traugott. 2001 Grammaticalization,北京:外语教学与研究出版社。

论文类

奥田宽 1998 《汉语的任意性指示词"这"——有关语用学的探讨》,《汉语学习》第 2 期。

白梅丽 1987 《现代汉语中"就"和"才"的语义分析》,《中国语文》第 5 期。

白维国 1986 《〈金瓶梅〉所用方言讨论综述》,《中国语文》第 3 期。

鲍延毅 1996 《人称代词的"错位"用法》,《徐州师范学院学报》第 3 期。

贝罗贝[法] 1989 《早期"把"字句的几个问题》,《语文研究》第 1 期。

贝罗贝[法]、吴福祥 2000 《上古汉语疑问代词的发展与演变》,《中国语文》第 4 期。

曹广顺 1984 《敦煌变文中的双音节副词》,《语言学论丛》第十二辑,北京:商务印书馆。

曹广顺 1998a 《试说近代汉语中的"～那？作摩？"》,《语言学论丛》第二十辑,北京:商务印书馆。

曹广顺 1998b 《〈元典章·刑部〉中的"讫"和"到"》,《汉语史研究集刊》(第一辑),成都:巴蜀书社。

曹广顺、遇笑容 2000 《中古译经中的处置式》,《中国语文》第 6 期。

曹广顺、龙国富 2005 《再谈中古汉语处置式》,《中国语文》第 4 期。

曹澂明 1992 《〈肯定式"好不"产生的时代〉质疑》,《中国语文》第 1 期。

曹秀玲 2000 《汉语"这/那"不对称性的语篇考察》,《汉语学习》第 4 期。

陈宝勤 1998 《副词"都"的产生与发展》,《辽宁大学学报》第 2 期。

陈初生 1983 《早期处置式略论》,《中国语文》第 3 期。

陈淑梅 1998 《关于代词活用的笼统指》,《华中师范大学学报》第 1 期。

陈伟武 1994 《汉语"尤最"副词的对立来源》,《语文研究》第 2 期。

陈文杰 1999 《从早期汉译佛典看中古表方所的指示代词》,《古汉语研究》第 4 期。

陈振宇、朴珉秀 2006 《话语标记"你看"、"我看"与现实情态》,《语言科学》第 2 期。

陈治文 1988　《元代有指物名词加"每"的说法》,《中国语文》第 1 期。

崔希亮 2000　《人称代词及其称谓功能》,《语言教学与研究》第 1 期。

崔应贤 1997　《"这"比"那"大》,《中国语文》第 2 期。

刁晏斌 1991　《试论近代汉语语法的特点》,《辽宁师范大学学报》第 1 期。

刁晏斌 1995a　《〈朱子语类〉几种特殊的"被"字句》,《古汉语研究》第 3 期。

刁晏斌 1995b　《近代汉语中"被＋施事＋谓语"式"被"字句》,《青海师范大学学报》第 4 期。

董秀芳 2002a　《古汉语中的"自"和"己"》,《古汉语研究》第 1 期。

董秀芳 2002b　《论句法结构的词汇化》,《语言研究》第 3 期。

董秀芳 2003a　《"X 说"的词汇化》,《语言科学》第 2 期。

董秀芳 2003b　《无标记焦点和有标记焦点的确定原则》,《汉语学习》第 1 期。

董秀芳 2003c　《"不"与所修饰的中心词的粘合现象》,《当代语言学》第 1 期。

范开泰 1985　《语用分析说略》,《中国语文》第 6 期。

方梅 1995　《汉语对比焦点的句法表现手段》,《中国语文》第 4 期。

方梅 2002　《指示词"这"和"那"在北京话中的语法化》,《中国语文》第 4 期。

方梅 2006　《篇章语法与汉语篇章语法研究》,《语言文字学》第 2 期。

冯春田 1987　《秦墓竹简选择问句的分析》,《语文研究》第 1 期。

冯春田 1998　《〈醒世姻缘传〉辑著者证》,《书目季刊》(台湾)第 2 期。

冯春田 2001a　《聊斋俚曲里的一些方言词音问题》,《中国语文》第 3 期。

冯春田 2001b　《〈醒世姻缘传〉含"放着"句式的分析》,《语言教学与研究》第 6 期。

冯春田 2002a　《数量结构合音词"俩"、"仁"的几个问题——兼评赵元任先生的"失音"说》,《语言研究》第 1 期。

冯春田 2002b　《〈醒世姻缘传〉与现代山东方言里的"可不"类句式》,《古汉语研究》第 2 期。

冯春田 2003　《合音式疑问代词"咋"与"啥"的一些问题》,《中国语文》第 3 期。

冯春田 2004a　《聊斋俚曲里的假设助词"着"及相关问题》,《中国语文》第 3 期。

冯春田 2004b　《〈歧路灯〉结构助词"哩"的用法及其形成》,《语言科学》第 4 期。

冯春田 2005　《汉语"从/否"类副词的历史考察》,《语文研究》第 4 期。

冯春田 2006a　《汉语方言助词"吧咋/不咋"的来历》,《古汉语研究》第 1 期。

冯春田 2006b　《疑问代词"作勿"、"是勿"的形成》,《中国语文》第 2 期。

冯春田 2006c　《反诘疑问代词"那"的形成问题》,《语言科学》第 6 期。

冯春田、王群 2006　《副词"别"形成问题补议》,《汉语学报》第 1 期。

付义琴、赵家栋　2007　《从明代小说中的"正"、"在"看时间副词"正在"的来源》,《中国语文》第 3 期。

傅惠钧 2004　《明清汉语正反问的分布及其发展》,《古汉语研究》第 2 期。

傅惠钧 2006　《关于正反问历史发展的几个问题》,《古汉语研究》第 1 期。

傅书灵、邓小红 1999 《〈歧路灯〉句中助词"哩"及其来源》,《殷都学刊》第 2 期。

顾穸 1992 《论汉语被动句在历时发展过程中的变化规律》,《东岳论丛》第 1 期。

郭继懋 1995 《常用面称及其特点》,《中国语文》第 2 期。

郭芹纳 2001 《"这搭、那搭、哪搭、兀搭"疏证》,《陕西师范大学学报》第 4 期。

哈斯巴特尔 2003 《蒙古语族语言领属格和宾格关系及其来源》,《中央民族大学学报》第 6 期。

何洪峰 2004 《试论汉语被动标记产生的语法动因》,《语言研究》第 4 期。

何洪峰、苏俊波 2005 《"拿"字语法化的考察》,《语言研究》第 4 期。

胡适 1931 《〈醒世姻缘传〉考证》,收入《胡适文存》第 4 集第 3 卷,香港:香港远流出版公司(1986)。

胡松柏 1998 《现代汉语疑问代词叠用式》,《厦门大学学报》第 1 期。

胡增益 1989 《满语的 bai 和早期白话作品"白"的词义研究》,《中国语文》第 5 期。

胡竹安 1959 《概数词"来"的出现及其由来》,《中国语文》6 月号。

胡壮麟 2003 《语法化研究的若干问题》,《现代外语》第 1 期。

华玉明 2005 《代词的重叠用法及其表意特点》,《湖南师范大学社会科学学报》第 5 期。

黄国营 1992 《语气副词在"陈述——疑问转换"中的限制作用及其句法性质》,《语言研究》第 1 期。

黄盛璋 1957 《论连词跟副词的划分》,《语文教学》第 8 期。

黄晓蕙 1992 《差比句式的来源及演变》,《中国语文》第 3 期。

洪波 1991 《不同系统结构的指示代词在功能上没有可比性》,《中国语文》第 3 期。

洪波 2004 《"给"字的语法化》,《南开语言学刊》第 4 期。

洪琳 2002 《略论人称代词带修饰语的形式》,《佳木斯大学社会科学学报》第 2 期。

季永海 1999 《汉语儿化音的发生与发展》,《民族语文》第 5 期。

江蓝生 1991 《禁止词"别"考源》,《语文研究》第 1 期。

江蓝生 1995 《说"麽"与"们"同源》,《中国语文》第 3 期。

江蓝生 1999 《开拓新世纪的中国语言学》,《中国语文》第 5 期。

江蓝生 2000a 《稳定迈进第二个 50 年》,《中国语文》第 5 期。

江蓝生 2000b 《被动关系"吃"的来源初探》,收入《近代汉语探源》,北京:商务印书馆(2000)。

江蓝生 2000c 《语法化程度的语音表现》,收入《近代汉语探源》,北京:商务印书馆(2000)。

江蓝生 2000d 《汉语使役与被动兼用探源》,收入《近代汉语探源》,北京:商务印书馆(2000)。

江蓝生 2000e 《"举似"补说》,收入《近代汉语探源》,北京:商务印书馆(2000)。

江蓝生 2002 《时间词"时"和"後"的语法化》,《中国语文》第 4 期。

江蓝生 2003 《语言接触与元明时期的特殊判断句》,《语言学论丛》第二十八辑,北京:商务印书馆。

蒋绍愚 1997 《把字句略论——兼谈功能扩展》,《中国语文》第 4 期。

蒋绍愚 1998 《近十年间近代汉语研究的回顾与展望》,《古汉语研究》第 4 期。

蒋绍愚 1999 《〈元曲选〉中的把字句》,《语言研究》第 1 期。

蒋绍愚 2002 《"给"字句、"教"字句表被动的来源》,《语言学论丛》第二十六辑,北京:商务印书馆。

蒋宗许 2004 《论中古汉语词尾"当"》,《古汉语研究》第 2 期。

金昌吉 1996 《谈动词向介词的虚化》,《汉语学习》第 2 期。

竟成 1996 《简论汉语人称代词》,《古汉语研究》第 1 期。

李崇兴 1990 《选择问记号"还是"的来历》,《语言研究》第 2 期。

李崇兴 1992 《处所词发展历史的初步考察》,收入胡竹安《近代汉语研究》,北京:商务印书馆(1992)。

李崇兴 1999 《〈元典章·刑部〉中的人称代词》,《华中理工大学学报》第 4 期。

李崇兴 2005 《论元代蒙古语对汉语语法的影响》,《语言研究》第 3 期。

李剑冲 2003 《汉蒙语言人称代词对比分析》,《内蒙古师范大学学报》第 6 期。

李健雪 2005 《论作为语法化反例的词汇化》,《语言文字学》第 7 期。

李蓝 2003 《现代汉语方言差比句的语序类型》,《方言》第 3 期。

李立成 1998 《〈醒世姻缘传〉里的句末语气词"可"》,《中国语文》第 4 期。

李丽虹 2005 《试从语用角度看"这 NP"中的指示代词"这"》,《鄂州大学学报》第 2 期。

李讷、石毓智 1998 《汉语比较句式嬗变的动因》,《世界汉语教学》第 3 期。

李泉 2002 《从分布上看副词的再分类》,《语言研究》第 2 期。

李思明 1983 《从变文、元杂剧、〈水浒传〉、〈红楼梦〉看选择问句的发展》,《语言研究》第 2 期。

李思明 1998 《晚唐以来的比拟助词体系》,《语言研究》第 2 期。

李泰洙 2000 《〈老乞大〉四种版本从句句尾助词研究》,《中国语文》第 1 期。

李泰洙 2004 《"也/都"强调紧缩句研究》,《语言研究》第 2 期。

李艳惠、石毓智 2000 《汉语量词系统的建立与复数标记"们"的发展》,《当代语言学》第 1 期。

李永 2003 《汉语人称代词复数表达形式的历史考察》,《广西社会科学》第 9 期。

李宇宏 2003 《"X 是谁"和"谁是 X"》,《汉语学习》第 5 期。

李宇明 1997 《疑问标记的复用及标记功能的衰变》,《中国语文》第 6 期。

李宇明 1999 《程度与否定》,《世界汉语教学》第 1 期。

李宗江 2002 《关于语法化的并存原则》,《语言研究》第 4 期。

林素娥 2006 《汉语人称代词与指示代词同形类型及其动因初探》,《语言科学》第 5 期。

林文金 1958 《谈谈代词的语法特点》,《中国语文》9 月号。

刘丹青 2001a 《语法化中的更新、强化与叠加》,《语言研究》第 2 期。

刘丹青 2001b 《汉语给予类双及物结构的类型学考察》,《中国语文》第 5 期。

刘丹青 2002 《汉语中的框式介词》,《当代语言学》第 4 期。

刘坚、曹广顺、吴福祥 1995 《论诱发汉语词汇语法化的若干因素》,《中国语文》第 3 期。

刘镜芙 1994 《〈金瓶梅词话〉中的选择疑问句》,《中国语文》第 6 期。

刘钧杰 1986 《"〈金瓶梅〉用的是山东话吗"质疑》,《中国语文》第 3 期。

刘宁生 1995 《汉语偏正结构的认知基础及其在语序类型学上的意义》,《中国语文》第 2 期。

刘一之 1988 《关于北方方言中第一人称代词复数包括式和排除式对立的产生时代》,《语言学论丛》第十五辑,北京:商务印书馆。

刘正光 1999 《论话语的连贯功能》,《外国语》第 5 期。

刘子瑜 1994 《敦煌变文中的选择疑问句式》,《古汉语研究》第 4 期。

刘子瑜 1996 《汉语反复问句的历史发展》,第二届国际古汉语语法研讨会论文,收入《古论语语法论集》,北京:语文出版社(1998)。

刘子瑜 2002 《再谈唐宋处置式的来源》,《语言学论丛》第二十五辑,北京:商务印书馆。

陆俭明、马真 1985 《关于时间副词》,收入《现代汉语虚词散论》,北京:北京大学出版社(1985)。

路广 2003 《〈醒世姻缘传〉中的介词"从"、"打"、"齐"》,《泰山学院学报》第 5 期。

路广 2006 《〈醒世姻缘传〉的"给"与"己"》,《语言研究》第 1 期。

吕叔湘 1957a 《试说表概数的"来"》,《中国语文》4 月号。

吕叔湘 1957b 《再说"来",以及"多"和"半"》,《中国语文》9 月号。

吕叔湘 1977 《通过对比研究语法》,《语言教学与研究》(试刊)第 2 辑。

吕叔湘 1981 《把我国语言科学推向前进》,《中国语文》第 1 期。

吕叔湘 1990 《指示代词的二分法和三分法》,《中国语文》第 6 期。

罗福腾 1992 《山东方言比较句的类型及其分布》,《中国语文》第 3 期。

罗福腾 1996 《山东方言里的反复问句》,《方言》第 3 期。

马清华 2003 《汉语语法化问题的研究》,《语言研究》第 3 期。

马荣尧 1990 《近代汉语副词"没的"考释》,《中国语文》第 5 期。

马思周、潘慎 1981 《〈红楼梦〉〈儿女英雄传〉中的副词"白"》,《中国语文》第 6 期。

马真 1988 《程度副词在表示程度比较的句式中的分布情况考察》,《世界汉语教学》第 2 期。

马真 1991 《普通话里的程度副词"很、挺、怪、老"》,《汉语学习》第 2 期。

马真 2003 《"已经"和"曾经"的语法意义》,《语言科学》第 1 期。

玛林娜·吉布拉泽[格鲁吉亚] 2005 《论现代汉语不定指性疑问代词》,《语言研究》第 1 期。

梅祖麟 1978 《现代汉语选择问句法的来源》,《历史语言研究所集刊》第 49 本,台北:中央研究院。

梅祖麟 1984 《从语言史看几本元杂剧宾白的写作时期》,《语言学论丛》第十三辑,北京:商务出版社。

梅祖麟 1986 《关于近代汉语指代词——读吕著〈近代汉语指代词〉》,《中国语文》第 6 期。

梅祖麟 1987 《唐、五代"这、那"不单用作主语》,《中国语文》第 3 期。

梅祖麟 1988a 《北方方言中第一人称代词复数包括式和排除式对立的来源》,《语言学论丛》第十五辑,北京:商务印书馆。

梅祖麟 1988b 《汉语方言里虚词"着"字三种用法的来源》,《中国语言学报》第 3 期,北京:商务印书馆。

梅祖麟 1990 《唐宋处置式的来源》,《中国语文》第 3 期。

孟琮 1962 《谈"着呢"》,《中国语文》5 月号。

孟琮 1982 《口语"说"字小集》,《中国语文》第 5 期。

米青 1986 《关于"谁们"的说法》,《中国语文》第 5 期。

乃凡 1955 《关于"代词"》,《中国语文》4 月号。

潘悟云 2002 《汉语否定词考源》,《中国语文》第 4 期。

彭宣维 2005 《代词的语篇语法属性、范围及其语义功能分类》,《语言教学与研究》第 1 期。

平山久雄[日] 1987 《论"我"字例外音变的原因》,《中国语文》第 6 期。

平山久雄[日] 1995 《中古汉语鱼韵的音值——兼论人称代词"你"的来源》,《中国语文》第 5 期。

裘锡圭 1998 《关于殷墟卜辞的命辞是否文句的考察》,《中国语文》第 1 期。

入矢义高[日] 2004 《中国口语史的构想》,《汉语史学报》第 4 辑。

邵敬敏 2003 《"人家"的指代功能及其指称特点》,《语法研究和探索》(十二),北京:商务印书馆。

邵敬敏、周芍 2005 《汉语方言语法研究的现状与思考》,《暨南学报》第 1 期。

邵敬敏、赵春利 2005 《"致使把字句"和"省隐被字句"及其语用解释》,《汉语学习》第 4 期。

沈家煊 1994 《"语法化"研究综观》,《外语教学与研究》第 4 期。

沈家煊 1995 《"有界"与"无界"》,《中国语文》第 5 期。

沈家煊 1997a 《语用·认知·言外义》,《外语教学与研究》第 4 期。

沈家煊 1997b 《类型学中的标记模式》,《外语教学与研究》第 1 期。

沈家煊 1998a　《语用法的语法化》,《福建外语》第 2 期。

沈家煊 1998b　《实词虚化的机制——〈演化而来的语法〉评介》,《当代语言学》第 3 期。

沈家煊 1999　《转指与转喻》,《当代语言学》第 1 期。

沈家煊 2000　《认知语法的概括性》,《外语教学与研究》第 1 期。

沈家煊 2001　《语言的"主观性"和"主观化"》,《外语教学与研究》第 4 期。

沈开木 1992　《语法、语义、语用的联系》,《语法研究和探索》(六),北京:商务印书馆。

石锓 1996　《近代汉语词尾"生"的功能》,《古汉语研究》第 2 期。

石毓智 1997　《指示代词回指的两种语序及其功能》,《汉语学习》第 6 期。

石毓智 2001　《汉语的主语与话题之辨》,《语言研究》第 2 期。

石毓智 2005　《判断词"是"构成连词的概念基础》,《汉语学习》第 5 期。

史金生 1993　《时间副词"就、再、才"的语义语法分析》,《逻辑与语言学习》第 3 期。

史佩信 1993　《"比"字句溯源》,《中国语文》第 6 期。

史锡尧 1991　《副词"才"与"都"、"就"语义的对立和配合》,《世界汉语教学》第 1 期。

寿永明 2002　《疑问代词的否定用法》,《上海师范大学学报》第 2 期。

孙锡信 1990　《元代指物名词后加们(每)的由来》,《中国语文》第 4 期。

孙朝奋 1994　《〈虚化论〉评介》,《国外语言学》第 4 期。

太田辰夫［日］1987　《中古(魏晋南北朝)汉语的特殊疑问形式》,《中国语文》第 6 期。

唐钰明 1987　《汉魏六朝被动式略论》,《中国语文》第 3 期。

唐钰明 1988　《唐至清的"被"字句》,《中国语文》第 6 期。

田海龙 2001　《"我"、"我们"的使用与个人性格》,《语言教学与研究》第 4 期。

王海棻 1981　《古代汉语的比较问句》,《语言教学与研究》第 2 期。

王洪梅 1997　《"其他、另外、别的"之管见》,《徐州师范大学学报》第 1 期。

王鸿雁 2005　《〈歧路灯〉的选择疑问句研究》,《广西民族学院学报》第 3 期。

王还 1956　《就和才》,《汉语学习》第 12 期。

王继同 1989　《论副词重叠》,《杭州大学学报》第 1 期。

王健、曾立英 2003　《人际功能与汉语三身代词的"转指"用法》,《三峡大学学报》第 5 期。

王健 2004　《"给"字句表处置的来源》,《语文研究》第 4 期。

王静 2003　《"很"的语法化过程》,《淮阴师范学院学报》第 4 期。

王江 2005　《篇章关联副词"其实"的语义和语用特征》,《汉语学习》第 1 期。

王明华 2001　《〈金瓶梅词话〉中的被字句》,《杭州师范学院学报》第 6 期。

王群 2006　《词义系统性考察与汉字规范化——以〈聊斋俚曲集〉里的"慢"与

"漫"为例》,《山东社会科学》第 1 期。

王仁法 2003　《试论现代汉语"谁"的匹配用法》,《徐州师范大学学报》第 4 期。

王晓澎 1994　《"谁"、"哪个"、"什么人"辨》,《汉语学习》第 2 期。

卫斓 1998　《疑问代词任指用法的使用条件》,《南京大学学报》第 3 期。

魏红 2009　《明清汉语特殊副词"通身"、"浑深"探源》,《汉字文化》第 3 期。

魏培泉 1997　《论古代汉语中几种处置式在发展中的分与合》,《中国境内语言暨语言学》第 4 辑。

文炼、胡附 2000　《词类划分中的几个问题》,《中国语文》第 4 期。

吴福祥 1994　《敦煌变文的人称代词"自己"、"自家"》,《古汉语研究》第 4 期。

吴福祥 1995a　《否定副词"没"始见于南宋》,《中国语文》第 2 期。

吴福祥 1995b　《敦煌变文的疑问代词"那"("那个"、"那里")》,《古汉语研究》第 2 期。

吴福祥 1996　《敦煌变文的近指代词》,《语文研究》第 3 期。

吴福祥 1997　《从"VP－neg"式反复问句的分化谈语气词"麼"的产生》,《中国语文》第 1 期。

吴福祥 2003　《再论处置式的来源》,《语言研究》第 3 期。

吴福祥 2004　《近年来语法化研究的进展》,《外语教学与研究》第 1 期。

吴福祥 2005a　《汉语历史语法研究的目标》,《古汉语研究》第 2 期。

吴福祥 2005b　《汉语语法化研究的当前课题》,《语言科学》第 2 期。

吴慧颖 1990　《VP$_1$ 也 VP$_2$ 和 VP$_1$ 也怎的——关于近代汉语中的两种问句》,《古汉语研究》第 2 期。

伍华 1987　《论〈祖堂集〉中以"不、否、无、摩"收尾的问句》,《中山大学学报》第 4 期。

西槇光正[日] 1991　《语境与语言研究》,《中国语文》第 3 期。

席嘉 2003　《转折副词"可"探源》,《语言研究》第 2 期。

向熹 1958　《〈水浒传〉的把字句和被字句》,《语言学论丛》第二辑,北京:商务出版社。

萧斧 1964　《早期白话中的"X 着哩"》,《中国语文》第 4 期。

解惠全 2005　《谈实词的虚化》,收入吴福祥主编《汉语语法化研究》,北京:商务印书馆(2005)。

邢福义 1962　《关于副词修饰名词》,《中国语文》第 5 期。

邢福义 1965　《再谈"们"和表数词语并用的现象》,《中国语文》第 5 期。

熊沐清、刘霞敏 1999　《从连贯的条件看几种连贯理论》,《外国语》第 3 期。

熊沐清、陈意德 2000　《观念视点与叙述语篇理解》,《外语与外语教学》第 6 期。

徐丹 1988　《浅谈这/那的不对称性》,《中国语文》第 2 期。

徐丹 1992　《北京话中的语法标记词"给"》,《方言》第 1 期。

徐复岭 1993　《〈醒世姻缘传〉里的"打哩(打仔)"》,《中国语文》第 4 期。

徐复岭 1995 《山东方言比较句式溯源简说》,《中国语文》第 2 期。

徐复岭 2003 《〈金瓶梅词话〉注释、校勘拾误》,《济宁师范专科学校学报》第 1 期。

徐默凡 2001 《"这"、"那"研究述评》,《汉语学习》第 5 期。

徐时仪 1993 《也谈"不成"词性的转移》,《中国语文》第 5 期。

徐时仪 2000 《语气词"不成"的虚化机制考论》,《华东师范大学学报》第 5 期。

徐通锵 1990 《结构的不平衡性和语言演变的原因》,《中国语文》第 1 期。

徐秀芬、亢世勇 2003 《"这么"与"那么"辨析》,《烟台师范学院学报》第 1 期。

徐正考 1987 《唐五代选择问系统初探》,《吉林大学学报》第 2 期。

徐正考 1996 《清代汉语选择疑问句系统》,《吉林大学学报》第 5 期。

许仰民 1989 《论〈金瓶梅词话〉的"乞"字句》,《信阳师范学院学报》第 2 期。

许仰民 1990 《论〈金瓶梅词话〉的被动句》,《殷都学刊》第 2 期。

许仰民 1991 《论〈金瓶梅词话〉的"吃"字句》,《许昌师院学报》第 4 期。

杨荣祥 1999 《近代汉语否定副词及相关语法现象略论》,《语言研究》第 1 期。

杨荣祥 2002 《副词词尾源流考察》,《语言研究》第 3 期。

杨淑敏 1994a 《明代白话中某些新兴或特殊副词研究》,《东岳论丛》第 3 期。

杨淑敏 1994b 《元明时期新兴副词探析》,《山东社会科学》第 4 期。

杨亦鸣、徐以中 2004 《副词"幸亏"的语义、语用分析》,《语言研究》第 1 期。

杨永龙 2000 《近代汉语反诘副词"不成"的来源及虚化过程》,《语言研究》第 1 期。

杨永龙 2003 《句尾语气词"吗"的语法化过程》,《语言科学》第 1 期。

叶友文 1988 《隋唐处置式内在渊源分析》,Journal of Chinese Linguistics 16. 1.

于红岩 2001 《浅析"拿"字处置式》,《语言研究》第 3 期。

遇笑容、曹广顺 2000 《中古汉语的"VP 不"式疑问句》,首届中古汉语研讨会论文,收入《纪念王力先生百年诞辰学术论文集》,北京:商务印书馆(2002)。

遇笑容 2004 《汉语语法史中的语言接触与语法变化》,《汉语史学报》第四辑。

袁宾 1981 《〈儒林外史〉中副词"竟"的引申义》,《中国语文》第 6 期。

袁宾 1984 《近代汉语"好不"考》,《中国语文》第 3 期。

袁宾 1987a 《"好不"续考》,《中国语文》第 2 期。

袁宾 1987b 《近代汉语特殊被字句探索》,《华东师范大学学报》第 6 期。

袁宾 1988 《疑问副词"可"字探源》,《语文月刊》第 3 期。

袁宾 1989 《说疑问副词"还"》,《语文研究》第 2 期。

袁宾、何天玲、陈效胜 2001 《被动式与处置式的混合句型》,收入《语言问题再认识》,上海:上海教育出版社(2001)。

袁毓林 1996 《话题化及相关的语法过程》,《中国语文》第 4 期。

袁毓林 2003 《无指代词"他"的句法语义功能——从韵律句法和焦点理论的角度看》,《语法研究和探索》(十二),北京:商务印书馆。

袁毓林 2004 《"都、也"在"Wh＋都/也＋VP"中的语义贡献》,《语言科学》第 5 期。

袁毓林 2005 《"都"的语言功能和关联方向新解》,《中国语文》第 2 期。

曾聪明 1956 《代词是一种独立的词类》,《中国语文》10 月号。

曾立英 2005 《"我看"与"你看"的主观化》,《汉语学习》第 2 期。

曾美燕 2004 《结构助词"的"与指示代词"这/那"的语法共性》,《语言教学与研究》第 1 期。

张爱民 2001 《现代汉语第二人称代词人称泛化探讨》,《徐州师范大学学报》第 1 期。

张宝胜 1999 《〈醒世姻缘传〉里的"把"字句》,《中州学刊》第 4 期。

张伯江 1997 《疑问句功能琐议》,《中国语文》第 2 期。

张国宪 1998 《现代汉语形容词的体及形态化历程》,《中国语文》第 6 期。

张和友 2002 《差比句否定形式的语义特征及其语用解释》,《汉语学习》第 5 期。

张惠英 1985 《〈金瓶梅〉用的是山东话吗》,《中国语文》第 4 期。

张惠英 1986 《〈金瓶梅〉中值得注意的语言现象》,《语文研究》第 3 期。

张惠英 1989 《说"给"和"乞"》,《中国语文》第 5 期。

张惠英 1995 《〈金瓶梅〉人称代词的特点》,《语言研究》第 1 期。

张静 1961 《论汉语副词的范围》,《中国语文》第 8 期。

张静 1985 《论"代词"》,《人大复印资料·语言文字分册》第 1 期。

张联荣 1995 《近代汉语词汇研究中的推源问题》,《北京大学学报》第 5 期。

张炼强 1982 《人称代词的变换》,《中国语文》第 3 期。

张美兰 2006 《近代汉语使役动词及其相关的句法、语义结构》,《清华大学学报》第 2 期。

张全真 1996 《〈元曲选〉中的差比句式》,《南京大学学报》第 4 期。

张亚军 2002 《时间副词"正"、"正在"、"在"及其虚化过程考察》,《上海师范大学学报》第 1 期。

张谊生 2001 《"N"＋"们"的选择限制与"N 们"的表义功用》,《中国语文》第 3 期。

张永言 1960 《"几多"是什么时候出现的》,《中国语文》第 10 期。

张赪 2000 《魏晋南北朝时期的"着"字用法》,《中文学刊》第 2 期。

章新传 1991 《〈朱子语类〉的"比"字句及其汉语史价值》,《上饶师范专科学校学报》第 4 期。

章新传 1995 《〈史记〉含"於"的比较句考察》,《上饶师范专科学校学报》第 4 期。

章新传 1998 《汉魏晋南北朝的"比"字句:"比"字句的历史演变轨迹探寻之一》,《上饶师范专科学校学报》第 1 期。

章也 1992 《汉语处置式探源》,《内蒙师大学报》第 4 期。

章一鸣 2002 《明代口语反复问句研究》,《电大教学》第 2 期。

赵金铭 2002 《汉语差比句的南北差异及其历史嬗变》,《语言研究》第 3 期。

赵世举 2003 《授与动词"给"产生与发展简论》,《语言研究》第 4 期。

郑宏 2006 《近代汉语"着(著)"字被动句及其在现代汉语方言中的分布》,《语文研究》第 2 期。

钟兆华 1987 《〈红楼梦〉"白"字来源探疑》,《中国语文》第 1 期。

钟兆华 1991 《"不成"词性的转移》,《中国语文》第 4 期。

周碧香 2007 《[P 不 P]疑问句在汉文佛典的运用——兼论其来源与性质》,《中正大学中文学术年刊》第 8 期。

周建民 1999 《〈金瓶梅词话〉、〈红楼梦〉的选择问句与反复问句》,《武汉教育学院学报》第 4 期。

周士宏 2004 《汉语被动句标志的类型学考察》,《语言与翻译》第 3 期。

周四贵 2006 《〈金瓶梅〉零主语"被"字句初探》,《滁州学院学报》第 4 期。

周树德 1994 《〈醒世姻缘传〉的作者与版本》,《河南图书馆学刊》第 2 期。

朱德熙 1979 《与动词"给"相关的句法问题》,《方言》第 2 期。

朱德熙 1983 《包含动词"给"的复杂句式》,《中国语文》第 3 期。

朱德熙 1985 《汉语方言里的两种反复问句》,《中国语文》第 1 期。

朱德熙 1991 《"V-neg-VO"与"VO-neg-V"两种反复问句在汉语方言里的分布》,《中国语文》第 5 期。

朱景松 1995 《介词"给"可以引进受事成分》,《中国语文》第 1 期。

祝敏彻 1957 《论初期处置式》,《语言学论丛》第一辑,北京:商务出版社。

祝敏彻 1995 《汉语选择问、正反问的历史发展》,《语言研究》第 2 期。

祖生利 2002 《元代白话碑文中词尾"每"的特殊用法》,《语言研究》第 4 期。

Bennett,P. A. 1981 The evolution of passive and disposal sentences. *Journal of Chinese Linguistics* 9.1.

Charles F. Hookett1963 《语法描写的两种模型》,《语言学资料》第 6 期。